F. VON RAESFELD · DAS DEUTSCHE WAIDWERK

FERDINAND VON RAESFELD

DAS DEUTSCHE WAIDWERK

Lehr- und Handbuch der Jagd

Zwölfte Auflage
neu bearbeitet von

GERD VON LETTOW-VORBECK

Mit 295 Abbildungen, davon
100 Zeichnungen von Karl Wagner
und 5 farbigen Tafeln

VERLAG PAUL PAREY
HAMBURG UND BERLIN

DIE JAGDKLASSIKER

FERDINAND VON RAESFELD

DAS DEUTSCHE WAIDWERK

1970 · 12. Auflage, neubearbeitet von
G. VON LETTOW-VORBECK

FERDINAND VON RAESFELD

DAS ROTWILD

1970 · 6. Auflage, neubearbeitet von
Olfm. a. D. F. VORREYER

FERDINAND VON RAESFELD

DAS REHWILD

1970 · 7. Auflage, neubearbeitet von
G. VON LETTOW-VORBECK und Prof. Dr. W. RIECK

DIEZELS NIEDERJAGD

1970 · 20. Auflage, neubearbeitet von
Prof. Dr. D. MÜLLER-USING

FERDINAND VON RAESFELD

DIE HEGE

1965 · 3. Auflage, neubearbeitet von
G. VON LETTOW-VORBECK

ISBN 3 490 15712 5

 Printed in Germany by Westholsteinische Verlagsdruckerei Boyens & Co., Heide in Holstein. Einbandgestaltung: Werner Hans Bartmes, Heidelberg. Umschlaggestaltung: Jan Buchholz und Reni Hinsch, Hamburg.

VORWORT

Der Herausgeber der 5. bis 9. Auflage des Werkes, Oberforstmeister WALTER FREVERT, verstarb am 30. Juli 1962 in seinem Forstamt Kaltenbronn, Baden-Württemberg, durch einen Jagdunfall. Auf der letzten seiner zahllosen Nachsuchen wurde er – den Schweißhund am Riemen – von einem jähen Tode ereilt. Mit ihm ist einer der hervorragendsten deutschen Waidmänner in die ewigen Jagdgründe hinübergewechselt.

Gewiß war niemand berufener, das geistige Erbe eines RAESFELD anzutreten, als WALTER FREVERT. So hat er sich auch mit besonderer Liebe diesem klassischen Werk unseres Altmeisters von der im Jahre 1942 herausgegebenen fünften Auflage an gewidmet. Sein ungewöhnliches Wissen und Können sowie seine überaus reiche Praxis fanden ihren Niederschlag in seiner Bearbeitung, die „Das Deutsche Waidwerk" jeweils auf den letzten Stand der Erkenntnisse und Erfahrungen auf allen Gebieten des Jagdwesens brachte. Dadurch enthält das vorliegende Werk das Gedankengut und Vermächtnis zugleich von zwei Waidmännern, die sich durch ihre hingebende Liebe zu Wild und Waidwerk, durch ihre vorbildlichen Leistungen und durch ihre literarische Hinterlassenschaft einen Namen schufen, der noch von späteren Jägergenerationen mit Ehrfurcht genannt werden wird.

Kein anderes Werk unseres Altmeisters ist so wenig speziell auf die Entwicklungsstufe der damaligen Aera zugeschnitten, keines so wenig zeitgebunden verfaßt worden wie „Das Deutsche Waidwerk". Deshalb konnte sich auch FREVERT bei seinen Bearbeitungen überwiegend auf Zusätze und Ergänzungen beschränken, und so blieben Geist und Stil des Originaltextes hier nahezu vollkommen erhalten. Pietätvoll die persönliche Handschrift FERDINAND VON RAESFELDS – soweit dies mit Fortschritt von Praxis und Wissenschaft irgendwie vereinbar – zu bewahren, war selbstverständlich auch ein Hauptanliegen bei meinen Neubearbeitungen.

Der Abschnitt über das gesamte Schießwesen wurde von HERBERT VON WISSMANN, bis 1968 Leiter des Deutschen Instituts für jagdliches und sportliches Schießwesen e. V., Düsseldorf-Gerresheim, für diese Auflage völlig neu geschrieben. Seine Neubearbeitung kommt praktisch einem modernen schießtechnischen Leitfaden gleich. Des Abschnittes über die Wildkrankheiten nahm sich wieder Prof. Dr. RIECK, Institut für Jagdkunde in Hannoversch-Münden, in dankenswerter Weise an. Dank gebührt auch FRITZ BÄUERLE für seine vorzüglichen Flugbilder unserer Greifvögel sowie REINHOLD FEUSSNER und THOMAS BUSCH für beigesteuerte Zeichnungen. Besonders gedankt sei schließlich Prof. Dr. MÜLLER-USING dafür, daß anstelle einiger weniger Absätze in FREVERTS letztem Vorwort seit der 10. Auflage ein ausführliches Lebensbild von FERDINAND VON RAESFELD vorangestellt werden konnte.

Der Geist dieser neuen Auflage ist der alte geblieben: Dies Werk soll der Jugend ein Lehrmeister und dem reiferen Waidmann ein immer zuverlässiger Berater sein.

Hamburg, Frühjahr 1970 GERD V. LETTOW-VORBECK

FERDINAND VON RAESFELD

EIN LEBENSBILD[1]

Von Prof. Dr. MÜLLER-USING

Die RAESFELDS sind ein westfälisches Uradelsgeschlecht, das bis auf Wittekind zurückgeht, aber früh seinen ganzen Lehnsbesitz im Raume Dorsten/Raesfeld (nordwestlich von Gelsenkirchen) verlor. FERDINAND v. RAESFELDS Vater hatte, seiner Neigung folgend, Medizin studiert, seine Mutter, AUGUSTA geb. REISCHEL, stammte aus einer Dorstener Kaufmannsfamilie. FERDINAND v. RAESFELD selbst, geboren am 29. November 1855, wuchs als Ältester von neun Geschwistern in seiner Geburtsstadt Dorsten auf, wo er eine glückliche Kindheit verlebte, über die er uns in seiner autobiographischen Erzählung „Aus jungen Tagen" (Neumann-Neudamm 1920) anschaulich und farbig berichtet. Die meisten Romane v. RAESFELDS sind autobiographisch, und wir haben unbedenklich Einzelheiten übernommen, soweit sich für das Rahmenfaktum – z. B. Aufenthalt in der Schorfheide, auf Rügen, in Rußland – die historische Bestätigung fand.

Schon früh zeigten sich in dem gesunden, starken und selbstbewußten Jungen Charaktereigenschaften, die er für sein ganzes Leben behielt: Ein ausgeprägtes wissenschaftliches Interesse, das sich vornehmlich auf die Naturwissenschaften, doch nicht nur auf diese allein erstreckte, Ehrgeiz, hohe Begabung, zäher Fleiß immer dort, wo sein Interesse erregt war, Opposition, wo er den Sinn eines Tuns nicht einsehen wollte oder konnte, und eine empfindliche Ichbezogenheit. Freunde hatte er überall, Feinde desgleichen.

Nach Absolvierung der Volksschule und des Progymnasiums bezog er das alte Gymnasium Nepomucenianum in dem unweit gelegenen Coesfeld, das er 1874 mit dem Zeugnis der Reife verließ. – Schon früh hatte es ihn hinaus in Wald und Feld gezogen, er hatte, von seinem Vater gefördert, Sammlungen aller Art angelegt und Tiere gehalten, hatte als Zwölfjähriger mit seinem jüngeren Bruder JOSEPH, der später beruflich in seine Fußstapfen trat, eine Rheinreise gemacht, die ihn auch in die Eifel führte. Dort hörte er – so berichtet er in dem genannten Buch – plötzlich die jubelnden Fanfaren des „Hirsch tot" über Täler und Höhen. Dieses Erlebnis war für ihn, den Romantiker, in Verbindung mit seiner Neigung zu Wild und Wald bestimmend für die Wahl des Forstberufes.

Seine Lehrzeit verbrachte er in dem Forstamt Rumbeck a. d. Weser, das er von Dorsten aus auf einer Fußwanderung erreichte, die alte Doppelflinte über der Schulter. Die ganze Lehrzeit verlief harmonisch und beglückend. Unvergeßlich blieb ihm, daß er, kurz nachdem seinem Lehrherrn bei einer Jagd eine Fuchsdoublette geglückt war, ihm dieses Kunststück nachmachen konnte, und dies im Beisein des gestrengen Chefs der Regierungs-Forstabteilung: „Sehen Sie, Herr Oberforstmeister", lachte sein freundlicher Lehrprinz, „so ziehe ich meine Lehrlinge!" In Rumbeck wurde eine gute Grundlage auch im Forstlichen gelegt, und wenn er auch später sein Hauptinteresse der Jagd zuwandte, wurde und blieb er doch stets zugleich ein sehr aktiver, vielseitig sich betätigender Forstmann.

[1] Nach einer in der Z. f. Jagdwissenschaft X, 1 (1964) erschienenen Abhandlung des Verfassers.

Seine Studienzeit an der Forstakademie Eberswalde, die sich damals in Forschung und Lehre nicht auf dem früher unter Pfeil und später wieder unter Möller erreichten, hohem Stande befand, gab ihm freilich nicht übermäßig viele Anregungen. Aus seinen Aufzeichnungen klingt heftige Kritik über den Klippschulbetrieb, der damals dort herrschte, doch spendet er andererseits auch einzelnen seiner akademischen Lehrer, insbesondere den Vertretern der Grundwissenschaften, Hartig (Botanik) und Atum (Zoologie), hohes Lob.

Wie Bismarck diente auch Raesfeld beim 2. (Pommerschen) Jägerbataillon, das damals noch in Greifswald stand, und später bei den Gardefüsilieren in Berlin. Zu seiner Überraschung wurde er Reserveoffizier nicht in diesem Regiment, sondern er hatte die in damaliger Zeit hohe Ehre, zum 1. Garderegiment zu Fuß abgestellt zu werden, eine Kommandierung, die freilich nur von kurzer Dauer war.

Die Referendarzeit begann er als „försternder Referendar" in dem Schorfheide-Forstamt Großschönebeck, wo er in Vertretung seines erkrankten Forstmeisters auch an der dortigen Forstschule Unterricht zu erteilen hatte. Als großer Freund des Jagdhorns schuf Ferdinand v. Raesfeld damals das wohl esrte Bläserkorps an einer preußischen Forstschule, das dann bei einer Hofjagd dem alten Kaiser Wilhelm I. und seinem Oberhofjägermeister Fürst v. Pless (der kurz zuvor das praktische Pleßhorn geschaffen hatte) so gut gefiel, daß er sich das Korps bald darauf zu einer anderen Hofjagd, im Berliner Grunewald, bestellte. Es scheint fast so, als ob der Hörnergruß erst durch diese Initiative v. Raesfelds wieder zu einer ständigen Einrichtung geworden sei.

Im Hofjagdbetrieb der damaligen Zeit herrschte noch das eingestellte Jagen vor. Raesfeld betrachtet das mit Kirrungen verbundene Eindrücken des Wildes in die Kammer als eine schwierige Aufgabe von hohem jagdlichem Reiz, zu der Kennen und Können erforderlich sind. Den Abschuß selbst sieht er als Metzelei an und beklagt die Wahllosigkeit, mit der er vorgenommen wurde.

Die Referendarzeit führte Raesfeld nach altem Brauch, der auch heute noch gilt, in viele Forstämter, teils um die reguläre Ausbildung durchzumachen, teils um sich bei Durchführung besonderer Aufgaben, vornehmlich Kartierung, ein wenig Geld zu verdienen. Unterhaltszuschuß gab es nicht einmal für die, die das 2. Examen, das dem jetzigen Assessorexamen entspricht, abgelegt hatten. Eine nicht gerade leichte Zusatzprüfung, das Feldmesserexamen, bestand er durch zähen Fleiß so gut, daß er anschließend, so oft er wollte, als Taxator bei der Forsteinrichtung Verwendung fand.

So lernte er die preußischen Wälder vom Riesengebirge bis Rügen, von Rhein und Nahe bis zur Schorfheide kennen. Mehr noch als heute wurden die von dem reisenden Referendar besuchten Forstämter unter jagdlichen Gesichtspunkten ausgesucht, obwohl schon damals unter den Forstmännern nicht ganz wenig „passionierte Nichtjäger" waren. In Rügen reizte ihn besonders die Wildschwan-, Enten- und Schnepfenjagd. Ein einzelner Schütze konnte an günstigen Tagen bei der unbedenklich betriebenen Suche im Frühjahr 50 oder gar 60 Schnepfen erlegen. Dort schoß er auch in sieben Tagen sechs Hirsche und einen guten Schaufler. Aber Raesfeld war, wie sein späteres Wirken auf dem Darß bewies, keineswegs nur Jäger, sondern auch Forstmann, und nach bestandenem Oberförsterexamen übernahm er, schon damals keine Seltenheit, eine rein forstliche Aufgabe im Ausland, nämlich die gut dotierte Einrichtung der Fürstlich Orlowschen Forsten in Rußland – mit 500 000 Hektar an der unteren Wolga, im Wolgabogen bei Samara (Kujbyschjew) gelegen.

Das verlockende Angebot, die Verwaltung des Besitzes ganz zu übernehmen, schlug er aus. Er kehrte nach Deutschland zurück, heiratete am 8. Juni 1885 Adelheid Marie Hartmann, seine Eberswalder Studentenliebe, und übernahm für fünf Jahre als Assessor die Verwaltung des damaligen Preußischen Forstamts Meisenheim an der Nahe, wo er seinen Hausstand begründete. Aus dieser Ehe ging eine Tochter hervor, die sich später mit dem damaligen Forstassessor, heutigen Oberforstmeister i. R. BREDEMEIER verheiratete.

Am 1. Januar 1890 wurde RAESFELD dann auf Grund persönlicher Bewerbung beim damaligen Oberlandforstmeister DONNER Revierverwalter in Born auf dem Darß, jener nordwestlich von Stralsund gelegenen, nur durch zwei dünne Landbrücken mit dem Festland verbundenen Insel, die im Westteil ein großes Laubholz- und Kieferrevier, ebenfalls Darß genannt, trägt. In seinem Süden liegt die alte Oberförsterei Born, für die nächsten 23 Jahre der Wohnsitz und die Arbeitsstätte unseres Altmeisters. Bei dem zahlenmäßig überstarken, gütemäßig aber geringen Rotwildbestand handelte es sich um ein wegen der Insellage verhältnismäßig isoliertes Vorkommen, so daß alles, was hegerisch dort probiert und geschaffen wurde, sich unmittelbar am Wildstand selbst auswirkte. RAESFELD ging neue Wege, für deren Erprobung ihm gerade die Isolation dieses Rotwildstandes besonders günstige Voraussetzungen bot.

Selbstverständlich lagen die von ihm praktizierten Abschußgrundsätze – das Altwerdenlassen gut veranlagter, die Ausmerzung schlecht veranlagter Hirsche, die Erfüllung des Kahlwildabschusses durch ein hohes Abschußprozent bei den Kälbern und Schmaltieren – irgendwie im Zuge der Zeit und wurden in der damaligen Jagdpresse bereits diskutiert. RAESFELD aber war der erste, der die ganzen Probleme konsequent von Anfang bis zu Ende durchdachte und seine Gedanken in die Tat umsetzte. Seine große Passion, sein sicheres Schießen und seine überaus große Könnerschaft im Ansprechen ließen ihn den Wahlabschuß weitgehend selbst tätigen. Die Erfolge blieben nicht aus, Erfolge, die wir viel später, nach dem Inkrafttreten des Reichsjagdgesetzes, ja dann beim Rotwild selbst erlebt haben. In seine ersten Jahre auf dem Darß, jenem „vielbeschrieenen Revier“, wie einer seiner Freunde schrieb, fiel nun ein Ereignis, das für die ganze Jägerei von großer Wichtigkeit geworden ist, die Gründung der Jagdzeitschrift „Wild und Hund“ im Verlag Paul Parey unter ERWIN STAHLECKER

Schon im ersten Jahrgang von „Wild und Hund“ schrieb RAESFELD, zunächst noch unter der Chiffre D. v. D., jagdliche Aufsätze, und zwar sowohl Erlebnisberichte als auch solche jagdkundlichen Inhaltes, zumal über Hegemaßnahmen, wobei von besonderem Interesse der Abdruck eines Vortrages ist, in dem er den Kitzabschuß fordert. Kitze waren bis dahin in Preußen, wie noch fast bis zum 1. Weltkrieg in Bayern, vollständig geschont. In diesem Vortrag bezieht er sich auf die 1885 bereits ausgesprochene Forderung eines Forstmeisters BALTHASAR „Schonet die Mütter und schießet die Kälber“. Gerade diese Bezugnahme zeigt, daß die Diskussion über die zweckmäßige Handhabung des Abschusses schon im Flusse war. Aber es ist wohl RAESFELD zu verdanken, daß der Kitzabschuß schließlich freigegeben und damit der Weg für eine sinnvolle Nutzung und Aufartung des Rehstandes eröffnet wurde. Die geniale Formulierung RAESFELDS „Hege mit der Büchse“, stammt aus dieser Zeit; eine Formulierung, die so schnell Allgemeingut wurde, daß RAESFELD sich einmal genötigt sah, darauf hinzuweisen, daß er es schließlich gewesen sei, der dieses treffende Wort gefunden habe.

Im November 1898 – das Vorwort ist am Hubertustage unterzeichnet – erscheint dann im Verlag Paul Parey das erste der klassisch gewordenen Werke, die großangelegte Monographie „Das Rotwild“. In einer Würdigung aus dem gleichen Jahr heißt es schon lobend, daß er eine Fülle des Stoffes mit großer Mühe aus der ganzen Jagdliteratur zusammengetragen habe, dabei aber doch in dieser und jener Beziehung seine eigenen Ansichten wohl zu begründen wisse. Unter den eigenen Ansichten ist es besonders die, daß in den weitaus meisten Fällen nur der Jäger selber und nur er allein die Ursache des vielbeklagten Rückganges der Körperstärke des Rotwildes sei. Sein Rezept war: „Sorge für Ruhe, gönne dem Wild die vollen Jahre zu seiner nötigen Entwicklung, schieße nur Minderwertiges ab, bis das Ganze auf eine genügend hohe Stufe gebracht ist, und halte keine größere Anzahl von Wild, als die gegebenen Verhältnisse voll zu entwickeln und zu erhalten vermögen." Wahrlich, eine heute noch im vollen Wortlaut gültige und – insbesondere auch für die Rotwildhege – höchst aktuelle Anweisung!

Mit dem „Rotwild" begann auch die Bekanntschaft mit dem bekannten Jagdmaler Prof. KARL WAGNER, dem Illustrator vieler seiner Bücher. Sie wurde zu einer Freundschaft, die bis zu RAESFELDS Ehescheidung währte. WAGNER übertrug sie dann auf RAESFELDS Tochter Hildegard und ihren Mann.

Außerordentlich instruktiv waren die von RAESFELD angegebenen Beschußpläne, wie man damals sagte – das Wort „Beschußplan" sollte übrigens wieder aufkommen, es hört sich besser an, als das etwas rabiat klingende Wort „Abschußplan", ist auch sprachlich genauer. RAESFELD beherrschte beim sorgfältigen Durchdenken seiner Beschußpläne das ganze Wissen seiner Zeit, daher auch sein Ausgehen von dem natürlichen Geschlechterverhältnis 1 : 1, das dann im Jahre 1909 durch die berühmt gewordenen Trachtuntersuchungen des Forstmeisters GUSSONE wissenschaftlich bestätigt wurde, wovon RAESFELD in der zweiten Auflage seines Werkes über das Rotwild freudig Kenntnis nimmt. Ein Jahr nach RAESFELDS „Rotwild" erschien das Werk des berühmten österreichischen Rotwildhegers Graf SYLVA-TAROUCA „Kein Heger, kein Jäger", in dem dieser durchaus selbständig zu den gleichen Grundsätzen wie RAESFELD gelangte.

Als zweites der klassischen Werke erschien im Jahre 1905 im gleichen Verlag und in der gleichen Ausstattung wie das „Rotwild" sein vorzügliches Buch über das Rehwild, das auch für den Naturwissenschaftler heute noch eine Fundgrube darstellt. Immerhin ist es erstaunlich, daß es bis zur 2. Auflage des „Rotwildes" 13 Jahre dauerte, bis zu der des „Rehwildes" 14 Jahre. Das nächste Werk, gleichsam ein Lehrbuch für den jagdlichen Anfänger, war das letzte der auf dem Darß geschriebenen Bücher des Verfassers: „Das Deutsche Waidwerk". Drei Auflagen sind zu Lebzeiten des Verfassers erschienen, die 4. bald nach seinem Tode, von Graf SYLVA-TAROUCA bearbeitet. Das Buch wurde von seiner 5. bis 9. Auflage von Oberforstmeister FREVERT († 1962) bearbeitet.

Das vierte und letzte der klassischen Werke FERDINAND VON RAESFELDS ist sein zusammenfassendes Buch über die „Hege in der freien Wildbahn", das 1920 gleichfalls im Verlag Paul Parey erschien und eine ausgezeichnete Zusammenstellung und Revision all der Hegegrundsätze darstellt, die er in seinen vorausgegangenen Schriften entwickelt hat; aber es konnten doch Wiederholungen nicht ganz ausbleiben. So machten seine eigenen früheren Werke diesem Buch solche Konkurrenz, daß es erst nach 38 Jahren in der sorgfältigen Neubearbeitung von GERD v. LETTOW-VORBECK, der – zusammen mit Prof. RIECK – schon das „Rehwild" neu bearbeitet hatte, eine 2. Auflage erlebte.

Die Zeit auf dem Darß endete in Dissonanz. Die Ehe RAESFELDS war, wofür sich Andeutungen in vielen seiner autobiographischen Schriften finden, nicht glücklich gewesen und wurde am 28. Juni 1915 rechtskräftig geschieden. 1916 verheiratete er sich zu Weißling am See mit KATHARINA v. BRAUCHITSCH, mit der er noch 14 glückliche Ehejahre verbrachte. Sie hat ihn um 30 Jahre überlebt.

RAESFELD mußte infolge der Ehewirrnisse 1913 seinen Abschied nehmen und ging zunächst auf Reisen. Er war dabei auf weitere schriftstellerische Tätigkeit angewiesen. Neben laufenden jagdkundlichen Beiträgen in der gesamten Jagdpresse veröffentlichte er nunmehr eine große Reihe von Romanen. Ich nenne den „Wiescherhof", „Im Wasgenwald", „Hirschbrunn", „Der weiße Hirsch", dazu die Erzählbände „Auf eigener und auf fremder Fährte“ und das schon vor der Jahrhundertwende erschienene „Aus der Waidmannstasche“. Sie sind wertvoll für uns als Selbstzeugnisse, oft auch in kultur-historischer Betrachtung. Unvergängliches schuf er hier nicht.

Daneben hielt FERDINAND v. RAESFELD viele Vorträge, ja man kann ihn wohl als einen der Begründer des Vortragswesens im Rahmen der jagdlichen Organisation, insbesondere des alten ADJV, des Vorgängers unseres DJV, bezeichnen. Dazu trieb ihn auch die stete Sorge um seine geliebte zweite Frau, die er ja erst nach der Pensionierung geheiratet hatte, und die er, wie er fürchten mußte, dereinst unversorgt würde zurücklassen müssen. Noch im Februar 1929 sprach er in den Bezirksvereinen Werdau und Gera des ADJV, im März in Karlsruhe, Kaiserslautern, Essen, Hagen; auch andere Orte Westfalens sahen ihn als Vortragenden. Überall in deutschen Landen hatte er seine Gefolgschaft, die Jäger, die den großen Mann, den fröhlichen Zecher und brillanten Plauderer gern unter sich sahen, nachdem er ihnen klar und überzeugend seine jagdlichen Vorstellungen entwickelt hatte. Viel sprach er über die Hebung des Rehstandes und der Niederjagden; sein Manuskript war stets nur ein Zettel mit Stichworten, er sprach also völlig frei, aber er las auch aus seinen Romanen vor oder behandelte ein ganz spezielles jagdliches Thema wie „Die Fährte des Hirsches“ u. a. Seinen letzten Vortrag hielt er wiederum in Westfalen, wohin es ihn immer wieder zog, in Dortmund; als kranker Mann kehrte er zurück und starb am 6. Mai 1929 zu Marquartstein, 73 Jahre alt.

Sein Tod brachte Versöhnendes: Die Grüne Farbe, die sich nach 1913 von ihm abgewandt hatte, worunter er wohl im stillen sehr schwer litt, gab nun doch ihre Vorbehalte auf und erfüllte seinen letzten Wunsch: „Mich soll einmal des Waldes Erde haben!“ Auf die Initiative des im 2. Weltkrieg gefallenen RUDOLF THORBECKE hin, der damals Sekretär in der Hauptgeschäftsstelle des ADJV war, übernahm dieser die Erstellung eines Ehrengrabes in seinem alten Forstamt Darß, wohin seine sterblichen Überreste ein Jahr nach seinem Tode überführt wurden. Sein Amtsnachfolger, der bekannte Forstmeister MUELLER-DARSS übernahm das Grab aus der Obhut des ADJV und sprach nach dem Geistlichen und nach der Gedenkrede des Präsidenten des ADJV, ALFONS PRINZ ZU ISENBURG, die letzten Worte. Der Gedenkstein steht heute noch.

Zur abschließenden Würdigung FERDINAND v. RAESFELDS scheinen mir die Worte, die Prinz ISENBURG an seinem Ehrengrabe sprach, besonders treffend: „Seit drei Jahrzehnten“ – heute sind es sechseinhalb – „bewegt sich unser Waidwerk in den Bahnen, die er ihm gewiesen, arbeiten und hegen Deutschlands Jäger, wie er es gelehrt.“

INHALT

ERSTER TEIL

DIE JAGDBAREN TIERE

ZWEITER TEIL

DIE HILFSMITTEL ZUR JAGD

DRITTER TEIL

DIE JAGDARTEN

VIERTER TEIL

DIE HEGE

FÜNFTER TEIL

DAS JAGDLICHE BRAUCHTUM

SECHSTER TEIL

BEWERTUNGSFORMELN UND ALTERSSCHÄTZUNG

ERSTER TEIL

DIE JAGDBAREN TIERE

HOCHWILD

DAS ROTWILD

Das männliche Wild heißt *Edelhirsch, Rothirsch,* auch kurz *Hirsch*; das weibliche einschließlich der Kälber *Kahlwild* oder *Wild,* auch Mutterwild. Das einzelne Stück Kahlwild heißt *Edeltier, Rottier, Tier*[1]; das Tier, das bereits ein Kalb *gesetzt* oder gebrunftet hat, wird *Alttier* genannt. Das männliche Kalb heißt *Hirschkalb*, das weibliche *Wildkalb.* Letzteres wird nach Ablauf des ersten Lebensjahres ein *Schmaltier*; wenn es in einem Alter von zwei Jahren nicht setzt, wird es ein *übergehendes* oder übergangenes *Schmaltier.* Die Vereinigung einer Mehrzahl von Stücken heißt *Rudel*, auch *Trupp.* Das Rudel wird in der Regel von einem *Leittier, Kopftier* geführt. Man spricht von einem *Rudel Wild,* wenn es aus Kahlwild, von einem *Rudel Hirsche,* wenn es aus Hirschen besteht. Das Hirschkalb wird zum *Spießer, Rotspießer, Schmalspießer,* wenn es das erste Geweih *(Spieße)* trägt. Das Geweih wird *aufgesetzt, geschoben* und *abgeworfen*; es ist *gut, brav, stark,* wenn es sich durch Höhe, Dicke und Endenreichtum auszeichnet. Es sitzt auf den *Rosenstöcken,* womit die Stirnbeinzapfen bezeichnet werden, und besteht aus zwei *Stangen,* die die *Enden* und die *Krone* tragen und die an ihrem unteren Teil von einem mehr oder weniger regelmäßigen Ring, der *Rose,* umgeben sind.

Die rundlichen Erhabenheiten an der Oberfläche des Geweihes heißen *Perlen.* Das Geweih ist gut, stark *geperlt.* Die langen, rinnenförmigen Vertiefungen heißen *Furchen,* auch *Riefen, Rillen.* Die mit feinen Haaren bedeckte Haut, die das Geweih während des Wachstums überzieht, heißt *Bast*; das Geweih selbst während dieser Zeit *Bastgeweih, Kolbengeweih*; der abgefegte Bast das *Gefege*; die Zeit des Wachstums *Kolben-* oder *Bastzeit.* Die Endenzahl wird *angesprochen*, indem man die Enden derjenigen Stange, die die meisten trägt, verdoppelt. Sind sie auf beiden Stangen in gleicher Anzahl vorhanden, so spricht man den Hirsch beispielsweise auf *gerade* zwölf Enden an, sonst auf *ungerade;* man sagt ein *gerader* Achtender oder Achter, ein *ungerader* Zehnender oder Zehner. Der Spießer wird durch die *Augsprosse* zum *Gabler* oder *Gabelhirsch*; dieser durch die *Mittelsprosse* zum *Sechser* oder *Sechsender*; dieser wird durch Teilung der *Stangenachse* zum *Achtender.* Aus letzterem geht entweder durch weitere Teilung der Stangenachse, der *Endsprosse,* der *Kronenzehner* oder durch Hinzutreten der *Eissprosse* der *Eissprossenzehner* hervor; beide werden schlechthin als *Zehner* bezeichnet. Eine seltenere Bildung ist der *Eissprossenachter,* der am besten als Sechser mit Eissprossen erklärt wird. Die *Krone* besteht aus drei oder mehr Enden, die über der Mittelsprosse stehen. Durch weiteres Hinzutreten von Enden entsteht der *Zwölfender, Vierzehnender* usw. Wenn die Enden in der Bastzeit

[1] In Bayern sagt man auch *Stuck.*

völlig ihre spitze Form erreicht haben, ausgereift sind, so sind sie *vereckt.* Das vereckte Geweih wird durch gewaltsames Reiben an Stämmen und Ästen von dem noch lebenden Bast befreit: es wird *gefegt*; der Hirsch *fegt.* Wenn der Hirsch nach Beseitigung des Bastes mit dem Geweih Bäume und Sträucher bearbeitet, was er bis zur Beendigung der Brunftzeit und besonders während dieser gern tut, so *schlägt* er.

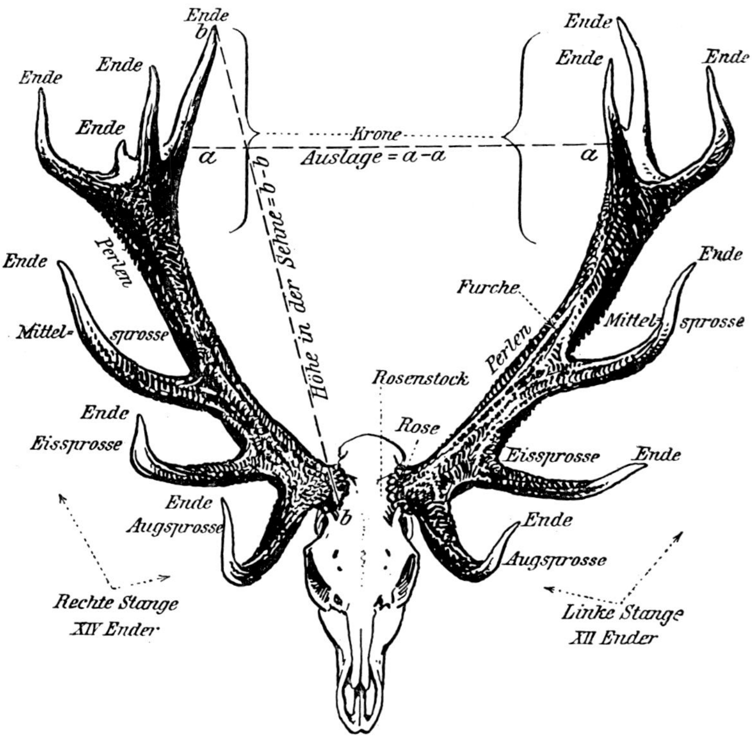

Ungerader 14-Ender. Die waidmännischen Bezeichnungen des Hirschgeweihes

Der Kopf des Rotwildes heißt: *Kopf, Haupt,* in Süddeutschland auch *Grind* genannt, das Maul *Äser, Graser* (in Österreich), die Zunge *Lecker,* die Eckzähne im Oberkiefer *Haken,* auch *Grandeln, Gräne, Granen, Kusen,* die Augen *Lichter,* die unter ihnen befindlichen, vertieften Hautfalten *Tränengruben, Tränenhöhlen*; die Ohren heißen *Lauscher, Luser, Loser,* auch *Loßen.* Der Hals heißt *Hals,* auch *Träger,* die Mähne des Hirsches *Kragen,* in Süddeutschland und Österreich *Mähne (Brunftkragen, Brunftmähne);* der Rücken heißt *Rücken,* auch *Rückstrang*; die Schulterblätter werden *Blätter* und mit den vorderen drei Rippen zusammen auch *Vorschlag* genannt; der untere Brustteil vorn unter dem Hals heißt *Stich,* zwischen den Vorderläufen *Brustkern.* Die Beine werden *Läufe* genannt: *Vorder-, Hinterläufe.* Die Klauen heißen *Schalen*; die hornigen Zehen, die in ruhiger Gangart den Boden nicht berühren, *Geäfter* oder *Oberrücken,* auch *Aftern.* Die Seiten des Bauches werden als *Flanken* oder *Flämen* bezeichnet; die Bauchdecken selbst heißen *Dünnungen.* Das Wildpret am ganzen Rückgrat heißt der oder das *Ziemer (Vorderziemer* und *Wedelziemer)* oder *Zimmer,* der Schwanz *Wedel,* der After *Waidloch,* das weibliche Glied *Feuchtblatt,* auch *Feigenblatt;* der heller behaarte Teil der hinteren Keulen ist der *Spiegel,* das Euter das *Gesäuge.* Das männliche Glied heißt die *Brunftrute* oder *Rute,* das Geschröte *Kurzwildpret,* die Hoden *Brunftkugeln.* Der *Brunftfleck* oder *Brunftbrand* ist ein kleiner, metallisch schimmernder Fleck um den *Pinsel* herum; er wird durch den Austritt der Samenflüssigkeit hervorgerufen Er ist wohl zu unterscheiden von dem dunklen oder schwarzen Bauchhaar vieler Hirsche, das sich mit dem Haarwechsel im Herbst auf der ganzen Unterseite einfindet. Die Haut wird *Haut* oder *Decke* genannt. Die Luftröhre ist die *Drossel,* der Kehlkopf der *Drosselknopf;* die Speiseröhre heißt *Schlund.* Herz, Lunge, Leber und Nieren bilden das *Geräusch;* der Magen heißt *Pansen, Wanst, Waidsack;* er bildet das *große Gescheide;* die Gedärme heißen *kleines Gescheide;* Magen und Gedärme zusammen bilden das *Gescheide.* Geräusch und Gescheide zusammen heißen der *Aufbruch.* Das Fleisch heißt *Wildpret,* das Blut *Schweiß,* sobald es aus dem Wildkörper heraustritt, überhaupt sichtbar wird, dagegen im Wildkörper Blut, das Stück verendet z. B. an innerer Verblutung. Das Fett heißt *Feist,* auch *Unschlitt.* Sehen heißt *Äugen,* Riechen heißt *Winden, Wittern,* Hören *Vernehmen.* Unter *Sichern* versteht man das Aufmerken unter Anspannung aller Sinne, unter *Verhoffen* das Stehenbleiben in der *Flucht.* Das Haar heißt *Haar,* in Norddeutschland auch *Farbe.* Der Haarwechsel heißt *Färben;* das Wild *färbt* sich; es hat *verfärbt,* wenn der Haarwechsel beendet ist. Die Zeit des Haarwechsels ist die *Färbezeit.*

Der Eindruck, den die Schalen *eines* Laufes im Boden zurücklassen, ist der *Tritt;* mehrere Tritte hintereinander bilden die *Fährte.* Die festen Ausscheidungen sind die *Losung;* das Wild *löst sich, lost;* es *näßt,* wenn es Wasser läßt.

Wenn das Wild mit den Läufen Moos, Laub usw. wegschlägt, so *plätzt* es. Es sei hier gleich bemerkt, daß das Plätzen beim Rotwild im Gegensatz zum Rehwild, das fast immer plätzt, bevor es sich *niedertut,* nicht oder doch nur selten vorkommt. Dieses tut sich vielmehr regelmäßig so auf dem Erdboden nieder, wie dieser gerade ist. Nur in der Brunftzeit pflegen manche Hirsche zu plätzen. Die Stelle, wo das Wild sich niedertut, heißt das *Bett,* bei *krankem* (angeschweißtem) Wild das *Wundbett.* Hat das Wild sich niedergetan, so *sitzt* es. Das Wild *steht* in einem Revier, in einer Dickung, auf einer Blöße; es hat seinen *Stand* in einer gewissen Örtlichkeit; es *wechselt aus,* wenn es das Revier verläßt, es *wechselt,* wenn es von einem Ort zum anderen *zieht;* es *tritt aus,* wenn es aus einer Dickung ins Freie zieht; den Pfad, den es dazu regelmäßig benutzt, nennt man den *Wechsel.* Fressen heißt *sich äsen,* die Nahrung *Äsung,* das *Geäse.* Das Wild *tränkt* sich oder *schöpft,* wenn es trinkt. Wenn es sich im Schlamm badet, so *suhlt* es sich. Ist es fett, so sagt man, es ist *feist, gut bei Leibe, gut von Wildpret.* Bei schlechter Äsung wird es *schlecht;* kommt es weiter herunter, so *kümmert* es; solche Stücke heißen *Kümmerer.* Es *zieht* früh vom Feld *zu Holze,* bei Hirschen nennt man das *Kirchgang.* Das Wild ist *vertraut,* zieht *vertraut,* wenn es sich in vollkommener Ruhe befindet oder bewegt; es *trollt,* wenn es trabt, wird *flüchtig,* wenn es galoppiert; es *überfliegt* oder *überfällt* das Gestell, einen Weg; es *durchrinnt* einen See, wenn es hindurchschwimmt.

Die Begattungszeit heißt *Brunftzeit,* die in den Herbst fällt und von Anfang September bis Mitte oder Ende Oktober dauert; das Wild *brunftet,* wenn es sich begattet. Der Hirsch *beschlägt* das Tier; wenn dieses empfangen hat, so ist es *beschlagen, hochbeschlagen,* wenn es bald *setzen* wird. Die Zeit, in der in der Regel die Kälber gesetzt werden, ist die *Setz-* oder *Satzzeit,* auch *Hegezeit.* Ein Tier, das in der Brunft nicht fruchtbar beschlagen wurde, heißt ein *geltes* oder *Gelttier;* setzt es aus irgendwelchen Gründen überhaupt nicht mehr, ein *Dauergelttier.*

Der Hirsch *schreit, orgelt, röhrt,* wenn er sich in der Brunftzeit laut hören läßt, er *trenzt, knört,* wenn er dieses leiser tut. Hirsch und Tier *schrecken,* wenn sie einen kurzen

Laut der Beunruhigung ausstoßen; das Tier *mahnt,* wenn es den Hirsch zur Begattung reizt oder das Kalb heranlockt. Das Wild *klagt,* wenn es aus Schmerz oder Angst schreit. In der Brunftzeit *kämpft* der Hirsch mit seinem Nebenbuhler; er *schlägt ihn ab,* wenn er ihn verjagt; er *forkelt* ihn, wenn er ihn mit dem Geweih verwundet.

Man unterscheidet Abschußhirsche oder abschußnotwendige Hirsche und Zukunftshirsche. Erstere sind Hirsche, die auf Grund ihrer schlechten Geweihformen und Veranlagung im Interesse der Aufartung ausgemerzt werden müssen, letztere dagegen junge, gut veranlagte Hirsche mit edlen Geweihformen, die noch nicht reif zum Abschuß sind.

Man spricht auch von jagdbaren, hochjagdbaren, kapitalen und hochkapitalen Hirschen. Diese Begriffe sind jedoch nicht genau festzulegen und schwanken je nach den örtlichen Verhältnissen. Seit einer Reihe von Jahren werden die Geweihe nach Formeln bewertet. Für Rothirsche sind die Nadlerformel und jetzt die Internationale Rothirschformel maßgebend. Durch die Jagdbehörden wird in den Ländern festgesetzt, was als jagdbarer Hirsch zu gelten hat.

Wurde Wild mit Erfolg beschossen, so ist es *krank, angeschweißt, verwundet;* es *stürzt* oder *bricht zusammen,* wenn es dann fällt; *endet* oder *verendet,* wenn es stirbt; es *geht ein,* wenn es infolge eines alten Schusses, an Krankheit, Alter, Hunger o. dgl. stirbt. Wenn Wild nach dem Schusse zusammenbricht, aber noch lebt, wird es mit dem Hirschfänger entweder hinter dem Blatt *abgefangen* oder durch einen Stoß in die Brusthöhle von vorn *(auf den Stich)* getötet; letztere Art bezeichnet man als *Kälberstich.* Um dem Wild Angst und Qual zu ersparen, wird ein *Fangschuß* auf das Blatt oder den Träger vorgezogen. Dann werden die Eingeweide herausgenommen; das Wild wird *aufgebrochen.* Das Geweih wird *abgeschlagen;* das aufgebrochene Stück aus der *Decke geschlagen* oder *zerwirkt* und schließlich zum Genuß zerteilt, *zerlegt.*

Reviere, in denen Rotwild als Stand- oder als Wechselwild vorkommt, nennt man *Hochwildreviere.* Für sie schreiben Landesgesetze eine Mindestpachtzeit von 12 Jahren vor. Die Lebensweise des Rotwildes und die Rücksichtnahme auf die Landeskultur erfordern die einheitliche Bewirtschaftung ganzer Rotwildgebiete, d. h. innerhalb eines *Rotwildhegeringes* wird der Gesamtabschuß auf weite Sicht geplant und dieser auf die einzelnen Reviere verteilt.

Hat man auf dem Abschußplan einen abschußnotwendigen oder jagdbaren Hirsch frei, so ist es nicht damit getan, daß man feststellt, einen geringen, mittelstarken oder starken Hirsch vor sich zu haben, sondern man muß bestätigen, welche Qualitäten der Hirsch aufweist, ob er abschußreif, ob er alt oder jung, ob das Geweih gut oder schlecht veranlagt ist. Diese Aufgabe setzt aber schon eine gute Beobachtung voraus; man muß den Hirsch, wenn er nicht gleich ausnahmsweise günstig steht, von vorn, von hinten und von der Seite scharf ins Glas nehmen, um seines Ansprechens sicher zu sein; denn gar zu leicht decken sich Enden, und man zählt eins zu wenig; oder denen der einen Stange täuscht sich eins der anderen hinzu: – und man sieht eins mehr als vorhanden ist. Also scharfe, ruhige Beobachtung von allen Seiten; auch Prüfung des ganzen Gebäudes des Hirsches. Für die Nachzucht soll stets der am besten veranlagte Hirsch bis zu seiner vollen Reife von der Kugel verschont bleiben. Selbstverständlich darf das Geweih nicht allein ausschlaggebend sein, Körperform und vor allem Körperstärke spielen bei der Beurteilung auch eine Rolle.

Hat man sich so durch das Auge überzeugt, daß man einen abschußreifen Hirsch, ein gering veranlagtes Kalb, ein Alttier vor sich hat, dann kann es an das Erbeuten gehen, was oft für sichere Schützen mit dem Augenblick des Ansprechens zusammenfällt, für minder Geübte aber längere Zeit und manchen vergeblichen Gang erfordert.

Während der Brunft (die *Feistzeit* dauert von Anfang August bis zur Brunft; die *Setz-*

zeit fällt Ende Mai, Anfang Juni; das Tier setzt ein, sehr selten zwei Kälber) verrät der Hirsch seinen Stand durch sein Schreien. An dem gröberen, tieferen Ton, dem anhaltenden Durchschreien erkennt man den stärkeren Hirsch; geringere Hirsche haben eine höhere Stimme; doch merke man: bricht der gröbere Schrei eines Hirsches am Ende hoch ab, so hat man es meist mit einem jüngeren Hirsch zu tun. Das gilt für den Anfang der Brunft; in ihrem weiteren Verlauf und besonders gegen Ende sind infolge des vielen Schreiens die Stimmen alle erheblich gröber geworden; so daß ein geringer Hirsch zu dieser Zeit oftmals schreit, wie ein stärkerer beim Beginn der Brunft.

Ganz alte Hirsche, meist auch die stärksten, schreien wenig – sie sind sich ihres Besitzes an Kahlwild sicher –; und wenn sie schreien, ist der Ton oft nur ein tiefes Rasseln. In diesem Fall hat man es mit einem sehr alten Hirsch zu tun.

Bei lebhafter Brunft, in der sog. *Hochbrunft,* schreit der Hirsch auch über Tag. Doch ist das meist ein leiseres Knören, immerhin auf einige hundert Schritt hörbar; er knört, wenn er in der Suhle sitzt, was er zur Brunftzeit mehr zu tun liebt als sonst, wenn er sich in der Dickung niedergetan hat sozusagen im Schlaf. Jedes an sein Gehör dringende Geräusch beantwortet er mit Knören, vor allem aber jeden Schrei eines anderen Hirsches.

Auch sonst noch verrät uns das Ohr den Hirsch. Wird er in der Dickung vor dir flüchtig, so schlägt das Geweih des stärkeren Hirsches an Stamm und Äste. Zieht der Hirsch auf schmalen Wechsel in die Dickung, so veranlaßt das Geweih ein ziemlich weit hörbares Rauschen der Zweige; und wechselt er auf dem Anstand nah an dir vorbei, so hörst du deutlich das Knistern im trockenen Grase, und wenn es ganz still ist, auch das leise Knakken der Laufgelenke; letzteres vorzugsweise bei alten Hirschen.

Daß man kämpfende Hirsche weithin hört, braucht kaum hervorgehoben zu werden. Geringe Hirsche verursachen Töne mit den Geweihen, wie Schlagen mit Stöcken, wegen der Kürze und Porosität der Knochenmasse. Bei starken Geweihen klingt der Kampf hell und weithin, wie Schwerterschlag auf Panzer.

Hirsche wie Tiere geben bei Beunruhigung, deren Ursache sie noch nicht erkannt haben, einen kurzen Schrecklaut von sich, sie *schrecken.* Hirsche seltener, ja es gibt Reviere, in denen die Hirsche sozusagen gar nicht schrecken, während die Alttiere das wohl überall tun.

Hat der Hund im Verlauf einer Hetze ein Stück Kahlwild niedergezogen, so hört man es oft *klagen;* je jünger das Stück, desto leichter klagt es. Hirsche habe ich meiner Erinnerung nach noch niemals klagen gehört. Das Klagen weist also den Ort nach, wo das niedergezogene Stück zu finden ist.

Kälber geben, wenn sie mit dem Alttier auf Äsung ziehen, gern ein *Mahnen* von sich, sie sind lebhaft und spiellustig; dabei mahnen sie von Zeit zu Zeit. Daß auch die Alttiere dieses tun, aber tiefer und aus anderem Anlaß, ist schon erwähnt worden.

Gelegentlich läßt sich auch die Anwesenheit von Rotwild durch die Nase feststellen. Es ist bekannt, daß der Brunfthirsch bei fortschreitender Brunft einen immer stärker werdenden bockigen Geruch annimmt. Kommt man daher durch eine Dickung, so wird man einen kurz vorher hindurchgezogenen oder einen darin stehenden Hirsch oft genug durch die Nase feststellen können. Weniger bekannt ist, daß auch das Kahlwild in der Brunftzeit eine starke, jedoch von der des Hirsches verschiedene Wittrung hat.

Der Hirsch sucht sich zum *Fegen* meist freistehende Stämme, Randbäume, herabhängende Äste aus; im dichten Bestand, wo er sich nicht allseitig bewegen kann, fegt er minder gern. Aus der Stärke des Stammes, der Höhe der Fegestelle kann man mit hoher Wahrscheinlichkeit, ja Sicherheit auf die Stärke des Hirsches schließen. Je stärker der Stamm, je höher die Fegestelle, desto stärker ist der Hirsch. Die Fegezeit der Hirsche fällt in den

Juli-August. Starke Hirsche fegen zuerst, dann die geringeren. Findet man im Herbst, Oktober-November, frische Fegestellen, so rühren diese von Spießern her.

Hirsche und Kahlwild *schälen* im Winter, wie im Sommer – leider – an Fichten, Tannen, Kiefern, Eichen, Buchen usw., d. h. sie ziehen die Rinde mit den Zähnen ab. Das gelingt ihnen im Winter nur auf kleinen Stellen, weil die Rinde nicht „geht", der Baum nicht im Saft steht; im Sommer aber wird die Rinde dafür in langen Streifen abgerissen. Aus sehr hoher Winterschälung darf man nun nicht auf kapitale Hirsche schließen; denn sie standen auf hohem Schnee, während sie dies taten, der beim Auffinden der Schälstellen im Frühjahr nicht mehr da ist. Aus deren größerer oder geringerer Frische läßt sich auf die Zeit des Schälens schließen. Auch Verbißschäden entstehen durch Rotwild.

Wo Rotwild seinen Stand hat, da entstehen im Lauf der Zeit auch *Wechsel.* Diese fallen dort am ersten ins Auge, wo das Wild durch die Dichtigkeit des Bestandes, Unterholz, Schilf, Farne usw., zur Innehaltung ganz bestimmter Wechsel gezwungen ist. Hier prägen sie sich oftmals zu völligen, auch jedem Laien auffallenden Pfaden aus. Im lichten Holz, auf Blößen usw. fallen sie weniger ins Auge; doch erkennt sie auch hier das geschulte Jägerauge leicht, besonders an Hängen und im weichen Boden.

Das Rotwild hat das Bedürfnis, sich zu *suhlen,* d. h. sich im schlammigen Wasser zu wälzen. Bei stärkerem Wildstand oder regelmäßigem Wechselwild sind solche Suhlen der Jägerei bekannt, und sie sind der stete Gegenstand der Beobachtung, weil durchwechselndes oder neueingewechseltes Wild die Suhle alsbald anzunehmen pflegt. Das läßt sich, auch wenn man eine deutliche Fährte nicht findet, meist aus den Strichen und Streifen im Erdreich bestimmen, die der liegende und sich wälzende Hirsch mit dem Geweih hervorbringt. Man kann auch aus der Entfernung dieser Kratzstreifen von der Hauptmulde der Suhle und der eigenen Ausdehnung der Streifen oft einen zuverlässigen Schluß auf die Stärke des Hirsches ziehen.

Ob Rotwild oder Sauen gesuhlt haben, das unterscheidet man, mangels klarer Fährtenabdrücke, am *Haar,* das immer im Suhlschlamm verbleibt oder auf dem Wasser schwimmt, und an den *Malbäumen.* Das Schwarzwild hat die Eigentümlichkeit, sich nach Verlassen der Suhle an nahestehenden Bäumen, fast immer an den gleichen, zu reiben, und zwar so heftig, daß nach und nach die Rinde völlig abgerieben wird. Rotwild tut dieses nur ausnahmsweise. Bei diesem ist aber die Malstelle hoch, beim tiefer gestellten Schwarzwild niedrig; nur bei geringem Rotwild und sehr *groben* Sauen kann sich der Höhenunterschied ausgleichen. Aber der Befund von Haar oder Borsten am Malbaum gibt dann immer sichere Kunde, welche Wildart gesuhlt hat. In nassen Jahren, wenn das Wasser in den Wagengeleisen steht, wird jeder Tümpel zum Suhlen benutzt und mit der Zeit oft so weit ausgewühlt, daß eine förmliche, große Suhle entsteht.

Wenn das Wild nicht beunruhigt wird, so tut es sich zum Ruhen und Wiederkäuen gern an derselben Stelle seines jeweiligen Standortes nieder. Zahl und Größe der *Betten* geben dann oftmals Aufschluß über Stärke und Zusammensetzung des Rudels. Übrigens übersieht auch kein Jäger die Betten dort, wo das Wild sich nur ein einziges Mal niedergetan hat. Starke Hirsche stehen in der *Feistzeit* (August-September) gern allein oder zu wenigen gleichstarken zusammen. Die Zeit, in der die Geweihe, äußerlich schon fertig geschoben, noch den Bast tragen, ist das Ende der *Bastzeit*: Juli-August, je nach Stärke; der starke Hirsch ist regelmäßig am weitesten vorgeschritten. Er wird aber erst feist, nachdem das Geweih gefegt ist. Die Hirsche tun sich dann meist in denselben Betten nieder, die sich am kühlen, vor Fliegen und Geschmeiß sicheren Ort befinden. Oftmals findet man daselbst Losung in solcher Menge, daß man sie schaufelweise entfernen könnte.

Auf schmalen Pfaden in Dickungen und im dichteren Unterholz sieht das geschärfte

Jägerauge gelegentlich die dünneren Zweige umgekehrt, zum Teil eingeknickt hängen; Blätter sind eingerissen; die Rinde der dünnen Zweige ist geritzt. Das ist ein Zeichen, daß hier ein starker Hirsch zog, der mit Vorliebe, seines Geweihes wegen, auf verwachsenen Abfuhrwegen, außer Gebrauch gekommenen Fußpfaden, schalen Schneisen usw. zieht. Man nennt diese Erscheinung das *Himmelszeichen* oder das *Wenden,* während in der alten Literatur mit *Himmelsspur* auch die Fegestelle benannt wird. In beiden Fällen gibt die Höhe des Zeichens einen Anhalt für die Stärke des Hirsches. Ja, das Vorkommen des Himmelszeichens überhaupt deutet auf einen stärkeren Hirsch, weil ein niedriges, endenarmes Geweih meist keine Spur im Gezweig zurückläßt.

Findest du einen Ameisenhaufen, der nach den Seiten weit auseinandergeschlagen ist, so darfst du annehmen, daß das ein Hirsch getan hat; zumal kurz vor und während der Brunftzeit. *Wimpelschlagen* nennt der Jäger diese aus Übermut hervorgehende Tätigkeit des Hirsches. Die Alten nahmen an, daß er es „zu seiner Artzney und Stärkung tue". Spechte und andere Tiere, die ebenfalls Ameisenhaufen beschädigen, wühlen Löcher in dieselben hinein, da sie an die Larven und Puppen heranwollen, der Hirsch dagegen schlägt die Ameisenhaufen auseinander. – Stößt man auf eine Stelle, wo der Bodenüberzug, Laub, Gras usw., mit dem Geweih zur Seite geschleudert ist, was der aufgekratzte und zerwühlte Boden hinreichend verrät, so hat ein Hirsch *gescherzt.* Er tut das in der Brunftzeit nicht nur aus Scherz, sondern öfter in Wut und Bosheit, *Scherzen* nennt man aber auch das meist spielende Kämpfen junger Hirsche in der Feistzeit.

Wir kommen jetzt zu den wichtigsten *Zeichen,* die die Gegenwart von Wild verraten, nämlich zu den *Fährten* und der *Losung.* Es sei gleich vorweg bemerkt, daß die alte Jägerei die Fährtenkunde gerade beim Rotwild zu einer völligen Meisterschaft ausgebaut hat, von der zwar nicht alles vor der kritischen Prüfung bestehen kann, deren wesentlicher Teil jedoch auch heute gilt. Gleichwohl wird er nur noch von wenigen Jägern gekannt.

Wenn jemand *fährtengerecht* werden will, so muß er es machen, wie der Abc-Schütze mit dem Lesen. Sind die *Tritte,* aus deren laufender Reihenfolge die Fährte besteht, auch größer als die Buchstaben, so sind die Unterschiede der Fährten von Hirsch und Tier gleicher Stärke für den Anfänger doch nur gering, so grob sie dem Kenner entgegenleuchten. Am leichtesten unterscheidet sich anfangs die Fährte eines starken Hirsches von der eines Alttieres, diese von der eines Kalbes. Besonders leicht, wenn man sie miteinander vergleichen kann. Trifft man aber auf eine Einzelfährte, so weiß man im Beginn der Lehrzeit oft genug nichts mit ihr anzufangen. Daher empfiehlt es sich, zu Anfang immer ein Maß (10 cm eines zerbrochenen Maßstabes in der Zigarrentasche oder in der Westentasche genügen) mitzuführen und die Fährten zu messen. Auf diese Weise gewöhnt sich das Auge bald an die Größenunterschiede und findet auch wohl andere. Da sieht der Lehrling zum Beispiel, daß die starken, sagen wir einmal 8 cm breiten Tritte eines Hirsches immer mit der vorderen Rundung nach außen gerichtet sind, während bei den Tritten eines Alttieres von beispielsweise 5 cm Breite die einzelnen Tritte genau parallel zur Fortbewegungsrichtung des Stückes, also parallel zur Mittellinie der Fährte stehen. Es fällt ihm ferner auf, daß die Tritte des Hirsches im weichen Sandboden immer ganz, d. h. einschließlich des Ballens abgedrückt sind, während der Ballenabdruck bei der Tierfährte fast niemals ganz, meist überhaupt nicht zu sehen ist. Er beobachtet ferner die völlige *Geschlossenheit* der Hirschtritte, ihre starke vordere Abrundung, *Stümpfe*; wogegen die Tritte des Alttieres vorn die spitzen Schalen offen, gespreizt zeigen. Man kann sagen, die vordere Form der Tritte bildet beim Hirsch einen Rundbogen, beim Tier einen Spitzbogen. Diese Beobachtungen möge der Anfänger festhalten; sie sind richtig und gut gesehen. Nichtsdestoweniger wird er oft genug in die Lage kommen, im Einzelfall nicht genau zu wissen, ob er wirklich eine Hirsch- oder eine Tierfährte vor sich hat. Da gibt es ein unfehlbares Mittel, das nie versagt, sobald man, sei es auf einem Wege oder in sonst einer Örtlichkeit mit offenem Boden, die Fährte nur 6–7 Tritte weit verfolgen kann: das ist der *Schrank.*

Die Fortbewegung des Wildes findet in der Weise statt, daß dieses bei vertrautem Ziehen die Schalen des linken Hinterlaufes genau in den Tritt des linken Vorderlaufes, die des rechten in den des rechten setzt. Diese Tritte stehen seitwärts der idealen Mittellinie der Fährte, also der Fortbewegungsrichtung; je weiter sie von dieser Linie abweichen, desto stärker ist der Schrank.

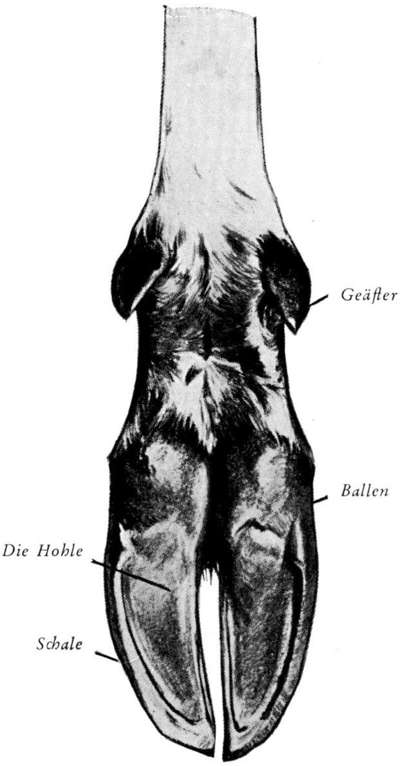

Unterer Teil eines rechten Rotwildlaufes

Ich lasse nun einige Messungen folgen, die ich in der Natur selbst von Wild aufgenommen habe, das ich vorher beobachtete, bei denen also jeder Zweifel an der Zugehörigkeit ausgeschlossen ist. Daß sie typisch sind, das haben mich vielfache weitere Messungen nach gleichen Beobachtungen gelehrt.

Der Abstand der Mitte der Trittspitze von der Mittellinie der Fährte betrug bei einem Hirsch von 10 Enden 7 cm, bei einem Alttier von gleichem Gewicht, 3 Monate vor dem Setzen, 3 cm; der Schrank, also die Entfernung der Tritte voneinander, wenn man sie hart gegeneinanderstellt, betrug somit beim Hirsch 14 cm, beim Alttier 3 Monate vor dem Setzen 6 cm, ein Unterschied, der ungeheuer in das Auge fällt.

Bei einem geringen Hirschkalb betrug der Abstand der Mitte der Trittspitze von der Mittellinie der Fährte 4 cm, der Schrank also 8 cm; das sind schon 2 cm mehr als bei einem beschlagenen Alttier. Bei Schmaltieren wird der Schrank nur dadurch hervorgebracht, daß die Innenseiten der rechten und linken Tritte immer in *einer* Linie an der Mittellinie der Fährte angrenzen. Ähnlich verhält es sich bei nicht beschlagenen Alttieren. Das ist recht bemerkenswert; denn wir sehen, daß der Schrank schon dem Hirschkalb eigen ist, daß er also innig mit dem Bau der Geschlechter zusammenhängen muß. Er ist die Folge der größeren Breite des Hirsches, der in seinem Gewicht ja das Doppelte desjenigen eines Alttieres und mehr erreicht. Darauf ist der Knochenbau von Jugend an eingerichtet; das Ergebnis ist der Schrank.

Es sei hier beiläufig bemerkt, daß man, auch wenn man es nicht mit einer fortlaufend sichtbaren Fährte zu tun hat, doch fast immer den linken von dem rechten Tritt unterscheiden kann, sobald nur die Trittspitze klar abgedruckt ist: die äußere Schale ist in jedem Alter und bei jedem Geschlecht etwas länger als die innere.

Also am Schrank haben wir in jedem Fall, wo wir es mit einer fortlaufend sichtbaren Fährte zu tun haben, ein unfehlbares Kennzeichen, ob die Fährte, ich will einmal ganz allgemein sagen, von einem männlichen oder weiblichen Stück herrührt. Sind wir daher im Zweifel, wohin wir die Fährte nach den sonstigen Merkmalen rechnen sollen, so gibt der Schrank den Ausschlag. Damit könnte ich nun die Akten über die ganze Fährtenkunde schließen, wenn wir es immer mit fortlaufend sichtbaren Fährten zu tun hätten. Aber oft genug steht auf einem Wege nur ein einziger Tritt; die anderen hat der vor uns fahrende Holzfuhrmann gerade freundlich zugefahren. So müssen denn schon auch die anderen Merkmale, die *gerechten Zeichen* der Alten, herangezogen werden, wenn wir die Fährte richtig ansprechen wollen.

Da ist zunächst, um ganz systematisch vorzugehen, die *Schrittweite*. Sie stellt den Abstand der vorhergehenden Trittspitze von der folgenden dar. Aus meinen vielfachen Fähr-

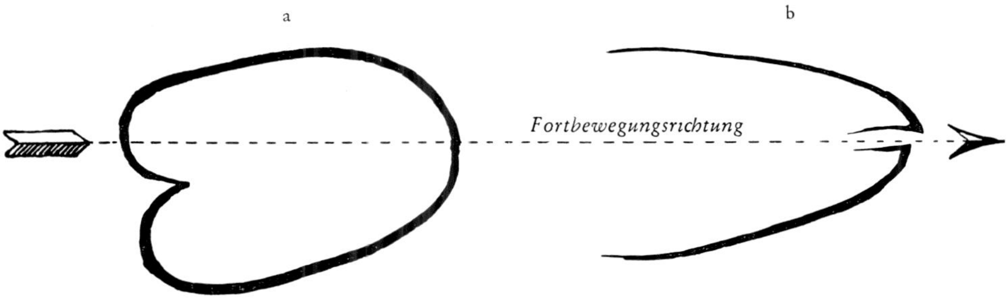

a. Linker Tritt eines geringen Hirsches. b. Linker Tritt eines mittelstarken Alttieres

tenmessungen gebe ich folgende Maße nach unmittelbaren Wildbeobachtungen: die Schrittweite eines mittelstarken Hirsches von 10 Enden betrug 70 cm, die eines geringen Hirschkalbes 41 cm. Die Schrittweite eines geringen Hirsches von 8 Enden betrug 57 cm, die eines Alttieres von gleichem Gewicht auch 57 cm.

Die Schrittweite eines anderen schlecht jagdbaren Hirsches betrug 70 cm; der Schrank zwischen zwei Tritten – nebeneinander gedacht – 17 cm; die Breite der Vorderlauftritte 7 cm, die der Hinterlauftritte 6 cm.

Demgegenüber betrug die Schrittweite eines dreijährigen Keilers 42 cm, die Trittbreite 6 cm. Man sieht, wie die Schrittweite ein sehr gerechtes Zeichen ist. Jedoch gehört zu ihrer Bestimmung immer eine fortlaufende Fährte vertraut gezogenen Wildes. Hat man eine solche Fährte nicht, sondern nur einen einzelnen Tritt, so muß die *Stärke* und *Form* des Trittes das Rätsel lösen. Die obenstehende Abbildung sagt in dieser Hinsicht genug, mehr als Worte sagen können. Doch sei hier noch erwähnt, daß man es dem einzelnen Tritt, wenn die Merkmale nicht ganz klar abgedrückt sind, nicht immer ansehen kann, ob der Hinterlauf auch in den Tritt des Vorderlaufes hineingesetzt ist, was besonders beim Hinaustreten des Wildes auf Wege und Gestelle zweifehaft sein kann; denn hier sichert es gern seitwärts und stellt dementsprechend die Läufe. Für diesen Fall muß man wissen, daß der Tritt des Hinterlaufes immer um etwa 1 cm schmaler ist (bei erwachsenem Wild) als der des Vorderlaufes. Ein Hinterlauftritt von 7 cm Breite würde einem Vorderlauftritt von 8 cm Breite entsprechen, also immer einem jagdbaren Hirsch angehören. Besonders bezeichnend ist die obenstehende Abbildung auch für Fährten auf hartem Boden, wo andere, nachher zu erwähnende Zeichen nicht sichtbar werden, sondern wo nur die Wände der Schalen als schmale Kränze zu sehen sind; man nennt ein solches Auftreten des Wildes *Kränzen*.

Der *Zwang* oder das *Zwingen* ist eine Eigentümlichkeit der Fährte des Hirsches, die seinem strafferen, festeren Auftreten entspricht, während das Tier mehr schiebt oder latscht. Der Hirsch drückt beim Ziehen die Schalen seitlich fest zusammen, außerdem drückt er die Schalenspitzen von vorn etwas nach rückwärts gegen die Ballen hin, er *zwingt*. Infolgedessen ist die Hirschfährte schärfer ausgeprägt *geschlossen*.

Die Schalen des Hirsches sind vorn *stumpf*, wohl infolge der stärkeren Abnutzung durch den Zwang, der sich als ein scharfes Zusammenziehen der Schalen kennzeichnet. Ferner führt der Zwang zur Bildung des *Burgstalles* oder des *Grimmens,* einer im bindigen, frischen Boden in der Mitte des Trittes zurückbleibenden, rundlichen Erhabenheit, die, solange die Schalen den Boden berührten, die *Hohle* ausfüllte. Eine weitere Folge des Zwanges ist das *Fädchen* oder *Fädlein.* Wenn der Hirsch den Lauf zur Erde gestellt hat und man von oben auf die Schalen sehen könnte, so würde man finden, daß sie einander vorn unmittelbar berühren, also keinerlei Erdreich zwischen sich haben. Von den Schalenspitzen aufwärts aber weisen sie einen schmalen Zwischenraum auf, in dem sich beim Wei-

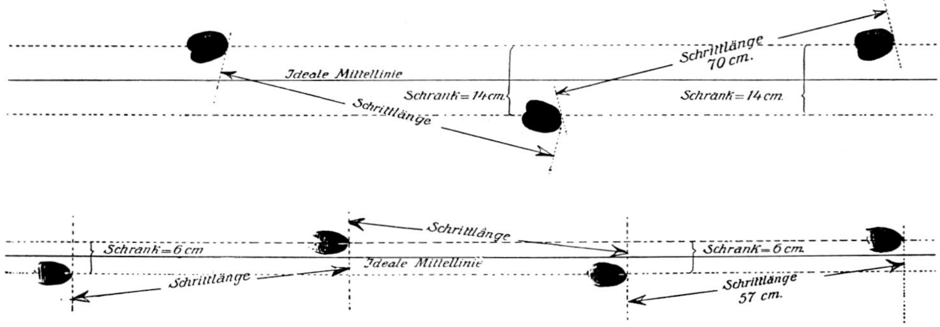

Der Schrank; oben: Fährte eines Hirsches von 10 Enden; unten: Fährte eines Tieres

terschreiten durch das Zusammenziehen der Schalen, den Zwang, etwas Boden in die Höhe schiebt und unter Umständen stehenbleibt. Dieses Bodenstreifchen, nach vorn infolge des Schalenschlusses plötzlich aufhörend, heißt das *Fädchen* oder *Fädlein.* Beim Tier, dessen Schalen sich vorn nicht schließen, bleibt ein mit dem unberührten Erdreich zusammenhängender, zwischen die Schalenabdrücke in den Tritt ragender Streifen Erde stehen.

Ein weiteres gerechtes Zeichen ist der *Einschlag.* Zieht der Hirsch über Wiesen, Felder oder dergleichen, so schneidet er infolge seines Gewichtes und des Zwanges die Halme mit den Schalen scharf ab, während das Tier sie nur quetscht. Auch hält der Hirsch diese abgeschnittenen Halme infolge des Zwängens eine Zeitlang zwischen den Schalen fest, um sie gelegentlich zu verlieren. Findet man daher auf Bodenstellen, wo kein Gras usw. wächst, in der Fährte einen Halm mit scharfen Schnitträndern, so ist das ein gerechtes Zeichen, daß hier ein Hirsch zog.

Je älter der Hirsch wird, um so stärker und stumpfer werden sein *Oberrücken* oder *Geäfter;* und desto weiter stehen sie vom Lauf ab und auseinander, während sie beim Tier gerade herunterzeigen und nah aneinander gerückt sind. Erkennt man sie also z. B. im Schnee, wenn der Hirsch vertraut zog, oder sonst im Boden, wenn der Hirsch flüchtig war, oder, wenn er im losen Erdreich tief durchtrat, als weit abstehend, stumpf und stark, so hat man die Gewißheit, vor der Fährte eines Hirsches zu stehen. Immerhin erfordert dieses Zeichen den Blick eines erfahrenen Waidmannes.

Wir werden nachher sehen, daß gerade der Abdruck der Oberrücken das Kennzeichnende in der Fährte des Schwarzwildes darstellt. Bei diesem Wild ist aber die Sache so grob, daß das Zeichen nur einen ganz unerfahrenen Anfänger irreführen kann; für einen etwas geübten Waidmann ist jede Verwechslung ausgeschlossen.

Die *Ballenzeichen* sind, abgesehen von dem Vierballenzeichen, gerechte Zeichen für den starken Hirsch und das beschlagene Tier. Sie sind beim Hirsch die Folge feisten Zustandes,

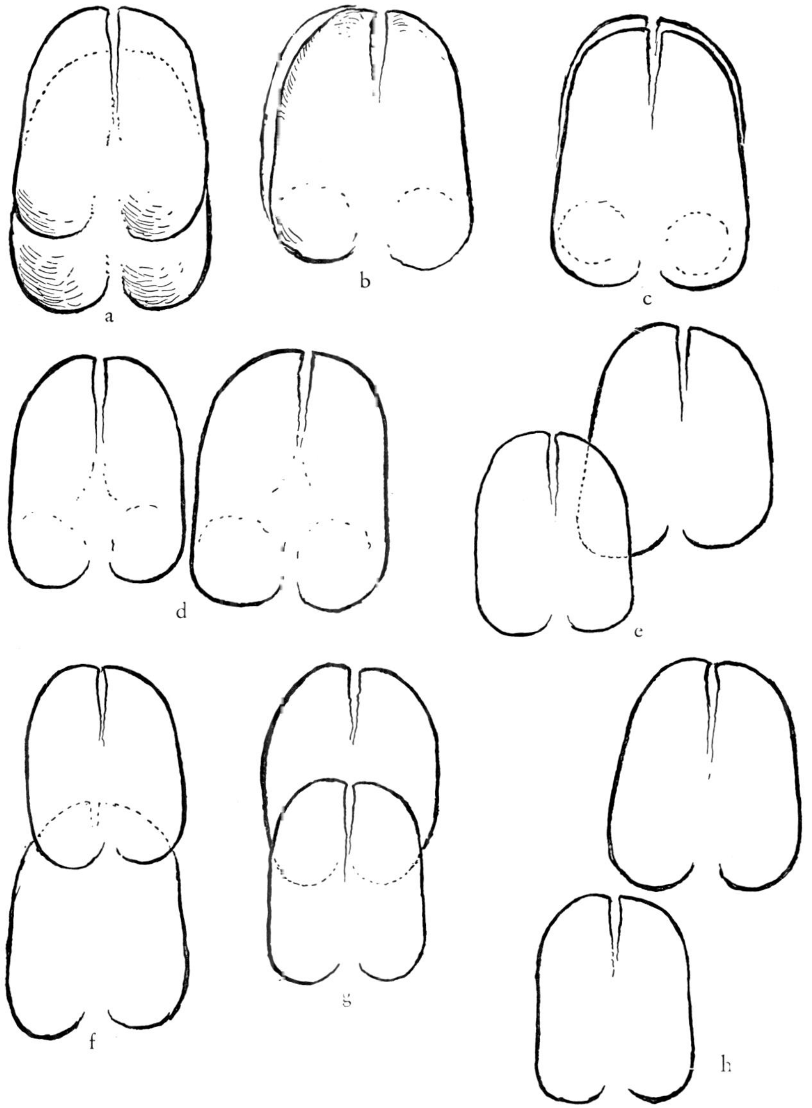

Hirschgerechte Zeichen. a. Vierbahenzeichen b. Blenden, c. Reifchen, d. Beitritt, e. Kreuztritt, f. Übereilen, g. Ereilen, h. Zurückbleiben oder Hinterlassen
Aus: Frevert, „Die gerechte Führung des Hannoverschen Schweißhundes", Verlag Paul Parey

wie der Steifheit des Alters, beim Tier der Schwerfälligkeit aus Anlaß des wachsenden *Fötus*. Daher weist die Tierfährte sie nur am Ende des Frühlings auf, die Hirschfährte mehr oder minder zu jeder Zeit, besonders natürlich in der Feistzeit. Abgesehen von der Breite und Form des Tiertrittes, die nach dem Vorhergehenden leicht erkennbar sind, fällt bei dieser Tierfährte sofort ins Auge, daß die Mittellinien der Tritte bei Vorder- und Hinterlauf nicht parallel stehen. Der Vorderlauftritt zeigt genau in die Richtung der Fortbewegung, der Hinterlauftritt stark nach auswärts. Bei der Hirschfährte zeigt die Mittellinie des Vorderlauftrittes ebenso nach außen (beim Pferde würde man solches Auftreten des Vorderbeines als Tanzmeisterschritt bezeichnen; dem Hirsch ist er immer eigentümlich) wie die des Hinterlauftrittes.

Junge Hirsche weisen in der Fährte oftmals das *Vierballenzeichen* auf; eine Folge des *Übereilens,* wie wir es auch im Weideschritt ungerittener, junger Pferde sehen. Der Hinterlauf wird nicht genau in den Tritt des Vorderlaufes gesetzt, sondern etwas vorgeschoben, so daß oft alle vier Ballen abgedrückt werden. Da aber der vordere, der Hinterlauftritt, wesentlich schmaler ist als der des Vorderlaufes, so läßt sich der erfahrene Waidmann dadurch nicht irreführen. Tritt der Hirsch mit dem Hinterlauf nicht genau in den Tritt des Vorderlaufes, so erscheint die Fährte leicht breiter, als sie in Wirklichkeit ist; man nennt dieses Zeichen das *Blenden.* Tritt der Hirsch mit dem Hinterlauf neben den Tritt des Vorderlaufs, so spricht man vom *Beitritt,* stehen die beiden Tritte halb seitlich aufeinander, so haben wir den *Kreuztritt.* Blenden, Beitritt und Kreuztritt kommen jedoch auch beim Kahlwild vor.

Zu dem schon genannten *Einschlag* gehört als gerechtes Zeichen noch der *Abtritt* oder das *Gräslein.* Es entsteht durch Gewicht und Zwang des Hirsches und unterscheidet sich von dem Einschlag nur dadurch, daß er am Ort liegenbleibt. Das mitgenommene und dann verlorene Gräslein ist der Einschlag.

Wenn Rotwild aus dem *Bett hoch wird,* so richtet es sich mit den Hinterläufen zuerst auf. Dabei hat der Hirsch die Eigentümlichkeit, einen Lauf ziemlich mitten unter dem Körper aufzusetzen; während das Kahlwild den Lauf mehr seitlich ansetzt. Auf diese Weise erscheint nachher beim Hirsch der Abdruck der Schalen eines Hinterlaufes mehr oder minder mitten im Bett. Man nennt diese Erscheinung den *Schloßtritt,* das gerechte Zeichen eines Hirsches.

Noch sei des *Reifchens* oder *Reifleins* gedacht. Durch das Einsetzen des Hinterlaufes in den Vorderlauftritt wird, weil der erstere geringer ist als letzterer, oftmals ein schmales Streifchen Boden, das bald länger, bald kürzer ist, in die Höhe geschoben. Da die Schalenstärke vorn und hinten beim Hirsch größere, beim Tier geringere Verschiedenheit aufweist, und außerdem die Fährte des Hirsches *reiner* ist als die meist etwas unklare des Tieres, so ist die schärfere Ausbildung des Reifchens ein Zeichen des Hirsches.

Schließlich sei noch das *Insiegel* erwähnt. Beim Durchwechseln des Wildes durch zähen Lehm oder durch ballenden Schnee bleibt oftmals ein Klumpen Lehm oder Schnee an den Schalen sitzen, der nach einiger Zeit abfällt. In diesem sind die Schalen mehr oder weniger abgedrückt, so daß man nach dem Insiegel die Fährte ziemlich sicher ansprechen kann.

Das wären in der Hauptsache die gerechten Zeichen der Fährte, die bei einigem Fleiß leicht zu erlernen sind, deren Kenntnis aber von einem Waidmann verlangt werden muß. Ohne sie ist er unfähig, den für die Nachsuche unentbehrlichen Hund zu arbeiten.

Die alte Jägerei hatte die Fährtenkunde oft bis ins Kleinliche ausgebildet; 72 Zeichen gab es, die der hirschgerechte Jäger kennen mußte. Lassen wir aber diese Spielereien fort, und bleiben wir bei der erwähnten Hauptsache, so bleibt genug übrig, um noch heute eine Kunst zu üben, ohne die ein guter Waidmann nicht bestehen kann. Wäre nur die Stärke der Fährte ausschlaggebend, so wäre nicht viel Rühmens dabei; denn die läßt sich mit dem Meßstock jederzeit erweisen. Aber man wüßte dann weiter nichts, als daß man vor der Fährte eines starken Hirsches steht; ob es sich um die eines Alttieres oder eines geringen Hirsches handelt usw., das bleibt unentworren. Der Rotwildjäger aber muß nähere Einzelheiten aus der Fährte lesen können, und es kann mit Bestimmtheit behauptet werden, daß die Beherrschung der Kunst des sicheren Färtenansprechens nicht nur den starken Hirsch erkennen, sondern auch den geringen Hirsch vom gleichstarken Alttier, den Spießer vom Schmaltier, ja schon das Hirschkalb vom Wildkalb sicher unterscheiden läßt.

Freilich gilt das immer zunächst für das Revier, in dem man zu Hause ist; und es läßt sich nicht ohne weiteres auf jedes andere Revier übertragen. Denn die Fährten eines ebenen, sandigen Reviers sind von denen im steinigen Gebirgsrevier, wie von denen im nassen Bruchrevier verschieden. Wer aber die Fährten *seines* Revieres oder *eines* Revieres sicher anzusprechen vermag, der wird sich auch bald in die eines anderen richtig hineinsehen.

Eine wesentliche Ergänzung der Fährtenkunde bildet die Kenntnis der *Losung* des Wildes. Schon die Art des *Nässens* läßt einen Schluß zu, ob Hirsch- oder Wildfährte. Das

Losung des Hirsches *Losung des Tieres*

Tier näßt dorthin, wo es schon gestanden hat, hinter sich; es näßt in den *letzten Tritt;* der Hirsch näßt zwischen die Tritte; er *tritt* auf das benäßte *Erdreich.*

Die feste Losung des Edelwildes fällt nach Jahreszeiten und Äsung verschieden. Sie ist der Form der Eichel ähnlich und von dunkelgrüner bis schwarzgrüner Farbe. Bei hinreichender Äsung fällt sie reichlich; sie ist dann, wenn sie nicht blättrig oder formlos wird, von sehr regelmäßiger Beschaffenheit. Bei Äsungsmangel oder bei Hirschen zur Brunftzeit, wo wenig oder gar keine Äsung aufgenommen wird, wird sie unregelmäßig und in der Form verkümmert.

Die Losung des Hirsches unterscheidet sich von der des Tieres einmal durch ihre größere Gleichmäßigkeit in der Form, falls diese erkennbar ist, dann durch die Größe der einzelnen Stücke, endlich durch ihre Gestalt. Der starke Hirsch läßt auch die weiche, blätterige und ganz ungeformte Losung in größeren Haufen und von stärkerem Durchmesser fallen als selbst ein starkes Tier. Die einzelnen Stücke geformter Losung haben gleiche Längen und gleiche Durchmesser; an dem einen Ende zeigt sie ein *Zäpfchen,* an dem anderen ein *Näpfchen,* immer ineinander passend, oft aneinanderhängend. Sie sind im Verhältnis zu ihrer Länge viel dicker als beim Kahlwild, bei dem die Länge die Dicke weit, oft mehrfach übersteigt (beim Hirsch Kegelkugel, beim Tier Kegel).

Im Winter ist die Losung hart, im Frühjahr, nach Aufnahme saftiger Kräuter, weich; in der Feistzeit fällt sie oft in Fladen und ist stark mit Schleim überzogen. Bei den Tieren bleibt sie auch zur Brunftzeit so, während sie bei den Hirschen zu dieser Zeit wieder hart wird und beim alten *Platzhirsch* (dem Beherrscher eines Brunftplatzes) oft völlig verkümmert fällt.

In Mastjahren erholt sich der Hirsch jedoch bald von den Strapazen der Brunftzeit; dann fällt die Losung wieder regelmäßig und reichlicher.

Es möge jetzt noch die Besprechung einiger Eigenschaften des Rotwildes folgen, die für dessen Jagd von Bedeutung sind. Da sind zunächst die Sinne: das Rotwild *äugt* außerordentlich scharf, *windet* auf weiteste Entfernung hin und *vernimmt* mit ungeheurer Feinheit das leiseste Geräusch. Man darf ohne Übertreibung sagen, daß es von allen übrigen Wildarten die feinsten Sinne vereinigt besitzt, wenn auch der eine oder andere Sinn von dem einer anderen Wildart übertroffen wird. Mit ruhiger Überlegung verbindet es eine große Vorsicht. Es weicht einer Gefahr nicht eher aus, als bis es sie erkannt hat; ja, es sucht dem störenden Gegenstand näher zu kommen, um ihn zu erkennen. Seinen Wechsel nimmt das Wild immer gegen den Wind oder mit halbem Wind, so daß man aus der Windrichtung schließen kann, wohin das Wild seinen Wechsel genommen. Daher steht es bei Ostwind mehr in östlichen Revieren, bei Westwind mehr in westlich gelegenen. Hiervon weicht aber angeschweißtes Wild, namentlich waidwund geschossenes, ab. Dieses zieht gern *mit* dem Wind, weil es das Gelände *vor sich* mit den Augen beherrscht, das *hinter sich* unter dem Windfang haben will. Derartiges Wild tut sich auch gern so nieder, daß es in seine eigene *Rückfährte* äugt (die Fährte, wo es herkam; dagegen *Hinfährte,* die Fährte in der Vorwärtsrichtung), weil es auf dieser den Verfolger erwartet.

Wo Edelwild auf Blößen steht, wird man es regelmäßig auf *der* Seite finden, wo der Wind herkommt. Die Blöße selbst kann es überäugen; was im überliegenden Bestand herannaht, darüber soll der Wind Auskunft geben. So steht das Wild regelmäßig auf der dem Jäger ungünstigen Seite.

Im Wald, wo das Gesichtsfeld beschränkt ist, hat es für den Waidmann, der Wild erwartet, Bedeutung zu wissen, in welcher Reihenfolge es heranzieht. Diese ist, wenn das Wild nicht erheblich beunruhigt wurde, immer dieselbe. Bei Kahlwildrudeln ist das Leittier immer ein Alttier, das ein Kalb führt; dann folgt das Kalb, diesem ein Schmaltier: dann wieder ein Alttier, Kalb, Schmaltier oder die gelten Tiere, falls Alttiere mit Kälbern nicht mehr dabei sind. In gemischten Rudeln sind die Hirsche immer die letzten. Der allerletzte pflegt gleichzeitig der stärkste zu sein. Wirklich starke Hirsche stehen außer der Brunftzeit nicht mit dem Kahlwild zusammen; sie lieben die Kinderstube nicht. Bei einem Rudel Hirsche ist gewöhnlich der geringste der erste, der stärkste der letzte. Jedoch trifft es auch gelegentlich zu, daß der stärkste Hirsch das Rudel führt.

Durch die fortschreitende Kultur ist das Rotwild an vielen Orten zum Nachttier geworden; in ruhigen Revieren zieht es freilich auch während der Mittagsstunden auf Äsung umher. Sonst tritt es abends, meist bei schwindendem Büchsenlicht auf die Äsungsflächen, um diese mit dem ersten Morgengrauen zu verlassen; wenn ein Rudel Hirsche morgens früh wieder *zu Holze zieht,* so nennt man das den *Kirchgang.*

Über die Tageszeit, wann das Wild die Suhle annimmt, ist allgemein Bestimmtes nicht zu sagen. Genaue örtliche Beobachtung muß darüber Aufklärung schaffen; dasselbe gilt von der Annahme der Tränke. Daß beide Gelegenheiten – wenn sie im Wald liegen, in dem das Wild früher und länger rege ist als auf dem Feld oder beim Zuholzeziehen – in trocknen Revieren und in trocknen Sommern dem Jäger auch bei gutem Büchsenlicht gute Aussichten bieten, liegt auf der Hand.

Die Richtlinien für den Wahlabschuß sehen folgende Klassen vor:

Ia Jagdbare Hirsche sind solche, die dem Hegeziel entsprechen oder nahe kommen.

Ib Starke Abschußhirsche, die in der Geweihbildung erheblich vom Hegeziel abweichen.

IIa Zukunftshirsche, die grundsätzlich zu schonen sind.

IIb Geringe Abschußhirsche, die für ihre Altersstufe eine schlechte Geweihbildung zeigen.

Je nach den Wuchsgebieten werden Mindestgeweihgewichte für die einzelnen Klassen festgesetzt.

Im Treiben

Nach einem Gemälde von Willi Lorenz

DAS DAMWILD

Beim *Damwild* sind die waidmännischen Bezeichnungen im wesentlichen dieselben wie beim Rotwild. Man spricht vom *Damhirsch*, vom *Damtier, Schmaltier, Hirsch-* und *Wildkalb* wie dort (in den Ländern des alten Österreichs sagt man allgemein; Dambock, Damgeiß, Damkitz); nur gelten hinsichtlich des Geweihes, das bei älteren Hirschen aus *Schaufeln* besteht, einige Besonderheiten. Aus dem *Damspießer* wird der *geringe Hirsch*, den man, solange die Stangen noch keine Neigung zur Verbreiterung, zur Schaufelbildung, zeigen, hier und dort auch *Knieper* oder *Sprossler* nennt. Es folgt dann bei Beginn der Schaufelbildung der *angehende Schaufler*, auch *Löffler*, der *Halbschaufler*, der *Schaufler*, der *Kapitalschaufler*, je nach der stärkeren Ausbildung der Schaufeln. Das beim starken und Kapitalschaufler am hinteren, unteren Teil der Schaufeln sich bildende hakenförmige Ende bezeichnet man als den *Schauflerhaken*.

Das Gebiß des Damwildes weist nur ausnahmsweise *Haken* auf.

Was die Beobachtung dieser Wildart im Revier betrifft, so gilt dasselbe wie beim Rotwild. Doch ist der *Brunftschrei* des Damhirsches wesentlich von dem des Rothirsches verschieden. Er stellt ein lang anhaltendes, rasselndes Rollen dar, das an- und abschwillt, so daß man aus der Ferne nur den stärksten Teil des Rollens hört und diesen als durch häufige Pausen unterbrochen glaubt. Das trifft jedoch bei näherem Anpürschen nicht zu; denn dann hört man auch die leiseren Töne. Die Brunft dauert von Mitte Oktober bis Mitte November. Die *Setzzeit* fällt in die Monate Juni bis Anfang Juli. Das Tier setzt ein oder zwei, selten drei Kälber.

Neben dem Brunftlaut der Hirsche haben diese, wie die Tiere, einen *Schmällaut;* sie *schrecken*, wenn sie beunruhigt werden, ohne zu wissen, durch wen. Das *Mahnen* dient der Verständigung zwischen Tieren und Kälbern.

Ebenso wie beim Rothirsch kann man auch den brunftenden Damhirsch durch die Nase feststellen, wenn man in seinen Wind gerät. Er zeichnet sich durch einen stark bockigen Geruch aus.

Die Ansichten über den jagdlichen Wert des Damhirsches sind recht verschiedenartig, je nachdem dieses Wild nach seinem Verhalten in kleinen Tiergärten oder in der freien Wildbahn beurteilt wird. In enger Einhegung wird das Damwild leicht zahm, so daß es den Menschen eher aufsucht als vor ihm flieht. Dagegen treten in freier Wildbahn ganz andere Eigenschaften hervor, die die Jagd auf dieses Wild eher schwieriger denn leichter als die auf Rotwild erscheinen lassen.

Einige besondere Eigenschaften tragen dazu bei, dem Damwild einen gewissen lächerlichen Anstrich zu geben, wohin schon die Bezeichnungen Damzicke, Dambock deuten. Flüchtiges Damwild streckt nämlich den sehr langen Wedel, der ihm einmal eigen ist, gerade nach hinten aus; nur angeschweißtes Wild läßt ihn hängen oder kneift ihn gar ein. Außerdem macht dieses Wild häufig Sprünge eigenartiger Natur, indem es in der Flucht mit allen vier Läufen zugleich in die Höhe hüpft; ein Anblick, bei dem ich das Lachen nie habe unterdrücken können.

Dazu kommt die Verschiedenartigkeit des Haares: es gibt außer dem gewöhnlich rotbraunen Damwild auch dunkles, schwarzes, hellgelbes und schneeweißes. So hat dieses in freier Wildbahn und *großen* Tiergärten schwierig zu bejagende und damit reiche Jagdfreude bietende Wild vielfach nicht das rechte Ansehen gefunden.

Und doch stellt der starke Schaufler ein sehr ansehnliches Wild dar. Er wird unglaublich feist; gelegentlich werden Hirsche von 100 bis 120 kg aus guten Revieren gemeldet; wenn auch 90 kg durchweg als das Gewicht eines guten Schauflers ohne Aufbruch gelten kann.

In der Feinheit der Sinne steht das Damwild dem Rotwild nicht nach, es ist dazu außerordentlich mißtrauisch und beruhigt sich, einmal erregt, so leicht nicht wieder. Da es unruhiger ist als das Rotwild, so wird es leichter als dieses auf den Jäger aufmerksam; es bleibt dann in Bewegung, und du kannst den ganzen Tag hinterherpürschen: es wird dich nicht in Schußnähe herankommen lassen.

Vielfach wird behauptet, Damwild und Rotwild vertrügen sich nicht miteinander in *einem* Revier. Die Tatsache, daß beide Wildarten häufig durcheinander vorkommen, spricht gegen die allgemeine Gültigkeit dieser Ansicht. Doch wollen gut beobachtende Waidmänner wissen, das Rotwild meide die Plätze, wo das Damwild viel äse; es würde durch den ihm unangenehmen Geruch der Damwildlosung verscheucht. Demgegenüber wird behauptet, Damwild, das mehr Vorliebe für Kräuter als für Gräser habe als das Rotwild, wähle überhaupt von vornherein andere Äsungsplätze als dieses. Daß starke Rothirsche dort nicht gern Stand nehmen, wo das immer lebhafte und unruhige Damwild wechselt, ist verständlich; – meiden sie doch auch die eigene Kinderstube.

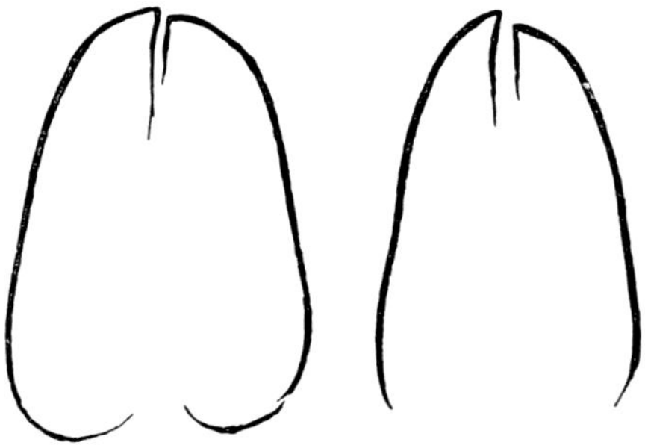

Tritt eines Damschauflers *Tritt eines gleichstarken Rottieres*
1/2 natürl. Größe

Wie man die *Fege-* und *Schälstellen* von denen des Rotwildes unterscheidet, darüber muß, sowiet es im Einzelfall überhaupt möglich ist, die örtliche Erfahrung lehren. Die *Salzlecken* nimmt Damwild am gierigsten von allen Wildarten an; dagegen *suhlt* es nicht.

Die *Feistzeit* fällt in die Monate von Ende Juli bis September.

Für die Fährte des Damwildes gilt grundsätzlich und in der Hauptsache dasselbe wie beim Rotwild. Doch ist der einzelne Tritt auch des stärksten Schauflers niemals in der Weise abgestumpft, wie schon beim geringen Rothirsch; alle Damwildfährten zeichnen sich durch eine auffallend spitze Form der Tritte aus. In der Länge und Breite der einzelnen Tritte erreicht der des stärksten Schauflers höchstens die Maße eines Hirsches von 6 Enden; beim Damtier wird der Tritt nicht stärker als der eines Rotwildkalbes von 80 Pfund. Dementsprechend ist auch die Schrittweite. Nichtsdestoweniger läßt sich die Fährte des Damhirsches durch zwei sehr in das geübte Auge fallende Zeichen von der des Tieres, abgesehen von dem erheblichen Stärkeunterschied der Tritte, leicht unterscheiden; das sind der *Schrank* und der *Zwang*. Ich habe lange Zeit auf das Studium der Damwildfährten verwendet und mich schließlich so in diese hineingesehen, daß ich jeden einzelnen Hirschtritt von dem des Tieres am Zwang erkennen konnte. Dieser machte die Fährte reiner und geschlossener, während der Tritt des Tieres immer unklar und in den Einzelheiten verwischt ist. Nun liegt es auf der Hand, daß schon die Größe des Hirschtrittes eine Verwechslung mit dem Tritt des Damtieres ausschließt; – nicht aber mit dem des Rottieres. Diesen Unterschied möchte ich daher kurz hervorheben. Beider Tritte sind unter Umständen gleich groß; beide sind spitz. Der des Damhirsches ist aber ziemlich geschlossen, der des Rottieres vorn offen, gespreizt; der des Damhirsches rein, der des Rottieres unklar, außerdem ist beim Damwild der Ballenabdruck etwa halb so lang wie der ganze Tritt, beim Rotwild dagegen macht er nur knapp ein Drittel der gesamten Trittlänge aus.

Auch die *Schrittweite* gibt einen Anhalt; sie beträgt bei einem alten Rottier 57 cm, bei einem starken Damschaufler höchstens 45–47 cm.

Die *Losung* des Damwildes gleicht der des Edelwildes in verhältnismäßiger Stärke; doch sind die Unterschiede bei Hirsch und Tier nur in der Größe zu finden.

DAS SIKAWILD

Seit mehreren Jahrzehnten ist in Deutschland in verschiedenen Revieren Sikawild ausgesetzt worden und hat sich in befriedigender Weise vermehrt und eingewöhnt. Die Sikahirsche haben ihre Heimat in Japan, in der Mandschurei und in Nordchina. Soweit ich feststellen konnte, wurde Sikawild 1910 in Cadinen bei Elbing und 1893 im Arnsberger Wald auf der damaligen Besitzung des Grafen DONNER ausgesetzt. Außerdem befindet sich in Baden an der Schweizer Grenze ein aus einem Gatter stammender Sikawildbestand in freier Wildbahn. Der heute vorhandene Gesamtbestand dürfte in Westdeutschland etwa 300–400 Stück betragen.

Die waidmännischen Bezeichnungen des Sikawildes sind dieselben wie beim Rotwild.

Die Sommerdecke des Tieres ist scheckig, bedeutend scheckiger als die des Damwildes, während das Wild sonst in Form und Größe dem Damwild ähnelt. Die Winterdecke des Tieres ist grau, etwas dunkler als beim Rehwild. Auch der Hirsch ist im Sommer gescheckt, jedoch nicht so stark wie die Tiere. Die Grundfarbe der Decke steht etwa zwischen dem Rot des Rehbockes und dem Wintergrau des Rotalttieres. Im Winter ist die Decke des Sikahirsches tief dunkel mit einem breiten Aalstrich über den Rücken. Der Kopf ist tiefschwarz, so daß die Hirsche im Winter ein fast diabolisches Aussehen haben. Der Wedel ist etwa halb so lang wie beim Damwild, sehr auffällig ist der große, schneeweiße Spiegel. Die Fährte ist etwas größer als die des Rehwildes und etwas runder als die des Damwildes. Außerdem sind die Ballen beim Sikawild stärker abgedrückt als beim Damwild.

Ein ausgewachsener Hirsch wiegt etwa 100–120 Pfund aufgebrochen, ein Alttier 60–70 Pfund. Das Wildpret ist außerordentlich schmackhaft. Das Sikawild hat kleine, aber meist sehr gut gebräunte Grandeln.

Das Sikawild ist ein ausgesprochenes Wald- und Mittelgebirgswild. Es zieht im allgemeinen immer nur auf Felder, die am Waldrande liegen, außerdem zeigt es überall große Standorttreue, leider schält es sehr stark.

Die Brunft dauert von Ende Oktober bis Ende November. Anfang Juni werden ein oder zwei Kälber gesetzt. Wie mir der Revierverwalter des Forstamts Födersdorf mitteilt, vertritt er den Standpunkt, daß bei ihm häufiger zwei Kälber als eins gesetzt werden, und daß einmal sogar Drillinge beobachtet worden sind. Das Sikawild ist außerordentlich klimahart und hat die strengen ostpreußischen Winter stets ohne nennenswerte Verluste überstanden.

Wie wir gesehen haben, hat das Sikawild zahlreiche gute Eigenschaften, so daß eine weitere Verbreitung und Vermehrung dieser Wildart durchaus wünschenswert wäre – wenn die Trophäe stärker und besser wäre. Das Geweih des Sikahirsches geht nämlich niemals, oder doch nur äußerst selten, über die Achterstufe hinaus. Die Geweihentwicklung ist sonst die gleiche wie beim Rotwild, also Spießer, Sechser (der Gabler wird meistens übersprungen), Achter. Das Geweih eines jagdbaren Hirsches ist im allgemeinen nicht über 50 cm hoch, die Enden haben eine Länge von 10–12 cm. Da auch Farbe und Perlung sehr zu wünschen übrig lassen, kann ein Sikageweih bei aller Sympathie, die ich sonst für dieses Wild hege, wirklich nicht besonders begehrenswert genannt werden.

In einzelnen Revieren hat man, um die Farbe, Perlung und Auslage der Sikahirsche zu verbessern, einen Verwandten aus dem nördlichen Gebiet der Mandschurei, den Dybowski-Hirsch, der außerdem stärker an Wildpret ist, eingekreuzt und damit auch einigen Erfolg erzielt.

DAS STEINWILD

Was menschlicher Aberglaube anzurichten vermag, zeigt die fast völlige Ausrottung des Alpensteinbocks, dieses herrlichen Bergwildes, welches früher im gesamten Alpengebiet heimisch war. Das Herzkreuzl, die Bezoarsteine aus dem Pansen, die Hörner und vieles andere am Steinbock galt als heilkräftig, als Talisman gegen böse Geister und als Helfer gegen die Widerwärtigkeiten dieses Lebens. Nur an einer einzigen Stelle im gesamten Alpengebiet hat sich das Steinwild seit Urzeiten gehalten, es ist das in Italien gelegene Gebiet des Gran Paradiso, welches sich bis zu einer Höhe von 4000 m erhebt. In dieses sehr schwer zugängliche Gebiet hatten sich geringe Reste des Steinwildes vor der Verfolgung des Menschen gerettet. Es ist das Verdienst des Königs Viktor Emanuel II., des Jägerkönigs, wie er in Piemont genannt wurde, daß der Alpensteinbock vor vollständiger Vernichtung bewahrt blieb. 1854 machte Viktor Emanuel den Gran Paradiso zum Hofjagdrevier, und damit wurden umfangreiche Maßnahmen zur Hege und zum Schutz des Steinwildes eingeleitet. 1933 wurde der Gran Paradiso durch Gesetz zum Nationalpark erklärt. Die Folgen dieser Maßnahmen sind sehr erfreulich. Heute wird der Bestand an Alpensteinwild auf italienischem Gebiete auf etwa 1000 Stück geschätzt, nachdem der Bestand vor dem Kriege fast 4000 Stück betragen hatte. Der Abschuß erfolgt außerordentlich vorsichtig und beträgt jährlich nur einige wenige Stücke, wobei allerdings zu berücksichtigen bleibt, daß durch Lawinen und Steinschlag ein verhältnismäßig hoher natürlicher Abgang vorhanden ist.

Nachdem in der Schweiz durch die Wildpark-Gesellschaft Peter und Paul St. Gallen an verschiedenen Stellen die Wiedereinbürgerung des Steinwildes gelungen war, und der Gesamtbestand in der Schweiz heute schon etwa 5000 Stück beträgt, wurde in Deutschland im Jahre 1936 unweit von Berchtesgaden auf der „Röth" hinter dem Königsee Steinwild zunächst in einem Eingewöhnungsgatter ausgesetzt. In Österreich, insbesondere im Revier Blühnbach in den Salzburger Alpen, war schon ein Jahrzehnt früher Steinwild mit gutem Erfolg wieder eingebürgert worden. Beide Vorkommen haben sich in den letzten Jahren vereinigt und stehen mal auf deutscher und mal auf österreichischer Seite.

Die waidmännischen Bezeichnungen sind dieselben wie beim Gamswild, als Besonderheit merke: *Steinwild* oder *Fahlwild, Steinbock* oder *Alpensteinbock, Steingeiß* auch *Steinziege, Bockkitz, Geißkitz.* Der Steinbock hat ein *Gehörn,* an dem *Hornwülste* sitzen, die in hohem Alter jedoch nur noch wenig ausgeprägt sind. Die Sinne des Steinwildes sind außerordentlich fein entwickelt, das Gesicht ist erheblich besser als beim Gamswild. Das Wildpret soll von vorzüglichem Geschmack sein. Die Brunft fällt mit der Gamsbrunft zusammen, ist also im November, erstreckt sich jedoch manchmal bis in den Januar hinein. Die Steingeiß setzt ein und häufig auch zwei Kitze.

Von einer Jagd auf Steinwild kann man vorläufig in Deutschland nicht mehr sprechen. Immerhin scheint nach den bisherigen Ergebnissen die Wiedereinbürgerung im deutschen Alpenland gesichert, und die weitere Vermehrung und Ausbreitung dieses herrlichen Wildes sehr wohl möglich zu sein.

DAS MUFFELWILD

Das männliche Stück heißt *Muffelwidder,* das weibliche *Muffelschaf,* auch *Wildschaf;* man spricht ferner vom *Schmalschaf* und vom *Widderlamm* und *Schaflamm.* Der Widder wird als ein-, zwei-, drei- usw. -jähriger Widder bezeichnet, endlich als guter, starker, kapitaler Widder. Er trägt *Schnecken,* die mit zunehmendem Alter größer und gedrehter werden; auf beiden Flanken hat er einen hellen, weißlichen Fleck, den *Sattel* oder die

„Widderlamm" 1. Lebensjahr *„Gering" 2.–3. Lebensjahr*

„Angehend" 4.–6. Lebensjahr *„Jagdbar" 7.–8. Lebensjahr* *„Kapital" 9. Lebensjahr*

Schneckenentwicklung eines gut veranlagten Widders
Zeichn. Jagdinstitut der Forstl. Hochschule Hann.-Münden

Schabracke, auch *Schneefleck* genannt. Den Warnlaut der Widder und Schafe nennt man *Pfeifen,* den Lockton vorwiegend der Schafe und Lämmer *Meckern,* das Blöken der Schafe *Bähen,* das Bewegen der Lefzen und Kiefer beim Äsen *Muffeln.* Die bei den Schafen häufig, nicht immer, vorhandenen Hörner heißen *Stümpfe.*

Das Muffelwild ist das einzige Wildschaf Europas und kam ursprünglich nur in Korsika und Sardinien vor, außerdem noch auf Cypern und in Kleinasien. Seit etwa einem Jahrhundert ist das Muffelwild auch an anderen Plätzen Europas eingebürgert, in Deutschland erstmalig im Jahre 1902 durch Tesdorpf in der Göhrde.

Das Muffelwild ist ein Gebirgswild und gedeiht, insbesondere im deutschen Mittelgebirge vorzüglich, hat sich aber auch in Revieren der Ebene gut entwickelt. In den Äsungsansprüchen ist das Muffelwild sehr genügsam; es schält im allgemeinen nicht, sofern es sich um reinblütiges Wild handelt. Mischlinge, die vielfach aus Ungarn und Böhmen eingeführt worden sind, haben dagegen häufig Schälschäden verursacht. Auf Felder tritt das Muffelwild nur selten aus. Groß ist seine Vorliebe für Salzlecken.

Die Brunft spielt sich in den Monaten Oktober und November ab. Nach einer Tragezeit von 5 Monaten setzt das Schaf ein, selten zwei Lämmer, die sehr schnell der Mutter folgen. Das Alter der Widder ist an den *Schnecken* ablesbar (s. Abb.). Für das heutige westdeutsche Bundesgebiet wird der Bestand auf etwa 2500 Stück geschätzt. Nach *Dauster* waren 1939 im damaligen Großdeutschland etwa 7000 Stück vorhanden.

Muffelwild ist eine höchst erfreuliche Bereicherung unserer Mittelgebirge. Die weitere Verbreitung kann überall, wo das Wild hinpaßt, auf das wärmste empfohlen werden. Beim Aussetzen sollte man aber peinlich darauf achten, daß nur Wild aus Revieren bezogen wird, in denen die Muffel nachweislich nicht schälen.

Die Bejagung des Muffelwildes ist nicht ganz leicht. Ein alter Widder pflegt sehr heimlich zu sein, nur in der Brunftzeit stehen ältere Widder mit den Schafen zusammen. Sie sind in freier Wildbahn aber immer unstet, halten keine Wechsel, sondern vagabundieren in großen Revierkomplexen umher. Der Ansitz an Wiesen oder Feldern hat wenig Aussicht auf Erfolg, da das Muffelwild, wie alle Schafarten, feine Kräuteräsung, wie sie in lichten Laubholzbeständen wächst, dem Wiesengras und Feldfrüchten vorzieht.

Die Fährte des Muffelwildes ähnelt der des Hausschafes. Die Schalen sind sehr weit gespreizt, weiter noch als beim Damwild, die Schalenabdrücke sind außerdem stumpfer. Die Ballen sind sehr gering abgedrückt. Fährtenunterschiede zwischen Widder und Schaf sind nur in der Stärke vorhanden. Häufig wachsen beim Muffelwild die Schalen an den Läufen lang heraus und behindern das Wild am Ziehen. Die Folge ist ein Kümmern. Man nahm früher an, daß das Wild die Schalen auf sandigem, nicht felsigem Boden zu wenig abnutze und daß man deshalb Muffelwild nur in steinigen Gebirgsrevieren aussetzen sollte. Wir wissen heute, daß das Langwachsen der Schalen auf einer parasitären Erkrankung beruht und sowohl in Gebirgsrevieren als auch in der Ebene vorkommt.

Für das Muffelwild besonders gefährlich ist der wildernde Hund, da keine Wildart von Hunden so gern gehetzt wird, wie die eine starke Wittrung ausströmenden Muffel. An Krankheiten wird häufig der Befall mit Leberegeln beobachtet. Mit Rot-, Dam- und Rehwild verträgt sich das Muffelwild ausgezeichnet.

Wenn man Muffelwild aussetzen will, so muß man sich unbedingt vorher über die reinblütige Abstammung Gewißheit verschaffen, da das Muffelwild in früheren Jahren vielfach mit Hausschafrassen gekreuzt worden ist.

Reviere mit häufigen hohen Schneelagen sind für Muffelwild ebenso ungeeignet wie nasse und moorige Reviere der Ebene.

DAS GAMSWILD

Das männliche Wild heißt *Bock (Gamsbock)*, das weibliche *Geiß;* die Jungen werden als *Kitze* bezeichnet; die Kitze nach dem Geschlecht als *Bockkitz* oder *Geißkitz* angesprochen. Nach Vollendung des ersten Lebensjahres wird das männliche oder weibliche Stück *Jährling* genannt; den Bock spricht man als *drei-, vier-, fünfjährig* usw., als *schwachen, starken* oder *Kapitalbock* an; die dreijährige Geiß, die noch nicht gesetzt hat, heißt *Schmalgeiß*, die ihr Kitz führende Geiß *Kitzgeiß*, die kein Kitz hat, *gelte Geiß*.

Man sagt im Gebirge „das Gams“, nur im Allgäu spricht man von „Gemsen“ und „Gemsböcken“.

Im Gegensatz zu anderen Schalenwildarten, fällt die geringe Vermehrungspotenz des Gamswildes auf. Nach PRAGER (Das Waidwerk in Deutschland) setzt die Gamsgeiß in den nördlichen Alpen mit ihrem rauhen Klima ihr erstes Kitz frühestens im vierten, meist aber erst im fünften Lebensjahr. Unter optimalen Verhältnissen, z. B. im Schwarzwald, wo 1935 – wie am Schluß erwähnt wird – Gamswild eingebürgert wurde, setzt die Gamsgeiß ihr erstes Kitz bereits am Ende ihres zweiten Lebensjahres.

Der Bock trägt im Winterhaar den *Bart:* eine Reihe langer, schwarzer Rückenhaare, die sich vom Widerrist bis zum Wedel hinziehen; er wird auch *Wachler* genannt. Wenn der Bart schön sein soll, so müssen seine äußersten Spitzen weiß sein; gut *gereift, gereimelt;* er muß einen guten *Reif* haben. Von manchen Gamsjägern wird behauptet, der Reif sei am schönsten gegen Ende der Brunft, im November; während andere sagen, der Reif ginge im Lauf der Brunft verloren, weil die weißen Spitzen abbrechen. Der schönste Bart ist der bei ganz dunklen Böcken mit breitem, weißem Reif. Bei dem von hellen Böcken hebt sich der Reif weniger ab, außerdem wird er hier bald fuchsig und unscheinbar.

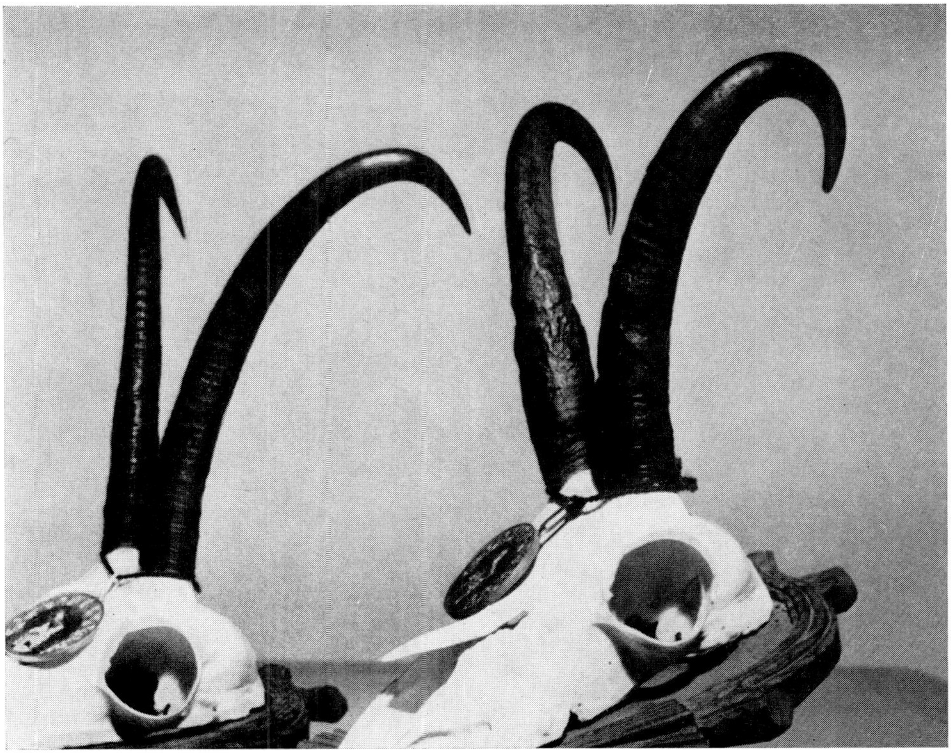

Geißkrucken *Bockkrucken*

Schwarze Gams ohne die gelben Zeichen an Backe und Kehle werden als *Kohlgams* angesprochen, während der mit dem Bart gezierte Bock *Bartgams* heißt. Bock und Geiß tragen *Krickel* oder *Krucken,* die beim Bock von unten auf stärker und trutziger, in dem zurückgebogenen oberen Teil schärfer und gerader nach unten gekrümmt *(gehakelt)* und weiter ausgelegt sind als bei der Geiß. Bei dieser sind sie dünner von unten auf, meistens eng gestellt und im zurückgebogenen Teil weniger entschieden nach unten gebogen. Beim Bock pflegt außerdem das einzelne Krickel mehr in *einer* Ebene zu liegen als bei der Geiß, wo das selten der Fall ist. An Höhe der Krickel aber erreicht manche Geiß den Bock durchaus.

Die sog. Zuwachsringe hängen mit den Jahren zusammen; sie sind vom 2. bis zum

4. Jahr gut zu unterscheiden. Später jedoch, wenn das Wachstum des Krickels langsamer vor sich geht, sind die Absätze manchmal weniger gut sichtbar; immerhin ist mit einiger Genauigkeit das Alter nach den Jahresringen anzusprechen.

Der Unterschied von Bock und Geiß, der natürlich für die Jagd von großer Wichtigkeit ist, ist nicht so in die Augen fallend wie bei anderen Wildarten. Die Färbung bietet keinen Anhalt. Im Sommer sind Bock und Geiß ziemlich gleich gefärbt, obgleich das Haar des Einzelstückes vom fahlen Gelb bis ins Braune hinüberspielt. Im Winterhaar braucht das kohlschwarze Stück durchaus nicht der Bock und das hellgraue die Geiß zu sein: es ist oft genug umgekehrt; und ein silbergrauschwarzer Bock steht zwischen kohlschwarzen Geißen. Als sicheres Unterscheidungsmerkmal des Haares kann dann der Bart gelten, der auf dem Rükken des Kapitalbockes wie eine Mähne wallt und sich gelegentlich stellenweise umlegt, so daß die Rückenlinie schon auf weite Entfernung hin unterbrochen erscheint. Die Krickel auf Büchsenschußweite anzusprechen, erfordert geübten Blick, dem die viel stärkere Krümmung der Bockkrucken und deren Dicke in der Regel sofort auffallen muß. Gleichwohl unterläuft dabei manches Versehen; denn manche alte Geltgeiß trägt so starke Krickel (vgl. die Geißkrickel Abb. S. 39), daß sie auf größere Entfernung von einem guten Bock schwer zu unterscheiden ist; und schlecht veranlagte Böcke tragen oftmals Krickel wie Geißen. In der Brunft (etwa von Ende Oktober bis Anfang Dezember), wenn der Bock ständig näßt, ist auch der feine *Pinsel* ein Anhalt für das Geschlecht; zu anderer Zeit kaum. Tatsächlich sprechen manche Berufsjäger in den Alpen, die auf Gams unerfahrene Gäste zu führen haben, den Bock nach dem Pinsel an; sie geben es aber, wenn sie darauf gestellt werden, nicht gern zu.

Wenn es also die Kleinigkeiten nicht

machen, dann muß schon die Gesamterscheinung den Ausschlag geben; und sie tut das auch nicht nur hinsichtlich des gedrungenen Körperbaues mit dem dicker und kürzer aussehenden Hals des Bockes, sondern auch hinsichtlich des gesamten Auftretens.

Immerhin ist ein sicheres und rasches Ansprechen des ungewohnten Wildes für den Neuling im Gamsgebirge eine schwere Sache; deshalb soll er sich von einem erfahrenen eingeborenen Jäger begleiten lassen, der die Verantwortung übernimmt und sich nur selten irren dürfte. Geschieht das doch einmal, so ist das Opfer des Irrtums eine alte Geltgeiß, um die es nicht schade ist. Daß alte Böcke gern allein stehen, das haben sie mit alten Hirschen und Rehböcken gemein. Auch das ist wieder ein Anhalt für richtiges Ansprechen des Geschlechtes. Am schwersten bleibt dies immer im Rudel außer der Brunftzeit; es ist dann selbst für erfahrene Jäger nicht immer eine Selbstverständlichkeit.

Ein alter, einzeln im Wald stehender Bock heißt *Laubbock, Latschenbock, Pechbock.* Der helle Fleck an der Hinterseite der Keulen, der im dunklen Winterhaar natürlich mehr hervortritt als im hellen Sommerhaar, heißt *Spiegel,* auch *Stern,* der Schwanz *Blume* oder *Wedel.*

Die auf der Rückseite der Krucken auf dem Schädel sitzenden, in der Brunft namentlich beim Bock stark riechenden und sich vergrößernden Drüsen heißen *Brunftkappen* oder *Brunftfeigen.* Als Setzzeit kann der Mai gelten. Die Geiß setzt in der Regel ein Kitz, doch sind zwei nicht selten.

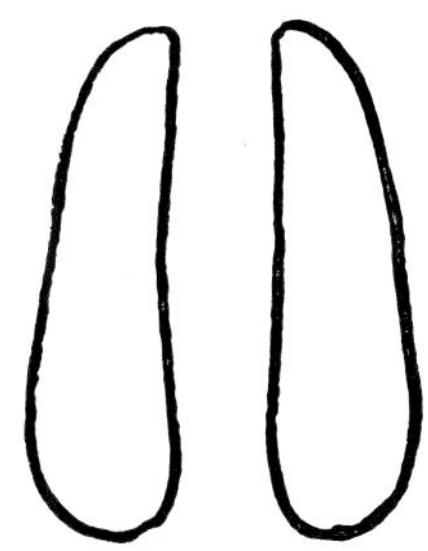

Tritt eines Gamsbockes

3/4 natürl. Größe

Beim Gams *pfeifen* beide Geschlechter, wenn sie beunruhigt werden. Zur Brunftzeit hört man vom Gamsbock einen meckernden Ton, wie etwa der Ziegenbock ihn hat, der als *„Blädern"* bezeichnet wird, beim Treiben der Geiß keucht der Bock, ähnlich wie ein Rehbock.

Wenn Gamswild in einem Kamin oder sonst im Geschröff ab- und aufsteigt, so macht es oft Steine los, die dann mit mehr oder minder lautem Klappern herunterrollen. Das ist meist weithin zu hören *(Steineln).*

Die *Fährtenkunde* spielt bei der Gamsjagd keine bedeutende Rolle. Die Natur des Gebirges bringt es mit sich, daß man eine Fährte niemals auf eine längere Strecke verfolgen kann. Gleichwohl bringe ich einige Fährten nach eigenen Aufnahmen. Ob irgendeiner der vielen ausgezeichneten Gamsjäger unserer Alpen die Fährten von Bock und Geiß unterscheiden kann; – ich glaube es nicht. Meine wiederholten Versuche, Unterschiede zwischen beiden aufzufinden, wurden von meinen Begleitjägern stets mit solch fröhlichen Blicken und Äußerungen begleitet, daß ich sie aufgegeben habe. Die *Losung* ähnelt derjenigen der Ziegen.

Von den *Sinnen* des Gamswildes sind *Gehör* und *Wittrungsvermögen* in hohem Maße ausgebildet; weniger dagegen das Auge, besonders was nahe Entfernung anbetrifft. Man bezeichnet daher das Gams als übersichtig. Daraus möge aber niemand schließen, daß das Gamswild schlecht äugt. Das ist durchaus nicht der Fall; und Bewegungslosigkeit ist beim Ansitz die erste Losung für den Anfänger. Verhält sich dieser aber derart, so wird er selbst in nächster Nähe nicht erkannt.

Daß das Gams hervorragend vorsichtig ist, ist allgemein bekannt. F. C. KELLER bezeichnet die *Keesgams,* die in den höheren, nackten Gebirgsteilen steht, als scheu, die Waldgams, deren Stand tiefer unten ist, als vorsichtig. Im Grunde ist das Gams ein Waldtier, das nur durch die Unruhe und das Leben in den Waldungen in die schwieriger zugänglichen und daher ruhigeren Felspartien gedrängt wird. Auch ist das Gams ein ausgesprochenes Tagtier, das des Nachts ruht und am Tag auf Äsung zieht. Wo der Wald ruhig ist, da steht das Gamswild gern dort; das gilt namentlich für gute Böcke. Freilich, der Winter vertreibt sie von da in die offenen Berge, weil der Schnee im Waldgürtel der Alpen so tief zu liegen pflegt, daß er jede Bewegung hemmt und die Äsung abschließt. Das Gams ist dann auf die offenen, aperen Stellen der Hochlagen angewiesen.

Für die Jagd von besonderer Bedeutung ist die Vorliebe des Gamswildes für eine gemäßigte Wärme. Wenn es in der Morgenfrühe in den sonnenbeschienenen Hängen auf Äsung umherzieht, so wechselt es mit steigender Sonne in die Schattengebiete. Danach ist der Pürschgang einzurichten. Für die Drückjagd, das Riegeln, kommen häufig im Hochgebirge Zwangswechsel für das Gamswild als einziger Ausweg in Frage. Der Stand an einem solchen Zwangswechsel ist natürlich der beste. Für Salz hat dieses Wild eine leidenschaftliche Vorliebe; ebenso braucht es nötig Wasser zum Schöpfen. Suhlen jedoch nimmt das Gams nicht an.

Abgesehen vom Wildererunwesen, das auch in wohlbehüteten Hochgebirgsrevieren infolge der angeborenen Jagdpassion der Bevölkerung niemals vollständig auszurotten ist, drohen dem Gamswild die größten Gefahren durch die Lawinen, die Gamsräude und in neuerer Zeit die Skifahrer, die ihnen die Wintereinstände verleiden. Der gefährlichste Feind ist die Räude, die bisweilen den Gamsbestand eines großen Gebirgsstockes bis auf wenige Stücke dahinrafft. Ich kenne jedoch Reviere, die vor 30 bzw. 50 Jahren von derselben schwer heimgesucht waren und später des früheren Wildreichtums sich wieder erfreuten.

Schuld an dem immer wiederkehrenden Auftreten der Räude ist der starke Ziegeneintrieb besonders in den österreichischen Bergen. Die Ziege gilt heute als Verbreiter der Räude. In den bayeri-

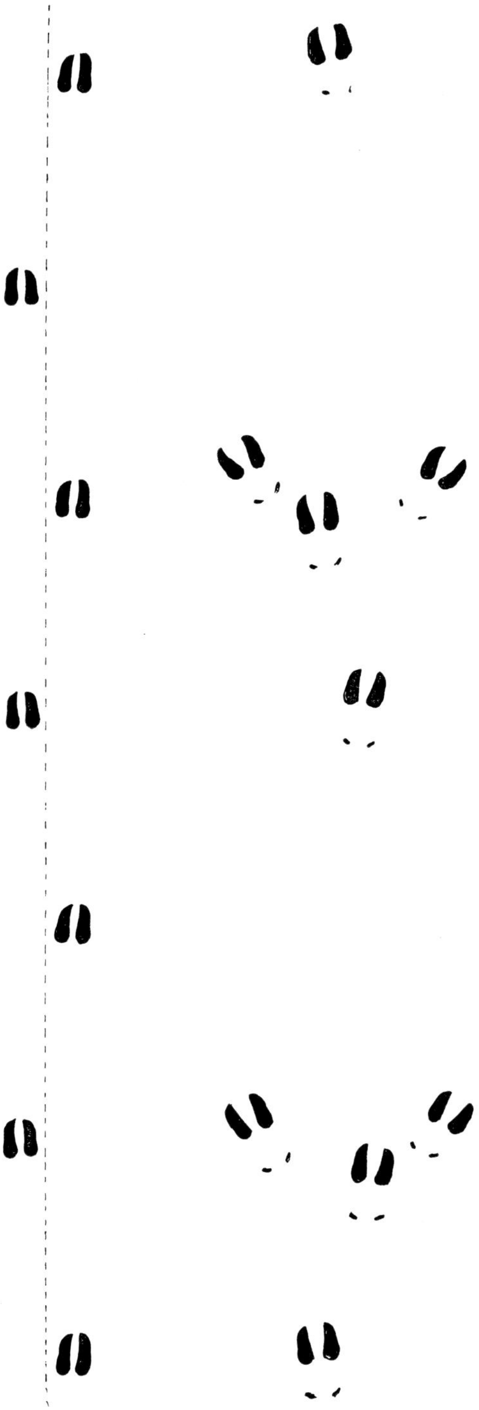

Vertraut Flüchtig

Gamsfährte

schen Bergen, in denen Ziegen im allgemeinen nicht aufgetrieben werden, ist daher die Räude erheblich seltener. Die einzige Bekämpfungsmöglichkeit der Räude besteht in einem rücksichtslosen Abschuß aller befallenen Stücke. Zweifellos tritt die Räude in überhegten Revieren leichter auf als in Gebieten, in denen ein geringerer Bestand vorhanden ist.

Ein gut gelungener Versuch mit dem Aussetzen von Gamswild ist im Feldberggebiet bei Freiburg gemacht worden. In den Jahren 1935–39 wurden dort 22 Stück Gamswild ausgesetzt, die sich bis heute auf etwa 1300–1400 Stück vermehrt haben.

DAS SCHWARZWILD

Ein Stück *Schwarzwild* oder eine *Sau* heißt im ersten Lebensjahr *Frischling*, im zweiten Lebensjahr spricht man vom *Überläufer, überlaufender Keiler, überlaufende Bache;* im dritten Lebensjahr sagt man *zweijährige Bache* und *zweijähriger Keiler;* im vierten Lebensjahr *dreijähriger Keiler*, dieser wird mit 4 Jahren ein *angehendes Schwein*, ist mit 5 bis 6 Jahren ein *hauendes* oder *gutes Schwein*, vom 7. Lebensjahr ab ein *Hauptschwein* oder *grobes Schwein.* Das weibliche Stück wird *zweijährige, dreijährige usw. Bache* genannt, endlich *starke* oder auch *alte, grobe Bache.* Der Vorderkopf heißt *Wurf*, der Rüssel *Gebrech* oder *Gebreche.* Die Sauen brechen damit nach Untermast den Boden um, man sagt, sie *stehen im Gebräch* oder *gehen ins Gebräch* und nehmen *Fraß* oder *Gefräß* auf. Die Eckzähne des Keilers nennt man *Gewaff*, die im Unterkiefer *Gewehre* und im Oberkiefer *Haderer* heißen. Die Bache dagegen hat im Ober- und Unterkiefer *Haken.* Die Bache *frischt*, wenn sie ihre Jungen *(Frischlinge)* bringt. Die Haut heißt *Schwarte, Sauschwarte*, die Haare *Borsten* und auf dem Rücken *Federn.* Der Schwanz heißt *Pürzel, Bürzel, Federlein, Ringel*, auch *Schnörkel.* Die Keulen heißen *Hamer (selten).* Mehrere Sauen zusammen bilden eine *Rotte*, besteht diese nur aus Keilern oder Bachen, d. h. sind keine Frischlinge oder Überläufer dabei, so spricht man von einer *Rotte grober Sauen.* Die einzelne Sau hat ein *Lager*, die Rotte einen *Kessel.* Die Sauen *schieben sich ein*, wenn sie sich niedertun. Sie *liegen* oder *stecken* in einem Revier, einer Dickung. Wenn bei groben Keilern der *Schild* sich stark verdickt hat, so nennt man diesen *Panzer*, spricht vom *Panzerschwein.* Die Begattungszeit nennt man *Rauschzeit*, seltener *Rollzeit*, die Sauen *rauschen.* Vor den Hunden stellt sich das Schwarzwild, es *geht durch*, wenn es fortläuft. Von starken Hunden, den sog. *Saupackern*, wird es *gepackt*, auch *festgemacht* oder *gedeckt*, die grobe Sau *schlägt* dabei häufig Hunde. Wenn sich die gedeckte Sau von Hunden loszumachen versucht, so *streitet* sie mit ihnen. Die Sau *schlägt* sich durchs Jagdzeug (Lappen); sie flieht nicht hindurch. Der angeschweißte Keiler und auch die führende Bache *nehmen* den Jäger *an* und werden mit der *Saufeder* abgefangen, oder es wird ihnen der *Fang*, jetzt in der Regel der *Fangschuß gegeben.* Die Sau *grunzt, schnauft, bläst, kreischt, klagt* und *wetzt* mit *den Gewehren.* Das Fett nennt man *Weißes*, auch *Weiß.* Die Sau hat einen Magen oder *Waidsack.* Im übrigen gelten die für Rotwild üblichen Ausdrücke.

Fast überall ist das Schwarzwild starker Verfolgung ausgesetzt, weil es der Landwirtschaft erheblichen Schaden zufügt. Da es tagsüber im Busch, Rohr oder Wald zu stecken pflegt, so wird es hier am meisten gejagt, obgleich es, von Besonderheiten abgesehen, im allgemeinen dem Wald nützlich ist. Diese scharfe Verfolgung hat das Schwarzwild zu einem äußerst scheuen Wild gemacht, das nur in ruhigen Revieren bei Tage beobachtet werden kann. Hat es hier zeitweise völlige Ruhe, so wird es leicht in einem Maße vertraut, wie es bei andern Wildarten selten ist.

Eine Rotte Sauen, die vertraut im Gebräch steht, ist selten ganz still. Entweder hört man von Zeit zu Zeit ein behagliches *Grunzen* oder ein *Gekreisch;* je nachdem Friede oder Streit ist, oder sobald irgendein Anlaß zur Beunruhigung vorliegt, ein ziemlich weit vernehmbares *Schnaufen* oder *Blasen.* Beunruhigt flüchtende Sauen geben oft ein kurz abgestoßenes, nur einen einzigen Laut bildendes Grunzen von sich. Vom Hund gepackte Frischlinge, Überläufer oder Bachen *kreischen* oder *klagen* laut und *anhaltend;* dasselbe tun sie bei Verwundungen, insbesondere Knochenschüssen. Das angeschweißte grobe Schwein *wetzt,* indem es im Zorn Ober- und Unterkiefer aufeinanderschlägt, so daß die Zähne oder Gewehre beim Aufeinandertreffen einen knappenden Ton von sich geben. Hörst du bei der Nachsuche nach einem hauenden Schwein einen solchen Laut, dann Vorsicht: denn jeden Augenblick kann der Urian dir am Leibe sein.

Empfindlichen Nasen fallen die Sauen durch den *Geruch* auf, und zwar am meisten zur *Rauschzeit.* Bei reichlichem Fraß tritt diese Zeit schon Ende Oktober ein, in der Regel Ende November; in schlechten Jahren verzögert sie sich bis tief in den Dezember hinein. Dementsprechend *frischen* die Bachen von Ende Februar bis Mai, und zwar etwa sechs bis zwölf Frischlinge.

Am ehesten zeigt sich die Anwesenheit von Schwarzwild im Revier durch das Gebräch, das die Wiesen verunstaltet, im Bestand auch weithin zu sehen ist. Grobe Sauen pflegen größere Flächen zu brechen und tiefere, langhin wenig unterbrochene Furchen zu hinterlassen. Geringe Sauen brechen unregelmäßiger, Frischlinge setzen mal hier, mal dort an, um immer wieder nach noch besserem Fraß zu brechen. Selbstverständlich hängt die Tiefe des Gebräches, der Furche, von dem Zwecke ab, den die Sauen verfolgen. Bricht ein Überläufer in der Wiese nach Mäusen, so bricht er erheblich tiefer als das hauende Schwein, das im Buchenaltholz nach Mast unter dem Laube bricht.

Je nach der Bodenart sind die Fährten mehr oder weniger scharf ausgeprägt, so daß man bei einiger Aufmerksamkeit die Stärke und mutmaßliche Stückzahl einer Rotte ansprechen kann.

Die Fährte ist von der anderen Schalenwildes leicht zu unterscheiden, weil die Oberrücken oder Geäfter stets mit den Schalen zugleich abgedrückt sind. Es stehen also immer vier Schalenabdrücke in *einem* Tritt. Nur ganz ausnahmsweise, wenn einmal der Bodenverhältnisse wegen die Geäfter in ihren Abdrücken nicht sichtbar sein sollten, kann ein Unkundiger einen einzelnen Tritt des Keilers mit dem eines Hirsches verwechseln. Einem Kundigen kann auch das nicht unterlaufen, weil die Schrittweite alsbald sicheren Aufschluß gibt. So betrug die frisch und zweifelsfrei von mir gemessene Schrittweite eines schlecht jagdbaren Hirsches – bei 7 cm Trittbreite des Vorder- und 6 cm Trittbreite des Hinterlaufes – 70 cm, die eines dreijährigen Keilers, bei 6 cm Trittbreite, nur 42 cm. Die Schrittweite eines Hauptschweines dagegen erreicht die Schrittlänge eines jagdbaren Hir-

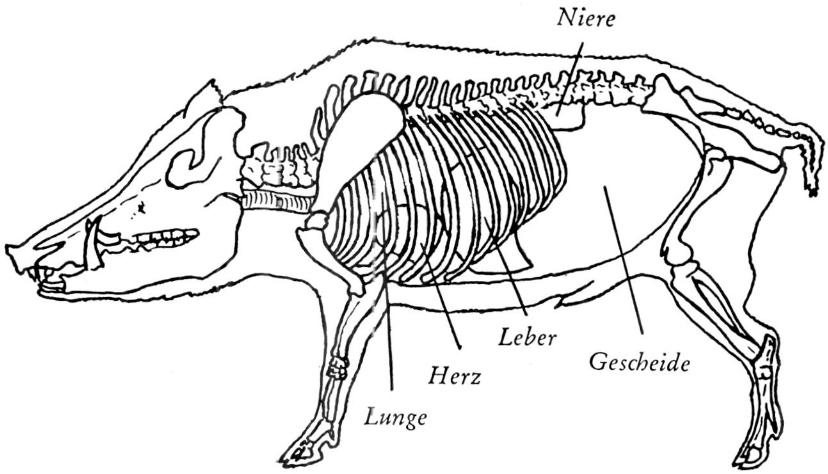

Knochengerüst des Schwarzwildes, tief nach unten gehende Wirbelsäule, daher häufig Krellschüsse, sehr tief liegendes Herz!

sches, ja übertrifft diese manchmal sogar. Bei geringeren Sauen ist der Abdruck der äußeren Schalen erheblich länger als der der inneren. Dieses Zeichen verliert sich jedoch mit zunehmendem Alter mehr und mehr, wenn auch niemals ganz; ebenso wie auch bei einem starken Hirsch die reine Fährte bei sehr genauer Untersuchung diese Eigentümlichkeit zeigt. So unbedeutend sie hier ist; vorhanden ist sie doch. Wenn bei tiefem, trockenem Schnee eine Rotte Sauen hintereinander zog, dann muß der prüfende Jäger scharf aufpassen, um richtige Meldung machen zu können, und zu diesem Zweck die Fährte auf längere oder kürzere Strecken verfolgen. Ob die Fährten Schwarzwild oder Rotwild gehören, merkt er an der Schleppbahn. Denn die Sauen haben niedrige Läufe; und im tiefen Schnee hinterläßt der Rumpf eine Bahn von seiner Breite in der oberen Schneelage. Außerdem zieht Schwarzwild fast durch jeden, noch so flachen Graben hindurch, während Rotwild ihn überschreitet oder überfällt. Aber der Jäger weiß nun noch nichts über Stückzahl und Stärke. Darüber kann ihn nur weiteres Verfolgen der Fährte belehren. Man folgt natürlich nicht in die Dickung hinein, wo man die möglicherweise schon steckenden Sauen beunruhigen würde, sondern auf der Fährte nach rückwärts.

An den Orten, wo das Schwarzwild sich über Tag einzuschieben pflegt, findet man gelegentlich einen Kessel oder ein Lager. Oft wird derselbe Kessel lange Zeit hintereinander benutzt. Mit Vorliebe wählt das Wild dazu verfallene Gräben, umgebrochene Wurzelballen und Stämme, die noch ihr Reisig tragen, dichten Gras- oder Krautwuchs, so daß es Schutz von oben gegen die Kälte hat. Bei hartem Frost und Schnee machen die Sauen gern ihren Kessel in Ameisenhaufen. Im Kessel liegen die Sauen, wie die Zigarren in der Kiste, lang nebeneinander, genau wie die zahmen Schweine es zu machen pflegen. Man glaube aber nicht, daß sie sich immer nur in Dickungen einschieben. Es geschieht das vielmehr oft genug dort, wo der Neuling es gar nicht erwarten würde: unter einzelnen Wacholderbüschen, auf einer trockenen Erhöhung im lichten Bruch, in einer Gruppe von Schwarzdorn, in einem in offenen Laubholzbeständen gelegenen Nadelholzhorst. Die einzige Voraussetzung ist nur die, daß der Ort ruhig und ungestört ist. Bei großer Kälte stecken die Sauen gerne in Heuhaufen, im Schilf und in Ameisenhaufen, um von unten warm zu sein.

Tritt eines Frischlings, eines dreijährigen Keilers und eines flüchtigen Stück Rotwildes

Wie man bei dem Besuch einer Suhle sich davon überzeugt, ob man auf Schwarzwild oder Rotwild ansprechen soll, das ist beim Rotwild schon gesagt worden. Auch die Malbäume sind dort schon erwähnt. Es gibt aber noch ein anderes Zeichen von der Anwesenheit des Schwarzwildes am stehenden Holz. Das ist eine Beschädigung, namentlich an jüngeren Eichen, die dadurch hervorgerufen wird, daß die Sauen an stärkeren Tagwurzeln zu schälen lieben; besonders dort, wo zwei solche Wurzeln zusammenlaufen.

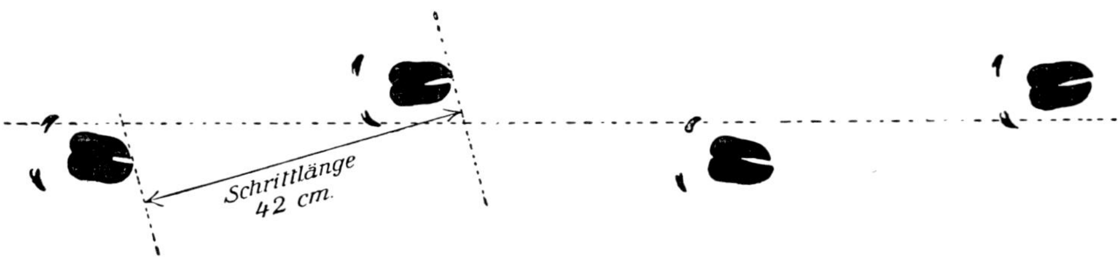

Fährte eines dreijährigen Keilers

Die Losung des Schwarzwildes kann mit der andern Wildes nicht wohl verwechselt werden. Die einzelnen Kotballen sind nach der Stärke des Wildes verschieden stark; bald fallen sie rundlich, kugelförmig einzeln, bald stellen sie, aneinandergepreßt, eine noch zusammenhängende Wurst dar. Ist das Wild bei guter Mast *weiß* – man sagt niemals feist oder fett –, dann fällt die Losung breiig in weichen Fladen; zu anderer Zeit härter und in schärferer Form.

Die *Sinne* des Schwarzwildes sind, was *Vernehmen* und *Wittern* angeht, sehr gut. Dagegen *äugen* die Sauen *schlecht*. Am feinsten ist das *Gehör* ausgebildet. Ist der Geruchssinn nach meiner Beobachtung auch vielleicht nicht in dem außerordentlich hohen Maße entwickelt wie das Gehör, so steht er doch recht hoch. Mit schlechtem Wind ist an die Sauen durchaus nicht heranzukommen.

Ganz besonders ist beim Schwarzwild die Tapferkeit ausgeprägt. Keine unserer heimischen Wildarten kommt in dieser Hinsicht den Sauen nahe. Und zwar bezieht sich das nicht nur auf das hauende Schwein; auch der Frischling ist schon ein tapferes Kerlchen, und die Bache, der man einen solchen entführt, der kreischt, verfolgt den Räuber oft weit und kann zu einem lebensgefährlichen Gegner werden.

Man glaubt nicht, mit welcher Geschwindigkeit ein angeschweißter Keiler auf den vermeintlichen Feind zuflüchtet. Ist das Schwarzwild auch ungewandt, und kann es keine kurzen Wendungen in schneller Gangart machen, so ist es doch ungeheuer schnell; nur Ruhe und sicheres Zielen sind die Rettung, wenn man nicht zu dem unrühmlichen Aufbäumen seine Zuflucht nehmen will. Der Keiler *schlägt* mit dem Gewehr bei offenem Gebrech seitwärts von unten nach oben, meist im schnellen Vorüberstürmen, hin und wieder auch bei seinem Gegner stehenbleibend, ja, sich über den Geworfenen stellend. Im höheren Alter, etwa vom 7. Lebensjahr an, beginnen die Gewehre sich stärker nach rückwärts zu krümmen, so daß sie oftmals gar keine Waffe mehr darstellen, weil ihre Spitze den Gegner nicht trifft. Am gefährlichsten sind meist die angehenden Schweine, die sogenannten Hosenflicker, weil bei diesen die Gewehre die bedrohlichste Richtung haben. Die Länge der Gewehre entspricht daher übrigens nicht immer der Körperstärke. Ganz grobe Keiler haben gelegentlich kurze Gewehre, während solche von weniger Gewicht viel längere haben. Öfters sind die Gewehre auch stark abgebrochen und eingesplittert.

Schwarzwildlosung

Eine Eigentümlichkeit des Schwarzwildes ist das, ich möchte sagen, ruckweise Verhoffen bei Beunruhigung oder Unsicherheit. Sauen, die aus dem Kessel herausgesprengt werden, verhoffen fast ausnahmslos nach 10 bis 12 Fluchten; ebenso geht es, wenn man bei der Pürsche unversehens zwischen eine Rotte Sauen gerät. Nicht selten pflegt sich bei der Jagd mit Hunden eben gehetztes Schwarzwild vor den Augen des Rüdemanns in einen Busch oder Windwurf sofort wieder einzuschieben.

Stark beunruhigtes, beschossenes, vor allem aber angeschweißtes Schwarzwild wechselt oft unglaublich weit fort, krankes Wild fast immer so weit, wie seine Kräfte es zulassen. Die Nachsuche nach nicht tödlich angeschweißten Sauen ist daher recht schwierig.

Die Sauen nehmen die *Suhlen* noch lieber an als das Rotwild, ebenso die *Tränken*, namentlich bei guter Mast und nach reichlichem Getreidefraß. Der Ansitz an der Suhle ist daher oft von gutem Erfolg.

Das Schwarzwild hat sich nach dem letzten Kriege sehr stark vermehrt. Die Waffenlosigkeit der deutschen Jäger, mehrere milde Winter und Mastjahre bewirkten, daß Schwarzwild in Gebieten auftrat, in denen seit vielen Jahrzehnten diese Wildart fast unbekannt war. Die Schäden an landwirtschaftlichen Erzeugnissen stiegen ins Unerträgliche. Die geradezu feindliche Einstellung weiter Bevölkerungskreise gegen die gesamte Jagd ist in erster Linie auf diese übergroßen Schwarzwildschäden zurückzuführen.

Die Wiederbewaffnung der Jägerei hat aber sehr bald die im Interesse der Landwirtschaft notwendige Verminderung der Bestände herbeigeführt, so daß die „Schwarzwild*bekämpfung*“ wieder zu einer Schwarzwild*bejagung* wurde, wie es sich für dieses ritterliche Wild gehört. Erstmalig in der Jagdgesetzgebung haben die meisten Bundesländer, mit dem Jahr 1964 beginnend, sogar spezielle Schonzeiten für das Schwarzwild eingeführt. Leider aber werden die Keiler bei uns immer noch viel zu früh geschossen, so daß nur noch ganz wenige Gelegenheit haben, zum groben Schwein heranzureifen.

DAS AUERWILD

Das Auerwild oder *Auergeflügel* gehört als einziges Federwild zur hohen Jagd.

Das männliche Geschlecht heißt *Auerhahn,* auch *Urhahn, Großer Hahn,* das weibliche *Auerhenne;* die Jungen bilden das *Gesperre,* auch die *Kette;* mehrere Ketten vereinigen sich zu einem *Flug.* Der stark gebogene Schnabel heißt *Schnabel,* die Augen *Augen* oder *Lichter;* die rote, nackte, warzige Haut um die Augen stellt die *Rosen* oder die *Flammen* dar. Die verlängerten Kehlfedern, beim Hahn länger als bei der Henne, heißen der *Federbart* oder *Kehlbart.* Der Hahn trägt auf der Oberbrust ein grünes, die Henne ein braunes *Schild.* Unter den Achseln, beim ruhig sitzenden Hahn zum Teil sichtbar, ist der reinweiße *Spiegel.* Der *Stoß* wird auch *Ruder, Schaufel* oder *Fächer* genannt. Die langen Schwanzfedern nennt man *großer Stoß,* die unteren kürzeren *kleiner Stoß.* Die Beine werden als *Läufe, Füße, Ständer* bezeichnet. Die Zehen tragen seitlich die *Zehenstifte,* oder Balzstifte, verkümmerte Federn; die Krallen sind die *Nägel,* die Fittiche die *Schwingen;* die Luftröhre ist die *Drossel,* der Kehlkopf der *Drosselknopf.* Der Hals heißt *Kragen* oder *Stingel.* Das Auerwild hat einen *Kropf,* einen *Vormagen* und einen *Muskelmagen.* Die kleinen Steinchen, die es aufnimmt und die im Muskelmagen gefunden werden, heißen Waidkörner, Magensteine oder Auerhahnsteine. Diese finden sich beim Hahn reichlich, bei der Henne weniger. Der After heißt *Waidloch;* der Darm ist das *Gescheide,* der Mastdarm der *Waiddarm.* Das Auerwild macht, wenn es läuft, eine *Fährte* oder ein *Geläufe;* es *hudert* sich, wenn es ein Staubbad nimmt, und macht bei dieser Gelegenheit *Pfannen* oder Huderplätze in das Erdreich. Es *tritt* vom Baum zu Boden, *tritt* oder *steigt* zu Baum; es *streicht* oder *zieht,* wenn es fliegt, *schwingt sich ein, fällt ein* oder *ab, steht ab* oder *zu;* es *reitet ab,* indem es fortfliegt.

Wenn das Wild sich an den Boden drückt, um nicht bemerkt zu werden, so *drückt es sich,* oder es *steckt sich* im Buschwerk. Stellt sich das Auerwild von einem Baum auf einen benachbarten, so *stellt es sich um* oder *überstellt sich.* Streicht das Wild aus einem Revierteil ganz fort, so *wechselt* es aus; das Wild hat sich *verstrichen,* es *verstreicht sich.* Der beunruhigte Hahn *verhofft* oder *sichert.* Das Auergeflügel ist *vertraut,* wenn es ganz ungestört ist, *mißtrauisch* bei Unsicherheit, *vergrämt* bei vollendeter Störung. Es *geht auf Äsung, verbeißt* Knospen und Triebe, es *nadelt.* Bei Störung steht es mit lautem *Prasseln* auf, streicht rauschend an Blätter und Zweige und schlägt mit den Schwingen *klatschend* auf sie. Der Hahn *rauscht* auch, wenn er nach Art des Puters die Schwingen nach unten strafft, den Stoß zum Rad fächert und sich so einen offensichtlichen Ruck gibt; er *rauscht* ferner, wenn er wie ein Haushahn mit dem Lauf an der Innenseite der gestrafften Schwin-

gen vorbeistreicht. Man sagt auch: der Hahn *klatscht,* wenn er bei lebhafter Bodenbalz mit den Schwingen schlägt.

Das Auerwild *schöpft* oder *tränkt sich,* wenn es trinkt.

Die Zeit der Fortpflanzung heißt die *Balzzeit,* die *Balz,* auch *Falz;* man spricht von *Hauptbalz, Nebenbalz, Vorbalz, Nachbalz, Bodenbalz, Hochbalz, Frühbalz, Sonnenbalz, Abendbalz,* der Hahn balzt *voll* oder *lau,* er *balzt zu Baum* oder *zu Boden.* Er *tritt auf* oder *in die Balz.* Der alte Beherrscher des *Balzplatzes* ist der *Platzhahn;* geringe Hähne sind *Schneider.* Geht die Balz zu Ende, so *balzt* der Hahn *ab.* Wenn zwei Hähne miteinander streiten, so *kämpfen* sie; sie geben dabei fauchende und zischende Töne von sich, die man *Blasen* nennt. Die Stimme des Hahnes ist vor allem im Balzgesang zu vernehmen, den man als *Spiel* oder *Vers* bezeichnet, auch *Gesetz'l,* und der aus dem *Knappen* (der Hahn *spielt sich ein*), dem *Triller,* dem *Hauptschlag* und dem *Schleifen* oder *Wetzen* besteht. Außerdem kennt man noch ein *Worgen,* das der Hahn oft nach dem Einschwingen am Abend hören läßt, oder auch ein *Kröchen,* falls er mißtrauisch ist, oder endlich, aber selten, ein quietschendes oder kreischendes *Klagen,* wenn der Hahn angeschweißt wurde. Die Henne *lockt,* indem sie ein weiches Gok, Gok von sich gibt; sie *warnt,* indem sie denselben Ton hart und heftig mehrfach hintereinander ausstößt. Junges Auergeflügel *piept.* Bei der Balz wird der Hahn vom Jäger *angesprungen;* d. h. der Jäger macht während des Schleifens, je nach den Bodenverhältnissen, bis zu drei schnelle Schritte; mehr kann er während des nur wenige Sekunden dauernden Schleifens mit dem besten Willen nicht machen. Ist man aus irgendeinem Grunde veranlaßt, von einem angesprungenen Hahn abzulassen, oder muß man zurück, um ihn überhaupt mit Erfolg beschießen zu können, so *springt* man wieder *ab.* Der kranke, noch nicht verendete Hahn wird *abgeknickt* oder *abgefangen.* Dann *bricht man ihn auf* oder besser *fährt ihn aus.* Beim Anspringen wird der Hahn durch Ungeschicklichkeit oder Unglück des Jägers *vergrämt* oder *vertreten.* Durch Beunruhigung außerhalb des Anspringens wird er *stillgegangen* oder *abgetreten.*

Der Balzplatz wird durch den beobachtenden Jäger *ausgemacht*; der Hahn *verhört, verlust, bestätigt.* Früh am Abend begibt sich der Jäger in die Gegend, wo er den Balzplatz vermutet. Dort *schwingt* der Hahn *sich ein, meldet,* indem er, falls er ganz vertraut ist, ein doppeltes *Knappen* wiederholt und anhaltend hören läßt. Dieses Knappen, das lautlich am besten durch *Klippen* wiedergegeben, auch als *Schnackeln, Schnalzen* oder *Glöckeln* bezeichnet wird, ist ein gutes Zeichen, daß der Hahn balzlustig ist, und läßt für die Jagd am anderen Morgen das beste erhoffen. Ist der Hahn mit dem Knappen sparsam, so daß es nur vereinzelt herauskommt, so *zählt* er.

Das *Worgen,* auch *Räuspern* genannt, ist ein scharfer, kreischender Ton, wie von einem schlecht geschmierten Schiebkarrenrad; ein kurzes Krächzen, das der Hahn unter starker Verzerrung des Kragens (Halses) von sich gibt, nachdem er sich des Abends eingeschwungen hat. Offenbar haben diese krampfhaften Halsverdrehungen den Namen auch für den Laut gegeben; denn Worgen ist nichts anderes als Würgen.

Das *Kröchen* ist ein Zeichen des Mißtrauens; es besteht aus einem wiederholten, ganz kurzen och, och! Der *Balzgesang,* das *Spiel,* der *Vers* des Urhahns steht mit der mächtigen Größe dieses starken Vogels in einem erstaunlichen Widerspruch. Er hat nur einen einzigen lauteren Ton, den *Hauptschlag*; die übrigen Teile sind so leise, daß sie einem ungeübten Ohr unter den vielerlei Lauten des Waldes kaum auffallen.

Die *Balzzeit,* die je nach der Witterung früher oder später liegen kann, fällt im allgemeinen bei uns in den April; sie endet Mitte Mai. „Buchenlaub raus, Hahnenfalz aus", sagt man im Mittelgebirge. Man sollte jedoch den Auerhahn nicht vor dem Georgstag (23. April) schießen, ein alter Jägerspruch lautet:

Wer die Hahnen schießt vor St. Georgen,
Muß das Treten der Hennen selber besorgen.

Beim ersten Dämmern des nahenden Morgens erwacht der Hahn, *beutelt* sich, d. h. schüttelt sein Gefieder, worgt auch wohl einigemal, um dann zögernd und in längeren Zwischenräumen zu knappen. Das *Knappen* – ich habe es hundertmal gehört und finde doch keine bessere Beschreibung als die des alten Winckell – ist „ein gleichsam doppelt schnalzender Laut, welcher ungefähr so klingt, als wenn zwei völlig ausgedörrte Stöcke von hartem, schalenlosem Holze zusammengeschlagen werden".

Winckell läßt nun dieses immer schneller aufeinanderfolgende Knappen ohne weiteres in den *Hauptschlag, Hochschlag* oder *Abschlag* übergehen und kommt so zu einem dreiteiligen *Spiel,* während Dr. Wurm-Teinach, dem wir für die Erforschung der Lebensweise der Waldhühner so viel verdanken, den ganz schnell aufeinanderfolgenden Teil des Knappens unmittelbar vor dem Hauptschlag als *Triller* (kl kl kl) besonders bezeichnet und so zu einem vierteiligen Balzlautsatz kommt.

Den Hauptschlag vergleicht man am treffendsten mit dem schallenden, kurzen Ton, der beim schnellen Herausziehen eines Korkens aus einer festverschlossenen Flasche entsteht. Es wird auch ziemlich gut wiedergegeben, wenn man z. B. den Daumen in den festgeschlossenen Mund steckt und ihn unter starkem Zusammenschluß der Lippen mit der Innenseite nach vorn schnellt.

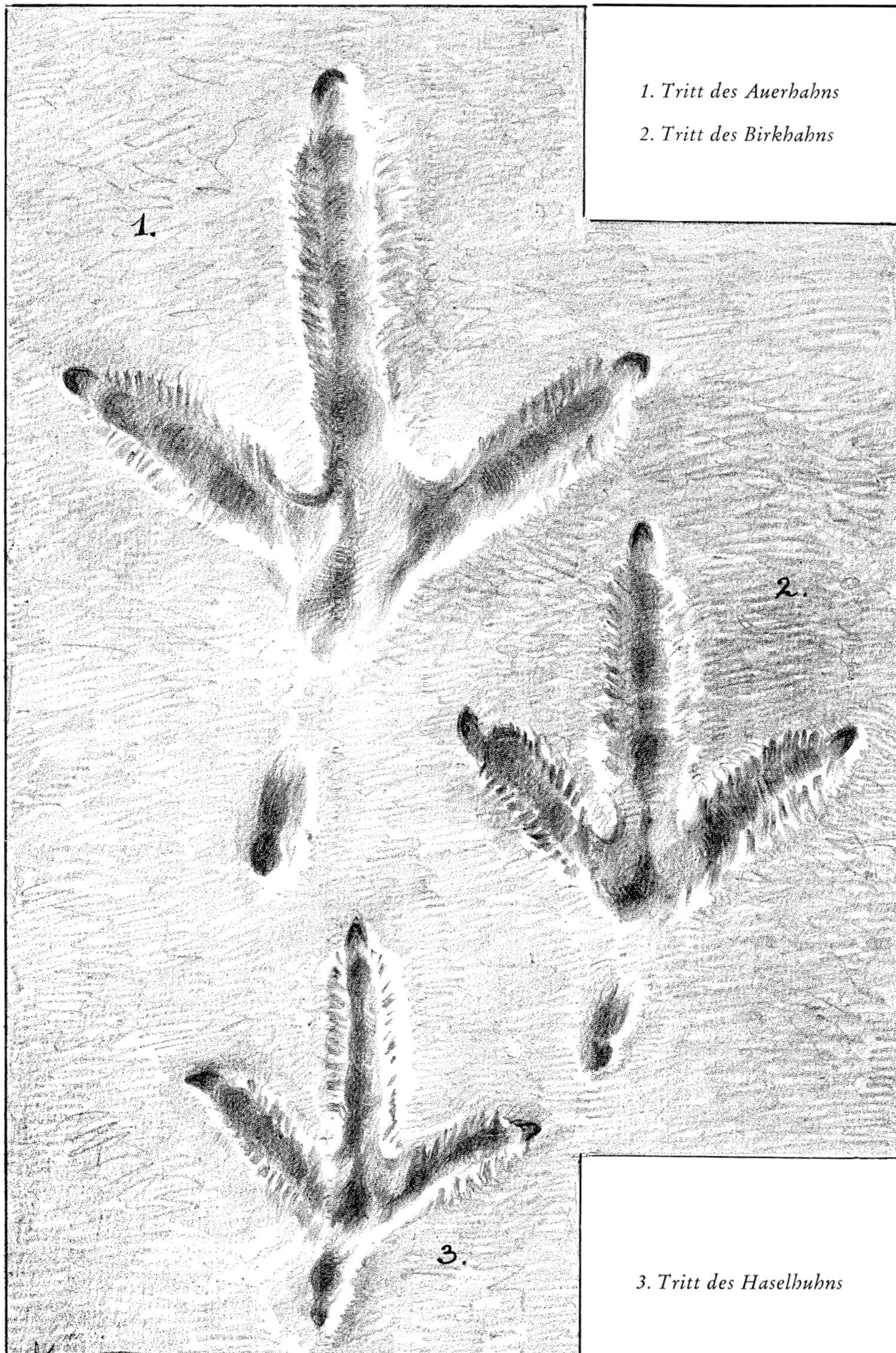

1. Tritt des Auerhahns

2. Tritt des Birkhahns

3. Tritt des Haselhuhns

Dem Hauptschlag folgt das *Schleifen* oder *Wetzen*, das etwa drei Sekunden dauert. Dieses ist ein ganz merkwürdiger Ton, der mit dem Wetzen einer Sichel verglichen wird und daher seinen Namen hat. Ich will hier gleich bemerken, daß die Stärke des Tones, wie wir das ja vom Schreien des Hirsches, vom Uhu u. a. wissen, ganz verschieden ist, je nachdem der Hahn uns den Schnabel oder den Stoß zukehrt, sowie, daß das Spiel während der Hochbalz einheitlicher klingt, aber auch leiser, weil Örtlichkeit und Stellung des Hahnes enger begrenzt sind, und immer wechselnd während der Bodenbalz, weil der Hahn fortwährend in Bewegung ist. Hier klingt der Balzgesang auch lauter wegen der meist gleichen Höhe mit dem Beobachter und wegen des Widerhalls vom Boden. Der gänzlich untersprungene Hahn wird oft nur so leise vernommen, daß man meinen kann, man höre plötzlich einen anderen, weiter entfernten.

Während des Schleifens ist der Hahn vollkommen taub. Das beruht auf einer eigenartigen Schwellfalte im Gehörgang, die in Verbindung mit einem Knochenfortsatz des Unterschnabels einen völligen Verschluß dieses Ganges bewirkt. In neuerer Zeit ist das Vorhandensein dieser Schwellfalte bestritten worden. Die Möglichkeit, daß allein das weite Öffnen des Schnabels während des Schleifens den Gehörgang verschließen und den Hahn taub machen kann, ist nicht von der Hand zu weisen. Es sei daran erinnert, daß manche Menschen während eines tiefen Gähnens mit weit offenem Mund keinen Ton hören.

Die Taubheit ermöglicht das Anspringen des Jägers, das nur während des Schleifens möglich ist. Sie ist so vollkommen, daß der Hahn sich auch durch einen abgegebenen Fehlschuß in keiner Weise stören läßt. Blind ist der Hahn jedoch während des Schleifens nicht, worauf man beim Anspringen achten muß.

Im allgemeinen balzt der Hahn nicht nur am frühen Morgen; er balzt auch abends; er balzt bei hellem Mondschein oft die ganze Nacht hindurch. Ebenso, wie ich es mehrfach erlebt habe, daß bei solch hellem Himmel auch die Schnepfe die Nacht hindurch streicht und eifrig puitzt und quorrt. Bisweilen balzen einzelne Hähne auch im Herbst; es ist ihnen aber nicht ernst damit, und man darf sie in dieser Zeit auch nicht schießen.

Wenn der Hahn feurig balzt, so folgt das eine Spiel dem anderen, so daß ein aufmerksames Ohr dazu gehört, die einzelnen Sätze voneinander zu unterscheiden. Hat er aber nicht rechte Lust zu balzen, oder ist er mißtrauisch, dann folgen die Verse einander nur zögernd; der Hahn hört oft vor dem Hauptschlag plötzlich auf. Hat der Jäger sich dann schon auf das Anspringen bei Beginn des erwarteten Schleifens eingerichtet, und macht er die erste Bewegung, so eräugt der Hahn ihn sofort und reitet meist mit lautem Kröchen polternd ab. Er hat dann sein *Vexierspiel* gespielt.

Das *Nest*, das die Henne kunstlos am Boden anlegt, enthält acht bis zwölf 55 : 42 mm große, glatte Eier, die auf lehmfarbigem bis rötlichbraunem Grund mit dunkleren Punkten und Flecken dicht gezeichnet sind. Die Brutzeit beginnt etwa Mitte Mai und dauert vier Wochen. Wenn die Henne das Gelege, das meist in der Nähe von Wegen, Pfaden und Wildwechseln liegt, ungestört verläßt, deckt sie die Eier mit trockenem Laub zu.

Die Losung des Auerwildes besteht beim Hahn aus gekrümmten 5–6 cm langen, etwa 1 cm dicken, bei der Henne aus etwas dünneren und kürzeren Walzen, die die Reste der Äsung in Form von Nadeln, Blattrippen, Knospenschuppen, Insektenpanzern, Beerenkernen usw. enthalten und oft durch die Aufnahme von Blaubeeren völlig dunkelblau gefärbt sowie stellenweise mit dem weißen Harn überzogen sind.

Außer dieser Losung findet sich besonders unter den *Schlafbäumen* die sogenannte *Blinddarmlosung*, die, hier in weichen Klumpen abgesetzt, sich im Auffallen zu Fladen formt. Diese grünlich-gelb gefärbte und ziemlich flüssige Losung wird allgemein als *Balz-*

losung oder *Falzpech* bezeichnet, aber der Ausdruck ist irreführend, da diese Blinddarmlosung von beiden Geschlechtern das ganze Jahr abgesondert wird.

Je nach dem Geschlechterverhältnis und der Rauflust der Hähne *bestreitet* der Hahn bis zu zwölf und mehr Hennen. Bei der Begattung *tritt* er sie.

Über die Lebensweise des Auergeflügels sei noch bemerkt, daß die Jungen etwa Mitte August flugbar werden. Im Herbst sondern sich die jungen Hahnen von den Ketten ab und treiben sich den Winter über in größeren Flügen umher. Die Henne lebt im allgemeinen mehr am Boden, der Hahn mehr auf Bäumen. Im Winter findet man das Auerwild oft in langen Gängen auf dem Boden unter dem Schnee, wo es nicht nur Wärme, sondern auch andere Grünäsung findet, als sie der Baumwuchs zu der Zeit zu bieten vermag. Gerät man, wie es mir in den an Auerwild reichen Waldungen der mittleren Wolga öfters widerfuhr, in so einen Flug hinein, so denkt man, die ganze Welt würde unter einem lebendig. Denn ein Stück nach dem anderen durchbricht die Schneedecke mit gewaltigem Poltern, um schleunigst davonzustreichen.

Die ausgewachsenen Hähne stehen außer der Balzzeit, wo sie sich zu den Hennen gesellen, allein. Aber auch zu dieser Zeit ist der Hahn über Tag allein; erst am Abend *steht* er auf dem Balzplatz *zu*, um ihn nach Sonnenaufgang zu verlassen.

Die Sinne des Auerwildes sind hochentwickelt. Das gilt namentlich für das *Äugen* und *Vernehmen*. Hervorzuheben ist neben großer *Vorsicht* und *Scheu* eine gewisse *Neugier*, die wohl die Ursache ist, warum der aufgestörte Hahn, vom Hund verbellt oder sonst durch eine auffallende Erscheinung gefesselt, zu Baume steht und sich dort kunstlos herabschießen läßt. Im 18. Jahrhundert hatte man besondere Auerhahnhunde, mit denen man auf diese Weise den Auerhahn bejagte.

Das Auergeflügel ist ein Bewohner des geschlossenen, weiten Hochwaldes; es hat eine besondere Vorliebe für die Kiefer. Gegen forstwirtschaftliche Veränderung seiner Standorte ist es sehr empfindlich. Es gehört zu den Kulturflüchtern, und die starke Abnahme des Auerwildes in den meisten Revieren ist in hohem Maße auf die Intensivierung der Forstwirtschaft zurückzuführen.

UR, WISENT, ELCH, BÄR, LUCHS, WOLF

Diese urigen Wildarten gehören leider der Geschichte an. Sie sind ausgestorben oder in Deutschland im Aussterben begriffen.

Der *Ur* oder *Auerochse* ist bereits im Anfang des 17. Jahrhunderts ausgestorben. Bis dahin hatten sich letzte Reste in Ostpreußen an der litauischen Grenze gehalten. Rückzüchtungsversuche, die Prof. Dr. Heck durchgeführt hatte, sind durch den letzen Krieg zerschlagen worden. Die Wisente, die nach dem II. Weltkrieg nur noch in einigen Exemplaren in Europa reinblütig vorhanden waren, haben inzwischen zahlenmäßig wieder so zugenommen, daß mit ihrer dauerhaften Erhaltung in Zoos und Gehegen gerechnet werden kann. Die meisten Wisente hat Polen. In Deutschland besteht ein Wisentgehege in Springe bei Hannover. Vor dem letzten Weltkrieg war mit amerikanischen Bisonkühen eine vielversprechende Verdrängungszucht eingeleitet worden.

Während bei der Räumung Ostpreußens im Jahre 1944/45 noch ein Bestand von etwa 1500 *Elchen* in freier Wildbahn vorhanden war, müssen wir heute damit rechnen, daß dieses herrliche Wild auf deutschem Boden ausgerottet worden ist. Durch planmäßige Hege mit der Büchse war es in Ostpreußen gelungen, kapitale Elchschaufler heranzuhegen, während der *Stangler* durch intensiven Abschuß immer mehr zurückgedrängt wurde. Gute Elchwildbestände gibt es heute noch in Skandinavien, in Finnland, in Rußland und in Polen. In Übersee sind die kapitalen Elche Kanadas und Alaskas berühmt.

Der *Bär* ist in Deutschland ausgestorben, der letzte Bär in Ostpreußen wurde zu Beginn des 19. Jahrhunderts zur Strecke gebracht. Heute kommt der Bär in freier Wildbahn in Europa nur noch in Jugoslawien, in den Karpaten, in den italienischen Alpen, in Skandinavien und Rußland vor. Neuerdings wechseln gelegentlich Bären aus Jugoslawien nach Kärnten ein.

In Bialowies in Polen wurden vor und während des letzten Krieges Bären ausgesetzt. Über den Erfolg dieser Maßnahme konnte leider nichts Authentisches ermittelt werden.

Auch der Luchs ist in Deutschland ausgestorben, wenn auch bis zur Beendigung des Krieges von Zeit zu Zeit einige Luchse aus den Ostseeländern, insbesondere aus Litauen, nach Ostpreußen einwanderten und dort bestätigt wurden. In der Rominter Heide war der Luchs in mehreren Exemplaren ausgesetzt und hatte sich dort gut gehalten.

Anders liegen die Verhältnisse beim Wolf. Dieser muß heute, nach den vorliegenden Nachrichten, in den östlichen Provinzen als Standwild bezeichnet werden. Schon vor dem Kriege wechselten im Winter stets einzelne Wölfe von Polen und Litauen nach Ostpreußen und Westpreußen ein und wurden dort auch erlegt. Heute soll der Wolf in ganz Ostpreußen und bis nach Pommern hinein keine Seltenheit mehr sein, und selbst in der Lüneburger Heide sind in den letzten Jahren nach dem Kriege drei Wölfe erlegt worden. Da der Wolf sehr weit wandert, wird es sich bei diesen Exemplaren um Stücke handeln, die aus dem Osten eingewandert sind. Seit dem Jahre 1900 wurden in Deutschland noch rund 100 Wölfe erlegt.

Während der Luchs dem Wild auflauert und es durch Anspringen reißt, pflegt der Wolf sein Beutetier zu hetzen. Hierdurch bringt der Wolf erheblich größere Unruhe in eine Wildbahn, als der Luchs es tut. Beide rauben verschwenderisch, d. h. sie kehren selten zu ihrem Riß zurück, besonders selten ist das beim Luchs der Fall. Im Winter und bei geringer Wilddichte kommt dagegen der Wolf öfter zu seinem Riß zurück.

NIEDERWILD

DAS REHWILD

Beim *Rehwild* gelten dieselben waidmännischen Ausdrücke wie bei den vorgenannten Hirscharten, mit folgenden Abweichungen: Das männliche Reh heißt *Rehbock*, auch kurz *Bock;* je nach der Stärke *Kapitalbock, guter, besserer, geringer Bock;* nach dem *Gehörn,* wie das Geweih neben *Gewicht, Gewichtl* genannt wird: *Sechserbock, Gabelbock, Spießbock,* nach der Veranlagung *Zukunftsbock, erhaltungswürdiger* oder *abschußnotwendiger Bock.* Das weibliche Reh wird *Ricke, Rehgeiß,* auch *Hille* genannt. Wenn es schon gebrunftet hat, nennt man es *Altreh, alte Ricke;* ist es aber ein Jahr alt und hat noch nicht gebrunftet, so heißt es *Schmalreh.* Die *Jungen* werden, solange sie noch kein Jahr alt sind, als *Kitze* oder *Kälber* bezeichnet und nach dem Geschlecht *Bockkitz* oder *Rickenkitz, Geiß-*

kitz genannt. Führt die Ricke ein Kitz, ist sie eine *führende Ricke.* Der lange Haarbüschel an der Austrittsöffnung der Brunftrute beim Bock heißt *Pinsel.* Er ist das sicherste Unterscheidungsmerkmal zwischen Bock und Ricke nach dem Abwerfen des Gehörns. Das weibliche Geschlechtsglied wird *Feuchtblatt* genannt, der Haarbüschel daran die *Schürze* oder das *Wasserzeichen.* Das *Gehörn,* auch *Krone,* besteht aus den Stangen mit den Enden; sind erstere noch ohne Enden, so werden sie *Spieße* genannt; hat die Stange zwei Enden, so heißt das Gehörn *Gabelgehörn,* bei dreien *Sechser-,* bei vieren *Achtergehörn.* Die Bezeichnung *gerade* und *ungerade* für das Gehörn ist dieselbe wie beim Rotwild. Finden sich Unregelmäßigkeiten in der Bildung des Gehörns, so nennt man dieses *widersinnig.*

Der Schwanz, der ohne Auseinanderbreiten des Haares nicht sichtbar, wohl aber fühlbar ist, heißt *Wedel* oder *Blume.* Das Rehwild *schmält, schreckt* oder *meldet* sich, wenn es einen bellenden Ton von sich gibt; es *fiept,* wenn es einen feineren Ton hören läßt. Vom Hund ergriffen oder sonst geängstigt, *klagt* das Reh. Scharrt es vor dem Niedertun das Laub oder den Bodenüberzug fort, was es regelmäßig tut, so *plätzt* es. Die Begattungszeit heißt *Brunftzeit,* auch *Blattzeit.* Die vom Bock heftig getriebene Ricke stößt dabei gelegentlich das *Angstgeschrei* aus, während der Bock *keucht.*

Rehe, die eine dauernde Gesellschaft bilden, stehen in einem *Sprung* zusammen. Ricken, die wegen hohen Alters oder aus sonstigen Gründen keine Kitze mehr setzen, heißen *Dauergeltrehe* oder *Dauergeltricken;* solche, die vorübergehend kein Kitz führen, obgleich sie das der Natur nach tun müßten: *Geltrehe, Geltricken, gelte Ricken.*

Die regelmäßige *Brunftzeit* fällt in die Monate Ende Juli bis Mitte August. Die regelmäßige *Setzzeit* ist wohl der Mai; doch kommen viele Ausnahmen vor. Die Ricke setzt 1–2, seltener 3 Kitze. Wenn die Ricke oder das Schmalreh vom Bock beschlagen ist, dann ruht das befruchtete Ei ohne eine sichtbare Weiterentwicklung in der *Tracht* (Gebärmutter) bis etwa Anfang Dezember, erst dann beginnt der

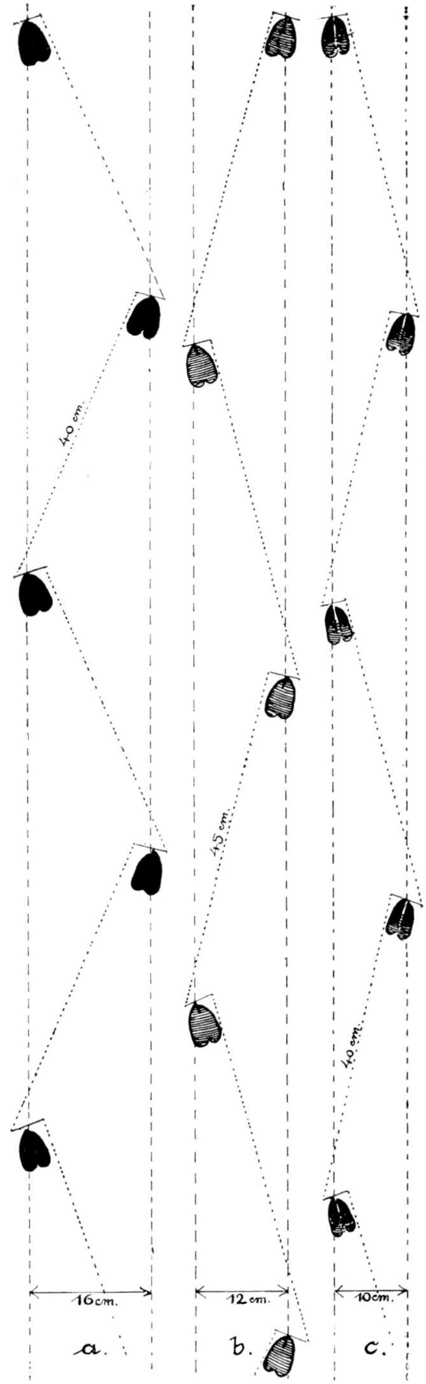

a. Fährte eines starken Bockes bei 40 cm Schrittweite = 16 cm Schrank
b. Fährte desselben Bockes bei 45 cm Schrittweite = 12 cm Schrank
c. Fährte einer starken Ricke bei 40 cm Schrittweite = 10 cm Schrank
1/10 natürl. Größe

Fötus zu wachsen. Wird ein weibliches Stück in der eigentlichen Brunftzeit nicht beschlagen, dann wird es im November erneut brunftig und kann dann auch beschlagen werden. Im letzteren Fall entwickelt sich der Fötus sofort nach dem Beschlag, also ohne Keimruhe, die man Vortragezeit nennt. Hierdurch erhellt die Tatsache, daß Ende Oktober und Anfang November häufig treibende Rehböcke beobachtet worden sind.

Das Rehwild hat an einigen Körperteilen (s. Abbildung) besondere Drüsenorgane, die teils einfach, teils gemischt aus Schweiß- und Talgdrüsen zusammengesetzt sind und speziellen Aufgaben dienen.

Etwas unterhalb des Sprunggelenkes an der Außenseite der Hinterläufe findet sich eine hervorragende Haarbürste. Die Haare legen sich hier weniger dicht übereinander und sind länger als in der Umgebung. In der Haut darunter liegt ein braunrot gefärbtes, rundes Feld von der Größe der Haarbürste, in deren Mitte eine haarlose flache Warze von Linsengröße liegt. Diese Warze ist durch eine Verdickung sämtlicher Schichten der Haut und besonders der Schweißdrüsen zustande gekommen. Diese sondert ein trübes, zähes Sekret von grauer Farbe ab, dessen biologische Bedeutung in der Hervorbringung einer arteigenen Wittrung zu suchen sein dürfte, die am hohen Pflanzenwuchs abgestreift wird.

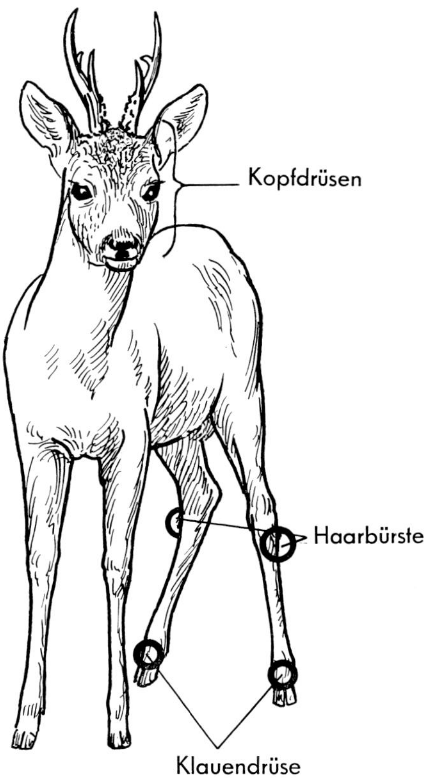

Duftdrüsen des Rehbockes (nach SCHUMACHER*)*

Zwischen den Zehen der Hinterläufe liegt die Klauendrüse, deren Aufgabe darin besteht, die sich berührenden Flächen des Klauenspaltes und der Schalen einzufetten und dadurch vor Schädigungen durch Reibung zu schützen. Haut und Schalen werden mit einer fettigen Schutzschicht überzogen, die die Enden der Gliedmaßen gegen manche schädlichen Einwirkungen, besonders gegen Nässe, schützt. Eigentümlich ist, daß den Vorderläufen die Schutzvorrichtung fehlt, bei ihnen ist nur eine Andeutung dieser Drüse vorhanden. An den Hinterläufen befindet sich oberhalb der Schalen im Klauenspalt eine runde Öffnung von 5 mm Durchmesser, aus der ein Büschel Haare hervorragt, die durch ein fettiges Sekret verklebt sind. Die Öffnung führt in das Klauensäckchen (s. Abb.), das birnenförmig seitlich zusammengedrückt ist und nach hinten etwas ansteigt. Es ist 8 mm breit und 20 mm lang. Das Drüsenpolster hat eine weit größere Ausdehnung als das Säckchen. Das Klauensäckchen ist mit einer grauen fettigen Salbe gefüllt, die einen süßlichen Geschmack und Geruch hat. Im Drüsenpolster liegen oberflächlich Talgdrüsen, die beim Reh besonders stark ausgebildet sind, darunter Schweißdrüsen. In den Talgdrüsen zerfallen die Zellen außerordentlich schnell und erzeugen dadurch viel Sekret. Da der Grund des Klauensäckchens höher liegt als die Mündung, kann das Sekret leicht abfließen.

Durch die Absonderungen der Klauendrüse, die auch Duftstoffe enthalten, entsteht beim Reh wohl in der Hauptsache der Fährtengeruch. Es ist anzunehmen, daß das Sekret bei brunftigen Stücken eine besondere Wittrung hat, so daß es dem Zusammenfinden der Geschlechter dient und vielleicht auch geschlechtlich erregend wirkt. Die Fähigkeit eines Hundes, eine gesunde Fährte rein zu halten, ist auf Duftstoffe zurückzuführen, die sicher zum großen Teil aus der Klauendrüse stammen. Es müssen geringe Unterschiede in der Zusammensetzung des Drüsensekrets bei jedem Stück vorhanden sein, die ein Hund mit guter Nase noch wahrzunehmen und zu trennen vermag. Erregung dürfte in den Hautdrüsen eine stärkere Absonderung hervorrufen, vielleicht ist deren Zusammensetzung dann auch geändert, so daß der Hund dadurch in der Lage ist, den Fährtengeruch eines gesunden Stückes von dem eines krankgeschossenen auch dann zu unterscheiden, wenn es keinen Schweiß verloren hat.

Auf der Stirn des Rehbockes befindet sich vor und zwischen den Rosenstöcken ein Bezirk längerer Haare, die Stirnlocke oder der Schild. Diese letzte Bezeichnung wurde von VORBERG für das Ansprechen des Alters der Böcke nach Färbung und Zeichnung des Hauptes eingeführt. Wenn man die Decke dieses Bereiches vom Schädel abschärft, fällt ein besonderer Geruch und eine klebrige Beschaffenheit der Stirnlocke auf. SCHUMACHER und MARIENFRIED untersuchten die Haut unter der Stirnlocke näher und stellten fest, daß sie verdickt ist und zahlreiche Drüsen enthält. Die Tatsache, daß dieses Stirnorgan nur beim Bock vorkommt, ließ vermuten, daß es in einer besonderen Beziehung zur Lebensweise steht, die nur dem Bock, nicht aber der Ricke zukommt. Diese Besonderheit besteht darin, daß der Bock durch Fegen und Reiben an dünnen Stämmen und Ästen Marken anbringt, die sein Einstandsgebiet abgrenzen. Diese Marken sind nicht nur für den Gesichtssinn, sondern offenbar auch durch die Ausscheidungen des Stirnorgans für den Geruchssinn des Rehwildes wahrnehmbar. Das Schlagen des Bockes erfolgt hauptsächlich im Juni zur Zeit der Einstandswahl und später wieder besonders lebhaft zur Brunftzeit. Demnach ist das Stirnorgan des Rehbockes ein Duftorgan, mit dem der einzelne Bock seine Lebensstätte bezeichnet.

Auch der Bau des Stirnorganes spricht für diese Deutung. Es besteht aus zahlreichen Duftdrüsen und Talgdrüsen, die im Bereich der Haarwurzeln münden. Die Drüsen zeigen zu den verschiedenen Jahreszeiten eine unterschiedliche Stufe der Tätigkeit. Im Frühjahr sind die Duftdrüsen am stärksten ausgebildet, während zur Blattzeit die Talgdrüsen die höchste Tätigkeit zeigen. Im Herbst bilden sich beide Drüsenarten schnell zurück, besonders die Duftdrüsen stellen ihre Tätigkeit über den Winter vollständig ein. Es ist möglich, daß das Sekret der Drüsen außerdem auch eine Rolle bei der Färbung der Gehörnstangen spielt.

Auch bei anderem Wild spielen diese Duftmarkierungen eine Rolle, insbesondere beim Fuchs (Hund) und allem Raubwild. Auch der Hase hat an den Kinnbacken Drüsen, die Sekrete absondern, so daß angenommen werden muß, daß das häufige Putzen mit den Vorderläufen nicht der Reinlichkeit, sondern der „Parfümierung" seiner Vorderlaufsohlen dient.

Dem Ohr macht Rehwild sich mehr bemerkbar als andere Wildarten, indem es bei jeder Gelegenheit leicht und andauernd *schreckt*, der Bock meist tiefer und kürzer, die Ricke höher und länger gezogen. Es schrecken jedoch die Rehe nicht überall gleich leicht und gleich andauernd. Manchmal gibt *eine* an einer größeren Blöße oder Wiese stehende alte Ricke das Zeichen, und alle in der Umgegend stehenden Rehe stimmen ein.

Rehwild hält unsicher *Wechsel*, am ehesten noch der Bock zur *Fegezeit* (April–Juni). Man kann den Wechsel dann an der Reihenfolge der gefegten und bearbeiteten Stämmchen ziemlich sicher erkennen. In der Weise wie Rot- und Damwild *schält* Rehwild nicht. Doch nimmt es gelegentlich die Rinde von Laubholzstämmen, namentlich der Esche. Diese

Verbißstellen sind dann ihrer geringen Höhe wegen von denen der genannten Wildarten leicht zu unterscheiden; sie sind auch niemals umfangreich, wie bei diesen.

Niemals tut Rehwild sich nieder, ohne vorher zu *plätzen*; auch plätzt der Bock viel vor und während der Blattzeit, wo er auch lebhaft an Busch und Gesträuch *schlägt*. Das Schlagen erfolgt mit dem fertigen Gehörn; also etwa von Anfang Juni bis zum Ende der Brunftzeit im August.

Hinsichtlich der *Fährten* hält man allgemein dafür, daß Unterschiede wie beim Rotwild dem Reh nicht eigen seien. Trotzdem sind sie vorhanden; und derjenige, dessen Auge an der Edelwildfährte geschult ist, wird auch ohne Hilfsmittel für das Auge die Fährten von Bock und Ricke unterscheiden können. Allein das schließt nicht aus, daß die Unterscheidung bei der Kleinheit der Tritte den meisten Jägern zu unsicher und gesucht erscheint.

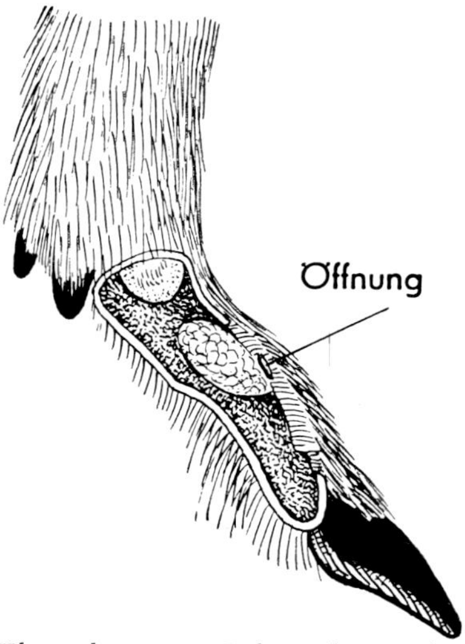

Klauendrüse vom Reh (nach Krumbiegel)

Dieser Einwand fällt fort, sobald man sich nicht mit dem einzelnen Tritt, sondern mit der fortlaufenden Reihe von Tritten, der Fährte, beschäftigt. Dann ergibt sich beim Bock ein erheblich stärkerer Schrank als bei der stärksten Ricke. Dabei sei, um Irrtümer zu vermeiden, kurz bemerkt, daß sich bei einem und demselben Stück der Schrank bei wachsender Schrittweite, die beim Reh niemals so gleichmäßig ist wie etwa beim Rotwild, verringert, bei kürzerem Ziehen vergrößert. Niemals aber erreicht der Schrank der Ricke den des gleich starken Bockes. Bei Rehen von aufgebrochen 36 Pfund kommt die Ricke beispielsweise nicht über 12 cm Schrank, während der Bock etwa 16 cm zeigt.

Bemerkt der Anfänger dazu, daß der Bocktritt mehr herzförmig, der der Ricke mehr eiförmig ist, so wird er bei fleißigem Beobachten mit der Zeit ein Unterscheidungsmittel der Geschlechter haben, das jagdlich nicht ohne Wert ist.

Die *Losung* besteht aus schwarzgrünen, länglichen Stücken, die ihrer Kleinheit halber mit der andern Wildes nicht wohl verwechselt werden können.

Das heimische Rehwild *suhlt* niemals. Unter den *Sinnen* ist der *Geruchssinn* am besten entwickelt. Das Reh windet und wittert den Menschen auf 200–300 Schritt und weiter, wenn der Wind günstig ist. Dagegen tritt der *Gesichtssinn* zurück. Das Reh äugt nicht annähernd mit der Schärfe wie das Edelwild und erkennt oft den stillstehenden Jäger selbst auf kurze Entfernung nicht. Die geringste Bewegung freilich macht es aufmerksam. Vom *Gehörsinn* kann man annehmen, daß er die Mitte zwischen Äugen und Wittern hält.

Der Bock ist, namentlich im höheren Alter, ein listiger, verschlagener Geselle. Wie oft glaubt der unerfahrene Anfänger im Waidwerk, wenn ein angepürschter Bock, nachdem er aufgeworfen und den Jäger gewahrt hat, scheinbar ruhig weiteräst, dieser sei wieder vertraut geworden, während er, nur scheinbar äsend, ihn nicht einen Augenblick unbeobachtet gelassen hat. Wie oft auch pürscht der Anfänger auf einen und denselben Bock, der seinen Stand nicht verändert, und bekommt ihn nach den ersten erfolglosen Begegnungen nur flüchtig wieder zu sehen. Sie kennen sich beide; – aber der Bock den Jägerlehrling weit besser als dieser ihn.

Das Rehwild ist außerordentlich *schreckhaft* und verliert in der wirklichen, wie vermeintlichen Gefahr oft völlig den Kopf. Wenn man überraschend sehr nah an Rehwild herankommt, so stürzt es manchmal wie vom Blitz erschlagen zu Boden, rennt in der Flucht gegen Bäume, sogar gegen Menschen und verletzt sich dadurch nicht selten tödlich.

Dort, wo es pfleglich behandelt wird, kann Rehwild sehr vertraut werden. Es weiß sich auch gelegentlich schwierigen Verhältnissen gut anzupassen und drückt sich manchmal, anstatt flüchtig zu werden, wie ein Hase an den Boden.

Das zarte, zu parasitären Erkrankungen neigende und auf eine vielseitige Äsung angewiesene Rehwild verliert bei Nahrungskonkurrenz durch anderes Schalenwild oder bei Überhege schnell an Körpergewicht und Gehörnbildung. Die Grenze einer gesunden Besiedelungsdichte liegt bei etwa 10 Stück je 100 ha Wald, Feld und Wiese im Gemisch, aber nur bei etwa 5–6 Stück je 100 ha reine Waldfläche.

Die Vermehrung des Rehwildes ist in der älteren Literatur meistens zu gering veranschlagt. Man muß unter normalen Umweltfaktoren und bei normalen Wintern einen jährlichen Zuwachs annehmen, der 100 % der am 1. April vorhandenen weiblichen Stücke – einschließlich der vorjährigen weiblichen Kitze – beträgt.

DER HASE

Nach dem Geschlecht heißt der alte Hase *Rammler,* die alte Häsin *Häsin* oder *Setzhase.* Die Jungen werden als *Junghasen* bezeichnet; je nach der Entwicklung als *halbwüchsig* oder als *Dreiläufer.* Die Haut heißt *Balg,* die Beine *Läufe,* die Hinterläufe auch *Sprünge;* die Haare sind die *Wolle,* die Ohren die *Löffel,* der Schwanz die *Blume,* die Augen *Seher.* Die Begattungszeit heißt *Rammelzeit;* die Hasen *rammeln;* die Häsin *setzt,* wenn sie Junge zur Welt bringt. Die Jungen nennt man einen *Satz.* Der Hase ist *fett, gut* oder schlecht. Wenn er in einer Bodenvertiefung sitzt, die er sich selbst scharrt, so sitzt er im *Lager* oder in der *Sasse;* dort *drückt er sich,* wenn er sich klein macht; *er drückt sich* auch sonst, wenn er sich verbirgt. Wird er aus seinem Lager aufgescheucht, so wird er *aufgestoßen,* auch *aufgestochen.* Er *fährt* dann aus dem Lager *heraus,* wie er auch *hineinfährt.* Man macht einen Hasen *hoch,* indem man ihn *aufstößt.* Wenn er sein Lager freiwillig verläßt, etwa um Äsung aufzunehmen, so *steht* er *auf.* Er beißt nicht Halme und dergleichen ab; er *schneidet* sie ab. Der Hase *rückt* ins Feld oder zu Holz; er *springt* über einen Graben. Er *hält gut* oder *schlecht* je nachdem er den Jäger nah an sein Lager herankommen läßt oder nicht. Der vom Hund oder Menschen ergriffene, noch lebende Hase *klagt,* wie ein kleines Kind schreit.

Die langsamste Bewegung des Hasen ist das *Rutschen;* dann kommt das *Hoppeln;* er ist *flüchtig,* wenn er schnell flieht. Weicht er bei der Verfolgung durch einen Hund plötzlich zur Seite, oder ändert er auch sonst plötzlich seine Richtung, so *schlägt er einen Haken.* Richtet er sich, um umherzuäugen, so weit auf, daß er sitzt, so *macht* er einen *Kegel;* richtet er sich aber höher auf, so daß er auf den Hinterläufen steht, so *macht* er ein *Männchen* oder *einen Pfahl.* Der erbeutete, aber noch nicht verendete Hase wird *abgenickt,* auch *abgeschlagen,* indem man ihm durch einen Schlag mit der flachen Hand hinter die Löffel das Genick bricht; er wird dann *ausgeweidet* oder *ausgeworfen,* wenn das Gescheide herausgenommen wird. Soll er dann aufgehängt werden, so wird er zuvor *geheßt* oder *geheest;* d. h. zwischen der Sprungsehne und dem Laufknochen wird der Balg aufgeschärft und der andere Sprung bis zum Gelenk hindurchgezogen. Wird dem Hasen der Balg abgezogen, so wird er *gestreift* oder *abgebalgt.*

Nach seinem hauptsächlichen Aufenthalt unterscheidet man *Wald-* und *Feldhasen, Buschhasen* und *Berghasen*. Der Waldhase lebt im geschlossenen Wald, *rückt* abends auf Blößen oder Feld (Hasenauslauf), und morgens wieder zu *Holz* (Haseneinlauf). Dabei ist auffallend, wie weite Wege er dabei zurücklegt. Er ist selten zahlreich, immer aber stark. Der Feldhase dagegen lebt ausschließlich im freien Feld, in den großen Breiten, und sucht niemals den Wald auf; dabei tritt er äußerst zahlreich auf und zeigt nur geringe Körperstärke. Wo Wald und Feld im Gemenge liegen, finden wir den Buschhasen, der die Nacht

im Feld, den Tag im Holz zubringt, wenn ihn nicht plötzlicher Laubabfall oder klatschender Schnee daraus vertreibt. Der Berghase ist der stärkste von allen Hasen und, wie Kenner behaupten, der wohlschmeckendste.

Die Häsin setzt mehrere Male im Jahr. Die erste Rammelzeit ist bereits Ende Januar, so daß der erste Satz im März erfolgt. „Märzhasen sind die besten." Die Häsin setzt 1–3, gelegentlich auch noch mehr Junge. Als eines der wenigen Säugetiere kann die Häsin noch während der Tragezeit fruchtbar beschlagen werden, so daß also eine Überfruchtung eintritt, d. h. es befinden sich gleichzeitig zwei verschieden alte Föten in je einem Horn des Tragsackes. Durch HEDINGER wurde nachgewiesen, daß eine solche neue Befruchtung bis zu 5 Tagen vor dem Setzen erfolgen kann. STIEVE behauptet sogar, daß eine Überfruchtung während der gesamten Tragzeit möglich ist. Die Vermehrung der Hasen ist im Vergleich mit anderen Wildarten groß. Man kann rechnen, daß ein Hasenpaar in einem Jahr 8–12 Nachkommen zur Welt bringt, was aber nicht besagen soll, daß diese alle groß werden. Daß die Märzhasen im selben Jahr schon zur Paarung schreiten, dürfte nur ausnahmsweise vorkommen.

Nach dem Gewicht können die Junghasen oft nicht erkannt werden. Ein zuverlässiges Jugendmerkmal ist das STROHsche Zeichen (s. Abb.), eine wulstartige Auftreibung am unteren Ende der Elle, die als Knötchen deutlich durch den Balg hindurch fühlbar ist. Es handelt sich bei dem Knötchen um die Epiphyse, die Zone des Längenwachstums der Elle, die so lange vorhanden ist, bis das Körperwachstum abgeschlossen ist. Das ist beim Feldhasen mit etwa 9 Monaten der Fall. Bei Hasen, die älter als ein Jahr sind, ist das Knötchen verschwunden (siehe Abbildung Mitte).

Durch Abtasten der Außenseite des Vorderlaufs, etwa 1 cm über dem Fußwurzelgelenk (s. Abb.), ist bei allen Hasen der Strecke zu prüfen, ob das Jugendzeichen vorhanden ist oder fehlt. Dadurch ist der Anteil der Junghasen, also der Hasen, die im laufenden Jahre gesetzt wurden, festzustellen und daraus zu folgern, ob die Vermehrung gut oder schlecht war. Wenn die Zahl der Junghasen unter 40 % liegt, ist der Zuwachs schlecht, bei 60 % ist er normal und bei mehr als 70 % gut. Nach dem Ergebnis der Streckenuntersuchungen ist zu entscheiden, ob das Revier im nächsten Jahr in vollem Umfange bejagt werden kann, oder ob die Jagd eingeschränkt werden muß.

Abgesehen von der unmittelbaren Beobachtung verraten das Lager die Pässe in Wald und Feld sowie etwaige Beschädigungen an Jungwüchsen und Obstbäumen, deren Rinde er gern nimmt, den Hasen. Ob eine Beschädigung an Jungwüchsen vom Hasen herrührt oder vom Reh, das kann gelegentlich zweifelhaft sein. Die Frage ist aber zu lösen, indem man sich vergegenwärtigt, daß das Reh im Oberkiefer keine Zähne hat, also *rupfen* muß, während der Hase mit seinen scharfen Schneidezähnen den Zweig *abschneidet*. Die Schnittfläche läßt das leicht erkennen. Dies kann in Fällen von Wildschäden wichtig sein, da der Schaden durch Hasen nicht unter die Ersatzpflicht fällt.

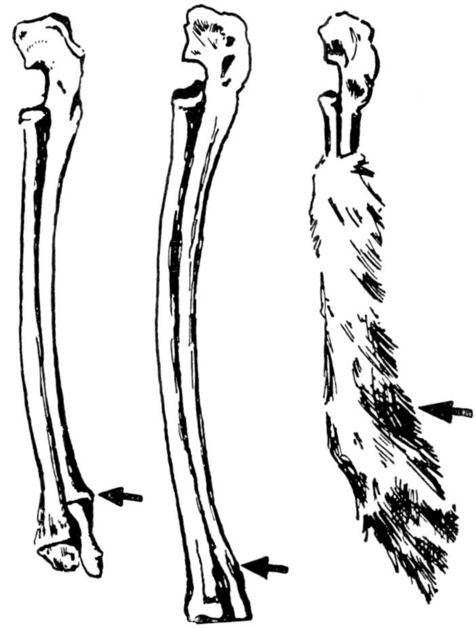

Junghase links, Althase Mitte

Wo kein anderes Wild vorkommt, da ist der Hasenpaß im Wald als flaches Pfädchen auf dem Laub oder den abgefallenen Nadeln, Moos und dergleichen kenntlich. Im heranwachsenden Getreide schneidet der Hase völlige Steige aus, die man *Hexensteige* nennt. Ist stärkeres Wild vorhanden, dann benutzt der Hase gern dessen Wechsel. Selbst im offenen Feld, auf dem rauhen Acker, hält der Hase gut *Paß;* die Pfädchen hier, so unscheinbar sie sind, fallen dem kundigen Auge sofort auf und bieten leider auch dem Wilderer sichere Gelegenheit, den armen „Krummen" in der an einem Stein befestigten Schlinge zu erwürgen.

Die *Hasenspur* ist mit keiner anderen zu verwechseln; höchstens könnte ein Junghase und ein Kaninchen dieser Verwechslung unterliegen. Die *Losung* besteht aus den bekannten runden Ballen, die immer das *Gefüge* der Pflanzenfaser erkennen lassen.

Von den *Sinnen* des Hasens sind Gehör und Geruch gut entwickelt, der Gesichtssinn ist es aber nur mäßig.

Rammler und Häsin zu unterscheiden, ist zwar nicht schwer, aber auch nicht so leicht, wie mancher glaubt. Äußerlich sind sie *nicht* zu unterscheiden; auch nicht an dem bekannten Schnalzen mit der Blume, das fälschlich nur dem Rammler zugeschrieben wird. Man muß den Hasen schon in der Hand haben. Außerhalb der Rammelzeit sind die Brunftkugeln freilich in die Bauchhöhle zurückgeglitten, also nicht zu fühlen. Doch wenn man bei dem noch warmen Hasen mit gespreizten Fingern einen Druck seitwärts der Geschlechtsöffnung ausübt, dann tritt beim Rammler die kurze, spitze Rute hervor. Die ähnlich geformte Klitoris der Häsin erkennt man stets an einer deutlichen Längsspalte. Am bereits

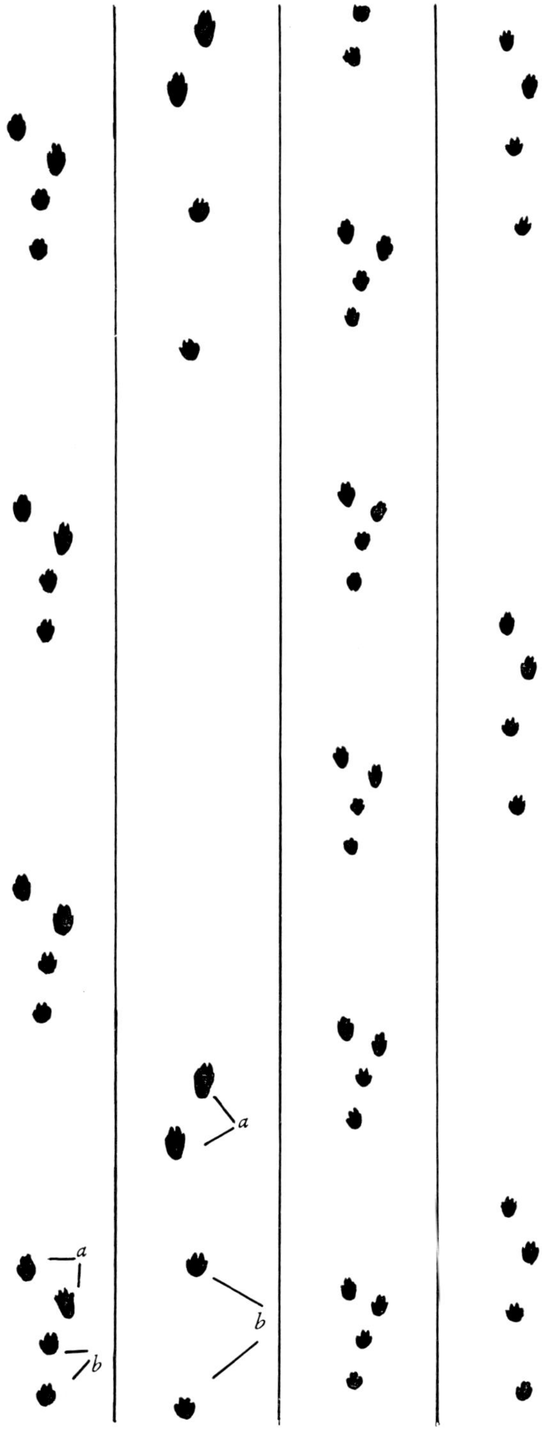

Hasenspur
hoppelnd *flüchtig*
Kaninchenspur
hoppelnd *flüchtig*
a Hinterläufe *b Vorderläufe*

erkalteten Hasen muß man dagegen den Geschlechtsapparat erst richtig sezieren, um das Geschlecht bestimmen zu können.

Die Hasen lieben Felder mit warmem, durchlässigem Boden; vornehmlich die Häsinnen, die bei anhaltender Nässe in kalten Jahren förmlich nach höher gelegenen, trocknen Standorten auswandern. Offenbar geschieht das der Nachzucht zuliebe. Werden dann bei Jagden an solchen Orten größere Strecken an Häsinnen als an Rammlern gemacht, so wird das öfter fälschlich der Jagdart zugeschrieben.

Wenn der Hase aus seinem Lager herausgestoßen wird, so trachtet er, sei es auch auf weiten Umwegen, immer wieder in die Nähe des Lagers zurückzukommen. Es beruhte auf dieser Eigentümlichkeit der Erfolg der früheren Brackenjagd. Die niemals nachlassende Bracke hetzte den Hasen so lange, bis er den auf den Pässen zu seinem Lager anstehenden Schützen in das Rohr lief.

Was der Hase durchaus nicht mag, das ist der Wind; er sucht sein Lager daher immer an überwindigen Plätzen. Seine sprichwörtliche Furchtsamkeit läßt ihn außerdem jedes Geräusch meiden. Wenn im November plötzlich Frost eintritt, und nun im Laubholz das welke Laub massenhaft raschelnd zu Boden fällt, so verläßt der Hase den Wald, um sein Lager im Feld zu nehmen. Dasselbe geschieht, wenn nach Frost bei Schnee Tauwetter eintritt, und nun die dicken Tropfen und klatschende Schneeklumpen zur Erde fallen. Auch dann meidet oder verläßt der Hase den sonst als Tagesaufenthalt dienenden Busch oder Wald mit Sicherheit.

DER ALPEN- ODER SCHNEEHASE

Dieser bei uns in den Alpen und gelegentlich auch in Ostpreußen, besonders im Memelland vorkommende Hase ist etwas kleiner als der vorige. Er ist im Sommer dunkelbraun bis bläulich, dabei im Gegensatz zum Feldhasen nicht gesprenkelt, sondern gleichfarbig. Das Haar ist weicher, im Winter weiß bis gelb, bis auf die schwarzen Löffelränder. Bei uns ist dieser Hase im Sommer immer braun; im hohen Norden bleibt er auch in dieser Jahreszeit weiß.

Der Schneehase gilt für dumm; jedenfalls ist er meist vertraut und wird leicht kopflos, wenn er überrascht wird. Doch weiß er seinen Aufenthaltsort seinem jeweiligen Kleid, wenn irgend möglich, anzupassen, indem der weiße Hase weißen Hintergrund liebt, der braune den Schnee meidet. Sein Wildpret steht dem des Feldhasen erheblich an Wohlgeschmack nach. Die Spur unterscheidet sich von der seines Vetters durch die bedeutend stärkeren Tritte.

DAS KANINCHEN

Dieselben waidmännischen Bezeichnungen, die dem Hasen zukommen, sind auch beim Kaninchen gebräuchlich. Im Gegensatz zu diesem bringt es aber den Tag in der Regel nicht in Lagern, sondern in *Bauen* zu, die es sich selbst gräbt, und deren Ausgänge man als *Röhren* bezeichnet.

Das beste Unterscheidungsmerkmal vom Hasen ist neben der Größe und der Farbe die mausgraue Färbung der Löffel, während der Hase stets schwarze Löffelspitzen hat.

Das Kaninchen oder *Karnickel wittert* und *vernimmt* ganz ausgezeichnet; aber auch sein Gesichtssinn ist im Gegensatz zum Hasen hervorragend ausgebildet. Dabei ist es schlau, was man von dem Hasen eigentlich nicht sagen kann. Die Stimme ist nicht ein quäkendes Schreien wie bei diesem, sondern ein heller, pfeifender Ton, den es häufig ausstößt, wenn es, nicht ganz plötzlich, verendet.

Die Begattung kann beim Kaninchen jederzeit stattfinden, da die Eireife durch den Deckart ausgelöst wird, sog. provozierte Ovulation. Die Zahl der Sätze beträgt 5–6, die Satzstärke bis zu 9 Stück, allerdings werden davon selten mehr als 3–4 Stück groß. Die Überfruchtung, wie sie beim Hasen beschrieben wurde, kommt – wenngleich seltener – auch beim Kaninchen vor. Die Vermehrung ist also sehr groß.

Durch die Myxomatose ist das Kaninchen in vielen Revieren fast ausgerottet. Die Krankheit wurde durch aus Australien eingeführte Viren in Frankreich ausgelöst.

Die Gewohnheit, das Leben zum großen Teil im Bau zu verbringen sowie der Schutz, den dieser dem Kaninchen bietet, bringen große Verschiedenheiten für die Jagd gegen die des Hasen mit sich, die später näher besprochen werden sollen, weil sie sich von der Behandlung der Jagd nicht gut trennen lassen. Hier sei nur kurz erwähnt, daß krankge-

schossene Kaninchen mit der letzten Lebenskraft den Bau zu erreichen trachten, wo sie dem Jäger fast immer verloren sind. Denn es lohnt sich nicht, einer so unbedeutenden Beute wegen einen oft recht umfangreichen Bau aufzugraben.

DER BIBER

Wenn schon diese Wildart vollkommen geschützt wird, um ein Aussterben zu verhindern, so soll sie doch besprochen werden, da der Biber nach wie vor zu den jagdbaren Tieren gehört. Die mittlere Elbe in der Umgegend von Alt-Dessau mit ihren Altwässern wird heute noch vom Biber – Meister Bockert heißt er in der Fabel – bewohnt. Einst war der Biber in ganz Deutschland verbreitet, und seine Ausrottung ist einmal auf seinen wertvollen Balg zurückzuführen, aus dem kostbares Pelzwerk, vor allem aber im 17. Jahrhundert die begehrten „Castorhüte“ gefertigt wurden. Zum anderen aber war der sog. *Bibergeil* zu Heilzwecken außerordentlich begehrt; es sind dies zwei Drüsen, die neben dem Waidloch liegen und sowohl beim männlichen als auch beim weiblichen Geschlecht vorkommen. Die Unterscheidung der Geschlechter ist ohne anatomische Untersuchung sehr schwer, weil die Geschlechtsorgane unter dem Balg verborgen liegen. Die Kralle der zweiten Hinterzehe ist gespalten und dient in zweckvoller Art zum Kämmen der stets fettigen und zum Verkleben neigenden Haare.

Die Nase des Bibers heißt *Nase*, die Augen *Seher*, die Haut *Balg*, auch *Fell*, die Ohren *Lauscher*, der breite Schuppenschwanz *Schwanz*, auch *Biberkelle*. Wo der Biber in das

In der Hochbrunft — *Nach einem Gemälde von Prof. G. Löbenberg*

Wasser steigt, da hat er seinen *Einstieg*, wo er heraussteigt, seinen *Ausstieg*. Seine Baue werden *Baue* genannt; wenn sie aus Knüppeln und Erde bestehen und hoch über das Wasser herausragen, nennt man sie *Burgen*. In der Ruhe *steigt* der Biber ins Wasser; wird er jedoch beunruhigt, so *fährt* oder *fällt* er hinein.

Er zieht nicht auf Äsung, sondern er *geht* darauf; wenn er Reisig oder Äste abbeißt, so *schneidet* er sie ab.

Die Vorderläufe haben keine Schwimmhäute, wohl aber die Hinterläufe. Der untere Teil der letzteren ist unbehaart. Da nun der Biber einen ganz auffallenden Körperbau hat, indem er nach hinten zu immer breiter wird, so ergibt sich eine ganz eigentümliche Spur, die da, wo sie *rein* ist, gar keinen Zweifel für richtiges Ansprechen lassen kann, zumal die breite Schleppspur der Kelle in weichem Boden immer sichtbar ist.

Mit seinen gewaltigen, meißelartigen Schneidezähnen schneidet er Reisig und Stangen ab, von deren Rinde und Blättern er lebt. Man findet entweder die Stümpfe oder die Reste der Stangen.

Der heutige Bestand an Bibern beträgt in Deutschland ungefähr 200 Stück, im Mündungsgebiet der Rhone in Frankreich etwa 120 Stück, in Polen 250 Stück, und Norwegen, wo sich die Schonbestimmungen besonders gut ausgewirkt haben, beherbergt heute bereits wieder ungefähr 12 000 Biber.

DAS MURMELTIER

Das Murmentl, wie es in Tirol, Mankei, wie es im bayrischen Hochland heißt, ist ein Höhlenbewohner des Hochgebirges, der im Sommer oberhalb der Waldgrenze lebt, im Winter in tieferen Lagen den Bau bezieht und in diesem oft in ganzen Familien seinen Winterschlaf hält. Die Jäger des Hochlands nennen das Männchen *Bär*, das Weibchen *Katz*. Es lebt im Sommer in kürzeren Bauen im Geklüft, die es bei Sonnenaufgang verläßt, um in der Nähe seiner Äsung nachzugehen. Die *Sinne* sind alle hochentwickelt: das Mankei *äugt*, *vernimmt* und *wittert* vortrefflich. Bei der geringsten Beunruhigung stößt es einen lauten Pfiff aus, der schriller ist als der des Gams, und verschwindet schleunigst im Bau, um ihn fürs erste nicht wieder zu verlassen. Mankeis, die nicht sofort auf der Stelle nach einem Schuß verenden, suchen mit allen noch vorhandenen Kräften den Bau zu erreichen, wo sie dann dem Jäger fast immer verloren sind. Das Fett des Mankeis war bei den Gebirgsjägern als Wundheilmittel sehr begehrt. Von Bundes wegen ist das Murmeltier jetzt ganzjährig geschützt.

DER FUCHS

Der Waidmann nennt den männlichen Fuchs *Fuchs, Rüde*, den weiblichen *Füchsin, Fähe*, auch *Betze*. Das Maul heißt *Fang*, die Zähne *Gebiß*, die Eckzähne *Fänge*; die Augen *Seher* oder *Lichter*, die Ohren *Lauscher* oder *Luser*, auch *Gehöre*. Die Beine heißen *Läufe*, die Zehen *Pranten* oder *Branten*; der Schwanz *Lunte, Standarte, Stange;* das äußerste, meist weiß oder schwarz gefärbte Ende die *Blume*. Auf der Oberseite der Lunte, etwa 6 cm von der Schwanzwurzel, durch einige schwarzgefärbte Haare erkenntlich, befindet sich eine nach Veilchen duftende Drüse, *Viole* oder *Nelke* genannt.

Das männliche Glied heißt *Rute*, auch *Fruchtglied*, die Hoden *Geschröt*, das weibliche Glied *Schnalle*, die Haut *Balg*. Der Fuchs ist *fett*, nicht *feist*. Er *schleicht*, wenn er sich langsam fortbewegt; er *schnürt* oder *trabt*; er ist *flüchtig* bei schnellster Gangart. Wenn der Fuchs dem Lockton des Jägers, dem *Reizen* folgt, so *läuft* er; wird er verfolgt, so *läuft* er ebenfalls.

Die Begattungszeit heißt die *Roll-* oder *Ranzzeit*; beide Geschlechter *rollen* oder *ranzen*, wenn sie sich begatten; die hitzige Fähe *rennt*; wenn sie Junge zur Welt bringt, so *wirft* oder *wölft* sie. Die trächtige Fähe *ist* oder *geht dick*.

Was der Fuchs zu seiner Nahrung braucht, das *raubt* er; die Nahrung ist der *Raub*. Lebende Tiere *reißt* oder *schlägt* er; den *Raub frißt* er. Fängt er Mäuse, so *maust* er. Lockt ihn der Jäger durch Nachahmung des Mäusepfeifens, so *mäuselt* er. Wo der Fuchs häufig zu wechseln pflegt, da hat er seinen *Paß*.

Der Fuchs gräbt sich einen *Bau* oder er benutzt einen vom Dachs gegrabenen. Der Bau hat einen oder mehrere *Kessel* (größere Höhlen) und *Röhren*. Der Fuchs *steckt* im Bau, *kriecht* zu Bau, *fährt* aus dem Bau. Es gibt *Hauptbaue, Notbaue* und *Notröhren, Fluchtröhren*. Bringt der Fuchs im Bau zwischen sich und den vorliegenden Hund Erde, so daß dieser nicht mehr an ihn heran kann, so *verklüftet* oder *versetzt* er sich; er *verliert* sich darin, wenn der Hund ihn nicht wiederfindet. Er *springt*, wenn er ihn vor dem Hund verläßt.

Der Fuchs *bellt*, wenn er heult; er *keckert* oder *murrt*, wenn er boshaft ist; er *klagt*, wenn es ihm ans Leben geht.

Nach der Farbe des Haares unterscheidet man folgende einheimische Spielarten: den *Birkfuchs* oder *Rotfuchs*, den *Brand-* oder *Kohlfuchs* und den *Kreuzfuchs*. Bei ersterem, dem *Birkfuchs*, sind die Abzeichen, wie ich sie nennen möchte, ein Rand um den Fang, der sich breit über die Kehle fortsetzt und nach unten spitz ausläuft, die Flanken- und Bauchpartie *gelblich* bis *weiß;* die Spitze der Lunte ist *weiß*. Es ist die am häufigsten bei uns vorkommende Spielart. Beim *Kohl-* oder *Brandfuchs* sind diese Abzeichen *dunkelgrau* bis *schwarz*. Der *Kreuzfuchs* zeichnet sich durch einen *schwarzen* oder *dunklen Rückenstreifen* aus, der mit einem gleichen, quer über den Rücken und die Schultern hinlaufenden, ein *Kreuz* bildet. Die übrigen in nördlichen Ländern auftretenden schwarzen, grauen, blauen, weißen Spielarten seien nur erwähnt; sie kommen in Mitteleuropa nicht vor.

Der Fuchs galt lange als gefährlicher Feind der Niederjagd, man verfolgte ihn mit allen Mitteln, wobei selbst vor Gift nicht zurückgeschreckt wurde. Wir sehen heute im Fuchs mehr die Sanitätspolizei des Reviers. Wie jede Kreatur im Haushalt der Natur ihre Aufgabe zu erfüllen hat, so auch der Fuchs.

Daß ein Fuchs trotzdem in gut besetzten Niederjagden großen Schaden tut, daß er in Fasanenrevieren nicht geduldet werden kann, liegt auf der Hand. Man darf hier ruhig einen Vernichtungskrieg gegen ihn führen. Ganz wird man seiner doch nicht Herr werden. So wird auch die schärfste Vertilgungsabsicht in solchen Revieren niemals seine Ausrottung zur Folge haben, was im Interesse der Gesunderhaltung der Arten des Nutzwildstandes zu bedauern wäre. Aber auf Hochwild-Reviere sollte man diesen für Niederjagden richtigen Gedanken nicht übertragen. Der sentimentale Einwand, daß man eine ganze Anzahl von Rehläufen auf dem Fuchsbau gefunden habe, besagt gar nichts. Wer weiß denn, ob die Rehe nicht schon eingegangen waren, als der Fuchs sie fand; wer, ob sie nicht von der Rachen- und Hautbremse so weit heruntergebracht waren, daß der würgende Fuchs als Erlöser von langen Qualen erschien. Und dann: ist es denn ein Fehler, wenn der Fuchs schlechte Nachzucht an Rehen, widerstandsunfähige Stücke nach hartem Winter fortnimmt? Gewiß, er reißt zuweilen auch ein gut veranlagtes, frisch gesetztes Kitz; aber die meisten

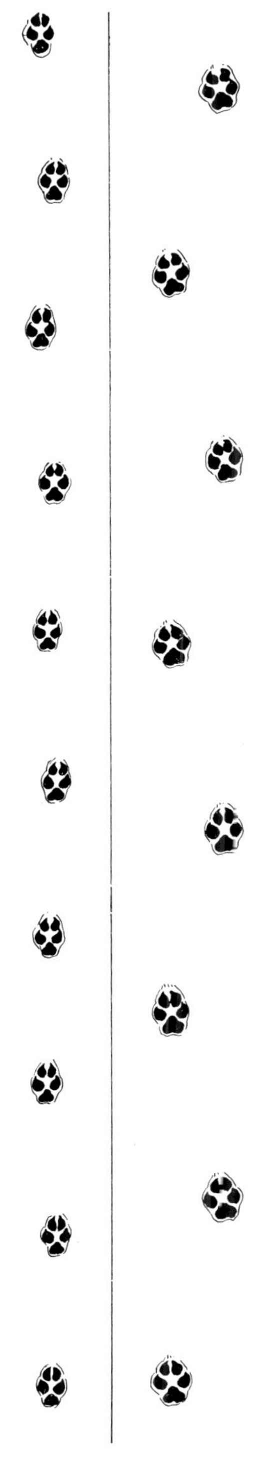

Fuchsspur *Hundespur*

kriegt er *nicht.* Ich möchte daher seinen Wert für die Erhaltung einer guten Art für den Rehstand höher veranschlagen als den Schaden, den er ihm zufügt.

Man hört heute sehr viel Klagen über den Rückgang der Niederwildsrtecken und versucht, hierfür den Fuchs verantwortlich zu machen. Ich kenne eine Menge Reviere, in denen, im Vergleich zu anderen Jagden derselben Gegend, gute Hasen- und Hühnerstrecken erzielt und wo auf jeder Treibjagd eine ganze Anzahl Füchse geschossen werden. Wenn wirklich einige Hasen weniger auf der Strecke liegen, dafür aber einige Rotröcke, so ist das jagdlich bestimmt tausendmal reizvoller als noch so viel mehr Hasen. Eine ausgesprochene Hege des Fuchses sollte man dagegen nirgends betreiben, da der Schaden des Fuchses nicht allein beim Niederwild, sondern vor allem beim Geflügel der Bauern unangenehm wird. Die seit Kriegsende sich immer mehr ausbreitende Tollwut, deren Hauptträger der Fuchs ist, erforderte und erfordert in vielen Gegenden seine größtmögliche Bejagung, notfalls sogar durch Vergasung der Baue.

Da der Fuchs oft am Tag auf Raub ausgeht, so kommt er auch gelegentlich zur unmittelbaren Beobachtung. In kalten Nächten hört man ihn oftmals bellen, besonders zur Rollzeit. Auch die Jungfüchse bellen vor Hunger, wenn sie vor dem Bau spielen und zu lange auf die ihnen Raub zubringende Mutter warten müssen.

Empfindliche Nasen riechen den Fuchs wohl einmal dort, wo die Luft steht, z. B. in Dickungen.

Jeder Waidmann muß die *Baue* in seinem Revier kennen. Dies wahr zu machen, ist gar nicht so einfach. Aber kein Bau kann der Beobachtung entgehen, solange es noch Jäger gibt, die bei einer *Neuen* (frischgefallenem Schnee) Freude daran haben, durch Althölzer, Stangen und Dickungen hindurch die Fuchsspur auszutreten. Dabei findet der Anfänger jeden Bau. Kennt er die Baue, so kann er sich jederzeit überzeugen, ob sie *befahren* sind und von wem.

Die Fuchsspur ist von der anderer Wildarten leicht zu unterscheiden; am ehesten könnte sie noch mit der eines leichten oder kleinen Hundes verwechselt werden. Das gilt jedoch nur für den einzelnen Tritt, nicht für die Spur im ganzen. Die Ballenabdrücke sind aber beim Fuchs geringer als beim Hund. Es wird vielfach gesagt, der einzelne Tritt des Fuchses zeichne sich vor dem des Hundes dadurch aus, daß bei ersterem die beiden Vorderzehen länger seien und enger zusammenständen als beim gleich starken Hund. Das ist oftmals zutreffend, aber längst nicht immer. Wohl aber *schnürt* eine Hundespur niemals so scharf und regelmäßig wie die eines Fuchses. Dieses Schnüren besteht darin, daß der Fuchs beim kurzen, behaglichen Trab, seiner gewöhnlichsten Gangart, den Hinterlauf genau in den Tritt des Vorderlaufes setzt, und daß diese Tritte annähernd, nicht mathematisch scharf, eine gerade Linie bilden. Bei schärferem Traben greift der Fuchs jedesmal mit dem Hinterlauf über den Tritt des Vorderlaufes hinaus, so daß ersterer etwas vor dem des Vorderlauftrittes zu stehen kommt: es stehen dann zwei Tritte nah beieinander, anstelle des einen beim behaglichen Schnüren.

Bei der Spur des flüchtigen Fuchses stehen, dem einzelnen Sprung entsprechend, vier Tritte in einem Trapez, von denen jedesmal die vordersten die Abdrücke der vorgreifenden Hinterläufe sind. Findet man in der *Rollzeit* (Dezember bis Januar – 7½ Wochen später *wölft* die Fähe 3–12 Jungfüchse, so daß oft schon im Februar ein Geheck gefunden wird) eine Fuchsspur, so darf man nicht immer annehmen, daß es sich nur um *einen* Fuchs handelt. Denn wenn auch mehrere Rüden hinter einer Fähe traben, so tritt doch jeder genau in den Tritt des Vordermannes.

Wenn man die Baue kennt und sie oft genug besucht, so wird man bald genug dahinterkommen, wo ein *Geheck* junger Füchse steckt. Einmal verraten das die Reste des ihnen zugetragenen Raubes; dann auch findet man auf dem Bau oder aber in nächster Nähe auf offenem Boden die Plätze, auf denen die jungen Füchse spielen. Solche Stellen trifft man auch auf Wegen und Gestellen, namentlich dann, wenn der Bau so liegt, daß die Sonne nicht an ihn herankommt. In diesem Fall suchen die jungen Füchse gern sonnige Orte auf, die nicht zu weit vom Bau entfernt liegen. Findet man also solche Plätze, und kennt man keinen Bau in der Nähe, so wird man bei einigem Suchen bald auf ihn stoßen.

Die *Losung* des Fuchses kann nur mit der des Dachses verwechselt werden; letztere enthält aber immer oder fast immer die Flügeldecken von Käfern, die des Fuchses immer Haare. Gelegentlich hat auch Gewölle von Greifvögeln Ähnlichkeit mit der Fuchslosung; doch besteht ersteres nur aus Haaren oder Federn mit wenig Knocheneinschluß.

Die *Sinne* des Fuchses sind alle in hohem Maße entwickelt; ganz besonders gilt das vom *Wittern*. Sein *Windfang* ist unfehlbar, sein *Gehör* ausgezeichnet; und auch sein *Gesichtssinn* läßt nichts zu wünschen übrig. Was dagegen seine Begabung, seine sprichwörtliche Klugheit, Verschlagenheit und List angeht, so vermag ich mich der landläufigen Anschauung nicht anzuschließen. Es liegt zwar auf der Hand, daß ein Raubtier, das sich von der Erbeutung anderer Tiere ernährt, wenn man den Ausdruck gebrauchen darf, klüger sein muß als ein Pflanzenfresser; und ein gewisses Maß an Überlegung und Vorsicht will ich dem Fuchs gewiß nicht absprechen. Das hat aber seine Grenzen. Man hält ihn wohl für so klug und verschmitzt, weil sein eigenartiger Gesichtsausdruck, die spitze Form seines Kopfes auf diese Eigenschaften schließen lassen.

Einen großen Teil seines Lebens bringt der Fuchs im Bau zu. Da die Baue dem aufmerksamen Waidmann bekannt sind, so ist es gegeben, ihn hier, wo man ihn auf kleinem Raum täglich erwarten kann, mit Aussicht auf Erfolg zu bejagen. Zu dem Zweck aber muß man wissen, wann der Fuchs im Bau steckt. Alle Theorien, die darüber aufgestellt worden sind, halten einer ernsten Nachprüfung nicht stand. Auch der nasse Fuchs geht gelegentlich zu Bau, und sicher ist nur, daß in der Rollzeit der Fuchs viel öfter im Bau steckt als zu anderen Jahreszeiten – dann aber meistens nicht allein, sondern bei der Fähe befinden sich recht häufig ein oder zwei Verehrer. Das ist dann die Zeit, wo der Jäger mit dem Teckel oder dem Jagdterrier die Baue seines Reviers mit guter Aussicht auf Erfolg revidiert, um die Füchse zu *sprengen*.

Der Fuchs hält im allgemeinen recht sicher Paß, so daß der Anstand auf ihn gute Aussicht auf Erfolg bietet. Er ist leicht und sicher zu *reizen;* und selbst alte Füchse, die öfter *vergrämt* sind, laufen den gut mäuselnden Jäger wieder an.

Beim Waldtreiben pflegt der Fuchs meist zuerst zu kommen, weil er, immer auf alles aufmerksam, dem Lärm der Treiber so schnell wie möglich zu entgehen sucht. Sieht er sich aber beim Feldtreiben von allen Seiten umstellt, so drückt er sich oftmals wie ein Hase und kommt den vorstehenden Schützen erst unmittelbar vor den Treibern.

DER DACHS

Die waidmännischen Bezeichnungen Meister Grimbarts sind denen des Fuchses ähnlich. Nur nennt man die Haut *Schwarte,* den Schwanz *Rute, Zain, Pürzel,* die Zehen *Klauen,* die Krallen *Nägel.* Der Dachs *bewohnt* den Bau, *wohnt* in der *Baustatt,* und zwar in einem *Kessel.* Die Zugänge dazu heißen *Röhren, Einfahrt, Geschleife.* Wird er vom Hund im Bau gehetzt oder verbellt, so wird er *angetrieben.* Er *sitzt* im Kessel; ein Bau, der von ihm bewohnt ist, hat eine oder mehrere *befahrene* Röhren; man sagt auch, der Bau ist *befahren.* Der Dachs *schleicht* und *trabt;* er *geht zur Weide, weidet sich* und *nimmt die Weide* an; wenn er dabei den Boden aufbricht, so *sticht* oder *wurzelt* er. Wird ein Bau aufgegraben, um den Dachs zu erbeuten, so wird der Dachs *gegraben;* hat dieser sich dabei mit dem Hund verbissen, so hat er sich *verfangen;* beißt er den Hund, so *schlägt* er ihn. Der erbeutete Dachs wird, ebenso wie der Fuchs, durch einen starken Hieb auf den Ansatz des Nasenbeins getötet; beim Dachs reicht das häufig nicht aus. Man schlägt dann, nachdem man den Dachs auf den Rücken gelegt hat, mehrere Male kräftig mit einem Stock gegen die Kehle. Durch Anschwellen des Kehlkopfes tritt dann ein schneller Tod ein. Man *schärft* die Schwarte ab, löst die Fettschicht oder das *Weiß (Dachsweiß)* ab. Eine am Waidloch liegende Querspalte führt zu einer innen behaarten Drüsentasche, die das *Stinkloch,* auch *Schmalzröhre* oder *Saugloch* genannt wird.

Über Tag bekommt man den Dachs selten zu sehen, obgleich er nur dort das ausschließliche Nachttier ist, wo er stark und viel beunruhigt wird. Namentlich Hunde meidet der kurzläufige und schwerfällige Geselle, und in Revieren, in denen er in der Morgen- oder Abenddämmerung von Hunden gehetzt wurde, fährt er erst in tiefer Nacht aus seinem Bau. Dort aber, wo er nicht viel gestört wird, verläßt er seinen Bau nicht nur schon am frühen Abend, um ihn erst am hellen Morgen wieder aufzusuchen, sondern man begegnet ihm auch gelegentlich am Tag, sogar unter Mittag.

Im übrigen geben die *Baue* von seinem Dasein Kunde. Mit dem Fuchs bewohnt er gelegentlich denselben Bau, aber in getrennten Teilen. Die Behauptung, daß der unreine Fuchs den reinlichen Dachs aus dem Bau vertreibe, um ihn selbst zu bewohnen, ist eine Fabel. Im Herbst ist leicht zu sehen, ob ein Dachs oder Fuchs im Bau steckt. Der Dachs *fährt* nämlich *ein,* d. h. er schiebt, rückwärts gehend, ganze Haufen Gras, Laub, Moos und Waldstreu in den Bau, um so ein gepolstertes Winterlager zu haben. Lange Schleifspuren verraten sofort, wo ein Dachs eingefahren hat.

Die *Spur* des Dachses fällt, da er Sohlengänger ist, sehr ins Auge; sie ist leicht kenntlich an dem Abdruck der weit vor den Klauen stehenden Nägel und durch den großen Ballen.

Die *Losung* findet man regelmäßig in der Umgebung des Baues, wo der Dachs sie in kleinen Löchern abzusetzen pflegt, oft auch im Freien. Sie ist nur dann mit der des Fuchses zu verwechseln, wenn man nicht beachtet, daß in der Fuchslosung fast immer Haare, in der Otterlosung immer Fischgräten und Schuppen, in der Dachslosung fast immer die Flügeldecken von Käfern zu finden sind. Da der Dachs gern Beeren aller Art nimmt, so sind zu den entsprechenden Jahreszeiten auch die Schalen und Kerne der geweideten Beeren in der Losung enthalten.

Seine Anwesenheit im Revier verrät der Dachs fernerhin noch durch sein *Stechen* oder *Wurzeln*. Man sollte, was meines Wissens noch nicht geschehen ist, diese Ausdrücke scharf unterscheiden, anstatt sie wahllos für die verschiedenartigen Bodenverwundungen durcheinander zu gebrauchen. Nämlich: entweder scharrt der Dachs kleine, nach unten spitze Löcher mit Hilfe seiner Nägel, aber ausschließlich mit diesen, in den Boden, um an Regenwürmer, Larven, Puppen, Pilze usw. zu kommen, woher augenscheinlich der Ausdruck „Stechen" rührt; oder er bricht nach Art der Sauen die Laubdecke oder den losen Boden mit der Nase auf, um nach Waldfrüchten und Wurzeln aller Art sowie Larven und dgl. zu wühlen. Hierfür wäre der beste Ausdruck Brechen; da er aber für den Dachs nicht gebräuchlich ist, so sollte man das Wort „Wurzeln" dafür anwenden.

Die Behauptung, der Dachs bräche nicht mit der Nase, sondern nur mit den Klauen, er brauche die Nase nur zum Wittern, nicht aber zum Brechen, ist mir wohl bekannt. Sie ist aber nicht richtig. Denn ich habe wiederholt Dachse beobachten können, die die Laubdecke ausschließlich mit der Nase, nach der Art des Schwarzwildes, umbrachen und die Läufe nur zur Fortbewegung gebrauchten.

Einen gewissen Schaden macht der Dachs an Buchen- und Eichensaaten. Er holt die Eicheln und Bucheckern aus dem Boden heraus und frißt den Kern. Unangenehmer ist, daß er außerdem jedes Gelege am Boden brütender Vögel, also des Auer- und Birkwildes, der Fasanen, Enten usw. sowie deren Junge, Junghasen, kurz alles Lebende, dessen er habhaft werden kann, raubt. Er muß in entsprechenden Revieren kurzgehalten werden.

Die *Ranzzeit* des Dachses fällt in den Juli–August; die Jungen – drei bis fünf – werden im Januar–Februar gewölft. Nach neueren Forschungen soll die Ranzzeit

Dachsspur

bereits April–Juni stattfinden. Die Entwicklung des Fötus ist unregelmäßig, so daß die Tragezeit Schwankungen unterliegt. Auch der Dachs hat ähnlich wie das Rehwild und die Marder, mit denen er zoologisch nahe verwandt ist, eine sog. Vortragezeit. Es wird vielfach angenommen, der Dachsrüde kümmere sich um die Ernährung der Jungen nicht. Wie ist diese Annahme mit der Tatsache zu vereinigen, daß man beim Dachsgraben im Herbst fast immer – wenigstens bei meinen sehr zahlreichen Erdjagden war es so – neben den Jungen – meistens drei – *beide* alte Dachse im Bau findet, daß nicht selten beim Spiel auf dem Bau *zwei* alte Dachse beobachtet werden?!

Die *Sinne* sind nicht besonders entwickelt; das *Gesicht* ist schlecht, die *Nase* kurz, aber nicht schlecht; am besten ist noch das *Gehör.* Seine Stimme besteht in einem Murren, das er im Kampf mit Hunden, aber auch bei behaglichem Weidegang nicht selten hören läßt. Außerdem stößt der Dachs einen langgezogenen, fast menschlich klingenden, durch Mark und Bein gehenden Schrei aus, und zwar im allgemeinen zur Ranzzeit.

Da der Dachs Winterschlaf hält und meist tagsüber im Bau sitzt, so bringt er wohl den größten Teil seines Lebens in diesem zu. Wenn er den Bau ungestört verläßt, so pflegt er sich den Staub, Sand oder die ihm anhängenden Reste aus seinem Kessel noch innerhalb der Röhre abzuschütteln, was in der nächsten Umgebung als lebhaftes Poltern zu hören ist. Wenn er aber beunruhigt den Bau verläßt, so tut er das ohne das geringste Geräusch; jedoch pflegt er vorher mehrmals den Kopf sichernd aus der Röhre zu strecken. Durch Hunde oder sonstwie außerhalb des Baues beunruhigte Dachse pflegen mit aller Hast zum Bau zu flüchten, dort angekommen, ohne Verzug einzufahren.

Wo Meister Grimbart völlig ungestört ist, da verläßt er an sonnigen Tagen gern den Bau, um sich auf ihm zu sonnen. Der Dachs ist ein tapferes Tier; er wehrt sich mit allen seinen nicht geringen Kräften gegen den Hund, auch gegen den Menschen, wenn ihm die Flucht verwehrt ist. Ein auf oder in der Nähe des Baues krankgeschossener Dachs strebt mit allen ihm verbleibenden Kräften zu Bau. Seine Erbeutung ist dann manchmal schwierig. Im Spätherbst ist der Dachs *fett* oder *weiß* (Dachsfett, Dachsweiß), oft so sehr, daß ein alter *Dachsbär,* wie das männliche Geschlecht hin und wieder bezeichnet wird, bis zu 20 Kilo Gewicht erreicht.

DER FISCHOTTER

Die für das übrige Raubwild geltenden waidmännischen Ausdrücke finden auch für den *Fischotter, Flußotter, Fischmarder* Anwendung, der merkwürdigerweise auch *Landotter* genannt wird. Doch mögen folgende Besonderheiten verzeichnet sein: das männliche Tier heißt *Otter,* auch *Rüde,* das weibliche *Otterin,* auch *Otterfähe.*

Der Schwanz ist die *Rute,* das weibliche Glied die *Nuß.* Wenn der Otter im Wasser nach Nahrung geht, so *fischt* er. Wo er ins Wasser steigt, da ist der *Einstieg;* er *steigt ein.* Wo er es verläßt, ist der *Ausstieg;* er *steigt aus.* Wird er in das Wasser hineingescheucht, so *fährt* oder *fällt* er *hinein.* Über Land *geht* der Otter; seine Stimme heißt der *Pfiff;* er

pfeift. Die Läufe werden auch *Schwimmer* genannt. Nach der Ranzzeit, die, fast über das ganze Jahr verteilt, sehr unregelmäßig ist, *geht* die Otterin 9 Wochen *dick* und *bringt* dann – meist drei – *Junge.* Das Fleisch heißt *Wildpret,* auch *Kern,* wie bei allem übrigen Raubwild. Ähnlich der Viole des Fuchses und der Schmalzröhre des Dachses hat der Otter zur Seite des Waidloches zwei Drüsen, die eine stinkende Flüssigkeit enthalten; nach dem Eintrocknen wird der Geruch aber bisamähnlich.

Man wird den Otter am Tag nicht leicht zu Gesicht bekommen; es sei denn, daß man ihn am Fluß- oder Seeufer zufällig aufstößt. Er fällt dann mit lautem Platsch ins Wasser, in das er sofort tief eintaucht; und nur einige aufsteigende Luftblasen verraten dem aufmerksamen Waidmann die Fluchtrichtung. In hellen Nächten dagegen, namentlich bei Schnee, erblickt man gelegentlich oder auf dem Anstand einen oder auch einige Otter auf dem Eise.

Am häufigsten verrät den Fischmarder zur Nachtzeit ein ihm eigentümliches helles, durchdringendes Pfeifen, das er namentlich zur Ranzzeit hören läßt. Auf dieses Pfeifen hin erlegte ich einst am späten Abend auf einem gefrorenen märkischen See bei weichem Schnee und guter Deckung mit *einem* Schuß aus dem Schrotlauf meiner Büchsflinte zwei Otter, die auf dem Eise ranzten. Einer lag im Dampf, den anderen fand ich am folgenden Tag in einer Wake (offenen Stelle), wo er verendet im Wasser trieb.

Eigentliche Baue wie Dachs und Fuchs gräbt der Otter nicht; er liegt über Tag in röhrenähnlichen Löchern am Ufer, meist unter überhängenden Rändern, die er nach Bedarf vergrößert. Ob es wahr ist, daß er immer für zwei Ausgänge sorgt, einen unter Wasser, den anderen über dem Wasserspiegel, lasse ich dahingestellt. Ich muß aber bemerken, daß ich wiederholt Otter aus einem Bau ins Wasser habe fallen sehen, der sicher nur einen einzigen Ausgang hatte.

Immerhin läßt die Lage am Wasser den Waidmann selten darüber im Zweifel, daß er es mit einem Otterbau zu tun hat. Gern liegt der Otter am Tage auf einem alten Baumstumpf, einer Kaupe usw. in der Sonne und schläft dort so fest, daß er erst bei allernächster Annäherung des Menschen erschreckt ins Wasser fährt.

Um die *Otterspur* richtig würdigen zu können, muß man mit dem Bau der Läufe genau vertraut sein. Diese sind kurz und stark. Die Vorder- und die etwas längeren Hinterschwimmer haben Schwimmhäute, die fünf Zehen verbinden. Letztere sind an den Vorderschwimmern nackt; diese haben lange Klauen, die scharf sind. Die Schwimmhaut ist kleiner als an den Hinterschwimmern, deren Zehen behaart, und deren Klauen kurz sind. Im weichen Grund sieht man die Schleppspur der Rute seitwärts der Tritte. Die Schleppe und die Abdrücke der Schwimmhäute verraten den Otter leicht.

Übrigens habe ich die bekannte Spur des flüchtigen Otters: die vier Tritte in schräger Stellung nebeneinander, *niemals* beobachtet, obgleich ich bei Schnee manchem Otter meilenweit über Berg und Tal gefolgt bin. Ich bringe daher nur diejenigen Spuren, die ich selbst aus eigener Anschauung kenne, ohne damit sagen zu wollen, daß die vorbezeichneten falsch seien.

Der Otter ist auf dem Land ein unbeholfenes Wild. Dementsprechend ist auch die Spur; sie schnürt in ruhiger Bewegung *nicht;* der Hinterschwimmer tritt *nicht* immer in den Tritt des Vorderschwimmers, vielmehr bleibt er oftmals etwas zurück. Die Schwimmer einer Seite stehen hintereinander seitwärts der ebenso gestellten der anderen. Wie den übrigen Marderarten ist auch dem Otter eine trabende Bewegung nicht eigen; statt dessen hüpft er in schnellerer Gangart, indem er sich wie eine Spannerraupe zusammenzieht und wieder

A Otterspur B

A Bei ruhiger Fortbewegung. B Hüpfend und flüchtig. Aufnahme bei dünnem Neuschnee über altem harschem Schnee. Wo der Otter bei A mit dem Vorderschwimmer durch den alten Schnee durchgetreten hatte, da stand der Hinterschwimmer etwas daneben und dahinter

streckt. In voller Flucht greifen die Hinterschwimmer den vorderen vor, und es entsteht dann ein Spurbild, das entfernt an das bekannte des Hasen erinnert, aber weit unregelmäßiger ist.

Die *Losung* findet sich in der Nähe des Ein- und Ausstieges; sie enthält immer Fischgräten und Schuppen, oft auch Eierschalen. Denn der Otter lebt durchaus nicht nur von Fischen; er nimmt auch Eier und alles Wassergeflügel, dessen er habhaft werden kann. Doch bilden Fische und Krebse seine Hauptnahrung. Die Losung riecht tranig. Die *Sinne* des Otters sind hervorragend scharf; er *äugt, windet* und *vernimmt* ausgezeichnet.

Die Lebensweise des Otters zeigt eine große Unstetigkeit. Er macht in *einer* Nacht oft weite Reisen, und zwar nicht nur zu Wasser, sondern auch über Land, indem er die Wasserscheide zwischen zwei Flüssen oder Bächen zu Land übersteigt. Das wiederholt sich, wenn auch in weiten Abständen, mit einer gewissen Regelmäßigkeit. Wird ihm der Weg für eine Nacht zu weit, so nimmt der Otter unterwegs einen Dachs- oder Fuchsbau, auch eine Notröhre an.

Die unstete Lebensweise sowie das Leben im Wasser haben den Otter vor gänzlicher Ausrottung geschützt. Gleichwohl ist unser Fischmarder von Jahr zu Jahr seltener geworden. Denn auch die fortschreitende Geradelegung der Flüsse und Bäche hat ihm seine bevorzugten Kolke und Schlupfwinkel mehr und mehr genommen.

Der Otter ist ein tapferes Tier; er stellt sich, wenn er nicht mehr entfliehen kann, den Hunden entschlossen zur Wehr; da er bei seiner Gedrungenheit stark ist und ein wahrhaft furchtbares Gebiß hat, so wird er den Hunden sehr gefährlich. Wird er von diesen ergriffen, so gibt er laut kreischende Töne von sich, die mit wütendem Murren abwechseln. In der Hand des Jägers wird der noch lebende Otter durch einen Hieb auf den Nasenansatz getötet; er wird *gestreift,* dann *aufgebrochen* und *zerlegt.* Das Wildpret des Fischotters spielte früher eine große Rolle als Fastenspeise. Da der Otter angeblich nur von Fischen leben sollte, galt sein Wildpret nicht als Fleisch, sondern durfte zur Fastenzeit gegessen werden.

Durch die ständig zunehmende Verschmutzung der Wasserläufe und den dadurch bedingten Rückgang der Fischbestände ist der Lebensraum des Otters in Westdeutschland weiter erheblich eingeengt worden. Von Bundes wegen ist er ganzjährig geschützt, nur in Schleswig-Holstein sind Abschußgenehmigungen bei starken Fischereischäden in Einzelfällen möglich.

DIE WILDKATZE

Die männliche Wildkatze nennt man *Kater, Kuder,* die weibliche *Kätzin,* auch *Kietze.* Die Wildart im ganzen heißt auch *Baumkatze, Baumreiter, Waldkatze, Waldkater.* Die Nägel an den Zehen sind die *Waffen* oder *Krallen.* Die Wildkatze *ranzt;* sie hat eine Ranzzeit; die Kätzin *bringt Junge.* Sonst sind die waidmännischen Bezeichnungen dieselben wie bei *Fuchs, Dachs* usw.

Recht häufig wird die der Wildkatze gleichfarbige verwilderte Katze als echte Wildkatze angesprochen. Als Unterscheidungsmerkmale wurden bisher angeführt: Der Sohlenfleck der Wildkatze, ein weißes Haarbüschel zwischen den Sohlenballen, die verlängerten Haarspitzen an den Gehören und ein fleischfarbener Nasenspiegel. Alle diese Merkmale kommen nach neueren Forschungen auch bei verwilderten Hauskatzen vor. Treffen alle angeführten Merkmale zusammen, dann ist allerdings mit hoher Wahrscheinlichkeit anzunehmen, daß es sich um eine echte Wildkatze handelt, besonders wenn das betreffende

Stück ein hohes Körpergewicht aufweist – ein Kuder wird bis zu 11,5 kg schwer –, und wenn die Lunte höchstens die halbe Körperlänge ausmacht. Auch die plumperen, kürzeren Läufe, der breitere Fang, die steilere Stirn, die längeren Luntenspitzenhaare (ca. 3 cm) sind gute Kennzeichen der echten Wildkatze. Eine einwandfreie Feststellung kann wohl nur der Zoologe treffen, da anatomische Unterschiede zwischen Hauskatze und Wildkatze vorhanden sind.

Zu Gesicht wird man die Baumkatze nur zufällig bekommen, weil sie sehr scheu ist. Gelegentlich kommt sie bei einer Treibjagd vor. In der Ranzzeit, die in den Februar, auch erst in den März fällt, macht sie sich durch lautes Miauen, das dem der Hauskatze gleich ist, sowie durch das gleiche, lebhafte Schreien, Zanken und Fauchen oft weithin bemerkbar. Die Tragezeit dauert 9 Wochen, kann jedoch um einige Tage schwanken. Die Kätzin wirft 2–4 Junge.

Die *Spur* der Wildkatze ist der der Hauskatze sehr ähnlich, nur stärker. Sie *schnürt* niemals; sie *schränkt* vielmehr ziemlich stark; die einzelnen Tritte sind fast rund.

Die *Sinne* sind ausgezeichnet. Die Wildkatze *äugt, vernimmt* und *wittert* hervorragend scharf. Eine besondere Eigentümlichkeit ist ihre große Neigung zum Klettern.

Erfreulicherweise hat der Besatz an Wildkatzen in den letzten Jahren zugenommen, in der Eifel, im Hunsrück, im Harz ist sie noch nicht selten vorkommendes Standwild. Einzelvorkommen werden gemeldet aus der Rheinpfalz, dem Westerwald, dem Taunus, dem Meißnergebiet in Hessen und anderen Orten. Wegen ihres großen Schadens, den sie durch ihren Raub der Jagd zufügt, wurde sie früher mit allen Mitteln verfolgt. Ihre heimliche Lebensweise und große Vorsicht haben sie aber bis heute vor der Vernichtung bewahrt, sie gehört zu den geschützten Tierarten.

In den letzten Jahrzehnten ist unsere heimische Tierwelt ärmer geworden. Seien wir froh, daß sich die Wildkatze noch erhalten hat, und hoffen wir, daß wir sie in unseren Wildbahnen noch lange beobachten können.

DIE MARDER

Edel- und Steinmarder haben so viel gemeinsam, daß sie am besten zusammen behandelt werden. Der *Edelmarder* heißt auch *Goldmarder, Baummarder, Waldmarder,* während der *Steinmarder* auch den Namen *Hausmarder* führt. Beide sind sehr gewandte Kletterer; sie *baumen* oder *holzen auf,* wenn sie auf Bäume klettern. Die Stelle auf der Erde, die der Marder zuletzt mit den Läufen berührt, wenn er in die Höhe klettert, heißt der *Aufstieg;* diejenige, auf die er beim Herabklettern aufspringt, der *Absprung.* Die übrigen waidmännischen Ausdrücke sind dieselben wie bei den vorbesprochenen Raubtieren.

Der Unterschied im Äußeren zwischen Baum- und Steinmarder ist recht erheblich. Ersterer ist der stärkere; er hat einen braunen Balg mit braunem Unterhaar. Der Unterhals trägt einen nach unten *niemals gegabelten,* meist dottergelben (Gelbkehlchen), gelegentlich selbst weißen Fleck. Zwischen Zehen und Ballen ist die Sohle stark behaart. Der Steinmarder ist von Bau geringer; er hat einen weißlich braunen Balg mit weißlichem Unterhaar. Der Fleck am Unterhals ist meist rein weiß und nach unten *stets gegabelt;* zwischen Zehen und Ballen ist nur wenig Haar. Der Baummarder lebt in Waldungen und Büschen, wo er in hohlen Bäumen, Krähen- und Eichhornnestern sowie Greifvogelhorsten sein Lager aufschlägt. Der Steinmarder haust am liebsten in Gebäuden, einsam stehenden Gehöften, altem Gemäuer, in Holzstößen und Reisighaufen.

Beide Marder sind Nachttiere, die meist über Tag ruhen; man bekommt sie also selten zu Gesicht. Da sie eine ausgesprochene Stimme nicht haben und nur in Wut und Schmerz ein lebhaftes Keckern und Murren hören lassen, so verraten sie sich hierdurch selten. Der Geruch verrät sie dagegen mit Sicherheit, d. h. wenn man ihre Losung findet, die meist auf Wegen und Pfaden, Wildwechseln und ähnlichen Gelegenheiten abgesetzt wird. Sie riecht ausgesprochen nach Veilchen oder Bisam. Es hängt das mit den Drüsen am Waidloch zusammen, die eine derartig riechende Flüssigkeit absondern.

Außerdem offenbaren beide Marder ihre Anwesenheit durch ihren Beutetrieb, der zu dem Lebensbedürfnis dieser doch nur kleinen Tiere in gar keinem Verhältnis steht. Doch nimmt man an, daß der Steinmarder in dem von ihm bewohnten Gehöft nicht raubt, eine Eigenschaft, die man auch anderem Raubwild nachsagt. Gerät der Marder in einen Hühnerstall, so mordet er alles, dessen er habhaft werden kann. Wahrscheinlich wird sein Instinkt zu töten, immer wieder und solange ausgelöst, wie er Fluchtbewegungen seiner Opfer im begrenzten Raum wahrnimmt. Am liebsten durchbeißt er das Genick, sonst Kopf

Baummader, Steinmarder, Iltis, großes und kleines Wiesel

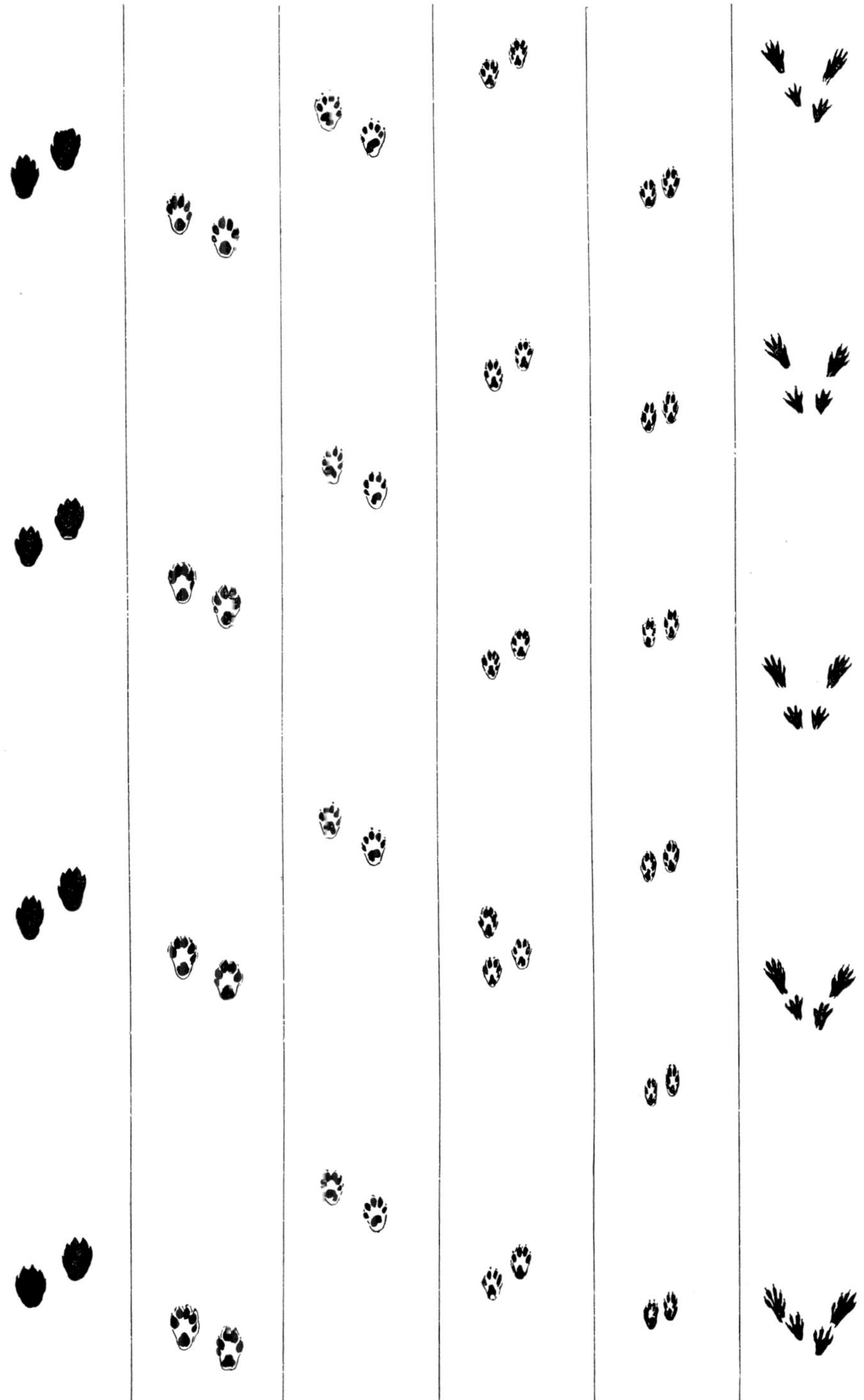

Spuren des hüpfenden

Baummarders *Steinmarders* *Iltis* *Hermelins* *kleinen Wiesels* *Eichhörnchens*

oder Hals. Er schneidet auch gelegentlich, namentlich bei stärkeren Rehen und Hasen, den Kopf völlig ab, und zwar so scharf und glatt, daß es mit Hilfe eines Messers nicht besser geschehen könnte. Den Kopf pflegt er in diesem Fall regelmäßig zu verschleppen.

Die Spur ist aus Abb. S. 77 u. hier ersichtlich. Die *reine* Spur des Edelmarders ist infolge

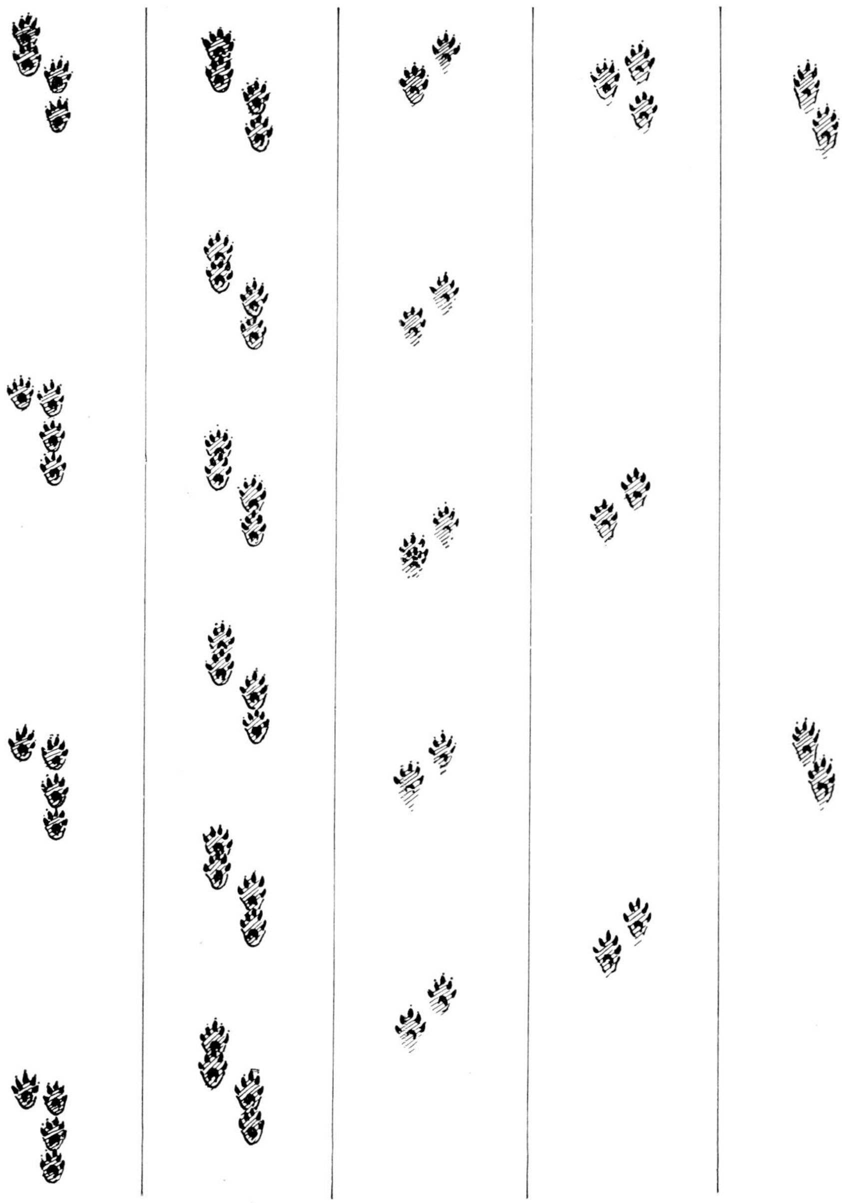

Marderspuren

vertraut auf festem Schnee *schneller* *mäßig flüchtig in weichem Schnee*

Nach Diezels Niederjagd 20. Aufl. ist bei der Marderspur zu unterscheiden zwischen a. Hasentritt, b. Paartritt und c. Dreitritt

der stark behaarten Zwischenräume zwischen Ballen und Zehen stets verwischt, während beim Steinmarder der Abdruck klar ist. Bei der schnelleren Bewegung, die man am besten als *Hüpfen* bezeichnet, stehen zwei Tritte schräg nebeneinander; in voller Flucht greifen die Hinterläufe den Vorderläufen vor, so daß eine Spur ähnlich der des Hasen entsteht, aber weit unregelmäßiger.

Der *Balg* des weiblichen Marders ist feiner und seidiger als der des Marderrüden.

Die *Losung* ist eine dünne Wurst, die zur Zeit, wo es Beeren gibt, regelmäßig mit deren wenig verdauten Resten durchsetzt ist.

Die *Sinne* sind gut entwickelt; besonders *äugen* und *wittern* die Marder vortrefflich. So tapfer sie ihrer Raubtiernatur entsprechend sind, so zeigen sie doch anderseits auch große Furcht.

Auf diese gründet der Waidmann zwei Jagdarten, von denen die eine mehr beim Baummarder, die andere mehr beim Steinmarder angewendet wird, ohne aber ausschließlich dem einen oder anderen eigen zu sein. Stößt man nämlich draußen auf einen Edelmarder, und hat man nur die Büchse bei sich, mit der man den kostbaren Balg entwerten würde, so *macht* man, sobald der Marder sich auf einem Ast drückt, was er gern tut, ein *Gespenst*. D. h., der Jäger zieht seinen Rock aus oder legt seinen Umhang oder Mantel so über einen Busch oder hängt ihn so auf, daß er von oben recht ins Auge fällt. Dann bleibt der Marder meist ruhig liegen und starrt auf diesen Gegenstand, so daß der Jäger oftmals mit einer Schrotflinte noch rechtzeitig wieder am Ort erscheinen kann, um ihn herunterzuschießen. – Gegen hart und hell klingende, heftige Geräusche sind die Marder derart empfindlich, daß sie bei deren Ertönen völlig kopflos ein sicheres Versteck verlassen und den umstehenden Jägern in die Flinte laufen. Man benutzt diese Eigentümlichkeit, wenn man in einer mit Stroh oder Heu gefüllten Scheune Marder vermutet oder *festgemacht* hat, um sie daraus zu vertreiben, ohne die ganze Stroh- oder Heumenge umzupacken.

Die Ranzzeit beider Marderarten fällt in den Hochsommer und erstreckt sich von Ende Juni bis Mitte August, so daß der Juli der eigentliche Ranzmonat ist. Die Tragezeit beträgt 9 Monate, so daß der April als eigentlicher Wurfmonat zu gelten hat. Diese lange Tragezeit erklärt sich daraus, daß (wie schon beim Rehwild beschrieben) auch die Marder eine Vortragezeit haben, d. h. das befruchtete Ei bleibt mehrere Monate ohne sichtbare Entwicklung in der Tracht. Die Zahl der gewölften Jungen schwankt zwischen 2 und 4. Selten sind 5 Junge beobachtet worden. – Es soll nicht unerwähnt bleiben, daß die Marder auch mit großer Geschicklichkeit und Ausdauer schwimmen.

DER ILTIS

Diese auch *Ratz, Ilk, Ülk, Stänker* benannte kleine Marderart führt die nämlichen waidmännischen Bezeichnungen wie das andere kleine Raubwild. Sie trägt besonders den Namen Stänker mit Recht; denn die Drüsen am Waidloch sondern eine sehr übelriechende Feuchtigkeit ab, die sich auch der *Losung* mitteilt. Hierdurch ist diese leicht von der Marderlosung zu unterscheiden, der sie auch an Größe nachsteht.

Letzteres gilt auch von der *Iltisspur*, die bei hüpfender Bewegung kürzere Abstände zeigt als die der Marder, daneben aber oft so gestellt ist, daß drei oder vier Tritte in einem unregelmäßigen Trapez sichtbar sind; sie ähnelt auch öfters in der Stellung der Hasenspur. Da der Iltis zwischen den Klauen nur eine kurze Verbindungshaut besitzt, so ist der ein-

Iltistritt, 1/1 natürl. Größe

zelne Tritt klarer abgedrückt, als es beim Steinmarder der Fall ist.

Die Stimme des Iltis ist entweder ein Fauchen oder ein murrendes, kurzes Kläffen. Die Ranzzeit ist im März, kann sich aber bis in den Juni hinziehen. Die 4 bis 8 Jungen werden nach sechswöchiger Tragezeit gewölft.

In der Art zu rauben unterscheidet sich der Iltis zu seinem Vorteil von den Mardern, denn er begnügt sich mit *einem* Stück, das er an einen sicheren Ort trägt, um es dort zu verzehren. Mit den Mardern aber hat er wiederum die sinnlose Angst gemein vor klirrenden, heftig und hart tönenden Geräuschen, die von Metallgegenständen herrühren.

Während der milderen Jahreszeit hält sich der Ilk in Wald und Feld auf, seiner Neigung auf Fische entsprechend gern in der Nähe von Bächen und Gräben. Frösche bilden eine sehr beliebte Nahrung. Im Winter zieht er sich in die Nähe menschlicher Wohnungen zurück, um auf Ratten und Mäuse, aber auch auf zahmes Geflügel und Eier zu fahnden.

DIE WIESEL

Wir unterscheiden das große (Hermelin) und das kleine Wiesel (Mauswiesel).

Ohne die Rute ist das erstere etwa 27 cm, letzteres etwa 15 cm lang. Die Rute des großen Wiesels hat etwa 6 cm, die des kleinen 4 cm Länge. Erstere ist buschig behaart und hat stets eine schwarze Spitze; letztere ist kurz behaart und hat nie eine solche. Das große Wiesel wird im Winter reinweiß bis auf die schwarze Rutenspitze; doch gilt das nur für den Norden Deutschlands und die höheren Gebirge. Je nach der geographischen Lage gibt es zahlreiche Übergänge, so daß für Mitteldeutschland, wo neben braunen auch braunweiße sowie ganz weiße Hermeline im Winter vorkommen, ehedem mehrere Spielarten angenommen wurden. Das kleine Wiesel ändert seine braune Färbung in nördlichen Gegenden so weit ab, daß es braun und weiß gefleckt erscheint; doch wird es nie reinweiß.

Die *Wieselspuren* sind bei hüpfender Gangart nicht leicht mit anderen zu verwechseln, wenn man sich gegenwärtig hält, daß es sich um sehr dünne, langgestreckte Tierchen handelt, die ganz kurze Läufe haben. Doch kann die Spur des Hermelins wohl eine Iltisspur vortäuschen, wenn sie von einem flüchtigen Hermelin herrührt.

Da die Tierchen so leicht sind, daß ihre Spur auf nicht ganz losem oder aufgeweichtem Boden überhaupt kaum bemerkbar wird, so würde außer der des Iltis nur die Spur des Igels oder Eichhörnchens in Frage kommen. Jedoch bei Schnee, wo man die Wieselspur leichter findet, hält der Igel seinen Winterschlaf; und die Spur des Eichhörnchens ist so scharf gekennzeichnet durch die eigentümliche Trittstellung und die überlangen „Finger“, möchte ich sagen, daß für den aufmerksamen Beobachter jede Verwechslung ausgeschlossen ist.

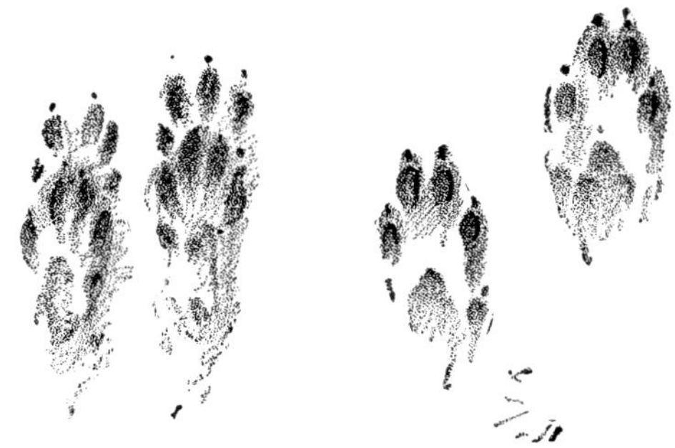

Tritt des kl. Wiesels *Tritt des Hermelins*
Beide 1/1 natürl. Größe

Die *Losung* der Wiesel ist je nach der Art von verschiedener Größe, der Nahrung entsprechend, die aus kleinen Säugetieren, Vögeln und Eiern besteht, fast niemals frei von Haaren oder Federresten. Sie zeigt oft Stücke von Eierschalen.

Das große Wiesel kann von Sommer bis Spätwinter ranzen. Die 4–8 Jungen werden im April gewölft, so daß die Tragezeit 2 bis 8 Monate dauert, d. h., es ist (wie beim Reh) eine verschieden lange Vortragezeit möglich. Die Regel scheint die Spätwinterranz zu sein.

Das kleine Wiesel (Mauswiesel) kann das ganze Jahr über ranzen und wölft seine 4–12 Jungen nach einer Tragezeit von 5 Wochen.

Die *Sinne* der Wiesel sind ganz hervorragend; ihr Beutetrieb und Mut sind groß.

DER SEEHUND

Da die älteren Schriftsteller ihn nicht erwähnen, so ist er bei der waidmännischen Benennung zu kurz gekommen. Es wird sich aber empfehlen, ihm dieselben Bezeichnungen zukommen zu lassen wie dem Fischotter, vielleicht mit Ausnahme der Schwimmer, die man besser *Flossen* oder *Ruder* nennt. Anschließend an den Gebrauch der Fischer nennt man das männliche Geschlecht *Hund,* das weibliche, das immer stärker ist als das gleichaltrige männliche, *Hündin.*

Der Seehund lebt im Meer und kommt nur auf das Land, um zu ruhen, oder zur Ranzzeit. Dementsprechend bemerkt man ihn vom Boot oder vom Land aus entweder schwimmend im Wasser, wobei in der Regel nur der Kopf zu sehen ist, wenn er sich nicht senkrecht aufstellt und sich hoch heraushebt, oder aber auf Sandbänken oder Felsen liegend. – Das *Gehör* und die *Nase* des Seehundes sollen gut sein; zweifellos ist sein *Gesicht* ganz außerordentlich schlecht.

Die Ranzzeit fällt in den Herbst, August–September; die Hündin wirft in der Regel ein Junges, etwa im Juni–Juli. Selten werden 2 Junge gesetzt, von denen meistens eins eingeht, da die Mutter im Wasser dem Jungen folgt, also umgekehrt, wie wir es sonst in der Tierwelt gewohnt sind. Da die alte Hündin nur *einem* Jungen folgen kann, verliert sich das andere und schwimmt dann tagelang allein im Wattenmeer heulend herum (Heuler oder Huiler).

Der Seehund ist klug und vorsichtig, aber sehr neugierig; und diese letztere Eigenschaft – oder ein schlechtes Sehvermögen macht ihn leicht zur Beute des Jägers.

Da er keine Läufe, sondern nur Flossen hat, so kann von einer eigentlichen *Spur* keine Rede sein; doch hinterläßt der Seehund auf Sandbänken rohe Abdrücke der Vorderflossen und unregelmäßige Vertiefungen, die von seinen unbeholfenen Bewegungen auf dem Lande Kunde geben.

Zur Ranzzeit versammeln sich die Seehunde von weither und sollen dann (nach Schilling) ein lebhaftes, grunzendes Gebrüll ausstoßen, durch dessen Nachahmung sie angelockt werden können. Hiermit stimmen meine eigenen Beobachtungen von der Insel Rügen her überein.

Mit 3 Jahren wird der Seehund erst geschlechtsreif, vom siebenten Jahre ab sollen die Hündinnen bereits unfruchtbar sein, so daß die Vermehrung nicht allzu groß ist.

Die Nahrung des Seehundes besteht aus Fischen. Da er aber auch Butt, Scharben, Seeskorpione u. a. frißt, ist sein Schaden für die Fischerei kaum so groß, wie von seiten der Fischer vielfach behauptet wird.

Die Zählung 1968 an unserer Nordseeküste (Niedersachsen und Schleswig-Holstein) ergab 3101 Hunde. Freigegeben wurden 650 Stück, erlegt 450 Stück. Die Jagdzeit dauert vom 16. Juli bis Ende Dezember.

Über die Bejagung des Seehundes wird im Kapitel „Wasserjagd“ gesprochen werden.

DIE GREIFVÖGEL

Es sei vorausbemerkt, daß ich auch bei den nun folgenden Greifvögeln von eingehender naturgeschichtlicher Beschreibung absehe, weil ich eine solche nicht für die Aufgabe eines Jagdbuches halte. Für den Waidmann mag es genügen, die hauptsächlichsten Vertreter dieser schönen Vögel draußen richtig anzusprechen. Hierzu wird ihm viel eher die Kenntnis des Flugbildes, der Horste, der Eier verhelfen als die Aufzählung aller ihrer Unterscheidungsmerkmale. Letztere mag er zu Hause, etwa an der Hand des ausgezeichneten Werkes von Peterson „Die Vögel Europas“ (Verlag Paul Parey, Hamburg und Berlin) nachschlagen und sich merken.

Für Greifvögel (und Eulen) gelten folgende waidmännische Bezeichnungen:

Der Schnabel heißt *Schnabel,* dessen krumme Spitze der *Haken;* eine mehr oder minder scharfe Zacke des Oberschnabels: *Zahn, Falkenzahn;* die oftmals farbige Haut an der Schnabelwurzel und um die Nasenlöcher die *Wachshaut.* Das Auge wird *Auge* genannt; die Flügel heißen *Fittiche,* die äußersten Flügelfedern die *Handschwingen.* Die Federn am ganzen Körper sind das *Gefieder;* die Beine heißen *Ständer;* die an ihnen sitzenden, oft längeren Federn sind die *Hosen;* die Ständer sind *behost.* Die Krallen der Zehen heißen *Fänge* oder *Gewaff;* der Schwanz wird *Stoß* genannt, der untere, flaumige Teil der *Unterstoß.* Die Greifvögel *kreisen* oder *ziehen Kreise,* wenn sie in schraubenförmigen Windungen sich in derselben Gegend bewegen; sie *streichen,* wenn sie in gerader Richtung fliegen.

Das Nest heißt *Horst,* die Eier das *Gelege;* die Greifvögel *horsten,* sie nisten nicht; sie *stoßen* auf ihre Beute, den *Raub;* haben sie ihn *gefangen* oder *geschlagen,* d. h. ergriffen, so *rupfen* sie ihn, um ihn dann zu *kröpfen,* d. h. zu verzehren. An der Art und dem jeweiligen Ort der *Rupfung* kann man erkennen, um welchen Greifvogel es sich handelt. Die beim *Kröpfen* mitverschluckten Federn, Haare und unverdauten Knochen *speien sie aus.* Das Ausgespiene heißt das *Gewölle.* Nimmt der Greifvogel Aas an, so ist das sein *Fraß.* Löst er sich, so *schmeißt* er; die Losung heißt das *Geschmeiß.*

Wenn der Greifvogel sich auf einen Baum, Ast oder Felsen setzt, so *hakt* oder *blockt* er *auf;* verläßt er seinen Sitz, so *streicht* er *ab.* Der Baum, auf dem er gern zur Nachtruhe aufhakt, ist der *Schlafbaum.*

Die Körpergröße der Weibchen ist regelmäßig stärker als die der Männchen, manchmal bis zum völligen Mißverhältnis.

Ich werde nur diejenigen Greifvögel anführen, die regelmäßig bei uns horsten.

DER SEEADLER

Von den großen, bei uns heimischen Adlern ist der Seeadler der gewaltigste. Die Spannweite seiner Fittiche beträgt beim ausgewachsenen Weibchen 2 1/2 m, während der Steinadler es selten über 2 m bringt. Das *Flugbild* des Seeadlers ist dem geübten Auge leicht kenntlich durch den kurzen, runden Stoß, der nur 30 cm lang und beim alten Vogel rein weiß ist, und die fast gerade abgestutzten Handschwingen, die immer etwas voneinanderstehen. Das ganze Bild erscheint daher plump, mit breiten, eckigen Handschwingen. Der Kopf des alten Vogels ist ganz hell fahlgelb; Iris, Wachshaut, Schnabel und Fänge sind erbsengelb. Der junge Vogel zeigt dieselbe Färbung wie der alte, nur sind Stoß und Kopf noch braun.

Der Seeadler gehört zu den unechten Adlern, weil der untere Teil der Ständer unbefiedert, unbehost ist.

Beim sitzenden Vogel überragen die Spitzen der Handschwingen den Rand des Stoßes.

Die *Stimme* des Seeadlers ist ein lautes Jäk, Jäk; bei jungen Vögeln mehr Jük, Jük.

Sein gewaltiger *Horst,* der oft mehr als eine Fuhre Reisig enthält, weil der Adler meist den vorjährigen wieder ausbaut, steht auf hohen Bäumen in der Nähe größerer Gewässer. Das Weibchen legt bis Ende März meist zwei, selten drei im Größenverhältnis kleine Eier von 70 : 55 mm. Die rauhe, grobkörnige Schale ist oft weiß, oft braun gefleckt. Männchen und Weibchen brüten abwechselnd; solange Eier im Horst und die Jungen noch nicht erwachsen sind, ist *einer* der alten Adler immer am Horst. Anfang August sind die Jungen ausgewachsen. Einige Zeit später wandern sie aus, weil die Alten sie im eigenen Jagdgebiet nicht mehr dulden.

Obwohl der Seeadler früher als ein der Jagd hervorragend schädlicher Vogel dargestellt wurde, so ist das doch nur hinsichtlich des Wassergeflügels zutreffend. Über zwanzig Jahre habe ich diesen stolzen Vogel als Brutvogel im Revier gehabt; aber noch niemals ist der Raub von Rotwildkälbern oder Rehen beobachtet. Noch niemals ist am Adlerhorst ein Knochen von Rot- oder Rehwild gefunden; wohl aber waren Reste von Fischen und Wassergeflügel dort etwas Alltägliches.

Solange die Gewässer nicht zufrieren, hält unser Adler seinen Standort inne. Der Seeadler ist ganzjährig geschützt.

DER STEINADLER

Ist die norddeutsche Meeresküste mehr die Heimat des Seeadlers, so bewohnt der Steinadler mehr das süddeutsche Gebirge und die Alpenländer Österreichs. Eine hellere Farbvarietät, die wahrscheinlich auch eine Folge höheren Alters ist, nennt man *Goldadler.* Doch handelt es sich hier um die gleiche Art.

In der Mitte: Steinadler, oben links: Seeadler, oben rechts: Fischadler, unten: Schreiadler

Das Gefieder des Steinadlers ist sehr verschiedenfarbig, und zwar bezieht sich diese Verschiedenheit nicht nur auf die Altersunterschiede. Doch ist dunkelbraun die am meisten vorkommende Färbung des ganzen Gefieders. Der Stoß, der bis 36 cm lang ist, ist an der Wurzel weiß; dann folgt ein schwarzgeflecktes Band und schließlich ein breiter, schwarzer Rand.

Der Unterstoß ist weiß. Im helleren Jugendkleid weisen die Fittiche einen großen, weißen *Spiegel* auf, der sich im Alter meist verliert. Die braunen Hosen reichen bis auf die Fänge.

Die Iris des Steinadlers ist goldbraun; die Wachshaut und die Fänge sind gelb.

Beim sitzenden Vogel erreichen die Spitzen der Handschwingen nicht den Rand des Stoßes.

Das *Flugbild* des Steinadlers

ist von dem des Seeadlers stark verschieden. Die Handschwingen erscheinen zwar auch gerade abgestutzt, wie bei diesem, weil auch bei ihm die vierte oder fünfte Handschwinge die längste ist; auch sind sie fingerförmig ausgebreitet. Dagegen ist der Stoß erheblich länger und nicht rund; er erscheint vielmehr wie abgeschnitten. Dadurch wird das Gesamtbild viel schlanker und leichter als das des massiven Seeadlers. Hat man den Steinadler so nah, daß man auch Farben unterscheiden kann, so ist auf seiner Unterseite, neben dem weißen Unterstoß, eine breite, weiße, nach hinten sich in weiße Streifen auflösende und nach innen sich verjüngende Binde sichtbar, die sich scharf von dem übrigen dunklen Gefieder abhebt.

Der *Horst* steht entweder auf hohen Bäumen, wo er, jährlich neu ausgebessert, sich zu immer größerem Aufbau erhebt, oder auf steiler, unzugänglicher Felswand. Die rundlichen, wie die des Seeadlers verhältnismäßig kleinen Eier, 80 : 57 mm, sind rauhschalig und auf schmutzigweißem oder schmutziggrauem Grund mit unregelmäßigen, bräunlichen Tupfen gezeichnet. Meist brütet der Adler zwei Junge aus, oft nur ein einziges.

Die Brutzeit beginnt im März; die Jungen fliegen Anfang August aus.

Der Steinadler schlägt alles Getier, dessen er habhaft werden und das er bewältigen kann, insbesondere Murmeltier, Gamskitze, aber auch Jungschafe und Ziegen, die in den Bergen gehütet werden. Leider wurde der Steinadler bis zum Jahre 1938 in Österreich noch stark bejagt, wodurch alle Schonmaßnahmen auf deutscher Seite zunichte gemacht wurden. Der Steinadler hat infolge des gewährten Schutzes in den Alpenländern in den letzten Jahren erheblich zugenommen, so daß in Österreich bereits einige Einzelabschüsse genehmigt werden mußten.

Leider fängt sich der Steinadler häufig in den für Fuchs und Marder aufgestellten Schwanenhälsen.

DER FISCHADLER

Weit häufiger als die beiden vorgenannten Adler ist der Fischadler. Er ist erheblich kleiner als See- und Steinadler; seine Spannweite mißt nur etwa 1,60 m. Die Iris ist hellgelb; die Wachshaut und die Ständer sind blaugrau; der etwa 18 cm lange Stoß ist braun und schwarz gebändert, der Unterstoß weiß.

Das *Flugbild* dieses Adlers ist so scharf gekennzeichnet, daß es schwer zu verwechseln ist; und zwar einmal wegen der Knickung in der Vorderlinie der Fittiche, deren Unterarm stark zurückweicht; dann wegen der ganz weißen Unterseite. Es wird dadurch noch schärfer gekennzeichnet, daß der Adler, falls er einen Fisch geschlagen hat und ihn zum Horst trägt, diesen immer so zwischen den Fängen hält, daß er parallel mit dem Körper gerichtet ist, den Kopf nach vorn.

Ein besonderes Merkmal des Fischadlers ist die nach Art der Eulen nach hinten wendbare Außenzehe.

Der Horst, der jährlich wieder bezogen wird, steht immer auf der höchsten Spitze alter Eichen und Kiefern, so daß er kaum mehr als höchstens einen trocknen Ast zum Aufhaken über sich hat.

Der Fischadler wandert im Herbst in südlichere Gegenden. Gleich bei seinem Wiedererscheinen, Ende März, legt das Weibchen zwei bis drei längliche, hartschalige Eier von 65 : 48 mm, die auf weißem oder grünlichem Grund sehr unregelmäßig und unter sich ungleich mit blaugrauen und braunroten Flecken und Punkten gezeichnet sind. Fast immer werden nur zwei Junge ausgebrütet, die um die Mitte des Monats Juli flugfähig sind.

Solange Eier oder Junge im Horst sind, ist stets einer der Alten in unmittelbarer Nähe und verfolgt mit lautem Geschrei, das einem hohen und weichen, gezogenen Pfeifen gleicht, jeden Störenfried. Da der Fischadler ausschließlich von Fischen lebt, ist er für die Jagd völlig unschädlich. Glücklicherweise ist es inzwischen gelungen, dem Fischadler in allen Bundesländern einen ganzjährigen Schutz zu gewähren, wie der Greifvogelschutz überhaupt erfreuliche Fortschritte gezeitigt hat.

DER SCHREIADLER, SCHLANGENADLER UND SCHELLADLER

In den Laubwaldungen Norddeutschlands sowie im europäischen Osten lebt dieser wegen seiner lauten, hellem Hundeblaff ähnlichen Stimme als Schreiadler bezeichnete Vogel als ziemlich seltener Bewohner. Er hat eine Spannweite der Fittiche von etwa 1,8 m und ist gleichmäßig kaffeebraun gefärbt. Die Spitzen der Fittiche erreichen beim sitzenden Vogel den Rand des dunkel gebänderten, etwa 25 cm langen Stoßes nicht. Die braunen Hosen gehen bis auf die Zehen. Die Iris ist gelb mit einzelnen braunen Punkten. Die Wachshaut sowie die Zehen sind gelb, der Schnabel hornblau mit schwarzer Spitze.

Das *Flugbild* läßt ihn einmal durch seine Größe, dann durch die wie abgestutzt aussehenden und gespreizten Handschwingen ohne Zweifel als Adler erkennen.

Der Schreiadler ist ein Zugvogel. Er erscheint bei uns im April und zieht Ende September wieder fort. Als *Horst* baut er fast immer einen vorgefundenen alten anderer Greifvögel aus; da dieser regelmäßig wieder benutzt wird, so wächst er meist zu bedeutender Höhe auf. Das *Gelege* besteht aus zwei in der Form veränderlichen Eiern, Größe etwa 59 : 47 mm, die auf grünlichem Grund rötlich gefleckt, jedoch durchaus unregelmäßig gezeichnet sind.

Viel weniger vorsichtig und scheu als andere Adler ist der Schreiadler, der übrigens ein ausgesprochener Waldvogel ist und sich von Kleinwild, Lurchen, Fröschen usw. ernährt.

Erwähnt sei noch der *Schlangenadler*, der in den Donauländern, gelegentlich auch in Schlesien und Ostpreußen, als Brutvogel auftritt und durch Vertilgung von Schlangen, auch von Giftschlangen, sehr nützlich ist.

Selten kommt in Ostpreußen und Schlesien der *Schelladler* als Brutvogel vor, der auch wohl der große Schreiadler genannt wird. Alle drei Arten sind ganzjährig geschützt.

DER ROTE MILAN

Der auch als *Gabelweih, Königsweih, Gabel-* oder *Schwalbenschwanz* bekannte, harmlose Greifvogel, der viel von der Beute lebt, die er tot findet oder anderen, gewandteren Räubern abjagt, ist weit verbreitet, aber nirgends häufig.

Das Gefieder ist rötlich, die Iris graugelb; Wachshaut und Ständer sind gelb. Die Spannweite der Fittiche beträgt etwa 1,45 m; die Stoßfedern sind verschieden lang, die äußeren etwa 38, die inneren etwa 31 cm. So entsteht die schöne Gabelung des Stoßes beim streichenden Vogel.

Der *Horst* steht auf hohen Bäumen, jedoch niemals auf deren Wipfel. Er ist von weitem schon meist daran kenntlich, daß allerlei Papier und Lappen unordentlich aus ihm heraushängen; etwa so, wie man es bei Sperlingsnestern zu sehen gewohnt ist. Der rote Milan erscheint bei uns mit der Waldschnepfe und verläßt uns wieder mit ihr. Anfang April legt das Weibchen zwei bis drei Eier, die 60 : 46 mm groß, von stumpfem Korn und auf weißlichem Grund mit bunten, spitzen Flecken und nur dem Milan eigentümlichen rotbraunen Kritzeln und Schnörkeln gezeichnet sind.

Der rote Milan liebt die Ebene, Waldungen, Stromtäler, Seen; er meidet das höhere Gebirge. Zur Horstzeit raubt er vorübergehend auch Jungwild und Nestvögel. Er ist ganzjährig geschützt.

DER SCHWARZE MILAN

Dieser von Unkundigen oft mit dem gemeinen Bussard verwechselte Greif ist weniger harmlos als sein roter Vetter. Die Spannweite der Fittiche beträgt etwa 1,40 m; der Stoß hat an den äußeren Federn eine Länge von 29 cm, die inneren sind um 1,5 cm kürzer, so daß der Vogel im Flug nicht annähernd die Gabelung zeigt wie der rote Milan, während ihn andererseits die Gabel selbst wieder sicher von dem rundschwänzigen Bussard unterscheidet. Das Gesamtgefieder ist schwärzlichbraun, am Kopf bläulichweiß. Der Stoß ist dunkel mit verloschenen, dunkleren Bändern. Die Iris ist grau; die Wachshaut und die Ständer sind gelb; der Schnabel ist schwarz.

1 roter, 2 schwarzer Milan, 3 Rohrweih (Weibchen), 4 u. 5 Wiesenweih (Weibchen, altes Männchen), 6 Kornweih (altes Männchen)

Horst und Gelege sind denen des roten Milans ähnlich. Da der schwarze weit gewandter ist als der rote, so schlägt er auch mehr Niederwild. Er ist ganzjährig geschützt.

DIE WEIHEN

Von den bei uns vorkommenden Weihen sei der *Kornweih,* der *Wiesenweih* und der *Rohrweih* genannt. Wer sich mit diesen Greifvogelarten nicht näher beschäftigt hat, wird sich wundern, in welchem Maße Geschlecht und Alter auf die Färbung des Gefieders einwirken. Von anderen Greifvögeln unterscheiden sich die Weihen durch ihren schlanken, schwächlichen Körper, den schwachen, aber stark gekrümmten Schnabel mit langem Haken und stumpfem Zahn und durch sehr lange Ständer. Die erste Handschwinge ist auffallend kurz, die dritte und vierte sind die längsten. Die Gesichtsfedern bilden einen Schleier. Die ganze Erscheinung erinnert im Flug an Möwen.

Der *Kornweih* spannt etwa 1,20 m; der Stoß ist etwa 20 cm lang. Iris, Wachshaut und Ständer sind gleichfalls gelb.

Der Wiesenweih oder Bandweih ist etwas größer; seine Spannweite beträgt 1,25 m, die Stoßlänge 23 cm. Iris, Wachshaut und Ständer sind gleichfalls gelb. – Noch größer ist der *Rohrweih;* er spannt etwa 1,45 m, bei einer Stoßlänge von 24 cm. Iris, Wachshaut und Ständer sind gelb.

Einen Anhalt zur Bestimmung, mit welchem der Weihen man es zu tun hat, bietet für den Kornweih die Oberseite des Stoßes nach der Wurzel zu, die immer weiß ist; der Schleier reicht um den Unterschnabel herum; der innere Einschnitt der ersten Handschwinge liegt unter der Spitze der oberen Fittichdecken. Die Fittichspitzen erreichen den Stoßrand nicht.

Beim Wiesenweih reicht der Schleier nicht um den Unterschnabel herum; der innere Einschnitt der ersten Handschwinge wird von den oberen Fittichdecken nicht verdeckt, sondern steht um mehrere Zentimeter darüber vor; die Fittichspitzen sind länger als der Stoßrand.

Beim Rohrweih ragt der innere Einschnitt der ersten Handschwinge kaum 1 cm über die oberen Fittichdecken hinaus; der Schleier setzt unter dem Unterschnabel ab; an der oberen Stoßwurzel finden sich niemals weiße Zeichnungen.

Ganz auffallend unterscheiden sich die alten Männchen des Korn- und Wiesenweihes von den Jungvögeln und den Weibchen. Während die beiden letzteren bei diesen Weihen immer eine gewisse Ähnlichkeit im Gefieder haben, ist dieses beim Kornweihmännchen auf der Oberseite hellaschgrau mit einem Stich ins Blaue, auf der Unterseite weiß. Beim Wiesenweihmännchen ist die Oberseite lichtschieferblau, die Unterseite weiß mit roten Längsstrichen.

Der Rohrweih zeigt im Alter einen Unterschied der Geschlechter in demselben Maße nicht; beide Geschlechter bleiben im wesentlichen braun; nur das alte Weibchen hat einen gelblichen bis weißen Nacken.

Die Weihen sind ausgesprochene Feldvögel. Der Horst des Kornweih steht im Getreide; entweder kunstlos auf der Erde oder in einem Busch; der des Wiesenweih auf einem Bülten oder, wie der des Rohrweih, im Rohr. Die Gelege aller drei Arten enthalten vier bis fünf einander sehr ähnelnde, entweder weiße oder grünliche Eier, die glanzlos und stark zugespitzt, mitunter auch gelblich oder bräunlich gefleckt sind. Größe beim Rohrweih 52 : 40 mm, bei den beiden übrigen Arten 42 : 33 mm.

Das *Flugbild* aller drei Weihen ist von dem anderer Greifvögel stark verschieden: die langen, schmalen Fittiche, der lange Stoß verleihen, in Verbindung mit dem schwächlichen Körper, dem Flug eine schwankende, weiche Bewegung, die etwas Möwenartiges an sich hat und als Weihenflug gekennzeichnet werden kann.

Die Weihen sind Zugvögel; sie erscheinen im Frühjahr und verschwinden im Herbst. Korn- und Wiesenweihe waren bereits seit langem ganzjährig geschützt. Die Rohrweihe hat inzwischen für das gesamte Bundesgebiet den gleichen Schutz erhalten.

DIE BUSSARDE

Hier sei zunächst der häufigste aller Greifvögel Deutschlands genannt: der *Mäusebussard.* Ein plumper Vogel mit breiten, runden Fittichen und rundem Stoß. Die Spannweite der Fittiche beträgt etwa 1,25 m, die Stoßlänge 25 cm. Das Gefieder ist veränderlich; meist braun mit dunkelgebändertem Stoß; oftmals braun auf der Oberseite mit heller, weißer, quergefleckter Brust; dann auch gelbweiß mit dunkleren Schwingen und ebensolchem Stoß.

Die Iris ist braun, im Alter heller; Wachshaut und Ständer sind gelb.

Das *Flugbild,* gekennzeichnet durch den plumpen Körper, die runden, breiten Fittiche und den kurzen, runden Stoß, kann mit keinem anderen verwechselt werden. Zur Brutzeit hört man fortwährend das „Hiäh, Hiäh".

Der Mäusebussard ist ein Zugvogel, der Ende Februar, Anfang März bei uns einkehrt und im Oktober wieder fortzieht. Er zieht oft in großen Mengen; ich erinnere mich, einmal 84 nacheinander am Horizont auftauchende Vögel gezählt zu haben. Die bei uns überwinternden Bussarde sind meist Gäste aus dem Norden oder Osten.

Schlangenadler — *Rauhfußbussard*
Mäusebussard — *Wespenbussard*

Der *Horst* steht in der Regel in einer Astgabel starker Stämme; er wird im März mit drei meist ungleich geformten und verschieden großen Eiern belegt, die eine Durchschnittsgröße von 60 : 45 mm haben, auf schmutzig-grauweißem Grund braunwolkig oder marmoriert und dicht mit braunroten Tupfen und Flecken bedeckt sind. Die Jungen fliegen im Juni aus. Seine Hauptnahrung sind Mäuse, doch gibt es nicht selten unter ihnen Vögel, die sich auf Niederwild spezialisiert haben.

Der *Wespenbussard* ist gestreckter als der plumpere Mäusebussard; seine Spannweite beträgt etwa 1,38 m, die Stoßlänge 23 cm. Das Gefieder wechselt ebenso wie das des vorigen; doch ist der Vogel durch die drei bis vier breiten, dunklen Bänder des Stoßes ausgezeichnet. Die Iris ist weiß bis gelb; die Wachshaut und die Ständer sind gelb. Das *Flugbild* ist der größeren Spannweite und des kürzeren Stoßes wegen ein anderes als beim Mäusebussard; besonders aber ist es der Stoß, dessen breite Bänder und viele schmalen Binden auf hellem Untergrund es ganz sicher ansprechen lassen. Er ist Zugvogel wie der vorige; doch kommt er etwas später und zieht früher fort. Der Vogel bezieht lieber einen alten *Horst,* als daß er selbst einen baut; ein solcher ist dann immer undicht und liederlich. Das Gelege besteht aus zwei rotbraunen Eiern, die, mit dunkleren Flecken versehen, eine Größe von 56 : 46 mm haben. Er lebt meist von Insekten.

Schließlich sei noch der *Rauhfußbussard* erwähnt, der ein nordischer Brutvogel ist, bei uns aber auf dem Zuge durchkommt. Er hat die meiste Ähnlichkeit mit dem Mäusebussard, von dem er sich aber durch die bis auf die Zehen befiederten Ständer sicher und leicht unterscheidet. Das *Flugbild* zeigt, von oben betrachtet, einen weißen Stoß mit starkem, dunklem Endband. Der Bauch ist dunkel, und an den hellen Unterflügeln fallen der scharf abgegrenzte schwarze Flügelbugfleck und die dunklen Spitzen der Handschwingen auf.

Nur Mäuse- und Rauhfußbussard haben eine Jagdzeit, und zwar vom 1. November bis 28. Februar, doch wird man einzelne abweichende Länderverordnungen zu beachten haben.

DER HÜHNERHABICHT

Die Habichte zeichnen sich durch große körperliche Verschiedenheit der Geschlechter aus. Das Weibchen ist bedeutend stärker als das Männchen. Während ersteres eine Spannweite der Fittiche von etwa 1,28 m bei 70 cm Körperlänge aufweist, ist das Männchen nur 1,10 m breit, bei 55 cm Körperlänge. Die Länge des Stoßes beträgt 22 cm. Das Gefieder ist ausgefärbt: oben dunkel graubraun, aschblau überflogen, unten weiß; jede Feder mit schwarzbraunen Schaftstrichen und mit Wellenlinien quer gezeichnet (Sperberzeichnung). Die Iris, die Wachshaut und die Ständer sind gelb; der Schnabel ist schwarz.

Die jungen Vögel sind oben braun, unten roströtlich bis rotweißlich, braun *längsgefleckt.* Beim sitzenden Vogel reichen die Spitzen der kurzen Fittiche nur bis zur Hälfte des Stoßes.

Das *Flugbild* ist gekennzeichnet durch verhältnismäßig kurze, runde Fittiche bei starkem Körper und den langen, meist etwas ausgebreiteten Stoß. Es kann, und zwar sehr leicht, mit dem des Sperberweibchens verwechselt werden, wenn man die Körperstärke nicht einigermaßen sicher ansprechen kann. Immerhin ist die Spannweite des letzten um 30 cm geringer als die des Habichtsmännchens. Der Unterstoß ist weiß.

Der *Horst,* groß und flach, steht auf hohen Bäumen und wird, wie auch bei den Adlern und anderen Greifvögeln, mit grünem Nadelreisig umlegt, das öfter erneuert wird. Das Gelege besteht aus zwei bis vier grauweißen, länglichen Eiern mit stumpfer Schale, die oft

Segel-Pirschflug

Rohrweihe *Circus aeruginosus*

Segel-Pirschflug

Kornweihe *Circus cyaneus*

Segel-Pirschflug

Wiesenweihe *Circus pygargus*

MILANE

Segelflug - Beutesuchflug

Schwarzer Milan *Milvus migrans*

Segelflug - Beutesuchflug

Roter Milan *Milvus milvus*

Mäusebussard *Buteo buteo*
Segelflug

Rauhfussbussard *Buteo lagopus*

Segelflug

schnelles Streichen

Wespenbussard *Pernis apivorus*

Schlangenadler (Schlangenbussard)
Circaëtus gallicus
langsamer Ruderflug - Streichen

ADLER

Segelflug

Segelflug bei starkem Wind

Steinadler *Aquila chrysaëtos*

Schreiadler *Aquila pomarina*
Segelflug

Seeadler *Halieëtus albicilla*
Segelflug

Fischadler *Pandion haliaëtus*
Segelflug - langsames Streichen

Segelflug

streichend

Jagdflug

Jagdflug

Habicht *Accipiter gentilis*

Segelflug

streichend

Jagdflug

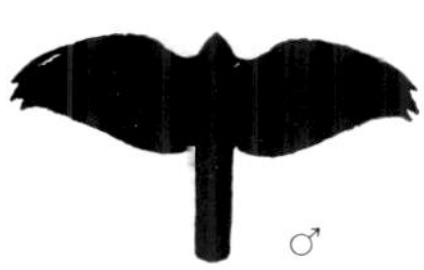

streichend

Jagdstoß aus der Höhe

Sperber *Accipiter nisus*

Segelflug

Schrägstoß

Streichen - Anjagen

Steilstoß

WANDERFALKE *Falco peregrinus*

Segelflug

Streichen

Jagdflug dicht über dem Boden

BAUMFALKE *Falco subbuteo*

Segelflug

Streichen

Jagdflug

MERLINFALKE *Falco columbarius*

Segelflug

Rüttelflug

schnelles Streichen

Rüttelflug bei Sturm

TURMFALKE *Falco tinnunculus*

verwischte, gelbliche Flecke zeigen und 55 : 40 mm groß sind. Männchen und Weibchen brüten abwechselnd, wobei der lange Stoß meist über den Horstrand hervorragt. Anfang Juli sind die Jungen flügge; die verschiedene Größe der Geschlechter fällt bei ihnen schon im hellen Dunenkleid auf.

Solange Eier oder Junge im Horst sind, kreisen die Alten bei Beunruhigung mit sausendem Flug unter fortwährendem Geschrei über ihm und verraten auf diese Weise leicht seine Lage.

Der Habicht ist ein ebenso gewandter Flieger wie gefährlicher Räuber, der große Kühnheit mit verschlagener Dreistigkeit verbindet. Er ist der Niederjagd besonders in Fasanenrevieren schädlich und muß daher in solchen Revieren kurzgehalten werden. Man sollte aber alles vermeiden, um diesen schönen Greifen etwa auszurotten. Er ist gelegentlich Zugvogel, bleibt aber oft den Winter über bei uns.

Der Hühnerhabicht ist verhältnismäßig leicht zur Beize abzutragen. Da er, im Gegensatz zu den Falken, auch auf der Erde Beute schlägt, kann man mit ihm auch auf Hasen und Kaninchen beizen.

Der Habicht hat eine Schußzeit vom 1. November bis 28. Februar, ist aber in den Ländern Baden-Württemberg und Saarland ganzjährig geschützt.

DER SPERBER

Der Sperber ist ein kleiner Habicht; der Habicht ein großer Sperber. Besser lassen sich beide nicht kennzeichnen.

Männchen und Weibchen stehen hinsichtlich der Körpergröße in demselben auffallenden Mißverhältnis wie beim Hühnerhabicht. Ersteres hat bei 64 cm Spannweite der Fit-

Hühnerhabicht *Wanderfalk* *Sperber*
Männchen *Weibchen*

tiche 32 cm Länge, letzteres bei 80 cm 40 cm Länge. Die Stoßlänge beträgt 15 cm. Das Jugendgefieder ist bei beiden Geschlechtern oben graubraun, unten weiß, an Kehle und Vorderhals längsgestreift, am Bauch quergefleckt.

Das Gefieder älterer Vögel ist oben dunkelgrau, unten weiß mit der eigentümlichen Sperberzeichnung, nämlich rostroten Wellenlinien und ebensolchen Schaftstrichen. Das Männchen ist lebhafter gefärbt und hat oben einen blauen Anflug. Die Iris ist goldgelb; Wachshaut und Ständer sind gelb; der Schnabel ist blau. Alle Sperber haben im Nacken einen weißen Fleck. Beim sitzenden Vogel erreichen die Spitzen der Fittiche nur die Hälfte des Stoßes.

Das *Flugbild* zeigt viel Ähnlichkeit mit dem des Habichts; nur ist es kleiner. In der Nähe erkennt man die fünf- bis sechsmalige schwarze Bänderung des Stoßes, dessen einzelne Federn weiß gesäumt sind.

Der *Horst* steht nicht hoch, etwa 3 m über der Erde; meist gut verborgen. Er wird im April mit vier bis fünf, auch sechs runden Eiern belegt, die bei 40 : 35 mm Größe auf grünlichem Grund mit rotbraunen Flecken und Punkten oft kranzförmig gezeichnet sind und in drei Wochen ausgebrütet werden.

Wie der Habicht ist auch der Sperber gelegentlich Zugvogel; er bleibt vielfach den ganzen Winter über bei uns. Das Weibchen kann seiner Größe wegen der Niederjagd schädlich werden, das Männchen seiner Kleinheit wegen kaum. Dafür aber ist er der gefürchtetste Feind der kleinen Vogelwelt.

Der Sperber paßt sich als Beizvogel besonders gut unseren Verhältnissen an. Er ist ganzjährig geschützt, nur Bremen, Hamburg und Schleswig-Holstein haben seinen Schutz bislang noch nicht verordnet, ihn aber den Jägern empfohlen.

DIE FALKEN

Die Falken haben um das Auge eine nackte Haut, welche mit der Wachshaut um den Ständern und Zehen stets gleichfarbig ist; im Oberschnabel befindet sich ein Zahn, welcher in einem Einschnitt im Unterschnabel genau paßt, der sog. *Falkenzahn.* „Der größte der bei uns in Deutschland horstenden Falken ist der *Wanderfalke,* der den Typ des Falken in Adel und Gestalt und der Gewalt des Fluges am vollkommensten verkörpert und daher mit Recht auch Edelfalk genannt wird", sagt Lucanus in seinem Buche „Deutschlands Vogelwelt" von diesem eleganten und schönen Greif der Lüfte.

Die Falken schlagen ihren Raub nur im Fliegen; sie stoßen mit solcher Gewalt herab, daß sie sich zerschmettern würden, wollten sie Wild auf der Erde schlagen. Daraus erhellt, daß sie ihren Raub nur in der Vogelwelt suchen können.

Die Eier aller Falken sind auf gelbrötlichem Grund mit rotbraunen Flecken und Punkten mehr oder weniger dicht besetzt, rauhschalig und stumpf. Die Form ist bald rundlich, bald gestreckt.

Der *Wanderfalk* zeigt unter den Geschlechtern abweichende Größen. Das ausgewachsene Männchen hat eine Spannweite der Fittiche von 84 bis 104 cm, eine Länge von 42–47 cm; beim alten Weibchen ist erstere 110–120 cm, letztere 47–52 cm lang. Die Stoßlänge beträgt 20 cm.

Das Gefieder weicht nach Alter und Geschlecht, aber auch innerhalb dieser vielfach ab. Der Wanderfalke ist aber daran zu erkennen, daß der Bartstreifen, ob braun oder schwarz, stets dicht und nicht durch Strichelungen irgendwelcher Art unterbrochen ist; auch

Baumfalk *Turmfalk*

ist die Mittelzehe ohne Fang (Kralle) länger als der Unterständer. Beim sitzenden Vogel erreichen die Spitzen der Fittiche das Ende des Stoßes.

Bei alten Vögeln ist das Gefieder oben hellschiefergrau mit dunkleren, dreieckigen Flecken bandartig gezeichnet; Kehle und Oberbrust sind hell mit schwarzem Bartstreifen; der Bauch ist rötlichgelb mit dunkleren Querflecken, der Stoß hellgrau gebändert. Die Weibchen sind lebhafter gezeichnet als die Männchen. Im Jugendkleid ist das Gefieder oben schwarzgrau, jede Feder rostgelb gesäumt, unten weißlich mit dunkleren Längsflecken, der Bartstreifen braun. Die Iris ist dunkelbraun; die Wachshaut, der Schnabelwinkel, die nackte Haut um das Auge und die Ständer sind gelb; der Schnabel ist blau, die Spitze schwarz.

Das *Flugbild* des Wanderfalken ist ausgezeichnet durch die schlanke, geschmeidige Gestalt, die es wesentlich von dem des vorn sehr dicken Hühnerhabichts unterscheidet; ferner durch die sehr spitzen und weit längeren Fittiche und die Gesamtfärbung, die gegen die des Habichts hell genannt werden muß.

Der *Horst* steht im Felsengeklüft, auf hohen Bäumen, oder es bilden ihn verlassene Horste anderer Greifvögel. Die Eier haben eine Größe von 59 : 46 mm. Der Wanderfalke ist ein sehr gewandter und kühner Flieger, dabei ist er sehr vorsichtig und scheu. Er ist Sommer und Winter bei uns; wenn die einheimischen Vögel nach dem Süden ziehen, werden sie durch nordische ersetzt. Zur Horstzeit hört man oft die laut tönende Stimme, die wie kajak, kajak klingt.

Der Falkenzahn

Der *Baumfalk,* auch *Lerchenfalk* und *Weißbäckchen* genannt, hat eine Spannweite bis zu 84 cm, eine Länge bis zu 35 cm; der Stoß ist 16 cm lang. Das Gefieder beider Geschlechter ist ohne erheblichen Unterschied. Bei allen Vögeln ist die Oberseite blauschwarz, der Bartstreifen schwarz nicht durchstrichelt. Kehle und Backe sind weiß; daher der sehr bezeichnende Name *Weißbäckchen.* Die Unterseite zeigt auf hellem Grund schwarze Längsflecken; die Hosen und der Unterstoß sind rostrot mit schwarzen Flecken. Der junge Vogel ist oben dunkel mit rostgelb geränderten Federn, unten auf gelblichem Grund schwach längsgestreift.

Die Iris ist dunkelbraun, die nackte Haut um das Auge, die Wachshaut und die Ständer sind gelb; der Schnabel ist blau, an der Spitze dunkler. Beim sitzenden Vogel überragen die Spitzen der Fittiche den Stoßrand.

Das *Flugbild* ist dem des Wanderfalken in hohem Grad ähnlich, aus der Nähe aber leicht zu kennen an den weißen Backen, den roten Hosen und dem roten Unterstoß. Der Baumfalk trägt außerdem den Stoß leicht gefächert.

Der *Horst steht* auf alten Bäumen; er ist meist ein ausgebautes Krähennest. Gelegentlich horstet der Vogel auch in Felsen, und im freien Feld auch auf der flachen Erde. Die Brutzeit fällt spät; nicht vor Mai, oft erst in den Juli. Das Gelege besteht aus vier bis fünf Eiern von der schon erwähnten Falkenzeichnung bei einer Größe von 42 : 32 mm.

Der Baumfalk ist ein Zugvogel, der uns im Herbst verläßt und im Frühling heimkehrt. Er hat eine wohlklingende, etwa gäth, gäth, gäth klingende Stimme, deren einzelne Laute schnell hintereinander ausgestoßen werden. Zur Horstzeit lautet sie hell: gük gük.

Als letzter der bei uns brütenden Falken sei der *Turmfalk,* auch *Rüttelfalk,* genannt. Seine Spannweite beträgt 70 cm, die Länge 33, die Stoßlänge 16 cm. Das Gefieder des alten Männchens ist im Nacken schön aschblau; ebenso ist die Farbe des Stoßes, dessen Rand ein schwarzes, weißgesäumtes Band bildet; der Rücken ist rostrot mit schwarzen Spitzflecken. Dem alten Weibchen, mit dessen Färbung das Gefieder der Jungen viel Ähnlichkeit hat, fehlen die schönen Färbungen des Nackens und der Oberseite des Stoßes; doch ist letzterer dafür rotschwarz gewellt, mit gleichfalls schwarzem, weißgesäumtem Rand. Die Unterseite ist bei den alten Vögeln beiderlei Geschlechts ziemlich gleich: an der Kehle weißgelb, sonst rotgrau oder blaßgelb mit schwarzen Längsflecken. Die Iris ist dunkelbraun; die nackte Stelle um die Augen und die Wachshaut sind graugelb, die Ständer hellgelb. Das *Flugbild* ist durch ein häufiges Rütteln (Stillstehen in der Luft bei bewegten Flügeln mit ausgebreitetem Stoß) so scharf gekennzeichnet, daß es mit dem eines andern Greifvogels kaum verwechselt werden kann. Wenn der Vogel nicht rüttelt, so ist das vorherrschende Rot der Gesamtfärbung ein sicheres Kennzeichen. Der Turmfalk ist Zugvogel, der im Februar–März bei uns erscheint und uns im Oktober–November verläßt. Seinen *Horst* erbaut er in Felsen, auf hohen Bäumen oder auch in Baumlöchern. Das Gelege besteht aus vier bis fünf unter sich verschieden gefärbten Eiern, die statt des sonst bei den Falken regelmäßig rötlichen Grundes oft einen rein weißen zeigen, der mit roten und braunen Tupfen bedeckt ist. Auch die Größe wechselt zwischen 41 : 32 und 36 : 29 mm. Der Turmfalk ist ein ebenso schöner wie harmloser Vogel, der dazu in hohem Grade nützlich ist, weil er sich hauptsächlich von Mäusen, Käfern usw. ernährt. Wenn er auch gewiß kleine Vögel und selbst einen Junghasen nicht verschmäht, so überwiegt doch sein Nutzen bestimmt den gelegentlichen Schaden.

Erwähnt seien noch der Merlin oder Zwergfalk und der Rotfuß- oder Abendfalke. Beide horsten nicht in Deutschland, berühren uns aber auf dem Zuge. Alle Falkenarten sind ganzjährig geschützt.

DIE GEIER

Seit einigen Jahren führen Bartgeier (Gypaëtus barbatus) und Gänsegeier (Gyps fulvus) in den österreichischen Alpen, bes. Kärnten, den Sommer über ein Junggesellendasein, ohne zu horsten.

DIE EULEN

Die Eulen sind mit dickem, rundem Kopf, großen, nach vorn gerichteten Augen, die von einem Schleier umgeben sind (d. h. von einem Kranz rückwärts gekrümmter, steifer Federchen), mit stark gebogenem Schnabel ohne Zahn, abgerundeten Fittichen, befiederten Ständern und einem sehr weichen, losen Gefieder ausgestattet. Alle Eulen legen rein weiße Eier, die rund und mit kleinen Knötchen versehen sind. Eine sichtbare Wachshaut haben die Eulen nicht; diese ist vielmehr in den Borstenfedern der Schnabelwurzel versteckt.

Als erster möge der *Uhu* (Bubo bubo) genannt werden. Er ist ein Hilfsmittel zur Jagd, nicht deren Gegenstand; daher wird er im zweiten Teil noch besonders erwähnt werden. Gleichwohl möchte ich des Zusammenhanges halber seine kurze Beschreibung an dieser Stelle nicht fehlen lassen. Die Spannweite der Fittiche des Uhu schwankt zwischen 1,76 m beim Weibchen und 1,55 beim Männchen; die Länge beträgt entsprechend 77 und 63 cm. Das Gesamtgefieder, das sehr reich ist, ist lebhaft braunrot mit schwarz. Die Ohren sind schwarz. Der Augenstern ist goldgelb bis rötlich, glühend; die nackten Teile der Ständer sind blaugrau. Der *Horst* steht entweder in Felsen, in Baumlöchern oder auch auf dem Erdboden. Die Eier haben eine Größe von 65 : 55 mm.

Der Uhu gehört zu den Nachteulen, die am Tag schlafen. Er ist ein außerordentlich starker Vogel, dem selbst das frisch gesetzte Rotwildkalb nicht zu stark ist, der der Wildgans ebenso gefährlich wird wie der Ratte. Er ist daher früher stark verfolgt und so leider sehr selten geworden. Er ist heute nicht nur völlig geschützt, sondern man hat sogar an verschiedenen Stellen Deutschlands mit wechselndem Erfolge versucht, ihn durch Aussetzen wieder einzubürgern.

Die Stimme des Männchens hat dem Uhu seinen Namen gegeben. Namentlich zur Horstzeit läßt er gegen Abend sein dumpfes, weithin hörbares „Schu-hu" ertönen. Das Weibchen hat zu der Zeit Töne, die man nicht gut lautlich wiedergeben kann; sie sind ein gräßliches, schallendes Kreischen. Zweifellos ist die Sage vom wilden Jäger auf diese unheimlichen Stimmen zurückzuführen.

Die Vogelwelt haßt diesen Räuber auf das heftigste und verfolgt ihn, wenn er sich am Tag sehen läßt, ohne Unterlaß. Der Uhu ist daher der beste Reizvogel für die Krähenhütte.

Nächst ihm sei die *Waldohreule* (Asio otus) genannt. Eine Eule, die ähnliche Lebensgewohnheiten hat wie der Uhu, indem sie bei Nacht jagt. Sie wird aber auch häufig am Tag angetroffen, oftmals in größeren Gesellschaften.

Die Spannweite der Fittiche beträgt 91–98 cm, die Länge 35 cm, die Stoßlänge 15 cm. Die Ohrbüschel sind länger als beim Uhu, sonst hat die Waldohreule im Gefieder viel Ähnlichkeit mit diesem; nur ist sie, weil weniger Schwarz vorherrscht, nicht so düster im Geamteindruck. Beim sitzenden Vogel überragen die Fittichenden den Stoß. Die Fittiche sind spitz und verhältnismäßig länger als beim Uhu. Die Iris ist hochgelb, der Schnabel schwarz.

Als *Horst* dient gewöhnlich ein alter Greifvogelhorst oder ein Krähennest. Die Eier sind 40 : 34 mm groß, meist vier an der Zahl.

Die Waldohreule ist ein ausgesprochener Waldvogel. Die Stimme ist der des Uhus ähnlich, weniger voll, aber aus mehr Silben bestehend: Huhuhuhu. Am Tage schläft die Eule sehr fest; sie steht am Stamm auf einem Ast aufrecht und ist leicht zu übersehen. Als fast ausschließliche Mäusevertilgerin ist sie nur nützlich, jagdlich unschädlich.

Die *Sumpfohreule* (Asio flammeus) ist in Deutschland kein Brutvogel. Die Spannweite der Fittiche beträgt etwa 98 cm, die Länge 36, die Stoßlänge 15 cm. Das Gefieder ist im großen ganzen blaßgelb; die Kopf- und Rumpffedern tragen schwarze Schaftstriche; die Ohrbüschel sind wenig bemerkbar, da sie nur aus wenigen Federn bestehen. Das Auge ist lichtgelb; der Schnabel schwarz. Beim sitzenden Vogel überragen die Fittichenden den Stoß.

Die Sumpfohreule wird im Herbst in Röhricht und Wiesen, kleinen Feldgehölzen und ähnlichen Örtlichkeiten gelegentlich aufgestöbert, und, weil sie sich häufig bis zum letzten Augenblick drückt, von schußhitzigen Schützen erlegt. Sie ist teilweise Zugvogel, bei Mäuseplagen oft in Gesellschaften.

Ein viel interessanterer Vogel ist der *Waldkauz* (Strix aluco); ein häufiger Bewohner unserer Wälder und Parkanlagen, die er abends und nachts mit seinem heulenden Huhuhuhuu, Huhuhuu und ku-it, hu-it belebt. Bei etwa 100 cm Fittichspannweite erreicht der Vogel eine Länge von 40 bis 48 cm und eine Stoßlänge von 18 cm.

Das Gefieder ist entweder tiefgrau oder lichtsrostbraun; oben dunkler als unten, mit helleren Partien auf den Fittichen, mit dunklen Flecken und braunen Wellenlinien auf jeder Feder. Ohrenfedern fehlen ganz. Den ausgesprochen dicken Katzenkopf beleben zwei große Augen mit tiefdunkelbrauner Iris; der Schnabel ist blaugrau. Beim sitzenden Vogel erreichen die Fittichspitzen den Stoßrand nicht.

Der *Horst* steht entweder im Felsgeklüft, in hohlen Bäumen; oder er befindet sich in alten Greifvogelhorsten oder Krähennestern. Das Gelege besteht aus vier bis sechs Eiern, die 45 : 38 mm groß sind.

Der Waldkauz hat ungemein zähe Lebensgewohnheiten; er ist ein ausgesprochener Philister, der seinen Platz fest innehält und fast mit Sicherheit über Tag in einem und

Uhu *Waldohreule* *Sumpfohreule*

demselben Baumloch oder auf demselben Stamm im schattigen Walddickicht angetroffen werden kann. Wenn er auch ein guter Mäusevertilger ist, so bilden diese Nager doch nicht seine ausschließliche Nahrung.

Dagegen ernährt sich der *Steinkauz* (Athene noctua) nur von Mäusen, kleinen Vögeln, Kerbtieren u. dgl. Seine Fittichspannweite beträgt 52–55 cm, seine Länge 21–22 und seine Stoßlänge 8 cm. Beim sitzenden Vogel reichen die Fittichspitzen nur bis zum zweiten Drittel des Stoßrandes. Das Gefieder ist oben dunkel graubraun, unregelmäßig weißgefleckt, das Gesicht ist weißlich; ebenso die Unterseite, die aber braun längsgefleckt ist. Der Stoß zeigt fünf undeutliche Bänder. Die Iris ist schwefelgelb, der Schnabel grünlichgelb.

Der Schleier umfaßt den oberen Augenrand nicht. Hierdurch sowie durch die wenig befiederten Zehen unterscheidet sich unser Steinkauz von dem *Rauhfußkauz* (Aegolius funereus), der einen rings um das Auge gehenden Schleier und stark befiederte Zehen hat. Die Lebensgewohnheiten beider Käuze sind dieselben. Obgleich der letztere mehr dem Norden angehört, so kommt er auch bei uns in ausgedehnten Waldungen als Brutvogel vor.

Die Stimme des Steinkauzes ist das bekannte ku-iw, ku-iw, kui-witt- kui-witt. Im Aberglauben des Volkes spielt diese nur nützliche und bewegliche Eule eine erhebliche Rolle. Ihr Ruf soll den bevorstehenden Tod anzeigen.

Einen richtigen *Horst* baut der Steinkauz nicht. Er legt seine vier bis fünf Eier, die 35 : 30 mm groß sind, in eine passende Höhlung in altem Gemäuer, in Felswände, Baumhöhlen, auf Dachböden usw. Er ist kein Vogel der großen Waldungen, liebt vielmehr Feldgehölze, alte Kopfweiden usw. und siedelt sich gern in menschlichen Wohnungen oder in deren Nähe an.

Waldkauz *Steinkauz* *Rauhfußkauz* *Schleiereule*

Wie den Uhu, so kann man den Steinkauz auf der Krähenhütte zum Reizen von Krähen und Hähern benutzen.

Kurz erwähnt sei noch der *Sperlingskauz* (Glaucidium passerinum), der nicht viel größer als ein Hausspatz ist und dessen lautes, an eine Kleinbahnlokomotive erinnerndes Pfeifen man morgens bei der Auerhahnbalz oder auch im Herbst während der Hirschbrunft häufig hört. Er kommt jedoch nicht überall vor, ich selbst stellte ihn in Ostpreußen, im Harz und im Schwarzwald fest.

Den Schluß bei der Aufzählung der Eulen möge die *Schleiereule* (Tyto alba) bilden. Die Beschreibung dieses allbekannten Vogels bleibe auf die Erwähnung des großen, herzförmigen Schleiers, der langen, den Stoß überragenden Fittiche und der auffallenden, lehmroten Färbung beschränkt. Der *Horst* steht auf Dachböden, Kirchtürmen, in altem Gemäuer; er enthält fünf bis sechs für Euleneier sehr längliche Eier, die 38 : 29 mm groß sind und sofort nach dem Legen des ersten Eies bebrütet werden, so daß sich in *einem* Horst verschieden alte Junge und Eier vorfinden. Die Schleiereule lebt hauptsächlich von Mäusen. Ihre Stimme erinnert an den schnarchenden Menschen.

Alle Eulenarten stehen unter Schutz. Sie gehören nicht mehr zu den jagdbaren Tieren.

DIE RABENVÖGEL

Von den rabenartigen Vögeln gehört nur der Kolkrabe zu den jagdbaren Tieren. Dennoch sollen Rabenkrähe, Nebelkrähe, Saatkrähe und Elster erwähnt werden, da sie – mit Ausnahme der Saatkrähe, die nur landwirtschaftliche Schäden verursacht – in allen Niederjagdrevieren unbedingt kurzgehalten werden müssen. Dagegen sollen die Dohle, der Eichelhäher, der Tannenhäher, die Alpendohle und die Alpenkrähe, als nur ganz gelegentlich oder gar nicht zur Jagd in Beziehung stehend, unberücksichtigt bleiben.

Kolkrabe *Rabenkrähe* *Saatkrähe*

Der *Kolkrabe*, auch *Edelrabe* oder *Jochrabe* genannt, ist der stärkste unter den bei uns vorkommenden Rabenvögeln. Er ist im deutschen Jagdgebiet selten geworden und kommt hauptsächlich noch im Hochgebirge Bayerns, in Schleswig-Holstein und Niedersachsen sowie im östlichen Deutschland, besonders Ostpreußen, vor. Dieser große Vogel kann niemandem verborgen bleiben; denn von Zeit zu Zeit macht er sich durch sein tiefes gong, gong, das ungemein weit zu hören ist, bemerkbar.

Der große *Horst* steht auf hohen Bäumen oder im Gebirge im Felsgeklüft. Schon im Februar, spätestens Anfang März, ist das aus drei bis fünf Eiern von 52 : 33 mm Größe bestehende Gelege fertig. Die Eier fühlen sich, wie die aller Greifvögel, rauh an; sie sind auf blau- oder graugrünem Grund mit vielen hell- und dunkelbraunen Flecken und Tupfen gezeichnet.

Der Rabe ist ein äußerst kluger Vogel, der sein Benehmen ganz seiner Umgebung anpaßt. Der Jagd, namentlich der Niederjagd, ist er schädlich, weil er vom Ei und Junggeflügel bis zum Hasen und Rehkitz alles raubt, was er bewältigen kann. Seine Seltenheit fordert jedoch seine völlige Schonung. (Nur in Bayern hat er eine Jagdzeit vom 1. September bis 31. Januar.) In der Rominter Heide überwinterten jedes Jahr mehrere hundert Raben, die aus den nordischen Ländern im Herbst zuzogen. Die zahlreichen Aufbrüche und die für Fuchs und Sau ausgelegten Pferdekadaver ermöglichten ihnen hier ein sorgloses Dasein. Der Kolkrabe wird sehr alt.

Nebelkrähe *Elster*

Die *Rabenkrähe* kann leicht mit der *Saatkrähe verwechselt* werden. Doch gelten folgende Unterschiede: Bei ersterer ist der Schnabel etwas kürzer als der Ständer; die Halsfedern sind zugespitzt; die erste Schwungfeder ist kürzer als die neunte. Bei letzterer ist der Schnabel so lang oder länger als der Ständer; die Halsfedern sind abgerundet und am Ende zerschlissen; die erste Schwinge ist so lang wie die neunte; und schließlich, was am ersten und schon von weitem ins Auge fällt: bei den alten Vögeln ist die Schnabelwurzel nackt, von einer grindigen, weißgrauen Haut bedeckt.

Östlich der Elbe wird die Rabenkrähe durch die *Nebelkrähe*, aus *Graukrähe* genannt, ersetzt, bei der Rücken, Brust und Bauch aschgrau sind. Raben- und Nebelkrähe sind für die Jagd und für die kleine Vogelwelt die größten Schädlinge, insofern sie jedes Ei und jeden Jungvogel rauben, dessen sie habhaft werden können.

In zahlreichen Jagdkreisen wurde früher jährlich ein Vergiftungskrieg gegen die Krähen geführt. Die Ansichten über den Erfolg sind verschieden. Ich kann mich mit der Verwendung vergifteter Eier zur Krähenvertilgung nicht einverstanden erklären, und zwar einmal aus grundsätzlichen Erwägungen und zum anderen, weil sowohl Rebhühner und Fasanen als auch vor allem Fuchs, Dachs und Sauen die Phosphoreier aufnehmen und elendiglich daran zugrunde gehen können. Das Auslegen von Gifteiern ist in einzelnen Bundesländern nicht mehr gestattet und außerdem für alle Reviere verboten, in denen der Kolkrabe vorkommt.

Die *Saatkrähe* nistet meist in größeren Kolonien, die beiden anderen einzeln. Wie ein Krähennest aussieht, das muß jeder Junge, der dieses Buch in die Hand nimmt, wissen; daher erspare ich mir die Beschreibung.

Die Eier aller drei Arten sind gleich. Sie sind auf grünlichblauem oder blaugrünlichem Grund grau und braun gefleckt und bespritzt, 41 : 28 mm groß. Das Gelege besteht aus drei bis sechs Eiern.

Die *Elster* ist nach dem II. Weltkrieg vielerorts wieder recht häufig geworden. Das kugelige Elsternest, früher in meiner westfälischen Heimat sozusagen der Orden jeder

Pappel, steht nicht nur auf hohen Bäumen, sondern oft genug auch in Hecken und ähnlichen Verstecken. Es hat meist eine Bedachung von Dornen und dann ein Flugloch, innen fast immer einen Napf aus Lehm, Erde, Scherben, der das Nest von unten gegen Schüsse mit feinem oder mittlerem Schrot undurchdringlich macht.

Das Gelege besteht aus sieben bis acht 33 : 23 mm großen, schlanken Eiern, die zwar wesentlich kleiner sind als Kräheneier, diesen aber in Farbe und Zeichnung durchaus ähneln. Die Elster ist als Eierräuber der Niederjagd besonders schädlich und muß daher überall kurzgehalten werden.

DAS BIRKWILD

Die waidmännischen Bezeichnungen sind dieselben wie beim Auerwild. Der Birkhahn, auch *kleiner Hahn* – im Gegensatz zum großen Hahn (Auerhahn) – genannt, hat als Stoß die *Leier* oder *Schere.* Die äußeren gekrümmten Stoßfedern nennt man *Sicheln. Geläuf* und *Losung* gleichen der des Auerwildes, nur sind sie entsprechend kleiner.

Die Stimme des Birkhahns ist entweder ein zischendes *Blasen* oder ein rollendes *Rodeln* oder *Kollern.* Das Rodeln, auch Kullern genannt, trifft lautlich am besten die Bezeichnung *Grudeln.* Rutuluh, Rutuluh, Rutuluh, Rutuluh, so lautet annähernd der am meisten gehörte Balzgesang. Doch ist der Rhythmus längst nicht bei allen Hähnen gleich. Die Stimme der Henne ist entweder ein sanft lockendes, gedämpftes Kök, Kök, Kök, das oftmals kurz hintereinander ausgestoßen wird, oder ein warnendes scharfes Gok, Gok.

Steht der Birkhahn beim Übergang der Nacht zum Morgen auf dem Balzplatz *zu,* so verhält er sich nach dem Einfallen zunächst einen Augenblick sichernd, um dann alsbald ein lautes *Blasen* hören zu lassen, dessen lautliche Darstellung sehr schwer ist, weil die menschlichen Ausdrucksmittel nicht dafür geeignet sind. Alle mir bekannten Wiedergaben mögen dem, der sie schreibt, nach seiner Auffassung treffend erscheinen; sie können aber dem Leser, der das Blasen selbst nicht hörte, eine richtige Vorstellung davon nicht geben. Ich verzichte daher auf eine lautliche Darstellung.

Die *Balzzeit* liegt nach Witterung und Höhenlage verschieden. Man kann sie unter günstigen Verhältnissen von Mitte März bis Mitte Mai, unter ungünstigen von Mitte April bis Mitte Juni rechnen. Ein alter Jägerspruch lautet:

Ist's Birkenlaub 'nen Heller breit,
hat der Hahn sein' größte Freud'!

Wie beim Auerwild, so treten auch beim Birkwild die älteren Hähne früher auf die Balz als die jüngeren.

Im Gegensatz zum Auerhahn balzt der Birkhahn meist zu Boden. Sobald Büchsenlicht eintritt, verschweigen die Hähne auf einem Balzplatz fast schlagartig, sie halten das Morgengebet, wie der Jäger sagt. Erst am sonnenhellen Morgen stellt sich der Hahn oftmals zu Baum und balzt dort noch eine Weile. Diesen Teil der Balz nennt man die *Sonnenbalz*.

Unterstoß der Auerhenne

Unterstoß der Rackelhenne

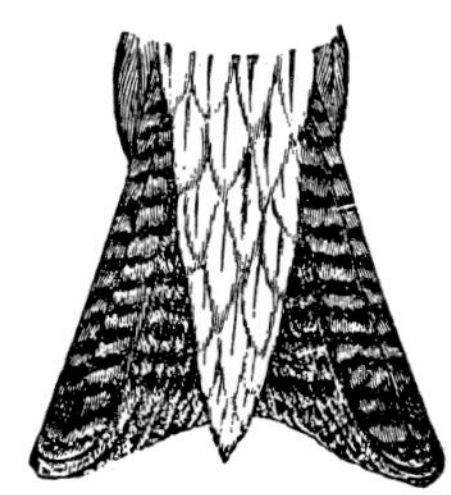

Unterstoß der Birkhenne

Das *Nest* steht am Boden in einer Vertiefung; das Gelege enthält sechs bis zehn Eier, die, wenn sie groß sind, 55 : 38, wenn klein, 48 : 34 mm haben. Sie sind denen des Auerwildes sehr ähnlich gefärbt und gezeichnet, auf lehmfarbenem oder bräunlichem Grund braun punktiert und gefleckt.

Gesicht und *Gehör* sind gut entwickelt; dabei ist das Birkwild sehr scheu und vorsichtig.

Die Lebensweise hat mit der des Auerwildes viel Ähnlichkeit. Nur scharen sich die jungen Hähne zu noch größeren Flügen zusammen. So zählte ich einst im Wolgagebiet über 80 auf einigen mit gefrorenem Schneeanhang bedeckten alten Kiefern stehende Birkhähne mit dem Glas ab. Es waren aber noch mehr dort, die ich erst beim Abstreichen gewahrte.

Eigentümlich ist dem Birkwild ein festes Innehalten des *Striches*. Es nimmt beim Umherstreichen in großen Flügen fast mit Sicherheit immer denselben Weg. Ferner ist es so gesellig, daß streichendes Birkwild stets dorthin zieht, wo es ein Stück auf einem Baum stehend äugt.

Im Winter haben die Birkhühner ebenso ihre Gänge unter dem Schnee, wie es beim Auergeflügel geschildert wurde.

Im Gegensatz zum Auerwild, das ein ausgesprochener Waldvogel ist, liebt das Birkwild die großen Heiden mit wenig Baumwuchs, weite Wiesenflächen mit Birken- und Erlenkrüppelwuchs, sofern es dann die ihm sehr zusagenden Beeren in hinreichender Menge findet. Die Blütenkätzchen der genannten Holzarten bilden im Winter oft die ausschließliche Äsung.

Es ist ein unstetes Wild, das heute hier häufig und dort selten, morgen hier selten und dort häufig sein kann, ohne daß man naheliegende Erklärungen dafür hätte. Leider ist in den letzten Jahren infolge Kultivierung großer Moore und Ödländereien das Birkwild überall sehr selten geworden. Das Birkwild gehört, wie alle Waldhühner, zu den Kulturflüchtern. Nach neueren Forschungen lassen sich die Hennen nur durch ältere Hähne treten. Der Abschuß der alten Platzhähne kann deshalb zur Folge haben, daß die Balzplätze veröden. Hier ist also Vorsicht geboten.

DAS RACKELWILD

Dort, wo Auerwild und Birkwild zusammen vorkommen, wie es in den nördlichen und östlichen Ländern der Fall ist, werden oftmals Auerhennen von Birkhähnen fruchtbar getreten. Das Ergebnis dieser Verbindungen ist das Rackelwild, das je nach Vater und Mutter verschieden gestaltet und gefiedert ist. Man unterscheidet – ich schreibe für den praktischen Waidmann und nicht für den Gelehrten, der es ohnehin besser weiß als ich – die Nachkommen von Birkhahn und Auerhenne: das Rackelwild, als die am häufigsten vorkommende Form; dann die Bastarde vom Rackelhahn mit der Auerhenne und die Bastarde aus Rackelhahn und Birkhenne. Letztere beiden sind selten. Theoretisch ist natürlich eine häufigere Durcheinanderkreuzung möglich; sie kommt aber für die Praxis nicht in Betracht.

Der aus der erstgenannten Verbindung hervorgehende Rackelhahn hat die meiste Ähnlichkeit mit dem Birkhahn. Neben anderen Unterschieden kennzeichnet ihn zweifellos der Stoß, dessen Sicheln nicht so ausgesprochen wie beim Birkhahn, sondern nur durch eine geringe Krümmung angedeutet sind. Er hat nicht den grünen Schild des Auerhahns, sondern am Hals einen violetten Glanz, der sich auch weiter nach der Unterseite hin erstreckt. In der Größe hält er zwischen dem Großen und dem Kleinen Hahn die Mitte.

Die Stimme klingt rauher und ähnelt in der Strophenanordnung manchmal dem Spiel des Urhahns; sie hat nicht den rollenden Wohllaut des Birkhahns.

Haselhahn

DAS HASELWILD

Das kleinste bei uns lebende Waldhuhn ist das Haselhuhn, das nur etwas stärker als das Rebhuhn ist.

Ist der Unterschied zwischen Hahn und Henne beim Auer- und Birkgeflügel so in die Augen fallend, daß ich ihn gar nicht erst betont habe, so ist beim Haselwild doch eine kurze Kennzeichnung erforderlich. Der die Henne in der Größe nur wenig übertreffende *Hahn* trägt im Spätherbst, Winter und Frühling einen *tiefschwarzen, weißeingefaßten, glänzenden Flecken an Kinn und Kehle,* der bei jüngeren Hähnen brauner ist. Den Kopf schmückt eine *Holle,* die aufgerichtet und niedergelegt werden kann. Auf der Brust trägt der Hahn ein hufeisenförmiges *Schild,* dessen Rand rot ist, mit schwarzen und weißen Einfassungen; der offene Teil des Hufeisens ist nach unten rein weiß. Die *Rosen* sind lebhaft rot und werden nach hinten zu von einem rein weißen Fleck begrenzt. Bei der Henne ist die Holle klein; der Kehlfleck und der Fleck hinter der Rose sowie die Innenseiten des Schildes sind gelblich oder bräunlich; der Schildrand ist braun. Daraus erhellt, daß der Hahn zu dieser Zeit an der Holle, dem schwarzen Kehlfleck, dessen weißer Einfassung, die bis auf die Schultern übergreift, und der rein weißen Schildöffnung leicht und sicher erkannt werden kann. Nach der Balz im Sommer und Frühherbst verliert er in der Mauser seine Abzeichen und ähnelt dann der Henne.

Das Vorkommen von Haselwild im Revier erkennt man an dessen lebhaftem Surren, wenn es zufällig herausgetreten wird oder *vertraut* von einem Baum zum anderen streicht; an den an Wegrändern aufgefundenen *Pfannen,* in denen man häufig die nicht leicht zu verkennenden Federn findet; an dem Geläuf (s. Abb. S. 51), dem ebenso wie beim Auer- und Birkhuhn die den Zehenabdruck verbreiternden Hornfransen eigen sind, sowie an dem zufällig gefundenen *Gelege.*

Die Stimme ist ein sehr hochliegendes, zischendes Pfeifen, welches vor allem in der Balz, aber auch in der übrigen Jahreszeit ertönt und beim Hahn *Spissen* und bei der Henne *Bisten* genannt wird. Beide Rufe sind so leise, daß nur ein aufmerksames, sehr feines Ohr sie in ziemlicher Nähe vernimmt. Ihre gute Nachahmung ist die Voraussetzung für den Erfolg der Lockjagd, von der später noch gesprochen werden soll.

Das *Nest* steht am Boden; das Gelege enthält 8–12 Eier von etwa 35 : 26 mm Größe, die auf rostfarbigem Grund rotbraun punktiert und gefleckt sind. Nur die Hälfte der Eier soll auskommen. Das Haselwild lebt paarig, im Gegensatz zu den übrigen Waldhühnern; Doch beteiligt sich der Hahn nicht am Brutgeschäft.

Als Bewohner des Waldes, besonders des unterholzreichen Mischwaldes, ist das Haselhuhn ein echtes Buschhuhn, das nicht gern weit über freie Flächen streicht, sich desto lieber auf Boden und Ast drückt und gern und schnell läuft. Überall, wo noch Eichenlohschläge vorhanden sind, kommt auch Haselwild vor, doch ist es selten geworden. Im Bundesgebiet hat es keine Jagdzeit mehr.

Die *Lsoung* hat viel Ähnlichkeit mit der der anderen Waldhühner; nur sind die einzelnen Walzen viel dünner und kürzer, etwa 2 cm lang und 0,3 cm dick.

DAS ALPENSCHNEEHUHN

Das Alpenschneehuhn, ein naher Verwandter des schottischen Moorhuhns (Grouse) und des Moorschneehuhns, lebt bei uns in den Alpen. Oberhalb der Baumregion stößt man auf den weiten Schutthalden am Fuß der Steilwände gelegentlich eine Kette Schneehühner auf, die im gewandten, taubenartigen Flug weiterstreicht und meist bald wieder einfällt.

Im Herbst ist das Gefieder beider Geschlechter gleich: oben und an den Seiten auf grauem Grund schwarz oder braun gesprenkelt, unten weiß. Da auch in der Größe zwischen Hahn und Henne kein nennenswerter Unterschied ist, so sind sie zu der Zeit nicht zu unterscheiden. Im Winterkleid, das mit Ausnahme des schwarzen Stoßes, der nur in

Alpenschneehuhn im Sommerkleid

Alpenschneehahn im Winterkleid

der Mitte zwei weiße Federn hat, ganz weiß ist, unterscheidet sich der Hahn von der Henne durch den schwarzen Zügelstreifen. Die Zehen sind dicht befiedert.

Die Schneehühner leben paarig. Bei der *Balz* läßt der Hahn ein dreiteiliges, knarrendes oar-o-oar hören; zuweilen tut er das auch im Spätherbst nach der Mauser zum Winter. Sonst ist die Stimme ein tiefes, knarrendes oar.

Das *Nest* des Schneehuhns steht am Boden; es enthält 6 bis 12 Eier, die 38 : 26 mm groß, eine feinkörnige, glänzende Schale haben und auf weißlichem oder lehmfarbigem bis bräunlichem Grund mit feinen, mäßig großen oder großen Punkten und Flecken von rotbrauner bis schwarzbrauner Farbe dicht bedeckt sind.

Im Winter lebt das Schneehuhn, wie manchmal auch Birk- und Auerwild, in Gängen unter dem Schnee, wo es an die Äsung herankommt und Wärme findet.

DAS STEINHUHN

Wie das Alpenschneehuhn ist auch das Steinhuhn ein Bewohner der Alpen. Da es sich im Gegensatz zum Schneehuhn gut in der Gefangenschaft hält, so findet man es in den Alpenländern nicht selten in Käfigen.

Hahn und Henne unterscheiden sich wenig.

Die Lebensweise ist der des Schneehuhns ähnlich. Die *Balz* fällt in den April. Die *Stimme* erinnert an das Gackern der Haushühner; der Lockruf ist ein schallendes Gigigig oder Tschatschibit-Tschattibig; beim Aufstehen stoßen die Steinhühner ein pfeifendes Pitschii, pitschii aus. Dort, wo es viele gibt, glaubt man sich zur Balzzeit in einen Hühnerhof versetzt.

Die Hähne sind hervorragend kampflustig. Die Steinhühner sind mit scharfen Sinnen ausgestattet und außerordentlich vorsichtig; sie laufen sehr schnell und gewandt und wissen sich meisterhaft zu drücken.

Das *Nest* steht am Boden. Das *Gelege* enthält 10–15 Eier, die 40–45 : 31–32 mm groß und auf blaßrotfarbigem Grund mit vielen gelbbraunen Punkten und Flecken gezeichnet sind.

DER FASAN

Die waidmännischen Bezeichnungen sind im allgemeinen dieselben wie bei den bisher behandelten Hühnervögeln. Doch merke man sich folgendes: Der Fasan hat ein *Spiel* oder *Stoß;* die *Ständer* nennt man auch *Füße;* der Hahn hat *Sporen,* die den Hähnen der Waldhühner fehlen. Die grünglänzenden *Federohren* werden auch *Hörner* genannt, die Fittiche *Schilder.* Beim Ringfasan ist der weiße Strich rings um den Hals der *Ring.*

Wichtig ist, für die einzelnen Reviere die richtige Auswahl zu treffen. Für Feldreviere mit nur mäßiger Dauerdeckung eignet sich der helle Ringfasan, bei dem das Torquatusblut vorherrscht. Mit ihm kann man Massenstrecken erreichen, aber nur wenn für beste Hege gesorgt wird. Ist dies letztere nicht gegeben, nimmt man besser den härteren, aber weniger geselligen, ringlosen böhmischen Jagdfasan, also mit vorherrschendem Colchicusblut. Für diesen am besten geeignet sind Aureviere. Der Ringfasan mit dominierendem Mongolicusblut paßt für Reviere auf schwerem Boden und mit nur niedriger Schilf- und Buschdeckung, der grüne Versicolor für höher gelegene Reviere und solche mit hohem Wald- und Unterholzanteil.

Einzelheiten sind zu ersehen aus der für dies Fachgebiet empfehlenswerten Broschüre von Wildmeister Behnke „Hege, Aufzucht und Aussetzen von Fasanen und Rebhühnern“. 4. Auflage, Verlag Paul Parey, Hamburg und Berlin. Ferner sei verwiesen auf die Farbtafel in dem Raesfeldschen Werk „Die Hege in der freien Wildbahn“ gegenüber S. 112, die die Unterscheidungsmerkmale zwischen den für die Jagd wichtigsten Fasanenrassen deutlich macht.

Die Lebensgewohnheiten der Fasanen sind so, daß ihr Vorkommen, das meist auf eine besondere Hege begründet ist, nicht verborgen bleiben kann. Der Hahn *baumt* abends mit lautem Gok, gok, gok, das weithin zu hören ist, auf seinen Schlafbaum. Die Henne tut dieses still. Hahn und Henne sind viel im Freien und gelangen so zur Beobachtung. Auch sonst läßt der Hahn seine Stimme oftmals hören, besonders wenn er *aufgetan wird.* Die Henne stößt bei dieser Gelegenheit, wie auch wenn sie überrascht oder erschreckt wird, das bekannte Zi-Zick, Zi-Zick aus.

Die *Balz* beginnt Ende März; der Balzlaut des Hahnes ist ein wenig wohlklingendes Krähen. Ein Hahn kann eine große Anzahl Hennen *bestreiten;* wird aber die Zahl zu groß, so bleiben die Eier unbefruchtet. Der Hahnenabschuß sollte daher so geregelt werden, daß auf einen Hahn etwa sechs Hennen kommen. Dabei ist aber mit dem fatalen *Verstreichen* der Fasanen zu rechnen. Die Henne legt in ein einfaches *Nest* am Boden etwa acht bis zwölf Eier von runder Form, wie kleine Hühnereier, jedoch von schmutzig-graugrüner Farbe.

So prächtig das Gefieder des Hahnes ist, so dumm ist er selber. Es hilft nichts, hier beschönigend zu schreiben: der Fasan ist und bleibt dumm. Darum ist ein Fasanenstand auch nur dort einigermaßen auf der Höhe zu halten, wo dem schleichenden und fliegenden

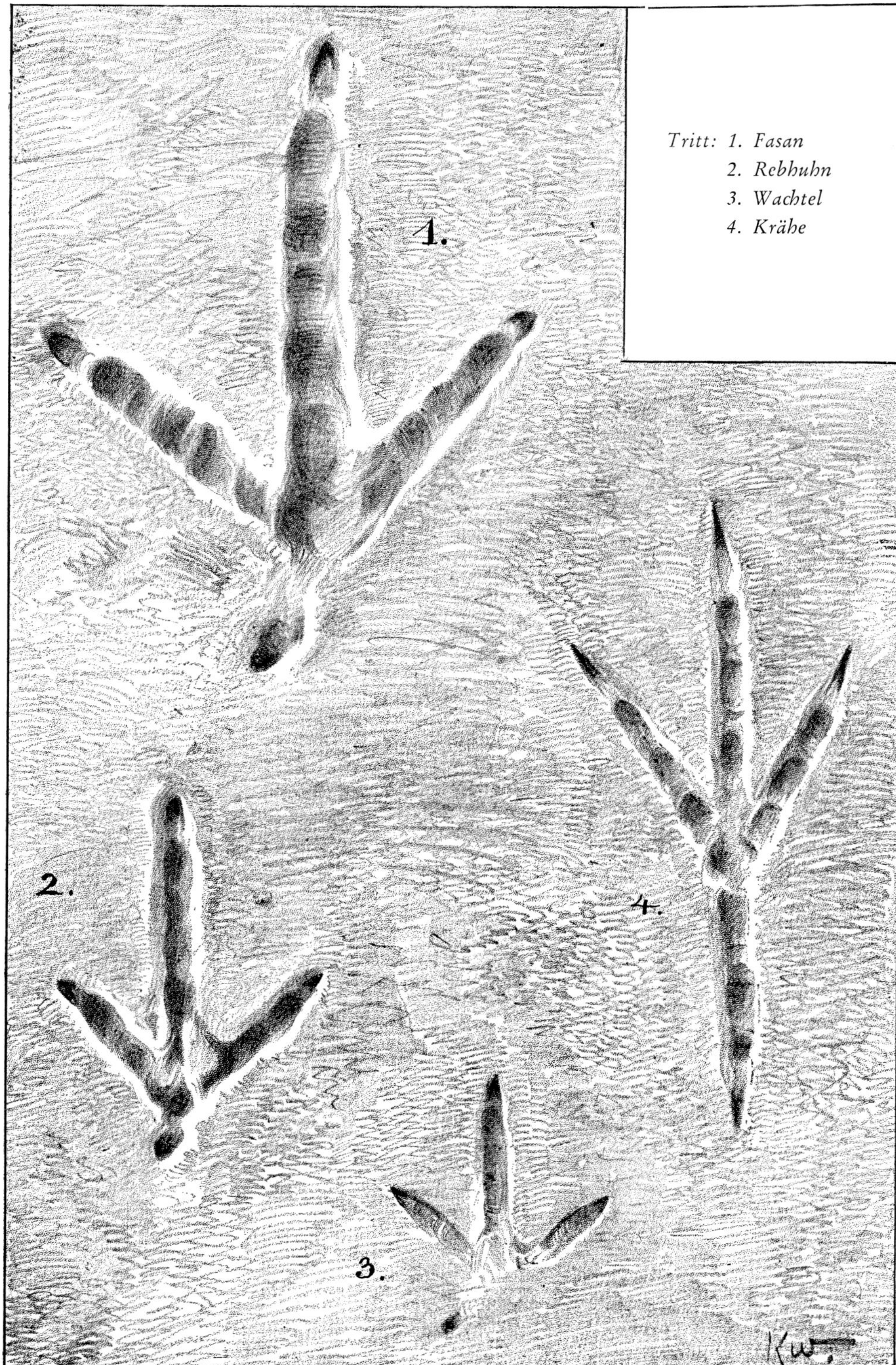

Tritt: 1. Fasan
2. Rebhuhn
3. Wachtel
4. Krähe

Raubwild und Raubzeug scharf nachgestellt wird. Indessen, so weit geht die Dummheit doch nicht, daß seine Jagd ohne jede Vorsicht vonstatten gehen könnte. Stell dich einmal dort an, wo die Fasanen beim Treiben angelaufen kommen, und mache die geringste Bewegung, blase nur leicht den Zigarrenrauch aus: und blitzschnell ist der aufmerksame Hahn verschwunden. Daraus folgt, daß der Fasan sehr scharf *äugt*; er *vernimmt* auch gut; aber er weiß von diesen Eigenschaften nur selten am rechten Ort Gebrauch zu machen.

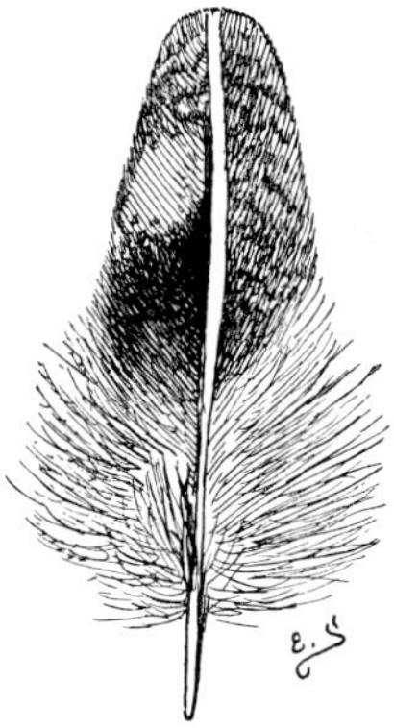

Obere Flügeldeckfeder vom Rebhahn

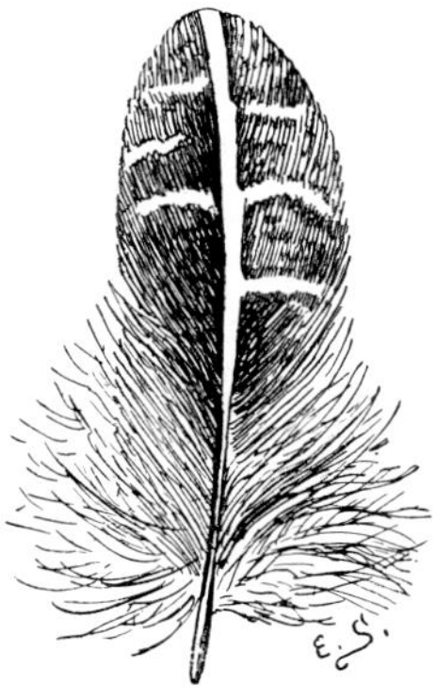

Obere Flügeldeckfeder von der Rebhenne

Eigentümlich ist dem Fasan, der sonst ein guter Flieger und namentlich an Schnelligkeit des Streichens manchen Schützen immer viel zu eilig ist, die Neigung zum Laufen. Er *steht* nur gezwungen *auf*; beim Treiben müssen künstliche Hindernisse geschaffen, oder es muß „umfassend" getrieben werden, um ihn überhaupt vor die Schützen zu bringen. Doch davon im dritten Teil dieses Buches.

DAS REBHUHN

Die waidmännischen Ausdrücke sind folgende: Die Alten und die Jungen zusammen sind ein *Volk* oder *Kette*. Die Rebhühner oder, wie es meist kurz heißt, die Hühner *laufen*, sie *stehen auf*, sie *streichen* oder *ziehen*, sie *fallen ein*, sie *liegen*. Wenn sie zur Äsung einfallen, so *fallen sie auf die Weide* oder *auf das Geäse*. Sie *weiden* oder *äsen*. Die Hühner *stäuben* sich, wenn sie im trocknen Sand ihr Staubbad nehmen. Die dabei entstehenden Spuren nebst den Federn und der Losung nennt man das *Gestüber*. Ist ein Volk auseinander-

gelaufen, so *locken* oder *rufen* die Hühner, um sich wieder zusammenzufinden. Der Lockruf heißt *Ruf. Stößt* der Jäger die Hühner *auf,* und streichen sie in verschiedenen Richtungen auseinander, so ist das Volk *gesprengt,* oder es *hat sich gesprengt.* Ein von Schroten getroffenes Huhn ist *geständert,* wenn ein Ständer zerschmettert ist, *geflügelt,* wenn ein Fittich zerschossen ist. Das Huhn *himmelt,* wenn es steil in die Höhe steigt, um verendet herabzufallen. Die Spur eines laufenden Huhnes heißt das *Geläufe.* Der hufeisenförmige, rotbraune, große Fleck vor der Brust ist das *Schild;* wenn die Jungen nach der Mauser diesen zeigen, so haben sie *geschildert.* Das Schild ist übrigens nicht nur dem Hahn eigentümlich; auch die Henne hat ein solches, nur weniger deutlich. Gleichwohl kommt auch ein scharf ausgeprägtes, lebhaft gefärbtes Schild bei letzterer vor; dann handelt es sich aber bestimmt um eine unfruchtbare, eine *gelte* oder *Gelthenne.* Da der Abschuß dieser für die Hege von Bedeutung ist, so ist das Schild immer ein gutes Erkennungsmittel, in erster Linie für die abzuschießenden Hähne, in zweiter für die Gelthenne. Hahn und Henne leben paarig. Wenn sie sich im Februar zusammenfinden, so heißt es, die Hühner *fallen zu Paaren,* sie *paaren* sich; diese Hühner selbst heißen *Paarhühner.*

Das *Nest* steht am Boden. Das *Gelege* bilden zwölf bis sechzehn Eier von etwa 35 : 27 mm Größe, ohne Glanz, lehmfarben bis graugrünlich, ohne Zeichnung.

Die Hühner verraten ihr Vorkommen durch ihren Ruf, der ein lautes Girhick, girhäck darstellt. Sie lassen ihn am meisten in der Paarungszeit, immer auch dann hören, wenn sie entweder gesprengt oder bei der Weide auseinandergelaufen sind.

Da das Rebhuhn regelmäßig ein Bewohner des freien Feldes ist, so wird es oft gesehen; seinen Lieblingsaufenthalt verrät das Gestüber.

Die *Sinne* sind gut entwickelt, *Gesicht* und *Gehör*; die Hühner sind klug und vorsichtig. Ein Volk läuft, wenn die Bodenbestockung es erlaubt, gern; einzelne Hühner pflegen besser *zu halten* als ein Volk; doch *laufen* auch sie oft weit vor dem Hund.

Nicht völlig geklärt ist die Frage der *Wanderhühner.* Es kann wohl kaum hierbei von regelmäßigen Wanderungen gesprochen werden. Immerhin ist häufig beobachtet, daß im Spätherbst plötzlich große Scharen von mehreren hundert Rebhühnern auftauchen und meistens auch sehr bald wieder verschwunden sind.

DIE WACHTEL

Früher ein bei uns recht häufiges Wild, dessen fröhlicher Schlag abends und morgens aus dem Felde schallte, ist die Wachtel ein seltener Vogel geworden. Von anderen Vögeln könnte sie nur mit einem jungen Rebhuhn verwechselt werden; doch ist sie durch den gelblichen Längsstrich auf der Mitte des Kopfes und über jedem Auge leicht davon zu unterscheiden. Sie führt dieselben waidmännischen Benennungen wie das Rebhuhn. Die kleine, sich am Boden fast immer in kugeliger Gestalt bewegende Wachtel ist ein kluger Vogel. Er liegt vor dem Hund unglaublich fest und pflegt nach dem Herausstoßen in geradem Flug mit hängendem Hinterleib selten weit fortzustreichen.

Das *Nest* steht am Boden; es ist ebenso kunstlos wie das des Rebhuhns, in einer Vertiefung angelegt und enthält acht bis fünfzehn birnenförmige Eier, die 29 : 23 mm groß und auf gelblichem Grund mit vielen, dunkelbraunen Flecken und Klecksen über und über bedeckt sind. Die Wachtel genießt wegen ihrer Seltenheit völlige Schonung.

DIE WILDTAUBEN

Von den Wildtauben kommen bei uns vier Arten vor: die Ringeltaube, die Hohltaube und die Turteltaube, seit 1946 auch die Türkentaube. Diese aus Kleinasien zugewanderte Taubenart erobert sich bei uns immer mehr Boden. Die Unterschiede der einzelnen Taubenarten seien kurz angegeben:

Die *Ringeltaube* ist die größte. Die alten Tauben tragen zu beiden Seiten des Halses einen weißen, halbmondförmigen Fleck, der von weitem wie ein weißer Ring wirkt. Dieser Fleck fehlt den jungen Tauben im ersten Herbst noch; doch sind die Alten wie die Jungen von den anderen Arten zweifellos daran zu unterscheiden, daß der Vorderrand des Flügels *weiß* ist. Die Iris ist hellgelb; Schnabelwurzel und Ständer sind rot.

Bei der *Hohltaube* fehlt das Weiß im Gefieder, das im allgemeinen mohnblau ist. Die Iris ist dunkelbraun.

Hohltaube *Turteltaube* *Ringeltaube*

Die *Turteltaube* ist die kleinste der Wildtauben; sie unterscheidet sich von den beiden anderen durch die zusammenhängende *Nasenkappe,* die nicht wie bei diesen durch eine Furche geteilt ist. An jeder Halsseite hat sie einen halbmondförmigen Fleck von schwarzen Federn mit weißem Saum.

Die *Türkentaube* ist wesentlich schwächer als die Ringeltaube und ähnelt sehr der Lachtaube. Charakteristisch für sie ist ein schwarzer Strich an der Halsseite.

Hohltaube und Turteltaube sind ausgesprochene Waldvögel. Man erfährt ihr Vorkommen am ehesten durch ihren Ruf, den die Waidmannssprache bei der Ringeltaube als *Girren, Rucksen* und *Hulen,* bei der Hohltaube als *Rucksen* und *Kollern,* bei der Turteltaube als *Hulen* bezeichnet. Die Stimmen sind leicht zu unterscheiden; während der Ringeltauber Kru – kruh, kru – kru – kru – kruh, kru – kru – kru, kru ruckst, lautet das Kollern der Hohltaube u – hup, u – hup, u – hup. Die Turteltaube hat ihren Namen unmittelbar von ihrem Heulen, das man viel besser als Girren bezeichnet; denn es ist ein wohlklingendes Tur-tur-tur ... Der Balzruf der Türkentaube klingt wie ruck-u-guh, mit Betonung auf dem mittleren u.

Das *Nest* der Ringeltaube besteht aus wenigen dürren Reisern, durch die man von unten oft die weißen Eier liegen sieht. Das *Gelege* enthält zwei reinweiße, wenig glänzende, beiderseits stark abgerundete Eier, die etwa 39:29 mm groß sind.

Die Hohltaube *nistet* nur in hohlen Bäumen und kommt daher dort, wo es solche nicht gibt, nur auf dem Zug vor. Sie ist viel seltener als die Ringeltaube. Auch ihre Eier, die außerordentlich fest bebrütet werden, sind immer nur zu zweien in einem Nest; sie sind etwas kleiner als die der Ringeltaube, 36:27 mm, sonst aber diesen gleich.

Die Turteltaube baut ihr Nest ebenso liederlich und durchsichtig wie die Ringeltaube. Nur steht es immer sehr niedrig; meist kann es von einem aufrecht stehenden Mann mit der Hand erreicht werden. Die beiden Eier sind im Verhältnis zu dem kleinen Vogel groß zu nennen, 29:23 mm; sie sind weiß wie die anderen Taubeneier.

Turteltauben sind ganz und Hohltauben zum Teil Zugvögel; die Ringeltaube bleibt jedoch in milden Wintern bei uns.

Die Tauben haben die Eigentümlichkeit, sich auf zopftrockenen, alten Eichen und Buchen niederzulassen, wenn sie vom Feld oder vom Wasser zurückstreichen. Dort können sie leicht erlegt werden. „Taubeneichen" gibt es in jedem Revier. Doch nur Ringeltauben und Türkentauben haben eine Schußzeit vom 16. August bis 30. April.

DIE DROSSELN

Die sechs bei uns vorkommenden Drosselarten sollte der Waidmann unterscheiden können. Ich lasse daher die Merkmale kurz folgen.

Die *Misteldrossel* (Turdus viscivorus) ist die größte der vier bunten Drosseln; sie ist im allgemeinen der Singdrossel ähnlich, aber sicher unterscheidbar an den *weißen* unteren Flügeldeckfedern. Sie heißt auch der große oder doppelte Krammetsvogel.

Ihr folgt in der Größe die *Wacholderdrossel* (Turdus pilaris) oder der *Krammetsvogel*. kenntlich an dem dunkelkastanienbraunen Rücken mit dem aschgrauen Oberkopf und Bürzel.

Alsdann kommt die *Singdrossel* (Turdus philomelos). Bei ihr sind die unteren Flügeldeckfedern blaßrostgelb. Der Bauch ist weißlich: die ganze Unterseite erscheint mit dreieckigen, schwarzbraunen Flecken übersät, die am Kopf am kleinsten und dichtesten sind.

Die kleinste der Buntdrosseln ist die *Weindrossel* oder *Rotdrossel* (Turdus iliacus), die jedoch nur wenig kleiner ist als die vorige. Sie unterscheidet sich von dieser dadurch, daß die Flecken der Unterseite nicht dreieckig sind; dann durch einen rostgelben Augenbrauenstreif und vor allem durch die rostroten unteren Flügeldeckfedern.

Von den schwarzen Drosseln kommt bei uns die gewöhnliche *Schwarzdrossel* (Turdus merula) vor, über die ich nichts zu sagen brauche, und die *Ringdrossel* (Turdus torquatus) oder *Seeamsel*, die etwa gleich groß wie die Schwarzdrossel ist. Die alten Vögel haben an der Oberbrust ein breites, weißes oder weißgraues Band, die Jungen auf den Flügeldeckfedern weißliche Längsflecke. Dadurch ist die Unterscheidung von der Schwarzdrossel gesichert. Ring- und Schwarzdrossel sind nicht jagdbar und gehören nicht zu den in den Jagdgesetzen als jagdbar erklärten Krammetsvögeln, sondern hierzu rechnen nur die anderen vier genannten Arten.

Die *Nester* aller Drosselarten haben insofern große Ähnlichkeit, als sie zum Teil aus einem lehmigen Napf bestehen. Auch die *Eier* sind einander ähnlich. Sie sind auf blaugrünlichem Grund mit braunroten Flecken und Strichen gezeichnet. Ihre Größe ist bei der

Singdrossel Misteldrossel Weindrossel Wacholderdrossel Schwarzdrossel Ringdrossel

Misteldrossel 30:21, der Wacholderdrossel 27:20, der Singdrossel und Weindrossel 24:18, der Schwarzdrossel und der Ringdrossel 29:21 mm. Das *Gelege* besteht in der Regel aus vier bis fünf Eiern.

Früher wurden die Drosseln im sog. Dohnenstieg gefangen. Jetzt ist nicht nur diese Jagdart verboten, sondern für Drosseln besteht auch keine Schußzeit mehr.

DIE WALDSCHNEPFE

Man hat die Waldschnepfe die Königin der Niederjagd genannt, und kaum ein Jagdaufgang wird mit solcher Sehnsucht erwartet wie der Schnepfenstrich im Frühjahr. Nach der jagdlosen, der schrecklichen Zeit bringt die Schnepfe die ersten Waidmannsfreuden und ist zugleich geheimnisvoller Frühlingskünder. Die waidmännischen Bezeichnungen sind folgende: Der Schnabel heißt *Stecher;* die Schnepfe *sticht,* wenn sie ihn in den Boden bohrt; die Stellen, wo dieses mehrfach geschehen ist, heißen *Stichstellen.* Die Schnepfen *stechen* aufeinander, wenn sie sich beim Balzflug mit dem Stecher bekämpfen. Das Umher*streichen* während der Balzzeit in der Morgen- und Abenddämmerung nennt man den *Schnepfenstrich*- die Schnepfe ist auf dem *Zuge,* wenn sie im Frühling oder Herbst bei uns *durchstreicht.* Schnepfen, die in milden Wintern bei uns bleiben, nennt man *Lagerschnepfen.*

Die *Balzzeit* fällt in das erste Frühjahr, März, April, je nach der Witterung. Die Schnepfe zieht im Frühling mit warmen südlichen oder westlichen Winden nach Norden; bei Nord- oder Ostwinden bleibt sie *liegen.* Während dieses Zuges findet bereits die Balz statt. Das, was wir unter Schnepfenstrich verstehen, ist in der Hauptsache der Balzflug der Männchen, wenn auch gelegentlich mal ein Weibchen streicht. Meist befinden sich jedoch die Weibchen am Boden und locken dort die vorüberstreichenden Männchen durch ein leises *Püitzen.* Dieser Ton, der verschieden wiedergegeben wird, auch als pswst, pssk und puitz, ist beiden Geschlechtern eigen. Der Balzlaut des Männchens ist außerdem ein tiefes *Murksen* oder *Quorren:* Quorr, Quorr oder Quog, Quog, unterbrochen von gelegentlichem Puitzen. Wenn zwei oder mehr Schnepfen beim Balzflug aufeinanderstechen, so wird das dabei ausgestoßene Puitzen oft zum lauten *Quietschen.*

Der *Balzflug* ist bei mildem Wetter weich, langsam, eulenartig, bei kalter, windiger Witterung aber schnell, entweder sehr hoch oder sehr niedrig über dem Gebüsch. Daß die streichenden Schnepfen meistens Männchen sind, dafür habe ich einen zweifellosen Beweis erlebt. Bekanntlich sind Männchen und Weibchen äußerlich nicht zu unterscheiden. Als ich das Frühjahr 1883 an den Ufern der Wolga verlebte, erlegte ich auf dem Schnepfenstrich 54 streichende Schnepfen – man sieht, daß sie daselbst nicht selten waren. Da ich fern von menschlichem Verkehr ziemlich allein im Wald wohnte, so habe ich alle 54 Schnepfen in verschiedener Zubereitung selbst gegessen, und da mein Koch keine Schnepfenbrötchen bereitete, aber das ganze Eingeweide vorschriftsmäßig in der Bauchhöhle ließ, so war es mir möglich, bei etwa 50 Stück durch Freilegen der Hoden das männliche Geschlecht einwandfrei festzustellen. Mit diesen Beobachtungen decken sich auch die Ergebnisse neuerer Forschungen über den Balzflug der Schnepfen.

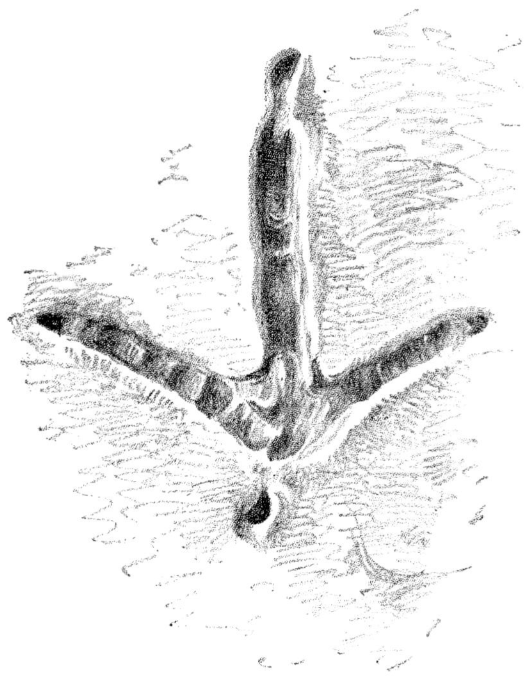

Tritt der Waldschnepfe

Die Unterscheidung nach *Eulenköpfen* und *Blaufüßen,* auch *Dornschnepfen,* als verschiedenen Arten oder Geschlechtern hat sich als unbegründet erwiesen. Nach den Forschungen Dr. HOFFMANNS: „Die Waldschnepfe" sollen dagegen die kleineren und dunkleren Blaufüße junge, im ersten Lebensjahre stehende Schnepfen sein, die noch nicht fortpflanzungsfähig sind. Wahrscheinlicher ist jedoch, daß bei der Schnepfe eine große Variabilität bezüglich des Gewichtes und des Federkleides vorkommt.

Die Waldschnepfe brütet am Boden. Das Gelege besteht aus vier, seltener drei Eiern, die etwa 43:34 mm groß und auf rostgelbem bis rostrotem Grund grau gefleckt und mit rostbraunen Punkten und Schnörkeln gezeichnet sind.

Am Tage liegt die Schnepfe meist still. Wird sie aufgestöbert, so streicht sie mit einem weichklatschenden Schlag der Fittiche fort. Dabei sucht sie mit großer Gewandtheit immer Deckung zwischen sich und den Störenfried zu bringen.

Neben dem Schnepfenstrich verrät die Schnepfe ihre Anwesenheit durch das Umwenden der Bodendecke: hier hat die Schnepfe *gestochen;* und durch die weißliche, dünnflüssige Losung: hier hat sie *gekälkt.*

Ferner durch die zahlreichen Stichstellen, die man entweder in Kuhfladen oder an feuchten, weichen Bruchstellen findet.

Waldschnepfe *Bekassine*
Doppelschnepfe
Zwergschnepfe

DIE DOPPELSCHNEPFE

Diese auch als *Große Sumpfschnepfe* (Gallinago media) bekannte Schnepfenart wird gelegentlich mit der Bekassine verwechselt. Es sei daher kurz auf die Unterscheidungsmerkmale hingewiesen. Zunächst streicht die aufgestoßene Sumpfschnepfe *stumm* fort; dann fliegt sie schwerfällig und geradeaus, während die Bekassine fast immer mit einem lauten, heiseren Ätsch aufsteht und zunächst pfeilschnellen Fluges einige Zickzacklinien macht, bevor sie gerader fortstreicht. Betrachtet man den Vogel, so zeigt die Doppelschnepfe im Stoß die vier äußersten Federn jederseits weiß oder größtenteils weiß, während der Stoß der Bekassine nur wenig oder gar kein Weiß hat. Wie bei der Waldschnepfe sind die Geschlechter der großen Sumpfschnepfe äußerlich nicht unterscheidbar.

Die Doppelschnepfe ist ein Zugvogel, der meist Ende April bei uns durchzieht, um im August schon wieder nach dem Süden zu fliegen. Das Brutvorkommen in Deutschland kann als erloschen gelten. Das *Nest* steht im Sumpf oder in nasser Wiese auf umgelegten Stengeln. Es enthält vier etwa 46:32 mm große, birnenförmige Eier mit glatter Schale, ohne Glanz, die auf gelbgrünlichem Grund braungrau sind. Wie bei fast allen Schreitvögeln findet man auf diesen Flecken (Schalenfleck) wieder dunkelbraune Flecke, die am stumpfen Ende oft einen Kranz bilden.

Die Doppelschnepfe ist ein schwerfälliger Vogel, den auch ein Stümperschütze leicht erbeuten kann; (jetzt ist sie bei uns geschützt!).

DIE BEKASSINE

Der Vogel, der dem jungen Schützen die meisten Schwierigkeiten macht, bei dem der leere Patronenbeutel mit der ebenso leeren Jagdtasche ein harmonisches Verhältnis einzugehen liebt, ist die Bekassine, auch Himmelsziege (Gallinago gallinago), genannt, ein Zugvogel, dessen Frühjahrszug Mitte März beginnt, und dessen Herbstzug von August bis in den Oktober zu dauern pflegt.

Wer den Streit miterlebt hat, den der *Balzlaut* dieses unschuldigen Vogels vor drei bis vier Jahrzehnten verursachte, der kann feststellen, daß der damals so viel angefeindete Eberswalder Zoologe Dr. Altum mit seiner „Schwanzfedermeckertheorie" völlig recht behalten hat. Danach wird der mit dem Meckern einer Ziege nur entfernt ähnliche Balzlaut der Bekassine durch die Schwingungen der Stoßfedern hervorgebracht. Der in ziemlicher Höhe hin und her streichende Vogel stürzt sich von Zeit zu Zeit mit ausgebreiteten Fittichen und gefächertem Stoß herab. Dabei hört man ein sausendes, weichklingendes, mehr durch die Schwingung als durch den Laut an Ziegenmeckern erinnerndes Getön, das den Balzlaut des Männchens darstellt. Daß die Bekassinen dazu die Morgen- oder Abenddämmerung wählen sollen, steht mit meinen eigenen, oft wiederholten Beobachtungen nicht im Einklang. Dazu habe ich den Balzlaut zu oft am hellen Mittag gehört.

Das Nest steht auf einer Erhöhung im Sumpf. Das Gelege besteht aus vier Eiern, die etwa 30:40 mm groß, also kleiner sind als die der Doppelschnepfe, von denen sie sich im übrigen nicht unterscheiden.

Die Bekassine ist ein kluger, scheuer und vorsichtiger Vogel, dessen Jagd, sobald es sich nicht um Jungvögel handelt, einen Meister erfordert.

DIE ZWERGSCHNEPFE

Diese kleinste *Sumpfschnepfenart,* auch *Stummschnepfe, Haarschnepfe* genannt, ist durch ihre Größe, ihren der Doppelschnepfe ähnlichen, schwerfälligen und kurzen Flug von den drei vorigen zu unterscheiden. Sie hat etwa die Größe eines Stares; das Gefieder ist auf dem Rücken zwischen den vier gelblichen Längsstreifen metallisch glänzend. Sie ist Zugvogel und zieht etwa mit der Doppelschnepfe gleichzeitig bei uns durch. Das Brutvorkommen kann in Deutschland als erloschen gelten.

Das Nest steht auf einer Bodenerhöhung im Sumpf und enthält vier Eier von etwa 38:26 mm Größe, die in Form und Farbe den Bekassineneiern gleichen.

Der Balzlaut ist ein langweiliges Tettettettettetettettet; beim Herausstreichen *ätzscht* sie nur gelegentlich einmal wie die Bekassine.

DER TRAPPE

Hahn und Henne sind durch ihren Größenunterschied ohne weiteres erkennbar; während der Trapphahn bis 30 Pfund schwer wird, wiegt die stärkste Henne kaum halb soviel. Außerdem zeichnet sich der Hahn durch einen unterhalb der Schnabelwinkel herabhängenden *Federbart* aus, der bis zu 15 cm lang werden kann. Auf jeder Seite des Halses ist die Haut nackt und von schwärzlicher Farbe. Im Flug ist der Trappe von anderen größeren Schreitvögeln zunächst an seinem kurzen Schnabel zu erkennen, der nicht länger ist als der Kopf. Der Stoß ist kurz und abgerundet; die äußeren Stoßfedern sind weiß, wie auch die ganze Unterseite des Körpers weiß ist; am Stoßrand findet sich eine breite, schwarze Binde. Die *Fährte* des Trappen zeichnet sich dadurch aus, daß die drei Vorderzehen sehr kurz sind, die Hinterzehe aber ganz fehlt.

Der *Horst* steht in einer Bodenvertiefung im Feld; das Gelege enthält meistens zwei Eier, die 77:54 mm groß und auf grünlichem Grund grau und mattblau gefleckt sind.

Der *balzende* Hahn legt den Stoß flach nach hinten auf den unteren Rücken, so daß der weiße Unterstoß eine lose Federmasse bildet. Dabei bläst er einen ihm eigenen großen *Kehlsack* auf, sträubt die Federn des Vorderkörpers und führt so vor seinem Weibchen allerlei Sprünge aus.

Als ein ausgesprochener Bewohner großer, freier Ebenen ist der Trappe außerordentlich scheu. Er hat die Gewohnheit, beim Hin- und Herstreichen dieselben Wechsel einzuhalten. Das gibt die Gelegenheit, um ihn zu erlegen. Der Trappe ist Standvogel, der auch im Winter hier bei uns bleibt. Eine Stimme, die dem Jäger seine Anwesenheit verraten könnte, hat er nicht. Er kommt nur noch in einigen Gebieten der norddeutschen Tiefebene vor.

DER GROSSE BRACHVOGEL

Kampfläufer *Rotschenkel* *Großer Brachvogel*

Punktierter Wasserläufer

Wollte ich die zahlreichen Arten der Brachvögel, Wasserläufer und Regenpfeifer einer näheren Besprechung unterziehen, so würde ich den Plan dieses Buches umwerfen müssen; deshalb verweise ich auf das hervorragende Werk von PETERSON „Die Vögel Europas". Nach der Novelle zum BJG ist allein für den Großen Brachvogel eine Schußzeit vorgesehen, doch haben ihn fast alle Bundesländer ganzjährig unter Schutz gestellt.

Der Große *Brachvogel, Keilhaken,* auch *Kronschnepfe* (Numenius arquata), ein Bewohner großer Öden, seien sie sumpfig, seien sie trocken, ist in Norddeutschland Brutvogel. Am Meeresstrand, in den Heiden findet man ihn zur Zugzeit oft in größerer Zahl, sonst meist paar- oder familienweise. Das *Flugbild* ist durch die langen, nach hinten gestreckten Ständer gekennzeichnet. Seine laute, wohltönende Stimme, die er viel hören läßt, klingt tloi . . . tloi . . .

Der Vogel ist außerordentlich scheu und vorsichtig. Das Nest steht am Boden in einer Vertiefung. Die vier birnenförmigen Eier sind etwa 65:47 mm groß und ähneln in der Färbung den Schnepfeneiern.

DER REIHER

Es liegt nicht im Plan dieses Buches alle Reiher zu behandeln, die gelegentlich einmal im deutschen Jagdgebiet auftreten oder vereinzelt gebrütet haben. Ich beschränke mich daher auf die wichtigsten Arten. Neben dem Fischreiher sind das die Große Rohrdommel, die Zwergrohrdommel und der Nachtreiher und in dem Auegebiet der Donau, besonders in der sog. Lobau, der Purpurreiher.

Der *Fischreiher* (Ardea cinerea), auch *Graureiher* genannt, war zur Zeit der Falkenbeize der Hauptgegenstand dieser Jagd. Er ist zweifellos für die Fischerei sehr schädlich, aber sein Bestand ist so zurückgegangen, daß man auch ihm ein Daseinsrecht lassen sollte. Er ist ein Zugvogel, der uns im Herbst verläßt und im März zurückkehrt – wenn er nicht in milden Wintern einmal ganz hierbleibt –, um dann sogleich zur Fortpflanzung zu schreiten. Die Horste stehen meist kolonienweise auf alten, hohen Bäumen: Eichen – aber diese brauchen durchaus nicht, wie die Sage geht, zopftrocken zu sein –, Kiefern auch Buchen, oft bis sechs auf *einem* Stamm. Der Horst ist außen kugelig, hoch aufgetürmt, mit flacher Horstmulde.

Das Gelege besteht aus drei bis vier, selten mehr, blaß-blaugrünen Eiern, die 60:42 mm groß und nicht glänzend sind. Unter den Horstbäumen findet man eine weiße Scheibe von 1–2 m Durchmesser, auf der durch das dauernd herunterrieselnde, flüssige, weißgraue Geschmeiß der Pflanzenwuchs abgestorben ist. Freilich nicht für lange; denn im Frühling wächst auf dieser Scheibe immer der meiste Waldmeister.

Die Stimme des Reihers ist ein heiseres Gekrächze, wenn sie während des Streichens oder nach Beunruhigung ertönt. Anders, wenn der alte Reiher, den Kropf voll von Fischen, sich der jungen Brut im Horst nähert: dann lautet die Stimme tief und voll ro, ro, ro. Auf dem Horst angekommen, speit er unter lautem Würgen seinen Vorrat aus, während die Jungen ein feines, zartes Klappern nach Art des Storches hören lassen.

Steht der Reiher im Wasser oder auf der Wiese, so trägt er den Schnabel, den man am treffendsten *Stecher* nennen sollte, auf dem stark S-förmigen Hals liegend, so, daß er mit einem blitzschnellen Vorstoß die sich um ihn oder vor ihn stellenden Fische erbeuten kann.

Das *Flugbild* ist gekennzeichnet durch den langsamen Schlag seiner breiten, runden, gewölbten Fittiche, den ganz zurückgelegten Hals, die nach hinten gestreckten Ständer und eine rundliche Ausbuchtung der Armschwingen.

Die *Sinne des Reihers sind gut entwickelt; er ist äußerst vorsichtig und schwer zu* beschleichen. Angeschossen setzt er sich scharf zur Wehr und wird namentlich unvorsichtigen Hunden gefährlich. Die oft geäußerte Annahme, daß er nicht nach den Augen stieße, teile ich nicht. Wie dumm müßte er sein, wenn er es nicht täte. Ich kann seine Überlegung nicht so niedrig einschätzen.

Der Reiher lebt nicht nur von Fischen, wie man früher vielfach annahm. Sein Speisezettel ist sehr reichhaltig und umfaßt neben Fischen aller Art – sein Lieblingsfisch ist der Hecht – auch Mäuse, Ratten, Frösche, Gelbrandkäfer und Wollhandkrabben. Immerhin kann er an künstlich eingerichteten Teichen nicht geduldet werden. Aber außerhalb der Teichwirtschaft sollte man diesem schönen Vogel seinen Platz gönnen. Aus vieljähriger

Rohrdommel in Pfahlstellung

Kenntnis der Verhältnisse sage ich: Solange der Staat durch eigene Fischereibeamte die Innehaltung der Fischschonzeiten, den Gebrauch von Fischereigerätschaften, die nicht untermaßig sind, also zu kleine Fische fangen, gegen die Fischer sichern muß, solange die Fischer sich nicht die Mühe machen, die zufällig mitgefangenen untermaßigen Fische wieder lebend ins Wasser zu bringen, anstatt sie an Bord der Fahrzeuge oder an Land verdorren zu lassen, solange haben sie kein Recht, die völlige Vernichtung des Reihers zu fordern.

Der Fischreiher hat eine Schußzeit vom 1. September bis 31. Januar, ist jedoch in Hessen, Rheinland-Pfalz und Saarland geschützt, zumindest in Horstnähe.

Die *Große Rohrdommel* (Botaurus stellaris) ist in wasserreichen Gegenden, namentlich in der Norddeutschen Tiefebene, zu Hause, obgleich nirgends häufig. Sie führt ein recht verborgenes Dasein in Ried und Rohr, aus dem sie zur Paarungszeit ihre gewaltige Stimme erschallen läßt. Man kann den Paarungsruf nur als ein Brüllen bezeichnen, über dessen nähere Entstehung die Gelehrten noch nicht einig sind. Der Name Rodump, mit dem Ton auf der letzten Silbe, gibt den Laut ganz gut wieder. Ich würde mit *Winckell* ui-prumb sagen, weil ich diese Lautwiedergabe zuerst gelesen habe. Wer es nicht weiß, hält es kaum für möglich, daß ein verhältnismäßig kleiner Vogel diese gewaltigen dumpfen Töne hervorbringt.

Der *Horst* steht im Röhricht auf einem Haufen Rohr und enthält drei bis fünf Eier von etwa 53:38 mm Größe, die eine glatte, glanzlose, oliv gefärbte Schale haben.

Im Sitzen ist die Rohrdommel entweder ganz zusammengesunken, oder aber sie nimmt die bekannte *Pfahlstellung* ein, indem sie den Schnabel steil in die Höhe stellt. Sie ist in beiden Stellungen schwer zu erkennen. Das *Flugbild* ist dem des Fischreihers sehr ähnlich; doch ist die Rohrdommel erheblich kleiner und entgegen dem hellen Körper des Reihers, von unten gesehen, braun.

Die *Zwergrohrdommel* (Ixobrychus minutus) ist halb so groß wie die vorige, sonst hat sie die größte Ähnlichkeit mit ihr, nur daß sie vorwiegend Nachtvogel ist, der auch seinen, dem der Rohrdommel ähnlichen Paarungsruf nur bei Nacht hören läßt.

Der *Horst* steht auf Rohrstengeln, an der Erde

auf Bülten oder im niedrigen Busch. Das Gelege soll aus fünf bis neun oder drei bis vier mattschaligen, bläulichweißen Eiern bestehen, die etwa 34:25 mm groß sind.

Schließlich sei noch kurz der *Nachtreiher* oder der *Focke* erwähnt, der früher in Deutschland viel vorkam, jetzt dagegen nicht mehr als Brutvogel gelten kann Der ausgewachsene Vogel hat etwa die Größe der Rohrdommel. Von dieser sind die alten Vögel aber leicht zu unterscheiden, weil sie auf Brust und Bauch ganz weiß sind. Die jungen Nachtreiher können mit der Rohrdommel eher verwechselt werden. Sie haben jedoch einen nur mit *einer* Kerbe versehenen Oberschnabel, nicht einen gesägten, wie diese.

Der Nachtreiher ist, wie der Name sagt, ein Nachttier. Sein Flug ist dem des Fischreihers ähnlich, durch die viel geringere Größe von diesem jedoch zu unterscheiden. Vielleicht ist seine jetzige Seltenheit auf den Wert seiner schönen, weißen Nackenfedern – drei, die wie eine aussehen – zurückzuführen, die ihm verhängnisvoll geworden sein mögen. Seine Stimme klingt zur Zugzeit: Koa, Koa.

Auch Rohrdommel und Nachtreiher sind Zugvögel.

Zu erwähnen wäre noch der in den Donauauen horstende Purpurreiher, durch den rotbraunen Hals und die rotbraune Brust vom Fischreiher zu unterscheiden.

DIE STÖRCHE

Wir unterscheiden den *weißen* und den *schwarzen* Storch. Während beim ersteren das ganze Gefieder, mit Ausnahme der schwarzen Fittiche, weiß ist, ist der schwarze Storch oben schwarzbraun, unten weiß. Die nackte Haut zwischen Schnabel und Auge ist beim weißen Storch schwarz, beim schwarzen rot.

Wenn die Vögel sitzen, sind sie leicht zu unterscheiden. Das Flugbild beider ist aber recht ähnlich, und es bedarf oft scharfen Hinschauens, um endlich am schwarzen Rücken den schwarzen Storch zu erkennen. Besonders kennzeichnend sind im Flug bei beiden Störchen die weit ausgebreiteten Handschwingen. Da der Hals gerade nach vorn gestreckt, und die Ständer ebenso gerade nach hinten getragen werden, so könnte das Flugbild mit dem des Kranichs verwechselt werden. Dieser ist jedoch im Gefieder blaugrau und zeigt außerdem die gespreizten Handschwingen nach oben umgebogen, was bei den Störchen nicht oder doch in weit geringerem Grad der Fall ist.

Das allbekannte große Nest des *weißen* Storches steht auf dem Giebel von Bauernhäusern, auch auf Bäumen. Es enthält ein Gelege von drei bis fünf Eiern, die etwa 78:56 mm groß sind und eine glatte, sehr feste Schale von gelblicher Färbung haben.

Der *weiße* Storch ist je nach den Umständen vertraut, ja zahm oder – scheu. Er *äugt* und *vernimmt* sehr scharf. Im Volksaberglauben spielt er eine große und nützliche Rolle. Der Jagd ist er nicht ganz unschädlich, da er gelegentlich auch Junghasen mitnimmt. Er ist, ebenso wie der schwarze Storch, das ganze Jahr geschützt. Der weiße Storch hat in den letzten Jahren in Deutschland stark abgenommen. Nach Pressemeldungen sollen Tausende von Störchen in ihren Winterquartieren in Nordafrika durch Aufnahme vergifteter Heuschrecken eingegangen sein. Man hat dort nämlich, um der Heuschreckenplage Herr zu werden, vielfach mit Hilfe von Flugzeugen die Heuschrecken vergiftet.

Der Horst des *schwarzen Storches*, der auch *Waldstorch* genannt wird, steht auf Bäumen, er ist flach, meist ein Teller, und enthält gewöhnlich vier Eier, die einen bläulichen Anflug haben. Dieser soll nur den frischen Eiern eigen sein, deren Größe etwa 66 : 48 mm beträgt. Der schwarze Storch ist in Westdeutschland äußerst selten geworden.

DIE RALLEN

Von diesen Vögeln seien das *Bläßhuhn,* das *grünfüßige Teichhuhn,* der *Wachtelkönig* und die *Wasserralle* genannt.

Das *Bläßhuhn,* auch *Hurbel, Lietze, Wasserhuhn, Belchen, Papke* und *Papchen* genannt, ist auf allen mit *Gelege,* d. h. mit Schilf umgebenen, stehenden oder langsam fließenden Gewässern bei uns heimisch und kommt nicht selten auch in großer Zahl vor. Im wesentlichen grauschwarz mit weißem Schnabel und weißer Stirnplatte (Blässe), unterscheidet es sich von dem grünfüßigen Teichhuhn, das auch kleiner ist, am wenigsten durch die grünen Ständer, die beim Bläßhuhn graugrünlich bis graugelblich, beim grünfüßigen Teichhuhn gelbgrün sind. Sicher ist es jedoch an der *weißen* Stirnplatte zu erkennen, die beim Teichhuhn im Alter rot, in der Jugend schmutzig-grün ist. Außerdem hat das Bläßhuhn seitlich eingeschnürte Hautlappen an den Zehen, die dem Teichhuhn fehlen.

Das *Nest* des Bläßhuhns steht im Röhricht, oft auf schwimmenden Klumpen von Wasserpflanzen. Das *Gelege* besteht aus acht bis zwölf Eiern, die 58:36 mm groß und auf blaßgelbbraunem Grund mit grauen Schalenflecken und vielen feinen, dunkelbraunen Punkten gezeichnet sind.

Das *Gelege* des grünfüßigen Teichhuhns enthält sieben bis elf glattschalige Eier von etwa 43:31 mm Größe; ähnlich den vorigen in Farbe und Zeichnung, in einem ähnlich gebauten *Nest.*

Beide Arten sind sehr gute Flieger und Schwimmer, die auch gut tauchen; wenngleich das Bläßhuhn dieses weniger gern tut als das Teichhuhn.

Der *Wachtelkönig* ist durch seinen knarrenden Ruf, den man an Sommerabenden und oft während der Nacht ununterbochen hört, ein so markanter Vogel, daß über sein Äußeres nichts zu sagen wäre. Wenn man aber einen toten Wachtelkönig in der Hand hat,

Wachtelkönig *Wasserralle* *Grünfüßiges Teichhuhn* *Bläßhuhn*

ohne vorher seine Stimme gehört zu haben, so bedarf es doch einiger Kenntnisse, um ihn richtig anzusprechen. Ganz roh: er ist eine Wachtel auf hohen Ständern, gekennzeichnet durch einen aschgrauen Streifen über den Augen und die aschgraue Färbung der Seiten des Halses und der Oberbrust.

Das *Nest* steht in Wiesen und Kleefeldern. Das *Gelege* enthält fünf bis zwölf Eier von etwa 37:26 mm Größe, die auf gelblichem, grünlichem oder blaßrosrötlichem Grund mit zartblauen Schalenflecken und gelb bis rotbraunen Oberflecken verschiedener Form und Größe, am stumpfen Ende oft kranzförmig bedeckt sind.

Die *Wasserralle* unterscheidet sich von allen anderen Rallen durch den langen, schwach gebogenen Schnabel, der mindestens so lang ist wie die Mittelzehe. Sie ist ein Vogel, der feuchte Gebiete liebt, offenes Wasser aber meidet. Sie führt ein heimliches, verstecktes Dasein.

Das *Nest* steht im Morast. Es enthält sechs bis zwölf Eier, die denen des Wachtelkönigs sehr ähnlich, aber etwas größer, bauchiger und dunkler sind. Im durchfallenden Licht erscheinen sie gelblich, die des Wachtelkönigs grünlich.

Die Wasserralle ist im Bruchwald das, was der Wachtelkönig in Wiese und Feld ist. Gleich ihm narrt sie durch ihr unglaubliches Hin und Her, wie wiederum durch ihr festes Halten Hund und Jäger. Mit Ausnahme des Bläßhuhns, welches (mit Ausnahme von Rheinland-Pfalz) keine Schonzeit – wohl aber den Schutz der Elterntiere während der Aufzuchtzeit der Jungen – genießt, sind die übrigen Rallen das ganze Jahr geschützt.

DER KRANICH

Im größten Teil des deutschen Jagdgebietes ein Vogel, der nur im Frühling und Herbst auf dem Durchzug beobachtet wird, ist der Kranich im deutschen Norden in sumpfigen Waldungen, wo er Ruhe und Schonung genießt, regelmäßiger Brutvogel. Als Zugvogel erscheint er dort im Frühjahr um uns im späten Herbst wieder zu verlassen. Seine Stimme verrät ihn, außer der Brutzeit, wo er still ist, weithin; und seine, namentlich in einiger Entfernung, schönklingenden melodischen Trompetentöne Rih-Rah, Rih-Rah sind wohl imstande, das Herz des Naturfreundes zu entzücken. Hast du aber auch nur ein einziges Mal jenen wunderbar rollenden, tiefen Balzlaut des Hahns gehört, geehrter Leser, dann wirst du mit mir darin einig sein, daß dieser von allen Lauten größerer Vögel der wohlklingendste ist. – Wie bei den meisten Schreitvögeln sind Hahn und Henne äußerlich nicht zu unterscheiden.

Der *Horst* steht in unzugänglichen Brüchern oder im Fenn auf einer Unterlage von Rohrstengeln; er wird jahrelang wieder benutzt und kann daher recht groß werden. Er enthält meist nur zwei Eier, die etwa 92:63 mm groß sind und auf grünlichem Grund rotgraue und braune Punkte und Flecke tragen.

Der Kranich ist mit ausgezeichneten Sinnen ausgestattet und sehr klug. Seine Vorsicht läßt er nie außer acht. Obgleich er in größerer Anzahl im Forstamt Darß Brutvogel war und seit über 20 Jahren daselbst völlige Schonung genoß, so ließ er sich doch auch dort nicht auf Büchsenschußweite angehen.

Die *Losung* gleicht der der Gans. Für die Jagd ist der Kranich ganz harmlos; auf den Getreidefeldern kann er allerdings recht lästig werden. Er ist ganzjährig geschützt.

DER SCHWAN

Die beiden bei uns vorkommenden Wildschwäne, der *Höckerschwan* (Cygnus olor) und der *Singschwan* (Cygnus cygnus), unterscheiden sich durch den dem ersteren eigenen schwarzen Schnabelhöcker und den roten Schnabel, wogegen der höckerlose Schnabel des Singschwans schwarz mit gelber Schnabelwurzel ist.

Der Höckerschwan ist in Deutschland Brutvogel. Er ist besonders in Norddeutschland so zahlreich geworden, daß eine Verminderung notwendig wird. Der Singschwan besucht uns nur im Winter.

Von waidmännischen Bezeichnungen der Schwimmvögel ist hervorzuheben, daß die mit Schwimmhäuten versehenen Füße *Ruder* heißen.

Die Glieder einer Familie nennt man zusammen *Kette* oder *Schof;* einige wenige Ketten bilden einen *Flug,* mehrere Flüge vereinigt eine *Schar.*

Höcker- und Singschwan sind schwimmend von weitem an der Haltung des Halses zu erkennen, die beim ersteren schön gebogen den bekannten Schwanenhals zeigt. Der letztere trägt den erheblich kürzeren Hals gerade aufgerichtet.

Das *Flugbild* des Schwanes zeichnet sich, abgesehen von dem blendenden Weiß des Gefieders, durch den lang nach vorn gestreckten Hals und den kurzen Stoß sowie durch die schwarzen Ruder aus, die, nach hinten gestreckt, den Körper nicht überragen. Einen Schof Schwäne an einem klaren Herbsttage über unsere Seen ziehen zu sehen, ist ein herrliches, majestätisches Bild.

Die *Stimme* ist ein lautes, weittönendes, beim Singschwan weicheres und wohlklingenderes Geschrei, das zur Balzzeit im Februar Tag und Nacht ununterbrochen erschallt. Schon von weitem ist auch der eigenartig metallische Schlag der mächtigen Fittiche hörbar, der als eine Eigentümlichkeit des Schwans ihn fliegend sicher anzusprechen gestattet.

Die *Losung* besteht aus langen, gekrümmten Walzen, die grünlich gefärbt und weich sind. Man findet sie dort vielfach, wo die Schwäne auf dem Eise zu *stehen* oder zu *liegen* pflegen.

Das *Nest* der Schwäne steht auf Haufen von Rohr- und Wasserpflanzen, in geschützten, ruhigen, schwer zugänglichen Örtlichkeiten an Seen und Meeresbuchten; es enthält drei, auch oft bis zu zehn Eier von 11:8 cm Größe mit grober, graugrünlicher, beim Singschwan glatterer und hellerer Schale.

Während die ausgewachsenen Schwäne im Gefieder reinweiß sind, bleiben die Jungen bis zum dritten Lebensjahr braungrau.

Der Schwan ist ein außerordentlich scheuer und vorsichtiger Vogel, der gegen Störungen sehr empfindlich ist. Beide Arten von Schwänen sind das ganze Jahr geschützt, desgleichen der Zwergschwan, der als Wintergast bei uns auftritt und nur am Rande erwähnt werden soll.

DIE WILDGANS

Von den bei uns am häufigsten vorkommenden Wildgänsen sind die *Graugans* und die *Saatgans* zu nennen. Erstere ist im nördlichen Deutschland Brutvogel, letztere nicht. Beide findet man aber im Winter in weiten, offenen Feldern in der Nähe größerer Wasserflächen, meist in großen Scharen auf der grünen Saat. Sie sind voneinander dadurch zu unterscheiden, daß die Gesamterscheinung der Graugans grau, die der Saatgans braun ist.

Saatgans *Graugans*

Außerdem ist bei ersterer der Schnabel orangerot mit weißlichem *Nagel* (Nagel: die nagelförmige Spitze des Oberschnabels); und die Ruder zeigen ein schmutziges Rosa. Bei der Saatgans ist der Schnabel schwarz mit schwarzem *Nagel,* mit einem orangefarbigen Band in der Mitte; die Ruder sind orangefarben.

Das *Nest* der Graugans steht im Schilf oder Gebüsch auf reichlicher Unterlage von Halmen usw. Das Gelege enthält fünf bis zehn schmutzig-gelbliche Eier von etwa 85 : 62 mm Größe, die glattschalig, aber glanzlos sind.

Die *Stimme* und *Losung* beider Arten gleichen genau denen der zahmen Gans.

Ihre Vorsicht und Scheu ist außerordentlich groß, die Jagd daher sehr schwierig. Von der sprichwörtlichen Gänsedummheit hat die Wildgans nichts an sich.

Jagdlich von besonderer Bedeutung sind einige Eigentümlichkeiten der Gänse. Sie verbringen die Nacht auf offenem Wasser, das sie in der Dämmerung mit großem Geschrei scharenweise aufsuchen. Hierbei pflegen sie immer die gleichen Routen einzuhalten.

Bei jungen Graugänsen findet kurz vor der Flugbarkeit ein ganz ungewöhnlich rasches Wachstum der Schwungfedern statt, so daß die Flugbarkeit außerordentlich schnell eintritt. Die Mauser der alten Graugänse fällt in den Juni. Da sie dann ihre Schwungfedern nicht nach und nach, sondern auf einmal zu verlieren pflegen, so sind sie zu der Zeit flugunfähig.

Die übrigen im Laufe des Winters uns besuchenden Gänse sollen hier nicht weiter behandelt werden. Wenn eine solche gelegentlich geschossen wird, mag der glückliche Schütze zu ihrer Bestimmung das schon mehrfach erwähnte Werk von Peterson „Die Vögel Europas" zu Rate ziehen.

DIE WILDENTEN UND SÄGER

Auch hier soll die Beschränkung auf das wirklich Notwendige als Ziel gelten, insofern nur diejenigen Arten, die tatsächlich bejagt zu werden pflegen, Berücksichtigung finden, nicht aber auch solche, die einmal gelegentlich als seltene Wintergäste erbeutet werden.

Einige waidmännische Ausdrücke mögen vorweg angeführt werden. Das Männchen heißt *Entvogel,* auch *Erpel,* das Weibchen *Ente.* Die Alten mit den Jungen zusammen bilden das *Schof* oder *Geheck,* mehrere Schofe einen *Flug,* mehrere Flüge eine *Schar.* Den farbigen, schillernden Fleck an den Fittichen nennt man *Spiegel.* Wenn in der Paarungszeit mehrere Entvögel hinter einem Weibchen herziehen, so *reihen* die Enten *(Reihezeit).* Das Paaren selbst heißt *Zichten.* Die Jungen werden nicht ausgebrütet, sondern *ausgebracht.* Die alten Jäger behaupten, daß Enten, die krankgeschossen seien, untertauchten, sich unter Wasser an Halmen oder sonstigen Teilen von Wasserpflanzen mit dem Schnabel festbissen und auch im Tod nicht losließen. Sie sagten dann: die Ente hat sich *verbissen.* Es liegen tatsächlich einige Beobachtungen vor, die diesen Glauben zu befestigen scheinen. Der junge Entenjäger tut aber gut, sich nicht darauf zu verlassen, wenn er eine angeschossene Ente dort, wo sie untertauchte, nicht finden kann, und sollte desto sorgsamer am Ufer nachsuchen. Denn in den allermeisten Fällen verbeißt sich die kranke Ente nicht. Und niemals taucht sie dort wieder auf, wo sie untertauchte, weil sie unter Wasser das Ufer oder sonstige Deckung zu erreichen sucht. Wenn die Ente, um zu *gründeln,* sich im Wasser auf den Kopf stellt, so *stürzt sie sich* oder *stürzt.*

Die Stimme der *Stockente* ist ein lautes pahk, pahk, genau wie bei der zahmen; der Entvogel ruft, ebenfalls wie der zahme Erpel, rrüp, rrüp. Die streichende Ente ist durch den eigentümlichen, pfeifenden Flügelschlag: witt, witt, witt, witt leicht als solche anzusprechen.

Die *Krickente* oder *Kricke* hat ihren Namen von der Stimme, weil sie aufgestört ein schnarrendes kruick oder kreck, kreck hören läßt.

Die Enten *äugen* und *vernehmen* sehr scharf, dagegen vermag ich nicht daran zu glauben, daß sie auch gut *winden* oder *wittern,* obgleich das ein altes Jägermärchen ist. Ich meine, daß das unter Wind, also unter besonders günstigen Umständen, wirkende Gehör für alle die oft erzählten, wundersamen Begebenheiten mit Wildenten eine völlig ausreichende Erklärung abgibt, und daß man daher das bei Vögeln niedrig entwickelte Geruchsvermögen gar nicht zur Erklärung heranzuziehen braucht. Die Entvögel der Stockente stehen in der Mauser, wenn die Jungen flugbar werden, etwa Anfang Juli.

Von den bei uns vorkommenden Enten seien folgende den Unterscheidungsmerkmalen nach kurz erwähnt.

Stockente: Schnabel gelbgrau oder graugrün, Ruder gelbrot (Entvogel) oder schmutzig gelbrot (Ente); Spiegel blaugrün, violett schillernd, oben und unten schwarz, weiß eingefaßt. Nest am Boden, auch auf Bäumen, oft weit vom Wasser. Eier acht bis vierzehn, bläulichgrün, glänzend, etwa 58 : 42 mm.

Krickente: Klein, Schnabel schwarz, Ruder dunkelgrau, Spiegel metallisch hellgrün. Nest am Wasser, in Schilf und Rohr. Eier neun bis vierzehn, gelbweiß, glänzend, etwa 44 : 32 mm.

1. Stockente 2. Reiherente 3. Schellente 4. Eisente 5. Brandente 6. Moorente 7. Krickente 8. Knäkente 9. Löffelente 10. Schnatterente 11. Tafelente

Schnatterente: Schnabel schwarz, Ruder rotgelblich, Spiegel weiß (Entvogel), grauweiß (Ente). Eier sechs bis zwölf, blaßgrüngrau, glänzend, etwa 53 : 37 mm.

Knäkente: Etwas größer als die Kricke, Schnabel schwarzbräunlich (Entvogel), bleigrau (Ente), Ruder bleigrau, Spiegel klein, dunkelgraubraun mit schwachem grünlichem Glanz, oben und unten mit schmaler, weißer Einfassung. Eier sieben bis zwölf, blaßgelb, etwas grünlich, glänzend, etwa 48 : 34 mm.

Löffelente: Vorderschnabel verbreitet, platt. Schnabel schwarz (Entvogel), grünlichbraun, an den Rändern gelbrötlich (Ente); Spiegel lebhaft hellgrün mit Metallglanz, oben weiß eingefaßt (Entvogel), schwarzgrünlich glänzend, oben und unten weiß eingefaßt (Ente). Eier acht bis vierzehn, schmutzig-gelblich, etwa 53 : 36 mm.

Moorente: Kopf und Hals braunrot, Spiegel weiß, unten schwarz gerandet. Eier neun bis zwölf, oval, graugelblich bis olivenbräunlich, etwa 53 : 38 mm.

Tafelente: Dickköpfig, gedrungen, Schnabel schwarz mit graublauer Binde (Entvogel), mit grauer Binde (Ente), Ruder blaugrau, Spiegel hellgrau. Eier mattgraugrün, feinkörnig, glattschalig, etwa 54 : 30 mm.

Reiherente: Federschopf am Hinterkopf, lang und hängend (Entvogel), wenigstens deutlich sichtbar (Ente). Eier blaßolivenbräunlich oder grünlich, glattschalig, etwa 58 : 42 mm.

Schellente: Schnabel schwarz, Ruder rötlichgelb mit schwarzen Gelenken und Schwimmhäuten, Spiegel weiß. Eier graugrün oder hellblaugrün, etwa 58 : 40 mm. Die Schellente ist Höhlenbrüter und nistet in alten Spechtlöchern oder hohlen Bäumen. Es ist fast unglaublich, mit welcher Geschicklichkeit die Ente in die Bruthöhle hineinfliegt, ohne dabei zu fußen.

Eisente, Klashanik: Schnabel ganz kurz, schwarzgrau, mit bräunlichrotem Querband hinter der Spitze (Entvogel), mit gelbrötlichem Fleck (ältere Ente), Ruder bläulichgrün oder bläulichgrau mit schwärzlichen Gelenken und Schwimmhäuten. Spiegel unscheinbar bräunlich. Der Entvogel hat sehr lange mittlere Stoßfedern.

Die *Brandente, Grabgans,* auch *Fuchsgans* genannt: Schnabelwurzel wulstig aufgetrieben, kirschrot, beim Entvogel mehr als bei der Ente, Ruder blaßrötlichgrau, Spiegel metallischgrün, unten rostrot eingefaßt. Eier schmutziggelblich, etwa 65 : 47 mm. Nest in Erdhöhlen oder auch in Baumlöchern.

Zu erwähnen sind noch die Kolbenente, die sehr selten im Süden und Osten unseres Vaterlandes, und die Eiderente, die an der Nordseeküste vorkommt. Diese beiden Entenarten sowie die Brandente sind das ganze Jahr geschützt.

Im Anschluß an die Enten mögen noch die *Säger,* der *Gänsesäger* und der *mittlere Säger* nur genannt werden, weil sie sehr selten bei uns brüten und ihre Jagd nur bei Gelegenheit anderer Wasserjagden erfolgt; als Zugvogel berührt uns außerdem der im hohen Norden brütende *Zwergsäger.* (In den meisten Bundesländern haben alle Säger keine Jagdzeit.)

TAUCHER, LUMMEN UND KORMORAN

Von den Steißfüßen brüten bei uns der *Schwarzhalstaucher,* der *Zwergtaucher* und der allbekannte *große Haubentaucher* mit einer Länge von etwa 56 cm und einer Fittichspannung von 75 cm. Im Prachtkleid tragen beide Geschlechter um das weiße Gesicht einen braunen, schwarz eingefaßten Kragen und zwei spitze, schwarze Federschöpfe auf dem Oberkopf. Kragen und Schöpfe verlieren sich im Herbst. Das Nest steht auf einem schwimmenden Haufen von Wasserpflanzen und enthält drei bis vier Eier von etwa 54 : 35 mm Größe. Frisch gelegt sind sie mattgrün-weiß, später nehmen sie durch verwesende Wasserpflanzen, mit denen sie vom brütenden Vogel beim Verlassen des Nestes zugedeckt werden, eine bräunlich-rostige Farbe an.

Der *Schwarzhalstaucher* hat nur eine Länge von etwa 30 cm und eine Fittichspannung von etwa 52 cm.

Der *Zwergtaucher* ist bei einer Länge von etwa 23 cm und einer Fittichspannung von etwa 42 cm noch kleiner. Beide Arten leben sehr heimlich und gelangen meist nur durch ihren trillernden Paarungsruf zur Beachtung.

Der große Haubentaucher liebt dagegen die freien, größeren Wasserflächen. Er kann lange unter Wasser aushalten und taucht, wurde er zuvor vergeblich beschossen, fast nur mit Schnabel und Kopf wieder auf. Da er der Fischerei schädlich und mit den Wildenten wenig verträglich ist, genießt er keine Schonzeit (Nordrhein-Westfalen und Rheinland-Pfalz ausgenommen), wohl aber die Elternschutzbestimmung. Schwarzhals- und Zwergtaucher sind geschützt.

Zwergtaucher

Großer Haubentaucher

Nebenbei erwähnt seien hier auch die *Lummen,* insbesondere die auf Helgoland in Kolonien brütende *Trottellumme,* aber sie haben jagdlich keinerlei Bedeutung und sind ganzjährig geschützt.

Dagegen wurde der zu den Ruderfüßlern gehörige *Kormoran* früher scharf gejagt, da er sich nur von Fischen ernährt, von denen er – nach Lucanus – täglich bis zu vier Pfund verzehrt. Sein Gefieder ist tiefschwarz, metallisch-glänzend, auf den Flügeln bronze-braun. Auf jeder Kopfseite befindet sich ein großer, nackter, rahmfarbener Fleck. Die Ruder sind schwarz. Kormoran-Kolonien bestehen in Brandenburg, Mecklenburg, Pommern, Ostpreußen und vor allem in den Donau-Auen Österreichs. In der Bundesrepublik ist der Kormoran ganzjährig geschützt.

ZWEITER TEIL

DIE HILFSMITTEL ZUR JAGD

SCHUSSWAFFEN, MUNITION UND SCHIESSEN

Die Leistung unserer heutigen Schußwaffen und Munition ist dank ihrer Weiterentwicklung ungleich größer als die Leistung der Jagdausrüstung früherer Zeit. Aber die Möglichkeit, hierdurch ebenso unsere Schießfertigkeit zu steigern, verlangt mehr denn je, die waidmännischen Gesichtspunkte in den Vordergrund zu stellen. Ihr Inbegriff ist die Forderung, das Wild auf die humanste Weise zu strecken und ihm nach Möglichkeit jede Angst und Qual zu ersparen. Diese hohe Verantwortung dem Mitgeschöpf gegenüber unterscheidet grundsätzlich den Jäger vom Sportschützen. Sie verlangt, die Funktion und Wirkung der Schußwaffen und ihrer Munition sowie die Grenzen der Leistung der Schußwirkung zu kennen, hiermit vertraut zu werden und sich auch Klarheit über die eigene Schießfertigkeit zu verschaffen. Wahrt der Jäger die sich hieraus ergebenden Beschränkungen auch dann in Selbstbeherrschung, wenn er sich auf der Einzeljagd ohne Zeugen weiß, wird er in dieser Beziehung ein guter Waidmann sein.

Die von unseren Jägern geführten Schußwaffen sind *Handfeuerwaffen,* in denen heiße Gase Geschosse verschiedener Art durch einen Lauf treiben, oder Luftdruckwaffen, falls hierzu Luftdruck verwendet wird.

Handfeuerwaffen

In den Handfeuerwaffen werden Einzelgeschosse oder Schrote durch den Druck der Gasentwicklung von verbrennendem Pulver durch die Läufe getrieben. Dazu wird mittels einer Patronenhülse eine der beiden Geschoßarten mit dem Schießpulver und einer dazugehörigen Zündung zu einer Patrone zusammengefaßt. Sie wird von hinten in den Lauf geladen, durch eine hinter dem Lauf eingebaute Schlageinrichtung gezündet, und leitet dadurch die Schußentwicklung ein. Zu Jagdzwecken werden die Handfeuerwaffen in der Form von *Langwaffen* (mehr als 40 cm Länge) mit der Bezeichnung *Jagdgewehre* verwendet. Zu Verteidigungszwecken, z. B. im Nahkampf mit Wildfrevlern, benutzt der Jäger die Handfeuerwaffen in der Form von *Kurzwaffen* (bis zu 40 cm Länge) mit der Bezeichnung Pistole oder Revolver.

Auf *Schalenwild* wird mit einem Einzelgeschoß gejagt, das das Ziel nur in einem Punkt trifft und das wir kurzweg als *Geschoß* bezeichnen. Die früher für das Einzelgeschoß übliche Bezeichnung Kugel, die noch aus der Zeit des Gebrauchs tatsächlicher Rundkugeln herrührt, ist für die heute in Jagdpatronen verwendeten Langgeschosse nicht mehr zutreffend.

Die mit einem Einzelgeschoß geladene Patrone ist eine *Büchsenpatrone,* wenn sie für die Verwendung in den hierfür üblichen gezogenen Läufen eingerichtet ist. Die Läufe dieser Bauart nennt man *Büchsenläufe* und die entsprechenden Waffen *Büchsenlaufgewehre* (Abb. S. 133 oben).

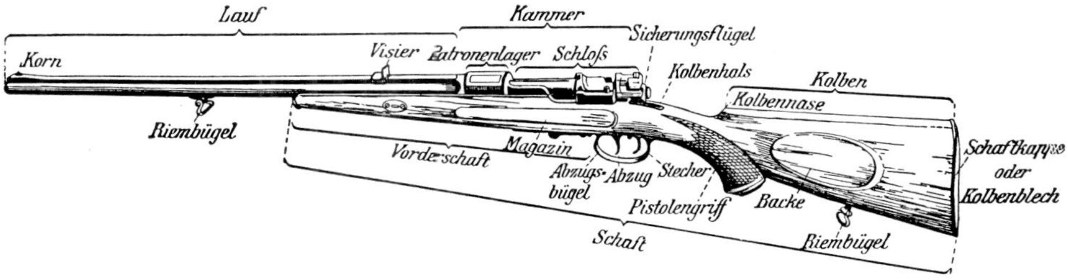

Bezeichnung der Gewehrteile einer Mauser-Mehrladebüchse Modell 98

Auf *Feder-* und *Haarwild* der *Niederwildarten* jagt man vorwiegend mit einer geballten Ladung kornartiger Geschosse, die einen über das Ziel streuenden Schuß ergeben, und die wir *Schrote* nennen. Die dazugehörige Patrone ist die *Schrotpatrone,* die aus glatten, sogenannten *Schrot-* oder *Flintenläufen* verfeuert wird. Die entsprechenden Gewehre heißen *Schrotgewehre* oder *Flinten* (Abb. S. 133 unten).

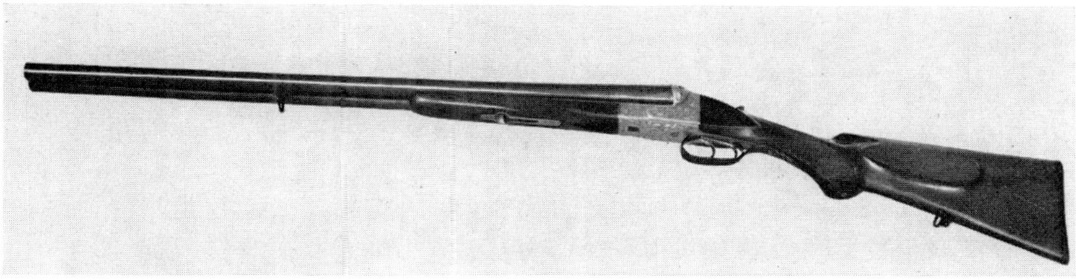

Doppelflinte von J. P. Sauer & Sohn, Eckernförde

Aus *Pistolen* und *Revolvern* verschießt man Einzelgeschosse; die entsprechenden Patronen sind Pistolen- und Revolverpatronen.

Die zum behelfsmäßigen Schießen mit einem Einzelgeschoß aus Schrot- bzw. Flintenläufen bestimmte, mit einem *Flintenlaufgeschoß* geladene Patrone ist eine Flintenlaufgeschoßpatrone.

Luftdruckwaffen

In Luftdruckwaffen wird als Geschoßkörper ein Einzelgeschoß durch Luftdruck durch die Läufe getrieben. Der Druck wird in einer mechanisch arbeitenden Vorrichtung erzeugt, die hinter dem Lauf eingebaut ist und den Luftdruck gegen das hierin geladene Geschoß leitet. *Luftgewehre* und Luftpistolen dienen hauptsächlich zum Übungschießen und zum Abschuß von zu Schaden gehendem Kleingetier auf kurze Schußentfernung.

Bauarten der Jagdgewehre

Entsprechend der Einrichtung der Gewehre und ihrer Läufe für Büchsenpatronen oder für Schrotpatronen, je nach der Zahl solcher Läufe und je nach der viel gebräuchlichen Vereinigung beider Laufarten in einem Gewehr *(Kombinierte Gewehre),* sind nachstehende Benennungen für die verschiedenen Gewehrarten üblich geworden.

Zum Unterschied gegenüber dem früher allgemein gebräulichen Gewehrbau mit quer- bzw. nebeneinanderliegendem *Laufsystem* von Doppelläufen, wird deren schießtechnisch

Gewehrarten und Laufsysteme

Gezogene Läufe für Büchsenpatronen	Glatte Läufe für Schrotpatronen	Gesamtzahl der Läufe	Benennung
1	–	1	Büchse
2	–	2	Doppelbüchse
–	1	1	Flinte
–	2	2	Doppelflinte
1	1	2	Büchsflinte
1	2	3	Drilling
2	1	3	Doppelbüchs-Drilling
2	2	4	Vierling

günstigere, heute vielfach bevorzugte, übereinanderliegende System-Anordnung *Bockgewehr* genannt. Dementsprechend lauten die Bezeichnungen dieser Gewehre Bockdoppelbüchse, Bockdoppelflinte, Bockbüchsflinte, Bockdrilling, Bockdoppelbüchsdrilling.

Bezüglich des Ladesystems teilen wir die Gewehre in Einzel-, Mehr- und Selbstlader ein.

Einzelladesystem

Das *Einzelladesystem* (Abb. S. 133 unten) wird für alle mehrläufigen Gewehre und einen Teil einläufiger Gewehre verwendet. Es läßt je Lauf nur eine Patrone einladen, die ihm für jeden Schuß einzeln von Hand zugeführt werden muß. Hierzu erfordern Einzelladegewehre mit dem Öffnen des Verschlusses, Laden, Schließen und Abziehen von Hand vier getrennte Handgriffe, dazu einen fünften zum Ausziehen der abgeschossenen Hülse, und bei besonderer Schloßspannung von Hand noch einen sechsten. Da der Einzellader nach dem Abschießen der Läufe zu diesen Handhabungen auch aus dem Anschlag genommen und für einen folgenden Schuß wieder angeschlagen werden muß, ist seine Betätigung zeitraubend und seine Feuergeschwindigkeit bei Bedarf mehrerer aufeinanderfolgender Schüsse gering.

Mehrladesystem

Das für einläufige Gewehre benutzte *Mehrladesystem* (Abb. S. 133 oben) wird in Deutschland hauptsächlich für *Repetierbüchsen* System Mauser, Mannlicher, Weatherby und andere verwendet. Die Gewehre fassen bis zu fünf Patronen in einem Magazin, das hinter dem Lauf liegt. Die Patronenbeförderung aus dem Magazin über einen Zubringer in den Lauf, die Schloßspannung und der Patronen- bzw. Patronenhülsenauswurf werden durch mechanisch wirkende Teile des Verschlusses besorgt. Sie wirken bei dessen Schließ- und Öffnungsvorgang so miteinander, daß diese einzelnen Vorgänge des Schußfertigmachens gleichzeitig mit den Betätigungen des Verschlußgriffes in einem Handgriff ausgeführt werden. Infolgedessen haben die Mehrlader für den Fall einer aufeinanderfolgenden Abgabe mehrerer Schüsse eine Feuergeschwindigkeit, die wesentlich größer ist als die von Einzelladern, besonders wenn der Schütze sich darin übt, den Verschluß mit der Mehrladeeinrichtung bei angeschlagener Waffe zu betätigen.

Selbstladesystem

Das gleichfalls nur für Einlaufgewehre verwendete *Selbstladesystem* führt, nach erstmaligem Laden durch Handgriffe, für die folgenden Schüsse sämtliche Vorgänge des

Schußfertigmachens selbsttätig aus. Hierzu werden an Stelle der Handbetätigung Kräfte, die sich bei der Schußentwicklung bilden (Gasdruck oder Rückstoß), auf die Verschluß- und Ladeeinrichtung übergeleitet und bewegen sie. Bei geladenem Lauf und Magazin bedürfen diese Waffen für das Abfeuern des Magazininhalts nur des Abziehens von Hand des Schützen und keinerlei Unterbrechung des Anschlags. Sie besitzen damit die größte Feuergeschwindigkeit Das Arbeitsgeräusch, das die Verschluß- und Schloßbetätigung bei anderen Gewehren erst mit zeitlichem Abstand nach einem Schuß entstehen läßt, geht im Schußknall des Selbstladers völlig unter. In Deutschland sind Selbstlader für Jagdzwecke als Flinten (Browning, Franchi, Remington usw.) schon lange gebräuchlich. Eine zuverlässige Selbstladebüchse für starke Jagdbüchsenpatronen wurde erst im Jahr 1935 von der Firma Krieghoff, jetzt in Ulm/Donau, auf den Mark gebracht, die Herstellung aber nach dem 2. Weltkrieg nicht wieder aufgenommen. Für Büchsenpatronen Kaliber 22 long rifle stehen deutsche und ausländische, für stärkere Büchsenpatronen mit Mantel-Geschossen zur Zeit nur amerikanische Selbstladebüchsen zur Verfügung. Demnächst wird jedoch auch in Deutschland die Gewehrfabrik Heckler & Koch, Oberndorf, eine neue Selbstladebüchse, die für Jagdpatronen mehrerer Kaliber mittlerer bis starker Leistung (5,6 bis 9,3 mm) eingerichtet ist, herausbringen.

Patronen

Sämtliche Patronen, die ein Einzelgeschoß oder Schrote und Pulver enthalten, werden mit *Patronenmunition* bezeichnet.

Die Patronen enthalten in einer Patronenhülse das Geschoß oder die Schrote, das Schießpulver, dessen Verbrennung heiße Gase bestimmten Druckes entwickelt und hierdurch die Geschosse (Einzelgeschosse oder Schrote) im Gewehrlauf in Gang setzt und beschleunigt, und die Zündung, die das Pulver anbrennt.

Büchsenpatronen

Für *Büchsenpatronen* (Abb. S. 135) werden *Patronenhülsen* verwendet, die in einem Stück aus Messing gezogen sind.

Zu Patronenhülsen mit *Zentralfeuerzündung* (Abb. S. 136), die wir vorwiegend für Jagdzwecke benutzen, werden die Hülsen entweder mit einem am Hülsenboden massiv angepreßten Rand versehen oder randlos mit einer über dem Hülsenboden eingedrehten

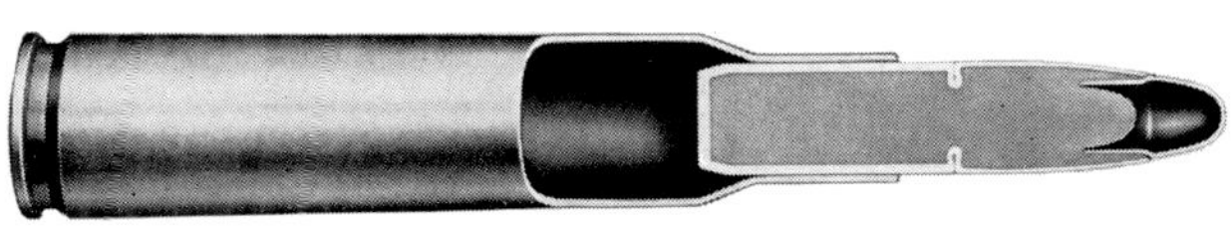

Geschoß mit Loch, verdeckt durch eingesetzte hohle Kupferblechspitze (sogen. Kupferhohlspitze)

Büchsenpatrone (ohne Rand) mit H-Mantel-Geschoß

Auszieherrille gearbeitet (Abb. S. 136). Von außen nach innen verlaufend, sind in den Patronenhülsenboden eine Zündglocke und ein oder zwei Zündlöcher eingearbeitet, die zum darüberliegenden Pulverraum führen. In der Zündglocke sitzt ein Zündhütchen, das in seiner Metallkapsel einen schlagempfindlichen Zündsatz enthält.

Für Patronen mit *Randfeuerzündung* (Abb. S. 136), z. B. Patrone Kal. 22 long rifle, werden Patronenhülsen mit einem Rand benutzt, der zu einem Hohlraum ausgebildet ist und hierin den Zündsatz enthält.

In den Pulverraum der Patronenhülse ist ein *Büchsenpulver* geladen, das in seinem Verbrennungscharakter auf die besonderen Aufgaben abgestimmt ist, die sich für das Pulver aus dem Verfeuern der sehr verschiedenartigen Jagdbüchsengeschosse ergeben. Vorwiegend werden heute sog. „rauchlose" Pulver (Nitro-Pulver) verarbeitet, die mit nur schwach wahrnehmbarer Rauchentwicklung abbrennen. Sie dürfen nur aus Läufen verschossen werden, die dem amtlichen Nitrobeschuß (Haltbarkeitsbeschuß) unterzogen wurden.

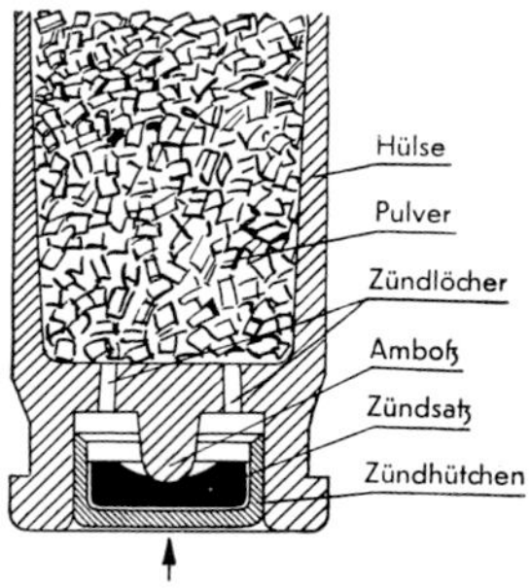

Büchsenpatrone (randlos) mit Zentralfeuerzündung (nach RWS)
→ = Einschlagstelle des Schlagbolzens

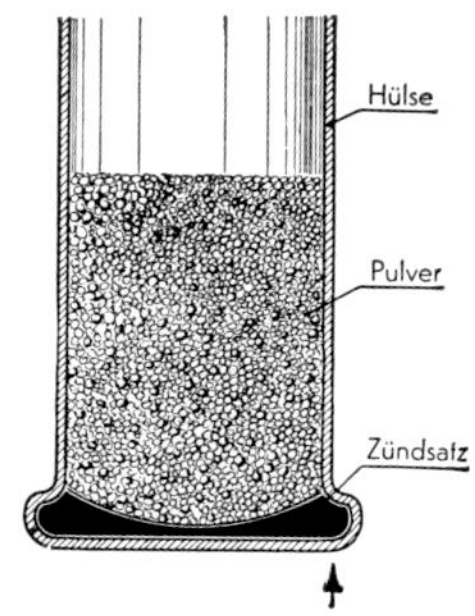

Büchsenpatrone mit Randfeuerzündung (nach RWS)
↑ = Einschlagstelle des Schlagbolzens

Im Hals der Patronenhülsen sind die *Geschosse* mit einem sogenannten Anknift befestigt. Ihr äußerer Aufbau ist der Fluggeschwindigkeit, mit der ein Geschoß verfeuert werden soll, und den Bedingungen angepaßt, die sich hieraus für die Führung der Geschosse im Gewehrlauf ergeben. Die ursprüngliche, heute nur noch in Jagdbüchsen älteren, überholten Typs und in sogenannten Kleinkaliberbüchsen verwendete Geschoßart stellt das *Bleigeschoß* dar. Es ist in einem Stück zu einem massiven Bleikörper ausgepreßt, hat eine weiche Führung im Lauf und ist verwendbar für Fluggeschwindigkeiten bis etwa 450 m/s. Die jetzt für Jagdzwecke vorwiegend gebrauchte Geschoßart ist das mit einer festen Führung versehene, für höhere Geschwindigkeiten bestimmte *Mantelgeschoß* (Abb. S. 135 und 136). Als Jagdgeschoß wird es aus einem Bleikern

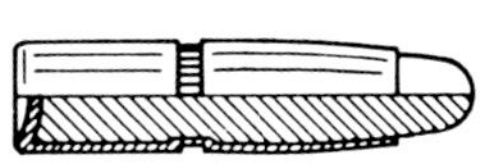

Teilmantel-Rundkopf-Geschoß (mit Scharfrand)

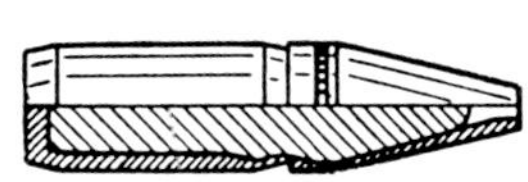

Kegel-Spitz-Geschoß

Brenneke Torpedo-Ideal-Geschoß (mit Scharfrand)

Starkmantel-Geschoß (mit Scharfrand)

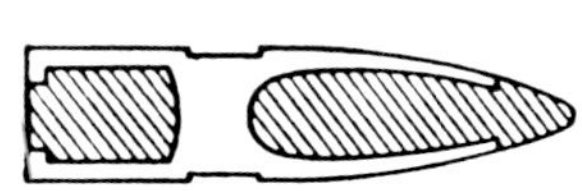

Nosler-Geschoß

und einem darübergezogenen, am Boden meistens geschlossenen Mantel hergestellt. Nach dessen Festigkeit und Stärke ist zwischen weich- und dünnbemantelten, und zwischen hart- und dickbemantelten Geschossen zu unterscheiden. Zur ersteren Gruppe gehören die mit einem dünnen, weichen Kupferblechmantel versehenen Weichmantel-Geschosse, deren Oberfläche rein oder vernickelt ist. Zur zweiten Gruppe zählen die Hartmantel-Geschosse, die nickel-, seltener kupferplattierte Flußeisen-Mäntel („Stahlmantel" genannt) oder dicke Kupfer- oder kupferlegierte Mäntel (Tombak, Gilding usw.) tragen.

Nach ihrem, mit *Kaliber* bezeichneten Durchmesser sind die deutschen Büchsengeschosse in die hauptsächlichsten Kalibergruppen 5,6 6,5 7, 8 und 9,3 mm eingestuft. Innerhalb dieser, teils auf 1/10, teils auf 1/20 mm abgerundeten Kaliber-Durchmesser (∅) ergaben sich während der Entwicklung z. T. beträchtliche Schwankungen des tatsächlichen Geschoß-∅ im einzelnen, so daß heute in den einzelnen Kalibergruppen oftmals mehrere verschiedene Geschoß-∅ bestehen.

Die jeweilige Kalibergröße einer Patrone sowie ihre Hülsenlänge und Ausführungsart mit und ohne Rand, sind aus den Bezeichnungen deutscher Büchsenpatronen, z. B. 7 × 57 und 7 × 57 R, ersichtlich. Die voranstehende Zahl kennzeichnet die Kalibergröße, die folgende Zahl die Länge der Patronenhülse, R deren Ausführung mit Rand.

Die Gewichte der Geschosse sind der Stärke unserer verschiedenen Wildarten angepaßt. Patronen, die sich für Wild unterschiedlicher Größe eignen, werden deshalb auch mit Geschossen verschiedener Gewichtsstufen geliefert.

Schrotpatronen

Die *Patronenhülsen* für *Schrotpatronen* wurden bis vor wenigen Jahren ausschließlich als „Pappehülsen" (siehe Abb.) hergestellt. Ihr Bodenende enthält einen Pappestöpsel (6) und ist außen durch eine mit einem Rand versehene Blechkappe (2) umschlossen. Im Pulverraum enthalten die Pappehülsen von Markenpatronen der guten Qualitäten einen besonderen Pappe- oder Blecheinsatz (5) und im Boden als Verstärkung eine Blecheinlage (3). Imprägnierungen der Pappehülsen ergeben je nach Güte eine mehr oder minder ausreichende Widerstandsfähigkeit gegen Feuchtigkeitseinflüsse, denen Patronen bei Lagerung oder beim Gebrauch ausgesetzt sind. Völlig geschützt gegenüber Feuchtigkeit sind Patronenhülsen neuester Entwicklung, die aus Kunststoff (Plastik) teils in einem Stück, teils in zwei Stücken hergestellt werden.

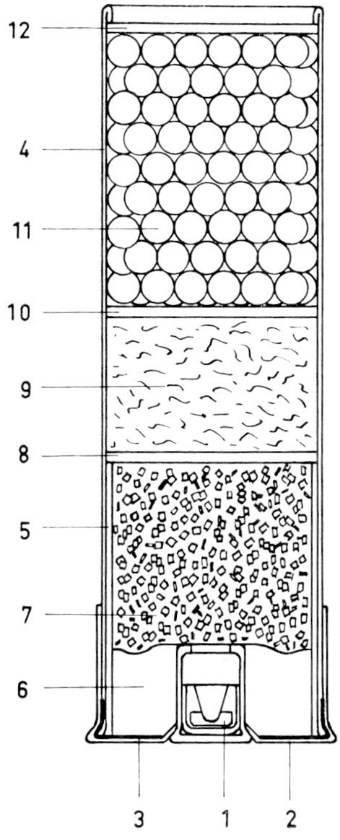

Schrotpatrone mit Papphülse

Die *Zündung* der Schrotpatronen ist als Zentralfeuerzündung (1) in den Hülsenboden eingesetzt, und darüber ein Schrotschußpulver (7) eingeladen.

Das *Schrotschußpulver* ist in seinem Verbrennungscharakter der Vortreibung der locker geschichteten, relativ leicht durch die glatte Laufbohrung eines Schrotlaufes zu befördernden Schrotladung angepaßt. Mit Rücksicht auf den hierzu notwendigen flotten Abbrand des Pulvers ist es für Büchsenpatronen, deren feste Geschosse einen hohen Einpreßwiderstand in den dazugehörigen Läufen ergeben, ungeeignet und äußerst gefährlich. Überwiegend wird heute „rauchloses", d. h. rauchschwaches Schrotschußpulver (Nitropulver) verwendet, das ebenfalls nur aus Läufen verfeuert werden darf, die hierfür amtlich durch den Nitro-Beschuß geprüft sind.

Über dem Pulver sitzt in der Schrotpatrone ein Zwischenmittel, das hauptsächlich aus einem außen gefetteten Pfropfen (9) besteht, der aus Filz oder anderem elastischem, gut abdichtendem Werkstoff angefertigt ist. Bei bestimmten Arten des Pfropfens ist sein Boden gegenüber dem Pulver und seine Stirn gegenüber dem darüber lagernden, aus Hartblei hergestellten *Schrot* (11) abgedeckt. Hierzu dienen entweder auf den Pfropfen aufgeklebte Scheibchen aus Teerpapier oder lose eingelegte Kartonscheiben (8 und 10).

Die Schrote sind in die Größen 2, 2¼, 2½, 3, 3½, 4 und 4½ mm ⌀ sortiert, werden nach diesen ⌀ benannt und in entsprechende Patronensorten geladen. Den vorderen Verschluß der Patrone bilden entweder ein dünner Schlußdeckel (12), über den das Patronenhülsenende fest hinweggebördelt ist, oder eine sternförmige Faltung des Hülsenmundes.

Das *Kaliber* der Schrotpatronen wird nicht etwa nach dem ⌀ der darin verladenen Schrotsäule bezeichnet. Es wird nach alter Überlieferung international danach benannt, wieviel Kugeln aus Reinblei des betreffenden Laufbohrungsdurchmessers jeweils zusammen ein englisches Pfund wiegen; sind es 12, haben die Patronen und dazugehörenden Läufe Kal. 12, sind es 16, haben sie Kal. 16 usw. Von den bei uns gängigen Schrotkalibern ist das größte das Kal. 12, das kleinste das Kal. 20. Die noch kleineren Kaliber 24, 28, 32 und 36 (im englischen Sprachbereich Kaliber ·410) werden nur selten verwendet.

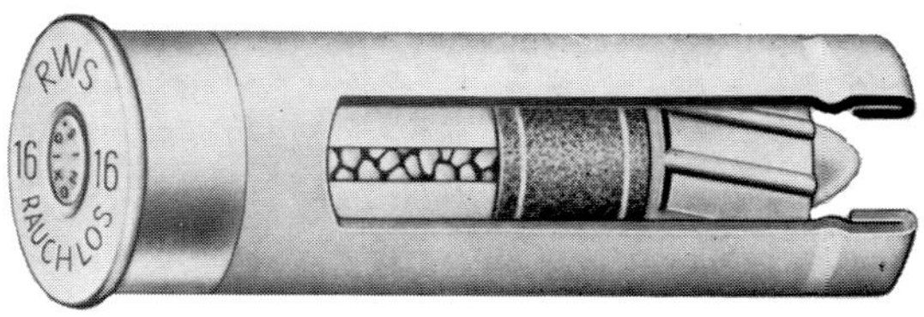

Flintenlaufgeschoß-Patrone mit Brenneke-Flintenlaufgeschoß (nach RWS)

Die Hülsen der deutschen Schrotpatronen werden in den Kal. 12, 16 und 20 überwiegend in einer Länge von 70 mm und nur in wenigen Ausführungen auch in einer Länge von 65 mm, in den Kal. 24, 28 und 32 nur 63,5 mm lang gefertigt. Die Patronenbezeichnung lautet nach Kaliber und Patronenhülsenlänge Kal. 12/65 oder 12/70, Kal. 16/65 oder 16/70 usw.

Ausländische Schrotpatronen sind zum Teil als „Magnum"-Patronen auch mit Hülsen von mehr als 70 mm Länge versehen.

Die zu den verschiedenen Kalibern und Patronenlängen verwendeten mittleren Schrotladungs-Gewichte und -Mengen sind hierin annähernd einheitlich und ihre Mittelwerte aus der folgenden Tabelle ersichtlich.

Patrone Kal.	Gramm	Kornzahl				
		2 mm	2½ mm	3 mm	3½ mm	4 mm
12/70[1]	35,5	755	390	225	140	95
12/65	34,5	710	370	215	135	90
16/70	31	650	335	195	125	85
16/65	28,5	605	315	180	115	75
20/70	26,5	565	290	170	105	70
20/65	25,5	540	280	160	100	68

[1] Spezial-Wurftaubenpatronen Kal. 12/70 enthalten etwa 36 g 2,4-mm-Schrot = 445 Körner

Flintenlaufgeschoß-Patronen

Flintenlaufgeschoß-Patronen (Abb. S. 138) werden hergestellt, indem in Schrotpatronenhülsen bolzenartige, meist ausgehöhlte Bleigeschosse an Stelle der Schrotladung eingesetzt werden. Die Geschosse sind in ihrem Umfang je nach Bauart längsgerippt oder mit Ringen versehen, um den Einpreßwiderstand im Lauf demjenigen von Schroten anzugleichen und einen leichten gefahrlosen Durchgang durch die Laufbohrung zu gewährleisten. Das *Brenneke-Flintenlaufgeschoß* hat einen am Geschoßboden befestigten Filzpfropfen; es wird unmittelbar auf das Schrotschußpulver gesetzt. Das pfropfenlose *Rottweiler-Flintenlaufgeschoß* wird auf den Pfropfen der Schrotpatrone geladen. Über beide gut bewährte Geschosse wird unmittelbar das Patronenhülsenende ebenso hinweggebördelt wie über den Schlußdeckel von Schrotpatronen.

Gewehrläufe

Der Gewehrlauf muß die Schußentwicklung der Patrone übernehmen, deren Druck auffangen, den abgefeuerten Geschossen oder Schroten eine zweckmäßige, sichere Führung geben und ihnen eine stetige Flugrichtung vermitteln. Diesen Aufgaben kann nur ein Gewehrlauf entsprechen, der ausreichend fest gebaut, mit aller Sorgfalt gearbeitet und durch genügende Pflege in gutem Zustand erhalten wird.

Mehrläufige Gewehre haben eine *Visierschiene,* auf der die Visierung angebracht ist. Einläufige Gewehre tragen die Visierung entweder auf weich aufgelöteten Sätteln oder ebenfalls auf einer Schiene. Die Läufe für mehrläufige Schußwaffen werden zu einem Laufbündel bzw. einer Laufgarnitur vereinigt und in der Regel fest miteinander verbunden. In das hintere Laufende ist ein *Patronenlager* und davor ein Übergangskegel eingefräst. Hieran schließt die Geschoß- bzw. Schrotführung an, die sich bis zur Mündung der Läufe erstreckt und bis dahin das Geschoß oder die Schrote führt. Die längs durch die Laufbohrung verlaufende Achse ist die *Seelen-* oder *Laufachse.*

Büchsenläufe

Beginnend in dem Übergangskegel und sich fortsetzend in der Geschoßführung, sind in die Bohrung der Büchsenläufe *Züge* eingearbeitet, zwischen denen als erhabene Balken *Felder* stehen (Abb. S. 139). Der sich hieraus ergebende Laufinnendurchmesser wird mit *Kaliber* bezeichnet. Als Zugdurchmesser wird es zwischen den Zügen, als Felddurchmesser zwischen den Feldern gemessen. Innerhalb der einzelnen Kalibergruppen der Büchsenpatronen ist das Laufkaliber den hierin verschiedenen Geschoßdurchmessern in einem dazugehörigen Paßverhältnis angeglichen. Für die Patronen Kal. 8 × 57 J und 8 × 57 JR mit 8,09 mm größtem Geschoßdurchmesser hat die Laufbohrung z. B. 8,07 mm kleinsten Zugdurchmesser, für Patronen 8 × 57 JS und JRS mit 8,22 mm größtem Geschoßdurchmesser 8,20 mm kleinsten Zugdurchmesser. Die dazugehörigen 8-mm-Patronen des größeren Kalibers sind durch ein S gekennzeichnet (8 × 57 JS bzw. 8 × 57 JRS).

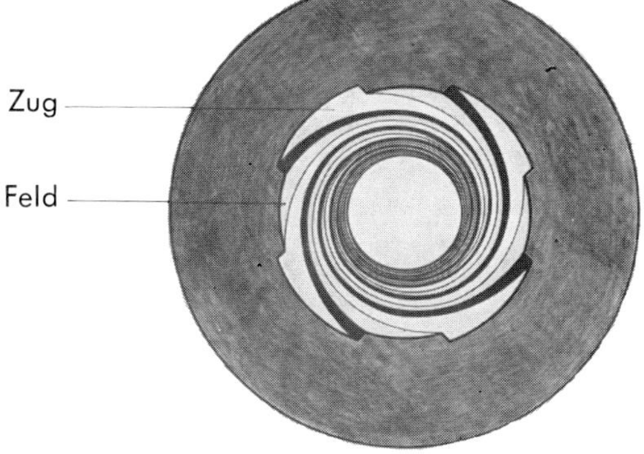

Blick in die Bohrung mit Zügen und Feldern eines Büchsenlaufes (nach RWS)

Züge und Felder der Laufbohrung verlaufen, wie in Abb. S. 139, in schraubenartiger, mit *Drall* bezeichneter Windung. Sie bezweckt eine dem Geschoß mitzugebende, schnelle

Umdrehung um seine Längsachse und verhindert dadurch das übermäßige Pendeln und das Überschlagen, dem jedes nicht rotierende Langgeschoß während seines Fluges unterliegt.

Schrotläufe

Die Schrotführung der Bohrung von Schrotläufen setzt ebenfalls nach einem Patronenlager in dem davorliegenden Übergangskegel an und erstreckt sich bis zu der Laufmündung. Die Patronenlager Kal. 12, 16 und 20 werden, entsprechend den unterschiedlichen Längen der Schrotpatronenhülsen, entweder 65 oder 70 mm lang oder gegebenenfalls (Magnum-Patronen) noch länger gebohrt. Die Länge der Patronenlager soll durch einen entsprechenden Stempel auf dem Lauf vermerkt sein. Will man Schrotpatronen mit z. B.

Schrotpatrone mit 70 mm langer Hülse im 65 mm langen Patronenlager

Vor dem Schuß

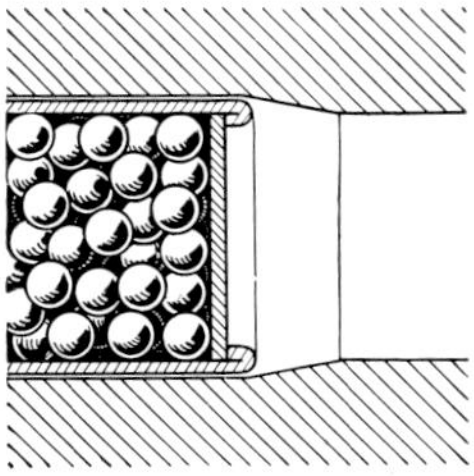

Die Patrone mit 70 mm langer Hülse ist durch die Umbördelung am vorderen Ende gekürzt; sie läßt sich deshalb unbehindert in das 65 mm lange Patronenlager einladen

Während der Schußentwicklung

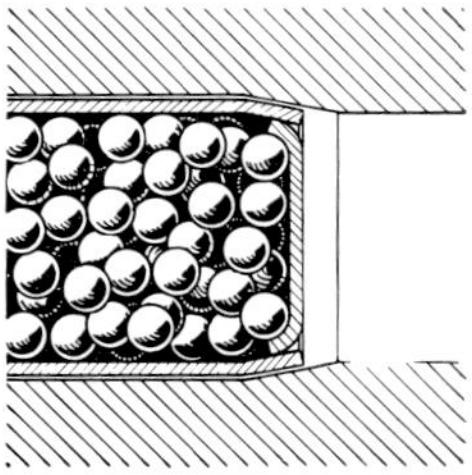

Während der Schußentwicklung öffnet sich der Hülsenmund nur unvollständig, weil sich das Hülsenende in den Übergangskegel legt; hierdurch wird der Hülsenmund verengt, das Austreten des Schlußdeckels und der Schrote gehemmt und der Gasdruck erhöht

70 mm langen Hülsen gebrauchen, muß man sich vergewissern, ob das Patronenlager diese Länge hat, damit sich die umgebördelte Hülse beim Schuß noch im Patronenlager völlig öffnen kann. Andernfalls stößt sie dabei gegen die Steigung des Übergangskegels, behindert hier den zügigen Einlaß der Schrote (Abb. S. 140) und bewirkt Erhöhung des Gasdrucks. Auch das Verfeuern von Schrotpatronen mit nur 65 mm langen Hülsen aus 70 mm langen Patronenlagern ist nicht ratsam, weil die hierbei sich ergebende Schußentwicklung nachteiligen und unter Umständen auch gefährlichen Störungen unterliegt. Die Oberfläche der Patronenlager muß glatt (frei von Bohrringen und anderen Unebenheiten), der Durchmesser vorn etwas kleiner als hinten sein. Andernfalls können die abgeschossenen Hülsen im Patronenlager hängenbleiben.

Die Schrotführung der Laufbohrung ist völlig glatt gehalten. Verläuft ihr Durchmesser zylindrisch bis zur Laufmündung hin, haben wir eine der heute nur noch selten verwendeten *Zylinderbohrungen,* die eine große Streuung der Schrote bewirken. Die meisten Schrotführungen enden jetzt in einer *Würge-* oder *Chokebohrung,* die eine Verengung der Laufmündung darstellt. Je nach dem Grad ihrer Verengung und deren, den schwärmenden Flug der Schrote zusammenhaltenden Wirkung, spricht man von schwacher, mittlerer und starker Würge- bzw. Chokebohrung.

Flintenlaufgeschosse werden aus normalen Schrotläufen verfeuert. Der Flug dieser Geschosse wird nicht durch eine Rotation stabilisiert, wie sie den aus gezogenen Büchsenläufen verfeuerten Geschossen vermittelt wird, sondern durch einen entsprechenden Aufbau der Geschosse nach dem Pfeilprinzip. Es reicht für den kurzen Wirkungsbereich dieser Munition aus. Aus Würgebohrungen mit normaler Verengung können z. B. Brenneke- und Rottweiler-Flintenlaufgeschosse ohne Schaden für den Lauf verschossen werden.

Verschlußeinrichtungen

Der *Gewehrverschluß* hat die Aufgabe,
1. die Patronenlager zum Einführen oder Wiederausziehen von Patronen bzw. abgeschossenen Hülsen zugänglich zu machen,
2. die Patronenlager hinten zuverlässig zu verschließen und dabei den Druck der Schußentwicklung in Richtung des Patronenhülsenbodens aufzunehmen,
3. bei einem Reißen von Patronenhülsen zurückströmende Gase nach Möglichkeit abzufangen.

Infolgedessen ist der Verschluß mit einer Festigkeit auszurüsten, die den Kräften standhält, die aus der Schußentwicklung der verschiedenen Jagdpatronen hervorgehen.

Unsere Gewehrverschlüsse sind zu gliedern in solche zu Gewehrsystemen mit feststehenden Läufen und in solche zu Systemen mit abkippenden Läufen.

Verschlüsse für feststehendes Laufsytem

Für die Verschlüsse ist an dem Lauf ein Verschlußstück angeschraubt, in dem ein Verschlußblock hinter dem Laufende meistens vor- und zurückläuft. Die gebräuchlichsten Verschlüsse dieser Art sind die nur für einläufige Gewehre in Frage kommenden *Zylinderverschlüsse* nach Bauart Mauser (Abb. S. 133), Mannlicher und andere, die durch ihre Zylinderform gekennzeichnet sind. Als Kammer bezeichnet, läuft der Zylinderverschluß in der Verschlußhülse, die mit ihrem vorderen Ende über den Lauf geschraubt ist, in dessen Richtung vor und zurück. Zu Jagdzwecken wird der Verschluß vorwiegend für Mehrladebüchsen verwendet; er ist dann so eingerichtet, daß sein Schließvorgang gleichzeitig die Zuführung einer Patrone aus dem Magazin in den Lauf, sein Öffnungsvorgang das Ausziehen und Auswerfen einer abgeschossenen Hülse aus dem Lauf oder dessen Entladen besorgt. Die feste Verriegelung der Kammer mit dem Lauf entgegen dem Bodendruck der abgefeuerten Patrone, in nächster Nähe der hierdurch ausgelösten Kräfte, verbürgt eine größte Standfestigkeit gegenüber anderen Verschlußarten. Laufersatz ist bei dieser Verschlußart einfach und preiswert. Nachteilig ist die verhältnismäßig große Baulänge mancher Zylinderverschlüsse, die einen kürzeren Lauf bzw. eine größere Länge des Gewehrs bedingt. Der sogenannte Kurzverschluß der Mauser-Repetierbüchsen Modell 66 vermeidet solche Mängel. Auch das laute Öffnungs- und Schließgeräusch des Zylinderverschlusses kann sich auf der Jagd in der Nähe von Wild unvorteilhaft auswirken.

Der *Blockverschluß* wird in Deutschland nur für einläufige Gewehre benutzt. Manche, nicht alle Ausführungen neigen bei Verwendung stärkerer Patronen zu Verklemmungen. Vorteilhaft ist die kurze Baulänge und der ebenfalls einfache Laufersatz.

Verschlüsse für das Kipplaufsystem

Verschlüsse für das Kipplaufsystem werden vorwiegend in der im Grundsatz in Abb. S. 142 gezeigten Bauart als *Kippverschluß* gefertigt. Der Kippverschluß verschließt das hintere

Laufende mittels des Stoßbodens eines massiv gearbeiteten, gewinkelten Verschlußgehäuses.

Dem Abkippen der Läufe im Schuß begegnet die *Laufhakenverriegelung* vermittels eines im Verschlußgehäuse vor- und zurücklaufenden Keils, der in entsprechende Aussparungen der Laufhaken eintritt und sie verriegelt (Abb. S. 142). Bewegt wird der Keil

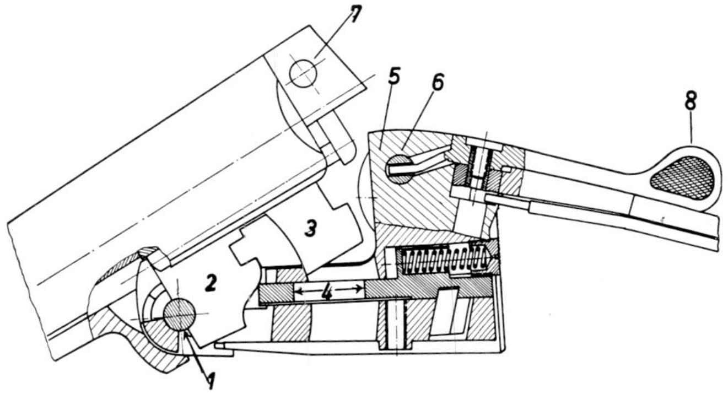

Kippverschluß mit Greener-Querriegel und doppelter Laufhakenverriegelung (im Schnitt von der Seite gesehen, nach Sauer & Sohn) 1 Scharnierwelle, 2 und 3 Laufhaken, 4 Verschlußkeil, 5 Stoßboden, 6 Greener-Querriegel, 7 Laufzapfen, 8 Verschlußhebel

vermittels eines meist hinter den Läufen liegenden Verschlußhebels. Die Standfestigkeit des nur mit den Laufhaken verriegelten Kippverschlusses ist gegenüber starken Beanspruchungen nicht immer ausreichend.

Eine Verstärkung dieses Verschlusses bewirkt der *Greener Querriegel-Verschluß*, der vorzugsweise für doppelläufige Gewehre und für Drillinge verwendet wird (S. 142 oben). Als oben im Stoßboden des Verschlußgehäuses querlaufender Bolzen greift er durch einen an die Läufe angearbeiteten Zapfen. Die so hergestellte Verbindung der Läufe mit dem Stoßboden des Verschlußgehäuses wirkt dem Abkippen der Läufe im Schuß in der Senkrechten entgegen und vermindert die Winkelbeanspruchung des Verschlußgehäuses. Damit genügt der mit der Laufhakenverriegelung vereinigte Greener-Querriegel stärkeren Verschlußbeanspruchungen. Einem seitlichen Abdrehen querliegender Läufe im Verschlußgehäuse während der Schußabgabe begegnet der Greener-Querriegel nur wenig, weil die hierdurch ausgelösten Seitenkräfte außerhalb der Verriegelung angreifen.

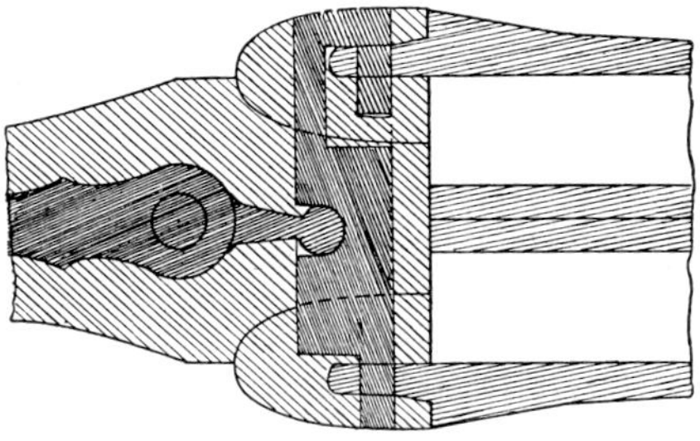

Kippverschluß mit Kersten-Riegel (im Schnitt von oben gesehen)

Diesen Kräften widersteht der *Kerstenverschluß* am besten. Sein nach Art des Greener-Querriegels im Stoßboden des Verschlußgehäuses querlaufender Doppel-Bolzen greift in zwei Zapfen, die an die beiden äußeren Laufwandungen angeschmiedet sind (S. 142 unten). Die hiermit den Läufen und dem Stoßboden gegebene doppelseitige Verankerung nimmt alle Bewegungen der Läufe, die sie bei dem Abgeben eines Schusses im Verschlußgehäuse erhalten, innerhalb des verriegelten Bereiches der Verschlußanordnung auf. Der Verschluß ist daher besonders geeignet für das Auffangen der verstärkten Hebelkräfte, die sich bei einer Schußabgabe im Verschluß von Bockgewehren ergeben. Ebenso entspricht der Kersten-Verschluß auch den sehr hohen Anforderungen an die Verbindung der Läufe von Doppelbüchsen mit dem Verschlußgehäuse, die besonders fest sein muß.

Der *Kippverschluß* hat entschiedene Vorzüge. Er ist kurz, so daß er entweder die Gesamtlänge des Gewehrs verringert oder eine vorteilhafte, größere Lauflänge zuläßt. Die damit ausgerüsteten Gewehre sind im Verschluß leichtgängig und lassen diesen nahezu geräuschlos betätigen. Ihr Ansehen ist außerordentlich gefällig.

Die Haltbarkeit von Verschlüssen, deren Gehäuse aus Stahl hergestellt sind, ist solchen aus Leichtmetall (Aluminium-Legierung) überlegen.

Gut konstruierte und gut gearbeitete Verschlüsse werden verdorben, wenn Sand, Pulverblättchen und andere Fremdkörper in die Paßflächen gelangen, vor dem Schließen nicht entfernt werden, und der Verschluß mit gewaltsamer Überwindung des Hindernisses betätigt wird.

Der in dieser Beziehung naturgemäß immer empfindlichere Kippverschluß will mit weicher Hand, mit zügigem Gefühl, geöffnet und geschlossen sein; ein ruckartiges, hartes Abkippen der Läufe und ein Hineinschlagen in das Verschlußgehäuse, wie man es vielfach bei dem Öffnen und Schließen von Kippverschlüssen beobachtet, ruiniert sie auf die Dauer.

Trägt ein Verschluß nicht allseitig, ist er im ganzen undicht oder zu schwach, dann ist er unsicher, und Läufe und Verschlußgehäuse ziehen sich bei der Schußabgabe voneinander ab. Hierauf reagieren Büchsenläufe, indem ihre Treffpunktlagen entsprechend dem Nachgeben des Verschlusses schwanken; sie schießen gleichermaßen ungenau und streuen. Schrotläufe zeigen Verschlußmängel zunächst weniger offensichtlich, weil der Schrotschuß an sich schon streut; erst bei größeren Undichtigkeiten eines Verschlusses schwankt auch die Treffpunktlage solcher Läufe merklich.

Gewehrschlosse

Die *Gewehrschlosse* vermitteln dem im Patronenboden sitzenden Zündhütchen den Schlag, der es zündet und dadurch das Pulver der Patrone entflammt. Hierzu bedient sich das Schloß eines Schlagbolzens oder eines zugespitzten Schlagstückes, die unter der Wirkung einer Schlagfeder stehen und durch eine im Stoßboden des Verschlusses angebrachte Führung gegen das Zündhütchen der Patrone schnellen.

Selbstspannende Schlosse für Zylinderverschlüsse

Selbstspannende Schlosse für Zylinderverschlüsse der verschiedenen Bauarten enthalten den Schlagbolzen und eine darumgelegte Spiralfeder in dem zu einer hohlen Kammer ausgebildeten Verschlußzylinder. Eine sinnreiche Kupplung der Kammerbewegung mit der des Schlagbolzens bringen diesen samt Feder in Spannstellung, wenn die Kammer, je nach Bauart, geöffnet oder geschlossen wird. Unterhalb der Kammer ist ein Abzugsstollen angebracht, der den gespannten Schlagbolzen über eine hieran angearbeitete Nase festhält. Schlosse dieser Art sind die einfachsten und widerstandsfähigsten, deren Gang im Gebrauch kaum gestört werden kann. Ein Nachteil sind ihre bei einigen Konstruktionen unvorteilhaft langen Schloßschlagzeiten, die sich namentlich beim Schuß auf Wild in Bewegung ungünstig auswirken können, und die geräuschvolle Schloßspannung.

Selbstspannende Schlosse für Kipplaufgewehre

Selbstspannende Schlosse für Kipplaufgewehre werden als Kasten-, Abzugsblech- und Seitenblechschlosse gebaut. Die Spannung der Schlosse wird automatisch nach dem Öffnen des Verschlusses durch das Abkippen der Läufe im Verschlußgehäuse bewirkt. Die Selbstspannung verläuft nahezu geräuschlos, die Schloßschlagzeit ist kurz.

Die hauptsächlichsten Bestandteile dieser Schlosse sind beim *Kastenschloß* Anson & Deeley in das kastenartig ausgearbeitete Verschlußgehäuse eingebaut (Abb. S. 144).

Derartige Schlosse zeichnen sich durch große Zuverlässigkeit ihres Wirkens aus. Großenteils im Verschlußgehäuse liegend, bedürfen sie nur verhältnismäßig geringer Aussparungen im Kolbenhals des Hinterschaftes. Hiermit ermöglichen sie eine feste Verbindung des Verschlußgehäuses mit dem Kolbenhals des Hinterschaftes, die durch den Gewehrrückstoß stark beansprucht wird.

Das als „Blitzschloß“ bekannte *Abzugsblechschloß* liegt mit Schlagstück, Schlagfeder und Abzugsstange in einer Aussparung des Kolbenhalses eingebettet. Es ist auf dem Abzugsblech montiert, das hinten am Boden des Verschlußgehäuses befestigt ist. Die einfache

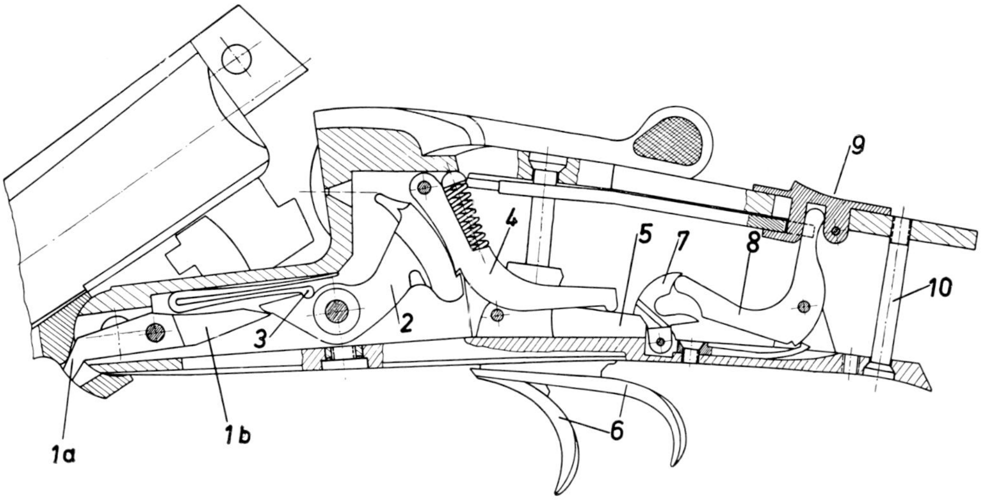

Kastenschloß Anson & Deeley von J. P. Sauer & Sohn A.G., Eckernförde, mit automatischer Abzugssicherung. 1a vorderes Ende, 1b hinteres Ende des Spannhebels, 2 Schlagstück, 3 Schlagfeder, 4 Abzugsstange, 5 Abzugsblatt, 6 Abzugsgriffe, 7 u. 8 Hebel der Abzugssicherung, 9 Schieber der Sicherung, 10 Kreuzschraube

Lösungsmöglichkeit dieser Verbindung macht das Schloß zu Reinigungs- und Reparaturzwecken auch für eine mechanisch weniger erfahrene Hand leicht zugänglich. Auf die Schwächung des Kolbenhalses durch dessen Aussparung für das Blitzschloß muß beim Umgang mit derartigen Gewehren Rücksicht genommen werden. Sie sind in Fahrzeugen besonders schonend mitzuführen. Am Kolbenhals ist das Schaftholz durch Behandlung mit Schaft- oder Leinöl ständig vor Verwitterung zu schützen.

Die Schloßteile für das *Seitenblechschloß* sind auf der Innenseite eines Seitenblechs angebracht. Die Bleche sind von außen in das Verschlußgehäuse und in den Kolbenhals eingelassen und hiermit verschraubt. Die einfach zu lösende Schraubverbindung der Schlosse, die infolge Handarbeit teuer sind, versetzt den Jäger in die Lage, gebrochene Teile gegen mitgeführte Ersatzstücke selbst auswechseln zu können. Die Verbindung des Schaftes mit dem Verschlußgehäuse ist bei Verwendung dieses Schlosses fester als beim Abzugsblechschloß.

Viele Selbstspannerschlosse sind mit einer *„Signaleinrichtung“* versehen, die anzeigt, ob ein Schloß gespannt oder entspannt ist. Hierzu dienen entweder Signalstifte oder Signalwellen, die in den Außenseiten des Verschlußgehäuses von Selbstspanner-Gewehren angebracht sind.

Handspannerschlosse für Kipplaufgewehre

Handspannerschlosse für Kipplaufgewehre werden in verschiedenen Konstruktionen hergestellt. Die älteste Konstruktion ist das sogenannte *Hahnschloß*. Die Schlosse dieser Art sind bei mehrläufigen Gewehren als Seitenblechschlosse beiderseits in die Außenseite des Kolbenhalses eingelassen. Sie sind mit einem außenliegenden, als Hahn bezeichneten Schlagstück ausgerüstet. Zum Schußfertigmachen wird der unter Federdruck stehende Hahn *von Hand gespannt*. Durch Betätigung des Abzuges wird der Hahn ausgelöst und schnellt vor, schlägt dabei auf einen im Stoßboden des Verschlußgehäuses liegenden Schlagbolzen und zündet über diesen die Patrone.

Die durch außenliegenden Hahn von Hand zu spannenden Schlosse zeigen durch die jeweilige Stellung ihres Hahnes dessen gespannten oder entspannten Zustand augenfällig an. Ferner ist ein mit derartigen Schlossen ausgerüstetes Gewehr im entspannten Zustand der Schlosse weitestgehend gegen ein ungewolltes Abfeuern der Läufe gesichert. Infolgedessen vermitteln solche Gewehre, sofern die Schlosse sorgfältig und nicht aus Gründen billigen Preises der Gewehre dürftig gearbeitet sind, eine größte Sicherheit im Umgang hiermit. Überdies zeichnen sich die außenliegenden Hahnschlosse durch einfachste Pflege- und Instandsetzungsmöglichkeit aus. Die Schlosse wurden jedoch durch die Selbstpsannerschlosse, die bereits bei dem Laden von hiermit versehenen Gewehren durch das Abkippen der Läufe automatisch in Spannstellung und damit schnell in Feuerbereitschaft versetzt werden, nahezu verdrängt.

In Erkenntnis der Sicherheit, die ein von Hand zu spannendes Schloß für das Führen eines Gewehrs bietet, wurde die *Handspannung* auch auf Kipplaufgewehre, die mit Schlossen mit innenliegenden Schlagstücken versehen sind, übertragen. Zu dem Zweck erhielten die Schlagstücke solcher Schlosse eine besondere Spannvorrichtung. Sie endet in einem Spannhebel oder Spannschieber, der entweder an der linken Seite des Verschlußgehäuses oder oberhalb des Kolbenhalses angebracht ist und von hier aus durch Hand betätigt wird. Mit derartigen, von außen durch Hand zu betätigenden Schloßspannungen werden bestimmte Modelle von Bockbüchsflinten und Drillingen ausgerüstet.

Bei Drillingen mit innenliegenden Schlagstücken beschränkt sich die Handspannung in der Regel auf das dem Büchsenlauf zugeordnete Schloß. Die für die Schrotläufe vorgesehenen Schlosse sind in diesem Fall selbstspannend ausgeführt. Sie werden, wie üblich, nach dem Öffnen des Verschlusses durch Abkippen der Läufe gespannt. Die Beschränkung der Handspannung auf das dem Abfeuern des Büchsenlaufes dienende Schloß mindert beträchtlich die besondere Gefahr, die sich aus einem ungewollt ausgelösten Büchsenschuß infolge dessen weitreichenden Gefährdungsbereiches ergeben kann.

Entspannen von Gewehrschlossen

Ein Entspannen der Schlosse ist ratsam nach dem Gebrauch von Gewehren, um ein Erlahmen der Schlagfedern, das sich infolge deren ständiger Spannung ergeben kann, zu verhüten. Das *Entspannen* ist vorzunehmen, indem bei Gewehren mit Zylinderverschlüssen (z. B. Repetierbüchsen) und bei Selbstladegewehren die Schlagbolzen, bei Kipplaufgewehren die Schlagstücke aus ihrer Spannstellung ohne harten Anschlag in abgespannte Stellung vorgelassen werden. Hierzu sind bei Gewehren, die eine automatische Sicherung

(S. 148) nicht enthalten, nach Öffnen der Verschlüsse und gegebenenfalls Abkippen der Läufe von Kipplaufgewehren die Abzüge zurückzuziehen, in dieser Stellung festzuhalten und währenddessen die Verschlüsse wieder zu schließen. Schlosse von Kipplaufgewehren mit automatischer Sicherung, die ein solches Verfahren nicht zuläßt, und Gewehre mit automatischem Patronenhülsenauswerfer werden entspannt durch Abschlagen der Schlosse gegen abgefeuerte Patronenhülsen, die zuvor in die Läufe gesteckt wurden, oder besser gegen in die Läufe eingeführte sogenannte *Pufferpatronen,* die anstelle des Zündhütchens einen unter Federdruck stehenden Puffer enthalten.

Bei Drillingen mit drei selbstspannenden Schlossen lassen sich durch die Betätigung der Abzüge bei abgekippten Läufen jeweils nur zwei Schlosse entspannen; je nach Einstellung der Umschaltung entweder beide Schrotlauf-Schlosse oder das Büchsenlaufschloß und das linke Schrotlaufschloß.

Abzugseinrichtungen

Gang der Abziehvorrichtung

Unerläßlich, besonders beim Schuß auf Wild in schneller Bewegung, ist ein Gang der Abziehvorrichtung des Schloßwerks, der seinen Schlag unmittelbar und ohne Leerlauf folgen läßt, sobald der Abzugsgriff den zu seiner Wirkung gehörigen Druck erhält. Andernfalls wird namentlich ein feinnerviger Schütze, besonders beim Schießen auf Wild, das sich bewegt, niemals gute Schießergebnisse erreichen. Zur Überprüfung der in dieser Hinsicht oft fehlerhaften Abziehfunktion fasse man nach Einladen einer Pufferpatrone oder abgeschossenen Patronenhülse den Abzugsgriff zwischen Daumen und Zeigefinger einer Hand und ziehe ihn langsam und zügig durch. Läuft er hierbei fühlbar eine Strecke leer, bevor das Schloß abschlägt, hat der Abzug *toten Gang,* der die Dauer der Gewehrschloßtätigkeit um diesen Leerlauf verzögert. Hierdurch wird die Schloßschlagzeit um das Vielfache verlängert und entsprechend die Zündung der Patrone und die Schußabgabe verspätet.

Der Druck, den wir zur Auslösung des Schloßschlags einem Abzugsgriff geben müssen, wird durch den Abzugswiderstand des Schlosses bestimmt. Aus Sicherheitsgründen muß dieser Widerstand einen bestimmten Mindestwert haben, um ein eigenmächtiges Abschlagen von Schlossen durch den Gewehrrückstoß oder durch andere Erschütterungen des Gewehrs zu verhüten.

Oftmals ist dieser *Abzugswiderstand* unnötig stark, so daß derartige Abzüge zu schwer gehen, ihre Betätigung das Gewehr aus der Ziellinie verreißt und die Schußabgabe diesseitig verzögert. Wir prüfen den Widerstand nach, indem wir in Richtung des durchziehenden Fingers so viel Gewicht an den betr. Abzugsgriff hängen, bis dies von sich aus den Schloßschlag auslöst. Ermitteln wir dabei im Schloßwerk von Gewehren mit Block- und Kipplaufverschlüssen einen Abzugswiderstand von mehr als 2,0 kg des vorderen und mehr als 2,25 kg des hinteren Abzugs, müssen wir den Widerstand vom Büchsenmacher auf diese Werte verringern lassen.

Das Schloßwerk von Repetierbüchsen bestimmter Bauarten (z. B. Mauser Modell 98) bedingt auf Grund ihrer Konstruktion aus Sicherheitsgründen einen Abzugswiderstand von mehr als 2,0 kg und einen langen Abzugsweg mit reichlich totem Gang. Der Einbau eines sogenannten *Flintenabzugs,* der in verschiedenen brauchbaren Konstruktionen geliefert wird, schaltet auch bei diesen Schlossen zu hohen Abzugswiderstand und toten Gang aus.

Stechschlosse

Bei Abgabe eines feingezielten Büchsenschusses auf stehende Ziele empfinden die meisten Schützen auch vorstehende Abzugswiderstände noch als zu hoch. Deshalb erhalten die Abzüge für Büchsenlaufschlosse als zusätzliche Einrichtung sogen. Stechschlosse, die den Abziehwiderstand vermindern. Diese Stechschlosse werden bei einläufigen Büchsen meistens durch das Zurückziehen eines zweiten Abzugsgriffes, den *Stecher-Abzug*, gesondert gespannt. Bei Mehrlaufgewehren ist die Stecheinrichtung derart mit dem betreffenden normalen Abzug verbunden, daß ein Vordrücken dieses Abzugsgriffes das Stechschloß spannt. Die Einrichtung wird als *Rückstecher* bezeichnet. Je nach Einstellung der durch eine äußere Stellschraube regulierbaren Stecher schnellt der „gestochene" Abzug unter mehr oder minder leichterem Druck ab. Die *Einstellung* ist richtig, wenn man beim Hochbringen und Anschlagen des Gewehrs den Finger leicht am Abzugsgriff anliegen lassen kann, ohne daß der Stecher abschnellt. Doppelbüchsen läßt man nur mit einem Stechschloß für den vorderen Abzug ausrüsten, weil sie mit dem zweiten Lauf doppeln, falls auch der hintere Abzug mit einem Stechschloß versehen ist und vor dem Abfeuern eines Laufes beide Schlösse „gestochen" werden.

Das *Spannen*, das „Einstechen" eines Stechschlosses verursacht einen knackenden Ton, der das feine Gehör des Wildes leicht auf den Jäger aufmerksam machen kann. Bei geschickter Handhabung des Stechschlosses, die bei entladenen Läufen zu üben ist, läßt sich das Geräusch ausreichend dämpfen. Hierzu wird das Stechschloß mit besonderem Stecher-Abzug so betätigt, daß man den Mittelfinger auf den hinteren Stecher-Abzug, den Zeigefinger auf den eigentlichen Abzugsgriff legt, dann den Stecher-Abzug mit dem Mittelfinger nach hinten durchzieht und hierbei den Zeigefinger fortlaufend leicht an dem davorgelegenen Abzugsgriff anliegen läßt. Sobald dabei der Stecher-Abzug seine hinterste Stellung erreicht hat, wird der Zeigefinger von dem Abzugsgriff weggenommen. Hierbei rastet der Stecher-Abzug lautlos in seine Spannstellung ein und wird jetzt losgelassen. Das *Entspannen*, das „Abstechen", erfolgt lautlos, indem bei gesichertem Gewehr umgekehrt verfahren wird wie beim Einstechen.

Der Rückstecher wird leise gespannt, indem man den Abzugsgriff, in den der Stecher eingebaut ist, zwischen Daumen und Zeigefinger nimmt, damit festhält und mit beiden vordrückt. Das Abspannen geschieht gleichfalls bei gesichertem Gewehr, indem der Abzug wieder von beiden Fingern gefaßt, festgehalten und zurückgezogen wird.

Die *Abzugsgriffe* von mehrläufigen Gewehren müssen so viel Abstand voneinander haben, daß zwischen beiden Abzügen der Zeigefinger auch im Handschuh noch Bewegungsfreiheit hat. Enger stehende Abzugsgriffe sind hinderlich, wenn gelegentlich der zu dem hinteren Abzug gehörende Lauf schnell zuerst abgefeuert werden soll. Außerdem vermag dann der Gewehr-Rückstoß den vorderen Abzug, wenn dieser mit einem Rückstecher versehen ist, derart rückwärts gegen den Schießfinger, der auf dem hinteren Abzugsgriff ruht, zu schnellen, daß ersterer hierdurch unbemerkt eingestochen wird.

Die Kanten des vorderen Abzugsgriffes erfordern eine Abrundung, andernfalls sie unter Einwirkung des Rückstoßes den Schießfinger verletzen können, wenn dieser den hinteren Abzug durchzieht. Der vordere Abzugsgriff soll nach links, der hintere nach rechts herausgedreht sein, um damit das Übergreifen des Fingers vom vorderen zum hinteren Abzug zu beschleunigen und die schnelle Folge eines zweiten Schusses zu fördern.

Zur Ausschaltung von Fingerverletzungen sollen auch die Kanten des Abzugsbügels gerundet sein. Der vordere Bogen des Abzugsbügels soll ausreichend geräumig vom vorderen Abzugsgriff abstehen, der hintere Bogen möglichst dicht an dem hinteren Abzugsgriff anliegen. Andernfalls werden der den vorderen Abzug tätigende Zeigefinger oder der hinter dem Abzugsbügel liegende Mittelfinger durch Prellungen infolge des Gewehrrückstoßes verletzt.

Sicherungen

Sicherungen sollen das Abfeuern von Gewehren verhüten, wenn diese durch einen Stoß erschüttert werden oder ein anstreifender Ast u. a. ungewollt an einem Abzugsgriff ziehen.

Vorbildlich besorgen das die am rückwärtigen Ende der Schlosse von Repetierbüchsen angebrachten Sicherungen, deren Einschalten den gespannten Schlagbolzen blockiert. Da ein aufgesetztes Zielfernrohr die Betätigung von derartigen Sicherungen, wenn sie als aufwärts schwenkende Flügel angebracht sind, behindert, baute man zusätzliche Schiebesicherungen ein; da solche nur den Abzug und nicht den Schlagbolzen sperren, sind sie wenig zuverlässig.

Von den für Kipplaufgewehre üblichen, durch Schieber betätigten Sicherungen legt die vorwiegend verwendete *Abzugssicherung* unzureichend nur die Abzüge fest (Abb. S. 144, Ziffer 5–9), die verläßlichere *Stangensicherung* bereits die Abzugsstangen; erst die bewährte *Schlagstücksicherung* blockiert die Schloßteile, die als Schlagstücke die Patronen unmittelbar zünden. Diese Sicherung ist daher sehr zuverlässig, solange sie nicht bei einem Anstreifen oder Sturz mit dem Gewehr unbeabsichtigt verschoben und hierdurch das Schloßwerk in Feuerstellung gebracht wird.

Vorwiegend Abzugssicherungen sind oft so mit dem Verschlußhebel gekuppelt, daß dieser beim Öffnen des Verschlusses die Sicherung selbsttätig in Sicherstellung rückt. Der Wert dieser *automatischen Sicherungen* ist fraglich. Sie verleiten den Jäger zu Unachtsamkeit und verzögern, da nach jedem Öffnen des Verschlusses bzw. nach jedem Laden der Läufe entsichert werden muß, die Feuerbereitschaft.

Alle Sicherungen sollen sich annähernd geräuschlos betätigen lassen. Bei den Sicherungen von Kipplaufgewehren läßt sich das einrichten. Die Flügelsicherung der Mauser-Mehrladebüchsen, Modell 98, eine in ihrem Ursprung militärische Konstruktion, ist als solche hierauf von Haus aus nicht eingerichtet; die Kanten der Rasten, in die der Sicherungsflügel in den verschiedenen Stellungen eintritt, sind bewußt scharf gehalten, damit dieser bei keinem Umgang mit dem Gewehr eigenmächtig ausrastet. Läßt man diese Kanten abrunden, kann auch die Mauser-Sicherung der Büchsen Modell 98 leise gehandhabt werden.

Der Schieber, durch den die Sicherung selbstspannender Kipplaufgewehre betätigt wird, ist in der Regel bei doppelläufigen Gewehren auf der oberen Seite des Kolbenhalses angebracht. Bei Drillingen und Vierlingen wurde dieser Schieber bei den anfänglichen Bauarten an der linken Seite des Kolbenhalses angeordnet und auf der oberen Seite des Kolbenhalses der Umstellschieber montiert, mit dem die Schlosse nach Bedarf auf die Schrot- oder Büchsenläufe geschaltet werden. Eine solche unterschiedliche Anbringung der Sicherungsschieber gab Anlaß zu unliebsamen Verwechslungen. In Erkenntnis des Mangels erhielt daher in neuerer Zeit das Schloßwerk einiger Drillingsfabrikate eine veränderte Konstruktion. Sie ordnete den Sicherungsschieber auch bei Drillingen auf der oberen Seite des Kolbenhalses an und ist infolgedessen vorzuziehen.

Patronenauszieher

Die *Patronenauszieher* helfen beim Entladen eines Laufes.

Bei *Zylinderverschlüssen* von Mehrladebüchsen ist der Auszieher als Kralle vorn am Verschlußzylinder angebracht. Diese Auszieherkralle gleitet, z. B. im System Mauser Modell 98, beim Einführen der Patrone vom Magazin in den Lauf seitlich der Hülse in deren Auszieherrille oder vor den Rand des Patronenhülsenbodens. Hier verbleibt die Kralle während sämtlicher weiteren Verschlußbewegungen. Sie löst sich erst wieder aus der Rille oder vom Rand der Patronenhülse, wenn der geöffnete und völlig zurückgezogene Verschluß den Patronenhülsenboden gegen einen Auswerferstollen drückt und damit die Patrone oder Hülse auswirft.

Diese Wirkungsweise des Ausziehers muß beim Laden solcher Gewehre berücksichtigt werden. Die in den Lauf zu ladenden Patronen sind zuvor in das Magazin einzuführen und nur von hier aus vermittels Vorschiebens der Verschlußkammer in den Lauf zu bringen. Ein Übergehen des Magazins, indem man eine Patrone unmittelbar von Hand in den Lauf ladet, führt zu Beschädigungen der Auszieherkralle. Sie gleitet hierbei nicht zwanglos von der Seite der Patronenhülse in deren Auszieherrille oder vor deren Rand, sondern wird beim Vorschieben des Verschlusses mit Gewalt von hinten über den Patronenhülsenboden gedrückt.

Der als Schieber gearbeitete Patronenauszieher von *Kipplaufgewehren* greift vor den Rand der hiermit versehenen Patronen. Beim Öffnen des Verschlusses zieht er die Patronen bzw. deren abgefeuerte Hülsen soweit aus dem Patronenlager, daß die Finger die Patronenhülse zum Entladen erfassen können. Für Drillinge und Vierlinge, deren Laufanordnung das Erfassen des Hülsenbodens der unten liegenden Büchsenpatrone behindert, empfiehlt sich zum schnelleren Entladen ein geteilter Auszieher, der diese Hülse weiter auszieht als die der anderen Patronen. Für Bockgewehre mit Verschlußzapfen, die nach Art des Kersten-Verschlusses beiderseits des oberen Laufes angearbeitet sind, ist ein geteilter Auszieher, der die beiden Patronenhülsen verschieden weit aus dem Lauf holt, unerläßlich. Andernfalls stören diese Verschlußzapfen das schnelle Herausbefördern abgeschossener Patronenhülsen zu sehr.

Zusätzlich zu vorstehender, handbetätigter Auszieheinrichtung aller Kipplaufgewehre werden selbsttätig arbeitende, als *Ejektor* bezeichnete *Auswerfer* gebaut. Sie wirken mit der Spanneinrichtung der Selbstspannerschlosse derart zusammen, daß der Auswerfer beim Abkippen der Läufe automatisch in Tätigkeit tritt, sobald vorher das zu einem Lauf gehörige Schloß abgeschlagen bzw. entspannt ist. Daher wirft der Ejektor nur abgefeuerte Patronenhülsen und Versagerpatronen aus, während er bei nicht ausgelöstem Schloßschlag die betreffenden Patronen nur soweit aus den Läufen zieht, wie zum Entladen von Hand erforderlich ist. Für Büchsenläufe empfiehlt sich diese Einrichtung nicht, allenfalls für *den* Lauf von Doppelbüchsen, den man als zweiten abfeuert. Denn das dem Schuß meist erst in längerem Abstand folgende, weithin vernehmbare Auswerfergeräusch macht mit einem ersten Schuß gefehltes oder angeschweißtes Wild fast stets auf den Standort des Schützen aufmerksam.

Gewehrschäfte

„Die Läufe schießen, der Schaft trifft." Diese Erkenntnis erfahrener Jäger bedeutet, daß die Jagdgewehre einer *Schäftung* bedürfen, die ihnen auch im schnellen Anschlag eine Lage am Körper vermittelt, die das Gewehr schon von sich aus annähernd richtig auf ein

Ziel einrichtet. Dann brauchen wir weniger Zeit zum Zielen und beschränken Fehler, die sich im Drang der Zeit nicht immer vermeiden lassen, auf ein Kleinstmaß. Diese Vorsorge gilt besonders für alle Gewehre, mit denen wir auf flüchtendes oder streichendes Wild schießen. Eine Ausführung der Schäftung, die diesen Erfordernissen entspricht, bedingt in den meisten Fällen einen individuellen Zuschnitt auf die körperliche Eigenart des einzelnen Jägers.

Hinterschaft

Der aus Kolbenhals und Kolben bestehende Hinterschaft beginnt hinter dem Verschlußgehäuse.

Am *Kolbenhals* greift die „Schießhand“ an, die die Abzüge betätigt und das Gewehr mit dem Kolben in die Schulter einsetzt. Die Unterseite des Kolbenhalses wird entweder

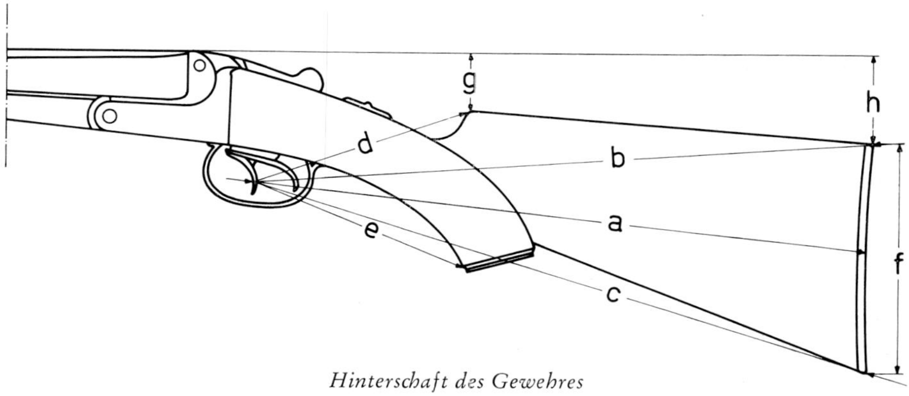

Hinterschaft des Gewehres

a, b, c = Schaftlänge, d = Abstand der Kolbennase vom vorderen Abzug (Länge des Kolbenhalses), e = Abstand des Pistolengriffes vom vorderen Abzug (Länge des Pistolengriffes), f = Länge der Kolbenkappe, g u. h = Senkung des Schaftes an der Kolbennase und Kolbenkappe

gerade, in einer Linie mit der Unterkante des Kolbens verlaufend, gearbeitet oder in gekrümmter Form, die dem Schaft von Pistolen entnommen ist und als Pistolengriff-Schäftung (Abb. S. 150) bezeichnet wird.

Beim Führen verschiedener Gewehre mit Schrot- und Büchsenläufen ist eine einheitliche Ausführung des Kolbenhalses anzuraten. Die zweckmäßigste Form ist dann ein *Pistolengriff*, der in schwacher, weit nach hinten gezogener Krümmung verläuft. Die Form hat den Vorzug, eine feste Gewehrhaltung in der Schießhand zu ergeben und dabei dem Kolbenhals eine Griffigkeit zu belassen, die im Falle des schnellen Doppelschusses aus mehrläufigen Gewehren die Schießhand nicht am Zurückgleiten behindert, wenn sie den hinteren Abzug betätigen will. Die sonstige Gestaltung des Kolbenhalses ist der Länge und Breite der Schießhand anzugleichen. Sein Umfang soll die Handhöhle voll ausfüllen und seine Länge so bemessen sein, daß der Daumenballen nicht gegen die Kolbennase drückt, sobald das vordere Glied des Schießfingers am Abzugsgriff (bei Gewehren mit zwei Abzügen am hinteren Abzugsgriff) liegt. In beiden Ausführungen soll der Kolbenhals mit einer als Fischhaut bezeichneten Aufrauhung versehen sein, damit er in der Hand nicht rutscht.

Die den Kolbenhals nach hinten abschließende, in Richtung der Daumenlage der Schießhand liegende *Kolbennase* muß gut gerundet sein. Die vor Schulter und Brust anliegende *Kolbenkappe* sei oben in etwa $^1/_3$ ihrer Länge glatt, um beim Inanschlaggehen leicht an der Kleidung aufwärts gleiten zu können; unten sei die Kappe in etwa $^2/_3$ ihrer Länge mit einer stumpfen Fischhaut versehen, damit der angeschlagene Schaft nicht abrutschen kann. Der backenlose Kolben, der sog. glatte Schaft, muß im ganzen voll gearbeitet sein, um eine ausreichende Anlehnung an unserer Wange zu gewährleisten. Er fällt daher etwas klobiger und schwerer aus als ein Schaft mit Backe.

Ein zu kurzer *Hinterschaft* ergibt einen unsicheren Anschlag und führt zu Tiefschüssen und zu schmerzhaftem Empfinden des Rückstoßes. Ein zu langen Hinterschaft verzögert den Anschlag und kann übermäßigen Hochschuß bewirken. Die Länge des Hinterschaftes wird gemessen vom Abzugsgriff bis zur Mitte der Außenfläche der Kolbenkappe; sie soll so lang sein wie die Länge des Unterarmes bei rechtwinklig gebeugtem Ellbogen, gemessen von der Innenseite des mit dem Rockärmel bekleideten Ellbogengelenkes bis zur Mitte des vorderen Gliedes des Schießfingers. Im Falle besonders dicker, winterlicher Kleidung benötigt man eine etwas kürzere Schäftung als bei leichter Sommerkleidung. Verschieden starke, auswechselbare Kolbenkappen gleichen solche Unterschiede aus.

Die Stellung der *Kolbenkappe* zum Schaftrücken soll so gewinkelt sein, daß die Kappenfläche gleichmäßig vor Brust und Schulter am Körper anliegt, und nicht nur oben oder unten. Schützen mit langem Hals und langem Gesicht benötigen eine lange Kolbenkappe, damit diese auch in ausreichender Länge Anlehnung an Brust und Schulter hat. Andernfalls schlägt uns der Rückstoß den Schaft unangenehm gegen die Wange.

Die *Senkung des Kolbens* (Abstand des Kolbenrückens in Höhe der Kolbenkappe und in Höhe der Kolbennase unter die nach hinten verlängert gedachte Laufschiene oder die Visierlinie) ergibt sich aus dem individuellen Körperbau und aus der Kopfhaltung des Schützen. Je nachdem, ob Hals und Gesicht lang oder kurz sind, ob wir im Anschlag den Kopf aufrecht halten oder vorwärts in das Gewehr hineinlegen, brauchen wir eine Schäftung mit größerer Senkung (krumme Schäftung) oder eine mit geringerer Senkung (gerade Schäftung). Zu krumme Schäftung führt ebenfalls zu schmerzhaften Prellungen der Backe durch den Rückstoß. Außerdem ergibt sie auf Wild, das uns quer kommt oder von uns fortflüchtet oder -streicht, einen Anschlag des Gewehrs, der zu Tiefschuß führt. Gerade Schäftung bewirkt einen Anschlag, der Hochschuß veranlaßt. Die meisten Jäger schießen aber auf derartige Ziele zu tief, weil sie diese nicht mit der Gewehrmündung zudecken wollen und daher das Ziel unbewußt auf dem Korn „aufsitzen" lassen. Deshalb ist eine möglichst gerade Schäftung anzuraten, die durch den Hochschuß, den sie ergibt, die Folgen des gewohnheitsmäßigen tiefen Anfassens der Ziele ausgleicht.

Die *Schränkung des Schaftes* stellt eine seitliche Ausbiegung des Hinterschaftes aus der nach hinten verlängerten Visierlinie dar. Je nachdem, ob ein Schütze eine breite oder eine schmale Schulter, ein volles oder mageres Gesicht hat, und je nachdem, ob wir den Kopf im Anschlag weniger oder mehr nach der Seite des Kolbens, die an unserer Wange anliegt, hinneigen, muß der Hinterschaft „aus dem Gesicht" geschränkt werden. Hierbei sei er unten an der Kolbenkappenspitze etwas mehr aus dem Gesicht geschränkt als oben.

Die passende Schaftsenkung und richtige Schränkung aus dem Gesicht wird am besten durch einen Büchsenmacher ermittelt, der Erfahrung im jagdlichen Schießen und Schaftanpassen hat (s. „Anschlag" S. 181).

Vorderschaft

Der Vorderschaft liegt vor dem Abzugsbügel unterhalb der Läufe. An seiner Fischhautfläche greift die *Zielhand* an, die das Gewehr im Anschlag stützt und es sicher zu führen hat, besonders beim Mitschwingen auf flüchtiges Wild. Diesen Aufgaben kann nur ein Vorderschaft gerecht werden, der bei gehörig vorgestrecktem Arm gut in der Hand liegt, indem er die Handhöhlung, der Haltung am Vorderschaft entsprechend, möglichst voll ausfüllt. Der hohe massige Vorderschaft von Bockgewehren entspricht dieser Notwendigkeit ohne weiteres. Bei der Form des Vorderschaftes, die bei Gewehren mit querliegenden Läufen üblich ist, wird eine gute Lage des Vorderschaftes in der Hand bei ausreichend weit vorgestrecktem Arm zu wenig berücksichtig. Statt hierbei den Vorderschaft genügend völlig zu halten, wird er um des schlanken gefälligen Ansehens willen zu flach und für Schützen mit langen Armen zu kurz gearbeitet. Vorteilhaft ist daher die für Gewehre mit querliegenden Läufen angewendete *Biberschwanz*-Ausführung. Sie ist höher und breiter gehalten und füllt die Hand ausreichend aus.

Visier- und Zielvorrichtungen

Zum Einrichten eines Gewehrs auf das Ziel bedienen wir uns einer in fester Verbindung mit dem Gewehr stehenden *Visiervorrichtung.*

In ihrer Lage zur Lauf- oder Laufbündelachse sind diese Visiervorrichtungen verstellbar, um sie beim Einschießen der Gewehre auf die Treffpunktlage der Läufe einzustellen.

Visierung für den Büchsenschuß

Die bekannteste Visierung für den Büchsenschuß besteht aus einem *Visier* und aus einem *Korn.* Ihre praktischste und, sofern das Sehvermögen eines Schützen noch gut ist, für vielerlei Jagdzwecke immer noch bewährteste Bauart ist das *Balkenvisier* (Abb. S. 152). Entweder mit einem Visiersattel auf dem Lauf oder auf der Laufschiene angebracht, liegt

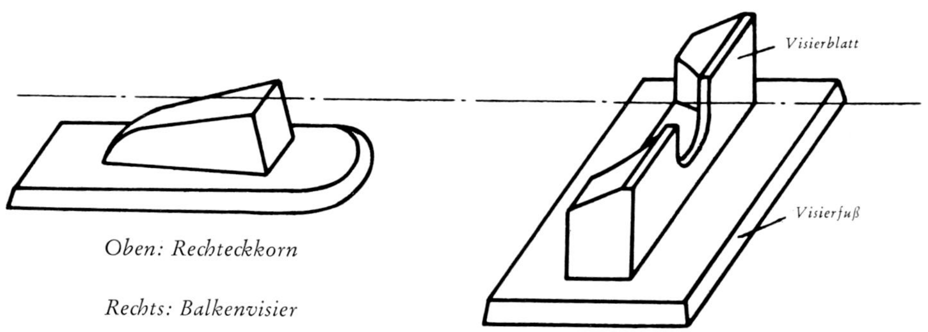

Oben: Rechteckkorn

Rechts: Balkenvisier

in einigem Abstand vom Auge des Schützen als erstes Absehen ein Visierblatt (Abb. S. 152), in dessen Oberkante eine Kimme, am besten in runder Form, eingefeilt ist. Über dem vorderen Laufende sitzt als zweites Absehen auf einem Kornsattel oder auf einer Laufschiene ein Korn (s. Abb. S. 152).

Die zu dieser Einrichtung gehörige *Visierlinie* verläuft von der Mitte der Kimme des Visierblattes (1. Visierpunkt) zur Mitte der Oberfläche des Korns (2. Visierpunkt). Wir stellen diese Linie her, indem wir dem Gewehr im Anschlag eine Lage gegeben, in welcher das Korn und Visier die in Abb. S. 153 gezeigten Stellungen einnehmen. Korn und Visier in dieser Stellung zueinander belassend, verlegen wir durch entsprechendes Richten des Gewehrs die so gebildete Visierlinie in die vom Auge zum Ziel führende Sehlinie, bis beide Linien zusammenfallen und ein Bild nach Abb. S. 195 entsteht. Hier liegt jetzt unser sogenannter *Haltepunkt* im Ziel, und in dieser Haltung müssen wir das Gewehr abziehen und währenddessen festhalten, ohne seine Lage zu verändern. Gelingt uns das, wird auch der Schuß im Ziel sitzen, falls das Gewehr entsprechend eingeschossen ist.

Die Ausführung der dargestellten Einzelvorgänge des Anvisierens eines Zieles ist voller Schwierigkeiten, und zwar um so mehr, je schwerer es dem Auge mit zunehmendem Nachlassen seiner Funktionen und Sehschärfe wird, Visier, Korn und Ziel scharf zu sehen. Infolgedessen unterlaufen uns mancherleit Zielfehler, wie Fein- oder Vollkorn nehmen, Klemmen des Korns in der Kimme oder das Verkanten (Abb. S. 197).

Eine hierauf Rücksicht nehmende Ausführung der Visierung kann uns in diesen Schwierigkeiten beträchtlich helfen. Das *Visierblatt* soll gehörig lang sein. Seine Oberkante muß parallel zum waagerechten Querschnitt der Läufe liegen, durchaus gerade und in Richtung des Korns schräg abfallend gearbeitet sein. Die *Kimme* sei halbrund und soweit ausgefeilt, daß beim Visieren der Kimmenumfang allseitig reichlich Abstand vom Kornumfang zeigt. Nur eine derartig ausgeführte, in Abb. S. 153 gezeigte Visierung ermöglicht, Korn und Visier beim Zielen wirklich in eine genaue Ebene zu bringen.

Der Abstand des Visiers vom Auge sei nicht zu klein, weil ein im Alter zunehmend weitsichtig werdendes Auge das Visier um so schärfer sieht, je weiter jenes hiervon entfernt ist.

Die gebräuchlichsten Kornformen sind das *Perlkorn* (Abb. S. 153) und das von erfahrenen Jägern bevorzugte *Rechteckkorn* (Abb. S. 153). Die gerade Oberkante des Rechteck-

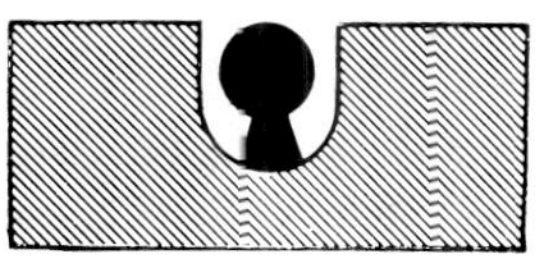

Balkenvisierung mit Perlkorn

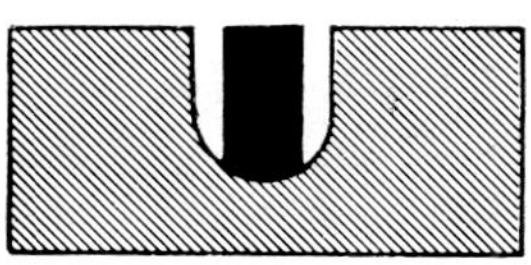

Balkenvisierung mit Rechteckkorn

korns läßt sich genauer und schneller in die Ebene der Oberkante des Visierblatts einstellen und damit auch die Höhenlage der gesamten Visierung im Ziel besser beurteilen, als die Rundung des Perlkorns.

Die Oberfläche eines nach Abb. S. 152 vorschriftsmäßig gearbeiteten Rechteckkorns soll sich in Richtung der Laufmündung schräg nach unten neigen. Die dem Auge zugewandte Kornfläche muß sich, um genügend Licht zu fangen, in Richtung des Visiers schräg abwärts neigen. Die Breite des Korns soll wenigstens 2, besser bis zu 3,5 mm messen und sich nach der Laufmündung hin verjüngen. Mit breiten, groben Kornen wird man, zumal im vorgerückten Alter, am besten fertig. Man schießt damit unter den wechselnden, schwierigen Licht- und Visierverhältnissen auf stehendes und flüchtiges Wild und auch auf Kleinwild sicherer und alles in allem genauer als mit schmalen, feinen Kornen. Diese eignen sich wohl unter den Bedingungen des Schießstandes beim Schießen auf Ringscheiben, aber nicht für das durchschnittliche jagdliche Schießen.

Schwierig ist die richtige Auswahl der *Farbe* der dem Auge zugewendeten Kornfläche. Bei vielerlei Versuchen erwies sich ein Kornbelag in sattem Gelb (Messing oder Gold) als der unter allen Verhältnissen praktischste. Ausreichend bruchfest sind auch gefärbte Emailleauflagen, wenn damit vorsichtig umgegangen und solch Korn beim Gewehrtransport durch einen aufschiebbaren Kornschützer vor Bestoßen bewahrt wird.

Entweder Korn oder Visier werden, um seitliche Schußabweichungen beim Einschießen der Gewehre berichtigen zu können, seitlich in den Kornsattel oder in die Laufschiene eingeschoben. Die hierbei eingestellte Lage der Visierung soll durch einen gegenseitigen Meißeleinhieb in den Visier- bzw. Kornfuß und in ihr Bett gekennzeichnet sein, damit wir eigenmächtige Verschiebungen bemerken und beseitigen können.

Zielfernrohr

Die technisch günstigste Visierung für den Büchsenschuß stellt das Zielfernrohr dar. Seine Vorzüge, hauptsächlich die Vereinfachung der Visiervorgänge, kommen auch in der Revierpraxis voll zur Geltung, wenn man sich dieser Zielvorrichtung mit Überlegung und Vernunft bedient.

Die *Visierlinie* dieses Zielgerätes liegt innerhalb des Fernrohrs. Sie verläuft über sein *Absehen* unmittelbar zu dem Ziel, dessen Bild das Linsensystem des Fernrohrs vor dem Auge entwirft. Hiermit enthebt das Zielfernrohr den Schützen der Schwierigkeit, eine fehlerfrei verlaufende Visierlinie über das Visier und das Korn zum Ziel herzustellen und hierbei diese drei, in verschiedener Entfernung liegenden Visierpunkte scharf zu sehen. Visierfehler nach Art von Kornklemmen, Fein- und Vollkorn (Abb. S. 197), können bei zentrischem Sehen durch das Fernrohr nicht unterlaufen.

Das vom Zielfernrohr wiedergegebene Gesamtbild ist aufgehellt und in seiner Bildschärfe auf das Sehvermögen eines jeden Auges scharf einstellbar. Die hierzu am Fernrohr angebrachte *Scharfeinstellung* wird am besten im schwachen Licht vor Einbruch der Dämmerung auf mittlere Schußentfernung einreguliert. Die Einstellung ist richtig, wenn Absehen und Ziel gleiche Schärfe zeigen.

Die *Zielfernrohre* werden in Ausführungen geliefert, die das Bild des Ziels in 1 bis 10 × *Vergrößerung* wiedergeben. Infolgedessen erscheint ein in 100 m Entfernung stehendes Wild bei 4 × Vergrößerung wie ein nur in 25 m Entfernung stehendes, ein 150 m entferntes bei 6 × Vergrößerung ebenfalls wie ein nur auf 25 m stehendes. Hiermit wird ein Ziel um so deutlicher und das Abkommen darauf um so klarer, je stärker die Bildvergrößerung ist. Je schlechter die Beleuchtung und je größer die Zielentfernung sind, desto augenfälliger wird dieser Vorzug.

Im praktischen Gebrauch sind der Vergrößerung Grenzen gesetzt. Steigende Vergrößerung vermehrt in der Bildwiedergabe die darauf sich übertragenden Schwankungen des im Anschlag liegenden Gewehrs. Damit wird naturgemäß das ruhige Abkommen im Ziel mit steigender Vergrößerung zunehmend erschwert.

Das Bild von Wild, das durch Baum- oder Buschbestände flüchtet, läßt sich mit zunehmender Vergrößerung um so schlechter erfassen, je näher es ist und je schneller es sich fortbewegt. Man sieht daher bei solchen Gelegenheiten u. U. nur ein verschwommenes Bild des Wildes, auf dem nicht mehr abzukommen ist, sofern man das Ziel in dem kleinen Gesichtsfeld, das stärkerer Vergrößerung eigen ist, überhaupt findet. Auf flüchtiges Wild sind deshalb nur kleine Vergrößerungen brauchbar, am besten $1^1/_2$ ×.

Für den Durchschnittsgebrauch zur Pürsch und zum Ansitz bis zu beginnender Dämmerung ist eine 4 × Vergrößerung die gegebene. Die durch sie verursachten Schwankungen des Zielbildes sind auch noch beim Freihandschuß erträglich, wenn wir ihn reichlich mit dem Zielfernrohr üben.

Unter sehr schlechten Lichtverhältnissen und beim Schießen auf weite Entfernung brauchen wir eine mindestens 6fache Vergrößerung, um ein hinreichend klares Bild des anvisierten Ziels zu erhalten. Derartige Zielfernrohre zeigen die Schwankungen des Abkommens in einem Ausmaß, das, je nach der körperlichen Veranlagung und augenblicklichen Verfassung des Jägers, eine beruhigende Stützung des Gewehrs durch sein Auflegen oder Anstreichen erfordert. Sehr zweckmäßig sind die Zielfernrohre, die mit verstellbaren

Vergrößerungen ($1^1/_2$–10 ×) ausgerüstet sind. Sie entsprechen den meisten Bedürfnissen und haben sich gut bewährt.

Die Auswahl der praktischsten *Absehenform* ist mehr oder weniger Sache der persönlichen Eignung für den einzelnen Jäger. Grundsätzlich gehört zum Schuß bei schlechtem Licht ein grobes Absehen nach Abb. S. 155b, zum Feinschuß auf kleine Ziele und auf weite Entfernung ein feines Absehen nach Abb. S. 155a, zum Schießen auf flüchtiges Wild ebenfalls ein grober Punkt, entweder nach Abb. b angeordnet, oder besser nur auf einem

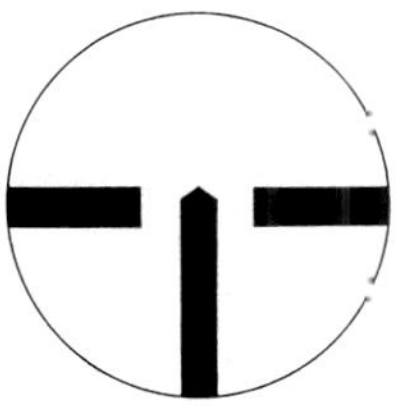

a. Normal-Absehen

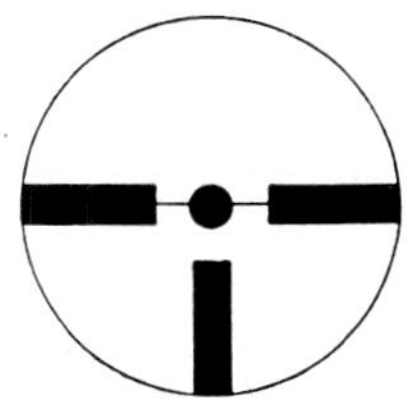

b. Absehen mit Punkt und Balken

c. Universelles Sonderabsehen Fa. M. Hensoldt & Söhne bzw. Zeiss

einzelnen, feinen Querfaden liegend. Das ist der Abb. c gezeigte, universelle Sonderabsehen der Zielfernrohre mit veränderlicher Vergrößerung, Fabrikat Zeiss, vermittelt einerseits ein sehr präzises Abkommen, andererseits ein noch ausreichendes Erkennen auch bei schwachem Licht.

Die Befestigung des Zielfernrohrs auf dem Gewehr erfolgt durch die *Zielfernrohrmontage*.

Der Durchmesser des Zielfernrohrs bedingt einen Abstand seiner Visierlinie von den Läufen, der, gegenüber dem Abstand der Visierlinie der Balkenvisierung hiervon, mit zunehmendem Linsendurchmesser des Fernrohrs wächst. Infolgedessen müssen wir für den Anschlag des Gewehrs zum Fernrohrschuß den Kopf mehr anheben. Um die hieraus sich ergebende Unsicherheit des Anschlags, die leicht Schießfehler verursacht, tunlichst zu beschränken, sollen wir jedes Zielfernrohr so niedrig wie möglich auf das Gewehr aufpassen lassen.

Ein Tunnel in den Fernrohrfüßen, um evtl. einen Schuß über Visier und Korn unter dem aufgesetzten Zielfernrohr hindurch zu zielen, wenn z. B. Feuchtigkeit auf den Fernrohrlinsen das Bild verschleiert, erhöht die Fernrohrlage wesentlich. Da im Bedarfsfall der Wert dieser Einrichtung fragwürdig ist, weil die Treffpunktlage des Gewehrs bei dieser Schießmethode meist eine ganz andere ist als beim Schuß über Visier und Korn mit freiem Lauf (s. S. 160), verzichtet man am besten auf den Tunnel zugunsten einer niedrigen Lage des Zielfernrohrs auf den Läufen. Ihr Vorteil überwiegt bei weitem ein Auslassen vereinzelter Schießgelegenheiten im Verlauf eines langen Jägerlebens. Aufsteck- oder Anschnallbacken, die den Schaftrücken für den Anschlag mit Zielfernrohr erhöhen, sind ein unansehnlicher Notbehelf.

Von dem Führen *eines* Zielfernrohrs auf verschiedenen Gewehren oder Laufgarnituren ist aus technischen Gründen abzuraten. Es ist sehr schwierig, derartige Montagen von Zielfernrohren zu einem zuverlässigen Paßsitz zu bringen. Meist werden sich dabei früher oder später Veränderungen der Treffpunktlage bei dem einen oder anderen Gewehr bzw. Laufgarnitur einstellen. Dagegen ist gegen die Aufpassung von zwei Fernrohren auf einem Gewehr oder einem Lauf, etwa ein Zielfernrohr mit schwacher, ein zweites mit stärkerer

Vergrößerung, nichts einzuwenden, wenn die Montagen durch einen erstklassigen Fachmann sorgfältig ausgeführt werden.

Der auf die Dauer zuverlässige Paßsitz einer Zielfernrohrmontage erfordert eine sorgfältige, zeitraubende Handarbeit. Infolgedessen muß für eine gute Montage ein angemessener Preis aufgewendet werden. Billige Montagen sind vielfach mit Fehlern behaftet und daher nicht empfehlenswert.

Jedes Zielfernrohr wird in seiner beim Einschießen vorgenommenen Einstellung verändert und reagiert darauf mit Treffpunktverlagerung des betreffenden Gewehrs, wenn sich der Sitz des Absehens und der vorderen Linsen verändert. Irgendwelche Eingriffe in das Innere eines Zielfernrohrs, z. B. zu Reinigungszwecken, dürfen wir deshalb nicht vornehmen. Hiermit ändern wir unvermeidlich den Sitz seiner Linsen und können das äußerst empfindliche Absehen beschädigen.

Aus gleichen Gründen müssen wir ein Zielfernrohr vor nachhaltigen Erschütterungen bewahren und besonders Leichtmetall-Zielfernrohre zum Transport in einem Fahrzeug vom Gewehr abnehmen.

Nach einem harten Stoß gegen ein Zielfernrohr oder nach Umfallen eines damit versehenen Gewehrs prüfe man durch einen Probeschuß nach, ob die Treffpunktlage noch unverändert ist.

Jäger, deren Sehvermögen auch ein grobes Visier und Korn nicht mehr ausreichend sicher zusammenschauen läßt, sind zum ausschließlichen Gebrauch des Zielfernrohrs genötigt.

Jüngere Jäger und solche mit gutem Sehvermögen sollten alle Gelegenheiten zum Schuß mit offener Visierung nutzen, weil uns der ausschließliche Gebrauch des Zielfernrohrs zu sehr verwöhnt und uns derart davon abhängig macht, daß wir uns schließlich einen sicheren Schuß mit offener Visierung nicht mehr zutrauen. Dann ist der Jäger nicht mehr Herr der Lagen, in denen allein ein schnelles Handeln und Zielfassen über den freien Lauf zu einem erfolgreichen Schuß verhelfen können.

Visierung für den Schrotschuß

Die Visierung für den Schrotschuß begnügt sich mit dem hinteren Ende der Laufschiene als erstem Absehenpunkt und mit einem in Nähe der Laufmündung sitzenden Korn als zweitem Absehenpunkt. Der Verlauf der Visierlinie ist entsprechend. Die Genauigkeit dieser vereinfachten Visierung genügt in Anbetracht der geringen Schußentfernung mit streuenden Schroten. Unser Auge fluchtet beim Visieren über eine freie Laufschiene so genau, daß es Seitenabweichungen der Visierlinie, die vom Auge über die Schienenmitte zum Korn läuft, schon wahrnimmt und gefühlsmäßig zu berichtigen sucht, wenn die Abweichung nur in Bereichen von 1 mm liegt. Solche bedingen aber auf 35 m Schußentfernung nur rd. 5 cm Treffpunktabweichung, die angesichts der Streuung der Schrotgarbe bedeutungslos ist.

Die ständige Benutzung eines Visieres für den Schrotschuß würde dazu verleiten, allzu sorgsam zu visieren. Wir verlören dadurch wertvolle Zeit, würden im zügigen Schwingen des Gewehres mit sich bewegenden Zielen behindert, und Fehlschüsse wären die Folge. Eine richtig liegende Schäftung muß allerdings die schnelle Herstellung einer ausreichend genau verlaufenden Visierlinie unterstützen.

Das *Flintenkorn* soll ausgesprochen grob sein (3–4 mm), damit das Auge es schnell zu erfassen und beim Visieren längs der Laufschiene gefühlsmäßig rasch in die richtige Lage zum Ziel zu bringen vermag.

VORGÄNGE BEIM SCHUSS

Schußentwicklung

Die *Schußentwicklung* umfaßt das Geschehen innerhalb des Laufes vom Zündzeitpunkt bis zum Geschoßabgang aus dem Lauf. Sie setzt ein, wenn nach Durchziehen des Abzugs der Schlagbolzen oder das Schlagstück aus ihrer Halterung bzw. Rast frei werden und unter Einwirkung der Schlagfeder in Richtung des Patronenlagers vorschnellen. Bei Zentralfeuerzündung auf die Mitte des in den Boden der Patronenhülse eingesetzten Zündhütchens treffend, bei Randfeuerzündung gegen den Rand des Patronenhülsenbodens gerichtet, schleudert der Schlag den hier eingeladenen Zündsatz gegen den Amboß oder die gegenüberliegende Wand des Hülsenrandes. Der Satz entzündet sich dadurch und entflammt das Treibmittel Pulver.

Je nach Eigenart der Pulversorten mehr oder minder schnell verbrennend, setzt sich das Pulver im Verlauf des Abbrands in Gase um. Der Abbrandgeschwindigkeit des Pulvers folgend, nehmen die Gase schnell an Menge zu. Sie entwickeln hinter der vorliegenden Geschoßmasse einen rasch ansteigenden Druck, der nach allen Seiten hin wirkt. Ihm weichen die Geschosse aus; sie machen sich als Büchsengeschoß vom Ankniff im Patronenhülsenmund frei, öffnen als Schrotladung den nachgebenden Hülsenverschluß und gelangen in den Übergangskegel der Geschoß- bzw. Schrotführung. Die hier vorliegende Verengung der Laufbohrung setzt der sich darin einpressenden Geschoßmasse starken Widerstand entgegen; infolgedessen verzögert sich ihr Vormarsch, so daß sich die Gasmengen, die der fortlaufende Pulverabbrand nachliefert, für einen Augenblick stauen. Ihr Druck steigt deshalb noch mehr (1000–4000 at beim Büchsenschuß und 450–720 at im Mittel beim Schrotschuß) und zwingt die Geschoßkörper in die Führung der Laufbohrung. Hierin weitermarschierend und dabei schneller und schneller werdend, gibt dadurch die Geschoßmasse den fortgesetzt nachdrängenden Gasen rasch wieder Raum und zunehmende Entspannungsmöglichkeit, bis Geschoß oder Schrote die Laufmündung erreichen. Hier stoßen sie mit den nachströmenden Pulvergasen in die vorliegende Luft und erzeugen den Schußknall.

Mündungsfeuer

Das mit Beendigung der Schußentwicklung an der Laufmündung erscheinende *Mündungsfeuer* kann den Jäger bei Schüssen mit Büchsenpatronen während der Dämmerung so stark blenden, daß er das Verhalten eines beschossenen Stückes Wild nach dem Auslösen des Schusses nicht zu beobachten vermag. Die Stärke dieses Mündungsfeuers hängt davon ab, wieweit – je nach Verbrennungscharakter des Pulvers, Lademenge des Pulvers und Geschoßgewicht – die Pulververbrennung fortgeschritten ist, wenn das Geschoß die Mündung eines Laufes von bestimmter Länge verläßt. Je träger der Verbrennungsverlauf der Pulverart, je größer die Pulvermenge (Ladungsgewicht), je leichter das Geschoß und je geringer dabei die Lauflänge sind, desto kräftiger wird das Mündungsfeuer.

Rückstoß

Der im Gewehrlauf sich entwickelnde Gasdruck beschleunigt die vorliegende Geschoßmasse nach vorn und bewegt als Gegenwirkung das Gewehr nach hinten. Des weiteren bewirken die mit hoher Geschwindigkeit aus der Laufmündung strömenden Pulvergase einen Raketeneffekt, der das Gewehr zusätzlich rückwärts bewegt. Diese Gewehrbewegungen insgesamt empfinden wir als *Rückstoß* an Schulter und Wange. Er fällt um so kräftiger aus, je größer einerseits die Geschoßgeschwindigkeit und der Gasdruck, das Laufkaliber und das Geschoßgewicht, und je geringer andererseits das Gewehrgewicht und die Lauflänge sind.

Bei dem Abfeuern von Selbstladegewehren wird ein erheblicher Teil der Rückstoßkräfte auf die Selbstladeeinrichtung übertragen und durch deren Funktion verbraucht. Infolgedessen fällt der restliche, den Schützen treffende Rückstoß entsprechend abgeschwächt aus.

Führung der Geschosse und Schrote durch den Lauf

Während des Durchgangs der Geschosse und Schrote durch die Laufbohrung entsteht beiderseits eine beträchtliche Reibung, die sich mit zunehmender Geschoßgeschwindigkeit und Unebenheit der Laufbohrung vermehrt. Überschreitet die Beanspruchung, der hierbei die weichere Geschoß- bzw. Schrotoberfläche unterliegt, deren Festigkeit, bleibt Geschoßmetall in der Laufbohrung hängen. Diese *Laufverschmierungen* hemmen den stetigen Durchgang nachfolgender Geschosse und Schrote durch den Lauf. Nimmt die Verschmierung überhand, wird sie Anlaß zu vermehrter Streuung der Einzelgeschosse, zu Unregelmäßigkeiten des Schrotschusses und zu Gasdrucksteigerungen.

Die Verarbeitung von fehlerfreiem Laufwerkstoff, die Herstellung einer glatten Oberfläche der Laufbohrung und eine Begrenzung der Fluggeschwindigkeit der Geschosse (gefettete Bleigeschosse auf 450 m je Sekunde [m/s], Geschosse mit weichen Kupfermänteln auf 650 m/s, Geschosse mit festen Mänteln aus harten Kupferlegierungen oder aus Flußeisen bis etwa 1000 m/s) sichert uns insoweit gegen übermäßige Metallablagerungen in der Laufbohrung. Sorgen wir des weiteren unserseits für die Erhaltung der Glätte der Laufbohrungen, indem wir durch sachgemäße Laufpflege Rostschäden verhüten und metallische Laufverschmierungen von Zeit zu Zeit durch besondere Reinigungsmittel beseitigen lassen, wird die Geschoßführung durch den Lauf stets richtig erfolgen.

Staub und Sand, die in die Laufmündung eindringen, und fehlerhafte Handhabung der Laufreinigung führen zu Kalibererweiterungen nach der Laufmündung hin (Vorweiten) und zu abgeschliffenen Felderkanten der Büchsenlaufbohrungen. Die Fehler wirken auf die Geschosse ebenso, wie ein ausgeleiertes Gewinde einer Schraubenmutter, das eine darin sich drehende Schraube zum Flattern bringt.

Gefettete Laufbohrungen ändern die Führung von Einzelgeschossen bei einem ersten Schuß. Hierdurch kann gegenüber einem Schuß aus fettfreier Laufbohrung die Abgangsrichtung des Geschosses aus der Laufmündung und somit sein Treffpunkt verlagert werden[1]. Auf den Schrotschuß hat eine leicht gefettete Laufbohrung keinen bedeutenden Einfluß.

[1] Der Einfluß von Öl in Laufbohrungen auf den Treffpunkt daraus abgegebener Schüsse wurde mit Repetierbüchsen Kal. 6×57 und 8×57 JS ermittelt. Hierbei zeigten sich gegenüber Schüssen aus fettfreier Laufbohrung auf 100 m Entfernung bis zu 4 cm Hochschuß und 3 cm Rechtsschuß. Ferner bewirkten die geölten Laufbohrungen eine Vergrößerung der Gewehrstreuung um 100 %.

DER BÜCHSENSCHUSS

Schußleistung der Büchsenläufe

Die wichtigste Funktion der Schußleistung eines Büchsenlaufes ist seine *Treffgenauigkeit*, d. h. die Genauigkeit, mit der ein Lauf Schuß für Schuß unsere Geschosse auf den Fleck bringt, den wir in einem Ziel treffen wollen. Diese Treffgenauigkeit setzt sich aus der Treffpunktlage und aus der Streuung („Präzision“) der Büchsenläufe von ein- und mehrläufigen Gewehren zusammen.

Mit *Treffpunkt* bezeichnen wir den Fleck, auf dem in bezug auf das anvisierte Ziel der Schuß sitzt. Beim Einschießen bringen wir durch Einstellung der Visierlinie auf diesen Fleck den Treffpunkt unserer Büchsenlaufgewehre in die gewünschte Lage zu unserem Haltepunkt im Ziel. Diese *Treffpunktlage* wird die Büchse bei bleibender Visiereinstellung und Verwendung von Patronen unveränderter Ladung immer haben, sofern uns in der Handhabung der Waffe beim Schießen keine Fehler unterlaufen, die ihrerseits die Treffpunktlage verändern.

Unter *Streuung* eines Laufes verstehen wir die Größe der Fläche, auf die sich mehrere Geschosse, die auf eine bestimmte Entfernung unter Ausschaltung von Ziel- und anderen Schützenfehlern aus einem Gewehr abgefeuert werden, am Ziel verteilen.

Die Treffpunktlage und die Streuung eines Büchsenlaufes sind das Ergebnis der jeweiligen Richtung, welche die Laufmündung in dem Zeitpunkt einnimmt, in dem ein Geschoß aus ihr abgeht. Hierzu vergegenwärtigen wir uns, daß bei einer Schußabgabe das ausgelöste Schloßwerk des Gewehrs und der Gasdruckstoß der Schußentwicklung das gesamte Gewehr erschüttern. Ferner bewirken der Gasdruck und der Einpreßwiderstand des Geschosses in die Laufbohrung elastische Dehnungen des Laufes in seiner Längs- und Querrichtung, infolge des Dralles auch elastische Verdrehungen um seine Achse. Die Stärke dieser Einflüsse versetzt das Gewehr und den Lauf in schwingende Bewegungen. Der Lauf vibriert in sich mit der freien Mündung, das Gewehr insgesamt biegt sich infolge des Rückstoßes u. a. auch im Kolbenhals durch. Als Folge dieser Schwingungen erhält die Lage der Seelenachse an der Laufmündung bei Abgabe eines Schusses Richtungsänderungen gegenüber ihrer Richtung vorher.

Treffpunktlage der Büchsenläufe

Die *Treffpunktlage* (TPL) der Büchsenläufe ergibt sich aus der Richtungsänderung, die die Laufmündung durch die Schwingungs- und Biegungsvorgänge des Gewehres zur Zeit des Geschoßabgangs aus dem Lauf erhält. Die Richtungsänderung verläuft als sogenannter Abgangsfehlerwinkel in einem bestimmten Ausschlag der Laufmündung gegenüber ihrer Ruhelage vor der Schußentwicklung. Er legt die Abgangsrichtung der Geschosse fest und ergibt in Verbindung mit Außeneinflüssen auf das fliegende Geschoß die vom Lauf ausgehende, auf eine bestimmte Zielentfernung gegebene TPL der Geschosse. Beim Einschießen des Gewehrs wird, indem hierbei die Visierung oder die Absehenmarke des Zielfernrohrs auf die auf die Zielentfernung gegebene TPL des Laufes eingestellt wird (Abb. S. 178), der Abgangsfehlerwinkel mit ausgeglichen.

Der Abgangsfehlerwinkel ist je nach der Eigenart eines Gewehres individuell bedingt und verschieden. Er verläuft je nach Bauart (glatter oder mit Schiene ausgerüsteter Lauf, Dicke der Wandung und Länge des Laufes, ein- oder mehrläufiges Gewehr, Verschlußart usw.), je nach Belastung eines Laufes durch ein aufgesetztes Zielfernrohr und je nach der verwendeten Patronensorte (Pulverladung und Geschoß) in dieser oder jener Richtung und Größe. In ihrer hierdurch festgelegten Richtung und Größenordnung sind der individuelle Abgangsfehlerwinkel und die TPL eines Laufes bzw. Gewehrs von Schuß zu Schuß grundsätzlich gleichbleibend. Sie werden geändert, sobald sich die folgenden Einflüsse auf die Schwingungs- und Biegungsvorgänge innerhalb des Gewehrs einstellen:

1. Schwankungen im Paßgang der Verschlußteile.
2. Verlagerung des Sitzes des Gewehrschaftes an dem Lauf und Verschlußgehäuse (festerer oder loserer Sitz der Verbindungsschrauben, Verziehungen im Holz der Vorderschäfte durch Einflüsse der Witterung).
3. Ein aufgesetztes Zielfernrohr (Laufverspannung durch die Montage und Laufbelastung durch das Fernrohrgewicht).

   Bei dem Einschießen eines Gewehrs mit Visier und Korn wird die Richtung dieser Visierung stets auf den Abgangsfehlerwinkel und die TPL des Laufes, die sich bei dem vom Zielfernrohr freien Gewehr auf die Zielentfernung ergeben, eingestellt. Dadurch wird der in diesem Fall vorliegende Abgangsfehlerwinkel ausgeglichen, und es wird hierdurch die auf die Einschießentfernung gewünschte TPL des Gewehrs bzw. Laufes bei dem Zielen mit Visier und Korn erreicht.

   Bei dem Einschießen eines Gewehrs mit dem Zielfernrohr wird dessen Absehenmarke auf den Abgangsfehlerwinkel und die TPL des Laufes, die aus der Belastung des Gewehrs durch das Zielfernrohr hervorgehen, eingestellt. Hierdurch wird bei einer mit dem Zielfernrohr gezielten Schußabgabe dieser Abgangsfehlerwinkel ausgeglichen, und es wird dadurch die TPL erlangt, die das Gewehr bzw. der Lauf auf die Einschießentfernung mit dem Zielfernrohr ergeben soll.

   Wird bei aufgesetztem Zielfernrohr ein Schuß über Visier und Korn durch einen Tunnel der Montage des Zielfernrohrs gezielt, sind durch die vorliegende Einstellung des Visiers und des Korns der Abgangsfehlerwinkel und die TPL des Laufes, die in diesem Fall durch das auf das Gewehr aufgesetzte Zielfernrohr bewirkt werden, nicht ausgeglichen; denn Visier und Korn sind, wie vorstehend ausgeführt, stets auf den Abgangsfehlerwinkel und die TPL des Laufes des vom Zielfernrohr freien Gewehrs eingerichtet. Infolgedessen ergibt der Büchsenlauf des Gewehrs, das bei dem Zielen eines Schusses über Visier und Korn durch das aufgesetzte Zielfernrohr belastet ist, hierbei eine andere TPL als die eines solchen Schusses, der mit Visier und Korn aus dem vom Zielfernrohr nicht belasteten Gewehr abgegeben wird.
4. Wechselnde Schußbeanspruchung eines Gewehres infolge anderer Pulverladung (Art und Ladungsgewicht), anderen Geschosses (Innenaufbau, Führungseigenschaften und Gewicht), anderer Fabrikationsserie oder anderen Fabrikates der gleichen Patronensorte.

   Ob und wieweit und nach welcher Richtung hin der Abgangsfehler und die TPL eines Gewehrs durch vorgenannte Ursachen 1–4 verändert werden, ist Sache der Eigenart eines jeden Gewehrs. In allen solchen Fällen muß durch ein Probeschießen auf die Scheibe Aufschluß über evtl. TPL-Veränderungen gesucht werden, nach denen gegebenenfalls eine Visier- bzw. Fernrohrumstellung vorzunehmen ist.
5. Unterschiedliche Auflage und Abstützung eines Gewehrs, falls wir mit aufgelegter oder angestrichener Waffe schießen.

Legen wir ein Gewehr in möglichster Nähe seines Schwerpunktes, nicht weiter als etwa 15 cm (1½ Handbreite) vor dem Abzugsbügel, auf, oder streichen wir es nicht weiter davor an eine Stütze an, so ist die TPL die gleiche wie bei einem freihändig abgegebenen, ebenso abgekommenen Schuß. Dabei ist es gleichgültig, ob wir das Gewehr auf eine weiche, harte oder federnde Unterlage auflegen bzw. anstreichen (Abb. S. 161a).

Legen wir ein Gewehr in weiterer Entfernung vor dem Abzugsbügel auf, wirken Prellungen, die im Verlauf einer jeden Schußabgabe zwischen der Unterlage und dem Vorderschaft bzw. Lauf eines Gewehrs (je nach Entfernung der Unterlage von dem Abzugsbügel) entstehen, vermehrt mittelbar bzw. unmittelbar auf den Lauf ein. Die

Veränderung der Treffpunktlage (TPL) bei aufgelegtem Schießen

a. Normale TPL bei 15 cm vor dem Abzugsbügel aufgelegtem Gewehr:
● = *TPL bei Auflage auf Wollsack*
◗ = *TPL bei Auflage auf 2½ cm dicke Holzstange*
⊖ = *TPL bei Auflage auf Ziegelstein und ebenso 4 mm dicken Draht*

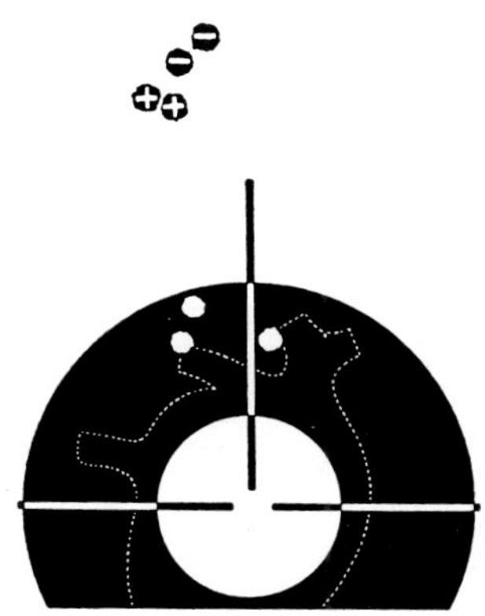

b. Hochschuß des nebenstehenden Gewehrs, wenn dies weiter nach vorn aufgelegt wurde:
○ = *TPL bei Auflage 40 cm v. d. Abzugsbügel auf Wollsack und Holzstange; 4 cm Hochschuß gegenüber normaler TPL*
⊕ = *TPL bei Auflage 60 cm v. d. Abzugsbügel auf Wollsack; 12 cm Hochschuß gegenüber normaler TPL*
⊖ = *TPL bei Auflage 60 cm v. d. Abzugsbügel auf Holzstange; 14 cm Hochschuß gegenüber normaler TPL*

Beide Versuche geschossen mit Mauser-Repetierbüchse Modell 98 Kaliber 8×60 S (Gewicht ohne Zielfernrohr 3,5 kg) auf 80 m, Haltepunkt Mitte des weißen Spiegels

derartigen Prellungen haben einen in Abb. S. 161b gezeigten *Hochschuß* zur Folge, der sich mit zunehmender Entfernung der Unterlage vom Abzugsbügel steigert, auch wenn das Gewehr auf eine weiche Unterlage aufgelegt wird. Ebenso weicht die Treffpunktlage des Schusses nach der Seite hin ab, wenn wir das Gewehr weiter als etwa 15 cm vor dem Abzugsbügel an eine Stütze anstreichen.

Wird eine einläufige Büchse mit dem Vorderschaft aufgelegt, und werden dabei die Büchse und die Unterlage (zum Beispiel Querstange eines Hochsitzes) gemeinsam fest mit der Hand umklammert, erhält hierdurch der Lauf einen von oben nach unten gerichteten Druck. Dadurch wird ein Lauf, der in dem Vorderschaft einer Büchse „hohl" gelagert ist (mit Spielraum zwischen Lauf und Holz), abwärts gedrückt, und als Ergebnis wird der Abstand der Achse des Laufes von der Visierlinie eines aufgesetzten Zielfernrohrs vergrößert. Die Folge ist *Tiefschuß*, der beträchtliche Ausmaße einnehmen kann.

Wird aus dem *Büchsenlauf eines mehrläufigen Gewehrs* (z. B. Büchsflinte, Bockbüchsflinte oder Drilling) ein Schuß abgegeben, können seine Auswirkungen die TPL dieses Laufes zeitweilig ändern. Ursächlich dafür ist, daß der abgefeuerte Büchsenlauf in seiner Dehnung, die er als Ergebnis der Schußerwärmung erhält, durch die üblicherweise *in ganzer Länge gelötete Verbindung mit dem Laufbündel* einseitig behindert wird. Infolgedessen dehnt sich der abgefeuerte Lauf in seinem freiliegenden Bereich mehr als in dem Bereich der Verbindung mit dem Laufbündel. Hierdurch wird der abgefeuerte Lauf verzogen (gekrümmt) und demgemäß die Richtung seiner Mündung geändert. Wird daher nach einem ersten Schuß aus dem Büchsenlauf, solange seine hierdurch bewirkte Erwärmung und damit auch Verziehung noch bestehen, ein zweiter Schuß abgegeben, erhält er eine TPL, die gegenüber der des „kalten" Zustandes des Laufes verändert ist[1]. Die TPL-Änderung verläuft nach der Seite des Büchsenlaufes, mit der er an dem Laufbündel anliegt, z. B. bei unten gelegenem Büchsenlauf aufwärts. Laut Versuchen beträgt die TPL-Änderung auf 100 m Entfernung 5 bis 15 cm, wenn nach einem ersten Schuß aus kaltem Lauf in unmittelbarer Folge ein zweiter Schuß abgegeben wird[2]. Die TPL-Änderung verliert sich erst mit dem völligen Verschwinden der Schußerwärmung und Laufverziehung. Die Dauer des Vorgangs ist bei jedem Gewehr verschieden und kann – besonders bei Gewehren mit dünnwandigen oder unter starken Spannungen liegenden Läufen – bis zu 10 Minuten betragen. Darauf Rücksicht nehmend, sollen vornehmlich bei Kontrollschüssen auf dem Schießstand und bei dem Einschießen derartiger Büchsenläufe die Schußabgaben in Zeitabständen erfolgen, die jeden Einfluß der Lauferwärmung auf die TPL ausschließen.

Auswirkungen besonderer Art hat die durch eine Schußerwärmung veranlaßte *Laufverziehung bei Gewehren mit zwei Büchsenläufen,* wenn sie in ganzer Länge des Laufbündels fest damit verbunden sind. In diesem Fall überträgt sich bei einer Schußabgabe aus dem einen Büchsenlauf dessen Verziehung auf den zweiten Büchsenlauf. Hierdurch erhält die Mündung des zweiten Büchsenlaufes eine veränderte Richtung. In der Folgezeit des Abfeuerns des ersten Laufes schwindet mit der Abnahme seiner Erwärmung und Verziehung stetig die Richtungsänderung, die hierdurch der zweite Lauf erhält. Daher ist die TPL des zweiten Laufes, wenn dieser abgefeuert wird, abhängig von dem Zeitraum zwischen den Schüssen aus beiden Läufen.

Bei der Anfertigung und dem Einschießen der *Gewehre mit zwei Büchsenläufen gleichen Kalibers* werden die hierbei gegebenen Vorgänge der Laufverziehung und die dadurch bewirkten Treffpunktwanderungen der Läufe in einem begrenzten Ausmaß ausgeglichen. Hierzu wird einheitlich ein Schießverfahren angewendet, das den hauptsächlichen Gebrauchszwecken solcher Gewehre, für den Bedarfsfall zwei schnell aufeinanderfolgende Schüsse zur Verfügung zu haben, angeglichen ist. Dementsprechend wird das Schießen wie folgt gehandhabt:

1. Beide Büchsenläufe werden geladen.
2. Als erster Lauf wird der zum vorderen Abzug gehörige abgefeuert.
3. Unmittelbar nach diesem, ohne das Gewehr zu öffnen und sobald das Ziel wieder anvisiert ist, wird der zum hinteren Abzug gehörende zweite Büchsenlauf abgeschossen.

[1] Gelegentlich zeigen sich Laufverziehungen und TPL-Änderungen dieser Art auch bei einläufigen Büchsen, deren Läufe mit einer Laufschiene versehen oder mit Zwang in den Vorderschaft gebettet sind.

[2] Aus demselben Gewehr fallen die TPL-Änderungen dieser Art bei Schüssen, die durch ein Zielfernrohr visiert werden, größer aus als bei über Visier und Korn gezielten Schüssen.

4. Die zwischen beiden Schüssen liegende Zeitspanne wird gleichbleibend bemessen; sie soll je nach der Zeit, die der eine oder andere Schütze zum genauen Visieren benötigt, 7 bis 10 Sekunden betragen
5. Nach jedem Schußpaar wird bis zur Abgabe des nächsten eine Pause bis 10 Minuten (je nach Außentemperatur) eingelegt.

An Hand dieses Schießverfahrens erhalten die beiden Büchsenläufe, indem während ihres Einschießens ihre Bettung in dem Laufbündel nachgepaßt wird, eine geeignete Lage zueinander. Sie vermittelt dem Lauf, der als zweiter abzufeuern ist, einen Treffpunkt, der während des Zustandes seiner Verziehung durch den zuerst abgefeuerten Lauf mit dem Treffpunkt dieses Laufes zusammenfällt.

Der Zeitraum, in dem die TPL der beiden Büchsenläufe im Zustand ihrer Verziehung zusammenfallen, ist beschränkt auf die Zeit, in der die Läufe bei ihrem Einschießen und Einrichten aufeinander abgefeuert worden sind (s. S. 163, Ziffer 4). Erfolgen die Schußabgaben in davon abweichenden Zeitabständen, ergeben sich mehr oder minder veränderte TPL des an zweiter Stelle abgefeuerten Laufes. Des weiteren sind als Ergebnis der Verziehungsvorgänge in den Büchsenläufen ihre TPL auch abhängig von der Reihenfolge, in der sie abgefeuert werden. Je nachdem erhalten der an zweiter Stelle abgefeuerte Lauf eine gegensätzlich gerichtete Verziehung und entsprechende TPL.

Das Erreichen einer übereinstimmenden TPL von zwei Büchsenläufen eines Gewehrs ist eine schwierige Aufgabe. Erst wiederholtes Schießen bei gleichzeitigem Nachrichten und Nachpassen der Laufverbindung führt zu einem guten Zusammenschießen der Läufe. Daß sie aber sowohl mit offener Visierung als auch mit Zielfernrohr gleichzeitig zusammenschießen, ist infolge der Veränderung der Laufschwingungen, die durch die Belastung der Läufe durch das Zielfernrohr bewirkt wird, nicht zu erreichen. Gelingt das parallele Zusammenschießen der Läufe mit Zielfernrohr, kreuzen sich ihre TPL meist bei dem Schießen über Visier und Korn (Abb. S. 164). Schießen dagegen die Läufe mit Visier und Korn auf eine bestimmte Entfernung zusammen, dann schießen sie hier mit dem Zielfernrohr auseinander.

Anders als bei den Gewehren mit zwei Büchsenläufen gleichen Kalibers erfolgt bei *Gewehren mit zwei Büchsenläufen verschiedenen Kalibers* das Einschießen und Einrichten dieser Läufe. Sie dienen eigens dazu, hiermit je Kaliber gesondert auf unterschiedliche Ziele (mit kleinem Kaliber auf schwaches Wild, mit größerem Kaliber auf starkes Wild) zu schießen. Aufeinanderfolgende Schüsse in kurzem Zeitabstand aus beiden Büchsenläufen sind nicht vorgesehen. Infolgedessen wird ihr Einrichten bei getrenntem Einschießen der jeweiligen Läufe vorgenommen. Dabei erhält jeder Lauf für sich in dem Laufbündel die Lage, die seinen Treffpunkt, unabhängig von einer Schußabgabe aus dem anderen Lauf und deren Auswirkungen, mit der Visierlinie und dem Zielpunkt zusammenfallen läßt. Werden beide Büchsenläufe nicht einzeln, sondern in kurzer Folge nacheinander abgefeuert, stellen sich Treffpunktabweichungen des zweiten abgefeuerten Laufes von der Visierlinie und dem Zielpunkt ein.

Die Vorgänge, die sich bei Schußabgaben mit Doppelbüchsläufen vollziehen und deren TPL bestimmen, sind entscheidend das Ergebnis der Schußbeanspruchung der Läufe durch die abgefeuerte Patrone. Je nach deren Schußentwicklung (Verlauf des Gasdruckes und des Einpreßwiderstandes des Geschosses in die Laufbohrung) fallen die Laufbeanspruchung, die dadurch bewirkte Verziehung der Läufe und folglich ihre TPL unterschiedlich aus. Somit schießen Doppelbüchsläufe, deren TPL mit einer bestimmten Patronensorte (Pulverladung, Geschoßart, Geschoßgewicht und Fabrikat) in Übereinstimmung gebracht sind, meistens nicht mehr zusammen, wenn eine andere Patronensorte verwendet wird. In diesem Fall müssen die Läufe in dem Laufbündel erneut gerichtet und eingeschossen werden.

Im Gegensatz zu der bisher üblichen Verbindung der Läufe von mehrläufigen Gewehren, bei der die Läufe miteinander in ganzer Länge des Laufbündels fest verbunden (verlötet) sind, hat die Jagdwaffen-Fabrik Krieghoff, Ulm, für Bockbüchsflinten, Drillinge und analog auch für Bockdoppelbüchsen eine *neuartige Laufverbindung* entwickelt und eingeführt. Hierbei sind die Büchsenläufe nur in einer bestimmten Länge des hinteren Teils

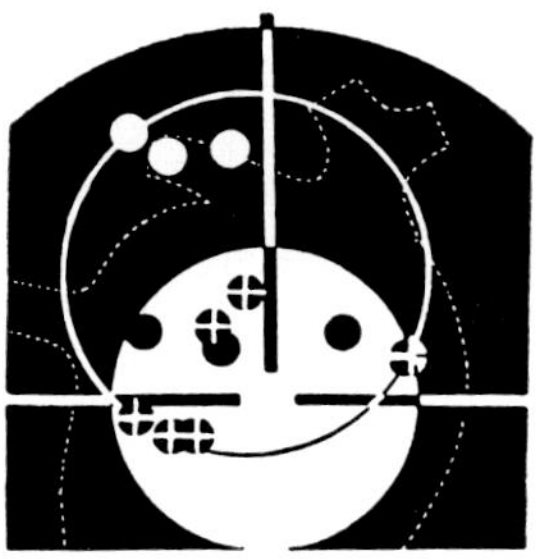

Geschossen mit Zielfernrohr. Die Treffpunktlagen beider Läufe liegen wenig auseinander, sie schießen annähernd parallel. Gesamtstreukreis-Durchmesser 73 mm, Schußleistung vorzüglich. Haltepunkt Mitte des weißen Punktes

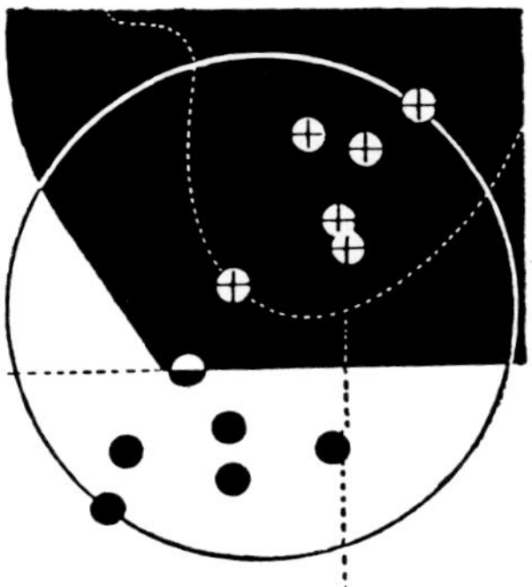

Geschossen über Visier und Korn. Die Treffpunktlagen beider Läufe entfernen sich voneinander und kreuzen sich. Gesamtstreukreis-Durchmesser daher 102 mm, Schußleistung befriedigend. Haltepunkt Mitte der Unterkante des schwarzen Spiegels

Trefferbilder geschossen mit Bockdoppelbüchse Kaliber 8 × 57 JRS. Pause zwischen den Schüssen aus unterem und oberem Lauf 8 Sekunden. Richtige Treffpunktlage der Läufe zueinander für Zielfernrohr- sowie Visier- und Kornschuß. ⊕ = Schüsse aus dem unteren, ○ = Schüsse aus dem oberen Lauf. Bei Doppelbüchsen mit nebeneinanderliegenden Läufen erfolgt die Treffpunktverschiebung sinngemäß nach der Seite hin

des Laufbündels damit durch Lötung fest verbunden. Davor liegen die Büchsenläufe bis zu dem Bereich der Mündungen frei. In dem Mündungsbereich der Bockbücksflinten und Drillinge ist ihr Büchsenlauf in eine Muffe, die an die Schrotläufe angelötet ist, eingeschoben. Dadurch wird hier der Büchsenlauf zwar in seinem Umfang (radial) abgestützt, ihm aber freie Bewegung in der Längsrichtung belassen. Mit dem gleichen Ergebnis ist bei Bockdoppelbüchsen ihr unterer Lauf, ebenfalls in Längsrichtung frei beweglich, in eine an den oberen Lauf angelötete Muffe eingeschoben.

Die in der Längsrichtung freie Lagerung derart verbundener Büchsenläufe ermöglicht ihnen ein unbehindertes Strecken im Verlauf der Erwärmung durch Schußabgaben. Damit wird vermieden, daß sich hierbei der abgefeuerte Büchsenlauf einseitig verzieht und dadurch, wenn aus ihm bei Bockbüchsflinten und Drillingen nacheinander folgende Schüsse abgegeben werden, eine erhöhte TPL bewirkt wird.

Angewendet für Bockdoppelbüchsen ergibt die Laufverbindung Unabhängigkeit der TPL der Läufe von der Zeit, in der sie bei aufeinanderfolgenden Schüssen abgefeuert werden. Des weiteren können bei dieser Konstruktion auch Büchsenläufe verschiedenen Kalibers eines Gewehrs (sogenannte Bergstutzen) nach Belieben einzeln oder unmittelbar nacheinander abgefeuert werden, ohne daß sich dabei Unterschiede in den TPL der Läufe ergeben. Schließlich gestattet die derartige Verbindung von Doppelbüchsläufen, sie im Fall des Übergangs zu einer anderen Patronensorte mit verhältnismäßig geringem Arbeitsaufwand wieder zu einem Zusammenschießen zu bringen.

Eine andere Möglichkeit, den TPL-Änderungen von Doppelbüchsläufen als Folge ihrer Erwärmung und Verziehung durch Schußabgaben aus dem Weg zu gehen, ist die Anschaffung einer Selbstladebüchse (s. S. 134). Ihr einzelner Lauf erhält durch nacheinander abgegebene Schüsse keine Verziehung und TPL-Änderung, und außerdem ist für die Anschaffung einer Selbstladebüchse nur etwa ein Drittel des Preises von Doppel- bzw. Bockdoppelbüchsen aufzuwenden.

Streuung der Büchsenläufe

Die *Streuung* der Büchsenläufe, verursacht durch Vorgänge der Schußentwicklung, ist teils patronen-, teils gewehrseitig bedingt.

Selbst bei größter Herstellungsgenauigkeit von Patronen unterlaufen in ihren vielerlei Elementen unvermeidliche Differenzen. Sie ergeben entsprechende Schwankungen der Schußentwicklung, die sich in Unterschieden der Laufschwingungen von Schuß zu Schuß äußern. Infolgedessen nimmt die Laufmündung im Zeitpunkt des Abgangs des Geschosses aus ihr eine jeweils veränderte Stellung ein. Hierdurch gruppieren sich bei der Abgabe mehrerer Schüsse die Abgangsrichtungen der Geschosse im einzelnen „streuend" um den mittleren Abgangsfehlerwinkel (s. S. 159), den eine Laufmündung in Verfolg von Schußabgaben erhält.

Trefferbild einer richtig auf 100 m eingeschossenen Zielfernrohr-Büchse. Auf 100 m 3,5 cm Hochschuß, auf 150 m Fleckschuß, Haltepunkt Mitte des weißen Punktes. Streukreis-Durchmesser 40 mm.

Zusätzlich zu den patronenseitigen Gegebenheiten können auch gewehrseitige Einflüsse eine Streuung der aus einem Lauf abgehenden Geschosse bewirken. Sie resultiert unter anderem aus Eigenarten der Laufbohrung, die sich in Ungleichheiten des Bohrungsdurchmessers und sonstigen Fehlern äußern. Teils fabrikationsbedingt, teils erst später infolge mangelhafter oder unsachgemäßer Reinigung von Läufen entstanden, wird hierdurch ein unstabiler Durchgang der Geschosse durch den Lauf verursacht. Auch eine übermäßige metallische Verschmierung einer Laufbohrung durch das Material der Mäntel von Geschossen, die mit sehr hoher Geschwindigkeit (Höchstgeschwindigkeits-Patronen) durch einen Lauf getrieben werden, kann die Stabilität der Passage der Geschosse durch die Laufbohrung beeinträchtigen. Solche unstabilen Vorbewegungen von Geschossen in einem Lauf setzen sich nach ihrem Abgang aus der Laufmündung fort, so daß auch dadurch die Geschosse streuende Flugrichtungen erhalten.

Insgesamt veranlaßt die Gewehr- beziehungsweise auch Geschoßstreuung bei der Abgabe einer Schußreihe, daß sich auf der Zielentfernung die Geschosse über eine bestimmte Fläche in einem *Trefferbild* (Abb. S 165) verteilen. Sein Zentrum ergibt den *mittleren Treffpunkt* des Laufes.

Die Unregelmäßigkeiten in der Schußentwicklung, die die Streuung verursachen, sind Zufälligkeiten unterworfen. In einer kurzen Schußreihe aus einem Gewehr können die Vorgänge gleichmäßiger sein als in einer anderen Schußreihe, so daß wir im ersteren Fall ein Trefferbild mit geringerer, im anderen Fall eins mit größerer Streuung erhalten. Deshalb zeigen mehrere, unter gleichen Verhältnissen mit demselben Gewehr geschossene Trefferbilder verschiedene Streukreisdurchmesser.

Erst mit zunehmender Schußzahl tritt ein immer vollständiger werdendes Bild der tatsächlichen Streuung eines Büchsenlaufes zutage, weil mit wachsender Schußzahl die patronen- und laufseitigen Einflüsse, die die Streuung verursachen und gegebenenfalls vergrößern, bei der Prüfung in steigendem Maß erfaßt werden. Die Zahl der zur Ermittlung der Streuung eines Laufes abzugebenden Schüsse soll deshalb mindestens fünf betragen. Trefferbilder mit geringerer Schußzahl sind nichtssagende, zufällig zustande gekommene Ergebnisse. Bei einigem Aufwand von Patronen und Geduld läßt sich dann auch mit einem verhältnismäßig stark streuenden Lauf ein Trefferbild mit drei Schüssen zustande bringen, in dem diese zufällig einmal eng gruppiert sind.

Gemäß Versuchen, die mit 300 Büchsenläufen durchgeführt wurden, vergrößert sich die Streuung von 3 Schüssen zu 5 Schüssen im Durchschnitt um 40 Prozent. Demnach wird ein Lauf, dessen Streuung bei der Abgabe von 3 Schüssen auf 100 m Entfernung mit beispielsweise 40 mm ermittelt wurde, auf dieselbe Entfernung bei 5 Schüssen eine wirklichkeitsnahe Streuung von 55 mm ergeben.

Die Zunahme der Schußentfernung bedingt auch ihrerseits eine Vergrößerung der Gewehrstreuung. Sie erweitert sich in dem Verhältnis der Zunahme der Entfernung; beträgt die Streuung auf 100 m 50 mm, wird sie auf 150 m 75 mm und auf 200 m 100 mm betragen.

Schwere Gewehre mit dickwandigen Läufen und kräftigen Verschlüssen ergeben bei gleicher Herstellungsqualität der Läufe geringere Streuungen als leicht gebaute Gewehre. Erstere reagieren auf die Schwankungen in der Schußentwicklung weniger und beschränken dadurch bewirkte Unregelmäßigkeiten in den Laufschwingungen auf ein kleineres Ausmaß.

Revierstreuung von Büchsenschüssen

Die Streuung von Büchsenschüssen, die anläßlich der Jagd im Revier abgegeben werden, müssen wir größer ansetzen als die auf einem Schießstand ermittelte Gewehrstreuung.

Bei dem Schießen eines Trefferbildes zum Nachweis der Streuung eines Gewehrs wird jeder Lieferant und Einschießer mit Recht bestrebt sein, an Hand eines besonders sorgfältigen Schießens eine möglichst geringe Streuung aus der Waffe herauszuholen. Beim jagdlichen Schießen unterlaufen uns aber unvermeidliche Ziel- und andere Fehler, die auf 100 m Entfernung bis zu 30 mm bereits bei guten und 50 mm oder mehr bei mäßigen Schützen betragen. Daraus folgt eine persönliche, sogenannte *Schützenstreuung*. Sie vermehrt sich – ähnlich wie die Gewehrstreuung – mit der Vergrößerung der Schußentfernung etwa auch in dem Verhältnis, in dem die Entfernung zunimmt. Die Schützenstreuung tritt daher zu der Gewehrstreuung hinzu, und beide zusammen ergeben die *Revierstreuung*, mit der wir auf der Jagd zu rechnen haben.

Prüfung und Beurteilung der Streuung von Büchsenläufen

Die *Prüfung der Streuung von Büchsenläufen* erfolgt in der Regel auf 100 m Entfernung. Hierbei sollten, um die tatsächliche Streuung festzustellen, je Lauf 5 Schüsse abgegeben werden. Wird von Gewehrlieferanten, wie es meistens üblich ist, ein Trefferbild nur mit 3 Schüssen geschossen, ist das dabei ermittelte Streuungsmaß zur Bestimmung der wirklichen Streuung (s. S. 166 oben) um 40 Prozent zu erhöhen.

Die bei einer Prüfung festgestellte Streuung eines Laufes gilt nur für die Patronenlaborierung (Pulverladung und Geschoßart) und das Patronenfabrikat, die dabei verwendet werden. Bei dem Schießen mit einer anderen Laborierung oder derselben eines anderen Fabrikates ergibt der geprüfte Lauf oftmals eine mehr oder minder erheblich veränderte Streuung.

Erfolgt die Prüfung der Streuung, indem die Schüsse über Visier und Korn gezielt werden, so gilt die dabei ermittelte Streuung des Laufes gleichfalls nur für diese Schießmethode. Wird das Gewehr mit einem Zielfernrohr versehen, können etwaige Fehler in seiner Montage, je nach ihrer Art, eine Verspannung des Zielfernrohrs bewirken oder ein Nachgeben seines Sitzes auf dem Gewehr veranlassen. Durch solche häufigen Fehler wird die Gewehrstreuung vermehrt.

Für die Schießverfahren, die bei der Feststellung der Streuung angewendet werden, sind die Gebrauchszwecke der Gewehrarten maßgeblich.

In eine erste Gruppe (I) „*Einzeln zu prüfende Büchsenläufe*" sind zusammengefaßt: Einlaufbüchsen; Drillinge, Büchsflinten und Bockbüchsflinten mit *einem Büchsenlauf;* Bockdoppelbüchsen mit *zwei Büchsenläufen verschiedenen Kalibers* (sogenannte Bergstutzen); Doppelbüchsdrillinge, Bockdoppelbüchsdrillinge und Vierlinge mit *zwei Büchsenläufen verschiedenen Kalibers.*

Eine zweite Gruppe (II) „*Gemeinsam zu prüfende Büchsenläufe*" enthält: Doppelbüchsen, Bockdoppelbüchsen und Doppelbüchsdrillinge mit *zwei Büchsenläufen gleichen Kalibers.*

Schießverfahren für einzeln zu prüfende Büchsenläufe

Die Prüfung der Streuung der Büchsenläufe dieser Gruppe I geschieht, indem je Lauf ein Trefferbild geschossen wird. Sein Kreisdurchmesser, verlaufend durch die Mitten der äußersten Schußlöcher, zeigt das Maß der Streuung des einzelnen Laufes.

Die Schußabgaben sollen grundsätzlich mit Pausen von 5–10 Minuten (je nach Außentemperatur) erfolgen, damit Verziehungen und Treffpunktlageänderungen des abgefeuerten Laufes, die durch seine Schußerwärmung bewirkt werden (s. S. 162), bis zu der Abgabe eines nächsten Schusses völlig abklingen können.

In das anzuwendende Schießverfahren sind die Gewehre mit zwei Büchsenläufen verschiedenen Kalibers einbezogen, weil sie dazu dienen, hiermit anläßlich der Jagd in der Regel ebenfalls auf gesonderte Ziele (mit kleinem Kaliber auf schwaches Wild, mit größerem Kaliber auf starkes Wild) zu schießen. Demgemäß erfolgen Schußabgaben nur aus dem jeweiligen Lauf des einen oder anderen Kalibers (s. S. 163). Somit ist nur die Streuung des einzelnen Laufes ausschlaggebend und zu prüfen.

Schießverfahren für gemeinsam zu prüfende Büchsenläufe

Die beiden Büchsenläufe gleichen Kalibers der derartigen Gewehrgruppe II sind vornehmlich dazu bestimmt, nach einem ersten Schuß auf ein Stück Wild im Bedarfsfall schnell einen zweiten Schuß auf dasselbe Stück oder ein anderes zur Hand zu haben. Das bedingt die Abgabe aufeinanderfolgender Schüsse in kurzem Zeitabstand aus beiden Läufen. Demnach ist bei derartigen Gewehren die Gesamtstreuung ihrer beiden Büchsenläufe zu prüfen, wie sie sich aus der Streuung der einzelnen Läufe und deren Treffpunktlagen (TPL) zueinander ergibt, wenn die Läufe paarig in kurzer Folge abgefeuert werden. Zu dem Zweck wird mit beiden Läufen ein gemeinsames Trefferbild geschossen, indem gemäß dem für diese Gewehre vorgesehenen Schießverfahren (s. S. 162) je Lauf 5 Schüsse abgegeben werden. Der Durchmesser des Kreises, der durch die Mitten der äußersten Schußlöcher des

Zehn-Schuß-Trefferbildes verläuft s. S. 164), bezeichnet die Gesamtstreuung beider Läufe.

Beurteilung der Streuung von Büchsenläufen

Die *Beurteilung der Streuung von Büchsenläufen* gründet sich gleichfalls auf ihren Gebrauchszweck. Dabei ergeben sich aus den Wildarten die Größen der Zielflächen und aus den Revierverhältnissen die Entfernungen, auf die ein sicheres Treffen der Ziele gewährleistet sein muß. Die demnach erforderliche Schußleistung ist Sache der *Gewehrstreuung* und der zusätzlichen *Schützenstreuung* (s. S. 166), die uns selbst bei Schußabgaben anläßlich der Jagd unterläuft.

Manche Jäger werden mit dem Büchsenlauf nur auf Rehwild und darauf bis zu 120 m Entfernung schießen. Folglich werden sie bei einer eigenen Schützenstreuung bis 50 mm auf 100 m mit einer Gewehrstreuung bis 75 mm auf 100 m Entfernung auskommen. Andere Jäger mit vorzüglicher Schießfertigkeit möchten ihr Rehwild bis 160 m oder Gams im Gebirge bis 180 m Entfernung erlegen. Dabei hätte sich bei einer Schützenstreuung bis 40 mm auf 100 m die Gewehrstreuung bis 50 mm auf 100 m Entfernung zu beschränken. Jäger mit bester Schießfertigkeit wollen gelegentlich auf Feldrehe auch bis 200 m und auf Hochwild im Gebirge bis 300 m Entfernung schießen. Hierfür sowie auch für Schüsse auf kleine Ziele (Niederwild, Raubwild und Raubzeug) müßte bei einer Schützenstreuung bis 30 mm auf 100 m die Gewehrstreuung bis 40 mm auf 100 Entfernung begrenzt sein.

Eignung der auf 100 m Entfernung ermittelten Streuungen von Büchsenläufen

Gewehrgruppe und Zielgröße	Unter Berücksichtigung der Schützenstreuung zulässige Schußbereiche							
	Gewehrstreuung Klasse 1	Schußbereich	Gewehrstreuung Klasse 2	Schußbereich	Gewehrstreuung Klasse 3	Schußbereich	Gewehrstreuung Klasse 4	Schußbereich
Gewehrgruppe I								
Elster, Krähe und Taube	61–75 mm	40 m	51–60 mm	50 m	41–50 mm	60 m	bis 40 mm	70 m
Katze und Fuchs	61–75 mm	60–80 m[1]	51–60 mm	70–90 m[1]	41–50 mm	80–100 m[1]	bis 40 mm	90–130 m[1]
Rehwild[2]	61–75 mm	120 m	51–60 mm	130 m	41–50 mm	160 m	bis 40 mm	200 m
Gams[2]	61–75 mm	130 m	51–60 mm	150 m	41–50 mm	180 m	bis 40 mm	250 m
Rotwild[2]	61–75 mm	170 m	51–60 mm	200 m	41–50 mm	250 m	bis 40 mm	300 m
Gewehrgruppe II								
Rehwild und Gams	101–150 mm	70 m	76–100 mm	100 m	bis 75 mm	130 m	—	—
Rotwild	101–150 mm	110 m	76–100 mm	150 m	bis 75 mm	180 m	—	—

[1] Je nach Zielgröße.
[2] Weite Schußbereiche bei Verwendung entsprechend starker Patronen.

Um gemäß solchen jagdlichen Bedingungen die Streuungen von Büchsenläufen beurteilen zu können, hat im Jahr 1965 der Deutsche Jagdschutz-Verband als Richtlinien *Eignungstabellen* herausgegeben. In Zusammenfassung der darin enthaltenen Gewehrgruppen I und II mit Büchsenläufen ist der Inhalt der Tabellen vorstehend auf Seite 168 zusammengestellt.

Die zu den Gewehrgruppen I und II (s. S. 167 und 168) angegebenen zulässigen *Schußbereiche* berücksichtigen die Gewehrstreuung, die bei der Abgabe von 5 Schüssen je Lauf auf 100 m Entfernung vorliegt, die hier je nach unserer eigenen Schießfertigkeit gegebene Schützenstreuung und die Größen der Zielflächen des Wildes, deren Treffen bei Breitstellung genügende Wirkung des Schusses gewährleistet.

Die *Schützenstreuung* ist für Klein- und Raubwild bzw. Raubzeug, weil darauf abgegebene Schüsse auf Jäger mit entsprechend bester Schießfertigkeit zu beschränken sind, in allen Streuungs-Klassen der Tabelle mit einer Größe bis 20 mm auf 100 m Entfernung angesetzt. Für Schalenwild wurden in den Streuungs-Klassen 1 und 2 bis 50 mm, in 3 bis 40 mm und in 4 bis 30 mm Schützenstreuung auf 100 m Entfernung zugrunde gelegt. Die *wirksamen Zielflächen* sind für Ziele der Größenordnung von Elstern bis Wildtauben und Krähen mit 4 cm Höhe, für Katzen und Füchse mit 6 bis 8 cm Höhe bemessen. Für die Höhen der Kammer (Brustraum) von Schalenwild wurden bei Rehwild 15 cm, Gams 17 cm und Rotwild 22 cm zugrunde gelegt.

Gewehrstreuungen über 75 mm von einzeln zu prüfenden Büchsenläufen (Gewehrgruppe I) und über 150 mm von gemeinsam zu prüfenden Büchsenläufen (Gewehrgruppe II) auf 100 m Entfernung werden als „Nicht befriedigende Schußgenauigkeit" bewertet.

Auf Grund des neuen Beurteilungsverfahrens kann jetzt der Jäger bei der Bestellung oder dem Ankauf einer Schußwaffe seine Anforderungen an die Streuung auf seine persönlichen Bedürfnisse ausrichten. Dadurch wird er dem Zwang enthoben, sich an die früheren Werturteile „genügend", „gut" und „hervorragend" zu klammern, mit denen bisher die Schußpräzision eines Laufes gekennzeichnet wurde, ohne hierdurch über die speziellen Erfordernisse eines Jägers Aufschluß zu geben. Ferner läßt das neue Verfahren aus den in den Tabellen enthaltenen Angaben auch unmittelbar die Entfernung ersehen, bis zu der die Streuung eines Laufes, zuzüglich der Schützenstreuung, noch ein sicheres Treffen eines Zieles bestimmter Größe gewährleisten kann.

Schußleistung der Flintenlaufgeschosse

Der Schuß mit Flintenlaufgeschossen (Fl. L. Gesch.) ist nur ein Behelf in besonderen Fällen, um auf ein Stück Schalenwild schießen zu können, wenn wir gerade keinen Büchsenlauf zur Hand haben.

Die Führung der Fl. L. Gesch. im Schrotlauf ist gegenüber der Geschoßführung im Büchsenlauf primitiv. Außerhalb des Laufes wird der Flug der Fl. L. Gesch. durch das einfache Pfeilprinzip, ohne Rotation des Geschosses, notdürftig stabilisiert. Daraus folgt alles in allem eine verhältnismäßig große Streuung der Fl. L. Gesch. Je 1/4 der hiermit während mehrerer Jahre geprüften Schrotläufe zeigte bei Abgabe von 5 Schüssen je Lauf auf 35 m Entfernung nachstehende Streuungen:

Bis 80 mm Streukreisdurchmesser bis 110 mm Streukreisdurchmesser bis 150 mm Streukreisdurchmesser	Leistung befriedigend,
über 150 mm Streukreisdurchmesser	Leistung nicht befriedigend.

Die Treffpunktlage (TPL), die ein Schrotlauf mit Fl. L. Gesch. eines bestimmten Fabrikates ergibt, stimmt im allgemeinen nur dann mit der TPL, die er beim Schrotschuß hat, überein, wenn ein Lauf mit Fl. L. Gesch. dieses Fabrikates besonders eingeschossen ist. Das ist aber nur bei den wenigsten Flintenläufen der Fall. Deshalb sind beim Schießen mit Fl. L. Gesch. auf 35 m Entfernung oft TPL-Abweichungen von 20 cm und mehr gegenüber der TPL des Schrotschusses festzustellen.

Auf Grund der vorstehenden Eigenarten der Fl. L. Gesch. sollen vor ihrem Gebrauch die Streuung und die TPL aus dem hierfür vorgesehenen Gewehr durch Probeschüsse gründlich geprüft werden. Nur dann gewinnen wir ein Bild davon, ob aus einem bestimmten Gewehr der Gebrauch von Fl. L. Gesch. zu verantworten ist und wie weit damit je nach der Größe der Streuung geschossen werden darf. Sind TPL und Streuung in Ordnung, ist gegen die Verwendung von Fl. L. Gesch. der erprobten Fabrikate Brenneke und Rottweil auf beschränkte Entfernungen nichts einzuwenden, besonders, wenn das Gewehr eine auf ihre TPL eingestellte Visierung hat.

Flugbahnen der Geschosse

Die *Flugbahn der Büchsengeschosse* verläuft – mit Ausnahme von Schüssen in der Senkrechten auf- und abwärts –, nachdem ein Geschoß den ihm richtunggebenden Lauf verlassen hat, nicht in der Richtung der verlängerten Seelenachse des Laufes.

Die *Anziehungskraft der Erde* (AE) zieht jeden Körper senkrecht abwärts in Richtung des Erdmittelpunktes. Infolgedessen erhält unser fliegendes Geschoß, dem anfangs eine Vortriebsbewegung mitgegeben ist, die der jeweiligen Richtung des Laufes gleicht, bei allen Schüssen, die von der Senkrechten abweichend gerichtet sind, eine gleichzeitige Fallbewegung. Sie verläuft in der Kraftrichtung der AE und senkt das Geschoß während des Fluges um bestimmte Fallstrecken unter die verlängert gedachte Seelenachse des Laufes.

Die hemmende Wirkung der auf der Erde lagernden Luftschichten gegen jeden darin bewegten Körper, uns als *Luftwiderstand* (LW) schon fühlbar vom Fahren im offenen Kraftwagen bekannt, richtet sich gegen die weitaus schneller fliegenden Geschosse noch wirkungsvoller. In seiner Größe bestimmt durch Fluggeschwindigkeit, Form und Durchmesser eines Geschosses sowie durch das Luftgewicht u. a., vermindert der LW die Fluggeschwindigkeit des Geschosses mit zunehmender Flugstrecke mehr und mehr. Je nach der Hemmung durch den LW benötigt daher das Geschoß innerhalb einer bestimmten Schußentfernung zur Zurücklegung gleicher Entfernungsabschnitte hierin sich stetig steigernde Flugzeiten. Ihnen zufolge wirkt die AE während jedes folgenden Entfernungsabschnitts länger auf das fliegende Geschoß ein und bewirkt eine mit wachsender Schußentfernung fortlaufend sich steigernde Verlängerung seiner Fallstrecken. Entlang der Endpunkte dieser Strecken des Geschoßfalls, die infolge der AE und des LW unterhalb der verlängerten Seelenachse liegen, verläuft mit entsprechendem Krümmungsgrad (Abb S. 171 oben) ähnlich wie bei einem geworfenen Ball, die *Flugbahn* unserer Geschosse.

Das Zustandekommen der Flugbahnkrümmung, bewirkt durch die AE während der Flugzeiten des Geschosses in aufeinander folgenden Entfernungsabschnitten, ergibt Abhängigkeit des Krümmungsgrades der Flugbahn des Geschosses von seiner Flugzeit (T). Je geringer diese T ist, desto weniger Zeit wirkt die AE auf das Geschoß, um so kürzer sind seine Fallstrecken und um so geringer ist die Flugbahnsenkung unter die verlängerte Seelenachse, desto weniger gekrümmt, desto gestreckter verläuft die Flugkurve.

Die für die Flugbahnkrümmung bzw. Senkung unter die verlängerte Seelenachse hauptsächlich maßgebliche Flugzeit (T) ist nicht aus der Anfangsgeschwindigkeit eines Geschosses abzuleiten. Kurze T ist vielmehr das Ergebnis einer über die gesamte Schußentfernung durchschnittlich möglichst hohen Geschwindigkeit eines Geschosses. Sie ist die Folge guter ballistischer Flugeigenschaften, d. h. einer großen Querschnittsbelastung (hohes

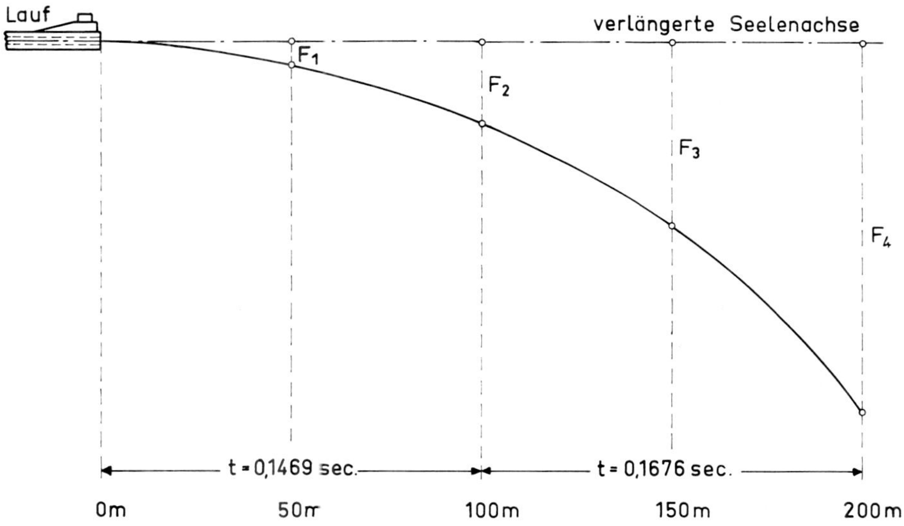

Fallstrecken des Geschosses und Senkung der Flugbahn unter die verlängerte Seelenachse
F 1, F 2, F 3, F 4 = Geschoßfallstrecken und Flugbahnsenkung auf 50, 100, 150 und 200 m.
T = 0,1469 sec und 0,1676 sec = Flugzeiten 0–100 m bzw. 100–200 m

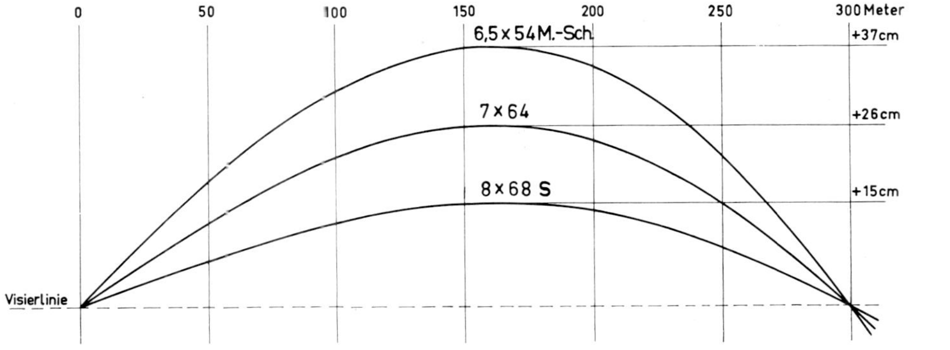

Krümmung der Flugbahnen von Geschossen verschiedener Rasanz

Geschoßflugzeiten auf 300 m:
Patrone 6,5 × 54 M.-Sch. = 0,5553 sec
Patrone 7 × 64 = 0,4640 sec
Patrone 8 × 68 S = 0,3571 sec

Gewicht eines Geschosses im Verhältnis zu seinem Querschnitt) und guten Formwerts eines Geschosses zwecks günstiger Überwindung des Luftwiderstands, in Verbindung mit großer Anfangsgeschwindigkeit. Zum Beispiel hält ein 11,2 g schweres 7-mm-Geschoß in seiner Geschwindigkeit auf weitere Entfernungen stetiger durch und benötigt deshalb kürzere T als ein nur 9 g schweres 7-mm-Geschoß; ersteres hat ebenso den „längeren Atem“ wie etwa eine geworfene Kugel aus Eisen gegenüber einer solchen aus Kork.

Als Ergebnis ist es zur Erlangung einer geringen Flugbahnkrümmung zweckmäßig, ein Geschoß zu verwenden, das in seinem Kaliber verhältnismäßig schwer ist und dabei mit möglichst hoher Geschwindigkeit innerhalb der jagdlichen Schußentfernungen fliegt.

Wertbegriff für die aus der Geschoßflugzeit sich ergebende Größe der Flugbahnkrümmung ist die dem lateinischen Wort „rasere“ (= abscheren) entnommene *Rasanz* (s. Abb. S. 171).

DER SCHROTSCHUSS

Schrotgarbe im Flug

Die Entwicklung der in die Schrotpatrone eingeladenen Schrote zu einem sogenannten Streuschuß bahnt sich bereits im Lauf an.

Beim Durchgang durch den Lauf werden die Schrote durch den Stoß des Pfropfens, der durch die Pulvergase nach vorn getrieben wird, zusammengedrängt, gestaucht, teilweise an die Laufwand gepreßt und dadurch mehr oder minder abgeschliffen. Erreicht die in Bewegung versetzte Schrotladung die Würgebohrung, werden die Schrote in dieser Verengung noch mehr gepreßt und verformt und verlassen in diesem Zustand zusammen mit dem Pfropfen den Lauf.

Der Pfropfen bleibt infolge seiner geringen Querschnittsbelastung (Gewicht im Verhältnis zum Querschnitt) bald hinter den Schroten zurück, und die Schrotladung setzt in Form einer Garbe ihren Weg allein fort.

Die gegen den Luftwiderstand anfliegenden Schrote lassen in ihrer Fluggeschwindigkeit recht schnell nach. Sie beträgt bei 2½ mm Schrot auf 20 m 253 m/sek, auf 35 m 188 m/sek, auf 50 m 144 m/sek und auf 60 m 120 m/sek. Schrot 3½ mm fliegt auf diese Entfernungen mit 265, 218, 178 und 158 m/sek.

Bald nach dem Beginn ihres Fluges löst sich die Schrotgarbe zu einem fortschreitend sich ausbreitenden Schwarm auf, der sich mit zunehmender Flugweite mehr und mehr von außen nach innen auflockert. Die Schrotkörner behindern sich in ihrem Flug gegenseitig und bringen sich dadurch nach allen Richtungen hin aus der Bahn. Die im Lauf abgeschliffenen Schrote weichen am weitesten von dem Garbenkern ab und bleiben infolge ihres leichteren Gewichtes und größeren Luftwiderstandes im Flug hinter den Kernschroten zurück. In diesem ständigen Wechselspiel im Flug der einzelnen Schrote, der einem Zickzack-Kurs gleicht, zieht sich die Garbe nach Seiten, Höhe und Länge auseinander und nimmt die Gestalt eines ellipsenartig gestreckten Körpers an, in dem die Schrote mehr oder minder unregelmäßig verteilt fliegen.

Schon 2–3 m von der Mündung entfernt tritt eine merkliche Auflösung der Schrotgarbe ein. Nach 10 m Flugweite haben sich die Garbenbreite von Schrot 2,5 mm auf etwa maximal 70 cm und die Garbenlänge auf etwa 100 cm auseinandergezogen.

Bei 35 m Schußentfernung hat sich die gesamte Schrotgarbe nach den Seiten auf einen Kreis von maximal 300 cm Durchmesser ausgebreitet, bei 60 m auf einen solchen von maximal 700 cm. Die Länge der ganzen Schrotgarbe hat sich bei 35 m auf 350 cm, bei 60 m bis auf 600 cm etwa auseinandergezogen.

Die beträchtliche Seiten- bzw. Breitenausdehnung der Schrotgarbe führt leicht zu der Annahme, daß sich ein genaues Richten des Schusses auf ein Ziel erübrige, weil es, auch wenn man erheblich seitlich mit der Mitte der Garbe daran vorbeischösse, infolge der Schrotstreuung dennoch getroffen würde. Diese Auffassung erweist sich als Irrtum, wenn wir die in Abb. S. 173 wiedergegebenen, auf einer Scheibe aufgefangenen Trefferbilder von Schrotgarben ansehen. Nur im Durchmesser von 75 bzw. 60 cm sitzen die Schrote eng genug beieinander, um einen Hasen mit noch ausreichender Wirkung einzudecken. Über den Umfang dieser *wirksamen Treff-Flächen* hinaus würde ein Hase nur vereinzelte Treffer erhalten, die ihn nur zufällig töten könnten, meist aber nur krank werden lassen.

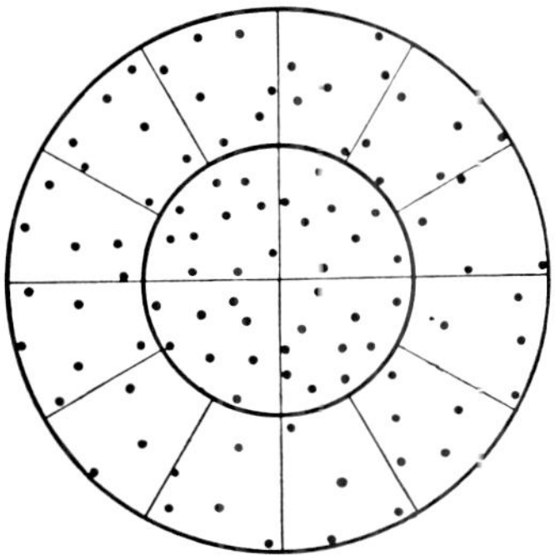

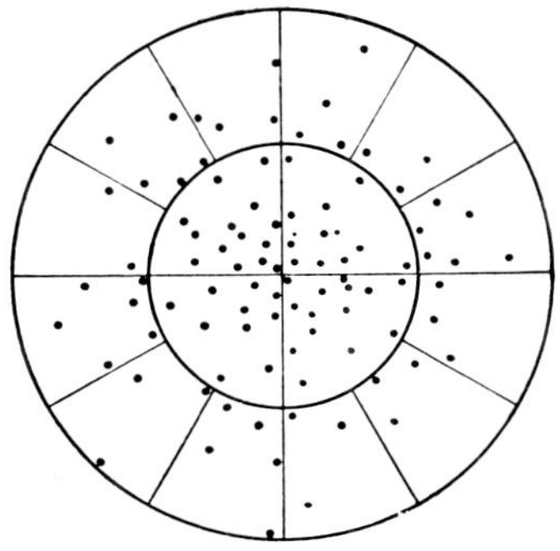

Trefferbilder mit 3½-mm Schrot aus Kal. 12 auf 35 m in der 16-Felder-Prüfscheibe

Trefferzahl 98
Der Durchmesser der wirksamen
Treff-Fläche beträgt 75 cm

Trefferzahl 98
Der Durchmesser der wirksamen
Treff-Fläche beträgt 60 cm

Ausschlaggebend für den jagdlichen Erfolg eines Schrotschusses ist deshalb nur jene wirksame Treff-Fläche, die den Kern der Schrotgarbe zum Inhalt hat, in dem die Schrote in einem so engen Trefferabstand zusammensitzen, daß wir mit genügender Wirkung rechnen können. Hierbei müssen wir davon ausgehen, daß ein Fuchs 5 bis 7 Schrote und Hase 5 bis 6 Schrote 3½ mm, Ente und Fasan 4 bis 5 Schrote 3 mm und ein Rebhuhn 4 Schrote 2½ mm mindestens erfordern, um sicher zur Strecke zu kommen, wenn das Wild flüchtet bzw. streicht. Ruhendes Wild erfordert eine größere Trefferzahl.

Flugbahn der Schrotgarbe

Die Krümmung der Flugbahn der Schrotgarbe ist innerhalb der Entfernungen des wirksamen Schußbereiches gering. Die Tabelle S. 173 gibt die jeweilige Lage der Flugbahn zu der Visierlinie für einen Schrotlauf an, der auf 35 m Entfernung Fleck oder auf diese Entfernung mit 10 cm Hochschuß eingeschossen ist. Die Abweichungen der Flugbahn von der Visierlinie auf den einzelnen Entfernungsabschnitten bis 50 m Schußentfernung gehen

Treffpunktlage des Laufes auf 35 m Entfernung	Lage der Flugbahn der Schrotgarbe[1] zu der Visierlinie auf Entfernung					
	10 m	20 m	35 m	40 m	45 m	50 m
Fleckschuß	+ 0,5 cm	+ 2,0 cm	0	— 2,5 cm	— 5,5 cm	— 10,0 cm
10-cm-Hochschuß	+ 3,5 cm	+ 7,5 cm	+ 10,0 cm	+ 9,5 cm	+ 8,0 cm	+ 6,0 cm

[1] Auf ½ cm abgerundete Mittelwerte, geltend für Schrot 2½ mm und 3½ mm ⌀.

in dem sehr viel größeren Umfang der Schrotstreuung völlig unter. Die geringen Abweichungen erübrigen daher Änderungen des Haltepunktes bei dem Schießen mit Schrot innerhalb der wirksamen Entfernungen.

Trefferleistung der Schrotläufe

Die Abb. S. 174 stellt die Ausdehnung der wirksamen Treff-Flächen des Schrotschusses an Hand von 2 Läufen, die – ebenso wie in Abb. S. 173 – in ihrem Charakter grundsätzlich verschieden schießen, auf Entfernungen von 0–40 bzw. 50 m dar. In den schraffierten, tropfenartigen Gebieten sind die jeweiligen Durchmesser der wirksamen Trefferflächen danach dargestellt, wie diese den Schußbildern der beiden Läufe auf Scheiben in verschiedenen Entfernungen entnommen wurden.

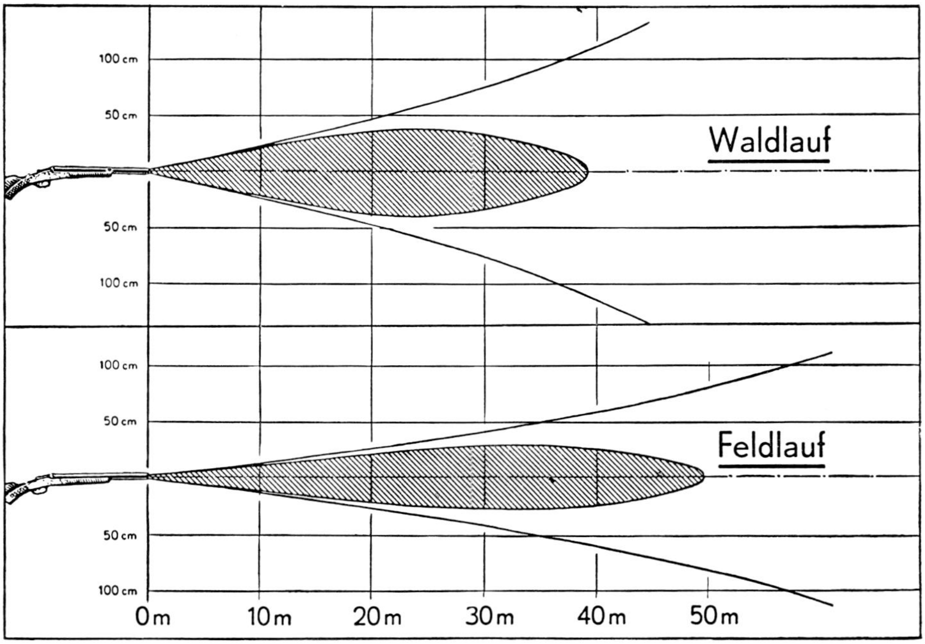

Trefferleistung verschieden schießender Schrotläufe mit Schrot 3½ mm (nach RWS)

„Waldlauf": Größte Ausdehnung der wirksamen Treff-Fläche 75 cm auf 23 m, Wirkungsgrenze 40 m auf Hasen

„Feldlauf": Größte Ausdehnung der wirksamen Treff-Fläche 60 cm auf 35 m, Wirkungsgrenze 50 m auf Hasen

Seitlich in den jeweiligen Abständen rings um die Ziellinie herum sehen wir innerhalb des Tropfens die Durchmesser der wirksamen Treff-Flächen von der Laufmündung aus mit zunehmender Auflockerung der Schrotgarbe zunächst anwachsen, bis sie auf eine bestimmte Entfernung ihr größtes Ausmaß erreichen. Auf diese Entfernung können wir uns die größten Zielfehler leisten.

Aus Abb. S. 174 geht weiter hervor, daß nach einer bestimmten Schußentfernung der Durchmesser der wirksamen Treff-Fläche sich allmählich verringert, weil nun in den Randgebieten der Schrotgarbe die Treffer zunehmend nach außen abwandern. Infolgedessen deckt nur noch der sich hierbei ständig verringernde Durchmesser des Kernschusses ein Ziel genügend ein. Die außen fliegenden Randschrote – in der Zeichnung dargestellt durch die trichterförmig sich öffnenden Linien außerhalb des Kernes – streuen schon zu sehr. Schließlich lockert sich bei dem einen Lauf auf 40 m, bei dem anderen, enger schießenden Lauf auf 50 m der Kern der Schrotgarbe so weit auf, daß nun nirgends mehr ein noch ausreichender Trefferabstand vorhanden ist. Hier liegt die *Wirkungsgrenze* des Laufes.

Die Abb. S. 174 zeigt schließlich, daß ein stärker streuender Lauf eine größere wirksame Treff-Fläche (hier 75 m Durchmesser) liefert, dafür aber nur 40 m weit reicht. Er bietet die größere Aussicht, ein schnell sich bewegendes Schrotziel zu treffen. Der enger schießende Lauf deckt eine kleinere wirksame Treff-Fläche von etwa 60 cm, ist aber noch bis 50 m wirksam.

Es wäre ein Irrtum, zu erwarten, daß wir mit dem 10 m weiter reichenden Wirkungsbereich des zweiten Laufes den Nachteil seiner kleineren wirksamen Treff-Fläche dadurch aufholen könnten, daß wir mit diesem Lauf noch Wild erlegen werden, das uns der kürzere Wirkungsbereich des anderen nicht zur Strecke bringen kann. Wir würden bald finden, daß der Nahschuß mit Schrot der häufigere ist, und daß man einen schlechten Tausch macht, wenn man durch Weitschüsse das einholen will, was man beim näheren Schießen mit dem eng schießenden Lauf vorbei oder damit krank schießt. Das sichere Treffen schneller Schrotziele auf weitere Entfernungen als 40 m beherrschen nur wenige Meisterschützen in genügender Vollendung; und selbst das einigermaßen regelmäßige Treffen bis hierhin mit dem Schrotschuß ist nicht jedermanns Sache, obgleich er allgemein reichlich streut.

Aus diesen Gründen muß es für den Besitzer einer Flinte und vor allen Dingen für den Jäger, der sich ein Schrotgewehr erst anschaffen will, wichtig sein, sich darüber klarzuwerden, welche Trefferleistung seinen Bedürfnissen am besten entsprechen wird. Man wird sich also fragen müssen: bin ich ein Anfänger oder schon ein geübter Schütze; pflege ich Mühe zu haben, regelmäßig gut zu treffen oder nicht; jage ich unter Umständen, die hauptsächlich nähere oder die vorwiegend weitere Schüsse erfordern werden; welche beste Treff-Chance bringt mir das Gewehr mit dieser oder mit jener Trefferleistung?

Nach den vorstehenden Hinweisen wird sich ein besonnener Jäger die geeignete Flinte aussuchen. Bei Neubestellung wird er seinen Büchsenmacher beauftragen, durch Anwendung einer geeigneten *Würgebohrung*, mit der die Streuung (Verdichtung) der Schrotgarbe geregelt wird, die für ihn brauchbarste Schußleistung herzustellen.

In der Regel wird man die Doppelläufe von Schrotgewehren so einrichten lassen, daß für die im allgemeinen näheren Bereiche des ersten Schusses der rechte bzw. untere Lauf etwas mehr streut als der linke bzw. obere Lauf. Wer in der glücklichen Lage ist, sich für Jagdverhältnisse mit nahen Schußentfernungen, z. B. *Wald-* und *Buschjagd*, und für die weiteren Schußentfernungen der *Feld-* und *Wasserjagd* besondere Gewehre oder Wechselläufe mit entsprechend geeigneter Streuung anschaffen zu können, wird hiermit am besten abschneiden.

Prüfung und Beurteilung der Trefferleistung von Schrotläufen

Den verschiedenen Bedürfnissen der Jäger und den verschiedenen Revierverhältnissen wurde in der Schrotschußbeurteilung der Deutschen Versuchsanstalt für Handfeuerwaffen Rechnung getragen. Die dazugehörige Prüf-Scheibe hat einen Durchmesser von 75 cm und enthält 16 Felder gleicher Größe (Abb. S. 173). Zwei nebeneinanderliegende Felder der

Scheibe entsprechen etwa dem Flächeninhalt eines breit kommenden Hasen; in 1 Feld haben 3 Rebhühner Platz; 1 Ente oder Fasan nehmen $^2/_3$ eines Feldes ein. An Hand dieser zweckvollen Scheibeneinteilung wird durch Abgabe von 5 Schüssen je Lauf oder Patronensorte die Flinten- oder Munitionsleistung in folgenden Richtungen geprüft:

Nach dem Mittelwert der Trefferzahl und ihrer Verteilung in der Prüfscheibe die Wirkungsgrenze; nach dem Durchmesser der wirksam durch Schrote eingedeckten Scheibenfläche die Trefferwahrscheinlichkeit und die Eignung der Leistung für nähere oder weitere Schußbereiche bzw. für die gegebene Schießfertigkeit eines bestimmten Schützen; nach der Zahl der wirksam durch Schrote eingedeckten Felder die Güte der für die Schußwirkung wichtigen Eindeckung des Zieles; nach der Abweichung der Trefferzahlen der einzelnen Schüsse von ihrem Mittelwert die Güte der Regelmäßigkeit der festgestellten Leistung.

Die mittleren Treffpunktlagen (TPL) der Schrotläufe sollen annähernd in dem Zielpunkt liegen. Weicht bei mehrläufigen Gewehren innerhalb des natürlichen Wechselspiels mehrerer Schrotschüsse auf 35 m Schußentfernung die mittlere TPL eines Schrotlaufes um mehr als etwa 5 cm von der TPL eines anderen Laufes ab, mindert die Abweichung den Wert des Gewehrs und bedarf der Korrektur durch den Büchsenmacher.

Die Wirkungsbereiche von Schrotgewehren werden vielfach überschätzt. Geltend für breit kommendes, flüchtendes oder streichendes Wild, endet der regelmäßige Wirkungsbereich guter Durchschnittsläufe Kal. 12 mit Schrot $2^1/_2$ mm auf Rebhühner bei 40 m = 50 Schritt, mit Schrot $3^1/_2$ mm auf Hasen bei 45 m = 56 Schritt; wirksame Schußweiten von 43 m = 54 Schritt mit Schrot $2^1/_2$ mm bzw. 50 m = 62 Schritt mit Schrot $3^1/_2$ mm sind schon überdurchschnittliche Leistungen. Flintenläufe Kal. 12, die regelmäßig mit Schrot $2^1/_2$ mm weiter als 45 m = 56 Schritt, mit Schrot $3^1/_2$ mm weiter als 55 m = 68 Schritt wirksam sind, gibt es nicht. Die wirksamen Schußbereiche gut schießender Läufe des Kal. 16 sind rund 3 m kürzer als des Kal. 12; die des Kal. 20 sind rund 2 m kürzer als des Kal. 16 bzw. 5 m als des Kal. 12[1].

Wild, das dem Jäger nicht breit, sondern in schrägen Richtungen kommt, oder das von vorn oder von hinten beschossen wird, zeigt kleinere Zielflächen. Folglich gelangt in sie eine verringerte Trefferzahl, die die Wirkung herabsetzt. Zum Ausgleich ist eine Verkürzung der Schußentfernung erforderlich, um hierdurch eine ausreichende Trefferzahl auf die kleineren Zielflächen zu bringen.

DAS SCHIESSEN

Einschießen der Gewehre

Das *Einschießen von Gewehren* erfordert eine ruhige Gewehrhaltung. Es wird deshalb von einem feststehenden Tisch aus vorgenommen, auf dem ein genügend hohes, festes Kissen (Sandsack oder gepolsterte Bank) liegt, auf das wir das Gewehr auflegen.

Bei dem Einschießen von kombinierten Gewehren sollte nachgeprüft werden, ob die

[1] Weitere Ausführungen über die ballistischen Merkmale und die Eigenart der Wirkung des Schrotschusses, über die Eignung jeweiliger Trefferleistungen für den unterschiedlichen Jagdbedarf, über die technischen Anforderungen an die Funktion der Schrotgewehre und über das Prüfverfahren der Schrotschußleistung enthält die in dem Verlag des vorliegenden Buches erschienene Schrift „Der Schrotschuß".

Treffpunktlagen (TPL) aller Läufe genügend übereinstimmen. Schießen die Läufe nicht auf einen Fleck zusammen, so ist hieran durch eine Verstellung der Visierung nichts zu ändern, weil die Läufe in dem Laufbündel miteinander verbunden sind. Durch eine solche Maßnahme würden immer nur die TPLn der Läufe insgesamt, wie sie durch deren gegenseitige, festliegende Lage im Laufbündel gegeben ist, im Ziel verlegt werden, nicht aber die TPL eines einzelnen Laufes. Abweichungen der TPLn der Schrotläufe von einem Büchsenlauf bis etwa 5 cm sind unbedeutend. Größere Abweichungen sollten durch den Lieferanten des Gewehrs bzw. durch einen darin erfahrenen Büchsenmacher behoben werden.

Einschießen der Büchsenläufe

Genaues *Einschießen von Büchsenläufen* erfordert viel Ruhe und eine gute Schießfertigkeit des Schützen. Verfügen wir nicht über sie, so überlassen wir das Einschießen unserem Büchsenmacher. Hierbei ist das unterschiedliche Sehen und Visieren der Augen verschiedener Menschen zu berücksichtigen, das besonders beim Schießen über Visier und Korn eine Treffpunktabweichung zwischen uns und dem Einschießer ergeben kann. Sie wird durch die eigenhändige Abgabe von Probeschüssen durch den Jäger festgestellt, und hiernach wird die Visierung korrigiert.

Die vorübergehende Treffpunktänderung, die bei mehrläufigen Gewehren ein Büchsenlauf infolge der Erwärmung durch eine Schußabgabe erhält (siehe S. 162) und die auch bei einläufigen Büchsen vorkommen kann (Spannungen im Lauf, besonders bei langen Vorderschäften), sowie die Veränderung der Gewehrschwingungen gegebenenfalls durch die Gewehrauflage (siehe S. 160, Ziffer 5) müssen wir durch langsames Schießen und richtiges Auflegen berücksichtigen. Bei zu schneller Abgabe mehrerer Schüsse nacheinander oder bei unrichtiger Gewehrauflage kommen wir zu einer Visier- und Fernrohreinstellung, die nur augenblicklich, aber nicht mehr gelten, wenn später die Wirkung der Lauferwärmung beendet ist oder das Gewehr richtig aufgelegt wird.

Die Visierung (Visier und Korn oder Zielfernrohr) wird nicht auf die Treffpunktlage eines einzelnen Schusses eingestellt, weil diese je nach Größe der Streuung willkürlich ist. Die Einstellung erfolgt auf den mittleren Treffpunkt mehrerer, bei gleichem Abkommen abgegebener Schüsse.

Bei *Hochschuß* ist das Visier niedriger zu feilen oder ein höheres Korn aufzusetzen.

Bei *Tiefschuß* wird ein höheres Visier oder ein niedrigeres Korn erforderlich.

Bei *Rechtsschuß* muß das Korn nach rechts oder das Visier bzw. die darin gelegene Kimme nach links versetzt werden; bei *Linksschuß* ist umgekehrt zu verfahren.

Zeigen sich bei dem Schießen mit einem *Zielfernrohr* Abweichungen der Treffpunktlage vom Haltepunkt im Ziel, ist das Absehen (Stachelspitze, Fadenkreuz usw.) stets in die Richtung der Schußabweichung zu verlagern. Hierzu wird bei Schußabweichungen vom Haltepunkt in der Senkrechten mittels der Stellscheibe, die auf der oberen Seite des Zielfernrohrs angebracht ist und der Höhenverstellung dient, das Absehen bei Hochschuß aufwärts und bei Tiefschuß abwärts verstellt.

Bei seitlichen Treffpunktabweichungen mit einem Zielfernrohr, dessen Montage mit einem sogenannten Support versehen ist, wird durch Verstellen der Support-Schrauben die Achse des Zielfernrohrs seitlich in die Richtung der Treffpunktabweichung geschwenkt. Enthält ein Zielfernrohr eine Seitenverstellung des Absehens, ist mit Hilfe der ihr dienenden, seitlich an dem Zielfernrohr angebrachten Stellscheibe das Absehen in die Richtung der Treffpunktabweichung zu verlagern.

Eine allgemeine Anweisung, in welchen Drehrichtungen Support-Schrauben einer Zielfernrohrmontage oder die an einem Zielfernrohr angebrachten Stellscheiben für Höhen- und Seitenverstellung zu betätigen sind, um das Absehen auf die eine oder andere Treffpunktabweichung einzustellen, ist infolge der verschiedenen Support- und Zielfernrohrkonstruktionen nicht möglich. Daher ist zu empfehlen, im Bedarfsfall den Rat eines Büchsenmachers einzuholen.

Während des Transportes sowie auch bei der Jagdausübung sind Gewehre und Zielfernrohre gelegentlich Erschütterungen, Stößen und dergleichen ausgesetzt, die zu Veränderungen der Treffpunktlage von Büchsenläufen führen können. Besonders bei der Verwendung von Leichtmetall-Zielfernrohren unterlaufen derartige Folgen solcher Vorkommnisse des öfteren. Daher sollte man alljährlich, mindestens vor dem Beginn der Büchsenjagd, auf dem Schießstand die Treffpunktlagen von Büchsenläufen überprüfen. Das Gleiche ist nach Fehlschüssen, vornehmlich solchen, die nicht erklärlich sind, erforderlich.

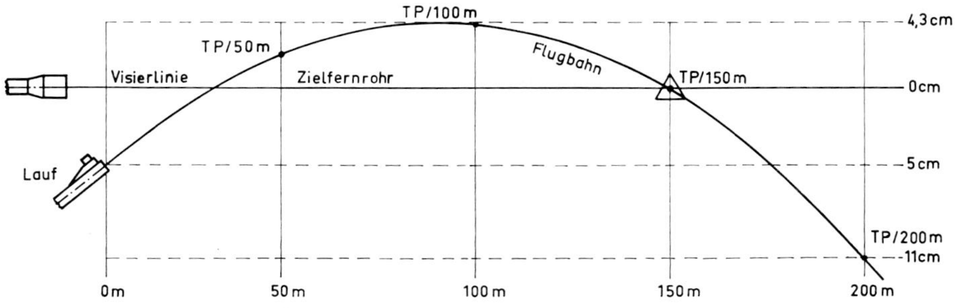

Verlauf der Flugbahn und Treffpunktlage (TPL) eines Büchsenlaufes zur Visierlinie bis 200 m Entfernung, der mit Patrone 7 × 57, Ladung 2,95 g Bl.-P. R 2 und Teilmantel-Geschoß 11,2 auf 150 m Fleck eingeschossen ist. Günstige Einschießentfernung!

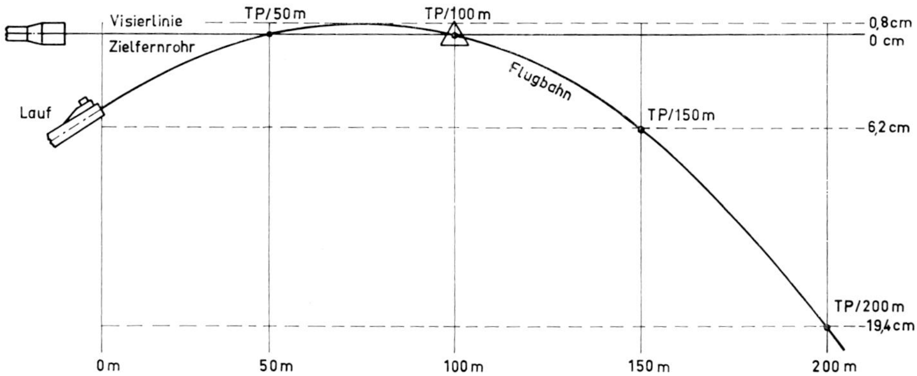

Flugbahnverlauf und Treffpunktlage (TPL) des obenstehenden Büchsenlaufes, mit gleicher Ladung auf 100 m Fleck eingeschossen. Ungünstige Einschießentfernung!

Zweckmäßige Einschießentfernung für Büchsenläufe

In der oberen Abb. S. 178 ist der Verlauf der Geschoßflugbahn eines auf 150 m Entfernung eingeschossenen Büchsenlaufes dargestellt. Durch Einrichten des Visiers und Korns oder der Absehenmarke des Zielfernrohrs auf die Senkung der Flugbahn bei 150 m Entfernung ist der Lauf in eine solche Lage zu dem hier stehenden Ziel gebracht, daß sich die Flugbahn und die Visierlinie mit dem Haltepunkt im Ziel schneiden. Hier liegt jetzt der Treffpunkt des Laufes und hier schießt er „Fleck".

Beschießen wir mit dieser Visiereinstellung ein Ziel, das näher steht, liegt der Treffpunkt, je nach Verlauf der Flugbahn, zunächst unter und hiernach über unserem Haltepunkt. Auf ein Ziel hinter der *Fleckschußentfernung* sitzt der Schuß, der Flugbahn entsprechend, zunehmend unter dem Haltepunkt. Durch tieferes oder höheres Abkommen mit der Visierung im Ziel wird der Hoch- und Tiefschuß ausgeglichen (siehe Abb. S. 195).

Es ist praktisch, wenn wir nach Abb. S. 165 u. S. 178 oben die Gewehre so einschießen, daß sich auf 100 m Entfernung ein Hochschuß von etwa 4 cm ergibt. Dann liegt die Fleckschußentfernung bei Mantelgeschoß-Patronen mit Flugbahnen geringer Rasanz auf etwa 130 m, bei solchen mit guter Rasanz auf etwa 150 m, bei Patronen mit Geschoßflugbahnen bester Rasanz zwischen 170–200 m Entfernung. Mit einem derart auf *günstigste Einschießentfernung* eingeschossenen Büchsenlauf können wir auf jede waidgerechte Schußentfernung, selbst auf kleine Ziele, z. B. Fuchs oder Katze, noch innerhalb des Wildkörpers abkommen. Unterlaufen uns infolge falschgeschätzter Schußentfernung Fehler im Haltepunkt, wird ein Schuß meist noch nicht übermäßig vom richtigen Treffpunkt abweichen.

Wird eine Büchse, wie in der unteren Abb. Seite 178, auf nur 100 m Fleck eingeschossen, senkt sich die Flugbahn des Geschosses der verwendeten Patrone bei einem Schuß auf ein 150 m entferntes Ziel bis 7 cm unter die Visierlinie und den Haltepunkt. Bei weiten Schüssen auf kleine Ziele wäre dann ein Abkommen über dem Wild, das unsicher ist, erforderlich. Bei Unterschätzung von Schußentfernungen unterlaufen bei einem so eingeschossenen Gewehr über Entfernungen von 100 m hinaus Tiefschüsse, die beträchtlich sein und zu Treffern auf die Läufe des Wildes führen können.

Einschießen der Schrotläufe

Das *Einschießen von Schrotläufen* wird auf eine einheitliche Entfernung von 35 m vorgenommen. Ein Schrotlauf, der hier die gewünschte mittlere Treffpunktlage hat, behält diese im Hinblick auf die geringe Krümmung, die die Flugbahn einer Schrotgarbe innerhalb der wirksamen Schußentfernungen einnimmt, in deren Verlauf mit ausreichender Genauigkeit.

Im Gegensatz zum Büchsenschuß, der vorwiegend auf stehendes Wild gerichtet ist, wird mit Schrot hauptsächlich auf Wild geschossen, das sich schnell bewegt und kleiner ist. Derartige Ziele will unser Auge beim Visieren möglichst klar sehen. Wir halten deshalb beim Schrotschuß unwillkürlich unter das Wild und würden es daher, falls das Gewehr „Fleck" schießt, oft unterschießen. Um einen solchen Fehler auszugleichen, sollen Schrotläufe so eingeschossen sein, daß sie auf 35 m Entfernung 10–15 cm Hochschuß ergeben, wenn der Schütze beim Zielen ungefähr 15 cm vorwärts des hinteren Laufendes 3 mm über die Laufschiene sieht.

Grundlagen für das Schießen im Revier

Die gewandte und sichere Abgabe des Schusses hat ihre Grundlage in einer Stellung des Schützen und in einem Anschlag des Gewehrs, die den besonderen Bedingungen des jagdlichen Schießens im Revier entsprechen.

Schießstellung und Körperhaltung

Die Grundhaltung des Körpers[1] zur Schußrichtung soll sich die in Abb. Seite 180 gezeigte *Fußstellung* als Vorbild nehmen. Sie gestattet eine große Wendigkeit des Schützen nach beiden Seiten hin und gibt dem Körper den notwendigen Halt.

Für die *Haltung des Körpers* in der Grundstellung ist die Abb. Seite 181 Beispiel. Die Knie werden leicht durchgedrückt, nicht steif verkrampft. Der ganze Körper ist gestreckt zu halten und in der Schußrichtung etwas vornüber zu neigen.

Bei *Büchsenschüssen* auf stehendes Wild nimmt der Schütze annähernd Profilstellung zu dem Ziel ein. Er wendet bei vorgestelltem linkem Fuß die linke Körperseite dem Ziel zu und nimmt die rechte Körperseite zurück. Der Körper sei in sich leicht gestrafft, das Körpergewicht ruhe überwiegend auf dem linken Fuß.

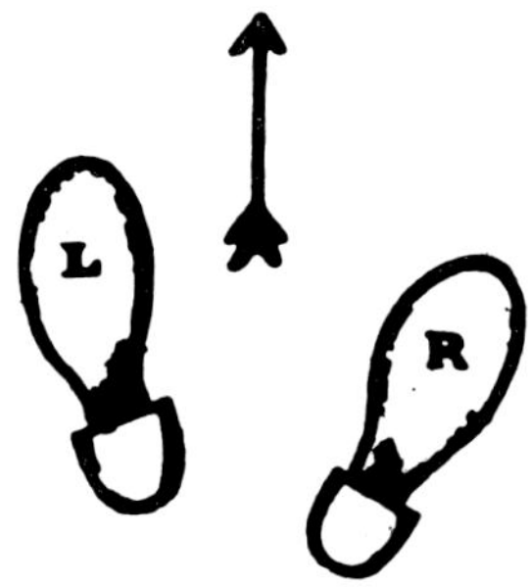

Richtige Stellung der Füße in der Grundhaltung des Körpers, vornehmlich für das Schießen auf sich bewegende Ziele

Bei *Schrotschüssen* auf sich bewegende Ziele soll der Körper in sich gelockert sein. Die Stellung der Füße und die Front des Körpers sollen sich aus der Grundstellung der Richtung des Wildes, in der es flüchtet bzw. streicht, zuwenden:

1. Auf Wild, das direkt bzw. in nur kleinen Winkeln von vorn kommt oder sich derart vom Schützen fortbewegt, stehen die Füße in der Grundstellung und das Körpergewicht ruht auf dem dabei vorgesetzten linken Fuß.
2. Auf Wild nach links wird der linke Fuß auf seiner Ferse aus der Grundstellung nach Bedarf in Richtung der Bewegung des Wildes nach links gedreht oder auch rückwärts versetzt; gleichzeitig dreht sich der rechte in der Grundstellung verbleibende Fuß auf seiner Spitze mit der Ferse nach rechts, das Körpergewicht ruht auf dem linken Fuß.
3. Auf Wild nach rechts wird der rechte Fuß auf seiner Ferse aus der Grundstellung nach Bedarf in Richtung der Bewegung des Wildes nach rechts gedreht oder auch rückwärts versetzt; gleichzeitig dreht sich der linke in der Grundstellung verbleibende Fuß auf seiner Spitze mit der Ferse nach links, das Körpergewicht ruht auf dem rechten Fuß.

Die Ferse des jeweils hintenstehenden Fußes (zu 1 und 2 rechter, zu 3 linker Fuß) sei nach Bedarf mehr oder minder angehoben.

Neben diesen grundsätzlichen Hinweisen für die geeignete Schießstellung und Körperhaltung bedarf das treffsichere Schießen mit Schrot auf flüchtendes Bodenwild und streichendes Flugwild infolge der vielfältigen Besonderheiten, die sich dabei von Fall zu Fall nach den Seiten und in der Höhe ergeben, noch weiterer, darauf im einzelnen eingehender Anweisungen. Daher ist die Zuhilfenahme eines der eigens hierfür geschriebenen Lehrbücher anzuraten[2]. Ihr Gebrauch ist nicht nur notwendiges Rüstzeug für Jäger, die ihre Laufbahn erst beginnen. Es ist ebenso fortgeschrittenen Jägern dienlich, weil solche Lehrbücher mit ihren vielen anschaulichen Abbildungen auch aufzeigen, welche Fehler bei einem Vorbeischießen unterlaufen sind und aus welchen Gründen sie unterliefen.

[1] Die hier und folgend gegebenen Hinweise gelten für Schützen, die das Gewehr rechts anschlagen. Bei Linksanschlag des Gewehrs ist umgekehrt zu verfahren.

[2] Macdonald Hastings „Einführung in das Flintenschießen“ und Robert Churchill „Das Flintenschießen“, Verlag Paul Parey, Hamburg und Berlin.

Anschlag des Gewehrs und Lage des Schaftes

Den richtigen Anschlag des Gewehrs zeigt die Abb. Seite 181. Die linke Hand greift so weit am Vorderschaft vor, daß der linke Ellenbogen mehr gestreckt als gebeugt ist. Das Anschlagen des Gewehrs an der Schulter erfolgt, indem diese ihrerseits gegen die Kolbenkappe des Schaftes vorgeschoben wird. Die gegenteilige Methode, den Schaft seinerseits gegen die in Grundhaltung verbleibende Schulter zurückzuziehen, ist falsch.

Die Länge des Vorgreifens der Hände an dem Gewehr und das entsprechende Strecken der Arme, die Höhe der Anlage der Schulter an dem Schaft und die Haltung des Kopfes zu ihm sollen nicht dem Zwang unterliegen, sich einem gegebenen Schaft angleichen zu müssen. Vielmehr sollte die Schäftung in ihrer Form und in ihren Maßen denen des Körpers des Schützen angepaßt werden. Dieses *Anmessen des Schaftes* erfolgt bei wiederholten, schnellen Anschlags- und Zielübungen mit dem Gewehr. Hierzu wird bei richtiger Grundstellung und Haltung des Körpers ein nahes Ziel ins Auge gefaßt und das Gewehr bei geschlossenen Augen schnell in den Anschlag gebracht, der sich bei ungezwungener Haltung des Schützen ergibt. Danach wird die Lage des Gewehrs am Körper durch Änderungen am Schaft durch den Büchsenmacher so lange nachgepaßt, bis das Gewehr bei wiederholten Versuchen mit einiger Regelmäßigkeit so liegt, daß Visier und Korn bzw. Laufschiene und Korn in annähernd richtiger Stellung zueinander in der Sehlinie liegen, die vom Zielauge zum Zielpunkt führt. Das Korn der Flinte muß dabei in Richtung der Mitte der Laufschiene gesehen werden, die Sehlinie etwa 15 cm vorwärts des hinteren Laufendes 3 mm über der Laufschiene verlaufen. Dann erscheint, wie in den Abb. S. 204, die Laufschiene zu einem Teil im Blickfeld. Führt ein Jäger mehrere Gewehre, sollen sie gleichgeschäftet sein, weil sich andernfalls Ungleichheiten im Anschlag ergeben, die die Schießfertigkeit benachteiligen.

Schütze in guter Körperhaltung und richtigem Anschlag

Liegt das Gewehr dem Jäger, sollte er sich damit zunächst durch ständige *Anschlags-* und *Zielübungen* vertraut machen. Anfangs erfolgen sie aus der Grundstellung heraus in verschiedenen Richtungen auf festliegende Ziele. Hiernach faßt man während des Gehens Ziele, die gleichfalls in unterschiedlichen Richtungen liegen, ins Auge und übt das Einnehmen der Grundstellung und das Anschlagen des Gewehrs aus dem Gang heraus.

Schießen auf stehende Ziele

Der *Schuß auf stehende Ziele* mit der Büchse wird geübt, indem man mit kurzer Schußentfernung von etwa 50 m beginnt und dann allmählich die Entfernung steigert. Hierbei soll in allen vorkommenden Anschlagsarten (Abb. S. 181, 198 u. 199), zunächst auf Ringscheiben, dann auf Wildscheiben geschossen werden. Sie gewöhnen den Jäger an das anfangs schwierige Abkommen im Wildkörper, dessen gleichmäßige Farbtönung der Visierung keinen klaren Anhalt für den Haltepunkt im Ziel bietet.

Auch mit Schrot sollten wir zu Anfang den einen und anderen Schuß auf stehende Ziele abgeben. Wir lernen dabei die Treffpunktlage der Flinte kennen und gewöhnen uns an den Gang der Abzüge.

Schießen auf Ziele in Bewegung

Beim *Schießen auf Wild in Bewegung* sind 2 Vorgänge zu berücksichtigen, die sich abspielen, während wir uns zur Schußabgabe entschließen und den Schuß abziehen, und während das Geschoß oder die Schrote bis zum Ziel gelangen.

Zum Verständnis denken wir uns an eine breit vorbeilaufende Wildscheibe mit angeschlagener, schußfertiger Büchse so nahe herangetreten, daß ihre Mündung fast die Scheibe berührt. Lassen wir jetzt die Scheibe am stillgehaltenen Gewehr vorbeilaufen und ziehen in dem Augenblick, in dem der 10er-Ring, der beste Treffpunkt auf der Scheibe, vor dem Korn erscheint, den Abzug durch, wird das Geschoß beträchtlich hinter dem 10er-Ring oder gar nicht mehr auf der Scheibe sitzen.

Ursache dieses Schußsitzes ist zunächst die *menschliche Schußverzögerung*, d. h. die Zeitspanne, die vom Sehen der „10" vor dem Gewehrkorn bis zum Durchziehen des Abzugs vergeht. Je nach der persönlichen Veranlagung beträgt die Verzögerung etwa 0,17 Sek. bei jüngeren, schnell reagierenden, und bis 0,30 Sek. bei älteren, langsam reagierenden Schützen. Ferner vergehen während der *Schußverzögerung des Gewehres* (Gewehrschloß-Bewegung 0,0030–0,0080 Sek., Schußentwicklungszeit der Patrone 0,002 bis 0,003 Sek.) im Mittel noch weitere 0,0080 Sek., bevor das Geschoß oder Schrote nach Einsetzen der Bewegung eines schnell auslösenden Abzugs die Laufmündung verlassen.

Während dieser Schußverzögerung des Menschen und des Gewehres von im Mittel 0,2430 Sek. ist unsere Scheibe bei einer Bewegungsgeschwindigkeit von 35 km/st (mittelschnelle Flucht) 2,3 m, bei solcher von 55 km/st (sehr schnelle Flucht) 3,7 m weitergelaufen. Wollen wir mit einem Büchsenschuß trotzdem die Kammer des Wildes bzw. die „10" treffen, müssen wir die Schußverzögerung ausgleichen. Hierzu bemühen wir uns entweder, den Abzug bereits in dem Zeitpunkt durchzuziehen, in dem sich, in der Bewegungsrichtung der Scheibe gesehen, unser Korn noch um jene 2,3 m bzw. 3,7 m vor der „10" befindet; verläßt das Geschoß dann die Laufmündung, so läuft jetzt auch die „10" an ihr vorbei und wird vom Geschoß getroffen. Bei dieser Art des Abkommens mit stillstehender Büchse ist es aber nahezu ausgeschlossen, sie immer im richtigen Zeitpunkt vor dem Ziel abzudrücken. Außerdem würden uns große Zielfehler unterlaufen, wenn wir 2–4 m vor dem Wild, ohne Anhaltspunkt an dieses, in der Luft abkommen wollten. Deshalb gleichen wir die Schußverzögerung des Menschen und des Gewehres aus, indem wir beim Erscheinen der Scheibe vor dem Lauf mit dem Gewehr in gleicher Geschwindigkeit mit ihr mitfahren, das Korn auf die „10" schwingen und im steten weiteren *Mitziehen* des Korns auf der „10" den Schuß lösen. Hierdurch ist die Schußverzögerung vom Zeitpunkt der beabsichtigten Schußabgabe bis zum Abdrücken und von diesem bis zum Geschoßaustritt aus der Laufmündung, gleichgültig, wie groß diese Zeit auch sein mag, ausgeglichen, und der Schuß wird in der „10" sitzen.

Draußen im Revier flüchtet das Wild aber nicht an der Laufmündung vorbei, sondern mehr oder minder entfernt, so daß dort unser Geschoß eine bestimmte Zeit bis zum Eintreffen am Ziel benötigt. Schießen wir mit einer Büchsenpatrone mit einer mittleren Geschoßgeschwindigkeit von 750 m/s auf 50 m Entfernung, benötigt das Geschoß hierfür eine Flugzeit von 0,067 Sek. währenddessen legt ein mit 35 km/st breit an uns vorbeiflüchtendes Stück Wild eine Strecke von rund 60 cm zurück. Unser Schuß würde also um diese 60 cm hinter der Kammermitte sitzen, wenn wir, mit dem Wild mitfahrend, hierauf abgekommen wären.

Die Strecken, die das Wild während der Flugzeiten von Einzelgeschossen oder von Schroten zurücklegt, werden ausgeglichen, indem wir das Gewehr auf einen entsprechenden Haltepunkt zu dem Ziel richten. Er liegt um das Maß jener Bewegungsstrecken des Wildes vor dem in dem Ziel gewünschten Treffpunkt, und auf jenem Haltepunkt ist, das Gewehr *mit dem Ziel fließend mitschwingend,* bei dem Auslösen des Schusses abzukommen. Wir müssen also stets dorthin zielen, das heißt *vorhalten,* wo sich das Wild bzw. der Fleck, auf dem unser Schuß sitzen soll, zur Zeit des Eintreffens des Geschosses oder der Schrote befinden wird.

Die *Vorhaltemaße,* die im einzelnen bei Büchsen- und Schrotschüssen auf flüchtendes oder streichendes Wild sowie bei Schüssen mit Flintenlaufgeschossen auf verschiedene Entfernungen, bei unterschiedlichen Bewegungsgeschwindigkeiten des Wildes und verschiedenen Geschoß- bzw. Schrotgeschwindigkeiten erforderlich sind, gehen aus den folgenden Tabellen Seite 183 hervor.

Trollendes Schalenwild bewegt sich mit einer Geschwindigkeit von etwa 10 km je Stunde bzw. 2,8 m je Sekunde, mittelschnell flüchtendes mit etwa 35 km/st bzw. 9,7 m/sek, hochflüchtiges mit etwa 55 km/st bzw. 15,4 m/sek.

Vorhaltemaße für Schießen mit Büchsenpatronen und Flintenlaufgeschossen auf Schalenwild in Bewegung

Klasse der Geschoßgeschwindigkeit (V) der Patrone	Schuß-entfernung	Vorhaltemaße in cm (abgerundet) bei Wildgeschwindigkeiten von		
		2,8 m/sek bzw. 10 km/st	9,7 m/sek bzw. 35 km/st	15,4 m/sek bzw. 55 km/st
Büchsenpatrone mit mittlerer Geschoßgeschwindigkeit V_{50} = 750 m/sek	25 m 50 m	10 cm 20 cm	30 cm 60 cm	45 cm 90 cm
Büchsenpatrone mit hoher Geschoßgeschwindigkeit V_{50} = 920 m/sek	25 m 50 m	8 cm 15 cm	25 cm 50 cm	35 cm 75 cm
Flintenlaufgeschoßpatrone mit geringer Geschoßgeschwindigkeit V_{25} = 390 m/sek	35 m	25 cm	75 cm	110 cm

Vorhaltemaße für Schießen mit Schrot auf Wild in Bewegung
(für Schrot 2½ und 3½ mm geltende Mittelwerte, abgerundet auf 10 cm)

Schußentfernung	Wildgeschwindigkeit	Vorhaltemaß
35 m	8,3 m/sek bzw. 30 km/st	100 cm
35 m	16,7 m/sek bzw. 60 km/st	210 cm
35 m	23,6 m/sek bzw. 85 km/st	300 cm
50 m	8,3 m/sek bzw. 30 km/st	170 cm
50 m	16,7 m/sek bzw. 60 km/st	340 cm

Mit etwa 30–40 km/st bzw. 9,7 m/sek Geschwindigkeit bewegen sich der mittelschnell flüchtende Hase, die Krähe und aufstehendes Flugwild; mit 40–45 km/st bzw. 12,5 m/sek ein mit mittlerer Geschwindigkeit streichendes Rebhuhn; mit etwa 60 km/st bzw. 16,7 m/sek ein durch die Treiber- oder Schützenlinie brechender, hochflüchtiger Hase im ebenen Gelände, ferner der im Treiben in mittlerer Fahrt anstreichende Fasan und die ziehende Ente. In schneller Fahrt mit dem Wild kommende Fasanen und ebenso schnell ziehende Enten und Gänse haben Geschwindigkeiten von 85 km/st bzw. 23,6 m/sek und mehr.

Die angeführten Vorhaltemaße berücksichtigen nur die Fortbewegung des Wildes während der Flugzeiten der Geschosse von der Laufmündung bis zum Wild, nicht die Fortbewegung des Wildes während der menschlichen Schußverzögerung und der Schußverzögerung des Gewehrs. Die Maße gelten deshalb nur für Schützen, die diese Verzögerungszeiten, wie auf Seite 182 angeraten, durch ein Mitschwingen des Gewehrs mit dem Wild und ein Weiterschwingen des Gewehrs während des Abdrückens ausgleichen. Andernfalls muß der Jäger mehr vorhalten, während derjenige, der sein Gewehr schneller schwingt, als sich das Ziel bewegt, mit kleinerem Vorhalt auskommt.

Bei dem *Schießen mit der Büchse* auf trollendes oder flüchtendes Wild mag es uns gelingen, unter Benutzung der vorstehenden Methode des Vorhaltens und der *bewußten Anwendung* der jeweils erforderlichen *Vorhaltemaße* den Schuß auf den gewollten Fleck zu setzen; denn bei den heutigen modernen Büchsenpatronen, denen hohe Geschoßgeschwindigkeiten und entsprechend kurze Geschoßflugzeiten eigen sind, ergeben sich Vorhaltemaße, die auf Ziele der Größen von Rot- und Schwarzwild meistens innerhalb der Längen der Wildkörper liegen. Daher sind bei solchen Büchsenschüssen auch ihre Haltepunkte auf den Wildkörper beschränkt und vermitteln einen augenfälligen Anhalt für das Visieren des Schusses.

Im Gegensatz dazu liegen die Vorhaltemaße, um die bei dem *Schießen mit Schrot* auf flüchtendes oder streichendes Wild der Schuß vor den gewollten Treffpunkt zu richten ist, infolge der gegenüber Büchsengeschossen sehr viel geringeren Geschwindigkeiten und demgemäß längeren Flugzeiten der Schrote in erheblichen Abständen im freien Raum vor den Zielen. Infolgedessen sind die jeweiligen Haltepunkte für den Schuß nicht augenfällig, sondern Gegenstand nicht greifbarer Vorstellungen. Des weiteren bedingen die langen Flugzeiten von Schroten bei Schüssen auf Wild, das sich in verschiedenen Entfernungen befindet und sich mit voneinander abweichenden Geschwindigkeiten bewegt, sehr unterschiedliche Vorhaltemaße. Bereits zwischen 35 m und 50 m differieren sie bis 2,5 m, bei näheren Entfernungen beginnend noch mehr. Somit sind die Trefferergebnisse, wenn sich der Schrotschütze der Methode bedient, die Geschwindigkeit des Wildes und seine Entfernung zu schätzen, daraus das Vorhaltemaß abzuleiten, entsprechend den Schuß durch genaues Zielen über die Laufschiene und das Korn vor das Wild in einen von Anhaltspunkten freien Raum zu richten, und überdies während des Auslösens des Schusses das Gewehr mit dem Wild mitzuschwingen, nicht befriedigend. Derartige Überlegungen und Bemühungen überfordern und hemmen den Schützen. Sie haben zur Folge, daß er mit verkrampftem, statt mit gelockertem Körper schießt; er „klebt" mit dem Gewehr am Ziel, statt sich hiervon freizumachen und den Schuß davorzuhalten; er stoppt bei dem Abziehen des Schusses das mit dem Ziel mitfahrende Gewehr, statt währenddessen das Mitschwingen fließend fortzusetzen. Infolgedessen wird meistens zu wenig vorgehalten und weitaus mehr Wild hinten vorbei oder krank als vorn vorbeigeschossen. Zu *fest stehende Abzüge* und solche mit *totem Gang*, auf die auf Seite 146 verwiesen wurde, sind an solchen Schießfehlern mitbeteiligt.

Derartige Schwierigkeiten des *Schießens mit Schrot* auf Wild in Bewegung räumt die

Methode aus, nach der auf Grund ihrer Praxis geübte Schrotschützen nahezu gefühlsmäßig verfahren: Sobald das Wild in den Wirkungsbereich des Schusses gelangt ist, wird, *in eine fließende Bewegung zusammengefaßt,* das Gewehr an der Schulter angeschlagen, aus dem Anschlag heraus bei auf das Ziel konzentriertem Blick hierauf eingeschwenkt, über das Ziel in seiner Flucht- bzw. Flugrichtung hinweggeschwungen und, sobald dabei die Gewehrmündung vor das Ziel gelangt, während des Schwingens der Schuß ausgelöst. Durch solche fließende Bewegung des Gewehrs, die schneller ist als die Geschwindigkeit des Ziels, erhält das Gewehr von sich aus im Augenblick der Schußabgabe einen entsprechenden Vorhalt vor das Ziel: Das schwingende Gewehr ist in der Zeit, die zwischen der Betätigung des Abzugs bis zu dem Austreten der Schrote aus der Laufmündung vergeht, von selbst dem Ziel vorausgeeilt und gleicht dadurch die Flugzeit der Schrote bis zum Ziel aus.

Das Ausmaß des durch diese Methode bewirkten Vorhaltes folgt selbstätig den Geschwindigkeiten der Ziele; denn, mit ihnen einherlaufend, wird die gegenüber dem Ziel jeweils schnellere Bewegung des Durchschwingens des Gewehrs vor das Ziel mehr oder minder gesteigert, so daß sich ein demgemäß größerer oder kürzerer Vorhalt des Gewehrs vor das Ziel ergibt.

Vornehmliche Voraussetzungen einer erfolgreichen Anwendung der Methode sind

- ein Anschlagen des Gewehrs erst in dem Zeitpunkt, in dem das Wild in den wirksamen Schußbereich gelangt ist, und nicht schon zuvor;
- ein auf das Wild, und nicht auf das Gewehr bzw. seine Visierung konzentriertes Sehen;
- eine dem Schützen passende Schäftung des Gewehrs.

Bei Schnappschüssen im Wald und Busch, oder auch bei Schüssen in freiem Gelände, wenn das Wild bei seinem Wahrnehmen schon im wirksamen Schußbereich angelangt ist oder ihm gegebenenfalls bald zu entkommen scheint, und wenn deshalb das Gewehr schnell angeschlagen und der Schuß rasch abgegeben werden muß, verfahren wir gezwungenermaßen gelegentlich schon von selbst nach dieser Methode; und dabei treffen dann solche Schüsse, oftmals zu unserem eigenen Erstaunen. Ist dagegen das Wild im freien Gelände schon des längeren sichtbar, bevor es in den Schußbereich gelangt, und wird nunmehr das Gewehr bereits vor diesem Zeitpunkt angeschlagen, fehlt dem Vorgang des Schießens die erforderliche Beschwingtheit. Man blickt intensiv auf die Visierung (Laufschiene und Korn), statt konzentriert auf das Wild, man zielt bedächtig wie beim Büchsenschuß auf stehendes Wild, man überlegt das Vorhaltemaß, man wartet das Anlangen des Wildes im Schußbereich ab – und so kommen die fließende Bewegung des Anschlagens des Gewehrs, des Schwenkens auf das Ziel und des Mitschwingens mit ihm nicht zustande.

Die Grundlage für die Fertigkeit im Schießen auf Wild in Bewegung muß ein *Übungsschießen auf bewegte Zielobjekte* sein. Ausgegangen wird wieder von Anschlagübungen bei gleichzeitigem Durchschwingen des Körpers in den verschiedenen Schußrichtungen, um seine Versteifungen zu lockern.

Mit der Büchse schießt man auf Zugscheiben, und zwar, ebenso wie auf flüchtiges Wild, mit ungestochenem Abzug. Mit Schrot wird auf runde Scheiben aus Holz oder papierbespannte Reifen, die auf einem abfallenden Gelände herunterrollen, oder ebenfalls auf Zugscheiben geschossen.

Anfangs übt man auf Scheiben, die sich über eine breite, freie Fläche bewegen. Dann wird der Schuß über schmaler werdende, schneisenartige freie Flächen geübt, und schließlich auf solchen, die mit Bäumen oder Büchsen bestanden oder mit ähnlichen Kulissen verstellt sind. Hierbei gewöhne man sich daran, das Ziel nicht auf Lücken abfangen zu wollen, sondern die Hindernisse zu übersehen und wie auf freier Fläche zu schießen. Die meisten Schüsse werden dann treffen.

Dem Schießen auf Flugwild entspricht das Üben auf Jagdscheiben, die auf hochgelegenen Drähten laufen, oder auf Wurftauben, falls diese auf *jagdliche Entfernungen* nach der Methode des „Skeet-Schießens“ in wechselnden Richtungen beschossen werden.

Bei allen Übungen wird das Gewehr, bevor das Ziel im Schußbereich erscheint, in jagdlicher Grundstellung gefaßt. Erst zum Zeitpunkt der Schußabgabe wird die Waffe aus dieser Haltung hochgenommen und angeschlagen.

Es ist von Vorteil, die Schießübungen mit dem Jagdgewehr durchzuführen, um hiermit eine Stetigkeit im Anschlag zu erreichen, um sich an den Gang der Abzüge zu gewöhnen und ein gleiches Vorhaltemaß zu haben. Dem stehen aber unter Umständen die Unkosten für den Patronenaufwand entgegen. Hierin schafft das *Luftgewehr* Abhilfe. Es hilft auf billige Weise vorzüglich, die hauptsächlichen Schwierigkeiten beim Schießen auf Wild in Bewegung, die im Mitschwingen der Waffe mit dem Ziel, im grundsätzlichen Vorhalten und im Weiterschwingen während des Abziehens liegen, zu überwinden. Man schießt mit dem Luftgewehr auf mehrere Scheiben, die nebeneinanderstehen, im schnellen Anschlag in wechselnder Reihenfolge. Hierbei kommt es zunächst weniger auf den genauen Sitz der einzelnen Schüsse an, als auf das schnelle Abziehen des Gewehrs, ohne dabei die Schüsse zu verreißen. Dann geht man zum Schießen auf aufgehängte, in Schwingung gebrachte oder an Drähten rollende Scheiben über. Zur Übung des Büchsenschießens wird über Visier und Korn geschossen, zum Üben der Schießmethode des Flintenschießens ohne Visier, mit einem dicken Korn, das gerade so hoch sein muß, daß es beim Zielen über den freien Lauf einen ähnlichen Hochschuß ergibt wie das Schrotgewehr. Wird das Luftgewehr dann noch ebenso geschäftet wie die Jagdwaffe, und werden Schußentfernung, Scheibengröße und Scheibengeschwindigkeit in ein gegenseitiges Verhältnis gebracht, das dem Vorhalten mit dem Jagdgewehr entspricht, stellt das Luftgewehr eine sehr brauchbare Übungswaffe dar.

Umgang mit dem Gewehr

Aus guten Gründen soll jede Schußwaffe als geladen und entsichert angesehen und entsprechend behandelt werden. Die Laufmündungen dürfen niemals in Richtung eines Menschen zeigen, auch nicht bei vermeintlich oder tatsächlich entladenen Läufen.

Mindestens vor dem erstmaligen Laden eines Laufes gebietet es die Vorsicht, durch einen Einblick in die Bohrung festzustellen, ob sie frei von *Fremdkörpern* ist. Ratsam ist die Wiederholung solcher Prüfung während eines Jagdtages, vornehmlich wenn Gelegenheiten gegeben waren, Fremdkörper (Nadeln oder Laub vom Waldbestand, Schnee, Erde und anderes) in Laufbohrungen gelangen zu lassen. Aber auch Schrotpatronen können im Gefolge ihres Abfeuerns von sich aus in bestimmten Fällen mehr oder minder massive Hindernisse (Bestandteile der Abdeckung der Pulver- oder Schrotladung oder von der Hülse abgerissene Teile) als Fremdkörper in einem Lauf hinterlassen. Sie führen, auch wenn sie vermeintlich leicht und unbedeutend erscheinen, bei einem folgenden Schuß öfter als angenommen zur *Aufbauchung* oder *Sprengung* des Laufes. Die Mehrzahl solcher Beschädigungen (etwa 75 %) wird nachweislich durch derartige Fremdkörper, die in Läufen vorgelegen haben, verursacht.

Bei jeder Jagdart wird das Gewehr in einer Richtung geladen, in der sich mit Sicherheit oder doch voraussichtlich kein Mensch befindet, und dann gesichert umgehängt. Entsichert wird ein Gewehr nur, wenn wir es anschließend in der Hand tragen und eine Gelegenheit zum Schuß erwarten. Vor schwierig zu überwindenden Hindernissen im Gelände, Gräben, Zäunen usw., und vor dem Benutzen von Hochsitzleitern ist das Gewehr stets zu ent-

Das leichtsinnige Durchziehen mit dem angeschlagenen Gewehr durch die Schützenlinie. Die Schrote prallen auch von weichem Erdboden ab und treffen den Nachbarschützen!

laden. Sein Sichern, sei es, daß es beabsichtigt oder auch tatsächlich durchgeführt worden war, genügt erfahrungsgemäß nicht; denn infolge Erregung, der oftmals ein Jäger im Jagdeifer unterliegt, wird das Sichern gelegentlich vergessen, oder selbst eine vermeintlich zuverlässig wirkende Sicherung kann in der einen oder anderen Situation versagen.

Vor jedem Schuß überzeuge man sich, ob die Schußrichtung frei von Menschen und Haustieren ist. Die *Flugweiten von Schroten* betragen etwa bei 2½ mm 200 m, bei 3 mm 250 m, bei 3½ mm 300 m und bei 4 mm 350 m. Die *Breitenstreuung* von 2½-mm-Schroten im freien Flug mißt auf 50 m etwa 5 m, auf 100 m 17 m, auf 150 m 45 m und auf 180 m etwa 80 m. Auf Wasser oder Erdboden in kleinen Winkeln aufschlagende Schrote prallen meistens ab, auch wenn die Erde weich ist, wobei sich die Breitenstreuung gegenüber dem freien Flug vergrößert. Die *Schußweite der Büchsen* reicht bei modernen Mantelgeschoß-Patronen Kal 5,6–9,3 mm bis etwa 5000 m. Die Blei- und Kupfermantel-Geschosse selbst der veralteten schwachen Patrone Kaliber 9,3 × 72 R fliegen rd. 3000 m, Bleigeschosse der Kleinkaliber-Patronen Kal. 22 l. f. B. 1300 m, Flintenlaufgeschosse bis zu 1200 m weit. Ebenso wie bei Schroten, muß man auch bei Büchsen- und besonders bei Flintenlaufgeschossen stets mit Abprallern und in ihrem weiteren Verlauf mit willkürlichen Flugrichtungen rechnen.

Nach der Beendigung eines jeden Jagens, vor dem Abstellen oder Ablegen eines Gewehrs in Gegenwart anderer Personen, vor dem Besteigen eines Fahrzeuges oder dem Betreten einer Häuslichkeit ist jedes Gewehr grundsätzlich zu entladen. Gegebenenfalls ist es bei solchen Gelegenheiten sicherheitshalber nochmals daraufhin nachzusehen, ob es auch tatsächlich entladen ist.

Mit Schrot darf in das Treiben nur geschossen werden, solange sich die Treiber außer Reichweite der Schrote befinden, mit der Büchse nur auf ausdrückliche Anweisung des Jagdherrn. Beim Schuß auf Wild, das durch die Schützenlinie bricht, wird das Gewehr, falls es vorher bereits angeschlagen wurde, in genügender Entfernung vor der Linie abgesetzt und erst wieder angeschlagen, wenn das Wild die Linie passiert hat. Eine Handhabung des Gewehrs, wie in Abb. S. 187, ist nicht nur unanständig gegenüber dem Nachbarschützen, sondern auch grob fahrlässig.

Immer, besonders aber bei schlechtem Büchsenlicht, wird ein Schuß auf ein Stück Wild erst dann abgegeben, wenn man es mit Sicherheit als solches erkannt hat.

Die vorstenden Hinweise mögen manchem älteren Jäger überflüssig erscheinen. Sie sind aber, wie die von 1937–1940 geführte *Jagdunfallstatistik* zeigt, stets und überall angebracht. Denn in diesem kurzen Zeitraum wurden 2476 Menschen, infolge Nichtachtung der grundsätzlichen Regeln für den Umgang mit der Schußwaffe, verletzt. Davon verliefen 66 Unfälle tödlich, 156 mit schweren Verletzungen, und die hierfür verantwortlichen Jäger hatten überwiegend eine längere oder sogar sehr lange Praxis hinter sich.

Schießen mit der Büchse im Revier

Das jagdliche Brauchtum, das „Den Schöpfer im Geschöpfe ehrt", gebietet einen Schuß, der das Leben sicher, schnell und möglichst schmerzlos beendet, der das verendete Wild bald in Besitz des Jägers bringt, der das Wildpret nicht übermäßig entwertet, und der den guten Anblick des gestreckten Stückes wahrt.

Treffpunkt des Schusses im Wild

Der Treffpunkt des Schusses im Wild wird auf Organe gerichtet, die das Leben versorgen und so groß sind, daß sie mit genügender Sicherheit getroffen werden können. Der Schuß soll derart angetragen werden, daß das Geschoß die Organe auch zuverlässig erreicht und einen Schweißerguß nach außen liefert, der uns zum verendeten Wild führt, falls es vom Anschuß fortkommt.

Ohne Zweifel würde ein *Schuß in das Gehirn* das Leben am schnellsten beenden. Der Leser braucht sich jedoch nur der Revierstreuung beim Büchsenschießen zu erinnern, um sich zu sagen, daß ein so kleines Ziel nur auf allerkürzeste Entfernung sicher getroffen werden kann. Schießen wir aber an der Stirnhöhle vorbei, so fassen wir vielleicht ein Licht, den Windfang oder das Geäse; in jedem dieser Fälle kommt trotz sorgfältiger Nachsuche und trotz eines guten Hundes das Wild wahrscheinlich nicht zur Strecke. Es ginge einem qualvollen Ende und Verludern entgegen (s. hierzu und zum Folgenden die Abb. gegenüber S. 416).

Der *Schuß auf den Hals* verursacht ein sofortiges Verenden nur, wenn er die ebenfalls sehr kleine und leicht zu fehlende Wirbelsäule oder Schlagader trifft. Treffer auf die Drossel lassen stärkeres Wild nicht immer gleich verenden. Zwischen Halswirbel und Drossel hindurchrutschende Schüsse, die nur den Schlund fassen, führen zu denselben qualvollen Folgen wie Geäse- und Gebrechschüsse, und zu schwierigen, oft ergebnislosen Nachsuchen. Infolgedessen darf der Halsschuß nur auf ganz kurze Entfernung von sicheren Schützen angebracht werden. Er ist nur in Richtung spitz von hinten auf den Hals zu setzen, weil man nur auf diese Weise einen sicheren Anhalt für die Lage der Wirbelsäule hat.

Als bester und einzig waidgerechter Schuß gilt auf gesundes Wild von jeher der bei möglichster Breitstellung des Wildes auf seine Kammer anzutragende Schuß (Abb. S. 190). Aus dem Brauch der alten Jäger, ein weißes Blatt auf die Kammermitte der Wildscheibe zu kleben, um hierauf mit der Visierung besser abkommen zu können, entwickelte sich für den Kammerschuß die Bezeichnung Blattschuß. Sie steht nicht, wie vielfach angenommen wird, in Beziehung zum Schulterblatt des Wildes.

Der mit einer ausreichend starken Patrone abgegebene, richtig sitzende *Kammerschuß* ist immer tödlich und führt in der Regel zu einem kurzzeitigen Verenden. Trifft unser

Geschoß das im Vorderteil der Kammer liegende Schulterblatt, faßt es von den Innenorganen die Lunge und vielleicht auch die Drossel oder eine der Hauptadern. Sitzt der Schuß auf breit stehendes Wild in der näheren Umgebung der Kammermitte, die etwas unterhalb der mittleren Rumpfhöhe liegt, werden Lunge, Bronchien und Herz, Hauptadern und wichtige Nerven, einzeln oder miteinander, durchschlagen und durch Geschoßsplitter verletzt. Immer liegen beim Schuß, der inmitten der Kammer trifft, Ein- und Ausschuß in der Rippenpartie und schonen das hochwertige Wildpret. Liegt das Wild nicht im Feuer, was je nach Patrone und Sitz des Schusses bei Kammerschüssen vorkommt, ist die Nachsuche eines so getroffenen Stückes nicht allzu schwer, weil es meist gut schweißt.

Bei dem Streben, ausschließlich die Kammer des Wildes zu durchschießen, gibt es nur eine Ausnahme, angesichts der dann freilich jeder Schuß seine Berechtigung hat: das ist die Nachsuche auf angeschweißtes Wild. Hier gilt der Grundsatz, die Erbeutung des kranken Stückes mit allen Mitteln anzustreben. Jeder Treffer, sitze er, wo er wolle, macht das Wild kränker und bringt uns seinem Strecken näher. Es muß deshalb auf krankes Wild geschossen werden, solange man es im Anblick hat, und wo immer man das Geschoß antragen kann. Gleichwohl wird der erfahrene und seines Hundes sichere Waidmann auch hier die vorbesprochenen Rücksichten der Entwertung und Verunstaltung gelten lassen, sobald er sieht, daß ihm das Wild mit Sicherheit nicht mehr entkommt.

Der *Breitschuß auf die Kammer* soll mehr die untere als die obere Häfte des Wildkörpers zu treffen suchen, und er soll mit *hinter* dem Vorderlauf aufwärtsfahrender Visierung angetragen werden (Abb. S. 190). Bei zu hohem Sitz das Rückgrat treffend, zerstört der Schuß den hochwertigen Ziemer; dicht unter ihm durchschlagend, führt er zu trügerischen Schußzeichen, zu nur geringen Verletzungen der Lunge, und liefert unzureichend Schweiß. Ein so getroffenes Stück stürzt unter Umständen im Feuer oder tut wenigstens anfangs sehr krank, nimmt sich aber bald wieder auf. Der überraschte Schütze kann dabei den rechtzeitigen Fangschuß versäumen und steht vor einer oft sehr schwierigen Nachsuche. Über den Vorderlauf gesetzte Schüsse können beim Verreißen oder bei zu tiefem Abkommen eines Schusses, oder bei Unterschätzung der Schußentfernung zu Treffern auf den Vorderläufen und zu langwierigen Nachsuchen führen.

Beim *Schuß spitz von vorn* soll der *Stich*, die Mitte der Brust, das Ziel sein (Abb. S. 190); dann durchschlägt das Geschoß Herz oder Lunge und bleibt oft im Pansen stecken. Der oft nur wenig oder erst spät Schweiß liefernde Schuß ist nur auf kürzere Entfernung und nur von einem sicheren Schützen zu verantworten; denn der Stich ist schmal, und ein nur wenig seitlich abweichender Schußsitz führt das Geschoß auf die Schräge der Schulterblattknochen, von denen es leicht abgleitet.

Beim *Schuß spitz von hinten*, der *nur* auf krankes Wild zulässig ist, soll das Geschoß etwas unterhalb des Waidloches, mitten zwischen den Keulen einschlagen.

Der *Schrägschuß von hinten* wird, je nach Stellung des Wildes, mehr oder weniger weit hinten auf den Rumpf gesetzt, und gleichfalls immer derart, daß die Kammer in ihrer größten Ausdehnung durchschlagen wird (Abb. S. 191). Wenn das Stück sehr schräg steht, müßte hierzu das Geschoß geradezu weidwund angetragen werden; denn der dicht hinter dem Blatt abkommende Schütze liefe sonst Gefahr, daß sein Geschoß zu weit vorn sitzt und außerhalb der Kammer nur Rippen und den Schulterblattknochen durchschlägt, ohne innere Organe zu verletzen. Der hierbei unvermeidliche Durchschuß des Pansens verbietet derartige Schüsse, die in der Regel auch wenig Schweiß liefern, auf gesundes Wild. Sein Aufbrechen ist unästhetisch, und ein so beschossenes Stück, das während einer warmen Nacht unaufgebrochen draußen liegt, wird leicht anbrüchig.

Schrägschüsse von vorn oder von oben nach unten sowie umgekehrte werden ebenfalls so angetragen, daß sie die Kammer in ihrer größten Ausdehnung durchschlagen. Hierzu ist bei Schußrichtung von oben nach unten das Geschoß über, in solcher von unten nach oben das Geschoß unter der Kammermitte anzutragen.

Sowohl *Spitzschüsse* als auch *Schrägschüsse* von vorn oder von hinten sind nur mit kräftigen Patronen und nur mit schweren Geschossen zu verantworten, die auch unter solchen Umständen größte Eindringungstiefe gewährleisten. Hierzu vergegenwärtige man sich, daß das eigentliche Leben bei solchen Schüssen in einiger Entfernung vom Einschuß

Schuß auf breit stehendes Wild auf die Kammer

Schuß spitz von vorn auf den Stich

liegt, so daß das Geschoß einen längeren Weg bis dorthin zurückzulegen hat. Der Schrägschuß von vorn erfordert außerdem vom Geschoß das Durchschlagen des Schulterblattknochens oder des Oberarmknochens oder noch des dicken Schildes von starken Sauen.

Geschosse mit Kopfformen, die beim Aufschlag schlecht „anbeißen" – Spitz- und Rundkopfgeschosse – gleiten auf schrägen Auftreff-Flächen leicht ab. Spitz- und Schrägschüsse gelingen daher am besten mit Geschossen, deren Stirn mit einem offenen Loch versehen ist und infolgedessen bei Anschlag auf ein Ziel gut „anbeißt" (Abb. S. 136, Kegel-Sp.-Gesch.).

Schüsse auf Wild, das sich *niedergetan* hat, das *sitzt,* oder das *verdeckt* steht, verbietet eine gute, alte Waidmannsregel auf gesundes Wild. Es zeigt in den meisten Fällen nur Kopf, Hals und Rücken, so daß, um diese nicht zu zerschießen, dorthin gehalten werden müßte, wo man die Lage der Kammer vermutet; das ist aber ein unsicheres Unternehmen, das oft in Laufschüssen endet. Schüsse auf Wild, das hinter Gräsern, Halmen, Geäst usw. steht, sind auch dann zu gewagt, wenn der Rumpf noch erkenntlich und ein Abkommen darauf möglich ist. Selbst geringfügig scheinende Hindernisse solcher Art vermögen die Geschosse aus der Flugbahn abzulenken und können einen schlechten Treffer oder Fehlschuß zur Folge haben. H-Mantel-Geschosse neigen beim Anstoßen an ein Hindernis zum Zerbersten und Zerlegen starken Ausmaßes, und sie wirken dann, wenn sie das Ziel nicht gänzlich fehlen, sehr unliebsam und schrotschußmäßig.

Mit Rücksicht auf die Bedenklichkeit von Schüssen auf sitzendes und nicht ganz frei stehendes Wild kommt in diesen und ähnlichen Lagen die Tugend des guten Jägers zur Anwendung, die eine seiner ersten sein muß: Geduld! Warten, bis das Stück hoch oder frei geworden ist!

Wirkung der Geschosse

Grundlage der *Wirkung des Einzelgeschosses* ist die Energie („lebendige Kraft" oder „Wucht"), die ihm als Ergebnis seiner Masse und Geschwindigkeit eigen wird. Mit Hilfe des Arbeitsvermögens der Energie sind in einem beschossenen Stück Wild lebensentscheidende Organe in genügender Tiefe des Wildkörpers zu zerstören oder so weitgehend zu verletzen und zu schädigen, daß hierdurch das Leben in möglichst kurzer Frist beendet wird.

Schuß schräg von vorn

Schuß schräg von hinten

Die für diese Leistung des Geschosses benötigte Energie muß der Stärke des Wildkörpers entsprechen, die sich aus seinem Gewicht, seiner Breite und der Gewebehärte ergibt (z. B. Schwarzwild und Bär haben besonders festes Körper- und Muskelgewebe). Deshalb soll, da einer der beiden bestimmenden Faktoren der Energie die Masse des Geschosses ist, mit zunehmender Stärke des Wildes ein Geschoß zunehmenden Gewichtes bzw. auch Kalibers verwendet werden. Die demnach geeigneten Gewichte der Geschosse sind aus der Tabelle S. 193 zu ersehen.

In den Wildkörper ist die Energie des Geschosses nicht nur hineinzubringen, sie muß an ihn und seine zu schädigenden Organe auch in geeigneter Weise abgegeben werden, weil sie andernfalls ungenügend ausgenutzt wird. Zu dem Zweck sind die *Jagdgeschosse* als *Verformungs- bzw. Zerlegungsgeschosse* aufgebaut. Treffen sie auf einen Wildkörper auf und dringen darin ein, werden sie infolge ihrer Geschwindigkeit einerseits und des Widerstandes des Wildkörpers andererseits gestaucht, verformt und zum Teil auch in Bruchstücke zerlegt.

Die Verformung, die ein Geschoß bei dem Eindringen in den Wildkörper und bei seiner Durchdringung erhält, gestaltet es, bei entsprechend abgestimmter Bauart, zu einem Pilz mit frontal gelegener Ausbreitung. Sie ist die Basis der Abgabe der Energie des Geschosses an den Wildkörper, und mit der Ausbreitung des Pilzkopfes als Basis steigert sich die Energieabgabe.

Das Ausmaß der Verformung und Zerlegung des Geschosses ist abhängig von der Festigkeit seiner Bauart, der Auftreffgeschwindigkeit auf den Wildkörper und dessen Stärke. Mit der Zunahme der Geschwindigkeit des Geschosses sowie der Stärke des Wildkörpers und damit des Zielwiderstandes steigern sich die Verformung und Zerlegung des Geschosses. Deshalb müssen mit zunehmendem Zielwiderstand, zur Vermeidung vorzeitiger oder übermäßiger Verformung und Zerlegung, Geschosse vermehrter Festigkeit verwendet werden. Umgekehrt benötigt schwaches (leichtes und schmales) Wild, um darin ausreichende Geschoßverformung zu erlangen, entsprechend weiche oder schnelle Geschosse.

Der Wildkörper ist (wie auch der Körper des Menschen) in lebenswichtigen Organen und in seinem Nervengefüge beiderseits in paarigen Hälften aufgebaut. Jede Hälfte für sich vermag daher, bedingt und in zeitlichen Grenzen, allein das Leben aufrechtzuerhalten. Deshalb soll sich die Energieabgabe des Geschosses gleichfalls *paarig über die gesamte Breite des Wildkörpers* erstrecken. Der Effekt wird erreicht durch ein gleichsam gesteuertes Aufpilzen (Durchmesservergrößerung) des Geschoßkopfes, das mit der Eindringtiefe des Geschosses in den Wildkörper stetig zunimmt, und durch die Fortsetzung des Vorgangs in der gesamten Breite des Wildkörpers. Andernfalls kann, bei einseitiger Organzerstörung und Energieabgabe in nur einer Rumpfhälfte, die nicht oder nur schwach geschädigte andere Rumpfhälfte die Wirkung des Geschosses auffangen und, wenigstens zeitweilig, in bestimmtem Ausmaß ausgleichen.

Wird im Wildkörper durch seinen Widerstand ein Geschoß nicht nur verformt, sondern zum Teil auch in Bruchstücke zerlegt, erfolgt eine im Endergebnis geminderte Ausnutzung der Geschoßenergie. Der Rest des Geschosses, der im Verlauf der Zerlegung erhalten bleibt, ist in seiner Masse um die abgetrennten Bruchstücke verringert und entsprechend an Energie und Eindringtiefe gemindert; die paarige Wirkung in der Tiefe des Wildkörpers ist daher in Frage gestellt. Die Bruchstücke, die nur kleine und leichte Splitter ergeben, sind demgemäß erst recht arm an Energie und können nur unbedeutend wirken. Deshalb ist die einst vertretene Auffassung, „*Splitterbildung*“ eines Geschosses sei zweckmäßig, allein schon folgerichtig falsch; des weiteren hat aber auch die jagdliche Schießpraxis die Unzulänglichkeit der Splitterwirkung erwiesen.

Ein Geschoß, das den vorstehenden Bedingungen in ihren Grundsätzen entspricht, wirkt in mehrfacher Hinsicht. Bei Auftreffgeschwindigkeiten bis etwa 800 m/sek erfolgen zunächst Organverletzungen direkt durch das Geschoß im Umfang des Schußkanals, ferner außerhalb davon in einem relativ kleinen Randgebiet durch Splitter des Geschosses. Weiterhin bewirkt die Energie des Geschosses organschädigende Druckvorgänge, die sich über den Schußkanal hinaus fortsetzen. Sie steigern sich mit der Geschwindigkeit, mit der das Geschoß den Wildkörper durchdringt, und mit der hierdurch gegebenen Schnelligkeit der Übertragung der Geschoßenergie in ihren Ausstrahlungsraum um den Schußkanal herum.

Zu den vorstehenden Schußwirkungen erzeugt ein Geschoß, das mit einer Geschwindigkeit von mehr als 800 m/sek auf einen Wildkörper auftrifft und ihn damit durchdringt, eine zusätzliche Wirkung: Es entsteht in der Länge des Schußkanals über seinen Umfang hinaus eine elastische Wundhöhle (Kaverne). Ihr Durchmesser pulsiert im Verlauf der Vorwärtsbewegung des Geschosses in schnellsten Zeitfolgen von Tausendstel-Sekunden hin und her. Die hierdurch ausgelösten Druckwellen bewirken ihrerseits in den davon betroffenen Organen und Nervengefügen heftige Reize, die sich mit denen der Schußwunde summieren. Als Endeffekt überfällt bei Schüssen mit derart schnellen Geschossen, die den Bereich der Lunge (insbesondere ihre Wurzeln) oder der Leber treffen, den Organismus des Körpers eine massierte Fülle von nicht zu ertragenden Reizen. Sie haben einen *Schock* zur Folge, der seinerseits teils schlagartig, teils binnen kürzester Frist zum Tod führt. Deshalb sind in dieser Beziehung Patronen vorteilhaft, die dem Geschoß bei ausreichender Masse (Gewicht) die für eine derartige Wirkung erforderliche Auftreffgeschwindigkeit vermitteln. Sie muß einen Reservebetrag enthalten, um das infolge des Zielwiderstandes in seiner Ge-

Patrone: Kaliber und Bezeichnung	Geschoß: Bauart und Bezeichnung	Geschoß: Gewicht g	Eignung für: Rehwild	Eignung für: Gams	Eignung für: Damwild	Eignung für: Schwache Stücke Rot- und Schwarzwild	Eignung für: Starke Stücke Rot- und Schwarzwild
5,6×57 5,6×57 R	Kegel-Spitz[1]	4,8	××	×	—	—	—
.243 Winchester	Teilmantel-Rundkopf	6,8	××	×	—	—	—
6,5×57 6,5×57 R	Teilmantel-Spitz	6,0	××	××	(×)	(×)	—
	Teilmantel-Rundkopf	10,15	×	×	×	×	—
	H-Mantel	10,0	×	×	×	×	—
6,5×68 6,5×68 R	Teilmantel-Spitz[1]	6,0	××	××	(×)	(×)	—
	H-Mantel	8,5	×	×	×	×	(×)
7×57 7×57 R	Teilmantel-Spitz	6,7	××	×	—	—	—
	Nosler[2]	9,1	××	×	(×)	(×)	—
	Nosler[2]	11,3	×	×	×	×	(×)
	Teilmantel-Rundkopf	11,2	×	×	×	×	(×)
	Brenneke-Torpedo-Ideal	10,5	×	×	×	×	(×)
	Starkmantel	10,0	×	×	×	×	(×)
7×64 7×65 R	Teilmantel-Spitz[1]	6,7	××	××	—	—	—
	Nosler[2]	9,1	××	××	×	×	—
	Nosler[2]	11,3	×	×	×	×	×
	Teilmantel-Rundkopf	11,2	×	×	×	×	×
	Brenneke-Torpedo-Ideal	10,5	×	×	×	×	×
	Brenneke-Torpedo-Ideal	11,5	+	×	××	××	××
	Starkmantel	10,5	×	×	×	×	×
	H-Mantel	11,2	×	×	×	×	×
8×57 JS 8×57 JRS	Teilmantel-Rundkopf	12,7	+	×	×	×	(×)
	Brenneke-Torpedo-Ideal	12,8	×	×	×	×	×
	H-Mantel	12,1	×	×	×	×	×
8×68 S	Kegel-Spitz	14,5	+	×	××	××	××
9,3×62 9,3×64 9,3×74 R	Teilmantel-Rundkopf	18,5	+	+	×	××	××
	Brenneke-Torp.-Universal	19,0	+	+	×	××	××
	H-Mantel	16,7	+	+	×	×	×

×× = vorzüglich geeignet; × = gut geeignet; (×) = bedingt geeignet bei Schußentfernungen bis etwa 150 m; + = reichlich brutale Wirkung; — = nicht geeignet.

[1] Patronen mit höchster Geschoßgeschwindigkeit, auf 150 m Entfernung über 800 m/sek.
[2] Diese Patronen werden nur von der österreichischen Fabrik Hirtenberg geliefert.

schwindigkeit nachlassende Geschoß den Wildkörper mit größtmöglicher Geschwindigkeit durchschlagen zu lassen.

Neben den tötenden Wirkungen, die ein Geschoß zu vollbringen hat, soll es für die nicht außergewöhnlichen Fälle, in denen ein beschossenes Stück Wild nicht an seinem Anschuß oder nicht in Sicht des Jägers verendet, zu Schußzeichen für eine sichere Fährtenfolge verhelfen: Das sind reichliche Schnitthaare am Anschuß und Schweiß in der Wundfährte. Beides wird erreicht durch einen möglichst kalibergroß scharf ausgestanzten Einschuß sowie durch einen ebenfalls scharf gestanzten Ausschuß des Geschosses, der mehr als Kalibergröße beträgt.

Eignung von Geschossen verschiedenen Aufbaus

Die Forderung, *am Anschuß* mit Hilfe von *Schnitthaaren* und nach Möglichkeit auch *Schweiß* genügende Schußzeichen zu erhalten, erfüllen einstweilen am besten die *Teilmantel-Rundkopf-Geschosse* und alle Geschosse, die nach Art der *Brenneke Torpedo-Ideal-Geschosse* oder der *Starkmantel-Geschosse* mit einem *Scharfrand* versehen sind, sowie die *Kegel-Spitz-Geschosse* mit ihrer scharf abgesetzten Kante rückwärts des Geschoßkopfes (Abb. S. 136).

Befriedigende mechanische Organzerstörung durch den gestauchten Geschoßkörper in ausreichendem Ausmaß und mit hinreichender Energie in der Tiefe der beiden Rumpfhälften des Wildes, um die paarige Wirkung zu erlangen, ergeben allgemein mit einigen Kompromissen (unter Umständen reichlich brutale Wirkung auf Rehwild oder begrenzte Tiefenleistung in starken Wildkörpern) die *Teilmantel-Rundkopf-Geschosse* (Abb. S. 136).

Für die *universelle Verwendung* der einen oder anderen Patrone auf *schwaches und starkes Schalenwild* eignen sich zur Zeit in erster Linie die *Nosler-Geschosse* (Abb. S. 136). Ihr Vorderteil wird im Wildkörper anfangs in einigem Ausmaß zerlegt und hiernach zu einem Pilz mit ausgiebig ausgebreitetem, wirkungsvollen Kopf verformt. Bedingt durch den massiven Quersteg des Mantels des Geschosses, bleibt auch bei stärkstem Widerstand der hintere Geschoßteil erhalten. Er ergibt eine entsprechend *zuverlässige Tiefenleistung* und bei Verwendung von genügend starken Patronen mit einiger Sicherheit einen gut schweißenden überkalibergroßen *Ausschuß.*

Zu universeller Benutzung für Wild unterschiedlicher Stärke ist ferner das *Brenneke Torpedo-Ideal-Geschoß* bestimmt (Abb. S. 136). Seine Füllung besteht aus zwei voreinander gesetzten Bleikernen, einem vorderen weichen und einem hinteren harten Kern. Sie regulieren derart die Verformung und Zerlegung des Geschosses im Wildkörper. Ähnliche Wirkung erzeugen die *Starkmantel-Geschosse* (Abb. S. 136), deren Mantel in seiner Dicke von vorn nach hinten verstärkt ist und hierdurch das Verhalten des Geschosses regelt. In sehr starken Zielwiderständen zerlegen sich die Vorderteile beider Geschosse erheblich, so daß dadurch in solchen Fällen die *Tiefenleistung* und die Erzeugung eines *Ausschusses* um einiges beschränkt sind.

Schließlich sind für vielseitige Verwendung die *H-Mantel-Geschosse* (Abb. S. 135) gedacht. Bei ihnen begrenzt eine etwa in der Mitte der Geschoßlänge angebrachte Einschnürung des Mantels die Zerlegung auf den Geschoßvorderteil. Er zersplittert im Wildkörper meistens restlos, je nach dem Zielwiderstand teils schon in der Einschußhälfte. Der hintere Geschoßteil bleibt in der Regel völlig erhalten und erhält keine nennenswerte Verformung bzw. Aufpilzung. Hieraus folgern als Vorzüge der Geschosse sehr *mäßige Zerstörung des Wildprets* auch von schwachem Wild und mit großer Sicherheit selbst in starkem Wild ein *Ausschuß,* der jedoch auf Kalibergröße beschränkt ist. Dafür muß in Kauf genommen werden, daß die *Energieabgabe* an den Wildkörper infolge der Zersplitterung des Geschoßvorderteils und der nicht gegebenen Aufpilzung des Geschoßhinterteils demgemäß *geschwächt* ist und dadurch die *tötende Wirkung* verzögert wird.

Eine neue, erst kürzlich eingeführte Konstruktion ist das *Kegel-Spitz-Geschoß* (Abb. S. 136). Bei ihm wird die Verformung und Zerlegung im Wildkörper durch eine besondere

Gestaltung der Geschoßform und der Dicke des Mantels gesteuert. Die Verwendung des Geschosses wurde zunächst Patronen zugeordnet, die eine hohe bzw. höchste Geschoßgeschwindigkeit ergeben (Kal. 5,6 × 57 und 57 R für Rehwild und Gams, 8 × 68 S für starkes Wild). Hierbei hat sich das Geschoß bewährt. Mittels genügender Aufpilzung durch den Zielwiderstand und begrenzter Zerlegung gibt es reichlich Energie in beiden Hälften des Wildkörpers ab und bewirkt auch in sehr starkem Wild überkalibergroßen *Ausschuß*.

Für die verschiedenen Schalenwildarten und Jagdverhältnisse können hauptsächlich die in der Tabelle S. 193 aufgeführten Patronen und Geschosse empfohlen werden.

Schießen auf stehendes Wild

Vor *Antragen des Schusses* wird mit Sorgfalt überlegt, ob der Schuß aus waidmännischen Rücksichten zu verantworten ist. Einige Beispiele sollen sie erklären.

Ein Rehbock steht im hellen Licht breit auf einer sandigen Fahrstraße und soll auf 100 m Entfernung beschossen werden. Der tödliche Bereich in der Kammer des Bockes hat eine Höhe von etwa 15 cm Durchmesser. Die *„Revierstreuung“*, die wir bei dem Führen eines Büchsenlaufes der Streuungsklasse 2 (siehe S. 168) zuzüglich unserer Schützenstreuung zu erwarten haben, mag auf diese 100 m 10 cm bei Visier- und Kornschuß betragen. Die sandige Fahrbahnstraße wird das Auffinden des Anschusses, den Ausgangspunkt für eine Nachsuche, falls der Bock nicht im Feuer bleiben sollte, erleichtern. Somit ist der Schuß zu verantworten.

Es wird „Fleck gehalten“, wenn das Gewehr auf die betr. Entfernung Fleck schießt

Das Ziel wird „hoch angefaßt“, wenn das Gewehr auf die betr. Entfernung Tiefschuß hat

Das Ziel wird „tief angefaßt“, wenn das Gewehr auf die betr. Entfernung Hochschuß hat

Stände derselbe Bock auf 150 m vor uns, würde auf diese um 50 m weitere Entfernung die zu erwartende Revierstreuung beim Zielen mit Visier und Korn 15 cm betragen. Die Kugel träfe das Wild dann nur zufällig mitten auf die Kammer, und der Schuß wäre nicht mehr zuverlässig. Hier könnte jetzt ein Zielfernrohr helfen. Mit ihm vermögen wir genauer im Ziel abzukommen und vermindern damit unsere Schützenstreuung. Infolgedessen hätten wir, falls ein Büchsenlauf der Streuungsklasse 3 (siehe S. 168) geführt wird und wir selbst sichere, im Zielfernrohrschießen geübte Schützen sind, mit einer auf etwa 12 cm verringerten Revierstreuung zu rechnen. Da uns die übersichtliche, sandige Fahrbahn den *Anschuß* ebenfalls noch finden lassen wird, wäre dieser Schuß auch angängig.

Haben wir den gleichen Rehbock auf 100 m Entfernung bei trüber Beleuchtung in einem mit Heidekraut oder Gras unterwachsenen Bestand vor uns, bereitet uns schon das Auffinden des 100 m abgelegenen *Anschusses* die größte Mühe. Auf 150 m würden wir ihn mit aller Wahrscheinlichkeit auf solchem Bewuchs oder auf Laub- oder Nadelstreu nicht mehr finden. Dieser Schuß wäre deshalb selbst bei Benutzung des Zielfernrohrs nicht mehr waidgerecht.

Bei stärkerem Wild kommt die Streuung naturgemäß weniger zur Geltung. Die Möglichkeit, den Anschuß zu finden, wird aber auch hier immer die Grenze der waidgerechten Schußentfernung sein, weil erfahrungsgemäß nicht alle Schüsse dort treffen, wo sie sitzen sollen.

100 Meter

200 Meter

Zielfernrohr mit Normalabsehen als Entfernungsmesser

Entspricht der Standort des Wildes diesen Voraussetzungen, müssen wir den Haltepunkt mit unserer Büchse überlegen, um unter Berücksichtigung ihrer Treffpunktlage auf die vorliegende Schußentfernung das Geschoß auf den richtigen Fleck zu setzen. Da diese Treffpunktlage je nach Schußentfernung verschieden ist, muß die Entfernung des Wildes vom Schützen bestimmt werden.

Das hierzu notwendige richtige *Entfernungsschätzen* erschweren die während der Jagd recht verschiedenen Sichtverhältnisse. Im Holz eines Waldbestandes, auf darin verlaufenden Schneisen und Wegen, aus der Deckung mit kleinem Ausblick oder aus Ansitzlöchern erscheinen die Entfernungen größer, als sie es tatsächlich sind. Wild, das hinter einer Anhöhe steht, die seine Läufe bis in Rumpfhöhe verdeckt, ist größenmäßig schwer zu beurteilen. Deshalb wird in solchen Fällen die Entfernung oft überschätzt. Im Freien, besonders über ein Tal hinweg und vom Hochsitz, oder auf Wild, das durch helles Licht bestrahlt ist, wird der Abstand vom Jäger vielfach unterschätzt; das gleiche gilt für Dämmerung und Nebel, die den Anblick eines Stückes Wild zu vergrößern pflegen.

Auf Rehwild läßt sich an Hand des aus Abb. S. 196 ersichtlichen Verfahrens jedes Zielfernrohr mit Normalabsehen als *Entfernungsmesser* verwenden. Der Abstand der Querbalken voneinander, der auf 100 m Entfernung 70 cm beträgt, ist so bemessen, daß ihn die Rumpflänge eines Rehes vom Stich bis zum Spiegel auf 100 m Entfernung voll, auf 150 m zu Dreiviertel und auf 200 m zur Hälfte ausfüllt. Für andere Schalenwildarten mit ihren größeren Längenmaßen ist das Hilfsmittel erst nach vergleichenden Übungen im Entfernungsschätzen geeignet.

Der Jäger sollte während der Reviergänge die Beurteilung von abgeschrittenen Strecken ständig üben. Laufende Einprägung der Größe und Erscheinung des Wildes im Anblick auf verschiedene Entfernungen, bei wechselnden Sichtverhältnissen, Vergleiche mit Geländemerkmalen in bekanntem Abstand von Daueransitzen, lassen hierin Sicherheit erwerben. Hält der Waidmann dann an dem bewährten Grundsatz fest, lieber den Schuß im Lauf zu lassen, als zu weit zu schießen, vermeidet er Schießfehler.

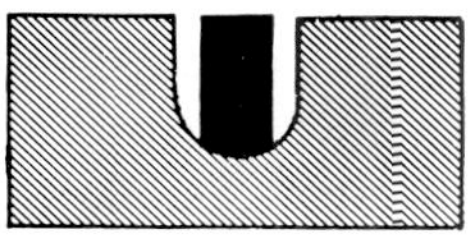

Gestrichenes Korn

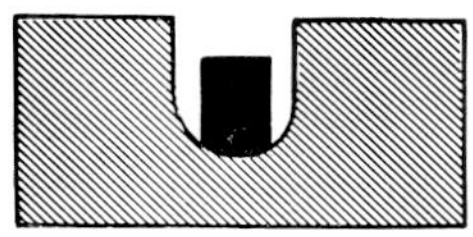

Feinkorn (Tiefschuß)

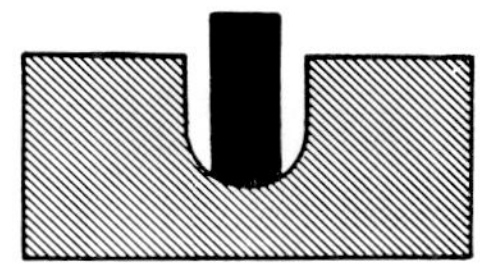

Vollkorn (Hochschuß)

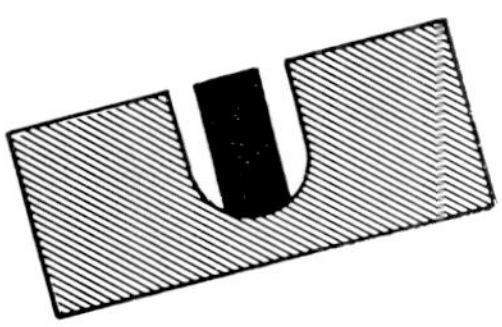

Verkantete Visierung (Links- und Tiefschuß)

Links geklemmtes Korn (Linksschuß)

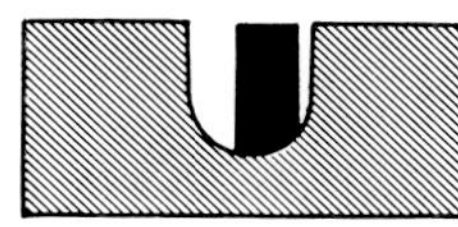

Rechts geklemmtes Korn (Rechtsschuß)

Steht das Wild in schußgerechter Stellung, spannen wir leise das Schloß oder entsichern die selbstspannende Waffe. Dann prägen wir uns Merkmale am Standort des Wildes ein, um mit ihrer Hilfe seinen *Anschuß* leichter zu finden. Unmittelbar vor dem Anschlagen des Gewehrs oder erst im Anschlag wird, wenn mit gestochenem Abzug geschossen werden soll, das Stechschloß lautlos gespannt.

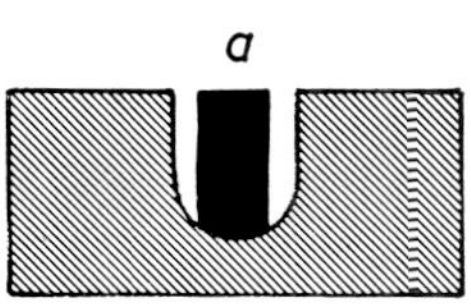

Korn a im normalen Licht

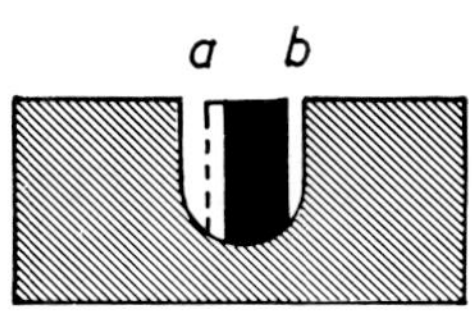

Korn a von rechts bestrahlt erscheint in Stellung b, ergibt Linksschuß

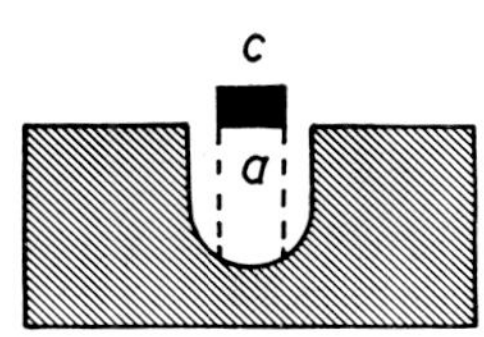

Korn a von oben bestrahlt erscheint in Stellung c, ergibt Tiefschuß

Visierfehler durch Sonnenbestrahlung des Korns

Kommen wir wider Erwarten nicht gleich zum Schuß, weil sich das Wild vielleicht niedertat, oder weil es sich umstellte oder fortwechselte, sichern wir das Gewehr, stechen das Schloß ab und entspannen dies, falls es mit Handspannung versehen ist.

Bei *Anvisieren des Ziels* müssen *Zielfehler* beachtet werden, die uns als „Vollkorn“ oder „Feinkorn“, als „Verkanten“ der Visierung und als „Klemmen“ des Korns in der Kimme unterlaufen. Vollkorn ergibt Hochschuß, Feinkorn Tiefschuß (Abb. S. 197). Verkanten, wie in Abb. S. 197 nach links, ergibt Schußabweichung nach unten links, Verkanten nach rechts eine solche nach unten rechts. Ähnliche Abweichungen verursacht das in Abb. S. 197 gezeigte Klemmen des Korns in der Visierkimme. Ein links geklemmtes Korn ergibt Linksschuß, ein rechts geklemmtes Rechtsschuß.

Auch Sonnenstrahlung kann Visierfehler verursachen. Die hell beleuchtete Seite eines mit hellem Metall belegten Korns erscheint dem Auge größer; die im Schatten liegende tritt dagegen zurück. Scheint die frühe, noch tiefstehende Morgensonne von rechts auf ein scheinbar mitten in der Kimme stehendes Korn (untere mittlere Abb. S. 197) sieht man das Korn nicht in seiner wirklichen Lage, sondern wie das Scheinkorn b nach rechts gerückt; weil man es aber mitten in der Kimme stehend sehen will, rückt man es unbewußt nach links und erhält Linksschuß. Will man also bei solcher Beleuchtung genau Strich schießen, muß das Korn nach der beleuchteten Seite hin geklemmt werden. Ähnlich verhält es sich mit einem stark von oben beleuchteten, hellen und blanken Korn: Es erscheint größer bzw. höher. Will man mit diesem Scheinkorn der unteren rechten Abb. den Schuß in richtige Höhenlage bringen, muß mit vollem Korn geschossen werden; dann schießt man in Wirklichkeit mit gestrichenem und trifft richtig. Ein über das Korn geschobener, beschattender Kornschützer bewahrt von dererlei Täuschungen.

Schießen im Anschlag stehend mit angestrichenem Gewehr

Auch ein Klemmen des Absehens im Zielfernrohr nach der einen oder anderen Seite oder in der Höhe, ähnlich dem Korn-Klemmen, kann zu Schußabweichungen führen, wenn das Fernrohr nicht *parallaxefrei* eingestellt ist und infolgedessen die Abbildung des Absehens auf dem Ziel wandert. Man visiere deshalb so, daß der Absehenpunkt oder die Absehenspitze mitten im Gesichtsfeld des Fernrohrs stehen.

Der ruhige *Anschlag* und das ruhige *Abziehen* des auf das Ziel gerichteten Gewehrs bereiten vielen Jägern Sorgen. Haben wir nicht die Ruhe, ohne Wackeln und Wanken mit der Visierung im Ziel zu bleiben, sei es, weil uns vor dem Schuß bangt, sei es, weil uns das Wild berunruhigt oder wir befürchten, es zöge oder flüchtete vor dem Schuß noch fort, dann setzen wir das Gewehr ab, beruhigen uns erst, und versuchen es nun von neuem. Wir fassen die Büchse fest mit der rechten Hand, fahren zuversichtlich zügig mit unserer Visierung in das Ziel, und ziehen, sobald unser Abkommen darin steht, ohne Zaudern ruhig ab, indem wir den Zeigefinger langsam zügig durchkrümmen. Dabei bemühen wir uns, „durch das Feuer zu sehen", d. h. die Augen im Zeitpunkt der Schußabgabe offenzuhalten.

Auf das zügige Zielfassen und auf das unverzögerte, ruhige Durchkrümmen des Schießfingers kommt es im wesentlichen bei der Schußabgabe an; gehen wir dabei hastig vor und bewegen, statt nur den Finger gegen den Abzug durchzukrümmen, ruckartig die gesamte Hand nach hinten, so verreißen wir das Gewehr und damit den Schuß aus der richtigen Ziellage. Dieses „Mucken", wie man es nennt, unterläuft uns aus Mangel an Vertrauen in unsere Schießfertigkeit, aus Angst vor Schwankungen unseres Gewehrs oder vor dem Rückstoß, der uns das Gewehr manchmal schmerzhaft gegen Schulter und Wange prellt, falls wir es nicht richtig einziehen oder uns die Schäftung nicht liegt. Diese rein physischen Schießfehler können nur durch fleißige Übungen im Schießen auf die Wildscheibe beseitigt werden. Auch gelegentliches Zielen und Abdrücken des Stechers auf Wild in freier Wildbahn, wobei das Gewehr entladen sein muß und gesichert sein soll, damit ein hartes Abschlagen des Schloßwerkes vermieden wird, stärkt unser Selbstvertrauen und hilft uns im Büchsenschießen voran.

Schießen im Anschlag kniend mit aufgestütztem Gewehr

Viele Schützen suchen in ihrer Unruhe vor dem Wild, oder weil ihnen ein Schuß schwierig scheint, nach Hilfsmitteln zur Anlehnung des Gewehrs, um so die Treffsicherheit zu verbessern. Dagegen ist zu Anfang unserer Jägerlaufbahn, während deren uns eine gelegentliche Hilfe willkommen sein darf, sowie bei Schüssen auf weitere Entfernung nichts einzuwenden. Auf kürzere Entfernung sollten wir aber unter allen Umständen den Freihand-Schuß zu erlernen suchen, weil wir andernfalls kein sicherer Schütze werden. Allein in Herz, Auge und Hand ruht letzten Endes alle Schießfertigkeit, und nur der Jäger, der über solche verfügt, beherrscht jede vorkommende Lage, falls für die Stützung des Gewehrs keine Gelegenheit oder Zeit vorhanden ist.

Schießen im Anschlag sitzend mit aufgestütztem Gewehr

Die ruhigste Gewehrlage ergibt das aufgelegte Schießen. Aber auch dies will gelernt sein. In liegendem Anschlag oder bei Schüssen, die aufwärts gerichtet sind, müssen wir unser Auge in reichlichem Abstand von einem Zielfernrohr halten, weil dabei unser Kopf dazu neigt, sich dem Zielfernrohr zu nähern. Bedenken wir das nicht und führen womöglich noch eine kurze Schäftung, schlägt uns der Rückstoß des Gewehrs das Zielfernrohr vor Auge und Stirn und verletzt sie hierdurch.

Beim *aufgelegten Schießen* muß das Gewehr dicht vor dem Abzugsbügel, nicht mehr als etwa 1½ Handbreite davor aufgelegt werden, um den andernfalls entstehenden, auf S. 161 abgebildeten Hochschuß zu vermeiden. Ferner ist bei aufgelegtem Schießen mit Büchsen, deren Lauf „hohl eingeschäft“ ist, darauf zu achten, daß bei einem Umklammern des Laufes und der Unterlage mit der linken Hand der Lauf keinen abwärts gerichteten Druck und dadurch bewirkten Tiefschuß erhält (siehe S. 161 unten).

Auch das mit *Anstreichen* benannte Anlehnen des Gewehres an aufrecht stehende Stützen mäßig das Wanken der angeschlagenen Schußwaffe (Abb. S. 198). Aber gleichfalls diese Methode ist nicht einfach und muß geübt sein, will man mit ihrer Hilfe sicherer schießen. Zum Anstreichen benutzte Bäume müssen hinreichend stark sein, weil schwache Stämme selbst durch scheinbar mäßigen Wind viel zu lebhaft bewegt werden. Das Gewehr ist so weit wie möglich hinten an die zum Anstreichen dienende Stütze anzulehnen, weil sie sonst den Schuß nach der Seite verprellt. Der Körper muß eine zum Ziel hin gewendete Profilstellung einnehmen, d. h. bei Rechtsanschlag dem Ziel die linke Seite zuwenden, nicht seine Vorderseite; der linke Fuß ist vorzusetzen, der rechte nicht neben, sondern mehr hinter den linken zu stellen, die linke Schulter ist dem Ziel zuzukehren, die rechte zurückzunehmen. Andernfalls pendelt das Gewehr überwiegend nach einer Seite, während es bei richtiger Stellung und Haltung des Körpers sicher im Strich liegenbleibt.

Die in der Natur für ein Auflegen des Gewehrs sich bietende Unterlage oder eine für das Anstreichen des Gewehrs geeignete Stütze wird nicht immer dort vorhanden sein, wo man sie braucht. Daher bedient man sich in solchen Fällen eines kräftigen, auf den Erd-

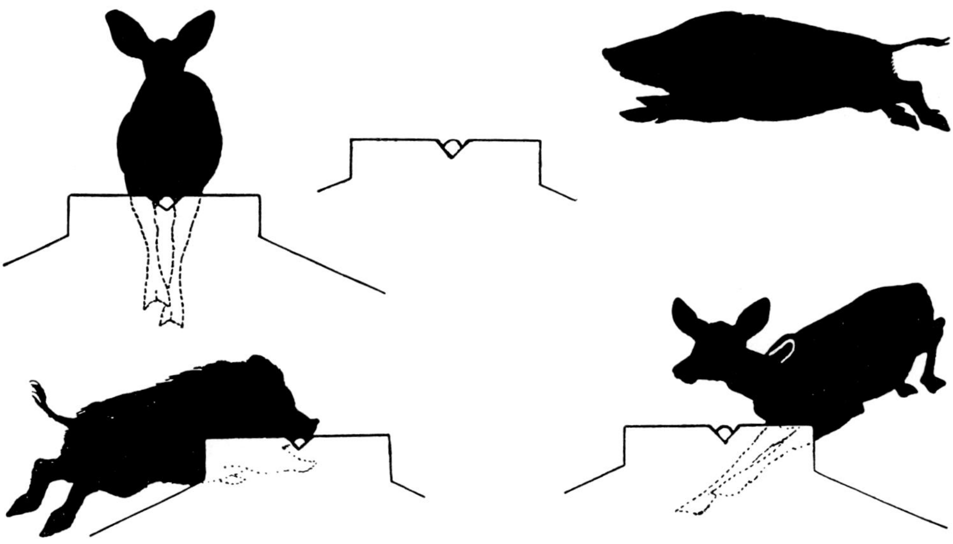

Oben links: Abkommen auf flüchtendes Schmaltier, spitz von vorn. Oben rechts: Schuß auf einen breit in voller Fahrt vorbeiflüchtenden Überläufer auf 50 m Entfernung, mit Patrone mit mittlerer Geschoßgeschwindigkeit (V_{50} = 750 m/sek) etwa 1 m = eine ganze Wildlänge vor der Kammermitte des Überläufers abkommend. Unten links: Abkommen auf fortflüchtendes Wild, schräg von hinten. Unten rechts: Abkommen auf anflüchtendes Wild, schräg von vorn

boden gestützten Zielstabes, den wir auf der Pürsch mitführen. In käuflicher Form hat er eine Gabel zum Auflegen der Büchse, als einfachen Stecken (Bergstock) können wir ihn uns in vielen Revieren selbst schneiden und hieran in sitzender, kniender oder aufrechter Haltung das Gewehr anstreichen.

Ähnlich kann man sich zum behelfsmäßigen, angestrichenen Schießen eines Handstockes bedienen, dessen Krücke in die linke Seitentasche gesteckt wird, oder des um den linken Arm geschlungenen Büchsenriemens. Die Hilfsmittel stützen das Gewehr recht gut und sind vornehmlich geeignet, wenn es gilt, längere Zeit vor dem Wild mit angeschlagenem Gewehr auszuhalten.

Auf freistehendes Wild ist der Schuß in liegendem, sitzendem oder kniendem Anschlag von Vorteil (Abb. S. 199). Spießt man dabei noch einen Hand- oder Sitzstock in die Erde, streicht hieran das Gewehr dicht vor dem Abzugsbügel an und hält mit der linken Hand das Gewehr an dem Stock fest, so schießt man außerordentlich sicher.

Schießen auf Schalenwild in Bewegung

Bei dem *Schießen mit Büchsenpatronen* auf *Schalenwild*, das *zieht* oder *trollt* oder *flüchtet*, muß, wie des näheren auf Seite 182 und folgenden ausgeführt wurde, zum Ausgleichen der Zeit, die zwischen der Absicht zur Schußabgabe und dem Anlangen des Geschosses am Ziel vergeht, der Schuß vor den gewünschten Treffpunkt gerichtet, das heißt vorgehalten werden. Die hierfür anzuwendende Methode und die erforderlichen Maße des bewußten Vorhaltens sind ebenfalls auf den vorgenannten Seiten niedergelegt.

Das *Vorhalten* erfolgt stets *in der Bewegungsrichtung des Wildes* derart, daß sich die Geschoßflugbahn und das Wild kreuzen (Abb. S. 200).

Die Schußentfernungen auf trollendes und flüchtendes Schalenwild sind angesichts der Schwierigkeiten derartiger Schüsse zu beschränken. Im allgemeinen sollte, je nach der Schießfertigkeit eines Schützen, äußerstens bis etwa 60 m Entfernung geschossen werden.

Schießen in Bergrevieren

In den *Höhenlagen der Gebirgsreviere* bewirkt die dort gegenüber dem Tiefland geringere Luftdichte (Luftgewicht) eine Minderung des Krümmungsgrades der Geschoßflugbahn und dadurch eine Erhöhung ihres Verlaufs zu der gegebenen Visierlinie eines Gewehrs[1]. In-

Treffpunktlage eines Büchsenlaufes bei Einfluß der Höhenlage des Schießortes und des Schußwinkels

Schießbedingungen und Ergebnisse	Treffpunktlage in cm[1] zur Visierlinie (Zielfernrohr) auf Entfernung					
	100 m	150 m	175 m	200 m	250 m	300 m
Tiefland (0 m über NN) und waagerechter Schuß: Normale Treffpunktlage	+ 4	+ 2	± 0	— 4	— 15	— 32
Gebirge in Höhenlage 1500 m über NN und waagerechter Schuß: Höhenlagebedingte Treffpunkterhöhung	+ 2	+ 3	+ 3	+ 4	+ 7	+ 12
Schußwinkel 30° auf- und abwärts (in jeder Höhenlage): Schußwinkelbedingte Treffpunkterhöhung	+ 2	+ 4	+ 5	+ 6	+ 8	+ 9
Höhenlage 1500 m und Schußwinkel 30° auf- und abwärts: Hierbei sich ergebende Treffpunktlage zur Visierlinie	+ 8	+ 9	+ 8	+ 6	± 0	— 11

[1] Werte abgerundet auf volle Zentimeter.

[1] Die in den Höhen der Gebirge geringere Dichte der Luft schwächt ihren Widerstand gegenüber dem Geschoß. Daraus ergeben sich schnellere Geschoßgeschwindigkeit, verkürzte Geschoßflugzeit und entsprechend verringerte Zeit der Einwirkung der Anziehungskraft der Erde auf das Geschoß. Folglich fällt es während des Fluges um verkleinerte Strecken in der Richtung der Erde und seine Bahn verläuft in demgemäß vermindertem Krümmungsgrad.

folgedessen ergibt in Bergrevieren ein Gewehr, das in der Luftdichte des Tieflandes eingeschossen ist, eine erhöhte Treffpunktlage (TPL). Bezeichnet als *Höhenlagebedingter Hochschuß,* vergrößert sich die TPL-Erhöhung mit der Zunahme der Höhenlage des Reviers und dem Anwachsen der Schußentfernung, und das um so mehr, je geringer die Rasanz der Geschoßflugbahn der verwendeten Patrone ist. Bis 2000 m Höhenlage sind die Beträge der TPL-Erhöhung bei Benutzung von Patronen mit rasantesten Geschoßflugbahnen bis zu Entfernungen von 200 m belanglos; in weiteren Entfernungen bis 300 m wird die TPL-Erhöhung bis 6 cm gesteigert. Bei Geschoßflugbahnen mittlerer und geringer Rasanz beträgt in dieser Höhenlage die TPL-Erhöhung bereits auf 200 m Entfernung bis etwa 5 cm; mit wachsender Schußentfernung bis 300 m nimmt, je nach der Rasanz der Geschoßflugbahn der Patrone, die TPL-Erhöhung Beträge bis etwa 15 cm ein.

Schußrichtungen bergauf und bergab veranlassen allein ihrerseits – unabhängig von der Höhe des Schießortes und der hier vorliegenden Luftdichte – eine Änderung der Lage der Geschoßflugbahn zu der Visierlinie von Gewehren, die in waagerechter Richtung eingeschossen sind. Die Änderung ergibt bei Schüssen, die auf- *und* abwärts gerichtet sind, einen annähernd gleichermaßen zu der Visierlinie erhöhten Verlauf der Geschoßflugbahn und entsprechende Erhöhung der TPL. Dieser *schußwinkelbedingte Hochschuß* wird mit erweiterter Schußentfernung und vermehrtem Schußwinkel gesteigert, und zwar gleichfalls um so mehr, je geringer die Rasanz der Geschoßflugbahn der Patrone ist. Auf *kurze Entfernungen* bis etwa 100 m und bei Winkeln von weniger als 20 Grad ist die TPL-Erhöhung unbedeutend. Aber bereits bei einem Schußwinkel von 30 Grad und auf 200 m Entfernung beträgt sie, je nach der Rasanz der Geschoßflugbahn, 4 bis 8 cm, bei 45 Grad Schußwinkel auf 200 m Entfernung 11 bis 22 cm (siehe Anmerkung S. 203).

Bedingt durch die Einflüsse einer Höhenlage des Schießortes und eines Schußwinkels,

Abkommen beim Schuß bergab und bergauf in steilen Schußrichtungen auf größere Entfernungen

muß in Bergrevieren mit einem Gewehr, das im Tiefland in der Waagerechten eingeschossen ist, ein Schuß auf einen entsprechenden, wohlüberlegten Haltepunkt im Ziel gerichtet werden. Er hat einen im Bergrevier gegebenenfalls vorliegenden höhenlage- und zusätzlich schußwinkelbedingten Hochschuß zu berücksichtigen, dem durch tieferes Abkommen zu begegnen ist (Abb. S. 202). Inwieweit solche Einflüsse – teils allein, teils sich summierend – die TPL eines Büchsenschusses verändern können, zeigen als Beispiel die S. 201 angegebenen TPLn eines Büchsenlaufes bis 300 m Entfernung, der im Tiefland in der Waagerechten auf 175 m Fleck (± 0) eingeschossen ist. Die dabei verwendete Patrone ergibt eine Geschoßgeschwindigkeit von 740 m/sek auf 150 m Entfernung und eine Geschoßflugbahn mittlerer Rasanz.

Wohl die meisten im Jagen in Bergrevieren noch nicht erfahrenen Jäger versäumen es, dort noch ein drittes Moment zu beachten, das in allen Höhenlagen bei auf- und abwärts gerichteten Schüssen Voraussetzung eines wirkungsvollen *Verlaufs des Geschosses im Wildkörper* ist: Das Geschoß muß ihn in einem Punkt treffen, in dem es in Fortsetzung der Schußrichtung den Kern (Mitte) der Kammer des Wildes durchschlägt. Trifft bei einem z. B. um 45 Grad auf- oder abwärts gerichteten Schuß das Geschoß auf der Einschußseite des Wildkörpers auf dem Punkt auf, der in der Waagerechten des Kerns der Kammer liegt, durchschlägt es sie nur einseitig. Folglich muß das Geschoß bei abwärts gerichteten Schüssen den Wildkörper mehr oder minder über, bei aufwärts gerichteten Schüssen mehr oder minder unter dem Punkt treffen, der auf der Einschußseite in der Waagerechten der Kammermitte liegt.

Schießen mit Schrot im Revier

Wirkung des Schrotschusses

Im Gegensatz zu der Wirkung des Einzelgeschosses von Büchsenpatronen, die sich auf einen Schußkanal und hiervon ausgehende unmittelbare und mittelbare Verletzungen und Schädigungen lebenswichtiger Innenorgane des Wildes beschränkt, ist die *Wirkung des Schrotschusses* anders geartet. Er „tötet“, indem die Fläche des Wildkörpers insgesamt eine darüber ausgebreitete Anzahl von Treffern erhält. Mittels einer Auftreffenergie des einzelnen Schrotes, die den jeweiligen Stärken bzw. Größen der verschiedenen Wildarten zu entsprechen hat, dringen die Schrote vornehmlich in die äußeren Partien des Wildkörpers. Gemäß ihrer Anzahl fassen die Schrote annähernd gleichzeitig die hier endenden Nerven und erteilen ihnen einen heftigen, über die Körperfläche ausgebreiteten Stoß. Er bewirkt

Anmerkung zu Seite 202 unten: Gemäß Abb. S. 171 oben (waagerechter Schuß), verläuft durch die Enden der Fallstrecken F 1, F 2, F 3 und F 4 des Geschosses, die während seines Fluges infolge der Anziehungskraft der Erde (AE) bewirkt werden, die Geschoßflugbahn. Dabei besteht auf den einzelnen Entfernungsabschnitten zwischen der verlängerten Seelenachse (VSA) des waagerecht liegenden Laufes und den senkrechten Fallstrecken des Geschosses ein rechter Winkel. Bei Schüssen auf- *und* abwärts erhalten der Lauf und seine VSA eine entsprechende Schwenkung aus der Waagerechten. Demgegenüber verbleiben hierbei infolge der Eigenart der stets senkrechten Wirkung der AE die Fallstrecken des Geschosses gleichfalls in der Senkrechten. Sie behalten dabei in derselben Höhenlage eines Geländes auf den jeweiligen Entfernungen gleichbleibende Längen wie bei waagerechtem Schuß. Hierdurch wird bei Schüssen auf- *und* abwärts (stellt man sich den Vorgang übertragen auf die Abb. S. 171 oben vor) der Winkel der VSA des Laufes zu den Fallstrecken des Geschosses verändert. Dadurch werden ihre Enden zusammen mit der Geschoßflugbahn näher an die VSA gerückt. Folglich ergibt sich hierbei in Revieren aller Höhenlagen ein Treffpunkt des Laufes, der gegenüber waagerechtem Schuß mit zunehmender Winkelabweichung erhöht ist, also bei allen Steilschüssen ein entsprechender Hochschuß.

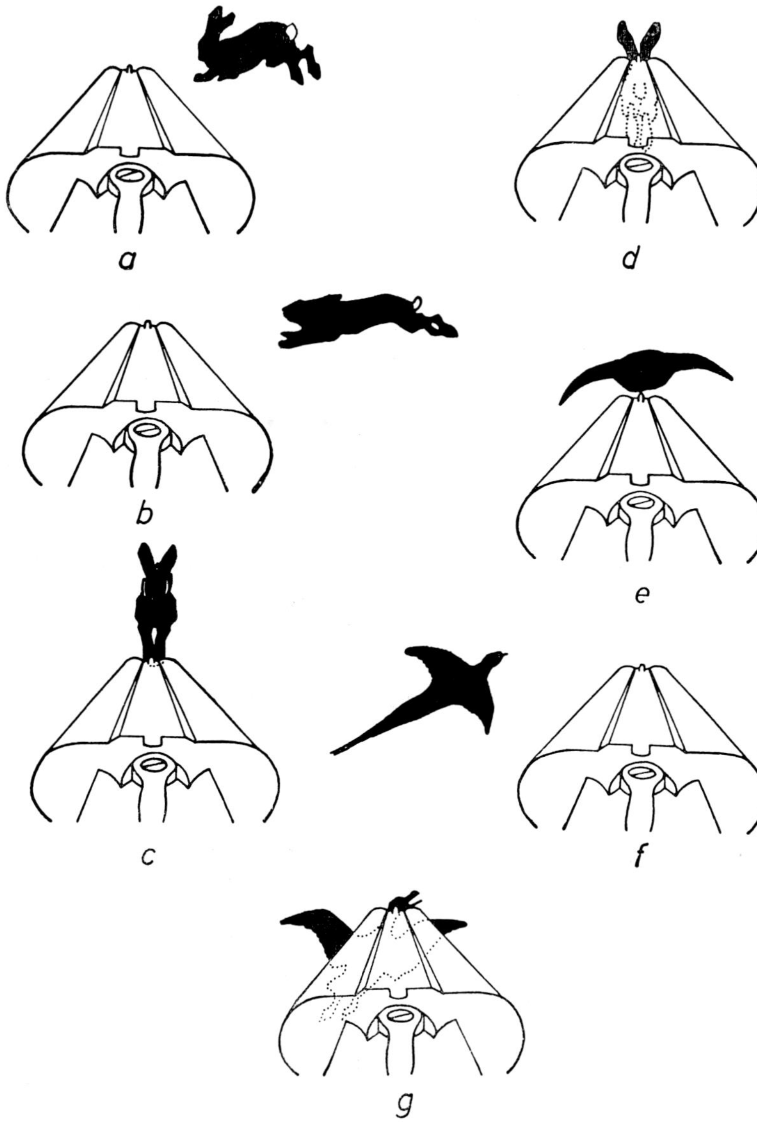

Schuß auf streichendes Federwild und flüchtigen Hasen

a. Schuß auf den schräg von hinten abflüchtenden Hasen, b. Schuß auf den „breit“ kommenden Hasen, c. Schuß auf den Hasen „spitz von vorn“, d. Schuß auf den Hasen „spitz von hinten“, e. Schuß „spitz von hinten“ auf ein leicht sich senkendes Rebhuhn, f. Schuß auf einen „breit“ vorbeistreichenden Fasan, g. Schuß auf eine aufstehende Ente

einen Schock, der allein durch seine Mächtigkeit das Leben stillegt und zu schlagartigem Verenden des Wildes führt.

Neben diesem Tötungsvorgang durch Schock, der aus einer Mehrzahl von Treffern hervorgeht, wirkt gelegentlich das eine oder andere Schrot, das in lebenswichtige Innenorgane vordringt, zusätzlich durch ihre direkte Beschädigung. Derartige Einzeltreffer allein bringen zwar, je nach ihrer Lage, das Wild manchesmal ebenfalls mehr oder minder schnell zur Strecke, bewirken aber meistens erst nach längerem Zeitraum ein Verenden.

Infolge Überwiegens der Schockwirkung bei dem schlagartigen Töten von Wild durch einen Schrotschuß, ist eine reichliche Zahl von Treffern bei ausreichender Auftreffenergie des einzelnen Schrotes anzustreben. Demnach erfordern die Wildarten ihren Größen entsprechende Trefferzahlen mit angemessener Auftreffenergie des einzelnen Schrotkorns. Derartigen Anforderungen an die Wirkung des Schrotschusses entspricht die Verwendung von: $2^1/_2$-mm-Schrot auf Rebhühner und Kaninchen, 3-mm-Schrot auf Fasanen, Enten, Tauben und Hasen im Herbst, $3^1/_2$-mm-Schrot auf Gänse, Hasen im Winter und Füchse. Bei nassem oder sehr kaltem Wetter kann für Haarwild eine um $^1/_2$ mm dickere Schrotsorte geeignet sein.

Die Durchschlagswirkung der angeführten Schrotgrößen reicht innerhalb der auf Seite 176 angeführten wirksamen Schußbereiche von Schrotläufen aus. Von der Verwendung dickerer Schrote muß abgeraten werden, weil mit zunehmender Größe der Schrote die Eindeckung des Ziels verringert wird und folglich das Wild zu wenig Treffer erhält.

Schießen auf flüchtendes und streichendes Wild

Der Schrotschuß erfordert im allgemeinen größere *Vorhaltemaße* als ein Büchsengeschoß, weil Schrot langsamer fliegt und Flugwild teilweise viel schneller streicht als Schalenwild flüchtet. Als Richtlinien gelten die Abb. S. 204 und die S. 183 genannten Vorhaltewerte, soweit sie sich aus der Flugzeit der Schrote bis zum Ziel ergeben.

Mit etwa 30–40 km/st Geschwindigkeit bewegen sich der mittelschnell flüchtende Hase, die Krähe und aufstehendes Flugwild; mit 40–45 km/st ein mit mittlerer Geschwindigkeit streichendes Rebhuhn; mit etwa 60 km/st ein durch die Linie brechender, hochflüchtiger Hase im ebenen Gelände, der im Treiben in mittlerer Fahrt anstreichende Fasan und die ziehende Ente. In schneller Fahrt mit dem Wind kommende Fasanen und ebenso schnell ziehende Enten und Gänse haben Geschwindigkeiten von 80 km/st und mehr.

Aus Gründen, die auf Seite 184 u. 185 angeführt sind, sollte bei dem *Schießen* mit Schrot *auf flüchtendes und streichendes Niederwild* die an jener Stelle angeratene Methode des fließenden Hinwegschwingens des Gewehrs über das Ziel in seiner Bewegungsrichtung angewendet werden. Dabei empfiehlt es sich, den Schuß mit feinem Schrot um einiges weiter als mit gröberem Schrot vor das Ziel zu werfen, weil die Fluggeschwindigkeit der kleineren und leichteren Schrote mit wachsender Schußentfernung schneller abnimmt und sie deshalb eine längere Flugzeit zum Ziel benötigen. Schrot $2^1/_2$ mm braucht eine Flugzeit von 0,1317 sek bis 35 m und 0,2201 sek bis 50 m, Schrot $3^1/_2$ mm desgleichen 0,1220 bzw. 0,1969 sek.

Auch mit Schrot wird der Schuß immer in der *Bewegungsrichtung des Wildes* so davorgeworfen, daß sich die Flugbahn der Schrote und das Wild kreuzen (Abb. S. 204).

REINIGUNG, PFLEGE UND AUFBEWAHRUNG VON SCHUSSWAFFEN UND MUNITION

Die heute den meisten Patronen gegebene Kennzeichnung „rostfrei“ besagt, daß eine derartige Munition weder in ihrem Zündmittel noch in ihrem Pulver Rost erzeugende Bestandteile enthält beziehungsweise solche bei der Verbrennung des Zündsatzes und des

Pulvers entstehen läßt. Sowohl im Freien als auch in geschlossenen Räumlichkeiten enthält jedoch die Luft mehr oder minder Feuchtigkeit, im Meeresklima zusätzlich Salze. Jeder dieser Einflüsse bewirkt bereits einzeln, besonders intensiv jedoch salzhaltige Luft, mit Ausnahme von durchaus rostfreien Stählen (Böhler Antinit-Stahl z. B. ist nur rostträge), über kurz oder lang ein Rosten der Bohrung auch von nicht beschossenen Läufen, wenn hiervon die Feuchtigkeit nicht durch Konservierungsmittel abgehalten wird. Ferner werden im Verlauf einer Schußabgabe Verbrennungsrückstände des Pulvers sowohl auf der Oberfläche einer Laufbohrung abgelagert als auch durch den Gasdruck des Pulverabbrandes bis in den Grund von Unebenheiten der Laufbohrung gepreßt. Diese Verbrennungsrückstände haften z. T. fest an dem Laufmaterial, verkrusten hier und nehmen, falls sie nicht alsbald beseitigt werden, von Schuß zu Schuß zu.

Um sowohl dem *Rostbefall von Laufbohrungen* vorzubeugen, als auch ein Überhandnehmen der *Verbrennungsrückstände* des Pulvers auszuschließen, ist die Bohrung der Läufe nach Schußabgaben sachgemäß zu reinigen und ständig zu konservieren. Zu den Zwecken wird zunächst mit Hilfe eines Wischstockes eine mit steifen Haarborsten versehene Bürste reichlich mit einem sogenannten Gewehrlauföl getränkt und hiernach einige Male in dem Lauf hin- und hergeschoben. Dabei nehmen die Borsten bereits einen Teil der in dem Lauf abgelagerten Verbrennungsrückstände mit. Die alsdann in der Laufbohrung noch haftenden Verbrennungsrückstände werden in verhältnismäßig kurzer Zeit durch das in dem Lauf verbliebene Öl gelöst. Nach geraumer Zeit wird mit dem Wischstock ein Reinigungspolster, das auf einen zu solchen Stöcken gehörenden Werghalter zu wickeln ist, mehrfach durch die Laufbohrung geschoben. Dadurch werden die hierin noch verbliebenen, inzwischen durch das Öl gelösten Verbrennungsrückstände ausreichend entfernt. Im Anschluß daran ist das Laufinnere mittels einer zweiten, als Wollwischer bezeichneten, wiederum mit Gewehrlauföl getränkten weichen Bürste erneut einzufetten, um hierdurch die Laufbohrung für die Folgezeit gegen Rost zu schützen.

Ein trockenes, d. h. unter Verzicht auf Anwendung von Öl, vorgenommenes Auswischen der Bohrung von beschossenen Läufen, das in Unkenntnis der Materie vielfach angewendet wird, um hierdurch Schußrückstände beseitigen zu wollen, ist nicht nur zwecklos, sondern auch schädlich. Weder eine Reinigungsbürste noch ein gewickeltes Reinigungspolster vermögen von sich aus die Verbrennungsrückstände des Pulvers, die sich auf der Oberfläche einer Laufbohrung fest anhaftend ablagern und durch den Gasdruck in deren feinste Unebenheiten gepreßt werden, auch nur annähernd ausreichend zu erfassen und zu beseitigen. Überdies setzen sich die Verbrennungsrückstände des Pulvers überwiegend aus Asche, die als solche verhältnismäßig harte Bestandteile enthält, zusammen. Diese wirken daher, falls sie bei einem trockenen Durchwischen einer Laufbohrung hierin mit Bürsten oder Polstern hin und her geschoben werden, schmirgelnd auf das Laufmaterial und schädigen somit nach dem Grundsatz „Steter Tropfen höhlt den Stein" das Laufinnere in beträchtlichem Ausmaß. Die Anwendung von Öl bei dem Durchwischen einer Laufbohrung hebt dagegen die schmirgelnde Wirkung der Pulverasche ausreichend auf und verhütet hierdurch andernfalls bewirkte Schäden. Nicht ratsam ist auch ein ausgiebiges „Putzen" der Bohrung von Gewehrläufen, indem hierin die dazu verwendeten Bürsten oder Polster viele Male hin und her geschoben werden. Die lösende Wirkung von gutem Gewehrlauföl auf die Verbrennungsrückstände von Pulver erübrigt solches vielfache Fummeln in einer Laufbohrung, das durch übertriebenes Reiben diese nur schädigt und alsbald verschleißt.

Massive Wischstöcke aus Stahl, die mit einer Kunststoffverkleidung versehen sind, eignen sich für die Reinigung der Bohrung von Gewehrläufen am besten. Werden Reinigungsketten oder -schnüre verwendet, muß ein mit einer Röhre versehener Mündungsschoner in die Laufmündung eingesetzt werden, um hierdurch ein andernfalls sich ergebendes Reiben solcher Säuberungsmittel an der Innenwand der Mündung der Läufe zu verhindern. Für das Wickeln der Reinigungspolster, mit denen die Bohrung von Schrotläufen zu säubern ist, eignet sich jedes einigermaßen feine Werg. Für die Reinigung der Bohrung von Büchsenläufen werden am besten Polster, die aus sogenanntem Seidenwerg oder Watte oder Mullbinden oder wollenen Dochten gewickelt werden, benutzt. Reinigungsbürsten sind von Zeit zu Zeit in Benzin auszuwaschen.

Das Laufinnere wird stets vom Patronenlager ausgehend nach der Mündung hin behandelt, sofern das hintere Ende der Läufe je nach Konstruktion der Gewehre für ein derartiges Verfahren zugänglich ist. Dabei soll, sobald nach dem ersten Durchwischen der Laufbohrung mit geölter Borstenbürste zur weiteren Reinigung des Laufinneren das auf einen Werghalter gewickelte Reinigungspolster angewendet wird, die Laufmündung gegen ein Brett oder einen ähnlichen festen Gegenstand gehalten werden. Hierdurch wird verhütet, daß andernfalls das Reinigungspolster aus der Mündung rutscht und hierin der metallene Halter des Polsters Schäden verursacht. Gelangt dennoch ein Polster aus der Mündung, ist es nicht mit Gewalt in sie zurückzuziehen, sondern von dem Werghalter abzuwickeln oder dieser von dem Reinigungsstock abzuschrauben. Wird, entgegen dem empfohlenen Verlauf des Durchwischens von Läufen, von ihrer Mündung aus in der Richtung des Patronenlagers gearbeitet, streift der dabei verwendete Wischstock ständig an der Innenwand der Laufmündung und verursacht hierdurch eine Erweiterung (Vorweite) der Mündungsbohrung.

Vor einem Schießen soll die Bohrung von Büchsenläufen einschließlich ihrer Patronenlager mit einem trockenen Polster, das einige Male nach wiederholtem Aufwickeln neuen Reinigungsmaterials durch den Lauf zu führen ist, entfettet werden. Andernfalls kann sich eine Treffpunktabweichung des ersten Schusses, der aus der noch Öl enthaltenden Laufbohrung abgegeben wird, einstellen. Aus Schrotläufen sind darin enthaltene stärkere Ölmengen vor einer Schußabgabe gleichfalls zu entfernen. Ein geringer Fett-„Hauch" in der Bohrung solcher Läufe hat auf einen hieraus abgegebenen Schuß keinen nachteiligen Einfluß.

Die Arbeiten, die zur sachgemäßen Pflege der Bohrung der Läufe von Gewehren erforderlich sind, sollen bald nach ihrer beendeten Benutzung vorgenommen werden. Sowohl beschossene als auch nicht beschossene Läufe sind in feuchtem Klima sowie nach Regen oder Nebel, denen Gewehre ausgesetzt waren, möglichst umgehend, in trockenem Klima tunlichst nicht später als nach Ablauf einiger Stunden mit geölter Bürste durchzuwischen.

Naß gewordene Gewehre werden vor dem Reinigen des Laufinneren zunächst außen mit einem Lappen trockengewischt. Waren Gewehre bei ihrem Führen kalter Temperatur ausgesetzt, sollen sie nach der Heimkehr in einem warmen Raum (nicht in Nähe eines Ofens oder anderen Heizkörpers) abgestellt werden, damit sie hier baldigst trocken-„schwitzen". Sogleich nach dem äußeren Trockenwischen ist durch die Bohrung der Läufe ein reichlich mit Gewehrlauföl getränktes Polster zu schieben. Hiervon wird, da diese speziellen Öle derart zusammengesetzt sind, daß sie Wasser aufnehmen, Feuchtigkeit, die in eine Laufbohrung gelangte, aufgesogen. Spuren von Feuchtigkeit, die etwa danach noch in dem Laufinneren zurückbleiben, werden durch die hierin von dem Polster abgesetzte Ölschicht ebenfalls absorbiert, so daß dadurch zunächst auch einem Rosten der Laufbohrung vorgebeugt wird. Späterhin ist die Bohrung eines derart versorgten Laufes mit einem neuen trockenen Polster nochmals durchzuwischen und anschließend mit dem weichen, mit Gewehrlauföl benetzten Wollwischer erneut einzufetten.

Metallene Ablagerungen in einem Büchsenlauf, die hierin die Mäntel von Geschossen absetzen, werden zum Teil bereits durch bestimmte Sorten von Gewehrlaufölen, die chemische, Nickel und Kupfer angreifende Zusätze enthalten, gelöst. Daher genügt bei der Verwendung von Büchsenpatronen, die mittlere Geschoßgeschwindigkeiten und daher nur mäßige derartige metallische Laufverschmierungen ergeben, für deren ausreichende Beseitigung ein ständiges Einfetten von Laufbohrungen mit solchen Gewehrlaufölen. Werden Büchsenpatronen mit höchsten Geschoßgeschwindigkeiten verfeuert, sind die metallischen Laufverschmierungen stärkeren Ausmaßes, die hierdurch bewirkt werden, mit Hilfe besonderer chemischer Mittel zu lösen und zu beseitigen. Dafür eignet sich vorzüglich das flüssige Laufreinigungsmittel „Neu-Purgitin", das Nickel und Kupfer löst, jedoch Gewehrlaufstahl jeder Zusammensetzung nicht angreift. Starke Verbleiung der Bohrung von Schrotläufen wird durch das amerikanische flüssige Laufreinigungsmittel „Gunslick Solvent" entfernt. Nach jeder Behandlung von Laufbohrungen mit derartigen chemischen Mitteln ist das Laufinnere mit einem Reinigungspolster gründlich trockenzuwischen und hiernach mit Gewehrlauföl ausgiebig wieder einzufetten.

Die eigenhändige Anwendung von mechanisch wirkenden Laufreinigungsmitteln, zum Beispiel Bürsten mit Metallborsten, Stahlputzwolle und anderes, ist nicht ratsam. Derartige Mittel greifen unvermeidlich das Laufmaterial an und sollten daher erforderlichenfalls nur in Ausnahmefällen, die auf die Anwendung durch Büchsenmacher zu beschränken sind, benutzt werden.

Das *Äußere der Gewehre* wird von Zeit zu Zeit mit Vaseline oder einem der Rostschutzmittel, die in Sprühdosen geliefert werden, konserviert. Die für den Jäger zugänglichen Teile der Verschlüsse, der Schlosse mit den Abzügen und Sicherungen, die Patronenauszieher und die Vorrichtungen, die bei Drillingen ihr selbsttätiges Klappvisier bewegen, sind sauberzuhalten und mit einem der hierfür vorgesehenen Öle zu versorgen. Ihnen müssen beste Gleiteigenschaften, Kältebeständigkeit und auch Rostschutz eigen sein. Auch solche Öle werden in Sprühdosen geliefert. Über die für diese Zwecke erforderlichen besonderen Eigenschaften verfügen die Gewehrlauföle, die für die Pflege von Laufbohrungen bestimmt sind, nicht.

Das *Schaftholz* von Gewehren bedarf einer zeitweiligen Behandlung mit Leinöl oder speziellem Schaftöl. Andere Ölarten, die als Gewehrlauföle chemische Zusätze enthalten und hierdurch Holz zerstören können, sollten für die Pflege von Gewehrschäften nicht benutzt werden.

Die *Aufbewahrung von Schußwaffen und Munition* hat unter Verschluß zu geschehen, damit unbefugte Zugriffe, die schon viele schwere Unfälle verursachten, verhütet werden.

Aufbewahrungsräume sollen trocken, weder übertrieben warm noch kalt sein. Aufbewahrung in nassen Räumen oder nahe von Außenwänden gibt Anlaß zum Rosten von Gewehren. Feuchtigkeitsgrade und Temperaturen, die stark wechseln, können Verziehungen des Schaftholzes veranlassen. Übermäßige Wärme kann zum Reißen des Holzes von Gewehrschäften führen.

Aufbewahrung von Munition bei Temperaturen über 25° C kann, vornehmlich bei Unterschreiten einer Luftfeuchtigkeit von 40 Prozent (relativ) und längerer Einwirkung den Gasdruck von Patronen auf Werte steigern, die die Haltbarkeit eines Gewehrs gefährden.

FALLEN UND EISEN

Der Fang des Raubwildes ist nicht nur eine notwendige, sondern auch eine viel interessantere Jagdausübung, als diejenigen sich träumen lassen, die ihn nur von Hörensagen kennen. Aber er ist, und das möchte ich an die Spitze dieses Abschnittes setzen, eine waidmännische Tätigkeit und kein Schindergewerbe. Leider haben althergebrachte Überlieferung und Gedankenlosigkeit den Fang vielfach zu einem solchen verabscheuungswürdigen Gewerbe werden lassen. Es ist dem Jagdherrn oft recht gleichgültig, auf welche Weise sein „Jäger“ das Revier vom Raubwild säubert, wenn er nur recht viel fängt und sein Gebiet rein hält. Ich bin ganz entgegengesetzter Meinung und behaupte, für jeden jagdlichen Mißbrauch, den der Jagdherr wissentlich duldet, oder von dem er bei hinreichendem Interesse Kenntnis haben könnte, ist und bleibt er allein verantwortlich. Wenn das Raubwild zur Jagd gehört, dann muß es auch nach erprobten jagdlichen Grundsätzen erbeutet werden. Quälen und Martern ist aber unwaidmännisch, roh und unmenschlich. Es gehört also nicht in den Betrieb der Jagd hinein. Aus diesen Gründen ist erfreulicherweise die Verwendung aller Tellereisen in jeglicher Form verboten. Vorübergehende Ausnahmebestimmungen einzelner Länder in der Nachkriegszeit sind inzwischen wieder aufgehoben worden.

Nachdem die deutschen Jäger wieder ausreichend mit Gewehren ausgerüstet sind, besteht keine Veranlassung, diese scheußliche Tierquälerei zuzulassen, die von allen guten, waidgerechten Jägern immer schon verabscheut wurde.

Die Jäger sind allerdings dann genötigt, die alten aus Holz hergestellten Fallen wieder mehr anzuwenden. Die Kenntnis dieser Fallen war im Zeichen des Tellereisens leider vielfach verlorengegangen; desto wichtiger erscheint es, eine genaue Beschreibung der Bauart dieser Fallen zu geben.

Man kann unter den aus Holz hergestellten Fallen die *Prügelfallen,* die *Kastenfalle* und die *Hundefalle* unterscheiden. Die ersteren führen ihren Namen von den Prügeln, aus denen sie hergestellt werden. Zu ihnen gehört die eigentliche *Prügelfalle,* die *Mord-* oder *Rasenfalle,* die *Quetsch-* oder *Würgefalle* und der *Schlagbaum.* Alle diese Fallen beruhen auf demselben Gedanken: Das Kleingetier liebt es, bei schneebedecktem Boden schneefreie Stellen aufzusuchen. Diese werden auch von ihren Feinden, dem kleinen Raubwild, bevorzugt. So ist es für den Fänger das erste Ziel, durch ein dichtes Dach am Boden oder in der Nähe des Bodens einen schneefreien Schlupfwinkel zu schaffen. Gleichzeitig wird das Dach so eingerichtet, daß es im Niederfallen das Raubwild erschlägt. Zu diesem Zweck wird es durch seine *Stellung* fängisch gestellt, die vielfach mit einem *Köder* versehen ist.

Sobald der Köder berührt wird, löst sich die Stellung aus: und das Dach stürzt nieder, das Wild unter sich begrabend und erdrückend. Dieser einfache Grundgedanke ist allen Prügelfallen gemeinsam, nur daß beim Schlagbaum und der Würgefalle nicht das Dach selbst das Wild erschlägt, sondern ein Prügel, den man als *Fallstange* bezeichnet.

Weshalb man, um ein verhältnismäßig kleines Tier zu fangen, ein über zwei Geviertmeter großes Dach baut, wird dem Anfänger nicht gleich verständlich sein. Der erste Grund ist, wie schon erwähnt, die Schaffung einer größeren schneefreien Stelle. Dann aber ist es die Stellung, die, dem Regen oder treibenden Schnee ausgesetzt, in ihren empfindlichen Teilen leicht festfrieren könnte, und so außer Tätigkeit gesetzt würde. Ferner der Umstand, daß der Köder im Schutz eines Daches vom Wild nicht von obenher erreicht werden kann. Schließlich soll das Wild während des Niederschlagens des Daches von diesem noch unter allen Umständen ganz erfaßt werden, was bei einer kleineren Fläche nicht unbedingt sicher wäre.

Eine Prügelfalle

Die Herstellung aus Holz hat den Vorteil, daß die Falle sich gut in die Örtlichkeit einpaßt, also dem Wild unverdächtig scheint. Sie macht außerdem die Anlage billig, weil nur geringwertiges Holz verwendet wird, das sich dazu häufig an Ort und Stelle findet. Daraus ersieht der Leser schon, daß die Prügelfallen in den Wald gehören; besonders auch deshalb, weil sie keinen Wind vertragen, der auf das Dach drückend, leicht die Stellung auslösen würde.

Von den verschiedenen Stellungen, die bei den Prügelfallen angewendet werden, halte ich die reine Holzstellung für die beste. Stellungen, zu denen Bindfaden gebraucht wird, lösen sich bei wechselndem Wetter, wenn sie naß werden, öfters von selbst aus. Auch wenn dem Bindfaden durch vorheriges Kochen die Neigung zum Drehen genommen ist, so findet doch eine Spannungsveränderung statt. Wählt man jedoch statt des Bindfadens gut gedrehtes Pferdehaar, so wird der Nachteil geringer.

Die einfachste *Stellung* zeigt die nachfolgende Abbildung. An je einer Seite der *Grundstange* und der *Fallstange* ist ein runder, glatter Kerb eingeschnitten, worin beim Fängischstellen der Falle die gleichfalls abgerundeten Köpfe des aus hartem Holz geschnittenen *Stellholzes* so eingesetzt werden, daß der Druck der Fallstange sie festhält. An dem etwa 40 cm langen und 3–4 cm dicken, berindeten, trocknen Stellholz befindet sich etwa in der Mitte ein waagerecht abstehender Zweig von etwa gleicher Länge; der jedoch nicht federn darf: die *Zunge.* Auf diese ist der *Köder* oder *Anbiß* aufgespießt. Will das Wild letzteren an sich ziehen, so dreht sich das Stellholz, gleitet von den Kerben in der Grundstange und der Fallstange ab, und letztere schlägt herunter.

Eine *andere, weniger einfache Stellung* besteht aus drei Teilen, die wiederum ganz aus trocknem, hartem, berindetem Holz hergestellt sein müssen. Am besten eignen sich im warmen Zimmer getrocknete Haselstöcke dazu. Der erste Teil ist der Stellstab. Er ist etwa 30 cm lang, 3–4 cm dick und steht mit seinem unteren Kopfteil auf einer glattgeschnittenen Fläche der Grundstange. Ungefähr in seiner Mitte erhält er einen von unten her geschnittenen Kerb; oben ist er scharf zugeschnitten. Der *Sperrstab* hat dieselbe Dicke, ist aber etwas kürzer, etwa 25 cm lang. Sein oberer Kopfteil ist glatt abgeschnitten; der untere in ganzer Breite scharf zugespitzt. In der Nähe des oberen Teiles erhält er einen von unten her geschnittenen Kerb. Die etwa 40 cm lange *Zunge* trägt im dickeren Drittel gleichfalls einen Kerb. Das weitere erhellt aus der Zeichnung (Abb. S. 212), auch daß jede Bewegung des Köders und somit der Zunge die Stellung auslösen muß. Beide besprochenen Stellungen eignen sich am besten für Schlagbaum und Würgefalle.

Um anschaulich zu sein, habe ich bereits vorgegriffen, indem ich von Grundstange und Fallstange sprach. Wir werden gleich sehen, was sie bedeuten.

Die gewöhnliche *Prügelfalle* hat eine Größe von etwa 1,50 : 1,40 m. Auf einem völlig geebneten, waagerecht geschaufelten Platz werden mit Abstand von etwa 110 cm zwei der Länge nach aufgeschnittene, durchaus gerade Stangen oder Prügel parallel niedergelegt, so daß die Schnittfläche der unteren Hälfte der *Grundstangen* genau mit der Bodenfläche abschneidet. Auf die oberen Hälften der *Fallstangen* werden mit Holznägeln Querprügel mit etwa 5 cm Abstand genagelt, die so das schon mehrfach erwähnte Dach bilden. Die bei der Freilegung und Verebnung gewonnene Erde, Plaggen usw. erhalten ihren Platz mit Reisig, Laub, Moos usw. auf diesem Dach, das sich bildet, sobald die vordere Seite des also hergestellten Rahmens angehoben wird. Um das Ausrutschen nach hinten zu verhindern, werden dort einige starke Pflöcke eingeschlagen. Die Vorderseite wird etwa einen halben Meter hoch durch dicht aneinander in den Boden eingetriebene Prügel völlig versperrt. Nachdem man unter den vordersten Prügel des Rahmens zwei feste Streben gestützt hat, die den Bau vorläufig halten sollen, stellt sich die ganze Sache als ein mit Erde stark beschwertes, vorn und hinten gesperrtes, aber an den Seiten offenes Dach dar, das nur noch gegen seitliches Ausweichen durch einige fest in den Boden getriebene Prügel gesichert wird, die zum besseren Gleiten des Daches beim Niederfallen an der Innenseite geglättet werden.

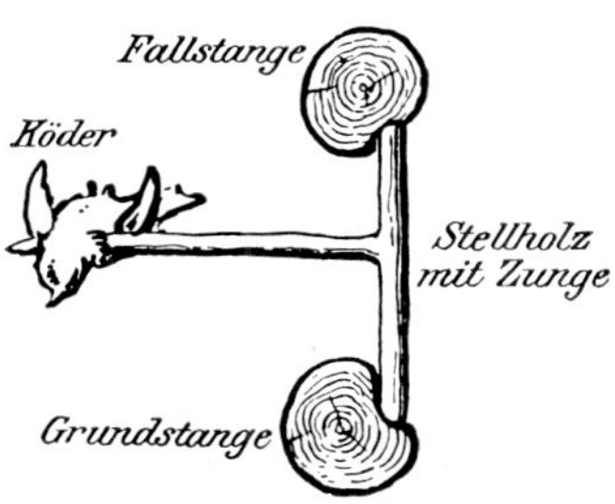

Stellung bei Prügelfallen

Die *Stellung* der Prügelfalle unterscheidet sich dadurch von den vorerwähnten, daß sie nicht zur Befestigung eines Köders dient, sondern den ganzen offenen Seitenraum mit ihrer langen Zunge derartig durchquert, daß kein Tier unter das Dach zu dem in der Mitte unter diesem befestigten Köder gelangen kann, ohne die Zunge zu betreten. Sie ist daher erheblich länger als bei den vorbeschriebenen Stellungen.

Die aus ganz geradem, berindetem Holz bestehende Zunge ist an ihrem hinteren Ende mittels einer starken Pferdehaarschnur mit der Fallstange so verbunden, daß sie etwas Spielraum hat; an ihrem vorderen Ende hat sie einige Kerben. An dem ersten Prügel der vorderen Abdichtungsreihe ist an einer ebensolchen Schnur ein Stellstab befestigt. Bringt man diesen in eine waagerechte Lage und sperrt den an dem äußersten Gleitprügel an einer Pferdehaarschnur hängenden Sperrstab zwischen den Stellstab am Gleitprügel und den entsprechenden Kerb der Zunge, so muß beim Nachlassen der angehobenen Fallstange deren Druck die Zunge in waagerechter Lage halten. Diese Lage soll die dreieckige Seitenöffnung so abschließen, daß nirgends ein größerer freier Raum bleibt als von 5–6 cm. Will dann das Wild zu dem mitten unter dem Dach befestigten Köder, so muß es die Zunge betreten. Dann löst sich der Sperrstab aus; und das Dach saust herunter.

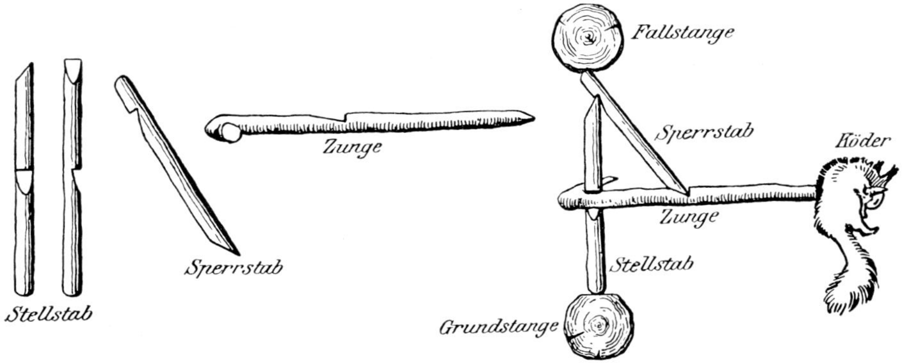

Stellung für Prügelfallen

Wer diese Stellungen zum erstenmal herstellt, wird sie wahrscheinlich nicht gleich zur vollen Zufriedenheit schneiden. Es gehören Übung und Erfahrung dazu, alles so anzuordnen, daß die Falle sicher fängt, aber auch nicht schon zuschlägt, wenn etwa ein Marder von oben auf das Dach springt. Um die Stellung gegen etwaiges Losgehen durch einen darauffallenden Ast einigermaßen zu sichern, läßt man den Schlagbaum entsprechend darüber hinausragen.

Bei der gewöhnlichen, viereckigen Prügelfalle bringt man an jeder Seite eine Stellung an. Jede Stellvorrichtung fängt für sich, weil beide unabhängig von dem darüber gebauten, festen Dach sind, unter dem, wie schon gesagt, der Köder angebracht wird.

Ist alles soweit geordnet, so gehören noch ein paar Stützen zu der Falle, die die Fallstangen, wenn nicht gefangen werden soll, in der erhöhten Lage erhalten. Nunmehr wird die ganze Einrichtung nochmals sorgfältig geprüft, alle nicht mehr berindeten und weiß geschnittenen Flächen, Schnittkerben und Gleitstellen werden mit humoser oder mooriger Erde schmutzig oder schwarz gemacht, so daß der ganze Bau ein altes Aussehen erhält. Späne und sonstige Holzreste werden entfernt. Oben auf die Falle wird etwas Laub, Nadelstreu und dergleichen gelegt und mit Reisig gegen Verwehen eingedeckt.

Am besten wird diese Arbeit im Laufe des Sommers gemacht, damit die Falle bis zum Winter, wenn sie in Gebrauch genommen werden soll, gehörig verwittern kann. Über den Fang selbst werde ich mich bei der im dritten Teil zu besprechenden Fangjagd näher auslassen.

Der Prügelfalle ähnlich ist die *Mord-* oder *Rasenfalle.* Sie unterscheidet sich von ihr wesentlich dadurch, daß sie nach drei Seiten offen ist, also nicht die Prügelabdichtung an der Vorderseite aufweist; ferner durch die Stellung, die, in der Mitte angebracht, eine Köderstellung ist, wie sie schon beschrieben wurde.

Noch einfacher ist die *Quetsch-* oder *Würgefalle.* Sie besteht aus vier Prügeln, die an einem Ende in der Weise durchbohrt und mit einem langen Holznagel verbunden sind, daß die beiden inneren durch ein aufgenageltes Querholz zu einem Schlagbaum werden, der in dem gemeinsamen Gelenk beweglich ist. Hierzu wird unter anderem auch die in der Abb. S. 215 wiedergegebene Stellung benutzt. Das Ganze wird mit Reisig usw. so verbaut und mit einem Dach versehen, daß das Raubwild oder Raubzeug die auf einem viel benutzten Paß ohne Köder aufgestellte Falle nur durchschlüpfen kann, indem es die Zunge berührt. Die beiden mit einem schweren Stein belasteten Mittelprügel – um den Stein gut befestigen zu können, nimmt man zwei statt *einer* Fallstange – sausen dann herunter und

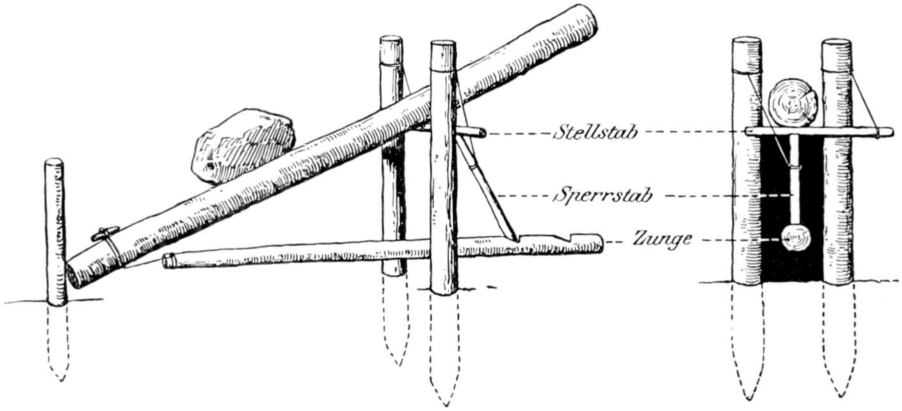

Stellung für Prügelfallen

quetschen das Tier sofort zu Tode. Die Falle kann in beliebiger Größe hergestellt werden, je nach ihrem Zweck.

Die größte Ähnlichkeit mit dieser Quetschfalle hat der *Bodenschlagbaum.* Nur ist er aus *einem* gespaltenen und an den Innenflächen gut geglätteten Prügel hergestellt, der dadurch gleichzeitig die Grundstange und die Fallstange hergibt. Die Stellung ist die vorige. Auch er wird mit Reisig usw. zum Zwangspaß gemacht und überdacht.

Der *Schlagbaum über der Erde,* auch *Marderschlagbaum* genannt, weil er hauptsächlich und mit dem größten Erfolg für diese Wildart Verwendung findet, wird meist auf drei Bäumen errichtet, die in einem Winkel von annähernd 60° zueinander stehen, bei etwas über ein Meter Schenkellänge. Der Scheitel des Winkels ist der Stützpunkt für das Dach. Die offene Seite wird durch die Grund- und Fallstange eingenommen, die etwa in Brusthöhe aufeinander zu liegen kommen. Um die Grundstange zu befestigen und der Fallstange sichere Führung zu geben, wird vor die die Schenkel begrenzenden Bäume je eine Stange fest in den Boden gerammt und mit dem Baum verbunden. In deren Zwischenraum soll die Fallstange sich leicht und ohne zu klemmen bewegen. Um dem Dach an dem Scheitelbaum eine bequeme und sichere Stütze geben zu können, wählt man diesen Baum so aus, daß er in gleicher Höhe mit der Grundstange, also etwa in Brusthöhe eine Zwille bildet oder einen stärkeren Ast trägt. Von hier aus werden nach der Fallstange hin einige, höchstens 5 cm voneinander abstehende Prügel gerichtet und mit Holznägeln auf dieser angenagelt, so daß ein dreieckiges Dach entsteht, dessen Spitze sich am Scheitelbaum befindet.

Damit die Fallstange nicht nach hinten ausrutschen kann, wird auf der Grundstange ein Holzpflock eingetrieben, der das verhindert.

Als Stellung wird am besten die in Abb. S. 211 oder 212 dargestellte benutzt. Es ist aber bei der Herrichtung darauf zu achten, daß die den Köder tragende Zungenspitze sich etwa eine Spanne seitwärts der Grundstange nach innen unter dem Dach befindet, damit der Marder den Köder nur von der Grundstange aus erreichen kann. In gleichem Sinn muß auch das Dach so weit überstehen, daß der Köder nicht etwa von oben erfaßt werden kann. Das Dach selbst wird mit Rasenplaggen, Reisig usw. ebenso beschwert und dicht gemacht, wie es bei den übrigen Prügelfallen geschieht. Um den Marder gerade auf diejenige Stelle der Grundstange hinzuleiten, auf der er erschlagen werden soll, wird seitlich schräg an diese ein Laufknüppel angebracht, der fest in die Erde eingerammt wird, der aber, um ein lückenloses Zusammenschlagen von Grund- und Fallstange nicht zu stören, die Oberkante der ersteren nicht überragen darf. Wenn nun dieser Schlagbaum richtig angefertigt und fängisch gestellt ist, dann – würde ein Windstoß genügen, um ihn zum unbeabsichtigten Niederschlagen zu bringen. Gewiß, und der Wind ist auch sonst der größte Feind des Schlagbaumes. Aber um die durch ihn verursachte Bewegung der drei Bäume auszuschalten, köpft man sie vor Beginn des Baues in entsprechender Höhe. Es sei noch bemerkt, daß man den Laufknüppel recht bequem für den Marder einsetzt, damit die Stellung nicht etwa durch heftige Kletterbewegungen vorzeitig ausgelöst und der Marder *verprellt* wird.

Wer sich mit dem Wesen der Prügelfallen näher vertraut gemacht hat, der wird ohne weiteres finden, daß sie sich, unter Wahrung des Grundgedankens, in mannigfacher Form herstellen lassen. Ich sehe daher davon ab, weitere Formen anzuführen.

Neuerdings sind zahlreiche Schloßkonstruktionen auf dem Markt erschienen, die die Stellhölzer ersetzen und, da aus Eisen und Draht konstruiert, sicherer fangen. Eine eingehende Beschreibung dieser verschiedenen Systeme würde zu weit führen. Interessenten brauchen nur von Fallenfabrikanten diesbezügliche Offerten anzufordern. Zünftiger ist aber das geschnitzte Stellholz, und jede Verwendung von Eisenteilen kann vorsichtiges Raubwild leicht vergrämen.

Alle Prügelfallen töten in der Regel das gefangene Wild augenblicklich. Sie sind daher mit Ausnahme des Schlagbaumes dort, wo auch Nutzwild in sie hineingeraten kann, weniger am Platz. Namentlich gilt das für starkbesetzte Niederjagden. Für diese sind daher andere Fangvorrichtungen vorzuziehen. Von den Holzfallen ist hauptsächlich die *Kastenfalle* für diese Zwecke geeignet, weil sie das Wild lebend fängt, ohne es zu beschädigen. Zufällig gefangenes Nutzwild kann also wieder freigelassen werden.

Man unterscheidet ein- und zweiklappige Kastenfallen; letztere sind die gebräuchlichsten. Der Grundgedanke ist äußerst einfach: Ein hölzerner Kasten von etwas über 1 m Länge mit etwa 30 cm im Geviert großen Öffnungen besitzt an jeder Seite einen *Fallschieber,* der durch eine Stellung hochgehalten wird. Mit dieser ist in der Mitte des Kastens ein Trittbrett verbunden, dessen Berührung die Stellung auslöst und gleichzeitig die Schieber zum Fallen bringt. Das Wild ist dann gefangen. Ein Köder gelangt bei den zweiklappigen Fallen nicht zur Anwendung, weil die Falle als Zwangspaß wirken soll, wozu sie sich, da an beiden Seiten offen, hervorragend eignet. Neben der Falle mit Fallschiebern gibt es auch eine Form, bei der die Schieber mit dem Oberbrett fest verbunden sind, so daß bei der Fängischstellung je eine Hälfte des Oberbrettes nebst dem Fallschieber, der hier natürlich nicht als solcher wirkt, hochgezogen ist. Bei beiden Fallen ist die Stellung zwar höchst einfach, indem das Trittbrett durch einen in der Außenwand angebrachten Schlitz mit einem Stellstab, der zwischen die Zunge des Trittbrettes und die Außenwand in Kerben eingesetzt wird, in Verbindung steht. Aber sie nimmt viel Raum weg und ist daher in schmalen und engen Zwangspässen nicht anwendbar. Für solche Fälle eignet sich daher die sog. *Harzer Kastenfalle* besser; bei dieser nimmt die Stellung, wie aus Abb. S. 217 hervorgeht, weniger Raum ein.

Die Bauart der *einklappigen* Kastenfalle entspricht durchaus derjenigen der zweiklappigen; sie ist eine Hälfte von dieser. Doch unterscheidet sie sich dadurch, daß sie durch einen Köder zum Betreten anreizt. Die nicht fangende Rückwand ist durch Draht geschlossen, so daß sie dem eintretenden Wild offen erscheint. Vor dem Außendraht legt man einen Köder aus, einen Sperling oder eine süße, gebackene Birne oder Pflaume.

Die Kastenfallen werden mit bestem Erfolg nicht nur in Gebäuden, sondern auch im Freien benutzt. Bei der Einklappigen ist vorheriges Ankirren erforderlich. Bei der Zweiklappigen stellt man Zwangspässe her, indem man dem Wild durch Reisig und Dornen

Quetsch- oder Würgefallen

den Weg an der Seite vorbei und über die Falle hinweg verlegt, dabei beachtend, daß die Stellung frei und ungehindert wirken kann. Dann wird diese zunächst bei offener Falle festgebunden, bis das Wild sich völlig an den Durchgang gewöhnt hat, und der Fang beginnen soll.

Ganz besonders eignen sich die Kastenfallen für Einzäunungen aller Art, wenn sie hier so angebracht werden, daß sie Schlupflöcher vortäuschen. Alles den Zaun durchschlüpfende Raubwild, vom wildernden Hund bis zum Wiesel, wird auf diese Weise gefangen. Für gut besetzte Niederwildreviere, namentlich für Fasanerien, richtet man ein vollständiges Maschennetz kleiner, sauber gehaltener Pfade ein, an deren Kreuzungen, Grabenübergängen usw. eine Kastenfalle steht. Auf diese Weise kann man das Revier von unliebsamem Besuch freihalten. Jedes neu zuwandernde Raubwild fängt sich alsbald, sofern es nicht verprellt ist.

Die *Hundefalle* soll nun als letzte der Holzfallen[1] hier Erwähnung finden. An geeigneter Stelle, in einer dichten Schonung oder sonstwie im dichten Buschwerk rammt oder gräbt man im länglichen Viereck oder auch im Kreise gerade Knüppel ein, so daß ein geschlossener Raum von 1,5 : 1 m oder ein Kreis von 1,5 m Durchmesser entsteht, der 1,5 m hoch sein mag, und der oben mit ähnlichen Knüppeln, jedoch nicht so dicht wie rundum, geschlossen wird. Der Boden wird dicht mit ebensolchen Knüppeln abgedeckt, die so befestigt werden, daß der gefangene Hund sich nicht unten durchgraben kann. An einer Schmalseite des Rechteckes oder einer geeigneten Stelle des Kreises bleibt eine Öffnung für den Fallschieber, 60 cm breit und 70 cm hoch, der, aus starken Brettern hergestellt, in zwei ganz leicht gehenden, aber starken Falzen läuft. Dem Fallschieber gegenüber an der Wand

[1] In dem ausgezeichneten Spezialwerk Stach-Eiserhardt „Jagd und Fang des Raubwildes" (Verlag Paul Parey) sind auch alle anderen Fallenkonstruktionen mit genauen Maßen beschrieben.

befindet sich der Köder. Er wird hier angebracht, damit auch ein großer Hund erst ganz innerhalb des Raumes sein muß, wenn die mit dem Köder verbundene Stellung ausgelöst wird und der Fallschieber niederfällt. Würde der dem Hund noch auf den Rücken fallen, so würde Phylax doch wieder das Freie gewinnen. Da es Hunde gibt, die in ihrem Verkehr mit Menschen gelernt haben, Schiebefallen in die Höhe zu heben, so empfiehlt sich das Anbringen einer aus einem Holzkästchen bestehenden *Sicherung* am Fallschieber, die das Anheben von unten verhindert. Oben auf dem oberen Rahmenbrett des Fallschiebers wird beiderseits ein viereckig gebogener, angespitzter Draht eingeschlagen, nachdem er durch das in der Sicherung befindliche Loch gesteckt ist. Die Form des Sicherungsbrettchens verhindert selbsttätig ein Fallen nach innen. Die Sicherung schleppt beim Niederfallen des Fallschiebers im Falz lose nach und fällt dann schließlich selbsttätig in einen innen von unten nach oben geschnittenen Kerb, allen Versuchen des Anhebens von unten Widerstand leistend.

Marderschlagbaum

Die Stellung besteht in einer oben auf dem Dach der Anlage auf einem Stellstab in einem Gelenk spielenden Zunge, von der wiederum in losen Gelenken ein Hängestab mit dem Köder an der Innenseite der Hinterwand herunterreicht, während der andere mit einem Kerb den Fallschieber festhält. Beim Herunterziehen des Köders wird der Hängestab am Fallschieber angehoben, aus dem Kerb gedrückt, und der Schieber fällt herab. Das Weitere geht aus der Zeichnung hervor. Der Hängestab am Fallschieber hat bei c eine glattgerundete Ausbuchtung, bei b einen von oben eingeschnittenen Kerb, der in einen Vorsprung oder eine Nase a im oberen Rahmen des Fallschiebers paßt. Wird nun der Hängestab mit dem Köder nach unten gezogen, so drückt die Ausbuchtung bei c, die an dem gleichfalls gerundeten und mit dem Messer geglätteten Ende eines Dachknüppels nach außen abgeleitet, den ganzen Hängestab nach außen, und der Vorsprung am Fallschieber, die Nase a, verliert die Stütze im Kerb b. Damit fällt der Schieber herunter. Es versteht sich von selbst, daß das Ganze sauber ausgeprobt und nachgeschnitten werden muß, wenn alles glattgehen soll.

Seitenansicht *Querschnitt*

Kastenfalle

Die Hundefalle hat den Vorzug, daß man die Hunde lebend fängt, sie also nach Befund wieder in Freiheit setzen kann. Um die zu beseitigenden Hunde erschießen zu können, am einfachsten mit der Pistole, müssen einige schmale Schießscharten vorhanden

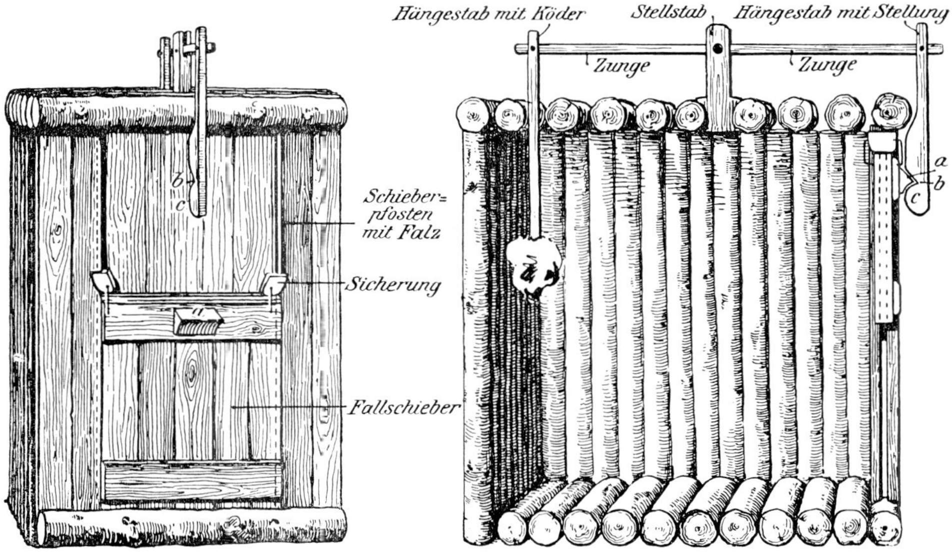

Hundefalle

a. Nase am Fallschieber, b. Kerb am Hängestab, c. runde Ausbuchtung des Hängestabes

sein. Das Ankirren wildernder Hunde geschieht am besten mit einer heißen Hündin, die man durchs Revier zu der Falle hinführt und nach Möglichkeit in der Falle nässen läßt.

Die Schilderung von Fangvorrichtungen[1], um Schalenwild etwa für zoologische Gärten oder zum Zwecke der Blutauffrischung lebend zu fangen, würde hier zu weit führen.

[1] Siehe „Das Aussetzen von Wild" von Karl Scheumann, Verlag Paul Parey, Hamburg und Berlin.

Von den Holzfallen gehen wir zu den *Eisen* über. An der Spitze ist der *Schwanenhals* zu nennen, der in mehrfachen Größen für Abzug- und Trittstellung in den Handel kommt. Da unsere guten Raubtierfallen-Fabrikanten nur gute Schwanenhälse verkaufen, man selbst auch nichts an der Sache verbessern kann, so sehe ich von einer eingehenden Beschreibung ab und begnüge mich damit, dem Anfänger die herkömmlichen Bezeichnungen dieses besten aller Eisen anzuführen. Ich widerrate entschieden, den Schwanenhals zum erstenmal ohne sachkundige Anleitung zur Hand zu nehmen. Er ist für den Laien ein sehr gefährliches Eisen wegen seiner starken Feder, der hohen Bügel und der feinen Schloßeinrichtung.

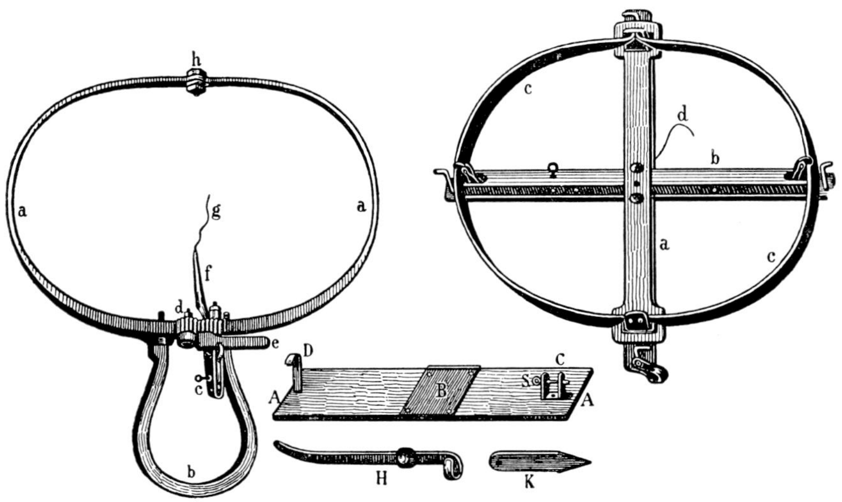

Berliner Schwanenhals
a. Bügel, b. Feder, c. Schloß, d. Gewirre oder Gewerbe, e. Stellung, f. Pfeife oder Abzugsröhre, g. Abzugsfaden, h. Bügelschraube, A A H K Stellvorrichtung

Deutscher Schwanenhals oder Schwanenhals mit untenliegender Feder
a. Feder, b. Stellung, c. Bügel, d. Abzugsfaden

Der *Berliner Schwanenhals* besteht aus den *Bügeln* a mit dem gezahnten *Kamm,* auch *Gewirre* oder *Gewerbe* genannt, d, der *Bügelschraube* h, der *Feder* b, dem *Schloß* c, der *Stellung* e und der *Abzugsröhre* oder *Pfeife* f mit dem *Abzugsfaden* g. Will jemand einen gebrauchten Schwanenhals kaufen, so sehe er besonders auf folgendes: Das Eisen soll blitzblank sein, nirgends Rostflecken haben. Die zusammengeschlagenen Bügel müssen an allen Seiten genau aufeinanderpassen. Die aufgestellten Bügel sollen horizontal, eher etwas zurückgebogen als aufwärts gerichtet liegen. Die Bügel müssen auf den leisesten Zug am Abzugsfaden blitzschnell zusammenschlagen. Dabei soll das ganze Eisen etwa einen Fuß in die Höhe springen.

Der *deutsche Schwanenhals* oder Schwanenhals mit untenliegender Feder soll dem Übelstand vorbeugen, der mit der außenstehenden Feder des vorbeschriebenen verbunden ist. Wenn sich nämlich der Fuchs von der Federseite nähert und den Abzugsfaden nach hinten abzieht, so wird der Erfolg unsicher. Daher hat man die Feder *unter* die Bügel gebracht; a ist die Feder, b die Stellung, c die Bügel, d der Abzugsfaden.

Auf dem Markt werden heute eine große Menge verschiedener Eisen angeboten, die teilweise eine Kombination zwischen Tellereisen und Schwanenhals darstellen. Es ist nicht möglich, sich hier eingehend mit diesen mannigfachen Konstruktionen zu befassen. Als geradezu verwerflich muß es bezeichnet werden, wenn solche Konstruktionen zum Fangen von Schwarzwild angepriesen werden.

Auch die sog. Pfahleisen, die früher vielfach zum Fang von Greifvögeln, oder die Reihereisen, die im Wasser auf Fischreiher gestellt wurden, sind Tellereisen und daher verboten. Verboten ist auch die Verwendung von Schlingen und Selbstschüssen.

Weiterhin gestattet ist jedoch die Verwendung des *Habichtskorbes;* allerdings müssen die Bügel so weit sein, daß nach menschlichem Ermessen eine Verletzung des Greifvogels ausgeschlossen ist. Der Habichtskorb besteht aus einem aus Draht oder Garngeflecht gefertigten Korb, in den eine Taube als Köder gesetzt wird. Auf dem Korb befindet sich eine Auslösevorrichtung, die ein Zusammenschlagen der beiden Netzbügel beim Berühren durch den stoßenden Habicht bewirkt. Bei Schnee nimmt man am besten eine dunkle, sonst eine weiße Taube als Köder. Man kann die Taube lebend in den Korb setzen und muß dann selbstverständlich für Wasser und Futter sorgen, man kann sie auch tot in den Korb hineinlegen. Nach meinen Erfahrungen fängt man mit der lebenden Taube besser. Man muß jedoch, um Tierquälerei zu vermeiden, die Taube etwa alle zwei Tage auswechseln. Dadurch, daß die gefangenen Greifvögel unversehrt bleiben, kann man geschützte Vögel wieder fliegen lassen. Die Verwendung eines Habichtkorbes ist erforderlich in Fasanerien (außer in Ländern, die den Habicht geschützt haben). Am gebräuchlichsten ist jetzt der verbesserte Krummsche Habichtsfang.

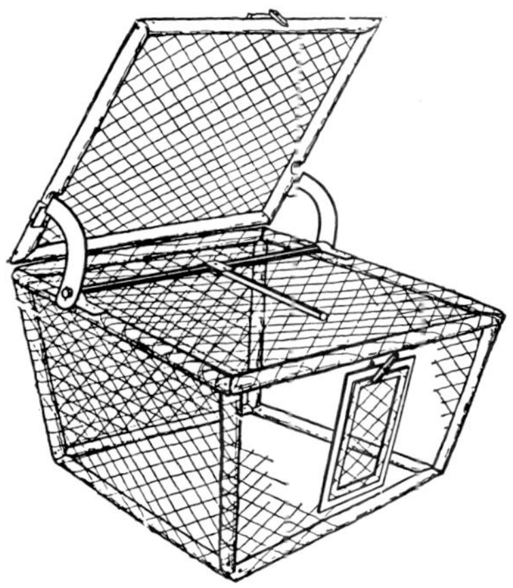

Der verbesserte Krummsche Habichtsfang

Das Gestell ist mit weitmaschigem, aber für eine Taube nicht mehr durchlässigem Drahtgeflecht bespannt. Nur die Bodenfläche bleibt frei. Darüber befindet sich die Kammer für die Taube. Stößt ein Greifvogel auf sie, so drückt er die Stoßstange nieder, und durch Drehung der Achse rasten die an ihr befestigten, gebogenen Eisen aus der Stellvorrichtung aus. Der nicht zu leichte, in Scharnieren bewegliche Deckel, der notfalls mit einem Hufeisen beschwert werden kann, fällt herunter. Der Greifvogel wird zwischen Deckel und Decke der Taubenkammer so eingeklemmt, daß er bewegungsunfähig ist und sich durch Befreiungsversuche nicht verletzen kann. Gegebenenfalls kann er also unversehrt wieder freigelassen werden. Fällt der Deckel, so schlägt der auf seiner Vorderkante befestigte Stift auf den oberen Teil des die Tür der Taubenkammer versperrenden Riegels und drückt ihn in die Waagerechte. Infolge der Schrägneigung nach außen klappt nun die Tür auf, die Locktaube kann auf den Schlag zurückkehren und durch ihr Erscheinen den Fang melden. Neben der hier gezeigten Stellvorrichtung sind noch andere Typen gebräuchlich. Zum Schutz der Taube gegen Regen wird eine Ecke der Taubenkammer mit einem Stück Dachpappe oder Blech wasserdicht abgedeckt. (Aus Raesfeld, „Die Hege“, 3. Auflage.)

Beim Fang des Raubwildes sind die jagdgesetzlichen Bestimmungen zu beachten, insbesondere BJG § 22 Abs. 1, der die Elterntiere während der Aufzuchtzeit der Jungen unter Schutz stellt. Desgleichen die Jagdzeit für Stein- und Baummarder, die nur vom 1. XII. bis 31. I. währt.

Die Jagdgesetze verbieten, jagdbare Tiere zu vergiften. Dagegen ist die Auslegung von Gifteiern zur Vertilgung von Elstern und Krähen in einzelnen Bundesländern gestattet. Diese Gifteier werden häufig von Sauen, Fuchs, Dachs, ja selbst von Fasanen angenommen. Da die Eier mit Phosphor vergiftet sind, wirken sie auch auf größere Tiere sofort tödlich.

Abgesehen von dieser Gefahr stehe ich auf dem Standpunkt, daß man selbst den Rabenvögeln gegenüber waidgerecht bleiben muß. Dem tüchtigen Jäger muß es auch mit der Flinte und der Kleinkaliberbüchse gelingen, Krähen und Elstern in seinem Revier kurzzuhalten, ohne daß er zu dem hinterlistigen und gemeinen Gift greifen muß.

NETZE, GARNE, HÜTTEN UND LAPPEN

Je weiter die Feuerwaffen sich vervollkommnet haben, und je weiter die Gewandtheit und Sicherheit in ihrem Gebrauch vorgeschritten sind, desto seltener sind die in alten Zeiten so wichtigen Netze geworden. Im Gegensatz zu den hohen Tüchern, die als *dunkles Zeug* bezeichnet wurden, nannte man die Netze *lichtes Zeug*. Sie unterscheiden sich von den Garnen dadurch, daß diese aus Zwirn, die Netze aus stärkerem Bindfaden und Leinen verfertigt wurden. Man unterscheidet *Fangnetze* und *Prellnetze*. Erstere sind so geknüpft, daß die Diagonale der einzelnen Maschen senkrecht zur Erde steht. Bei letzteren tun das die Seiten der Maschen, was man als *spiegelig gestrickt* bezeichnet.

Das *busenreich* gestellte Fangnetz wird lose über die *Stellstangen* oder *Forkeln* gelegt. Das dagegenrennende Wild fängt sich in dem dann herabfallenden Netz. Die Prellnetze werden straff angezogen; sie sollen das dagegenprellende Wild zurückwerfen.

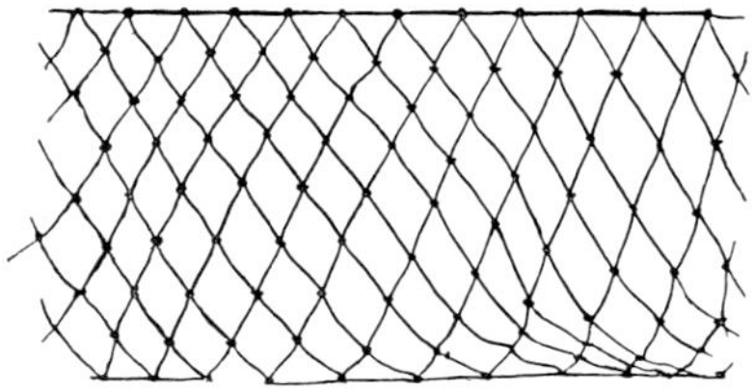

Fangnetz

Prellnetz

Der heutige Gebrauch der Netze beschränkt sich auf einige wenige Gelegenheiten. Ich werde nur die *Kaninchennetze*, die *Dachshauben* und *Decknetze* beschreiben.

Der *Kaninchennetze* bedient man sich dort, wo die zu beschießenden Wege und Schneisen so schmal sind, daß ein erfolgreicher Schuß nicht zu erwarten ist. Es genügt für sie die Höhe von 1 m. Damit die Kaninchen nicht unten durchkriechen können, wird das untere Drittel des Netzes nach der Seite umgelegt, von wo das Wild erwartet wird. Wenn nötig, werden diese Netze auf Stellstangen gelegt, sonst an Baum und Strauch gehangen. Eine Maschenweite von 3–4 cm ist die beste. Je busenreicher die Netze stehen, desto tiefer rennen die Kaninchen hinein, und um so sicherer können sie geschossen werden. Man glaube nur nicht, daß es immer leicht ist, ein dagegenrennendes Kaninchen zu treffen. Ich sah einst einen als besonders sicheren Kaninchenschützen bekannten Herrn ein solches am Netz umherirrendes Kaninchen fünfmal verfehlen. Schließlich lief es ihm zwischen die Beine, und er ergriff es lebend.

Dort, wo große Hasenstreifen üblich sind, werden solche Netze, allgemein Prellnetze genannt, zum Abschluß des abzustreifenden Geländes verwendet. Sie werden an Pfählen, die im Boden eingeschlagen und oben mit einer Kerbe und unten mit einem Nagel versehen sind, gespannt und sind, namentlich an heiteren, kalten Wintertagen, für den Erfolg der Jagd sehr wertvoll. Die weit vorlaufenden Hasen (besonders die sehr regen Rammler) werden dem Treiben erhalten, außerdem können die Schützen bis zum Schluß in das Treiben hineinschießen. Das Netz braucht nicht höher zu sein als 1 m, weil die Hasen es nicht übersetzen, vielmehr immer bestrebt sind, sich durchzuschneiden. Um dies zu verhindern, müssen einige Leute bei den Prellnetzen stehen, welche die Hasen abwehren und natürlich, wenn die Jagd näher heranrückt, sich in Sicherheit bringen.

Statt der Kaninchennetze aus Bindfaden sind auch solche aus verzinktem Draht in Gebrauch. Sie sind kostspieliger und schmiegen sich weniger gut den Unebenheiten des Erdbodens an.

Viel zu wenig gebraucht und leider vielerorts ganz in Vergessenheit geraten waren die *Decknetze* für Dachs-, Fuchs- und Kaninchenbaue, erst die hinter uns liegende gewehrlose

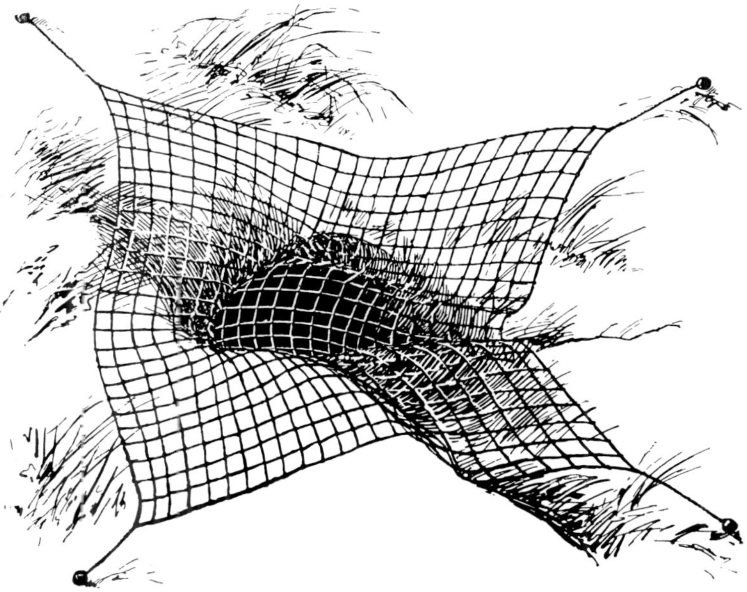

Decknetz

Zeit hat die Jagd mit Netzen wieder aufleben lassen. In der Literatur werden Decknetze und *Dachshauben* oftmals durcheinandergeworfen. Und doch sind es ganz verschiedene Dinge. Ein Decknetz ist ein etwa 1,20–1,30 m im Geviert großes Netz aus weitmaschigem, dünnem, aber starkem Garn, das erdig gefärbt und an seinen vier Ecken mit je einer Bleikugel versehen ist, die an einem etwa fußlangen Bindfaden hängt. Wird der Fuchs oder das Kaninchen – der Dachs *springt* weniger leicht – vom Hund oder Frett aus dem Bau gesprengt, so geraten sie in die über den offenen Röhren ausgebreiteten Decknetze, verwickeln sich darin und können so entweder totgeschlagen oder geschossen werden. Zum Verschließen der Kaninchenröhren bedient man sich auch einfacher *Drahtklappen*, die auf einem Holzrahmen in der Weise spielend befestigt sind, daß sie von innen angehoben, aber von außen nicht eingedrückt werden können.

Die *Dachshaube* besteht aus einem etwa 12 cm in lichter Weise großen Ring von Rundeisen – der Dachs soll mit dem Kopf in die Öffnung *hinein-*, aber nicht weiter *hindurchfahren* können –, an den ein offener Netzsack aus starkem Bindfaden etwa 1$^1/_2$ m lang so angestrickt ist, daß er nach hinten weiter wird. Ringsum und durch das hintere Ende läuft eine Leine zum Zusammenziehen des Sackes: die *Ringleine*. Beim Gebrauch wird der Ring in die Röhre gesteckt, der Sack außen ringsum ausgebreitet und mit kleinen Hefteln am Boden befestigt. Der einfahrende Dachs, der durch die Ringöffnung hindurch will, schiebt diese vorwärts und reißt die Heftel aus der Erde heraus. Beim weiteren Einschliefen zieht die Ringleine den Sack zu und der Dachs ist gefangen. Damit er die ganze Haube nicht mit in die Röhre hineinziehen kann, ist die Leine nur mit dem allernötigsten Spielraum an einem tief in die Erde geschlagenen, starken Heftel befestigt. Ich rate, Sack und Leine nicht länger zu machen, als unbedingt notwendig ist; denn es gehört die ganze Kraft eines Mannes dazu, den in die Röhre hineinstrebenden Dachs mit der Haube herauszuziehen. Gelingt das nicht schnell, so schneidet Meister Grimbart sich durch und fährt unversehrt in den Bau hinein. Hieraus geht schon hervor, daß der Jäger, am besten auf einem Hochsitz, nah bei der Hand sein muß, wenn der Dachs sich in der Haube fängt. Diese Art des Fanges sollte nur für vereinzelte, besondere Fälle zur Anwendung kommen, da ihre größere Ausdehnung eine allgemeine, nächtliche Beunruhigung der weiteren Umgebung eines Baues durch Hunde zur Voraussetzung hat, wenn der Dachs schnell und kopflos in die fängische Haube einfahren soll.

Die *Krähenhütte* wird im hügeligen Gelände am Südwestabhang angelegt und so in die Örtlichkeit eingepaßt, daß sie nicht auffällt. Die Hütte muß eine Größe von mindestens 1,5 m im Geviert haben, bei etwa 2 m Höhe. Sie hat eine nach Norden gerichtete Schieß-

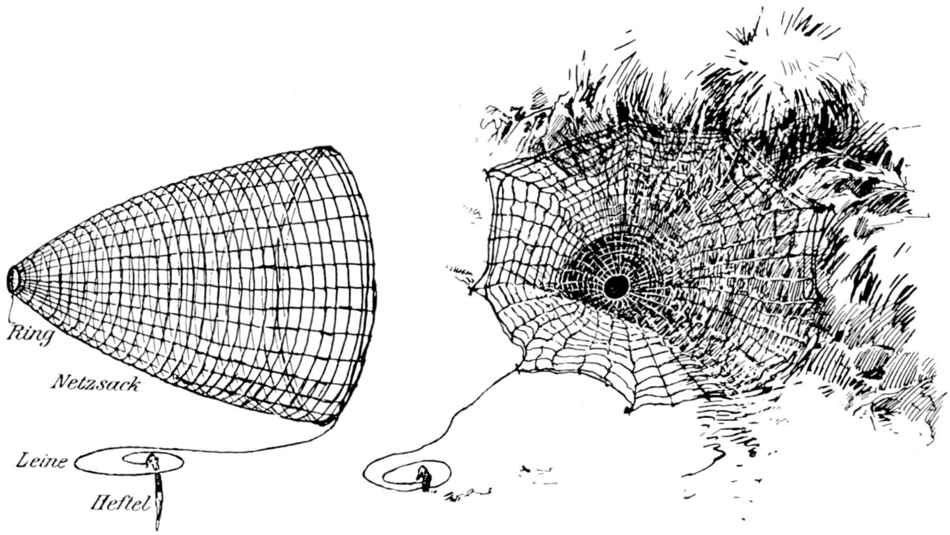

Dachshaube

luke von 30 cm Breite, weil der Hüttenjäger bei anderer Lage leicht gegen die Sonne schießen müßte. Mehrere Schießluken empfehlen sich nicht, weil die sehr aufmerksamen Rabenvögel dann gar zu leicht den Jäger in der Hütte bemerken oder doch mißtrauisch werden könnten. Je ein kleines Guckloch an jeder Hüttenseite erleichtert die Beobachtung und schadet nichts. Die Tür zur Hütte liegt der Schießluke gegenüber und öffnet sich nach innen. Würde sie sich nach außen öffnen, so könnte die aufgehende Tür den Bussard oder die Krähen früher verscheuchen, als der zum Schießen herausspringende Jäger im Freien sein würde.

Etwa 20–25 Schritt von der Hütte wird auf einer *Krücke* oder *Jule* der gefesselte Uhu als *Reizvogel* aufgestellt. Die Jule (siehe Abb. Seite 249) kann von der Hütte aus hochgezogen werden, um den Uhu – es kann auch eine andere Eule oder ein ausgestopfter Uhu sein – zur Bewegung zu veranlassen und so anstreichende Vögel zu reizen.

Durch die Lappen

Um den Gewohnheiten aller Greif- und Rabenvögel Rechnung zu tragen, stellt man in der Nähe der Jule einige trockne *Fallbäume* auf, deren wenig belassene Äste nach der Hütte zeigen; sonst könnte der Stamm die Vögel decken. Die meisten Greifvögel sind jetzt geschützt, deshalb dient die Krähenhütte fast nur noch der Bejagung der Rabenvögel.

Unter *Blendzeug* verstehen wir die verschiedenen Arten der Lappen.

Man unterscheidet *Tuchlappen, Federlappen* und *Flintern.* Erstere bestehen aus hellgefärbten, leichten Lappen, die etwa $^1/_2$ m breit und 1 m lang sind. Sie werden in Abständen von $^3/_4$ m an eine mittelstarke *Leine* genäht, die ungefähr 90 Schritt lang ist und deren äußerste Enden auf etwa 2 m von Lappen freibleiben. Zur leichteren Verbindung jeder Lappenlänge, die man einen *Bund* nennt, mit der nächsten ist etwa 2 m von dem wirklichen Ende der Leine ein eiserner Ring eingeknotet. Durch diesen wird die Leine des nächsten Bundes hindurchgezogen und so befestigt. Auf einen Bund rechnet man fünf *Stellstäbe,* die, etwa 2 m lang, unten eine eiserne Spitze haben, um sie fest in den Boden stoßen zu können, und im obersten Teil, wie auch in der Mitte einen eisernen Haken tragen, in den die Leine eingehängt wird. Auf diese Weise kann man die Lappen *doppeln,* wenn die *Lappstatt* – das ist der Ort, der *verlappt* wird – besonders sicher umstellt werden soll. Zu jedem Bund gehört ferner ein *Haspel,* auf den die Lappen aufgewunden werden, und von dem die Leine im Weitergehen von selbst abläuft. Auch der Haspel trägt unten eine eiserne Spitze, damit er in den Boden gestoßen werden kann. Die Verbindungsstelle der Lappenbünde heißt, wie auch bei den Tüchern und Netzen, der *Wechsel.*

Die *Federlappen* sind den Tuchlappen ähnlich; nur besteht bei ihnen das Blendzeug nicht aus Tüchern, sondern aus Federn. Diese können aus den Flügelfedern der Gans, der Ente, der Truthühner und anderer hergestellt werden, so wie man sie erhalten kann. Sie werden, je wei oder drei zusammen, mit etwa 25 cm Abstand in die aus stärkerem Bindfaden bestehende Leine eingeknüpft. Der Bindfaden muß vorher gekocht werden, damit er sich beim Gebrauch und bei Witterungswechsel nicht mehr dreht.

Die dritte Art Blendzeug bilden die *Flintern.* Es sind gespaltene, dünne Schindelbrettchen, die, 15 cm breit und 30 cm lang, mittels eingeschlagener Löcher mit 30 cm Abstand an der Leine befestigt werden. Sie werden gerade so behandelt und benutzt wie das übrige Blendzeug.

In alten Zeiten nur zur waidgerechten Ausübung der Jagd gebraucht, sind die Lappen in der Neuzeit in Verruf gekommen, aber in waidgerechten Händen sind die Lappen in besonderen Fällen gut zu gebrauchen. Man darf nur nicht zu oft lappen und sollte keine auf allen vier Seiten geschlossene Lappstatt anlegen, um das Wild nicht zu sehr zu ängstigen. Es ist mit den Lappen ähnlich wie mit dem Nachtansitz bei Mondschein. Beide Jagdarten haben einen zweifelhaften Ruf und können doch durchaus waidgerecht sein, es kommt nur auf das „Wie" an. Ich kann als Mondscheinjäger und als Lappenjäger ein ebenso waidgerechter und ebenso anständiger Jäger sein wie derjenige, der diese Jagdmethoden nicht anwendet, meistens deshalb, weil sein Revier so viel andere günstige Jagdmöglichkeiten bietet, daß er es nicht braucht. Betont muß allerdings werden, daß sowohl die Mondschein- als auch die Lappjagd große Versuchungen zu unwaidmännischem Jagen bietet. Nach dem Bundesjagdgesetz ist die Lappjagd innerhalb einer Zone von 300 m von der Jagdgrenze verboten.

Für jede Art des Lappens – besonders auf Füchse ist das Lappen eine sehr reizvolle Jagdmethode – gelten gewisse Regeln, die sorgsam beachtet werden müssen, will man Erfolg haben. Da ist zunächst völlige Geräuschlosigkeit beim Stellen. Der Anfang wird so gemacht, daß der Wind dem einzustellenden Wild keine Wittrung zubringen kann. Die Windseite wird zuletzt verlappt, wenn die anderen Seiten schon stehen. Niemals dürfen die Lappen dem Wild unversehens und nah plötzlich zu Gesicht kommen, weil es sie sonst ohne weiteres überflieht oder unten durchwechselt. Die Höhe muß der Höhe der einzulappenden Wildart angemessen sein: also auf Füchse niedrig. Nirgends darf die Lappstatt scharfe Ecken zeigen. Das Wild könnte beide Seiten zugleich eräugen, sich ganz eng eingestellt glauben und mit Gewalt ausbrechen. Jede Lappstatt soll eher zu groß, als zu klein sein. Hat man Lappen genug, so dopple man; es verbürgt den Erfolg um so sicherer.

DIE LOCKEN

„*Locke* heißt jedes Instrument, mit dem man Wild anlocken kann", sagt G. L. Hartig. Und er hat damit besonders dann recht, wenn auch der Mund zu diesen Instrumenten gezählt wird. Denn der bildet die vielseitigste aller Locken. Es gibt eine Anzahl von Locken, die die Preisverzeichnisse jagdlicher Handlungen zieren. Wer aber, mit den näheren Verhältnissen unbekannt, glaubt, er habe alle Geheimnisse alter Jäger im Besitz, sobald er sich die stattliche Reihe gekauft habe, der wird seiner Enttäuschung lebhaften Ausdruck geben, wenn er sie im Revier erprobt. Wie die Sprache des Menschen, so liegt auch die der Tiere hauptsächlich im Ohr. Jede Locke kann auf diese oder jene Weise ertönen. Sie erfüllt aber nur dann ihren Zweck, wenn sie den gewollten Laut *richtig* wiedergibt. Und um das zu können, muß man ihn so oft gehört haben, daß er im Ohr haften geblieben ist. Es gehört aber noch mehr dazu Wer mit Erfolg locken will, muß auch Leben und Gewohnheiten des anzureizenden Wildes kennen; denn nur dann, wenn es diesen angepaßt ist, kann das Locken Erfolg versprechen. Das vorausgeschickt, will ich nun die am meisten gebräuchlichen Locken anführen.

Da ist zunächst der *Hirschruf*. Hierüber schreibt mir der durch seine Aufsatzreihe über diesen Gegenstand im Jahrgang 1920 von „Wild und Hund" rühmlichst bekanntgewordene Meister auf dem Ruf, GEORG GRAF ZU MÜNSTER, folgendes:

„Wie so manch anderes Wild, so läßt sich auch der Hirsch durch Nachahmung seiner Stimme überlisten. Da die menschliche Stimme aber zu schwach ist, um ohne Hilfsmittel die mächtige Stimme des Hirsches täuschend ähnlich wiederzugeben, bedient man sich hierzu der verschiedenartigsten Hilfsmittel, die man kurzweg Hirschrufe nennt. Alle diese Hilfsmittel, von denen keines auf einen bestimmten Laut gestimmt ist, dienen lediglich dazu, die menschliche Stimme zu verstärken, welchen Zweck aber die meisten im Handel erhältlichen Hirschrufe leider nicht in genügendem Maße erfüllen. Am besten eignet sich zweifellos das Gehäuse der Tritonschnecke zum Hirchsruf, vorausgesetzt, daß es zweckentsprechend hergerichtet wurde. Das Herrichten einer Tritonschnecke, die wir kurzweg Muschel nennen wollen, besteht darin, daß man zunächst ihre Spitze um soviel verkürzt, daß eine Öffnung von etwa 2–2½ cm Durchmesser entsteht. Ist dies geschehen, so stemmt man die ersten zwei bis drei inneren dünnwandigen Schneckenwindungen mit ihren Knorpelbildungen heraus, durch welches Verfahren die Schallwirkung der Muschel erhöht wird. Man nimmt das verkürzte Ende der Muschel nicht *in*, sondern nur *an* den Mund und röhrt, je nach Bedarf, mehr oder weniger laut in die Muschel hinein. Je dünnwandiger eine Muschel ist, desto besser eignet sie sich infolge ihrer stärkeren Schallwirkung zum Hirschruf. Ähnlich verhält es sich mit der Größe, nur mit dem Unterschied, daß es hier gewisse Grenzen gibt, indem die Zunahme an Größe auf Kosten der Bequemlichkeit geht. Von zwei gleichgroßen Muscheln ist stets die im Gewicht leichtere auch die dünnwandigste, mithin brauchbarere. Wer selbst rufen und auch schießen will, der wähle für die Pürsche der größeren Bequemlichkeit wegen einen Ruf von nur mittlerer Größe.

Hirschruf

Außer der Tritonschnecke werden aber auch noch verschiedene andere Dinge als Hirschrufe feilgeboten, so z. B. das Ochsenhorn, ferner phantastische Gebilde aus Guttapercha, Zellulose, Blech, Pappe oder aus Baumrinde, ja selbst Lampenzylinder, gedörrte Hirschdrosseln und dergleichen mehr. Mit Ausnahme des Ochsenhornes, welches, genügende Dünnwandigkeit vorausgesetzt, tatsächlich einen vorzüglichen Hirschruf abgibt, eignen sich all die zuletzt angeführten Dinge wohl kaum zur Herstellung eines wirklich brauchbaren Hirschrufes, während sie als Elchrufe unter Umständen recht verwendbar sein können, da ja der Elch bekanntlich eine verhältnismäßig sehr schwache Stimme hat. Ein Instrument aber auf welchem wir die Stimme des Hirsches naturgetreu wiedergeben wollen, muß so beschaffen sein, daß wir auf ihm, je nach Bedarf, sowohl übermäßig laute, als auch weniger laute Töne hervorzubringen vermögen; unterliegt doch auch die Stimme unseres Rothirsches zahllosen Schwankungen, nicht nur in bezug auf Rhythmus, sondern auch bezüglich ihrer Stärke."

So weit Graf zu Münster. Außer der Tritonmuschel eignen sich jedoch auch noch andere Instrumente zur Nachahmung des Hirschrufes. Ich erwähne insbesondere das Heracleumrohr, welches Graf Silva-Tarouca in seinem Buche „Glückliche Tage" beschreibt, und außerdem den sogenannten „Eifelruf", den ich selbst (Frevert) erprobt und für gut befunden habe. Vor allem klappert er nicht so wie die Muschel und geht nicht so leicht entzwei, und endlich ist er auch erheblich billiger. Der „Eifelruf" besteht aus zwei ineinandergeschobenen Röhren aus sehr dünnem Sperrholz und hat innen eine Membrane zur Tonverstärkung. Durch Verlängerung bzw. Verkürzung des Rufes kann man sehr gut den Ton modulieren. Sehr gut läßt sich das *Mahnen* der Tiere bei geschlossenem Mund treffen, indem man die Nasenspitze mit Daumen und Zeigefinger faßt, ohne sie etwa zu verschließen, und nun die Luft unter Hin- und Herdrücken der Nase hineinstößt. Mit diesem Mahnen sucht der Jäger den in der Nähe befindlichen, aber nicht sichtbaren Hirsch zum Hervortreten zu reizen, wenn der laute Gebrauch des Hirschrufes wegen zu großer Nähe nicht mehr ratsam ist und er auf Knören nicht folgt.

Für die Nachahmung des Mahnens gibt es auch eine einfache, künstliche Locke.

Allbekannt, viel mißbraucht, aber nur von erfahrenen Jägern mit Erfolg angewandt ist das *Blatt,* mit dessen Hilfe der Rehbock zum *Springen,* d. h. zur Annäherung an den Blattenden, gereizt wird. Ich sage das Blatt und nicht die Blatte oder der Blatter, weil ich diese seltsamen Wortbildungen für reinen Unsinn halte. Man kann wohl von Blatt das Zeitwort blatten, d. h. das Reizen mit dem Blatt, ableiten, aber nun wieder von Blatten das Hauptwort Blatte oder Blatter ableiten zu wollen, das ist des Guten zu viel. Das Blatt ist ursprünglich ein grünes Buchen-, Birken- oder sonstiges glattes Blatt, ein breiter Grashalm oder dergleichen. Die künstlichen Ersatzmittel sollten daher auch denselben Namen, höchstens etwa den „das Kunstblatt" führen.

Wie mit dem grünen Buchenblatt geblattet wird, das lasse ich hier nach meinem „Rehwild" folgen: Nimm ein nicht zu weiches, nicht zu hartes Buchenblatt mit ungefaltetem Rand, so wie es an den unteren Zweigen in jungen Stangenhölzern zu finden ist, nicht zu groß, eher klein. Dieses Blatt fasse mit jeder Hand, ziehe es straff und bringe es vor den geschlossenen Mund; nun versuche durch drückendes Blasen den Rand des Blattes in Schwingung zu setzen. Dadurch wird ein Ton erzeugt, der zunächst dem Fiepton der Rehe oft recht unähnlich ist, der aber durch Übung bald ähnlich werden kann. Du kannst auch den Ton durch Einziehen der Luft hervorbringen; doch ist dieser dann meist nicht weit hörbar. Mancher versteht den Lockruf auch einfach zu pfeifen. Wenn du dir schon einige Gewandtheit erworben hast, so kannst du das Blatt auch mit *einer* Hand an den Mund drücken und schließlich, es an der gewölbten Seite mit den Lippen lose umfassend, ganz ohne den Gebrauch der Hand benutzen. Der gewölbte Teil des Blattes wird dabei so weit zwischen die Lippen genommen, daß die äußeren Ränder ungefähr mit ihnen abschneiden. Ragen die Ränder zu weit nach außen hervor, so wird der Ton leicht gellend und verliert die Weichheit. Dasselbe geschieht, wenn der Blattrand unregelmäßig gefaltet oder eingerissen wird. Bricht das Blatt in der gewölbten Mitte, so klebt der Speichel die Ränder aufeinander; es ist dann nicht mehr zu gebrauchen.

Nun glaube nicht, daß nur das Buchenblatt für unsere Zwecke geeignet sei; es geht auch mit anderen. Sie dürfen nur keine stark gesägten oder gezahnten Ränder haben. Das Blatt des Birnbaumes, die Flieders, der Birke, das feine Häutchen der weißen Birkenrinde sind sehr gut brauchbar; auch das Blatt des Schattenblümchens (Majanthenum bifolium). Aus zu großen Blättern läßt sich mit Hilfe der Schere ein passendes Blatt zurechtschneiden.

Auch blattet man auf einem breiten Grasblatt; und zwar sowohl mit den Lippen allein, als auch mit Hilfe beider Daumen: Wenn du beide so aneinanderlegst, daß die Nägel nach oben gerichtet sind, dann entsteht zwischen den zweiten Gliedern ein Spalt, ähnlich dem Längsschnitt einer Spindel, der sich durch Druck verengen läßt. Spannst du nun zwischen die ersten Glieder und die sogenannte Maus beider Daumen ein breites Grasblatt und bläst in den vorbezeichneten Spalt hinein, so entsteht ein Ton, der nach einiger Übung recht gut als Fiepton benutzbar ist.

Das ist das, was ich über das natürliche Blatt zu sagen habe. Seine richtige Anwendung hat den Vorzug eines sehr weichen Lautes, der nach Bedarf verstärkt werden kann. Aber der Ton ist auch für den Geübten nicht immer sicher; bei Benutzung beider Hände ist der Jäger zu sehr gebunden; das Blatt wird leicht unbrauchbar; oft sehr zur Unzeit.

Deshalb geben viele dem künstlichen Blatt den Vorzug. Von diesem werden die verschiedensten Arten angepriesen: das Fiep- oder Pijublatt, das Blatt mit Klageton, das Blatt mit Angstgeschrei (jetzt besonders gebräuchlich der pneumatische Rehruf); und es gibt Anleitungen, die ganze Notensätze mit Vorlauten, Nachlauten, Hauptlauten, Unterbrechungspausen usw. enthalten, mit deren Hilfe der Rehbock vor das Rohr gebracht werden soll.

Den *feinen* Fiepton hat das Kitz; mit dem Alter wird er voller und geht in der Klangfarbe von i in ü über. Auf diesen feinen Ton springt die Ricke, wenn sie ein Kitz in Gefahr glaubt. Auch die Böcke haben den Fiepton; und gerade diese sind es vielleicht, die in der Brunft am meisten fiepen. Ebenso ist allen Rehen der Klageton gemeinsam.

Das „Geschreiblatt" hat insofern einen Wert, als es weiter hinschallt als das Blatt mit dem Fiepton. Denn nicht überall, wie beispielsweise in sehr ausgedehnten Dickungen, kann der Jäger, ohne den Bock zu vergrämen, sich dessen Stand so weit nähern, um ihm den Ton vernehmbar zu machen.

Die verschiedenen künstlichen Blätter haben fast alle denselben Grundgedanken. Ein etwa 5 cm langes Stückchen Holz oder Horn enthält eine sich von vorn nach hinten ein wenig verbreiternde und vertiefende Rinne, auf die mittels eines Zwirnsfadens eine feine Zunge von ganz scharf ausgeklopftem Messing so festgebunden wird, daß nur deren vorderer, schmaler Teil beim Hineinblasen in Schwingung versetzt wird. Am einfachsten kauft man ein solches Blatt und bindet, je nachdem der Ton zusagt oder nicht, die Messingzunge kürzer oder länger. Im Gebrauch ändert sich der Ton ab und zu; dann muß die Zunge nachgebunden werden.

Auf demselben Grundsatz beruht auch die *Hasenquäke*. Nur ist alles etwas gröber gebaut, weil ein weit gröberer Ton, nämlich das Klagen des Hasen, mit ihr nachgeahmt werden soll. Auch hier muß von Zeit zu Zeit nachgestimmt werden.

Eine weitere, noch gröbere Ausführung desselben Gedankens stellt die *Entenlocke* dar, mit der man das Pahk, Pahk der Stockente, ganz gleich dem Laut unserer Hausente, nachahmt.

Die *Haselwildlocken* sind für Hahn und Henne verschieden. Die *Hahnenlocke* besteht aus einem aus dem Oberarmknochen des Hasen, der Katze, der Gans usw. hergestellten Pfeifchen, mit dem das Spissen des Hahns nachgeahmt wird. Die *Hennenlocke,* das *Wusperl* oder die *Schelle*, dient zur Nachahmung des Bistens der Henne. Das Nähere hierüber werde ich bei der Lockjagd bringen.

Die *Rebhuhnlocke,* mit deren Ton man das ganze Volk zusammenrufen kann, ahmt den Lockruf des Hahnes nach, der Girrlit oder Girrhit klingt. Es war die erste Locke, die ich mir schon als Knabe selbst herstellte; ich halte diese Art heute noch für die beste. Ich nahm den Fingerhut des Schneiders, der bekanntlich an beiden Seiten offen ist, spannte über die eine offene Seite ein Stück Pergament ganz straff, stach in die Mitte mit einer Nadel ein Loch, zog ein Pferdehaar hindurch und schlug einen Knoten davor. Wenn man das Haar in dem dem Lockruf angepaßten Tempo scharf zwischen Daumen und Zeigefinger hindurchzieht, so ertönt der Lockruf des Rebhahns. Man kann diese Locken in vervollkommneter Form in den jagdlichen Geschäften kaufen.

Als *Taubenlocke* dient am besten der Mund mit beiden als Schalldämpfer wirkenden hohlen Händen. Das Rucken und Hulen der Ringeltaube, der das Locken gilt, weil nur sie (wie auch die Türkentaube) bejagt werden darf, kann man zur Paarungszeit im Frühling wie auch noch im Sommer hinreichend oft hören, um es durch Übung gut nachahmen zu können. Es wird auch eine Taubenlocke in den Handel gebracht; ich kann sie aber nicht empfehlen.

Wenn ich schließlich noch die *Mauspfeife* nenne, so ist damit die Zahl der heute noch gebräuchlichen Locken erschöpft. Dieses Pfeifchen wird aus Knochen hergestellt und gibt den feinen Ton der Mäuse wieder, den man durch stärkeres oder leiseres Hineinblasen verschieden laut machen kann. Aber auch hier ist der Mund allein wieder die beste Locke. Indem man die Lippen scharf spitzt und die Luft gegen die Zähne zieht, mäuselt man nach einiger Übung besser als mit der besten Mauspfeife. Auch kann man den Mund gegen den Handrücken drücken, um dann durch Einziehen der Luft denselben Ton hervorzubringen. Wer ein Fläschchen mit Schnaps oder Wein bei sich führt, erzeugt leicht das Mäusezwitschern, indem er den angefeuchteten Korken an der Flasche reibt.

DIE HUNDE

Der treueste und beste Gehilfe des Jägers ist sein Hund. Ohne ihn muß krankgeschossenes Wild unter Qualen verludern, ohne ihn ist die Suchjagd kein Vergnügen, sondern eine zwecklose Strapaze, ohne ihn sind Stöberjagd und Baujagd undurchführbar, ohne ihn kann man keine Wasserjagd ausüben – ohne einen brauchbaren Hund gibt es kein gerechtes Waidwerk.

Die bei den Hunden gebräuchlichsten waidmännischen Bezeichnungen sind folgende: Das Maul heißt *Fang,* die Nase *Nase;* derselbe Ausdruck bezeichnet auch den Geruchssinn; die Augen heißen *Lichter,* auch *Augen;* die Lippen *Lefzen.* Die Zähne sind das *Gebiß;* nach dessen Stellung unterscheidet man *Oberbeißer,* auch *Überbeißer,* wenn die oberen Schneidezähne bei geschlossenem Gebiß über die unteren mehr oder weniger vorgreifen. Greifen die unteren erheblich über die oberen vor, so werden solche Hunde als *Vorbeißer* bezeichnet. Das regelrechte Gebiß ist das *Zangengebiß,* bei dem die oberen Schneidezähne genau auf die unteren passen oder doch hart dahinterstehen; die Eckzähne sind die *Fänge.* Das Ohr heißt der *Behang,* die *Behänge;* der Schwanz wird *Rute* genannt; diese wird bei kurz- und rauhhaarigen Vorstehhunden *kupiert* oder *gekürzt,* früher sagte man auch *abgeschlagen.* Es geschieht das, einmal um das Wundschlagen bei der Suche im Holz, Schilf und dergleichen zu vermeiden, dann aus Schönheitsrücksichten, weil eine lange, dünne Rute unschön wirkt, auch den Gesamteindruck des Hundes beeinträchtigt, wenn sie nicht gestreckt getragen wird. Das weibliche Geschlechtsglied heißt die *Schnalle.* Alle anderen Körperteile werden wie beim Wild benannt. Es sei bei dieser Gelegenheit gleich darauf hingewiesen, daß das Kupieren der Welpen bis zum 9. Lebenstage durchgeführt werden muß; später darf nur ein Tierarzt das Kürzen der Rute vornehmen.

Die erste Erziehung des Jagdhundes beginnt mit dem Gehorsam. Die Anleitung des

Hundes beim Jagen auf Wild heißt die *Führung, führen,* die *Abführung, abführen.* Die Fessel, an der der Hund geführt wird, ist die *Leine* oder der *Riemen,* bei der Schweißsuche der *Schweißriemen;* hier heißt das zugehörige breite Halsband die *Halsung,* sonst einfach *Halsband.* Wird der Hund vom Riemen gelöst, um Wild zu hetzen, so wird er *geschnallt,* bei anderer Gelegenheit wird er *an-* oder *abgehalst.* Der Hund *fällt* eine Spur oder Fährte *an,* wenn er sie findet; er *nimmt* sie *auf,* wenn er ihr folgt, er *arbeitet* auf ihr, er *arbeitet* sie *aus,* wenn er sie bis zum Wild verfolgt. Verliert er sie dabei, so *verschießt, überschießt* er sie; macht er einen Bogen, um sie wiederzufinden, so *schlägt* oder *greift er vor. Um-*

schlagen sagt man, wenn ein erfahrener Hund ein Gebüsch, ein Ackerstück unkreist, um das etwa vor ihm laufende Flugwild von der anderen Seite zu suchen und so zum Halten zu bringen, oder um sich überhaupt Wind zu holen zum besseren Auffinden des Wildes.

Eine Leine, ein Riemen oder eine Kette, an der zwei oder mehr Hunde geführt werden, ist eine *Koppel;* die Hunde werden *angekoppelt, aufgekoppelt.* Wenn der Hund sich in ein ergriffenes Wild so fest verbeißt, daß er nicht mehr loslassen kann, so hat er sich *verfangen.* Er wird dann *abgebrochen,* d. h. es wird ihm der Fang mit einem Knebel geöffnet.

Ein Hund, der Wild in voller Flucht verfolgt, hetzt es; wenn er dabei bellt, so gibt er *Laut* oder *Hals;* oder er ist dabei *laut,* er kann *fährtenlaut* oder nur *sichtlaut* hetzen. Dieser Laut ist der Hetzlaut. Ergreift er das Wild und bringt es seinem Herrn, so *trägt* er es *an;* kann er es nicht ergreifen und abwürgen, so *stellt* er es; er gibt dann *Standlaut.* Ein Hund, der gern und leicht laut wird, hat einen *losen* oder *lockeren* und, wenn er weit zu hören ist, einen *guten Hals.*

Hunde, die an der Leine oder am Riemen gut und ruhig gehen, sind *leinen-* oder *riemenführig.* Wenn ein Hund von seinem Herrn frei oder am Riemen allein zurückgelassen wird, so wird er *abgelegt;* beißt er sich durch Leine oder Riemen durch, so *schneidet er sich ab.* Um das bei jüngeren Hunden zu verhindern, bedient man sich einer mit Leder überzogenen Kette, der *Lederkette.* Ein Hund, der das gefundene Wild selbst frißt, *schneidet es an.* Wenn er es in Laub oder dergleichen verscharrt, so nennt man ihn einen *Totengräber.* Hunde, die durch vieles Prügeln verstockt und furchtsam geworden sind, heißen *verschlagen.* Wenn sie sich nicht trauen, an ihren Herren so heranzukommen, daß sie *angehalst* werden können, so nennt man sie *handscheu. Springt* der Hund auf den Schuß dem flüchtenden oder abstreichenden Wild nach, so ist er *schußhitzig;* läuft er gar furchtsam davon, wenn es knallt, so ist er *schußscheu.*

Die Eigenschaft der Hunde, mit hoher Nase zu suchen, nennt man *Hochsuche;* das Gegenteil ist die *Tiefsuche;* tiefsuchende Hunde heißen auch *Bohrer.* Gehorcht der Hund dem Führer auf Ruf, Pfiff oder Wink unbedingt und unter allen Umständen, so *folgt er gut, gehorcht, ist gehorsam.* Der männliche Hund heißt *Hund, Rüde,* der weibliche *Hündin.* Der Hund *deckt* oder *belegt* die Hündin, wenn er sie begattet; nach dem Begattungsakt bleiben die Hunde noch eine Zeit *verbunden, sie hängen.* Wenn die Hündin begattungslustig ist, so ist sie *heiß, hitzig, läufig;* die Zeit heißt die *Hitze,* die *Laufzeit.* Die befruchtete Hündin *trägt,* sie ist *trächtig;* wenn sie Junge zur Welt bringt, so *wölft* oder *wirft* sie, die Jungen zusammen heißen der *Wurf;* einzeln die *Welpen.*

Die übrigen waidmännischen Ausdrücke werden mit Schrägdruck als solche hervorgehoben werden.

Die Zucht unserer Jagdhundrassen hat durch den verlorenen Krieg und die Nachkriegsverhältnisse schwerste Einbuße erlitten. Durch den intensiven Einsatz der Hundevereine und Zuchtorganisationen sind die Verluste aber wieder ausgeglichen. Es würde weit über die Aufgabe dieses Buches hinausgehen, die geschichtliche Entwicklung der einzelnen Rassen sowie die Kennzeichen der zahlreichen Rassen zu schildern. Ich möchte nur eine kurze Aufzählung der wichtigsten heute zur Jagd verwendeten Hunde bringen.

I. *Deutsche Vorstehhunde* (Gebrauchshunde)
- A. Rauhhaarige Hunde
  1. Deutsch Drahthaar
  2. Pudelpointer
  3. Deutsch Stichelhaar
  4. Griffon
- B. Kurzhaarige Hunde
  1. Deutsch Kurzhaar
  2. Weimaraner
- C. Langhaarige Hunde
  1. Deutsch Langhaar
  2. Großer schwarzweißer Münsterländer Vorstehhund
  3. Kleiner Münsterländer Heidewachtel

II. *Englische Vorstehhunde*
1. Pointer
2. Irischer Setter
3. Englischer Setter
4. Gordonsetter

III. *Stöberhunde*
1. Deutscher Wachtel
2. Jagdspaniel

IV. *Erdhunde*
1. Kurzhaarteckel
2. Rauhhaarteckel
3. Langhaarteckel
4. Jagdterrier
5. Foxterrier (glatthaarig u. rauhhaarig)

V. *Jagende Hunde*
1. Deutsche Bracken
2. Sonstige Bracken (Alpenländer Schweißbracke, Dachsbracke, steirische Gebirgsbracke usw.)

VI. *Schweißhunde*
1. Hannoverscher Schweißhund
2. Bayerischer Gebirgsschweißhund

Jeder Arbeit mit dem Hund möchte ich ein Motto vorausschicken, das leider so vielen Jägern fremd ist: *Sei mißtrauisch gegen deinen Hund; sei kritisch, laß dich nicht durch Zufallserfolge zu dem Glauben verführen, der Hund arbeite gut, wenn er nur Glück hat!* Die meisten Hunde erreichen die an sie mit Recht zu stellenden Anforderungen einfach deshalb nicht, weil der Führer nur nach dem Erfolg urteilt und sich dessen freut, nicht aber berücksichtigt, welcher glückliche Zufall bei der jeweiligen Arbeit dem Hund zustatten kam, weil er nicht die Fehler sieht, die der Hund unter seinen Augen macht, und sich mit Scheinerfolgen zufriedengibt.

Deutsch Drahthaar. Phot. E. Münch

Pudelpointer. Phot. E. Münch

Deutsch Stichelhaar. Phot. E. Münch

Griffon. Phot. E. Münch

Deutsch Kurzhaar. Phot. unbekannt

Weimaraner. Phot. E. Münch

Deutsch Langhaar. Phot. Bosselmann

Großer Münsterländer. Phot. Vornholt

Kleiner Münsterländer. Phot. R. Kreitz

Pointer. Phot. W. Lehnen

Irischer Setter. Phot. E. Münch

Englischer Setter. Phot. E. Münch

Gordonsetter. Phot. E. Münch

Deutscher Wachtel. Phot. C. E. Gruenewald

Cocker Spaniel. Phot. E. Münch

Kurzhaarteckel. Phot. Deutscher Teckelclub

Rauhhaarteckel. Phot. Deutscher Teckelclub

Langhaarteckel. Phot. E. Münch

Jagdterrier. Phot. E. Münch

Foxterrier. Phot. Renninger

Deutsche Bracke. Phot. E. Münch

Dachsbracke. Phot. Dr. Türcke

Hannoverscher Schweißhund. Phot. Kindler

Bayerischer Gebirgsschweißhund. Phot. E. Münch

Und ich möchte ein Weiteres hinzufügen: Liebe deinen Hund und behandle ihn stets wohlwollend, aber mit eiserner Konsequenz, eine einzige inkonsequente Handlung verdirbt die Erziehungsarbeit von vielen Wochen.

Ein *guter Gebrauchshund* soll die nachstehenden Eigenschaften und Fähigkeiten besitzen:

Eine *gute Nase.* Sie ist die Voraussetzung für jede erfolgreiche Arbeit. Dank des englischen Blutes, das in den kurzhaarigen Hunden wohl zweifellos allgemein vertreten ist, haben diese fast alle gute Nasen. Bei den langhaarigen Vorstehhunden ist sie das Erbe aus der alten Zeit, in der nur auf Leistung gezüchtet wurde. Zu welchem Können die Hundenase befähigt ist, das zeigen uns die außerordentlichen Leistungen Hannoverscher Schweißhunde, aber auch guter Gebrauchshunde, wie jeder erfahrene Jäger an zahlreichen Beispielen erlebt hat.

Eine flotte Suche im Feld. Wir unterscheiden hier die Trabsuche von der Galoppsuche. Unsere Anforderungen wollen nur die letztere, die in Verbindung mit einer guten Nase, der richtigen Ausnutzung des Windes – Quersuche – das Wild schnell auffinden läßt, dabei nichts übergeht und so den Jäger von dem Abtreten jedes kleinen Feldstückes freimacht. Eine flotte Suche ist abhängig vom Bau des Hundes und seinem Schneid; sie kann durch gute Führung wesentlich gefördert werden. Unbedingtes Erfordernis bei flotter, weiter Suche ist, wie wir noch sehen werden, *festes Vorstehen* und *Nieder* bei aufstehendem Federwild oder hochwerdenden Hasen.

Einer flotten Feldsuche entspricht, obgleich es nicht jedem Hund ohne weiteres eigen ist, das *ruhige Buschieren im Wald.* Was man im Feld leicht beobachten kann, auch bei weiter Entfernung, das würde der Wald schon in der Nähe verbergen. Ein noch so fest vorstehender Hund nützt mir nichts, wenn ich ihn nicht sehe, wenn ich nicht weiß, wo ich ihn suchen soll. Daher muß der Hund bei der Suche auf Waldschnepfen, auf Hühner, die im Holz eingefallen sind, auf Hasen, kurz, bei jedem Buschrevier dem Führer sozusagen unter der Flinte bleiben, d. h. er darf nicht so weit hinaussuchen, daß er die Augenverbindung mit ihm verliert. Da das ein starker Gegensatz zur flotten, weiten Suche im Feld ist, so ist es Sache der Führung, den Hund richtig zu gewöhnen. Dieser hat aber, wenn er klug ist, die Verschiedenheit der Arbeit im Wald und Feld bald heraus.

Die meisten Hunde *stehen* aus Naturanlage *vor;* d. h. sie nehmen eine eigenartig gespannte, erstarrte Stellung an, wenn sie Wild in der Nase haben. Wer seinen Hund genau kennt, der sieht es ihm gleich an, ob er Hühner oder Hasen vorsteht. Fehlerhaft im hohen Grad ist das Vorstehen mit den Augen, d. h. wenn der Hund, das Wild äugend, vorsteht, ohne es in der Nase zu haben.

Festes, bombensicheres Vorstehen ist die notwendige Ergänzung einer weiten Suche. Denn das beste Finden des Wildes nützt mir nichts, wenn der Hund, während ich herangehe, schon *aufrückt* und das Wild *herausstößt,* bevor ich zur Hand bin. Es ist daher unerläßlich, daß junge Hunde auf Wink oder auf das Heben der Hand auf jede Entfernung hin sofort *Nieder* machen, d. h. sich in vorgeschriebener Stellung platt auf den Boden drücken, bis der Jäger heran ist. Auch dann soll man das Wild selbst heraustreten und schießen, während der Hund immer noch im Nieder ist und sich, wenn möglich, das erlegte Wild selbst holen. So schafft man vor Wild ruhige Hunde.

Jagt man mit zwei Hunden zugleich, so soll der zweite, wenn er den ersten vorstehen sieht, *beistehen,* d. h. er soll gleichfalls vorstehen, ohne doch das Wild in der Nase zu haben. Viele Hunde tun dies aus Naturanlage; andere müssen dazu erzogen werden. Denn es ist klar, daß der zweite Hund die ganze gute Arbeit des ersten verdürbe, wenn er etwa weitersuchen und das Wild des ersten beunruhigen oder gar herausstoßen würde.

Kommt man, während der Hund *Nieder* macht, heran, sind die Hühner, die er stand, *gelaufen,* also nicht mehr unmittelbar vor ihm, dann muß er auf Befehl *nachziehen,* d. h. in vorsichtiger Weise, halb stehend, halb vorwärtstretend das *Geläufe* ausarbeiten, ihm mit der Nase folgen, bis er sie wieder *fest hat* und das durch sicheres Vorstehen zu erkennen gibt.

Ein erfahrener Hund weiß sich auch dann zu helfen, wenn die Hühner beispielsweise in einem langen Kartoffelstück *laufen.* Er bricht dann plötzlich ab, macht einen weiten Bogen und sucht die Hühner von der entgegengesetzten Seite auf, sie nun zwischen sich und den Schützen bringend, wo sie dann weit besser halten. Diese Tätigkeit, die ich von jedem guten Gebrauchshund verlange, nennt man *Umschlagen.* Sie ist den Hunden, die es nicht von selbst lernen, durch wiederholte Übung unschwer beizubringen. Der Hund *umschlägt* schließlich dann auch ein Feldstück, an das er im Verlauf der Suche mit schlechtem Wind kommt, ganz von selbst, um unter Wind an dem Stück entlangzusuchen.

Die *Schußfestigkeit* erstreckt sich nach zwei Richtungen. Der Hund soll weder auf den Schuß davonlaufen, also nicht *schußscheu* sein, noch soll er dem Wild nachprellen. Vielmehr ist von einem wohlerzogenen Hund unbedingt zu verlangen, daß er ohne weiteres Nieder macht, sobald sein Herr die Flinte hochnimmt. Das ist nun bei Hunden, die man schon völlig *in der Hand* hat, nicht pedantisch zu verstehen. Es ist vielmehr beim praktischen Jagen vorteilhaft, wenn der Hund beim Anschlagen des Gewehres nur in die *Sitzstellung* geht. Denn dann äugt er gleichzeitig das etwa fallende Wild und kann dieses, sobald er zum Antragen Befehl erhält, heranholen, ohne erst weit umherzusuchen. Es gibt keinen unerfreulicheren Anblick als einen auf den Schuß dem Wild nachprellenden oder wie töricht umherfahrenden Hund. Er gehört, es mag vorgehen was will, in die Nieder- oder Sitzstellung, bis er Befehl erhält, anzutragen, weiterzusuchen usw. Niemals läßt man auch junge Hunde gleich nach dem Schuß antragen, sondern richtet sich dabei nach der Veranlagung. Ist diese sehr lebhaft, so hole ich mir das Huhn selbst heran, während der Hund im *Nieder* bleibt. Ist sie ruhiger, so warte ich einige Minuten, bis die Hühner weit aus dem Gesichtsfeld heraus sind, und gebe dann den Befehl: Such verloren! Findet er, so heißt es sofort: Trag an! So erzogene Hunde bleiben vor dem üblen Nachprellen bewahrt. An Stelle des Ausdrucks *antragen, trag an,* sagt man vielfach *apportieren, apport,* oder *bringen, bring, Bringsel.* Es ist viel darüber gestritten worden, ob man als deutscher Waidmann das Fremdwort „apportieren“ anwenden dürfe. Ich vertrete den Standpunkt, daß man die Fremdwörter, die man gut und leidlich durch deutsche Bezeichnungen ersetzen kann, ausmerzen sollte. Das Kommando „bring“ oder „trag an“ klingt ebenso gut wie „apport“.

Die Hasenreinheit. Ein Wort, über das Ströme von Tinte vergossen sind. Der Zwiespalt liegt in der Verschiedenartigkeit der Forderung: Der Hund soll den *kranken* Hasen hetzen und antragen; er soll sich aber um den *gesunden* nicht kümmern. Er soll in seiner Jugend den gesunden Hasen hetzen, um sich in Flüchtigkeit, Ausdauer und sicherem Spurhalten zu üben; später aber soll er, wenn er diese Eigenschaften erworben hat, den gesunden nicht mehr kennen. Zwiespältig ist aber noch etwas anderes: das ist die Stellung der berufsmäßigen Erzieher zu der Frage und die des praktischen Jägers. Der erstere muß, wenn Abrichtung und Führung nicht Jahre beanspruchen sollen, in verhältnismäßig kurzer, ich sage ruhig in zu kurzer Zeit den jungen Hund Hasen hetzen lassen und es ihm wieder abgewöhnen, weil der Besitzer des Hundes ihn natürlich *hasenrein* haben will. Wenn der Besitzer aber seinen Hund selbst, wenn nicht abrichtet, so doch abführt und führt, so hat er für diese Aufgabe unendlich mehr Zeit; – und Zeit, wie Praxis sind nötig, um das Verhalten des Hundes dem Hasen gegenüber in die richtige Bahn zu leiten.

Kein Hund leistet in der zweiten Hand dasselbe wie in der ersten, und wenn die Stichworte noch so genau die gleichen bleiben. Es ist daher für den vom Erzieher abgeführten Hund immer schwer, bei dem neuen Führer, seinem Besitzer, nur einigermaßen zu bestehen, auch wenn er den ersteren voll befriedigen konnte. Die Praxis und Geduld müssen da aushelfen.

Wenn der junge Hund je nach seiner Anlage unter den Augen seines Erziehers die nötigen Hasen gehetzt hat, um Flüchtigkeit, Ausdauer und Spurhalten zu lernen, dann heißt es: Stopp! Er muß nun lernen, auf Pfiff, nicht mit dem Mund, sondern etwaigen Versagens halber besser mit der Pfeife, vor dem herausfahrenden Hasen unbedingt und unweigerlich oder in weiterer Entfernung auf die erhobene Hand *Nieder* zu machen. Mit der Zeit wird er es beim Herausfahren des Hasens von selbst tun. Soll er dann einem kranken Hasen folgen und ihn antragen, so wird er sich diese schöne Gelegenheit sicher nicht entgehen lassen und der Aufforderung seines Herrn gern folgen.

Es kommt dann im Laufe der Zeit bei hinlänglicher Arbeit, die die Voraussetzung jeden Erfolges ist, die Erfahrung ganz von selbst: Der Hund wird sich um den gesunden Hasen nicht mehr kümmern, den kranken auf Befehl hetzen und antragen.

Nicht selten ereignet es sich auf der Jagd, daß der Hund mit schlechtem Wind an Wild herankommt und dieses herausstößt, ohne es zu wollen. Ist das auch bei einem Hund, dem eine schöne *Quersuche* immer unter dem Wind eigen ist, weniger leicht zu befürchten, so kann es doch auch bei diesem vorkommen, wenn er von seinem Herrn abgerufen wird, etwa weil ein anderes Gebiet aufgesucht werden soll. Stößt der Hund dabei auf Wild, *stiebt* Federwild *auf* oder *fährt* ein Hase *heraus*, so muß er unweigerlich und sofort *Nieder* machen.

Wenn ich vorhin warnte, den jungen Hund das geschossene Wild gleich antragen zu lassen, um ihn nicht zum Nachprellen und Hinterhetzen zu verführen, und lieber einmal das Wild selbst heranzuholen, so ist doch beim *fertigen* Hund das *Antragen* eine selbstverständliche Forderung. Es sind dabei verschiedene Dinge zu berücksichtigen. Der Hund soll das von ihm gehetzte Raubwild erst würgen, weil er es sonst überhaupt seinem Herrn nicht ungestört bringen könnte; er muß den Hasen würgen, weil er ihn sonst schwer fassen kann; er soll aber unter keinen Umständen das Federwild quetschen, knautschen oder sonst zu töten versuchen, sondern dieses so bringen, als wenn er ein rohes Ei herantrüge. Einerlei, ob es ihm die Fittiche um den Fang und in die Augen schlägt; er darf es nur festhalten, damit es ihm nicht entkommt. Das sind gewissermaßen Widersprüche, die bei der Erziehung ausgeglichen werden müssen. Wie es in der Natur der Sache liegt, soll der Jäger aber auch bei der späteren Führung immer sein Augenmerk auf vorschriftsmäßiges Antragen haben. Denn wenn ein Hund mehrmals hintereinander Raubwild abgewürgt und angetragen hat, so kommt er leicht in die Gefahr, beim Federwild ebenso fest zuzufassen.

Ganz verschieden hiervon ist eine natürliche Abneigung vieler junger Hunde gegen die Federn im Fang. Es ist ihnen etwas Unangenehmes, Ekliges. Sie suchen dem Antragen aus dem Weg zu gehen, und in der Furcht, gestraft zu werden, wenn sie den Vogel gar nicht bringen, knautschen sie an ihm herum. Hiergegen ist eine feste Erziehung im Antragen jederlei Federwildes vom Rebhuhn über die Krähe zum Greifvogel das beste Mittel. Wenn der Hund gewöhnt worden ist, auf den Befehl *Trag an* jeden Vogel sofort aufzunehmen und seinem Herrn zu bringen, so wird er zum Knautschen keine Zeit haben. Es genügt nun nicht, daß er ihm das Wild nur heranbringt und vor die Füße legt. Er soll es ihm sitzend mit hohem Fang darbieten und es erst auf den Befehl: *Aus!* auslassen.

Auch schwimmend, aus dem tiefen Wasser, soll der Hund die Ente antragen; aber – man übertreibe die Jagdleidenschaft nicht – nicht im Winter aus eisigem Strom, wenn dem armen Kerl das Wasser in den Haaren gefriert, sobald er das Land erreicht hat! Zu diesem Zweck ist es wieder von großem Nutzen, wenn der Hund nur auf Befehl anträgt und nicht gleich auf den Schuß ins Wasser springt. Denn dann wird sich ein Waidmann, der ein Herz im Leibe hat, dreimal besinnen, ehe er seinen armen Hund in den Strom schickt, aus dem er die geschossene Ente vielleicht mit anderen Hilfsmitteln auch herausbekommt.

Das dem Hund anerzogene Pflichtgefühl soll ihn auch unter den schwierigsten Verhältnissen veranlassen, den einmal ergriffenen Hasen oder abgewürgten Fuchs seinem Herrn zu bringen. Er darf dabei keine Hindernisse scheuen. Über Knicks, über Hecken und Zäune, Wasserläufe und dgl. soll er mit der Beute hinüberspringen. Sein einziges Bestreben muß sein, seinem Herrn das Wild zu bringen; koste es, was es wolle.

Das *Verloren antragen* ist selbstverständlich, wie alle nicht gleich angeborenen Eigenschaften, nur das Ergebnis sorgfältiger Erziehung. Es besteht darin, daß der Hund auf den Befehl: *Such verloren* jeden Gegenstand, ob Wild oder das verlorene Taschentuch, aufsucht und seinem Herrn bringt. Er lernt das zunächst auf der Rückfährte seines Herrn, wo er erst ganz nah, dann immer weiter zurück einen Handschuh, Spazierstock usw., die er am Geruch als seinem Herrn gehörig erkennt, findet und anbringt. Wenn er erst begriffen hat, was die Sache bedeutet, soll er aber auch an jeder anderen Stelle, wohin sein Herr ihn führt, auf Befehl: *Such verloren!* eifrig suchen, um verendetes Wild, auch wenn er dessen Spur nicht folgen konnte, aufzufinden und anzutragen.

Das *Stöbern* im Wald, Buschwerk, Schilf u. dgl. ist eine äußerst wichtige Tätigkeit des Gebrauchshundes. Es besteht in seiner idealen Forderung darin, daß der Hund das Gebiet, in das er geschickt wird, nur beunruhigt, ohne irgendeine einzelne Spur dauernd zu verfolgen. In der Praxis kommt es jedoch meist darauf hinaus, daß er die Spur des zuerst gefundenen Wildes aufnimmt, dabei ein anderes Wild aufstößt und hochmacht und schließlich doch im Erfolg dasselbe leistet, als wenn er sich um das einzelne Wild gar nicht länger kümmerte! Ein guter Stöberer wird nicht von heute zu morgen. Er verlangt vollstes Einverständnis mit seinem Herrn, am meisten Kenntnis der Örtlichkeit. Denn wo er einmal hat stöbern dürfen, da tut er es gern wieder, wenn der Herr ihn hinschickt.

Das *Würgen* des Fuchses oder der Katze ist dem *Stellen* natürlich überlegen, weil es das Wild sogleich in die Gewalt des Jägers bringt. Beim Stellen muß der Jäger erst hin. Und es kommt häufig genug vor, daß das Wild sich bei dessen Annäherung, die nicht immer geräuschlos sein kann, vom Hund freimacht und bei weiterem Flüchten *zu Bau* fährt oder aufbaumt und nicht wiedergefunden wird. Neben *Kraft* ist die Haupteigenschaft des Hundes *Schneid*. Beides ist angeboren. Es kann durch gute Fütterung und entsprechende Erziehung aber gefördert werden.

Zur Nachsuche auf *angeschweißtes Schalenwild,* und zwar insbesondere auf Rehwild, dort jedoch, wo wegen geringen Abschusses kein Schweißhund gehalten wird, selbstverständlich auch auf Rotwild, Damwild und Sauen, soll der Gebrauchshund tadellos am *Riemen auf der Schweißfährte arbeiten, das kranke Wild bei Sicht mit lautem Hals* verfolgen, es *zu Stande hetzen,* dann *Standlaut geben, geringe Stücke niederziehen* und schließlich *tot verweisen* oder *tot verbellen.* Dabei möge ganz besonders betont sein, daß ich auch die Freisuche auf der Schweißfährte des Rehbockes mit aller Entschiedenheit verwerfe. Bei einem angeschweißten Stück Schwarzwild wäre es frevelhaft, den Hund der Gefahr auszusetzen, geschlagen zu werden. Und bei Dam- und Rotwild würde es der größte Fehler sein, den Hund früher zu schnallen, als bis man sicher ist, daß er es bald stellen wird – was soll es für einen Zweck haben, beim Rehwild anders zu verfahren?! Auf Grund langjähriger und wirklich reicher Erfahrung kann ich nur sagen: jeder

Gebrauchshund, er sei der vorzüglichste unter allen, der ohne Riemen Schweißfährten arbeitet, wird sicher ein Stümper. Er gewöhnt sich ohne die dauernde Aufsicht seines Herrn Fehler über Fehler an und wird seine anfänglichen guten Eigenschaften bald verlieren. Nur der Riemen zügelt den Übereifer; nur der Riemen schützt ihn vor Übereilungen; nur dieser hält den Hund im Verein mit der jagdlichen Erfahrung seines Herrn auf der Fährte, die er arbeiten soll. Den Beweis liefert täglich jeder auf Schweiß gearbeitete Gebrauchshund, jeder Schweißhund. Denn nach jeder Hetze muß fleißige Riemenarbeit den Hund wieder zur sorgfältigen Beachtung der Schweißfährte bringen; – und wer seinen Hund kennt, der merkt auf Schritt und Tritt, wie er vorwärtsdrängt, um nur so schnell wie möglich wieder an das Wild zu kommen und seiner Leidenschaft die Zügel schießen zu lassen. Alles natürlich auf Kosten guter Arbeit auf der Fährte.

Weshalb da beim Rehwild eine Ausnahme gemacht werden soll, ist mir unverständlich. Es wird doch nichts versäumt mit der Riemenarbeit. Sie führt Hund und Jäger näher an den Bock; sie bildet dabei stets eine vorzügliche Schule für den Hund, was bei der immer tödlicher werdenden Wirkung unserer Büchsen wahrlich nicht gering bewertet werden sollte. Nur wenn das Wild aus dem letzten Wundbett vor dem Hund hoch wird, wovon man sich durch Prüfung der Bodenwärme mit der Hand zu überzeugen hat, falls man es nicht sah, und man sicher ist, daß der Hund das kranke Wild stellen wird, – nur dann soll man *hetzen.* Sollte aber trotzdem der Hund ohne Erfolg zurückkehren, so ist er sofort wieder anzuhalsen; die Hetze wird dann am Riemen ausgearbeitet. Am besten läßt man dazwischen, wenn der Tag noch nicht zu weit vorgeschritten ist, einige Zeit verstreichen, um das Wild kränker werden zu lassen und so die zweite Hetze mit mehr Aussicht auf Erfolg zu machen.

Es gibt freilich noch einen anderen Fall, in dem man hetzen muß, um das Wild in seine Gewalt zu bekommen. Wenn dieses nämlich fortgesetzt vor dem Hund *forttritt,* dann bleibt nur als letztes Mittel die Hetze übrig. Es würde eine Nachsuche ohne Ende werden, wollte man unter solchen Umständen einfach nachziehen. Der Abend würde hereinbrechen: am anderen Morgen würde es zweifelhaft sein, ob man das Wild wiederfände oder ob es, besonders im Sommer, nicht schon über Nacht verdorben sein würde. Auch wenn man überzeugt ist, daß es sich um einen Vorderlaufschuß handelt, erscheint sofortiges Hetzen geboten, weil nur so das an die Bewegung auf drei Läufen noch ungewohnte Stück rasch zur Strecke gebracht werden kann. Bei einer späteren Nachsuche ist der Erfolg immer zweifelhaft, jedenfalls nur durch schwere Arbeit für Hund und Führer zu erreichen.

Wie die Schweißarbeit im einzelnen anzugreifen ist, das wird im dritten Teil dieses Buches bei der Nachsuche behandelt werden. – Hier kommt es nur darauf an, mit aller Entschiedenheit zu betonen, *daß bei jeder Nachsuche die Riemenarbeit die Hauptsache ist und bleiben muß.*

Das Schnallen des Hundes zur *Hetze* geschieht am besten ganz lautlos. Der Hund hat ja kein größeres Verlangen, als endlich an das Wild heranzukommen. Er weiß auch ganz genau, wohin sich dieses gewendet hat, auf jeden Fall viel besser als der Jäger selbst. Aus diesen Gründen schnallt man den Hund ohne irgend etwas zu sagen, d. h. man nimmt ihm die Halsung ab, damit er nicht irgendwo daran hängenbleiben kann, und läßt ihn dann ruhig gewähren, ohne ihm in sein weiteres Verhalten durch Zeigenwollen und Zurechtweisen hineinzureden. Alle Versuche dieser Art, die ich in einem langen Jägerleben bei anderen und mir selbst beobachtet habe, endigten ausnahmslos mit dem Geständnis: Der Hund hatte doch recht! Selbstverständlich soll der Hund bei der Hetze laut werden, sobald er das Wild zu Gesicht bekommt. Denn das ist das einzige Mittel, seinem Herrn sogleich zu sagen, daß er gefunden hat. Man unterscheidet dabei leicht den hellen *Hetzlaut* von dem tieferen *Standlaut.* Nur wenn ein Hund beim Schnallen zaghaft sein sollte, was besonders bei jüngeren Hunden vorkommen kann, dann muß man den Hund *anrüden,* d. h. man hetzt ihn an mit „Hu faß!"

Das *Niederziehen* des gehetzten Wildes soll nur bei geringem Wild, also bei Rehwild und Damwild- und Rotwildkälbern erfolgen. Würde der Hund, gleichgültig ob Gebrauchshund oder Schweißhund, versuchen, stärkeres Wild niederzuziehen, so würde der Hund sehr bald geforkelt oder vom Alttier mit den Vorderläufen zu Schanden geschlagen werden. Ein allzu scharfer Hund ist daher auf einer Hetze an starkem Wild immer gefährdet, wenn er nicht über gewisse Erfahrungen verfügt. Man sollte daher einen scharfen Hund zunächst stets an wehrhaftem Wild schnallen, damit er von Anfang an vorsichtig wird. Wird der Hund nämlich zunächst an Kälbern zur Hetze verwandt, und hat er ein oder gar mehrere kranke Kälber niedergezogen, so versucht er das beim nächsten Mal auch am Hirsch und wird geforkelt. Andererseits sind Gebrauchshunde ohne Schärfe zur Hetze nicht zu verwenden, denn ein Stück Rehwild stellt sich fast nie, und der Hund muß die Schärfe haben, daß er zufaßt und niederzieht. Meine obigen Ausführungen bezogen sich daher nur auf besonders scharfe Hunde.

Totverweisen und *Totverbellen.* Unter dem ersteren versteht man die Eigenschaft des Hundes, seinem Herrn durch sein Benehmen, auch durch Lautgeben zu zeigen, daß er das gesuchte Wild gefunden hat, und ihn dann dahin zu führen. Totverbellen nennt man das anhaltende Lautgeben am abgewürgten oder verendet gefundenen Wild, um den Herrn heranzurufen.

Die Meinungen über diese Leistungen sind noch wenig geklärt, wohl weil es sehr schwer ist, ein Urteil in der Sache abzugeben, wenn man nicht über reiche Erfahrung verfügt. Gegen das Totverbellen spricht zunächst der Umstand, daß man es denjenigen Hund, der es nicht aus Naturanlage tut, eigentlich nicht lehren kann. Die Erfahrung zeigt immer wieder, daß die Hunde die mühsam angelernte Kunst vergessen, sobald sie sich, was bei Nachsuchen dieser Art die Regel ist, außerhalb des Wirkungsbereiches ihres Herrn befinden. Aber selbst wenn es gelänge, die Zahl der aus Naturanlage totverbellenden Hunde durch sorgsamste Zuchtwahl zu vermehren, oder die anderen Hunde so zu ziehen, daß sie auch außerhalb des Wirkungsbereiches ihres Herrn mit voller Sicherheit totverbellen, so würde nach meiner Meinung dann doch nur eine unendliche Mühe auf eine verlorene Sache verwendet werden.

Wer jemals nach schwerer Riemenarbeit und nachfolgender, ermüdender Hetze, nach langem Stellen, endlichem Niederziehen und Abwürgen seinen Hund daraufhin beobachtete, ob dieses völlig ermüdete, ja abgeschlagene Tier noch imstande sei, bei dem verendeten Wild stundenlang – denn sonst ist die Geschichte zwecklos – hell und vernehmlich Laut zu geben, der wird sich sagen müssen: Das überschreitet das physische Können des Hundes. Dazu kommt der Durst, der sich nach so großer Anstrengung in hohem Maße geltend macht. Aber angenommen, die Kraft des Hundes reiche zum Totverbellen noch aus, und seine Pflichttreue sporne ihn zum Äußersten an, um seinen Herrn herbeizurufen: – *hört* denn dieser den Laut immer? Es muß schon recht stilles Wetter sein, wenn das Geläute *weit* gehört werden soll. Im Brausen des Windes, im Rauschen des Waldes hört aber der Jäger sicherlich nichts vom Hals des Hundes, wenn dieser sich *unter* Wind befindet. Im Gebirge braucht die Hetze nur über den Kamm, nur um eine Kuppe herum, in ein abgeschlossenes tieferes Tal hineingegangen zu sein; in der Ebene ist eine recht dicke Nadelholzdickung imstande, jeden in ihr ertönenden Laut völlig zu verschlingen. Was dann? Ich meine, so schön das Totverbellen in der Theorie klingt, so schwer ist es mit den Anforderungen der jagdlichen Praxis zu vereinigen.

Ganz anders das Totverweisen: Sobald der Hund das Wild zu Stande gehetzt, niedergezogen, abgewürgt oder es verendet gefunden hat, so kehrt er unverzüglich zu seinem Herrn zurück, dem er durch sein frohes Gebaren, selbst durch Lautgeben anzeigt, daß er gefunden hat. Hund und Jäger müssen sich gegenseitig kennen. Es kann nun letzterer dem ersteren frei folgen. Besser aber ist es, wenn der Hund, an Riemenarbeit gewöhnt, nun an den *langen* Schweißriemen genommen wird und an diesem den Jäger zum Wild führt. Damit kommt das *laute* Verweisen, in dem ich nur das Nichtablassenkönnen vom Totverbellen sehe, von selbst in Fortfall.

Das sicherste und zuverlässigste Mittel, das Wild aufzufinden, bildet also am letzten Ende immer der *Schweißriemen.* Ist der Hund in der Riemenarbeit wohlgeübt, so vermag ich mit ihm unter allen Umständen, auch nach einer Hetze, die Fährte auszuarbeiten. Und so komme ich nach Umständen vielleicht ein wenig später als durch Totverweisen, aber immer *sicher* zu dem verendeten Wild. Und das ist die Hauptsache.

Durch Hegendorf ist die sog. Bringselmethode empfohlen worden. Dieses Verweisen besteht darin, daß der Hund ein sog. Bringsel, das ist ein kurzes ausgestopftes Lederstück von etwa 30 cm Länge, an das Halsband geschnallt bekommt, sobald er geschnallt wird. Hat der Hund nun das Stück gefunden oder bei der Hetze niedergezogen, so soll er das Bringsel in den Fang nehmen und zu seinem Herrn zurückkommen, um ihm hierdurch zu melden: Das Stück ist zur Strecke. Kommt der Hund ohne das Bringsel im Fang zurück, so bedeutet das: Ich kann das Stück nicht finden bzw. zur Strecke bringen.

Es ist hier nicht der Ort, um über das Für und Wider der Bringselmethode zu streiten. Ich persönlich kann mich mit dieser Methode nicht befreunden. Sie hat doch nur dann Zweck, wenn ich den Hund frei suchen lasse – und das haben wir ja oben schon abgelehnt. Die Riemenarbeit ist das A und O der Nachsuche, nicht die Freisuche mit Totverbellen oder Bringselmethode. Die noch vielfach nicht ausreichende Schweißarbeit des Gebrauchshundes würde auf einer ganz anderen Höhe stehen, wenn die Freisuche auf Schweißfährte ausgeschlossen und einzig und allein auf gute Riemenarbeit Wert gelegt würde.

Das *Lancieren* oder zu deutsch *„Vorbringen"* ist das Ausarbeiten einer gesunden Fährte mit dem Hund am Riemen, um das Wild einem vorstehenden Schützen vor die Büchse zu bringen. So wenig ich diese Arbeit wegen der starken Beunruhigung der Wildbahn in Hochwildrevieren empfehlen kann, so nützlich und angenehm kann sie dort sein, wo Rotwild nur als Wechselwild vorkommt. Man muß zu dieser Arbeit einen sehr erfahrenen, alten Schweißhund verwenden oder auch einen alten Gebrauchshund, der aber sehr viel auf Schweißfährte am Riemen gearbeitet hat. Der Hund muß nämlich fährtenrein sein, d. h. er darf nicht auf andere kreuzende Fährten *changieren.* Ich kenne nur wenige Gebrauchshunde, mit denen man einen Hirsch lancieren könnte, es sei denn, daß der Hirsch allein oder vielleicht noch mit einem Beihirsch in einem Feldgehölz steht, wo anderes Wild gar nicht oder nur wenig vorhanden ist. Wenn aber anderes Rotwild und Sauen und Rehwild in der Dickung stehen, in der der Hirsch bestätigt wurde, so gehört ein sehr erfahrener, alter Hannoverscher Schweißhund zu einer solchen Lancierarbeit, um alle Haken und *Widergänge* auszuarbeiten und nicht auf die zahlreichen kreuzenden Fährten von anderem Wild zu achten.

Als letzte Eigenschaft eines vielseitigen Gebrauchshundes ist die Rolle als *Beschützer seines Herrn* und dessen Sachen zu nennen. Soll er das sein, wozu eine unter den Hunden heute nicht immer vorhandene Schärfe gehört, so muß er, bevor er tätig werden kann, vor allen Dingen eine rein äußerliche Eigenschaft besitzen: sein Haar muß von gedeckter Farbe sein, die im Wald nicht *auffällt.* Also alle weißen Hunde kommen hier von vornherein nicht in Frage; auch größere Platten auf hellem Grund sind fehl am Platze. Sonst aber sind vom einfarbigen Braun bis zum Schimmel fast alle heute gezüchteten Farben brauchbar. Das ist die passive Seite der Sache: der Hund soll durch seine Erscheinung nicht zum Verräter an seinem Herrn werden. Daß im übrigen auch jede auffallende Farbe bei der Pürsche, auf dem Anstand usw. stört, bedarf keiner Erörterung. Die Annehmlichkeiten, die ein hellfarbiger Hund beim Buschieren etwa bieten könnte, wird durch die sonstigen Mängel weit aufgehoben. Die aktive Seite ist die, daß der Hund, sobald sein Herr mit einem Angriff bedroht oder angegriffen wird, den Gegner anspringt, um diesen durch scharfes Zufassen zu Boden zu reißen und wehrlos zu machen.

Die *englischen Vorstehhunde:* Pointer und Setter deutscher Züchtung sind nicht nur ausgesprochene Feldhunde, sie sind bei richtiger Einarbeit auch für Wald- und Wasserarbeit zu gebrauchen. Vielseitige Hunde sind unter ihnen gar nicht selten. Irische Setter, Englische Setter und auch Gordonsetter haben in deutschen Wildbahnen hervorragende Gebrauchshundarbeit geleistet und leisten sie noch heute. Viele von ihnen sind auf Leistungsprüfungen des Jagdgebrauchshundeverbandes hochprämiiert und auf Grund ihrer Erfolge im Deutschen Gebrauchshundstammbuch eingetragen.

Der *Dachshund,* vom Försterhaus nicht wegzudenken, wird vom Deutschen Teckelklub betreut. Wir haben diesen vierläufigen Freund, der über und unter der Erde gleich tüchtig ist, in drei Schlägen: Kurzhaar, Drahthaar und Langhaar. Wenn der Dachshund auch mit der Mode geht, so hat es der Teckelklub doch verstanden, die Hunde jagdlich tüchtig zu erhalten. So gibt es praktisch keine „Kalten Stämme", und die bekannten Jägerzuchten sorgen dafür, daß jeder Liebhaber des Teckels mit jagdlich hochwertigem Material versorgt wird. Das Hauptgebiet des Dachshundes liegt in der Stöber- und Schweißarbeit, aber auch am und im Wasser leisten die für diese Belange gut eingearbeiteten Hunde beste Arbeit. Als Bauhund ist der Teckel bekannt. Natürlich ist es Sache des Besitzers, die Hunde mit Sachkenntnis und Geschick für die Arbeiten im Revier richtig zu erziehen und sie viel zu führen.

Die *Arbeit unter der Erde* stellt an den Hund folgende Anforderungen: Der Hund soll in jede Röhre und jeden Bau unweigerlich *einschliefen,* ihn ganz und gar absuchen, den etwa gefundenen Bewohner, sei es Fuchs oder Dachs, Katze, Iltis oder Wiesel, so lange anhaltend verbellen, bis der Bau *gegraben,* d. h. bis der Jäger von oben mit dem Spaten sich auf die Stelle zwischen dem *vorliegenden* Hund und dem Raubwild durchgearbeitet hat. Zu diesem Zweck ist eine gewisse, doch nicht zu große *Schärfe* des Hundes erforderlich. Ist nämlich der Hund sehr scharf, so *springt* der Fuchs, d. h. er flüchtet vor dem angreifenden Hund und verläßt den Bau; oder aber er setzt sich zur Wehr, und es entsteht ein Kampf, währenddessen der Hund nur selten Laut gibt, so daß man oben nicht genau weiß, wo man *einschlagen* soll. Ist der Hund nicht scharf genug, so *treibt* er den Dachs nicht hinreichend an, um ihn in eine *Endröhre* zu drängen. Auf diese Weise ist man gezwungen, immer neue Einschläge zu machen, weil der Dachs beim Näherkommen des durchgrabenden Jägers weicht und sich an einer anderen Stelle *festsetzt,* die er beim neuen *Durchschlag* wieder verläßt. Oder aber der Dachs gewinnt bei mangelnder Schärfe des Hundes Zeit, sich zu *verklüften,* d. h. so viel Erdreich zwischen sich und den Hund zu schieben, daß dieser seinen Gegner verliert. Das beste ist, wenn der Hund auf etwa $^{3}/_{4}$–1 m Abstand vor dem Dachs vorliegt und immerzu Laut gibt. Dadurch wird der Dachs langsam aber sicher in eine Endröhre zurückgedrückt. Der unausgesetzte Laut des Hundes gibt dem Jäger oben die Möglichkeit, den Einschlag an der richtigen Stelle niederzutreiben.

Es erhellt ohne weiteres, daß schwere Hunde sich weder in engeren Röhren umdrehen, noch durch Stellen der Röhre, die von Baumwurzeln, Steinen, Ortsteinpartien eingeengt sind, hindurchschliefen können, also nur eine bedingte Brauchbarkeit haben. Sehr scharfe Hunde, die sich weniger gut zum *Graben* des Raubwildes eignen, sind wieder besonders erwünscht, wenn es sich um das *Sprengen,* namentlich des Fuchses, handelt. Der Dachs springt weniger gern. In neuerer Zeit werden für die Arbeit unter der Erde vielfach rauhhaarige englische Terrier und Jagdterrier, die schwarz-braun gefärbt sind, verwendet. Sie sind unübertrefflich, wenn es sich darum handelt, den Fuchs zu sprengen, dagegen ist im Dachsbau der Teckel besser am Platz, wie später noch erklärt werden soll.

An Arbeit über der Erde wird, wie bereits betont, vom Dachshund *Stöbern* sowie *Schweißarbeit* am *Riemen* und *frei* gefordert.

Der *Kaninchenteckel* ist eine neuere Züchtungsform, besonders für die Jagd auf Kaninchen, die alle die unsicheren Eigenschaften des *Frettchens* bei dieser Jagd vermeiden soll und auch vermeidet. Der Zucht zugrunde gelegt sind die bei vielen Würfen der Dachshunde unterlaufenden Zwergformen bei sonst gutem Bau.

Die Erziehung des Dachshundes, wie auch des Kaninchenhundes ist denkbar einfach. Im allgemeinen ist mit den störrischen, eigenwilligen Dackeln mehr zu machen, als man annimmt, denn sie gewöhnen sich bei richtiger Behandlung ebensowohl an einigen Gehorsam, wie sie auch antragen lernen. Die Hauptsache ist und bleibt aber bei ihnen *Schärfe* und *Ausdauer im Vorliegen.* Hier kann man durch gehörige Übung viel nachhelfen, indem man sich einen *Kunstbau* anlegt, in dem die jungen Hunde sich schon früh mit dem Hofkater bekämpfen können. Dabei verschlägt es in der Regel nichts, ob sie mit ihm aus einer Schüssel fressen. Sobald der Kater in den Bau eingesetzt ist, und die Hunde schliefen ein, so herrscht vorübergehend grimmige Feindschaft.

Am besten besteht der Kunstbau aus mehreren Röhren, die in einem Kessel zusammentreffen. Er soll vor allen Dingen so eingerichtet sein, daß jede Röhre sich bald hinter dem Eingang weit genug krümmt, um kein Licht in den Bau zu lassen; ebenso wie das auch bei Naturbauen der Fall ist. Den Kessel legt man viereckig an, um ihn durch eine flache Kiste ausfüllen zu können, die oben eine Klappe hat und an den Mündungen der Röhren mit Drahtstäben so vergittert ist, daß der Kater wohl mit der Pfote hindurchlangen, nicht aber von den Hunden ergriffen und abgewürgt werden kann.

Es versteht sich wohl von selbst, daß von oben kein Lichtstrahl in den Kessel fallen darf, damit die Belagerung im natürlichen Dunkel erfolgt. Die Klappe in der Kiste muß daher nach Einsetzen des Katers durch aufgeschüttetes Erdreich gut abgedichtet werden. Durch Klopfen und Stampfen macht der Jäger sich dem Hund von Zeit zu Zeit bemerkbar. Zu seiner Anfeuerung ruft er das alte vertraute: Huh la la la la la! in die Röhre hinein. Niemals verlasse man den Bau, solange der Hund arbeitet. Denn von Zeit zu Zeit erscheint er vorn in der Röhre, um sich nach seinem Herrn umzusehen. Anfangs öfter, später seltener; seine Ausdauer wächst mit der Sicherheit, den Herrn stets auf dem Bau zu wissen.

Wo Tollwut droht, muß auf die Baujagd verzichtet werden.

Die *Bracke* ist ein namentlich im bayerischen, sächsischen und österreichischen Gebirge sowie in Westfalen viel gebrauchter Hund, der in verschiedenen Arten gezüchtet wird, wie: große deutsche Bracke, Holzbracke, Steinbracke, Dachsbracke, Schweißbracke u. a. Die Bracke hat die ihrer Natur entsprechende Aufgabe, eine einmal aufgenommene Spur oder Fährte laut zu verfolgen, soweit ihre Kräfte reichen. Daß das nicht allzu weit wird, dafür sorgt in der Regel die fast allem Wild innewohnende Neigung, in kleinerem oder größerem Bogen nach dem Ort zurückzukehren, wo es *aufgetan* wurde. Nichtsdestoweniger ist die mit der Verwendung der Bracke verbundene Störung im Revier so groß, daß sie nur dort benutzt werden sollte, wo es sich um weite, für Menschen als Treiber schwierige Gebiete mit sparsamen Wildständen handelt. Sehr praktisch ist die Gewöhnung der Bracken an einen Hornruf, wie er früher zur Zeit der Koppeljagden üblich war und heute noch in Westfalen gepflegt wird. Im Hochgebirge wird die Bracke seit jeher, besonders aber in neuerer Zeit, mit bestem Erfolge auf Schweiß gearbeitet.

Der *Schweißhund* wird zum *Nacharbeiten* angeschweißten Wildes gebraucht, um es in die Gewalt des Jägers zu bringen. Für diese Arbeit wird entweder der rein gezüchtete Hannoversche Schweißhund oder der Bayerische Gebirgsschweißhund oder der auf Schweiß gearbeitete Gebrauchshund, Wachtel und Teckel benutzt. Die mit der Verbesserung der tödlichen Wirkung der heutigen Büchsen Hand in Hand gehende, geringer werdende Gelegenheit zur Schweißarbeit beschneidet den Hunden ihr Arbeitsfeld in hohem Maß, selbst dort, wo es sich um starke Hochwildstände handelt. Dagegen werden die Schweißarbeiten heute im Durchschnitt schwerer sein als seinerzeit; denn während früher, als man noch starke Vollbleigeschosse verwendete, fast jedes zweite Stück eine Nachsuche lieferte, ist heute bei unseren rasanten Teilmantelgeschossen im allgemeinen nur noch eine Nachsuche erforderlich bei tiefen Pansenschüssen, bei Schüssen durch das kleine Gescheide und bei Laufschüssen. Diese Suchen sind aber besonders schwierig, so daß man sagen muß, die Zahl der Suchen hat sich zwar gegen früher verringert, die Suchen, die es aber auch heute noch gibt und immer geben wird, sind im Durchschnitt schwerer als früher.

Daraus ist zu folgern, daß ein Hund, der heute mit Erfolg auf Schweiß arbeiten soll, qualitativ besonders hoch stehen muß. Die Forderung, auf Rotwild, Damwild und Sauen nach Möglichkeit den Spezialisten, nämlich den Schweißhund, zu verwenden, ist daher heute noch energischer als bisher aufzustellen.

An einen auf der *Schweißfährte* brauchbaren Hund sind folgende Anforderungen zu stellen:

Der Hund muß:

1. riemenführig sein;
2. sich am Riemen ablegen lassen;
3. am Riemen die Fährte angeschweißten Wildes sicher anfallen, sie zuverlässig verfolgen, jeden Widergang ausarbeiten, bis er das Wild verendet findet, oder bis dieses aus dem Wundbett vor ihm hoch wird;
4. geschnallt, das kranke Wild fährtenlaut oder sichtlaut hetzen, bis er es zu Stande jagt und das sich stellende Wild so lange verbellen, bis es den Fangschuß erhält, oder, sofern es sich um schwächeres Wild handelt, es niederziehen;
5. von dem etwa verendet vor ihm zusammenbrechenden oder niedergezogenen Wild sofort ablassen und seinen Herrn aufsuchen oder aber totverbellen, wie es die meisten bayerischen Gebirgsschweißhunde aus Naturanlage tun.

Der Hund darf nicht:

1. beim Anblick von Wild laut werden;
2. wenn er abgelegt ist, unruhig oder laut werden; er soll vielmehr liegenbleiben, bis er abgeholt wird;
3. von dem vor ihm flüchtigen oder gestellten Wild eher ablassen, als bis dieses den Fangschuß erhält oder er es niedergezogen hat;
4. verendetes Wild anschneiden.

Es gibt verschiedene Möglichkeiten, um einen Hund in der Schweißarbeit zu üben:

1. *Schleppe*,
2. *künstliche Schweißfährte*,
3. *gesunde, kalte Fährte*.

Abgelegt

Eine Schleppe wird gemacht, indem man ein Stück Wild, etwa ein Kaninchen oder einen Hasen, oder auch einen Aufbruch an ein Seil bindet und dann, indem man verschiedene Haken und Bogen schlägt, an einem versteckten Ort niederlegt. Nach einiger Zeit muß der Hund die Schleppe ausarbeiten.

Zur Anlage einer künstlichen Schweißfährte kann man sich verschiedener Hilfsmittel bedienen. Es gibt hierfür besonders konstruierte Tropfflaschen. In der Regel wird eine künstliche Schweißfährte getupft, wozu man einen Stock benutzt, an dessen Ende ein fünfmarkstückgroßes Schwämmchen befestigt ist.

Die Einarbeitung auf der gesunden, kalten Fährte ist das wichtigste an der sog. *alten hannoverschen Jägerhofmethode.* Der Hund soll die gesunde Fährte eines Einzelstückes, die jedoch mindestens 2 Stunden alt sein muß, zur Übung ausarbeiten. Der Sinn dieser Methode liegt darin, daß der Hund die Wittrung des Einzelstückes genau in sich aufnimmt und lernt, von der Fährte, auf die er einmal gesetzt ist, nicht abzugehen, also nicht zu changieren. Man setzt also voraus, daß jedes Stück Wild für die feine Hundenase eine individuell verschiedene Wittrung hat. Die Schwierigkeit der Einarbeitung auf kalter, gesunder Fährte liegt jedoch darin, daß man unbedingt nur dann arbeiten darf, wenn und solange man die Fährte genau kontrollieren kann. Dazu gehören günstige Bodenverhältnisse, die man noch durch Anlage von *künstlichen Spürbahnen* verbessern kann. Außerdem gehört sehr viel Zeit zu einer derartigen Einarbeitung, die jedoch ein wirklich passionierter Hundeführer trotz des Hetztempos unserer Tage aufbringen wird.

Bevor ich den Abschnitt über die Hunde schließe, muß ich mich noch kurz mit der *ersten Erziehung* beschäftigen, die man gemeinhin unter dem Namen Dressur zusammenfaßt. Es gibt heute wohl keinen einsichtigen Waidmann mehr, der der alten Schule der „Parforcedressur" anhängt, insofern ihre Hauptkunst darin bestand, dem Hund die einzelnen Auf-

Lederkette mit Würgering *Riemen mit Kreuzverschluß*

gaben einzuprügeln. In diesen Lehrgang von Härte, Grausamkeit und Unvernunft hat der alte FRIEDRICH OSWALD mit seinem Buch: „Der Vorstehhund in seinem vollen Werte; dessen neueste Parforcedressur ohne Schläge, seine Behandlung in guten und bösen Tagen" die erste Bresche gelegt. Darüber hinaus war es vor allem HEGENDORF (LUDWIG VON MÉREY VON KAPOS MÈRE), der sich durch sein von der Jägerei so hervorragend aufgenommenes Buch: „Der Gebrauchshund"[1] ein bleibendes Gedenken gesichert hat.

Die Grundlage jeglicher Erziehung bei allen Hunden, mit Ausnahme des Teckels, bei dem es auch ohne erhebliche Folgsamkeit geht, ist der unbedingte, nie versagende *Gehorsam.* Sie wird durch den ersten Lehrgang gelegt, der schon recht früh, etwa mit dem sechsten Monat, begonnen werden kann. Der Hund muß lernen, sich *setzen, Nieder machen* – d. h. sich aus der Sitzstellung platt auf den Bauch legen, den Kopf auf die Vorderläufe gedrückt –, auf Wort, Pfiff, Handheben. Er muß in dieser Stellung unbedingt verharren, mag geschehen, was auch will, bis ihn sein Herr durch das Stichwort: Geh mit! oder Vorwärts! oder wie er es für zweckmäßig hält, daraus erlöst. Diese Übung ist die wichtigste und tiefgehendste in der ganzen Erziehung, die nicht ausdauernd und gründlich genug geübt werden kann; denn sie gibt den Hund unter allen Umständen auch auf weite Entfernung (Handheben) unbedingt dem Herrn in die Hand.

[1] Der Gebrauchshund. Eine Anleitung für die Zucht und Abrichtung. Von HEGENDORF/EISERHARDT. 11. Aufl. Verlag Paul Parey, Hamburg und Berlin.

Die *Riemenführigkeit* verlangt, daß der seinen Herrn am Riemen begleitende Hund sich mit dem Fang immer ein wenig hinter dem Knie des Führers hält, nicht vordrängt und sich in den Riemen legt, nicht zurückbleibt, um dort etwas zu beschnüffeln, daß er zurücktritt, wenn der Herr eine Linkswendung macht. Viele Hunde lernen das sehr leicht; aber sie folgen dann nur so lange, wie sie sehen, daß der Führer eine Gerte trägt. Sobald die nicht da ist, drängen sie nach vorn heraus. Ich habe es als ein gutes Erziehungsmittel befunden, von der Gerte in diesem Fall ganz abzusehen, dagegen den Hund auf die Zehen zu treten, sobald er vordrängt. Eine weitere wichtige Seite der ersten Erziehung ist das *Ablegenlassen am Riemen und frei*. Das heißt, den Ort, wo ihn sein Herr hat „sitzen" oder „Nieder machen" lassen, darf der Hund nicht früher verlassen, als bis er geholt wird. Den Schluß der ersten Erziehung bildet das *Antragen* (Apportieren). Schweißhunde würde diese Übung bei ihrer späteren Betätigung nur verwirren; für sie fällt sie daher aus. Sonst aber muß von allen Hunden, mit Ausnahme natürlich der Teckel und Bracken, ein sicheres Antragen gefordert werden. Ich habe aber auch Teckel besessen, die jede Ente aus dem Wasser holten und jedes Kaninchen apportierten.

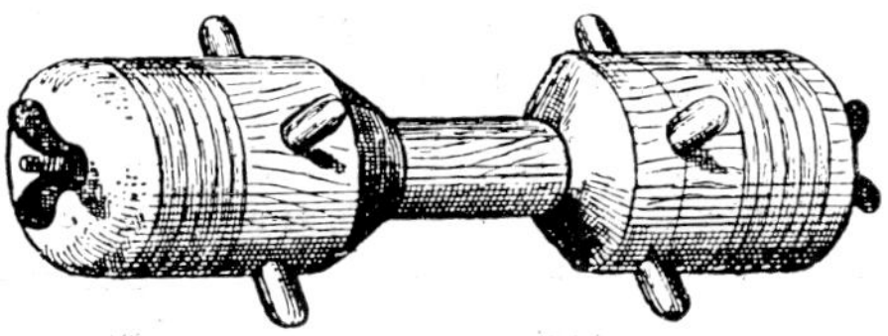

Tragebock

Für die Erziehung wird eine Anzahl von Geräten gebraucht, die ich der Vollständigkeit halber kurz nennen will. Da ist zuerst die *Lederkette,* eine mit Leder umnähte, eiserne Kette. Sie soll dem Hund die Überzeugung beibringen, daß er sich, einmal angeleint, nicht selbständig freimachen kann, auch wenn er versucht, sie abzuschneiden. Dann eine recht *lange Leine,* bis zu 30 m, die an geeigneter Stelle durch einen Ring gezogen, dem Erzieher auf weitere Entfernung eine sichere Einwirkung auf seinen Zögling ermöglicht. Ferner das *Würgehalsband* und das viel berufene und verschrieene *Korallenhalsband,* die *Korallen.* Ersteres ist ein rund genähtes Lederhalsband mit einem Ring zum Durchziehen, der das Würgen ermöglicht. Letzteres besteht aus einer Anzahl von etwa zolldicken Holzkugeln, in die stumpfe Drahtstifte eingetrieben sind, die etwa $^1/_2$–1 cm hervorstehen; es ist also ein Halsband mit stumpfen Stacheln. Die Korallen können natürlich als Foltermittel mißbraucht werden. In der Hand eines verständigen Erziehers bilden sie aber eine ganz vorzügliche Hilfe, den Gehorsam des Zöglings zu erzwingen. Der *Tragebock* (Apportierbock) ist ein Gerät, um den Hund das Antragen zu lehren; es wird noch durch Hilfsriemen vervollständigt, die ihm das unerlaubte Auswerfen unmöglich machen. Schließlich gehört noch eine *Gerte* oder *leichte Lederpeitsche* hierhin. Hiermit soll der Hund bedroht oder in der Regel nur leicht gestraft werden. Ihre Anwendung ist aber bei Ungehorsam oft nicht zu umgehen. Doch merke für die Peitsche: *Sparsamster Gebrauch! Keine Prügelei!*

Der gute Grundsatz jeder Erziehung, Strenge mit liebevoller Behandlung zu vereinigen, findet auch auf den Hund Anwendung. Dieser ist für die letztere in hohem Maß empfänglich. Ich habe meine vielen Hunde, anstatt sie, wie es früher üblich war, im geschlossenen Raum zu erziehen, immer im Freien erzogen und bin gut dabei gefahren. Wer die Zeit dazu hat und durch heftige Charakteranlage nicht gerade ungeeignet für das Erziehungsgeschäft ist, der sollte grundsätzlich seine Hunde ganz allein erziehen und führen. Denn *kein Hund wird in der zweiten Hand, was er in der ersten war, wenn diese gut war.*

DAS FRETT

Das Frett oder Frettchen ist eine zum Haustier gewordene Marderart von gelblichweißer Färbung, etwa von der Größe eines Iltis. Die Iris der Lichter ist, weil es sich um einen Albino handelt, ohne Farbstoff; daher ist das Frett lichtscheu und vermag am Tag nur schlecht zu äugen. Im allgemeinen ist das Männchen bissiger und schärfer als das Weibchen. Am besten wäre es, das Frett wäre überhaupt nicht bissig; denn seine eigenartige Ausdünstung ist allein völlig imstande, die Kaninchen, zu deren Jagd es ausschließlich verwendet wird, aus dem Bau zu treiben, wenn es nur fleißig ist und den ganzen Bau nach Kaninchen absucht. Die Mordlust des Fretts ist aber ganz ungeheuer. Sie kann nur eingedämmt werden durch die entsprechende Fütterung. Füttert man nämlich, was vielfach geschieht, die Frettchen von Jugend an mit Fleisch, so erzieht man sich ganz unbrauchbare Jagdgehilfen, weil sie sich am ersten besten Kaninchen festbeißen, es anschneiden und dann sich behaglich einrollen, um der Ruhe zu pflegen. Draußen stehst du dann mit gespannter Flinte und wartest vergeblich auf weitere Kaninchen und vor allem auf dein Frett. Werden dagegen die Frettchen von früher Jugend an mit Milch und Semmeln gefüttert, so haben sie die Untugend des Anschneidens seltener und sind zur Jagd erheblich brauchbarer. Nichtsdestoweniger ist und bleibt das Frett launisch und unberechenbar. Und der Kaninchenjäger muß sich auf allerlei Geduldsproben mit ihm gefaßt machen.

Bei der Wartung der Frettchen ist höchste Sauberkeit Grundbedingung für die Erhaltung ihrer guten Nase. Daher muß die meist flüssige Losung, die immer an einem und demselben Ort abgesetzt wird, sauber entfernt werden. Sonst sind sie sehr auf ein weiches Lager und Wärme versessen und vor allem gegen Zugluft empfindlich.

Alle Frettchen sind in der Jugend scheu und bissig. Sollen sie zur Jagd brauchbar sein, so müssen sie gezähmt und auch an Ruf und Pfiff gewöhnt werden; denn nur ein wirklich zahmes und gehorsames Frett verspricht gute Jagderfolge. Sehr wichtig ist die Gewöhnung an ein Schellenhalsband aus leichtem Gummistoff. Ein solches streift sich ab, wenn das Frett damit etwa hinter einer Wurzel im Bau hängenbleibt. Das Tier wird so vor elendem Verenden im Bau bewahrt. Will das Frett den Bau nicht wieder verlassen, so helfen oft Stampfen auf dem Bau, Ruf und Pfiff in die Röhre hinein. Um die Tierchen einzuarbeiten, bedient man sich eines einfach angelegten Kunstbaues im Freien, durch den vorher ein Kaninchen durchgezogen wird. Hier lernen sie die Kaninchenwittrung kennen und sich auf sandigem, berastem und rauhem Boden bewegen.

Vielfach wird den Frettchen, damit sie sich nicht in ein Kaninchen festbeißen können, ein Maulkorb angelegt. Abgesehen davon, daß dieser die Tierchen in ganz anderem Maß belästigt als das Schellenhalsband und sie somit unlustig macht, nimmt ihnen der Maulkorb die Waffe gegen etwa im Bau steckendes, kleines Raubwild, wie Iltis, Wiesel und auch Katzen. Man sieht daher besser vom Maulkorb ab und sucht seinen Zweck durch Fütterung mit Milch und Semmeln zu erreichen. Das Abfeilen der Fangzähne ist grausam und daher verwerflich. Außerdem nützt es nichts gegen Festbeißen und Anschneiden. Das Frett verbeißt sich mit den verbliebenen Stummeln ebenso, als wenn es seine ganzen Fangzähne behalten hätte; oder aber es verliert seinen Schneid ganz und gar.

Zur Jagd werden die Frettchen in einem besonderen Kasten mit hinausgenommen, der, an einem Riemen über der Schulter getragen, den Tieren ein warmes, bequemes Lager und Schutz gegen Regen und Zugluft bieten muß. An Ort und Stelle wird das Frett hervorgeholt und in die Röhre eines Baues gesetzt, den es, richtig im Kunstbau vorgearbeitet, dann in allen seinen Teilen absucht, die eingefahrenen Kaninchen zu wilder, kopfloser

Flucht veranlassend. Länger als eine Stunde hintereinander sollte man ein Frett nicht arbeiten lassen. Dann soll es gefüttert und in den Kasten gesetzt werden, um ein anderes im Bau zu verwenden.

Mehrfach hat man das weiße Frett mit dem Iltis gekreuzt. Solche Kreuzungs- oder Iltisfrettchen sollen durchweg schärfer sein als die gewöhnlichen Fretts. Da auf dieser Schärfe der Fleiß für das Absuchen der Baue beruht, so sind sie wertvoller als die Albinos. Von anderer Seite wird jedoch zwischen den Albinofretts und den Iltisfretts kein Unterschied gemacht.

REIZ- UND LOCKVÖGEL

Bei der Ausübung der Hüttenjagd auf nicht geschützte Greif- und Rabenvögel ist der Hauptreizvogel der *Uhu*. Sein Bezug ist nur aus Ländern, in denen er nicht geschützt ist, erlaubt. Der männliche Vogel, der übrigens nur schwer vom Weibchen zu unterscheiden ist, bleibt seiner größeren Munterkeit und Beweglichkeit wegen vorzuziehen; er übt auf die Greifvögel einen größeren Reiz zum Stoßen aus. Der Uhu wird mittels einer *Fessel* an der Krücke der Jule befestigt, die so lang sein muß, daß der Vogel sich beim Stoßen größerer Greifvögel bequem auf den Erdboden und auf den Rücken werfen kann. Das am Fang befindliche Ende der Fessel besteht aus einem weichen, aber starken Lederriemen, der durch einen leichtgehenden Wirbel geteilt ist. Dieser soll verhindern, daß der Vogel sich in den Riemen verwickelt. Zum Tragen zur Hütte oder von einer Hütte zur anderen bedient der Hüttenjäger sich, um das Gefieder zu schonen, eines leichten Korbes aus Weidengeflecht mit einer Tür zum bequemen Einsetzen und Herausnehmen des Vogels.

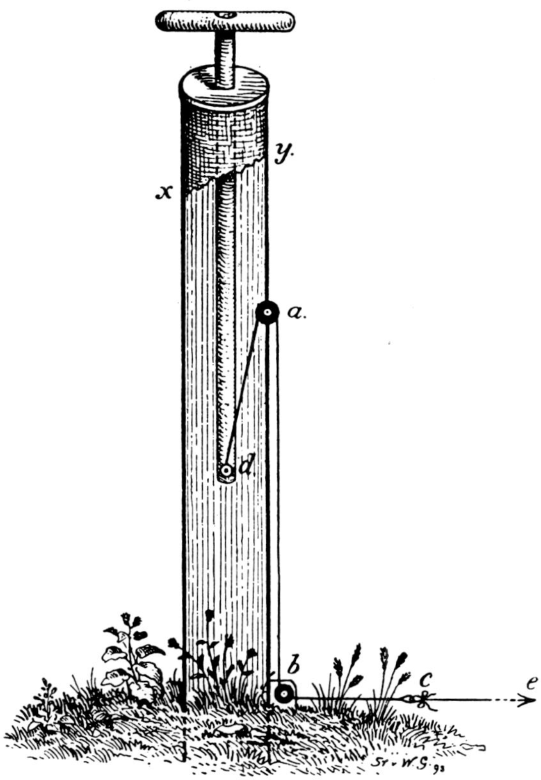

Die Jule

Der ausgebohrte Pfahl ist zur besseren Veranschaulichung seitwärts aufgeschnitten und nur am oberen Ende bis x–y massiv belassen.
a. obere Rolle, b. untere Rolle, c. Verbindungsstelle der Leinen, d. Ansatzstelle der Leine, e. Leine

Man glaube nun nicht, daß es so einfach ist, mit dem Uhu zweckmäßig umzugehen. Der Vogel will sorgfältig, und zwar von seinem Herrn persönlich, gefüttert und gepflegt werden. Ich habe mehrfach junge Nestvögel aufgezogen und mußte bei demjenigen, den ich durch einen anderen füttern ließ, die traurige Erfahrung machen, daß er sich von mir durchaus nicht ergreifen lassen wollte. Letzteres geschieht in der Weise, daß man den Uhu mit dickem Handschuh weich, aber entschieden von hinten um beide Fänge faßt und ihn so anhebt. Dabei hat man sich vor den scharfen Krallen recht sehr zu hüten, weil sie immer mit Aas beschmutzt sind und äußerst tief durchgreifen. In den Korb steigt der Uhu, wenn er zur Hütte gehen soll, mit sichtlichem Widerstreben, während er von der Jule mit Freuden wieder einsteigt, froh, daß die Hüttenjagd diesmal ihr Ende erreicht hat. Wer den Uhu stets füttert, ihm Wasser zum Trinken und Baden besorgt, zu dem kommt er leicht in ein Freundschaftsverhältnis, das zum Betrieb der Hüttenjagd einfach notwendig ist. Damit ist es aber noch nicht getan; der Vogel muß auch lernen, auf der Krücke richtig aufzuhaken und dort blocken zu bleiben. Das kostet Mühe und Geduld. Wird er aber regelmäßig mit dem Wörtchen Auf! – woher er auch der „Auf" genannt wird – auf die Jule gesetzt, dann blockt er später auf diesen Ruf meist von selbst auf, wenn er mal zu Boden gekommen ist.

Ein Wirbel

Von den *ausgestopften* Uhus wird nicht viel gehalten. Sie erreichen jedenfalls die Brauchbarkeit eines lebenden Vogels nicht annähernd, auch wenn sie noch so sehr auf künstliche Beweglichkeit von der Hütte her eingerichtet sind. Weit besser ist dann die Benutzung einer anderen Eule oder eines größeren Greifvogels.

Für den Fang der Habichte im Habichtskorb kommt am meisten die *Taube* in Betracht. Hierüber wurde bereits im Abschnitt über die Fallen gesprochen.

Zu erwähnen wäre hier noch die Jagd mit *Lockenten,* die früher in den sog. *Entenfängen* oder *Entenkojen* eine große Rolle spielten. Unserem heutigen waidmännischen Empfinden entspricht diese Jagdart nicht mehr.

Mir ist eine derartige Anlage in der Provinz Hannover bekannt, die auch heute noch betrieben wird, jedoch nicht mehr zur Erbeutung der Wildenten, sondern ausschließlich zu ornithologisch wissenschaftlichen Zwecken. Die gefangenen Enten werden sämtlich beringt und wieder freigelassen.

Anders ist es mit der Jagd mit einzelnen Lockenten, die an bekannten Einfallstellen auf dem Wasser ausgesetzt werden und mit einem ihrer Ruder an einer Schnur angebunden sind. Am besten eignen sich hierfür die wildfarbenen Hochbrutflugenten. Die so ausgesetzten Lockenten locken durch ihr lautes Rufen und durch ihre Anwesenheit vorbeistreichende Entenschofe heran, so daß diese bei ihren vermeintlichen Artgenossen einfallen. Es ist selbstverständlich, daß bei dieser Jagdmethode jede Tierquälerei der Lockenten peinlichst vermieden werden muß. Vielfach werden auch wohl künstlich nachgebildete Enten als Lockenten benutzt, der Nachteil hierbei ist nur, daß diese stumm sind, während die lebenden Lockenten vor allem durch ihr lautes Schreien ihre wilden Artgenossen heranziehen. Die Verwendung von Lockenten unterliegt jedoch landesgesetzlichen Einschränkungen, über die man sich jeweils vorher orientieren muß.

AUSRÜSTUNG UND EINRICHTUNGEN FÜR DIE JAGD

Die Kleidung des Waidmanns muß seiner Betätigung im Freien angepaßt sein. Ich versage mir, hierüber eingehende Erläuterungen zu geben, denn hierbei spielen der individuelle Geschmack und bestimmte Neigungen eine besondere Rolle. Die heutige Bekleidungs- und Schuhindustrie bietet jedoch derartig viele Möglichkeiten, daß jedem Wunsche Rechnung getragen werden kann. Sehr häufig wird jedoch der Fehler gemacht, daß die Jagdbekleidung in der Farbe zu dunkel gehalten ist. Zur besseren Tarnung des Jägers ist eine nicht zu dunkle graugrüne Färbung das Beste. Auch der so beliebte Lodenmantel ist keineswegs ein ideales Bekleidungsstück für den Jäger. Auf dem Anstand bewegt sich der Mantel im

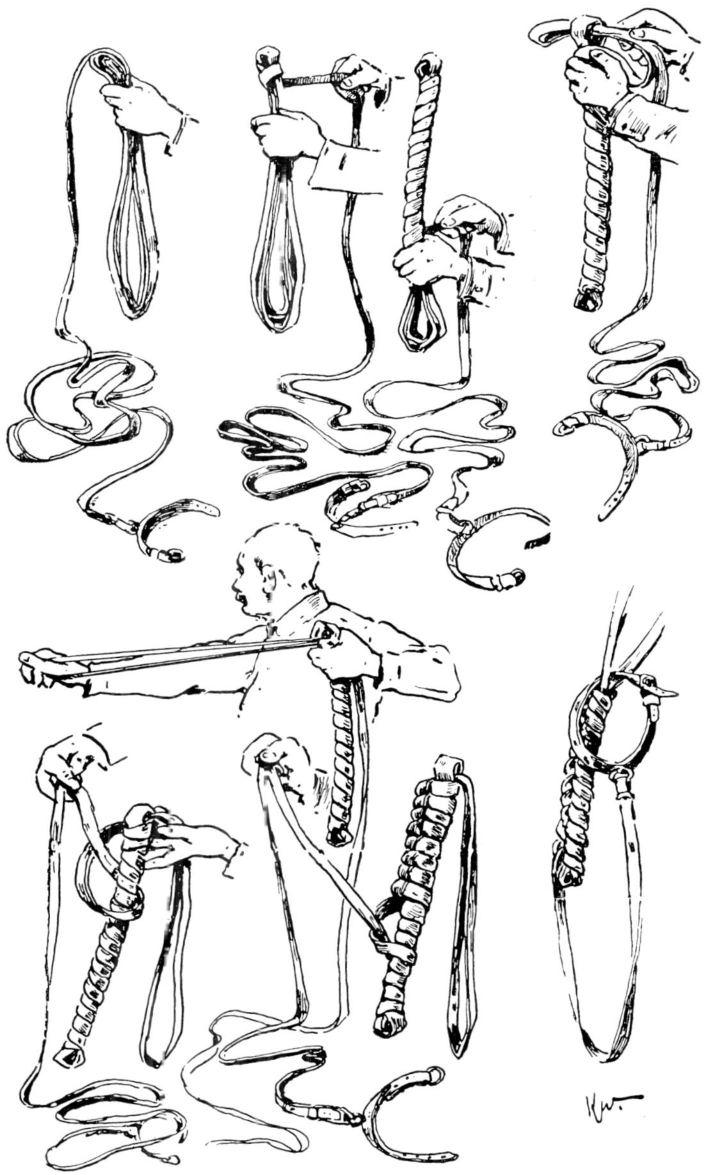

Das Aufdocken des Schweißriemens

Winde gerade in der Höhe, in der das Wild seine Lichter hat. Bei Regenwetter saugen sich die unteren Teile des Mantels voll Wasser und schlagen einem gegen Knie und Beine, beim Durchkriechen durch Dickungen zerreißt man einen Lodenmantel sehr leicht. Am zweckmäßigsten sind kurze Überziehjoppen, die etwa eine Handbreit oberhalb des Knies endigen und je nach der Jahreszeit aus leichtem oder schwerem Stoff gefertigt sein müssen. Unter Pürschschuhe gehört eine Gummisohle, ob man der Lukleinsohle oder dem Kreppgummi mit Gleitschutz den Vorzug gibt, ist Geschmackssache, und es hängt auch vom Gelände ab. Die Hauptsache ist, daß die Schuhe nicht knarren, und daß man bequem und lautlos darin pürschen kann.

Ein Jagdhut ist einer Mütze stets vorzuziehen, weil durch die Krempe des Hutes das Gesicht beschattet wird, was besonders bei der Frühpürsch von besonderer Bedeutung ist. Gesicht und Hand leuchten in der Dämmerung weiß, deshalb trägt der vorsichtige Jäger auch bei der Pürsch im Sommer leichte Zwirnhandschuhe, im Winter dickere, an denen der rechte Zeigefinger abgeschnitten ist.

Kein ordentlicher Waidmann, der nicht einen *Hund* führt. Das geschieht entweder an der *Leine,* am *Riemen,* am *Schweißriemen* oder an der *Koppel.* Die einfache Hundeleine oder der einfache Riemen bedarf keiner Beschreibung. Sie sollen jedoch für das Halsband mit einer Befestigung versehen sein, die sich beim straffen Anziehen eher fester schließt, als daß sie losläßt. Anderseits muß diese auf Druck mit der Hand sofort ausschnappen. Hierzu eignet sich besonders der sog. *Kreuzverschluß.* Jeder Riemen soll mit einem Wirbel versehen sein, damit er sich nicht rollt.

Der *Schweißriemen* besteht aus einem langen Riemen und der zugehörigen *Halsung.* Letztere soll breit und mit weichem Leder gefüttert sein, damit sie nicht drückt und scheuert, auch dem Hund die Drossel nicht zuschnürt. Durch einen starken Messingring, der mit einem Wirbel an ihr befestigt ist, wird sie mit dem Riemen verbunden. Dieser, von gutem Rindleder gearbeitet, ist 7–10 m lang, etwa 2–3 cm breit. Im gewöhnlichen Zustand ist er *aufgedockt;* beim Nachhängen wird er nach Bedarf *abgedockt.* Um keine Störungen zu verursachen, muß er so *gedockt* sein, daß man ihn, ohne den Hund von der Halsung zu lösen, bis zu seiner ganzen Länge abdocken kann. Das Nähere zeigen die Abbildungen.[1]

Es gibt auch eine leichtere, kleinere Art des Schweißriemens, die erheblich billiger ist und auch ihre Dienste tut.

Die *Koppel* ist meist für die Dachshunde bestimmt. Sie besteht aus einem starken Riemenstück von etwa 50 cm Länge, das an jeder Seite mit einem kräftigen Karabinerhaken versehen ist für den Ring im Halsband. In der Mitte befindet sich ein Ring, woran Leine, Kette oder Riemen zum Führen der Hunde befestigt wird. Auch diese Kette ist mittels eines Karabinerhakens mit der Koppel verbunden, so daß die Hunde auch ohne Führung gehen können, wenn die Kette abgenommen wird. Eine stärkere Koppel für Bracken und Sauhunde ist schon früher beschrieben worden.

Für das Hochgebirge unentbehrlich, aber auch im Mittelgebirge sehr brauchbar, ist der *Bergstock.* Er ist etwa 2 m lang und so dick, daß er voll in die Faust paßt. Am liebsten schneidet der Gebirgler ihn sich aus dem zähen und leichten Holz der Eberesche oder des Haselstrauchs, das selbstverständlich nur rund gewachsen verwendet wird. Da oft genug Leben und Gesundheit des Jägers von der Zuverlässigkeit seines Bergstockes abhängen, so wird auf seine Verläßlichkeit der größte Wert gelegt. Eine Spitze, stark und von gutem Stahl, bildet sein unteres Ende. Wo der Waidmann lautlos gehen will, dreht er den Stock um, so daß nur Holz oder ein Schuh von Gummi den Boden berührt. Der Bergstock dient auch gleichzeitig als Zielstab. Er soll dann in geeigneter Höhe mit einer Schnur umwickelt sein, um beim Anstreichen nicht zu federn.

Neben dem Gewehr ist das Fernglas wichtigster Ausrüstungsgegenstand des Jägers. Auch hier befriedigt die optische Industrie heute jeden erdenklichen Sonderwunsch. Bei der

[1] Schweißriemen in bester Qualität liefert die Spezialfirma Dallmann, Celle.

Neuanschaffung des Pürschglases sollte der Jäger bedenken, daß es sich im allgemeinen um eine einmalige Anschaffung fürs Leben handelt, und daher nicht mit dem Geld knausern. Die besten Ferngläser sind die sog. Nachtgläser mit reflexvermindemdem Belag und 8facher Vergrößerung. Wählt man eine stärkere Vergrößerung, dann wackelt das Bild ganz erheblich; es sei denn, daß man beide Arme auflegen kann. Die 10fache Vergrößerung scheint mir die Grenze des Zweckmäßigsten zu sein. Im Hochgebirge dagegen, wo man auf sehr weite Entfernungen ansprechen muß, verwendet man zusätzlich ein sog. Spektiv. Diese Spektive sind Fernrohre mit bis zu 38facher Vergrößerung, allerdings ist das Gesichtsbild so klein, daß eine große Übung zur Benutzung eines solchen Spektivs gehört. Zum Schutz gegen Regen bedient man sich eines Regendeckels, der in Form einer Gummikappe über die Okulare gezogen werden kann und am Umhängeriemen befestigt ist. Alle festen Klappen aus Metall sind eine Quelle des Klapperns.

Das *Jagdhorn* erhöht nicht nur die Poesie des Jagens, es ist auch von großer praktischer Bedeutung; außerdem entspricht es uraltem Brauchtum. Die Hornfessel war das Zeichen des gerechten Jägers, der Federschütze durfte sie nicht tragen. Erfreulicherweise hat die Verwendung des Jagdhorns in den letzten Jahren überall in der Jägerschaft stark zugenommen. Eine Treibjagd ohne Horn leiten zu wollen, ist ein Unding. Andere Signalinstrumente, wie Trillerpfeifen, Rangierhörner und andere ohrenmarternde Instrumente gehören nicht auf die Jagd. Während auf Treibjagden, zum Verblasen der Strecke usw. das Pleßsche Jagdhorn in B ausschließlich Verwendung findet, ist für die Pürsche oder auch für die Nachsuche mit dem Schweißhund das Jagdhorn in Taschenformat von Carl Clewing, welches bequem in jeder Rocktasche oder Hosentasche mitgeführt werden kann, zu empfehlen. Dieses kleine Horn klappert und blinkt nicht, man kann nicht damit hängenbleiben und trägt es mühelos in der Tasche. Dabei ist sein Ton durchaus wohlklingend und weittragend, und außerdem ist es mit dem Pleßhorn gleichgestimmt, so daß man es auch beim Verblasen der Strecke zusammen mit Pleßhörnern blasen kann. Man muß von einem Waidmann verlangen, daß er zum mindesten die deutschen Jagdsignale kennt[1].

Auf der Jagd wird das Horn, am Riemen umgehängt, an der rechten Seite getragen, die Schallöffnung nach hinten. Diese nach vorn zu tragen, wie es alter Brauch war, ist nicht zu empfehlen, weil die blitzende Öffnung weit vorn hinaus leuchtet. Für kalte Witterung empfiehlt sich der Gebrauch des Hornmundstückes, das in der Hosentasche getragen wird. Dort bleibt es warm und gestattet auch bei großer Kälte einen leichten Ansatz. Lose Mundstücke, am Horn getragen, gehen leicht verloren. Sind sie mit einer Sicherungsschnur versehen, so verursachen sie beim Laufen, wenn sie herausfallen, ein häßliches Geklapper.

Sollen die Hornrufe weithin gehört und verstanden werden, so müssen sie von einem möglichst freien Stand aus gegeben werden. Mitten in dichten Dickungen geht oft jeder Laut verloren, und die Umstehenden hören nichts.

Das Jagdhorn dient zur besseren Verständigung und erhöht den Reiz, wenn die Hornrufe von der Jägerei aufgenommen und weitergegeben werden.

Der *Pürsch-* und *Jagdwagen* wird langsam ein Requisit vergangener Zeiten. Das Pferd ist weitgehend vom Auto verdrängt, und doch gehört das Fahren mit dem Pferdewagen durchs Revier zu dem Schönsten, was es gibt. Das Wild hält den Wagen gut aus, so daß man ohne zu stören in aller Ruhe beobachten kann – vorausgesetzt allerdings, daß niemals vom Wagen geschossen wurde – man kann jeden Weg benutzen und ist nicht auf eine befestigte Straße angewiesen, und gleichzeitig genießt man die Freude des Pferdelieb-

[1] Die deutschen Jagdsignale und Brackenjagdsignale mit Merkversen von W. Frevert. Verlag Paul Parey, Hamburg und Berlin.

habers, zwei edle Tiere im flotten Trab lenken zu können. Eine versunkene Romantik, die der Motor vernichtet hat. Heute fährt alles mit dem Kraftwagen zur Jagd. Die Vorteile brauche ich hier nicht zu schildern, es gibt auch geländegängige Wagen, mit denen man fast jeden Holzabfuhrweg fahren kann. Aber man sollte nicht mit dem Kraftwagen jagen, d. h. nicht ständig im Revier herumfahren, und dann das Wild vom Auto aus schießen – das hat mit deutschem Waidwerk nichts mehr zu tun. Diese jagdliche Unsitte ist von den Besatzungsmächten bei uns eingeführt worden und sollte keine Nachahmung finden. Als Zubringer zur eigentlichen Jagd ist dagegen der Kraftwagen heute nicht mehr fortzudenken.

Zum Schluß dieses Teiles mögen noch einige Einrichtungen im Jagdrevier erwähnt werden, deren man sich mit Vorteil bedient.

Da ist zunächst der *Pürschsteig*. Er stellt einen von Gezweig, Laub, Gras oder Kraut gereinigten Pfad dar, auf dem der Pürschjäger sich ohne Mühe lautlos bewegen kann, um Wild zu erlegen oder zu beobachten. Für die allermeisten Waidmänner geht es auch ohne Pürschsteige. Die Freude über einen Erfolg nach recht schwieriger Pürsche ist dann um so größer. Allein, es ist doch nicht zu verkennen, daß ein Pürschsteig in manchen Örtlichkeiten die unbedingte Voraussetzung für den Erfolg sein kann, wie er in anderen viel mehr für die Beobachtung des Wildes als für seine Erlegung von Wert ist. Dabei ist aber wohl zu beachten, daß nur ein gut unterhaltener Pürschpfad nützlich ist. Auf einem schlecht gehaltenen macht der Jäger, in der Annahme, besondere Vorsicht bei der Bewegung sei nicht nötig, mehr Geräusch, als wenn gar keiner vorhanden wäre, weil er dann von selbst die größte Vorsicht walten läßt.

Für die größere und geringere Brauchbarkeit des Pürschsteiges ist seine Lage entscheidend. Liegt er gut, d. h. führt er in guter Deckung an den Äsungsplätzen des Wildes, an Wiesen, Kulturen, Ackerflächen vorbei, durch raume Althölzer mit Mastbäumen, durch höhere und lichtere Erlenbrücher mit gutem Graswuchs, im Gebirge quer durch Wände mit vielen Runsen und Latschen, hoch an den Almen vorüber, so daß der pürschende Waidmann überall von oben in die Lieblingsstandorte des Wildes hineinsehen kann, so wird er viel Nutzen und Freude gewähren. Ein schlecht gelegener Pürschsteig ist übler als gar keiner, weil er – die Jäger sind auch einmal bequem – zu seiner Benutzung verführt, ohne Vorteil zu bringen. Größere Flächen sollen rings vom Pürschsteig umgangen werden, um bei jeder Windrichtung an das Wild herankommen zu können, ohne es zu stören. Der Pürschsteig soll an vorhandene Wege und Pfade anschließen und zweckmäßig so geleitet werden, daß er einen Rundgang ermöglicht. An Stellen, an denen der Pürschsteig vom Wege abzweigt, wird ein von Rinde befreiter, kleiner Pfahl eingeschlagen, um auch frühmorgens bei Dunkelheit den Abgang leicht finden zu können. Dort, wo Touristen und Sommerfrischler das Revier unsicher machen, läßt man die Pürschsteige nicht von begangenen Wegen anfangen, sondern erst etwa 20–30 m vom Wege entfernt, so daß Unberufene den Pfad nicht finden. Um bei Dunkelheit die Abzweigung zu finden, legt man an den Wegrand 2 größere Steine übereinander, die dem Laien nicht weiter auffallen.

Dort, wo der Pürschpfad mehr oder weniger ungedeckt und offen an beliebte Standorte des Wildes heranführt, deckt man sich durch Anlage von *Schirmen*, von denen sogleich noch näher die Rede sein wird. Man zweigt dann vom Hauptpfad kleine Nebenpfade ab, die in die Schirme hineinführen.

Um die Anlage verschiedenen Zwecken dienstbar zu machen, werden an geeigneten Stellen *Fangplätze für Raubwild* hergerichtet. Der Steig wird bei Grabenübergängen seitwärts *durch* den Graben geleitet, während die gerade Fortsetzung *über* den Graben, die Brücke, zur Aufstellung einer Kastenfalle usw. benutzt wird.

Gelegentlich beschränkt sich der Jäger auf das einfache *Ausmähen* eines Pürschpfades, z. B. um einen in einem Erlenbruch mit viel Kraut und Gras oder in größeren Jungwüchsen mit offenen Flächen oder im Schilf eines zulandenden Sees schreienden Brunfthirsch, der sonst nicht zu haben ist, anpürschen zu können.

In ähnlicher Weise läßt er sich in schilfigen Seerändern, im Gelege, *Schneisen* ausmähen, um die *Enten* beim Treiben erlegen zu können. Das muß dann aber immer schon einige

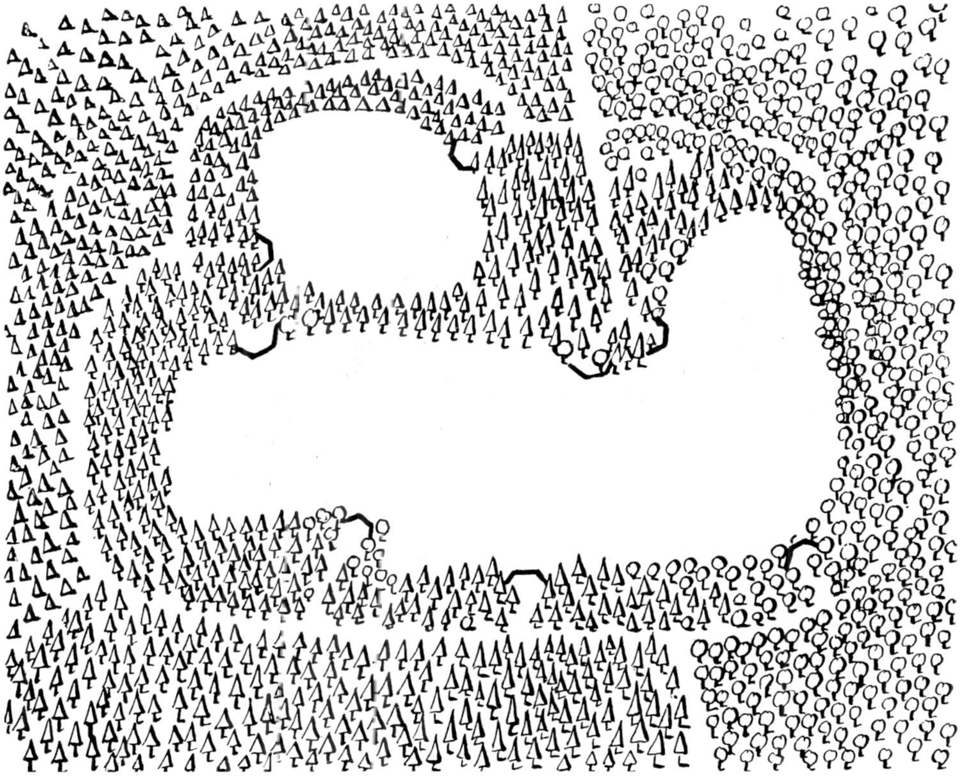

Verlauf eines Pürschsteiges um eine Wiesenfläche mit Nebensteigen und Schirmen

Zeit vor der beabsichtigten Jagd geschehen, damit die Enten sich an die Schneisen gewöhnen können. Sonst ist ein nennenswerter Erfolg nicht zu erwarten.

Hier sind noch die niedrigen *Flechthürden* zu nennen, die im Notfall durch lang aneinandergelegte Reisigbunde ersetzt werden können, mit deren Hilfe die Fasanen im Treiben kurz vor der Schützenlinie zum Aufstehen veranlaßt werden, damit sie nicht durch die Schützen hindurchlaufen. Solche Hürden kommen natürlich nur dort in Frage, wo das Treiben sich ausschließlich auf Fasanen richtet, weil sie bei Laufwild nur schädlich wirken würden.

Unter einem *Jagdschirm* wird ein der Örtlichkeit angepaßtes Versteck verstanden, in dem der Jäger ganz oder zum Teil gegen das Eräugtwerden durch Wild geschützt ist. Der Örtlichkeit und dem Wild entsprechend gibt es Schirme verschiedener Art. Ich sprach vorhin davon, daß die von den Hauptpürschpfaden abzweigenden Nebenpfade oder auch die Enden der Hauptpürschpfade selbst vor einem Schirm auslaufen. Derartige Schirme müssen recht umfangreich sein, weil sie nicht nur den stillstehenden Schützen, sondern auch dessen Annäherung gegen die verschiedenen Seiten der zu beobachtenden oder zu beschießenden Fläche decken sollen.

Wo die Umgebung ohnehin genügend Deckung gewährt, z. B. in einer Dickung, da kann der Schirm natürlich von geringerer Ausdehnung sein. Zweckmäßig werden aber die Seiten immer herumgebogen, um nicht nur gegen Sicht von vorn zu schützen. Wo sich ein *natürlicher* Schirm nicht herstellen läßt, da muß ein *künstlicher* gebaut werden. Das geschieht am einfachsten und dauerhaftesten durch Eintreiben von hinreichend starken

Ein Jagdschirm mit Einrichtung zum Auflegen

Stangen in den Boden, oder, wo es dazu zu steinig sein sollte, durch Benutzung stehender Stämmchen, oder, wo auch das nicht gehen sollte, durch Reisigbunde, die in Rundform neben- und übereinandergelegt werden. Diese werden dann durch Stangen, die von oben eingetrieben werden, in feste Verbindung gebracht. Bei den ersteren Schirmen werden die Zwischenräume der Stangen oder Stämmchen mit grünem, biegsamem Reisig durchflochten. Für Schirme gegen Hochwild ist ganz besonders auf genügende Höhe zu achten. Die Gestalt des Jägers muß im Stehen völlig verdeckt sein, weil sonst bei Bewegung der Hut eräugt werden kann. Um trotzdem bequem schießen zu können, wird der obere Teil des Schirmes zinnenartig hergestellt, indem man das Flechtwerk oder die Reisighaufen in guter Schießhöhe aufhören läßt und durch Einstecken von stehendem, dicht belaubtem oder benadeltem Reisig mit Zwischenräumen von etwa 30 cm die Zinne zur vollen Höhe herstellt. Diese Rücksicht auf gute Höhe gilt auch für Enten- und Birkhahnschirme, während sonst bei Kleinwild ein Schirm bis zur Brusthöhe völlig ausreicht. Letztere können auch, wo es sich um Schirme für Treibjagden handelt, mit viel geringerer Sorgfalt hergestellt werden, weil selbst der Fuchs bei ruhigem Verhalten des Schützen nicht annähernd die Aufmerksamkeit entwickelt wie Hochwild und Birkhahn.

Zu den künstlichen Schirmen gehören auch die aus *Steinpackungen* hergestellten, wie man sie auf Halden, Runsen und Sanden im Gebirge baut.

Jeder Schirm soll sich der Örtlichkeit anpassen, in ihr aufgehen. Wo das auf ganz freien Blößen, wie auf Heiden für den Birkhahn, wo auch Plaggen einen guten Baustoff hergeben, nicht gut angängig ist, da soll er, bevor er in Gebrauch genommen wird, wenigstens gehörig verwittert, und das Wild an ihn gewöhnt sein. Für Entenschirme eignet sich besonders die Verwendung von trockenem Rohr. Dieses wird in dünner, aber dichter Wand zwischen zwei an Pfählen gespannte Drähte eingebunden. Ein solcher Schirm ist sehr haltbar und gewährt guten Schutz gegen Wind.

Dauerkanzel

Wo irgend herstellbar, sind die natürlichen Schirme immer die besten. Der Waidmann richtet sie her, indem er entweder vorhandenes lebendes Gesträuch und Gestrüpp zurechtstutzt, verflicht und dichtet, oder aber, indem er der Örtlichkeit angepaßte Sträucher und Stämmchen einpflanzt und diese so zieht und beschneidet, daß sie mit der Zeit zu einem brauchbaren Schirm heranwachsen. Ein umsichtiger Waidmann, der nicht nur im Revier zu finden ist, wenn es etwas zu schießen gibt, richtet sich mit der Zeit an allen für diesen Zweck in Frage kommenden und passenden Orten solche natürlichen Schirme ein.

Die *Schieß-* und *Anstandslöcher* stehen im allgemeinen als die gebräuchlichsten Anstandsvorrichtungen böser Nachbarn in keinem guten Ruf. Doch läßt sich nicht leugnen, daß ihre Anwendung auch dem Waidmann im eigenen Revier jagdlichen Vorteil bringen kann. Sie bestehen, wie schon der Name sagt, aus Löchern, die in die Erde gegraben sind, um den Schützen aufzunehmen. Weil das Wild, falls es ihn überhaupt bemerken sollte, nur einen kleinen Teil des Oberkörpers, und zwar sehr nah am Erdboden, eräugt, so weiß es nicht, was es aus dem Gegenstand machen soll, in dem es am wenigsten einen Menschen vermutet. Da zudem das Erdreich den ganzen Körper völlig verbirgt, so bietet ein solches Schießloch eine sehr gute Deckung. Doch ist mit dieser Einrichtung der Nachteil verbunden, daß sie in Gegenden mit flachem Grundwasserspiegel wegen des andrängenden Wassers nicht anwendbar ist, sowie daß das längere Sitzen im feuchten Erdreich weder angenehm noch der Gesundheit zuträglich sein kann. Dazu gestattet das ungewohnte Verhältnis der Höhe des Kopfes zu der Umgebung nur eine recht unsichere Schätzung der Entfernung.

Der gerade Gegensatz zum Schießloch hinsichtlich seiner Lage wie des Behagens des Waidmanns und der Beherrschung der Umgebung ist der *Hochsitz* oder die *Kanzel*[1]. Der Hochsitz hat vor dem Schirm oder dem Schießloch den großen Vorzug, daß er, falls er hoch genug ist, den Jäger von der jeweiligen Windrichtung unabhängig macht, weil seine Wittrung sich in Luftschichten aufhält, die über das Wild hinwegstreichen. Dies trifft jedoch häufig nicht vollständig zu. Im Gebirge nämlich streicht der Wind oft von oben nach unten; dasselbe ist an Bestandsrändern der Fall, wie noch später ausgeführt wird. Jedenfalls soll man bei schlechtem Wind sehr vorsichtig mit der Benutzung eines Hochsitzes sein, selbst wenn dieser zehn Meter oder noch höher ist. Er bietet ferner die Annehmlichkeit weiterer Umschau und ist im Sommer in Gegenden, in denen viele Mücken hausen, ein weit angenehmerer Aufenthalt für den Waidmann als der im Schirm zu ebener Erde oder gar im Schießloch in der Erde. Denn diese Plagegeister sind in der luftigen Höhe weniger lästig als tiefer unten.

Da eine Dauerkanzel immerhin ein größeres Bauwerk vorstellt, so kann sie nur von sachkundiger Hand angefertigt werden; sie erfordert dauerhaftes, starkes Holz. Aus diesen Gründen wird man sie nur dort errichten, wo sie häufigere Benutzung erwarten läßt: an ständigen Äsungsplätzen, Brunftplätzen und für ähnliche Gelegenheiten.

Der Hochsitz soll so unauffällig wie möglich hergestellt werden. Er darf nicht unter 6–10 m über dem Erdboden stehen, wenn der Jäger dem Windfang des Wildes entgehen will. Er soll stets freistehend gebaut werden, niemals an vorhandene Bäume angelehnt werden. Selbst der stärkste Baum schwankt im Winde, und der angebaute Hochsitz wird dadurch und durch das Wachstum des Stammes gelockert. Außerdem kann man vom schwankenden Hochsitz sehr unsicher beobachten und noch unsicherer schießen. Ein bequemer Sitz und eine genügend hohe Umfassung von schwachen Rundhölzern oder durch Maschendraht gehaltenem Moos sind erforderlich. Die Bretter des Fußbodens zeigen etwa zollbreite Zwischenräume, um die Ansammlung von Regenwasser zu verhindern. Sie werden, um lautloses Hin- und Hertreten zu ermöglichen, mit Rasenplaggen oder Moos oder besser mit einer Fasermatte bedeckt, die nach Beendigung der Jagdzeit wieder entfernt werden, um das Faulen der Bretter zu verhüten. Die Äste der umstehenden Bäume werden so abgesägt oder beschnitten, daß sie, ohne die Kanzel in auffälliger Weise sichtbar zu machen, nach den Beobachtungsseiten ein hinreichendes Gesichts- und Schußfeld gewähren. Der Eingang muß sicher verschlossen werden können, um den Jäger im Eifer der Jagd vor dem Hinunterstürzen zu behüten. Als Treppe dient eine feste Leiter, die auch in der Dunkelheit sicheren Auf- und Abstieg gestattet.

In den Jagdhandlungen sind auch leicht *tragbare Hochsitze* käuflich. Sie mögen im Einzelfall mal Verwendung finden können; sie sind aber nur ein Behelf, und ihre Mitführung ist immer umständlich.

[1] Sehr zu empfehlen sind die im Verlag Paul Parey, Hamburg und Berlin, herausgegebenen Broschüren „Jagdhütten“, 3. Aufl. 1968 und „Hochsitze, Fütterungen, Silos und Sulen“, 3. Aufl. 1968 von Fritz Barran.

Voraussetzung für die Anlage jeglichen Hochsitzes und jeden Schirmes muß die Möglichkeit sein, *ungesehen* vom Wild den Platz erreichen und verlassen zu können. Daher sind Hochsitze mitten auf freien Flächen, wie man sie häufig sieht, abzulehnen, sie schaffen mehr Störung als Nutzen.

In Revieren mit viel Fremdenverkehr sind die Hochsitze oft durch Unbefugte besetzt. Um das zu verhindern, macht man die 4 bis 5 unteren Leitersprossen am besten aus Rundeisen, das durch Splinte gegen Herausrutschen gesichert werden kann, und somit beweglich zum Herein- und Herausstecken. Man versteckt diese Sprossen nach Verlassen des Hochsitzes in der Nähe an einem sicheren Ort. Der untere Teil der Leiterholme ist dann natürlich durch Stacheldraht gegen Heraufklettern zu sichern.

DRITTER TEIL

DIE JAGDARTEN

DER ANSTAND

Gar vielen deutschen Waidmännern wird der Anstand die erste jagdliche Tätigkeit gewesen sein. Daher setze ich ihn an die Spitze der Behandlung der einzelnen Jagdarten.

Wer in der freien Natur stillsteht oder sitzt, der hat stets einen Vorteil voraus. Alle Tiere äugen am schnellsten die Bewegung. Das Ruhige, Unbewegte fällt weniger auf, besonders wenn die Farbe nicht oder wenig von der Umgebung absticht. Wird der unbewegte Gegenstand dazu noch durch Busch und Strauch auch nur teilweise verdeckt, so bleibt er den meisten Tieren unerkannt. Hierauf beruhen zum Teil die Vorzüge des Anstandes oder Ansitzes. Als weiterer Vorzug gilt die Möglichkeit, das Naturleben in seiner Ungestörtheit beobachten zu können, also allerlei zu sehen, was dem sich bewegenden Waidmann gar nicht oder doch nur fortflüchtend vor Augen kommen würde. Dazu kommt, daß der Anstand als Aufenthalt im Freien schon an sich ein Genuß ist.

Meist richtet sich die Ausübung des Anstandes auf eine bestimmte Wildart. Danach ergibt sich die Wahl der Örtlichkeit. Diese ist wiederum in hohem Grad vom Wind abhängig. Der Wind als Träger und Verbreiter der menschlichen Wittrung ist bei fast allen Jagdarten von ausschlaggebender Bedeutung. Wer mit ihm scharf rechnet, der wird dafür seinen Lohn finden; wer ihn vernachlässigt, der muß durch Mißerfolge dafür büßen.

Man unterscheidet *guten* oder *schlechten Wind,* je nachdem er von dem zu erwartenden Wild zum Jäger oder von diesem zum Wild führt. Steht er von dem einen zum anderen schräg seitwärts, so spricht man von *halbem Wind.* Den guten Wind nennt man auch, weil er von vorn kommt, *Augenwind,* den schlechten *Nackenwind.*

Hat der Wind keine bestimmte Richtung, kommt er mal hierher, mal daher, so sagt man: er *flattert.* Der auf Blößen, die von höherem Holz umgeben sind, oder in kesselartigen Tälern in der Runde umherziehende Wind heißt *Kesselwind;* man sagt dann: der Wind *küselt.* Bei Westwind hat man am Ostrand eines höheren Bestandes den Wind von Osten, weil die Luft dort in die Tiefe gedrückt wird und zurückschlägt. Hier *kippt* der Wind *über.* Diese der herrschenden entgegengesetzte Richtung zieht sich je nach der Stärke

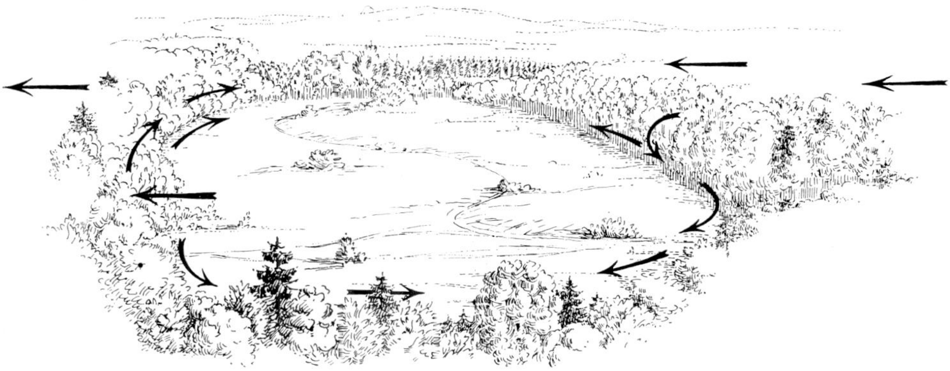

Kesselwind

des Windes und der Höhe des Holzes oft tief in den Bestand hinein, ein Umstand, mit dem man nicht vorsichtig genug rechnen kann, wenn man sich vor übler Erfahrung bewahren will.

Im Gebirge kühlen die Hänge sich nach Sonnenuntergang oder bei fortschreitender Beschattung ab; die kühlere, schwerere Luft flutet dann nach unten. Daher zieht der Wind am Abend oder an den Schattenhängen zu Tal. Solange die Hänge, von der Sonne bestrahlt, sich erwärmen, steigt der Wind an ihnen zur Höhe; er zieht also von unten nach oben.

Freilich erfährt er dabei durch die herrschende allgemeine Windrichtung, durch die Lage der Täler, durch vorliegende Kämme und Kuppen manche Ablenkung, mit der der Gebirgsjäger örtlich auf das innigste vertraut sein muß, will er nicht seine Jagd auf falsche Grundlagen stellen.

Über Seen und Strömen wird die Luft über Tag weniger erwärmt als über dem benachbarten Land. Bei Nacht behält dagegen das erwärmte Wasser seine Wärme länger; die darüberliegende Luft kühlt sich also weniger ab als über dem Land. Da die kühlere, also schwerere Luft immer nach der Tiefe strömt, die wärmere, also leichtere, aber nach oben steigt, so zieht im allgemeinen bei leidlich ruhiger Luft der *Wind am Tag vom Wasser zum Land,* am Abend und am frühen Morgen *vom Land zum Wasser.* Auch diese Windrichtung wird wieder durch die Eigentümlichkeiten der Gegend abgelenkt, je nach der Erstreckung des Stromes oder Flusses, der Gestalt und Umgebung des Sees.

Sobald eine frische Brise weht, ist die Windrichtung unter Berücksichtigung der ablenkenden Wirkungen für den ortskundigen Jäger leicht festzustellen. Sehr häufig aber herrscht gerade zur frühen Morgenstunde, die aus nachher zu erörternden Gründen am ersten für den Anstand in Betracht kommt, eine Flaute, eine Windstille; oder der Wind zieht so schwach, daß man selbst am Tabakrauch seine Richtung nicht sicher feststellen kann. Dann hilft oft ein angezündetes und hochgehaltenes Streichholz zu besserer Erkennung. Allein oft findet man, am Ansitz angekommen, wieder alles anders. Aus einem Fangtag wird dann ein gewöhnlicher Jagdtag! Für solche Fälle ist ein Hochsitz ein sehr erwünschtes Aushilfsmittel.

Bei der Auswahl der Zeit für den Anstand ist natürlich zunächst der Zweck maßgebend. Aber abgesehen hiervon gibt es doch einige Gründe, die im allgemeinen für den *Morgen-*

Überkippender Wind

oder *Frühanstand* sprechen. Während das Licht beim *Abendanstand* mit jedem Augenblick schlechter wird, bessert es sich beim Frühanstand von Minute zu Minute. Der *Anschuß*, die Stelle, an der das Wild beschossen wurde, ist leichter aufzufinden; für die Nachsuche hat man den ganzen Tag vor sich. Beim Abendanstand muß man die Feststellung des Anschusses oft schon als aussichtslos aufgeben, wenn man noch bei leidlichem Licht geschossen hatte. Bei Kleinwild kann allerdings der Hund noch in Tätigkeit treten; bei Hochwild würde er alles verderben.

Hat nun das Wild einen tödlichen Schuß, und wird es am Abend nicht mehr gefunden, so verdirbt es bei warmer Jahreszeit leicht über Nacht oder wird von Füchsen und Schwarzwild angeschnitten. Daher sollte wenigstens für Hochwild der Abendanstand überwiegend zur Beobachtung benutzt und nur dann geschossen werden, wenn Beleuchtung, Stellung des Wildes usw. recht günstig sind, so daß mit hoher Wahrscheinlichkeit auf einen guten Treffer gerechnet werden kann.

Bei Kleinwild ist die Sache weniger ängstlich, weil der gutgezielte Schrotschuß es eigentlich stets im Dampf verenden lassen muß.

Die modernen Zielfernrohre ermöglichen selbst bei starker Dämmerung noch einen leidlich sicheren Schuß. Man sollte von dieser Möglichkeit aber möglichst selten oder gar nicht Gebrauch machen. Wenn das beschossene Stück nicht im Feuer bleibt, ist es schwer, die Anschußstelle zu finden, da man sich bei schlechtem Licht meistens in der Entfernung täuscht. Besonders schwierig wird der Schuß bei Nacht, selbst wenn Vollmond und sogar noch Schnee eine große Helligkeit vortäuschen. Immerhin gibt es eine Menge Jagden, in

Windströmung bergwärts am Sonnenhang, talswärts am Schattenhang

denen man auf den Nachtansitz angewiesen ist, weil bei Büchsenlicht kein Wild das Revier betritt. Schön und wirklich waidmännisch ist die Nachtschießerei nicht, und wer gezwungen ist, den Nachtanstand auszuüben, sollte einmal mit den besten und modernsten Gläsern und Zielfernrohren ausgerüstet sein und außerdem sich vor Abgabe eines Schusses dreimal überlegen, ob auch beim Ansprechen kein Irrtum möglich gewesen ist. Wieviel Unglücksfälle sind beim Nachtansitz vorgekommen, wieviel Menschen sind irrtümlich bei schlechtem Licht als Wild angesprochen und von leichtsinnigen Schützen totgeschossen worden! Deshalb Vorsicht und nochmal Vorsicht beim Nachtansitz! Jungjäger mit geringer Erfahrung sollten ihn unter keinen Umständen ausüben.

Gelegentlich kann man den Anstand auch am hellen Tag mit Erfolg ausüben. Das geschieht z. B. an der Tränke, wenn das Hochwild in heißer Feistzeit während der Mittagsstunden still und heimlich gelegene Tränken aufsucht. Je weniger Wasser im Revier vorhanden ist, um so sicherer ist dieser Anstand. Ebenso lieben es die Wildtauben, am

späten Nachmittag zur Tränke und zum Baden zu streichen. Sie suchen dann nachher meist höhere Bäume mit trockenen Ästen auf, auf denen sie in der Sonne das Gefieder trocknen lassen. Stehen solche älteren Eichen oder Buchen einzeln in jüngeren Beständen, über die sie hoch hinausragen, so bieten sie eine gute Gelegenheit für den Taubenanstand. In vielen Revieren gibt es derartige „Taubeneichen" oder „Taubenbuchen", die seit langen Jahren für diesen Zweck benutzt werden. Alte Moosbänke an den besten Aussichtsstellen auf die „Hornäste" stammen vom Vater und Großvater, die hier schon ihre Tauben erlegt haben. Denn unter manchen „Taubeneichen" wächst schon die zweite Buchengeneration heran.

Wer im Herbst auf dem Anstand *Hasen* schießen will, muß sich diesem Geschäft alsbald nach der Schonzeit widmen. Denn je später im Jahr es wird, desto früher dunkelt es abends, desto später graut der Morgen; und im Dunkel rückt dann der Hase ins Feld, im Dunkel wieder zu Holz. Der Morgenanstand ist etwas länger ergiebig als der Abendanstand. Wie der Jäger sich beim Anstellen am Waldrand zu verhalten hat, das hängt in erster Linie von der Jagdgrenze ab. Gehören Wald und Feld zusammen, so stellt er sich am besten dem Wald gegenüber in etwa 40 Schritt Entfernung an, vorausgesetzt, daß er dort Deckung findet. Fehlt es an dieser, so bleibt nur übrig, sich mit dem Rücken an den Wald zu stellen, falls dieser nicht aus raumem Holz besteht. Im letzteren Fall drückt sich der Waidmann an einen Baum oder hinter einen Strauch, den er überschießen kann. Sich hinter einen dicken Baum zu stellen, widerrate ich entschieden, weil dann das ganze Gesichtsfeld nach vorn verdeckt wird und der Schütze, um doch dorthin sehen zu können, mal rechts, mal links seitwärts hervorsehen müßte. Eine böse Lage, die vielleicht ein Hase, niemals aber ein Fuchs, auf den man beim Hasenanstand gern rechnet, aushalten würde. Denn wenn der Hase schlecht äugt, so äugt der Fuchs um so schärfer. Also stellt sich der Schütze *vor* den Baum, wenn dieser etwa der Breite des Körpers entspricht. Ist der Stamm dünner, dann trete der Schütze ruhig dahinter, weil er dann auch an ihm, ohne sich zu bewegen, vorbeisehen kann.

Steht der Schütze an einer Dickung, in die ihm der weitere Einblick verwehrt ist, so stellt er sich, mit dem Rücken gegen diese, ein klein wenig in sie hinein; aber nur so weit, daß er seitlich etwas gedeckt ist und nach beiden Seiten den Rand übersehen kann. Hier muß nun freilich der Kopf immer nach rechts und links gehen, wenn Meister Lampe nicht *verpaßt* werden soll. Da die Wendung nach rechts beim Schießen die unbequemere ist, so muß darauf gleich Rücksicht genommen werden. Der Schütze scharrt also den Bodenüberzug so weit fort, daß er die Füße ohne Geräusch versetzen kann, und nimmt dann Stellung ein wenig nach halbrechts; nach links kommt er dann immer noch bequem herum. Wer schon gewandter ist, der mag sich ruhig auf seinen Jagdstuhl setzen, vorausgesetzt, daß er auch mit diesem die Wendung nach rechts ohne Störung ausführen kann.

Ich sagte vorhin, in Hinsicht auf die Dunkelheit könne der Frühanstand etwas länger ausgeübt werden als der Abendanstand. Das trifft nicht nur aus dem Grund zu, daß der Hase früh noch etwas länger draußen bleibt, auch wenn es schon heller wird, sondern noch vielmehr deshalb, weil der Hase beim Einlauf in den Wald in dem helleren, äußeren Rand, falls dieser nicht in einer Dickung besteht, leichter und besser zu erkennen ist als etwas tiefer im Holz, wie es der Abendanstand mit sich bringt.

Für den Anstand an Blößen, Wiesen usw., im Wald oder am Waldrand sei dem Anfänger bemerkt, daß ein gewiegter Jäger sich niemals einen der äußeren Randbäume zum Stand auswählt, sich vielmehr stets etwas in den Bestand hineinstellt, weil das Wild ihn sonst gar zu leicht eräugt. Eine Ausnahme davon macht er nur dann, wenn ein Schirm oder sonst eine Gelegenheit volle Deckung bietet.

Der Hasenanstand ist bei vielen Jägern verpönt und gilt nicht als besonders waidmännisch. Ich kann dem nicht beipflichten. Er ist, zu stark ausgeübt, allerdings für die Jagd unpfleglich, da bestimmt mehr Häsinnen als Rammler geschossen werden; der Rammler kommt abends später und geht morgens früher als die Häsin. Es wird aber keiner sonst gut behandelten Jagd etwas schaden, wenn man sich im Herbst den ersten Küchenhasen auf dem Anstand schießt und die Spannung genießt, die gerade diese Jagdart vermittelt. Ich selber gestehe ganz offen, daß ich das tollste Jagdfieber noch heute nicht beim Angehen des schreienden Hirsches, sondern auf dem Hasenanstand empfinde.

Für denAnstand auf *Sauen* sind hauptsächlich dreierlei Gelegenheiten zu berücksichtigen. Zunächst suhlt Schwarzwild mit großer Leidenschaft, namentlich dann, wenn es seinen Fraß nachts im Getreide gefunden hat. Der Frühanstand an der Suhle ist daher aussichtsvoll, am besten auf dem Hochsitz, um vom Wind ganz unabhängig zu sein. Dann besucht das Schwarzwild einzelne, besonders reichbehangene Masteichen, Mastbuchen, Wildäpfel gern und mit großer Regelmäßigkeit. Es ist darauf so lüstern, daß es seinen Kessel oder sein Lager bereits erheblich früher am Abend als sonst, ja schon am hellen Tag verläßt. Das ist eine besonders gute Gelegenheit für den Anstand. Zu anderer Zeit, wenn die Sauen nach Erdmast brechen, haben sie, solange sie ungestört sind, die Gewohnheit, am

Abend dort weiter zu brechen, wo sie am Morgen aufgehört haben. Hat der Jäger also solch frisches Gebräch gefunden, dann stellt er sich daselbst beizeiten in guter Deckung an. Eine nahe Dickung, eine Schilfpartie wird höchstwahrscheinlich die eingeschobenen Sauen beherbergen. Er kann also mit einiger Sicherheit berechnen, wo er sie erwarten darf und danach seinen Stand wählen. Aber es ist zu bedenken, daß, wenn das Gebräch tief ist und in dunklem Boden liegt, die Sauen bei der ohnehin bald anbrechenden Dämmerung schwer zu sehen und noch viel schwerer anzusprechen sind, wenn sie erst im Gebräch stehen. Daher schießt der Schütze am besten beim Heranwechseln, sobald sich gute Gelegenheit für einen Breitschuß bietet.

Beim Anstand auf Schalenwild wird sich der Jäger nicht *auf* den Wechsel, sondern stets in angemessener Entfernung *neben* den Wechsel anstellen. Er hat dann Gelegenheit zur richtigen Auswahl, zu einem Breitschuß; und das Wild wird nicht gestört, falls er aus irgendeinem Grund nicht zu Schuß kommen sollte. Ein weiterer Vorteil wird dadurch gewonnen, daß der Schütze sich nicht zu nah am Wechsel anstellt. Denn das macht leicht unruhig und erhöht das Jagdfieber. Außerdem ist die Zeit für einen Breitschuß recht kurz, weil das Wild sich ihm erst spät breit zeigt und alsbald wieder schräge wird. Schließlich, weil es bei großer Nähe trotz guten Windes doch gar leicht etwas vom Jäger gewahrt. Daher bleibt der beste Stand etwa 60–80 Schritt vom Wechsel entfernt. Hier sorge man für gute Deckung, aber auch für guten Ausblick. Denn die beste Deckung nützt nichts, wenn das Schußfeld nicht gehörig übersehen werden kann.

Der Anstand auf den *Rehbock* ist ziemlich unsicher, weil er schlecht Wechsel hält. Es gehört daher Ausdauer dazu, um Erfolg zu haben. Zwar eine einzelne Blöße, eine Wiese im Wald nimmt der Bock zu gewissen Zeiten ziemlich sicher an; aber der Ort, wo er austritt, bleibt unsicher. Am ehesten ist er noch zu haben kurz nach einem Regen, besonders wenn es vorher längere Zeit trocken war. Ziemlich leicht ist der Rehbock auf dem Anstand Mitte Mai zu haben, da das Rehwild um diese Jahreszeit stark nach frischem Grün drängt. Die Vorverlegung der Schußzeit auf den 16. Mai (Bayern ausgenommen) ermöglicht denn auch, bereits im Mai Böcke zu schießen. Aber man sollte in dieser Zeit, wo die Böcke noch nicht richtig rot sind, *nur* abschußnotwendige Böcke strecken und den Abschuß der jagdbaren Böcke erst nach der Blattzeit, nachdem sie sich nochmal vererbt haben, vornehmen. Anfang Juni aber steht der Bock schon im Feld, wie sich überhaupt das Rehwild in manchen Gegenden immer mehr im Feld aufhält als im Wald oder in den Vorhölzern. Indessen mit Ausdauer ist schließlich jeder Bock zu haben. Wenn es im Feld nicht gelingen will, wo er auch oft recht tief im Getreide steht und ein schlechtes Ziel bietet, so ist er nach der Ernte, besonders zur Blattzeit, wieder im Wald zu finden.

Das *Damwild* hält, seiner unruhigen, fahrigen Art entsprechend, schlecht Wechsel, doch tritt es mit einer gewissen Sicherheit zeitweise auf bestimmte Blößen, Wiesen und Äcker aus, wo dann der Anstand bei einiger Beharrlichkeit wohl zum Ziel führt.

Auch auf den *Gams* wird der Anstand ausgeübt, meistens als Pause oder Unterbrechung der Pürsch. Gerade der Anstand auf Gams bietet herrliche Freuden, namentlich für den, dem die wunderbare Welt des Hochgebirges immer als ein herrliches Märchen im Alltag seines Lebens erscheint. Ich habe zwar mehr brave Hirsche als starke Gamsböcke gestreckt; aber ich lasse viele Hirsche für einen Bartgams im Stich, obwohl oder weil ich mein Leben in der Ebene verbringe: Mein Herz hängt an den Bergen, an jenen wunderbaren Höhen, an den Wänden und Schroffen, an den stillen Karen hoch über den letzten Lärchen und Arven. Dort auf dem steilen Eck zwischen zwei Gräben zu sitzen, die Büchse auf dem Knie, das Glas zur Hand, das Auge in die Weite, wo die stolzen Zinnen und Zacken in die weiteste Ferne wie in den Himmel hineinwachsen, in das Tal hinabzuschauen, wo tief

unter Almen und Weiden die Glocke zum Gebet läutet, das sind herrliche Stunden, die uns weit hinausheben über alle Menschen, die da unten „im Qualm der Städte" wohnen.

Recht sicher hält *Rotwild* Wechsel. Der Anstand ist also bei dieser Wildart überall da erfolgversprechend, wo Ruhe herrscht. Da das Wild meist über Tag nicht in unmittelbarer Nähe seiner Äsungsplätze steht – vom Feisthirsch abgesehen, dessen ungeheure Faulheit ihn niemals weit wechseln läßt, ihn vielmehr so an den engsten Standort bindet, daß manche gar nicht wissen, welche Hirsche sie im Revier haben –, so braucht man es in der Frühe nicht in nächster Nähe der Äsungsplätze zu erwarten. Das bringt den Vorteil besseren Büchsenlichtes beim Anstand weiter im Innern des Reviers mit sich, während das Wild den Äsungsplatz schon vor Büchsenlicht verläßt. Dort, etwa 80 Schritt vom Wechsel entfernt, nimmt der Jäger seinen Stand, um das Wild zu erwarten.

Für den Erfolg des Anstandes ist die Art, wie der Jäger sich dem Stand nähert, von großer Bedeutung. Niemals soll das so geschehen, daß er das etwa in der Nähe befindliche Wild schon beunruhigt. Daher darf er die Örtlichkeit, in der er es vermutet oder wo es hindurchwechseln muß, nicht betreten; er darf vielmehr gelegentlich einen weiten Umweg nicht scheuen, um zu seinem Stand zu gelangen. Wie vorsichtig das Wild der menschlichen Spur gegenüber ist, dort, wo es sie nicht gewohnt ist – auf Wegen fragt es wenig danach –, möchte ich an einem Beispiel erklären. Ich war eines Tages quer über eine große Wiese außerhalb des Weges gegangen; als ich hinüber war, sah ich mich, bereits in Deckung stehend, zufällig um. Ein Rudel Rotwild, aus vier Stück Kahlwild bestehend, kam flüchtig, also gewiß durch irgend etwas beunruhigt, von Westen her lang über die Wiese. Schon etwas vor meiner Spur, die ich mit dem Glas recht gut im Grase erkennen konnte, wurde das Leittier *stutzig,* näherte sich am Boden schnuppernd meiner Spur, windete einen Augenblick daran, um dann sofort rückwärts zu flüchten, dorthin, wo das Rudel hergekommen war. Die dort erfahrene Störung war also nicht von nachhaltigerer Wirkung, als die an ungewohnter Stelle gefundene Menschenspur es war.

Auf dem Stand angekommen, sei dieser nun ein Schirm, ein Schießloch oder ein freigewählter Stand, vermeidet der Jäger jegliches Geräusch. Muß er einige Äste zurechtschneiden, um sich Deckung zu verschaffen oder um guten Ausblick zu gewinnen, so soll das ohne jede Störung geschehen. Er schlägt also nicht mit dem Standhauer, dem Hirschfänger oder Waidmesser um sich, sondern schneidet vorsichtig. Trockene Äste bricht er nicht; er sägt sie vielmehr mit der Säge des Taschenmessers lautlos ab. Dann scharrt er mit dem Fuße trocknes Laub, dürre Zweige, Bodenüberzug, Moos und dergleichen möglichst leise zur Seite, so daß der wunde Boden zutage kommt. So kann er lautlos seine Stellung ein wenig verändern, falls es zum Schießen nötig sein sollte. Hat er noch voraussichtlich viel Zeit – und die soll er immer haben, um nicht durch sein Erscheinen das vielleicht schon heranwechselnde Wild zu vergrämen –, so mag er sich zunächst ruhig auf seinen Jagdstuhl setzen. Wenn aber das Wild bald zu erwarten ist, dann steht er am besten auf, um sich nicht bei dessen Nahen durch die Bewegung zu verraten. Die Büchse oder Flinte sei geladen und gespannt; gestochen wird aber erst unmittelbar, bevor der Schütze in Anschlag geht.

Oft ist die Frage aufgetaucht, ob der Jäger auf dem Anstand oder Ansitz rauchen darf. Wenn man nicht in so dicken Wolken qualmt, daß das Wild den Rauch äugen kann, schadet das Rauchen nichts. Die Wittrung der Menschen ist für das Wild genauso intensiv wie der Tabakrauch. Wenn also infolge Küselns von Wind das Wild den Rauch wittert, dann wittert es auch den Geruch des Menschen, auch wenn er nicht rauchte.

Nicht selten kommt dem Waidmann, wenn er eben seinen Stand zurechtgemacht hat und sich nun, stillsitzend oder stehend, umsieht, der Gedanke: dort an jenem Stamm, hinter jenem Strauch sei der Stand noch besser. Das mag auch gelegentlich tatsächlich richtig sein. Darum bleibt es aber doch ein Fehler, den ersten Stand aufzugeben und einen neuen herzurichten. Denn der Jäger kann niemals wissen, ob das erwartete Wild vielleicht schon in der Nähe steht und nun durch das Wechseln des Standes vergrämt wird. Er kann auf dem Stand überhaupt nicht schnell genug zur Ruhe kommen. Daher sagt ein alter, vielerprobter Grundsatz: Der erste Stand ist unter allen Umständen der beste, auch wenn der zweite an sich besser sein würde. – Durch die Störung wird er schlechter.

Ich habe vorhin für den Anstand auf Hasen geraten, sich lieber *vor* einen starken Baum zu stellen als *hinter* ihn. Dafür ist neben der erheblichen Beeinträchtigung des

Gesichtsfeldes durch den Baum und bei den bekanntlich schlechten Sehern der Hasen auch noch der Umstand maßgebend gewesen, daß der Jäger, falls der Hase abspringen sollte, in der Führung der Flinte bedeutend freier ist, wenn er *vor* dem Baum, als wenn er *dahinter* steht.

Beim Anstand auf Hochwild ist aber anzuraten, sich auf alle Fälle *hinter* den Stamm zu stellen. Denn dieses äugt, vom Schwarzwild abgesehen, so vortrefflich, daß es den ungedeckt *vor* dem Stamm stehenden Jäger allzu leicht gewahren würde. Es kommt hinzu, daß der Schütze den vor ihm stehenden Stamm mit aller Bequemlichkeit zum Anstreichen oder auch nach fest eingetriebenem Waidmesser gar zum Auflegen benutzen kann, was besonders beim Schießen mit dem Zielfernrohr wichtig ist.

Die Annäherung des Wildes vermag der Jäger manchmal schon von weitem zu erkennen. Entweder es kreischt der Häher, oder es warnt eine Drossel, oder es ertönt das Blasen und Grunzen von Schwarzwild das in der Rotte immer laut zu sein pflegt. Der Lärm der Vögel freilich kann auch andere Gründe haben als die der Annäherung von Wild; er verursacht dem jungen Waidmann gar oftmals vergebliches Herzklopfen. Ein Rudel Hochwild zieht selten heran, ohne daß gelegentlich ein Poltern hörbar wird, veranlaßt durch den Tritt auf eine im Wechsel liegende freiliegende Baumwurzel oder auf hartem Boden. Starke Hirsche halten mit Vorliebe vorhandene Pfade, alte Holzwege und derlei Gelegenheiten, weil sie nicht gern mit dem Geweih in Ast und Gezweig ziehen. Ganz frei von überhängenden Zweigen sind aber solche Wege selten; und wenn belaubte Zweige hereinhängen, so rauscht es gelegentlich vom Anstreichen des Geweihes. Ebensooft jedoch wird der Waidmann durch nichts vorher auf das Erscheinen des Wildes aufmerksam gemacht; und dieses steht plötzlich und unerwartet da, wie aus dem Boden gewachsen. Beim Ansitz auf den Feisthirsch an der Tränke ist es mir wiederholt begegnet, daß ich trotz hinreichender Aufmerksamkeit den Hirsch erst gewahr wurde durch das leise Knakken seiner Gelenke, das man bekanntlich nur in nächster Nähe hört.

Da heißt es natürlich die Ruhe nicht verlieren, damit nicht ein unwillkürlicher Griff nach dem Gewehr das Wild verscheucht. Im allgemeinen aber wird der Jäger, falls der Stand richtig gewählt war und es an Aufmerksamkeit nicht fehlt, das Wild schon in guter Entfernung gewahr werden. Dann soll er, während er es scharf ins Auge faßt, das Gewehr langsam und vorsichtig an die Backe bringen. Wenn das gelingt, dann ist er Herr der Lage. Er sei aber in dieser Hinsicht nicht nur beim Hochwild und Fuchs vorsichtig, auch Meister Lampe ist oft genug durch das hastige Hochfahren mit der Flinte rechtzeitig gewarnt worden und hat sich in Sicherheit gebracht. – Schießt der Jäger mit der Büchse, so darf er nicht versäumen zu stechen, bevor er in Anschlag geht. Denn hiermit ist manchmal ein leises Knacken verbunden, das beim Näherkommen des Wildes von diesem vernommen werden und es zum *Aufwerfen* des Kopfes und scharfem Hinäugen nach der verdächtigen Gegend veranlassen könnte Bei Schwarzwild darf er in solchem Fall sicher sein, daß es sofort zurückwechselt, wenn es nicht flüchtig wird.

Geht alles nach Wunsch, und könnte der Schuß mit gutem Abkommen aus dem Rohr fahren, so sei die erste Regel, sich, *bevor es kracht,* den *Anschuß* zu merken. Das heißt: sich an Baum und Strauch den Stand fest einzuprägen, auf dem das zu beschießende Wild die Kugel haben soll. Denn nur auf diese Weise wird der Waidmann den Anschuß leichter finden, während er, falls er es unterläßt und gar noch den weiteren Fehler macht, dem flüchtenden Wild nachzusehen, ob es nicht zusammenbricht, nachher oft große Mühe hat, ihn aufzufinden. Beim Schrotschuß wird das Wild bei gutem Treffer zumeist im Dampf liegen. Bei einem *guten* Kugelschuß ist das jedoch nicht immer der Fall, besonders nicht bei stärkerem Wild wie Rotwild und Sauen. Das Wild wird vielmehr flüchtig abgehen, um bald zusammenzubrechen. Der Schütze begnügt sich also damit, ruhig durch das Feuer sehend, auf das *Zeichnen* des Wildes zu achten, das heißt, die eigentümliche Bewegung wahrzunehmen, die es zu machen pflegt, wenn es von der Kugel getroffen wird. Hat er sich den Anschuß genau gemerkt und sah er das Wild zeichnen, dann wird er, wie wir später bei Behandlung der Nachsuche sehen werden, es auch mit Hilfe des Hundes finden, ohne durch unangebrachtes Hinterhersehen sich das Auffinden des Anschusses erschwert zu haben.

Der erste Handgriff an dem Gewehr nach dem Schuß ist: wieder laden!, damit der Schütze Herr der Lage bleibt. Denn oft hat das Wild keine Ahnung, aus welchter Richtung der Schuß kam. Es bietet so, entweder gänzlich ruhig verhoffend oder nach einigen unsicheren Fluchten wieder sichernd, einem ruhigen Waidmann Gelegenheit, für den Schuß auf ein zweites Stück. Allein, wenn auch das nicht der Fall sein sollte, so wird das getroffene Wild manchmal, schnell kurz werdend oder gar stehend, namentlich nach einem üblen Waidwundschuß, zum zweitenmal beschossen werden können. Daher: wieder laden, regungslos stillstehen, um die weitere Entwicklung abzuwarten.

Bisher ist noch gar nicht von dem mit auf den Anstand zu nehmenden Hund die Rede gewesen. Daß ein solcher keine auffallende Farbe haben darf, braucht nicht erst betont zu werden. Er muß aber auch so ruhig neben dem Jäger liegen, daß er nicht etwa das Wild durch Schlagen mit dem Behang und durch sonstige Bewegungen oder gar durch Winseln aufmerksam macht. Er muß daher vollkommen in der Hand seines Herrn sein. Das sind nun aber nur solche Hunde, die länger geführt sind. Jüngere werden daher am besten noch an den Korallen gehalten, damit sie, neben dem Jäger niedergetan, durch einen leichten Ruck vor Unarten bewahrt werden können. Frei neben dem Jäger kann nur der durchaus sichere Hund liegen.

„Es ist alle Tage Jagdtag, aber nicht alle Tage Fangtag“, sagt ein alter Jägerspruch; und so wird der Waidmann oft genug die Anstandszeit schwinden sehen, ohne einen Schuß abgegeben, ja ohne überhaupt Wild in Schußnähe gehabt zu haben. Da heißt es, den Stand so zu verlassen, daß das etwa doch in der Nähe stehende oder noch austretende Wild weder vom Waidmann selbst etwas gewahr wird, noch auf dessen frische Spur stößt. Denn damit würde der Anstandsort für die Zukunft an Aussicht auf Erfolg verlieren. Beim Frühanstand ist das weniger schwierig, weil sich der Rückweg bei der Helle des Morgens gut übersehen läßt und so verräterisches Geräusch vermieden werden kann. Beim Abendanstand jedoch hat das in der Dunkelheit oft genug seine Schwierigkeit. Es bedarf dann aller Anspannung, um geräuschlos davonzukommen. Geht es aber trotz aller Vorsicht schief, dann wird der Anstand an diesem Ort am besten einige Tage ausgesetzt, um dem Wild das alte Vertrauen wiederzugeben.

Der Anstand ist eine vorzügliche Gelegenheit, den Wildstand kennenzulernen und Beobachtungen zu machen. Er verhilft dem Waidmann zu Kenntnissen über Vorgänge im Revier, die ihm sonst leicht verborgen bleiben. Dem mit Ausdauer ausgeübten Ansitz fällt schließlich jedes Wild zum Opfer. Nicht zu Unrecht heißt es: „Es sind mehr Hirsche ersessen, als erlaufen.“

DIE PÜRSCHE

Während der Jäger auf dem Anstand stillsitzt und die Annäherung des Wildes erwartet, ist er bei der Pürsche in Bewegung. Er sucht das Wild an seinen Standorten und Äsungsplätzen, um es zu erlegen.

Der Regel nach gilt die Pürsche nur dem Schalenwild. Man *pürscht* wohl gelegentlich einen mausenden Fuchs, eine Taube und anderes Wild *an*; man wird aber niemals sagen, daß man auf derartiges Wild *pürscht*.

Soll die Pürsche erfolgreich sein, so verlangt sie vom Waidmann neben der genauesten Revierkunde die Kenntnis aller Standorte des Wildes nach Witterung, Jahres- und Tageszeiten, seiner Wechsel, Tränken, Suhlen, Äsungs- und Brunftplätze. Sie stellt an die Ausdauer und Gewandtheit des Waidmanns, an die Schärfe seines Auges, seines Gehörs, an die nur durch viel Übung zu gewinnende richtige Deutung aller Wahrnehmungen große Anforderungen. Sie wird auf diese Weise, da der Jäger bei allem Erleben, Tun und Handeln auf sich allein gestellt ist, durch ihre Vielseitigkeit in Verbindung mit den stets wechselnden Eindrücken der Natur des Waldes und Gebirges – denn auf diese ist sie im wesentlichen beschränkt –, wie ich einst sagte und wie ich es heute nicht besser bezeichnen kann, die Krone aller Jagdarten.

Die Benutzung eines guten Glases erleichtert zwar manches Erkennen und spart manchen Gang; aber in der Hauptsache ist es doch das unbewaffnete *Auge*, das bei der Pürsche seine Schuldigkeit tun soll, das nur durch ein gutes Glas zum schärferen Erkennen unterstützt wird. Nicht einen Augenblick darf das Auge sich in sich selbst oder zu Boden kehren. Unermüdlich muß es Baum und Strauch, Busch und Heide mustern, will der Waidmann nicht auf das Wild auflaufen und es zur Flucht veranlassen. Zu diesem ununterbrochenen Suchen, zur genauen Prüfung aller in seinen Bereich kommenden Gegenstände wird das Auge durch Übung erzogen. Schließlich sucht es ohne weitere Absicht, sozusagen aus reiner Gewohnheit ohne Unterlaß. Es kann gar nicht anders; es prüft jeden Gegenstand genau, um bei dem geringsten Auffälligen zu stutzen und daran zu haften in dem Gefühl: Das gehört da nicht hin! Erst wenn der junge Waidmann so weit ist, daß er gar nicht mehr anders kann, sobald er das Revier betritt, erst dann kann er von sich sagen, daß er *sehen* gelernt hat.

Für jeden Pürschgang bleibt die Hauptsache der *Wind*. Seine Richtung ist für den Plan des Pürschganges allein entscheidend. Der Jäger pürscht immer *gegen* den Wind. Allein er würde wenig schaffen und bald am Ende der Pürsche sein, wenn er gerade in den Wind hineinliefe. Um ein Revier planmäßig abzupürschen, richtet sich der Pürschjäger auf *halben* Wind ein, indem er z. B. bei herrschendem Westwind den Westrand, von Osten beginnend, zum Ziel nimmt, aber dieses Ziel nicht in gerader Linie, sondern dadurch zu erreichen sucht, daß er im Zickzack von Süden nach Norden, von Norden wieder nach Süden geht; etwa wie ein guter Gebrauchshund mit tadelloser Quersuche ein Feld absucht. Nur ist dabei der gewaltige Unterschied, daß die Quersuche des Hundes im Galopp, die Querpürsche des Jägers so langsam wie möglich vor sich gehen soll, damit er Zeit hat, alles mit dem Auge abzusuchen, sozusagen mehr zu stehen als zu gehen. Würde er im Westen des abzupürschenden Reviers wohnen oder würde er den westlichen Teil beim Anmarsch zuerst erreichen, so bleibt nichts übrig, als sich erst *Wind zu holen*, d. h. nach Osten zu gehen und dort in der beschriebenen Weise mit der Pürsche zu beginnen. Auf diese Weise stört er möglichst wenig. Denn überall, wohin er kommt, hat er, bis er, im Sinn der Windrichtung gesprochen, die Höhe des Wildes erreichen würde, immer halben Wind. Er ist also vor dem Windfang des Wildes gesichert.

Im Hochgebirge, mit seinen früher besprochenen eigenartigen Windverhältnissen, wird der Waidmann die Frühpürsche so einrichten, daß er an den Sonnenseiten oberhalb der Standorte des Wildes die Hänge entlang und durch die Wände pürscht, weil der Wind zu dieser Zeit aufwärts zu ziehen pflegt. Pürscht er aber bei höher steigender Sonne etwa auf den Gams, der dann gern die Kühle der Schattenhänge und Täler aufsucht, so wird er sich unterhalb der Standorte halten müssen, weil hier die Luft von oben in die Tiefe streicht. Dasselbe ist der Fall bei der Abendpürsche, wo der Wind auch von den Höhen zu Tal zieht. Alles unter der Voraussetzung, daß nicht stärkere Luftströme den Wind gegen die Hänge und in die Täler hineinpressen, worüber allein die örtliche Erfahrung belehren kann. So weiß auch der Gebirgsjäger, daß der Südwind „aus allen Löchern weht" und versucht es nicht erst, bei so unverläßlichem Winde zu pürschen. Weht der Südwind nur etwas stärker, so bricht er sich an allen Berghängen und Bestandesrändern, kesselt und wechselt beständig, so daß eine erfolgreiche Pürsche ausgeschlossen erscheint.

Selbstverständlich kann der Jäger bei stundenlanger Pürsche nicht ununterbrochen auf das vorsichtigste schleichen. Das würde ihn schnell ermüden und ihn gerade dann der nötigen Spannkraft berauben, wenn er endlich Wild zu Gesicht bekommt. Zur erfolgreichen Pürsche gehört eingehende Kenntnis des Revieres und der bevorzugten Standorte und Wechsel des Wildes. Verfügt der Jäger darüber, so weiß er schon, wo er Wild erwarten darf und wo nicht. Daher spart er sich besonders vorsichtiges Schleichen für diese Orte auf, ohne aber nun an anderen in zu große Gleichgültigkeit und Sorglosigkeit zu verfallen. Denn schließlich steht auch dort einmal Wild, wo es nicht gerade häufig zu finden ist.

Es wird nicht immer möglich sein, völlig geräuschlos zu pürschen. Hat man zur Unzeit irgendein Geräusch verursacht, dann gibt es nur eins: das sorfortige Erstarren des Jägers, in welcher Stellung es immer sei, damit das aufmerksam gewordene Wild nicht etwa eine Bewegung eräugt; denn dann wird es sofort flüchtig. Um in solchen Fällen rechtzeitig eine länger fortwährende, unverrückbare Stellung annehmen zu können, muß die Gesamtbewegung fortwährend gehalten und gemessen sein. Eine weitere Hilfe ist ein Handstock oder Jagdstock, im Gebirge der Bergstock, dessen Stütze auch die unwahrscheinlichsten Stellungen für längere Dauer ermöglicht.

Hat die ganze Fortbewegungsweise des Pürschjägers etwas vorsichtig Schleichendes, so soll diese ruhige Art auch die Einzelbewegung beherrschen, vor allen Dingen beim Hochnehmen des Glases. Das geschieht der Natur der Dinge entsprechend immer dort, wo der Jäger Wild zu sehen glaubt, wo also wahrscheinlich solches auch manchmal vorhanden sein wird. Würde er in dieser Lage das Glas kurz und hastig hochnehmen, so könnte eine solche Bewegung gar zu leicht eräugt werden, zumal das Wild auch ein kurzes Aufblitzen der Linsen wahrnehmen könnte. Der gewiegte Waidmann vermag an der Art, wie ein anderer das Glas vor Augen führt, sofort richtig anzusprechen, ob er – wenn auch fern vom Wild – einen erfahrenen Jäger oder einen Neuling vor sich hat.

Ob die Pürsche in der Frühe des Morgens oder gegen Abend vor sich geht, das hat auf die abzupürschenden Revierteile einen gewissen Einfluß, ebenso wie die Wildart dabei mitspricht. Denn frühmorgens pflegt das Wild sich noch länger in den Vorhölzern und in den um größere Blößen und Wiesen umherliegenden Stangenhölzern aufzuhalten, bevor es endgültig seinen Tagesstandort aufsucht; während es abends meist schnell den Äsungsplätzen zuwechselt, also auf diesen selbst am ehesten gefunden wird. Das hat aber bei verschiedenen Wildarten eine ungleiche Bewandtnis. So pflegt Rehwild am frühen Morgen nach Anbruch des Tages gern einige Stunden in der Nähe der Äsungsplätze oder auf ihnen zu sitzen. Sauen wechseln meist in unbequemer Eile vom Feld zu Holz, um ihre Kessel zu gewinnen, während sie sich abends viel mehr Zeit lassen. Das will bei der Pürsche auf diese Wildarten berücksichtigt sein.

In ruhigen Revieren ist das Wild vielfach in den Mittagsstunden, etwa von 11 bis 14 Uhr in Bewegung, es ist das die Zeit der sog. *Faulpürsch*. Ich habe manchen Feisthirsch während dieser Stunden auf die Decke gelegt. Besonders aussichtsreich pflegt die Pürsche

Köpfe vom Rebhuhn, nach der Natur gezeichnet. a. alter Rebhahn, b. alte Rebhenne, c. junger Rebhahn (umgemausert), d. junge Rebhenne (umgemausert), e. ganz junges Rebhuhn vor der ersten Mauser, f. ganz junges Rebhuhn, g. alter Rebhahn, h. alte Rebhenne

zu sein, wenn die Morgensonne nach starkem nächtlichem Regen recht warm scheint. Dann verweilt das Wild länger als gewöhnlich auf seinen Äsungsplätzen, um sich die nasse Decke oder Schwarte trocknen zu lassen. Ebenso pflegt es nach starkem Regen über Tag früher die Sonne aufzusuchen, als es sonst austritt. Auch dann muß der Pürschjäger früher als gewöhnlich in Bewegung sein.

Größere Blößen, Wiesenflächen und Kulturen sind für die Pürsche mit einer recht unbequemen Eigentümlichkeit fast allen Wildes behaftet. Dieses steht bei Nordwind gern im Norden unter dem Schutz des vorliegenden Holzbestandes, bei Südwind im Süden, bei Ost- oder Westwind im Osten oder Westen, also jeweils nah unter der herrschenden Windrichtung. Bei größeren Flächen steht es meist so weit von der gegenüberliegenden Seite entfernt, daß es von dort aus gar nicht beschossen werden kann, wenn der Jäger sich nicht eines leichtfertigen Weitschusses schuldig machen will.

Für die Wahl, ob Morgen- oder Abendpürsche, gelten im übrigen dieselben Grundsätze, wie ich sie bei Ausübung des Anstandes besprochen habe. Danach ist die Frühpürsche im allgemeinen der Abendpürsche vorzuziehen.

Um für alle Fälle gerüstet zu sein und eine Nachsuche unternehmen zu können, falls das nötig ist, führt der Jäger den Schweißhund am besten mit sich. Der Hund stört zunächst nicht; er macht auf Fährten aufmerksam, über die sein Führer auf berastem Pfad oder Gestell hinweggeschritten sein würde; er gibt ihm durch Winden und sonstiges Benehmen Kenntnis vom Wild, das vielleicht gedeckt im Wind steht. Ja, einer meiner Gebrauchshunde stieß mir jedesmal den Fang in die Kniekehle, wenn er Wild in die Nase bekam, in Sorge, ich könnte daran vorbeigehen. So ist ein gut erzogener Hund auf dem Pürschgang nicht nur nicht störend, sondern durchaus nützlich. Anders aber liegt die Frage, ob der Pürschjäger den Hund auch dann mitführen soll, wenn es gilt, sich an erkundetes Wild auf gute Schußnähe anzupürschen. Hierbei könnte der Hund durch Schlagen mit den Behängen leicht stören; er könnte beim Rücktreten des Jägers einmal getreten werden und klagen. Daher ist es besser, ihn dort, wo das Anpürschen beginnt, abzulegen. Dann ist er nah zur Hand, wenn er gebraucht werden soll. Vorbedingung ist natürlich, daß der Hund sich lautlos ablegen läßt; ein einfaches Erheben der Hand muß für den Hund als Befehl genügen, man kann in der Nähe des Wildes kein lautes Kommando geben.

Das nähere Anpürschen an das Wild erfordert ungemeine Vorsicht. Wenn es sich zweifellos nur um ein einziges Stück handelt, das erlegt werden soll, so ist das der leichteste Fall. Denn der Jäger hat nur dieses eine im Auge zu behalten, während er es, wenn es sich um einen Sprung Rehe, ein Rudel Rot- oder Damwild oder eine Rotte Sauen handelt, mit einer ganzen Anzahl von aufmerksamen Lichtern und Lauschern zu tun hat. Da ist die erste Sorge, mit Hilfe des Glases möglichst genau auszukundschaften, wieviel Stücke überhaupt da sind, wie viele davon sitzen und wie viele sich äsen. Ist er darüber klar, so sucht er sich eine Richtung aus, in der er möglichst viel Deckung findet. Diese verfolgt er in vorsichtiger Bewegung, immer das Wild und vor allem die sitzenden Stücke beobachtend; denn von diesen hat er mehr zu fürchten als von den äsenden. Sobald eines aufwirft, erstarrt der Jäger in der gerade eingenommenen Haltung, was unter Umständen zu einer harten und schmerzenden Geduldprobe werden kann. Erst wenn das Stück den Kopf wieder herunternimmt und, wie es scheint, vertraut geblieben ist, pürscht er vorsichtig weiter. So – da ist die Deckung zu Ende, es ist noch lange nicht nah genug für einen sicheren Schuß! Was nun? Ja, da hilft nichts; nun muß er sein Heil im Kriechen versuchen. Ich ziehe dieses, wenn auch für tief gebücktes Schleichen hinreichende Deckung vorhanden sein würde, solchem Schleichen weit vor. Denn das letztere bringt den Jäger so gründlich außer Atem, daß er im sicheren Schießen nachher stark beeinträchtigt ist, während er das Kriechen ganz nach Gefallen mit aller Muße bewerkstelligen kann, weil er dauernd durch höheres Gras oder eine flache Falte im Gelände in guter Deckung bleibt. Entweder schiebt er bei diesem Kriechen die Büchse schubweise mit der rechten Hand vor oder er schnallt den Büchsenriemen so kurz, daß er die Büchse mit den Zähnen tragen kann.

Nun ist der Waidmann endlich nahe genug heran. Da gibt es allerlei Möglichkeiten: entweder zeigt sich jetzt bei näherer Beobachtung, daß der von weitem zuerst als stark angesprochene Rehbock nur ein recht mäßiges Gehörn trägt oder daß der als Achter angesprochene Hirsch ein ungerader Zehner ist, für den die Abschußerlaubnis nicht ausreicht. Ein andermal ist das als gering angesprochene Damwildkalb ein ganz gutes Kalb, das zum Abschuß zu schade ist, weil es viele weit geringere Kälber gibt. Bei anderer Gelegenheit könntest du den *Rehbock* recht gut schießen; denn er trägt ein reifes, d. h. ein abschußreifes Gehörn, das er vermutlich in späteren Jahren nicht besser schieben wird – da hat er sich vor deinen Augen niedergetan.

Während du in den ersten Fällen und um das Wild nicht zu beunruhigen, in derselben vorsichtigen Weise, in der du dich anpürschtest, unweigerlich zurück mußt, bleibt dir im letzten Fall nur Geduld übrig. Denn, willst du den Bock durch das Knacken eines Reises, durch Husten oder gar durch einen Pfiff hochmachen, so kann es leicht geschehen, daß er Unrat merkt, flüchtig wird und dir keine Gelegenheit mehr zu einem sicheren Schuß gibt. Kannst du aber auf einem Grashalm blatten – auch außer der Blattzeit verschlägt das gar nichts –, oder hast du gar ein künstliches Blatt oder auch nur eine Hasenquäke bei dir, dann laß einen solchen Ton hören. Vielleicht, daß der Bock hoch wird, neugierig äugt und dir sein Blatt bietet. Aber die Sache hat Eile; wenn du nicht schon vor dem Reizen im Anschlag lagst – nun wäre es zu spät. Der Bock nimmt jede Bewegung wahr. Bei der ersten guten Stellung muß es knallen, oder er ist gerettet.

Um all diesen immerhin etwas gewalttätigen und im Erfolg unsicheren Dingen zu entgehen, ist Geduld, ohnehin des Waidmanns größte Tugend, das Beste. Ein nicht mehr ganz junger Rehbock ist ein unruhiger, unsteter Gesell, der nicht lange niedergetan bleibt. Der Schrei eines Bussards, ein Häherruf, irgendeine sonstige Zufälligkeit läßt ihn in nicht zu langer Zeit wieder hoch werden. Dann wird sich ruhigere Gelegenheit für die Abgabe eines sicheren Schusses bieten, als wenn eine solche gewaltsam herbeigeführt wird.

Eine besondere Eigentümlichkeit des Rehbockes sei hier erwähnt, die er zeigt, wenn er mißtrauisch geworden ist. Es ist dies das scheinbar ruhige Weiteräsen, während er in Wirklichkeit während des Äsens seine Umgebung, namentlich die Stelle, die ihm Mißtrauen eingeflößt hat, sorgfältig mustert. Du denkst, wenn er den Kopf unten hat, dann könntest du dich näher heranpürschen. Aber die erste Bewegung: und unter lautem Schrecken bringt er seine Decke in Sicherheit. Freilich kann ihm manchmal trotz alledem sein andauerndes Schelten zum Verderben werden, wenn du ihn schnell umgehst und er durch sein trotziges Schrecken dabei seinen Stand verrät. Das ist dann eine ganz besondere Waidmannsfreude!

Zur Pürsche auf den *Gams* sind einige Besonderheiten zu erwähnen, die die Natur des Hochgebirges erfordert. Das ist zunächst eine sehr warme Kleidung, die den durchkältenden Winden, dem langen Warten auf zugigen Höhen, unter Umständen auch der Notwendigkeit, eine Nacht im Freien zubringen zu müssen, entspricht.

So wichtig im allgemeinen das richtige Einschätzen der Entfernungen ist – im Gebirge bringt es besondere Schwierigkeiten mit sich, die nur durch planmäßiges Erlernen und lange Übung überwunden werden können. Meist sind bei der dünneren Höhenluft die Entfernungen viel größer, als der Unerfahrene annimmt. Besonders von oben nach unten pflegt er sie zu unterschätzen, während er nach oben eher zum Überschätzen neigt.

Bei dem außerordentlich feinen Wittrungsvermögen der Gams ist die Rücksicht auf den Wind von allergrößter Bedeutung. Wie schon früher bemerkt, streicht der Wind im Hochgebirge im Schatten bergab, in der Sonne bergan. Die Pürsche wird daher so einzurichten

Ankriechen mit dem „Wisch“

sein, daß man an der Schattenseite, unten beginnend, nach oben steigt. Auf sonnseitigen Hängen pürscht man in der Frühe ebenso, nur richtet man sich so ein, daß man, wenn die Sonne hochkommt, eine solche Höhe ereicht hat, um abwärts pürschen zu können. Bei hochgelegener Jagdhütte holt man sich den Wind, indem man frühzeitig nach unten wandert. Bei der Abendpürsche fängt der Jäger hoch an und richtet den Pürschgang so ein, daß er beim Windwechsel den Wind über sich hat.

Die Gamspürsche verlangt einen ganzen Mann. Er muß eisenfeste Gesundheit, Knochen aus Stahl, Nerven wie Drahtseile haben und mit einem schwindelfreien Auge die genaueste Revierkunde und Kenntnis der täglichen Lebensgewohnheiten *seines* Wildbestandes verbinden. Daß ein Bewohner der Ebene bei gelegentlichem Besuch des Hochgebirges diese Eigenschaften alle erwerben könnte, halte ich für eine große Seltenheit; wenn es auch bei der verbreiteten Vorliebe für das Gebirge unter den Nichtgebirglern bergsichere Leute gibt.

Der Vorteil bei der Pürsch auf Gams ist die Tatsache, daß das Gamswild Tageswild ist, man also den ganzen Tag mit der Aussicht auf Erfolg unterwegs bleiben kann. Bei der Pürsch auf Gams gilt besonders der Grundsatz, der für jede Pürsch wichtig ist: Mehr pürschen stehen bzw. sitzen, als pürschen gehen! Der passionierte Neuling hat immer nur die Idee: Wo du nicht bist, da ist das Wild! Er pürscht pausenlos von einem Einstand zum anderen. Nichts ist falscher als das. Ruhe und Selbstbeherrschung sind die vornehmsten Tugenden des Pürschjägers!

Recht schwierig ist unter Umständen das richtige *Ansprechen* des zu streckenden Wildes. Ein starkes Stück Kahlwild kann ein Alttier sein, aber auch ein Gelttier. Ein mittelstarkes Stück kann ein Alttier oder ein stärkeres Schmaltier, ein geringes Stück ein starkes Kalb oder ein geringes Schmaltier sein. So kann es kommen, daß bei drei verschieden starken Stücken das stärkste für ein Alttier, das mittlere für ein Schmaltier, das geringe für ein Kalb angesprochen wird, während sie in Wirklichkeit ein starkes Gelttier, ein Alttier ohne Kalb und ein Schmaltier sind. Schießt der Jäger nun das mittlere für das Schmaltier, so erlegt er statt dessen ein Alttier, das *gelte übergeht* und gerade deshalb für das nächste Jahr ein starkes Kalb erwarten ließ. Aus diesem Beispiel folgt, daß er sehr genau zusehen soll und viel Übung im richtigen Ansprechen von Wild haben muß, soll kein Unheil angerichtet werden.

Um bei dem Beispiel zu bleiben, so ist ein starkes Dauergelttier von einem nur vorübergehend gelten Alttier kaum zu unterscheiden. Dagegen ist ein säugendes Alttier von hinten und schräg von vorn am weißleuchtenden Gesäuge bei der nötigen Ruhe und Aufmerksamkeit wohl herauszukennen. Das Kalb hat noch ein sog. Kalbsgesicht, kurz und stumpf, während der Kopf des Schmaltieres schon länger und trockner ist. Außerdem saugt das Kalb von Zeit zu Zeit. Wenn der Pürschjäger also da keinen Fehler begehen will, so muß er sich Zeit lassen. Ich sagte schon einmal: Des Jägers größte Tugend ist Geduld.

Wegen der großen Unstetigkeit und seines Mißtrauens ist die Pürsche auf *Damwild* schwieriger als diejenige auf Rotwild. Das letztere wird, wenn auch einmal beunruhigt, doch gelegentlich wieder vertraut, so daß der Jäger die Pürsche nicht gleich aufzugeben braucht. Von einmal beunruhigtem Damwild lasse er ruhig ab; er kommt dieses Mal doch nicht zu Schuß. Das gleiche gilt vom Schwarzwild.

So leicht sich in vielen Fällen die Pürsche auf den *Brunfthirsch* gestaltet, weil er durch sein Schreien seine Standorte verrät und in seiner Geschlechtswut wenig auf seine Umgebung achtet, so schwierig ist die Pürsche auf den *Feisthirsch*. Indes liegt das nicht daran, wie man vielleicht sagt, daß er auf jedem Haar ein Licht hat. Es liegt vielmehr an seinen heimlichen, schwer zugänglichen Standorten, die er zur Feistzeit innehat, weil sie mit der

Hauptfliegenzeit zusammenfällt und sich daher das Wild überhaupt an schattigen Orten aufhält.

Selbstverständlich wird die Pürsche mit geladener Büchse ausgeführt, um jederzeit schußbereit zu sein. Daß die Büchse nur gesichert getragen werden darf, bedarf keiner besonderen Erwähnung. Erst nachdem das Stück Wild genau angesprochen ist und der Schütze sich zum Schuß entschlossen hat, wird entsichert und unmittelbar vor dem Anschlagen gestochen.

Kommt der Waidmann aus irgendeinem Grund nicht zu Schuß, so ist es das erste, sobald er die Büchse herunternimmt, sichern und, wie wir früher gesehen haben, lautlos abstechen lassen! Wenn der Jäger nicht daran gewöhnt worden ist, beim Absetzen der Büchse nach dem Sichern als erstes das Stechschloß abschnappen zu lassen, so kann es sich ereignen, daß sich die Büchse bei der nächsten Schießgelegenheit unversehens entladet, weil sie vom vorigen Mal noch gestochen und er auf die leise Stellung nicht gefaßt war.

Wo die Gelegenheit geboten ist, da wird sich der Pürschgang mit gutem Wind an Wiesenflächen, Jungwüchsen, Blößen, Hauen usw. vorbeiziehen. Dabei sei der Neuling auf einen Fehler hingewiesen, den ich selbst bei erfahrenen Waidmännern nicht gar selten beobachtet habe. Die Spannung, auf diesen freien Flächen Wild zu entdecken, ist meist so groß, daß man deren Umgebung, die Ränder des anstoßenden Holzes, oftmals zu sehr vernachlässigt. Und doch steht häufig genug auch hier Wild, das entweder zu den Äsungsplätzen hinzieht oder in deren Nähe sich niedergetan hat oder aber wieder von dort fortzieht.

Man richte also seine Aufmerksamkeit nicht nur auf die freien Flächen, sondern mindestens ebensosehr auf deren Umgebung. Das wird vor mancher unangenehmen Überraschung schützen.

Auf größeren Flächen steht manchmal das Wild so, daß es von keiner Seite mit der Büchse erreicht werden kann. Da ist es für gewandte Jäger ein gar nicht aussichtsloses Unternehmen, das Wild mittels des sog. *Wisches* anzukriechen. Der Wisch ist ein benadelter oder belaubter, recht buschiger Zweig, dessen unteres Ende zugespitzt wird, damit es sich leicht in den Boden drücken läßt. Diesen Wisch hält der ankriechende Jäger so vor sich hin, daß er seine Gestalt, von vorn gesehen, deckt, und kriecht nun, ihn vor sich herschiebend, allmählich bis auf Schußweite heran (siehe Abb. Seite 275).

Dieses Verfahren ist nur anwendbar, wenn der Jäger es mit einem oder wenigen, nah beieinander befindlichen Stücken Wild zu tun hat, weil er sonst von einem seitwärts stehenden Stück zu leicht eräugt würde Selbstverständlich darf er sich nur vorwärts bewegen, wenn das Wild den Kopf am Boden hat; sonst ist die Gefahr, es zur Flucht zu veranlassen, zu groß. Wenn er sich ausruhen will, steckt er den Wisch in den Boden; ist er wieder bei gutem Atem, dann geht es weiter! Schwierig ist bei diesem Kriechen am Boden nur das richtige Schätzen der Entfernung. Wenn es daher irgend geht, nimmt sich der Jäger, solange er noch in Deckung aufrecht steht, eine Marke, von wo aus er gute Schußentfernung schätzt, und kriecht bis dahin.

Besonders ist der Rehbock auf diese Weise zu überlisten. Ich habe aber auch so schon gute Hirsche gestreckt, den stärksten allerdings, weil ihm die Sache verdächtig vorkam und er sich das Ding näher ansehen wollte. Das wurde sein Verderben.

Gelegentlich kommt es vor, daß man in der Unterhaltung zu zweien oder mehreren an Wild herankommt, das oftmals, neugierig verhoffend, die Gesellschaft aushält. Soll davon ein Stück geschossen werden, so bleibt der Schütze in Deckung stehen, während der oder die anderen die Unterhaltung fortsetzen und weitergehen, ohne einen einzigen Augenblick stehenzubleiben, das wäre verfehlt. So kommt er nicht selten zu Schuß.

Trifft der Jäger bei der Pürsche auf Wild, von dem er bald weiß, daß kein Stück davon geschossen werden soll, so ist das erste Bestreben, es nicht zu beunruhigen, es vielmehr so zu umgehen, daß es nicht gestört wird. Das bringt manchmal unbequeme Umwege mit sich; es ist aber nicht zu vermeiden, wenn das Wild vertraut bleiben soll. In Revieren, in denen das nicht geschieht, wird man niemals so vertrautes Wild haben wie dort, wo diese Vorsicht geübt wird.

Als eine weitere, hierhin gehörige Maßregel gilt der bewährte Grundsatz eines guten Pürschjägers, sich an den Weg und Steg zu halten und nicht überall durchzukriechen. Denn wenn dabei auch das Wild nicht unmittelbar aufgescheucht werden sollte, so findet dieses doch sicher am ungewohnten Ort die Spur des Jägers und vor allem seines Hundes. Das verleidet ihm den Stand und führt dahin, daß es seine Vertrautheit verliert, an der doch jeder gerechte Waidmann seine Freude hat, und die auch im Interesse der Jagdausübung selbst liegt. Man kann ein gut besetztes Revier sehr schnell leerpürschen, das gilt vor allem für Rotwild.

Soll das Wild nicht alsbald mit jedem Schuß den Menschen in Verbindung bringen, so ist zu beachten, daß der Jäger sich nach dem Schuß niemals zeigt. Er tritt erst aus seiner Deckung heraus, nachdem sich das Wild verzogen hat; es sei denn, daß es auf einen, auch nur vermuteten *Krellschuß* im Feuer zusammenbricht. In solchem Fall darf der Schütze nicht säumen, so schnell die Beine ihn tragen, an das Stück heranzuspringen, um es abzufangen oder noch einen Schuß anzubringen, der dann – es ist lächerlich zu sagen, aber es ist leider wahr – sehr häufig vorbeigeht.

Von besonderer Bedeutung für den Erfolg ist die Witterung. Bei hellem Sonnenschein ist der Wald voller Schlaglichter. Er ist ganz in helle und dunkle Flecke aufgelöst, so daß der Jäger das im Hellen stehende oder sitzende Wild gar leicht gewahrt, das im Dunkeln befindliche aber meist gar nicht sieht. Es gehört daher eine besondere Schulung dazu, unter solchen Verhältnissen nicht draufzulaufen oder nicht am Wild vorüberzugehen. Die Kunst ist nur, die Aufmerksamkeit auf die dunklen Flächen zu richten, weil man das in den hellen befindliche Wild ohnehin leicht gewahrt. Dasselbe trifft aber auch für das Wild selbst zu; denn sobald der Jäger einen hellen Fleck betritt, wird er zur weithin leuchtenden Gestalt. Wo es daher angeht, verläßt er den Schatten nicht ohne Not und durchquert die hellen Stellen in beschleunigtem Gang.

Heftiger Regen ist der Pürsche ungünstig. Das Wild steht dabei gern im Schutz, wo der Jäger selten an es herankommt. Außerdem erschwert der Regen mit seinem Verschwemmen des Haares und dem Verwaschen des Schweißes die scharfe Beaufsichtigung des Hundes bei der Nachsuche. Um so günstiger ist dagegen feuchte Witterung mit lebhaftem Wind. Laub und Gezweig sind beim Drauftreten weich; sie verusachen kein Geräusch. Das Wild steht gern in lichten Orten ohne Unterwuchs, weil es das Anstreifen nasser Zweige nicht liebt. Es meidet die Dickungen, ist also leicht aufzufinden. Lebhafter Wind läßt nicht nur über seine Richtung keinerlei Zweifel; er verschlingt auch etwaige Geräusche des Jägers und wird dadurch sein bester Helfer. Nur eins ist zu bedenken: Anstreichen darfst du bei solchem Wind nicht; denn auch stärkere Stämme sind dabei in Bewegung, wenn dieses auch nicht sehr sinnfällig ist.

Der Frost schließt im allgemeinen den Pürschgang aus. Der Boden kracht; die Luft ist *hörig*. Das Wild muß den Jäger schon von weitem gewahr werden. Da ist es mit dieser Jagdart nichts.

Fällt dann aber Schnee, und bleibt er weich liegen, dann kann der Pürschjäger seine Gänge wieder aufnehmen; vorausgesetzt, daß das Wild nicht etwa bei tiefem Schnee Not leidet. Denn dann heißt es: Hahn in Ruh! Und aus dem Jäger wird der Heger. Bei leichtem, weichem Schnee aber pürscht es sich gut, weil die weiche Decke alle Geräusche dämpft, dagegen alle Fährten klar zutage legt.

Die häufig gehörte Behauptung, daß das Wild beim ersten Schneefall im Winter wie verbast und viel unaufmerksamer als sonst sei, ist nichts als eine Redensart, die der eine dem anderen nachschwätzt. Bei stärkerem Nebel schien es mir öfters, die gleiche Erscheinung beobachten zu können, doch dürfte hier das ruhige Aushalten des Wildes nicht auf geringere Aufmerksamkeit, sondern darauf zurückzuführen sein, daß es die sich nähernde Gestalt im Nebel nicht deutlich wahrnehmen konnte. Wegen des unsteten Windes sollte man bei Nebel überhaupt nicht pürschen, jedenfalls nicht im Gebirge! Sobald Schnee liegt, wählt das Wild Standorte, von denen es aus Erfahrung weiß, daß es leichter als anderswo an die Bodenäsung gelangen kann. Es zieht sich nach Heideflächen hin, sucht Wacholder auf, wenn er in der Umgebung vorkommt. Während es schneit, steht es, ebenso wie während des Regens, gern an Orten, die Schutz von oben bieten, namentlich unter Fichten und Tannen. Aber daß das Wild weniger aufmerksam sei als sonst, das habe ich nie bestätigt gefunden. Am ersten Tag nach einer Neuen findet man nicht viele Fährten im Revier, weil das Wild wenig umherzieht, desto mehr aber am zweiten.

Liegt der Schnee stark auf den Dickungen, so meidet das Wild diese, bis der Wind oder der Tau ihn heruntergeworfen haben. Ist er ganz still gefallen, daß er auf jedem Zweig und Ast liegenblieb, so verschließt er den Gesichtskreis auf jede weitere Entfernung hin; es sei denn in lichten Orten, wo kein Unter- und Zwischenholz steht. Fällt dann Neue auf Neue, tritt heftiger Frost hinzu, wird der Schnee hart zu Firn, dann sollte jeder brave Waidmann nur auf die Sorge für sein Wild bedacht sein, anstatt es durch Jagen zu beunruhigen. Siehst du erst Sauen bei solchen Witterungsverhältnissen am Tag brechen, dann schütte Körnung. Sie sind mit wenig zufrieden; aber das wenige müssen sie haben.

Über das Pürschenfahren mit dem Pferdewagen habe ich schon kurz gesprochen. Grundsatz muß sein, daß niemals vom Fahrzeug aus geschossen werden darf, sondern, daß man im Fahren absteigt, neben dem Wagen hergeht, bis man eine Deckung hat, während der Wagen weiterfährt. Erst, nachdem der Wagen aus dem Blickfeld des Wildes verschwunden ist, darf man schießen. Auf den Schuß hin macht der Wagen kehrt und kommt zu dem Schützen zurück. Hat es aus irgendeinem Grunde nicht geklappt, so weiß der Kutscher, daß er nach Ablauf von etwa 1/4 Stunde von selbst zurückfahren muß.

Auf Gänse und Trappen bedient man sich auch wohl eines gewöhnlichen Ackerwagens und tarnt sich als Bauer. In diesem Fall muß man natürlich vom Wagen aus schießen. Auch das Anreiten des Wildes bzw. Angehen neben dem Reitpferd führt häufig zum Erfolg. Voraussetzung ist ein ruhiges Pferd, das nicht schußscheu ist.

Es ist ein guter, leider nicht immer beobachteter Grundsatz, daß auf den Wagen niemals ein geladenes Gewehr gehört. Er sollte auch beim Pürschenfahren zur Anwendung gelangen; denn *die Zeit,* die zum Laden erforderlich ist, ist immer vorhanden. Man soll sich angewöhnen, grundsätzlich vor dem Besteigen eines Wagens oder eines Autos nachzusehen, ob das Gewehr auch tatsächlich entladen ist.

DIE SUCHJAGD

Jede Jagd, bei der der Jäger mit oder ohne Hund Wild aufsucht, um es selbst zu erlegen, ist eine Suchjagd. Streng genommen würde auch die Pürsche, die Erdjagd, die Suche auf Wassergeflügel, hierhin gehören. Sie werden aber zweckmäßiger für sich behandelt.

An die Spitze der Suchjagden möchte ich die verbreitetste und gewöhnlichste von allen: *die Suche auf Rebhühner* setzen. Ihrer weiten Verbreitung und Alltäglichkeit halber wird sie in recht verschiedener Weise ausgeübt. Es gibt aber nach meinem waidmännischen Gefühl nur eine einzige, wirklich schöne Suche: die, die *der Jäger mit seinem Hund allein betreibt.* Hier tritt das sonst so in den Vordergrund gestellte Schießen stark gegen die Arbeit des Hundes zurück. Wenn auch schließlich das Erlegen von Hühnern, und zwar von möglichst vielen Hühnern, der Suche Endzweck ist, so ist doch eine tadellose Arbeit des Hundes das Schönste bei der Sache. Niemals aber steht die Leistung des Hundes auf derselben Höhe, wenn er zwei oder gar noch mehr Schützen hinter sich hat, als wenn er mit seinem Herrn allein ist. Das trifft am meisten für den jungen Hund zu, der durch die fremden Schützen gar zu leicht gestört wird.

In gutbesetzten Niederwildrevieren empfiehlt es sich jedoch, nicht ganz allein auszuziehen, sondern einen Träger mitzunehmen. Der wird am besten mit einer leichten Kiepe versehen, in der die erlegten Hühner aufgehangen werden. Damit sie nicht unter der Sonne leiden, soll die Kiepe oben einen dichten, leichten Deckel haben, der die Sonnenstrahlen nicht durchläßt. An den Seiten muß sie dagegen um so luftiger sein, damit die Hühner ordentlich auskühlen können. Der Träger hat aber noch eine andere Aufgabe. Nämlich die nach dem Schuß fortstreichenden Hühner im Auge zu behalten, damit sie wieder gefunden und beschossen werden können; und zwar soll es in ganz bestimmter Ordnung geschehen. Im allgemeinen folgt der Träger in kurzem Abstand. Falls sich aber eine kleine Erhöhung im Gelände findet, von der aus man weitere Umsicht hat, so bleibt er dort zurück, solange er die nahe Fühlung mit dem Schützen nicht verliert. Denn die muß er immer halten, will er den Zweck seines Mitgehens nicht verfehlen. Von dieser Erhöhung aus behält er die fortstreichenden Hühner im Auge; und zwar immer diejenigen, die nach der Seite streichen, die er selbst zum Schützen einnimmt, während letzterer die andere Seite beobachtet.

Die Hühnersuche hat gegen frühere Zeiten stark an Bedeutung verloren. Die Hühnerbesätze nehmen seit einigen Jahrzehnten in einem erschreckenden Maße ab. Die einzig richtige Erklärung scheint mir zu sein, daß die ständig zunehmende Intensivierung der Landwirtschaft, die Überhandnahme von Raubwild und Raubzeug, die Entfernung der letzten Hecken aus dem Feld, die Entfernung des letzten Dornbusches usw. schuld am Rückgang dieser Niederwildart sind. Immerhin gibt es auch heute noch gutbesetzte Hühnerreviere, und die Hühnersuche ist eine herrliche Jagdart.

Man soll die Suche nicht zu früh ausüben, die Hühner müssen gut ausgewachsen sein, nur dann liefern sie einen guten vollwertigen Braten, und nur der Schuß auf solche Hühner schafft volle Befriedigung. Es kommt hinzu, daß bei den späten Jagden nicht nur die Witterung günstiger zu sein pflegt als in den heißen Augusttagen, so daß Jäger und Hund erheblich mehr zu leisten imstande sind, sondern daß auch der Schaden an den Feldfrüchten wesentlich geringer ist oder ganz fortfällt.

Und welche Freude, wenn man nach freilich wiederholten Versuchen auch solche Völker, die nicht zu den „Waldhühnern“ gehören, einmal in das Holz gebracht hat, wo sie Dekkung finden! Ich erinnere mich an solche Erlebnisse in den rheinischen Bergen mit dem größten Vergnügen. Dort bestand der Wald zu damaliger Zeit meist aus Lohhecken, Eichenschälwald. Die Hühner fielen entweder auf ganz jungen Schlägen ein, wo sie sehr viel Deckung fanden und trotz der späten Jahreszeit gut hielten, oder, wenn sie in älteren Schlägen einfielen, dann immer auf holzfreien Stellen, die ich genau kannte. Ich durfte dann diese nur absuchen, um die oft weit auseinanderliegenden Hühner zu finden, wenn nicht zuviel Zeit verstrichen und das Volk wieder zusammengelaufen war. Es hat mir das unendliche Freude bereitet. Auch in späteren Jahren, in denen mir so viele andere Waidmannsgenüsse zuteil wurden, als ich den Feisthirsch, den Brunfthirsch, den Bartgams nach Herzenslust gejagt habe, sind diese fröhlichen Hühnerjagden in den rheinischen Bergen mir immer noch im vollen Glanz der Erinnerung geblieben. Denn nicht die Menge, nicht die Größe, nicht die Seltenheit des erlegten Wildes, sondern einzig und allein die Waidmannskunst schafft Waidmannsfreude. Je größer die Schwierigkeit, desto größer die Freude über den Erfolg. Das ist das Schöne am Waidwerk. Denn wo sollten sonst die vielen, denen die, ich möchte sagen, großen waidmännischen Erlebnisse nicht zuteil werden, mit ihrer Waidmannslust bleiben, wenn sie sich nicht auch im Kleinen betätigen und darin volles Genügen finden könnten!

Bei der Hühnersuche ist der *Hund die Seele des Ganzen.* Die Freude an der Arbeit eines guten Hundes ist viel schöner als alles Schießen. Aber auch hier gilt der alte Spruch: Übung macht den Meister! Wenn der Hund das ganze Jahr im Zwinger gelegen hat und zur Hühnerjagd das erste Mal mit ins Feld genommen wird, dann darf man sich nicht wundern, wenn er sich wie ein losgelassenes wildes Tier benimmt, alle Hasen hetzt, den Hühnern nachprellt und für den Jäger zu einer Quelle des Ärgers wird. Schon im Februar muß man den Hund an Paarhühner bringen, um ihn an eine ruhige Suche zu gewöhnen. Ist der Junghund sehr heftig, so nehmen man ihn zunächst an eine lange Leine, um ihn stets in der Gewalt zu behalten. Je mehr Arbeit der Hund bekommt, desto ruhiger und sicherer wird er werden.

Ich bin zufrieden, wenn der Hund sich im ersten Feld eine weite, flotte Quersuche aneignet, zu der ich ihn auch durch meine eigenen Vorwärtsbewegungen anhalte, wenn er fest vorsteht, sicher nachzieht und nicht nachprellt. Im zweiten Feld aber muß er das Umschlagen der Hühner lernen, was, falls er mittels Pfiff und Wink auch von weitem gelenkt werden kann, keine besondere Schwierigkeit macht. Er lernt es bald, wenn man ihn nur eine Zeitlang grundsätzlich von allen Hühnern, die er sieht, abruft und ihn von der anderen Seite wieder heranführt. Übrigens besaß ich zwei Hunde eigener Aufzucht und eigener Erziehung, die das Umschlagen von selbst machten. Ist man einmal an diese Leistung des Hundes gewöhnt, so kann man sich nicht gut vorstellen, wie man ohne Umschlagen überhaupt auskommen könnte.

Nun wird vielleicht der eine oder andere junge Waidmann sagen: das ist alles recht schön gesagt; wenn nur die verfluchten Hasen nicht wären! Darauf sei ihm erwidert: es ist selbstverständlich, daß auf der Hühnerjagd keine Hasen geschossen werden, falls man seinen jungen Hund hasenrein haben will. Bei einem alten Hund kann man schon eher ohne Nachteil beides durcheinander schießen; aber die Vorarbeiten für Hasenreinheit müssen schon früher getroffen sein.

Wenn ich das Hasenhetzen so weit gestatte, daß der Hund Spur halten lernt und bei der heftigen und anhaltenden Bewegung seinen Körper entwickelt, dann muß es aber damit auch sein Ende haben. Bevor die Hühnerjagd beginnt, muß der Hund so weit sein, daß der Pfiff seines Herrn ihn aus dem fröhlichsten Hetzen herumwirft, sobald er ihn erreicht. Ist der Gehorsam so weit ausgebildet, dann lernt er durch grundsätzliches Niedermachen, sobald ein Hase aus dem Lager fährt, sich bald nicht mehr um die Hasen zu kümmern.

Ist das zweite Feld beendet, dann muß der Hund fertig sein. Dann muß er hinreichend Gelegenheit gehabt haben, auch das Geläufe kranker Hühner zu arbeiten und gelernt haben, in solchem Fall nicht mehr vorzustehen, sondern einzuspringen, um das Huhn zu greifen. Alles das macht mancher junge Hund schon im ersten Feld; aber sicherlich nur in der ersten Hand. Damit es aber für die Dauer festsitzt, ist eine längere Übung, die sich auf zwei Jahre erstreckt, unerläßlich.

Nachdem wir uns den Hund für unseren Zweck erzogen haben, wollen wir uns auf die Jagd begeben. Da wird es von Bedeutung sein, alsbald Hühner zu finden, damit nicht zuviel Zeit verlorengeht. Zu dem Zweck wird von manchen Seiten geraten, die Hühner in der Morgenfrühe *verhören* zu lassen oder sie selbst zu verhören. Über Nacht nämlich ruhen die Hühner, das ganze Volk zusammengedrückt, in einem *Kessel* am Boden. Wenn es tagt, streichen sie einigemal auf, fallen wieder ein und *fallen* schließlich auf ihre *Weide*, wo sie äsen. Dort bleiben sie, falls sie nicht gestört werden, zunächst liegen, um bei hochstehender Sonne den Schatten aufzusuchen. Vor jeder Ortsveränderung locken sie sich zusammen. Auf dieser Gewohnheit beruht das Verhören. Man muß jedoch beachten, daß die Hühner nicht unbedingt vor jeder Ortsveränderung, die übrigens auch durch Laufen erfolgen kann, zu locken pflegen. Immerhin bekommt man durch das morgendliche Verhören doch ein gutes Bild darüber, ob Hühner da sind, und wo sie etwa liegen.

Solange morgens Gras und Kraut voll Wassertropfen hängen, solange hat der Hund schlecht suchen, weil er die Nase voll Wasser bekommt. Man wartet also, bis die Sonne den Tau verdunstet hat. Andererseits wird dem Hund das Finden erschwert, wenn die Sonne höher steigt und der Boden trocken wird. Danach sind nach tauiger Nacht die Stunden von 9 bis 11 Uhr vormittags die besten. Hat es nicht getaut, so kann man schon früher anfangen.

Ganz stilles Wetter ist der Suche nicht günstig. Am besten sind leichter Wind und bewölkter Himmel, denn ersterer erleichtert dem Hund das Finden erheblich; letzterer schützt nicht nur vor Hitze, er schützt auch vor der Sonne, die für das Schießen außerordentlich hinderlich sein kann. An solchen Tagen kann der Hühnerjäger mit kleiner Mittagspause den ganzen Tag über jagen, während an heißen Tagen die Zeit von 11 bis 15 Uhr richtigerweise ausfällt. Die Hunde finden bei der Trockenheit schlecht; sie leiden unter der Hitze. Und dann womöglich am Nachmittag mit demselben Hund suchen wollen, der schon vormittags gearbeitet hat, das wäre eine Torheit.

Wenn es angeht, führe man den Hund ans Wasser, oder man wässere ihn, wie man in

Bayern zu sagen pflegt. Aber wenn irgend, dann gilt es hier: maßhalten! Denn ebenso, wie das fortwährende Trinken an heißen Tagen den Menschen nur erschlafft und immer neuen Durst erzeugt, ergeht es auch dem Hund. Das Nötige soll er haben, wenn Wasser vorhanden ist; aber er muß von vornherein an wenig Wasser gewöhnt werden. Dadurch wird er unempfindlich gegen Durst und ausdauernd. Beim Menschen ist es geradeso.

Ein guter Hund sucht so weit und steht die Hühner schon auf solche Entfernung, daß sich der Jäger bei Kleinfelderwirtschaft mit dem Absuchen einzelner Stücke nicht zu plagen braucht. Hat der Hund an einem langen Stück unter Wind entlang gesucht, so braucht sein Herr es nicht, wie zur Zeit unserer kurznasigen, alten deutschen Hunde, noch einmal abzutreten.

Hat der Hund gefunden, und steht er vor, so wird der Führer bald an der Art des Vorstehens sehen, ob er etwa einen Hasen oder Hühner, ob diese nahebei liegen oder noch weiter entfernt sind. In dieser Hinsicht hat ein jeder Hund seine Eigentümlichkeiten, die der Führer ihm absehen muß. Liegen die Hühner noch weit, so lasse ich den Hund nachziehen, bis er nicht recht weiter will. Nun darf ich annehmen, nah bei dem Volk zu sein, und muß mich entschließen, wie ich es beschießen will. Zuerst richte ich mich nach dem Stand der Sonne und zwar derart, daß ich nicht gegen das Licht zu schießen brauche. Kann ich nebenher noch durch Umgehen der Hühner den Vorteil erringen, daß ich meinen Hund, der nicht mehr an der Leine, sondern frei sucht, von vorn scharf im Auge haben und ihn so leichter vom zu nahen Aufrücken oder gar Nachprellen abhalten kann, so ist das gut.

Wichtig ist die Frage der Erhaltung der beiden Alten eines Volkes. Hier handelt es sich nicht nur um die Erfahrung des alten Hahnes, der für die Sicherheit und Führung der Jungen von großem Wert ist, sondern auch um die alte Henne, die mehr Eier zu legen pflegt als eine junge. Neue Untersuchungen sollen ergeben haben, daß die letztere Annahme nicht zutrifft. Immerhin möchte ich doch glauben, daß, nach den Erfahrungen mit Haushühnern, die Rebhenne im zweiten Jahr ihres Brutgeschäftes mehr Junge hochbringt, als im ersten. Völker aus Spätbruten sollte man ganz aufreiben, besonders früh entwickelte, kopfstarke Völker von Fall zu Fall völlig schonen. Um dem Revier einen ausreichenden Stammbesatz zu erhalten, muß man vorsorglich mit Winterverlusten von etwa 50 % rechnen.

Der Anfänger, dem es an der nötigen Anleitung und Führung fehlt, ist manchmal geneigt, beim Aufstieben eines Volkes in den dichtesten Haufen zu schießen. Dieser Schuß scheint ihm bei dem starken Geprassel eines gemeinsam aufstiebenden, kopfstarken Volkes, das ihm die kalte Ruhe raubt, der leichteste zu sein. Der regelmäßige Mißerfolg wird ihn zwar bald von dieser Annahme zurückbringen; allein der Schaden ist dann schon geschehen. Es werden auf diese Weise viele Hühner angeschossen, die dann teils langsam eingehen, teils später als Krüppel und Kümmerer erlegt werden. Es soll daher das Bestreben eines jeden guten Jägers sein, immer nur auf die einzelnen, seitwärts des Haupthaufens streichenden Hühner zu schießen; und zwar nicht zu nah. Denn so getroffene Hühner sind meist derartig zerschossen, daß sie wertlos werden. Mit unseren heutigen guten Flinten hat er ohnehin noch Gelegenheit, den zweiten Schuß auf ein anderes, einzeln streichendes Huhn anzubringen. Aber er warte damit nicht etwa zu lange. Denn durch das Weitschießen wird gerade so viel zuschanden geschossen, wie durch das Schießen in den dichtesten Knäuel hinein.

Neben der Sorge für das Auffinden der Hühner ist die Beobachtung des abtreichenden Volkes von Bedeutung. Hierauf kann der Jäger den früher erwähnten Träger, falls er einen bei sich hat, nicht allein achten lassen. Denn wenn das Volk auseinandergesprengt wurde, dann kann der Träger auch nur einen Teil der Hühner im Auge behalten. Das soll stets derjenige Teil sein, der, vom Schützen aus gerechnet, auf der Trägerseite streicht, während der Schütze grundsätzlich die andere Seite wahrnimmt.

Auseinandergesprengte und einzeln oder in kleiner Zahl beieinanderliegende Hühner pflegen viel besser zu halten als ein ganzes Volk oder ein größerer Teil davon. Daher geht man zunächst darauf aus, das Volk zu *sprengen.* Auch aus dem weiteren Grund, weil noch unsichere Schützen auf einzeln aufstehende Hühner einen leichteren Schuß haben als bei dem verwirrenden Geprassel eines aufstiebenden ganzen Volkes, bei dem die Auswahl eines gut streichenden Huhnes wiederum erschwerend wirkt.

Wenn im Spätherbst die Hühner nicht mehr halten, so benutzt man vielfach einen greifvogelähnlichen Papierdrachen, der allerdings nur bei vorhandenem Wind verwendet werden kann, aber seinen Zweck meistens gut erreicht.

Daß man als waidgerechter Jäger nicht auf sitzende oder laufende Hühner – es sei denn, daß sie vorher geflügelt sind – schießt, dürfte selbstverständlich sein.

Auch auf das *Schneehuhn* wird gelegentlich in den Alpen die Suchjagd ausgeübt. Zwar nicht so, daß der Jäger in dem schwierigen Gelände regelrecht auf die Suche geht; sondern so, daß er gelegentlich aufgetane Schneehühner wieder aufsucht, um einige davon zu erlegen.

In derselben Weise, wie der Waidmann mit dem Vorstehhund Rebhühner jagt, betreibt er auch die *Suche auf Fasanen* oder, wie ich gleich besser sagen will, auf *Fasanenhähne;* denn die Henne wird im allgemeinen nicht beschossen. Will er die Geschlechter sicher unterscheiden können, so wartet er mit der Jagd bis gegen den Oktober; denn zu dieser Zeit pflegen die jungen Hähne völlig ausgefiedert zu sein. Da jedoch dann die Felder meist leer sind, und nur in mehr südlich gelegenen Gegenden noch Mais oder Kukuruz, wie er dort genannt wird, draußen steht, so ist die Suche auf dem Feld auf diese Flächen und Hegegehölze beschränkt.

Gern liegt der Fasan dann in den Weidenhegern am Flußufer, in Auwaldungen und, weiter nach dem Winter hin, besonders in dichten Nadelholzdickungen, wo aber die Suche nicht möglich ist. Am besten ist diese im Wald dort auszuführen, wo dichter Bodenwuchs dem Vogel Deckung bietet, so daß er eher hält und der Holzwuchs oben so licht ist, daß man noch einigermaßen darin schießen kann. Da der wiederholt hochgemachte Fasan sich oft unglaublich fest auf den Boden drückt und sich richtig verkriecht, so ist es am besten, neben dem Vorstehhund noch einige Treiber mitzunehmen, die auf etwa zwanzig Schritt neben dem Jäger hergehen und gleichzeitig als Träger der erlegten Vögel dienen können.

Wo der Bodenüberzug so licht ist, daß er dem Fasan das Laufen ermöglicht, da pflegt dieser vor dem Hund zunächst zu laufen und sich erst zu drücken, wenn er ermüdet ist. Weit hinaus suchende Hunde sind daher für die Suche im Wald wenig brauchbar, weil dann viele Hähne außer Schußweite aufstehen. Der Hund muß vielmehr, wie beim Buschieren auf Schnepfen, sozusagen unter der Flinte des Jägers suchen. Daraus folgt aber nicht, daß man einen Hund mit flotter Feldsuche beim Buschieren nicht brauchen könne. Nein, derselbe Hund muß vielmehr so geführt sein, daß er im Feld weit, im Wald kurz vor seinem Herrn sucht.

Einen ganz besonderen Reiz für den Waidmann hat von jeher die Suche auf *Waldschnepfen* gehabt. Ich will dabei aber gleich die Einschränkung machen: die Suche im *Herbst,* denn die Suche im Frühling ist glücklicherweise verboten.

Ein alter Erfahrungssatz sagt, daß die Schnepfe in nassen Jahren auf trocknen Gebieten, in trocknen auf nasseren Gebieten am ehesten zu finden ist. Das erklärt sich durch die Art ihrer Ernährung, durch ihr *Wurmen* im Boden. Dieser muß dazu, ich will einmal sagen, in der Oberfläche eine gewisse Gare und einen gewissen Feuchtigkeitsgrad haben, damit der Stecher leicht eindringen kann, und damit das Gewürm, wonach sie sticht, sich in der oberen Bodenschicht befindet. Das ist das Allgemeine. Im besonderen bevorzugt die Schnepfe ganz bestimmte Örtlichkeiten, an denen sie regelmäßig gefunden wird, und die der örtlich erfahrene Jäger absucht. Seine übrigen Gänge sind nur Wege von einem solchen Ort zum anderen, auf denen er freilich den Hund suchen läßt, weil auch der erfahrenste Schnepfenjäger vielleicht noch neue Örtlichkeiten dieser Art entdeckt. Denn der Wald ändert mit dem wachsenden oder geschlagenen Holz örtlich seine Art; und es liegen vielleicht, oder vielmehr ziemlich sicher, heute Schnepfen im Jungwuchs, wo sich im Altholz nie eine sehen ließ.

Findet der Jäger aber auf den nächsten dieser ihm bekannten Plätze keine Schnepfe, dann mag er ruhig nach Hause gehen; denn heute sind offenbar nicht so viele Vögel da, daß die Suche sich lohnt. Im Herbst haben wir die Langschnäbel gewöhnlich mit nördlichem Wind zu erwarten, weil sie auf der Reise aus dem höheren Norden nach dem Süden bei uns durchziehen. Bei anhaltendem, gleichem Wind pflegt die Schnepfe nicht lange zu bleiben. Geht der Wind dagegen nach Süden herum, so darf man auf längeres Verweilen rechnen, solange dieser herrscht. Bei Sturm zieht die Schnepfe nicht. Sie hält aber auch dann vor dem Hund nicht aus, so daß die Suche ergebnislos bleiben würde. Stille, sonnige, warme Tage mit leichtem Südwind sind für die Suche die besten; besonders in der Mittagszeit, etwa von 10–15 Uhr.

Der Hund muß, wie es in der Natur der Dinge liegt, beim Schnepfenbuschieren kurz suchen. Um ihm das anzugewöhnen, wartet man nicht auf die Schnepfenjagd selbst. Das ist vielmehr Sache planmäßiger Erziehung, die schon vorher einsetzen soll. Ich möchte auch bestimmt widerraten, einen jungen Hund im ersten Feld auf Schnepfen zu führen. Denn man hat nicht mehr als Ärger davon; und für den Hund taugt es wenig. Werden nicht alsbald Schnepfen gefunden, so weiß er nicht, was er soll. Er meint, die Suche gälte anderem Wild, hetzt an Hasen oder an Rehen, und Strafe und Unlust sind die Folge. Daher führe man den Hund erst auf Schnepfensuche, wenn er schon etwas Erfahrung hat und im Feld sicher geworden ist. Zweckmäßig läßt man ihn an dem Tag, wo er zuerst die Schnepfe kennenlernen soll, sich zunächst im Feld tüchtig müde laufen; es wird dadurch für das folgende Buschieren viel gewonnen. Je früher er Schnepfen findet, desto besser. Denn um so schneller erfährt er, um was es sich handelt und gerät nicht in Langeweile, die selbst bei guten Hunden selten etwas taugt.

Die Schnepfe ist *weich*, d. h. sie fällt leichter als anderes Flugwild. Das darf aber naturgemäß nicht dazu verführen, gewagte Schüsse zu riskieren, denn solche sind aus Gründen der Waidgerechtigkeit unter allen Umständen zu unterlassen!

Wenn die Schnepfe nicht tödlich getroffen ist, dann läuft sie sofort und steht nach einiger Zeit wieder auf, oder sie weiß sich so meisterlich zu verstecken, daß nur ein sehr erfahrener Hund sie findet. Ich meine, schon allein der Umstand, daß wir die Schnepfe im Holz suchen, wo ein Teil der Schrote sich ohnehin leicht verschlägt, wo ein anderer Teil die Kraft haben muß, Blätter und Nadeln zu durchschlagen und dann, noch weiter hinreichend, tief in den Körper des Vogels einzudringen, um ihn tödlich zu verletzen, sollte schon von den feineren Schroten zu gröberen führen. Ich habe stets bei der Schnepfensuche im rechten Rohr dieselbe Schrotnummer geführt wie auf Hühner, und im linken Fasanenschrot: für den Schuß durch mehrere Hindernisse hindurch. Das sind die Nummern $2^1/_2$ und 3 mm. Dabei bin ich stets gut gefahren.

Die rücksichtslose Ausübung der Schnepfensuche in Revieren, die Schalenwild beherbergen, kann zu großer Beunruhigung dieses Wildes führen. Sie sollte daher hier auf solche Örtlichkeiten beschränkt bleiben, wo eine Störung nicht zu befürchten ist.

Wenden wir uns jetzt zur Schnepfe im Zickzackzuge, zur *Bekassinensuche.* Wo Bekassinen liegen, finden sich auch die kleinen Haarschnepfen, in anderen Gegenden die faulen und fetten Pfuhl- oder Doppelschnepfen. Letztere beide sind zu allen Zeiten gut vor dem Hund zu schießen, weil sie sehr fest zu liegen pflegen. Sie stehen stumm auf und sind sehr leicht zu treffen.

Wir wollen uns hier nur mit der eigentlichen Bekassine, der Heer- oder Herdschnepfe, beschäftigen, die der Schießkunst eine besondere Aufgabe stellt. Wenn du bei windigem Wetter schlecht haltende Bekassinen schießen willst, dann mußt du erstens häufig und fleißig Anschlag geübt haben, damit sozusagen keine Zeit vergeht, bis du die Flinte an der Backe hast. Zweitens mußt du dann so schnell zu zielen verstehen, daß der auf etwa 20–30 Schritt vor dir aufstehende Vogel nicht schon aus deinem Bereich ist, bis der Schuß fällt. Es kommt also alles auf deine Schießgewandtheit an. Von dem Augenblick an, wo die Bekassine mit Ätsch, Ätsch! vor dir aufsteht, bis sie am Boden liegt, darf nur eine winzige Zeit verstreichen. Die Lehre, als ob jede Bekassine erst hin und her, im Zickzack und nachher geradeaus striche, ist kein Evangelium; sie ist ein ungefährer Anhalt. Eines pflegt allerdings zuzutreffen, daß, wenn du bei einer im Zickzack fortstreichenden Bekassine mit dem Schuß warten willst, bis sie geradeaus streicht, du dann besser gar nicht schießest; denn dann ist sie allemal schon zu weit. In den allermeisten Fällen liegt mangelhaftes Bekassinenschießen am Mangel an Übung. Denn dort, wo Bekassinen häufig sind, findet man auch gute Schnepfenschützen gar nicht selten.

Da die Bekassine ungeheuer schnell fliegt, sich also sehr schnell vom Schützen entfernt, so ist es ein Vorteil, möglichst weit schießen zu können. Ich rate daher, nicht unter $2^1/_2$ mm zu gehen. Freilich müssen Flinte und Schrot zusammenpassen.

Kommen wir nunmehr zum *Haarwild.* Da mag uns zunächst der Hase beschäftigen. Es gab eine Zeit, da spielte der Glaube eine große Rolle, daß bei der Suche, zum angeblichen Nachteil der Wildbahn, zumeist Häsinnen geschossen würden. Die älteren Jagdbücher sind voll von Anweisungen, wie man den Rammler von der Häsin unterscheidet, wie man sich zu benehmen hat, um hauptsächlich erstere abzuschießen und letztere zu schonen. Allen diesen mehr oder minder lichtvollen, aber stets vom eifrigsten Bestreben der Sache zu dienen, eingegebenen Ausführungen gegenüber ist es betrüblich sagen zu müssen: „Schade um all die Mühe; sie war ganz gegenstandslos!“ Wir dürfen heute auf Grund der seinerzeit von der Zeitschrift „Wild und Hund“ veranlaßten Ermittlungen mit hoher Wahrscheinlichkeit annehmen, daß die Rammler ebenso fest liegen wie die Häsinnen, daß letztere aber auch in Waldtreiben ebenso gut vorgehen wie die Rammler. So lieferte eine Beobachtung bei der Suche eines ganzen Jahres das Ergebnis von 66 % Rammlern und 34 % Häsinnen; also ungefähr das Gegenteil von dem, was man immer der Suche als Nachteil angerechnet hatte.

Die recht umfangreichen Ermittlungen über das Verhältnis der einzelnen Jagdarten zum Geschlecht der erlegten Hasen haben zu dem für viele Eiferer auf diesem Gebiet niederschmetternden Ergebnis geführt, daß die einzelne Jagdart von gar keinem Einfluß auf das Verhältnis des Geschlechtes der dabei erlegten Hasen ist. Dabei hat es sich als ganz unerheblich ergeben, ob sie mit besonderer Rücksicht auf die angebliche Schonung der Häsinnen ausgeübt, also ob beispielsweise ein Waldtreiben ganz umstellt oder nur vorn vor mit kleinen Flügeln bestellt oder ein Kesseltreiben bis zur Mitte durchgeführt oder vor Hereinschicken der Treiber bis in die Mitte abgebrochen wurde. Angesichts dieses Ergebnisses wird einmal wieder klar, welch eine Macht das Nachbeten auf jagdlichem Gebiet darstellt; aber auch nicht minder, welche Gefahr in der kritiklosen Annahme fremder Meinungen liegt.

Es war ein Grundsatz oberster Jagdheiligkeit geworden, die Suche auf Hasen zu verdammen und den, der sie ausübte, mit dem Makel minderer Waidgerechtigkeit zu belegen, weil der Mann angeblich seine sämtlichen Häsinnen totschösse und somit unwaidmännsich verführe. Und nun ist das alles nicht wahr! Da ist doch wirklich die Frage am Platz: wie ist denn das gekommen? Ja, aller Wahrscheinlichkeit nach dadurch, daß derjenige, der zuerst die Sache aufgebracht hat, Rammler und Häsin nicht sicher hat unterscheiden können. Das ist zwar nicht recht zu glauben; aber die Lösung kann kaum anders lauten. Tatsächlich ist das Geschlecht ohne sorgfältige Untersuchung schwierig zu unterscheiden, solange das Kurzwildpret der Rammler in die Leibeshöhle zurückgeglitten bzw. noch nicht geschwollen ist, was meist erst Ende Dezember, Anfang Januar einzutreten pflegt. Die Unterscheidung bietet aber auch zu anderer Zeit keine erheblichen Hindernisse, sobald sie nicht am bereits erkalteten, sondern an dem noch warmen Hasen vorgenommen wird. Dann tritt beim Aufdrücken der gespreizten Finger zwischen die Hinterläufe die kurze Rute des Rammlers hervor. Die dann bei Häsinnen hervortretende Klitoris zeigt stets eine deutliche Längsspalte.

Haften der Suchjagd somit die behaupteten Nachteile der unverhältnismäßig hohen Erlegung von Häsinnen auch nicht an, so kann sie doch einen anderen Schaden im Gefolge haben, wenn sie anhaltend und fortgesetzt ausgeübt wird. Das ist die durch sie hervorgebrachte Beunruhigung. Diese veranlaßt viele Hasen zum Auswechseln. Sie kann dazu durch öfteres Hetzen des nicht zu Schuß kommenden Wildes auf dieses und seine Nachkommen schädlich wirken. Wenn daher auch keine Veranlassung besteht, die Suchjagd auf Hasen zu verdammen, so besteht andererseits kein Zweifel, daß es wenig pfleglich ist, die Bejagung des Hasen etwa nur auf der Suche durchzuführen. Es gilt dasselbe, wie für den Anstand: einige Küchenhasen auf der Suche oder dem Anstand zu schießen, kann hohe Waidmannsfreude vermitteln und schadet der Jagd nicht, im Übermaß ausgeübt, ist beides zu verurteilen.

Man betreibt die Suchjagd entweder auf dem Feld oder buschierend in Busch und Wald. Bei ersterer Jagd wählt der Waidmann weiches Wetter, weil der Hase bei Frost nicht *hält,* vermutlich, weil er das Näherkommen des Jägers bei dem starken Dröhnen im gefrorenen Boden schon von weitem vernimmt und dann so zeitig hoch wird, daß er bald aus dem Schußbereich ist. Abgesehen von der mechanischen Erklärung haben wir den Grund für das lose Sitzen bei hellem, kaltem Wetter sicherlich auch in einer allen Wildarten gemeinsamen Eigentümlichkeit zu suchen, die in einer größeren Regsamkeit bei solchem Wetter besteht. Denn der Hase *sitzt* nicht nur lose bei hellem Frost; er *läuft* dann auch viel besser bei der Treibjagd als bei weicher Witterung, nachdem er einmal lose gemacht ist.

Übrigens gibt die augenblickliche Witterung nicht immer den Ausschlag für besseres oder schlechteres *Halten.* Wie fast alle Tiere, so hat auch der Hase eine feine Empfindung für bevorstehenden Witterungswechsel. Wenn er bei schönstem warmem, weichem Wetter nicht halten will, so magst du ruhig annehmen, daß Unwetter, Sturm und Regen im Anzug sind, ja, man kann getrost sagen: der Hase hält und läuft so, wie es dem Wetter nach 24 Stunden entspricht. Wer sich die Mühe macht, darauf zu achten, wird die Behauptung bestätigt finden.

Wo *sitzt* der Hase in Feld und Wald? Immer da, wo er vor Wind geschützt ist, und wo er trocken sitzt! Das ist die Hauptregel, die bei jeder Suche berücksichtigt werden will. Wer sie vernachlässigt, der darf sich über Mangel an Erfolg nicht beklagen. Liegen Feld und Wald im Gemenge, und ist das Feld ziemlich eben, so daß keine tiefen Schluchten, Gräben, Böschungen usw. vorhanden sind, die dem Hasen überwindige Plätzchen bieten, so rückt er bei windigem Wetter zu Holz. Es sei denn, daß plötzlich einsetzender Laubabfall oder tauender Schneeanhang ihn von dort auf das Feld treiben, wo er dann nach Möglichkeit in windgeschützten Geländefalten, buschigen Rainen, in Sturzäckern, Rüben- und Kohlfeldern oder auf trocknen Wiesen sein Lager sucht.

Bei nasser Witterung sitzt der Hase mit Vorliebe an Hängen, Böschungen, Grabenrändern, in Weinbergen, Steinbrüchen. Aber immer so, daß er vor rinnendem Wasser sicher ist. Im Feld pflegt der Hase *tief* zu sitzen, d. h. sein Lager so tief zu scharren, daß er einigermaßen Deckung hat. Er liebt rauhe Sturzäcker; gern nimmt er die Deckung wahr, die ihm Brombeergerank, eine trockene Distelstaude, der Rand eines Raines bieten.

Im Buschwerk und Wald dagegen liebt Löffelmann *flach* zu sitzen, d. h. oben auf, ohne sich tief einzuscharren; gern hart am Stamm zwischen zwei zusammenlaufenden Wurzeln, unter einem Busch, im Dornengestrüpp usw.

Wer bei der Suche den Hasen *im Lager sitzen sieht,* der hat schon gleich einen Vorteil über ihn. Zwar nicht in dem Sinn, daß er ihn nun im Lager schießen kann – das tut ein waidgerechter Jäger nicht –; sondern deshalb, weil er, ihn umkreisend, sich hinreichend nähern kann, um ihn beim Herausfahren auf den Kopf zu stellen.

Im Buschwerk und im Wald ist das Erkennen recht schwierig, weil der Hase, so flach er sitzt, doch meistens so sitzt, daß er irgendeine Deckung vor sich hat.

Für den Sturzacker gilt dasselbe wie für den Wald. Auch hier geht die Farbe des Hasen völlig in der Umgebung auf, falls ihn nicht etwa eine Bewegung verrät. Denn Löffelmann rückt nicht selten in seinem Lager vor und wieder zurück, weil er sich im Angesicht des Jägers nicht traut herauszufahren und sich nach einem halben Entschluß dazu schnell wieder drückt. Sieht der Jäger also, wenn auch nur mit halbem Blick, irgendeine Bewegung aus dem braunen Acker, so halte er die Stelle scharf im Auge, bleibe aber im Gange, und er wird bald die eigenartige Kopfform und dann den ganzen Rücken erkennen.

Anders ist es auf der grünen Wintersaat; hier kommt selbstverständlich zumeist die Farbe in Betracht. Es kann sich da *nur* um einen Maulwurfshaufen, einen Stein oder aber um einen Hasen handeln. Ähnlich ist es bei mäßiger Schneelage. Bei tieferem Schnee aber und besonders kurz nach einer Neuen, bei der sich der Hase, was er gern tut, völlig hat einschneien lassen, sieht der Jäger meist von weitem einen dunklen Punkt, der sich ab und zu verfärbt. Es ist dann das Luftloch des Hasen, das braun wird, wenn der Bewohner der Schneehöhle es mit seinem Kopf ausfüllt, um zu sichern, und das wieder schwarz erscheint, wenn er in sein Lager zurücksinkt. Wie ich hier gleich bemerken will, pflegt der Hase, in so einem Lager eingeschneit, selbst bei hellem Frost gut zu halten. Bei tiefem Schnee und Tauwetter, wo ihm der Wald verleidet ist, sitzt er ebenso gern in solchen Schneehöhlen auf dem Feld, nur mit größerem Ein- und Ausgang, und hält dann oft unglaublich. Nicht selten erkennt der Jäger das Lager unter solchen Witterungsverhältnissen an dem kleinen Wölkchen Wasserdampf, das des Hasen Atem und Körperwärme über dem Schnee erscheinen lassen.

Wer es nicht zu lernen vermag, den Hasen im Lager zu erkennen, der tut bei weichem Wetter, wenn der Hase festsitzt, gut, von Zeit zu Zeit stehenzubleiben. Das mag kein Hase leiden; und einerlei, ob er sich schon hatte übergehen lassen oder nicht: er rutscht heraus. Der Jäger tut daher wohl daran, auch das nahe Feld *hinter* sich nicht ganz außer acht zu lassen.

Aus demselben Grund aber darf der Waidmann, der einen Hasen von weitem sitzen sieht, niemals stehenbleiben, weil die Gefahr besteht, daß Löffelmann sofort aus dem Lager fährt. Er nähert sich dem Hasen daher in fortwährender Bewegung, so, als ob er ihn umkreisen wolle, sorgt aber dabei, ihm recht bald nah zu kommen.

Meist schlägt der Hase beim Herausfahren einige Haken, um aber bald auf dem kürzesten Weg von seinem Feind freizukommen. Je weiter er sich entfernt, desto sicherer hat der Schütze den Krummen spitz von hinten. Ein solch ungünstiger Schuß hat nur Sinn, wenn man den Hasen sozusagen noch von oben beschießen kann, so daß man die Schrote über den Kopf hinweg vor ihm zur Erde wirft. Dann läuft der Krumme in die Schrotgarbe hinein und erhält die Schrote vorn, wo sie tödlich wirken. Läßt der Schütze aber den

Hasen in dieser Flucht auf 50 Schritt und weiter hinauskommen, bevor es knallen würde, dann setze er ruhig ab. Denn viel, viel besser ist es, nicht zu schießen, als dem unglücklichen Hasen die Keulen zu zerschmettern und ihn dann vom Hund greifen zu lassen oder ihm gar nur das eine oder andere Korn waidwund beizubringen, an dem er langsam und schmerzlich eingeht.

Sobald es sich bei der Feldsuche nicht um noch bestandene Äcker, Kohl, Rüben oder dergleichen, handelt, in denen der Suchjäger den Hasen bei weichem Wetter nicht hoch bringt, wenn er ihm nicht sozusagen auf den Kopf tritt, ist der Vorstehhund zur Suche gänzlich überflüssig. Er tritt nur in Tätigkeit, falls ein Hase angeschossen wird; sonst gehört er angeleint neben seinen Herrn. Das liegt einmal unmittelbar im Interesse des Hundes selbst, damit er nicht wieder in das ihm mit mehr oder weniger Mühe ausgetriebene Hasenhetzen zurückfällt, dann aber auch sehr im Interesse der Suche. Denn die Hasen werden auch ohne den Hund hoch; und der Jäger ist völlig ungehindert im Schießen. Bei einem nachprellenden Hund wird das oft geradezu unmöglich gemacht, wenn der Hund nicht gefährdet werden soll.

Verbindet der Waidmann, was bei der Feldsuche im Spätherbst oft der Fall sein wird, die Hasensuche mit der Suche auf Rebhühner oder Fasanen, dann läßt er den Hund natürlich frei suchen. Da er das Flugwild jedoch nicht auf dem abgeernteten Acker zu suchen und noch weniger haltend zu finden pflegt, so beschränkt sich der Gebrauch des Hundes auch hier auf noch bestockte Feldstücke, wo der Führer ihn auch auf Hasen würde suchen lassen.

Ein ganz anderes Gesicht, wie im Feld, gewinnt die *Hasensuche im Buschwerk und Wald,* wo man sie oftmals mit der Suche auf Kaninchen verbinden kann. Hier ist der Jäger in weit geringerem Grad von der Witterung abhängig, wenn er nur Hasen im Holz hat. Also dann, wenn nicht gerade die Blätter nach den ersten Frösten mit Macht fallen oder aber Tauwetter nach Schneeanhang alle Hasen aus dem Wald vertrieben hat. Kaninchen aber findet der Jäger selbst an solchen Tagen, weil diese sich in ihre Baue verkriechen können, die sie trotz allem von Zeit zu Zeit verlassen.

Halten aber wird der Hase der vorhandenen Deckung wegen im Holz selbst dann, wenn er im Feld gar nicht halten würde; also sogar bei hellem Frost. Das Kaninchen hält ohnedies immer viel besser, als es dem Jäger lieb ist. Es drückt sich bis zum letzten Augenblick, um dann dem Schützen unmittelbar vor den Füßen herauszurutschen. Ohne Hund würde der Jäger sowohl Hasen als auch Kaninchen übergehen. Er ist daher hier immer auf die Hilfe seines besten Jagdfreundes angewiesen. Nur darf dieser nicht weit hinaussuchen; er muß seinem Herrn vielmehr stets unter der Flinte bleiben, muß selbstverständlich felsenfest vorstehen und darf auch nicht einen einzigen Schritt weit nachprellen. Denn durch letzteren Fehler würde er seinen Herrn gar oftmals am Schießen hindern; namentlich aber dann, wenn er in den oft wunderlich verlaufenden Fluchten dem Wild unmittelbar folgt, und er dieses spitz auf seinen Herrn zutreibt. Er würde dabei in die größte Gefahr geraten, erschossen zu werden.

Am besten sucht der Jäger im Holz allein. Denn, da er hier oftmals in die Lage kommt, seitwärts oder hinter sich zu schießen, er aber seine Nachbarn oft genug zwar nicht sehen, wohl aber ernstlich gefährden könnte, so liegt in der Suche zu mehreren Schützen nah beieinander eine Gefahr.

Angeschossene Kaninchen gehen außerordentlich leicht verloren, weil sie mit allen ihnen noch verbliebenen Kräften dem nächsten Bau zustreben. Man trachte, sie daher in noch höherem Maße als den Hasen immer von vorn zu fassen und spare vor allem den zweiten Schuß nicht, wenn der erste sie nicht gleich im Feuer zusammenschoß. Gibt aber das Kanin nach dem Schuß einen leicht pfeifenden Ton von sich, dann halte ruhig den zweiten Schuß im Rohr. Denn das ist das Zeichen, daß es tödlich getroffen ist und alsbald verenden wird.

Sind neben dem Hasen auch Kaninchen oder Fasanen zu erwarten, so führt der Jäger am besten, je nach Gewöhnung, im rechten oder linken Lauf eine feinere Schrotnummer, als er sie auf Hasen wählt: etwa neben 3 mm, die für den Herbsthasen mit noch nicht dichtem Balg ausreicht, $2^1/_2$ mm Schrot. Das Schießen selbst ist im Holz insofern meist günstiger als im Feld, weil das Wild selten auf dem kürzesten Weg vom Jäger fortzuflüchten trachtet, also spitz von hinten beschossen werden müßte, vielmehr oft genug um den Jäger herumflüchtet, ihm also Gelegenheit für den Breitschuß gibt: Freilich bieten Stämme und Buschwerk manches Hindernis und fangen viele Schrote auf, aber eine altbewährte Regel besagt, daß der Schütze sich gar nicht daran kehren und schießen soll, als ob diese Hindernisse gar nicht vorhanden wären.

Eine besondere Art der Suchjagd, aber doch eine Suchjagd im ausgesprochensten Sinne des Wortes ist *die Suche mit dem Finder auf Schwarzwild*. Diese ist vorzüglich dann am Platz, wenn es sich um einen Einzelgänger, eine einzelne grobe Sau handelt. Es läßt sich aber auf diese Weise eine ganze Rotte anpürschen. Einzelne grobe Sauen, angehende und hauende Schweine haben die Eigentümlichkeit, falls sie nicht gestört werden, lange Zeit hindurch immer wieder dasselbe Lager aufzusuchen, in dem sie dann so fest zu stecken pflegen, daß sie sich längere Zeit von einem kleinen Hund verbellen lassen, bevor sie herausfahren. Wenn der Hund sie dann verfolgt, so stellt sich die Sau leicht, schiebt sich auch gern wieder unter einer dichten Fichte, im Dornicht und ähnlichen Schutzgelegenheiten ein. Der Hals des verbellenden Finders ruft dann den Jäger heran.

Diese Art hat namentlich im späteren Herbst, wenn die Sauen recht *weiß* sind, ungemeinen Reiz und verspricht zu dieser Zeit auch besonders guten Erfolg, weil das Wild dann träge ist, nicht gern weit fortwechselt, sich dem Hund aber leicht stellt. Dieses Stellen geschieht zwar selten an so lichten Orten, daß der Waidmann nur einfach heranzuschleichen braucht, um die Sau zu erlegen. Wenn er aber die nötige Gewandtheit besitzt, sich auch in dichter Dickung leise zu bewegen, am Boden zu kriechen, um das Stück überhaupt zu sehen, und die Unverdrossenheit, auch öfter vergeblich anzukriechen und es immer wieder von neuem zu versuchen, solange die Sau nicht ganz aus dem Revier herauswechselt, so wird er schließlich fast immer zu Schuß kommen.

Selbstverständlich muß der Wind beim Anschleichen gut beachtet werden. Je schärfer der Finder dem Bassen zusetzt, desto mehr erleichtert er dem Jäger das Herankommen, weil die Sau sich dann viel mit dem Hund beschäftigt, dessen Hals auch etwaige unvermeidliche Geräusche des anpürschenden Jägers deckt.

Wer im Besitz eines reinen Finders ist, der braucht nicht auf Schnee zu warten. Sonst muß er das freilich, um den anzulernenden Hund gehörig beaufsichtigen zu können. Am besten eignet sich für diese Zwecke ein Teckel als Finder, weil er klein und unscheinbar, aber meist sehr scharf ist, beides Eigenschaften, die besonders günstig für das Stellen des Schwarzwildes sind. Sein niedriger Bau schützt den Teckel außerdem vor Schlägen, weil der Keiler selten so tief am Boden zu schlagen imstande ist. Nichtsdestoweniger sind mir auch schon Dachshunde völlig zuschandengeschlagen worden. Für grobe Sauen sind aus diesem Grund zwei Hunde zu empfehlen, von denen der eine durch sein Zufassen den anderen schützen kann.

Ohne Schnee ist der Waidmann bei dieser, für einen einzelnen Jäger geradezu herrlichen Jagd auf den Finder angewiesen. Bei Schnee kann er die Jagd zur Not auch allein machen. Aber mit dem Hund ist die Sache insofern leichter, als dieser die Sauen immer von neuem verbellt, die der Jäger allein, nachdem sie in der Dickung schon vielfach hin und her getreten sind, schließlich trotz oder besser wegen der vielen Fährten gar nicht mehr wiederfinden würde.

Freilich dort, wo das Schwarzwild niemals Ruhe hat, wo es jahraus, jahrein verfolgt und beunruhigt wird, da ist bei dieser Suche nur ein einziger Schuß anzubringen. Denn dann setzt sich die Rotte in Bewegung und kommt meist erst wieder zur Ruhe, nachdem sie vielleicht Meilen hinter sich hat.

Wo aber große, zusammenhängende Dickungen, ausgedehnte Sumpfgebiete mit vielem Röhricht den stets bedrängten Schwarzkitteln Ruhe gewähren, dort kann der Jäger mittels der Suche oft eine recht ergiebige Jagd machen.

Eine andere recht mühsame, oft vergebliche, aber für einen ausdauernden Waidmann äußerst reizvolle Suchjagd ist das *Ausmachen eines Marders* oder eines *Iltis bei Schnee.* Diese Jagd hat mich in jüngeren Jahren in hohem Maße beschäftigt; ich habe aber auch dabei gelernt, daß die meisten Jagden Fehljagden sind, wenn die Verhältnisse nicht besonders günstig liegen.

Erste Voraussetzung ist das Vorhandensein von Mardern und Iltissen. Die zweite ist Schnee. Es braucht nicht gerade eine Neue zu sein, obgleich diese das Verfahren erleichtert, weil dann nur ganz wenige Spuren vorhanden sind. Auch nach Eintritt von Tauwetter läßt sich recht gut spüren; zumal der Jäger da sicher ist, daß jede gut erkennbare Spur ganz frisch sein muß, weil sie sonst bald austaut. Wo der Marder zu suchen ist, das muß jeder ordentliche Waidmann vorher wissen; denn wie jedes andere Wild hat auch dieser ziemlich feste Gewohnheiten. Er hält gern bestimmte Striche ein; hier findet der aufmerksame Jäger die Losung auf Wegen, Pfaden, Wildwechseln; dort sieht er die Laubdecke nach Mäusen durchwühlt. Gelegentlich liegt auch irgendwo ein Stück Fallwild; oder es ist ein Luder ausgelegt. Diese Gegenden sind beim Kreisen auf Marder besonders zu berücksichtigen. Fast immer bewegt sich der Marder in gewissen Örtlichkeiten am Boden, in anderen *baumt er fort;* auch darüber pflegt die Losung Aufklärung zu geben. Also der Waidmann geht nicht, wie die alte Vorschrift lautet, sozusagen wie ein Wildfremder in sein Revier und spürt Wege und Gestelle ab, mit besonderer Berücksichtigung derjenigen Stellen, wo der Marder etwa über eine solche Spürbahn *fortgeholzt* sein könne. Das wäre Unsinn. Der Jäger kreist vielmehr dort, wo er den Marder vermuten darf, und zwar schon in der Morgenfrühe. Nicht etwa, um dann besser kreisen zu können, wie gesagt wird, vielmehr aus dem einfachen Grund, weil er eine sehr langwierige, weitausschauende Jagd unternimmt, für die er am besten den ganzen Tag vor sich hat.

Dort sucht er zunächst eine Spur zu finden. Stößt er auf eine solche, so umschlägt er auf möglichst guter Spurbahn den Revierteil, in den sie hineinzeigt, falls er weiß, daß sich dort hohle Bäume, Greifvogelhorste, Krähen-, Elstern- oder Eichhornnester befinden. Weiß er, daß das nicht der Fall ist, was jeder revierkundige Waidmann wissen muß, dann sieht er vom Umschlagen des Revierteiles ab und folgt der Spur, indem er sie fortwährend *austritt.* Gelegentlich wird diese aufhören, natürlich immer an einem Baum; dann wird schon durch etwas Flechte, Rinde und dergleichen auf dem Schnee offenbar, daß der Marder hier *gebaumt* ist. Ist er nicht gleich wieder an demselben Baum *heruntergefahren,* was am *Absprung* erkennbar ist, so muß der Spurjäger kreisen, indem er, von Anfang an nicht zu eng – das ist immer ein Fehler, weil es meist verlorene Zeit bedeutet –, sondern eher etwas weiter die Stelle umschlägt, wo der Marder aufbaumte. Findet er die Spur nicht wieder, so hält er sich nicht mit Umhersuchen auf, sondern entwirft gleich einen Plan, nach dem er so kreisen kann, daß die Möglichkeit, der Marder sei über die Spurbahn fortgeholzt, ausgeschlossen ist. Hat er den Marder auf diese Weise in dem Waldteil fest, so heißt es, ihn näher ausmachen.

Bisher war die Sache leicht, jetzt aber beginnen die Schwierigkeiten; da gibt es allerlei zu überlegen. Zunächst geht der Marder nicht auf Bäumen spazieren, wie der Kater im Mondschein auf dem Dach, so vorzüglich und andauernd er klettert; dieses bleibt für ihn immer eine ganz andere Anstrengung als die Bewegung auf der Erde. Er kann nur zweierlei Zwecke im Auge haben, wenn er baumt: Entweder er jagt, und dann ist meist ein Eichhorn sein Opfer; oder aber er sucht im Horst, im Nest, im hohlen Baum oder auch in einer dichten Fichte, Tanne usw. einen Platz zum Ausruhen oder Schlafen.

Ist das erstere der Fall, jagt der Marder, so geht das nicht ohne ganz erhebliche Spuren ab. Es brechen trockne Äste; es fallen vor allen Dingen Rindenstücke, Baumflechten – letztere sind die besten Leiter, weil sie leicht sind und daher immer oben auf dem Schnee liegen – herunter. Kurzum, unterhalb des Weges, den die Jagd nahm, sieht es am Boden anders aus als sonst im Bestand. Einem geschulten Auge kann das nicht entgehen; und so wird der Jäger dem Ort, wo der Marder sich gesteckt hat, allmählich näherkommen; denn nach erfolgtem Raub pflegt dieser alsbald zu ruhen.

Man muß dieses Ausgehen eines Marders möglichst leise bewerkstelligen, um ihn nicht vorzeitig rege zu machen und ein Fortholzen zu veranlassen. Hören die Marderspur bzw. die Kennzeichen seines Fortholzens auf und man entdeckt einen alten Horst oder hat gar eine alte Eiche oder Buche vor sich, dann ist mit Sicherheit anzunehmen, daß der Marder da drin steckt. Jetzt gilt es, ihn zum Springen zu veranlassen. Das kann auf verschiedene Weise geschehen: durch Klopfen mit dem Stock an den Stamm, welches aber ein Gehilfe ausführen muß, da man selbst in höchster Aufmerksamkeit schußbereit sein muß. Sollte das Klopfen nicht helfen, kann man einen Schuß abgeben – in die Nähe des Horstes, nicht in diesen hinein –, da man den Marder eventuell totschießen würde, ohne es zu bemerken.

Verläßt der Marder den Horst auf den Schuß, dann holt ihn natürlich der nächste Schuß gleich herunter. Bedenke aber ja, daß dicke Äste eine vorzügliche Deckung abgeben und schieße nicht eher, als bis du den kleinen Räuber völlig frei hast. Sobald das Schießen oder die Möglichkeit, der Marder könnte den Boden gewinnen, überhaupt in Frage kommt, läßt der Jäger den Hund, der nicht scharf genug sein kann, frei gehen und sorgt nur, daß er nah bei ihm bleibt. Alles Zeigen nach oben usw. ist hier durchaus vom Übel, weil es meist auf völlige Verständnislosigkeit stößt. Ein Hund, der etwas taugt, hat den sich in den Baumwipfeln fortbewegenden Marder ohnehin bald weg; sicherlich aber eher, wenn der Jäger ihm gar nichts sagt, als wenn er viel an ihm herumzieht.

Scharf muß der Hund sein, weil der nicht tödlich getroffene Marder, zur Erde fallend, sich auf Leben und Tod wehrt und furchtbar beißt. Ein nicht scharfer Hund läßt dann gern ab, während ein scharfer Hund ihn entweder würgt oder wieder zum Aufbaumen zwingt, wo er dann zum zweitenmal mit besserem Erfolg heruntergeschossen wird.

Schwierig ist manchmal die Sache, wenn der Marder in einem hohlen Baum steckt und durch Klopfen nicht herauszukriegen ist. Das Ausräuchern müssen wir als unwaidmännisch ablehnen, auch kann der hohle Baum leicht Feuer fangen. Alte Marderjäger haben mir erzählt, daß man in solchen Fällen durch anhaltendes Kratzen mit metallischen Gegenständen den Marder zum Springen brächte, selbst habe ich es nie ausprobiert. Wenn alles nichts hilft, könnte man den hohlen Baum fällen lassen, aber bei der Seltenheit hohler Bäume im Zeichen intensiver Forstwirtschaft und bei der Bedeutung, die ein hohler Baum nicht nur als Unterschlupf für den Marder, sondern auch als Nistgelegenheit für alle Höhlenbrüter hat, dürfte sich eine solche Maßnahme von selbst verbieten.

Die beschriebene Suche in hohlen Bäumen und Horsten paßt, genaugenommen, nur für den Baummarder. Beim Steinmarder, dessen Spur sich, wie wir aus dem ersten Teil wissen, durch den scharfen Abdruck der Tritte von der des Edelmarders unterscheidet, darf man damit rechnen, daß er sein Lager selten in Horsten und Bäumen sucht. Hier muß gleich weiter gekreist werden, um keine Zeit zu verlieren. Denn er ist meist wieder abgebaumt, um sich unter einer Brücke, in einem Durchlaß, einem Steinhaufen, Holzstoß, am liebsten aber in verfallenen, einsamen Gebäuden oder auch in bewohnten Gehöften einen Platz zu suchen. Im Felsgeklüft und auch in Bauen findet sich nicht selten auch die Wildkatze, die die Gewohnheiten beider Marder teilt, aber ganzjährig geschützt ist.

Am einfachsten ist das Ausmachen des Iltis. Seine Vorliebe für die Ufer der Gewässer, Gräben und andere nasse Gelegenheiten, wo er den Fröschen im Winterschlaf nachstellt, gibt bei nicht zu starkem Frost dem Jäger gleich Gelegenheit, ihn durch Hineingießen von Wasser aus einer Röhre herauszutreiben. Daraufhin pflegt der Ilk blad zu erscheinen, um entweder vom Hund in Empfang genommen oder vom Jäger erlegt zu werden.

DIE ERDJAGD

Da die Verwendung des Tellereisens als unwaidmännische Tierquälerei verboten ist, muß der Jäger sein besonderes Augenmerk der Erdjagd zuwenden, denn sowohl Dachs wie

Fuchs müssen heute, wenn keine Tollwut droht, auch in der Erde bejagt werden. Das erfordert die Haltung guter Erdhunde, also Teckel oder Foxterrier bzw. Jagdterrier.

Beginnen wir mit dem *Dachsgraben.* Man unterscheidet *Hauptbaue* und *Nebenbaue;* auch sogenannte *Fluchtröhren,* wenn der Nebenbau nur aus einer einzigen Röhre besteht. Ferner *Felsenbaue* und *Erdbaue.* Hauptbaue haben gewöhnlich ein hohes Alter. Sie bestehen aus mehreren Lagen von *Röhren* und *Kesseln* übereinander, gehen tief in den Boden, in die Bergwand hinein und sind daher schwer zu graben. Wenn nicht ganz besondere Verhältnisse vorliegen, verzichtet der Waidmann hier darauf; zumal der Erfolg, die Erbeutung eines oder mehrerer Dachse, zu der sich oft auf zwei bis drei Tage erstreckenden Arbeit in keinem Verhältnis steht. Den Hund in Felsenbaue schliefen zu lassen, ist gefährlich, weil diese oft, den Klüften und Spalten folgend, tiefe, steile Abgründe haben, die der Teckel wohl hinunterspringen kann, an denen aber jeglicher Versuch, wieder heraufzukommen, scheitert.

Der Jäger hilft sich daher hier auf andere Weise. Nachdem er alle Röhren eines Hauptbaues oder eines Felsenbaues festgestellt hat, verblendet er sie in der Nacht, nachdem die Dachse den Bau verlassen haben, was manchmal erst gegen Mitternacht erfolgt, bei nassem, stürmischem Wetter auch einmal ganz unterbleibt, indem er ein Stück weißes Papier, das er noch mit irgendeinem Stinkzeug tränkt, oder einen Lappen entweder in die Röhre hineinsteckt oder auch an einem Stäbchen vor ihr aufhängt. Oder aber er hängt einige brennende Laternen auf dem Bau so auf, daß sie jede Einfahrt beleuchten. Das sogenannte Verfeuern, von dem auch gelegentlich die Rede ist, d. h. das Anzünden offnen Feuers auf dem Bau, würde sich der Waldbesitzer wohl bald verbitten. Die eine oder andere Laterne dagegen ist ganz ungefährlich und leistet dieselben Dienste.

Auf diese Weise werden die von ihren nächtlichen Streifereien zum Bau zurückkehrenden Dachse vom Einfahren abgehalten und nehmen dann in größerer oder geringerer Nähe befindliche Nebenbaue oder Fluchtröhren an, wenn sie nicht, was gar nicht selten ist, sich einfach in irgendeine Deckung einschieben und dort den Tag verbringen. In letzterem Fall natürlich war für diesmal der Liebe Müh vergebens.

Der Waidmann gräbt die Dachse, wenn sie fett sind. Das ist im Herbst, vom Oktober ab, der Fall. Aber der Jäger glaube nun nicht, daß er von dieser Zeit an den Dachs auch im Bau antreffen müßte. Das ist nach Gegenden sehr verschieden. Beispielsweise oben an der Ostküste, die sich durch auffallend lange, milde Herbst- und Frühwinterzeit auszeichnet, findet man den Dachs selten vor Dezember im Bau. Bis dahin liegt er über Tag draußen herum, wo und wie die Gelegenheit es gerade mit sich bringt. Je weiter in den Winter hinein, desto mehr verliert er sein Fett, bis er gegen das Frühjahr hin ordentlich mager aus einem sogenannten Winterschlaf erwacht. Dieser ist durchaus nicht, wie manche glauben, ein ununterbrochener Schlaf, sondern nur ein Hindämmern in besonders kalten Zeiten. Denn abgesehen von heftigen Kältewellen, stößt der Jäger im Winter oft genug auf Dachsspuren, eine Beobachtung, die mit einem völligen Winterschlaf schwer in Einklang zu bringen ist.

Die Hauptbaue pflegen gemeinhin bekannt zu sein; nicht so die Nebenbaue und Fluchtröhren. Diese findet der Waidmann, da sie auch fast alle vom Fuchs benutzt werden, am leichtesten zu der Zeit, wo Reineke gern die Baue befährt: zur Rollzeit, Dezember, Januar. Folgt er dann bei Schnee den Fuchsspuren, so findet er bei einiger Ausdauer jeden Bau und jede Röhre, deren Lage er sich bei größeren Revieren am besten auf einer Karte oder sonstwie vermerkt. Natürlich muß diese Liste, will ich einmal sagen, auf dem laufenden gehalten werden, weil sie stets Zuwachs findet.

Soll zum Dachsgraben geschritten werden, so ist die erste Frage: welcher Bau ist befahren? Zu einem befahrenen Dachsbau führen meist von außen, d. h. schon mehrere Schritte von außen, ganze Rinnen, die den Dachspaß darstellen, und die kein Waidmann übersehen kann. Im Herbst fährt der Dachs zudem trockenes Gras, Laub usw. für den Kessel in großen Mengen ein; auch das ist nicht zu verkennen. Auch ist eine befahrene Röhre auf ihrem Grund glatt; es hängen nirgends Spinnweben; die Ränder sind abgerundet; kurz, alles deutet auf fleißige Benutzung. Ob diese von einem Dachs oder von einem Fuchs herrührt, darüber belehren die Spuren, die hinein- oder herauszeigen. Diese sind bei gefrorenem Boden und im trocknen Sand nicht immer zu erkennen. Dann muß die Hundenase anzeigen, ob überhaupt etwas ein- oder ausfuhr; sei es die des Gebrauchshundes oder des Teckels. Aber noch etwas anderes vermag Kunde über den Bewohner zu geben. Der Dachs schüttelt sich meist noch ganz innerhalb der Röhre den Sand aus der Schwarte. Das ist das Poltern, das dem Jäger, wenn er auf dem Ansitz am Bau ist, Grimbarts Erscheinen ankündigt. Der Fuchs tut das meist erst außerhalb der Röhre. Die Stellen, wo beim Schütteln die Branten standen, bleiben bei ihm sandfrei. Hieran läßt sich bei trockner und kalter Witterung das Hinein oder Heraus feststellen. Ist der Schnee hart gefroren, dann stehen die Spuren als Sandspuren oben darauf. Außerdem findet man bei genauer Untersuchung stets einzelne Haare in der Röhre, sei es an Wurzeln oder an kantigen Felsenecken – man muß sich nur auf den Bauch legen und die Röhren ganz eingehend untersuchen, so wird man sehr bald einzelne Haare finden und so ganz genau sagen können, ob Fuchs oder Dachs im Bau steckt.

Hunde gehören erst auf den Bau, wenn gegraben werden soll. Bis dahin machen sie nur die Bewohner mißtrauisch. Ja, wenn es Teckel sind, die einschliefen, so vertreiben sie sogar die Dachse, wenn diese auch erst ausfahren, nachdem der Teckel wieder heraus ist. Führt der Jäger daher beim Absuchen der Baue Hunde bei sich, so sind diese stets möglichst weit davon abzulegen.

Zum *Dachsgraben* gehören: *zwei Spaten, zwei Schaufeln, eine Spitzhacke, eine Axt, ein Beil, eine Dachsgabel, eine möglichst lange, schmiegsame Gerte, eine Laterne.* An *Personal: zwei Jäger, zwei Arbeiter;* an *Hunden:* mindestens *zwei gute Teckel, ein Ge-*

brauchshund und außerdem soviel *Reisigbündel,* wie Röhren vorhanden sind, außerdem nimmt man neben der Flinte eine Pistole mit, mit der man den mit der Gabel gehaltenen Dachs totschießt.

Ein sehr notwendiges Hilfsmittel ist die *Dachsgabel.* Diese besteht aus einer Metallgabel, die an den Enden zugespitzt und innen angerauht ist, und einem etwa 2 m langen Eschenschaft, um auch bei tiefen Einschlägen auszureichen. Die Gabel hat den Zweck, den aus der Röhre im Einschlag erscheinenden Dachs im Genick zu fassen und so fest wie möglich an den Erdboden zu drücken, um ihn in dieser Lage mit der Pistole totschießen zu können.

Die schmiegsame *Gerte,* die nicht zu dünn sein darf, dient dazu, den Verlauf der Röhre festzustellen, in der bisher der Hund vor dem Dachs *vorlag,* falls er von ihm abgelassen und dieser sich *verklüftet* hat. Man schneidet sie oben stumpf ab und spaltet sie ein wenig auf, um, falls man beim Nachfühlen auf etwas Weiches stößt, das der Dachs sein könnte, durch einiges Drehen ihm ein paar Haare auszuziehen, die dann oft in dem Spalt sitzenbleiben und die Gewißheit erbringen, daß der Dachs in der *Endröhre* steckt, aus der es kein Entweichen mehr gibt.

Noch ein paar Worte über die *Hunde.* Auf dem Weg zum Bau sollen sie nicht im Riemen liegen, sondern zur Linken des Jägers an der Koppel gehen, wie ein wohlerzogener Gebrauchshund. Andernfalls zerren sie sich müde, bis sie am Bau sind, wo ihrer ohnehin gewaltige Anstrengungen harren. Tun sie das aus Passion nicht, da sie an dem mitgenommenen Gerät sehen, was los ist, so trage man die Hunde entweder im Rucksack oder auf dem Arm, damit sie auf alle Fälle mit frischen Kräften an den Bau herankommen. Sie sollen auf dem Bau nicht laut werden und nicht winseln; im Bau aber unter keinen Umständen *waidelaut* sein, sondern nur Hals geben, wenn sie den Dachs oder den Fuchs vor sich haben. Um im Fuchsbau überall durchkommen zu können, dürfen für diesen keine schweren Hunde verwendet werden. Die Höhe ist hier jedoch nicht allein maßgebend; denn auch ein Hund mit höheren Läufen kommt gut fort, wenn er nur in der Brust nicht zu stark ist. Das sieht man am Terrier, der überall durchschlieft, der aber trotz oder vielmehr wegen seines gewaltigen Schneides gerade für das Dachsgraben am wenigsten zu brauchen ist. Denn er verbeißt sich mit dem Dachs und gibt oft stundenlang keinen anderen Laut von sich als ein würgendes Knurren, das bei den tiefen Bauen schwer zu hören ist.

Nur sei noch bemerkt, daß beim Graben selbst kein Hund lose auf den Bau gehört. Sobald der Hund aus der Röhre hervorkommt und nicht gleich wieder einschliefen will, wird er sofort aufgekoppelt und statt seiner ein anderer in die Röhre hineingelassen. Nur auf diese Weise erzieht und erhält man sich brauchbare und einigermaßen folgsame Teckel.

Also der Waidmann ist mit lebendem und totem Zubehör auf dem Dachsbau eingetroffen. Die Hunde werden abgelegt, die Gerätschaften niedergelegt. Dann wird über und um den ganzen Bau gegangen, um zunächst genau festzustellen, ob ein Dachs frisch eingefahren ist. Je früher am Tag desto mehr Zeit hat der Jäger vor sich. Ist er sicher, so wählt er diejenige Röhre aus, in die er den Hund einschliefen lassen will. Das ist natürlich die am meisten befahrene. Bevor der Hund jedoch geholt wird, werden sämtliche vorhandenen Röhren, auch die scheinbar niemals zum Schliefen benutzten Luftröhren, mit den vorbereiteten Reisigbündeln verschlossen, indem die Bündel lang und so tief wie irgend möglich hineingeschoben werden, so daß kein Dachs sich daran vorbeizwängen kann. Es ist das der einzige, schnell herzustellende, wirksame Verschluß.

Wenn auch der Dachs nur selten *springt,* so muß mit dieser Möglichkeit doch gerechnet werden. Nicht so selten aber würde er, vom Hund gedrängt, aus einer Röhre heraus- und in

eine nahegelegene hineinfahren und so im Augenblick eine ganz neue Lage schaffen, die alle bisherigen Arbeiten vergeblich erscheinen lassen würde. Nicht nur das wird durch den Verschluß verhindert; es wird vielmehr auch jede Röhre, die nach außen führt, durch ihn zu einer Endröhre gemacht. So ist das Verstopfen der Röhren eine im Verhältnis zu der oft tagelangen, übrigen Arbeit auf dem Bau eine kleine Mühe, die aber für den Erfolg des Ganzen von großer Bedeutung werden kann.

Ist bis auf die eine Röhre, in die der Hund einschliefen soll, alles versperrt, dann trägt der Jäger den Hund auf dem Arm zu dieser hin, nimmt ihm die Halsung ab, damit er nicht irgendwo hinter einer Wurzel festhaken kann, und läßt ihn schliefen. Bei flachen Bauen wird er, falls der Hund findet, auf dem Bau stehend, seinen Hals hören können; bei tiefen aber legt er sich lang auf die Erde, mit dem Ohr fest am Boden, und horcht, ob er nichts vom Hund hört, verteilt auch zu gleichem Zweck die vorhandenen Leute. Ein vorzügliches Hilfsmittel beim Abhorchen tiefer Baue ist ein Bohrstock, wie er zu Bodenuntersuchungen gebraucht wird. Einige mit seiner Hilfe hergestellte, etwa 1 m tiefe Löcher vermitteln den Schall des Hundelautes aus der Tiefe in hervorragender Weise.

Dieses Abhorchen darf niemals von der Röhre aus geschehen, weil der Schall dort den Jäger völlig falsch leiten würde, sondern immer nur von oben her.

Zuerst wird die Jagd im Bau oft hin und her gehen. Der Jäger wird den Hund mal hier, mal dort hören, dazu Scharren, Kratzen, Poltern. Letzteres rührt vom Dachs her, der sich gegen den Hund *verklüften,* d. h. sich durch zwischengeschobenes Erdreich vor ihm schützen oder ihm scharrend Sand und Staub in die Augen werfen will. Das Verklüften darf ein scharfer Hund nicht zulassen. Er muß dem Meister Grimbart so hart auf die Schwarte rücken und zwicken, daß dieser sich verteidigen muß und keine Zeit zum *Versetzen,* wie man auch das Verklüften nennt, findet. Unterdessen beeilt sich der Waidmann oben auf dem Bau nicht. Er feuert den Hund durch Hineinrufen in die Röhre: Huh faß, faß, faß, Huh, faß, faß, faß! an, stampft oben fest auf den Boden, schlägt mit dem flachen Spaten auf die Erde, um den Dachs zum *Rücken* zu bewegen, ihn *anzutreiben,* damit er sich so weit wie möglich und in eine Endröhre zurückzieht, aus der er nicht mehr weichen kann, ohne den Hund zu *überrollen*.

Erfahrene Erdhunde merken an der ganzen Aufmachung schon, um was es sich handelt. Vor allem haben sie gar keine Furcht, daß ihr Herr vielleicht nicht mehr auf dem Bau sein könnte. Bei jungen Hunden ist das anders. Sie kommen nach einer Weile gern einmal zum Vorschein, um sich nach ihrem Herrn umzusehen. Daher ist in solchen Fällen der Platz des Herrn an der Mündung der offnen Röhre, um den Hund sofort in Empfang zu nehmen, zu liebeln oder, falls er gefährlich *geschlagen* sein sollte, ihn sofort durch den anderen zu ersetzen. Weiß der Hund, daß sein Herr zur Stelle ist, so bleibt er, falls die Sache nicht zu lange dauert, von nun an meist am Dachs, *liegt vor* und gibt anhaltend Laut. Nunmehr überzeugt sich der Jäger, ob die Jagd auf derselben Stelle steht, und trifft in diesem Fall Anstalten, dem Hund von oben zu Hilfe zu kommen.

Zu diesem Zweck macht er einen *Einschlag* oder *Durchschlag*, d. h. er läßt einen etwa dreiviertel Meter breiten Erdwürfel ausheben, der am besten gleich so lang gemacht wird, daß er, bis zur Tiefe der Röhren heruntergetrieben, den ganzen Bau in zwei Teile teilt. Hierin wird in der Absicht, Zeit zu sparen, am meisten gefehlt. Aber diese Sparsamkeit rächt sich meist schwer, indem der Dachs beim weiteren Durchgraben infolge des Stoßens und Schlagens von oben unruhig wird, den Hund zeitweise zurückdrängt, in eine andere Röhre gelangt und schließlich einen neuen Einschlag nötig macht, der dann fast immer mehr Arbeit erfordert, als der etwas länger gezogene erste verursacht haben würde.

Wer die Anlage eines richtig gelegenen Durchschlages angeben will, der muß von der inneren Lage des Baues eine ziemlich klare Vorstellung haben, die er nur durch Erfahrung gewinnen und die er dann mit Hilfe der vorhandenen Röhren auf den Einzelfall anwenden kann. Als Anhalt kann ich hier nur sagen, daß der Bau in seinem äußeren Umfang durch die Mündungen sämtlicher Röhren begrenzt wird, falls er nicht in einen Berghang hineingearbeitet ist, wo schlechterdings alle Schätzungen aufhören. Aus den verschiedenen Punkten, an denen der Waidmann zu Anfang Hund und Dachs poltern und den ersteren laut werden hörte, kann er ein ungefähres Bild von dem Verlauf einiger, nicht aller Röhren gewinnen, das dann den Anhalt für die Lage des Durchschlages geben muß.

Zuerst pflegt viel zu hastig gegraben zu werden, weil auch die Arbeiter gewöhnlich große Eile haben, dem tapferen Hund zu Hilfe zu kommen. Das regelt sich aber bald; und es wird dann ruhiger vorgegangen, wie es für längeres Arbeiten auch notwendig ist. Der Aushub wird dorthin geworfen, wo er voraussichtlich für einen nochmaligen Durchschlag nicht im Weg liegt. In dieser Weise wird fleißig weitergegraben, bis der hellere Laut des Hundes und das Murren des Dachses Kunde geben, daß der Ort der Tat nicht mehr fern ist.

Nicht ganz selten hat die Röhre, in der der Hund vorliegt, eine andere Lage, als der Jäger erwartete. In solchem Fall wird der Einschlag oft neben der Röhre niedergetrieben, ohne sie, wie es beabsichtigt wurde, zu schneiden. Um da keine unnütze Arbeit zu leisten, muß gelegentlich an den Wänden des Einschlages gehorcht werden, während die Arbeit ruht.

Neben der richtigen Lage des Einschlages ist auch seine innere Form von Bedeutung. Die Wände sollen durchaus senkrecht, sauber und glatt niedergetrieben werden. Wird etwa eine Röhre angeschlagen, so ist sie sofort zu schließen, und zwar nicht etwa mit ein wenig Plaggen, sondern mit einem handfesten Bund Reisig. Dasselbe geschieht mit jeder weiterhin angeschlagenen Röhre, nachdem sie sauber freigelegt wurde.

Diese Maßregeln verfolgen den Zweck, den Einschlag zum Fangkasten des oder der Dachse herzurichten, aus dem kein Entweichen möglich ist. Nach oben verwehren das die steilen, glatten Wände, nach den Seiten die gut abgedichteten Röhren. Es ist nämlich schwer glaublich, mit welcher Gewandtheit und Kraft der in den Einschlag geratene Dachs auch die bestverschlossene Röhre findet und sich hineinzuklemmen versteht, wenn ihm das nicht durch unbedingt zuverlässigen Verschluß verwehrt wird.

Unter dem Spaten und den den Boden forträumenden Schaufeln dröhnt es dumpfer. Der Boden nimmt dieselbe Farbe an, wie wir sie außen vor den Röhren gefunden haben. Der Laut des Hundes wird immer heller; in dem Bewußtsein, daß ihm Hilfe wird, *stürmt* er immer heftiger. Nun wird es für den Jäger Zeit, die Arbeiter aus dem Einschlag herauszunehmen und selbst vorsichtig weiterzugraben, um einer Verletzung des Hundes vorzubeugen. Dachsgabel und Gerte liegen an einer Seite des Einschlages zum Gebrauch bereit.

Die beste Lage des Einschlags ist diejenige, die auf den Hund oder kurz hinter den Hund trifft. Hat man weiter zum Dachs hin durchgeschlagen, so hält der Dachs den Durchschlag selten aus und geht im letzten Augenblick, den Hund überrollend, durch. Landet man zu weit hinter dem Hund, und die Röhre macht etwa noch eine Biegung, so daß kein Licht in den letzten Zufluchtsort Grimbarts gelangt, so muß man allerdings *nachkesseln.* Da man aber die rückwärtige Röhre verstopft hat, kann einem der Dachs nun nicht mehr fortkommen.

Angenommen, wir wären mit dem Durchschlagen gut heruntergekommen, so wird bei vorsichtigem Graben oder Hacken nunmehr die Röhre an einer Stelle einstürzen. Der Hund wird sofort seine Nase herausstecken, teils um die Hilfe zu begrüßen, teils um frische Luft zu schöpfen. Die Röhre wird vorsichtig, am besten mit der Hand, freigelegt und nach der vom Dachs abgekehrten Seite sofort durch den Spaten notdürftig verschlossen, um alsbald mit einem festen Reisigbündel gut verstopft zu werden. Nun nimmt der Jäger den Hund ab, reicht ihn nach oben aus dem Einschlag heraus und ergreift die Dachsgabel. Währenddessen wird oft genug schon der Dachs seinen Kopf aus der Röhre herausgesteckt haben, falls diese nur kurz ist. Nun ergreift der Jäger die Gabel, stellt sich hart an der Röhre auf, die Gabel darüber haltend, um, sobald der Dachs seinen Kopf wieder vorsteckt, ihn, mit der Gabel im Genick fassend, fest an den Boden zu drücken. Dazu gehört die volle Kraft eines Mannes, denn die Hebekraft des Wildes ist außerordentlich stark. Hat der Jäger ihn fest, dann läßt er einen der Arbeiter niedersteigen und übergibt ihm die Gabel, um selbst dem Drama mit Hilfe eines Pistolenschusses mitten in den Kopf des Dachses ein Ende zu machen.

Der Dachs wird nun nach oben geschafft. Falls mehrere in der Röhre steckten, werden sie alle auf dieselbe Weise erbeutet. Es bedarf dazu gar keiner weiteren Anstalten; denn jeder Dachs kommt sicher ganz von selbst aus der Röhre heraus, sobald der Hund abgenommen ist und das Licht hineinfällt, vorausgesetzt, daß die Röhre nicht noch weiter reicht und keine Biegung hat, hinter der sich die Dachse im Dunkeln bergen können. Ist das der Fall, dann heißt es je nachdem: einen neuen Durchschlag machen oder aber nachkesseln. Das letztere ist im Lehmboden meist nicht gefährlich, weil hier ein Nachstürzen des Erdbodens nicht zu befürchten ist. Im Sand aber kann bei tiefen Einschlägen nicht genug vor dem Nachkesseln gewarnt werden; denn der lose Boden bricht gar zu leicht ein und begräbt den Arbeitenden unter sich.

Es ist daher besser, hier einen neuen Einschlag zu machen und zu dem Zweck zunächst den Verlauf der Röhre festzustellen. Dazu bedient sich der Jäger der bereits erwähnten Gerte, indem er sie in die Röhre hineinschiebt, so weit es geht. Wie schon beschrieben wurde, sucht er festzustellen, ob noch ein Dachs vorhanden ist. Falls er keinen Hund mehr hineinschicken kann, legt er die Gerte dann oben auf die Bodenoberfläche und bringt sie nach Länge und Lage mit dem Verlauf der Röhre in Einklang. Hieraus müssen sich dann die Lage, Länge und Tiefe des neuen Einschlages mit Bestimmtheit ergeben.

Bei alledem erlebt der Jäger es gelegentlich, daß er die Röhre findet, auch ihr Ende und den weiteren Verlauf, daß die Gerte, von neuem durchgesteckt, die volle Richtigkeit des neuen Einschlags beweist. Und doch ist kein Dachs da! Sollte da doch noch irgendeine Nebenröhre sein, in die er sich zurückgezogen hat? Möglich ist das immerhin; aber viel wahrscheinlicher ist es, daß der Dachs sich erst verklüftet und dann dahinter völlig vergraben hat. Also untersucht der Jäger genau den Boden und die Seiten der Röhre, und trifft er auf weichen Sand – im Lehm habe ich das Vergraben noch nicht erlebt –, so räumt er ihn fort. Es wird dann gar nicht lange dauern, bis Pürzel und Keulen frei werden und er bald auch den Dachs hervorziehen wird. Aber ziehen muß er, denn es ist nicht zu sagen, mit welcher Gewalt sich Grimbart gegen das Hervorgezerrtwerden wehrt. Übrigens hüte dich vor seinen Schlägen! Hast du die Gabel nicht zur Hand, so greife ihn mit der einen Hand ins Genick, mit der anderen auf dem Rücken in das Haar! Dann kommt er mit dem Kopf nicht so weit herum, um schlagen zu können. Er kann so leicht in einen Sack gesteckt und lebend mit nach Hause genommen werden, falls du Wert darauf legst.

Hat der Waidmann Anlaß, anzunehmen, daß noch Dachse im Bau stecken, nachdem er die eine Röhre völlig durchsucht hat, so läßt er einen der Hunde, der sich inzwischen wieder etwas erholt hat, nach und nach den ganzen Bau nochmals absuchen, indem er zunächst alle Verschlüsse etwas lockert und den Hund nacheinander in alle Röhren einschliefen läßt. Dabei gibt er aber sorgsam acht, falls der Hund bei einer geschlossenen Röhre heraus will, um ihm helfen zu können. Kommt der Hund, ohne laut zu werden, wieder hervor, so ist der Bau leer. Nun heißt es: ihn wieder in Ordnung bringen! Zu dem Zweck werden alle Röhren im Einschlag geöffnet; die als Verschlüsse gebrauchten Reisigbündel geben die neuen Decken für die Röhren her. Dann wird der Einschlag wieder zugeworfen; alle Röhren außerhalb werden wieder freigemacht und die überzähligen Reisigbündel auf einen Haufen beiseitegebracht, um vielleicht für einen anderen Bau Verwendung zu finden. Die Jagd ist aus!

Aber während die Arbeiter Ordnung schaffen, gibt es für den Waidmann etwas anderes zu tun: Die Hunde harren seiner ersten Pflege. Zu dem Zweck hat er eine Flasche mit Desinfektionsmittel mitgebracht, mit dem die Schmisse sorgsam ausgewaschen werden. Die Augen reinigt er ihnen von Sand und wäscht sie mit Milch aus, die er ebenfalls in einem Fläschchen bei sich führt und an seinem Körper erwärmt hat.

Gibt es Schmisse zu nähen, dann zögere man nicht, den Tierarzt zuzuziehen, falls man sich nicht selbst die Geschicklichkeit zutraut.

Dort, wo das Graben des Dachses unmöglich ist, also wo nur Felsenbauten vorhanden sind, die man nicht graben und in die man seine Hunde nicht ohne die Gefahr, sie zu verlieren, schicken kann, ist das *nächtliche Hetzen der Dachse* anwendbar. In einer mondhellen Nacht begibt sich der Jäger mit einer Anzahl von Dachshauben auf den Bau, zu einer Zeit, wo er annehmen darf, die Dachse hätten ihn verlassen. In jeder Röhre befestigt er eine Dachshaube so, daß der einfahrende Dachs sie zuziehen muß, wenn er mit dem Kopf durch die Ringöffnung hindurch will. Alsdann begibt er sich auf den Hochsitz, der für solche Zwecke hergerichtet und außerdem zu besonders schnellem und gefahrlosem Absteigen eingerichtet sein muß. Zur bestimmten Zeit gehen die Jagdgehilfen mit ihren Hunden los und beunruhigen, laut lärmend, diejenigen Örtlichkeiten, in denen sie die Dachse auf der Weide vermuten. Diese werden in möglichster Schnelligkeit dem Bau zustreben, in der Hast und Furcht die Hauben weniger scheuen als etwa verfolgende Hunde, einfahren und sich fangen. Damit sie sich aber nicht etwa herausschneiden, muß der Jäger auf dem Bau sogleich bei der Hand sein, um den ersten zu töten. Etwa folgende, die in dieselbe Röhre einfahren wollen, finden das Hindernis, fahren in eine andere Haube und werden so auch gefangen.

Eine Jagd, die heute allerdings – wie auch das Dachsgraben – nur dort betrieben werden darf, wo keine Tollwutgefahr vorliegt, und die oft unvergleichlichen Reiz bietet, ist das *Aushetzen,* das *Sprengen des Fuchses* aus dem Bau. Oft hört man allerdings sagen: Ja, das ist eine unsichere Geschichte, daß man sich gar nicht darauf einlassen kann – wann *steckt* denn der Fuchs im Bau? Darauf möchte ich die Gegenfrage stellen: Was ist denn gefehlt, wenn der Fuchs *nicht* im Bau steckt? Bei einer Jagd, zu der ich nur meinen Teckel und meine Flinte gebrauche? Übrigens ist das gar nicht so schlimm mit den vergeblichen Gängen. Denn wenn der Fuchs nicht im Bau steckt, dann dauert die Sache nicht lange, und der Hund ist wieder da. Die Frage, wann der Fuchs im Bau steckt, ist mit einem zweifellosen Ja oder Nein überhaupt nicht zu beantworten. Wenn aber gefragt wird, wann der Fuchs *gern* im Bau steckt oder wann er *oft* darin zu finden ist, dann ist die Frage schon verständiger.

Der Fuchs scheut den Lärm, die Unruhe; davor sucht er im Bau Schutz. Er ist darauf angewiesen, sich zeitweise mühsam zu ernähren; zeitweise aber ist sein Tisch reich gedeckt. Im übrigen geht es ihm wie dem Hund: er kann immerfort schlafen. Ist es draußen schön still und warm, so finden wir ihn am hellen Tag gern in der Sonne; ist es kalt, so schläft er im Bau. Danach kann sich der Waidmann die Sache mit einiger Wahrscheinlichkeit zurechtlegen. Dort, wo die Treibjagden im Herbst viel Unruhe mit sich bringen, wo zugleich durch Krankschießen viel Fraß für den Fuchs geliefert wird, da steckt er zu dieser Zeit viel im Bau. Er entgeht da dem Lärm, hat, da es an Fraß nicht fehlt, Zeit genug und kann sich so seiner Lieblingsbeschäftigung, dem Schlafen, hingeben. Bringt ihm der fortschreitende Winter reiche Beute an Fallwild, so braucht er den Tag über nicht nach Mäusen umherzutraben. Er wird also wiederum viel im Bau sein. Dazu kommt, daß er die Baue zur Rollzeit im Dezember–Januar abstreift, um seinesgleichen zu finden. An eins aber glaube ich, wie ich früher schon sagte, nicht: Das ist die Witterung, die ihn zu Bau treiben oder im Bau halten soll. Denn, wenn er Hunger hat, so fährt er bei jedem Wetter aus; ebenso wie ihn der Geschlechtstrieb über jedes Unwetter hinweghebt.

Die erste Voraussetzung für das Aushetzen ist demnach, daß der Fuchs im Bau steckt. Die zweite ist aber nicht minder wichtig: Es ist die, daß der Jäger auch mit einiger Aussicht auf Erfolg auf dem Bau schießen kann. Aus diesem Grund müssen die Schonungen und

Dickungen dort, wo sich viel besuchte Baue befinden, schon beizeiten so weit gelichtet werden, daß auf Flintenschußweite genug Schußfeld vorhanden ist. Das läßt sich gut so einrichten, daß ein Schaden an der Zukunft des Bestandes nicht eintritt.

Für größere Baue sind zwei Schützen erwünscht, die am besten mit dem Rücken gegeneinander stehen. Will der Jäger aber allein jagen, was für manchen besonders großen Reiz hat, so tut er gut daran, einige *Fuchshauben* mit sich zu führen, die er, bevor der Hund einschlieft, über diejenigen Röhren deckt, die er im Rücken hat. Der Fuchs kann dort nicht so schnell verschwinden, als wenn sie ganz frei wären.

Daß der Waidmann sich bei solchen Gelegenheiten auf dem Bau so still und geräuschlos wie möglich verhält, das ist selbstverständlich. Indessen möge er nicht meinen, dadurch den Fuchs über die Anwesenheit eines Menschen zu täuschen. Ich glaube nicht, daß das möglich ist. Ein Tier von so feinen Sinnen, das einen großen Teil seiner Zeit in der Erde verbringt, ist sicherlich mit allen Geräuschen oben auf dem Bau vertraut. Und so leise kann ein Mann von einundeinhalb Zentner Körpergewicht nicht auftreten, daß nicht eine Erschütterung des Erdbodens erfolgt, zumal er gar nicht weiß, ob er sich nicht gerade oben über dem Kessel bewegt. Also, daß dort oben etwas los ist, das wird die größte Vorsicht dem Fuchs schwerlich verheimlichen können. Das wird ihm auch den Angriffen des Hundes gegenüber die geringere Sorge sein. Nur soll kein Lärm verursacht werden, damit die Angst vor dem Geräusch da oben nicht die vor dem Hund übertrifft.

Ist also der Bau groß und der Jäger allein, so deckt er von der Seite, also von außen kommend, *die* Röhren mit Fuchshauben zu, die er im Rücken haben wird. Dann geht er leise auf den Bau und stellt sich so an, daß er nicht in die Röhren hinein-, sondern über sie hinwegsieht. Andernfalls würde er vom Fuchs leicht eräugt werden und diesen vom *Springen* abhalten. Alsdann macht er sich schußfertig und schnallt den Hund. Dieser wird alsbald einschliefen. Nun ist der weitere Verlauf recht verschiedenartig. Oft springt der Fuchs in der ersten Minute; oft fährt er wie besessen heraus – *springt;* oft steckt er den Kopf heraus, um alsbald wieder zu verschwinden; nach einiger Zeit erscheint er wieder, um dann langsam herauszufahren und nach einigem Sichern flüchtig zu werden. Letzteres Benehmen läßt darauf schließen, daß der Hund mit einem anderen Fuchs beschäftigt ist, was auch gelegentlich am Lautwerden erkennbar wird.

Am besten läßt der Schütze den Fuchs ganz aus der Röhre heraus, bevor er schießt. Denn dieser bietet, falls er nur den Kopf heraussteckt, ein gar zu kleines Ziel. Bleibt er nicht sofort im Feuer, so fährt er oft wieder zurück, um drinnen zu verenden. Das macht Umstände und führt oft zu seinem völligen Verlust. So sehr es sonst anzuraten ist, sich eines zusammengeschossenen Fuchses zu versichern, indem man ihn aufnimmt und, an den Hinterläufen anfassend, mit dem Kopf gegen Baum oder Stein schlägt: hier wäre das ein Fehler. Lieber gibt der Jäger einen zweiten Schuß, falls es nötig scheinen sollte. Aber den Stand verläßt er nicht früher, als bis der Hund den Bau verläßt und ihm damit zeigt, daß nichts mehr darin ist. Denn sonst würde er sich der Möglichkeit, einen zweiten oder gar einen dritten Fuchs zu schießen, berauben, weil diese nicht leicht mehr springen, falls sie den Jäger geäugt haben und zudem gerade in dem Augenblick springen könnten, wo er mit dem ersten Fuchs beschäftigt sein würde.

Dort, wo in reichen Niederjagden das Kurzhalten des Fuchses niemals aussetzen darf, da wird der Jäger auch zum *Graben der Jungfüchse* schreiten müssen, sobald er einen Bau mit solchen entdeckt. Diese Jagdart aber auch auf Reviere auszudehnen, in denen die Niederjagd eine untergeordnete Rolle spielt, das halte ich für völlig verfehlt. Wo dagegen der Schaden, den eine Fähe, die ein starkes Geheck hat, zu groß wird, namentlich am zahmen Geflügel der Bauern, wird man die Jungfüchse graben müssen. Es ist selbstverständ-

lich, daß man die Fähe erst erlegt, wenn man sicher ist, aller Jungfüchse habhaft zu werden.

Über die Anlage von Kunstbauen wird bei der Fangjagd noch zu sprechen sein. Wir wollen uns daher hier als Schluß der Erdjagd noch mit der *Kaninchenjagd* unter Beihilfe des *Frettchens* beschäftigen. Da sei zunächst vorweg gesagt: Zum Frettieren gehören mindestens *zwei* Menschen und möglichst noch mehr Frettchen. Oder, um nicht mißverstanden zu werden: Beschäftigst du dich daheim allein mit deinen Frettchen, so daß sie außer dir niemand kennen, dann gib das Schießen draußen auf. Denn nur wer mit diesen eigenartigen Tierchen näher befreundet ist, vermag sie auf der Jagd zu führen. Er wird aber dann auch so völlig durch sie in Anspruch genommen, daß er als Schütze nicht in Frage kommt. Hast du keine Neigung zu dieser entsagungsvollen Rolle, so laß die Hände davon und betraue einen zuverlässigen Mann mit Wartung, Pflege und Führung des Fretts. Dann bist du draußen auf dem Bau für die Flinte frei; und das ist bei der Kaninchenjagd doch die Hauptsache.

Die beste Zeit zum Frettieren ist der Dezember, vielleicht die Hälfte des November und des Januar dazugerechnet. Vor Mitte November sind in milden Jahren die Jungen vom letzten Satz noch gering. Die Witterung ist manchmal noch warm; die Kaninchen sind noch viel außer Bau; und sind sie drin, so *springen* sie nicht. Mitte Januar setzt die Rammelzeit schon ein, wenn die Sonne warm scheint. Du findest von dann ab schon die Wolle auf den Bauen umherliegen, wie du sie ähnlich vom rammelnden Hasen kennst. Der Rammler hat jetzt einen gar eigenartigen Duft, der sein Wildpret wenig schmackhaft macht.

Trübe und kalt ist die beste Witterung. Bei sonnigem Wetter, namentlich, wenn es dabei warm ist, stecken viele Kaninchen nicht im Bau. Willst du trotzdem an solchen Tagen frettieren, so mußt du die Umgebung der Baue vorher beunruhigen lassen, damit die Kaninchen einfahren. Bei windigem oder gar stürmischem Wetter ist im Freien nicht viel zu machen: der Aufenthalt auf den Bauen ist wenig angenehm. Etwaige *Hauben* werden vom Wind verweht. Von den ausfahrenden Kaninchen hörst du nicht viel. Die Fretts sind schwierig zu führen, weil sie den Wind nicht lieben und beim Herausschauen aus der Röhre sofort wieder in den schützenden Bau fahren. Anders ist es an solchen Tagen im Wald, wo die Nachteile des Windes fortfallen, die Jagd daher ganz ergiebig sein kann.

Nasse Witterung, tiefer Schnee ist der empfindlichen Frettchen wegen wenig günstig. Ganz früh am Morgen zu beginnen, ist nicht gut, weil die Kaninchen dann träge sind, schlafen und leicht von den Frettchen ergriffen werden. Dann beißen diese sich an ihren Opfern fest; und während du draußen stehst und wartest, liegen sie, vom Schweiß und Wildpret satt, in der warmen Kammer. Um die Jagd steht es schlecht.

Um die Fretts während der Arbeit nicht unnötiger Versuchung auszusetzen, müssen sie vorher gefüttert werden; während des Tages wird das zweckmäßig wiederholt. Zeit genug muß dazu da sein; denn als Grundsatz sollte gelten: Neuer Bau, neues Frett! Inzwischen können die übrigen gefüttert werden.

Bei der Jagd selbst werden die Frettchen auf größeren Bauen an *einer* Seite angesetzt – in kleinere Baue lasse man nur *ein* Frett, weil zwei leichter ein Kaninchen fangen und dann nicht wieder herauskommen –, während der Jagdleiter die Schützen an den anderen Seiten verteilt; ein jeder darf aber nur nach außen schießen. Es würde ein Fehler sein, die Schützen so zu stellen, daß sie in die Röhren hineinsehen. Sie müssen vielmehr alle so stehen, daß die herausfahrenden Kaninchen sie nicht äugen können. Soweit es angeht, werden die Röhren mit Kaninchenhauben zugedeckt. Es sind das dieselben, wie man sie auch für den Fuchs gebraucht. Ihre Anwendung verbessert die Aussicht sehr, weil die darin verstrickten Kaninchen länger im Schußbereich bleiben.

Auf dem Bau soll es ebenso ruhig zugehen wie beim Sprengen des Fuchses. Ein jeder Schütze geht leise auf seinen Posten und steht still. Sobald die Fretts geschlieft sind, wird es im Bau lebendig. Die herausfahrenden Karnickel kündigen sich meist durch Poltern in der Röhre an. Aber der Schütze schießt, ebenso wie beim Fuchs, nicht auf die Kaninchen, solange sie am Ausgang der Röhre sichern; er läßt sie vielmehr erst ganz heraus. Abgesehen davon, daß er das nachfolgende Frett verletzten könnte, würde jedes nicht sofort im Feuer verendete Kanin in die Röhre zurückfahren und oft verlorengehen oder nur unter Schwierigkeiten herausgeholt werden.

Wenn die Jagd etwa am halben Vormittag anfängt, so hört sie am halben Nachmittag auf. Bei längerer Ausdehnung bleibt zu leicht ein Frett im Bau, und die einbrechende Dunkelheit verhindert dann, es wieder in die Hand zu bekommen. Sollte trotzdem ein Frettchen zurückbleiben, so trampelt und klopft man zunächst den ganzen Bau ab. Hilft das nicht, so verstopft der Jäger alle Röhren und sucht am folgenden Tag das Tierchen wieder zu ergreifen, was auch meistens gelingt. Ebensowenig wie die Teckel auf dem Bau frei umherlaufen sollen, darf das von den Frettchen geduldet werden. Der Führer muß vielmehr immer zur Hand sein; sobald eins zum Vorschein kommt, wird es sofort mit einem sanften Griff hinter den Vorderäufen aufgenommen. Einmal bleiben die Fretts auf diese Weise vertraut, werden nicht handscheu, dann aber gewöhnen sie sich so daran, öfters nach ihrem Führer draußen zu sehen, was für ihre Ergreifung nach beendeter Jagd ein Vorteil ist. Als Schrotnummer führt der Schütze $2^1/_2$ mm. Da jedes nicht sofort verendete Kaninchen wieder zu Bau strebt und leicht verlorengeht, außerdem dann auch leicht dem Frett anheimfällt und dieses im Bau festhält, so gilt als Regel: keine Patrone schonen, sondern schießen, bis es verendet daliegt!

Wenn gelegentlich einmal an Orten frettiert wird, wo, wie in der Nähe von Gebäuden, nicht geschossen werden darf, dann sind natürlich alle Röhren mit Kaninchenhauben zu belegen, und wenn der Vorrat nicht ausreicht, die übrigen Röhren dicht zu verstopfen. Die Gefangenen werden dann wie die Hasen durch den Schlag ins Genick ins Jenseits befördert. Die offenen Röhren sind natürlich sofort wieder mit der Haube zu belegen.

DIE WASSERJAGD

Unter dieser Bezeichnung fasse ich alle Jagden zusammen, die sich auf und am Wasser abspielen. Dazu gehört aber nicht nur die Jagd auf alles Wassergeflügel, sondern auch die ehemalige auf den Otter und die auf den Seehund.

Der *Anstand* auf Wassergeflügel kann zeitweise recht ergiebig sein. An manchen Örtlichkeiten haben die Enten und Gänse einen ganz bestimmten, festen Zug, indem sie bei dem Besuch verschiedener Gewässer während der Morgen- und Abenddämmerung, auch während der Nacht immer genau den gleichen Weg nehmen. An anderen Örtlichkeiten pflegen sie gegen Abend oder morgens mit großer Regelmäßigkeit auf dem offenen Wasser einzufallen. Beide Gelegenheiten eignen sich gut für die Ausübung des Anstandes. Nur muß der Jäger, wenn er in hohem Schilf oder sonst keine gute Deckung findet, durch die Anlage eines Schirmes für eine solche sorgen; denn die Enten wie die Gänse sind immer aufmerksam und äugen vorzüglich. Was aber von ihrem Winden öfters behauptet wird, das gehört in das Reich der Fabel. Abgesehen davon, daß der Geruchssinn bei den Vögeln allgemein wenig ausgebildet ist, habe ich zu oft mit dem schlechtesten Wind, aber in guter Deckung nah bei den Enten gestanden, um nicht die feste und begründete Überzeugung zu haben, daß ihr Wittrungsvermögen gleich Null ist. Aber sie vernehmen desto besser. Sicherlich hat mancher, der glaubt, von Enten gewindet zu sein, sich durch ein Geräusch verraten, das freilich *mit* dem Wind leichter zu ihnen dringt als *gegen* ihn.

Ich rate dem Schützen, den Anstandsort so zu wählen, daß er möglichst tief steht, also recht viel Himmel, d. h. soviel wie Schußfeld, über sich hat. Auf die ziehenden Enten schießt er dann, wenn sie vorüber sind, weil der dicke Federpelz vorn auf der Brust die Schrote nicht durchläßt, diese aber schräg oder spitz von hinten zwischen den Federn sozusagen hindurchschlüpfen. Auf eine schräg herunterkommende, das ist meist eine geflügelte Ente schießt er grundsätzlich nochmals, weil sie sonst leicht verlorengeht.

Auf größeren Gewässern mit schilfreichen Ufern ist es oft recht einträglich, sich mit einem Boot im Schilf zu verankern und von dort aus, natürlich in möglichst guter Deckung, den Anstand auf das ziehende Wassergeflügel auszuüben. Den Anker bilden am ein-

fachsten einige an einer Leine befestigte Backsteine, die zu beiden Seiten des Fahrzeuges zu Wasser gelassen und kurz angebunden werden, wenn sie auf dem Grund sind.

Beim Enteneinfall halte ich, falls der Schütze nicht oben in der Luft gut abkommen konnte, den Augenblick für den besten, in welchem sie einzufallen suchen; wenn sie also lang über dem Wasser ganz tief einige Schritt weit hinziehen. In die dunkle, oft nur erratene Masse, die auf dem Wasser liegt, aufs Geratewohl hineinzuschießen, ist durchaus unwaidmännisch, weil der Jäger gar nicht erkennen kann, ob er Enten krank schießt, und wo sie bleiben.

Auch beim Anstand am fließenden Wasser wird viel gesündigt, wird er bei kaltem Wetter betrieben, wenn die Seen und Teiche zugefroren sind. Einen Hund kann ein fühlender Waidmann zu dieser Jahreszeit nicht ins Wasser schicken, um etwa geschossene Enten herauszuholen. Ein Kahn kann ihm in der Dunkelheit nichts nützen, weil er die treibenden Enten gar nicht sieht. Da bleibt ihm nur übrig, sich für den Anstand eine Stelle auszusuchen, auf der er die über dem Land ziehenden Enten beschießen kann. Ich werde später bei der Nachsuche noch auf das Verhalten angeschossener Enten zurückkommen. Aber schon hier möchte ich nicht unterlassen zu betonen, daß man allgemein die Ente wie die Wildgans als ganz ausschließliche Wasservögel betrachtet. Das ist aber ein großer Irrtum. Beide Wildarten sind auch auf dem Land recht heimisch; die Gans zwar noch mehr als die Ente. Aber auch letztere brütet nur dort in der Nähe des Wassers, wo sie auf dem umgebenden Land gestört ist. Liegt aber das Wasser z. B. in größeren Waldungen, so findet man die Nester mit den brütenden Enten öfter weit innerhalb der Bestände fern vom Wasser als nah bei diesem. Auch wissen die Enten die Haferfelder bei Nacht recht gut aufzufinden und fallen dort in Menge ein. Ebenso wie sie auch im Wald die Eichelmast und die Bucheckern aufsuchen. Ich führe das nur an, um verständlich zu machen: wenn du die angeschossene Ente im oder am Wasser vergeblich suchst, so darfst du sicher sein, daß sie sich auf dem Land verkrochen hat, was sie meisterhaft versteht.

Eine beliebte Jagdart ist das Treiben auf Wassergeflügel, jedoch sollte man diese Jagden nicht eher machen, bis alle Jungenten flugbar geworden sind, was im allgemeinen Ende Juli der Fall ist. Dann wird, weil die Enten nach wiederholtem Schießen weit fortzustreichen pflegen, die Strecke zwar nicht so groß werden; aber die Jagdgesellschaft wird weit mehr Vergnügen und ein besseres waidmännisches Gewissen haben. Zum Schießen auf den Schneisen bieten dabei die sehr gewandten, aber ungern fliegenden Bläßhühner, die dazu sehr gern zurückgehen, Gelegenheit genug, sowie die Mausererpel, sofern der Jagdherr solche freigibt.

Die Sache wird dann folgendermaßen angefaßt: Schon einige Tage vor der Jagd – damit das Wassergeflügel sich daran gewöhnt – werden in Abständen von je hundert Schritt senkrecht auf den Uferrand 2–3 breite Schneisen in das Schilf gehauen; und zwar bis in den freien Wasserspiegel des Sees hinein. Täte man letzteres nicht, so würde alles rinnende Geflügel, das ja an die Schneisen schon gewöhnt ist, diese bei der Beunruhigung meiden und in demjenigen Teil des Schilfes bleiben, der ununterbrochenen Zusammenhang hat, mithin vielfach außer Schußweite.

An jede dieser Schneisen wird ein Schütze, wenn irgend möglich, in Deckung angestellt. Denn die Enten äugen ganz vorzüglich und würden bei der geringsten beobachteten Bewegung sofort tauchen. Naturgemäß sind die ersten drei, vier Stände die besten. Die übrigen Schützen kommen mehr auf umherkreisende Enten und Bläßhühner zu Schuß als auf aufstehende.

Wenn die Schützen stehen, gehen die Jäger mit den Hunden an. Entweder waten sie durch das flache Wasser oder sie fahren im Kahn, indes die Hunde schwimmend suchen; oder aber sie leiten diese vom Lande aus. In gleicher Höhe mit den treibenden Jägern, die selbst übrigens nur auf zurückrinnendes oder -streichendes Wild, also grundsätzlich nur nach hinten schießen sollen, fährt auf der Wasserseite des Schilfes, aber einen Flintenschuß vor der Treibwehr, ein Schütze im Kahn. Dieser kann die beste Jagd machen, wenn er seine Flinte zu führen versteht.

In dieser Weise wird der Seestrand abgetrieben. Ganz besondere Vorsicht ist bei dieser Jagd hinsichtlich des Schießens anzuraten. Denn das Schilf verdeckt den vorstehenden Schützen nicht nur den Kahn mit den Insassen trotz der Flagge am Mast oft vollständig, obgleich die Schrote ihn leider oft genug erreichen; sondern die Schrote setzen auf dem Wasser auch in der merkwürdigsten Richtung ab, so daß nicht nur die suchenden Jäger von den vorstehenden, sondern auch die vorstehenden von diesen gefährdet werden; selbst dann, wenn sie nur nach hinten schießen, denn im Lauf der Jagd bringen sie immer mehr dieser Schützen hinter sich. Selbstverständlich darf bei dieser Jagd nicht früher ein Schuß fallen, als bis alle Stände besetzt sind. Dann erfolgt ein Hornruf, dem sich alsbald eine meist lebhafte, aber nur kurze Kanonade anschließt. Bald werden die Schüsse immer seltener, bis das Treiben zu Ende geht.

Am ergiebigsten wird die Jagd, wenn verschiedene Gewässer zur Verfügung stehen. Dann braucht der Jagdherr sich nicht zu lange beim ersten aufzuhalten und kann von Zeit zu Zeit noch Ungestörte in Angriff nehmen.

Die *Suchjagd* auf Enten stellt an Jäger und Hund starke Anforderungen und pflegt dabei erheblich unergiebiger zu sein als die Suche auf anderes Geflügel. Indes hat sie großen Reiz; und drei bis vier Enten an der Jagdtasche machen manchem mehr Freude als ein Dutzend Rebhühner. Ist die Witterung noch warm, so ist die Fußbekleidung am besten so beschaffen, daß das eindringende Wasser unten gleich wieder herauslaufen kann. Bei rauher Witterung aber empfehlen sich leichte, gut gefettete Krempstiefel oder Gummistiefel, die man nach Bedarf bis an den Oberschenkel heraufziehen kann. Feste Handschuhe sind im Rohr unentbehrlich, weil es die bloße Hand manchmal böse zerschneidet.

An stürmischen Tagen pflegen die Enten am besten auszuhalten, weil sie meist im dichtesten Rohr liegen und auch durch die unter ihrem Wind fallenden, undeutlichen Schüsse nicht vorzeitig beunruhigt werden. Betreibt man die Jagd zu zweien, so läßt sich die Suche oft mit dem Anschleichen und Zutreiben verbinden, indem der eine Schütze sich in der Nähe freiliegender Enten anstellt und der andere in der Ferne sie ihm entweder auf dem Wasser oder streichend zutreibt. Dabei kommt dem Jäger die Eigentümlichkeit einzeln streichender Enten zu Hilfe, die den See, auf dem sie gelegen haben, meist eine Zeitlang in günstiger Höhe umziehen oder beim weiteren Umherstreichen gern den ersten See, Tümpel oder Sumpf wieder aufsuchen.

Wenn der Oktober ins Land zieht, dann sollte der Jäger keinen Hund mehr zu längerer Entensuche verwenden. Die Wasserarbeit nimmt den Hund ungeheuer mit; namentlich aber bei kalter Witterung. Auch wenn der brave Hund dann noch unverdrossen seine Schuldigkeit tun würde: man soll sie ihm nicht mehr zumuten.

Ein Übelstand für den Hund ist bei der Wasserjagd der Umstand, daß er sich das Vorstehen abgewöhnt. Im Schwimmen kann er unmöglich vorstehen; und so gewöhnt er sich bald daran, die Enten und Gänse herauszustoßen, auch wenn er nicht schwimmt. Das ist bei dieser Suche, wo der Hund ohnehin unter der Flinte bleiben muß, kein Fehler: aber er muß dann später zu Land erst wieder zum Vorstehen angehalten werden. Ebenso ist es mit dem Antragen. Ich habe immer streng darauf gehalten, daß der Hund nicht ohne Befehl anträgt. Das ist bei der Entensuche oftmals gar nicht durchzuführen: denn wenn der Hund vor dem Jäger voraus ist und dieser eine vor ihm aufstehende Ente herunterschießt, die dem Hund sozusagen vor den Fang fällt, ohne daß der Jäger es sieht, was im hohen Röhricht oft genug vorkommt, so wird der Hund natürlich zuspringen und sie bringen. Daraus ergibt sich mit der Zeit beim Hund ganz von selbst eine Eigenmächtigkeit, die auf dem Land dann aber unter keinen Umständen geduldet werden darf.

Aus diesem selbständigen Antragen ergibt sich auch noch eine andere Folge. Die kranken Enten haben nämlich das Bestreben, das Land zu gewinnen, um sich dort zu verstecken. Der Hund folgt ihnen natürlich dorthin und sucht oft lange am Land umher. Sobald der Jäger also hört, daß er nicht mehr im Wasser ist, so macht er halt, bis dieser mit oder ohne Ente wieder da ist. Denn er würde doch bei der Fortsetzung der Suche sehr fehlen. Alles das gilt für stürmische Witterung; bei stillem Wetter streichen die Enten ohne den Hund meist schon außer Schußweite heraus.

Man führt auf Enten im Sommer und Herbst 3-mm-Schrot, im Winter aus gut dekkender Flinte lieber 3½ mm. Bei aufstehenden Enten wird von unerfahrenen Schützen meist zu kurz, darunter weg geschossen. Sie seien daran erinnert, daß immer auf den Kopf gehalten werden soll.

Wenn die stehenden Gewässer bei starkem Frost zugefroren sind, so fallen die Enten außerordentlich gern auf fließenden Bächen oder Strömen ein, wo sie mit Vorliebe an scharfen Krümmungen im stillen Wasser liegen. Findet sich hier Deckung, sei es durch Weidengebüsch oder ein hohes Ufer, so kommt der Jäger durch *Anschleichen* oftmals zu Schuß. Sind solche Stellen mit Weidengebüsch bekannt, so ist es zweckmäßig, beizeiten einen Pürschpfad darin anzulegen, um ohne Geräusch in Schußweite heranzukommen. Um nicht auf die auf dem Wasser liegenden Enten schießen zu müssen, zeigt der Schütze sich sofort, wenn er in guter Schußnähe ist, und schießt dann erst auf die aufstehenden Enten, aber nicht in den Haufen – das wäre Aasjägerei! –, sondern möglichst auf einzeln aufstehende Erpel! In Notzeiten bejagt der Waidmann die Enten nicht, sondern füttert sie!

Den Hund legt der Jäger vorher am Riemen ab, damit er nicht stört und nicht beim Herunterfallen der Enten in das eisige Wasser springt. Die erlegten Vögel werden mit Hilfe des Kahnes aufgefischt, der zu diesem Zweck stromabwärts liegt, oder bei Bächen durch einige lange Stangen mit Haken, die der Jäger sich zurechtgelegt hat. Von jeder

Ente, die auf dem Rücken oder auf der Seite liegt, ist anzunehmen, daß sie verendet ist. Liegt aber eine auf dem Bauch, so schieße man gleich noch einmal; denn sie besinnt sich gar oft und geht verloren.

Vom hohen Ufer herab kann der Waidmann die Vorsicht, nicht auf die auf dem Wasser liegenden Enten zu schießen, außer acht lassen, wenn sie nicht zu weit sind. Der Anfänger glaube aber auch dann nicht, daß ein noch dazu recht unwaidmännischer Schuß in den dicksten Haufen eine Hekatombe liefern müsse. Die Ente verträgt einen guten Schuß; und wenn sie nicht tödlich getroffen ist, geht sie oft verloren.

Die Jagd auf *mausernde Erpel,* die, weil ihnen die Schwungfedern zu gleicher Zeit ausfallen, zeitweise nicht fliegen können, wird meist mit dem schon geschilderten Treiben auf die flugbaren Jungenten verbunden. Auch die *Graugans* hat ihre *Mauserzeit* im Juli, wo sie nicht fliegen kann. Zu dieser Zeit liegen die Gänse auf großen Landseen oder in größeren Meeresbuchten und an der offenen Küste selbst. Man suchte sie früher mit Segelbooten auf und schoß sie vom Boot aus. Da wir es hier zum erstenmal mit bewegter Wasserfläche zu tun haben, so sei bemerkt, daß das Schießen aus dem rollenden, stampfenden Boot auf die auf lebhaft bewegten Wellen auf- und niedergehenden, sehr schnell vorwärts und seitwärts rinnenden, tauchenden und wieder auftauchenden Ziele gelernt sein will. Dazu kann der Jäger im Boot nicht stehen; er muß vielmehr sitzen oder noch besser vorn im Bug, mit den Knien gegen die innere Bordwand hocken. Viele Patronen und wenig Gänse, dies blieb bei scharfer Brise, die man brauchte, um den Gänsen beizubleiben, meist das Ergebnis. Aber es war eine fröhliche Jagd. (Jetzt beginnt die Schußzeit erst am 1. Oktober!)

Eine besondere Art der Entenjagd an der Meeresküste bildet die Jagd auf die *Eisente,* den *Klashanik,* auch *Klashahn* genannt, deren Männchen sich durch einen langen Stoß auszeichnet. Sie ist ein vorzüglicher Taucher und liegt im Winter in großen Mengen vor der Küste in der Brandung. Schleicht der Jäger sie hinter der Düne an, wartet er ab, wenn die meisten getaucht haben. Läuft er dann den Strand herunter in Schußnähe, so kann er oft glückliche Doppelschüsse machen, wenn er entweder auf die auftauchenden und aufstehenden Vögel oder auf die manchmal gut haltenden Enten in dem Augenblick schießt, wenn sie gerade oben auf einem Wellenberg sind. In diesem Fall haben die Schrote viel bessere Wirkung als sonst auf dem Wasser. Auch vom Segelboot aus wurden die Klashaniks oft in großer Zahl erlegt. Sie sind nicht eßbar, liefern aber sehr gute Federn.

Eine besondere Art der Wasserjagd ist die Jagd auf das Bläßhuhn, die Lietze, oder, wie man in Ostpreußen sagte, das Papchen. Diese sogenannte „Papchenjagd" ist m. W. zuerst in Ostpreußen und am Bodensee, wo die Papchen *Belchen* genannt werden, ausgeübt worden. Beim Herbst- und Frühjahrszug sammeln sich die Papchen häufig zu vielen Tausenden auf bestimmten Seen im Osten unseres Vaterlandes. Zur Durchführung einer solchen Papchenjagd sind schmale, langgestreckte Seen oder aber Seen mit seitlichen, langgestreckten Buchten am geeignetsten. Die Durchführung geht so vor sich, daß eine Anzahl Kähne mit Schützen besetzt werden, wobei grundsätzlich aus Gründen der Sicherheit immer nur *ein* Schütze in einen Kahn hineingehört. Die Kähne treiben nun, seitlich genau ausgerichtet und mit ganz gleichen Zwischenräumen, den See oder die Bucht ab, wobei, genau wie beim Kesseltreiben im Felde, peinlichst darauf geachtet werden muß, daß kein Sack oder keine größere Lücke entsteht. Die Bläßhühner lassen sich auf diese Weise sehr gut in die äußersten Spitzen des Sees oder der Bucht zusammendrücken. Das Bläßhuhn weicht nämlich schwimmend vor dem Kahn aus und steht nicht etwa, wie es die Wildente tut, schon weit vor dem Kahn auf, um turmhoch außer Schußweite fortzustreichen. Wenn die Front der Kähne etwa 300 m vor dem Ende des Sees angekommen ist, erfolgt meistens der Durchbruch der Papchen. Hunderte und Tausende versuchen gleichzeitig über die Kähne hinweg sich in Sicherheit zu bringen. Dabei streicht das Bläßhuhn kaum über Land, höchstens am Rande des Ufers entlang, sondern bleibt über der Wasserfläche. Ich habe solche Papchenjagden erlebt, bei denen auf einem einzigen See von 8–10 Schützen über tausend Papchen innerhalb eines halben Tages erlegt wurden. Da der Schütze im Sitzen schießen muß, vor sich eine Kiste voll Patronen, und die Papchen erheblich schneller streichen, als es den Anschein hat, ist der Schuß durchaus nicht leicht. Man kann auf solchen Jagden anerkannt gute Flugwildschützen derartig vorbeischießen sehen, wie man es nicht für möglich halten sollte. Die Papchen, die bei der großen Durchbruchsschlacht entkommen, fallen sehr bald wieder auf demselben See ein, und man kann nun das Spiel in umgekehrter Richtung wiederholen. Da sich die Bläßhühner in den letzten Jahren außerordentlich stark vermehrt haben und durch Aufnahme von Fischlaich der Fischerei schädlich sind, und da sie außerdem durch ihre Unverträglichkeit und ihre ständige Unruhe die Wildenten vertreiben, ist die Bejagung der Bläßhühner in der geschilderten Weise durchaus vertretbar und waidmännisch.

In gleicher Weise kann man auf den großen Haubentaucher, der auf dem Frühjahrs- und Herbstzug oft in großen Mengen die Seen bevölkert, jagen. Der Schuß auf den Haubentaucher ist noch erheblich reizvoller als der auf Bläßhühner. Pfeilschnell streichen die Haubentaucher über die Kähne hinweg, und man muß nicht nur erheblich vorhalten, sondern auch im Schuß noch mitschwingen, wenn man sie herunterholen will. Da der Haubentaucher der Zwischenwirt eines Fisch-Bandwurmes ist, also der Fischerei nicht nur durch seine Fischräuberei abträglich ist, sollte man auch ihn in beschränktem Rahmen bejagen.

Vom Geflügel zu den Säugetieren! Da soll uns zunächst der *Fischotter* beschäftigen.

Wurde er auch einmal ganz gelegentlich auf seinen Wanderungen über Land, über die Wasserscheide, im Bau festgemacht und gegraben, so spielte sich seine Jagd doch fast ausschließlich im Wasser oder in dessen allernächster Nähe ab.

Der *Anstand* auf den Fischotter wurde mit Aussicht auf Erfolg nur am sogenannten *Ausstieg*, d. h. derjenigen Stelle am Ufer eines Flusses, Baches, Sees ausgeübt, wo der Otter gewohnheitsmäßig in das Wasser und wieder auszusteigen pflegt. Der Waidmann nennt denselben Platz, wo der Fischotter einsteigt oder, besser gesagt, lautlos in das Wasser gleitet, auch den *Einstieg*. Aber eine örtliche Verschiedenheit liegt dabei nicht vor; denn er steigt an derselben Stelle aus und ein, gerade wie es der Zufall mit sich bringt. Eins aber ist vor allem zu bedenken: der Otter ist nicht immer da; er unternimmt oft weite Wanderungen, ist also zeitweise da, zeitweise nicht. Das mußte beim Anstand natürlich berücksichtigt werden, wenn die Jagd nicht längere Zeit ergebnislos bleiben sollte.

Wer aufmerksam die Ufer abspürt, wird nicht nur die Spuren, sondern auch frische Losung finden. Sie sieht grünlich aus und riecht nach Tran; ältere Losung ist schwärzlich und riecht nach Bisam. Hatte der Jäger einen vielbenutzten Ausstieg, d. h. eine harte, feste Rinne oder einen solchen Platz in der Uferböschung gefunden, so konnte er hier den Anstand mit Erfolg ausüben.

Der Otter ist ein Nachttier; er pflegt am Tag der Ruhe. Abends beginnt er seinen Raubzug; in der Frühe steigt er aus dem Wasser aus. Daher mußte der Waidmann beim Abendanstand mehr das Land, beim Frühanstand mehr das Wasser beobachten. Indes steigt der Otter, wenn er an einem anderen Einstieg schon zu Wasser fuhr, auch abends wieder aus, z. B. fast stets, wenn er einen größeren Fisch erbeutet hat, den er gern am Land oder auf dem Eis verzehrt. Findet der Jäger solche Reste, so bieten sie oftmals einen Anhalt, ob sie von einem Otter herrühren oder sonstwie an ihre Stelle gelangten. Denn der Fischotter beginnt seinen Fraß regelmäßig am Kopf des Fisches, dessen Rücken er zuerst verzehrt. In reicher Beutezeit läßt er alles andere liegen.

Die ganze Nacht auf den Fischotter anzusitzen, wäre Torheit gewesen. Man fror sich in den Winternächten die Knochen entzwei und hatte nicht halb soviel Aussicht zu schießen wie des Abends und Morgens. Dann aber mußte man früh zur Stelle sein, eine Stunde vor Sonnenaufgang und abends ebensolange vor Sonnenuntergang. Da der Otter nicht nur ein sehr kluges und besonders ein auf dem Land äußerst vorsichtiges Tier ist, das dazu vorzüglich windet und vernimmt, so war außerordentliche Behutsamkeit am Platz. Am bequemsten war ein Anstandsloch, das aber guten Ausblick auf den Ausstieg bieten mußte. Niemals schoß ein vorsichtiger Waidmann, wenn der Otter im Wasser oder sehr nah dabei war. Denn im Wasser bekam er ihn nicht leicht; namentlich dann nicht, wenn er, wie fast immer, nur auf den Kopf hatte schießen können, wo manche Schrotkörner abprallten und ihn nur vorübergehend betäubten. Wenn aber der Otter nah beim Wasser nicht im Dampf verendete, so strebte er diesem mit der letzten Kraft zu und ging so meist verloren. Zwar nicht, weil er im Wasser verendete; denn das tat er auf dem Land, wenn er es wieder erreichen konnte, sondern weil der Jäger ihn schwer wiederfand, wenn er nicht das ganze Ufer mit guten Hunden absuchte. Nach diesem Gesichtspunkt war die Örtlichkeit für den Anstand besonders daraufhin auszuwählen, daß der Paß, den der Otter am Land zu benutzen pflegte, nicht zu nah am Wasser entlang führte. In solchem Fall hätte er dieses zu leicht gewinnen können.

Häufig führt der Otterpaß bei Bächen und Flüßchen, die in vielen Krümmungen verlaufen, quer über Land, von einer Biegung zur anderen. Wird er öfter benutzt, was ja auch selbstverständliche Voraussetzung für einen erfolgreichen Ansitz war, so bildet er ein vollständiges Pfädchen. An dessen Mitte, 25 Schritt seitwärts, war die beste Anstandsgelegenheit, zumal der Jäger die Aussicht hatte, daß der Otter von zwei Seiten kommen konnte.

Hörte der Jäger den Otter – der Otter pfeift nicht nur zur Ranzzeit, sondern läßt sich auch sonst häufig vernehmen –, so nahm er sogleich das Gewehr hoch, um bei seiner Annäherung nicht noch größere Bewegungen oder gar Geräusch zu verursachen. Am besten hielt er auf die Stelle zwischen Hals und Blatt. Ein solcher Schuß ließ den Fischmarder sofort verendet zusammenstürzen. Als Schrot wählte man mindestens 3¹/₂ mm, denn der Balg ist sehr dick, und dünnere Schrote würden nicht durchschlagen. Was dünne Schrote beim Otter besagten, dafür erlebte ich ein sehr belehrendes Beispiel. Auf einem verfrühten

Schnepfenstrich, Anfang März, kam mir zwischen zwei Seen ein Fischotter, auf den ich auf etwa 30 Schritt zweimal mit Schnepfenschrot, 2½ mm, schoß. Auf den zweiten Schuß hetzte ich den sehr starken und scharfen Hund meines damaligen Vorgesetzten auf den flüchtenden Otter. Ein furchtbares Gekäcker, Heulen, Fauchen, Quietschen und dann ein boshaftes, markdurchdringendes Kreischen! Ich stürzte hin: der Hund hatte den Otter unter. Einen Augenblick war die Nasenwurzel frei. Mein Stock schlug mit Wucht zu. Der Otter war verendet; aber er hing fest am Hals des Hundes, dessen eine seiner starken Hautfalten er durchschlagen hatte. Ich mußte den Fang mit dem Stock öffnen, um den Hund freizumachen. Beim Streifen ergab sich, daß mit Ausnahme eines einzigen Schrotkornes, das in den Weichen durchgeschlagen war, dem Otter durch meine Schüsse nichts geschehen war. Beim näheren Zusehen holte ich nach und nach eine größere Anzahl plattgeschlagener Körner aus der zähen Haut heraus. Ohne den scharfen Hund wäre der Otter mir niemals zur Beute geworden.

Blieb der Otter auf den ersten Schuß nicht reglos liegen, mußte man sofort nachschießen! Denn ein Otter schoß sich nicht wie ein anschnürender oder antrabender Fuchs. Er pflegt auch nicht wie der Hase einen Kegel zu machen. Vielmehr kommt er meist in ziemlich schneller und, was für das Schießen das ungünstigste ist, in hüpfender Bewegung. So wenig ihn der Jäger unter gewöhnlichen Verhältnissen fehlen würde, so war doch das Abkommen auf den bestimmten Fleck sehr unsicher; daher war der zweite Schuß oft recht angebracht.

Die Jagd des Fischotters mit Hunden war in England ein hochgeschätzter Sport und wurde früher auch bei uns stark betrieben. Es gab die sogenannten Otterjäger, die berufsmäßig die Jagd auf den Otter mit Hunden ausübten. Diesen Otterjägern und dem verfluchten Tellereisen ist es zu verdanken, daß selbst in Gegenden, in denen Flußregulierungen noch keine Selbstverständlichkeit sind, der Otter so selten geworden ist, daß sein Abschuß nur, wenn der Schaden an der Fischerei, insbesondere in Kunstteichen zu groß wurde, bis vor wenigen Jahren getätigt zu werden pflegte.

Raesfelds Beschreibung dieser Jagdart ist jetzt nur noch von historischem Interesse, denn in der Bundesrepublik ist der Fischotter ganzjährig geschützt. Nur im Lande Schleswig-Holstein sind bei starken Fischereischäden einzelne Ausnahmegenehmigungen für den Abschuß möglich. Hier ist der Besatz an Fischottern glücklicherweise noch nicht bedroht, sondern in Zunahme begriffen.

Zum Schluß der Wasserjagd möchte ich die Jagd auf den Seehund schildern: Der Abschuß der Seehunde wird durch die zuständige Regierungsstelle festgesetzt und auf die einzelnen in Frage kommenden Kreise verteilt. Wer also einen Seehund schießen will, muß erstens im Besitze eines Jagdscheines sein, denn der Seehund gehört zu den jagdbaren Tieren, und zweitens die Abschußerlaubnis bei der Regierung gegen Zahlung einer Gebühr einholen. Er ist verpflichtet, einen zugelassenen Seehundjäger als Führer mitzunehmen, der auch über das erforderliche Boot verfügt.

Der Kugelschuß ist Vorschrift, und zwar muß der Schuß in den Kopf treffen, zwei Finger breit hinter die Gehöre, damit der Hund auf der Stelle verendet. Anderenfalls gewinnt er tiefes Wasser, geht unter und wird von der Strömung fortgerissen.

Zur waidgerechten Ausübung der Seehundjagd[1] gehört es, daß man den Hund von der Seehundsbank aus bejagt. Wenn die Robben sich bei Ebbe auf einer Sandbank aufgelegt haben, sucht der Jäger möglichst schnell die Bank zu erreichen, wobei die Hunde natürlich sofort ins Wasser flüchten. Man legt sich dann etwa an derselbenStelle hin, wo die Hunde

[1] Interessenten sei vor Antritt der Jagdreise das Lesen des Buches „Der Seehund", Naturgeschichte und Jagd, von W. HARCKEN, Verlag Paul Parey, Hamburg und Berlin, empfohlen.

vorher gelegen haben, und macht im Liegen ähnliche Bewegungen, wie die Seehunde sie zu machen pflegen. Da der Seehund sehr neugierig ist, kommt er sehr bald herbeigeschwommen, um zu sehen, was auf seiner Sandbank los ist. Der jüngere Hund kommt dabei wohl aus dem Wasser heraus auf die Bank, während der ältere meistens im seichten Wasser geschossen werden kann. Man hüte sich aber, zu früh zu schießen, und verlasse sich stets auf den erfahrenen Berufsjäger, der bei einem ist. Nach dem Schuß muß man so schnell wie möglich versuchen, den erlegten Hund mit einem langen Bootshaken zu landen. Sehr wichtig bei der Jagd ist der Wind, da die Hunde über ein ausgezeichnetes Wittrungsvermögen verfügen.

Ausgewachsene Seehunde erreichen unaufgebrochen ein Gewicht von 100–115 kg.

Da ein Lebendfangen der Robben nur zu zoologischen Zwecken erfolgt, kann von einer Beschreibung der Fangmethoden abgesehen werden.

DIE FANGJAGD

Zur Fangjagd rechne ich die Jagdart, bei der das Wild lebend oder tot gefangen wird. Sie war zu alten Zeiten, als die Schußwaffen noch nicht so vervollkommnet waren wie heute, fast die einzige Jagdart für das Raubwild. In der gewehrlosen Nachkriegszeit hat die Fangjagd wieder erheblich an Bedeutung gewonnen, und wenn wir, wie schon mehrfach gesagt, die Tellereisen ablehnen, so bleiben doch zahlreiche Fangjagdmethoden übrig, die auch diese Jagdart sehr reizvoll gestalten. Besonders in gepflegten Niederwildrevieren kommt man ohne Fallen nicht aus, ganz besonders gilt dies für Fasanenreviere. Übrigens ist in solchen Revieren nicht zu befürchten, daß das Raubwild durch die Fangjagd ausgerottet werden könnte. Nach derartigen gesegneten Jagdgründen zieht sich das Raubwild von weit her zusammen, und außerdem ist die Vermehrung des Raubwildes in solchen Revieren, in denen der Tisch stets gedeckt ist, besonders groß.

Nicht so ist es unter anderen Jagdverhältnissen: Hier ist beispielsweise eine gewisse Anzahl von Füchsen für die Erhaltung eines gesunden, kräftigen Rehbestandes eine einfache Notwendigkeit. Denn der Fuchs reißt hier beizeiten das unter Rachenbremsen leidende, schnarchende Reh, so mittelbar der Verbreitung der Rachenbremse vorbeugend; er

reißt dort das spät gesetzte, kümmerliche Kitz im Winter, dort das mit der Färbung im Frühling nicht zustande kommende; kurz alles, dessen Erhaltung für die Nachzucht abträglich wäre.

Der Fang des *Raubwildes,* mit dem wir uns zunächst beschäftigen wollen, birgt neben allerlei überliefertem Aberglauben einige „Geheimnisse", über die der Fangjäger sich klarwerden muß, will er nicht Zeit und Mühe vergeblich aufwenden. Diese erklären auch die vielfachen Widersprüche, die man über den Fang hört und liest. Das erste Geheimnis ist die Binsenwahrheit, daß sattes Raubwild den Köder viel eher verschmäht als hungriges. Auf dieser Selbstverständlichkeit beruht die Schwierigkeit des Fanges gerade in gut besetzten Revieren, soweit man auf den Hunger rechnet. Denn eine gute Wildbahn liefert dem Raubwild so viel Fraß, daß ein Köder schon außerordentlichen Reiz ausüben muß, um es zum Zuschnappen zu verführen. Der Fangjäger greift daher zur *Wittrung;* sie soll auf die Leckerhaftigkeit des Wildes wirken. Das tut sie um so mehr, je seltener der Leckerbissen dem Wild von der Natur geboten wird.

So übt, um hier ein wenig vorzugreifen, eine aus Fischen hergestellte Wittrung im Niederjagdgehege einer Flußaue, in der ausgeworfene, tote Fische nicht selten sind, auf den Fuchs einen weit geringeren Reiz aus als dort, wo es Fische nicht gibt. Der Jäger würde in ersteren Revieren weit besser eine aus Maikäfern gewonnene Flüssigkeit als Wittrung verwenden. Doch davon wie von dem anderen Zweck der Wittrung wird noch die Rede sein.

Ein anderes „Geheimnis" ist das, daß das *Eisen* als *Metall* für das Raubwild keinen Schrecken hat. Man mache folgenden Versuch, um sich davon zu überzeugen. Auf der Raststätte der Holzhauer im Wald, die fast allnächtlich vom Fuchs auf Reste der Mahlzeiten abgesucht wird, lege einen frisch gebrauchten Kulturspaten hin, dessen Blatt du nicht angefaßt hast. Von den umherliegenden Speckschwarten, Knochenresten nimm mittels zweier Holzstäbchen ein Stück auf und lege es auf das blitzende Eisen des Spatens. War der Fuchs in der Nacht dort, und nahm er die sonst umherliegenden Reste, dann wird unter zehn Malen neunmal auch das auf dem blanken Eisen liegende Stück aufgenommen sein. Dann mache den weiteren Versuch: Decke das eben genannte Eisen mit einer dünnen Erdschicht oder Nadel- und Laubstreu oder Spreu aus einem Ameisenhaufen und lege mittels der beiden Hölzchen die Speckschwarte obenauf. Auch diese wird der Fuchs aufnehmen, wenn er die übrigen Reste nimmt.

Daraus folgt, daß weder das blanke noch das verdeckte, *reine* Eisen den Fuchs schreckt, wenn der daraus gefertigte Gegenstand ihm bekannt ist. Es braucht daher zunächst nichts anderes als diese Unbekanntschaft zu sein, wenn der Fuchs aus der Mitte eines frei am Boden liegenden Schwanenhalses die Speckschwarte nicht aufnehmen würde. Ja, höre ich hier einen Leser fragen, was hält denn den Fuchs davon ab, den Abzugsbrocken am Schwanenhals anzunehmen, wenn er doch die Kirrbrocken nimmt? Das kann doch nur die Wittrung des Eisens sein! Darauf möchte ich antworten: Das kann zweierlei sein: Zunächst die ganze Aufmachung des Fangplatzes, die ihn mißtrauisch machen kann Dann aber die Menschenwittrung, die dem Eisen anhaftet, wenn dieses nicht mit aller Vorsicht behandelt ist. In dieser Hinsicht wird folgendes zutreffen: rostiges Eisen muß der lockeren Natur des Rostes nach jede Wittrung länger und fester halten als rostfreies Eisen; ebenso wie im weichen, offnen Boden jede Fährte und Spur besser und länger steht als im gefrorenen. Dazu kommt, daß derjenige, der seine Eisen verrosten läßt, auch bei dem übrigen Umgehen mit ihnen weit weniger sauber sein wird als der, der sie blank geputzt erhält. Da der Fänger nicht jede Berührung des Eisens vermeiden kann, so benutzt er die vorhin erwähnte Wittrung auch noch dazu, den letzten Geruch dieser Berührung durch ein stark riechendes Mittel zu verdecken, indem er das Eisen leicht mit der Wittrung abreibt, es *verwittert.*

Als drittes „Geheimnis“ möchte ich die Tatsache anführen, daß Raubwild sich nur dort leicht fängt, wo es seinen natürlichen Paß hat. Diesen nimmt es mit Vorliebe auf Wegen, Pfädchen, Wildwechseln, Grabenrändern usw. Solche Gelgenheiten eignen sich aber meist wenig – nur der Steinmarder und der Iltis kommen uns hier entgegen, wie wir noch sehen werden – zum Fang, weil sie von Menschen und Wild besucht werden, weil die Eisen dort entweder gestohlen oder vertreten und sonstwie in Unordnung gebracht werden können. Daher bedient der Fänger sich der *Schleppe,* um das Wild an günstiger gelegene Fangplätze hinzugewöhnen.

Aus diesen Ausführungen wird der junge Leser unschwer verstehen, daß der Fangjäger in gutbesetzten Niederjagden auf den Hunger des Raubwildes am wenigsten rechnen darf, daß vielmehr eine gute Wittrung und *Kirrung* dem Wild seltene Leckerbissen bieten müssen; sowie, daß es hier leichter durch Vorrichtungen gefangen wird, die ohne jede besondere Lockung auf seinen natürlichen Pässen oder auf künstlich hergestellten Zwangspässen stehen, oder die in Kunstbauten untergebracht sind.

Die *Prügelfallen,* wie ich sie im zweiten Teil aufgeführt habe, bieten wie auch die *Kastenfalle,* den Eisen gegenüber den Vorteil, daß bei ihnen jede Wittrung fortfällt, weil sie immer im Freien stehen und nichts an sich haben, das dem Raubwild nicht geheuer erscheinen könnte. Erstere kommen besonders für den Fang der Marder und des Iltis, letztere für Iltis und Wiesel in Betracht. Will der Jäger nur den Marder fangen, so empfiehlt sich als beste Prügelfalle der *Schlagbaum* über der Erde oder der *Marderschlagbaum.* Die Prügelfallen baut er an stillen Orten dort, wo er sichere Pässe des kleinen Raubwildes kennt, die sich leicht an der auf den Pfaden und Wechseln liegenden Losung verraten. Nachdem die Falle möglichst noch im Sommer fertiggestellt wurde, läßt er sie bis zum Herbst verwittern.

Sobald die Jagd beginnt, macht er quer über die Hauptpässe Schleppen mit dem Gescheide von Hasen oder Kaninchen und hängt die Reste an der Stellzunge der durch einige untergestellte Stützpfähle völlig abgestellten Prügelfalle auf. In dieser Weise wird das Raubwild auf die Falle hingeleitet und durch wiederholte Kirrung völlig sicher gemacht, bis der Jäger, sobald der Balg gut ist, die Falle *fängisch* stellt.

Mit der zweiklappigen Kastenfalle wurde, den Lebensgewohnheiten des kleinen Raubwildes entsprechend, in neuerer Zeit ein ganzes System von kleinen Pfädchen gebildet, bei dem diese Fallen von Zeit zu Zeit Zwangswechsel bilden, wie ich das im zweiten Teil schon angeführt habe. Sie bilden in gepflegten Niederjagden die Hauptwaffe des Hegers im Kampf gegen das kleine Raubwild, werden ohne Schleppe, Kirrung und Köder gestellt und meist das ganze Jahr in Betrieb gehalten. Da sie das Wild lebend fangen, so ist es nicht immer leicht, dieses sicher herauszubringen. Das beste ist stets der Sack, den der Fänger über die Öffnung stülpt, ihn dort festbindet und dann das Wild hineinschüttelt. Dabei muß zwar die Falle aus ihrer Lage gebracht und angehoben werden. Aber dieser Nachteil ist, wie mir scheinen will, geringer als die Gefahr, daß das bereits gefangene Wild, das übrigens oft genug eine wildernde Katze ist, bei anderweitigem Herausnehmen noch entwischt.

Bei Diebstahlsgefahr tarnt man die Kastenfallen durch Strauchhaufen oder verlegt sie in Durchlässen unter der Erde. Sehr bewährt haben sich die kleinen Wippbrett-Fallen für Wiesel, wenn man sie in Steinhaufen einbaut.

Soll ein System von Kastenfallen und Fangsteigen neu angelegt werden, so ist es angebracht, zunächst alle Fallen aufzustellen, die Fallbretter anzuheben und die Stellungen abzustellen, damit möglichst alles vorhandene Raubwild erst mit dem Durchschlüpfen vertraut wird und sich später um so sicherer fängt.

Eine besonders günstige Verwendung finden die Kastenfallen, vorzüglich die zweiklappigen, in Gebäuden zum Fang von Marder und Iltis. Der Jäger stellt sie entweder so auf, daß sie am Einschlupf stehen, oder aber er sucht im Dachgebälk denjenigen Kehlbalken aus, den die Marder am meisten benutzen. Denn sie haben innerhalb der Gebäude ebenso ihren Paß wie außerhalb. Um ihn zu finden, braucht man nur die Kehlbalken von oben sorgfältig zu besichtigen. In dem dort immer liegenden Staub findet man die Spuren alsbald. Auf diesem Balken wird dann der Länge nach die Falle aufgestellt.

Wie ich im zweiten Teil die *Hundefalle* besprochen habe, obgleich der wildernde Hund nicht eigentlich Gegenstand der Jagd ist, so will ich auch kurz seinen Fang erwähnen. Der Hund, besonders der stumm jagende, gehört zu den größten Plagen eines Revieres. Er ist daher unausgesetzt zu verfolgen. Von den Dörfern oder einzeln gelegenen Gehöften ausgehend, hält er seinen Einlauf ins Revier meist ziemlich genau. Quer über die hier in Betracht kommenden Wechsel und Pässe *schleppt* der Jäger daher in kurzen Zeiträumen immer frisch nach den in gut gelegenen Dickungen recht wohl verborgen errichteten Hundefallen, besonders bei offenem Boden und weichem Wetter, bei dem die Wirkung am längsten vorhält, und hängt den Rest der Schleppe als Köder über die Zunge der Stellung. Den gefangenen Hund erschießt er, falls es sich nicht um wertvolle Tiere handelt, die er nicht auf so elende Weise mag umkommen lassen, am besten mit der Pistole und gräbt ihn still ein. Das ist ein lautloses, keinerlei Aufsehen erregendes Verfahren in dieser oft recht heiklen Sache. Denn die meisten Leute empfinden den Verlust ihres Hundes sehr schmerzlich und nachhaltig.

Der *Fang des Fuchses mit dem Schwanenhals* bildet das Hauptstück in der ganzen Fangjagd des Raubwildes. Es sei dabei aber gleich gesagt, daß sich im Schwanenhals nicht nur der Fuchs, sondern auch der Marder fängt. Der Fuchs bleibt aber stets der Hauptgegenstand dieser Fangart. Um ihn an den Fangplatz zu bringen, bedarf der Jäger der *Schleppe,* von der schon die Rede gewesen ist. Ich will aber hier ergänzend hinzufügen, daß sich die frisch getötete und mit Haut und Haaren geröstete Katze als Fuchsschleppe besonders bewährt.

Außer der Schleppe ist die *Kirrung* erforderlich. Sie besteht am einfachsten aus Stücken der Katze, die der Fänger, um sie gut zu erhalten, vorher einpökelt. Bei der Kirrung ist das Verschleppen durch Mäuse ein leidiges Übel. Die Erfahrung hat aber gezeigt, daß diese sich davon abhalten lassen, wenn die Brocken den Geruch des Foenum graecum, Bockshornklee, griechisches Heu, angenommen haben, den der Fuchs liebt. Deshalb wird der Pökellauge ein wenig gestoßenes Foenum graecum zugesetzt. Von diesem gepökelten Katzenfleisch hackt der Fänger so viel, wie er etwa in 14 Tagen zu verbrauchen gedenkt, in kleine Stücke, unter Belassung einiger größerer Würfel von 2–3 cm Stärke; alsdann wird das Ganze in ungesalzener, frischer Butter oder in Gänseschmalz gebraten. Die größeren Würfel sind als *Abzugsbrocken* bestimmt, wie wir nachher sehen werden.

Wir kommen nun zur *Wittrung* und damit zu dem größten aller Fanggeheimnisse. Jeder alte Fangjäger schwört auf sein Rezept, ja es wird ein schwunghafter Handel mit „unfehlbaren" Wittrungsmitteln getrieben

Ich lasse hier einige gute Wittrungen folgen:

Die *Fischwittrung:* Nimm eine saubere Flasche von hellem Glas, fülle sie mit kleinen Fischen, wie sie zu haben sind, schließe sie mit einem Korken und setze das Ganze der Sonne aus, bis sich eine breiige bis ölige, dicke Flüssigkeit bildet.

Die *Maikäferwittrung:* Fülle eine gleiche Flasche wie vorhin mit Maikäfern, verschließe sie, lasse sie in der Sonne stehen, bis eine dicke, ölige Flüssigkeit aus der Masse geworden.

Die *Frehsesche Wittrung:* Schmelze in einem neuen Tiegel auf gelindem Feuer ein Viertelpfund ungesalzenes, reines Schweine- oder Gänseschmalz, rühre einen Löffel Scheibenhonig und einen gehäuften Löffel pulverisierter Bärenklau (Heracleum sphondylium) heran, bewahre die Mischung am kühlen Ort. Das letztere gilt auch für die fertiggestellten beiden ersten Wittrungen.

Wer mit Hilfe von diesen Wittrungen keinen Fuchs zu fangen versteht, dem helfen die sonst noch angepriesenen Apothekenmittel auch nichts.

Als Ort für das Legen des Schwanenhalses kommen Blößen im Wald, Wiesen und Felder in der Nähe des Waldes in Frage; besonders günstig sind die Wintersaatfelder, sowie Äcker, auf denen frisch Mist gestreut ist. Möglichst hoch soll der Ort gelegen sein, wenigstens in bezug auf die nächste Umgebung. Einmal soll kein Wasser die *Füllung* naß machen. Sie würde bei Frost steiffrieren; die Bügel würden unter Umständen ganz am Zuschlagen verhindert; oder es würden vielleicht zusammengefrorene Stücke zwischen die Bügel geraten, die das feste Zusammenschlagen verhindern. Darum wählt der Fangjäger den Ort frei von Bodenwasser; Regenfeuchte muß er schon hinnehmen. Alsdann liegt der Ort zweckmäßig deshalb etwas höher, weil dort der Wind den Schnee leichter fortweht. Solche schneefreien Punkte sucht der Fuchs gern auf; außerdem verschneit dort der Schwanenhals nicht so leicht.

Solche Orte wählt der Fänger eine Anzahl aus, sucht auf ihnen einen verrasten Platz und schneidet hier noch im Herbst bei frostfreiem Wetter nach dem in gespanntem und gut gesichertem Zustand dorthin mitgebrachten Schwanenhals mit dem Waidmesser – das du aber nicht vorher ängstlich abzukochen brauchst; denn bis zum Fang hin verwittert das ganze Erdreich zehnmal! – einen Rahmen im Rasen, etwa drei Finger breit, in den der Schwanenhals in völlig waagerechter Lage mit Feder und Schloß gut hineinpaßt. Es kommt darauf an, daß der fängisch gestellte Schwanenhals mit der Oberkante der Bügel etwa 2–3 cm unter der Oberfläche des stehengebliebenen Erdreiches zu liegen kommt, weil die Füllung ihn so hoch eindecken muß. Ganz besonders wichtig ist aber eine völlig feste Lage des ganzen Eisens, und zwar auf harter Unterlage. Denn der Schwanenhals muß im Augenblick des Zuschlagens etwa einen guten Fuß hoch ganz gleichmäßig in die Höhe springen, um den im Schreck zurückfahrenden Fuchs noch sicher zu greifen. Das tut er aber nicht von einer weichen Unterlage aus. Um diese zu gewinnen, legt der Fangjäger in die sauber von Erde befreite Rinne an mindestens vier Stellen: unter die Bügelschraube, unter den Kamm, unter die Mitten der Bügel und an mindestens drei Stellen unter die Feder Ziegelsteinbrocken, mit den platten Seiten nach oben und unten, und füttert sie unter wiederholtem Probieren so ein, daß der Schwanenhals, ohne zu klappern, überall fest aufliegt. Er ist dann auf sieben Punkten unterstützt; sonst aber liegt er hohl.

Daß für die Pfeife eine besondere, kleine Rinne ausgehoben werden muß, will ich ausdrücklich hervorheben. Denn der aus ihrer Öffnung beim fängisch gestellten Eisen hervorragende Abzugsfaden darf, so kurz er ist, nirgends mit dem Erdreich in Berührung kommen, weil er sonst anfrieren und die ganze Geschichte wirkungslos machen könnte.

Wer den deutschen Schwanenhals mit untenliegender Feder benutzt, der ist dem Besitzer des alten Berliner Eisens in zweifacher Hinsicht überlegen. Denn erstens braucht er, je nach der Hauptwindrichtung, nicht zwei verschieden angelegte Lager auf jedem Platz einzuschneiden, und zweitens läuft er nicht Gefahr, daß der Fuchs den Köder von der Federseite nehmen könnte, weil die Feder unter den Bügeln liegt. – Der Grundgedanke des Schwanenhalses ist der, daß der Fuchs den Abzugsbrocken über die Bügelschraube her nehmen soll; dann fassen ihn beide Bügel mit unfehlbarer Sicherheit. Der Schwanenhals muß also so gelegt werden, daß die Bügelschraube in die Windrichtung zeigt, da der Fuchs stets gegen den Wind an den Fangplatz herangeht.

Bevor ich weitergehe, möge noch bemerkt sein, daß der Jäger denjenigen Teil des Rasens, in den die Feder eingeschnitten wird, ganz im Zusammenhang aushebt, so daß er einen rundgeschnittenen Plaggen fortnimmt. Letzterer wird sorgfältig beiseite gelegt und nach dem Schloß zu so weit gekürzt, daß er beim Wiedereinlegen den Schloßteil nicht erreicht, letzterer also völlig frei bleibt. Ich will zum besseren Verständnis gleich hier bemerken, daß das Schloß einschließlich des Kammes später durch ein Stück steifes Papier zugedeckt wird; ebenso die Bügelschraube, damit in diese empfindlichen Teile weder Erdreich noch Füllung hineingeraten kann.

Ist alles soweit vorbereitet, so nimmt der Fänger den Schwanenhals aus dem Lager, legt den Federplaggen an seine Stelle, nachdem er ihn mit so viel Füllung unterfüttert hat, daß er mit dem gewachsenen Boden abschneidet, nimmt alles ausgestochene Erdreich sauber fort und zerstreut es etwa zehn Schritt vom Fangplatz. Alsdann füllt er das nun noch offene Lager fest mit der mitgebrachten Füllung aus. Diese besteht aus sorgsam gesiebtem Kaff, Heusaat oder getrocknetem Pferdedung und wird in einem sauberen, von jedem Geruch freien Sack mit zur Stelle gebracht. Oben auf das Ganze legt der Fänger einige frische Roßäpfel, die mit einem frisch geschnittenen Stöckchen auseinandergerührt werden. Der Fangplatz hat dann das Aussehen, als habe dort ein Pferd gemistet, und als hätten Vögel den Mist auseinandergekratzt. Daß der Waidmann den Fangplatz nur allein besucht und dort nicht raucht, erscheint wohl selbstverständlich.

Bei dieser Herstellung der Fangplätze ist jegliche Verwittrung der Hände wie der Schuhsohlen unnötig. Denn wenn ich erst nach einiger Zeit mit der Schleppe und dem Ankirren beginne, dann ist bis dahin ohnehin alles gründlich verwittert.

Zu allerletzt steckt der Jäger an der Federseite etwas straffes, niedriges Reisig so in den Boden, daß es dem Fuchs den Zugang über die Feder verlegt. Durch dieses Reisig kann man bei eintretendem Schneefall nicht nur das Lager leichter wiederfinden, sondern auch ohne weiteres seine genauere Lage feststellen, so daß man beim Legen des Eisens dann den Schnee nur wenig zu rühren braucht.

Der Fangplatz darf für die Fuchsnase niemals den Eindruck hinterlassen, als wenn sich dort öfter Menschen bewegten. Darum besucht der Jäger nunmehr den Platz nur noch mit verwitterten Sohlen und immer von einer und derselben Seite, die er hin und zurück benutzt. Rückwärts aber braucht er nicht zu gehen, wie übervorsichtige Leute wollen.

Wenn mit dem Fang begonnen werden soll, so ist zunächst der Schwanenhals hervorzuholen, der bis dahin an einem trocknen, luftigen Ort hängend, nicht in einer staubigen und muffigen Ecke liegend, aufbewahrt wurde. Das Eisen wird – der Anfänger muß sich das zeigen lassen – vollständig auseinandergenommen, nachdem die Schrauben gelöst wurden, und mit Hilfe von reinem Wasser und reinem Sand in allen Teilen gründlich abgescheuert, so daß es überall seine schöne, blitzblanke Eisenfarbe zeigt und nirgendwo mehr einen Rostflecken hat. Ist das geschehen, so werden alle Teile mit einem völlig sauberen und geruchlosen Lappen sorgfältig abgetrocknet und eine Zeitlang zum völligen Trockenwerden in den Wind gelegt, um alsdann mit einem in Eisenhandlungen erhältlichen, geruchlosen Eisenlack überzogen zu werden. Dieser verhindert das Rosten und bedarf nur von Zeit zu Zeit im Gewirre und an der Bügelschraube der Erneuerung. Der Fänger entgeht durch dessen Verwendung dem ewigen Scheuern und Putzen. Je länger der Lack Zeit hat zu trocknen, desto fester hält er. Ist er gut trocken, so wird das Eisen wieder zusammengeschraubt, nachdem jeder einzelne Teil mittels eines sauberen Läppchens, auf das ein Tupfen Wittrung kommt – im ganzen soll dazu nicht mehr als von der Größe einer halben Bohne verwendet werden –, gründlich abgerieben wurde. Von nun an wird das Eisen mit der bloßen Hand nicht mehr berührt. Hierzu werden vielmehr ausschließlich ein Paar nur diesem Zweck dienende Lederhandschuhe benutzt, die ein für allemal von der verwendeten Wittrung durchdrungen sind. Das zusammengesetzte Eisen wird nochmals im ganzen mit dem Wittrungslappen abgerieben und an seinem Aufbewahrungsort aufgehangen.

Jetzt kommt das Schleppen und Ankirren! Von den einzelnen Fangplätzen, von denen einer in der Nähe eines Luderplatzes, wohin der Waidmann die Füchse durch Gescheide von Wild das ganze Jahr über ankirren kann, liegen mag, schleppt er sternförmig und so, daß die Fangplätze Schleppverbindung miteinander bekommen, und legt auf jeden Fangplatz, genau dorthin, wo beim Fang der Abzugsbrocken zu liegen kommt, einen Kirrungsbrocken, der von der Schleppe genommen wird.

Das Ergebnis des Schleppens beobachtet der Fänger jeden Morgen und ersetzt dabei etwa aufgenommene Brocken durch neue, deren er eine Anzahl in einem gut verschlossenen, irdenen Töpfchen bei sich führt. Gegen Abend schleppt er dann wieder. Ist die Kirrung regelmäßig angenommen und findet der Jäger in der Nähe die frische Losung des Fuchses, die dieser nur dort absetzt, wo er vertraut ist, so wirft er einige Brocken von

derselben Art, mit denen er ihn zu fangen gedenkt, also von der gepökelten und gebratenen Katze. Hierbei kommt es schon darauf an, den Fuchs so zu kirren, daß er später den Abzugsbrocken über die Bügelschraube hin nimmt, und ihn hieran richtig zu gewöhnen. Zu diesem Zweck wirft der Fänger den einen oder anderen Brocken in der Richtung von Schloß und Bügelschraube etwa einen Fuß über die letztere voraus.

Ich habe schon früher erwähnt, daß das Betreten des Fangplatzes, sobald das Kirren beginnt, immer nur von einer und derselben Seite her erfolgen soll. Zu weiterer Sicherheit aber reibt sich der Jäger, in der Nähe des Platzes angekommen, die Sohlen mit grünem Nadelholzreisig gründlich ab. Sollte in der Umgebung Nadelholz nicht vorkommen, so kann er sich eine hierfür besonders geeignete Wittrung herstellen, indem er Knospen von Nadelholz mit etwas Öl in eine Flasche tut und diese Mischung längere Zeit der Sonne und der Wärme aussetzt. Einige Tropfen davon unter die Sohle gerieben, verdecken für die kurze Zeit des Betretens des Fangplatzes die menschliche Wittrung vollkommen.

Hat der Fuchs die Kirrungsbrocken, den *Vorwurf*, vor allen Dingen den an der Stelle für den Abzugsbrocken liegenden einige Tage hindurch genommen, so kann das Eisen gelegt werden. Hat dieses, wie es sich gehört, bis dahin an einem luftigen Ort gehangen, und ist es vor unbefugter Berührung sicher gewesen, so bedarf es nur noch einer nochmaligen Verwittrung, natürlich unter Benutzung der Handschuhe. Denn mit der bloßen Hand soll es überhaupt nicht mehr berührt werden. Ich rate hier von dem Einlegen in Wasser dringend ab. Denn einmal ist das bei einem sauber behandelten und erhaltenen Schwanenhals überflüssig.

Dann aber bleibt gar zu leicht in der engen Röhre der Pfeife etwas Feuchtigkeit zurück, durch die der Abzugsfaden bei kälterer Witterung an die innere Wand anfrieren kann.

Ein Schwanenhals hat nur dann Gebrauchswert, wenn das Schloß so leicht steht, daß es bei der geringsten Berührung des Abzugsbrockens losschnellt. Das ist besonders wichtig für den Fall, daß der Fuchs den Brocken nicht mit dem Fang aufnehmen sollte, sondern an ihm herumkratzt. Die Stellung muß daher schon vor der Reinigung und Verwittrung entsprechend nachgefeilt werden, wenn sie nicht leicht genug steht. Anderseits ist aber dieses Eisen bei seiner ungeheuren Federkraft und den hohen Bügeln im gespannten Zustand ein sehr gefährliches Ding für den, der damit umgeht. Da der Sicherungsstift in seinem Loch recht lose gehen muß, damit das fängisch gestellte Eisen beim schließlichen Entsichern nicht losschlägt, so wird er zweckmäßig mit einem gut verwitterten Faden angebunden, um beim Hintragen nicht herauszufallen. Nunmehr wird der Abzugsbrocken, der schon längere Zeit vorher mittels eines neuen hölzernen Stiftes oder, falls er dazu zu hart sein sollte, mittels eines gut verwitterten Bohrers durchbohrt und mit einer aus Pferdehaar gedrehten Schnur, die gleichfalls verwittert ist, durchzogen wurde – alles so zeitig, um inzwischen wieder gut zu verwittern –, durch die Pfeife hindurch mittels der Schnur so knapp mit dem Stellhaken verbunden, daß er einige wenige Zentimeter von der Öffnung der Pfeife entfernt ist. Die Schnur wurde so durch den Brocken gezogen, daß dieser in deren Mitte hängt, dann hart am Brocken *fest* verknotet, nun, doppelt genommen, durch die Pfeife geschoben – das geht mit Pferdehaar viel leichter als mit Zwirn –, um *fest* an den Stellhaken gebunden zu werden. Beim Hintragen hängt der Abzugsbrocken etwa 2–3 cm vor der Pfeifenöffnung. Das so gespannte, gesicherte und beköderte Eisen hängt der Jäger über einen neuen Holzstab und trägt es, über der Schulter freihängend, nach dem Fangplatz, nachdem er den Abzugsbrocken noch mit einem mit Wittrung gefetteten, sonst sauberen Stück Papier – nicht etwa Zeitungspapier – umbunden hatte.

Das Töpfchen mit Brocken im Sack mit neuer Füllung auf dem Rücken, den Stab mit dem Eisen über der Schulter, eine neue Schleppe in der Hand, die der verwitterte Handschuh bekleidet, begibt sich der Waidmann jetzt auf den ausersehenen Fangplatz unter Beachtung der schon früher erwähnten Vorsichtsmaßregeln. Dort kniet er auf der Federseite nieder, nimmt die alte Füllung aus dem Lager, falls sie, was meist der Fall sein wird, nicht mehr ganz trocken ist, legt sie in *einem* Haufen beiseite, prüft den Lagereinschnitt sorgfältig nach, legt das Eisen auf die Ziegelunterlagen, die gehoben oder versenkt werden müssen, falls es nicht ohne das leiseste Klappen überall fest aufliegen sollte. Alsdann füttert er das Eisen bis auf die Federseite und die Bügelschraube überall so fest mit der neuen Füllung, die selbstverständlich, um keine neuen Verhältnisse zu schaffen, der alten völlig gleich sein muß, ein, daß die Bügel oben nicht mehr durchgefühlt werden können, deckt die Bügelschraube mit einem sauberen, ganz leicht verwitterten, passenden Stück Papier zu und füttert nun auch diese Stelle mit der Füllung ein.

Das alles unter sorgfältiger Wahrung des Kopfes vor etwaigem Zuschlagen des Eisens zu tun, ist dem Jäger dringend anzuraten!

Alsdann wendet er sich zur Federseite. Legt zuerst den Federplaggen auf die Rundung der Feder, nimmt das Papier vom Abzugsbrocken, deckt es über Schloß und Gewirre, zieht dann den Abzugsfaden mittels des Brockens straff an, beseitigt den Sicherheitsfaden, zieht den Sicherungsstift vorsichtig heraus, füttert das Schloß, das vorher schon unterfüttert war, über dem Papier vorsichtig mit Füllung, nimmt die alte Füllung sorgsam in den Sack und gibt dem Platz genau dasselbe Aussehen wie vor dem Legen des Eisens. Dabei ist besonders zu beachten, daß etwa vorgefundene Fuchslosung, die nur mittels zweier Stäbchen verlegt werden darf, genau wieder an die alte Stelle gelegt wird. Schließlich wirft der Fänger den Vorwurf, etwa vier bis fünf Brocken, einen hinter den anderen, über die Bügelschraube hinaus, so daß der nächste etwa einen halben Schritt, der letzte etwa fünf Schritt davon zu liegen kommt. Alsdann verläßt er den Platz mit allem, was dort nun nicht mehr liegen darf, gleichzeitig mit einem dazu mitgebrachten Reis die eigene Fährte auf kurze Entfernung verstreichend.

Auf diese Weise darf der Jäger mit hoher Wahrscheinlichkeit erwarten, Meister Reineke am anderen Morgen im Schmuck der eisernen Halskrause zu finden. Sollte das aber nicht der Fall sein, – der Fuchs kann aus irgendeinem Grund, der mit dem Fangplatz nichts zu tun hat, gar nicht dort gewesen sein. Er kann einige äußere Brocken genommen haben, aber nicht bis zum Abzugsbrocken vorgedrungen sein. Er kann aber auch Unrat gewittert haben und verprellt sein. Der Waidmann kann den Grund, falls er nicht am Eisen eine freigescharrte Stelle bemerkt, nicht immer wissen, – so erneuert er etwa aufgenommene Brocken und deckt sie dann zum Schutze gegen Krähen allesamt mit etwas Reisig zu. Am Abend entfernt er das wieder und schleppt von neuem. Sollte der nächste Morgen wieder ohne Erfolg sein, so ist ein Fehler gemacht. Dann ist nicht zu erwarten, daß der Fuchs sich hier ohne Wechsel mit der Wittrung fangen wird. Der Jäger versucht dann am besten den Fang auf einem der übrigen Fangplätze und benutzt den ersteren nach einigen Tagen wieder unter Anwendung einer neuen Wittrung. So etwas wird bei jedem Anfänger und gelegentlich auch bei dem erfahrenen Fangjäger vorkommen. Er darf die Geduld nicht verlieren und muß über etwaige Fehler oder Unbedachtsamkeiten nachdenken, um sie in Zukunft zu vermeiden. Es ist noch kein Meister vom Himmel gefallen.

Das frühe Besuchen des oder der fängisch gestellten Eisen ist aus zweierlei Gründen nötig. Zunächst kann sich der etwa nur am Lauf gefangene Fuchs bei Tagesanbruch leicht abschneiden; oder er sucht mit dem Eisen, das niemals angekettet wird, um ihn nicht zu gewaltsamem Loszerren und Abschneiden zu veranlassen, irgendeine Deckung zu erreichen und reißt sich dabei schließlich los. Diese Gefahr ist desto geringer, je frühzeitiger der Jäger an Ort und Stelle ist; denn zur Nachtzeit sind die Befreiungsversuche des Fuchses weit weniger lebhaft als bei Tage. Dann aber sind die Krähen bekanntlich schon „mit dem Frühesten auf". Sie würden die Brocken leicht finden, am Abzugsbrocken zerren; und die ganze Arbeit des Eisenlegens müßte von neuem gemacht werden.

Es wird darüber gestritten, ob man den Schwanenhals nach erfolgreichem Fang gleich wieder legen soll. Da ist zu raten: Gewiß, aber zunächst lieber auf einem anderen Fangplatz. Hat man einen Fuchs gefangen, so empfiehlt es sich, etwas Urin des getöteten Fuchses auf dem Fangplatz zu verspritzen. War es eine Fähe, so ist die Wirkung, vor allem bei Beginn der Ranzzeit, ausgezeichnet.

Wenn auch in diesem Fall die Jagdhaftpflichtversicherung dem Jagdscheininhaber Versicherungsschutz gewährt, darf der Jäger den gefährlichen Schwanenhals nur an wirklich entlegenen Orten einsetzen. Besteht die Gefahr des Betretens durch Menschen, muß durch Bekanntmachung oder durch Warnschilder auf das Stellen von Eisen aufmerksam gemacht werden. BJG § 20 Abs. 1 verbietet die Jagdausübung an Orten, wo nach Umständen des einzelnen Falles das Leben und die Gesundheit von Menschen gefährdet werden könnte. Dies gilt selbstverständlich auch für die Fangjagd.

Der Schwanenhals mit Tellerstellung für Beköderung mit Ei, Pflaume, Birne ist eine ausgesprochene Marderfalle, über deren Verwendung ich mich wohl kaum näher auszulassen brauche. Bemerkt sei nur noch, daß beim Gebrauch dieser Fallen auf Verwittern verzichtet werden kann. Die Fallen sollen sauber und blank im Eisen gehalten werden, wozu der beim Schwanenhals erwähnte Lack ein gutes Mittel ist. Da sie beim Gebrauch in Gebäuden der Nässe nicht ausgesetzt sind, so ist die Gefahr des Rostens ohnehin nicht so groß wie bei den im Freien verwendeten Eisen.

Wer mit der jagdlichen Wichtigtuerei ein wenig Bescheid weiß, dem ist es kein Wunder, daß auch für *Marder* und *Iltis* eine ganze Reihe von Wittrungen und Kirrungen durch die Literatur geschleppt wird. Sie sind aber alle völlig entbehrlich. Draußen bei den Holzfallen ist das Hasengescheide die beste Schleppe für den Marder, deren Reste auch als

Kirrung und an der Zunge der Stellung als Köder dienen können. Sonst nimmt der Fänger dazu einen frisch geschossenen Vogel oder auch ein Eichhörnchen.

In Gebäuden ist die Schleppe ausgeschlossen, und hier fallen Kirrung und Köder zusammen. Als solcher dient am besten ein Ei. Der Glaube, daß dieses Wild lieber ein frisches als ein gekochtes Ei annähme, ist irrig. Ich habe niemals den geringsten Unterschied darin beobachtet. Wohl aber besteht eine große Verschiedenheit der Wirkung darin, ob ein Ei gut oder schlecht auf dem Teller oder am Abzugsfaden befestigt ist; denn hierin liegt die Gefahr des Verpönens. Schlecht befestigte Eier tun das gar leicht. Daher bin ich grundsätzlich auf die Verwendung von nur hart gekochten Eiern als Köder gekommen. Sie sind für die Befestigung durchaus zuverlässig.

Wer trotzdem lieber mit einem frischen Ei ködern will, der lasse sich auf dem Teller eine Vertiefung herstellen mit vier kleinen Löchern, in der er dann das Ei mit einigen dünnen, weißen Fäden befestigt. Das am Abzugsfaden zu befestigende Ei kann ebenfalls leicht mit einigen dünnen Fäden so übersponnen werden, daß es ohne Schwierigkeit mit dem ersteren verbunden werden kann. Aber man bedenke, daß ein faules Ei schon in einiger Entfernung vom Marder als solches gewittert und dann sicher nicht angenommen wird. Aus diesem Grund bin ich gegen das Anbohren frischer Eier zum Zweck der Befestigung. Sie verderben weit früher als nicht angebohrte, auch wenn sie wieder verschlossen werden.

Was über den Fang mit Kaninchennetzen, Dachshauben usw. zu sagen wäre, ist im zweiten Teil (Die Hilfsmittel zur Jagd) bereits näher ausgeführt, weil es von der Beschreibung dieser Fangmittel nicht zu trennen war.

BRUNFT- UND BALZJAGD

In diesem Abschnitt soll diejenige Jagd besprochen werden, die der Waidmann auf das brunftende und balzende Wild ausübt, soweit ihm hierbei dessen allgemeines Verhalten und besonders die Brunft- und Balzlaute wesentliche Hilfsmittel sind. Es gehört demgemäß beispielsweise nicht hierhin die Jagd mit dem Hirschruf, die Blattjagd. Diese werden in dem Abschnitt über die Lockjagd behandelt werden.

In jüngster Zeit sind Stimmen laut geworden, die das Bejagen des Wildes in der Brunft- und Balzzeit ablehnen und als nicht waidgerecht bezeichnen. Ich kann dieser Auffassung nicht zustimmen. Um wieviel ärmer würde das Waidwerk werden, wenn man einen solchen Grundsatz allgemein zur Anwendung brächte.

Wenn der *Rothirsch* sein Geweih vereckt und gefegt hat, wenn nach Beendigung des äußeren Aufbaues sich die letzten Neubildungsvorgänge im Innern der Stangen vollzogen haben und der Hirsch in der vollen Feiste steht, dann pflegen sich beim Kahlwild die ersten Zeichen der Brunftigkeit einzustellen. Mit dem Windfang am Boden zieht dann der bis dahin so heimliche Recke dahin, die Kahlwildfährten auf die ersten Anzeichen erhöhter Lebenstätigkeit prüfend. Mit dem Beginn des September, je nach Höhenlage und Klima etwas wechselnd, findet er schon dies oder jenes Schmaltier, das er vom Rudel abtreibt, um in Dickungen und Brüchen heimlich seiner Minne Lust zu frönen. In den ersten Wochen vollzieht sich das still. Wenn aber Mitte September kalte Nächte eintreten, die Nebel am Abend oder Morgen in den Tälern brauen und gar Reif der Wiesen Grün bedeckt, dann ertönt, zuerst in stiller Nacht, der dröhnende, mächtige Brunftschrei, die Ruhe des Waldes weithin erschütternd. Nach und nach schreit der Hirsch mehr, am Abend, in der Morgenfrühe. Andere Hirsche antworten; bis gegen Ende September das Orgeln auf seiner Höhe steht, dem Waidmann alle Geheimnisse seiner alten Recken verratend.

Die hohe Zeit des Wildes ist auch die des Jägers. Nun duldet es ihn keinen Abend und Morgen daheim. Er muß hinaus, die Hirsche zu verhören, ob sich nicht irgendwo eine ganz besonders grobe Stimme vernehmen läßt, deren Besitzer ein sagenhaft starkes Geweih tragen könnte. Zwar stehen Stimme und Geweih nicht immer in dem erhofften Verhältnis, indem ganz alte, schon zurücksetzende Hirsche am gröbsten zu schreien pflegen. Es gibt auch Hirsche, deren Stimmen von Jugend an eine tiefe Lage haben, wie es ältere Hirsche mit verhältnismäßig hohem Ton gibt. Allein von diesen Ausnahmen abgesehen, bietet die *grobe* Stimme im Durchschnitt doch einen guten Anhalt dafür, daß ein besserer Hirsch in Frage steht. Ich sage mit voller Absicht grobe Stimme. Denn mehr als Tiefe oder Höhe des Tones bildet das Grobe im Brunftschrei das durchschnittliche Kennzeichen alter Hirsche. Und da die älteren Hirsche im allgemeinen auch die stärkeren Geweihe zu tragen pflegen, so hat der Waidmann an diesem groben Ton einen guten Anhalt für die Stärke.

Es sind aber auch noch einige andere Dinge zu beachten: Starke Hirsche schreien nicht viel; meist nur während der Dunkelheit. Sie treten nicht selten, sobald der erste Schimmer des nahenden Morgens am Himmel erscheint, vom Brunftplatz ab. Wenn du dann das Feld des Schreiens und Kämpfens bei noch hellerem Licht überschauen kannst, so entspricht der dann im Rudel stehende Platzhirsch in keiner Weise dem groben Brunftschrei, den du während der Nacht hörtest. Und hast du Glück, hörst du noch einmal den vollen Schrei, so wird dir auch bald klar, daß hier keine Täuschung vorliegt. Der alte Recke hat zeitig das Feld geräumt. Jetzt steckt er in der Suhle, um sich dann in stiller Dickung niederzutun und sich von den maßlosen Genüssen und Anstrengungen der Nacht zu erholen. Was über Tag aus seinem Rudel wird, kümmert ihn oft so wenig, wie es dem Kahlwild nicht darauf ankommt, sich wahllos jedem anderen Hirsch zu fügen. Erst wenn es wieder dunkelt, dann erscheint auch unser Recke wieder auf dem Brunftplatz, um alsbald nur durch sein Erscheinen, durch sein Dasein die Ordnung der vorigen Nacht wiederherzustellen.

Nur an einigen wenigen Tagen der mit Ansteigen und Abschwellen etwa vier bis fünf Wochen umfassenden Brunftzeit bleibt der starke Platzhirsch eine oder einige Stunden länger des Morgens beim Rudel, ist er abends um so viel früher wieder da. Das ist die Höhe der Brunft, die in einzelnen Revieren von alters her als die beste Zeit bekannt ist und bei regelmäßigem Verlauf genau auf dieselben Tage des Kalenders fällt. Diese Tage gilt es zu nutzen, hast du den alten Platzhirsch zum Abschuß frei.

Je nach den Wildstandsverhältnissen, vor allem nach dem Verhältnis der Zahl der Hirsche zu der des brunftenden Kahlwildes, nimmt die Brunft einen ganz verschiedenen Verlauf. Bei wenig Wild und ziemlich gleichem Geschlechterverhältnis vollzieht sie sich meist vereinzelt. Ein Hirsch treibt sich ein brunftiges Stück vom Rudel ab, um sich, nachdem es abgebrunftet hat, was in wenigen Tagen geschieht, ein anderes zu holen. Er wird so von anderen Hirschen nicht viel gewahr. Besondere Gelegenheit zur Erregung, zum Ärger und Trotz gegen Nebenbuhler ist nicht viel geboten. So schreit er wenig und vereinzelt.

Hirsche, die leer ausgehen, ziehen einzeln umher, ihre Liebessehnsucht in die dunkle Nacht hinausschreiend. Unter solchen Verhältnissen ist es nicht leicht, einen braven Hirsch zu strecken. Der Jäger bedient sich daher des Hirschrufes, um den Hirsch zum Melden und damit zum Verraten seines Standes zu veranlassen. Wir werden das Nähere darüber in dem über die Lockjagd handelnden Abschnitt kennenlernen.

Anders dort, wo bei stärkerem Wildstand das Geschlechterverhältnis ähnlich ist, wie vorhin. Dann zieht sich das Kahlwild meist auf größeren Blößen, Wiesen, Schlägen usw. zusammen. Die Hirsche finden sich gleichfalls ein. Der eine erregt den Neid und die Eifersucht des anderen. Um den Platzhirsch rudeln sich die Beihirsche, bedrängen ihn von allen Seiten, schreien in Geschlechtswut und Kampfeslust aus vollem Hals. Da das Kahlwild selten große Neigung zeigt, dem Platzhirsch ausschließlich zu Willen zu sein, so hat dieser seinen Harem fortwährend zusammenzuhalten, Nebenbuhler abzuschlagen, sie zu verfolgen und vorübergehend zu verjagen. Derweil machen sich die anderen Behirsche an das Wild, gleichzeitig untereinander kämpfend oder sich doch bedrohend. Auf diese Weise nimmt das Schreien, Toben, Kämpfen kein Ende.

Klare, kalte Luft wirkt günstig auf die Lebhaftigkeit der Brunft, während warme, weiche und nasse Witterung sie still verlaufen läßt. Schon ein etwas lebhafter Wind verschlingt für den horchenden Waidmann den sonst so markigen, ehernen Brunftschrei völlig, wenn er nicht ganz unter Wind des schreienden Hirsches ist. Schreit der Hirsch mit abgewendetem Haupt, so vernimmst du den Schrei so, als stünde er noch einmal so weit von dir entfernt, als wenn der Schrei mit dir zugewandtem Haupt erklingt.

Zu Anfang der Brunft liegen alle Stimmen höher als zu Ende. Dann sinkt auch der Hals eines geringeren Hirsches manchmal zu einer bedeutenden Tiefe des Tones. Nur das Grobe in der Stimme eines alten Hirsches erreicht er nicht, zumal das Röhren dieses letzteren im weiteren Verlauf der Brunft oft zu einem völlig tonlosen Rasseln heruntersinkt. Die Veranlassung hierzu ist das Schreien selbst, das die Hirsche nach und nach heiser macht.

Außer dem vollen Brunftschrei hat der Hirsch in der Brunft noch andere Töne. Er *knört,* wenn er einen leisen, aber doch oft weiter hörbaren Rasselton von sich gibt. Er *trenzt,* wenn dieser Ton noch einige Klangfarbe hat, besonders kurz abgebrochen beim Treiben eines Tieres. Alle diese Brunftlaute sind dem Waidmann Helfer und Leiter bei der Jagd auf den Brunfthirsch.

Spielt sich die Brunft auf größeren Blößen ab, so gilt folgendes als Regel: Das Kahlwild steht fast immer in deren Mitte oder an der Seite, wo der Wind herkommt. Soll der Hirsch also auf solchen Blößen gestreckt werden, so muß ihm beim Hin- und Herziehen der Wechsel abgeschnitten werden. Das geschieht durch Anpürschen in dunkler Nacht, um ihm bei wachsendem Büchsenlicht auf dem Einwechsel ins Holz die Kugel anzutragen, oder am frühen Nachmittag, um beim Auswechseln am Abend rechtzeitig zur Stelle zu sein. Als Regel sollte aber hochgehalten werden, den Abend für die Beobachtung, den Morgen für die Jagd gelten zu lassen. Denn die Feststellung des Anschusses ist am Abend, zumal in der späten Dämmerung schwierig, oft ganz unmöglich, besonders auf den viel zertretenen Brunftplätzen. Einer Nachsuche setzt die Dunkelheit ein Ziel. Der Hirsch muß über Nacht liegen. Er ist am anderen Morgen oft angeschnitten oder verdorben, besonders bei einem Waidwundschuß. Am Morgen dagegen wird das Büchsenlicht mit jeder Minute besser. Für die Feststellung des Anschusses kann der Jäger den vollen Tag erwarten. Für die Nachsuche steht der ganze Tag zur Verfügung.

Gern brunften starke Hirsche auf kleinen Blößen, besonders wenn diese in ruhigen Dickungen liegen. Die stets geübte Vorsicht läßt den Hirsch seine Sicherheit eben nie vergessen. Sie reicht aber nur für die Auswahl seines Bunftplatzes, die in solchem Fall *er* trifft, nicht das Kahlwild, indem er es dorthin treibt, wo er es haben will. Auf dem Brunftplatz selbst aber ist auch ein starker, sonst noch so vorsichtiger Hirsch für einen gewandten Waidmann taub und blind. Da ist es das Kahlwild, dessen Aufmerksamkeit der Jäger zu täuschen hat. Denn dieses läßt die Vorsicht nie außer acht. Es stellt die sichere Wacht für seinen Gebieter, wenn Liebeswahn, Geschlechswut, Ermattung und Stumpfheit ihn zu leichter Beute auch eines weniger gewandten Waidmanns machen würden.

Verläuft die Brunft so, daß die Hirsche mit dem Kahlwild einzeln im Revier umherziehen – das tun sie nur, wenn sie nicht mehrere Stücke zusammengetrieben haben, für deren strenge Beaufsichtigung gegen Nebenbuhler sich nur Blößen oder lichtes Holz eignen –, dann muß zum Verhören des schreienden Hirsches die Beobachtung seiner Fährte hinzukommen, um seinen Hauptwechsel festzustellen. An diesem erwartet ihn der Jäger auf dem Anstand. Denn bei allem Umherziehen waltet doch eine gewisse Regelmäßigkeit und eine Vorliebe für bestimmte Örtlichkeiten zur gleichen Tageszeit. Aus dem örtlichen Wechsel des Röhrens am Abend kann der Jäger auf den Stand am Tag schließen und durch rechtzeitiges *Verstreichen* der Fährte auch einen Anhalt gewinnen, zu welcher Stunde der Hirsch diesen oder jenen Weg, eine Schneise, ein Gestell, einen Bach oder Graben überquert. Aber Vorsicht ist dabei nötig; denn er darf nur dort fährten, wo der Hirsch die Spur des Menschen gewohnt ist und sie daher nicht scheut. Andernfalls könnte der Hirsch leicht seinen Stand wechseln, und die seither aufgewandte Mühe wäre vergeblich.

Gelegentlich kommt es vor, daß du den Stand eines schreienden Hirsches ausgemacht hast, aber alle Mühe und Ausdauer sind vergeblich. Der Hirsch schreit in der nahen Dikkung. Jedoch heraus, in den Bereich deiner Büchse, tritt er nicht. Da hilft der Jäger sich durch eine Frechheit, möchte ich sagen, indem er, falls der Hirsch auf Anreizen und auf den Ruf nicht folgt, so tut, als stände ein anderer Hirsch in der Nähe, der seiner Liebeswut durch Schlagen mit dem Gewcih an Stamm und Strauch Ausdruck gibt. Er bearbeitet mit dem Spazierstock oder einem zu diesem Zweck abgeschnittenen Knüppel einen Jungwuchs, daß es ordentlich schallt und rauscht. Oftmals ist der durch kein anderes Mittel vor die Büchse zu bringende Hirsch sofort da. Da heißt es selbstverständlich: fertig sein und die Büchse am Kopf haben, denn die geringste Bewegung würde den Ersehnten natürlich auf Nimmerwiedersehen verschwinden lassen. Daraus ergibt sich das Verfahren von selbst: Gedeckte Stellung mit gutem Ausblick, kurzes und bestimmtes Schlagen mit dem Knüppel, die Büchse zur Hand, gespanntes Lauschen, denn der Hirsch pflegt selten ganz unhörbar zu erscheinen; vollends nicht, wenn er trollend heranwechselt.

Dieses Hilfsmittel soll aber das letzte Auskunftsmittel darstellen, denn der Einstand der Hirsche muß dem Waidmann heilig sein! Der beste Brunftplatz kann für den Rest der Brunft verdorben und vereinsamt bleiben, wenn das Wild gestört wurde.

Wenn die Brunft vorüber ist, pflegen diejenigen Tiere, die nicht fruchtbar beschlagen wurden, nochmals, oft sogar ein drittes Mal zu brunften, sie *brunften nach.* Bei dieser *Nachbrunft* sind oft recht alte, ich möchte sagen, überalte Hirsche mit zurückgesetztem Geweih die Platzhirsche. Diese sind in der Brunft nicht recht zum Genuß gekommen, weil sie den auf der Höhe ihrer Kräfte stehenden Hirschen nicht gewachsen waren. Jetzt, wo diese erschöpft und satt sind, tritt dann solch ein überalter Herr auf den Plan, mit dem sich die Mittelhirsche und Schneider jedoch nicht messen können. Da der Abschuß solcher zurücksetzenden Hirsche im Interesse der Wildbahn liegt, so bietet die Nachbrunft dazu gute Gelegenheit. Ich will aber, obgleich es, strenggenommen, in das Gebiet der Hege gehört, hier doch gleich bemerken, daß auch das nachbrunftende Tier für die Kugel reif ist, weil es sein Kalb um so viel später setzen wird, als es selbst der eigentlichen Brunftzeit nachhinkt, dieses somit gering in den Winter kommt und sich nicht zu einer Zierde des Wildstandes entwickeln kann. Denn das Nachbrunften wiederholt sich gern bei demselben Stück.

In ähnlicher Weise wie beim Rothirsch wird auch die Brunftjagd auf den *Damhirsch* betrieben, dessen Brunftzeit Ende Oktober zu beginnen und Ende November zu endigen pflegt. Bei der ruhigeren Art des Damhirsches, dem ganz anderen, weniger schönen Schreien, hat diese Jagd nicht den Reiz, den die Jagd auf den brunftenden Rothirsch umgibt. Es kommt hinzu, daß sie größtenteils in die Zeit fällt, wo die Herbstespracht des Waldes schon der winterlichen Kahlheit weicht. Übrigens möchte ich zur Ehre des Damhirsches doch bestimmt betonen, daß sein Schrei nicht, wie man gelegentlich hört oder liest, aus einem abgesetzten Schnarchen oder Rülpsen besteht. Das mag ein ungeschultes Ohr aus der Ferne vernehmen. Sobald der Waidmann sich näher an den schreienden Hirsch herangepürscht hat, wird er ein abwechselnd an- und abschwellendes Rollen hören, das dann auch eine gewisse, gar nicht unschöne Klangfarbe hat. Es ertönt lange Zeit ununterbrochen, mal leiser, mal stärker. Das brunftige Kahlwild tritt zu dem Hirsch, der bestimmte Brunftplätze beherrscht und gegen viele Beihirsche zu verteidigen hat.

Bei der Brunftjagd beider genannten Wildarten handelt es sich für den waidgerechten Jäger immer nur um abschußreife, starke oder abschußnotwendige Hirsche. Alle Zukunftshirsche müssen dagegen geschont werden. In den vorgeschriebenen Abschußplänen sind die Hirsche eingeteilt in:

I. Jagdbare Hirsche	II. Geringere Hirsche
a. mit normaler Geweihbildung	a. gut veranlagte
b. mit unerwünschter Geweihform	b. abschußnotwendige

Es ist selbstverständlich, daß man die Klasse IIa überhaupt schonen muß, daß in die Klasse Ia nur nach dem vorhandenen Bestande eingegriffen werden darf, und daß vor allem der Abschuß sich auf die Klassen Ib und IIb zu erstrecken hat. Nur auf diese Weise ist eine Verbesserung des Wildstandes in qualitativer Hinsicht, eine *Aufartung*, möglich. In jüngster Zeit spricht man auch noch von einer IIc-Klasse. In diese Kategorie gehören IIb-Hirsche mit einem Geweih unter 1,5 kg Gewicht, so daß die eigentliche IIb-Klasse dann abschußnotwendige Hirsche mit einem Geweihgewicht von über 1,5 kg bis zur jeweils festgesetzten Gewichtsgrenze der jagdbaren, also der der I. Klasse angehörigen Hirsche umfaßt.

Huliehidiidi, wann der Auerhahn falzt,
Huliehidiidi, und der Kohlbauer schnalzt[1],
Huliehidiidi, und 's Goldkröpferl schreit,
Huliehidiidi, is die lustigste Zeit!

Obersteirischer Jodler

So singt der Gebirgsjäger, wenn der Schnee zu schmelzen beginnt und die Wildwasser rauschen, wenn nach starrem Winter die Pfade im Bergwald wieder gangbar werden und die Buchenknospen schwellen. Und wahrlich, dieser geheimnisvolle Urvogel, den die Jägerei von alters her mit Sage und Sang umgeben hat; – er verdient das Jauchzen des Jägerherzens. Hat die nüchterne Forschung auch manche Sage ihres Zaubers entkleidet – immer gibt uns der launische, unberechenbare Urhahn neue Rätsel auf. Immer lockt der erwachende Frühling hinauf in die Höhen, hinein in den tiefen, dunklen Tann der Ebene, wo das alte, ewige Lied der Liebe von unserem stolzen Vogel in geheimnisvollem Schleifen, Wetzen und Knappen der aufsteigenden Morgenröte entgegengesungen wird.

Die Balzplätze des Auerhahns, des *Großen Hahns,* wie man ihn zum Unterschied vom Birkhahn, dem *Kleinen Hahn,* auch bezeichnet, sind der Jägerei im allgemeinen bekannt. Der Urhahn pflegt an diesen *Balzplätzen,* wenn er nicht gestört wird, häufig sogar – nicht immer – an den *Balzbäumen* festzuhalten. Durch Veränderungen des Bestandsbildes, durch Einschlag, durch Windwurf o. ä. wird der Hahn jedoch oft veranlaßt, seinen Balzplatz zu wechseln, und nun muß der Jäger die neuen Einstände suchen. Das geschieht zunächst durch Suchen der Losung. Liegt noch Schnee, was im Gebirge zu Beginn der Balzzeit – Anfang April – häufig der Fall ist, dann ist diese Losung auf der weißen Unterlage weit sichtbar. Hat man Losung gefunden, so beginnt man, des Abends den Hahn zu verhören oder zu *verlusen,* wie der Gebirgler sagt. Einige Hinweise möchte ich geben, wo man Balzplätze vermuten kann. Im Mittelgebirge balzt der Hahn meistens nicht auf dem Kamm oder den höchsten Punkten des Reviers, sondern etwas tiefer, wo er weniger dem Wind ausgesetzt ist. In der Ebene findet man die Balzplätze gern in bruchigen, lichten Kiefernpartien. Überhaupt liebt der Große Hahn in der Balz die ungleichalten, femelartigen Bestände und meidet gleichalte Dickungen und Stangenhölzer. Fast immer steht sein Balzbaum so, daß er den östlichen Himmel frei hat.

Das Verhören erfolgt am besten zu mehreren Personen, die sich verteilt in der Gegend ansetzen, in der man auf Grund der gefundenen Losung den Balzplatz vermutet. Man setzt sich gut verdeckt an, denn es kann passieren, daß der Hahn „zu Fuß" ankommt und so die freisitzenden Jäger sofort wahrnehmen würde. Meistens wird der Hahn, von seinen Äsungsplätzen herbeistreichend, sich mit lautem Klatschen in der Krone eines Baumes einschwingen. Nachdem er eine Zeitlang gesichert hat, beginnt er, vor allem wenn die Balz sich ihrem Höhepunkt nähert, zu knappen oder zu zählen und in der Hochbalz auch wohl flott zu balzen. Wenn er vertraut ist, hört man ein eigenartiges Krächzen – das sog. *Worgen.* „Hähne, die des Abends worgen, balzen gut am anderen Morgen", sagt der Hahnenjäger, aber immer stimmt der alte Spruch auch nicht. Oft *stellt* sich der Hahn einmal oder auch mehrere Male *um,* bis er den ihm zusagenden *Schlafbaum* gefunden hat. Nachdem der Jäger sich genau die Richtung und nach Möglichkeit den Baum gemerkt hat, wo er das letzte Geräusch gehört hat, bleibt er auf seinem Ansitz, bis es völlig dunkel geworden ist und er sicher sein kann, daß der Hahn eingeschlafen ist.

[1] Im Frühling fahren die Bauern die im Winter gebrannte Kohle aus dem Walde.

Am nächsten Morgen heißt es früh aufstehen. Man muß bei noch völliger Dunkelheit in der Nähe des Balzplatzes sein. Oft wird man eine Laterne für den Anmarsch brauchen, vor allem im Gebirge ist das der Fall. Man pürscht nun bei völliger Dunkelheit so nahe an den Schlafbaum heran, daß man mit Sicherheit den Balzgesang des Urhahns hören kann, also etwa auf eine Entfernung von 50–100 m und wartet nun das Heraufkommen des ersten Morgengrauens ab. Leise hörst du das ewige, geheimnisvolle Rauschen des Waldes, welches nur von Zeit zu Zeit vom Ruf des Waldkauzes unterbrochen wird. Da tropft langsam das kl, kl – das Knappen – des Hahnes aus der Richtung seines *Standbaumes*, er *glöckelt*, sagt man im Gebirge. Langsam *spielt* er sich *ein*, das Knappen wird schneller und schließlich folgt der *Hauptschlag* und das *Schleifen* oder *Wetzen*. Der Jäger wartet in Ruhe, bis der Hahn richtig flott balzt, denn er hat nun Zeit, zumal an ein Schießen wegen der Dunkelheit noch nicht zu denken ist. Balzt der Hahn flott einen *Vers* oder ein *Gesetz'l* nach dem anderen, dann *springt* der Jäger den Hahn *an*, d. h. er macht unmittelbar nach dem Hauptschlag 2–3 Schritte. Falls der Hahn verschweigt – was bei den alten

Hähnen sehr häufig zwischendurch vorkommt –, erstarrt der Jäger zur Salzsäule, gleichgültig, in welcher Körperstellung er sich befindet. Wenn das Gelände es erlaubt, muß man den Hahn möglichst von Westen her anspringen, um ihn gegen den helleren Osthimmel desto besser sehen zu können, im Gebirge springt man den Hahn möglichst aus der Horizontalen an, also weder von unten nach oben, noch von oben nach unten – immer vorausgesetzt, daß die Geländeverhältnisse das zulassen. Man beachte aber stets, daß der Hahn während des Schleifens wohl taub, aber nicht blind ist. Oft ist es sehr schwer, den Hahn zu sehen; da er sich beim Balzen häufig dreht, kommt es einem dann auf einmal vor, als ob er viel weiter weg balzt, und man macht den Fehler, daß man zu nahe an ihn heranspringt, ja ihn sogar unterspringt. Hat man den Hahn erkannt und ist auf gute Entfernung an ihn heran, dann warte man, bis man das Korn auf der Flinte sehen kann und schieße grundsätzlich nur beim Schleifen. Es kommt vor, daß ein vorbeigeschossener Hahn flott weiterbalzt, sofern während des Schleifens geschossen wurde, und man dann noch einmal seine Schießkünste ausprobieren kann.

Man hat den Auerhahn früher vielfach mit der Büchse geschossen. Dazu dienten besondere kleinkalibrige Auerhahnbüchsen. Heute schießt man den Hahn wohl ausschließlich mit Schrot $3^1/_2$ oder 4 mm, jedenfalls sollte man es tun. Ich kann den Kugelschuß trotz Zielfernrohr und allen modernen Schikanen nicht für waidgerecht halten, weil es zu leicht vorkommen kann, daß der Hahn, mit der Kugel waidwund geschossen, abreitet und irgendwo verludert. Da der Hahn selten völlig frei stehen wird, ist die Gefahr, daß sich die Kugel verschlägt, sehr groß. Die Nachsuche auf einen krankgeschossenen Auerhahn gehört aber, besonders im Gebirge, zu den mißlichsten Dingen, die überhaupt auf der Jagd passieren können. Der günstigste Schuß ist immer der von unten und hinten zwischen die Ständer, weil das lose Gefieder hier die Schrote gut durchschlagen läßt. Aber man trachte, nicht zu sehr von hinten zu schießen, um den Stoß nicht zu verderben. Indes hat der Jäger nicht immer die Wahl. Denn, wenn er erst schußmäßig an den Hahn heran ist, dann ist jedes längere Zögern vom Übel, weil es immer heller wird und die Gefahr, vom Hahn oder von den Hennen eräugt zu werden, nicht gering ist.

Balzt der Hahn am Boden, so wird auf den weißen Spiegel, den Achselfleck gehalten. Spitz von vorn ist der Schuß des dichten Halsgefieders wegen mißlich. Der Schütze läßt den Hahn möglichst nah kommen; jedoch nicht zu nah, um ihn nicht zu Brei zu schießen. Weiter als fünfundvierzig Schritt sollte beim günstigsten Schuß nicht geschossen werden; näher als zwanzig beim ungünstigsten aber auch nicht.

Wer zum erstenmal einen Auerhahn anspringt, der glaubt nicht, wie schwer der Vogel trotz seiner Größe in Fichten und Tannen zu entdecken ist. Er darf dann die Geduld nicht verlieren. Vielleicht verrät fallende Losung oder das Anstreifen der Fittiche beim Rauschen an einen Ast den Hahn. Vielleicht überstellt er sich auch im Balzeifer. Man ist auch immer wieder erstaunt, wie klein ein Auerhahn bei dem schlechten Licht am frühen Morgen wirkt; es kann nicht genug empfohlen werden, sehr sorgfältig auf den Hahn zu zielen – man glaubt nicht, wieviel Auerhähne vorbeigeschossen werden. Da man in der Dunkelheit leicht zu hoch schießt, muß man etwas kurzhalten.

Der vertraut balzende Hahn ist immer rund und dick, weil er das Gefieder sträubt und die Fittiche hängen läßt, auch mit dem Stoß ein Rad schlägt. Wird daher der Vogel lang, äugt er herunter oder *kröcht* er gar, dann hat er etwas Verdächtiges bemerkt. Vielleicht das von der Morgenbeleuchtung erhellte Gesicht des Jägers, vielleicht das Blinken des Pürschglases; auch das Blitzen des Auges verrät den Jäger manchmal, wenn er gar zu frei nach oben blickt. Daher drücke er den Hut tief ins Gesicht und lasse das Pürschglas, das er doch nicht braucht, fort.

Ist der Hahn lang geworden, hat er Gefieder und Schwingen angezogen, den Stoß zusammengelegt und den Hals gestreckt, hat er gekröcht, und überstellt er sich jetzt, dann ist die Sache faul. Wahrscheinlich wird er bald abreiten. Da kann nur helfen: Stillstehen, aushalten, abwarten, ob er nicht doch wieder balzt. Wenn er das tut, dann nur keine Voreiligkeit! Denn sein Mißtrauen weicht nicht so schnell; und der Jäger kann sicher sein, daß der Hahn seine Umgebung unter scharfer Beobachtung hält. Daher läßt er ihn, falls es auch unangenehm hell werden sollte, sich erst wieder einbalzen und versucht erst dann sein Waidmannsheil von neuem.

Daß ein richtiger Waidmann seinen Hahn allein anspringt und sich nicht von einem ortskundigen Jäger, ich möchte sagen, auf den Richtplatz schleppen läßt, erscheint mir selbstverständlich. Ich wüßte nicht, wo der Reiz der Jagd liegen sollte, wenn das bloße Totschießen die einzige Tätigkeit des Jägers darstellen soll.

Wie das Kahlwild für den Brunfthirsch, so sind oft genug die Hennen der beste Schutz für den balzenden Hahn. Sie versammeln sich nicht immer auf dem Balzplatz; oftmals haben sie ihren Morgenstand etwas entfernt davon. Dann streicht der Hahn nach beendeter Balz zu ihnen hin, um sie zu *treten.* Sind sie aber auf dem Balzplatz, dann Vorsicht! Sie warnen den Hahn durch lautes Gök, gök. Sie streichen prasselnd davon. Ja, sie streichen sogar gegen den balzenden Hahn, um ihn auf die Gefahr aufmerksam zu machen. Sie *locken ihn ab,* wie der Waidmann sagt.

Ebenso wie bei der Hirschbrunft, so ist auch bei der Hahnenbalz die Witterung von großer Bedeutung. Bei nassem, stürmischem Wetter ist der Hahn wenig balzlustig. Es wird dann das Fortpflanzungsgeschäft zwar gerade so erledigt wie bei gutem Wetter, aber es bleibt beim Treten, während das eifrige, fröhliche Balzen fortfällt. Es kommt hinzu, daß stürmisches Wetter sowohl das Verhören als auch das Anspringen erschwert, weil die gesamten Balzlaute so leise sind, daß der Wind sie verschlingt. Auch läßt sich der Hahn nicht gern den Wind in das Gefieder blasen, meidet die Bäume und balzt mehr am Boden.

Bleibt der Morgen zu kalt, so friert dem Hahn die Liebe ein. Daher ist nicht zu kalte, stille Witterung bei klarem Himmel das beste Balzwetter. Freilich schwingt sich bei trübem Wetter der Hahn früher auf den Schlafbaum ein; er balzt auch morgens länger, weil das volle Licht länger auf sich warten läßt. Es ist nicht so, als ob trübes Wetter die Jagd ausschlösse. Aber die Balz ist weniger fröhlich, weniger lebhaft. Sie ist still und verlangt einen weit erfahreneren Jäger als bei schöner Witterung.

Sehr störend kann das schmälende und schreckende Rehwild auf den Balzplätzen werden, denn es liebt auch die lichteren Orte, auf denen die Balz sich abspielt, und steht gern dort. Will der Jäger also durch dieses Wild nicht in ärgerlicher Weise gestört werden, so suche er es dort außer der Balzzeit nach Möglichkeit, wenn nicht anders, dann durch Abschuß zu vergrämen.

Wer etwa einen Auerhahn, ob balzend, ob nach dem abendlichen Einschwingen, auf gewöhnliche Weise anpürschen wollte, der würde sich meist schwer verrechnen, es sei denn, daß er ein erfahrener Pürschjäger ist und genügende Deckung findet. Wohl aber kann der Waidmann kämpfende Hähne oft einfach offen angehen, so wütend sind sie aneinander und ineinander verbissen. Gelegentliche Invaliden, die nicht nur furchtbar zerzaust, sondern auch schwer verletzt sind, erbringen den Beweis für den Ernst solcher Kämpfe.

Willst du den Balg des erlegten Hahnes ausstopfen lassen, dann schieße ihn früh; denn in späterer Balz ist das Gefieder zerschlissen und von der bevorstehenden Mauser locker. Die sonst zum Abschuß bestimmten Hähne aber sollten spät geschossen werden, damit sie die Hennen erst ausgiebig treten können. Je nach Höhenlage und Klima beginnt die Vorbalz Anfang April, im Hochgebirge erst im Mai.

Auf die Vorbalz, die reich an Kämpfen ist, folgt die Hauptbalz, in der die Hahnen die erkämpften Balzplätze nun in größerer Ruhe behaupten. Dieser folgt die Hochbalz oder Überbalz, das Abebben, das Ende.

Der Große Hahn wie auch der Kleine Hahn darf nur im Rahmen des genehmigten Abschußplanes geschossen werden.

Ist der Urhahn der heimliche Einsiedler des dunklen Hochwaldes, so stellt der *Birkhahn* den fröhlichen Ritter des offenen Landes dar, der meist den Wald nur dort bewohnt, wo er sich in seine Einzelheiten auflöst. Im Hochgebirge bewohnt er die Baumgrenze, in der Ebene den lockeren Wald, die weite Heide mit Krüppelwuchs, Moore, mit Birken und Erlen nicht zu dicht bestockt. Die Birke ist sein Lieblingsbaum; ihre Blütenkätzchen bilden zeitweilig die einzige Äsung des Hahnes. Ebenso wie beim Auerwild genießt die Henne auch beim Birkwild vollkommene Schonung, trotzdem ist das Birkwild in den letzten Jahrzehnten immer seltener geworden. Die menschliche Kultur ist sein größter Feind. Trockenlegung von Mooren und Brüchen, Meliorationen und Aufforstungen von Ödland sind der Tod des Birkwildes.

Nichts deutet auf größere Verschiedenheit als die Birkhahnsicheln am Hut des Hochgebirgsjägers und die am Jagdhut des Waidmanns der Ebene. Einen Birkhahn auf der Balz im Hochgebirge zu schießen, ist eine Tat; ihn aus dem Schirm der Ebene zu strecken, oft eine Spielerei. Das bringt schon der Balzplatz mit sich. Hoch droben, wo die letzten Lärchen und Arven sich vereinzelt in die Höhe recken; gerade dort, wo noch eine einzelne Wettertanne die *Sonnenbalz,* d. h. die Balz auf dem Baum ermöglicht, dort mußt du noch in dunkler Nacht in guter Deckung hinter einer dichten Latsche ansitzen, willst du einen der wenigen Hahnen – sie sind nicht so zahlreich im Hochgebirge wie in der Ebene – nach unten bringen, um dessen Stoß dich die ganze männliche Dorfjugend beneidet. In der Ebene, bei gutem Stand, kannst du vom Schirm aus oft ein halbes Dutzend und mehr Hahnen balzen sehen und mehrere an einem Morgen schießen. Du brauchst dazu nur früh aufzustehen und dann im Schirm stillzusitzen.

Die Voraussetzung für eine erfolgreiche Jagd ist, geradeso wie beim Auerhahn, das *Verhören,* das *Verlosen,* wie der Gebirgler sagt. Es besteht aber hier oben in dem offenen Gelände nicht nur im Hören, sondern auch wesentlich im Sehen. Denn hier oben liegt zu Anfang Mai noch Schnee genug; und gerade auf dem Schnee balzt der Hahn am liebsten Solch ein schwarzer Kerl ist daher weit zu sehen und mit dem Glas sicher anzusprechen. Aber trau beim Verhören der Vorbalz nicht! Erst in der Hauptbalz hält der Hahn festen Stand. Erst dann erscheint die Jagd aussichtsvoll.

Ist der Hahn bestätigt, so muß der Verhörer auch genau anzugeben wissen, bis wie weit er im Balzen in die Höhe läuft. Oder du mußt dir, falls du selbst verhörst, das genau merken. Denn unter allen Umständen mußt du oberhalb des Platzes, wo der Hahn einfällt, ansitzen, weil er balzend nicht nach unten, sondern nach oben läuft und er dir sonst noch während der Dunkelheit aus dem Schußbereich kommt.

Nun bist du rechtzeitig aus deinem Heustadel herausgekrochen, und langsam steigst du beim zitternden Laternenlicht den schmalen Steig empor, den Bergstock vorsichtig ansetzend, daß seine Spitze nicht weithin hörbar klirrt, aber du brauchst ihn auf schwierigem Gang. Den Ansitz mußt du „im Dunkeln mit dem Stock fühlen“ können, denn an vieles Suchen ist nicht zu denken. Also Ortskenntnis, auch im Dunkel der Nacht! Sobald du an Ort und Stelle bist: Laterne aus, den wärmenden Umhang um den erhitzten Körper und dich reguglos in deine Deckung gekauert!

Schweigend schauen die ewigen Sterne auf dich winziges Menschlein in der Steinwüste da oben, während tief unten im Tal „auf weichem Flaum sich träge Städter dehnen“.

Fröstelnd ziehst du deinen Kragen fester um die Glieder, schiebst dir den Rucksack, der deinen Sitz auf hartem Stein verbessert, bequemer unter und harrst und harrst. Da saust es heran; ... unter dir fällt es auf dem Schneelahner ein; ... alles still ... Der Hahn steht regungslos auf dem Fleck, wo er eingefallen, und sichert. Du erkennst ihn freilich noch nicht – da: Tschui! Tschui! Dann wieder Stille wie zuvor. Aber du weißt jetzt: Der Hahn ist vertraut; er hat nichts Auffälliges gemerkt, weder von deinem Laternenschein, noch von deinem Bergstock.

Im Osten beginnt jetzt ein leichtes, helles Schimmern. Die höchsten Gipfel der Umgebung erhalten einen weißlichen Schein. Da : Tschui! – Rutleru! Rutleru! Rutleru! Rutleru! – Erst langsam, dann allmählich in schnellerer Folge rodelt der Hahn seinen Balzgesang in den erwachenden Morgen hinein. Nach und nach merkst du am Rodeln, wie er dir näher kommt. Aus dem leichten Schimmer im Osten wird ein heller Streifen –. Das Weiß geht nach und nach in Rosa über. Dieselbe Farbe erscheint an den östlichen Seiten der höchsten Höhen. Da schießen feurige Strahlen am Himmel auf: Golden leuchten nun die Zinnen und Ferner. Während all dieser Pracht, von der die schlummernden Städter, die „erschreckt vom bangen Traum, sich nach Ruhe sehnen“ keine Ahnung haben, ist das Rodeln deines Hahnes immer eifriger geworden. Aus einem unerkennbaren, nur zu erratenden, dunklen Punkt, der sich hin und her bewegte, wurde nach und nach ein Vogel, der dir bald schwarz, bald weiß erschien; je nachdem du von vorn die blauschillernde Brust oder von hinten den weißen Unterstoß sahst. Er ist dir auch erheblich näher gekommen; aber ob es für einen Schrotschuß reichen wird, das ist doch recht zweifelhaft. Die Entfernung sah von den jenseitigen Wänden, aus denen du den Hahn verhörtest, doch kleiner aus, als sie sich in der Wirklichkeit darstellt.

Aber glücklicherweise ist es hell genug für den Büchsenschuß. Wenn der Hahn nur nicht immerfort in Bewegung wäre. Jetzt stellt er sich auf einen Stein, der aus dem Schneefeld herausragt. Ja, nun wird es Zeit. Es mag achtzig Schritt bis dahin sein. Bang! Der Hahn stürzt von seinem Stein herunter, rollt, noch ein wenig mit den Fittichen schlagend, das Schneefeld herab, bis er in einer Mulde liegenbleibt. Erst brausend, dann knatternd und rollend läuft der Hall deines Schusses an den Wänden und Schroffen entlang, bis er in weiter Ferne erstirbt. Steif erhebst du dich von deinem Sitz, steigst zum Hahn herunter, besiehst dir den Schuß, der schräg von vorn nach hinen sitzt; aber was bedeutet dir der Braten! Der Stoß ist es; und der ist lang, mit guten Sichelfedern! Du hast den Hahn nach dem Ausziehen hinten am Rucksack befestigt und steigst zu Tal, in dem die Nebel lagern; während hoch oben die Welt im Glanz des jungen Tages liegt.

In der Ebene und im Hügelland wird der balzende Birkhahn meist von einem Schirm aus geschossen. Der Jäger kann ihn auch anpürschen, wenn er gewandt genug und der Hahn allein ist. Natürlich geht solche Pürsche, obgleich der Hahn nicht windet, gegen den Wind. Denn er vernimmt sehr scharf; und der Wind würde ihm sonst jedes noch so leise Geräusch zutragen. Indes trägt die Pürsche nicht dazu bei, die Hähne am Balzplatz vertraut zu halten.

Birkwild ist ohnehin launisch und mißtrauisch; jede Störung kann es daher für längere Zeit vergrämen. Der Schirm soll möglichst der Örtlichkeit angepaßt sein und sich möglichst wenig von der Umgebung abheben.

Obgleich es erstaunlich ist, mit welcher Sicherheit der einmal fest balzende Hahn in der Hauptbalz seinen Stand auch auf einer großen, freien Fläche innehält, so ist es doch gut, nicht nur einen, sondern mehrere Schirme zu errichten; nicht des Windes wegen – denn der Birkhahn windet nicht; und Geräusch soll der Jäger im Schirm nicht machen –, sondern um wechseln zu können, wenn der eine Schirm sich als nicht günstig errichtet erweist. Die Schirme müssen dicht sein, damit der Hahn nichts eräugen kann, denn der Birkhahn hat „auf jeder Feder ein Auge“.

Wir haben bei der Balz im Hochgebirge schon gesehen, daß der Birkhahn noch bei dunkler Nacht auf dem Balzplatz zusteht, der Jäger also schon mindestens eine Stunde vor Sonnenaufgang zur Stelle sein muß. Nichtsdestoweniger kommt es nicht selten vor, daß er schon etwas abstreichen hört, wenn er sich dem Schirm in tiefster Nacht nähert. Meist ist das die eine oder die andere der Hennen, die die Nacht auf dem Balzplatz zubrachten. Das hat aber weiter nichts zu bedeuten. Wenn der Mond scheint, ist das Auffinden des gewählten Schirmes oft nicht schwierig; anders aber, wenn die Nacht dunkel ist. Denn da hier die Laterne nicht notwendig ist, so löscht man sie schon in einiger Entfernung vom Balzplatz, und dann ist das Erreichen des richtigen Schirmes oft mit Umständen verbunden. Es ist mir wenigstens, obgleich ich nicht zu den sich schwer zurechtfindenden Jägern gehöre, wiederholt so ergangen, daß ich froh war, endlich überhaupt einen Schirm erreicht zu haben, und erst bei hellerem Licht gewahrte, daß ich in den falschen geraten war.

Wenn es daher irgend mit dem Zweck des Ganzen zu vereinbaren ist, so legt der Hahnenjäger die Schirme am besten einen Pfad entlang an, den er mit den Füßen als solchen befühlen kann. Er zählt dann einfach die Schritte ab. Schirme, die von diesem entfernt angebracht werden müssen, werden am Pfad durch einen Busch, einen Pfahl oder sonstwie kenntlich gemacht.

Die beste Waffe für die Birkhahnbalz ist der Drilling oder die Büchsflinte. Will man grundsätzlich nur mit der Kugel schießen, kann man auch eine kleinkalibrige Repetierbüchse verwenden. Immer aber sollte man nur mit Vollmantel schießen, da der Hahn sonst leicht in Fetzen zerrissen wird. Als Schrotnummer empfiehlt sich $3^1/_2$ mm.

So ausgerüstet, kann der Jäger nicht nur den weiter vom Schirm entfernt balzenden, sondern auch den in dessen Nähe schußmäßig vorüberstreichenden Hahn beschießen. Während die Balz anhält, darf er sich außer dem Schießen nicht rühren. Aus dem Schirm heraus darf er auf keinen Fall; auch nicht, wenn er offensichtlich einen Hahn krankgeschossen hat und damit rechnen muß, daß er weiter fortläuft und sich verkriecht. Denn ein Heraustreten aus dem Schirm würde nicht nur für heute der ganzen Sache bestimmt ein Ende setzen, sondern es könnte auch das Birkwild für die nächste Zeit vergrämen.

Erst nach Beendigung der Balz muß dann der Hund, den der Jäger im Schirm stets bei sich führt, das Seinige in der Nachsuche leisten. Es ist das manchmal eine harte Geduldsprobe; namentlich wenn doch keine rechte Aussicht auf weiter zustehende Hähne besteht, aber es geht nicht anders. Sieht der Jäger jedoch nach dem Schuß nur ein kurzes Schlagen der Fittiche und den Hahn auf den Rücken liegen, dann mag er ruhig sein: der ist mausetot. Hähne dagegen, die den Kopf noch hochheben, sind scharf im Auge zu halten, um später die Richtung zu wissen, in der sie fortgelaufen sind.

Da der Stoß des Vogels den edelsten Teil der Jagdbeute darstellt, so hüte dich, deinen Schuß so abzugeben, daß du ihn zerschießen würdest. Schieße also nicht nah von hinten auf den in der Dunkelheit leuchtenden, weißen Unterstoß.

Sobald das Büchsenlicht da ist, pflegen die Hähne fast schlagartig zu verschweigen – sie halten das Morgengebet, sagt der Jäger. Sobald dann die Sonne da ist, folgt auf die *Bodenbalz* die *Sonnenbalz*. Das heißt, wenn der volle Morgen hereingebrochen und die Sonne da ist, oder auch bei bewölktem Himmel die Zeit da ist, wo die Sonne scheinen würde, so schwingt sich der Hahn, oder auch von weiterher ein anderer, in die benachbarten Bäume, hohen Sträucher, ja selbst auf den Schirm, in dem du sitzt, um in der Höhe seinen Balzgesang fortzusetzen. Aus diesem Grund darfst du auch, falls in der Nähe deines Schirmes dieses Mal kein Hahn balzte, ihn doch nicht früher verlassen, als bis die Zeit der Sonnenbalz vorbei ist. Einmal, um dir keine Gelegenheit zu verderben; dann, um das Birkwild nicht zu vergrämen.

Sehr übel ist die Lage des ansitzenden Jägers, wenn der Hahn in unmittelbarer Nähe des Schirmes zusteht oder in der Dunkelheit dahin läuft, um dort seinen Balzgesang auszuführen. An Schießen ist nicht zu denken; denn jede Bewegung würde dich schon durch die Reibung der Kleidung verraten. Und wenn es gelänge, so würdest du nur einen Haufen Federn als Beute finden. Da gilt es, auszuhalten und sich im Stillsitzen üben, bis der Hahn ein Einsehen hat und sich in verständige Schußentfernung begibt, die für den Schrotschuß nicht unter 20, aber auch nicht über 45 Schritt liegen sollte.

Auch beim Birkhahn ist aus den schon mehrfach erörterten Gründen die Frühbalz der Abendbalz entschieden vorzuziehen, obgleich die letztere oft gute Gelegenheit zur Ausübung dieser Jagd bietet.

In der Herbstbalz, die bei jungen Hähnen oft sehr lebhaft, allerdings ohne Hennen vor sich geht, ist die Pürsch gut anzuwenden. Gerade weil dann die sehr achtsamen Hennen den Hahn nicht warnen und zum Abstreichen veranlassen. (In der Bundesrepublik entfällt diese Jagdart, da die Jagdzeit nur vom 20. April bis 31. Mai währt.) Der Jäger beachte bei der Pürsch, daß er das Rodeln des Hahnes unglaublich weit hört, und gehe zunächst entschlossen darauf los. Denn der Hahn ist meist viel weiter entfernt, als der Anfänger glaubt. Es geht sonst zu viel Zeit verloren; und der Hahn könnte verschweigen. Ist man daher in der Nähe angelangt, dann läßt sich der Hahn in ähnlicher Weise angehen, wie man den Auerhahn anspringt, indem der Jäger sich nur während des Rodelns vorbewegt. Die Strophe ist nicht überall gleich. In manchen Gegenden balzt der Hahn in vier Absätzen, in manchen in drei. Wie er aber einmal balzt, so pflegt er auch durchzuhalten. Nur ist er während des Rodelns nicht taub, wie sein großer Vetter während des Schleifens. Der Vorteil des anpürschenden Jägers besteht nur darin, daß die eigenen Laute des Hahnes ein etwaiges Geräusch des Jägers übertönen, aber das ist nicht gering anzuschlagen.

Über das Locken und Anreizen des Birkhahnes unterhalten wir uns bei der Lockjagd näher. Der Platzhahn ist unbedingt zu schonen (siehe Seite 106).

Wo Auer- und Birkgeflügel nebeneinander vorkommen, also die Kreuzung zwischen beiden, das *Rackelwild*, gelegentlich auftritt, da ist der *Rackelhahn* mit seinem regellosen, heiseren Balzlaut auch während der Balz zu erlegen. Er kann sowohl angesprungen werden, weil er bei einigen, dem Schleifen des Auerhahns entsprechenden, aber ungleich langen und ganz anders lautenden Tönen, wie dieser taub ist, als er auch aus dem Schirm erlegt werden kann, weil seine Balzgewohnheiten mehr denen des Birkhahnes ähneln. Seinen Balzlaut näher zu beschreiben, ist zwecklos, weil der Jäger, der den des Auerhahnes und Birkhahnes kennt, gar nicht im Zweifel sein kann, was er vor sich hat, falls er einen Rakkelhahn balzen hört.

Zur Balzjagd gehört auch der *Schnepfenstrich*. Das ist die Jagd auf die im Frühling in der Abend- und Morgendämmerung balzende Schnepfe. Die Balz vollzieht sich in der Weise, daß die Männchen an lauen, feuchten Abenden und morgens in langsamem, eulenartigem Flug quorrend und püitzend dort umherstreichen, wo sie die Weibchen am Boden vermuten. Bei kaltem, stürmischem Wetter streichen sie schnell, entweder tief oder ganz hoch und meistens stumm. Die Balzzeit fällt bei uns mit der Frühlingszugzeit zusammen die in südlichen Gegenden Anfang, in mittleren Mitte und in nördlichen Ende März beginnt. Dementsprechend fängt die Brutzeit etwa vier Wochen später an, so daß man im Süden Anfang April keine Schnepfe mehr schießen sollte. (Die Schußzeit endet am 15. April.)

In der Regel brütet die Schnepfe zweimal im Jahr. Hierauf gründet sich wohl die auch noch im Juni beobachtete Balz, die man hier und da auf bereits streichende und balzende Jungschnepfen zurückführen wollte.

Die Annahme, daß von zwei oder mehreren zusammenstreichenden Schnepfen immer die erste ein Weibchen sei, ist haltlos. Es sind oft nur Männchen, die in Streit und Eifersucht aufeinander stechen. Trotzdem sollte man nur auf den hinteren Vogel oder auf quorrende Schnepfen, also männliche, schießen, um die Hennen möglichst weitgehend zu schonen.

Will der Waidmann Schnepfen auf dem Strich schießen, so muß er zunächst an anderen Vögeln einen Anhalt über ihren Zug zu gewinnen suchen, wie Gabelweihen (Milanen) und weißen Bachstelzen. Denn der Zug kann sich nach der Gunst oder Ungunst des einzelnen Jahres um eine bis zwei Wochen verschieben. Beobachtet er aber die erste weiße Bachstelze, so kann er immerhin schon einmal auf den Strich gehen.

Dort, wo viele Schnepfen in der Balz erlegt werden, sind die besten Stände für den Strich natürlich bekannt. Aber dieser ändert sich doch mit den veränderten Waldverhältnissen. Oftmals streichen heute die Schnepfen dort gut, wo vor einer Reihe von Jahren keine einzige strich, und umgekehrt. Das gilt nicht für das Streichen allgemein, wohl aber für den einzelnen Stand.

Die Schnepfenweibchen liegen dort, wo sie wurmen können. Das heißt in Beständen mit offenem Boden, wie der Forstmann sagt. In trockenen Jahren lieber in nassen Örtlichkeiten, in nassen in trockeneren, wie wir das bei der Suche schon gesehen haben. Dort streichen naturgemäß auch die Männchen, denen die Jagd auf dem Strich gilt.

Hat der Jäger keine Kenntnis, wo in einem Revier wohl ein guter Strich sein könnte, so überlege er zunächst, wo die Schnepfe am besten ihre Nahrung finden würde. Das sind größere Brücher, Schonungen, unter deren dichter Benadelung oder Belaubung noch kein Gras, Moos, Beerkraut, Heidekraut aufkommt, und ebensolche Stangenorte.

Über diesen Orten streicht die Schnepfe gern, indem sie dabei eine gewisse Vorliebe für die an höheres Holz anstoßenden Ränder zeigt. Werden zum Beispiel zwei größere Dikkungen von höherem Holz ringsum eingefaßt, und stoßen sie an einer schmalen Stelle aneinander, so ist dieser „Hals“, wie man zu sagen pflegt, ein guter Stand für den Strich, weil die meisten Schnepfen ihn zu halten pflegen, um von einer Schonung zur anderen zu streichen.

Stoßen Dickungen nicht unmittelbar aneinander, werden sie vielmehr durch ein Stangenholz oder Altholz getrennt, so liegt der beste Stand da, wo am Stangen- oder Altholz die Dickungen sich am nächsten kommen. In Stangenhölzern, in denen Schnepfen liegen, streichen sie gern über breiten Gestellen, Schneisen, Wegen, Triften, weil sie dort bequem in das Holz einfallen können, falls ein Weibchen auf den Balzlaut püitzend antworten sollte.

Wo sich ein Bach, eine Wiese, eine feuchte Moorpartie hinzieht, da streicht die Schnepfe gern. Das sind so einzelne Anhaltspunkte. Wer einigermaßen Erfahrung in dieser Jagd hat, der wird bei Besichtigung einer Örtlichkeit alsbald sagen können, wo die beste Gelegenheit ist, und er wird sich selten täuschen.

Damit ist freilich nicht gesagt, daß der Jäger dort einen vorteilhaften Stand für den Strich finden würde. Denn das hängt noch wesentlich davon ab, daß er auch die Schnepfe bei der Dämmerung gut genug sehen kann, um sie einigermaßen günstig zu beschießen. Das ist bei der Wahl des Standes die erste Rücksicht; dann erst kommt die Deckung, die auch nicht unwichtig ist. Läßt es sich irgend machen, so ist ein Stand, bei dem der Jäger eine Schonung, eine Dickung, ein junges Erlen- oder Birkenbruch vor sich und einen höheren Bestand hinter sich hat, in der Richtung gegen den westlichen Abendhimmel als günstig zu bezeichnen. Denn die Schnepfe wird voraussichtlich über der Schonung usw. am höheren Holz entlang streichen, und da man gegen den hellen Abendhimmel noch in später Dämmerung leidlich abkommen kann, so hat man gute Aussichten für den Schuß. Für den Frühanstand würde sich dieser Stand weniger eignen, weil dann beim Licht das Umgekehrte zutrifft. Dagegen würde der Jäger dann an der gegenüberliegenden Seite der Schonung, am höheren Holz, gut stehen.

Bei der Aussicht, nach allen Seiten schießen zu müssen, wählt der Jäger seine Stellung so, daß er nach Osten in das Dunkel hineinsieht. Er sieht dann um so besser, falls er in westlicher, hellerer Richtung zu Schuß kommen sollte. Das Umgekehrte würde mißlich sein: Das an die Helligkeit gewöhnte Auge würde im Dunkel ein schwieriges Abkommen haben. Seinen Stand unter einem Baum zu wählen, ist deshalb fehlerhaft, weil die Krone oder das Geäst das Gesichts- und Schußfeld für die hoch streichende Schnepfe stark beeinträchtigt, wenn nicht völlig verschließt.

Ist der Waidmann sich so über seinen Stand klargeworden, so sucht er ihn zeitig am Abend auf – von dem Morgenzug sprechen wir nachher noch –, sucht hinter einem Busch, in der Schonung selbst, etwa zehn bis zwanzig Schritt vom Rand, eine gute Dekkung, die er sich nach Bedarf für ungehindertes Schießen zurechtschneidet, legt den Hund, der niemals fehlen, aber auch nicht von auffallender Farbe sein darf, frei bei sich ab, wenn er ihn schon ganz in der Hand hat, sonst besser am Riemen, und setzt sich auf seinen Jagdstuhl, bis die Dämmerung eintritt, der Abendstern sichtbar wird, die Drossel anfängt zu schlagen. Dann steht er auf, um nach allen Seiten schnell schußfertig zu sein, und verhält sich lauschend still. Da, quorr, quorr, püitz! – quorr, quorr, püitz! ein langsam, oft mit gesenktem Stecher einherstreichender Vogel: Die erste Schnepfe erscheint; sie streicht spitz auf dich zu. Langsam, solange sie noch nicht nahe ist, die Flinte an den Kopf, und wenn sie nah genug ist, Dampf! Wartest du, bis sie nah heran ist, und schlägst dann schnell an, so wird die Bewegung leicht eräugt, und die Schnepfe streicht pfeilschnell seitwärts ab. Solltest du gefehlt haben, so bietet sich manchmal Gelegenheit für einen zweiten Schuß; oft aber auch nicht, denn meist läßt sich die völlig gefehlte Schnepfe schnell nach unten fallen und streicht tief über den Jungwüchsen weiter, so daß du sie bei weiterer Dämmerung unter dem Horizont hast und sie gar nicht mehr zu sehen bekommst.

Wer einigermaßen auf den Schuß spitz von vorn eingeschossen ist, für den ist dieser auf die langsam streichende Schnepfe nicht schwerer als der auf die breit ziehende oder auch spitz abstreichende. Im schnellen Flug sind die beiden letzteren Schüsse leichter. Aber spitz von hinten wird sehr oft zu weit hinausgeschossen. Das ist unbedingt zu vermeiden, weil die Schnepfe gar zu leicht von einem der vielen feinen Schrote noch so getroffen wird, daß sie langsam eingeht.

So verhältnismäßig leicht der Schuß auf eine langsam und schwerfällig streichende

Schnepfe ist, so schwierig wird er, wenn sie an naßkalten, stürmischen Abenden entweder hoch in schnellem Fluge dahinstreicht oder sich in raschen Windungen niedrig, sozusagen um die Büsche schlägt. Ist ein Schuß auf eine solche Schnepfe im hellen Tageslicht schon mißlich, so erschwert die an solchen Tagen noch besonders früh eintretende Dunkelheit ihn noch mehr.

Mit Eintritt völliger Nacht ist der lebhaftere Strich vorbei. Denn bis dahin haben die meisten Männchen wohl die am Boden befindlichen Weibchen gefunden. Ganz hört aber der Balzflug in der Nacht nicht auf: weil die Schnepfe ein Nachtvogel ist, dessen Lebensbetätigung größtenteils in die Dunkelheit fällt. Gegen Morgen aber wird er wieder lebhafter, so daß dann der Ansitz wieder Erfolg verspricht, allerdings nur für die Dauer der ersten Dämmerung. Der Frühanstand pflegt daher weniger benutzt zu werden und trotz fleißiger Benutzung erheblich weniger ergiebig zu sein als der Abendanstand.

Ich habe vorhin kurz den Hund erwähnt. Wenn er auf dem Stand ruhig und zuverlässig ist, mag er ohne Leine neben seinem Herrn liegen. Daß er aber auf den Schuß auf eigene Faust, ohne Befehl losspringt, um eine etwa gefallene Schnepfe anzutragen, das vermag ich nicht zu billigen, weil es unseren ganzen heutigen Anschauungen über den Gehorsam des Hundes widerspricht. Der Hund könnte dann ja auch dasselbe bei der Treibjagd machen, wenn er bei seinem Herrn auf dem Stand liegt. Ich glaube, die meisten Jäger würden damit wenig einverstanden sein. Nein, wenn ich glaube, getroffen zu haben, obgleich ich, was man bei ruhigem Wetter meistens tut, die Schnepfe nicht fallen höre, so soll der Hund nur auf den Befehl „Trag an" oder „Such verloren" nach der Schnepfe suchen; aber nie auf eigene Faust.

Ohne weiteres sei zugegeben, daß manche Schnepfe verlorengehen kann, wenn der Hund nicht alsbald bei ihr ist. Aber es sei, wie es will: Zu einer so unfehlbar eintretenden Verwilderung des Hundes, wie sie die Folge des jedesmaligen Zuspringens nach dem Schuß sein würde, kann ich auf keinen Fall raten.

DIE LOCKJAGD

Im vorliegenden Abschnitt soll diejenige Jagd besprochen werden, bei der das Wild durch Nachahmung seiner eigenen oder der Stimme eines anderen Wildes vom Jäger herangelockt oder aber auch nur sein Stand erkundet wird, um es mittels der Schußwaffe zu erlegen. Leider ist die Kunst, das Wild durch Lockrufe zu locken oder zu reizen, vielerorts ganz in Vergessenheit geraten. Das Waidwerk ist dadurch in hohem Maße ärmer geworden. Zum Teil sicherlich deshalb, weil die Schwierigkeit dieser Kunst überschätzt wird; weil viele, die die Lockrufe oder Töne nicht gerade meisterhaft beherrschen, glauben, sie würden gar nichts ausrichten. Doch sollte schon die einfachste Rücksicht des erfahrenen Lockjägers, immer dann mit dem Locken aufzuhören, wenn das Wild schon nah ist, die Zweifler darauf hinführen, daß auch der erfahrenste und geschickteste Waidmann sehr wohl die Grenzen seiner Kunst kennt und sich in nächster Nähe nicht mit dem wirklichen Musikanten messen mag, in dem Bewußtsein, gegen das Wild doch nur ein Stümper zu sein. Nur die Blattjagd auf den Rehbock erfreut sich einer weiten Verbreitung und ist durch eine geschäftige Reklame für Blattinstrumente oft genug für den Kenner zu einer vollendeten Lächerlichkeit ausgeartet. Doch davon später!

Während der Jäger bei allen übrigen Jagdarten das Wild erwartet oder es aufsucht, um es zu erlegen, sucht er es bei der Lockjagd zu veranlassen, sich ihm auf Schußweite zu

nähern. Da das Wild hierbei seine Aufmerksamkeit naturgemäß derjenigen Stelle widmen muß, aus der die Locktöne erschallen, so ist der Waidmann in weit höherem Grad als sonst der Gefahr ausgesetzt, vorzeitig entdeckt oder erkannt zu werden. Demgemäß ist hier die Sorge für gute Deckung, der Örtlichkeit besonders angepaßte Kleiderfarbe und andauerndes, tadelloses Stillstehen oder Sitzen von hervorragender Bedeutung. Denn gar oft hat der Lockjäger von dem sich nähernden Wild noch keine Ahnung, während dieses den Stand des Waidmanns schon längst scharf beobachtet. Daß die geringste Bewegung in solcher Lage das Wild verscheuchen würde, bedarf keiner Betonung.

Aus demselben Grunde ist es auch nicht rätlich, den Hund, und sei er der folgsamste, mit auf den Stand zu nehmen. Er wird am besten in einiger Entfernung abgelegt.

Aber gute Deckung und Stillstehen tun es nicht allein; es kommt auch sehr wesentlich auf gutes Schußfeld an. Nach diesen beiden Gesichtspunkten ist der Stand zu wählen. Daß der Jäger sich zu diesem so geräuschlos wie möglich hinbegibt, daß er, obwohl dies gelang, doch noch einige Zeit verstreichen läßt, bevor er mit dem Locken beginnt, um etwa beunruhigtes Wild sich wieder beruhigen zu lassen, das wird sich jeder selbst sagen. Es kommt aber noch eins hinzu: Meist wird der Lockjäger diese Jagd nicht nur ein einziges Mal betreiben. Da ist es von großer Bedeutung, dasjenige Wild, das er nicht zu Schuß bekam, oder das er, weil zu gering oder nicht freigegeben, nicht beschossen hat, nicht durch frühzeitiges, lautes und lärmendes Verlassen des Standes zu vergrämen. Das Locken soll vielmehr ein Pürschgang sein, der von Zeit zu Zeit in guter Deckung durch das Reizen des Wildes unterbrochen wird.

Wechselt, läuft oder streicht daher Wild heran, auf das nicht geschossen wurde, so wartet der Waidmann, bis es sich wieder verzogen hat, bevor er seine Deckung verläßt.

Was das Schießen betrifft, so ist Vorbereitetsein alles. Das Hochbringen des Gewehres ist ja die einzige Bewegung, um die es sich handeln soll. Es kann vielleicht eine Drehung des Kopfes hinzukommen, falls das Wild aus einer anderen als der erwarteten Richtung kommt. Zu diesem Zweck soll der Jäger gleich beim Anstellen den Boden vorsichtig ein wenig wund scharren, um nachher bei der Wendung kein Geräusch zu verursachen. Diese soll in einem Augenblick gemacht werden, in dem das Wild nicht in die Richtung des Jägers äugt oder er vor ihm durch einen Stamm, Busch und dergleichen gedeckt ist. Fährt der Schütze mit der Waffe erst hoch, wenn das Wild in Schußnähe ist, so ist meist der beste

Augenblick verpaßt. Anstatt einen ruhigen, sicheren Schuß abgeben zu können, muß er sich oft mit einem unsicheren und ungünstigen auf das flüchtende oder abstreichende Wild begnügen. Also keinen unzeitigen Schützenstolz! Hier geht es um den Jägerstolz! Nicht das glatte, schnelle, elegante Hochfahren mit dem Gewehr und dann sofortiges Schießen tut es, sondern das rechtzeitige, langsame und vorsichtige. Und dann erst schießen, wenn das Wild die günstigste Stellung dazu bietet!

Das Benehmen des Wildes ist bei fast allen Wildarten das gleiche. Selbst der starke Hirsch kommt manchmal geschlichen wie ein Fuchs, vorsichtig das Haupt mit dem mächtigen Geweih durch die Zweige schiebend, oder er stürmt gelegentlich wie der letztere in voller Flucht auf den lockenden Jäger ein. Und wie der Haselhahn manchmal brausend und surrend auf die Locke zusteht, während er ein anderes Mal vorsichtig gelaufen kommt, so springt der Rehbock, der gestern dem Fiepen in vorsichtigster Weise folgte, heute in vollster Fahrt den blattenden Jäger an.

Daraus erhellt, daß nur die unausgesetzte Aufmerksamkeit des Lockjägers allen Anforderungen gerecht werden kann. Tatsächlich sind die meisten Mißerfolge bei dieser schönen Jagd nicht auf falsches Locken, sondern auf falsches Benehmen des Jägers vorher, während des Stehens und nachher zurückzuführen.

Ob das Wild dem Locken leichter oder schwerer folgt, das ist, falls es sich, wie meistens, um den Paarungsruf handelt, wohl in der Hauptsache vom Geschlechterverhältnis im allgemeinen und von der jeweiligen Geschlechtslust des Einzelstückes abhängig. Je mehr männliches Wild im Verhältnis zum weiblichen vorhanden ist, desto seltener ist die Gelegenheit zur Befriedigung des Geschlechtstriebes. Desto aufgeregter ist der unbefriedigte Teil; desto feindlicher wird er seinen Nebenbuhlern gegenüberstehen und desto leichter dem weiblichen Lockruf folgen.

Ein Hirsch, der die Nacht hindurch stark gebrunftet, ein Hahn, der am Balzmorgen viele Hennen getreten hat, wird weniger leicht zu reizen sein als ein anderer, dem der Liebe Freuden karger oder gar nicht beschert wurden.

Die *Jagd auf den Ruf* wird beim *Rothirsch* während der Brunft angewandt.

Bei diesem bedient sich der Waidmann des im zweiten Teil bereits erwähnten *Hirschrufes*, mittels dessen das Schreien, wie das Knören und Trenzen des Hirsches nachgeahmt werden.

In dem Bestreben, meinen Lesern nur das Beste zu bieten, bitte ich hier mit meinen persönlichen Erfahrungen zurücktreten zu dürfen und dafür zunächst den neidlos anerkannten Meister der Rufjagd zu Wort kommen zu lassen. Georg Graf zu Münster, der den Beinamen „Der Hirschvater“ führte, schrieb mir:

„Für die Stimmäußerung des Hirsches gibt es verschiedene Bezeichnungen. So sagt man z. B., wenn er seine Stimme aus vollem Hals langgezogen ertönen läßt: Der Hirsch schreit, röhrt, meldet oder orgelt, und wenn er sie weniger laut und nur kurze Zeit ertönen läßt: Der Hirsch trenzt, knört und grölt.

Da nun der Hirsch, wie uns die Erfahrung gelehrt hat, die jeweilige Stimmung, in der er sich befindet, ebenfalls mit seiner Stimme zum Ausdruck bringt, so ist es einleuchtend, daß es dem aufmerksamen, musikalisch veranlagten Beobachter und Jäger möglich sein muß, aus den verschiedenen Stärken und Klangfarben der Hirschstimme die wertvollsten Schlüsse zu ziehen, was denn auch tatsächlich der Fall ist. Die zahllosen Verschiedenheiten der Hirschstimme aber in Worte zu kleiden, ist ein Ding der Unmöglichkeit. Immerhin lassen sich Andeutungen machen, welche dem Anfänger im Waidwerk und fleißigen Beobachter der Natur als wertvolle Grundlagen dienen können. Vor allem sei darauf hingewiesen, daß derjenige Hirsch, der am fleißigsten aus vollem Halse schreit, in der Regel nicht der Platzhirsch, sondern nur ein Beihirsch ist. Ein solcher Hirsch röhrt oft längere Zeit hindurch ununterbrochen und ergeht sich in allen möglichen Tönen, während der in seiner Nähe befindliche Platzhirsch, namentlich, wenn er ein älterer Hirsch ist, sich häufig damit begnügt, nur ab und zu einmal zu knören. Rückt aber der Beihirsch dem Platzhirsch oder einem seiner Tiere allzu nahe auf den Leib, dann verläßt letzteren seine Ruhe; aus vollem Halse schreit er den frechen Eindringling zornig an oder stürmt unter Ausstoßung des Kampfrufes auf ihn los, um ihn zu verjagen. Gibt in solchem Falle der Beihirsch nicht

sofort Fersengeld, so kann es geschehen, daß sich beide Hirsche oft längere Zeit gegenseitig anschreien, bis schließlich ein Kampf auf Leben und Tod die Entscheidung herbeiführt. Fast immer verkündet dann der Stärkere durch selbstbewußtes, lautes Schreien – den sogenannten *Siegesruf* –, daß er gesiegt. Bisweilen kommt es vor, daß auch der abgeschlagene Hirsch, bald nachdem er den Kampfplatz verlassen mußte, noch einmal seine Stimme erhebt, was sich in der Regel wie folgt abspielt. Der abgeschlagene Hirsch verläßt fluchtartig den Kampfplatz, wird eine kurze Strecke vom Sieger verfolgt, bleibt aber, sobald letzterer zu seinem Rudel zurückkehrt, nicht selten stehen, um seinem Gegner gewissermaßen noch ein letztes Schimpfwort zuzurufen, indem er einen etwas unterdrückten, meist klagenden, bisweilen aber auch zornigen Schrei ausstößt, um sich dann zurückzuziehen.

Am leichtesten an seiner Stimme zu erkennen wie auch nachzuahmen, ist der auf der Suche nach einem Tier begriffene Hirsch. In Revieren, in denen es verhältnismäßig viel Tiere gibt, hört man diese Stimme selten oder gar nicht; da, wo Mangel an Tieren ist, um so häufiger. Diese Stimme hat etwas Eintöniges und ausgesprochen Klagendes. Zwar gibt es für keinerlei Hirschstimme eine bestimmte Schablone für alle Gegenden, immerhin aber läßt sich unter den Stimmen der suchenden Hirsche verschiedener Gegenden eine auffallende Ähnlichkeit nicht verkennen. In der Regel hört man den suchenden jüngeren Hirsch ein langgezogenes, sehnsuchtsvoll klingendes „a – uh – ah" ausstoßen, mit der Betonung auf der mittleren Silbe und einem nachfolgenden, sehr langgezogenen „öh", welch letzteres auch manchmal fortbleibt. Der suchende alte Hirsch läßt in der Regel die erste Silbe weg, schreit also nur „uh –ah" und läßt ab und zu statt „öh" ein tiefes „oh" folgen. Sehr leicht nachzuahmen ist auch das „Sprengruf" genannte, meist zwei- oder dreimal kurz hintereinander ausgestoßene „öh", also „ö, ö, ö", welches der Hirsch zum Unterschied von den anderen Stimmlauten fast stets in der Bewegung, oft sogar in raschester Bewegung ausstößt, z. B. wenn er einen geringeren Hirsch vertreibt, einen Gegner angreift, oder wenn er ein Tier treibt, welches sich ihm nicht gleich willfährig erweist.

Anders verhält es sich mit dem langgezogenen Schreien aus vollem Halse. Letzteres erfolgt nie während der Flucht, mit Vorliebe dagegen im Stehen, kann aber auch im langsamen Ziehen erfolgen. Eine Ausnahme macht merkwürdigerweise der niedergetane, also sitzende Hirsch. Er schreit in der Regel nicht gern aus vollem Halse, wenigstens nicht so anhaltend und laut, wie der stehende oder langsam ziehende Hirsch. Selbst wenn er mit dem Rufe gereizt wird, antwortet er nur höchst selten einmal aus vollem Halse schreiend, sondern begnügt sich in der Regel damit, nur leise zu knören.

Mit dem sogenannten „Schrecken" des Rotwildes verhält es sich ähnlich wie mit dem des Rehwildes. Auch das Rotwild schreckt meistens nur dann, wenn es ein Geräusch vernimmt, aber nicht weiß, was es zu bedeuten hat, ab und zu wohl auch, wenn es einen ihm verdächtig erscheinenden Gegenstand eräugt. Während das Rehwild nicht selten im Flüchtigwerden mehrere Schrecklaute dicht hintereinander folgen läßt, pflegt das Rotwild in der Regel nur einmal zu schrecken, dann einige Zeit zu verhoffen und erst dann eventuell noch ein- oder zweimal zu schrecken.

Das „Klagen" nach Schußverletzungen oder beim „Abfangen" ist beim Rotwild eine so selten beobachtete Erscheinung, daß sie wohl kaum der Erwähnung wert ist.

Während, wie wir gesehen haben, das männliche Rotwild über eine ziemliche Anzahl von Stimmen verfügt, sind dem weiblichen Rotwild nur zwei verschiedene Stimmäußerungen eigen, und zwar das „Schrecken" und das sogenannte „Mahnen". Das erstere klingt genau so wie beim Hirsch derselben Altersstufe, erfolgt aus derselben Veranlassung und unterliegt Schwankungen nur in bezug auf die von der Altersstufe des betreffenden Stükkes abhängigen tieferen oder höheren Tonlage. Das „Mahnen“, ein eigentümlicher, nicht weithin hörbarer, quäkender Laut, der wie ein bei zugedrückten Nasenflügeln ausgestoßenes „ä“ klingt, ist in der Hauptsache als Lockruf für den Hirsch wie auch für das Kalb anzusehen.

Wer die Nachahmung der Hirschstimme in der Praxis nutzbringend verwerten sill, der versuche dies erst dann, wenn es ihm gelungen ist, wenigstens eine der verschiedenen Stimmen unseres Hirsches möglichst naturgetreu nachahmen zu können, lasse es dann aber auch von Haus aus nicht an einer gewissen Dreistigkeit fehlen, denn gerade letztere ist von allergrößter Wichtigkeit, und Mißerfolge von Anfängern sind nur zu oft auf Mangel an Dreistigkeit zurückzuführen. In sehr vielen Fällen aber genügt die naturgetreue Nachahmung der Stimme allein nicht, sondern man muß den Hirsch auch in anderer Beziehung verstehen. So z. B. muß man beim Angehen eines in der Dickung stehenden Hirsches sich bemühen, ein möglichst ähnliches Geräusch zu erzeugen, wie es ziehendes, unter Umständen auch flüchtiges Wild verursacht. Man muß überhaupt den Hirsch oder das Tier in jeder Beziehung nachahmen. Man muß gehen wie ein Hirsch, das Anschlagen des Geweihes an die Bäume, wie auch das Bearbeiten von Sträuchern oder Bäumen mit dem Geweih nachahmen usw. Ob man dabei mehr oder weniger Geräusche macht, ist gleichgültig, nur natürlich muß es klingen, so, als ob es ein Hirsch erzeugte, und dazwischen hinein muß man selbstverständlich ab und zu röhren. Daß man auf diese Weise sich nicht einem Hirsch auf freiem Schlage oder mit schlechtem Winde nähern kann, ist selbstverständlich. Vorzügliche Deckung und guter Wind sind hierbei unbedingt erforderlich.

Doch nun zu Beispielen aus der Praxis. Vor vielen Jahren war ich bei einem Freund zur Hirschbrunft eingeladen. In einem im Wienerwald gelegenen Reviere hatte noch nie eine reguläre laute Hirschbrunft stattgefunden. Die Hirsche meldeten dort am Tage überhaupt nicht und des Nachts nur höchst selten einmal. So kam es, daß während der Brunftzeit noch nie ein Hirsch hatte geschossen werden können. Schuld an diesem Verhalten der Hirsche war jedenfalls die das ganze Jahr hindurch stattfindende starke Beunruhigung des Reviers durch Sommerfrischler, Beeren-, Pilz- und Holzsammler, wie auch im Winter durch Schifahrer. Da mit dem Rufe in diesem Revier noch nie gearbeitet worden war, riet ich zu einem Versuch. Um mich kurz zu fassen, war das Ergebnis folgendes: Durch fleißiges Röhren frühmorgens und abends, meistens von Hochständen aus, brachte ich es nach zwei bis drei Tagen so weit, daß die Hirsche selbst untertags auf den Ruf, den sie anfangs vollkommen zu überhören schienen, wenigstens antworteten, womit schon viel gewonnen war. Doch es sollte noch besser kommen; denn wieder ein paar Tage später traf bereits die Meldung ein, daß da und dort ein Hirsch untertags fleißig gemeldet habe. Kurz und gut, binnen etwa acht Tagen war eine vollkommen reguläre laute Brunft im Gange, welche zur größten Freude meines Freundes gestattete, mehrere starke Hirsche auf die Decke zu legen.

Ein Jahr später kam ich kurz vor meiner Abreise in die Karpaten zur Hirschbrunft wieder in dasselbe Revier. Da ich nur zwei bis drei Tage bleiben konnte, beschloß mein Freund, obwohl von einem nahe bevorstehenden Beginn der Brunft noch keinerlei Anzeichen vorhanden waren, trotzdem einen Versuch mit dem Rufe zu machen, und zwar auf einen bestimmten Hirsch, der abgeschossen werden sollte. Er gab daher den Auftrag, das Personal möge am anderen Morgen diesen Hirsch zu bestätigen trachten. Da am Vormittag tags darauf die Meldung eintraf, es sei durch Abfährten bestätigt worden, daß besagter Hirsch seinen gewohnten Einstand, eine große Dickung, bezogen habe, wurde beschlossen, am Nachmittag dorthin aufzubrechen und von dem in der Nähe befindlichen Hochstand aus mit dem Rufe zu reizen. Der in Aussicht genommene Hochstand befand sich am oberen Teile einer an besagte Dickung angrenzenden, sanft ansteigenden Wiese. Es war 20 Minuten vor 6 Uhr, als mein Freund und ich dort eintrafen und sofort den Hochstand bestiegen, während der uns begleitende Büchsenspanner meines Freundes behufs Beobachtung nach einem etwa 300 Schritt entfernten Hochstand geschickt wurde, der unterhalb einer die Dickung durchquerenden Schneise stand. Punkt 3/46 Uhr fing ich an zu röhren. Da kein Hirsch antwortete, wiederholte ich dies immer von neuem, bis mir mein Freund zuflüsterte, er habe in der Dickung vor uns ein verdächtiges Geräusch gehört. Und richtig, nun hörte auch ich ein eigentümliches Rauschen und Knacken von Ästen, was ganz den Eindruck machte, als bearbeite ein Hirsch einen Strauch. Als bald darauf wieder alles ruhig war, röhrte ich noch einmal und lauschte dann. Gar bald hörten wir deutlich das Streichen des ziehenden Wildes. „Achtung", flüsterte ich, „das ist der Hirsch", worauf sich mein Freund schußfertig machte. Da, wieder ein schwaches Rauschen, worauf sich etwa 80 Schritt links von uns das Haupt eines Hirsches aus der Dickung schiebt. Rasch greift mein Freund zum Pürschglas, um den Hirsch anzusprechen, ich aber zum Rufe, um ihn völlig aus der Dickung herauszulocken. Da ich befürchte, der Hirsch könne auf den Mahnruf zu rasch folgen und im Troll über die Wiese gehen, knöre ich nur gedämpft, und sofort tritt der Hirsch ganz heraus, bleibt dann frei auf der Wiese stehen und sucht seinen Gegner zu eräugen. Da flüstert mein Freund kaum hörbar: „Er ist es" und geht in Anschlag. Der Hirsch aber, der diese Bewegung wohl eräugt haben mußte, macht plötzlich kehrt und will in die Dickung zurück. Da ich die Muschel noch am Munde habe, röhre ich ihn sofort laut an, worauf er wie elektrisiert stehenbleibt und nach dem Hochstand äugt. In diesem Moment aber kracht der Schuß, und ich sehe, wie der Hirsch mit hoher Flucht die Kugel quittiert und dann talabwärts flüchtet. In einer kleinen Dickung unterhalb unserer Wiese hören wir ihn zusammenbrechen. Genau 5 Minuten vor 6 Uhr war der Schuß gefallen. Die ganze Geschichte hatte also nur 10 Minuten gedauert. Daß der Hirsch mit keinem Ton geantwortet, sich vielmehr leise herangeschlichen hatte, mag wohl dem Umstand zuzuschreiben sein, daß die Brunft noch nicht im Gange war. Bei dieser Gelegenheit sei erwähnt, daß mein Freund, welcher das Röhren gut erlernt hatte, mir später nach den Karpaten die freudige Mitteilung machte, daß er in meiner Abwesenheit seine ersten selbständigen Versuche mit dem Rufe gemacht habe, die zu seiner vollsten Zufriedenheit ausgefallen seien."

Soweit Graf zu Münster. Ich habe ein langes Leben hindurch viel Gelegenheit gehabt, nicht nur Hirsche schreien wie Tiere mahnen zu hören, sondern auch – das lag in der Eigenart des hierfür wichtigsten Reviers – es hierbei zu beobachten. Daher vermag ich die Münsterschen Ausführungen, hier und an anderer Stelle, nur zu bestätigen. Ich erkenne auch die Grundlagen seines Verfahrens als wohl durchdacht und das Verfahren selbst als bis zur Vollkommenheit durchgebildet an. Aber Kennen und Können ist zweierlei Ding; daher möge hier für den angehenden Waidmann eine Anzahl von Regeln folgen, die ich meinen eigenen Beobachtungen und Erfahrungen, den Münsterschen Veröffentlichungen, sowie den diesbezüglichen Ausführungen eines dritten alten Praktikers, des Grafen *Silva-Tarouca,* in seinem Buche „Glückliche Tage" entnehme:

Verhalten des Hirsches

1. Nur der auf den Läufen stehende Hirsch schreit aus vollem Halse, wenigstens im Stehen oder auch im langsamen Ziehen; der in schneller Bewegung befindliche Hirsch stößt nur den kurzen Kampf- oder Sprengruf: ö! ö! ö! aus. Der niedergetane Hirsch beschränkt

sich meistens auf ein mehr oder minder lautes Knören; schreit er ausnahmsweise einmal aus vollem Halse, so klingt es faul, wie gähnend.

2. Ein junger geringer Hirsch weicht dem Röhren eines starken in der Regel ängstlich aus, kann aber, wenn dieses ausnahmsweise gewünscht wird, durch Nachahmen eines schwachen Hirsches oder des Mahnens der Tiere leicht zum Zustehen gereizt werden.
3. Zum Kampf kommt es nur zwischen gleich- oder annähernd gleichstarken Hirschen. Daher nimmt ein Hirsch den andern nur an, wenn er ihn vorher mustern konnte.
4. Am leichtesten folgt dem Rufe der auf der Suche nach Kahlwild begriffene Hirsch, besonders gern der sogenannte Raufbold, fast immer ein älterer, oft zurückgesetzter Hirsch, der Schadhirsch, der von Brunftplatz zu Brunftplatz zieht, um den Platzhirsch abzukämpfen.
5. Ein Platzhirsch steht in der Regel nur dann zu, wenn er aus nächster Nähe gereizt wird (etwa auf 50–60 Schritt), weil er sein Rudel, besonders in der Dickung, wo er es schwer im Auge behalten kann, sehr ungern verläßt.
6. Ein vergrämter, gefehlter, ja sogar getroffener Hirsch folgt nicht selten doch wieder dem Rufe, ja er schreit sogar wieder, aber nur dann, wenn er sofort nach der Störung wieder angeschrien wurde. Es kommt hier nicht auf die Art des Rufes, sondern nur auf die Schnelligkeit an; freilich je aufreizender der Ruf, desto besser.
7. Der Hirsch folgt nicht nur dem Rufe, sondern auch dem richtig angewandten „Schlagen“ und „Brechen“.

Verhalten des Rufjägers

1. Wenn der Schütze mit dem Rufe nicht umzugehen weiß, mag er sich von einem begleiten lassen, der diese Kunst versteht und sich dann, von jeder anderen Rücksicht frei, einzig dem Anreizen des Hirsches widmen kann, während der erstere seine Aufmerksamkeit nur dem Hirsche zuwendet. Aber auch hier gilt die alte Regel, daß der richtige Pürschjäger am besten allein ist, weil zwei Menschen im Walde leichter bemerkt werden, eine stärkere Wittrung haben und mehr Lärm machen als der einzelne.
2. Mit einem nicht ganz vollkommenen Rufe kann man wohl knören und trenzen, aber keinen in der Nähe stehenden Hirsch aus vollem Halse erfolgreich anschreien.
3. Das wiederholte laute Röhren mit dem Rufe dient nicht nur zum Reizen eines Hirsches, sondern auch zum Übertönen unvermeidlicher Geräusche, richtiger gesagt, um dem Hirsche das Heranziehen eines anderen vorzutäuschen.
   An ungünstigen Stellen, wo Aussicht und Ausschuß fehlen, unterläßt man besser ein lautes, aufreizendes Rufen, um hier vom plötzlich zustehenden Hirsche nicht etwa überrascht zu werden. Die Kontrolle, ob man richtig ruft, hat man in der Antwort des Hirsches.
4. Der Rufjäger beginnt am besten mit dem Röhren eines auf der Suche nach Kahlwild begriffenen Hirsches: Ah – uh – ah! Antwortet der Hirsch, so läßt sich zunächst daraus entnehmen, ob derselbe auf der Suche nach Kahlwild begriffen ist, ob er allein oder beim Rudel steht, ob er auf den Läufen steht oder niedergetan ist; ob ein starker oder geringer Hirsch in Frage kommt, ist weniger aus der Stimme selbst als aus seinem ganzen Gehabe zu entnehmen.
5. Wenn der suchende Hirsch nicht weit entfernt ist, kann man versuchen, ihn durch Nachahmen des Mahnens eines Tieres anzulocken, und zwar mahnt man am besten durch den Ruf, weil so der Ton besser klingt und weiter vernehmbar ist.

6. Hat ein Hirsch auf den Ruf geantwortet, so darf ihn der Jäger nicht mehr zur Ruhe kommen lassen; sein weiteres Verhalten wird durch das Benehmen des Hirsches bestimmt, wie derselbe weiterhin auf den Ruf reagiert: antwortet er regelmäßig und eifrig, so sucht der Jäger die im Röhren zum Ausdruck gelangende Stimme möglichst naturgetreu zunächst nachzuahmen und dann allmählich im Affekt zu steigern. Wenn der Hirsch dabei näher heranzieht, so ist zu erwarten, daß er bald zusteht. Es genügt nicht, seine Aufmerksamkeit auf diesen einen Hirsch zu richten, man muß vielmehr die ganze Umgebung im Auge behalten, weil auch ein anderer, ohne zu schreien, plötzlich heranschleichen kann.

   Bleibt der Hirsch dort stehen, wo er zuerst geantwortet hat, so ist er entweder niedergetan oder hat ein brunftiges Tier bei sich oder steht beim Rudel; er will nicht zustehen, also muß ihn der Jäger angehen, wobei er von Zeit zu Zeit röhrt, um den Hirsch in Stimmung zu halten und, wie schon früher erwähnt, über das beim Anpürschen verursachte Geräusch zu täuschen. Beständige, ängstliche Achtung auf den Wind und Vorsicht vor etwa in der Nähe stehendem Kahlwild sind die wichtigste Voraussetzung des Erfolges! Den beim Rudel stehenden Platzhirsch darf man erst in nächster Nähe laut und herausfordernd anschreien, und dies nur an Stellen, wo etwas Aussicht und Ausschuß vorhanden sind. Weckt man die Eifersucht des Platzhirsches vorzeitig aus weiterer Entfernung, so kann es geschehen, daß er, statt zuzustehen, verschweigt und geräuschlos sein Rudel in Sicherheit bringt.
7. Ist der Hirsch glücklich zugestanden oder ist es dem Jäger gelungen, ihn in der Dickung anzugehen, so heißt es, den günstigsten Augenblick rasch ausnützen, den Hirsch richtig ansprechen und blitzschnell schießen. Bei gutem Winde hüte man sich vor Übereilung und warte ruhig ab, bis der etwa ungünstig stehende Hirsch seine Stellung so weit ändert, daß ein sicherer Schuß möglich ist. Der Waidmann wird trotz aller vorhergegangenen Mühe und Plage lieber die Kugel im Rohr behalten, als ins Ungewisse auf ein unrechtes Stück zu schießen oder einen schlechten Schuß zu wagen.
8. Man sei sich aber darüber klar, daß man ein Revier nicht nur „verpürschen", sondern auch „verschreien" kann.

Auch der *Gamsbock* ist nicht schwierig durch Nachahmung seines, ein meckerndes Grunzen darstellenden Brunftlautes vor die Büchse zu bringen. Manche Jäger wissen den Ton einfach mit Mund und Nase nachzuahmen. Andere bedienen sich eines einfachen, großen Schneckengehäuses, dessen Spitze sie wie beim Hirschruf beschneiden, an den Mund setzen, um dann mit der die Schallöffnung vergrößernden, hohlen Hand das sogenannte *Blädern* oder *Plädern* hervorzubringen, indem sie diese schnell öffnen und wieder schließen. Indes darf man auch hier nicht glauben, daß jeder alte Platzbock sofort auf den Lockruf heranwechselt, aber er tut es doch nicht selten. Da er dabei nach Gemsenart gern hin und wieder verhofft, so bietet er gute Gelegenheit für den Schuß.

Von allen Lockjagden ist wohl die *Blattjagd auf den Rehbock* die verbreitetste, von vielen mißleiteten Anfängern ohne Erfolg geübte, nur vom Meister erfolgreich betriebene Jagdart. Je weniger Ricken im Verhältnis zu den Böcken in einem Revier vorhanden sind und je weniger noch brunftige Ricken, desto leichter springt der Bock. Daher ist das Ende der Brunftzeit, Anfang August, die beste Blattzeit. Nicht nur für den Erfolg der Jagd selbst, sondern auch in Hinsicht auf den Wildstand; weil dann die guten Böcke schon hinreichend Ricken beschlagen haben. Über das Blatt selbst habe ich mich im zweiten Teil dieses Buches näher ausgesprochen, ich brauche also hier nicht darauf zurückzukommen.

Was die Tageszeit angeht, so sind die Ansichten über die günstigste Zeit zu blatten so verschieden, wie es die Revierverhältnisse sind. Im allgemeinen aber wird der Blattjäger in ruhigen Revieren nicht fehlgehen, wenn er die Zeit um die Mittagsstunde, etwa von zehn bis fünfzehn Uhr, wählt. In unruhigen Revieren kann das freilich die ungünstigste Zeit sein.

Je heißer der Tag, desto lieber folgt der Bock dem Blatt. Das schließt allerdings nicht aus, daß er auch bei regnerischem Wetter springt. Und da der Waidmann an nassen Tagen ungleich lautloser pürscht als an trockenen, so beschränkt er sich nicht auf die heißen Tage allein. Nur bei windigem Wetter sind die Aussichten gering. Einmal, weil der Blattruf nicht weit zu hören ist, und dann, weil das Rehwild überhaupt an solchen Tagen unruhiger und mißtrauischer zu sein pflegt als sonst. Ebenso wie die Pürsch nach einem Regen gute Aussichten bietet, so springt auch der Bock gern wieder beim erwärmenden Sonnenschein.

Daß der Jäger nicht aufs Geratewohl musizierend im Revier umherläuft, ist selbstverständlich. Er richtet seinen Schritt vielmehr dorthin, wo er Rehe erwarten darf, und vor allem in Örtlichkeiten, in denen er starke Böcke weiß. Dabei beachtet er den Wind wie bei jedem anderen Pürschgang. Nur gilt es in diesem Fall nicht den Blößen, Wiesen und dergleichen, sondern den Stangenhölzern, Verjüngungsschlägen, lichten Althölzern. Denn auf die Blöße springt der Bock nicht gern, außer in der Abenddämmerung, doch soll dann der Waidmann die schon früher gegen den Schuß am späten Abend vorgebrachten Bedenken nicht außer acht lassen. Wenn der Bock auf einer Blöße steht, so ist er meist in Begleitung einer brunftigen Ricke; er springt dann nicht gern. Nichtsdestoweniger gelingt es zuweilen auch unter solchen Verhältnissen, den Bock dem Blatt folgen zu sehen; besonders wenn der Jäger im Kitzton fiept. Dann springt die Ricke, der der Bock natürlich folgt.

Nach der Ankunft auf dem gewählten Stand verhält der Waidmann sich zunächst etwa zehn Minuten still. Alte, schlaue Böcke holen sich, wenn sie den Fiepton vernehmen, mit Vorliebe Wind, kommen dem Jäger also unter diesem. In solchen Fällen darf er mit dem Schuß nicht säumen, weil die Sache ein vorzeitiges Ende nimmt, sobald der Bock die Windlinie schneidet. Zunächst macht der Jäger einige leise Blattstöße. Der Bock könnte ja in der Nähe stehen und durch zu starke Töne mißtrauisch gemacht werden. Darauf läßt er eine Pause von zehn Minuten eintreten und blattet dann wiederum etwas lauter, um nach einer abermaligen Pause einige ganz laute Blattstöße zu geben. Von dann an verharrt er etwa eine Viertelstunde in gespannter Aufmerksamkeit und pürscht dann erst vorsichtig zu einem anderen Blattstand, wo er dasselbe Verfahren wiederholt. Auf diese Weise wird der Revierteil abgepürscht, bis der Jäger Erfolg hat oder ohne solchen den Heimweg antritt.

Das Verhalten des Rehbocks ist sehr verschieden. Manchmal stürmt er scheinbar ohne Besinnen auf die Gegend los, in der er die Herkunft der Töne vermutet. Manchmal kommt er, den Windfang am Boden, geschlichen wie ein Fuchs. Dann wieder zieht er heran, alle paar Schritte verhoffend. Oft genug bleibt er längere Zeit außer Schußweite wie eine Bildsäule stehen. Ich habe es als das ratsamste gefunden, nicht mehr zu blatten, sobald ich den Bock gesehen oder gehört hatte. Wird er auch durch einen nicht ganz richtigen Blattstoß nicht so bald vergrämt, so zeigt der Ton ihm doch den Stand des Jägers zu genau an. Die geringste Bewegung wird dann zum Verräter. Wenn aber der Bock allzulange zögert oder Umwege macht, um in den Wind zu kommen, oder gar, ohne vergrämt zu sein, wieder umkehren will, dann muß man weiter blatten, vorausgesetzt, daß man genügend gedeckt steht.

Breite Wege eignen sich als Stand für den Blattjäger nicht, weil der Bock nicht gern auf sie hinaustritt. In unruhigen Revieren, wo das Wild sich den Tag über versteckt hält, ist es oft zweckmäßig, im Innern nicht zu dichter Stangenhölzer zu blatten. Es gehört aber dazu, daß der Jäger auf verschwiegenen Pfaden geräuschlos in sie hineingelangen kann, und daß er ein gewandter Schütze ist.

Vermutet er einen guten Bock in einer Dickung, so stellt er sich nie hart an sie heran. Der Bock kann ihm in ihrem Schutz sozusagen auf den Leib rücken, und der Jäger bekommt ihn doch nicht zu sehen. Daher blattet er auf gute Schußweite von ihr entfernt.

In der Frage, ob der Waidmann auf dem Blattstand stehen oder sitzen soll, stelle ich mich unbedingt auf die Seite derjenigen die für das Stehen sind. Wenn ich auch zugeben will, daß er sitzend oft vielleicht besser gedeckt ist, so ist er dafür aber so wenig Herr der Lage wie nur möglich, wenn der Bock, was nicht selten zutrifft, von einer anderen als der erwarteten Seite springt. Denn das Schießen mit der Büchse ist im Sitzen weit unsicherer als im Stehen; und größere Wendungen, besonders nach rechts, sind schwer ausführbar. Je geduldiger der Jäger ist, je länger er nach den letzten Blattstößen auf dem Stand verweilt, desto eher wird er Erfolg haben. Denn, wie oft steht der unbemerkt gebliebene Bock in der Nähe des Standes, um beim Fortgehen des Schützen laut scheltend flüchtig zu werden, so auch den Erfolg in der weiteren Umgebung verderbend!

Springen auf das erste Blatten nur Ricken, so liegt die Vermutung nah, daß der Jäger zu hoch und zu fein, also im Kitzton blattet. Ein solcher Anfang ist nicht erfreulich: besonders auch deshalb, weil die Ricke dann, auch wenn sie den Jäger nicht gewahrte, doch gern zu schmälen anfängt und so die weitere Umgebung beunruhigt.

Wird die Blattjagd zu zweien ausgeübt, so ist das oftmals nicht ungünstig. Der eine blattet, der andere stellt sich etwa 50–60 Schritt windabwärts in die Windlinie des ersten und hat so Gelegenheit, gerade dem alten, geriebenen Bock die Kugel auf das Blatt zu setzen, der sich erst Wind holt, bevor er dem Ruf folgt. Dabei ist auch das ein Vorteil, daß der eine seine ganze Aufmerksamkeit auf die Umgebung vor sich richten kann und keine Bewegung zu machen braucht, während der andere blattet.

Gar oft kommt der Bock dem Schützen so nah, wie es sonst selten geschieht. Bekanntlich wird in solchen Fällen leicht ein Loch in die Natur geschossen. Für den Wahlabschuß der Rehböcke bietet die Blattjagd eine gute Gelegenheit insofern, als der Waidmann manchen alten, abschußreifen Bock in Anblick bekommt und die übrigen oft so nah hat, daß er sie auf Gehörnbildung und Zuchtwert ansprechen kann. Außerdem lehrt die Erfahrung, daß gerade die armseligen Krüppel, Kümmerer und Plattköpfe besonders gern aufs Blatt springen.

Der waidgerechte Jäger wird die jagdbaren guten Böcke, die ihm sein Abschußplan zu schießen erlaubt, erst in der Brunft, und zwar gegen Ende derselben erlegen, damit sich diese gut veranlagten Böcke noch fortpflanzen konnten. Die abschußnotwendigen Böcke dagegen wird er möglichst *vor* der Blattzeit auf die Decke legen, um ihre Vererbung unmöglich zu machen. Aus diesem Grund ist der Beginn der Schußzeit für Rehböcke auf den 16. Mai (in Bayern erst 1. Juni) vorverlegt worden, um in der zweiten Maihälfte die wirklich abschußnotwendigen Böcke zu strecken, da um diese Zeit das Rehwild noch nicht im Getreide steht und daher leichter zu haben ist. Unwaidmännisch aber ist es, bereits im Mai gute, starke Böcke zu schießen, die meistens nicht einmal rot sind.

Wird beim Locken anderen Wildes die Stimme der Geschlechtslust der eigenen Art gebraucht, so bildet das *Fuchsreizen* hiervon die einzige Ausnahme. Denn den Fuchs reizt der Jäger, indem er auf seinen Hunger wirkt, indem er ihm das *feine Pfeifen der Maus* oder das *Klagen eines Hasen* vormacht. Das Zwitschern der Mäuse bringt er auf die verschiedenste Weise hervor. Einmal allein mit Hilfe der fein zugespitzten Lippen, zwischen denen er die Luft stoßweise hineinzieht. Dann, indem er die feuchten Lippen auf der Handoberfläche ansetzt und in gleicher Weise Luft einzieht. Ferner dadurch, daß er den feuchten Pfropfen der Schnapsflasche an deren Glas reibt, und schließlich durch das bekannte Mauspfeifchen von Knochen. Die erstere und die letztere Art läßt beide Hände frei; sie ist daher den beiden anderen vorzuziehen. Das *Mäuseln* hat der Feinheit des Tones halber nur eine beschränkte Wirkungsweite. Bei stiller Witterung reicht es aber immerhin bis auf etwa 120–150 Schritt.

Will der Jäger weiterhin wirken, so bedient er sich der *Hasenquäke,* mit deren Hilfe er den Fuchs auf etwa 400–500 Schritt reizen kann. Ja, in stillen kalten Nächten folgt der Fuchs ihr noch weiter. Die Annahme, daß der Fuchs nur bei Frost oder Schnee mit Erfolg gereizt werden könne, ist nicht zutreffend. Im Gegenteil: ich habe diese Jagd viel ausgeübt und dabei gefunden, daß der Fuchs dem Reizen in solchen Revieren auffallend schlecht folgt, wo er infolge weiten Hinschießens, mangelhafter oder gar ganz fehlender Nachsuchen und harten Winters Fraß genug an Fallwild hat. Dagegen ist mir im Sommer manches Mal jeder Fuchs angelaufen, den ich durch Mäuseln reizte. Ebenso wie er sich oft genug gar nicht um das Mäuseln zu kehren schien. Dann war er vermutlich satt, oder die Sache schien ihm aus irgendeinem Grunde nicht geheuer. Vielleicht hatte er die Locke auch gar nicht gehört.

Es ist auch ein Unterschied, ob der Waidmann einen jungen, dummen oder einen alten, gerissenen Fuchs vor sich hat. So manche Verschiedenheit im Benehmen erklärt sich einfach aus dieser Tatsache. Hier gleicht der eine Fuchs noch lange nicht dem anderen.

Dann ist auch mit der gewaltigen Kraft des Geschlechtstriebes zu rechnen, der sich gerade beim Fuchs besonders lebhaft zeigt. Wenn der Rüde die Spur einer hitzigen Fähe verfolgt, oder wenn diese von Bau zu Bau streift, um Liebhaber aufzutreiben, dann kannst du mäuseln und quäken nach allen Regeln der Kunst: es bleibt eine seltene Ausnahme, daß ein Fuchs folgt.

Die Art der Wirkung des Mäuselns bringt es mit sich, daß der Jäger dieses meist als reine Gelegenheitsjagd betreibt, dann, wenn er einen Fuchs erblickt, den er in den Bereich seines Gewehres ziehen möchte.

Das Fuchsreizen mittels der Hasenquäke bildet dagegen eine Jagd für sich ganz allein. Man übt sie meist in hellen Winternächten bei Schnee aus. Nicht etwa, weil der Fuchs, wie ich vorhin schon sagte, zu dieser Zeit am ehesten folgen würde, was ja nicht zutrifft, sondern aus zwei anderen Gründen. Zunächst ist er zwar nicht ausschließlich, aber doch vorzugsweise ein Nachttier. Er ist also über Nacht fast immer außerhalb des Baues. Daher hört er die Quäke überhaupt zu dieser Zeit am ehesten. Dann aber kann der Jäger während der Nachtzeit nur dann mit Aussicht auf Erfolg schießen, wenn Schnee und heller Mondschein das nötige Licht dazu geben. Ich wage zu behaupten, daß der Fuchs in dunklen Nächten im Sommer und Herbst der Quäke viel besser folgen würde, falls er nicht gerade am Jungwild der Niederjagd einen sehr viel reicher beschickten Tisch findet als im Winter mit seinem Fallwild. In dunkler Nacht aber kann man ihn wohl reizen, jedoch selbstverständlich nicht erlegen.

Die Jagd mit der Hasenquäke in heller Winternacht hat unendlichen Reiz. Wenn auch trotz scheinbarer Tageshelle gelegentlich ein für ganz sicher gehaltener Schuß sein Ziel völlig verfehlt, so tut das der Jagdfreude keinen dauernden Abbruch. Denn dasselbe ereignet sich gelegentlich am hellichten Tag auch einmal. Von allen Visierkünsteleien rate ich ab, wenn die Flinte gut liegt, so ist das ausreichend.

Sehr gute Dienste leistet in mondheller Schneenacht ein übergezogenes Schneehemd.

Ausgezeichnete Erfolge habe ich auch beim Reizen mit einem Haushuhn gehabt. Ich lernte diese Methode in Polen kennen. Ein Gehilfe trägt ein Huhn im Rucksack mit. Auf dem Stand angekommen, bleibt man wie beim Reizen mit der Hasenquäke noch etwa 1/4 Stunde still stehen, am besten Rücken an Rücken, dann nimmt der Gehilfe das Huhn leise aus dem Rucksack und hebt es an der Ständern oder an den Flügeln hoch. Das Huhn fängt an, laut zu gackern und zu schreien und holt den Fuchs auf sehr weite Entfernung herbei. Natürlich kann man dieses Verfahren nicht mitten im Walde anwenden – denn so schlau ist der Fuchs auch, daß er weiß, weitab von jeder menschlichen Niederlassung können keine Haushühner sein, an solchen Plätzen ist die Hasenquäke das Gegebene. Wohl aber hat man mit dem Huhn beste Erfolge in der Nähe von Ortschaften und bei einsamen, im Felde gelegenen Gehöften, die der Fuchs sowieso gerne des Nachts aufsucht, um die Misthaufen zu revidieren, und wo er mit dem Vorhandensein von Haushühnern rechnen kann.

Gelegentlich wird das Locken auch bei der *Auer-* und *Birkhahnbalz* angewendet, um einen Hahn in bessere Schußnähe zu bringen oder zum Überstellen zu veranlassen, falls er völlig gedeckt, z. B. oben auf einer dichten Krüppelfichte balzen sollte. Der Auerhahn wird nur mit dem zärtlichen Hennenruf gereizt, den man öfters gehört haben muß, um ihn gut nachahmen zu können. Es ist ein dumpfes, bei zugehaltener Nase weich hervorgestoßenes ghök, ghök, ghök, den Vokal zwischen ä und ü gehalten. Wer es nicht *gut* versteht, der lasse die Finger davon; d. h. von der Nase, und den Mund vom Reizen! Denn der ewig mißtrauische Urhahn ist sehr leicht *verreizt* und reitet plötzlich polternd ab, anstatt auf das Reizen zuzustehen.

Den Birkhahn lockt der Jäger entweder mit dem Kampfruf Tschuuuhi oder mit dem Khä, khä, khä des Hennenrufes, der gleichfalls sehr milde lautet und am besten mit zugehaltener Nase hervorgestoßen wird. Auch hier ist öfteres Gehörthaben des Lockrufes die Voraussetzung für erfolgreiche Nachahmung.

Wie das Fuchsreizen mit der Hasenquäke eine ganz selbständige Jagd ist, die natürlich auch einmal gelegentlich geübt werden kann, so trifft das auch für das *Locken des Haselwildes* zu oder, besser gesagt, des Hasel*hahnes,* da man als waidgerechter Jäger die Hennen das ganze Jahr schonen wird. (In der Bundesrepublik gibt es b. a. w. auch für den Haselhahn keine Schußzeit.)

Man schießt den Haselhahn im Herbst, wobei der Lockjäger mit dem Geselligkeitstrieb des Haselwildes rechnet. Man kann die Lockjagd auch im Frühjahr zur Zeit der Balz ausüben, jedoch war schon früher der Abschuß im Frühjahr nicht erlaubt. Über die Erkennungszeichen von Hahn und Henne habe ich im ersten Teil das Erforderliche gebracht.

Zur Ausübung der Jagd müssen einem die Standorte des Haselwildes bekannt sein, an denen es, von einzelnen Störungen in den Äsungsverhältnissen abgesehen, treu hängt. Der Jäger sucht dann im nicht zu lichten Bestand – auf Blößen ist das Haselwild kaum herauszulocken – gute Deckung und möglichst gutes Schußfeld, was sich manchmal schwer vereinigen läßt. So geräuschlos wie nur möglich kommt er heran – denn das Haselwild vernimmt außerordentlich scharf – und drückt sich am Boden unauffällig nieder, lockt nach einiger Zeit und ist dann nur Auge und Ohr.

Oftmals kommt das Wild brausend herangestrichen, oftmals vorsichtig gelaufen; mal von vorn, oft auch von hinten. Für letzteren Fall ist die Jagd zu zweien, Rücken an Rükken, vorzuziehen. Aber erst den schwarzen Kehlfleck des Hahnes erkennen, bevor du drückst! Das ist unabweisliche Forderung.

Die Lockjagd auf *Steinhühner* und *Schneehühner* ist so selten und eine ausgesprochene Spezialität, daß ich von einer weiteren Beschreibung absehe.

Das Locken auf *Enten* will ich nur kurz erwähnen, weil es nur gelegentlich beim Anstand geübt wird, um die weiter abliegenden Vögel zum erneuten Aufstehen und Einfallen in der Nähe des Jägers zu bewegen. Wenn der Jäger eine *gute Locke* hat, dann kann er meist auf Erfolg rechnen. Manche wissen den Lockton auch ohne Hilfe, einfach mit dem Mund nachzuahmen.

Bei *Rebhühnern* kann es sich nur darum handeln, Hühner, die in das Holz gestrichen oder gelaufen sind, wo sie nicht bejagt werden können, wieder herauszulocken. Nicht etwa, um dann, was nicht selten möglich wird, in den Haufen hineinzuschießen, sondern um sie dann von neuem zu bejagen, indem der Jäger sie vom Wald her wieder auftut, um sie feldeinwärts zu bringen.

Auch die *Waldschnepfe* wird auf dem Strich nicht ohne Erfolg durch Nachahmung des Püitzens angelockt, das mittels einer überall käuflichen Schnepfenlocke hervorgebracht wird. Sei es, daß das balzende Männchen glaubt, ein Weibchen am Boden locke es zu sich, sei es, daß es ein anderes Männchen vermutet und eifersüchtig wird – jedenfalls steht es nicht selten auf den Lockruf zu. Den richtigen Ton zu erlernen, dazu gibt der Schnepfenstrich selbst die erwünschte Gelegenheit.

Als letzte Art der Lockjagd sei die auf den *Ringeltauber* genannt. Bei diesem früher sehr scheuen, heute immer vertrauter werdenden Vogel ist die Lockjagd die sicherste Art, ihn in Schußnähe zu bringen. Die Locke selbst kauft man in den Handlungen. Sie muß aber oftmals erst richtig gestimmt werden, um das Rucksen und Hulen der Taube richtig wiederzugeben, wofür wieder die Beobachtung im Freien die beste Anleitung bietet. Doch läßt sich der Ton auch einfach mit dem Mund und den hohlen Händen nachahmen. Nur braucht der Lockjäger dazu beide Hände und weiß nicht, wo und wie er während der Zeit die Flinte am besten unterbringt. Stellt er sie neben sich, so ist der Griff danach bei dem ausgezeichneten Äugen der Taube zu gefährlich; hängt er sie um den Hals, so wird eine große Bewegung erforderlich, um schußfertig zu werden. Man kann das Locken auch gut nachahmen, indem man die Zunge nach oben wölbt, wie eine rund gebogene Kohlenschaufel, dann den Mund halb öffnet und stoßweise den Atem von sich gibt. Nach einiger Übung wird so der Taubenruf täuschend nachgeahmt.

Am einfachsten allerdings benutzt der Jäger die künstliche Taubenlocke, die er an einem Bindfaden um den Hals hängt. Dann braucht er zum Locken nur eine Hand und kann die Flinte bequem schußfertig halten. Folgt die Taube dem Ruf, so läßt er die Locke fallen.

Die Lockjagd auf den rucksenden Tauber ist außerordentlich reizvoll, und ohne Übertreibung ist der Ringeltauber der „Auerhahn des kleinen Mannes" genannt worden.

Hört der Jäger einen Tauber locken, so stellt er sich in der Nähe dort an, wo er die Tauben oftmals angetroffen hat, denn sie haben ihre ausgesprochenen Lieblingsbäume. In guter Deckung und, da es sich meist um Nadelholz handelt, das diese Tauben vor dem Laubholz bevorzugen – in gemischten Beständen baumen sie stets in den Nadelhölzern –, mit dem Ausblick in die Kronen der benachbarten Bäume lockt er, sobald der Tauber seine Strophe ausgesungen hat. Oftmals verschweigt dieser dann, oftmals balzt er weiter. Weder aus dem einen noch aus dem anderen kann der Jäger schließen, ob er auf den Ruf zustehen wird oder nicht. Das muß abgewartet werden. Hört der Lockjäger den klatschenden Flügelschlag, mit dem die Tauben ab- und wieder aufzubäumen pflegen, dann mache er sich sogleich vorsichtig schußfertig! Hat er den Tauber im Streichen frei, dann zögere er nicht zu schießen. Denn er weiß niemals, ob dieser für den Schuß günstig aufbaumen wird oder nicht. Und man glaubt nicht, wie schwer die aufgebaumten Tauben selbst gegen den Himmel zu sehen sind, weil ihre Unterseite sich zu wenig davon abhebt.

Die Taube kann, wie man so sagt, einen guten Schuß vertragen. Daher ist 3-mm-Schrot am Platz, wie auf Enten. Auch geht viel Schrot im Gezweig verloren; oftmals schützt ein stärkerer Ast alle edleren Teile. Hat der Jäger scheinbar ohne Erfolg geschossen, so ist eine Nachsuche doch recht angebracht, denn manchmal findet er die anscheinend gefehlte Taube in einiger Entfernung verendet am Boden.

DIE TREIBJAGD

Treibjagd im weitesten Sinn ist jede Jagd, auf der das Wild durch Treiber vorstehenden Schützen zugetrieben wird. Zu unterscheiden sind *Waldtreiben* und *Feldtreiben,* je nach der Örtlichkeit, in der die Jagd vor sich geht. Man spricht auch von *Standtreiben,* bei dem die Schützen vorstehen, im Gegensatz zum *Kesseltreiben,* zur *Streife* oder *Streifjagd,* bei der die Schützen mit den Treibern vorgehen. Im engeren Sinn heißt *Treibjagd die Jagd auf Niederwild, bei der meist viele Treiber das Wild gewaltsam vor die Schützen bringen;* im Gegensatz zur *Drückjagd* oder zum *Riegeln,* die sich auf *Schalenwild bezieht* und *bei der meist nur wenige Treiber tätig sind.*

Die abzutreibende Fläche heißt das *Treiben* – in Süddeutschland der *Trieb,* auch der *Bogen,* obgleich letztere Bezeichnung sich ursprünglich auf einen Revierteil bezieht, in dem zur hohen Jagd gehörendes Wild *bestätigt* wurde.

Das Waldtreiben

Das Waldtreiben gehört mit zu den fröhlichsten jagdlichen Betätigungen, weil es, falls es Erfolg haben soll, nur bei freundlicher Witterung im herbstlichen oder winterlichen Wald vor sich geht. Dann auch, weil es durch seine Vielseitigkeit recht unterhaltend ist. Es kommen nicht nur Hase und Fuchs vor; es erscheint ein Sprung Rehe vor den Schützen; Fasanen kommen angestrichen; eine Schnepfe schwingt sich gewandten Fluges durch die Büsche; pfeilschnell schießt eine Ringeltaube vorüber, von Eichelhähern, Drosseln und dergleichen nicht zu reden. Dabei hüpft ein Zaunkönig, ein Rotkehlchen von Ast zu Ast, neugierig mit den klugen Äuglein nach dem stillstehenden Schützen lugend. Bei alledem hallt der Ton des Hornes fröhlich durch den klingenden Herbstwald. Wahrlich, es muß eine stumpfe Menschenseele sein, die bei solcher Gelegenheit nicht froh die ganze, helle Freude des Tages empfindet!

Ich sagte, daß diese Jagd nur bei freundlicher Witterung erfolgreich ist. Das hat seine guten Gründe. Denn zunächst läßt sich der Hase, auf den sich das Waldtreiben in erster Linie richtet, nur bei trocknem Wetter vorwärts treiben, während er sich bei nasser Witterung gern *drückt*. Er *läuft* dann nicht, sondern *geht* durch die Treiber *zurück*. Ferner sitzt der Hase bei Regenwetter lieber auf dem Feld als im Wald, weil ihm das Tropfen von den Bäumen lästig und unangenehm ist. Dasselbe ist der Fall, wenn das Laub nach den ersten Frösten in Massen zu Boden fällt. Diese Beunruhigung ist ihm so verhaßt, daß er fast ausnahmslos aus dem Wald ins Freie *rückt*. Man wartet daher mit dem Ansetzen des Jagdtages so lange, bis das Laub herunter ist. Schwieriger ist die Rücksicht auf die Witterung, denn die Einladungen müssen schon einige Zeit vorher versandt werden, damit die geladenen Gäste sich darauf einrichten können. Wenn es trotzdem irgend angeht, so sagt der Jagdherr bei schlechtem Wetter lieber noch im letzten Augenblick ab, als daß er seinen Gästen und sich den ganzen Ärger einer völligen Fehljagd aufhalst. „Nasse Jäger und trockne Fischer taugen nicht viel!" sagt ein alter Waidspruch. Er spricht die Erfahrung langer Zeit aus.

Es kommt aber noch hinzu, daß auch die Treiber bei nasser Witterung unlustig sind. Anstatt in wohlausgerichteter Reihe und gleichem Zwischenraum nebeneinander herzugehen und namentlich kleine, dichte Horste, Unterholz, Dornicht zu durchkriechen, laufen sie, um den nassen Zweigen zu entgehen, einer hinter dem anderen her; so den ohnehin zum Zurückgehen geneigten Hasen überall Lücken bietend.

Heller, leichter Frost mit nicht starkem, aber ausgesprochenem Wind, der über seine Richtung keinen Zweifel läßt, ist die beste Witterung für das Waldtreiben. Das Wild *läuft.* Auf der gefrorenen Laubdecke hört der Schütze tapp, tapp, tapp den trabenden Fuchs, rappelte, rappelte, rappelte den flüchtigen Hasen herankommen. Er kann sich zeitig fertigmachen und vor allem dem Fuchs den Vorteil abgewinnen, denn in diesem Fall ist der Sieger, der den anderen zuerst eräugte.

Liegt Schnee, so ist die Nachsuche nach angeschossenem Wild sehr erleichtert. Aber es darf dabei nicht tauen; denn sonst liegt alles gerade so ungünstig wie beim Regen. Besonders veranlaßt das klatschende Herunterfallen nasser Schneeklumpen von den Bäumen die Hasen zum fluchtartigen Verlassen von Busch und Wald, aber auch trockener Schnee bringt einige Rücksicht auf die Treiber mit sich. Er fällt diesen beim Durchkriechen in den Nacken, schmilzt dort und macht die Leute bald naß und fröstelnd. Mit der Lust am Treiben – und nur frohgestimmte Treiber, die nicht nur ihren Tagelohn verdienen wollen, sondern Freude an der Sache haben, sind zu gebrauchen – ist es dann bald vorbei. Wenn der Jagdgeber nicht über besondere Schneehauben verfügt, die Kopf, Nacken und Oberkörper der Leute völlig vor dem fallenden Schnee schützen, so sorgt er für eine ausreichende Anzahl gewöhnlicher Säcke. Diese werden an dem geschlossenen Ende so eingestülpt, daß eine Haube entsteht, die um den Hals festgebunden wird, und deren unterer Teil den Rücken herunterhängt. Auf solche Weise sind Treiber leidlich vor dem Naßwerden geschützt.

Soll alles gut klappen, sollen doppelte Wege vermieden werden, so ist ein wohlüberlegter Plan für eine Waldtreibjagd unerläßlich. Da ist zunächst die Windrichtung. Es wäre ganz vergebliches Bemühen, Fuchs und Hasen im Wald gegen den Wind treiben zu wollen: sie würden seitwärts oder rückwärts durchbrechen. Vom Reh will ich hier nicht sprechen, weil Rehwild auf solchen Treibjagden überhaupt nicht erlegt werden sollte.

Das einzelne Treiben muß also so angelegt werden, daß das Wild mit der herrschenden Windrichtung vorgetrieben wird. Wenn sich nun ohne Unterbrechung Treiben an Treiben reihen würde, wie es in Nieder- und Mittelwaldungen, in großen Aufforstungsrevieren der Fall sein würde, so ist mit Sicherheit damit zu rechnen, daß man zwar die Hasen vielleicht in den nächstfolgenden Treiben noch finden würde, die Füchse aber bestimmt nicht mehr. Selbst wenn der Jagdleiter die Vorsicht übte, die Treiber das letzte Drittel des Bogens still durchgehen zu lassen, so würde doch der Lärm, der von einer Treibjagd einmal nicht zu trennen ist, dem Fuchs schon lange vorher in die Gehöre dringen und ihn zur schleunigsten Räumung seines Aufenthaltsortes veranlassen. Der Jagdherr tut daher unter solchen Verhältnissen gut, die Treiben nicht aneinanderzureihen, sondern je nach ihrer Größe ein oder zwei zu überschlagen, um diese bei einer anderen Gelegenheit zu nehmen oder ganz auszulassen. Im Hochwald mit seinen verschieden bestockten Flächen fällt diese Rücksicht fort, weil sich hier die Schonungsflächen nur selten aneinanderreihen werden.

Von wesentlicher Bedeutung für den Plan der Jagd ist auch die Größe der einzelnen Treiben. Ist ein großes Treiben für den Fuchs günstig, weil dieser leicht und weit vorgeht, so ist es für den Hasen weniger geeignet, denn der ist nicht weit geradeaus zu treiben und bricht gern bald seitwärts aus. Da man, wie die Verhältnisse heute liegen, wohl meist mehr auf Hasen treiben und den Fuchs nur gelegentlich mitnehmen wird, so sind nicht zu große Treiben den größeren vorzuziehen; hierbei spielen naturgemäß die Bestandsverhältnisse eine ausschlaggebende Rolle, man wird z. B. eine Dickung nicht gern teilen, selbst wenn sie sehr groß ist.

Wo der Fuchs noch häufig ist, wird am besten nach Schluß der Hasenjagdzeit auf diesen allein nochmal getrieben. Für große Treiben braucht der Jagdgeber dann nur wenig Treiber und kann doch zu einer guten Strecke kommen. Umgekehrt erfordert die Jagd auf Fasanen und besonders auf Kaninchen kleine Treiben, in denen die Treiber sozusagen Mann an Mann gehen müssen. Ich darf hier nicht unerwähnt lassen, daß die Fasanentreibjagd, wenn sie im Sinne einer gewöhnlichen Waldjagd ausgeführt wird, zu einem Mißerfolg führen kann. Denn so schnell ein Fasanenhahn streicht, wenn er erst in der Luft ist, so schwer ist er zum Aufstehen zu bringen. Hat der Jagdleiter daher nicht nah vor den Schützen Flechthürden angelegt oder zusammenhängende Reisigbunde gelegt, was natürlich nur dann statthaft ist, wenn ganz allein auf Fasanen gejagt wird, so kommt der „Tiro diesmal zu Fuß", und von einer Freude an der Sache ist keine Rede. Man hilft sich auf recht einfache Weise. Die Treiberkette, die gewöhnlich in gerader Linie vorgehen soll, muß im letzten Drittel des Treibens zu einem Sack geformt werden, so daß die Fasanen glauben, sie seien von allen Seiten umzingelt; dann bequemen sie sich zum Aufstehen.

Wenn der Jagdleiter so nach Witterung, Windrichtung, nach Waldverhältnissen und Wildart alles sorgsam überlegt und dabei die Zahl der zur Verfügung stehenden Schützen und Treiber berücksichtigt, so wird der Plan für die Jagd schon feste Gestalt gewinnen. Was Schützen und Treiber angeht, so kann, vom Fuchs abgesehen, die Losung nur heißen: bei wenigen Menschen, kleine Treiben!

Sind die Schützen zur angesetzten Zeit zur Stelle, so gilt es, sie richtig einzuteilen. Das geschieht am einfachsten durch Zuteilung einer Nummer an jeden. Um größere Bevorzugungen, soweit sie nicht in der persönlichen Stellung begründet sind, zu vermeiden, wird jedes Treiben beim Anstellen mit einer um eins höheren Nummer begonnen, so daß jeder Schütze von Treiben zu Treiben von *einem* Flügelposten durch die Mitte zum anderen vorrückt. Da die Jagd nicht nur zum Vergnügen der Gäste dient, sondern auch eine wirtschaftliche Nutzung und ein Mittel zur Hege darstellt, so kann es natürlich nicht gleichgültig sein, ob viel oder wenig geschossen wird, ob der Fuchs zwei unsichere Schützen zugleich anläuft und so mit heilem Balg davonkommt. Es muß also durch Zuteilung der Nummern dafür gesorgt werden, daß möglichst neben einem unsicheren Schützen ein besserer seinen Stand erhält. Stehen diese dann nicht sehr weit auseinander, so darf der Jagdleiter von den sicheren Flinten eine Verbesserung der minder sicheren erwarten. Im übrigen behält er sich, um späteren Einwendungen die Spitze abzubrechen, ausdrücklich eine gelegentliche Ausnahme in der Nummernfolge vor, da das aus jagdlichen und persönlichen Gründen erwünscht sein kann.

Beim Aufstellen der Schützen kommen allerlei Überlegungen in Frage. Ich sprach, um eine vorwegzunehmen, vorhin von der Windrichtung. Einst machte ich bei steifem Westwind ein Treiben mit und erhielt meinen Stand auf einem im Osten des Treibens gelegenen Gestell. Die abzutreibende Schonung lag, durch einen breiten Streifen Altholz von der Schützenlinie getrennt, etwa 100 Schritt vor uns. Ich war fremd im Revier. Sobald ich aber stand, sagte ich mir, wir hätten etwa 50 Schritt von der Schonung im Altholz stehen müssen. Denn hinter uns war wieder eine Schonung; und der Westwind kippte bei uns über, so daß wir den ausgerechnet schlechtesten Wind hatten. Was ich befürchtete, das trat ein: Es liefen genug Hasen an. Aber auf 50 Schritt vor der Schützenlinie machten sie ihren Kegel und drehten um. Von zwölf bis fünfzehn, die ich näher und weiter sah, wurde auf unserer Seite nur einer geschossen. Wer im Wald lebt, macht die Beobachtung des überkippenden Windes, ich möchte sagen, täglich. Aber ich habe Grund zu glauben, daß die Anwendung dieser Erfahrung auf die jagdliche Praxis recht spärlich erfolgt.

Ob der Jagdleiter die Schützen hart an das Treiben heranstellt oder auf die dem Treiben abgekehrte Seite der Schneise, des Weges, des Gestells, ob er sie etwas entfernt vom Treiben anstellt, das alles muß sich nach der Örtlichkeit richten: Es gibt keine Regel, die für alle Fälle paßt.

Als erste Rücksicht hat immer zu gelten, daß der Schütze seine Nachbarn nicht gefährdet; und zwar nicht, weil er etwa ein aufgeregter, unbedachtsamer Mensch ist, mit dem jede Überlegung durchgeht – solche Leute gehören nicht auf die Jagd –, sondern aus dem Zwang der Verhältnisse heraus. Die Auswahl der Stände hat daher durch den Jagdherrn vor der Jagd sorgfältig zu erfolgen. Das ist manchmal gar nicht so einfach, besonders – wie häufig im Mittelgebirge – auf horizontal verlaufendem Kringelweg.

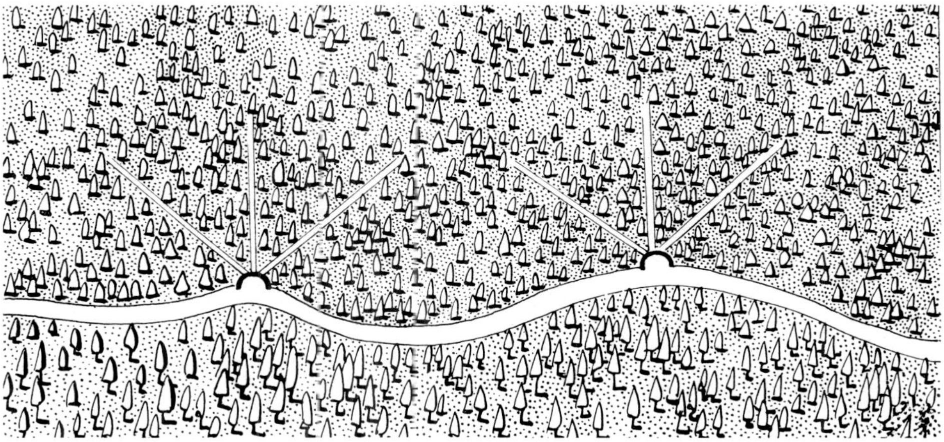

Krähenfüße

Ich erwähnte vorhin schon die Schneise zwischen zwei Fichtendickungen. Hier steht das Holz zu beiden Seiten wie eine Mauer. Der Schütze kann weder ins Treiben hineinsehen, noch in die gegenüberliegende Dickung hineinschießen. Es muß also auf der Schneise selbst geschossen werden. Das kann nur geschehen, wenn die Schützen alle hart an das Treiben herangestellt sind, und wenn die Schneise gerade ist. Bei gekrümmten Wegen gehören die Schützen auf die Brechpunkte der Krümmungen. Allein auch das gilt nicht ausschließlich; die Örtlichkeit muß darüber entscheiden.

Anders liegt die Sache, wenn diese beiden Fichtenschonungen durch eine breite Trift oder gar durch einen noch breiteren Feuersicherungsstreifen voneinander getrennt sind. Dann *muß* man gerade *ab*stellen, um den Schützen den Vorteil bequemer Umschau, schnellen Gewahrens und darum sicheren Schießens zu verschaffen. Eine Gefährdung des Nachbarn ist hier nicht zu befürchten, weil die breite Trift Zeit genug läßt, das Wild rechtzeitig zu beschießen.

Wenn bei einer so dichten Fichtendickung – übrigens sind die Dickungen anderer Holzarten oft ebenso undurchdringlich; ich wähle nur das schärfste Beispiel – *heran*gestellt wird, so geschieht das natürlich mit dem Rücken gegen das Treiben. Denn wenn das Gesicht diesem zugekehrt würde, so ständen die Schützen wie vor einer Mauer. Sie müßten beständig den Kopf nach rechts und links drehen, um nichts zu verpassen, und würden es daher erst recht tun. Dieses unaufhörliche Hin- und Herwenden des Kopfes ist auch bei der Stellung mit dem Rücken gegen das Treiben noch recht unbequem; aber längst nicht mehr in dem Maß wie umgekehrt. Wo es daher die Zahl der vorhandenen Schützen irgendwie zuläßt, da stellt der Jagdherr am besten so an, daß alle Schützen mit etwa 50 Schritt Zwischenraum nur nach links schießen. Das soll nicht so scharf durchgeführt werden, daß man etwaige Hilfsschüsse nach rechts völlig ausschließt. Aber den Schützen soll keinerlei Vorwurf treffen, wenn er von dem hinter ihm herauskommenden Wild keinen Vermerk nimmt.

Ein sehr gutes Hilfsmittel für die Beobachtung anlaufenden Wildes in Dickungen sind die sog. *Krähenfüße.* Das sind etwa 50–60 Schritt lange, höchstens einen Schritt breite, holzfreie Linien, die am Stand zusammentreffen. Je unauffälliger und schmaler, desto besser, weil empfindliches Wild, wie Schwarzwild und Fuchs, sie sonst scheut. Meistens wird der Schütze zwar nicht auf diesen schmalen Lücken zu Schuß kommen; aber er ist dann vorbereitet für den Schuß, sobald das Wild herauskommt.

Überall dort, wo die Schützen in das Treiben hineinsehen und auch hineinschießen können, richtet sich der Jagdleiter beim Anstellen nach der vorhandenen Deckung. Findet sich etwa 30–50 Schritt vor dem Treiben keine solche, dann stellt er *heran.* Bietet sich dort Deckung, dann gibt deren Benutzung die allergünstigste Anstellung, weil die Schützen so das im Treiben vorkommende Federwild schon von weitem heranstreichen sehen und sich darauf vorbereiten können. Niemals aber stellt der Jagdherr in solchem Fall *ab,* wenn er die Schützen auf die Blöße stellen müßte, denn dort hinaus läuft das Wild nur ungern. Er stellt sie vielmehr am besten sogar 40–50 Schritt in das Treiben hinein, wenn sie da schießen können.

Besondere Vorsicht verlangt das Anstellen von Schützen dort, wo diese in einem *Haken* zu stehen kommen. In dieser Lage ist ihnen dringend einzuschärfen, unter keinen Umständen in das Treiben hineinzuschießen. Der Jagdherr selbst aber sorge, daß der Haken nicht zu spitz wird, und richte, wenn die Verhältnisse es irgend zulassen, den Haken so stumpf wie möglich ein. Bei regelmäßig rechteckiger Form des Treibens wird der erste und zweite *Flügelschütze* – man unterscheidet die *vorstehenden* Schützen, die *Mitte* und die auf den *Seiten,* den *Flügeln* stehenden – mit dem ersten und zweiten Schützen der *Mitte* immer einen Haken bilden. Hier ruhigen Schützen das Hineinschießen ganz untersagen zu wollen, wäre etwas zu viel Vorsicht. Sie müssen aber wissen, daß sie mit den Nachbarschützen im Haken stehen, damit sie sich danach richten können.

Hat der Schütze seinen Stand angewiesen erhalten, dann ist das erste, daß er sich mit dem vor ihm angestellten Nachbarschützen durch Zuwinken in Verbindung setzt. Alsdann achtet er auf den nächsten Nachbarschützen, der die gleiche Verbindung mit ihm herstellt.

Nun kennt er die Richtungen, in denen er den Schuß vermeiden muß, durch die er mit angeschlagener Flinte nicht durchziehen darf. Alsdann scharrt er, nachdem er sich den zum Schießen günstigsten Punkt seines Standes ausgesucht hat, mit dem Fuß den Boden so weit von Laub usw. frei, daß er sich ein wenig bewegen kann, ohne Geräusch zu verursachen, schneidet vorsichtig und ohne irgendwelchen Lärm einige, den guten Ausblick etwa hindernde Äste und Zweige fort, stellt sich dann auf seinen Stand und ladet sofort, ganz unabhängig davon, ob das Treiben schon angeblasen ist oder nicht. Denn gar leicht kann schon Wild beim Anstellen der übrigen Schützen oder Treiber rege gemacht werden; namentlich der sehr leicht bewegliche Fuchs. Und er müßte es unbeschossen durchlassen, wenn er nicht schon geladen hätte. Es ist völlig unbedenklich, den Schützen sofort nach dem Anstellen das Beschießen anwechselnden Wildes, auch bevor angeblasen ist, zu gestatten. Da kein Schütze nach dem Anstellen seinen Stand verlassen darf, kann daher bei dieser Regelung nichts passieren. Unter keinen Umständen darf dagegen *nach* dem Abblasen des Treibens noch geschossen werden, da beim Abblasen die Schützen ihren Stand verlassen, und jedes Schießen dann mit Gefahr verbunden ist.

Bei trocknem, stillem Wetter hört man oft schon die Annäherung des Wildes, bevor man es sieht. Dann ist es immer zweckmäßig, alsbald in Anschlag zu gehen. Denn gar oft, immer beim Fuchs, kommt es wesentlich darauf an, daß der Schütze sich durch keine Bewegung verrät, um die beste Gelegenheit für den Schuß auszusuchen. Da diese sich auch beim Hasen je nach den Bestandsverhältnissen manchmal auf die eine oder andere Lücke beschränkt, so halte ich es für ganz falsch, erst im letzten Augenblick anzubacken. Denn schließlich ist das Treiben nicht nur dazu da, besonders sichere Schützen in ihrem vollen Glanz erscheinen zu lassen, sondern auch, um dem Jagdgeber Wild zur Strecke zu liefern.

Daß der Schütze nur dasjenige Wild beschießt, das ihn anläuft, und nicht etwa gar über den Nachbarn hinausschießt, oder dem etwa im Haken stehenden Nachbarn das anlaufende Wild vor die Füße legt, sind einfache Gebote des Anstandes, die zu betonen man kaum für nötig halten sollte. Ich habe aber auf diesem Gebiet schon so wunderbare Blüten von Jagdneid beobachtet, daß ich die Erwähnung nicht unterlassen möchte.

Wir haben bei der Besprechung des Flintenschusses gesehen, wie die im flachen Winkel selbst auf weichen Wiesen- und Moorgrund aufschlagenden Schrote abprallen. Es sei daher auf besondere Vorsicht beim Schuß in die annähernde Richtung der Nachbarn hingewiesen, die vor allem bei Frost von Bedeutung ist.

Um sich aber auch selbst vor Unglück zu schützen und seinen Nachbarn den Stand nicht zu verderben, ist es dem Schützen durchaus untersagt, seinen Stand vor dem Abblasen des Treibens zu verlassen, etwa um ein erlegtes Wild aufzunehmen. Das soll er vielmehr ruhig liegenlassen und sich nur merken, wo es liegt, damit es nachher von den Treibern mitgenommen wird.

Hört der Schütze die Treiber näherkommen, so ist es mit dem Hineinschießen in das Treiben selbstredend vorbei. Er muß das dann noch anlaufende Wild erst durch die Schützenlinie durchlassen, bevor er in Anschlag geht. Mit angeschlagenem Gewehr durch die Schützenlinie hindurchzuziehen ist unverzeihlicher Leichtsinn und sollte die strengste Rüge finden. Auch wenn die Treiber vorüber sind, kann noch nach hinten durchbrechendes Wild anlaufen.

Der Schütze verläßt daher seinen Stand nicht eher, als bis abgeblasen wird, falls er nicht etwa vom Jagdherrn die Erlaubnis erhalten hat, sich den Treibern anzuschließen. Ist das geschehen, so hält er sich etwa 30–40 Schritt vor der Treiberkette, er *flügelt* und hat dabei gute Aussicht, auf Hasen und Kaninchen zu Schuß zu kommen.

In allen Fällen entlädt der Schütze, sobald abgeblasen ist, die Flinte und schlägt die Richtung ein, die ihm beim Anstellen als Folge angegeben wurde; das entladene Gewehr mit der Mündung nach oben! Denn: es sind schon Besenstiele losgegangen.

Führt der Jäger auf der Treibjagd seinen Hund mit sich, so ist es selbstverständlich, daß dieser während des Treibens nicht geschnallt werden darf; es mag vorgehen, was will. Denn es würde nicht nur den unmittelbaren Nachbarn die Aussichten stören, wenn der Hund an ihnen vorbei und im Treiben umher einen angeschossenen Hasen hetzt, sondern auch unter Umständen noch vielen anderen Waidgenossen. Die Nachsuche ist einzig und allein Sache des Jagdherrn. Gibt dieser die Erlaubnis dazu, dann mag man *nach* dem Treiben den Hund schnallen; niemals aber vorher. Nicht fertig abgeführte oder unruhige Hunde gehören auf keine Gesellschaftsjagd. Diese ist nicht dazu da, Hunde abzuführen, und es ist eine Rücksichtslosigkeit, unfertige oder beim Anblick von Wild winselnde Hunde zu einer Treibjagd irgendwelcher Art mitzubringen.

Was der Schütze erlegt und zur Strecke hat, das muß er sich genau merken, damit er die vorbeikommenden Treiber zum Aufnehmen veranlassen und dem Verscharren und Verstecken zum späteren Entwenden vorbeugen kann. Denn der Jagdherr kann mit den

Augen nicht überall sein. Er darf von den Gästen so viel Interesse erwarten, daß sie für ihn nach dem Rechten sehen.

Es wurde vorhin schon gesagt, daß der Schütze auf dem Weg von einem Treiben zum anderen das Gewehr ungeladen mit der Mündung nach oben tragen soll. Es gibt aber noch eine andere Regel auf diesem Gang: das ist die der unbedingten Ruhe. Bei hellem Wetter ist es sehr hörig. Laute Unterhaltung, Lachen dringt ungeheuer weit. Zum Erzählen der neuesten Witze ist abends beim Schüsseltreiben noch Zeit genug.

In diesem Zusammenhang sei auf die „Hauptregeln für das Verhalten der Schützen auf Treibjagden" hingewiesen, die auf der Rückseite des Jagdscheines abgedruckt sind und die nicht nur Jungjägern, sondern auch älteren Jägern immer wieder zum Studium empfohlen werden müssen. Noch einige Worte über das Frühstück: dieses kann nicht einfach genug sein; es kann nicht Spirituosen zu wenig geben, am besten gar keine. Wer das Bedürfnis hat, der mag nachher bei der Abendtafel seine Gäste königlich bewirten: es wird ihm keiner darob gram sein. Aber das Frühstück draußen soll von allem frei bleiben, was träge macht und das Auge irreführt. Nach dem Frühstück ist sonst die Jagd ein mehr oder weniger schlechter Scherz, für den der Jagdgeber die Verantwortung trägt.

Für jüngere Leute mag hier noch bemerkt werden, daß es einen sehr schlechten Eindruck macht, wenn sie nicht wissen, wo sie bei der Versammlung zum Frühstück ihr Gewehr und ihren Hund lassen sollen; von gefährlichem Umgehen mit der Waffe ganz abgesehen. Andere Waidmänner können hierdurch im hohen Grad belästigt werden. Daher gehören die Gewehre gut und sicher, die Mündung nach oben, oder bei Kipplaufgewehren besser geöffnet, an einen starken Zweig gehangen, die Hunde abgelegt, und zwar in diesem Fall am Riemen abgelegt, daneben. Alles andere ist Unfug, denn leicht an einen Baum gelehnte, umfallende Gewehre, wie überall umherstreifende und bettelnde Hunde können viel Ärger und Verdruß verursachen.

Von den Schützen zu den *Treibern!* Je mehr der Jagdleiter von diesen Leuten hat, desto besser ist es. Indes muß dabei mit den erheblichen Kosten gerechnet werden, deshalb begnügt er sich meist mit der *nötigen* Anzahl, die nicht allein von der Natur der abzutreibenden Reviere, sondern auch von der Wildart abhängig ist. Dichte Hölzer, viel Unterholz, hohes Gras und Kraut, Kaninchen, Fasanen erfordern viele Treiber. Lichtere Stangenhölzer mit offenem Boden, Hase und Fuchs sind mit einer kleineren Anzahl von Treibern schon eher zu bewältigen. Ich habe es sehr bewährt gefunden, immer dieselben Treiber zu nehmen, wenn das irgend möglich war. Jüngere, frische Leute eignen sich am besten für diese Beschäftigung, weil die Sache ihnen Spaß macht und sie vom vielen Laufen, Bücken, Kriechen nicht so leicht ermüden wie ältere. Hat man viele jüngere, so muß in Abständen eine Respektsperson unter sie eingereiht werden, damit die Ordnung gewahrt wird.

Nur wenn der Jagdleiter immer dieselben Leute hat, gelingt es allmählich, sie von dem schädlichen und törichten Schreien abzubringen. Denn nur bei *einer* Wildart soll ihnen Rufen gestattet sein. Das ist der Fasan. Hier sollen sie rufen: Hahn!, Henne!, um die vorstehenden Schützen schon beizeiten aufmerksam zu machen, falls diese nicht schon am Aufstehen hören, ob Hahn oder Henne heranstreicht. Freilich bei Schluß des Treibens, wenn die Fasanen, Hähne und Hennen in farbigen Buketts in Menge aufstehen, hat das Rufen keinen Zweck mehr. Dann sollen die Leute schweigen. Aber das Schweigen ist schwer hineinzubringen. Denn den Treiber überfällt die Jagdleidenschaft geradeso wie uns. Und es gehört eine gewisse Gewöhnung dazu, sie in dieser Aufregung die unbedingt nötige Ruhe zu lehren.

Die Treiber werden am besten mit Nummern versehen, die, wenn der Jagdherr in der glücklichen Lage ist, immer dieselben zu haben, gleich auf ihre Klapper eingeschnitten wird, und die sie dann für die ganze Jagdzeit beibehalten. Außerdem soll jeder Treiber einen derben Stock führen, mit dem er auf Busch und Strauch schlägt und namentlich bei der Kaninchenjagd tüchtig auf den Bodenfilz, auf Gras und Kraut klopft, um die sich unglaublich festdrückenden Nager vorwärts zu bringen.

Am besten geht der Jäger, der die Treiber befehligt, auch immer mit ihnen durch. Er leitet seine Schar mit dem Horn, dessen Rufe sie genau kennen muß.

Die Treiber gehen, mit Ausnahme der schon für die Fasanentreiben erwähnten Abweichung, stets gerade ausgerichtet vor. Gesprochen wird grundsätzlich gar nichts, geschrien erst recht nicht. Nur die Klapper rührend, mit dem Stock anschlagend, bewegt sich die Treiberfront vorwärts wie eine Mauer. In Abständen von etwa 50 Schritt ertönt der Ruf Halt!, worauf die Front sofort steht. Das ist etwas, was auch der festsitzende Hase durchaus nicht verträgt. Er gibt das Drücken auf und wird flüchtig. Sollte die Front aus irgendeinem Grund in Unordnung geraten sein, so geben diese Unterbrechungen die Gelegenheit, sie wieder gerade auszurichten und die gleichmäßigen Zwischenräume bei den Leuten herzustellen.

Bemerkt der Führer, daß, entgegen dem strengen Befehl zu schweigen, doch geschrien wird, so begibt er sich am besten in die Nähe des Sünders, um ihn schärfer beaufsichtigen und zur Ruhe bringen zu können. Ich halte es für ganz verkehrt, wenn der Treiberführer selbst mitschießt. Er soll nicht einmal die Erlaubnis haben, krankes Wild totzuschießen, weil das erfahrungsgemäß leicht dahin führt, daß er viele gesunde Hasen und Kaninchen für krank hält. Der Treiberführer hat, wenn er seine Leute in Ordnung halten will, mit diesen hinreichend zu tun. Das eigene Schießen hält ihn nur von seiner Hauptaufgabe ab.

Will der Jagdherr dem einen oder anderen Schützen eine besondere Freude machen – ich kenne schießlustige junge Leute, die leicht auf dem Stand kalt werden und dann bitten, zur Wiedererwärmung mit den Treibern gehen zu dürfen –, so lasse er ihn auf dem Flügel der Treiber etwa 40–50 Schritt voraus mit diesen gehen. Dort wird er vielleicht die beste Strecke von allen Schützen machen. Man kann auch, wenn sich nach den ersten Treiben herausstellt, daß das Wild häufig zurückgeht, ein oder zwei Schützen 50–60 m hinter den Treibern gehen lassen. Hierfür ist aber *zwingende Voraussetzung*, daß diese Schützen *nur* nach rückwärts schießen dürfen, und daß beide Schützen sich ständig im Auge behalten oder, wo das Gelände dieses nicht erlaubt, durch Zuruf sich verständigen.

Auch bei der größten Kälte sollte unbedingt daran festgehalten werden, den Treibern keinen Branntwein zu geben. Läßt es sich einrichten, so verabreiche man ihnen beim Frühstück warmen Kaffee. Führen die Leute Branntwein mit sich, so soll er ihnen bis zum Schluß der Jagd fortgenommen werden. Denn es ist völlig unmöglich, sie in Ordnung zu halten und eine brauchbare Treiberfront mit ihnen herzustellen, sobald sie zu schnapsen anfangen. Kann der Jagdleiter diese Maßregel nicht durchführen – ich kenne Gegenden, wo er nicht einen einzigen Mann zum Treiben bekommen würde, wenn er den Branntwein ausschalten wollte –, so verzichte er von vornherein auf eine schärfere Ordnung und nehme die Dinge, wie sie sind. Aber eine schöne Jagd wird es dann niemals werden.

Für die Stellung des Schützen auf dem Stand gilt dasselbe, was ich bei Besprechung des Anstandes gesagt habe. Er stehe bei dicken Stämmen am besten mit dem Rücken dagegen, bei dünnen dahinter. Dann stelle er sich aber so weit dahinter, daß er durch den Stamm in der freien Bewegung des Gewehres nicht gehindert ist.

Die Regel, sich *vor* einen dicken Stamm zu stellen, erleidet eine Ausnahme, wenn es sich um einen Fuchsposten handelt. Denn in diesem Fall ist Deckung bis zur Brusthöhe durchaus anzuraten. Da die Fuchsposten bekannt sind und sie, falls nicht sehr wesentliche Änderungen des Baumwuchses vorgenommen werden, auf derselben Stelle bleiben, so ist es sehr nützlich, hier dauerhafte Schirme möglichst mit Krähenfüßen herzurichten, die vor den Jagden nachgesehen und, falls erforderlich, wieder in Ordnung gebracht werden. Auch sonst auf den übrigen Ständen Schirme herzustellen, ist zwar für den Standinhaber ganz angenehm; aber die Arbeit steht doch zu dem Vorteil in keinem richtigen Verhältnis. Die beste Höhe des Schirmes ist die, daß der auf dem Jagdstuhl sitzende Schütze gerade darüber hinweg in das Treiben sehen kann.

Über das *Hineinschießen* in das Treiben sind die Meinungen geteilt. Dietrich aus dem Winckell will es ganz und gar verwerfen; und das noch dazu für eine Zeit, in der die Flinten nur halb so weit schossen wie unsere heutigen. Ich meine, diese Vorsicht ist übertrieben. Denn wo die Treiber sind, das verrät ihr Klappern, und wo Schützen stehen, die im Haken gefährdet sein können, das muß der Jagdherr beim Anstellen sagen. Weit pflegt im Holz überhaupt nicht geschossen zu werden. Und wenn es als Regel gilt, den Treibern nicht mehr entgegenzuschießen, sobald sie irgendwie gefährdet werden können, und in den Haken überhaupt nicht hineinzuschießen, dann ist einem Unglück nach menschlichem Ermessen wohl hinreichend vorgebeugt. Freilich, wenn es das Geschick will, dann kann immer eine Verletzung vorkommen. Aber wer sich dieser Gefahr nicht aussetzen will, der darf überhaupt nicht auf die Jagd gehen.

Es mögen aber hier noch die *Federlappen* angeführt werden, deren man sich auch bei Waldtreiben bedienen kann, falls es an Schützen mangelt. Es wird dann, je nach den örtlichen Verhältnissen, die eine oder die andere Seite des Treibens durch Lappen geschlossen, die so weit vom Treiben abstehen müssen, daß das Wild sie frühzeitig gewahrt.

Um die Treiben gänzlich, also auch an der Rückseite zu umstellen, dazu werden in der Regel die Schützen nicht ausreichen. Das liegt auch wenig im Interesse des Wildstandes; denn es soll doch noch etwas übrigbleiben. Aber die Besetzung der *Rückwechsel* sollte nicht vergessen werden; besonders dann nicht, wenn es sich um den Fuchs handelt. Erhält dieser nämlich vorn vergeblich Feuer oder schlägt er unbeschossen um, weil er Wind bekam oder einen ungewandten Schützen eräugte, der das Gewehr zu spät hochbrachte, so schleicht er sich gar zu gern durch die Treiber zurück. Ihm dann auf dem Rückwechsel aus seinem Balg herauszuhelfen, das ist ein ganz besonderes Vergnügen.

Ich habe schon früher Gelegenheit genommen, den unentschuldbaren Leichtsinn hervorzuheben, geladene Gewehre auf Fuhrwerken mitzuführen. Darin können Strenge und Vorsicht nicht genug walten. Alljährlich zur Jagdzeit bringen die Zeitungen Berichte über Unglücksfälle dieser Art, und die Statistik spricht eine furchtbare Sprache über Jagdunfälle, die meistens auf leichtsinnige Führung des Gewehrs zurückzuführen sind. Und oft genug sind es nicht unerfahrene Anfänger und Neulinge, denen das Unglück widerfährt, sondern Jäger, bei denen man solche Leichtfertigkeit gar nicht für möglich halten sollte. Der stete Umgang mit einem so gefährlichen Ding, wie es eine geladene Schußwaffe darstellt, macht viele Jäger sorglos. Und ehe sie sich versehen, ist das Unglück da! Da kann also nicht streng und bestimmt genug auf das unbedingte Entladen der Waffe vor Besteigen des Wagens gehalten werden.

Es ist schon früher gesagt worden, daß auf das Feld die weitschießende, eng zusammenhaltende Flinte mit oder ohne Würgebohrung gehört, in das Holz eine weniger engschießende Waffe, weil man hier selten weit, ja meist viel näher schießt als geschätzt wird. Man schieße aber nicht zu nah, denn das Wild soll doch immer verwertet werden können und nicht einen Brei von Knochen und Wildpret darstellen, der nur durch den Balg zusammengehalten wird. Wo man gelegentlich auf einen Kugelschuß rechnen kann, da ist der Drilling angebracht; sonst ist die Doppelflinte oder der Halbautomat die für die Treibjagd gebotene Waffe. Als Ladung führt der Schütze am zweckmäßigsten im rechten oder auch, je nach Gewöhnung, im linken Lauf dünnere Schrote, etwa 2 1/2 mm für Schnepfen oder für nahkommendes Haarwild, im anderen stärkere, etwa 3 mm. Tiefer in den Winter hinein kann er beide Schrotladungen 1/2 mm stärker wählen als im Herbst aus Gründen, die ich schon erörtert habe.

Der Vollständigkeit halber will ich nur erwähnen, daß auch Treibjagden auf Rotwild, Damwild, Rehwild abgehalten werden. Es mag auch Verhältnisse geben, in denen derartige Jagden ausnahmsweise angebracht sind, wo das Wild durch ein gewaltiges Aufgebot von Treibern vor die Schützen gezwungen wird. Im allgemeinen eignen sich für dieses Wild weit besser andere, kunstgerechtere Jagdarten als die Treibjagd, die ich später noch beschreiben werde.

Nach Schluß der Hasenjagden werden häufig Treibjagden speziell auf Füchse veranstaltet. Hierzu sind nur wenig Schützen und wenig Treiber erforderlich. Dafür muß aber der Leiter einer solchen Jagd mit dem Revier und insbesondere mit den Fuchsposten auf das genaueste vertraut sein. Nur diese Posten werden besetzt; und das ganze Treiben geht in der größten Ruhe vor sich. Wird nicht gerade dicht am nächsten Treiben geschossen, so kann bei großen Treiben auch das eine unbedenklich an das andere gereiht werden, anderenfalls wird das eine oder andere überschlagen. Die Hauptsache ist neben gutem Wind auf den Posten genaue Ortskenntnis der Treiber, damit diese, gerade weil sie gering an Zahl sind und daher keine Augenverbindung haben können, doch im allgemeinen gute Richtung und guten Zwischenraum halten.

Um jedes störende Geräusch zu vermeiden, wird beim Fuchstreiben das An- und Abblasen am besten unterlassen. Es geht vielmehr alles nach der Uhr, die zu diesem Zweck bei allen Beteiligten die gleiche Zeit angeben muß, oder nach sonstiger Anordnung. Da die meisten Treiben zwei, höchstens drei Fuchsposten haben, so ist eine größere Zahl als drei bis vier Schützen nicht erforderlich. Sehr erwünscht sind auf diesen Posten Schirme. Denn sie erleichtern die Auswahl des besten Standes außerordentlich, weil die Lage der Schirme schon hiernach ausgewählt wurde. Häufig genug würde der Schütze dort, wo er den anschleichenden Fuchs – er kommt bei solchen Jagden fast immer vertraut – am ehesten gewahren und ihn am besten beschießen könnte, keine hinreichende Deckung finden und sich so mit einem minder günstigen Stand begnügen oder ohne hinreichende Deckung stehen zu müssen.

Im allgemeinen werden die Fuchsposten als solche bekannt sein. Sonst sind diese entweder dort, wo zwei Dickungen mit schmalem Hals aneinanderstoßen, wo im Gebirge eine Mulde nach oben ausläuft, wo in der Ebene eine ganz leichte, kaum wahrnehmbare Senke sich erstreckt, oder auch an Orten, für die die Erfahrung zwar ziemlich sicher spricht, deren Grund aber oftmals nicht zutage liegt. Mit der Veränderung der Waldbestände ändern sich im Lauf der Jahre natürlich auch die Fuchspässe.

Da diese Jagden zum Teil in die Rollzeit fallen, so ist nicht selten das Erscheinen von zwei oder gar von drei Füchsen zu gleicher Zeit zu erwarten. Jedenfalls darf der Schütze nicht immer nur auf einen einzigen zu gleicher Zeit rechnen und so weitere Vorsicht außer acht lassen. Sobald er daher einen Fuchs erblickt, so schießt er ihn nicht auf der ersten Schluppe tot, sondern wartet noch ein wenig, ob er nicht noch einen zweiten zu Gesicht bekommt. Dieser würde, wenn er noch nicht im Schußbereich ist, auf den Knall sofort zurückflüchten. Daher wartet der erfahrene Waidmann, auch den ersten im Auge behaltend, der oftmals eine Fähe ist, ab, ob er den zweiten nicht strecken kann; und erst, wenn das gelungen ist, nimmt er auch den nun zwar flüchtenden, aber doch so schnell nicht aus dem Schußbereich herauskommenden ersten auf das Korn. Oftmals traben zwei Füchse unmittelbar hintereinander – da möge der Neuling nicht denken, er könne beide mit einem Schuß strecken. Das würde nur selten glücken. Aber wenn er zunächst den zweiten und dann den ersten beschießt, so werden oft genug alle beide ihren Balg lassen müssen.

Was den Schuß auf den Fuchs betrifft, so ist derjenige spitz von vorn der allerungünstigste; selbst wenn die Entfernung gar nicht groß ist. Die eigenartige, spitze Form des Schädels ist ganz besonders dazu angetan, die etwa treffenden Schrote nicht durchschlagen, sondern abprallen zu lassen. Da bleibt der Fuchs von dem Dröhnen im Schädel vielleicht einen Augenblick ohne Besinnung liegen, um alsbald flüchtig zu werden. Es ist ihm vielleicht ein Kiefer, der eine oder andere Zahn zerschmettert; – aber damit bekommt man keinen Fuchs in seine Gewalt. Auch wenn ein Vorderlauf oder Hinterlauf getroffen sein sollte, so ergreift ihn im letzteren Fall vielleicht ein scharfer Hund. Mit zerschmettertem Vorderlauf aber geht der Fuchs davon, als ob ihm gar nichts fehlte. Dazu deckt der spitze Kopf den größten Teil des hinteren Körpers. Also der Spitzschuß ist recht unvorteilhaft. Der Schütze läßt daher den Fuchs am besten wenigstens so nah kommen, daß er ihm bei diesem Schuß den Schädel zerschmettern kann; oder er faßt ihn lieber beim Herumfahren in dem Augenblick, wo er sich breit zeigt, wenn er Unrat gemerkt haben sollte, falls der Jäger die Gewandtheit dazu besitzt. Der günstigste Schuß ist der Breitschuß, der meist ein sofortiges Zusammenbrechen im Gefolge hat.

Diese Fuchsjagden mit wenig Schützen und Treibern können jederzeit leicht unternommen werden. Der Jagdleiter ist also nicht gezwungen, sie, wie größere Treibjagden, schon länger vorher anzusetzen. Daher kann er sich auch die Witterung eher auswählen als sonst. Aber welche Witterung soll er wählen? Als Jahreszeit kommen meist nur Januar und Februar in Frage. Da habe ich nun recht eigentümliche Erfahrungen gemacht, die mir starke Zweifel an der alten Lehre verursacht haben, daß der Fuchs bei nassem, stürmischem Wetter im Bau stecke.

Ich setzte nämlich zuerst, nachdem ich selbständiger Jagdinhaber geworden war, diese Fuchsjagd nur beim schönsten Frostwetter und beim hellen Sonnenschein an, in der Hoffnung, die Füchse außer Bau zu finden. Damit hatte ich auch Glück. Nun kam es aber auch gelegentlich vor, daß aus dieser schönen Witterung im Laufe des Tages sich das reinste Sauwetter entwickelte, so daß man keinen Hund hätte vor die Tür jagen mögen. Nichtsdestoweniger wurde gelegentlich noch das eine oder andere Treiben gemacht. Zwar mit geringer Aussicht; aber es war gerade ein gutes Fuchstreiben oder das Treiben lag weit an der Grenze, und man wäre in diesem Jahr vielleicht nicht wieder hingekommen. Und siehe da: zwei Füchse zur Strecke; beide: Rüd und Fähe, pudelnaß! Nun sagt man, der nasse Fuchs führe nicht gern zu Bau, weil er dort nicht leicht trocken würde. Es hätte aber nichts im Wege gestanden, vorher, bevor er durchnäßt war, in einen der vielen Baue der dortigen Gegend einzuschliefen.

Später habe ich, wenn die Verabredung einmal getroffen war, auch bei dem schlechtesten Wetter, selbst bei nassem Schneetreiben, solche Jagd gemacht und im großen und ganzen dabei recht gute Strecken erzielt. Anderseits habe ich beim *Sprengen* der Füchse diese bei solchem Wetter auch oft genug im Bau getroffen. Daraus habe ich die Lehre gezogen, daß sie zur Rollzeit zwar gern die Baue aufsuchen, daß sie aber selten lange darin bleiben. Und da ich auch wiederholt zu dieser Zeit bei richtigem Sauwetter Füchse gegraben habe, deren Balg völlig naß war, so habe ich weiter geschlossen, daß der nasse Balg den Fuchs am Einfahren in den Bau nicht grundsätzlich hindert.

Bei der hier in Rede stehenden stillen Treibjagd auf den Fuchs sind stöbernde und jagende Hunde überflüssig und störend. Überflüssig, weil der Fuchs durch die Treiber allein mit hinreichender Sicherheit vor die Schützen gebracht wird; und zwar dort, wo er erwartet wird, nämlich auf den Fuchspässen. Störend, weil die laut jagenden Hunde nicht allein schon die benachbarten Treiben beunruhigen, sondern auch die Füchse von ihren Pässen versprengen können, so daß sie ganz woanders anlaufen, als wo sie erwartet werden. Es gehört also auf derlei Jagden nur der scharfe Gebrauchshund, und zwar an der Leine, der ausschließlich zum Abwürgen und Antragen angeschossener Füchse in Tätigkeit tritt. Auch das soll nur geschehen, wenn eine Beunruhigung der nächsten Treiben nicht zu befürchten ist.

Sonst bleibt die Nachsuche bis nach Beendigung dieses Treibens, in dem der kranke Fuchs ohnehin vielleicht zu Schuß kommt. Man läuft bei solchem Verhalten zwar immer Gefahr, daß er einen Bau annimmt, aber das muß in den Kauf genommen werden. Vielleicht kann man ihn am nächsten Tag graben, oder man findet ihn verendet auf dem Bau liegen.

Das Feldvorstehtreiben

Das Feldtreiben verlangt nach den örtlichen Besonderheiten recht verschiedenartige Beurteilung. Wo Feld und Wald im Gemenge liegen, sitzt der Hase, dem das Treiben meist gilt, zeitweise mehr im Holz, zeitweise mehr im Feld, wie das schon besprochen wurde. Habe ich nun bei der Waldjagd bereits gute Witterung gehabt und sind dabei viele Hasen erlegt, so darf ich, um den Stammbesatz nicht zu klein werden zu lassen, natürlich nicht auch noch Feldtreibjagd machen lassen. Das wäre des Guten zuviel!

Anders ist es dort, wo die Felder sich weithin erstrecken, von keinem Wald unterbrochen. Hier bleibt der Hase jahrein, jahraus im Feld. Der Jagdleiter hat dann nur die für die Treibjagd günstigste Witterung zu treffen, um zu einem guten Ergebnis zu gelangen. In diesem Sinne treibe man nicht zu früh im Jahr. Der Hase läuft dann noch nicht; er drückt sich um die Treiber herum und geht viel, wenn nicht meist zurück. Dasselbe ist der Fall bei trübem, feuchtem Wetter im Winter. Daher ist auch hier, wie beim Waldtreiben, heller Frost am günstigsten. Heftiger Wind ist störend; nicht nur, weil er den Aufenthalt im Freien unangenehm macht. Es wird dabei meist schlecht geschossen. Hühner wie Fasanen kommen in einer derartigen Geschwindigkeit herangestrichen, daß sie manchen Schützen gar zu schnell sind; ganz abgesehen davon, daß getriebenes Federwild ungleich schwerer zu treffen ist als vor dem Schützen aufstehendes, solange dieser sich nicht schon auf das erstere gut eingeschossen hat.

Wo Wald und Feld im Gemenge liegen und sich in einer Hand befinden, da hat der Jagdherr die Wahl, das eine oder das andere zu bejagen. Es sei denn, daß etwa die Waldjagd aus irgendwelchem Grund eine Fehljagd war oder umgekehrt.

Zu der Frage, wo der Hase im Felde am liebsten sitzt, muß zunächst darauf hingewiesen werden, daß der Hase eine Abneigung gegen Zugwind, noch mehr gegen heftigen Wind hat. Er pflegt daher im hügeligen Gelände stets auf der dem Wind abgekehrten Seite zu sitzen; er sitzt an *überwindigen Orten,* wie der Waidmann sagt. Die können sich von heute zu morgen aber leicht ändern; und wenn große, ein wenig geneigte, in sich ebene Flächen heute überwindig sind, so können sie bei wechselndem Wind diesem morgen stark ausgesetzt sein. Nur da, wo Tal und Hügel auf kleinen Flächen wechseln, darf man auf größeren Gebieten immer Hasen erwarten, weil sie hier nur ein wenig weiterzurücken brauchen, um im Überwind zu sitzen.

Ja, und wohin die Hasen laufen? Das kann von den verschiedensten Dingen, auch vom Wind in anderem Sinn abhängen. Zu diesen verschiedensten Dingen gehört u. a., daß die Hasen ungern über rauhscholligen Acker flüchten; namentlich wenn er gefroren ist. Es gehört nur ein wenig Aufmerksamkeit dazu, um das zu beobachten. Überdies wurde es

Hasen im Feldtreiben

früher durch eine oft geübte Methode bewiesen. Man braucht nur bei weichem Wetter eine Walze über einen Sturzacker gehen zu lassen, um den Erfolg zu erzielen, daß alle Hasen, die auf diesen bequemen Paß treffen, keine Neigung haben, ihn ohne große Not wieder zu verlassen. Ja, wenn man in einer größeren derartigen Fläche ein ganzes System solcher Walzenpässe einrichtet, so kann man fast alle Hasen, die auf den Sturzacker geraten, auf einer solchen ebenen Straße einem bevorzugten Gast vor die Flinte bringen.

Es ist aber weiter zu beachten, daß bei dem Weg, den der Hase nimmt, auch der Wind erheblich in Frage kommt, insofern er der Träger der Wittrung ist. Ich weiß recht gut, daß das stark bestritten wird, und daß man für Feldtreibjagden vorschreibt, keine Rücksicht auf ihn zu nehmen, aber ich halte das für verkehrt. Bekanntlich ist es außerordentlich schwer, den Hasen eine längere Strecke mit dem Wind geradeaus zu treiben. Das hat offenbar seinen Grund darin, daß er dieses bei seinem mangelhaften Sehvermögen erst recht wichtige Schutzmittel nicht ganz aufgeben will. Er bricht daher seitwärts aus, um wenigstens halben Wind zu haben. Wenn man diese täglich zu beobachtende Eigenschaft des Hasen berücksichtigt, so ist es mir unverständlich, warum man das Feldtreiben ohne Rücksicht darauf anlegen will. Und da der Hase offenbar und unbestreitbar den Wind berücksichtigt, wovon man sich übrigens auch bei jedem Feldtreiben überzeugen kann, so kann ich nicht glauben, daß die Richtung, die er heute nimmt, dieselbe sein soll, die er auch morgen bei vielleicht entgegengesetztem Wind halten wird.

Es kommt aber noch zweierlei hinzu: Der Hase läuft, dem Bau seiner Läufe entsprechend, lieber *bergan* als *bergab*. Außerdem läuft er die *ungedeckt im freien Feld stehenden Schützen* nur sehr ungern an.

Auch zu vermeiden bei der Anstellung der Schützen ist aber noch das *Schießen gegen die Sonne*. Das will bei der so tiefstehenden Wintersonne an hellen Tagen wohl überlegt sein. Oft ist es wichtiger als alle die übrigen Gründe für die Gestaltung der Feldtreibjagd zusammen. Denn wenn noch so viele Hasen anlaufen, und sie werden gefehlt oder krankgeschossen, so ist das eine recht ärgerliche Sache.

Es kommt also für den Entwurf des Jagdplanes eine Anzahl von Tatsachen in Betracht, von denen einige jahraus, jahrein durchaus festliegen, andere dem Wechsel unterworfen sind. Bodenwärme und Geländegestaltung liegen fest. Die Fruchtfolge auf den Feldern ist jahrweise verschieden. Wind und Sonne wechseln häufig. Die Deckung der Schützen hat der Jagdherr in gewissem Maß und unter Umständen in der Hand. Danach wird der Plan entworfen unter der weiteren Rücksicht, daß Schützen wie Treiber vor unnötigen Wegen bewahrt bleiben sollen.

Der Jagdleiter würde also, die festliegenden Gründe in erster Linie berücksichtigend, den Plan der einzelnen Treiben, die natürlich möglichst groß genommen werden, so entwerfen, daß die Schützen z. B. an einem bepflanzten Weg, wo vorhandene Bäume Deckung bieten, am Rand eines Gehölzes, an den Weiden eines Grabens und an ähnlichen Gelegenheiten Anstellung finden.

Findet sich, ohne der Sache großen Zwang anzutun, natürliche Deckung nicht, so läßt der Jagdherr möglichst auf einer Anhöhe – einmal des besseren Überblicks wegen, dann, weil die Hasen gern bergan laufen –, mit etwa 80 bis 100 Schritt Zwischenraum Schießlöcher anfertigen, deren Auswurf zur Erhöhung der Deckung benutzt wird. Es genügt, wenn sie dem sitzenden Schützen leidlich Schutz gewähren, der dann, wenn die Hasen schußmäßig heran sind, sich ganz erheben kann. Oft macht man, um nicht unnütz viel Arbeit zu verursachen, diese Löcher nach zwei Fronten benutzbar. Es sei aber hier scharf darauf hingewiesen, daß unter solchen Umständen doppelte Vorsicht in der Handhabung des Gewehres erforderlich ist, weil hier die Köpfe der Schützen den nachbarlichen Schroten ausgesetzt sind, während diese sonst meist nur die Beine gefährden.

Ich habe vorhin auch den Rand eines Gehölzes als eine Gelegenheit für die Anstellung der Schützen genannt. Dabei soll aber nicht verhehlt werden, daß das nur bei dem Vorhandensein von guten Hunden geschehen kann. Denn die in das Gehölz hineinflüchtenden angeschweißten Hasen – es kommt selten ein Hase ganz ohne Schrot davon – *sieht* der Schütze nicht, wie sonst auf dem Feld, noch in weiterer Entfernung stürzen. Er ist dabei vielmehr einzig und allein auf die Zuverlässigkeit seiner Hunde angewiesen. Allein, das ist der Jäger bei jedem Waldtreiben auch. Daher kann ich die Anlehnung an ein Gehölz nicht als einen solchen großen Fehler ansehen, wie es sonst wohl geschieht, vorausgesetzt, daß diese Anstellung auch aus anderen Gründen gut in den Jagdplan paßt.

Es wird sich wohl nur selten so einrichten lassen, Treiben an Treiben zu reihen, so daß Schützen und Treiber sich stets in gerader Vorwärtsbewegung befinden. Wo das aber doch zutreffen sollte, da tut der Jagdherr gut, hin und wieder absichtlich eine Abweichung in der Reihenfolge eintreten zu lassen, um nicht das eine oder andere Treiben durch die Unruhe des vorigen, durch die überlaufenden Hasen usw. schon mehr oder weniger leer zu finden.

Im ebenen Gelände ist ein Feldtreiben erheblich leichter zu leiten, als das bei einem Waldtreiben der Fall ist. Es braucht daher auch kein Jäger mit den Treibern zu gehen. Diese können durch einige ältere, zuverlässige Leute leicht in Ordnung gehalten werden, weil ja alles in voller Übersichtlichkeit vor sich geht. Daher gehört auch vor allem kein Schütze in die Treiberlinie. Vielmehr sollen einige Jäger mit zuverlässigen Hunden ein paar hundert Schritt hinter der Schützenlinie stehen, wo sie, *ohne selbst zu schießen,* etwa krank ankommende Hasen durch die Hunde fangen und antragen lassen. Das fällt natürlich dort fort, wo das folgende Treiben hinter den Schützen liegt. Denn in diesem Fall würde dieses schon stark beunruhigt werden, während die kranken Hasen ohnehin gefunden oder vorgetrieben werden. Unter diesen Verhältnissen gehören die Jäger mit den Hunden in die Treiberlinie.

Hat der Jagdherr es mit der Witterung und dem Plan der Jagd gut getroffen, so ist ein ruhiger, möglichst geräuschloser Betrieb des Ganzen eine erhebliche Gewähr für eine gute Strecke! Der durch die vielen Schüsse, das Dröhnen der Schritte der Treiber besonders bei Frost erzeugte Lärm kann natürlich nicht ausgeschaltet werden. Wohl aber kann jedes Rufen durch Hornblasen ersetzt, jedes Schreien und Kreischen der Treiber vermieden werden. Auch die im Wald so nützliche Klapper ist auf dem Feld überflüssig und schädlich. Denn bei hellem Frost läuft der Hase auch ohne Klappern und Schreien, während dieses ihn bei weichem Wetter und weichem Boden auch nicht vorwärts bringt. Die Treiber sollen still, gut ausgerichtet, in gleichen Abständen vorgehen, von Zeit zu Zeit eine Minute lang stillstehen und sich dann wieder in Bewegung setzen. Das veranlassen die Treiberführer durch Hochheben der Hand.

Sollten Hasen nach hinten durchbrechen wollen, so ist Stillstehen das beste Mittel dagegen. Alles Schreien oder gar Entgegen- und Zusammenlaufen macht die Hasen so kopflos, daß sie den Treibern eher zwischen den Beinen hindurchrennen, als sich zurücktreiben zu lassen.

Nähert sich die Treiberkette der Schützenlinie bis auf etwa 350 Schritt, so ertönt vom Jagdleiter der Hornruf „Halt!“. Alle Treiber heben darauf eine Zeitlang beide Hände in die Höhe, damit etwa Schützen, die den Hornruf nicht hören oder verstehen sollten, aufmerksam werden. Das ist das Zeichen, daß von nun an nicht mehr in das Treiben hineingeschossen werden darf. Denn im Feld werden viel hervorragend scharf- und weitschießende Gewehre geführt, deshalb ist es besser, zu vorsichtig als nicht vorsichtig genug zu sein. Von nun an werden alle Hasen durchgelassen und dürfen nur hinter der Schützenlinie beschossen werden. Wie aber, wenn diese an einem Bach angelehnt war, durch den die Hasen nicht hindurch wollen, oder wenn die Mitte der Aufstellung im Rücken ein Gehölz hat, wohinein nur schlecht, unter Umständen gar nicht geschossen werden kann? Ich habe in solchen Fällen die Treiber auf den Ruf „Halt!“ auf der Stelle stehen und sich dort etwas bewegen, die Schützenlinie aber vorgehen lassen mit der Weisung, nur hinter sich zu schießen. Das hat sich gut bewährt.

Daß der Jagdleiter Schützen und Treiber auch beim Feldtreiben ebenso mit Nummern versieht wie beim Waldtreiben, liegt nah. Wie die Sorge für das Zurstreckebringen angeschweißten Wildes ihre Erledigung findet, das wird später bei der *Nachsuche* erörtert werden.

Von dem Feldtreiben, bei dem der Schütze etwas stärkere Schrote wählt als beim Treiben im Wald, wo mit kürzeren Entfernungen zu rechnen ist, sollte der Drilling grundsätzlich ausgeschlossen sein. Man kommt nicht in die Lage, einen Kugelschuß abzugeben. Wenn aber in Gewöhnung eine Kugelpatrone eingeschoben und im Eifer der Umschaltehebel falsch gebraucht wird, so kann eine Kugel großes Unheil anrichten.

Wir wollen uns hier noch mit dem *Feldtreiben* auf *Federwild* beschäftigen. Da gilt im allgemeinen, daß dieses wohl gelegentlich bei den Treiben auf Hasen mitbeschossen wird, daß aber im späten Herbst und Anfang Winter die Felder für das Federwild nut wenig Deckung bieten.

So erfolgen die Feldtreiben auf Fasanen und Rebhühner (letztere haben freilich nach neuer Regelung nur bis 30. November Schußzeit) meist früher und unabhängig von den Hasenjagden.

Solange die Hühner noch *halten*, schießt man sie lieber vor dem Hund oder bei der Streife, von der nachher die Rede sein wird. Halten sie aber nicht mehr, so ist das Treiben eine recht fröhliche Jagd, vorausgesetzt, daß es Hühner oder Fasanen oder noch besser beides reichlich gibt. Natürlich kann die Jagd nicht auf das Geratewohl hin abgehalten werden. Sie muß sich vielmehr ziemlich genau danach richten, welchen Strich das beunruhigte Wild nimmt. Hier sorgt der Jagdherr schon beizeiten für gut deckende Schirme, so daß sie den Vögeln nichts Neues mehr sind. Sich mit den Ständen an einen höheren Waldbestand anzulehnen, ist zu widerraten, weil das Federwild meist hoch darüberschwingt und noch schwieriger zu schießen ist als ohnehin schon. Freilich liegt gerade hierin für manche ein besonderer Reiz des Treibens.

Sobald die Schützen ihre Stände eingenommen haben, wobei auf die Sonne wieder besondere Rücksicht zu nehmen ist, gehen die nicht zu dünn verteilten, eher recht zahlreichen und eng geordneten Treiber los. Zwischen ihnen gut verteilt eine Anzahl Jäger mit guten Hunden. Es wird nicht wie bei der Hasenjagd einfach geradeaus gegangen, sondern die für das Federwild besonders anziehenden Orte mit noch stehenden Feldfrüchten und sonstiger Deckung werden mit weit größerer Sorgfalt vorgenommen als der offene Acker, obgleich auch dieser nicht ausgelassen werden darf. Einzelne Hecken, Raine, Knicks, kleine Gehölze und Schutzanlagen sind auf das genaueste abzutreiben, weil sich gerade hier die Fasanen bis an die äußerste Möglichkeit zu drücken suchen. Sollten die vorhandenen Schirme nicht ausreichen und etwa bei großen, noch bestockten Ackerflächen diese für sich getrieben werden, so stellt der Jagdleiter die Schützen, um ihnen einige Deckung zu verschaffen, nicht außerhalb auf das nackte Feld, sondern an den Rand der Stücke, aber etwa zehn Schritt davon entfernt, in diese hinein, damit die Bestockung des Ackers selbst ihnen eine gewisse Deckung bietet.

Beim Schießen in die Höhe ist natürlich der Mitschützen wie der Treiber wegen besondere Vorsicht angebracht.

Sollen bei der Treibjagd auf Rebhühner und Fasanen die Rücksichten der Hege walten, und die läßt kein Waidmann außer acht, so wird man bestrebt sein müssen, möglichst die Hähne abzuschießen, weil diese in erheblich größerer Zahl auszukommen pflegen, als sie für das Fortpflanzungsgeschäft des kommenden Jahres nötig sind. Vor frühestens Anfang Oktober sollte auf Fasanen nicht geschossen werden, es sei denn auf alte Hähne, die ja leicht kenntlich sind, sonst kämen zu viele halbwüchsige Fasanen zur Strecke, was weder waidmännisch noch wirtschaftlich wäre.

Der Rebhahn ist im Anstreichen von vorn an seinem erheblich stärker ausgeprägten Schild recht gut zu erkennen, (wenn auch gelegentlich Hennen ihn recht deutlich zeigen). Der Fasanenhahn sticht durch die Pracht seines Gefieders, seine Stärke und sein längeres Spiel so stark von der Henne ab, daß er nur schwer mit ihr verwechselt werden kann. Dazu steht er meist mit lautem Gok, Gok auf und kommt oft genug auch noch mit diesem Laut herangestrichen. Freilich erreichen bei dem grundsätzlichen Hahnabschuß manche Fasanenhennen ein höheres Alter, werden gelt und nähern sich im Gefieder dem des Hahnes. Wenn solche *hahnenfedrigen* Hennen gestreckt werden, so ist das kein Fehler, sondern ein Vorteil für den Fasanenbesatz.

Wenn es sich auch nicht um eine Treibjagd im gewöhnlichen Sinn handelt, so gehört doch noch hierhin das *Zutreiben* von *Trappen* und *Wildgänsen*, das ich daher kurz besprechen will, obwohl Trappen in der Bundesrepublik jetzt nicht mehr bejagt werden. Beide Wildarten zeichnen sich durch eine ganz ungewöhnliche Vorsicht und Scheu aus, die ihre Erlegung recht schwierig macht. Beide meiden Orte, bei denen Busch, Strauch, Gräben und Bäume dem Jäger Deckung bieten könnten, der Trappe in noch höherem Maße als die Wildgans. Wie aber alles Wild, so haben auch diese Vögel ihre bestimmten Gewohnheiten und Eigenheiten, die der Jäger sich zunutze machen kann, um sie zu erlegen. Sie streichen nämlich zu bestimmten Zeiten nach bestimmten Plätzen, wobei sie, falls sie nicht durch eine Störung abgelenkt werden, regelmäßig genau denselben Strich einhalten. Hierauf fußend, kann der Jäger sich bei Trappen auf diesem Strich anstellen, wenn sich daselbst Deckung findet. Das würde z. B. ein Feld mit Mais oder Hanf bieten, in dem er, selbst aufrecht stehend, völlig verborgen bleibt. Findet sich solch eine Gelegenheit nicht, so kann er sich durch Anlage von Schießlöchern helfen, die aber erst ein gewisses Alter haben müssen, bis der Trappe sie nicht mehr beargwöhnt.

Bevor der Jäger zur Jagd selbst übergeht, überzeugt er sich, ob die Trappen, wenn sie von einer bestimmten Seite gestört werden, auch den in Frage stehenden Strich nehmen. Trifft das zu, so ist alles in Ordnung. Falls sie es aber nicht tun sollten, so müssen sie ohne größere Störung wiederholt zum Aufstehen veranlaßt werden, damit man ihren Strich kennenlernt. Danach werden dann die Stände oder Schießlöcher angelegt. Ich sage Stände und nicht Stand; denn es ist durchaus erwünscht, daß mehrere Jäger sich an diesen Treiben beteiligen, weil die Innehaltung des Striches auf den in Betracht kommenden weiten Flächen doch nicht so mathematisch genau ist; vorausgesetzt, daß es überhaupt möglich war, ihn für die Reichweite eines Schrotschusses anzusprechen.

Wenn der Tag des Zutreibens da ist, so handelt es sich zunächst darum, unbemerkt in die Deckung hineinzukommen. Das kann nur unter dem Schutz der Dunkelheit geschehen. Daraus erhellt schon, daß für den ganzen Jagdplan die Gewohnheiten der Trappen am frühen Morgen maßgebend sein müssen. Also die Schützen sind auf ihren Ständen. Kann der Jagdleiter zwei Reihen hintereinander besetzen, desto besser. Zur verabredeten Zeit gehen die Treiber an, die nur in geringer Zahl tätig zu sein brauchen. Die Trappen werden deren Annäherung nicht erst abwarten, sondern schon bald aufstehen und ihren gewohnten Strich annehmen. Hier wird sich zeigen, wie günstig es ist, die Stände in nicht zu großer Entfernung von dem gewohnten Standort der Trappen anzulegen. Denn je weiter die Schützen von diesem entfernt stehen, desto mehr Zeit haben die Vögel, eine Höhe zu gewinnen, die für Schrote unerreichbar ist. Aus demselben Grund darf sich die Schützenlinie auch niemals an einen baumbestandenen Weg, ja nicht einmal an einen mit Strauch bestockten Rain anlehnen, weil die Trappen solche Gelegenheit meist in völlig unerreichbarer Höhe zu überfliegen streben.

Im Gegensatz zur Wildgans, die stets laut ist, kommen die Trappen still angestrichen. Der Schütze steht regungslos und fährt erst mit dem Gewehr hoch, wenn die Vögel ganz nah bei ihm sind. Er mache sich aber auch klar, wie leicht er sich bei der Stärke dieses Wildes über die Entfernung täuschen kann. Selbstverständlich sucht er sich für seinen Schuß nur einen Hahn aus, der nicht nur durch seine bedeutende Stärke, sondern auch durch seinen Bart kenntlich ist. Die im Zug befindlichen Trappen streichen schnell: also muß entsprechend vorgeschwungen werden. Kopf und Hals sind die verwundbarsten Stellen. Daher zwar grobe, aber nicht zu grobe Schrote: etwa $3^1/_2$ oder 4 mm aus gut zusammenhaltender Flinte. Am besten wird von vorn und breit geschossen. Spitz von hinten ist zu vermeiden, weil bei den starken Körpern ein Korn durch das ganze Gescheide nach vorn doch nicht mehr hindurchschlagen würde. Man würde den stolzen Vogel also höchstens waidwund schießen und ihn so wahrscheinlich nicht bekommen.

Das Zutreiben der Wildgänse gestaltet sich ein wenig anders als das vorbeschriebene, weil die Gans, so scheu und vorsichtig sie ist, doch nicht jede Gelegenheit, die dem Schützen Deckung gewähren könnte, in gleichem Maß meidet wie der Trappe. Die Wildgans streicht bei Nebel und stürmischem Wetter gern tief. Sie gelangt auch erst längere Zeit nach dem Aufstehen in größere, für Schrote nicht mehr erreichbare Höhen. Am tiefsten streicht sie zur Nachtzeit, weil sie dann wohl keinerlei Gefahr vermutet. Da die Gänse sich immer etwas zu erzählen haben, so wird der Jäger sie auch bei Nebel gewahr, um sie beschießen zu können. Wenn der Jagdleiter mit diesen Eigentümlichkeiten rechnet, so können einige Schützen, die in guter Deckung in einem Graben, am Busch und Strauch – aber nicht unter Bäumen, weil man hier kein Schußfeld hat – in der Streichrichtung der Gänse angestellt werden, mit einiger Wahrscheinlichkeit zu Schuß kommen. Dabei ist es günstig, daß die Gans meist in größeren Flügen streicht und nicht schnell fliegt. Unter Umständen kann daher ein Halbautomat fünfmal sprechen; oder es kann eine zweite Flinte benutzt werden, so daß bei gutem Treffen gute Strecke erzielt wird. Aber man schießt auf Gänse lieber nicht von vorn. Der Federpelz allen Wassergeflügels ist hier so dicht und elastisch, daß er Schrote kaum durchläßt. Der beste Schuß ist schräg von hinten, wo dann die Schrote zwischen den Federn sozusagen hindurchschlüpfen.

Die Jagden werden auch in mondhellen Nächten oft mit bestem Erfolg gemacht. Immer aber heißt es: die Vögel wirklich nah heranlassen, weil ihre Stärke über die Entfernung täuscht.

Zu den kleinen, besonders reizvollen Treibjagden gehören die *Waldtreiben auf Schnepfen.* Je kleiner die Treiben, je kleiner die Anzahl der Schützen, aber je größer deren Gewandtheit, desto besser ist es. Auch ist bei kleinen Treiben kein großer Treibertroß erforderlich, wenn es auch erwünscht ist, daß die Treiber möglichst eng vorgehen. Am erfolgreichsten ist diese Jagd, wenn die Schnepfen bei der Suche nicht recht halten. Sie stehen dann am ehesten auf und streichen am leichtesten an. Die Treib- und Suchjagd auf Schnepfen ist nur im Herbst erlaubt.

Hat der Jagdherr dann eine Anzahl guter Schützen zur Hand, die in verteilten Örtlichkeiten die Suchjagd ausüben, so empfiehlt sich ein gemeinsames Zusammentreffen vor Mittag. Hier wird entschieden, ob weiter gesucht oder ob getrieben werden soll. Hält die Schnepfe in den wärmeren Mittagsstunden doch besser als nach den Ergebnissen der Suche angenommen wurde, so gehen einige Schützen mit den Treibern, die dann alles fast ebenso sorgfältig abklopfen müssen, wie bei der Treibjagd auf Kaninchen. Andernfalls werden die Schützen alle vorgestellt.

Die aufsteigenden Schnepfen sollen von den Treibern durch Ruf angezeigt werden. Oft genug wird der Schütze sie aufstehen hören. Der Stand sei so, daß nach allen Seiten gut geschossen werden kann. Dabei möge nicht vergessen werden, wie sehr die Schnepfe an Wege- und Bestandsrändern einzufallen liebt; also gerade dort, wo sich die Stände der Schützen befinden. Dann ist guter Rat teuer. Am ehesten kommt der Schütze zu einem guten Treffer, wenn er die eingefallenen Vögel wieder aufstößt und erst dann schießt.

Nicht selten *läuft* die Schnepfe beim Treiben an. Da will sie wie der Fuchs behandelt sein. Nur wenn der Schütze sie früher bemerkt, als sie ihn, wird er gut zu Schuß kommen.

Den Schluß dieses Abschnittes möge die *Treibjagd* auf den *Marder* bilden. Ist dieser bei Schnee oder sonst durch zufällige Beobachtung in einem Gebäude *festgemacht*, so wird es, falls die Örtlichkeit es zuläßt, mit Schützen umstellt. Alsdann werden einige Leute hineingeschickt, die auf Blechtafeln, alten Töpfen, löcherigen Gießkannen und derlei Metallgegenständen mit Hilfe eines Eisenstabes, eines alten Kochlöffels u. a. eine möglichst ohrenbetäubende Musik machen. Der Marder gerät dadurch in eine solche kopflose Furcht, daß er seinen sicheren Schlupfwinkel unter Heu und Stroh verläßt und den vorstehenden Schützen in die Flinte läuft. Einige scharfe Hunde sollen zur Hand sein, um ihn, falls er gefehlt werden sollte, entweder zu greifen oder zum alsbaldigen Aufbaumen zu zwingen.

DIE STREIFJAGD UND KESSELJAGD

Die Streifjagd wird auch *Streife, fliegendes* oder *böhmisches Treiben* genannt. Sie unterscheidet sich von der Treibjagd dadurch, daß bei letzterer die Schützen das von den Treibern rege gemachte Wild auf ihren Ständen erwarten, während bei ersterer die Schützen und Treiber sich in einer bestimmten Ordnung, die bis zum Schluß der Streife bestehen bleibt, geradeaus vorwärtsbewegen. Dieselben Voraussetzungen, die für die Feldtreibjagd in Frage kommen, gelten auch für die Streifjagd; denn bei weichem Wetter und weichem Boden läuft der Hase nicht. Das Gebiet der Streifjagd ist das Feld, das nicht durch größere Holzungen unterbrochen sein soll, wohl aber einige niedrig bestockte Flächen aufweisen darf. Selbstverständlich hat diese Jagdart nur dann Sinn und Erfolg, wenn es sich um große Gebiete handelt, weil bei vielen Schützen sonst der Anfang auch gleich das Ende bedeuten würde. Man wählt daher für engere, kleinere Verhältnisse besser das Treiben. Die Anlage der Streifjagd erfolgt zweckmäßig nur in rechteckiger Form, indem Schützen und Treiber in der Front in gerader Linie aufgestellt werden, während auf jeder Seite rechtwinklig ein Flügel abzweigt, die *Wehren.* Der Zwischenraum bei den Schützen soll mindestens 80–100 Schritt betragen; zwischen je zwei Schützen kommen dann mindestens 4–5 Treiber. Natürlich kann man die Schützen auch noch näher aneinander gehen lassen, also auch zwischen den Schützen noch weniger Treiber einreihen, bei einer gut geführten Streifjagd, wenn genug Treiber vorhanden sind, kann aber auch der Zwischenraum bei den Schützen viel größer sein als hundert Schritt: es kommt eben darauf an, ob man möglichst wenig Unkosten, d. h. mit wenig Treibern und viel Schützen, möglichst viele Hasen erlegen oder einigen erlesenen Gästen ein möglichst ergiebiges Jagdvergnügen bieten will.

Je länger die Wehren sind, desto besser; es ist vorteilhaft, die Treiber in der Wehr eine Leine mit leichten Lappen tragen zu lassen: man kann die Leute weiter voneinander gehen lassen, sie müssen nur im richtigen Abstand bleiben und können die Hasen besser abwehren. In die Wehren noch Flügelschützen einzuteilen, ist nicht ratsam, es sei denn, daß noch überzählige Gäste unterzubringen sind, die aber keinesfalls viel schießen. Wenn sie unvorsichtig sind, können sie leicht gefährlich werden.

Am Eck zwischen Front und Wehr muß ein höchstens 15–20 Schritt weiter Zwischenraum freigelassen werden, der den Eckschützen die Möglichkeit bietet, die dort durchbrechenden Hasen bequem zu erlegen. In manchen, besonders vollkommen ebenen Revieren, wie z. B. in Ungarn, gilt das eine Eck (je nach der herrschenden Windrichtung) als der beste Posten. Anderswo, z. B. in Schlesien und Böhmen, schätzt man den Mittelposten weit höher. Hier kann man sich nur durch örtliche Erfahrung belehren lassen.

Bei der Streifjagd ist vor allem darauf zu sehen, daß die Schützen- und Treiberfront immer möglichst gerade ausgerichtet vorrückt, keine Löcher entstehen, durch Vorlaufen keine vorspringenden Ecken, durch Zurückbleiben keine Säcke sich bilden: die Hasen benutzen jede derartige Unordnung sofort zum Durchbrechen der Front!

Stehen dem Jagdleiter genügend Prellnetze zur Verfügung, so werden diese als Abschluß des Streifens aufgestellt und bis zum Herannahen der Jagd von einigen wenigen Treibern bewacht, damit die sich dort sammelnden Hasen das Netz nicht durchbeißen.

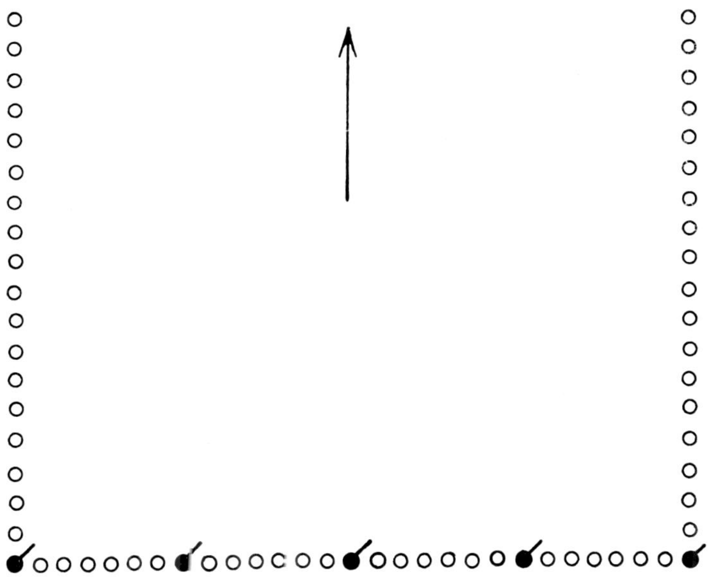

Andernfalls wird, wenn die beiden Wehren am Ende des Streifens zusammenschließen, Halt geblasen, die Treiber rücken aus der Front zur Verstärkung der Wehren auf beiden Seiten nach und drücken schließlich den Rest des Treibens auf die Schützen ein, die stehen geblieben sind und natürlich vom Haltesignal an nur nach rückwärts, d. h. nicht mehr in das Treiben hineinschießen dürfen. Im ersteren Falle geht die Front bis an das Prellnetz vor, während die Wehren, sobald ihre Spitzen das Netz erreichen, stehen bleiben bzw. sich nach rückwärts konzentrieren, um den Schützen nicht im Wege zu sein. In wildreicheren Gegenden ist es immer besser, jedem Schützen zwei Träger mit einer Stange beizugeben, an welcher bis zu fünfzehn Hasen aufgehängt werden können, statt das erlegte Wild von den Treibern tragen zu lassen. Dies führt immer zu Unordnung und Aufenthalt und oft auch zu Diebstahl. Die vollen Stangen können während des Streifens an vorher bestimmten Plätzen abgelegt und vom nachfahrenden Wildwagen aufgenommen werden.

Im Interesse der Ordnung sollen die Gänge der Wehren wie auch der Schützen durch ausgesteckte Strohwische kenntlich gemacht werden; auch soll bisweilen eine gerade Linie ausgesteckt werden, an der sich die etwa in Unordnung geratene Front wieder ausrichten kann. Sind sehr viel Schützen vorhanden, die dann nahe beieinander gehen, so mußt es wohl genügen, wenn nur für die Wehren und etwa drei Mitten der Weg ausgesteckt wird, die anderen müssen sich danach richten und möglichst Distanz halten.

Die *Streifjagd im Walde* wird nach denselben Grundsätzen angelegt wie die Feldstreife, nur braucht man hier mehr Treiber, und die Gänge der Schützen sind nicht nur, wie dort, durch Strohwische kenntlich zu machen, sondern müssen so weit vom Unterwuchs gesäubert und gelichtet werden, daß ein gewandter Schütze mit dem Schuß auf das blitzschnell über die schmale Jagdschneise flitzende Wild fertig werden kann. Für schlechte Schützen ist die Waldstreife keine reine Freude.

Ist schon im Feldstreifen das Schießen auf nach rückwärts durchbrechende Hasen ein Unfug, weil die Treiber stehen bleiben, dem angeschossenen oder gefehlten Hasen nachstarren oder gar in wilder Mordlust nachlaufen und die Front in Unordnung bringen, so ist ein Schießen auf nach rückwärts durchbrechendes Wild im Walde geradezu gemeingefährlich und darum unbedingt zu verbieten.

Die Streifjagd in Wald und Feld gestattet das Abjagen eines weit größeren Gebietes und darum auch die Erzielung weit größerer Tagesstrecken, als dies mit Kesseln (Kreisen) oder gar mit Standtreiben möglich wäre. Überdies halte ich sie für die vom Standpunkt des Hegers vorteilhaftere Jagdart.

Die *Streifjagd auf Rebhühner* wird nur auf großen Feldrevieren ausgeübt, wo es sehr viele Hühner gibt. Sie unterscheidet sich nicht wesentlich von der Hasenstreife im Felde, nur entfallen die Wehre, und auf Hasen soll dabei überhaupt nicht geschossen werden. Wenn der Jagdleiter seine Sache versteht, nicht schablonenmäßig die Felder abstreifen läßt, sondern unter geschickter Ausnutzung der vorhandenen Deckungen (große Rüben-, Klee-, Kartoffelbreiten und günstig gelegenen Remisen) so manövriert, daß er die Hühner immer wieder zusammentreibt und den Schützen vor die Flinte bringt, gewinnt diese Jagd sehr an Interesse. Als waidmännisch ist sie nur dann anzusehen, wenn gleich hinter der Schützenlinie mit guten Hunden gewissenhaft nachgesucht wird.

Ich möchte, da das *Kesseltreiben* nur eine bestimmte Form der Streifjagd ist, dieses hier gleich erwähnen, weil das noch zu besprechende Verhalten von Schützen und Treibern auf der Streif- und Kesseljagd so viele Ähnlichkeit hat, daß sie am besten gleich zusammen behandelt werden.

Man kann sagen, die Kesseljagd ist eine Streifjagd, die sich nicht in gerader Linie fortbewegt, die vielmehr von dem Umfang eines Kreises auf dessen Mittelpunkt hin gerichtet ist, in dem schließlich alles zusammentrifft. Auch für die Kesseljagd gilt bezüglich des Wetters dasselbe, was für alle Treiben gilt; helles Frostwetter eröffnet die besten Aussichten. Die Anlage einer solchen Jagd geschieht in folgender Weise: Der Jagdleiter teilt Schützen und Treiber in zwei gleich große Gruppen, die Träger der geraden Nummern nach rechts, die der ungeraden nach links. Dort, wo die Mitte des Kessels sein soll, steht auf einer hohen Stange ein weit sichtbares Zeichen, ein Busch, ein Strohwisch oder dergleichen. Je nachdem ein oder zwei oder mehr Treiber zwischen zwei Schützen gehen sollen – die Federlappen bleiben bei dieser Jagd ganz fort –, werden diese von Anfang an verteilt. Je mehr Schützen und Treiber, desto besser; denn um so größer kann der Kessel angelegt werden. Das bedeutet im wesentlichen: Zeit gewinnen. Mit vielen kleinen Kesseln wird nicht annähernd soviel geschafft wie mit wenigen großen.

Angenommen, es kommen zwischen je zwei Schützen drei Treiber, denn mit weniger Treibern sollte man nicht kesseln, weil auch Hasen unbeschossen entkommen müssen. Dann läßt der Jagdherr zunächst zwei, nach rechts und nach links je einen ortskundigen, mit der ganzen Anlage durchaus vertrauten Treiber ablaufen, die den halben Umfang des Kreises zu umgehen und schließlich zusammenzustoßen haben. Dem Treiber folgt je ein

Schütze, dann je drei Treiber, je ein Schütze usw., bis alle verteilt sind. Es glaube nun keiner, daß das Ablaufenlassen eine leichte Aufgabe ist. Der Jagdherr muß die Länge jedes Halbkreises ziemlich genau kennen, will er nicht schließlich völlig ungleiche Abstände haben und die Hasen zum Durchbrechen auf den lockeren Stellen anreizen. In diese Gesamtlänge jedes Halbkreises teilt er die für jede Seite bestimmte Anzahl von Schützen und Treibern. Man muß also hierbei schon die Mathematik zu Hilfe nehmen. Der Durchmesser des Kessels ist leicht zu schätzen, am besten hat man ihn zu Hause nach dem Meßtischblatt abgegriffen; damit habe ich 2 r, der Umfang eines Kreises ist 2 r π, also Durchmesser mal 3,14. Nehmen wir also an: Der Durchmesser würde 1 km betragen, so hätten wir einen Umfang des Kessels von 3140 m. Habe ich nun etwa 15 Schützen und 45 Treiber zur Verfügung, so muß ich mit 3140 : 60 = rd. 50 m Abstand den Kessel ablaufen lassen. Diese Rechnung *muß* der Jagdherr anstellen, wenn die Sache klappen soll, auf das Gefühl kann man sich hierbei nicht verlassen. In unserem Beispiel – 1 Schütze auf drei Treiber – würde also zunächst der Abstand von Schütze zu Schütze 4 x 50 also 200 m betragen, was bei Beginn des Kessels nicht zu weit ist. Sobald nach der Mitte zu marschiert wird, wird der Zwischenraum von Minute zu Minute geringer, bis die Schützen mit ihren Flinten zueinander reichen können. Geht vorher wirklich ein Hase auf zu weite Entfernung aus dem Kessel heraus, so schadet das nichts, es muß ja auch der Stammbesatz leben bleiben.

Ein Kesseltreiben bei weichem, trübem Wetter ist eine üble Sache. Die Hasen laufen nicht. Schützen und Treiber quälen sich, vorwärts zu kommen. Ist daher seit Abgang der Einladungen zur Jagd weiches Wetter eingetreten, so sehe man vom Kesseltreiben ab und versuche Standtreiben zu machen, die dann freilich auch nicht viel Erfolg haben werden. Am besten hebt man die Jagd ganz auf, wenn das angängig ist.

Es ist eine Streitfrage, ob während des Ablaufens der Schützen schon geschossen werden darf oder nicht. Ich halte das letztere für richtig, und zwar aus folgenden Gründen. Die Erlaubnis zum Schießen würde von vornherein eine starke Bevorzugung der zuerst ablaufenden Schützen sein. Das ließe sich ertragen; denn Unterschiede in der persönlichen und gesellschaftlichen Stellung bedingen oftmals im Leben derartige Auszeichnungen. Außerdem könnte bei mehreren Kesseln gewechselt werden, so daß doch mehrere Schützen auf die bevorzugten Plätze kommen würden. Denn es liegt auf der Hand, daß die Hasen bei guter Witterung nur die ersten Ankömmlinge aushalten, so daß die folgenden, die zunächst alle denselben Weg machen, nicht mehr zu Schuß kommen würden. Wichtiger ist ein anderer Grund: Von dem Einhalten des richtigen Weges der ersten Schützen oder Treiber hängt die ganze Ordnung des Kessels ab. Bleibt der erste Schütze stehen, muß einer der Treiber einen erlegten Hasen aufnehmen, wiederholt sich das, so kommt die ganze ablaufende Seite ins Stocken. Der eine läuft auf den andern; die Abstände geraten in Unordnung usw. Daher muß das Schießen während des Ablaufens auf alle Fälle untersagt werden.

Sobald die zuerst abgelaufenen Treiber jeder Seite sich näherkommen, machen sie mit demselben Abstand halt, mit dem Schützen und Treiber angegangen sind. Der Spitzenschütze, der stets ein Horn führen muß, bläst nun das Signal „Das Ganze"; alle Jäger, die ein Horn führen, geben das Signal weiter, so daß es beim Jagdleiter ankommt. Hat dieser richtig gerechnet, so daß alle Schützen und Treiber in diesem Augenblick abgelaufen sind, so bläst er das Signal „Halt", welches ebenfalls weitergegeben wird, also um den ganzen Kessel läuft. Hat die Sache aber nicht geklappt, dann wartet der Jagdherr mit dem Antwortsigal, und alles geht weiter, bis vom Jagdleiter das Sigal „Halt" kommt. Darauf wird das Signal „Richtung" gegeben, worauf alles die Abstände nochmal prüft und ausgleicht und vor allem auch dafür sorgt, daß die benachbarten Treiber richtige Abstände aufnehmen. Schließlich gibt der Jagdleiter das Anjagdsignal: „Langsam treiben!" Alles macht links bzw. rechts um und geht nunmehr, ohne einen Sack zu bilden, und in gleichmäßigen Zwischenräumen nach der Mitte zu. Von diesem Augenblick ab darf erst geschossen werden.

Den Anfänger verweise ich hinsichtlich des Tragens seiner Flinte auf das im zweiten Teil hierüber Gesagte. Denn bei den vielen Menschen, dem oft sehr unsicheren Gehen über gefrorenem Boden ist ganz besondere Vorsicht im Tragen der Waffe und im Schießen am Platz.

Von Zeit zu Zeit wird „Halt" geblasen. Einmal, um die Hasen dadurch leichter zum Aufstehen zu veranlassen; dann, um Fehler in der ganzen Wehr wieder auszugleichen; schließlich, um für bessere Verteilung der erlegten Hasen auf die einzelnen Treiber zu sorgen. So rückt alles vor, bis der Kreis sich so weit verengt, daß die Schützen sich und die Treiber bei weiterem Hereinschießen in den Kessel gefährden würden. Dann ertönt der Hornruf: „Das Ganze halt!" Die Schützen bleiben stehen, wo sie sind und gleichen die Zwischenräume seitlich aus. Dann ertönt das Signal: „Treiber in den Kessel!" Von dem Augenblick an darf nur noch nach außen geschossen werden. Die Treiber rücken allein nach der Mitte vor, bis sie dort zusammenstoßen.

DIE DRÜCKJAGD

Diese auch als *stilles Durchgehen* oder *Riegeln* bezeichnete Jagdart ist für alles Schalenwild, mit Ausnahme des Schwarzwildes, bestimmt. Man spricht zwar gelegentlich vom Fuchsriegeln; aber das ist doch etwas ganz anderes als die Jagd, die man unter Riegeln von Schalenwild versteht. Ich habe sie bei dem Waldtreiben auf den Fuchs bereits behandelt.

Es ist eine eigentümliche Erscheinung, daß das Drücken auf Schalenwild vielfach eine so harte Kritik erfährt, ja stellenweise in Grund und Boden verdammt wird. Und doch handelt es sich um eine Jagd, die von allen Arten, das Wild vor die Schützen zu bringen, als die am meisten kunstgerechte bezeichnet werden muß. Das, was man ihr zum Vorwurf macht, liegt auch nicht in ihren etwaigen Fehlern oder Mängeln, sondern einzig und allein in ihrem Mißbrauch. Denn wenn aus solchen schlecht geleiteten Jagden und von unwaidmännisch verfahrenden Schützen Wild ohne Rücksicht auf Alter und Geschlecht niedergedonnert oder zu Holz geschossen wird, wenn es an der nötigen Nachsuche und an brauchbaren Hunden fehlt, so kann man doch nicht die Jagdart selbst, sondern nur ihren Mißbrauch und ihre schlechte Ausführung dafür verantwortlich machen.

Das haben tüchtige Waidmänner längst erkannt. Und die stete Ausbreitung des Gamsriegelns in den wahrlich an waidgerechtem Tun nicht armen Alpenländern, das die früher so verbreiteten und durch ihren Lärm für den Wildstand so nachteiligen großen Treibjagden immer mehr verdrängt, spricht laut für die Vorzüge des Riegelns. Man braucht sich nur klarzumachen, wie sehr beispielsweise die Erfüllung des Kahlwildabschusses auf der Pürsche das Revier beunruhigen muß, wenn in allen Bezirken gleichzeitig gepürscht wird. Da stört eine hin und wieder eingelegte Drückjagd, die höchstens ein- oder zweimal im Jahr denselben Bezirk trifft, viel weniger. Es kommt aber noch eins hinzu. Wenn das Wild beim Drücken, wie es meist der Fall ist, in ruhiger Gangart heranzieht, dann erleichtert dies das Ansprechen in ganz erheblichem Grad.

Das sind ganz unleugbare Vorzüge des stillen Durchgehens, die durchaus nicht durch leichtfertiges Schießen und mangelhafte Nachsuche wettgemacht zu werden brauchen. Im Gegenteil: Umsichtiges und vorsichtiges Schießen soll diese Vorzüge erhöhen. Und eine auf der Höhe stehende Nachsuche soll ebenfalls weiter in diesem günstigen Sinn wirken. So vermögen richtig geleitete Drückjagden mit waidgerechten Jägern als Teilnehmern alle Vorzüge guter waidmännischer Betätigung in sich zu vereinigen. Mit unerfahrenen Jägern sollte man dagegen keine Drückjagd veranstalten, bzw. derartige Leute nicht zu solchen Jagden einladen.

Für die Leitung einer Drückjagd kommt als erste Rücksicht die auf den Wind in Frage. Es ist eine jedem Jäger bekannte Tatsache, daß das Schalenwild seine Bewegungen und Ortsveränderungen unter steter Beobachtung des Windes vornimmt. Es äst mit Vorliebe gegen den Wind; es zieht gegen den Wind oder doch mindestens mit halbem Wind. Diese Eigenschaft ist der Grund für die bekannte Erscheinung, daß beispielsweise nach länger anhaltendem Westwind die westlichen Revierteile das meiste Wild beherbergen, falls es nicht darüber hinaus in vorliegende Nachbarreviere übergetreten ist. Bei anhaltendem Ostwind trifft das für die östlichen Revierteile zu. Weil alles Wild regelmäßig gegen den Wind oder mit halbem Wind zieht, so muß es bei anhaltend gleicher Windrichtung sich schließlich in der Richtung sammeln, woher der Wind kommt.

Auf dieser Eigentümlichkeit, die mit dem Bemühen zusammenhängt, sich durch Benutzung des Windfanges vor Feinden zu schützen, beruht die geringe Neigung des Wildes, sich auch nur eine kurze Strecke weit *mit* der herrschenden Windrichtung treiben zu lassen. Wer mit dem Wesen des Hochwildes wenig vertraut ist, der würde glauben, das Treiben mit dem Wind müßte, ebenso wie bei einer Treibjagd auf Hasen, die beste Strecke liefern. Die Erfahrung würde ihn aber bald lehren, daß das ein großer Irrtum ist, indem das Wild meist durch die Treiber zurückgehen würde. Übrigens kann man diese Erfahrung bei Hasenjagden in Revieren, die gleichzeitig Schalenwild beherbergen, oft genug machen. Es gilt daher als Grundsatz, das Drücken stets *gegen* den Wind zu richten und die dadurch für den Schützen, falls man sie nach Art der Hasentreibjagd anstellen wollte, entstehenden Nachteile dadurch auszugleichen, daß man die Schützen nicht *an* das Treiben, sondern vom Treiben *ab* anstellt, so daß sie etwa *halben* Wind haben, wobei man die jeweiligen Wechsel berücksichtigt, die einem natürlich bekannt sein müssen. Wenn Hochwild richtig gedrückt wird, pflegt es mit ziemlicher Sicherheit auf einem Wechsel zu kommen. Es ist nun Sache des Jagdherrn, an die bekannten Wechsel die Schützen so zu stellen, daß sie zum

Wechsel hin guten oder wenigstens halben Wind haben. Die jeweils örtlichen Verhältnisse sind bei den Überlegungen maßgebend.

Soviel vom Wind! Wenden wir uns nun zur Witterung! Es ist immer dasselbe, ob Hasentreibjagd, ob Hochwildjagd: Heller, trockener Frost ist stets das beste Wetter! Nur ist der Jagdleiter bei der Drückjagd in der angenehmen Lage, auch bei unerwartet schlechter Witterung sich helfen zu können. Bei heftigem Sturm ist freilich nicht viel zu machen, weil dann das Wild die durchgehenden Personen oft kaum gewahr wird. Ebenso geht man, wenn es Bindfaden regnet, am besten nach Hause. Aber wenn z. B. leichter Regen eintritt, so braucht der Jagdleiter nur die Dickungen auszulassen, in denen, wenn sie naß sind, doch nichts steht, um statt deren lichtere Stangenorte, vielleicht mit einigen Fichtenhorsten, die das Wild bei nassem Wetter gern aufsucht, zu nehmen, um mit ganz gutem Erfolg jagen zu können. Daß Schnee nicht nur vorheriges Einkreisen und Bestätigen, leichtes Auffinden des Wildes im Treiben durch Nachgehen auf der Fährte und vor allem eine sichere Nachsuche angeschweißten Wildes ermöglicht, bedarf keiner Betonung.

Aber auch noch in anderer Beziehung ist die Witterung von Einfluß. Helles, höriges Wetter, bei dem die Tritte der Jäger beim Anstellen, auf dem Weg von einem Treiben zum andern, die Schüsse, das Geläute des Hundes weithin zu hören sind, verlangt große Treiben, damit das Wild nicht vorzeitig rege wird, während diese bei trübem Wetter kleiner genommen werden können.

Über das Anstellen der Schützen ist, soweit der Wind dabei in Frage kommt, bereits gesprochen. Es sind aber noch andere Rücksichten zu beachten. Da ist zunächst ein gutes Schußfeld, verbunden mit guter Deckung. Wild, das nicht schon vorher beschossen wurde oder das, weil es durchaus nicht vorzubringen war, nicht schon durch einen Schuß im Treiben beunruhigt wurde, pflegt Wechsel zu halten. Da letzteres die Regel, die Beunruhigung die Ausnahme bildet, so muß der Schütze des beste Schußfeld in der Richtung auf den Wechsel haben; und zwar zuerst auf denjenigen Teil, auf dem das Wild dem Schützen breit kommen muß. In etwa der gleichen Richtung, aber etwas weiter nach den Seiten übergreifend, soll auch die Deckung Schutz gewähren. Am besten werden solche Deckungen außerhalb der Jagdzeit in Muße und Ruhe hergestellt: entweder als künstliche Schirme, die sich der Örtlichkeit anpassen, oder aber als gut zurechtgestutzte Sträucher, ein dichter Wacholder, eine Nadelholz- oder Laubholzkussel und dergleichen. Es wird sich, wenn das mit Liebe gemacht wird, selten um größere Arbeiten handeln, da es so viele Treiben selbst in einem größeren Jagdbezirk gar nicht gibt, als daß die Stände nicht vom Förster oder Jäger nach und nach fast kostenlos hergestellt werden könnten. Hat jeder Hauptwechsel, um für alle Fälle vorbereitet zu sein, zwei Schirme, so ist jeder Windrichtung Rechnung getragen.

Ist eine Deckung nicht vorhanden, so drückt sich der Schütze hinter einen Stamm so unauffällig wie möglich. Das ist viel besser, als in der Eile aus Reisig, das am Boden liegt, eine Deckung herzustellen, die in ihrer Färbung aus dem Rahmen der Örtlichkeit herausfällt und so eher als eine Scheuche denn als Deckung wirkt.

Ganz besondere Aufmerksamkeit hat der Jagdleiter der Besetzung der *Rückwechsel* zu widmen. Besonders, wenn diese eine solche Richtung haben, daß sie dem zurückwechselnden Wild halben Wind bieten, werden sie ungeheuer gern angenommen. Sie sind bei öfter gedrücktem Wild sogar viel sicherer als die Hauptwechsel.

Hat der Jagdherr sehr wenig Schützen, so daß nicht alle Wechsel besetzt werden können, so bleibt nichts anderes übrig, als den einen oder anderen *Wechsel zu verblenden.* Das geschieht, indem auf dem Wechsel, aber so, daß das Wild den Gegenstand möglichst zeitig gewahrt, ein Rucksack, ein Taschentuch oder ein Stück Papier angebracht wird, das sich im Winde bewegt. Auf solche Weise wird das Wild hier zurückgescheucht. Es nimmt dann oft einen anderen Wechsel an, der besetzt ist, wenn es nicht im Treiben stehen bleibt oder ganz zurückwechselt. Mehrere solcher Wechsel oder eine ganze Seite des Treibens verblendet man auch durch *Lappen,* die bei wenig Schützen hervorragende Dienste leisten können; besonders, wenn es die leichten Federlappen sind, von denen *ein* Mann viele Längen tragen kann. (Nach dem BJG darf die Lappjagd innerhalb einer Zone von 300 m von der Reviergrenze nicht ausgeübt werden.)

Neben der Rücksicht auf gutes Schußfeld und hinreichende Deckung spricht beim Anstellen der Schützen die Sicherheit der gesamten Teilnehmer noch sehr erheblich mit. Das um so mehr, als es sich nicht um eine Verletzung durch einige Schrote, sondern um den Kugelschuß handelt, der ungleich schwerere Verwundungen mit sich bringt. Die Sache ist so vielgestaltig, daß mit einigen kurzen Vorschriften nichts zu machen ist. Wer, wie viele der älteren Schriftsteller, das *Hineinschießen* in das Treiben grundsätzlich verwirft, dem Schützen also nur gestattet, auf Wild zu schießen, das die Schützenlinie überschritten hat, der sorgt gewiß gut für die Sicherheit seiner Jagdgenossen. Er beschränkt sie aber ebenso gewiß in vielen Fällen, ja er bringt sie oftmals ganz um die Gelegenheit zu schießen, wo das sicherlich nicht notwendig wäre. Ich will einmal folgendes Beispiel wählen.

Das Treiben wird einen Hang hinaufgebracht. Die Schützen stehen zu zweien jenseits des Kammes, zu dreien auf den Flügeln am Hang. Das Treiben mag 600 Schritt breit sein. Da frage ich: Weshalb sollen die jenseits des Kammes stehenden Schützen nicht in das Treiben hineinschießen, solange sie rechnen dürfen, daß die durchgehenden Personen noch nicht oben angelangt sind? Sie können doch niemanden gefährden. Und ferner, warum sollen die auf den Flügeln stehenden Schützen nicht in der Richtung nach dem Kamm hin in das Treiben hineinschießen, solange die durchgehenden Jäger nicht an ihnen vorüber sind?

Weiter: Ein Schütze steht im lichten Altholz in der tiefsten Stelle einer Mulde, deren Ränder er übersehen kann. Warum soll er nicht hineinschießen, solange er nichts von den Durchgehenden gewahrt und am Benehmen des Wildes mit höchster Wahrscheinlichkeit erkennen kann, daß noch keiner von ihnen in der Nähe ist? Ich meine, wenn ihm gesagt wird, er möge nicht gerade dann schießen, wenn das Wild noch auf dem oberen Rand der Mulde ist, sondern es erst in diese hineinlassen, dann sei jeder Vorsicht Genüge getan.

Oder: Die Schützen werden so angestellt, daß sie gerade über eine Welle im Gelände hinübersehen können. Vor ihnen ist eine breitere Vertiefung, die wieder in eine höhere Welle übergeht. Die Schützen können die Vertiefung einschließlich des Kammes der nächsten Welle übersehen – warum sollen sie nicht in die Vertiefung hineinschießen? Freilich, auf Wild, das sich ihnen oben auf dem Kamm der nächsten Welle zeigt, dürfen sie nicht schießen, weil sie dann das ganze dahinterliegende Gelände gefährden.

Aus diesen drei Beispielen, die sich im Jagdrevier draußen noch mannigfach vermehren lassen, geht schon hervor, daß die allgemeine Vorschrift, nicht hineinzuschießen, viel zu weit geht. Es kommt hinzu, daß sich die Sache beim Riegeln im Gebirge noch weit günstiger für das Hineinschießen stellt. Denn hier gehört es geradezu zu den Ausnahmen, daß dadurch jemand gefährdet werden könnte. Grundsatz ist bei jeder Drückjagd, Riegeljagd, Treibjagd, daß jeder Schütze genau weiß, wo seine Nachbarn stehen und wie das Treiben kommt. Er muß dann selbst von Fall zu Fall entscheiden, ob er in das Treiben hineinschießen kann oder nicht.

Dort, wo man Büchsenschützen im *Haken* anstellen muß, habe ich es für das beste gehalten, einen Schützen, sobald die Wechsel das zulassen, in den Scheitel des Winkels zu stellen. Dieser darf nur nach außen schießen, während sein Nachbar zur Rechten nur nach rechts, der zur Linken nur nach links hineinschießen darf, solange die durchgehenden Jäger nicht gefährdet werden.

Hat der Jagdherr den soeben angestellten Schützen verlassen, so ist dieser auf sich selbst gestellt. Wir wollen einmal Mäuschen spielen und zusehen, wie sich ein erfahrener Waidmann auf seinem Stand verhält. Wenn wir ganz artig sind, sagt er uns vielleicht, warum er gerade so und nicht anders handelt. Da sehen wir zunächst, daß er seine Büchse ladet, die er bis dahin, wie bei jeder anderen Treibjagd das Gewehr, ungeladen mit der Mündung nach oben getragen hat. Alsdann tritt er einen oder anderen Schritt beiseite, um seinen schon angestellten Nebenmann zu finden. Sobald er ihn sieht, winkt er mit Hut oder Taschentuch, um ihn aufmerksam zu machen: Richtig, dieser hat auch auf ihn geachtet und winkt wieder. Alsbald tritt unser Waidmann genau auf den Punkt des Standes, den ihm der Jagdherr bezeichnet hat, und findet auch gleich die drei Schießlücken, die ihm als solche vorhin gezeigt waren, wieder. Inzwischen hat er aber auch den Jagdherrn mit den noch nicht angestellten Schützen im Auge behalten. Nun bleiben sie stehen; eine kurze Unterredung; dann geht es weiter. Er nimmt sein Glas und erkennt, daß der dort stehen gebliebene Schütze, lebhaft sich bewegend, nach ihm hinsieht. Ein kurzes Antwortschwenken mit dem Hut, und er kann beruhigt sein. Da wirft er wieder das Auge in die Gegend, aber nun sieht der sich zur Linken dehnende Buchenbestand so gleichmäßig, so ein Stamm wie der andere aus, daß er den Nachbarn nicht wiederfindet. Also tritt er einen oder zwei Schritt zurück: da steht er ja! Um nicht wieder unsicher zu werden, zieht er schnell mit dem Absatz einen Strich in das Buchenlaub und tritt dann auf den Stand. Zur Rechten sieht er seinen Nachbarn auf einer Lücke stehen. Jetzt rasch mit dem Fuß den Boden etwas wund gescharrt, um ohne Geräusch kleine Seitenbewegungen ausführen zu können, die Büchse schußfertig zur Hand genommen, und nun übersieht er mit Muße seine Lage. Der Jagdherr hat ihm gesagt, etwa 60 Schritt links von ihm führe ein Wechsel vorbei, auf dem er das Wild zu erwarten habe. Es sind aber gut 200 Schritt bis zur Dickung, die durchgangen wird. Wenn er das Wild möglichst nah heranläßt, dann würde er es gerade dann völlig breit haben, wenn es sich in der Schußlinie mit seinem linken Nachbarn befindet. Also muß er vorher schießen. Ja, *die* Lücke, die wird einen Winkel von 35 Grad mit dieser Linie bilden. Da darf er trotz des Frostes wohl keine Gefährdung seines Nachbarn mehr befürchten. Wie nun, falls er das Wild nach dem Durchbrechen durch die Schützenlinie nochmals beschießen könnte? Ja, da hinten, etwa im Winkel von 40 Grad, da ist sogar eine kleine Blöße, auf der man auch auf flüchtiges Wild noch ganz gut fertig werden könnte.

Es taucht nun die Frage auf, ob der Jäger *vor* dem Anblasen des Treibens oder – falls nach der Uhr begonnen wird – vor der vereinbarten Zeit bereits auf anwechselndes Wild schießen darf. Hierüber muß der Jagdleiter klare Anweisungen erteilen. Ich selbst habe es meistens so gehalten: Nachdem der Schütze angestellt ist, darf er auf anwechselndes Wild schießen, also auch *vor* dem Beginn des Treibens – nur beim Kesseltreiben ist es anders –, nach dem Abblasen dagegen darf unter keinen Umständen mehr auf Wild geschossen werden, gleichgültig, was etwa noch anwechselt. Es gibt aber Jagden, bei denen es anders gehandhabt wird. Der Jagdleiter muß vorher darüber Klarheit schaffen.

Kehren wir zu unserem Waidmann zurück. Er sieht plötzlich hinten am Rande der Dickung eine Bewegung. Es taucht auf, verschwindet wieder, als wenn dort eine Schlange vorwärts gleitet: Die ab und zu aus dem Grün auftauchenden Köpfe eines Rudels Rotwild! Zuerst das Leittier, dann ein Kalb, nun Stück auf Stück. Acht Stück Kahlwild; sie ziehen langsam, oft zurückäugend, auf dem Wechsel vor. Fest greift die Faust um den Kolbenhals, ein verstohlener Blick auf das Schloß – ja, die Sicherung ist zurückgelegt. Wie sagte der Jagdleiter beim Stelldichein? „Also, wenn ich bitten darf, meine Herren, zunächst geringe Schmaltiere vom vorigen Jahr, dann geringe Kälber! Und bitte nur kein starkes Kalb anstatt eines geringen Schmaltieres!“ Nun zieht das Rudel schon näher heran; erst das Leittier, dann ein gutes Kalb – das Kalb folgt immer dem Alttier zunächst –, dann ein ganz geringes Stück. Ja, das muß ein Schmaltier aus dem letzten Jahr sein, wo die Kälber auffallend gering waren! Nun betritt das Alttier die ausgesuchte Schießlücke. Da sieht unser Waidmann noch ein fünftes Stück nach einem geringen Alttier; ein ganz geringes Kalb – vielleicht ein Erstlingskalb. Nun ist das zweite Stück auf der Lücke; nun erscheint das Blatt von Nummer drei; das Korn sticht förmlich hinein – bang! Hochauf fliegt der Vorderkörper – eine lange Flucht – und den Windfang tief am Boden flüchtet das Stück, die beiden ersten überholend. Diese verhoffen einen Augenblick, um dann nach vorwärts flüchtig zu werden. Seiner ersten Kugel sicher, sucht unser Schütze jetzt Nummer fünf, das geringe Kalb des geringen Alttieres, nachdem er blitzschnell den Hebel zurückgeschlagen und eine neue Patrone vorgeschoben hat. Sobald das Rudel die Schützenlinie durchbrochen hat, backt er an. Nun hat das Leittier die vorerwähnte Blöße erreicht, nun das Kalb; nun das geringe Alttier. Jetzt das geringe Kalb, das dem Alttier so hart folgt, daß gar kein Zwischenraum bleibt; – jetzt schnell Höhe des Kalbes genommen, entschlossen vorgefahren und abgedrückt; und wie ein Hase überschlägt sich das Kalb! Die letzten Stücke machen hohe Fluchten darüber hin. Polternd auf dem harten Boden verschwindet das Rudel dem Auge.

Nach einiger Zeit glaubt er in der Dickung auf demselben Wechsel wie vorhin wieder etwas wahrzunehmen und sieht mit aller Spannung dorthin. Da knallt es rechts von ihm! Zunächst sieht er gar nichts; dann kommt in voller Flucht ein einzelnes Stück Rotwild auf ihn zu. Zweifellos ein Alttier, vielleicht ein Gelttier, das erlegt werden sollte. „Falls es ein alter, starker Kasten, also mutmaßlich ein Dauergelttier ist“, hatte der Jagdherr gesagt. Stark scheint ihm das Stück zu sein; aber es ist allein. Die Reihenfolge, ob letztes Stück des Rudels, hat er nicht beobachten können. Durch Vergleich mit anderen Stücken sich einen zuverlässigen Maßstab zu bilden, vermag unser Waidmann auch nicht. Wie, wenn nun der Nachbarschütze das Kalb davon geschossen hätte? Nein, wir schießen *nicht!* Und er nimmt die bereits gehobene Büchse wieder herunter. Wie?, sieht er da nicht schräg von vorn, hinten zwischen den Keulen etwas Weißes blitzen? Doch vielleicht ein säugendes Alttier? – ein „Säugetier“, wie er im Fall der Erlegung schon die schadenfroh grinsenden Gesichter der Jagdfreunde ohne Worte sprechen sieht! Und nun? Ja, da wird das Stück ganz kurz; es verhofft, und wiederholt schreckend äugt es zurück. Da weiß er es: Eine Mutter, die ihr Kind verloren!

Wie angewurzelt steht das Tier; jetzt wird es seitwärts flüchtig. Und gleichzeitig sieht unser Waidmann einen der Durchgehenden aus der Dickung heraustreten, dessen Pfeifen er schon vorher vernommen hatte. Vor diesem flüchtete das Alttier offenbar.

Das Treiben ist aus. Die Büchse wird entladen; der Jagdstuhl zurechtgestellt, eine Zigarre angebrannt und gewartet, bis der Jagdherr erscheint, um den Anschuß festzustellen. Das hat ja dieses Mal keine Bedeutung, weil beide Stücke zur Strecke sind, aber die Vorschrift ist streng und unbedingt. So befolgt unser Waidmann sie gern, wohl wissend, daß bei irgendeiner Ausnahme nur Unordnung entstünde. Denn der Eifer und die Ungeduld vieler ganz guter Jäger sind groß. Und wenn sie nicht durch unbedingte Pflicht an ihren Stand gebannt werden, dann treten sie vorher auf dem Anschuß herum. Wenn dann der Jagdherr kommt, ist das Bild oft genug verworren und damit die erste Grundlage für eine geordnete Nachsuche verdorben.

Nach einigem Warten erscheint von links der Jagdherr. „Nun?“ „Zwei Stück zur Strekke!“ „Waidmannsheil dazu! Wo liegen sie denn? Werde mal hingehen.“ Die nähere Besichtigung ergibt zur Freude unseres Waidmanns: Nr. 1 ein geringes Schmaltier aus dem Vorjahr, Nr. 2 ein geringes Kalb!

Nun begleitet er, nachdem beide Stücke aufgebrochen, den Jagdherrn zu seinem rechten Nachbarn. Der kommt ihnen schon 50 Schritte von seinem Stand entgegen und erzählt unter lebhaften Gebärden: Er habe ein ganz ausgesuchtes Pech; erst habe er ein Schmaltier zur Strecke gehabt; dann sei es wieder hoch geworden und fortgezogen. Auf dem Stand angekommen, fragt der Jagdherr nach dem Anschuß. – „Ja", lautet die Antwort, „da bin ich schon wiederholt gewesen. Da ist aber nichts zu finden! Da kann ich gleich mit Ihnen hingehen." Auf die freundliche, aber bestimmte Bitte des Jagdherrn, ihm doch lieber vom Stand aus zu zeigen, wohin er geschossen, bequemt sich der aufgeregte Jagdgast dazu und richtet, mehrfach seine Angaben verbessernd, den Jagdherrn schließlich auf eine Lücke ein. Dort waren aber, wie in dem gefrorenen Buchenlaub unschwer festzustellen ist, die beiden Stücke Wild noch vertraut gezogen. Nun folgt der Jagdherr der Fährte, so das Auffinden des Anschusses erhoffend. Bald zeigt die zertretene und zerwühlte Laubdecke, daß hier etwas vorgefallen sein müsse; und mit einiger Mühe werden zwei Schnitthaare gefunden, nach denen der Schuß als waidwund angesprochen wird. Wir folgen einer völlig zertretenen Fährte, die wir nur deshalb mutmaßen, weil nebenan die Laubdecke unberührt erscheint. Plötzlich im verwühlten Laub Schweiß! Eine ganze Menge! Hier scheint das Stück gestanden zu haben. „Nein", belehrt der aufgeregte Gast, „hier hat das Schmaltier gesessen. Gleich nach dem Schuß tat es sich nieder; und da bin ich schnell hingelaufen. Da wurde es flüchtig!" „Na", fragt der Jagdherr, „warum haben Sie denn nicht, statt hinzulaufen, nochmals geschossen?" „Ja, das wollte ich auch", lautet die Antwort, „aber es versagte mir die Büchse, wie ich glaubte; und als ich nachsah, war sie nicht geladen!" Kopfschüttelnd steht der Jagdherr dabei: „Wir wollen dem Stück erst noch Ruhe lassen, damit es kränker wird. Nach dem nächsten Treiben wollen wir die Fährte dann arbeiten."

Was hat der aufgeregte Schütze, dessen äußere Stellung den Jagdherrn zum Verschlukken heftigen Tadels zwang, für Fehler gemacht? Nun, *wir* dürfen es ruhig sagen, denn die äußere Stellung des Mannes geht uns nichts an.

Zunächst hat er sich den Anschuß nicht *vor* Abgabe des Schusses gemerkt. Dann hat er ihn infolgedessen überhaupt nicht anzugeben gewußt. Ferner hat er nicht sofort nach dem Schuß wieder geladen, alsdann seinen Stand entgegen der Regel verlassen. Dann ist er auf dem mutmaßlichen Anschuß und auf einem Teil der Fährte umhergetreten und hat damit dem Jagdherrn die Feststellung des Anschusses, die gerade noch möglich war, erheblich erschwert. Schließlich hat er, obgleich die Vorschrift lautet, nach dem Schuß auf dem Stand zu bleiben, bis der Jagdherr kommt, ihn verlassen, um diesem entgegenzugehen. Auch das hat dazu beigetragen, daß er nachher die Richtung des Anschusses nicht zuverlässig mehr anzugeben vermochte. Zu alledem stellte sich nachher, als das angeschweißte Stück zur Strecke war, heraus, daß dieses nicht ein geringes Schmaltier, sondern ein starkes Kalb war.

Je stiller und geräuschloser das Verhalten aller Beteiligten ist, desto besser werden die Aussichten für den Erfolg der Jagd. Durch die Schüsse, die Beunruhigung bei einer Nachsuche, den Hetz- und Standlaut des Hundes entsteht schon Lärm genug in dem sonst so stillen Revier. Würden nun noch laute Unterhaltung, Lachen und dergleichen auf dem Weg von einem Treiben zum anderen dazukommen, so würde das Wild bald vorzeitig rege werden. So würde man statt wohlbesetzter Treiben oft genug das leere Nest finden.

Ganz besonders gilt diese Rücksicht auch für die durchgehenden Jäger bzw. die alten erfahrenen Treiber. Man sollte bei Drückjagden entweder nur die mit der Örtlichkeit und den Gewohnheiten des Wildes gut vertrauten Jäger oder alte erfahrene Holzhauer durchgehen lassen. Die sonst üblichen Treiber sind hierbei völlig fehl am Platze. Die Aufgabe der Durchgehenden ist nicht leicht. Es handelt sich für sie nicht eben darum, einfach der Himmelsrichtung nach durch das Treiben zu streifen – was an sich oft schon gar nicht so einfach ist, wie mancher glaubt, sondern genaueste Ortskenntnis voraussetzt –, sie sollen vielmehr nicht nur wissen, an welchen Stellen das Wild gern zu sitzen pflegt, wohin es von dieser oder jener Seite, je nach der Windrichtung angeregt, seinen Wechsel nimmt; sie müssen es auch verstehen, Wild, das nicht nach Wunsch vorwechseln will, doch in die erstrebte Richtung zu drängen.

Das kann zwar nicht gut gelehrt werden, weil hier nur die örtliche Erfahrung von durchschlagendem Wert ist, aber einige Verhaltungsmaßregeln lassen sich doch erteilen. Da ist die erste: Sobald der Jäger sich der mutmaßlichen Stelle nähert, wo er das Wild niedergetan vermutet, so geht er nicht etwa darauf los; er bleibt vielmehr schon etwas vorher stehen oder tritt seitwärts hin und her, indem er durch Husten, Räuspern, leises Pfeifen oder durch vorsichtiges Anschlagen an einen Stamm, Knacken im Reisig und dergleichen das Wild zum Hochwerden reizt. Die zweite: Hört er das Wild rege werden, ein Poltern oder Anschlagen des Geweihes an das Holz, so folgt der Jäger nicht etwa gerade hinterher, er sucht vielmehr seitwärts daran vorbeizukommen; aber ohne es zu überholen, denn das würde das Gegenteil des Gewollten herbeiführen. So überzeugt er sich nach und nach, ob das Wild den gewünschten Wechsel angenommen hat. Die dritte: Ist das der Fall, so wird zunächst nicht weiter vorgegangen, sondern ruhig gewartet; denn es muß ja nun vorn bald knallen. Erst wenn das wider Erwarten nicht geschieht, wird weitergegangen, bis der Jäger etwa das Wild erneut zu Gesicht bekommt oder es wieder vor sich hört. Dann verhält er wieder, um das Weitere abzuwarten. In dieser Weise, immer auf das genaueste wissend, wo er sich befindet, sich mit Hilfe der Sonne, angrenzender Althölzer, deren Rand er gelegentlich gewahrt, der Bodenausformung usw. verbessernd und dabei gleichzeitig in steter Fühlung mit dem oder den anderen Durchgehenden bleibend, mit diesen an einem Weg, einem Graben oder Gestell sich ausgleichend, in steter ferner Verbindung mit dem angeregten Wild, tut der durchgehende Jäger seine Schuldigkeit. Auch der Laie wird hiernach einsehen, daß dies keine Treibertätigkeit, sondern feine Jagdausübung ist; erheblich schwieriger als die Leistung der vorstehenden Schützen.

Liegt Schnee, so ist die Tätigkeit im Treiben erheblich erleichtert. Ich habe in solchen Fällen, falls vorher gekreist war, die durchgehenden Jäger einfach auf der hereinstehenden Fährte nachgehen lassen, ganz gleich, ob das von vorn, also von den Schützen aus, oder von hinten geschah. Es ist selbstverständlich, daß der durchdrückende Jäger in der Dickung nicht schießt, am besten führt er gar kein Gewehr bei sich.

Das Jagdhorn ist bei einer Drückjagd, wie auch bei jeder Treibjagd, eine Selbstverständlichkeit. Ohne Horn ist eine ordnungsmäßige Leitung einer Gesellschaftsjagd kaum möglich. Den oft gehörten Einwand, daß das Wild bald die Bedeutung der Jagdsignale erkennen und aus dem nächsten oder sogar übernächsten Treiben auswechseln würde, kann ich nicht gelten lassen. Wenn das Wild die Bedeutung der Hornsignale kennenlernt, so hat es bestimmt längst die Bedeutung des Schusses erkannt, also würde jeder Schuß, da er noch viel weiter zu hören ist als das Jagdhorn, das Wild zum vorzeitigen Auswechseln veranlassen.

Besondere Aufmerksamkeit verdient bei Leitung einer Drückjagd die Tageszeit. Das Drücken in den Abend hinein ist sehr ungünstig; einmal des Schießens wegen, dann vor allem wegen der Nachsuche Daher sollte als gute Regel gelten, das letzte Treiben spätestens gegen 15 Uhr zu beenden. Dann ist gerade noch Zeit, die Anschüsse festzustellen und eine noch nötige Nachsuche vorzunehmen, bevor der frühe Winterabend vollends hereinbricht.

Dort, wo oftmals gedrückt wird, und das ist wohl recht häufig an schlechten Grenzen der Fall, lernt das Wild das Verfahren nur zu schnell kennen. Anstatt vorzugehen und sich dem Feuer auszusetzen, bleibt es in der Dickung stehen, umgeht die durchdrückenden Jäger, sucht nach hinten auszubrechen und wechselt, wenn es dort beschossen werden sollte, wieder in die Dickung zurück, die es auch nicht verläßt, bevor es überall still geworden ist. Dann aber bleibt es auch nicht eine Minute länger als nötig in der von Menschenwittrung durchzogenen Dickung und wechselt schnell heraus.

Hierauf fußend, habe ich oft mit allerbestem Erfolg nach dem Durchgehen die Schützen einfach stehen lassen, die Durchgehenden zwischen die Schützen gestellt und vollkommene Ruhe eintreten lassen. Es währte meistens keine Viertelstunde, bis es knallte.

Obgleich das Riegeln im Gebirge genau dasselbe ist wie das Drücken und sich davon nur durch den äußeren Schauplatz unterscheidet, so bringen die Eigenheiten dieses Schauplatzes doch einige Besonderheiten mit sich, die nicht unerwähnt bleiben sollen.

Da ist zunächst ein weit bestimmteres Einhalten der Wechsel, das in der Beschaffenheit des Gebirges mit seinen vielen unwegsamen Gebieten begründet ist. Bricht auch das beschossene Wild, nicht nur Gemsen sondern auch Rotwild, über schier völlig unwegsames Geschröff aus, als ob es fliegen könnte, so hält es doch, nur angeregt und nicht zu sehr verstört, gar zu gern den Wechsel. Wird aber wiederholt geriegelt, so ist das Wild oft nicht mit Gewalt vorwärts zu bringen, weil es aus Erfahrung weiß, daß es vorn Feuer erhält. Das gilt besonders für starke Gamsböcke, die, sobald sie das Lärmen der Treiber hören, sich in einem mit dichten Latschen bestockten Geschröff oder Köpfchen drücken und es nur verlassen, wenn geschossen wird, oder bis der Treiber mit Steinen hineinwirft.

Für solche Fälle sind daher die Durchgehenden mit alten Flinten oder Pistolen auszurüsten, mit denen sie ihre Treibschüsse abgeben.

Ob das Gamswild von oben nach unten oder umgekehrt getrieben wird, hängt in erster Linie vom Winde ab. Andererseits steht fest, daß besonders alte Böcke im Sommer und frühen Herbst sich besser nach unten treiben lassen, während man im Spätherbst kurz vor der Brunft besser umgekehrt riegelt, da das Gamswild jetzt mehr den Drang nach oben zu den Brunftplätzen hat. Der Wind ist jedoch stets das Wichtigste.

Beim Treiben von unten nach oben stellt man die Schützen gern so, daß sie möglichst jenseits des Grates, des Kofels, des Kammes an den meist nur wenigen Zwangswechseln stehen. Hier wird der Jagdleiter auch noch am ehesten mit den Schützen auskommen, was beim Riegeln nach unten schon schwieriger ist. Hat er nicht genug Schützen, so wird er die wichtigsten freibleibenden Wechsel mit je einem *Auswehrer* besetzen, der nur die Aufgabe hat, das Wild nicht durchzulassen und sich, um nicht schließlich überrannt zu werden, zu diesem Zweck beizeiten bemerkbar machen muß. Von den Durchgehenden wird außerordentliche Ortskenntnis verlangt. Nur diese befähigt sie, die scheinbar unersteigbaren Wände und Schroffen zu erklettern, das Wild vom Durchbrechen nach rückwärts abzuhalten, den Jagdzweck zu erfüllen und sich selbst vor dem Absturz zu bewahren.

Häufig genug wird die Örtlichkeit dem Schützen nicht gestatten, zu stehen. Er muß sich vielmehr aus Felsstücken eine kleine Stütze für die Füße und eine Bank zum Sitzen bauen, oft genug im schwindelndmachenden Gewänd, wo ihn der Rückstoß des Schusses im Stehen unter Umständen in die Gefahr des Absturzes bringen könnte. Die Büchse auf dem Knie, auf den Wechsel gerichtet, wo das Wild erwartet wird, hat der Schütze hier regunglos zu sitzen und nicht das Auge im Kopfe zu rühren, wenn Gemsen heranwechseln. Freilich hört er meist von weitem schon die Steine fallen, das wohlbekannte *Klängen, Steineln,* und kann sich einrichten. Ist er mit der Gewohnheit der Gemsen vertraut, so weiß er bei Musterung der Örtlichkeit ziemlich sicher, an welchen Stellen das Wild verhoffen wird, denn das

Gamsriegeln

nicht stark beunruhigte Gamswild zieht selten ohne Unterbrechung weit hin. Es verhofft vielmehr von Zeit zu Zeit, meist auf einem kleinen Vorsprung, auf der Runse, auf einem „Eck“ und an ähnlichen Stellen. Dorthin richtet der Schütze schon die Büchse; denn wenn irgend möglich, wird im Verhoffen geschossen, weil bei dem ewigen Auf und Ab, bald hoch, bald niedrig eines flüchtigen Gams, falls es sich nicht um einen ebenen Wechsel handelt, der Schuß auf ihn so gut wie aussichtslos ist.

Ich habe im ersten Teil dieses Buches schon über die Erkennung der Geschlechter gesprochen. Es gibt da aber noch eine Erleichterung, die ich jetzt nicht unerwähnt lassen will: Jedes starke Einzelstück kann unbedenklich geschossen werden, denn es ist entweder ein Bock oder eine Goltgaas, wie der Gebirgler sagt, eine gelte Geiß. Bei großen Treiben kann man sich darauf nicht verlassen, weil da oft Kitze von der Mutter getrennt werden, die dann allein kommt und leicht als gelte Geiß erlegt werden könnte!

Zum Abschluß möchte ich hier eine *Jagdordnung* für Hochwildtreiben im allgemeinen anführen, wie ich sie lange Jahre hindurch bewährt gefunden habe:

1. Keine Büchse darf früher geladen werden, als der Schütze seinen Stand eingenommen hat. Sie ist *vor* dem Verlassen des Standes wieder zu entladen.
2. Außerhalb des Standes sind die Büchsen mit der Mündung nach oben zu tragen.
3. In das Treiben hineinzuschießen ist nur dann erlaubt, wenn jede Gefährdung anderer ausgeschlossen ist. Nähere Anweisung erteilt der Jagdleiter auf dem Stand.
4. Mit angeschlagener Büchse durch die Schützenlinie durchzuziehen, ist verboten.
5. Das Verlassen des Standes vor dem Abblasen oder Abrufen ist untersagt.
6. Diejenigen Schützen, die in einem Treiben geschossen haben, dürfen ihren Stand trotz des Abblasens nicht früher verlassen, als bis der Jagdleiter oder der von ihm beauftragte Jäger den Anschuß festgestellt hat.
7. Auf dem Weg von einem Treiben zum anderen und während des Anstellens der Schützen ist jede laute Unterhaltung verboten. Sobald der Jagdleiter aber durch Erheben des rechten Armes das Zeichen gibt, muß auch jegliche leise Unterhaltung verstummen.
8. Sollte bei der Nachsuche auf ein krankes Wild dieses vom Hund gestellt werden, so darf kein Schütze seinen Stand verlassen, um es totzuschießen, hierzu ist allein der Hundeführer befugt.
9. Zur Sicherung der Feststellung des Anschusses ist es notwendig, daß der Schütze sich den Stand des zu beschießenden Wildes, den voraussehbaren Anschuß, vor Abgabe des Schusses so genau wie möglich merkt.
10. Alle Entscheidungen des Jagdleiters sind unanfechtbar. Ein Widersprechen oder Besserwissenwollen ist unstatthaft und stört die Harmonie auf der Jagd.

DIE TREIBJAGD MIT HUNDEN

Unter der Treibjagd mit Hunden fasse ich alle Jagden zusammen, bei denen das Wild von Hunden vor die Schützen gebracht wird. Dabei ist es unerheblich, ob die Hunde frei jagen oder am Riemen arbeiten, ob sie von einem Jäger oder Treiber geführt und in Ordnung gehalten werden oder nicht. Durchschlagend ist allein der Gesichtspunkt, daß überhaupt die Hunde das Wild vorbringen.

In ausgedehnten Dickungen und Brüchen und dort, wo das Wild durch das einfache, stille Durchgehen nicht mehr vorwärts zu bringen ist, wird man gegen die Verwendung von Hunden allein oder zur Unterstützung des durchgehenden Jägers nichts einwenden können; vorausgesetzt, daß sie in richtiger Weise erfolgt. Hierzu gehört zunächst der Ausschluß aller hochläufigen oder, wie man zu sagen pflegt, flüchtigen Hunde. Denn vor diesen hat das Wild eine große Scheu, und es meidet Reviere gänzlich, in denen es öfter auf solche Art beunruhigt wird. Überdies pflegt es vor hochläufigen Hunden den Schützen fast immer derartig flüchtig zu kommen, daß ein sicherer Schuß sehr erschwert wird. Zudem wird es weithin versprengt; und die benachbarten Treiben werden vorzeitig und stark beunruhigt.

Aus diesem Grund betreibt in unseren heimischen Wäldern der gerechte Waidmann diese Jagd nur unter Benutzung von frei jagenden, *kurzläufigen* oder *kleinen Hunden: Dachshund* oder *Terrier.* Eine solche Jagd ist im wesentlichen ein Riegeln oder Drücken unter Verwendung von Hunden. Ich verweise daher auf das bereits darüber Gesagte und beschränke mich auf eine Besprechung der Hunde.

Daß zu dieser Jagd keine Meute mitgeführt wird, vielmehr nur einer oder einige wenige Hunde in Frage kommen, liegt in der Natur der Sache. Der Dachshund ist seiner feinen Nase wegen dem Terrier überlegen. Doch kommt letzterer wiederum bei Schnee, im hohen Gras und im Heidekraut besser fort. Da übrigens an die Nase des Hundes bei dem frisch vor ihm flüchtenden Wild keine hervorragenden Ansprüche gestellt werden, so ist der Terrier unter allen Umständen brauchbar, während der Teckel gelegentlich mit Schwierigkeiten zu kämpfen hat.

Die Hunde werden von einem Treiben zum anderen an der Koppel geführt. Es ist zweckmäßig, sie von Jugend auf an den Hornruf zu gewöhnen, damit sie sich aufkoppeln lassen, wenn dieser ertönt. Sie lernen bald, um was es sich handelt, wenn sie weder auf Schwarzwild noch zur Erdjagd verwendet werden. Auf diese Weise werden sie bald *rein*. Sie sollen nicht weiter jagen, als bis sie an die Schützen kommen und sich von jedem Schützen *aufkoppel*n lassen. Verendetes Wild dürfen sie nicht anschneiden.

So lauten die Anforderungen an das Ideal! Die jagdliche Praxis befaßt sich jedoch mit

weniger vollkommenen Hunden. Selten, sehr selten sind die Teckel, die sich von der Fährte eines kranken und schweißenden Wildes abrufen lassen, die das verendete Stück nicht anschneiden. In dem Umstand, daß der Teckel von Temperament – und das sind, wie jeder weiß, die besten Hunde – sich selten oder nie abrufen läßt – der Terrier, der meistens einen besseren Appell hat, tut es schon eher –, liegt überhaupt die schwache Seite der Jagd mit frei jagenden Hunden. Angeschweißte Stücke werden nicht selten versprengt und gehen verloren, weil die kleinen Teufel ihnen keine Ruhe lassen. Waidwundgeschossenes Wild, das von Hunden aufgestöbert vor die Schützen gebracht und hier gefehlt wurde, tut sich, solange es den Hund in der Nähe glaubt, wenn dieser etwa die Fährte *verschossen* hat, nur sehr ungern nieder und erschwert so die Nachsuche oft bedeutend.

Zur möglichsten Einschränkung dieser Übelstände ist es daher unbedingt erforderlich, daß jeder Schütze, bei dem Wild, an dem ein Hund jagt, beschossen oder unbeschossen vorüberwechselt, sich sofort an den Wechsel begibt, um den folgenden Hund abzufangen und aufzukoppeln. Selbstverständlich darf das zur Verhütung von Unglücksfällen erst dann geschehen, nachdem er je nach dem Stand der Schützen seine Nachbarn aufmerksam gemacht und von ihnen Antwort erhalten hat. Ebenso ist es notwendig, daß jeder Schütze unter denselben Vorsichtsmaßregeln sich so schnell wie möglich zu einem etwa im Feuer gestürzten Stück Wild begibt, um die nachfolgenden Hunde am Anschneiden zu hindern.

Sind auch die Mängel einer solchen Jagd nicht gering: – aufregend ist sie und schön und reich an spannenden Augenblicken wie kaum eine andere. Daher wird sie auch geübt werden, solange es Wild und Hund gibt. Aber nur mit Mäßigung betrieben und an Orten, wo andere Jagdarten nicht anwendbar sind, hat sie ihre waidmännische Berechtigung. In Dickungen nah am Felde, aus denen man das Wild zur Verringerung von Wildschaden fortgewöhnen will, ist sie sogar ein gutes Mittel fürsorgender Hege.

Unter ähnlichen Verhältnissen ist auch das *Lancieren* oder *Vorbringen* des Wildes mit dem *Gebrauchshund*, dem *Teckel* oder dem *Schweißhund* am Riemen eine recht sichere Art, bestimmtes Wild den vorstehenden Schützen zuzubringen. Sie besteht darin, daß der Jäger mit dem an möglichst langem Riemen geführten Hund die Fährte eines Hirsches oder auch eines Stückes oder ganzen Rudels Kahlwild so lange *arbeitet*, bis das Wild den auf den Wechseln vorgestellten Schützen kommt. Selbstverständlich kann hierzu nur ein Hund verwendet werden, der bereits hinreichend auf Wildfährte gearbeitet ist, so daß er von der Fährte, auf die er *angelegt* ist, nicht abkommt. Das ist leichter gesagt als getan. Denn beispielsweise ein Feisthirsch, der aus einer Dickung *vorgebracht* werden soll, pflegt sich so vielfach umherzudrücken, so viele *Widergänge* zu machen, so oft den bereits vorher betretenen Wechsel anzunehmen, daß trotz der immer – oder gerade wegen der immer – frischen Fährte große Ruhe und Erfahrung dazu gehören, um den Hirsch wirklich vorzubringen. Steht auch noch anderes Wild in der Dickung, was wohl meistens der Fall sein wird, so gehört ein alter firmer Schweißhund dazu, der durchaus fährtenrein ist. Mit einem solchen Hunde einen alten Feisthirsch zu lancieren, gehört dann allerdings zu dem Schönsten, was die Jagd überhaupt zu bieten vermag.

Dem Neuling im Waidwerk glaube ich das am besten an einem Erlebnis klarzumachen, das zwar nicht nach Vorschrift verlief, aber vielleicht gerade deshalb die Eigenheiten einer solchen Jagd gut beleuchtet. An einem heißen Augusttag sollte ein Jagdgast einen Feisthirsch strecken, dessen Geweihbildung: rechte Stange widderartig gewunden, linke stark, mit wenigen ganz kurzen Enden, ihn zur Ausmerzung verurteilte. Der Schütze wurde auf einem recht sicheren Wechsel vorgestellt. Ich begann die Arbeit in der Hitze der Mittagszeit, weil der sehr träge Feisthirsch dann schnell ermüdet. Der Hirsch stand entweder in einem großen Bruch oder in einer dahinterliegenden, dichten Schonung, die durch eine

Wiese vom Bach getrennt war. Vielleicht auch weiter nach dem Schützen zu im hohen Holz mit welligem Gelände und sehr hohem Farnkraut, unterbrochen von einigen Unterwuchsgruppen und einer langgestreckten, schmalen Fichtenzunge. Schon bald im Bruch *sprengte* ich den Hirsch aus dem Bett. Er wurde flüchtig über die Wiese, in die erwähnte Dickung hinein. Die Fährte war mit dem Stock zu fühlen, wie man zu sagen pflegt. Der Hund lag fest im Riemen. So ging es bei noch immer flüchtiger Fährte durch die ganze Dickung hindurch. Im dann folgenden Stangenholz war der Hirsch kürzer geworden, war vor einem breiten Weg etwas hin und her getreten, hatte dann den Weg im Trollen überfallen. Alsbald wurde die Fährte kürzer. Schließlich zeigte sie, daß der Hirsch in ruhiges Ziehen gefallen war. Wieder kam ein Weg; wieder war der Hirsch erst seitwärts hin und her getreten, bevor er hinübergezogen war. Jetzt kam die erwähnte lange Fichtenzunge, etwa 25-jähriges Stangenholz, recht sperrig, mit vielen, trocknen Ästen. Die hatte der Hirsch angenommen und war in ihr wohl 300 Schritt fortgewechselt, bis er über die nächste Bodenwelle in das Altholz getreten und hinter dieser in umgekehrter Richtung fast ebensoweit zum alten Wechsel zurückgezogen war, wobei die beiden Gänge keine 80 Schritt voneinander lagen. Jetzt war er wieder im alten Wechsel drin; aber nur auf kurze Zeit. Da zeigte die Fährte rechts in das Farnkraut hinein wieder in die Tiefe zwischen zwei Geländewellen, die er fast 200 Schritt weit hielt. Hier verschoß der Hund die Fährte und war kurze Zeit unsicher, aber er wußte sich zu helfen. Bogenschlagend fand er sie wieder. Nun führte sie im richtigen Widergang in der Hinfährte etwa 100 Schritt zurück, bis sie die Tiefe verließ und die nächste Bodenwelle nach vorn überquerte. Hier wurde das Altholz durch ein lichtes Bruch mit freilich viel Unterholz unterbrochen. Da der Hirsch, wie es schien, bald entschlossen den Wechsel angenommen hatte, auf dem jenseits des Bruches der Schütze stand, so hoffte ich jeden Augenblick, es würde knallen, aber es geschah nichts. Da sah ich plötzlich, während ich mit dem Hund einen Augenblick verschnaufte, auf etwa 300 Schritt seitwärts von dem Stand des Schützen im Bruch ein Geweih. Vorsichtig das Glas ans Auge: Richtig, das war unser Hirsch! Aber ich sah auch, daß er scharf nach mir hinäugte und dann flüchtig wurde, und zwar in der Richtung nach rückwärts. Also weiter! Da sprengte mein Hund ein Reh aus dem Bett – ein wenig winden, nein, das war der Hirsch nicht! Obwohl die alte Ricke wohl 50 Schritt mit der Hirschfährte denselben Wechsel hielt, kümmerte sich der Hund doch nicht um sie.

Es dauerte nicht lange, da stand die Hirschfährte in demselben Wechsel wie vorhin; nur in umgekehrter Richtung und *auf* dem Abdruck meines Fußes. Wieder ging es zwischen zwei Geländewellen durch hohen Farn; wieder mußte der Hund einen 100 Schritt langen Widergang ausarbeiten. Ihm und mir hing der Lecker weit zum Hals heraus – verschnaufen! Es schien mir bei näherer Überlegung das beste zu sein, falls der Hirsch wieder einen seiner beliebten Wechsel zwischen zwei nahen Erdwellen annahm, das Glück zu versuchen, den Hund von der Fährte zu nehmen und den Hirsch quer über die nächste Welle abzuschneiden, um ihn auf diese Weise zum Zurückwechseln auf den Schützen zu bewegen.

Gedacht, getan – und es glückte. Auf 80 Schritt wurde der Hirsch vor mir flüchtig und nahm die Richtung auf den Schützen. Der Hund wurde dort, wo wir sie verlassen hatten, wieder zur Fährte gelegt. Unverdrossen wurde weitergearbeitet, bis der Hirsch wieder in dem Bruch in der Nähe des Schützen war. Dort hatte er, wie ich bald in heller Ungeduld sah, richtig seinen Wechsel auf diesen zu genommen, hatte ihn aber wahrscheinlich ebenso geäugt, wie ich ihn jetzt gewahrte. Denn der Gast stand durchaus nicht still; nicht so unbeweglich steinern, wie das bei einem Hirsch notwendig ist; zumal, wenn dieser sich verfolgt weiß und fortwährend auf das sorgsamste sichert.

Das weitere Nachhängen ergab, daß der Hirsch wieder zurückgewechselt war. Und siehe da: nach einigen hundert Schritten hatte ich die Fährte jetzt zum vierten Male auf demselben Wechsel; zweimal hin, zweimal zurück. Mittlerweile ging die Uhr auf zwei. Nach allen meinen Erfahrungen war der Hirsch nunmehr bald in nächster Nähe zu erwarten. Daher wurde von einer sonst recht erwünschten Pause abgesehen. Denn 2½ Stunden ohne Unterbrechung auf der Fährte eines Hirsches in der Hitze eines Augustmittags sind keine Kleinigkeit. Ich war auch *fest* entschlossen, den Hirsch selbst zu strecken, sobald sich die Gelegenheit bieten würde. Denn auf meinen Gast war offenbar kein Verlaß.

So ging denn die Arbeit weiter; überall da, wo wir vor kurzem schon waren. Der Hund zeigte auf der ganz warmen Fährte trotz seiner offensichtlichen Ermüdung einen wahren Feuereifer. Ich war darauf gefaßt, jeden Augenblick des Hirsches ansichtig zu werden, hatte also meine Augen, des Hundes durchaus sicher, weit voraus. Jetzt geht es wieder über eine Bodenwelle. Jetzt tauchen wir in den langen Fichtenstreifen hinein. Scharf herum zieht der Hund nach links auf einen stark ausgetretenen Wechsel und – – wie ein Gespenst steht hinten im tiefen Schatten der Hirsch spitz von hinten; aber den Kopf nach mir zurückgebogen. Ein leichtes, aber bestimmtes Nieder, und der Hund liegt am Boden. Zur größeren Vorsicht trete ich noch auf den Riemen: Aber kaum lange ich nach der Büchse, die natürlich noch über der Schulter hängt, als der Hirsch geradeaus flüchtig wird. Ich hätte selbstverständlich spitz von hinten nicht auf ihn geschossen; aber vielleicht hätte er mit eine günstigere Stellung geboten.

Eine freundliche Ermunterung des Hundes; und er lag wieder mit dem alten Eifer am Riemen. Aber schon nach 200 Schritt sah ich den Hirsch zum zweitenmal; zwar nicht verhoffend, sondern langsam forttretend noch innerhalb, jedoch kurz vor dem Ende des Fichtenstreifens. Nun wußte ich, daß er halali war, und daß es jetzt in kurzem krachen würde. Daher legte ich mich mit dem Rücken in den Riemen, weil Worte den Eifer des Hundes nicht mehr zu zügeln vermochten, und nahm die Büchse in die rechte Hand. So ging es langsam weiter, aus den Fichten heraus, eine Bodenwelle hinauf. Ganz vorsichtig luge ich über sie hinfort in den vorliegenden Bestand. Ja, da steht der Hirsch; aber ich sehe nur die Keulen und einen Teil des Rumpfes; das Blatt, Kopf und Geweih deckt der Stamm einer alten Buche vollständig. Da ich im hohen Farn fast völlig gedeckt stehe, so kann ich mir schon etwas erlauben. Ich krieche an den weit vor mir – der Schweißriemen ist 8 m lang – auf dem Wechsel befindlichen Hund, den Riemen stetig verkürzend, heran, lasse ihn *Nieder* machen, werde vorsichtig hoch; und siehe da: der Hirsch steht noch genau auf derselben Stelle. Mein Glas zeigt mir deutlich, wie ihm die Flanken schlagen; ich glaube aber, daß die meinigen den seinen nichts nachgeben. Also ist Warten das beste, was geschehen kann. Indessen mache ich mich schußfertig, um für alle Fälle bereit zu sein. Es dauert auch nicht lange, bis der Hirsch sich wieder in Bewegung setzt, leider nicht ziehend, sondern trollend. Er ist mir aber mit dem Rumpf zu tief im Farn, als daß ich, noch dazu mit noch immer fliegendem Atem, einen Schuß hätte wagen dürfen. Aber nun nähert er sich der gegenüberliegenden Bodenwelle, ... nun wird er kürzer, ... nun verhofft er, ... macht sich lang und äugt sorgsam herüber ... Dann zieht er nach rechts und zeigt sich dabei breit, aber er steht mir zu tief im Farn. Nun wendet er und zieht zurück, und richtig ... gerade auf dem Wechsel verhofft er ... das rote Blatt voll meinem Korn bietend, das sich schon gierig da hineingesogen hatte: – – Bang! – Im Dampf bricht der Hirsch zusammen! – Hin, was die Beine laufen wollen! ... Den Riemen zusammengerafft, um nicht darüber zu stolpern. ... Da bin ich heran ...: Hoch auf dem Blatt sitzt die Kugel. ... Zu tief für einen Krellschuß, mit dem ich immerhin rechnen mußte. Der Hirsch macht verzweifelte Anstrengungen, um vorn hoch zu kommen. Es kostet einen ordentlichen Kampf, bis ich ihm das blanke Eisen ins Herz stoßen kann. Dann sinkt das stolze Haupt zu Boden. Ein grünlicher Schimmer läuft über die Lichter, die mich kurz vorher noch in Wut und Zorn angedroht haben. – Ein kurzes Zucken über den ganzen Körper: ... Das Leben ist entflohen.

Im Hause eines lieben Freundes und Sammlers wurde mir oftmals ein altes Glas aus dem 16. Jahrhundert mit dem Wappen des Grafen Schönborn vorgesetzt. Darauf war kunstvoll ein Hirsch geschliffen mit dem Sinnspruch: „Viele Jahr in Gefahr." Hieran mußte ich denken, als ich neben dem toten Recken stand und mir einst ein ebenso kurzes Ende wünschte, wie ich es ihm bereitet hatte.

Als ich zu meinem Schützen kam, war er unter der Wirkung der Augustsonne auf dem Jagdstuhl in behaglicher Stellung eingeschlafen. Selbst der ferne Schuß hatte ihn nicht geweckt. Er zeigte gar keinen Ärger, daß ihm der Hirsch entgangen. Das war mir lieb; und ich kam bald dahinter, daß ihm die Jagd auf den Hirsch mehr Mode- als Herzenssache war. Daraus machte er auch kein Hehl.

Man mag aus diesem Erlebnis ersehen, daß ein Jäger, wenn er seine Sache versteht und einen guten Hund am Riemen hat, jeden Hirsch ziemlich sicher vorbringen kann. Aber es sollen doch auch die Nachteile dieser Jagdart nicht gering veranschlagt werden. Denn das ist sicher, wenn zur Feistzeit auf Hirsche in dieser Weise viel gejagt wird, so vergrämt man sie sich alle aus dem Revier. Nichts verträgt nämlich das Wild auf die Dauer weniger, als wenn es in seinen heimlichen Standorten auf den sonst nur von ihm betretenen Wechseln die Spuren von Menschen und Hunden findet. Es meidet solche Orte bald vollständig.

Wer also wünscht, seine Feisthirsche für die Brunftzeit im Revier zu halten, der betreibe diese Jagdart nur als seltene Ausnahme. Er tut dabei auch seinem Hund etwas Gutes. Denn die lang andauernde Arbeit auf so warmer Fährte, wie sie bei jedem Vorbringen nach dem Sprengen des Hirsches erwartet werden muß, ist für die übrige Riemenarbeit des Hundes schädlich. Sie verlangt strenges Anhalten zur Pflicht, wenn er bei älteren, kälteren Fährten wieder Eifer zeigen soll.

Es sei noch erwähnt, daß diese Methode des Lancierens die Hauptjagdart des Mittelalters und bis ins 18. Jahrhundert war. Der berühmte Leithund wurde ausschließlich zum Bestätigen und zum Lancieren des Hirsches benutzt.

Wir kommen jetzt zur *Jagd mit Hunden* auf *Schwarzwild.* Wenn in schneeverhangener Dickung das Geläute bald hierhin, bald dorthin geht, jetzt mit lautem Hals jagend, jetzt in wütendes Kläffen fallend, mal klagend, mal wild stürmend, und das Ho Rüd ho! des Rüdemanns erschallt, bald das Blasen einer groben Sau, bald das Kreischen eines vom Hund ergriffenen Frischlings ertönt – und unter all diesem wilden Jagdlärm die helle Sonne eines kalten Wintertages in die Waldespracht hineinlacht –, wessen Herz ist da nicht zum Springen voll der jubelnden Waidmannsfreude! Und wer denkt nicht nach Jahren noch an solch einen Tag zurück; mit einem Tropfen Wehmut im Becher der Freude über einen braven Hund, den der Keiler zuschanden schlug.

Zu jeder richtigen Saujagd gehört der *Finder,* der *Saufinder.* Das kann ein Hund jeder oder gar keiner Rasse sein: mittelgroß, flüchtig, gewandt, von guter Nase, großem Schneid, möglichst rauhhaarig oder doch stockhaarig. Mittelgroß, damit geringere Sauen sich nicht vor seiner Größe fürchten und vor ihm flüchtig werden. Flüchtig, damit er den fliehenden Sauen an der Schwarte bleiben kann. Gewandt, damit er den Schlägen der Keiler rechtzeitig ausweicht. Von guter Nase, damit er möglichst bald *finden* kann. Von großem Schneid, auf daß er den alten Urian aus seinem Lager rege macht, ihm zu Leibe geht, ihn dauernd stellt, ihn von hinten in die Schwarte faßt und ihm keine Ruhe läßt. Und möglichst rauhhaarig, damit ihm das Wetter, nasser Schnee und Regen, wenig anhat, er auch einigen Schutz vor den Schlägen des Keilers in seinem dichten Haar findet.

Der Hund soll ferner einen hellen Hals haben, weil dieser viel weiter und besser gehört wird als ein tieferes, rauheres Geläute. Wie wichtig das aber ist, das kann nur der ermessen, der aus Erfahrung weiß, in welchem Grad eine schneeverhangene Dickung – und das ist der Hauptort der Tätigkeit des Finders – jeden Laut förmlich zu verschlucken imstande ist.

Und schließlich ist die Haupteigenschaft eines Saufinders die: Er muß *rein* sein, d. h. er darf nur auf der Fährte des Schwarzwildes jagen; er darf nur dieses Wild stellen und hetzen und soll sich um jedes andere Wild durchaus nicht kümmern.

Man sieht: Ein guter Finder ist ein Edelstein. Um als solcher zu glänzen, bedarf er des Schliffes. Der besteht in der Erziehung, in der richtigen Ausarbeitung und Leitung seiner natürlichen Anlagen. Ich glaube nicht fehlzugehen mit der Behauptung, daß keine Strafe den Hund zu dem machen kann, was der Jäger mit ihm vorhat; sondern einzig und allein viel Arbeit. Was nutzt es, wenn ich den Hund, falls er an Hasen, Rehen oder Rotwild jagt, durch Strafe davon heilen will; viel richtiger ist es, ihn so zu führen, daß er nach Möglichkeit gar keine Gelegenheit erhält, an solchem Wild zu jagen. Vor allem darf niemals ein solches Wild vor ihm geschossen werden. Wenn er statt dessen dann recht viel an Sauen hetzen und sich mit ihnen herumjagen kann, wenn er sieht, daß nur dieses Wild vor ihm erlegt wird, dann müßte es wunderlich zugehen, falls ein gut für seinen Beruf veranlagter Hund mit der Zeit nicht ausschließlich am Schwarzwild jagen würde.

Ich hatte viel Gelegenheit zu beobachten, wie sich die einzelnen Hunde bei dem fast gleichzeitigen Vorkommen von Rotwild, Rehwild und Schwarzwild in jedem Treiben verschieden benehmen. Die meisten kamen mit der Zeit auf die reinen Saufinder heraus, weil dieses Wild vor ihnen am meisten erlegt wurde, auch seine Wittrung für viele Hunde offensichtlich großen Reiz hat.

Will der Waidmann mit der Führung nicht ausschließlich auf die Jagdgelegenheit warten, so läßt sich sehr viel helfen, indem er den Hund auf zahme Schweine hetzt, dann allmählich zum jagdlichen Gebrauch übergeht und den jungen Hund im Anfang nach Möglichkeit vor der Begegnung mit einem groben Keiler bewahrt. Nicht nur, damit er nicht gleich zuschanden geschlagen wird, sondern um ihn nicht an Schneid verlieren zu lassen.

Es braucht wohl nicht besonders betont zu werden, daß man einen Finder auch sonst etwas jagdlichen Anstand, Gehorsam und Folgsamkeit lehrt. Denn ohne diese Eigenschaften ist mit einem Hund schwer umzugehen.

Ist der Finder einigermaßen firm, so wird er zu zweierlei Arten des Jagens gebraucht: Einmal zum *Aufsuchen* der Sauen, um die gefundenen dann mit Hilfe anderer Hunde, der *Hatze*, vor die Schützen zu bringen. Dieser Fall kommt für uns *hier* in Betracht. Dann, um die Sau, von ihm gestellt und verbellt, gleich in der Dickung durch den sich anpürschenden Jäger erlegen zu können. Über letzteres haben wir uns in dem über die Suchjagd handelnden Abschnitt bereits näher unterhalten.

Ist es die Aufgabe des Finders, die Sauen aufzusuchen und durch seinen Laut anzuzeigen, daß er gefunden hat, so gehört noch eine Anzahl anderer Hunde dazu, um dem Finder *beizuschlagen,* d. h. zu ihm hinzueilen und das Wild nun vereint mit ihm zu verbellen. Auf diese Weise soll die Rotte auseinandergesprengt werden, damit die Sauen die Schützen an möglichst vielen verschiedenen Stellen anlaufen, um so zahlreicher erlegt werden zu können.

Unser heutiger Jagdbrauch mit seinen vorzüglichen Büchsen hat sich von dem früherer Zeiten recht weit entfernt. Während früher die dem Finder zu Hilfe eilenden Hunde die Aufgabe hatten, die Sauen zu *decken,* d. h. so festzuhalten, daß sie *ausgehoben,* also an einem oder an beiden Hinterläufen hochgehoben, – eine Lage, in der sie weder Menschen noch Hunde *schlagen* können – und so entweder mit der Saufeder oder dem Hirschfänger abgefangen werden konnten, sollen unsere Hunde heute die Rotte *auseinandersprengen*, damit die Sauen einzeln anlaufen.

Fünf bis sechs solcher Hunde, die wieder von den verschiedenen Rassen oder Mischrassen sein können, am besten aber in ihren Eigenschaften denen des Finders nahekommen, bilden eine *Hatze*. Je zwei können von einem *Hatz-* oder *Hetzmann* am *Hatzriemen* oder der *Hatzleine* geführt werden. Der Hatzmann steht unter dem *Rüdemann*. Dieser befiehlt, welche Hunde geschnallt werden sollen.

Ich sage, der Hatzmann führt je zwei Hunde. Das ist sehr gut möglich, weil die heutigen Hatzrüden erheblich leichter sind als die schweren Doggen älterer Zeit, an deren einer ein starker Mann genug zu halten hatte. Dabei ist natürlich darauf zu sehen, daß diese beiden Hunde sich gut vertragen und nicht etwa *zusammenfallen*, d. h. sich beißen oder balgen. Zweckmäßig ist der Rüdemann, wie jeder Hatzmann, mit einer guten Saufeder ausgerüstet. Denn, wie ich schon früher sagte, sind diese Waffen bei der Saujagd die brauchbarsten. Außerdem soll jeder von ihnen mit einem 25 cm langen, $1^1/_2$ cm dicken stumpfspitzen *Knebel* aus Hartholz ausgerüstet sein, den der Rüdemann am Hirschfänger, die Hatzmänner am Hatzriemen oder an der Hatzleine befestigt tragen. Er dient dazu, Hunde, die sich an *Sauen verfangen*, d. h. so fest verbissen haben, daß sie freiwillig nicht loslassen, *abzubrechen*. Das geschieht in der Weise, daß der Hatzmann ihnen den Knebel auf die Zunge drückt; oder wenn alles das nicht hilft, sie damit am Gaumen kitzelt oder drückt. Oftmals ist das jedoch vergebens. Dann kneift er sie fest in die Rute. Sie fahren dann herum und sind frei. Er hüte aber dann seine Hand; denn diese Hatzhunde sind grobe Gesellen, falls sie für ihren Beruf brauchbar sein sollen.

Sind, den veränderten Jagdverhältnissen entsprechend, die Hunde auch nicht mehr in gleichem Maße wie zur Zeit des Packens den Schlägen grober Keiler und hauender Schweine ausgesetzt, so muß doch mancher brave Hund auch heute noch sein Leben lassen. Es ist daher gut, wenn man mit mehreren Hatzen in den Winter geht; eingedenk des alten Jägerspruches:

„Wer Schweinsköpfe essen will, muß Hundsköpfe daran setzen."

Freilich mancher Hund würde gerettet werden können, wenn immer das nötige Verbandszeug zur Stelle wäre. Darum sollte der Jagdherr darauf halten, daß der Rüdemann und die Hatzleute bei jeder Saujagd mit sich führen: Eine Anzahl Heftnadeln mit Seidenfäden zum Zunähen längerer Risse, eine Flasche mit desinfizierendem Wundwasser und eine Schere.

Nach diesen Vorbemerkungen wollen wir uns mit der *Jagd* selbst beschäftigen. Bei einer Neuen hat die Jägerei, wie ein für allemal befohlen, in den ersten Tagesstunden *gekreist*. Um 12 Uhr ist die ganze Jagdgesellschaft mit Rüdemann, Hatzleuten und Hunden an der als Versammlungsort bestimmten Stelle. Der Jagdherr nimmt die Meldungen entgegen:

Er entscheidet sich zunächst für die Jagd auf sechs Sauen, die im Beerenbruch stecken, einer recht dicken Fichtendickung auf einer ehemaligen, jetzt trockengelegten Bruchfläche. Aber er hat nur acht Schützen, und zwölf braucht er mindestens. Nach einigem Ratschlagen mit der Jägerei bestimmt er, diese Rotte, die vermutlich in *einem* Kessel steckt, enger einzukreisen, um sie dann mit den acht Schützen gut umstellen zu können. Die Sache ist nicht ganz einfach. Denn, werden die Sauen bei diesem neuen, engeren Einkreisen angeregt, so können sie vielleicht flüchten, bevor die Schützen stehen. Also wird die Anordnung getroffen, den Ort, wo die Rotte aller Wahrscheinlichkeit nach stecken wird, nämlich zuerst einige tiefe, jetzt trockene Gräben, in die bei der ersten Läuterung des Bestandes die herausgehauenen Vorwüchse hineingeworfen wurden, zu umstellen und dieses mit dem Kreisen zu verbinden. Und wirklich – die Sache gelingt. Die Sauen stecken in dem auf diese Weise eng umstellten Treiben, das aber immerhin noch etwa 4 ha groß ist. Indes seine Form ist günstig, so daß die Schützen durchschnittlich nicht weiter als 60 Schritt zu schießen brauchen.

Unterdessen begibt sich der Rüdemann auf den Einwechsel, gefolgt von den Hatzleuten mit den Rüden. Er bläst die Jagd an und geht mit seinem Finder am Riemen langsam auf der Fährte nach. Allmählich ziehen sich die Fährten auseinander. Sie gehen hin und her; es ist nicht mehr ordentlich nachzufinden. Da schnallt er den Finder. Der fällt die erste Fährte an, stürmt darauf fort; und alsbald ertönt sein heller Laut auf der Stelle: Er gibt Standlaut. Der Rüdemann hat die Saufeder blank in der Linken und geht dem Laut nach. Noch immer gibt der Hund Standlaut. Dicht hinter dem Rüdemann folgen die Hatzleute, hatzfertig. Da gewahrt der Rüdemann auf einem offenen Streifen den Finder, wie er wütend nach links hin Laut gibt, mal vorfallend, mal wieder zurückfahrend. Er winkt den Hatzleuten, und auf ein leises Kommando werden die Hunde geschnallt. Im Nu sind mit dem Finder zusammen fünf Hunde an den Sauen, und es geht ein wahrer Höllenlärm los. Wie die Wüteriche setzten die Hunde hinter den Sauen her ... Ohne jede Ordnung ... mal hierhin, mal dorthin fahrend, bis der einzelne nur noch *einen* Schwarzkittel vor sich hat, der sich bald stellt, bald wieder flüchtet, bald wieder *einschiebt,* als wolle er nie wieder weichen. Da kracht es auch draußen bald ... Der Rüdemann zählt, ... nach und nach vier Schuß. Da bläst er ab: Aufhören zu schießen. Dann arbeitet er sich aus der Dickung heraus, vom Jagdherrn neue Befehle holend.

Leider gibt es heute nicht mehr viele Reviere, in denen es sich lohnt, Saumeuten zu halten. Ich selbst (Oberforstmeister W. Frevert, der dies Werk bis zur IX. Auflage bearbeitete) hatte in Rominten eine Meute von 20 Hunden, die in einem besonderen Hatzgatter an Sauen eingejagt wurden.

In früheren Zeiten spielte die *Jagd mit Bracken* eine große Rolle. Durch die Verkleinerung der Reviere und durch die damit verbundene Störung ist die Brackenjagd nur noch auf wenige Gebiete beschränkt. Nichtsdestoweniger gibt es auch heute noch Gelegenheiten, wo sie ohne Schaden geübt werden kann und dann, wie alle Jagden, auf denen das Geläute der Hunde ertönt, viel Freude macht. Es gibt namentlich im Gebirge Örtlichkeiten, die wegen der Zersplitterung des Grundeigentums sich für Hochwildstände irgendwelcher Art nicht eignen, auch ihrer kalten, rauhen Lage wegen eine nennenswerte Vermehrung des Niederwildes nicht zulassen. Hier, wo sich der eine oder andere Hase herumdrückt, wo einmal ein versprengtes Reh Stand nimmt, wo im Geklüft und Gestrüpp der Fuchs haust, da ist die Brackenjagd am Platz. Da ist sie sozusagen die einzige verständige Jagdart überhaupt. Ähnlich verhält es sich oft in großen Sumpfgebieten und Röhrichten. Das klassische Land für Brackenjagd ist auch heute noch Westfalen, und zwar das sog. Sauerland und Siegerland. Hier in den schwierigen Gebirgsrevieren mit den ausgedehnten Lohschlägen haben sich die alten Brackenjäger ihre Bräuche und Sitten, ihre besonderen Signale und manches andere Brauchtum erhalten.

Es gibt verschiedene Arten von Bracken, die heute eingeteilt sind in: 1. große deutsche Bracke, 2. Deutsche Holzbracke, 3. Deutsche Steinbracke. Von einer Bracke wird verlangt, daß sie auf der einmal aufgenommenen Spur anhaltend *laut* jagt, sich vor allen Dingen nicht daran gewöhnt, eine neue Spur zu suchen, falls sie sie, was fast bei jeder Jagd vorkommt, einmal verschossen hat, vielmehr eifrig weitersucht, bis sie den Hasen wieder hochgemacht, der sich vor ihr drückte, oder aber den Fuchs zu Bau gejagt hat. Man beobachtet übrigens kaum jemals so wie beim Brackieren, daß auch der Hase in Bauen, Durchlässen und sonstigen Gelegenheiten Unterschlupf sucht, um den Hunden zu entgehen. Je mehr Hunde, desto besser. Einer von ihnen pflegt sich mit der Zeit als *Kopfhund* herauszubilden, weil er die beste Veranlagung mit der größten Erfahrung vereint. Diesem folgen die anderen Hunde regelmäßig, sobald er laut wird, und fallen in sein Geläut ein, wenn sie dieselbe Spur haben. Man sagt dann: *sie schlagen bei.*

Um die Hunde einigermaßen in der Hand zu haben, müssen sie an die *Koppel* gewöhnt werden, was der Führer bei jungen Hunden am einfachsten mit dem Füttern verbindet. Bald folgen sie dem Ruf: Koppel, Koppel! mit größter Bereitwilligkeit, um sich aufkoppeln zu lassen. Selbstverständlich werden sie von einem Führer geführt, der sie auch daran gewöhnt, seinem *Hornruf* zu folgen, der auf dem *Halbmond* geblasen wird. Wenn man vor dem Füttern grundsätzlich seinen Hunden den „Hunderuf" vorbläst, werden sie sehr bald genau so an die Signale gewöhnt, wie das bei alten Kavalleriepferden der Fall war. Der Führer selbst ist von der Mitjagd in keiner Weise ausgeschlossen. Denn wenn seine Hunde erst jagen, so sucht er sich ebenso, wie die anderen Schützen das schon vorher getan haben, seinen Paß aus, der als Rückwechsel oft genug besser ist als die anderen.

Eine Hauptsache für den Erfolg der Jagd ist, daß die Hunde nur ganz frische Spuren aufnehmen. Denn es geht meist geraume Zeit verloren, die sie nutzlos verbringen, wenn sie auf alle älteren Spuren von der Nacht her achten. Hat der Brackenjäger schon gute Hunde, die länger gejagt haben, so ist bei diesen das Nacharbeiten älterer Spuren nicht zu besorgen, weil sie ja gewöhnlich auf warmer Spur jagen und diese bald jeder kälteren vorziehen. Die jungen Hunde werden dann von den älteren ganz von selbst richtig angelernt, indem sie, falls sie auch auf kalten Spuren erfolglos umhersuchen, alsbald durch das Geläute der älteren zu diesen hingezogen und so von selbst von ihrem falschen Tun abgelenkt werden.

Der leitende Gedanke der Brackenjagd beruht auf der Erfahrung, daß das Wild, besonders der sehr heimattreue Hase, unter allen Umständen zu *dem* Ort, wo er aufgestört wurde, zurückzukehren strebt.

Wenn nun die genau bekannten Pässe von den Schützen besetzt werden, so muß ihnen, falls sie es an der nötigen Aufmerksamkeit nicht fehlen lassen, das Wild schließlich schußrecht kommen.

Das Brackieren ist, falls die Hunde überhaupt gefunden haben, eine Jagd von großem Reiz. Besonders aber dann, wenn der Jäger auch die Eigentümlichkeiten der Hunde kennt. Dann weiß er ziemlich genau am Hals zu unterscheiden, ob sie einen Fuchs, ein Reh oder einen Hasen jagen. An der Art, wie sich das Geläute entfernt, auf der Stelle hält, hin und her geht, erkennt er auch, ob die Hunde einen Fuchs jagen –, dann geht die Jagd weithin –; oder ein Reh –, dann bleibt sie oft lange auf der Stelle oder geht nur kurz hin und her –; einen Rammler – dann geht die Jagd flotter vorwärts, aber das Geläute ist anders als beim Fuchs –; eine Häsin – dann geht es in langen Zügen hin und her, weil sie viele, lange Widergänge macht –; oder einen Junghasen –, dann geht die Jagd kurz hin und her, weil der sich jeden Augenblick zu drücken sucht. Am Laut selbst aber sind die beiden letzten Fälle wieder von der Jagd am Reh zu unterscheiden.

Bemerkt der Führer der Hunde, dem natürlich die Örtlichkeit in allen in Betracht kommenden Gelegenheiten auf das genaueste bekannt sein muß, daß das Geläute plötzlich verstummt, ohne daß es knallt, dann begibt er sich sofort in die Gegend, wo er die Hunde zuletzt hörte, um sie zu erneutem Suchen anzufeuern; falls er dort nicht etwa einen Bau weiß, in den Meister Reineke oder gar der Hase eingeschlieft sein könnte. Es gibt keinen größeren Fehler, als die Hunde zu frühzeitig abzurufen, weil sie auf solche Weise gar zu leicht den Eifer im Wiederaufsuchen des verlorenen Wildes verlernen. Erst wenn jede Aussicht auf Wiederaufstoßen des Hasen geschwunden ist, bricht der Führer an Ort und Stelle ab. Aber nicht, um die Hunde aufzukoppeln, sondern indem er sie weiterführt, um etwa ein neues Wild zu finden. Auf diese Weise bleiben sie in Eifer und verlernen das *Anhalten* an der Spur nicht, was eine ihrer besten Eigenschaften bleiben muß.

Von durchschlagender Bedeutung bei dieser Jagd ist die Witterung. Nur offener, weicher Boden und weiches Wetter sind dafür geeignet. Denn erstens würden sich die Hunde bei gefrorenem Boden alsbald die Ballen wundlaufen und versagen. Zweitens *steht die Spur* bei weichem Boden und feuchtem Wetter ungleich besser als bei Frost und Trockenheit.

Die idealen Bracken sind solche, die rehrein sind, also nur an Hase und Fuchs jagen. Wenn grundsätzlich niemals ein Stück Rehwild vor den Bracken geschossen wird, ist es sehr wohl möglich, rehreine Bracken zu erziehen.

Es liegt auf der Hand, daß bei der Brackenjagd keine großen Strecken erzielt werden können, aber *ein* vor den laut hetzenden Bracken im herbstlich bunten Wald am steilen Hang geschossener Hase oder Fuchs kann ein schöneres Erlebnis sein, als eine Massenstrecke auf einer Feldtreibjagd.

Als letzte Art der hierhin gehörigen Jagd mit Hunden möge das *Stöbern,* die *Stöberjagd,* besprochen werden.

Die Stöberarbeit ist dieselbe, die sonst Treiber zu verrichten haben. Das heißt, der Hund muß eine Dickung, ein Röhricht ganz und gar absuchen, ob mit oder gegen den Wind, wie sein Herr es ihm befiehlt! Er darf dabei nicht vorstehen; er soll vielmehr das Wild herausstoßen und es *laut* bis an die Grenze der Dickung, des Röhrichts verfolgen. Hat er dann noch nicht alles abgesucht, so kehrt er zurück und sucht weiter, falls nicht sein Herr oder ein anderer der vorstehenden Schützen das Wild erlegte, und der Hund es antragen mußte. Man sieht leicht, daß das eine Tätigkeit ist, die an die Klugheit und Ausbildung des Hundes hohe Anforderungen stellt. Sie kann erst mit Erfolg geübt werden, wenn der Hund sonst bereits recht zuverlässig in seiner Arbeit ist und über eine gewisse Erfahrung verfügt. Offenbar setzt die Arbeit einen ganz besonders fein entwickelten Gehorsam voraus, der die Folge einer guten Erziehung ist.

Hervorragend geeignet zum Stöbern sind der Wachtel und der Spaniel. Diese Hunderassen sind typische Stöberhunde. Aber auch der Gebrauchshund soll das Stöbern beherrschen. Immerhin gehört dazu ein intelligenter und erfahrener Hund, der heute Hühner vorstehen soll und morgen in Busch und Ried Stöberarbeit verrichten muß. Einen Nürnberger Trichter gibt es dafür nicht. Freilich, hat der Hund erst begriffen, was man von ihm verlangt, dann ist die Schwierigkeit überwunden. Übrigens liegen die Lust und das Verständnis für Stöberarbeit in manchen Hunden von Natur so drin, daß sie es zur größten Freude und Überraschung des Führers sozusagen fast von Anfang an von selbst richtig machen und nur einiger Hinweise und unter Umständen einer strengen Vermahnung bedürfen, um diesen und jenen Fehler zu vermeiden.

Die Stöberjagd selbst erfolgt in der Weise, daß sich ein oder mehrere Schützen vor einer Dickung, einem Röhricht oder dergleichen anstellen, um das von dem drinnen stöbernden Hund rege gemachte Wild zu erlegen.

Zu den Jagdarten gehört auch die *Lappjagd.* Während früher diese Jagdmethode eine große Rolle spielte, ist sie mehr und mehr in Verruf geraten – und zwar mit Recht. Die gelegentliche Verwendung von Lappen zur Aushilfe bei Schützenmangel auf der Treibjagd oder bei der Streifjagd habe ich bereits erwähnt. Und damit sollte es genug sein. Das Lappen von Schalenwild kann heute nicht mehr als waidmännisch bezeichnet werden, allenfalls könnte man Lappen noch bei ausgesprochenen Fuchstreiben verwenden. Ich sehe daher von einer besonderen Beschreibung der Lappjagd ab. Der Gebrauch von Lappen ist innerhalb einer 300-m-Zone von der Reviergrenze gerechnet verboten.

DIE HÜTTENJAGD

Unter dieser Bezeichnung gedenke ich diejenigen Jagdarten zu besprechen, bei der die Erlegung des Wildes mit dem Schießgewehr von einer Hütte aus erfolgt.

Nehmen wir zuerst die *Hüttenjagd mit dem Uhu.*

Wo heute diese Jagdart noch ausgeübt wird, wird es sich in erster Linie darum handeln, Krähen und Elstern zu erlegen. Die Greifvögel, die früher bei der Hüttenjagd hauptsächlich geschossen wurden, sind so selten geworden, und unsere Einstellung zum Raubwild aller Art hat sich so geändert, daß wohl nur noch in ausgesprochenen Fasanenrevieren der „Auf" dazu benutzt wird, um einen auf dies Wild spezialisierten Hühnerhabicht zu schießen. Die Adler, Falken und viele andere Greife haben sowieso heute ganzjährige Schonzeit, und um dem Überhandnehmen des Bussards vorzubeugen, bedarf es kaum einer Krähenhütte. Um dagegen der ständigen Vermehrung der Krähen und Eltsern Einhalt zu gebieten, ist die Jagd mit dem „Auf" hervorragend geeignet, zumal, wenn wir als Jäger – wie früher schon ausgeführt – die Verwendung von Gift in jeder Form ablehnen.

Die *Krähenhütte* wird im hügeligen Gelände am Südwestabhang, entsprechend der Zugrichtung der Greifvögel zur Herbstflugzeit, angelegt und so in die Örtlichkeit eingepaßt, daß sie nicht auffällt. Die Hütte muß eine Größe von mindestens 1,5 m im Geviert haben, bei etwa 2 m Höhe. Sie hat eine nach Norden gerichtete Schießluke von 30 cm Breite, weil der Hüttenjäger bei anderer Lage leicht gegen die Sonne schießen müßte. Mehrere Schießluken empfehlen sich nicht, weil die sehr aufmerksamen Greifvögel dann gar zu leicht den Jäger in der Hütte bemerken oder doch mißtrauisch werden könnten. Je ein kleines Guckloch an jeder Hüttenseite erleichtert die Beobachtung und schadet nichts. Die Tür zur Hütte liegt der Schießluke gegenüber und öffnet sich nach innen. Würde sie sich nach außen öffnen, so könnte die aufgehende Tür die Elstern oder Krähen früher verscheuchen, als der zum Schießen herausspringende Jäger im Freien sein würde.

Etwa 10–25 Schritt von der Hütte wird auf einer *Krücke* oder *Jule* der gefesselte Uhu als *Reizvogel* aufgestellt. Die Jule (siehe Abb. Seite 249) kann von der Hütte aus hochgezogen werden, um den Uhu – es kann auch eine andere Eule oder ein größerer Greifvogel sein – zur Bewegung zu veranlassen und so anstreichende Vögel zu reizen.

Um den Gewohnheiten aller Greif- und Rabenvögel Rechnung zu tragen, stellt man in der Nähe der Jule einige trockne *Fallbäume* auf, deren wenige belassene Äste nach der

Hütte zeigen; sonst würde der Stamm die Vögel vielleicht decken. Einige kleine Erdhaufen oder Steine reizen zuweilen ebenfalls zum Aufhaken.

Da besonders die Krähen die Hütte mit der Zeit weniger besuchen, so empfiehlt sich der Gebrauch versetzbarer Hütten, die in jagdlichen Handlungen in guter Ausführung käuflich sind.

Zum Schutz des Uhus vor Verletzungen, falls er sich, was er gern tut, beim Nahen stärkerer Greifvögel von der Jule zu Boden wirft, wird deren oberer Teil am besten mit einem weichen Jutestrick oder einem Strohseil umwunden.

Die Krähenhütte läßt sich auch gut als *Luderhütte* benutzen. Dann wird der Kadaver eines Pferdes – niemals sollte man Kadaver von Rindvieh oder gar Schweinen als Luder verwenden wegen der damit verbundenen Gefahr der Übertragung von Seuchen – innerhalb guten Schießbereiches halb in das Erdreich eingegraben. Es empfiehlt sich dabei, die Rippen vorher einzuschlagen, damit das zu erwartende Raubwild in deren Schutz nicht so leicht Deckung vor den Schroten findet.

Für die Anlage einer Krähenhütte kommen verschiedene Gesichtspunkte in Frage. Zunächst soll sie so gelegen sein, daß die Krähen den Uhu leicht gewahren; also dort, wo diese gern streichen. Das geschieht erfahrungsgemäß an den Bergzügen und Hügelketten, in den Ebenen an den Flußufern und den Seerändern entlang. Dabei pflegen die Krähen regelmäßig die höchsten Erhebungen zu umkreisen. Da sie ferner erfahrungsmäßig gern an den Süd- und Westabhängen streichen, so ist in den Bergen die Südwestseite der höchsten Kuppe der beste Platz für die Errichtung der Hütte. Dazu kommt, daß auch der Uhu auf dem höchsten Punkt am leichtesten eräugt wird.

Das ist der eine Gesichtspunkt. Nun ist aber darauf zu achten, daß der Weg mit dem Uhu unter dem Arm, im Rucksack oder Korb nicht gar zu weit wird. Der Hüttenjäger wird daher unter Umständen das Beste fahren lassen, um sich mit dem Guten zu begnügen. Das heißt, er wird eine nähere, aber nicht ganz so hohe Erhebung einer weiteren, höheren vorziehen, falls er nicht, um wechseln zu können, auf beiden eine Hütte errichtet. Je entlegener und öder die Gegend, desto besser. Denn jede Störung durch Menschen oder Vieh beeinträchtigt die Hüttenjagd in hohem Grad. Es darf aber auch kein Wald in der Nähe sein, weil dann die meisten Krähen, auf den Randbäumen aufblockend, sich die Sache nur von fern besehen würden.

Schließlich ist zu bedenken, daß, falls die Hütte im Winter noch als Luderhütte benutzt werden soll, wovon nachher noch die Rede sein wird, auch das Hinschaffen von Luder nicht mit zu großen Schwierigkeiten verbunden sein darf. Diese letzte Rücksicht wird im Gebirge oftmals ganz außer acht gelassen werden müssen, wenn die Hütte ihrem Hauptzweck entsprechen soll. In der Ebene jedoch wird man hierauf achten und die Lage der Hütte so bestimmen können, daß zwischen ihr und dem Luderplatz ein möglichst auch bei stärkerem Frost rauschendes oder mindestens murmelndes Wasser fließt.

Doch nun zurück zum Bau der Hütte. Ihre wichtigste Seite ist die dem Uhu zugekehrte. Sie soll einzig und allein mit Rücksicht auf ein möglichst großes Schußfeld eingerichtet sein. Denn der Schuß auf streichende Krähen aus der immerhin kleinen Schießluke von 20:30 cm ist nicht leicht und will geübt sein. Je kleiner das Schußfeld, desto schwieriger ist es aber. Daher baut man die ganze Vorderseite nicht senkrecht auf, sondern in einem solchen Winkel gegen die Erde, daß sie sich etwa mit 60 Grad dem Innern der Hütte zuneigt. Auf diese Weise wird nicht nur, wie leicht einzusehen ist, das Schußfeld auf der Erde vergrößert, sondern vor allem dasjenige in der Luft. Denn der Schütze kann so noch fast senkrecht nach oben schießen, wenn die Luke sich etwa in Augenhöhe befindet, und das Dach auf der Vorderseite nicht über die Wand vorsteht.

Eine weitere Vergrößerung des Schußfeldes gewinnt man durch stark nach außen zurückspringende Leibungen der Schießluke, um mich bautechnisch auszudrücken, durch die sich das Schußfeld je nach der Stärke der Wand beinah verdoppeln läßt. Wesentlich aber trägt auch die Art, wie der Schütze die Flinte handhabt, zur Vergrößerung des Schußfeldes bei. Denn je weiter er in die Hütte zurücktritt, desto mehr verkleinert er seinen Ausblick. Je weiter er das Rohr aus der Schießluke herausschiebt, desto mehr vergrößert er es. Natürlich muß das Hantieren mit dem Gewehr äußerst vorsichtig erfolgen.

Wird eine Krähenhütte neu angelegt, so sollte sie, soweit es der Grundwasserstand erlaubt, immer möglichst tief in die Erde gegraben werden. Die oberirdischen Teile werden dann mit Erde beworfen und mit Rasen- oder Heideplaggen eingedeckt, so daß das Ganze einem berasten oder bewachsenen Hügel gleicht, der in der Örtlichkeit nicht auffällt. Bei einer so tief gelegenen Hütte ergibt sich auch von selbst der Vorteil, daß der Uhu auf der Jule etwas höher steht als das Schießloch, außerdem ist eine derartig gebaute Hütte als Luderhütte besser verwendbar.

Wo hinreichende Deckung vorhanden ist, da läßt sich auch *ohne* Hütte mit dem Auf erfolgreich vorgehen. Das ist besonders in größeren Rohrgebieten der Fall. Stellt der Jäger den Uhu dort so hoch auf, daß er über dem Rohr steht, und verbirgt er sich selbst im Röhricht, so kann er leicht zu Schuß kommen. Es ist bekannt, daß dort, wo die Krähenhütte hauptsächlich zum Schießen von Krähen gebraucht wird, die Anziehungskraft des Uhus bald erlischt. Die Krähen kennen die Geschichte, der Uhu auch. Erstere sind gewitzigt durch die vielen Verluste; letzterer wird mit der Zeit stumpf, sitzt gleichgültig auf der Jule und reizt infolge dieser Ruhe die Krähen noch weniger. Man hat daher bewegliche Hütten hergestellt aus Holz und Segeltuch, die in den Jagdhandlungen käuflich sind, und die, falls die Farbe nicht aus der Umgebung herausfällt, auch Erfolg bringen.

Über die Jahreszeit für die Benutzung der Krähenhütte ist schon mehrfach die Rede gewesen, insofern die Zugzeit als die gegebene Jagdzeit bezeichnet wurde. Im allgemeinen pflegt der Frühlingszug weniger ergiebig zu sein als der Herbstzug. Das liegt einmal daran, daß im Herbst mehr Vögel vorhanden sind als im Frühjahr, weil zu den Alten die Jungen hinzukommen. Dann aber sind die Alten im Frühling schon stark mit der Fortpflanzung beschäftigt und haben so für ihre sonstigen Neigungen wenig Zeit. Das fällt im Herbst fort; außerdem pflegen die jungen Vögel viel lebhafter und wütender auf den Uhu zu stoßen als die älteren.

Um die Hütte gegen Unbefugte zu schützen, sollen Tür und Schießluke gut verschlossen werden können. Nachdem der Hüttenjäger alles geöffnet und die Verbindung der Jule mit dem Hütteninnern hergestellt hat, nimmt er den Uhu mit dem schon früher beschriebenen Griff aus dem Tragkorb heraus, setzt ihn auf die Krücke und verbindet die Fessel mit ihr. Alsdann begibt er sich in die Hütte und setzt sich auf den der Schießluke gegenüberliegenden Platz, von dem aus er den Uhu beobachten kann; das Gewehr geladen und gespannt auf den Knien.

Sehr bald hassen Krähen auf den Uhu, doch nach einer guten Dublette verziehen sie sich zunächst. Der Auf sitzt wieder ruhig auf seiner Krücke. Da plötzlich sträubt sich sein Gefieder: er äugt wütend nach der linken Seite, knappt und tritt unruhig hin und her. Schon saust auch ein Wanderfalk heran, senkt sich auf etwa 50 Schritt tief zur Erde, schießt im schnellsten Flug von unten nach oben am Uhu vorbei und streicht, herumschwenkend, in der Richtung über die Hütte weiter. Ein herrliches Bild, wie dieser Meister des Fluges sich in seinem Element bewegt. Allein diese Beobachtung ist für den Jäger die ganze Hüttenjagd wert.

Bald zeichnet der Uhu wieder: ein Sperber! Auch er ist jetzt geschützt. Du beobachtest ihn durch die Schießluke; den langen Schirm deiner Mütze tief in die Augen gedrückt, damit diese dich nicht verraten. Erneut zeichnet dein Jagdgenosse auf der Jule: ein Bussard, ein träger, dicker Rundschwanz! Laut schreiend umkreist er den Uhu, um alsbald auf einem der Fallbäume aufzublocken. – Ein leichter Schuß kann ihn herunterwerfen. Aber jetzt erscheint in weiten, schönen Kreisen ein roter Milan. Er stößt auf den Auf – einmal, zweimal. – Der springt von der Krücke herunter auf den Boden: – da erscheinst du an der Schießluke –. Er soll den braven Uhu nicht zausen; – da streicht er schleunigst davon.

Aber am Boden darf der Uhu nicht bleiben. Auf dein freundliches „Auf!" schwingt er sich wieder auf die Jule. Er schüttelt sich und blinzelt mit den großen Augen in den hellen Sonnenschein. Doch auch jetzt gibt es keine Ruhepause für ihn; denn der leuchtende Herbstmorgen hat Greifvögel aller Art rege gemacht.

Kaum auf der Jule, da sträubt sich das Gefieder wieder. Knappend äugt der Auf nach oben, von wo im nächsten Augenblick wie ein Klumpen ein mächtiges Weibchen des Hühnerhabichts an ihm vorbeisaust: einige Federn stieben. Knapp über der Erde fängt sich der Habicht, um seitwärts wieder aufzusteigen und auf einem Fallbaum aufzuhaken. Vorsichtig trittst du an die Schießluke. Kaum schiebst du das Gewehr vor, da streicht er ab. Sollte er dich geäugt haben? Sollte er nach hinten über die Hütte fortstreichen? Blitzschnell überlegst du, ob du die Tür öffnen und versuchen sollst, ihn noch im Abstreichen herunterzuholen: Da zeichnet der Uhu ihn mit lautem Knappen und Fauchen wieder. Da – etwa 2 m über ihm steht er mit gefächertem Stoß: bamm! Wie ein Stück Holz kommt er herunter, im Fallen den Uhu streifend.

Jüngere Uhus, besonders die Männchen, pflegen recht lebhaft zu sein, bei älteren Vögeln tritt leicht eine gewisse Stumpfheit ein. Um einen solchen Uhu lebhafter zu machen, läßt der Jäger ihn *tanzen,* d. h. er zieht an der Leitung der Jule. Dadurch hebt und senkt sich das Querholz. Der Uhu muß mit den Fittichen schlagen, um das Gleichgewicht zu halten.

Doch merke: Auf Sperber und Weihen wird nicht *gereizt,* weil diese leicht dadurch verscheucht werden.

Daß Krähen, die vielleicht nur geflügelt sind und durch Flattern und Schreien die Aufmerksamkeit erregen, ihre Artgenossen besonders anziehen, will ich nur kurz bemerken. Für einen Jäger in der Stadt ist es häufig schwierig, wenn nicht unmöglich, einen lebenden Uhu zu halten. Mit gewissem Erfolg kann man auch mit einem ausgestopften Uhu oder Waldkauz arbeiten, bei dem man mit Hilfe einer Leine die Flügel bewegen kann, so daß er auf die Krähen wie lebendig wirkt. Sogar aus Gummi gefertigte aufblasbare Uhuattrappen sind in den Jagdgeschäften überall erhältlich, aber die Erfolge mit ihnen sind geringer, offenbar weil bei ihnen das Spiel des Windes im Gefieder fortfällt.

Ist der Jäger allein in der Hütte, so wird er den besten Erfolg haben. Er wird durch nichts abgelenkt und kann viel leichter Geräusch und unzeitige Bewegung vermeiden, als wenn zwei oder gar mehrere Menschen darin sind.

Wie bereits erwähnt, kann eine Krähenhütte auch als Luderhütte verwendet werden. Oft wird es sich jedoch empfehlen, hierfür besondere Hütten zu bauen, die man auch *Lauerhütten* nennt.

Es ist dies ein kleiner einfacher Unterstand, der am besten am Hang in die Erde gegraben wird, und in den man durch einen Laufgraben von rückwärts her hineingelangt. Nach der Hangseite zu weist die Lauerhütte einen schmalen Sehschlitz auf, der gleichzeitig als Schießluke dient. Ein einfacher Sitz und ein Sack mit Heu, in den man die Beine in kalter Winternacht hineinsteckt, vervollständigen die Ausrüstung. Selbstverständlich muß die Luderhütte nach dem Laufgraben zu mit einer dicht schließenden Tür, die sich lautlos öffnen und schließen läßt, versehen sein. Etwa 30 m hangabwärts wird das Luder ausgelegt. Man kann auf diesen Luderplatz schon im Laufe des Sommers Aufbrüche, Fallwild u. ä. hinschaffen lassen. Steht nicht regelmäßig Luder zur Verfügung, so verwendet man Luderschächte. Das sind etwa meterlange Holzkästen oder Zementrohre mit geringem Durchmesser, die senkrecht in die Erde eingegraben werden, und in die man das zerkleinerte Luder hineinwirft. Da das Raubwild es von oben nicht erreichen kann, sondert es lange Zeit die lockende Wittrung ab. Im Winter, wenn die Jagd aus der Luderhütte ausgeübt werden soll, läßt man am besten ein altes, abständiges Schlachtpferd auf den Luderplatz schaffen und schießt es dort tot. Die Haut, die von dem Pferde noch zu verwerten ist, wird abgedeckt und, nachdem man die Hufeisen entfernt hat, bleibt der Pferdekadaver liegen bzw. man gräbt ihn etwas ein, um zu verhindern, daß das Raubwild hinter dem Kadaver Deckung findet. Sobald Vollmond und Schnee eingetreten sind, kann man die Luderhütte beziehen, um nun Raubwild aller Art, wie Fuchs, Marder, aber auch wildernde Hunde am Luder zu schießen. Selbstverständlich spielt der Wind eine sehr große Rolle. Es ist daher zweckmäßig, wenn, wie schon gesagt, die Luderhütte höher als das Luder liegt. Dann empfiehlt es sich, den Sehschlitz mit einem Klappfenster zu versehen, welches aber nicht mit Eisenscharnieren befestigt sein darf, sondern man muß zu diesem Zwecke einen breiten Lederstreifen nehmen, um ein völlig lautloses Öffnen und Schließen des Sehschlitzes zu ermöglichen.

Die beste Waffe für den Ansitz am Luder ist der Drilling mit aufmontiertem Zielfernrohr. Man hat mit Hilfe des Zielfernrohrs auch mit Schrot ein absolut sicheres Abkommen, so daß ein Vorbeischießen oder Krankschießen ziemlich ausgeschlossen ist. Man muß jedoch vorher die Schrotläufe mit dem Fernrohr eingeschossen haben. Da man von einem Tiefsitz aus und überhaupt bei Mondschein schwer Entfernungen schätzen kann, markiert man im

Gelände vor der Hütte durch ein paar Sträucher oder Pfähle die waidgerechte Schrotschußentfernung, das sind 35 m.

Selbstverständlich kann diese Jagd auch vom Hochsitz aus ausgeübt werden und dort, wo der Ansitz am Luder noch auf den Bären ausgeübt wird, wie im Urwald der Karpaten, ist es selbstverständlich nicht möglich, Luderhütten zu bauen, sondern man wird dort, wo man einen Riß findet, oder wo man nach den Fährten einen Bär vermuten kann, einen behelfsmäßigen Hochsitz auf einem Baum herrichten und den Bär erwarten. Wenn man dagegen in Deutschland den Ansitz am Luder auf Fuchs und anderes Raubwild ausüben will, so ist die Luderhütte dem Hochsitz unbedingt vorzuziehen. Erstens: Man kommt in die Luderhütte, wenn dieselbe richtig angelegt ist, viel besser hinein, als man auf einen Hochsitz heraufklettern kann. Etwa in der Nähe befindliches Wild wird also beim Anmarsch weniger oder gar nicht gestört. Zweitens: Man sitzt in einer Luderhütte erheblich wärmer als auf einem Hochsitz, selbst wenn letzterer geschlossen gebaut ist, was in kalten Winternächten für den Erfolg sehr wesentlich ist. Drittens: Von einem Hochsitz schlägt der Wind sehr leicht herunter; ganz gesonders an Bestandsrändern ist das der Fall. In der vollkommen geschlossenen Luderhütte kann man dagegen sogar bei schlechtem Wind Erfolg haben, wenn Tür und Sehschlitz richtig fest schließen. Es übt auf den Waidmann einen ganz eigenartigen Zauber aus, in kalter Winternacht bei Vollmond in einer solchen Luderhütte anzusitzen, und der Ansitz am Luder ist eine nicht zu verachtende Möglichkeit mehr, den Fuchs zu bejagen, was bei Fortfall des Tellereisens besonders ins Gewicht fällt. Die Erlegung von Schwarzwild, welches sehr gern zum Luderplatz kommt, aus der Luderhütte, halte ich dagegen nicht für waidmännisch, da es auf dasselbe herauskommt, als wenn ich anderes Schalenwild an der Fütterung schießen würde. Über die günstigste Zeit zum Ansitz am Luderplatz sind die Meinungen geteilt. Häufig kommt der Fuchs kurz nach Dunkelwerden. Sehr gut ist aber auch die Zeit zwischen 22 Uhr und 2 Uhr früh.

Da man in der Luderhütte äußerst nah am Wilde ist, so vernimmt dieses natürlich jedes, auch das leiseste Geräusch aus der Hütte.

Daher ist es sehr zweckmäßig, zwischen Luderplatz und Hütte ein rauschendes oder wenigstens fließendes Wasser zu haben. Ist der Lauf träge, so wird aus Steinen oder aus Holzwerk ein Wehr hineingebaut, das dann einen kleinen Wasserfall verursacht. Manchmal läßt sich auch durch ein quergelegtes oder so gestelltes Brett, das aber keinen Übergang bilden darf, ein genügendes Rauschen hervorbringen. Gleichwohl sind Übergänge erforderlich, um das Wild, das auf der Hüttenseite anschnürt, bequem auf die Seite des Luderplatzes zu führen. Diese sollen aber, um die Annäherung des Raubwildes an die Hütte zu verhindern, etwa 50 Schritt oberhalb der Hütte angelegt werden; dazwischenliegende werden zerstört. Ist das Wasser ein so kleines Rinnsal, daß es übersprungen werden kann, so ist die Maßnahme natürlich überflüssig; ein breiteres aber ist günstiger.

Der Wasserlauf bietet außer der Übertönung der Hüttengeräusche noch den Vorteil, daß namentlich der Fuchs dort gern umherschnürt. Er liebt jedes Wasser, ob See, Strom, Fluß oder Bach, weil es ihm stets Fraß zuträgt.

Wie schon erwähnt, läßt der Waidmann das Luder gern zur Hälfte eingraben, was bei hartem Frost schwer möglich sein würde. Daher ist es zweckmäßig, schon von Anfang an eine fußtiefe Grube ausheben zu lassen, deren Auswurf ringsum verebnet wird. Diese Grube wird mit kurzem Dung vollgefahren. Das schafft schon ohne Luder einen Anziehungspunkt für alles Raubwild der Umgegend. Denn man wird in kurzer Zeit wahrnehmen, daß namentlich der Fuchs den Düngerhaufen gern besucht und dort seine Losung absetzt. Dieser Dung als Ausfüllung der Grube bietet die Möglichkeit, den als Luder dienen-

Am Luderplatz

den Kadaver bei jedem Frost gut einzugraben. Hierdurch wird das Raubwild nicht nur früher vertraut, sondern es ist auch für dessen Erlegung von Wichtigkeit. Denn der Jäger wird so öfter Gelegenheit haben, den Fuchs ganz frei beschießen zu können, als wenn dieser an der der Hütte abgekehrten Seite vom Luder selbst gegen die Schrote völlig gedeckt wird. Diese Deckung wird ihm noch mehr genommen, wenn dem Kadaver die Rippen eingeschlagen werden, so daß er nach Herauszerren der Eingeweide platt zusammensinkt.

Will der Waidmann sich den Ansitz für die nächste mondhelle Schneenacht – nur in einer solchen hat er Aussicht auf leidlich sicheres Schießen – möglichst erfolgreich machen, so läßt sich das durch den am Nachmittag oder gegen Abend angewendeten Gebrauch einer *Schleppe* bewirken. Man macht eine Schleppe, indem man irgendeinen, das Raubwild lockenden Gegenstand, sei es ein Hasen- oder Wildgescheide, sei es ein halbausgeworfenes Kaninchen, am besten in einem Netz auf dem Erdboden in der Richtung hinter sich herzieht, in die man das Raubwild locken möchte. Es ist ja unzweifelhaft richtig, daß eine Schleppe, wie jede Fährte oder Spur, bei offnem Boden und weichem Wetter *steht,* weil der Boden die Wittrung von Fährte, Spur oder Schleppe dann am längsten festhält. Da der Jäger aber bei solcher Witterung den Ansitz auf der Luderhütte einfach nicht ausüben kann, weil er nichts sehen, also auch nichts treffen würde, so bleibt nichts übrig, als auch bei minder günstigem Wetter zu *schleppen.* Die Wirkung mag ein wenig geringer sein: aber sie reicht völlig aus.

Diese Schleppe zieht der Jäger sternförmig, mit der Luderhütte als Mittelpunkt. Schließlich wirft er, was übrigbleibt – meist ist es nicht viel –, auf den Luderplatz. Alsdann begibt er sich nach Hause, um die Luderhütte am späten Abend wieder aufzusuchen. Bei diesem Gang ist es gut, die Schuhsohlen vorher zu verwittern, damit das Raubwild nicht durch die Menschenspur beunruhigt wird. Das geschieht am einfachsten, indem der Jäger einige hundert Schritt vor der Hütte seine Sohlen mit frischen, harzreichen Nadelholz- oder Wacholderzweigen stark abreibt. Dann nähert er sich schnell der Hütte, schließt lautlos die Tür auf, macht sich zurecht, lädt den Drilling und setzt sich so nieder, daß er den Luderplatz gut beschießen kann. Je stiller er sitzt, desto sicherer ist die Aussicht auf Erfolg. Findet sich ein Fuchs ein, so wählt er den ersten günstigen Augenblick, wo dieser hoch, frei und breit steht, zum Schuß. Nie schieße er auf ihn, falls er nicht sehr nahe stehen sollte, spitz von vorn oder gar von hinten; es wäre sicher vergebens. Sollte der Fuchs aber, was oftmals vorkommt, im Innern der Grube, d. h. des Kadavers verschwinden, bevor er eine gute Schießgelegenheit zeigt, so bleibt nichts übrig, als sich in Geduld zu fassen. Er kommt auch wieder heraus; manchmal freilich erst nach längerer Zeit!

Hat man einen Fuchs am Luder geschossen, so darf man nicht aus der Hütte herausgehen, sondern man bleibt ruhig sitzen; ich habe es erlebt, daß von einer Hütte aus in einer Nacht zwei und sogar drei Füchse geschossen wurden.

DIE NACHSUCHE

Die Nachsuche umfaßt die gesamte Tätigkeit des Waidmanns und seines Hundes von der Abgabe des Schusses bis zur völligen Erbeutung des Wildes. Sie stellt die größten Anforderungen an das Wollen und Können des Jägers, verschafft ihm aber auch dafür die schönsten Waidmannsfreuden, wenn beides auf der Höhe ist und zum Erfolg führt. Nirgends so sehr wie bei der Nachsuche zeigt sich in gleichem Maß der himmelweite Unterschied zwischen dem Waidmann und dem Schießer. Wer den Willen hat, kein krankgeschossenes Wild ohne gründliche Nachsuche im Stich zu lassen, der wird auch schon beim Schießen darauf Rücksicht nehmen und nur dann den Finger krumm machen, wenn er erwarten darf, das beschossene Wild auch in seine Hand zu bringen. Darin liegt das beste Verhinderungsmittel allzu weiter und sonstiger unsicherer Schüsse.

Aber der Wille allein tut es noch nicht; auch das Können muß hinzukommen. Wenn es je zutrifft, daß die Jagd eine Kunst ist, so gilt das vor allem für die Nachsuche; und zwar nicht nur für die jagdliche Gewandtheit des Jägers selbst, sondern in hohem Grade auch für seine Fähigkeit, den Hund auf die Höhe seiner Leistungen zu führen.

Es war von je der Ruhm des deutschen Waidwerks, kein krankes Wild verkommen und verludern zu lassen. Nicht nur etwaigen Verlustes wegen – nein, ganz besonders aus dem

im deutschen Gemütsleben liegenden Trieb, das angeschweißte Wild so schnell und so sicher wie möglich von seinen Schmerzen zu erlösen. Das ist hoher, ritterlicher Sinn, auf den die deutsche Waidmannschaft stolz sein darf!

Dieser ritterliche Sinn darf sich nicht etwa nur auf größeres Wild bzw. solches Wild, welches eine Trophäe liefert, beschränken. Der waidgerechte Jäger sucht ein geflügeltes Huhn mit der gleichen Sorgfalt nach, wie er der Schweißfährte eines kranken Hirsches folgt. Alles Wild ist ein Geschöpf Gottes und muß vom wahren Waidmann entsprechend gewertet werden – gleichgültig, ob es sich um einen jagdbaren Hirsch oder „nur" um einen Hasen handelt.

Aber aller guter Wille, alles persönliche Können des Waidmanns bleiben elendes Stückwerk, wenn er es nicht versteht, sich die feine Nase seines Hundes zum sicheren Helfer zu machen, dessen Willen sich so zu beugen, daß er ihm das gefundene Wild auch heranbringt oder ihn hinführt. Hier kann ich einige Gedanken nicht unterdrücken:

Die Leistungen unserer Gebrauchshunde auf dem weiten Gebiet der Nachsuche entsprechen noch lange nicht den berechtigten Anforderungen der jagdlichen Notwendigkeit. Da drängen sich Fragen auf: Ist das Ideal als Durchschnittsleistung nicht vielleicht zu hoch gesteckt? Können wir bei dem einzelnen Hund uns nicht damit begnügen, wenn er nur einen Teil der allgemeinen Forderungen zur Zufriedenheit leistet, und würden wir damit nicht weiter kommen?

Man soll nie vergessen, daß man in einer Epoche, in der mehr Mittel und mehr Zeit der Jagd gewidmet wurden als heute, nämlich im 17. und 18. Jahrhundert, die zur Jagd benutzten Hunde stark spezialisiert hatte. Altmeister Döbel kennt z. B. einen Leithund, Schweißhund, Hühnerhund, Wasserhund, Hetzhund, Auerhahnhund, Otternhund, Dachsschliefer und viele andere. Es ist selbstverständlich, daß wir heute, wo der größte Teil unserer Jäger in der Stadt wohnen muß und Schwierigkeiten hat, überhaupt nur *einen* Hund zu halten, ohne den vielseitigen Gebrauchshund nicht mehr sein können, aber man sollte zugeben, daß der Spezialist in seinem Fach mehr leisten kann und wird als der Gebrauchshund, der heute mit tiefer Nase eine Schweißfährte ausarbeiten, morgen auf Kaninchen und Fasanen stöbern und übermorgen mit hoher Nase Hühner suchen und fest vorstehen soll.

Das schließt keineswegs aus, daß auch ein Gebrauchshund für die Nachsuche auf Schalenwild gut zu verwenden ist, ganz besonders, wenn er häufig Übung darin erhält. Andererseits wird der Schweißhund, sei es der hannoversche oder der bayerische, im Durchschnitt bestimmt mehr leisten als ein Gebrauchshund. Das zu bezweifeln hieße, jedes Spezialistentum leugnen. Die Schweißhunde sind seit Jahrhunderten auf Schweißarbeit bzw. auf Leithundarbeit gezüchtet. Abgesehen von der durch Zuchtauslese bedingten hervorragenden Nase befähigt der ganze Körperbau den Schweißhund dazu, mit tiefer Nase zu arbeiten, während unsere Gebrauchshunde durch die Einkreuzung englischen Blutes geradezu darauf gezüchtet sind, mit hoher Nase zu arbeiten. Auf einer übernächtigen, ganz wenig oder gar nicht schweißenden Wundfährte eines Stückes Rotwild ist aber mit hoher Nase nichts zu machen.

Sehr geeignet für die Nachsuche auf Schalenwild ist außerdem der Teckel, ganz besonders, wenn er nur auf der Schweißfährte geführt wird und nicht zum Stöbern oder zum Hetzen an Sauen Verwendung findet. Ich kenne Teckel, die einem guten Schweißhund nichts nachgeben; allerdings sind sie kaum in der Lage, ein laufkrankes Stück zu Stande zu hetzen, und auch bei tiefem Schnee müssen sie versagen; man muß zu diesem Zwecke dann einen hochläufigeren Hund zur Nachsuche verwenden.

DER KUGELSCHUSS

Äußere Schußwirkungen

Schuß- oder Pürschzeichen

Es ist ein alter, waidmännischer Grundsatz, der nunmehr auch Gesetz geworden ist, daß allem Wild, das auf Schalen zieht, die Kugel gebührt. Auch der Fangschuß mit Schrot oder gehacktem Blei ist beim Schalenwild verboten. Damit ist allen Täuschungsversuchen die Spitze abgebrochen.

Wenn ich im Eingang des vorigen Abschnittes sagte, die Nachsuche beginne mit der Abgabe des Schusses, so muß ich das hier noch ein klein wenig schärfer fassen. Denn es ist von großem Vorteil, wenn der Waidmann sich beim Schießen auf stehendes oder sich nur wenig bewegendes Wild – bei Wild in der Flucht wird es nur selten möglich sein – die Richtung, in die er schießen will, schon *vor* dem Schuß merkt. Auf diese Weise findet er den *Anschuß*, d. h. die Stelle, auf der sich das Wild im Knall befand, weit leichter, als wenn er sich erst nach dem Schuß die Richtung wieder klarmachen will, was dann oft zur Unmöglichkeit wird. Daher gewöhne sich der Anfänger, sich an Baum und Strauch oder an sonstigen Marken die Schußrichtung schon vorher einzuprägen. Das ist sehr wichtig, denn ohne den Anschuß zu haben, ist eine Nachsuche schon halb verloren. Nach dem Schuß beobachte der Schütze genau das beschossene Stück, um festzustellen, ob weitere Merkmale, die über den Sitz der Kugel Aufschluß geben können, in Erscheinung treten, also: schlenkernder Lauf, krummer Rücken, Stehenbleiben und Zurückäugen usw. Sofern sich die Möglichkeit bietet, einen zweiten Schuß anzubringen, ist unbedingt noch einmal zu schießen. Nichts ist falscher, als in solcher Situation Patronen sparen zu wollen; mancher hat solche Sparsamkeit bitter bereut. Eine alte Jägerweisheit lautet: Solange ein Stück Schalenwild auf den Läufen ist, muß man schießen! Bricht das Wild im Feuer zusammen und schlägt wie wild mit den Läufen, dann die Beine in die Hand und schleunigst hin, denn das Stück kann gekrellt sein, und man muß möglichst schnell den Fangschuß geben.

Das erste *Pürschzeichen,* das der Schütze sozusagen im Knall sieht, ist das *Zeichnen.* Es ist diejenige eigentümliche Bewegung, die das Wild in dem Augenblick macht, in dem es von der Kugel getroffen wird. Der Schütze wird das Zeichnen nur dann beobachten, wenn er sich gewöhnt hat, beim Schuß ruhig durch das Feuer zu sehen, also nicht zu *mucken.* Alles Schalenwild *zeichnet* ziemlich gleichmäßig. Nur Schwarzwild macht eine Ausnahme, indem dieses meist nur auf Knochenverletzungen sichtbar zeichnet, sonst aber nur für ein scharf beobachtendes Auge auf den Treffer zusammenruckt. Bei Knochenschüssen aber zeichnet es wie das übrige Schalenwild. Bei den modernen hochrasanten Geschossen kommt es vor, daß gut getroffenes Wild überhaupt nicht zeichnet, sondern wie vom Blitz erschlagen in der Fährte zusammenbricht.

Um das Zeichnen zu erkennen, muß man durch den Schuß sehen, was nicht alle Jäger können; beim Schießen mit Zielfernrohr ist allerdings das Zeichnen schwerer zu sehen als beim Schießen über Kimme und Korn.

Alle *tödlichen Knochenschüsse* lassen das Wild im Feuer zusammenbrechen. Bei *einseitigen Knochenschüssen* der Läufe knickt das Wild nach der Seite ein, an der ihm durch die Kugel die Stütze zerschmettert wurde. Es berührt aber nur selten den Boden; und wenn es das auch für einen Augenblick tat, so wird es doch sofort flüchtig. Bei derartigen *hohen Laufschüssen* schleppt der zerschossene Lauf; bei *tiefen* schlenkert er hin und her. Werden *beide Hinterläufe* in der Keule im Knochen getroffen, so bricht das Wild hinten zusammen und wird nicht wieder hoch, schleppt aber häufig, sich auf den gesunden Vorderläufen vorwärtsziehend, den Hinterkörper nach; jedoch nur eine kurze Strecke. Werden *beide Blätter* durchschossen, so liegt es, entgegen der vielfach herrschenden Ansicht, längst nicht immer unter dem Feuer; sondern es wird noch so weit flüchtig, wie es die Verletzung der inneren Organe zuläßt. Wenn das Wild bei einem solchen Schuß im Feuer bleibt, so ist entweder die Wirbelsäule durchschossen oder *beide Oberarme,* d. h. die Röhrenknochen zwischen Schulter und Ellenbogen.

Bei *Krellschüssen* liegt das Wild im Dampf, häufig auf dem Rücken. Ist es ein reiner Krellschuß, bei dem nicht das Rückgrat selbst, sondern nur eine *Feder* (ein Dornfortsatz des Wirbels) verletzt wurde, und nur der Anprall des Geschosses an das Knochensystem das Wild vorübergehend umwarf und betäubte, so schnellt es heftig mit den Läufen, um alsbald wieder hoch und erst taumelnd, dann schneller flüchtig zu werden.

Bei allen übrigen Schüssen sucht das Wild dem Schmerz an der getroffenen Stelle auszuweichen und zwar in der Weise, daß es beispielsweise bei tiefen Blattschüssen vorn eine Flucht in die Höhe macht. Diese Flucht pflegt um so höher zu sein, je tiefer die Kugel sitzt. Bei den *Streifschüssen* durch den Brustkern (die Verwachsung der Rippen an der Unterseite des Brustkastens), die häufig ungefährlich sind, macht es die höchste Flucht, d. h. es zeichnet nach der herrschenden Anschauung am besten. Das wird besonders einleuchtend, wenn man Gelegenheit gehabt hat, das Zeichnen auf Schüsse zu beobachten, die den Brustkern ganz vorn und ganz tief streiften. In solchem Fall weicht das Wild nach hinten und nach oben zugleich aus; es setzt sich geradezu auf die Keulen und fällt sogar gelegentlich hintenüber.

Bei Schüssen, die das *Wildpret* über dem *Rückgrat* oder nur das *Haar* daselbst treffen, kann der Waidmann beobachten, wie das Wild sich förmlich duckt, um auszuweichen. Dagegen zeichnet es, wenn die zu tief gehende Kugel den Boden aufreißt und die ausgerissenen Bodenteile den Brustkern treffen, wie beim besten Herzschuß.

Bei solchen *Hals-* und *Kopfschüssen,* die das Wild nicht im Feuer zusammenbrechen lassen, wird das Zeichnen durch eine ganz eigentümliche Bewegung dieser Teile sichtbar, die mit dem Schütteln des Kopfes Ähnlichkeit hat. Im Knall aber zeichnet es meist gar nicht. Der Jäger bemerkt diese Bewegung erst später, wenn er es bei der Nachsuche stehend zu Gesicht bekommt.

Der *mittlere* und *tiefe Blattschuß* veranlassen eine geringere oder stärkere, hohe Flucht; dann aber ein auffallendes Niedergehen mit dem Kopf zur Erde. Das letztere ist das Wesentliche des Zeichnens. Das Wild stürmt ohne Aufenthalt, an Baum und Strauch anprallend, in rasender Flucht fort und bricht entweder in dieser, in der gerade gemachten, letzten Bewegung zusammen, oder aber es hebt sich – bei reinen Lungenschüssen, um dem Ersticken zu entgehen – nochmals vor dem Zusammenbrechen auf den Hinterläufen hoch in die Luft, um dann verendet niederzufallen. Bei *Herzschüssen* verendet das Wild, sobald im Gehirn Blutleere eintritt; manchmal blitzartig, meist aber erst 40–80 Schritt vom Anschuß, den es in rasender Flucht verläßt.

Den *hohen Leberschuß* pflegt das Wild kaum sichtbar zu zeichnen; es ruckt zusammen. Beim *mittleren* oder *tiefen* dagegen wird es, ähnlich wie bei Blattschüssen, vorn hoch, jedoch in geringerem Grad, fährt auch nachher nicht mit den Windfang zu Boden. Es geht ohne besonderes weiteres Zeichen flüchtig ab.

Beim *Schuß durch das Gescheide,* also bei den *Waidwundschüssen,* schnellt das Wild mit den Läufen hinten aus, und zwar desto höher, je tiefer und je weiter nach hinten die Kugel sitzt. Oft schnellt das Wild auch nur mit *einem* Lauf und wenig auffallend. Ist nur der *Pansen* getroffen, so ist ein Zeichnen häufig gar nicht wahrnehmbar. Sitzt die Kugel im kleinen Gescheide, so wird das Wild oft nach einigen Fluchten kurz, zieht mit krummem Rücken weiter, bleibt häufig stehen und äugt nach hinten. Wird es weit nach hinten waidwund geschossen, so streckt es oft den Wedel mit zitternder Bewegung geradeaus.

Der *Schuß durch die Nieren* läßt das Wild fast immer hinten zusammenbrechen, um bald wieder hoch zu werden und mit ausgestrecktem, zitterndem Wedel meist langsam fortzuflüchten oder gar fortzuziehen.

Bei *reinen Wildpretschüssen* ist das Zeichnen nur durch das früher erwähnte Ausweichen vor dem Schmerz erkennbar, vielfach auch überhaupt nicht bemerkbar. *Wildpretschüsse* an den *Läufen* oder *Streifschüsse* sind oft durch ein Zusammenrucken nach der verletzten Stelle und bei den ferneren Fluchten an der Schonung des verletzten Laufes zu erkennen.

Fehlschüsse zeichnet das Wild nicht. Es bleibt oft einen Augenblick stehen, wird dann flüchtig, um von Zeit zu Zeit wieder zu verhoffen. Oft auch schreckt es nach solcher Störung, was man übrigens beim Rehwild auch hin und wieder beobachten kann, wenn es angeschweißt wurde.

Schwerkrankes Wild pflegt sich *abzutun,* sich von dem übrigen Wild zu trennen. Nur Kälber bleiben bei der Mutter, solange sie ihr noch folgen können.

Vielfach wird behauptet, gut getroffenes Wild mache immer die ersten Fluchten *vorwärts.* Das ist nicht unbedingt zutreffend. Es tut das zwar meistens; aber einen Schluß auf Fehlschuß darf der Waidmann aus dem entgegengesetzten Verhalten nicht ziehen. Ich kenne eine Anzahl von Fällen, in denen getroffenes Wild auf guten Blattschuß sofort herumschlug und in derselben Richtung flüchtete, aus der es kam, ohne auch nur eine einzige Flucht vorwärts gemacht zu haben.

Einzelhaar
a–b Wurzel, b–d Schaft, b–e Unterschaft, e–c Band oder Mittelschaft, c–d Spitze oder Oberschaft

Der *Kugelschlag.* Als man noch mit Vollbleigeschossen 11 mm und darüber schoß, war der Kugelschlag, d. h. der Knall, der durch das Auftreffen des Geschosses auf den Wildkörper entsteht, in allen Fällen sehr deutlich zu hören. Je geringer das Kaliber und je höher die Geschoßgeschwindigkeit, desto weniger ist der Kugelschlag hörbar. Es gehört vor allem eine gewisse Übung dazu, den Kugelschlag zu hören. Der Treffer auf dem Blatt, der auf den mit Luft gefüllten Brustkorb schlägt, ergibt einen klatschenden Aufschlag. Beim Waidwundschuß tönt er dumpf: buff! Der Knochenschuß gibt hellen Schlag. Der Schuß auf Holz tönt heller, auch weicher als der auf Knochen.

Sicherlich unterliegt der Jäger bei den kleinkalibrigen Büchsen viel eher Irrtümern hinsichtlich des Kugelschlages als früher, weil sich bei der großen Fluggeschwindigkeit alles viel enger zusammendrängt und er den Schlag auf einen hinter dem Wild befindlichen Gegenstand leicht mit dem auf den Wildkörper verwechseln kann. Hat so der Kugelschlag nicht mehr die große Bedeutung wie bei den alten Waffen, so kann er auch heute noch von Wert sein.

Die *Eingriffe* oder der *Ausriß* bilden ein weiteres Pürschzeichen. Das von der Kugel getroffene Wild fährt heftig zusammen und macht dann eine starke Flucht, die häufig noch mit einer mehr oder minder großen seitlichen Wendung verbunden ist. Dadurch greifen die Schalen bedeutend tiefer als sonst in die Erde ein, reißen den Bodenüberzug auf und verursachen auf diese Weise eine in das Auge fallende Bodenverwundung; zunächst auf der Stelle, die das Wild mit den Schalen berührte, als es die Kugel erhielt. Diese nennt man die Eingriffe oder den Ausriß. Zwar fährt auch gesundes Wild, wenn es durch den Schuß erschreckt wird, zusammen. Es hinterläßt auch häufig Eingriffe; doch diese sind weniger bedeutend und mit den Eingriffen eines getroffenen Wildes nicht leicht zu verwechseln.

Das *Schnitthaar.* Findet der Jäger Haar, *Abschußhaar* oder auch *Farbe,* auf dem Anschuß, so weiß er, daß der Schuß getroffen hat. Aber er weiß nicht nur das, sondern auch, wo er traf. Letzteres freilich nur, wenn er sich mit der Verschiedenheit des Haares oder der Borsten an den einzelnen Teilen des Wildkörpers vorher vertraut machte. Wenn du ein

Haar aus der Decke reißest und betrachtest es der größeren Deutlichkeit wegen durch eine Lupe – ein gutes Auge sieht das übrigens auch ohne eine solche –, so erkennst du folgende Teile: Ein Stückchen der abgerissenen *Wurzel* – der Wurzelrest ist im Haarbalg steckengeblieben – und den *Schaft*. Der Schaft teilt sich nach Form und Farbe in den mehr oder weniger grau gefärbten *Unterschaft*, den anders gefärbten *Mittelschaft*, das *Band* und den *Oberschaft* oder die *Spitze*. Für die Gesamtfärbung des Wildes geben das Band und die Spitze den Ausschlag. Ersteres bewirkt die Allgemeinfärbung. So ist es beim Rothirsch und Rehbock im Sommer rot. Letzteres bewirkt die dunkle Färbung am Nacken und auf dem Rücken.

Der am Schaft sitzende Wurzelrest ist ohne ausgesprochene Farbe. Er bietet keinen Anhalt für den Körperteil, aus dem das Haar stammt. Wohl aber läßt er einen Schluß zu, ob das Haar *ausgerissen* oder durch die Kugel *abgeschnitten* ist. Auch ein Treffer liefert neben dem abgeschnittenen Haar, dem *Schnitthaar*, solches, das ausgerissen ist; namentlich an der Ausschußseite. Findet sich aber nur ein oder ein anderes ausgerissenes Haar auf dem Anschuß, so ist das kein Beweis für einen Treffer. Denn loses Haar steckt immer in der Decke des Wildes; es fällt natürlich leicht heraus, wenn das Wild auf den Schuß zusammenschreckt.

Aber auch auf den Wechseln, den Äsungsplätzen und in den Betten liegt überall Wildhaar umher, das oftmals auch ohne Wurzel ist. Dieses Haar ist meist zerdrückt, nicht mehr *gerippt*, klebt am Boden – und vor allen Dingen: Es ist an der Bruchstelle unscheinbar und grau, während frisches Schnitthaar hier weiß ist. Da kann es für den Waidmann keine Verwechslung geben.

Der Schaft ist fast immer wellenförmig hin und her gebogen, *gerippt*. Diese Rippung verliert sich bei Haar, das längere Zeit draußen umherliegt.

Daß der Waidmann einen so kleinen Gegenstand, wie ihn ein Haar darstellt, nicht auffinden kann, wenn er die Richtung des Schusses nicht ganz genau kennt, das liegt auf der Hand. Daher kann die Notwendigkeit, sich diese Richtung zu merken, nicht genug betont werden. Nur so ist es möglich, den Ausriß und das Haar, mit anderen Worten: den Anschuß aufzufinden.

Wenn ein Wild breit von der Kugel durchschlagen ist, so finden sich auf dem Anschuß häufig zwei Büschel Haare. Das eine rührt vom Einschuß her, das andere vom Ausschuß. Diese Büschel fallen meist so ins Auge, daß auch der Ungeübte sie nicht übersieht. Häufig aber sind solche Büschel auch *nicht* vorhanden. Dann heißt es nach Einzelhaaren suchen. Letztere fallen auf dunklem Laub oder bei dunklem Haar auf hellem Untergrund leicht ins Auge; besonders gut sind sie zu finden auf Wasserlachen, grünem Moos. Nach Regen und im Tau bleibt das Haar an Grashalmen, am Gebüsch, an höheren Teilen des Bodenüberzuges kleben und ist hier leicht zu finden, sofern es nicht bei nasser Decke des Wildes an dieser hängenblieb. Helleres Haar, besonders weißes, verlangt bei Schnee große Aufmerksamkeit, während dunkleres sich hier schon von weitem kenntlich macht. Selbstverständlich muß der Jäger sich tief bücken oder niederknien, um einzelne Haare zu finden. Hat er aber erst eins, so ergeben sich auch die andern.

Ob der Schütze viel oder wenig Haar auf dem Anschuß findet, das hängt von dem getroffenen Körperteil, von der Stellung des Wildes, dem stärkeren oder kleineren Büchsenkaliber, der Jahreszeit – im Winter bei dichter Behaarung mehr, im Sommer weniger – und von Zufälligkeiten ab. Streifschüsse pflegen, wenn sie den Rumpf treffen, immer viel Haar zu liefern. Trifft die Kugel breit auf den Wildkörper, so schneidet sie von einem Teil des Haares die Spitzen, von dem anderen mehr oder minder den Schaft ab. Auf derjenigen Fläche, wo sie mit dem Geschoßkopf auftrifft, zermalmt sie das Haar. Das letztere ist das oftmals zu findende, doppelt und mehrfach zerschossene Haar, von dem manche glauben, es sei das Zeichen eines besonders guten Treffers, während es sich, wie dieses in der Natur der Sache liegt, auch bei schlechten Schüssen finden muß und tatsächlich findet. Weil das meiste Haar seinen Strich nach hinten hat, so liefert ein in der Richtung dieses Striches auftreffendes Geschoß bei dem Schrägschuß von hinten auf der Einschußseite wenig Haar, – die Kugel schlüpft sozusagen ein –; dagegen auf der Ausschußseite mehr. Bei Schrägschuß von vorn ist das umgekehrt der Fall. Übrigens erhält der Schütze gelegentlich eine ganz sichere Unterlage dafür, ob er Haar auf dem Anschuß finden wird oder nicht. Denn bei günstiger Beleuchtung sieht er oft im Knall das Schnitthaar in der Luft umherwirbeln; besonders im Sonnenschein, und wenn er mit Zielfernrohr schießt.

Manchmal findet er am Abschußhaar größere oder kleinere Hautfetzen hängen. Manche sind der Meinung, daß es sich dann jedesmal um einen Streifschuß handle. Indes ist das nicht immer so. Zwar hinterlassen Streifschüsse in der Regel auf dem Anschuß neben vielem Haar auch Hautfetzen; aber in manchen Fällen ergeben auch die Ausschüsse guter Treffer solche Fetzen. Bei Geäse- und Laufschüssen finden sie sich sehr oft mit ganz kurzem Haar. Es wird daher Sache des Jägers sein zu bestimmen, was für Haar an einem gefundenen Hautfetzen sitzt, um in Verbindung mit den übrigen Zeichen ein Urteil zu haben, ob ein Streifschuß vorliegt oder nicht.

Ich rate jedem jungen Waidmann, keine Gelegenheit zu versäumen, seine Kenntnis über das Haar bei jedem Schalenwild zu erweitern und zu festigen. Da die Jagd selbst dazu selten die nötige Ruhe und Zeit läßt, so legt er sich zweckmäßig eine kleine Sammlung von Haarproben an, um sich in Muße mit den Unterschieden beschäftigen zu können. Das sei aber gleich gesagt: Lupe und Mikroskop braucht er – vom Sommerhaar des Rehbockes abgesehen, das äußerst fein und unscheinbar ist und daher wenig Anhalt bietet – dazu *nicht*. Die gesunden Augen eines Waidmanns reichen völlig aus. Das Weitere müssen Fleiß und Übung bringen. Wer aber im Ansprechen des Haares sicher ist, der verfügt für die Nachsuche über ein Rüstzeug das nicht übertroffen werden kann. Das beste Hilfsmittel sind die sog. *Schnitthaarbücher,* die man sich ohne nenneswerte Kosten selbst anfertigen kann, indem man kleine Deckenfetzen mit Haar von den verschiedensten Körperteilen des betreffenden Wildes in ein Buch einklebt und darunter vermerkt, von welcher Körperstelle das Haar stammt. Mit zwanzig verschiedenen Haarproben kommt man gut aus. Selbstverständlich muß man ein solches Schnitthaarbuch vom Hirsch, Alttier und Kalb haben und beim Hirsch vom Sommer- und Winterhaar.

Bei *Kopf-* und *Laufschüssen* ist noch zu bemerken: Faßt die Kugel den Kopf am Ober- oder Unterkiefer, so daß das Wild nicht im Dampf bleibt, so wird der Jäger *Knochensplitter* oder *Zähne* mit Hautfetzen der Lefzen, die meist leicht anzusprechen sind, auf dem Anschuß finden und so über den Sitz der Kugel nicht im Zweifel bleiben. Faßt sie aber den unteren Teil des Laufes, so gibt das Zeichnen des Wildes – Einknicken nach der Seite, an der die Stütze zerschmettert wurde – zunächst einen Anhaltspunkt. Splitter von

Röhrenknochen finden sich auf dem Anschuß oder, falls nur ein Streifschuß vorliegt, Hautfetzen, die mit denen der Lefzen nicht verwechselt werden können, und die mit kurzen Haaren besetzt sind. Das Wild schont dann meist den getroffenen Lauf. Abgesehen von all diesem, wird ein ruhiger Schütze, wenn er auf stehendes oder ziehendes Wild schoß, sich über seinen Schuß immer so weit klar sein, daß er weiß, ob er den Kopf oder den Lauf getroffen hat. Beim Schuß auf flüchtiges Wild ist das freilich anders, weil hier Kopf und Läufe manchmal sehr nah beieinander sind.

In jagdlichen Lehrbüchern und Zeitschriften wird oft ein großer Nachdruck auf das Auffinden von *Schweiß* auf dem Anschuß gelegt, um danach den Sitz der Kugel anzusprechen. Das ist gänzlich verfehlt; denn auf dem Anschuß ist Schweiß nur selten vorhanden. Es seien denn einige Spritzer, die die durchschlagende Kugel mit sich aus dem Wildkörper herausriß. Dieser

Schweiß, meist so winzige Tröpfchen, daß sie gar keinen Anhalt für die Herkunft geben, liegen vom Schützen aus hinter dem Wild. Am ehesten findet sich noch bei schlechten Schüssen Schweiß auf dem Anschuß; bei guten beginnt er erst nach 10–20 Schritt. Er kommt also für die Feststellung des Anschusses und für die Tatsache, ob die Kugel getroffen hat, auf dem Anschuß selbst nur selten in Frage.

Das Auffinden eines einzigen Schnitthaares aber sagt mir, ob und mit hoher Wahrscheinlichkeit, wo ich getroffen habe. Damit ist mit einem Schlag die ganze Nachsuche auf eine sichere Grundlage gestellt, die in Verbindung mit weiteren Pürschzeichen deren geordnete Ausführung ermöglicht.

Liegt hierin der gewaltige Vorteil der näheren Kenntnis von den Eigenschaften des Haares und der Übung in ihrer Anwendung, so gewährt der Besitz einer geordneten Haarsammlung in Form des erwähnten Schnitthaarbuches die Annehmlichkeit, unter Umständen durch Vergleichung über den Sitz der Kugel Gewißheit zu erlangen. Der Jäger kann dann noch am folgenden Tage die sonst aufgegebene Nachsuche wieder aufnehmen oder aber sich über offenbar unschädliche Streifschüsse, die wieder ausheilen, beruhigen.

Der *Schweiß* findet sich also meist im weiteren Verlauf der Wundfährte. Es ist dasjenige Pürschzeichen, das auf *frischer* Fährte oft ein recht sicheres Ansprechen des Sitzes der Kugel gestattet. Je länger er aber liegt, desto unsicherer wird das Ansprechen, bis er schließlich nur noch erkennen läßt, daß es sich überhaupt um Schweiß handelt. Woher er stammen könnte, verrät er nicht mehr. Am leichtesten erkennt der nachsuchende Waidmann ihn auf grüner Unterlage, auf Laub, Gras und Kraut, auf hellem Sand, weißlichem, grauem Gestein und vor allen Dingen auf Schnee, falls er nicht staubfein ist, denn dann fällt er entweder tief hinein oder rollt sich zu weißen Kügelchen. Auf tauendem Schnee läuft der Schweiß auseinander. Schwierig ist das Erkennen auf braunem Heidekraut, rotem Nadelpolster, auf dürren Ästen. Da *eine* Farbe von der anderen abhängt, so kann derselbe Schweiß auf verschiedener Unterlage recht verschiedenen Eindruck machen.

Wir unterscheiden: *Lungenschweiß:* hellorangerot, schaumig; *Herzschweiß:* dunkelrot, oft blasig; *Leberschweiß:* braunrot, oft mit Leberteilchen untermischt; *Waidwundschweiß:* entweder hell, dünnflüssig, wässerig oder ganz tiefrot – Milzschuß – meist mit grünlichen und bräunlichen Teilen aus dem Gescheide untermischt, dann schmutzig gefärbt; endlich *Wildpretschweiß:* hellrot, nicht blasig oder schaumig. Im allgemeinen ist die Farbe bei den einzelnen Wildarten gleich (Schweißtafel gegenüber S. 416). Eine Ausnahme macht das Schwarzwild in dem Sinn, daß, wenn ich dem Schweiß des übrigen Schalenwildes im Durchschnitt mehr die Orangefärbung zuspreche, dann dem des Schwarzwildes die Karminfärbung zugestehe.

Gelegentlich findet der nachhängende Jäger im Schweiß Teile der verletzten Organe oder deren Inhalt. Schlug die Kugel durch den Wildkörper hindurch, schob sich die Decke nicht vor den Ein- oder Ausschuß, verstopft kein Feist, Weiß oder Gescheide den Schußkanal, dann liegt der Schweiß auf beiden Seiten der Fährte; sonst auf der offenen Seite. Falls beiderseitiger Verschluß vorliegt, so fehlt er auf längeren Strecken ganz. Läuft der Schweiß an einem Lauf herunter, der nicht umherschlenkert, so liegt er in der Fährte, oft nur im Tritt; schlenkert der Lauf, so liegt er umhergespritzt *neben* der Fährte. Blutreiche Gefäße, die durchschlagen wurden, ergeben viel und anhaltenden Schweiß. Wildpretschüsse schweißen alsbald, oft schon auf dem Anschuß, um bald aufzuhören. Hohe Schüsse ergeben wenig Schweiß, weil dieser sich in der Brust- oder Bauchhöhle sammelt. Tiefe Schüsse schweißen daher eher und besser. Außerdem saugt bei Hochschüssen die Decke viel Schweiß auf.

Je schneller die Bewegung des flüchtenden Wildes ist, auf desto größerem Raum verteilt sich der Schweiß; desto spärlicher findet er sich. Wird das Wild bei gleich starkem Schweißen kürzer, so liegt entsprechend mehr Schweiß. Schrägschüsse geben oft auf der Ein- und Ausschußseite verschiedenen Schweiß. Sie lassen daher einen ziemlich sicheren Schluß auf die Verwundung zu.

Bei den nachstehend aufgeführten hauptsächlichsten Schüssen ergibt sich der *Schweiß* wie folgt:

1. Schuß durch das *Geäse*, durch den *Ober-* oder *Unterkiefer:* Vom Speichel verdünnter, blasser, schleimiger Schweiß, in langen Fäden zu beiden Seiten der Fährte. Das Wild „sabbert".
2. Schuß durch die *Drossel:* Schweiß von der Farbe des Wildpretschweißes, falls die Lunge nicht mitverletzt wurde. Doch hat er große Blasen und liegt in der Flucht, durch die Ausatmung gewaltsam herausgestoßen, weit von der Fährte ab, oft sehr reichlich.
3. Schuß durch den *Schlund:* Sehr wenig Schweiß, mit dem grünlichen Inhalt des Schlundes untermischt, von schmutziger, dunkler Farbe, in der Fährte liegend.
4. *Mittelhoher Blattschuß, hoher Lungenschuß:* Meist wenig Schweiß von hellorangeroter Farbe, schaumig, neben der Fährte liegend, selten beim Ausatmen durch das Geäse nach vorn gespritzt. Oft schweißen solche Schüsse gar nicht, wie ich wiederholt bei Schnee beobachtet habe. Der erste Schweiß fand sich dann erst wenige Schritte vor dem verendeten Wild. Wie wichtig die Bestimmung des getroffenen Körperteils aus dem Haar nach solchen Schüssen für die Nachsuche ist, liegt auf der Hand.
5. *Tiefer Blattschuß, Lungenschuß:* Auf dem Anschuß oft von der Kugel herausgerissene Lungenteilchen nebst einigen Spritzern Schweiß. Nach 15–20 Schritt zu beiden Seiten der Fährte viel hellorangeroter, feinblasiger, schaumiger Schweiß; derselbe Schweiß durch Geäse und Windfang ausgeblasen in der Fährte. Da das tödlich getroffene Wild im weiteren Flüchten immer kürzer wird, so mehrt er sich bis zum Zusammenbrechen zusehends.
6. *Tiefer Blattschuß, Herzschuß:* Schweiß sehr dunkel, reichlich, zu beiden Seiten der Fährte; oft mit großen Blasen, aber nicht schaumig. So getroffenes Wild schweißt oft schon vom Anschuß an – tiefer Herzschuß –; meist aber schon 5–8 Schritt davon entfernt.
7. *Leberschuß:* Schweiß beginnt 15–20 Schritt vom Anschuß, ist braunrot und liegt in großen Tropfen zu beiden Seiten der Fährte. Sehr häufig sind Leberteilchen darin enthalten, die sich grießig anfühlen. Im Zweifel entscheidet der Geschmack mit Sicherheit, ob Leberschuß vorliegt.
8. *Waidwundschuß durch das große Gescheide, den Pansen:* Sehr wenig ganz heller, dünner Schweiß; nach 20–30 Schritt beginnend, mit dem grünlichen oder bräunlichen Inhalt des Pansens, Waidsackes, vermengt, der meist gröber ist als der des kleinen Gescheides, so daß der Schweiß eine schmutzige Färbung erhält. Ist die sehr blutreiche Milz getroffen, so fällt er in dicken, ganz dunklen Tropfen, die neben der Fährte liegen.
9. *Flanken- oder Flämenschuß, Schuß durch das kleine Gescheide:* Wenig Schweiß, oft mehr grünlich als rötlich, weil mit grünem Gescheideinhalt vermischt, neben der Fährte liegend, in einzelnen Tropfen. Bei den Waidwundschüssen ist der Geschmack ein ebenso sicherer Führer wie beim Leberschuß.
10. *Nierenschuß:* Schweiß dunkelrot, liegt in dicken Tropfen zur Seite der Fährte; jedoch meist in weiteren Abständen. Nicht selten fehlt er gänzlich, weil er im Innern der Bauchhöhle bleibt oder vom Haar aufgesogen wird.
11. *Keulenschuß:* Wildpretschuß, anfangs reichlich, später nachlassend, liegt in der Fährte.

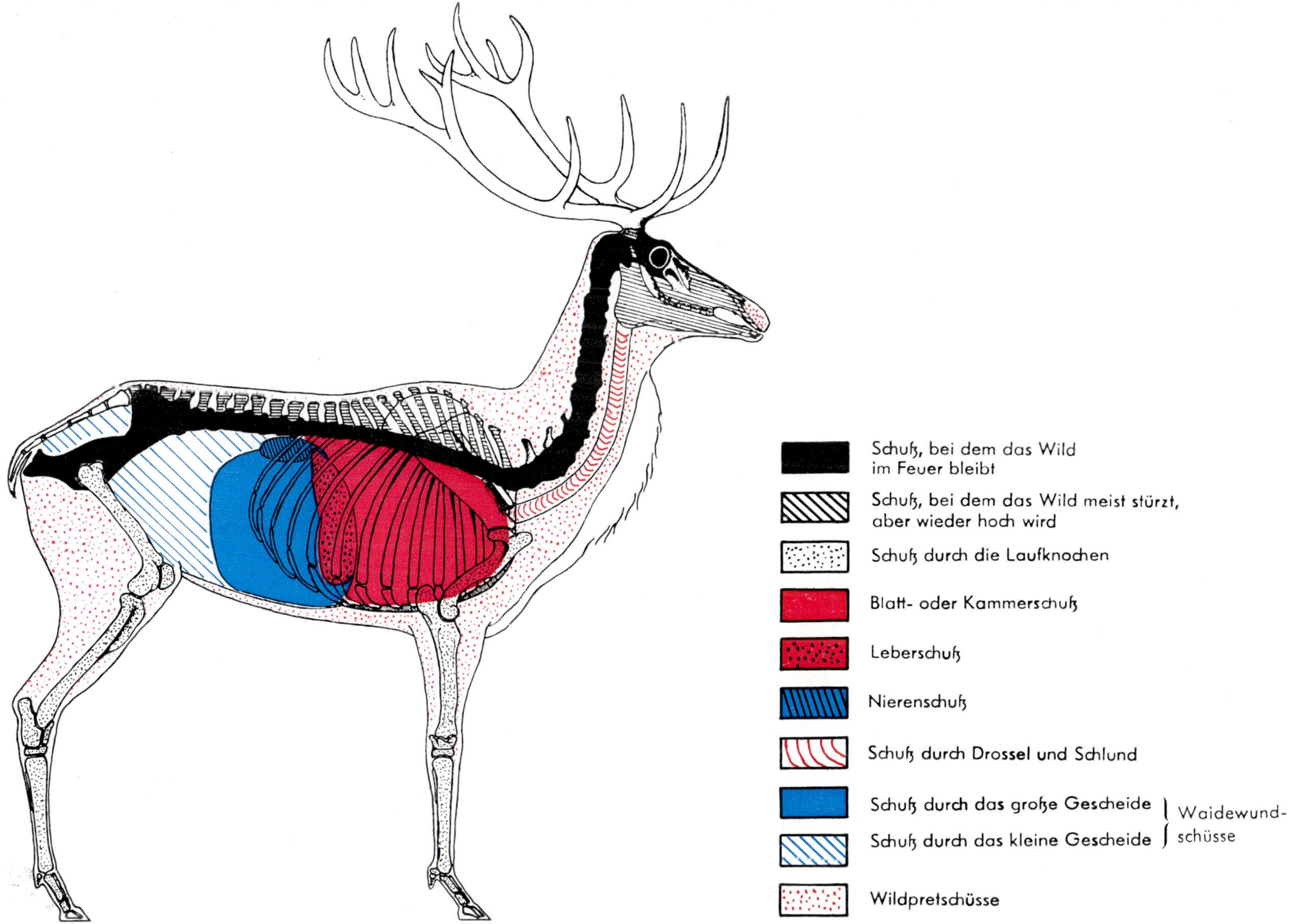

Schuß, bei dem das Wild im Feuer bleibt
Schuß, bei dem das Wild meist stürzt, aber wieder hoch wird
Schuß durch die Laufknochen
Blatt- oder Kammerschuß
Leberschuß
Nierenschuß
Schuß durch Drossel und Schlund
Schuß durch das große Gescheide
Schuß durch das kleine Gescheide
Waidewundschüsse
Wildpretschüsse

12. *Laufschüsse* – Knochenschüsse –: Schweiß anfangs reichlich, von Farbe des Wildpretschweißes. Bei hohen Laufschüssen liegt er in der Fährte. Je tiefer die Kugel sitzt, desto weiter wird er, solange das Wild stärker schweißt, zu beiden Seiten umhergespritzt. Nach Aufhören des stärkeren Schweißes findet er sich weniger und dann in der Fährte.

Alle guten, alsbald tödlichen Schüsse schweißen zu Anfang weniger – außer dem tiefen Herzschuß, der sofort und viel schweißt –, dann aber mehr und anhaltend. Die Wildpret-, Krell- und Laufschüsse schweißen anfangs stärker, um immer weniger Schweiß zu ergeben und schließlich gänzlich aufzuhören

Schweiß, der an Baum und Strauch, Halm und Zweig *abgestreift* wird, läßt meist einen sicheren Schluß auf die Höhe der Kugel zu.

Die aufgeführten Arten des Schweißens erschöpfen selbstverständlich nicht alle Möglichkeiten bei der Verwundung des Wildkörpers. Sie sollen nur einen Anhalt für die hauptsächlichsten Schüsse geben.

Schließlich seien noch die Pürschzeichen in Gestalt von *Knochensplittern, Zähnen, Wildpret- und Schalenstücken* erwähnt, die sich auf dem Anschuß oder im weiteren Verlauf der Nachsuche ergeben. Sie bieten einen weiteren Anhalt für die Art der Verwundung des Wildes. Bei den Knochensplittern ist aus der Art des Knochens ein genauer Schluß auf den Sitz der Kugel möglich. Laufknochen sind glashart und stets mit messerscharfen Kanten gesplittert, Rippenknochen und Brustkern sind dagegen sehr porös und weisen zackige Kanten auf.

Auf alle genannten Pürschzeichen muß der Waidmann auf das sorgfältigste achten, wenn er die Nachsuche in waidgerechter Art betreiben will. Kein Haar, kein Schweißspritzer darf ihm entgehen. Dahin gelangt er nur durch Fleiß und Übung.

Innere Schußwirkungen

Eine erfolgreiche Nachsuche erfordert völliges Vertrautsein mit der inneren Wirkung der einzelnen Schüsse. Einmal, weil der Waidmann bei vorzeitigem Beginn den ganzen Erfolg in Frage stellen, dann, weil es verlorene Zeit bedeuten würde, an der bei eintretender Dunkelheit kein Überfluß ist, wenn er etwa bei einem guten Blattschuß die Nachsuche unnötig lange hinausschieben wollte. Um vollständig zu sein, führe ich auch diejenigen Schüsse an, die keine Nachsuche mehr erfordern. Dabei sei bemerkt, daß starke Ladung auf geringeres Wild natürlich eine schwerere Wirkung hervorbringen muß. Ich bringe daher auch nur Durchschnittsangaben.

Knochenschüsse

1. *Tödliche Knochenschüsse:* Bei Schädel- und Halsschuß verendet das Wild sofort. Beim hohen Blattschuß nach ganz kurzer Zeit. Bei Rücken- und Keulenschuß kommt das Wild nicht mehr hoch. Hier ist besonders der hohe Blattschuß hervorzuheben, weil meist angenommen wird, das Wild bliebe deshalb im Feuer, weil beide Blätter durchschossen waren. Das sind sie auch meist; aber die Wirbelsäule ist mit durchschlagen. Daher das Zusammenbrechen im Feuer.

Beim Schwarzwild täuschen das hohe Nackenwildpret und die darauf stehenden Borsten, Federn, eine größere tödliche Blattfläche vor als bei anderem Wild. So gilt daher die alte Regel, hier den tiefen Blattschuß vorzuziehen, wenn man nicht einen Krell- oder gar einen Wildpretschuß verzeichnen will.

Die Schüsse durch die Knochen des Ober- und Unterkiefers sind bei allem Wild tödlich; auch wenn es, was oft genug geschieht, nicht zur Strecke kommt, weil es damit elend verhungern muß. Sie erfordern, um diesem Unglück vorzubeugen, eine ganz besonders ausdauernde Nachsuche. Bei Sauen mit Kieferschuß kann man Nachsuchen bis 20 km Länge und darüber erleben.

2. *Krellschüsse:* Die über der Wirbelsäule befindlichen *Federn*, die Dornfortsätze der Wirbel, *Geweih* und *Gehörn* sind Gegenstand der Krellschüsse. Trifft die Kugel eine solche Feder oder den unteren Teil von Geweih und Gehörn, so bricht das Wild unter dem Feuer zusammen, fängt bald an, mit den Läufen zu schnellen, wird dann taumelnd hoch, bald flüchtig und, wenn der Schütze nicht rasch zur Stelle ist, auf Nimmerwiedersehen. Je dünner und länger die Federn sind, wie am Widerrist, desto sicherer und schneller wird das Wild wieder hoch. Je kürzer und stärker sie sind, wie über den Nieren und Keulen, desto heftiger ist die Erschütterung des ganzen Knochengerüstes. Die Lähmung dauert längere Zeit; oft wird das Wild überhaupt nicht wieder hoch. Es gibt auch Krellschüsse, die die Wirbelsäule in ihrem unteren Teil treffen. Sie sind meist tödlich. Schüsse durch das Geweih oder Gehörn führen oft zur Erblindung.

Über den *Hohlschuß* sei hier nur so viel gesagt, daß es einen solchen, wörtlich genommen, gar nicht gibt insofern, als eine hohle Stelle im Innern des Wildkörpers, abgesehen von der mit Luft gefüllten Lunge und ihren Zugängen, nicht vorhanden ist. Es kommt jedoch vor, daß die Kugel unterhalb des Rückgrates den Brustkorb durchschlägt, ohne Rippen zu fassen, und daher einen glatten Durchschuß ergibt, ohne daß das Geschoß sich deformiert und zur vollen Wirkung gelangt. Meistens ist ein Lungenflügel an der Spitze durchschlagen. Das Wild heilt einen solchen Schuß sehr bald aus, und man spricht in diesen Fällen von einem *Hohlschuß*. Immerhin ist der sog. Hohlschuß selten, und man sollte sich sehr hüten, bei einer Nachsuche allzubald von einem vermeintlichen Hohlschuß zu sprechen und, sich damit tröstend, die Nachsuche abzubrechen. Ich habe viele hundert Nachsuchen mit Hannoverschen Schweißhunden gemacht und nur zweimal einwandfrei sog. Hohlschüsse erlebt.

3. *Knochenschüsse an den Läufen:* Treffen diese die Oberarme oder die Oberschenkel, so werden sie als *Blatt-* oder *Keulenschüsse* bezeichnet. Treffen sie den aus dem Körper herausragenden Teil der Läufe, so heißen sie Laufschüsse. Durchschlägt die Kugel beide Oberschenkel, so kommt das Wild nicht mehr hoch. Dasselbe ist vorn der Fall, wenn beide Oberarme durchschlagen werden. Man spricht von *Vorder-* und *Hinterlaufschüssen, hohen* und *tiefen Laufschüssen,* je nachdem die Kugel vorn oder hinten, hoch oder tief sitzt. Bei einseitigem hohem Hinterlauf- oder Keulenschuß bricht das Wild an der verletzten Seite zusammen, zieht langsam fort und ist vom Hund meist leicht zu stellen. Bei gleichem Vorderlaufschuß flieht das Wild, nachdem es vorn zusammengeknickt ist, meist schnell, aber, solange es nicht gestört wird, nicht weit fort und stellt sich oft nur vor einem sehr schnellen und scharfen Hund. Es kommt, wenn darauf nicht wie auf ein gesundes Stück von neuem Jagd gemacht wird, auch einmal gar nicht zur Strecke. Das hängt aber nicht wenig von der Schärfe des Hundes ab. Bei Vorderlaufschüssen empfiehlt es sich, baldmöglichst mit der Nachsuche zu beginnen, damit das kranke Stück nicht erst lernt, auf drei Läufen zu ziehen. Voraussetzung ist allerdings, daß man noch einige Stunden Tageslicht hat, denn Vorderlaufschüsse geben auch bei scharf jagenden Hunden häufig lange Hetzen, und es kann daher, besonders in gebirgigem Gelände, lange dauern, bis man den stellenden Hund findet. Ist also der Nachmittag schon fortgeschritten, dann lieber auch bei Vorderlaufschüssen das Wild in Ruhe lassen und bis zum nächsten Morgen mit der Nachsuche warten. Bei Schwarzwild hat das

allerdings häufig zur Folge, daß man das Stück am nächsten Tage nicht mehr bekommt, denn, während sich alles andere kranke Schalenwild – in Ruhe gelassen – bald steckt, zieht die kranke Sau, solange sie die Läufe tragen.

Schüsse durch die inneren Organe

1. Schuß durch die *Drossel* oder den *Schlund, Halsschuß:* Er ist in beiden Fällen tödlich. Das Wild bleibt aber nicht im Feuer, wenn nicht auch die Wirbelsäule oder die große Schlagader getroffen wird. Es wird vielmehr oft noch weit flüchtig und verendet langsam. Läuft aber bei dem Schuß durch die Drossel viel Schweiß in diese hinein, so tritt bald Erstickung ein.
2. Schuß durch die *Brusthöhle, Blatt-* oder *Kammerschuß:* Er durchbohrt entweder die Lunge oder Lunge und Herz oder vereinzelt bei ganz tiefen Schüssen das Herz allein. Je nach der Höhe ist es ein mittlerer oder tiefer Blattschuß. Ein solcher Schuß ist, von seltenen Ausnahmen abgesehen, immer tödlich. Ich kenne indes Fälle von völlig ausgeheilten Lungenschüssen, besonders bei den schon erwähnten Hohlschüssen.

   Der tiefe *Blattschuß,* gerade über dem Vorderlauf, ist – Breitschuß vorausgesetzt –, weil er das Herz trifft und keine Entwertung des Wildprets verursacht, der beste von allen Schüssen. Jedoch kommt es leicht vor, daß die Kugel etwas tiefer sitzt, als beabsichtigt war. Dann wird aus dem tiefen Blattschuß ein hoher Vorderlauf- oder Brustkernschuß. Um dem vorzubeugen, verzichtet der Waidmann lieber auf das Beste und nimmt dafür das Gute, nämlich den mittleren Blattschuß.
3. Der *Leberschuß:* Die Brusthöhle wird von der Bauchhöhle durch das Zwerch- oder Querfell getrennt. Durch letztere hindurch führt der Schlund in den Pansen. Die Leber liegt auf der rechten Seite der Brusthöhle, hart am Zwerchfell. Letzteres und mit ihm die Leber ist in fortwährender Bewegung begriffen. Bei der Ausatmung bewegt es sich nach vorn, bei der Einatmung nach hinten, so daß, je nach dem Stand der Atmung, ein den Wildkörper in der Gegend des Zwerchfells treffendes Geschoß sowohl einen Leber- wie einen Lungenschuß verursachen kann. Bei unseren heutigen Büchsen gibt ein Leberschuß dem Lungenschuß in der Wirkung nicht viel nach. Wird die Leber voll getroffen, so wird sie in ihrem ganzen Gefüge zertrümmert. Stärkeres Wild wird noch 150–250 Schritt weit flüchtig und verendet dann schnell. Bei weniger voll treffenden Schüssen ist die Wirkung zwar geringer; aber das Wild tut sich doch bald nieder und verendet nach einigen Stunden.
4. *Waidwundschüsse:* Sie treffen das Gescheide. Der Waidmann trennt diese Schüsse als solche durch das *große Gescheide,* durch den Pansen und durch das *kleine Gescheide,* die Gedärme.

   Die Schüsse, die *nur den Pansen* durchschlagen, sind die bösesten von allen. Wird die Milz, die, zwischen dem Pansen und dem Zwerchfell an der linken Seite festgewachsen, ein sehr blutreiches Gebilde darstellt, mit getroffen, dann wird das Wild etwas schneller krank, bei Breitschüssen wird außerdem, wenn die Milz getroffen wurde, auch meist die Leber durchbohrt. Sonst zieht das Wild bei reinen Pansenschüssen noch weit, tut sich schließlich nieder und verendet langsam. Wird es gestört oder hat es kurz vorher Hunde geäugt, ist es gar gehetzt worden, dann beruhigt es sich nicht wieder und zieht umher, solange es kann. Der Tod erfolgt durch Austritt der Äsung aus dem durchbohrten Pansen in die Bauchhöhle und die dadurch hervorgebrachte Entzündung oft erst nach 15–20 Stunden.

Ein *Schuß durch das kleine Gescheide* macht das Wild weit schneller krank. Es tut sich bald nieder und verendet, in Ruhe gelassen, in einem viertel bis einem halben Tag. Angeregt wird es aber weit flüchtig und tut sich erst kurz vor dem Verenden nieder.

Es ist vielfach die Meinung verbreitet, daß waidwund geschossenes Wild meist Dekkung suche, sich also nie im Altholz oder im lichten Stangenholz niedertäte. Das stimmt nur, wenn das Wild nicht beunruhigt ist. Sobald es aber in Dickungen etwa vergeblich vom Hund gehetzt oder wiederholt aufgestört wurde, dann meidet es diese und verendet fast ausnahmslos im Alt- oder Stangenholz.

Die Verheerungen, die schnellfliegende Geschosse im Gescheide anrichten, geben den waidwunden Verletzungen einen viel schnelleren Verlauf. Oftmals tut sich so getroffenes Wild noch im Angesicht des Schützen nieder und wird auch bei seiner Annäherung nicht mehr hoch. Aber es kommt doch oft genug vor, daß es trotz furchtbarer Verletzungen noch weithin wechselt. So habe ich ein mit 9-mm-Geschoß und 3 g Blättchenpulver waidwund geschossenes Rotwildkalb, das sich im Flüchten nach und nach das ganze Gescheide, beim Nachschleppen darauf tretend, aus dem Leib gezerrt hatte, erst nach 3/4 Stunden vor dem Hund totgeschossen. Das Gescheide lag in Stücken weithin in der Fährte.

5. Der *Nierenschuß:* Das getroffene Wild liegt unter dem Feuer, wird wieder hoch und zieht mit gerade ausgestrecktem, zitterndem Wedel noch einige Schritte langsam weiter, tut sich alsbald nieder und verendet meist nach 5 bis 6 Stunden. Das Wild sitzt nach diesen Schüssen aufrecht, hat Hals und Kopf weit nach vorn gestreckt und leidet sichtlich große Schmerzen. Daher soll der Jäger nicht lange mit der Nachsuche zögern. Das Wild wird selten wieder hoch; und wenn, dann nur für ganz kurze Zeit.

Alle vorstehend aufgeführten Schüsse durch die inneren Organe sind in der Regel tödlich.

Wildpretschüsse

Schüsse, die nur Wildpret, also keine inneren, lebenswichtigen Teile und keine Knochen verletzen, heißen *Wildpretschüsse.* Sie sitzen entweder im Nacken zwischen den Federn, am Hals zwischen Wirbelsäule, Schlagadern, Drossel und Schlund, auf den Keulen (durch die „Hosen") oder auch an dem oberen Teil der Vorderläufe. Sie sind nicht tödlich und heilen meist schnell wieder aus, besonders wenn keine Fliegen an die Wunden kommen.

Bei gröberen Wildpretschüssen durch den Nacken, die Vorarme oder die Keulen tut sich das Wild manchmal nach kurzer Zeit nieder, wird steif und läßt sich dann oft am folgenden Tag vom Hund stellen. Bei Zerreißung sehr großer Blutgefäße kommt es auch bei reinen Wildpretschüssen vor, daß das Wild daran verendet. Es hat sich dann eben völlig ausgeschweißt.

Streifschüsse

Sie treffen nur die Haut oder das Haar oder einen ganz unbedeutenden Teil des Wildprets und sind nur als Schrammen zu betrachten.

DER SCHROTSCHUSS

Der Schrotschuß aus einer deckenden Flinte wirkt auf waidgerechte Entfernung infolge des gleichzeitig zerstörenden Einflusses vieler Schrote auf den Wildkörper augenblicklich tödlich lähmend – man spricht von einer Schockwirkung. Ein schlechter Treffer, etwa nur auf die Keulen eines Hasen oder Fuchses, hat dagegen um so traurigere Folgen, er hinterläßt im Gegensatz zum Kugelschuß kaum Schweiß, und der Jäger ist allein auf die Arbeit des Hundes bei der Nachsuche angewiesen.

Da der Schrotschuß weit mehr auf sich bewegende Ziele als auf stehende zur Anwendung gelangt, ist auch der beste Schütze nicht davor sicher, Wild krank zu schießen. Richtige Wahl der Schrotstärken für das jeweilige Wild, nicht auf zu weite Entfernung schießen und gegebenenfalls nicht den zweiten Schuß sparen wollen, kennzeichnen den vorsichtigen Waidmann. Das sog. Jagdkönigtum ist daher abzulehnen. Es verführt auf den Treibjagden nur zum leichtsinnigen Schießen. Wenn schon jemand geehrt werden soll, dann höchstens derjenige, der mit geringstem Patronenverbrauch das meiste leistet.

Die *Schußzeichen.* Bei der Verschiedenheit des in Frage kommenden Wildes wird es am besten sein, bei dieser Besprechung nach Wildarten vorzugehen.

Ich beginne mit dem *Fuchs.* Sinkt der Fuchs auf den Schuß lautlos zusammen, so ist er gewöhnlich tödlich getroffen und verendet auf der Stelle. Winkt er dagegen, wie man zu sagen pflegt, mit der Lunte, d. h., schwenkt er sie schnell ein- oder mehreremal im Bogen herum, und geht er dabei sehr flüchtig ab, so ist er meist gänzlich gefehlt. Sicherlich will er damit nicht, wie das Jagdmärchen ihm zuschreibt, dem Schützen in höhnischer Weise für seine Unversehrtheit danken. Er braucht die Standarte vielmehr, um die schnelle Veränderung seiner Fluchtrichtung zu unterstützen. Denn meist sucht er der gefährlichen Gegend entweder rückwärts oder seitwärts, so schnell er kann, zu entkommen.

Der noch unerfahrene Schütze verwechsle aber dieses Luntenschwenken nicht mit dem krampfhaften Hochstrecken der Lunte bei gleichzeitig schneller Flucht. Denn dieses Zeichen deutet auf eine tödliche Verwundung, der der Fuchs in nicht zu weiter Entfernung vom Anschuß erliegen wird. Ein Fuchs, dem ein oder beide Vorderläufe zerschossen werden, bricht, der zerschmetterten Stütze entsprechend, vorn zusammen. War er in voller

Flucht, so überschlägt er sich oftmals. Wurde nur ein Vorderlauf verletzt, so wird er schnell so flüchtig, daß der Hund ihn nicht mehr einholt. Bei Verletzung beider aber kommt er einem scharfen Hund nicht aus.

Schreit der Fuchs auf den Schuß, so ist meist ein Knochen zerschmettert. Ist das hinten, so beißt er nach der schmerzenden Stelle. Auch schreit er oftmals, wenn er waidwund geschossen wird. Als Regel gilt: auf jeden Fuchs, der nach dem Schuß noch von der Stelle kommt, weiterzuschießen, solange er sich im Schußbereich befindet.

Der *Hase* zeichnet auf einen guten Treffer, der ihn vorn faßt, der also die Brusthöhle und meist beide Vorderläufe trifft, in rascher Gangart durch mehr oder minder schnelles Radschlagen vornüber. Wird ihm *ein* Lauf zerschossen, so bricht er nach der verletzten Seite zusammen, flüchtet aber sogleich weiter. Der zerschossene Lauf schlenkert dann hin und her. Das ist sehr auffallend bei einem Hinterlauf; es verlangt aber scharfes Hinsehen bei einem Vorderlauf. Sind beide Hinterläufe zerschmettert, so kommt der Hase nicht mehr fort. Ist das bei beiden Vorderläufen der Fall, so flüchtet er auf den Stümpfen oft so schnell, als sei ihm nichts geschehen; aber nicht für lange. Sobald zwei Läufe außer Gebrauch gesetzt sind, wird er leicht vom Hund ergriffen. Dasselbe trifft zu, wenn ein Hinterlauf zerschossen wurde. Mit einem zerschmetterten Vorderlauf aber geht er meist noch sehr flüchtig und sehr weit.

Beim Kopfschuß pflegt der Hase oftmals in auffallender Weise in die Höhe zu schnellen, bis er verendet liegenbleibt. Ebenso macht er bei rasch tödlichen Blattschüssen fast immer vor dem Verenden einige lebhafte, zuckende Bewegungen. Hat er nur ein einziges Korn, etwa in der Lunge oder im Herzen, so flüchtet er gelegentlich wohl noch 100 Schritt und mehr, um dann zu verenden. Waidwund geschossene Hasen laufen oft noch sehr weit. Sie gehen bestimmt ein, aber erst am folgenden Tag.

Jeder getroffene Hase fährt heftig zusammen. Hat der Schütze das gesehen, ohne irgendein weiteres Zeichen wahrzunehmen, so ist immer eine Nachsuche geboten. Der vom Hund oder vom Menschen lebend ergriffene Hase pflegt laut zu klagen. Hört daher der Jäger das, falls er dem kranken Hasen den Hund nachgeschickt hatte, und dieser sollte ihn nicht antragen, so ist die sorgsamste Untersuchung am Platz. Denn entweder wurde der Hase vom Hund gefressen oder von ihm für spätere Zeit verscharrt.

Beim *Kaninchen* gelten dieselben Zeichen wie beim Hasen. Nur muß auf jedes nicht sofort im Dampf liegende Kaninchen nochmals geschossen werden, weil das krankgeschossene mit aller ihm noch zu Gebote stehenden Kraft dem nächsten Bau zustrebt und hier verlorengeht. Beim Verenden gibt es manchmal einen pfeifenden Ton von sich. Hört der Schütze den, dann ist keine weitere Sorge nötig.

Findet er bei Haarwild abgeschossenes Haar oder Wolle auf dem Anschuß, so deutet das immer auf einen Treffer, viel Haar auf einen Streifschuß, zerschnittenes (Schnitthaar) auf voll getroffene Körperteile. Das kann aber ebensogut nur Wildpret wie auch das Innere der Brust- oder Bauchhöhle sein. Dabei gilt, ähnlich wie beim Schalenwild, daß Haar mit dunklen Spitzen vom Hals, vom Rücken oder doch vom oberen Teil des Körpers stammt, helleres oder weniger lebhaft gefärbtes vom unteren, kurzes vom Kopf oder von den Läufen.

Der *Auerhahn.* Die meisten Schüsse auf diesen stolzen Vogel werden während des *Schleifens* abgegeben. Da der Hahn dann, wie wir wissen, den Knall nicht hört, so darf angenommen werden, daß er von Schroten getroffen ist, falls er auf den Schuß abreitet. Es handelt sich in solchem Augenblick um die Frage, ob man nochmals schießen soll oder nicht. Dabei ist zu beachten, daß ein waidgerechter Jäger auf einen gesund abreitenden Hahn nicht mehr schießt. Denn dazu ist ein Urhahn zu kostbar, um ihn beim dämmernden Morgenlicht dem immerhin unsicheren Schrotschuß im Streichen auszusetzen. Also gibt es, in dem kurzen Augenblick die Frage zu entscheiden: ob gesund, ob krank. Denn auf den kranken Hahn soll der zweite Schuß unter allen Umständen abgegeben werden. Daß der Hahn während des Schleifens abreitet, das besagt für das Ansprechen, ob gesund oder krank, zunächst nichts. Denn ein einzelnes, völlig unschädliches Schrotkorn kann ihn ebensogut dazu veranlassen, wie ein in der Folge tödlicher Waidwundschuß. Es gilt also zu beurteilen, *wie* er abreitet. Das ist für den Neuling recht schwierig, sobald der Hahn, ich will einmal sagen, nicht *grob* zeichnet. Denn um den Unterschied zwischen einem gefehlten und einem getroffenen Hahn zu empfinden, dazu muß der Jäger beides wiederholt erlebt haben. Eine Beschreibung könnte ihm da nicht viel nützen.

Ist der Hahn gut getroffen, das heißt, hat er Schrot im Gehirn, im Halswirbel, in der Brusthöhle, so kommt er wie ein Stück Holz herunter und bleibt, ohne sich zu rühren, auf dem Boden liegen, meist auf dem Rücken oder auf der Seite.

Nicht selten aber kommt der getroffene Hahn gar nicht zu Boden, er stellt sich vielmehr nach dem Abreiten auf einen Nachbarbaum, wo er, wenn der Jäger ihn nicht weiter stört, oftmals verendet. Bei zu kurz gehenden Schüssen werden dem Hahn oftmals nur die Ständer zerschossen. Er streicht dann, falls er überhaupt zu Boden kam, meist niedrig fort. Falls der Jäger ihn bei der Nachsuche nicht wiederfindet und mit einem besseren Schuß zur Strecke bringt, geht er verloren.

Von einem Anschuß wie bei Laufwild kann im strengeren Sinn nur dann die Rede sein, wenn der Schütze auf einen Hahn am Boden schoß. Sonst muß er sich mit einigen zerschossenen Federn, selten einigen Tropfen Schweiß begnügen, die er in der Nähe des Standbaumes oder in der Streichrichtung findet. Sie deuten natürlich immer auf einen Treffer, während eine ganze Feder nichts besagt. Sie kann auch beim Abreiten ohne ein treffendes Schrotkorn verloren sein. Auf Schweiß ist nur zu rechnen, wenn der Hahn läuft; und auch dann nur auf sehr wenig. Beim abstreichenden Vogel wird wohl nur auf dem Schnee ein Schweißspritzer aufgefunden werden. Er ist aber dann von Wert für die Festlegung der Richtung, die der Hahn nahm.

Bei der Nachsuche selbst, die ohne zuverlässigen Hund nicht vorgenommen werden sollte, sind einige Rücksichten besonders beachtenswert. Zunächst ist ein Auerhahn das, was der Waidmann als hart zu bezeichnen pflegt. Er hat ein zähes Leben, das in der hohen Zeit der Balz besonders widerstandsfähig ist. Daher soll er niemals vorzeitig nachgesucht werden, sondern immer erst einige Stunden nach dem Schuß. Dazu kommt noch ferner in

Betracht, daß der Jäger in der Dämmerung den dunklen Vogel am Boden ohnehin schlecht sieht. Alsdann versteht der Hahn es meisterhaft, sich zu verstecken. Er kriecht, falls er von der Flucht kein Heil mehr erwartet, in jede Deckung förmlich ganz hinein. Schließlich glaube der Anfänger ja nicht, daß ein laufender Hahn niemals wieder abstreichen würde. Das tut er nur dann nicht, wenn er geflügelt ist, der eine hängende Fittich verrät das leicht. Sonst aber rechne nie bestimmt darauf, daß der Hahn nicht doch weiterstreicht, und gib auf jeden nicht geflügelten, laufenden Hahn bei erster Gelegenheit den Fangschuß ab, wobei man, wenn der Hahn von einem fortläuft, möglichst hoch, also auf den Kopf und Hals schießen soll, da man bei einem Kurzschuß den wertvollen Stoß zerschießen würde.

Man nickt einen noch nicht verendeten Hahn entweder mit dem Waidmesser ab, oder man dreht ihm das Genick um. Zu diesem Zweck faßt der Jäger den oberen Kragenteil fest mit der linken Hand hart unter dem Kopf, ergreift mit der rechten den Kopf und dreht ihn schnell herum. Der Hahn verendet dann augenblicklich. Übrigens hüte dich vor seinem Kratzen; ebenso wie vor seinem Schnabel. Der Hahn wehrt sich verzweifelt und kann dir sehr unangenehme Verletzungen beibringen.

Alles, was über die Nachsuche auf den Auerhahn gesagt ist, gilt auch für den *Birkhahn;* ich würde mich also nur wiederholen, wenn ich dessen Nachsuche noch besonders besprechen würde.

Daher wende ich mich zum *Fasan* und gleichzeitig zum *Rebhuhn;* denn beiden sind fast die gleichen Schußzeichen eigen. Beide also können als hart angesprochen werden. Sie verlangen bei nicht zweifellos tödlichen Schüssen eine gewisse Vorsicht. Zunächst möge das „Himmeln“ (s. nebenstehende Abb.) erwähnt werden, das beim Rebhuhn in ungleich stärkerem Maße vorkommt als beim Fasan. Es werden hier oftmals zwei ganz verschiedene Verletzungen zusammengeworfen, die nicht scharf genug getrennt werden können: das *Himmeln* und das *Steigen.* Das Himmeln ist die Folge eines das Huhn nicht sogleich tödlich zusammenschmetternden Schrotschusses in die Lunge oder in das Herz, wenn nämlich besonders bei Schüssen von hinten, nur ein einziges Schrotkorn bis in die

Schußzeichen des Fasans

1 Gut getroffen, gestoppt; 2 geflügelt; 3 nach Berührung mit dem Boden flüchtig ab; 4 himmelnd, entweder Auge ausgeschossen oder Schrot in der Lunge; 5 hinterer Teil gelähmt, hängende Ständer, aufgeplustertes Gefieder; 6 waidwund weiterstreichend; 7 zu nahe geschossen; 8 geständert

Brusthöhle drang. Sind es mehrere, so stürzen Huhn und Fasan augenblicklich zu Boden, und sie verenden sofort. Ist es aber nur eins, so macht sich die Wirkung erst allmählich, in Form der Erstickung, geltend. Dieser sucht das Wild durch einen Flug nach oben zu entgehen. Das Rebhuhn tut das oftmals in solchem Maß, daß das Wort „Himmeln" sehr bezeichnend ist. Beim Fasan findet sich dieselbe Erscheinung; aber meist nur in geringerem Grad. Beide aber fallen tot aus der Höhe herunter. Dieselbe Erscheinung tritt auch ein, wenn ein Schrotkorn eine der großen Adern, Arterien oder Venen, der Bauchhöhle zerrissen hat. Der Schweiß ergießt sich in diese Höhle. Das Gehirn wird blutleer; und das Huhn steigt senkrecht auf, bis es verendet zu Boden stürzt.

Wird dagegen das Federwild in das Kreuz geschossen, so läßt es augenblicklich die Ständer und das Spiel oder den Stoß hängen und *steigt* taumelnden Fluges in die Höhe, wohl weil es fühlt, daß es ohne den Gebrauch der Ständer auf dem Erdboden verloren ist. Es taumelt wegen des gleichzeitig mit den Ständern außer Gebrauch gesetzten Spieles oder Stoßes. Das Steigen dauert nicht lange. Dann senkt sich das Wild zur Erde, wo es oftmals verendet. Der Fasan kommt, wenn er noch lebt, nicht wieder hoch, während des Rebhuhn manchmal fortstreicht und einen zweiten Schuß erfordert.

Der äußere Unterschied zwischen Himmeln und Steigen besteht also darin, daß bei ersterem Ständer, Spiel und Stoß die gewöhnliche Haltung zeigen, während sie beim Steigen herunterhängen.

Bei *Waidwundschüssen* lassen beide Wildarten kurze Zeit einen oder beide Ständer hängen, auch wenn diese nicht selbst getroffen sind, ziehen sie aber dann wieder an und streichen mit steifer Flügelhaltung weiter. Das Rebhuhn, das in einem Volk so getroffen wurde, bleibt gegen die anderen Hühner zurück; es tut sich auch oftmals seitwärts ab.

Werden nun die Ständer allein getroffen, so hängt der kranke Ständer herunter, der meist, wenn auch verkrüppelt, wieder ausheilt.

Geflügelte Fasanen und Rebhühner kommen, je näher der Fittich am Körper getroffen wurde, desto steiler, je weiter, desto schräger herunter, indem sie den gesunden Fittich einseitig gebrauchen. Sie beginnen am Boden alsbald und schnell fortzulaufen. Je rascher der Hund hinterher ist, um so mehr Aussicht hat er, das geflügelte Wild zu greifen. Sobald der Schütze es vor dem Hund in die Höhe springen sieht, kann er sicher sein, daß es ihm nicht mehr auskommt.

Beim Streifschuß am Kopf stürzt Huhn oder Fasan sofort herunter, um sich aber bald zu erholen und abzustreichen oder zu laufen. Tödliche Kopfschüsse erkennt man daran, daß das gestürzte Wild einigemal in die Höhe schnellt, um dann zu verenden.

Bei der Suche auf Fasanen und Hühner gilt als Grundsatz für den Waidmann, immer zunächst das als krank erkannte oder vermutete Wild zu verfolgen, bevor er auf gesundes Wild weitersucht. Wer das nicht tut, der ist ein Schießer; er verdient den Namen eines Waidmanns nicht. Beim Treiben ist sofortige Nachsuche meist nicht möglich. Das ist ein Nachteil, den der Jagdleiter auf andere Weise auszugleichen suchen muß, wie wir am Schluß dieses Abschnittes noch sehen werden.

Die Nachsuche auf *Enten* gestaltet sich aus verschiedenen Gründen recht schwierig. Denn die Ente hat nicht nur einen äußerst widerstandsfähigen Federpelz, der die Durchschlagskraft der Schrote abschwächt; auch das Wasser selbst mit seinen schilfigen Ufern, die gute Verstecke bieten und die Schnelligkeit des Hundes beeinträchtigen, bildet einen weiteren Erschwerungsgrund.

Eine Ente, die auf den Schuß mit angelegten Fittichen schräg – sie ist beim Ziehen meist in lebhafter Vorwärtsbewegung, die selten sofort unterbrochen wird – herunterkommt und auf dem Rücken oder auf der Seite im Wasser liegenbleibt, den Kopf im

Wasser, ist mausetot. Liegt sie aber auf dem Bauch, mit gerade ausgestrecktem Kopf, so wird sie aller Wahrscheinlichkeit nach alsbald tauchen, um in das schützende Uferschilf zu gelangen. Sie ist daher, wenn auch die Aussichten, auf dem Wasser tödlich zu treffen, gering sind, sofort nochmals zu beschießen Bei solcher Gelegenheit Patronen sparen zu wollen, wäre völlig fehl am Platze

Stieben beim Schuß auf die streichende Ente Federn, und streicht sie langsam, aber stetig sich senkend weiter fort, so wird sie, besonders wenn sie den Stoß auffallend seitwärts hin und her bewegt, tot herunterfallen.

Auf die geflügelte Ente schießt der Jäger, wenn irgend möglich, zum zweitenmal. Denn sie wird, auf das Wasser fallend, sonst sofort tauchend das schützende Uferschilf zu gewinnen suchen. Allgemein gilt bei strömenden Gewässern, daß eine kranke Ente nicht gegen den Strom schwimmt, sondern sich diesem überläßt oder aber seitwärts nach dem Ufer strebt; am liebsten tauchend oder so tief im Wasser liegend, daß nur der Schnabel und der Oberkopf sichtbar sind. Ich kann hier nicht umhin, nochmals die Frage zu erwähnen, ob eine krankgeschossene Ente sich unter Wasser *verbeißt* oder nicht. Obgleich einige sichere Beobachtungen über das Verbeißen vorliegen, es also ausnahmsweise einmal vorkommen mag, so wird man in der Regel gut tun, die Ente am Lande zu suchen, denn normalerweise sucht die schwerkranke Ente das Land zu gewinnen, um sich dort zu drücken und gegebenenfalls zu verenden.

Die *Waldschnepfe* gehört zu demjenigen Federwild, dem man ein weiches Leben nachsagt. Ich habe darüber bei der Suchjagd schon gesprochen und beschränke mich daher auf ihr Zeichnen und die weitere Nachsuche.

Eine auf dem Strich *gefehlte* Schnepfe läßt sich häufig so tief fallen, daß der Neuling glaubt, sie getroffen zu haben. Der erfahrene Waidmann aber horcht recht aufmerksam, ob er sie etwa am Gezweig anstreichen oder auf den Boden niederfallen hört, falls er nichts mehr von ihr sehen kann.

Die geflügelte Schnepfe stürzt geradeso im schrägen Flug, mit dem gesunden Fittich schlagend, herunter wie das meiste Federwild. Sie hat aber die Eigentümlichkeit, nicht sofort zu laufen, sondern einigemal in die Höhe zu springen, als wollte sie versuchen, doch noch wieder fortzustreichen.

Wie das Rebhuhn, so himmelt auch die Schnepfe bei ähnlicher Verletzung. Doch pflegt sie bei einem Schuß in das Rückgrat nicht zu steigen, sondern mit hängenden Ständern noch eine kürzere oder längere Zeit taumelnd weiterzustreichen. Wo sie herunterkommt, da bleibt sie liegen. Sie streicht auch meist nach dem Einfallen nicht weiter, wenn sie beiderseits geständert ist.

Wird die Schnepfe auf den Schuß lang und schmal, gebraucht sie die Fittiche nicht mehr, oder überschlägt sie sich im Flug, so ist sie meist schon verendet, bevor sie zur Erde fällt.

Eine waidwund geschossene Schnepfe kommt fast immer schnell herunter, streicht dann aber meist niedrig über der Erde fort, um nicht allzuweit einzufallen. Ihr Flug zeigt dieselbe Steifheit wie der des waidwund geschossenen Rebhuhns.

Nur wenn du die Schnepfe fallen oder die geflügelte springen hörst, dann lasse sie sofort vom Hund greifen, weil sie geflügelt weit fortläuft. Bei allen unsicheren Schüssen wartest du mit der Nachsuche am besten bis zum folgenden Morgen.

DIE ARBEIT MIT DEM HUND

Wir wollen die Nachsuche auf Schalenwild und die Nachsuche auf anderes Wild getrennt behandeln. Für die erstere verwendet man den Schweißhund und den auf Schweiß gearbeiteten Gebrauchshund oder Teckel, für die letztere in erster Linie den Gebrauchshund, womit nicht gesagt sein soll, daß nicht auch andere Hunderassen für die Nachsuche Verwendung finden können, wie insbesondere der Wachtel, Spaniel und Jagdterrier.

Für die Nachsuche auf Hochwild sollte man im allgemeinen den Spezialisten, also den Hannov. Schweißhund oder den Bayerischen Gebirgsschweißhund zur Verfügung haben.

Die für die Schweißarbeit an den Hund zu stellenden Anforderungen sind im zweiten Teil bereits aufgeführt. Es handelt sich hier also nur noch darum, die Nachsuche mit dem Hund selbst zu besprechen.

Als erster Grundsatz gilt, die Arbeit auf warmer Fährte zu vermeiden, wenn es irgend angeht; ganz bestimmt aber mit einem jungen Hund. Denn bei dieser Arbeit ist die Gefahr groß, daß er die Nase in den Wind nimmt, um einfach der frischen Wittrung des Wildes zu folgen, während doch von ihm ein gewissenhaftes Suchen auf der Fährte selbst, das heißt an den einzelnen Tritten und an etwaigem Schweiß verlangt wird. Diese Forderung geht nicht so weit, daß der Hund nun mit der Nase in den einzelnen Tritten umherbohren und jeden Tropfen Schweiß *zeigen* soll. Er mag vielmehr ruhig seitwärts unter Wind der Fährte suchen, wenn er nur die Wittrung von der Fährte und nicht vom Wild selbst hat. Diese letztere aber wird er in Gras und Laub, in Dickungen mit stehender Luft, an Busch und Strauch noch lange nach dem Vorüberziehen oder Flüchten des Wildes haben, wenn nicht etwa mindestens zwei Stunden seit dieser Zeit verflossen sind.

Überdies kommt diese Frist auch dem Krankwerden des Wildes zugut. Freilich ist es nicht immer möglich, sie einzuhalten. Wenn die Dunkelheit hereinzubrechen droht, wenn Schnee in Aussicht ist, der die ganze Fährte zudecken und dem Jäger die Beaufsichtigung seines Hundes, die niemals aussetzen soll, erschweren oder verbieten würde, dann muß der Jäger der Fährte schon früher *nachhängen*. Dem alten Hund schadet das auch nicht viel; aber bei einem jungen ist es dann unbedingt nötig, ihn streng zum sorgfältigen Arbeiten der Fährte selbst anzuhalten.

Es kommt hinzu, daß jeder Hund eine frische Fährte lieber arbeitet als eine ältere; außerdem, daß die Ausarbeitung der letzteren schwieriger ist. Würde der nachsuchende Jäger also vielen frischen Fährten nachhängen, so könnte der Hund leicht die Lust an älteren verlieren. Diese aber sind es meist, die die größte Kunst von beiden verlangen.

Also sei es fester Grundsatz, wenn irgend angängig, die Schweißarbeit auf Wild, das voraussichtlich eine längere Nachsuche erfordert, nicht vor Verlauf von zwei Stunden nach dem Schuß aufzunehmen.

Ist der Anschuß festgestellt, ist Klarheit oder Wahrscheinlichkeit über den Sitz der Kugel vorhanden, so ergibt sich die Entscheidung von selbst, ob der Waidmann Aussicht hat, das beschossene Wild mit Hilfe des Hundes allein zur Strecke zu bringen, oder ob es klüger ist, es sitzen zu lassen, um es am nächsten Tag zu arbeiten und sich zur Sicherheit noch einige Schützen zu beschaffen, die er beim Nachhängen vorstellen kann. Beiläufig will ich hier sagen, daß für letzteren Fall die Besetzung des Rückwechsels niemals zu unterlassen ist, weil krankes Wild diesen erfahrungsgemäß gern annimmt.

Die Entscheidung möge zugunsten baldigen Nachhängens fallen. Dann begibt der Jäger sich mit dem Hund am Riemen auf den Anschuß. – Es sei hier gleich bemerkt, daß die Jäger im Hochgebirge ihren steten Begleiter, den Schweißhund, auf der Pürsch und bei Reviergängen immer frei führen, weil im schwierigen Gelände der Hund an der Leine und sein Herr sich gegenseitig zu sehr ermüden. Zu Beginn der Nachsuche kommt der Hund an den Schweißriemen, er weiß dann, daß es Ernst wird, und daß er jetzt zeigen soll, was er kann. Hunde von ruhigem Temperament lernen es wohl auch, kurz vor dem Jäger ohne Riemen zu suchen, was im Gewänd und Geschröff, wo der Hund den Führer leicht in die Gefahr des Abstürzens bringen kann, vorteilhaft ist. Hier kommt wohl nur der Bayerische Gebirgsschweißhund in Betracht, der für das schwierige Gelände der Alpen wie auch der Karpaten sich besser eignet als der schwerere Hannoveraner. Die freie Nachsuche setzt vollkommenes Einverständnis zwischen Herr und Hund voraus. – Kehren wir auf den Anschuß zurück: Hier wird der Hund das Schnitthaar, ein etwaiges Knochenstück oder einen Schweißspritzer zeigen und alsbald der Fährte des Wildes zu folgen suchen. Dieses Zeigen und Zeichnen macht jeder Hund in seiner Art, die der Führer kennen muß, um ihn richtig zu verstehen. Die meisten Hunde zeigen gewissermaßen mit steiler Nase von oben nach unten auf den Schweiß, bis der Herr es gesehen, den Hund gelobt und zum Weitersuchen aufgefordert hat.

Viele Hunde zeigen nur zu Anfang Schweiß, den ersten oder die nächsten Tropfen, um dann unverdrossen weiterzuarbeiten. Sie zeigen dann nach längerer Unterbrechung, wo kein Schweiß lag, wieder den ersten, oder aber etwas anderes als Schweiß, ein Haar, einen unterwegs verlorenen Knochensplitter. Sie zeigen Schweiß am Boden, aber auch in der Höhe, an hohen Grashalmen, an Rohr, Zweig und Laub – aber immer mit der ihnen eigentümlichen Kopfhaltung, die besagt: ich zeige dir das hiermit, damit du es nicht übersiehst.

Zunächst wird das getroffene Wild, falls es nicht allein stand, mit dem übrigen zusammen fortgeflüchtet sein. Der Hund wird also den gemeinsamen Fährten nachziehen. Sobald er das entschlossen tut, heißt es: halt! Der Waidmann zieht sich weich am Riemen zum Hund heran, dreht die Halsung so, daß der Wirbel nach unten zeigt, läßt den Hund so in den Riemen hineintreten, daß dieser zwischen den Läufen liegt, und läßt ihn dann erst wieder weiterarbeiten: *Such verwundt mein Hund!* Das geschieht einmal, um die Hundenase an den Boden zu bringen, weil, wenn er sich in dieser Verfassung in den Riemen legt, der Druck der Halsung auf den Nacken erfolgt; dann, um ihm nicht die Kehle zuzuziehen und ihm so die Luft zu nehmen. Ist der Hund jung und heftig, so arbeite ich ihn am kurzen Riemen und halte darauf, daß er *in*, nicht *neben* der Fährte unter Wind sucht. Kann ich mich aber auf ihn verlassen, weiß ich, daß er lieber neben der Fährte unter Wind und da sicher sucht, daß er, sobald die Sache zweifelhaft wird, die Fährte selbst aus sich heraus wieder aufnimmt, so nehme ich den Riemen lang. Das gibt dem Hund und mir mehr Freiheit, bildet eine große Erleichterung in Dickungen und Jungwüchsen und ermöglicht ihm, im kleinen *vorzuschlagen,* wenn er die Fährte *verschossen* hat.

Immer sei die Behandlung des Hundes am Riemen freundlich, milde. Nie soll der Riemen durch Rucken zu Strafen mißbraucht werden. Der Hund muß den Riemen lieben und sich freuen, wenn er *angehalst* wird. Dabei möchte ich gleich bemerken, wie unendlich eigen manche Hunde auf der Schweißfährte sind: Denselben Hund, der sich kurz vorher mit wahrer Wut in den Riemen legte, kann kurz darauf ein leicht hingeworfenes Wort zum Aufgeben der Fährte veranlassen, so daß ein Fremder meinen könnte, der Hund arbeite gar nicht auf der richtigen Fährte. Aus diesem Grund ist es oftmals sehr mißlich, wenn ein anderer ihn arbeitet als sein Herr, der jede Eigenheit und Laune seines Hundes kennt.

Bis dahin hatten wir in den Fährten des Rudels Schweiß. Plötzlich wird der Hund in der Faust lose, wendet sich rechts herum im Bogen zu mir zurück, um sich gleich darauf wieder mit Gewalt in den Riemen zu legen. Aha!, hier hat sich das kranke Stück vom Rudel *abgetan!* So recht, mein Hund, danach!

Das ist nämlich bei heftigen Hunden stets ein kritischer Augenblick, bei dem sie die Fährte leicht verschießen. Der Führer muß daher, solange die Schweißfährte sich noch in der Rudelfährte befindet, immerzu darauf bedacht sein, den Schweiß im Auge zu behalten, weil er nur dadurch feststellen kann, ob der Hund noch *recht* hat. Hat er die Schweißfährte erst allein, so tritt eine gewisse Beruhigung ein. Denn einmal sagt ihm die Tatsache, daß das kranke Wild sich abtat, daß es tödlich verwundet sein müsse; weil nur leicht verletztes Wild sich nicht gern vom Rudel trennt. Dann aber hat der Hund es von nun an, wo gesunde, gleich frische Fährten ihn nicht mehr irreführen können, erheblich leichter. Kaum hast du diesen Gedanken erfaßt, da wird der Hund im Riemen lose, schlägt nach links einen Bogen, arbeitet die Fährte zurück: Hier hat das Wild einen *Widergang* gemacht (ist in seiner Hinfährte eine Strecke zurückgewechselt). Der Hund sucht hin und her; der Widergang hat seinen Zweck erreicht: der Hund ist unsicher geworden. Der ältere, erfahrene Schweißhund wird sogleich Bogen schlagen, und zwar zunächst kleine und dann immer größere, bis er auf den Abgang stößt. Einem jungen, unerfahrenen Hund muß der Führer dabei helfen, bis der Hund den Abgang gefunden hat und Schweiß zeigt. Vor Beginn der Nachsuche hat sich der Jäger einige Brüche unter den Arm genommen, um so durch Hinlegen eines Bruches die Schweißfährte beim Überqueren von Wegen und Gestellen usw. zu verbrechen. Wenn der Hund sich verschossen hat, oder auf andere warme, kreuzende Fährten *changiert* ist, so daß man *zurückgreifen* muß, dann fängt man an der zuletzt verbrochenen Stelle wieder an und legt dort den Hund zur Fährte.

Mittlerweile habe ich mich, worauf ich schon durch das auf dem Anschuß gefundene *Schnitthaar* vorbereitet war, durch den mehrfach gefundenen Schweiß und das durch den Verlauf der Fährte mir klargewordene Verhalten des angeschweißten Schmaltieres überzeugt, daß es waidwund geschossen ist. Ich werde in dieser Annahme weiter bestärkt, da der Hund mich nun auf ein bereits wieder verlassenes Wundbett führt, wo der Schweiß mir ganz genau sagt, daß die Kugel kurz vor der Keule in mittlerer Höhe in den Flämen sitzt.

Nicht weit seitwärts vor mir ist ein ganz dicker Fichtenhorst. Dort hinein zeigt die Fährte, als wir weiterarbeiten. Noch eine kurze Zeit, und ich stehe vor einer Mauer von dichtem, sperrigem, trocknem Gestrüpp, das die weitere Arbeit wenig verlockend erscheinen läßt. Indes, was hilft es; wir müssen hinein und vielleicht hindurch! Ich habe gelegentlich von einer Seite, die sicherlich den Anspruch macht, in Fragen der Nachsuche ernst genommen zu werden, gelesen, in einem solchen Fall sei es erlaubt, den Hund zu schnallen, weil es eine Unmöglichkeit sei, ihm am Riemen durch so eine Dickung zu folgen. Aber der Waidmann kann keinen größeren Fehler machen, als dieser Anschauung nachzugeben. Er braucht nur an die Möglichkeit zu denken, daß gesundes Wild in der Dickung steht, das vor dem frei suchenden Hund flüchtig wird. Ja, falls auf ein Kalb geschossen wurde, muß er sogar mit der Wahrscheinlichkeit rechnen, daß es sich in der Dickung niedergetan hat, und daß das Alttier wartend noch in der Nähe steht. Dann wird auch ein noch so erfahrener Hund in dem Glauben, in dem fortflüchtenden, gesunden Wild das kranke vor sich zu haben, dieses sofort verfolgen und, falls er seinen Irrtum nicht bald erkennt, es eine längere Strecke hetzen. Darüber kann kostbare Zeit vergehen; denn der Waidmann wird selbstverständlich dem Hetzlaut folgen. Und wenn Jäger und Hund sich schließlich zusammenfinden, um die Arbeit am Riemen dort wiederaufzunehmen, wo letzterer verkehrterweise geschnallt wurde, dann kann der Abend da sein. So bleibt denn nichts anderes übrig, als den Heimweg anzutreten, um am anderen Tag das inzwischen verendete Wild von Füchsen oder Sauen angeschnitten zu finden.

Daher lautet die alte, stets neu bewährte Regel: Den Hund nur dann zur Hetze *schnallen*, wenn der Jäger das Wild aus dem Wundbett hoch werden sah oder hörte und sich durch Befühlen des noch warmen Bettes mit dem Rücken der bloßen Hand überzeugte, daß jeder Irrtum ausgeschlossen ist! Das Sehen allein ist nicht maßgebend, weil es sich immerhin um ein unbeteiligtes, gesundes Wild handeln kann.

Von dieser alten Jägerregel gibt es nur eine Ausnahme: Wenn nämlich der nachhängende Waidmann zu der Überzeugung gelangt, daß das kranke Wild vor ihm *forttritt*, so daß das fernere Nachhängen zu irgendeinem greifbaren Ergebnis nicht führen kann, dann darf er nicht nur, dann muß er den Hund schnallen. Zur richtigen Beurteilung, ob er forttretendes Wild vor sich hat, gehört viel Erfahrung auf der Schweißfährte und genaue Kenntnis des Hundes. Denn es können dieselben Gründe vorliegen, die ich vorhin erwähnte, indem gesundes Wild in der Nähe des kranken steht; vielleicht das Muttertier des kranken Kalbes. Es kann auch unglücklicherweise ein Alttier angeschweißt sein, das in der Nähe sitzt, und dessen Kalb nun dort umhertritt. Das Schnallen hat somit immer eine mißliche Seite. Und der Jäger muß auf einen Fehler gefaßt sein.

Nimmt der Hund also dauernd die Nase hoch, will er die Fährte selbst trotz festen Zuredens nicht mehr recht arbeiten, so ist es, falls die Sache länger dauert, höchstwahrscheinlich, daß der Jäger es mit dem forttretenden, kranken Wild zu tun hat. Sollten noch andere Überlegungen hinzukommen, sollte der Jäger beispielsweise aus dem bisher von Zeit zu Zeit gänzlich aufhörenden Schweiß in der Fährte schließen dürfen, daß bei einem waidwunden Stück das Gescheide zum Teil aus dem Ein- oder Ausschuß heraushängt, oder sollte es sich um einen im Knochen zerschmetterten Vorderlauf handeln, so darf er annehmen, daß solcherweise angeschweißtes Wild sich überhaupt nicht niedertut. Dadurch würde der Verdacht des Forttretens eine wichtige Verstärkung erfahren. Es würde einfach geboten erscheinen, den Hund zu schnallen, um überhaupt zu einem Ende zu gelangen.

Somit wird dem Hund die Halsung abgenommen; und das Weitere allein auf seine Zuverlässigkeit gestellt. Dabei ist zu beachten: Grundsätzlich wird immer die Halsung abgenommen, so daß sie am Riemen hängenbleibt. Auf diese Weise wird der Hund davor bewahrt, im Eifer der Hetze mit der Halsung hinter irgendeinem tückischen, zähen Ast mit einem Widerhaken, wie er oft genug vorkommt, festzuhaken. Das würde nicht nur die Jagd augenblicklich zum Stillstand bringen, sondern auch eine längere und von allerlei Sorgen erfüllte Nachsuche auf den Hund selbst erforderlich machen.

Ob man den Hund beim Schnallen anhetzt, *anrüdet,* kommt auf die Veranlagung des Hundes an. Die meisten Hunde werden ohne Anrüden nach der langen Riemenarbeit wie ein Pfeil davonschießen, um auf der nun ganz frischen Wundfährte das Wild möglichst zu *Stande zu hetzen.* Das wird desto schneller und sicherer geschehen, je schärfer und schneller der Hund ist.

Ganz von selbst sind wir schon in die *Hetze* hineingekommen. Ich muß aber doch noch ein wenig zurückgreifen, um nichts Wesentliches zu übergehen. Da ist zunächst nach dem Schnallen das Verhalten des Jägers selbst. Er ordnet den Schweißriemen, so gut es geht, um den Hals; denn zu einem regelmäßigen Aufdocken fehlt die Zeit. Dann *verbricht* er die Stelle, wo er schnallte, d. h. er legt dort einen möglichst auffallenden Bruch nieder, schalmt auch zum besseren Wiederauffinden einen oder den anderen nahestehenden Stamm an und horcht. Meist wird es nicht lange dauern, bis er den Hetzlaut hört. Da handelt es sich zunächst um die Frage, in welcher Richtung sich die Hetze bewegt. Sobald er darüber klar ist, eilt er dem Laut nach, um ihn nicht aus dem Ohr zu verlieren, und sucht dabei, selbst wenn es, was häufig der Fall sein wird, einen Umweg kosten sollte, unter Wind des Hetzlautes zu gelangen. Denn *ist* der erst einmal unter dem eigenen Wind des Jägers, so hört dieser bei einigermaßen bewegter Luft vom Hals des Hundes leicht gar nichts mehr.

Und richtig: Das Unglück stellt sich ein. Es wird alles still. Nichts ist mehr zu hören als das Rauschen des Windes in den Baumkronen. So gelangt der Jäger auf einen breiten Weg. Wenn ihn der anfängliche Hetzlaut nicht trog, so muß die Hatz etwa 200 Schritt vor ihm hier herübergegangen sein. Vorsichtig fährtet er den Weg ab, dabei von Zeit zu Zeit lauschend, ob er den Hund nicht wieder hört. Da sieht er ihn von weitem den Weg entlangkommen! – Jetzt ist er bei ihm. Sorgsam besichtigt der Jäger Fang, Kopf und vordere Brust des Hundes auf Schweiß und Haar. Er könnte das Wild niedergezogen haben. Dann bleibt meist auch ein Zeichen davon an ihm zurück. Nein, es ist alles rein und klar. Also wird er an den Riemen genommen und die Stelle wieder aufgesucht, wo er geschnallt wurde. Dann wird die *Hetze am Riemen ausgearbeitet.*

Es besteht eine gewisse Steitfrage darüber, ob der Hund bei der Hetze das Wild *niederziehen* darf oder nicht. Bei der alten Jägerei war das Niederziehen verpönt, und das ist bei Hochwild zweifellos auch heute noch richtig. Vom Schweißhund wird heute – ebenso wie früher – gefordert, daß er das Wild durch scharfes Hetzen dazu zwingt, sich zu stellen, um dann durch Verbellen des gestellten Stückes den Jäger herbeizurufen, der alsdann den Fangschuß gibt. Würde man den Hund veranlassen, das Stück Wild niederzuziehen,

Schweißtafel
Oben: Lungenschweiß, Mitte links: Herzschweiß, Mitte rechts: Leberschweiß, unten: Waidwundschweiß

Totverbellen

so würde ein scharfer Hund das sehr bald auch bei einem wehrhaften Stück Wild, also insbesondere beim Hirsch, versuchen. Die Folge wäre, daß der Hund geforkelt würde. Aber auch der Versuch, ein Alttier niederzuziehen, dürfte dem Hund, sofern das Stück nicht schwer krank ist, übel bekommen. Ich habe erlebt, daß ein Alttier einem zu scharf herangehenden Gebrauchshund mit einem Hieb des Vorderlaufes das Kreuz durchschlug. Anders ist die Sache bei geringem Wild, also insbesondere bei Rehwild. Der scharfe Gebrauchshund wird hier ohne weitere Anleitung ein krankes Stück Rehwild an der Drossel niederziehen. Zwei Dinge sind nur unbedingt erforderlich: Der Hund, der ein geringeres Stück Wild niederzieht, muß unbedingt Totverbeller oder Totverweiser sein, und er darf unter keinen Umständen das Wild anschneiden.

Aus dem Gesagten erhellt, daß es am richtigsten ist, krankgeschossenes Hochwild mit dem Schweißhund, und zwar in der Ebene und im Mittelgebirge mit dem Hannoveraner und im Hochgebirge mit dem Bayerischen Gebirgsschweißhund zu arbeiten, während man auf Rehwild den Gebrauchshund oder Teckel verwendet.

Inzwischen haben wir die Hetze auf unser waidwundes Schmaltier ausgearbeitet und dabei wiederholt feststellen können, daß der Hund es auf kurze Zeit gestellt haben muß. Es hat sich aber immer wieder freizumachen gewußt, so daß er einsah, es so nicht zu bekommen und daher zurückkehrte. Plötzlich führt er mich an eine Stelle, wo eine Menge Schweiß liegt: Hier hat das Schmaltier offenbar längere Zeit gestanden. Ich verschnaufe einen Augenblick; – da sehe ich in dem lichten Stangenholz ein flüchtiges Stück Wild. Sollte es das sein? Da – auf einer Lücke sehe ich deutlich ein Ding wie einen Beutel zwischen den Keulen hängen: Gewiß, es ist das kranke Stück! Nun wird mir auch klar, warum es sich nicht niedergetan hatte. Da ich keine Aussicht sehe, mit dem Hund näher an das Schmaltier heranzukommen, so schnalle ich ihn. Mit Windeseile schießt er auf der nun warmen Fährte davon; und nach einigen Minuten höre ich seinen Hetzlaut. Ich suche unter Wind heranzukommen; da geht der Hetzlaut schon in Standlaut über! Nun habe ich nicht mehr so große Eile und muß außerdem meinen Atem schonen für einen sicheren Fangschuß. So nähere ich mich denn unter Wind dem Ort der Tat. Der Hund hält das Stück jetzt fest; es kommt ihm nicht mehr aus. Bald sehe ich es in den Stangen stehen, von Zeit zu Zeit mit den Vorderläufen einen Ausfall nach dem Hund machend, der es mit lautem Hals umkreist. Auf Schußweite passe ich den Augenblick ab, wo ich ihn seitwärts sehe, um ihn nicht zu gefährden. Dann lasse ich fliegen. Im Knall ist das Stück verschwunden. Als ich herantrete, läuft über die Lichter schon ein grünlicher Schimmer. Es ist verendet. Ich nehme den Hund an den Riemen, nachdem ich ihn abgeliebelt habe, und lege ihn seitwärts ab, jedoch so, daß er das Stück weiter beobachten kann, breche das Stück auf und mache den Schweißhund mit Teilen der Milz sowie mit Schweiß genossen. Dann wird das Stück gerecht gestreckt und ein sperriges Stück Holz in die Bauchhöhle geklemmt, damit das Stück gut auskühlen kann.

Es ist hier der Ort für einige Worte über das *Genossenmachen*. Die alte Jägerei empfahl das Genossenmachen ganz besonders für den Leithund, also für den Hund, der für reine Fährtenarbeit gezüchtet und gehalten wurde. Aber auch für den Schweißhund möchte ich das Genossenmachen empfehlen. Es unterliegt keinem Zweifel, daß man einen Hund durch das Genossenmachen zum Anschneiden verführt. Der Hannoversche Schweißhund kommt jedoch bei richtiger Führung niemals in die Verlegenheit anzuschneiden, da er entweder am Riemen bis zum verendeten Stück führt oder, zur Hetze geschnallt, das Stück stellt – da er nicht niederziehen darf –, bis der Jäger heran ist und den Fangschuß gibt. Da der Jäger unmittelbar nach dem Fangschuß am Stück ist, kommt ein Anschneiden überhaupt nicht in Frage. Anders ist es dagegen beim Gebrauchshund, der Rehwild niederziehen soll. Einen Gebrauchshund genossen zu machen, birgt immer die Gefahr in sich, daß er niedergezogenes Wild sofort anschneidet, anstatt es totzuverbellen oder totzuverweisen.

Durch das Genossenmachen wird der Hund bestimmt zu einer eifrigeren Arbeit auf der Wildfährte veranlaßt, denn darüber darfst du dich keiner Täuschung hingeben, lieber Waidgenosse, der Hund zerrt dich am Riemen nicht über Berg und Tal und durch Dickung und Bruch deiner schönen Augen zuliebe, sondern weil der Urtrieb der Ernährung ihn dazu veranlaßt. Sein Instinkt sagt ihm daß es am Ende der kranken Fährte etwas zu fressen geben muß, und deshalb versucht er, dich zu deinem Hirsch zu führen, nicht damit du dir das starke Geweih an die Wand hängen kannst! Das letztere ist deinem Hund vollständig gleichgültig.

Man hört heute häufig den Einwand, daß bei der Verwendung moderner Büchsen so wenig Nachsuchen eintreten, daß die Haltung eines besonderen Schweißhundes überflüssig sei. Es ist zuzugeben, daß die Zahl der Nachsuchen im Vergleich zu früher abgenommen hat, die Schwierigkeiten der Suchen haben dagegen zugenommen. Denn während man früher, als man noch mit Vollbleikugeln das Wild beschoß, auch bei guten Blattschüssen fast immer eine Nachsuche hatte, gibt es heute nur noch bei Laufschüssen sowie bei kurzen Waidwund- und Geäseschüssen Nachsuchen. Diese sind aber stets kompliziert. Während es sich also früher lohnte, einen Schweißhund für *ein* Revier zu halten, muß man heute einen größeren Bezirk für den Schweißhund haben, was aber bei Verwendung von Kraftwagen auch ohne weiteres möglich ist. Die Notwendigkeit, Schweißhunde zu halten, ist daher heute genauso geblieben wie früher. Man kann rechnen, daß ein Hannoverscher Schweißhund bei einem Abschuß von 100–150 Stück Hochwild gehalten werden muß. Bei diesem Abschuß werden sich, auch wenn nur gute Schützen denselben tätigen, genügend Nachsuchen für einen Schweißhund finden.

Welche Leistungen durch Hannoversche Schweißhunde erzielt worden sind, dafür sei die Statistik angeführt, die in Nr. 8 von „Wild und Hund" Jahrgang 1938 erschienen ist. Danach haben 66 Hannoversche Schweißhunde im Jagdjahr 1937/38 481 Stück Rotwild, darunter 179 Hirsche, 37 Stück Damwild, 113 Sauen und 1 Stück Muffelwild zur Strecke gebracht. Hierbei sind kurze Totsuchen, die von den Hunden außerdem geleistet wurden, nicht berücksichtigt. Der Wildpretwert dieser zusammen 632 Stücke Schalenwild beträgt rund gerechnet 50 000 DM. Angesichts dieser Zahlen dürfte eine Debatte darüber, ob der Hannoversche Schweißhund heute noch eine Daseinsberechtigung hat oder nicht, völlig überflüssig sein.

Wenn man stärkere Sauen mit dem Schweißhund arbeitet, so empfiehlt es sich, andere Hunde für eine eventuelle Hetze mitzuführen, da der Schweißhund zu schade ist, um von einem Keiler zuschandengeschlagen zu werden. Die etwa erforderliche Hetze auf eine kranke Sau leistet schließlich jeder scharfe Dorfköter, so daß man hierfür einen wertvollen Hund nicht aufs Spiel zu setzen braucht. Man arbeitet in solchem Falle die kranke Fährte mit dem Schweißhund am Riemen und läßt die zur Hetze bestimmten Hunde durch einen Gehilfen nachführen. Bricht die kranke Sau vor einem fort, so daß eine Hetze erforderlich wird, so schnallt man die Hatzhunde und läßt den wertvollen Schweißhund am Riemen.

Für die Nachsuche auf alles andere Wild kommt in erster Linie, wie gesagt, der Gebrauchshund in Betracht. Zum Unterschied von der Nachsuche auf Schalenwild sucht der Hund hierbei ohne Riemen, schon deshalb, weil mit Schrot krankgeschossenes Wild wenig oder gar keinen Schweiß oder Spuren hinterläßt, so daß der Jäger seinen Hund weder kontrollieren noch ihm helfen kann. Vielfach wird der Hund das Wild auch gar nicht auf der Spur verfolgen können, sondern ist darauf angewiesen, mit hoher Nase zu suchen, um Wittrung von dem verendeten Wild zu bekommen, z. B. bei allem Flugwild, das nach dem Schuß zunächst noch fortstreicht, dann aber verendet zu Boden fällt.

Meistens wird die Nachsuche auf alles mit der Flinte beschossene Wild möglichst sofort ausgeführt. Die Spur eines wenig oder gar nicht schweißenden, krankgeschossenen Hasen werden nur wenige Hunde nach Verlauf von mehreren Stunden noch halten können. Doch gibt es von dieser Regel auch Ausnahmen. Am Abend auf dem Schnepfenstrich wird man wegen der Dunkelheit häufig die Nachsuche auf den nächsten Morgen verschieben müssen.

Wenn der Jäger allein oder mit wenigen Schützen jagt, so ist die Nachsuche nach krankem Wild, wie ich schon sagte, immer seine erste Sorge. Anders gestaltet sich das bei den Treibjagden aller Art. Hier ist die Nachsuche dem einzelnen Schützen völlig entzogen. Sie liegt und muß ganz allein in der Hand des Jagdleiters liegen. Für diesen ergeben sich einige Rücksichten, die nicht gut außer acht gelassen werden können, falls die Jagd selbst nicht unangenehme Störung erleiden soll. So kann er bei einer Treibjagd auf Fuchs oder Hasen den Hund unmöglich auf die Schweißspur setzen, wenn diese in das oder in die nächsten Treiben hineinführt, oder die Gefahr besteht, daß der gehetzte Fuchs oder Hase vom Hund laut durch diese hindurch verfolgt wird. In solchem Fall würde die eine vielleicht noch zweifelhafte Hetze das ganze nächste Treiben auf Fuchs völlig verderben, auf Hasen stark beeinträchtigen.

Die zunächst unterbliebene Nachsuche kann dazu noch dadurch entfallen, daß das kranke Wild im nächsten Treiben anläuft oder gar von den Treibern, die darauf hinzuweisen sind, verendet aufgefunden wird.

Noch viel weniger aber kann und darf der Jagdleiter gestatten, daß die Gäste ihre Hunde auf eigene Faust jedem vermeintlich angeschweißten Wild nachschicken und so nicht nur ihren Nachbarn den Stand verderben, sondern unter Umständen das ganze, für den Tag ausersehene Jagdrevier beunruhigen. Daher gehören die Hunde aller Gäste unbedingt an die Leine, falls nicht der Jagdleiter für einen besonderen Fall die Nachsuche gestatten wird. Jedes angeschweißte Wild muß aber natürlich gemeldet werden!

Was auf Treibjagden alles angebleit wird, davon hat nur der eine richtige Vorstellung, der die Nachsuchen am folgenden Tag zu leiten Gelegenheit hatte. Der aber weiß, daß die Unterlassung solcher Nachsuche die größte Aasjägerei bedeuten würde. Sie soll daher mit den nötigen Wildträgern und mit zuverlässigen Hunden ganz systematisch wie die Jagd selbst vonstatten gehen, damit jedes verendete Wild gefunden und jedes kranke erlegt wird. Ganz besonders kurzes und eingehendes Nachsuchen ist bei Fasanen erforderlich; weil die verendet herabgestürzten Vögel oft so in Kraut und Gras stecken, daß nur das Spiel herausschaut, oder die kranken sich derartig versteckt haben, als seien sie in die Kaninchenbaue gekrochen. Da sie somit dem Hund wenig Wittrung bieten, so ist eine kurze Suche unbedingt erforderlich. Hierbei soll nach gesunden Hähnen möglichst nicht geschossen werden. Doch ist das nicht ganz und immer zu vermeiden, wenn der Zweck der Nachsuche erreicht werden soll, weil krank und gesund nicht in jedem Falle unzweifelhaft beurteilt werden kann.

Bei Treiben im Feld ist es immer gut, hinter der Schützenlinie einige Jäger mit sicheren Hunden folgen zu lassen oder aufzustellen, die jedes offenbar kranke Wild totschießen oder es vom Hund greifen lassen.

Ganz ähnlich, wie die Nachsuche nach krankgeschossenen Schnepfen am besten am folgenden Tag erfolgt, sollte das auch bei der Wasserjagd gehalten werden; und zwar nicht nur nach dem Abendanstand, sondern auch nach Treibjagden. Das sorgfältige Absuchen der Ufer am nächsten Tag wird meist alles krankgeschossene Wassergeflügel zur Strecke bringen.

Voraussetzung für eine gute Nachsuche ist ein ruhiger Hund. Unsere heutigen Gebrauchshunde stehen fast alle sehr hoch im Blut und sind daher sehr temperamentvoll. Ein Gebrauchshund, der aber wie ein Wilder auf der Spur des kranken Hasen nachstürmt, wird trotz guter Nase jeden Haken überschießen und schließlich vor lauter Passion und Aufgeregtheit den kranken Hasen nicht bringen. Erfahrung und Alter werden den Hund ruhiger machen, aber sicher ist, daß auch beim Gebrauchshund, der nur auf Niederwild geführt wird, die Arbeit am langen Riemen auf Hasen- und Kaninchenschleppen ein her-

vorragendes Mittel ist, um dem Hund Ruhe und Bedachtsamkeit bei der Nachsuche beizubringen.

Die Nachsuche erschöpfend zu schildern, ist schier unmöglich. Für keine andere jagdliche Betätigung gilt das Wort, daß „das Jagen alle Tage neu ist", so sehr wie für das Nachsuchen nach angeschossenem Wild. Daher ist die Nachsuche nicht nur eine ethische Pflicht des Jägers, sondern auch der interessanteste, lehrreichste und abwechslungsreichste Teil des gesamten Waidwerkes.

DIE BEHANDLUNG DES ERLEGTEN WILDES UND DER TROPHÄEN

Des Waidmanns Aufgabe ist mit dem Erlegen und Erbeuten des Wildes noch nicht ganz gelöst. Dieses bleibt bis zu seiner Verwertung unter der Obhut des Jägers und erfordert daher einige Maßnahmen, die ich noch zu beschreiben habe. Es wird dabei, der Behandlung entsprechend, am besten sein, nach Wildarten vorzugehen.

Alles *Schalenwild* wird, sobald es zur Strecke gelangt, *aufgebrochen*. Das ist auch bei kalter Witterung erforderlich; denn die im Innern vorhandene Wärme bewirkt, wenn sie sich nicht alsbald verflüchtigen kann, den schnellen Beginn der Zersetzung. Das Wild *verhitzt*, wie der Händler sagt: es ist *verhitzt*. Das Aufbrechen bezweckt die Beseitigung des *Geräusches* und des *Gescheides* aus dem Wildkörper. Ich lege der nachstehenden Anleitung das Aufbrechen eines Hirsches zugrunde, möchte aber nicht versäumen, den Anfänger auf die Notwendigkeit hinzuweisen, sich die Sache genau zeigen zu lassen und sie dann unter gehöriger Aufsicht selbst vorzunehmen. Nur dann wird er es richtig lernen; denn „was man nicht selbst gemacht hat, das kann man nicht".

Das *Aufbrechen* geschieht in folgender Weise:

Der Hirsch wird auf den Rücken *gestreckt,* so daß das Geweih, mit der Krone nach hinten zeigend, zu beiden Seiten unter den Hals zu liegen kommt. Der Jäger tritt vor den Hirsch und löst durch zwei schräge Schnitte die Haken aus dem Oberkiefer, die er als wertgeschätzte Andenken in Sicherheit bringt. Alsdann *schärft*[1] er, den Rücken des Waidmessers nach unten haltend, den Hals vom Drosselknopf bis zum Stich oder Brustkern auf, so daß die Drossel freiliegt; durchschärft das um diese sitzende Wildpret, schiebt es nach beiden Seiten zurück, ergreift mit der linken Hand Drossel und Schlund, zieht beide in die Höhe, fährt mit der rechten Hand zwischen Schlund und Wildpret und trennt ihn und die Drossel gänzlich von diesem, indem er mit der Hand bis zum Stich hinunterfährt. Liegen Drossel und Schlund ganz frei, dann stößt er abwechselnd mit der rechten und mit der linken Hand, so tief er kann, in die Brusthöhle hinein, um innerhalb dieser den Schlund von der Drossel und von etwaigen Verbindungen mit dem Geräusch zu trennen, damit er ihn nachher ohne Schwierigkeit durch die Brusthöhle nach hinten ziehen kann. Nunmehr schärft er Drossel und Schlund kurz vor dem Drosselknopf ab, trennt sie voneinander, schärft die Drossel auch dort ab, wo sie aus der Brusthöhle heraustritt, und legt sie beiseite.

Es gilt jetzt, den Schlund zu verschließen, damit beim späteren Durchziehen durch die Brusthöhle nach hinten kein grünes Geäse austreten kann. Das geschieht auf zweierlei Weise: Entweder schärft der Jäger am Ende des Schlundes einen Schlitz in dessen Längsrichtung und zieht durch diesen den übrigen Teil mehrmals hindurch; oder er schärft die um den lederartigen, inneren Schlundschlauch befindliche rote Haut etwa 5 cm vom Ende quer zur Längsrichtung ringsherum durch und schiebt die rote Haut entweder mit dem Messer oder mit der Hand so weit zurück, daß er einen Knoten in den Schlund schlagen kann. Der Schlund wird *verknüpft.* Dieses Verfahren ist dem ersteren vorzuziehen, weil die an seinem Ende verbliebene rote Haut das Rutschen und Aufgehen des Knotens und damit den Austritt flüssigen Geäses sicher verhindert, während der vorerwähnte Schlitz niemals einen ganz dichten Verschluß herbeiführt.

Der Jäger tritt dann zwischen die Hinterläufe des Hirsches – ihn zu überschreiten oder rittlings darüber zu stehen, ist gegen den Waidmannsbrauch, ebenso verpönt ist es, den Rock auszuziehen oder die Ärmel aufzukrempeln; der Hut darf nicht abgenommen werden, und Niederknien ist beim Aufbrechen nicht gestattet, so will es alte Jägersitte. Dann setzt er das Messer, mit dem Rücken nach unten, zwischen die Brunftkugeln und schärft das Kurzwildpret auf, erfaßt die Brunftkugeln eine nach der anderen mit den Händen und zieht sie mitsamt den Samensträngen so lang heraus, wie es angeht. Alsdann führt das Waidmesser, wiederum mit dem Rücken nach unten, auf der Brunftrute entlang nach vorn, die Decke über der letzteren aufspaltend. Mit der linken Hand unter die Rute greifend und sie vom Körper lösend, hilft er mit dem Messer nach und schärft deren Öffnung nebst der umgebenden Haut fort. Die Brunftrute wird nun nach hinten ausgelöst und dort, wo sie zwischen den Keulen eingewachsen ist, keilförmig ausgestochen. Brunftkugeln und Brunftrute werden alsdann zur Linken beigelegt (vom Aufbrechenden aus gesehen), also neben die rechte Keule des Hirsches.

Jetzt ist die Bauchhöhle zu öffnen. Dort, wo das Kurzwildpret saß, wird vorsichtig die Dünnung mit dem Messer durchstochen. Der Zeigefinger der linken Hand erweitert die Öffnung. Der Mittelfinger zwängt sich mit hinein. Beide Finger nehmen den Rücken der

[1] Schärfen = schneiden; der letztere Ausdruck ist nicht waidmännisch

Spitze des Waidmessers zwischen sich und führen es, indem sie gleichzeitig die Dünnung anheben, bis zum Brustkern, so daß das ganze Gescheide offen daliegt. Nunmehr wird das Waidmesser auf der rechten Seite des immer zwischen den Hinterläufen bleibenden Jägers neben dem Vorderlauf in den Boden gesteckt. Dieser führt seine rechte Hand zwischen den Pansen und das Zwerchfell, läßt die linke folgen und löst die am Zwerchfell und Pansen festgewachsene Milz mit Hilfe der Hand von dem ersteren, bis der Pansen ganz frei in der Bauchhöhle liegt. Dann suchen beide Hände die Stelle am Zwerchfell, wo der Schlund aus dem Pansen durch dasselbe in die Brusthöhle tritt. Hier muß das Gefühl den richtigen Weg finden und das Auge ersetzen; denn das Hineinsehen ist nicht gut möglich. Ist der Schlund richtig erfaßt, dann wird er mit der rechten Hand festgehalten; die linke fühlt sich an ihm durch das Zwerchfell, dessen Verbindung leicht nachgibt, nach vorn. Haben beide Hände den Schlund voll erfaßt, dann ziehen sie ihn langsam aber stetig nach hinten. Bei ruckweisem Ziehen reißt er leicht ab und verursacht dann Verunreinigung des Wildprets. Alsdann wirft der Jäger den Pansen mit dem Schlund und dem Netz ganz aus der Bauchhöhle heraus auf seine rechte Seite; aber so, daß das Gescheide nicht zerreißt, löst mit der Hand die Verbindungsstellen des kleinen Gescheides mit der Leber, wobei wiederum ein Zerreißen zu vermeiden ist, und schiebt nun auch dieses nach rechts aus der Bauchhöhle heraus, indem er Sorge trägt, daß die Nieren nicht mit herausgerissen werden. Das ganze Gescheide hängt jetzt nur noch durch den Waiddarm mit dem Wildkörper zusammen.

Von hier an wird wieder auf zweierlei Art verfahren: Es wird erstens von außen her durch Aufschärfen der Haut um das Waidloch und Freischärfen des ganzen Waiddarms in der Beckenhöhlung dieser so weit freigemacht, daß er samt der Blase nach vorn hervorgezogen werden kann. Hierbei wird das Schloß nicht aufgebrochen. Es wird zweitens das Schloß, das ist die mehr oder weniger verknöcherte Knorpelnaht zwischen den beiden Beckenknochen – den *Eisbeinen* –, durch vorsichtige, sägende Führung des Messers auf dem Trennungshäutchen zwischen beiden Keulen freigelegt und diese aufgetrennt. Das heißt, es wird das *Schloß* aufgebrochen. Die erstere Art ist sehr wenig angenehm auszuführen. Außerdem kühlt das Wildpret nach dem Aufbrechen des Schlosses besser aus. Die letztere ist daher vorzuziehen. Bei einem älteren Stück läßt sich das Schloß mit dem Waidmesser nicht öffnen, man muß entweder eine Messersäge zu Hilfe nehmen, wobei jedoch leicht die Blase verletzt wird, so daß sich der Blaseninhalt in die Bauchhöhle ergießt, oder man schlägt das Schloß durch zahlreiche leichte Schläge mit dem Waidblatt auf. Diese letztere Methode ist die zweckmäßigere und auch gerechtere.

Die auseinandergetrennten Keulen und das aufgebrochene Schloß sollen aussehen, als habe sie der gewandteste Schlächter bearbeitet. Das ist kein Makel, sondern eine Zierde für den Jäger und wirkt vorteilhaft auf den Preis des Wildprets.

Sind die Eisbeine getrennt, so ist damit das Schloß noch nicht offen. Es muß noch, um den Waiddarm freizulegen, auseinandergebrochen werden. Wollte der Jäger das durch Druck auf die Keulen versuchen, so würde das Wildpret sich von den Eisbeinen lösen, weithin einreißen, austrocknen und entwertet werden. Um das zu verhindern, bückt sich der Jäger über das Schloß, faßt mit jeder Hand ein Eisbein und bricht das erstere so weit auf, bis es *kracht*. Oder, wenn die Kräfte dazu nicht reichen, so setzt er sich in die Hocke, erfaßt mit jeder Hand einen Schloßteil, schiebt beide Knie zwischen die Arme und bricht mit Hilfe dieser mit leichter Mühe das Schloß auf, an dem dann das Wildpret gänzlich unverletzt bleibt.

Es ist jedoch Sorge zu tragen, daß vor dem Aufbrechen die Decke, Sehnen und Häute bis zum Wedel aufgeschärft sind. Sonst erschweren diese das Auseinanderbrechen.

Der nunmehr freiliegende Waiddarm und die Blase werden von der linken Hand ergriffen, mit Hilfe des Waidmessers sauber aus der Beckenhöhlung ausgelöst und am Wedel abgeschärft. Dann werden die vom Rücken nach den Keulen führenden *Brandadern* der Länge nach aufgeschärft, damit sie gehörig ausschweißen können; nicht nur, wie es oft geschieht, leicht durchstochen. Das Zwerchfell wird hart an den Rippen ringsum abgeschärft, damit die Brusthöhle ausschweißen und auskühlen kann. Damit ist das Aufbrechen beendet. Soweit es im Wald und bei kühlem Wetter erfolgt, bleibt das Geräusch einstweilen im Wildkörper.

Durch Anheben des Vorderteils unter gleichzeitigem Vorziehen, wozu bei stärkeren Stücken zwei Mann erwünscht sind, läßt der Jäger den Schweiß auslaufen. Falls das Wild nicht gleich verladen werden kann, wird es des weiteren Ausschweißens halber entweder aufgehangen oder, wenn das – wie oftmals – nicht möglich ist, auf die rechte Seite gestreckt und zwar nach Möglichkeit so, daß der Vorderkörper etwas höher liegt. Die Keulen werden durch einen in das Schloß getriebenen Keil auseinandergehalten. Das Stück kann auf diese Weise nachschweißen und kühlt schneller aus.

Kann das vollständige Aufbrechen erlegten Wildes aus irgendwelchen Gründen nicht sofort nach dem Auffinden erfolgen, was die Regel bilden sollte, so ist es wenigstens zu *lüften*, das heißt: die Bauchhöhle samt dem Schloß ist so weit aufzubrechen, daß die Blase entfernt werden und die sich bildenden Gase entweichen können. Beim Lüften muß man jedoch unbedingt ein sperriges Stück Holz in die Bauchhöhle stecken, so daß das große Gescheide zurückgedrängt wird und die Gase aus der Bauchhöhle entweichen können. Niemals steche man in den Pansen, dadurch wird höchstens das Gegenteil von dem erreicht, was man beabsichtigte. Beim männlichen Wild entfernt der Jäger, bevor er es lüftet, das ganze Kurzwildpret, in der Brunft-, Blatt- und Rauschzeit auch noch die Decke an der Mündung der Brunftrute. Man sieht, bis man das alles gemacht hat, kann man auch beinahe das ganze Stück aufbrechen. Ich bin daher auch gar kein Freund vom Lüften. Wenn schon soviel Zeit vorhanden ist, das Stück zu lüften, dann reicht die Zeit auch aus, es vorschriftsmäßig aufzubrechen.

Ein Teil der Jäger lüftet das Wild, um es draußen im Revier nicht aufzubrechen, sondern um das Aufbrechen grundsätzlich zu Hause durchzuführen. Der Aufbruch im Revier soll anderes Wild vergrämen. Diese Ansicht kann ich nicht teilen; einmal ist es selbstverständlich, daß der Jäger den Aufbruch draußen etwas einbuddelt oder zum mindesten gut verblendet mit Waldstreu, Steinen, Reisig u. dgl., und andererseits müßte dann ja jedes Fallwild das übrige Wild vergrämen, was keineswegs der Fall ist Außerdem ist der Aufbruch im Revier ein willkommener Fraß für Schwarzwild und Füchse.

Liebhaber der gebratenen Leber mögen sich gesagt sein lassen, daß sie nur dann wohlschmeckend ist, wenn sie von einem schnell gestreckten und sofort aufgebrochenen Wild herrührt. Im anderen Fall ist nicht viel Genuß davon zu erwarten. Auch hier ist zu bemerken, daß die Schwarzwildleber und die Gamsleber eine äußerlich sichtbare Gallenblase haben, die nicht schnell genug entfernt werden kann, wenn der Wohlgeschmack nicht leiden soll. Das geschieht in folgender Weise: Der Jäger fährt mit dem Waidmesser unter den Gallenleiter, dort, wo dieser aus der Leber austritt, schärft ihn vorsichtig von der Leber frei, trennt ihn, ihn mit zwei Fingern zuhaltend, damit keine Galle zurückfließt, beim Austritt aus der Leber durch und zieht ihn mitsamt der Gallenblase vorsichtig ab. Man kann auch die Blase, von dem Austritt aus der Leber anfangend, erst ausdrücken, bevor man sie abschärft.

Die Belassung der Brunftkugeln am erlegten Stück ist für die Feststellung des Geschlechtes nicht erforderlich, solange der Hodensack nicht mit abgeschärft wird. Das würde aber ein Fehler sein, weil dann ja die ebenfalls zu beseitigenden Samenstränge im Wildpret

verbleiben müßten. Schärft man aber den Hodensack einfach auf und zieht dann beide Brunftkugeln samt den Samensträngen heraus, so bleiben die Lappen des Hodensackes am Wildkörper; und sie sind dann völlig ausreichend, um das Geschlecht einwandfrei festzustellen. Zu weiterer Sicherheit kann man dann am Rehbock den Pinsel belassen.

Was für die Harnblase gilt, trifft auch für die Brunftrute zu. Denn die Annahme, daß das getroffene und verendende Wild im Verenden noch Harn fließen läßt, und daß von diesem ein Teil in der Brunftrute zurückbleibt, kann wohl nicht bezweifelt werden. Ebenso aber wie der Harn in der Blase ist der in der Brunftrute befindliche rascher Zersetzung ausgesetzt, die sich natürlich dieser selbst und der Umgebung bald mitteilen wird.

Beim Schwarzwild gestaltet sich das Aufbrechen insofern etwas einfacher, als der Jäger die Drossel und den Schlund einfach von außen quer durchschärft, ohne erst den Hals der Länge nach zu öffnen. Das ganze Gescheide ist hier sozusagen nur eine Handvoll, während es bei dem übrigen Schalenwild ein Sack voll ist.

Nach vollendetem Aufbruch wird das Feist vom Gescheide abgezogen und beiseite gelegt.

Zu Zeiten, wo die Fliegen schwärmen, deckt der Waidmann das Wild mit belaubten oder benadelten Zweigen zu. Bei warmer Witterung nimmt er, um besseres Auskühlen zu erzielen, noch an Ort und Stelle das Geräusch heraus. Das geschieht in der Weise, daß er von hinten her die Drossel ergreift und sie mit Gewalt herausreißt. Es folgen dann Lunge, Herz, Leber und Nieren von selbst. Muß man ein Stück Wild über Nacht liegenlassen, so muß man es verwittern, um zu verhindern, daß es von Sauen und Füchsen angeschnitten wird. Die scheußlichen, leider oft empfohlenen Papierfetzen halten wohl den Fuchs, aber keineswegs die Sauen ab, sich an dem Wildpret gütlich zu tun. Wenn man dagegen in einem Umkreis von $^1/_2$ m rund um das gestreckte Stück herum näßt, so kann man sicher sein, daß in den nächsten 24 Stunden weder Fuchs noch Sau das Stück anrühren.

Soll erlegtes Wild *versandt* werden, so ist vorheriges Abkühlen zur guten Erhaltung unerläßlich. Es ist gänzlich verkehrt, die Versendung zu übereilen. Wild, das, die Nacht über frei hängend, gehörig auskühlt, ist bedeutend haltbarer, als wenn es noch warm vor Abend zum Versand gelangt.

Geringeres Schalenwild, das der Jäger nicht gleich selbst im Rucksack mitnehmen will, wird bis zur Abholung, wie schon gesagt, aufgehangen, so daß es frei dem Luftzug ausgesetzt ist. Stärkeres Wild verursacht dort, wo es nicht sofort auf einen Wagen oder einen Handkarren verladen werden kann, oft große Schwierigkeiten, besonders wenn der Jäger keine genügende Hilfe hat. Es muß dann entweder von Menschenhand oder von einem Pferd an die nächste befahrbare Strecke geschleppt werden. Zu diesem Zweck bindet man einen starken Strick beim Hirsch um die Rosenstöcke, beim Kahl- und Schwarzwild um den Hals, wie um Geäse und Gebrech. Dann läuft der Körper nach. Das Geweih verlangt aber eine dauernde Führung, damit es nicht hinter Wurzeln, Stämmen und Gestrüpp sitzenbleibt und beschädigt wird. Mittelstarke Stücke können getragen werden, indem der Jäger je die Vorder- und Hinterläufe oberhalb der Oberrücken fest zusammenschnürt und zwischen diese eine Tragstange hindurchschiebt, an der dann zwei Personen das Wild gar nicht zu schwierig befördern können. Bei geringeren Stücken werden alle vier Läufe zum Tragen zusammengeschnürt und der Kopf durch die Vorderläufe gezogen. Grundsatz ist: alles Schalenwild wird mit dem Kopf nach vorn geschleppt, getragen, gekarrt, gefahren – niemals umgekehrt.

Dem Aufbrechen des Wildes folgt *das Zerwirken, aus der Decke oder aus der Haut schlagen.* Zu diesem Zweck wird das Wild entweder auf sauberem Rasen, auf untergelegten Brüchen oder noch besser auf einem besonderen hierfür bestimmten *Schragen ge-*

streckt. Ein solcher ist ein niedriger Tisch, dessen mittlerer Längsteil etwas vertieft ist, so daß das Wild darin wie in einer Mulde ruht.

Das Zerwirken beginnt mit dem *Abschlagen* des Geweihes, der Schaufeln, des Gehörns, der Krickel. Viele lassen sie vom Drechsler auf allerlei Schilde setzen. Manche aber behalten den ganzen Schädel daran. Es ist nicht zu leugnen, daß *starke* Geweihe und Schaufeln in dieser Form einen außerordentlich wirksamen Anblick gewähren.

Früher wurde der Hauptschmuck mit einem Waidblatt abgeschlagen, daher stammt auch die Bezeichnung. Heute bedient man sich dazu, falls nicht der ganze Oberkiefer erhalten werden soll, einer Fuchsschwanzsäge. Zunächst schärft man am besten die Decke völlig ab, um den Sägeschnitt richtig führen zu können. Alsdann setzt der Jäger die Säge hinter den Rosenstöcken an, und zwar etwa dort, wo das Hinterhaupt in die Wirbelsäule mündet. Vielfach wird der Schnitt zu nahe an den Rosenstöcken angesetzt. Dann sägt man bis zu den Augenhöhlen durch und in gerader Richtung weiter, um so das Nasenbein am Schädel zu erhalten. Schließlich wird der *Bregen* der Schädelhöhle entnommen. Verbleibt hingegen der ganze Schädel am Geweih, so wird der Kopf vom Halswirbel getrennt, die Schädelhöhle von hinten aufgemeißelt und der Bregen herausgenommen.

Zum weiteren Zerwirken wird die Haut auf dem Brustkern so aufgeschärft, daß die beim Aufbrechen entstandenen Einschnitte am Hals und durch die Dünnungen mittels eines weiteren Schnitts verbunden werden. Dann wird, mit dem rechten Vorderlauf beginnend, die Haut an den Läufen handbreit über den Oberrücken ringsherum durchschärft – die Läufe werden *gekränzt* – und an der Innenseite ein langer Schnitt geführt, der bei den Vorderläufen am Brustkern in den dortigen Einschnitt mündet und bei den Hinterläufen auf den Innenseiten der Keulen in der Nähe des Wedels ausläuft. Nun wird, am Kopf anfangend, von vorn nach hinten, zuerst auf der rechten, dann auf der linken Seite, die Decke mit dem Daumen vom Wildpret gelöst, und nur da, wo das nicht angeht, das Messer zu Hilfe genommen. Einschnitte in die Haut dürfen dabei aber nicht vorkommen. Die Decke wird dann sorgfältig, über einer Querstange hängend, getrocknet.

Damit ist das Zerwirken beendet. Auch hier findet sich beim Schwarzwild wieder eine Abweichung, indem es nicht möglich ist, die Schwarte durch einfaches Drücken mit dem Daumen vom Wildpret zu trennen. Sie muß vielmehr mit dem Waidmesser nach und nach abgeschärft werden. Es folgt *das Zerlegen.*

Dieses geschieht *auf der Decke oder der Schwarte*, die über den Schragen herunterhängt und das Wildpret vor jeder Unsauberkeit schützt. Das Wild wird wieder auf den Rücken gestreckt, der rechte Vorderlauf mit der linken Hand ergriffen und etwas angezogen. Darauf fährt der Jäger mit dem Waidmesser zwischen dem Vorarm, dem Blatt und den Rippen hin und löst den ersteren mit einigen leichten Schnitten samt dem Blatt ab. In gleicher Weise wird der linke Vorderlauf nebst dem Blatt herausgelöst. Alsdann trennt man die rechte Fläme oder Flanke von der Keule bis zu den Rippen, ebenso die linke, zieht mit dem Waidmesser zuerst auf der rechten, dann auf der linken Seite von den Rippen nach vorn, etwa handbreit vom Rückgrat entfernt, quer über diese einen Strich und schlägt oder sägt die Rippen in gleicher Reihenfolge glatt durch.

Das ganze Rückgrat vom Blatt bis zum Wedel wird *Ziemer* genannt. Man unterscheidet *Blatt-* oder *Vorderziemer* und *Mittelziemer* und *Wedelziemer.* Je nachdem der Wedelziemer an den üblichen Ziemerteilen bleiben oder der Ziemer ganz erhalten werden soll, erfolgt das Zerlegen weiter in folgender Weise: Es wird entweder der obere Teil der Keule durch einen scharfen Schnitt parallel mit dem Rückgrat durchschärft und der Keulenknochen durchsägt oder durchschlagen. Oder der Keulenknochen wird mit der *Kugel* (dem Gelenkkopf) aus der *Pfanne* gelöst und das Wildpret entsprechend durchschärft. Soll der

Wedelziemer von dem übrigen Ziemer getrennt werden, so wird das Rückgrat dort, wo der erste Flankenschnitt endigt, durchschlagen.

Der vom Ziemer getrennte Hals nebst Kopf ergibt samt den Rippen und Dünnungen das *Kochwildpret* – mit Ausnahme des Schwarzwildes, wo der Kopf den besten Teil darstellt –, während *Zimer, Keulen* und *Blätter* die *Braten* bilden.

Bei dieser Gelegenheit sei der alte Brauch des Jägerrechts erwähnt. Man unterschied früher das sog. *große Jägerrecht* und *kleine Jägerrecht.* Das große Jägerrecht wurde in den einzelnen Landesteilen verschieden gehandhabt und stellte den Hauptteil der Entlohnung der Jägerei dar. Es gehörte meistens dazu: das Haupt, Träger mit *Vorschlag,* d. i. bis zu den ersten drei Rippen, die Haut, das Geräusch und das Feist. Dieses große Jägerrecht ist wohl heute nirgends mehr üblich. Überall finden wir dagegen auch heute noch den Brauch des kleinen Jägerrechtes. Dieses Recht besteht darin, daß der Erleger eines Stückes Schalenwild das Geräusch, also Herz, Lunge, Leber, Nieren und das Feist erhält, sofern er das erlegte Stück selbst aufbrach. Handelt es sich um ein Stück mit Kopfschmuck oder um einen Keiler, so steht dem Erleger die Trophäe zu, also beim Rotwild auch die Grandeln. Dieses Jägerrecht ist z. B. auch in den Jagdnutzungsvorschriften der Staatsforstverwaltungen überall verankert.

Hase und *Kaninchen* werden ziemlich in derselben Weise behandelt. Zunächst gilt, daß jedem erlegten Hasen, um bei diesem zu bleiben, sofort der Inhalt der Blase ausgedrückt wird, falls er nicht sogleich *ausgeworfen* wird. Das geschieht in der Weise, daß der Jäger ihn zwischen beiden Händen auf den Rücken streckt und dann mit einer Hand, von oben nach unten fahrend, den Harn aus der Blase drückt. Würde er das unterlassen, so könnte leicht das ganze Wildpret einen höchst widerlichen Geschmack annehmen. Das Auswerfen geschieht in zweierlei Art: Einmal, indem der Jäger mit Zeigefinger und Daumen jeder Hand die untere Bauchdecke erfaßt und sie aufreißt und alsdann den am Genick festgehaltenen Hasen stark im Bogen schwingt, um mit einem Ruck aufzuhören. Das ganze Gescheide pflegt dann herausgeschleudert zu werden. Der Hase wird buchstäblich ausgeworfen. Oder aber, und das ist die sorgfältigere Arbeit, man macht zwei Finger breit unterhalb des Waidloches einen Querschnitt durch den Balg von etwa 8–10 cm Länge. Nunmehr wird der Balg von der Bauchdecke nach vorne zu abgetrennt, indem man mit der Hand zwischen Balg und Bauchdecke hineinfährt. Nachdem dies etwa bis zum Brustbein geschehen ist, schärft man die Bauchdecke auf, ohne den Balg zu verletzen und wirft das Gescheide heraus. Ein Aufbrechen des Schlosses ist nicht nötig. Man reißt oder schärft den Waiddarm vor dem Waidloch ab. Die Leber holt man mit heraus und läßt sie sich mit Äpfeln in Butter braten, nachdem man jedoch die Galle entfernt hat. Die wenigsten Jäger wissen, daß eine frische, derartig zubereitete Hasenleber eine der größten Delikatessen ist, die es gibt.

Nachdem der Hase nun ausgeschweißt ist, mache man mit dem Waidmesser oberhalb des Querschnitts ein kleines Loch in den Balg, ziehe die Blume hindurch, und die Klappe ist fest verschlossen, so daß ein Austrocknen des Wildprets – der einzige Grund, weshalb man Hasen meistens nicht auswirft –, unmöglich ist. Derartig ausgeworfene Hasen und Kaninchen halten sich genauso saftig, wie nicht ausgeworfene, mit dem einzigen Unterschied, daß sie nicht nach Gescheide schmecken, und daß man die frische Leber als Leckerbissen verzehren kann.

Schließlich wird der Hase *geheßt;* das heißt, an einem Hinterlauf wird ihm oberhalb des Sprunggelenks zwischen dem Knochen und der großen Sehne die Haut durchschärft und der andere Hinterlauf durch das so entstandene Loch hindurchgezogen. So werden die Hasen dann zunächst am Stock über den Rücken getragen und schließlich auf saubere

Wagen verladen, wo sie nicht zu dicht nebeneinander auf Stangen aufgereiht werden. Besser als das früher stets geübte *Hessen* ist das Zusammenbinden der Hinterläufe mit einem Bindfaden. Es sollte keinem Treiber und Träger nachgesehen werden, daß er die Hasen in der Hand und mit Kopf und Vorderteil durch Schmutz und Kot schleppt. Das Wild wird dadurch unansehnlich und minderwertig. Hasen im Rucksack oder in der Jagdtasche auf weitere Strecken zu tragen, empfiehlt sich wenig, weil sie darin schlecht auskühlen. Da ist schon das alte Netz vorzuziehen. Eine besondere Unart der Treiber ist es in manchen Gegenden, den erlegten Hasen die Blume abzureißen. Es sollte streng darauf gehalten werden, daß das nicht geschieht; denn es verunstaltet das sonst noch so sauber behandelte Wild. Die Treiber gebrauchen diese Blumen als Einschub vorn im Schuhwerk, um die Zehen warmzuhalten.

Bei allem gestreckten Federwild, mit Ausnahme der Schnepfen und der Drosseln, in denen das Gescheide verbleibt, ist dieses alsbald zu entfernen. Das geschieht beim Auerhahn, dem Trappen, Birkwild und Haselwild folgendermaßen: Der Vogel wird *gestreckt*, d. h. auf den Rücken gelegt. Dann wird die Bauchdecke vom Waidloch an so weit aufwärts aufgeschärft, daß die Hand gerade hindurchgeht. Diese fährt nach vorn, trennt das *Gescheide*, ohne es zu zerreißen, von der Leber, zieht es nach hinten heraus und schärft es am Waidloch ab. Die Leber selbst verbleibt nebst Herz und Lunge im Wildkörper. So behandeltes Geflügel ist *ausgefahren*.

Alles übrige Wildgeflügel wird *ausgezogen* oder *ausgehakt*. Der Jäger fährt mit einem hierzu bestimmten Metallhaken oder einem mit einem Haken versehenen kleinen Zweig durch das Waidloch, den Darm mit der Hakenspitze sprengend, in das Innere bis in die Lungengegend und zieht dann das Gescheide unter einigen Drehungen mittels des Hakens heraus, möglichst in *einer Schnur*, ohne es zu zerreißen. Am Waidloch wird es dann abgerissen.

Alles Federwild soll sofort nach dem Erlegen *hängend* auskühlen. Auf diese Weise legen sich die Federn glatt an den Körper. Die Schenkel treten heraus. Das Wild erhält ein gutes Aussehen. Entweder befördert man es in dieser Weise in Schlingen an der Jagdtasche oder an sogenannten Hühnergalgen oder in Kiepen; bei Treibjagden mit größerer Strecke auf Wagen. Das Wildgeflügel in Haufen zusammen und aufeinander zu werden, so daß es sich gegenseitig beschmutzt, daß die Federn in Unordnung geraten usw., schadet nicht nur dem Verkaufswert; es macht auch einen schlechten Eindruck. Daß bei der Beförderung in Schlingen außen an der Jagdtasche, namentlich bei jungen Vögeln, einige Vorsicht nötig ist, damit der Hals nicht abreißt und das Wild nicht verlorengeht, bedarf wohl keines besonderen Hinweises.

Eine besondere Art der Behandlung war bei den *Drosseln* üblich. Sie wurden in *Bunden* befördert und vielfach auch verkauft. Zwei Schwungfedern wurden mit den Spitzen zusammengeknotet, die Federkiele jeder Feder quer durch die Nasenlöcher von je zwei oder einer Drossel gestoßen und dann geknotet, so daß jeder Bund entweder zwei Mistel- oder Wacholderdrosseln oder vier der geringeren Drosseln enthielt.

Dem erlegten *Raubwild* wird der Balg abgezogen: Es wird *gestreift;* nur der Dachs wird *abgeschwartet*. Das Streifen geht am leichtesten und bequemsten, solange das Wild noch warm ist. Da es bei allem Raubwild ziemlich gleich ist, so möge es am *Fuchs* erläutert werden. Der Fuchs wird *gestreckt*, auf den Rücken gelegt. An den Innenseiten der Hinterläufe, von den Ballen anfangend bis zum Waidloch, wird die Haut aufgeschärft, und zwar an dem hinteren Rande der Keulen, also dort, wo das Haar wechselt. Dann wird der Balg vollständig an den Branten und Zehen gelöst und die Krallen mit einer Zange abgekniffen, so daß diese an dem Balg sitzenbleiben. Dasselbe geschieht an den Vorderläufen bis an den Rumpf. Alsdann wird der Fuchs geheßt, wie ich das beim Hasen beschrieben habe, nur daß die Haut nicht mehr an den Läufen ist, und an den Hinterläufen an einen starken Nagel gehangen. Nunmehr wird der Balg von den Hinterläufen bis an das Waidloch abgestreift und alsdann die Lunte von der Rübe (den Knochenwirbeln der Lunte) gelöst. Das geschieht am einfachsten auf folgende Art: Fasse die Wurzel der Lunte fest mit der linken Faust, drehe die mit der Rechten ergriffene Lunte von der Wurzel anfangend bis in die Spitze nach und nach so lange um sich selbst, bis es jedesmal knackt. Schneide dann einen daumendicken Ast, kürze ihn auf die Länge von einem halben Fuß, spalte ihn bis zur Hälfte ein, öffne den Spalt, klemme ihn scharf über der Wurzel der Rübe fest an diese, drücke beide Spaltseiten zusammen und streife so den Balg herunter. Es geht auf diese Weise spielend leicht.

Jetzt wird der Balg von hinten nach vorn über den Kopf gezogen. Die Vorderläufe werden durch die beim Aufschärfen der Haut entstandenen Löcher gesteckt; dann wird der Hals gestreift bis an den Kopf. Hier gibt es leicht einigen Widerstand, der durch vorsichtiges Nachschärfen mit dem Waidmesser, jedoch ohne die geringste Verletzung des Balges, überwunden werden muß, besonders an den Knorpeln der Lauscher, den Sehern und dem Windfang. Wenn alles fertig ist, muß der Balg am Kopf so wenig verletzt sein, daß er ohne weiteres ausgestopft werden kann.

Der rohe Balg wird schließlich mit dem Haar nach innen über ein oben etwas zugespitztes Brett gezogen, mit den Lefzen und der Nase durch einige Nägel am Brett befestigt und recht lang gereckt. Das Brett muß so lang sein, daß die Luntenspitze nicht auf den Boden stößt; es darf keine scharfen Ränder haben. Die Lunte wird durch einen geraden Schnitt von der Wurzel bis zur Spitze aufgeschärft und durch einen Streifen Papier, das leicht anklebt, breit auseinandergehalten. Ebenso kommen Papierstreifen über die Branten und die Lauscher, damit sie sich beim Trocknen nicht einrollen.

Ist der Balg hinreichend trocken, so wird er vom Brett genommen, umgedreht und sauber ausgekämmt. Sollte er so trocken geworden sein, daß er beim Umkehren zu brechen droht, so stelle man ihn vorher kurze Zeit an einen feuchten Ort.

Ist das Raubwild fett, so muß der Balg nach dem Aufspannen auf das Brett mit Asche oder Salz eingerieben werden. Für das kleinere Wild gebraucht man entsprechend kleinere, für stärkeres größere Bretter.

Der *Dachs* wird zunächst, in ähnlicher Weise wie der Fuchs, an den Läufen, dann aber noch vom Waidloch bis zum Windfang auf der Unterseite lang aufgeschärft. Die Schwarte muß wie beim Schwarzwild Schnitt für Schnitt abgeschärft werden. Es ist aber bei beiden Wildarten wohl darauf zu achten, daß das Messer nicht zuviel von der Schwartenseite fortnimmt, weil sonst nach dem Trocknen das Haar oder die Borsten, des Haltes beraubt, leicht ausfallen. Die Schwarte wird dann mit der Innenseite nach außen auf ein Scheunentor oder eine sonst geeignete Unterlage aufgenagelt, breit auseinandergezogen und mit Salz oder Asche wiederholt stark eingerieben, bis sie trocken ist.

Einige Hinweise für das Präparieren der Jagdtrophäen seien noch gegeben. Beim Abschlagen des Hauptschmuckes sei stets der Grundsatz maßgebend: lieber etwas zu viel dranlassen als zu wenig. Zu viel kann man später noch absägen, zu wenig nicht mehr dranflicken. Zunächst muß der Schädel, bevor er abgekocht wird, wässern, am besten in fließendem Wasser. 24 Stunden sind notwendig, 2mal 24 Stunden sind besser. Dann wird der Schädel in einen Topf getan, und zwar so, daß das Wasser gerade bis an die Rosen heranreicht. Jeder Zusatz zu dem Wasser ist abzulehnen, also kein Persil, Soda u. ä. Man kocht ein Rehgehörn etwa 30 Minuten, ein Hirschgeweih je nach Alter 45 Minuten bis zu einer Stunde. Kocht man zu lange, dann lösen sich die Leimsubstanzen, die die einzelnen Knochenteile des Schädels zusammenhalten, und der Schädel fällt später auseinander. Nun kommt das Wichtigste bei dem ganzen Abkochen, was fast immer falsch gemacht wird. Man nimmt das Gehörn usw. aus dem kochenden Wasser heraus und stellt es *sofort* in einen bereitstehenden Bottich mit kaltem Wasser. Hier bleibt es bis zur völligen Abkühlung, was bei einem Hirschschädel fast eine halbe Stunde dauert. Ist das Geweih oder Gehörn nämlich innen noch heiß, so trocknet es von innen heraus aus, und die Bouillon sitzt in den Poren des Knochens fest und ist kaum herauszubringen. Nach dem völligen Abkühlen wird der Schädel mit einem Messer saubergemacht und schließlich mit einer Wurzelbürste und Kernseife völlig von allen Hautresten und Fetteilchen befreit. Alsdann läßt man ihn in der Sonne trocknen. Nach dem Trocknen schleift man den Schädel mit feinem Glaspapier ab, zunächst mit etwas gröberer Sorte und zuletzt mit der feinsten Sorte. Um an die Rosenstöcke richtig heranzukommen, schneidet man das Glaspapier in schmale Streifen. Endlich wird der Schädel mit Wasserstoffsuperoxyd oder noch besser mit Perhydrol eingerieben und zum Nachbleichen in die Sonne oder auch nur ins Tageslicht gestellt. Will man die bleichende Wirkung des Wasserstoffsuperoxyds noch erhöhen, dann legt man auf den Schädel eine dünne Schicht Watte, die jedoch nicht die Rosen berühren darf, und tränkt diese Watte mit Wasserstoffsuperoxyd. Nachdem der Schädel völlig getrocknet ist, kann man ihn noch mit einer Mischung von Spiritus und Schlämmkreide bürsten. Er erhält hierdurch einen matt elfenbeinfarbenen Glanz. Schädel, die lange in geheizten Räumen, in denen auch noch geraucht wird, gehangen haben, bekommen eine gelbbraune Farbe. Man bekommt derartige Schädel wieder völlig weiß durch Bestreichen mit Perhydrol (30 % Wasserstoffsuperoxyd) und längeres Bleichen in der Sonne.

VIERTER TEIL

DIE HEGE

KEIN HEGER – KEIN JÄGER

Dieses überzeugende Bekenntnis hat der große Waidmann Graf SILVA-TAROUCA über sein bekanntes Buch geschrieben. Kein Heger, kein Jäger, das muß das Leitmotiv für alle waidgerechten Jäger heute sein in einer Zeit, da die freilebende Tierwelt von allen Seiten bedroht ist, vernichtet zu werden.

Die ständige Zunahme der Bevölkerung erfordert, um Lebensmöglichkeit für alle zu schaffen, eine immer fortschreitende Intensivierung der Land- und Fortwirtschaft und eine dauernd vergrößerte Industrialisierung. Sie bedingt eine immer stärker werdende Zusammenballung von Menschenmassen. Der Verkehr nimmt infolge der Motorisierung ununterbrochen zu, so daß auch die abgelegensten Gebiete unseres so klein gewordenen Vaterlandes leicht erreichbar werden und durch den von der Hetze des Alltages geplagten Menschen zur Erholung aufgesucht werden. Eine ununterbrochene Störung und Beunruhigung der freilebenden Tierwelt, eine immer rigorosere Einengung ihres natürlichen Lebensraumes sind die Folgen.

Die Bevölkerung und insbesondere der Naturfreund und Jäger wehren sich aber gegen die Verödung der Natur. Wir wollen nicht in einer Kultursteppe leben und wir wollen unser Leben nicht nur nach Nützlichkeitsstandpunkten einrichten.

Nicht nur für uns Jäger sind Wald und Wild ein untrennbarer Begriff, aber bei uns liegt es, alles dafür einzusetzen, daß das Wild und mit ihm die übrige freilebende Tierwelt in seinem Artenreichtum erhalten wird.

Daher ist für den heutigen Jäger die Hege und alles, was damit zusammenhängt, vordringlich wichtig, mit der Einschränkung allerdings, daß wiederum auch keine Überhege getrieben werden darf und daß die Wildstände mit den Erfordernissen der Landeskultur in Einklang zu bringen sind.

Deutschland verfügt im Vergleich zu anderen ähnlich dichtbesiedelten Ländern auch heute noch über eine ungewöhnlich artenreiche, freilebende Tierwelt. Wir verdanken das der hohen ethischen Auffassung von der Jagd und der großen Liebe zur Natur und zu allem, was in ihr kreucht und fleucht. Diese Auffassungen und Eigenschaften zu erhalten und zu fördern, muß vornehmste Aufgabe des Jägers sein.

DIE HEGE MIT DER BÜCHSE UND DER FLINTE

Solange es noch Großraubwild gab, wurde krankes, geringwertiges Wild gerissen und diente dem Raubwild zum Fraß. Der von der Natur gewollte harte Kampf um das Dasein ließ nur das Beste am Leben und bewirkte eine natürliche Zuchtwahl. Nachdem der

Mensch das Großraubwild vernichtet hat, muß er nunmehr selbst diese Auswahl treffen, und es liegt dem Jäger ob, alles Minderwertige auszumerzen, um keine Entartung des Wildes, aber auch keine Massenvermehrung herbeizuführen. Denn darüber muß sich jeder Jäger klar sein, im Urzustand, also dort, wo der Mensch das Leben in der Natur nicht beeinflußt hat, sind nur geringe Wildstände vorhanden. Raubwild und harte Winter, die nicht durch künstliche Fütterung gemildert wurden, sorgten dafür, daß keine Massenvermehrung eintrat.

Der Begriff der „Hege mit der Büchse“ ist zuerst in den 90er Jahren des vorigen Jahrhunderts von dem Verfasser dieses Buches in der Literatur eingeführt und eingehend erörtert worden. Einer der ersten, der nach diesen Gesichtspunkten der „Hege mit der Büchse“ sein Revier bewirtschaftet hat, war der Oberförster Reiff, der 1850–1869 das Forstamt Nassawen in der Rominter Heide verwaltet hat, und der die Grundlage legte zu dem später weltberühmt gewordenen Rotwildstand Romintens. Nach den Richtlinien Reiffs wurde fast ein Jahrhundert in Rominten der Abschuß getätigt, und der Erfolg war die Erzielung der stärksten, endenreichsten und formschönsten Geweihe Europas.

Zur allgemeinen Anwendung kamen die Grundsätze der Hege mit der Büchse erst durch das Reichsjagdgesetz 1934. Die Erfolge beim Rotwild waren in kurzer Zeit verblüffend, dagegen beim Rehwild unbefriedigend, was aber andere Ursachen hatte, die heute noch nicht restlos geklärt sind, und deren Erörterung hier zu weit führen würde.

Der Verfasser dieses Buches hat seine Gedanken über die Hege im allgemeinen und insbesondere über die Hege mit der Büchse in seinem bekannten Werk „Die Hege in freier Wildbahn“, Verlag Paul Parey, Berlin 1920, 3. Auflage, völlig neu bearbeitet von G. v. Lettow-Vorbeck 1965, veröffentlicht und war somit Pate der Grundgedanken des Reichsjagdgesetzes 1934.

Was verstehen wir nun heute unter „Hege mit der Büchse und der Flinte“? – –, denn die Hege mit der Flinte ist ebenfalls von großer Wichtigkeit:

1. Abschuß alles geringen, schlecht veranlagten, minderwertigen und kranken Wildes beiderlei Geschlechts.
2. Möglichst lange Erhaltung alles gesunden, kräftigen, gut veranlagten noch zukunftsfreudigen Wildes beiderlei Geschlechts.
3. Herbeiführung eines mit den Interessen der Landeskultur – also der Forst- und Landwirtschaft – zu vereinbarenden Wildstandes in einem richtigen Geschlechter- und Altersklassenverhältnis.

Danach erfordert die Hege mit der Büchse und Flinte also Entsagung. Und für den heutigen Jäger gilt mehr denn je das Wort aus Goethes Faust: „Entsagen sollst du, sollst entsagen!“ Dafür winkt ihm aber die Genugtuung des Hegens, und der durch Entsagung erzielte Erfolg einer einzigen guten, starken, reifen Trophäe wiegt viel!

Voraussetzung der Hege mit Büchse und Flinte ist die genaue Kenntnis des zahlenmäßigen Bestandes der einzelnen Wildarten und seiner Zusammensetzung nach Geschlechtern und Altersklassen. Grundlage dieser Kenntnis ist die *Wildzählung*.

Eine einigermaßen klare Vorstellung von dem in einem Revier vorhandenen Standwild und Wechselwild kann man nur haben, wenn man zu allen Jahreszeiten, also auch in der Zeit, in der es nichts zu schießen gibt, möglichst viel draußen ist. Man wird dann bald erkennen, daß z. B. Rotwild je nach der Witterung und Jahreszeit seine Einstände wechselt, und daß auch das Rehwild – z. B. durch tiefen Schnee veranlaßt – weit fortwechseln kann. Man wird sich sehr schnell darüber klarwerden, daß ein Rotwildbestand oder gar ein Schwarzwildbestand nicht in einem Revier für sich ermittelt werden kann, sondern daß es dazu der Zusammenfassung großer Revierkomplexe bedarf. Zu diesem

Zweck ist es erforderlich, in Rotwildgebieten sog. *Rotwildbezirke* zu bilden, in denen nach einheitlichen Gesichtspunkten die Bestandsermittlung und die Abschußfestsetzung erfolgen müssen. Solche Rotwildbezirke sollten nicht unter 10 000 ha groß, nach Möglichkeit erheblich größer sein.

Die Zählung muß in solchen Bezirken, am besten zweimal im Jahr, an einheitlich festgesetzten Tagen gleichzeitig erfolgen, und zwar am besten einmal in der Brunft und einmal im Februar nach beendetem Abschuß. Dabei müssen sich die Reviernachbarn in Verbindung setzen, ihre Zahlen vergleichen, sich über Grenzrudel verständigen und so den Bestand ermitteln, wobei trotzdem nur ein Annäherungswert ermittelt werden kann.

Handelt es sich um Reviere mit eingerichteten Fütterungen, an denen im Winter das Wild regelmäßig steht, dann ist eine Zählung erheblich einfacher durchzuführen, aber auch dann ist eine nachbarliche Verständigung erforderlich, um Doppelzählungen auszuschalten.

Auch beim Rehwild, welches normalerweise erheblich standorttreuer ist als Rotwild, Damwild und Sauen, empfehle ich, sich mit den Nachbarn in Verbindung zu setzen, um zu einigermaßen richtigen Zahlenangaben zu kommen. Eine richtige Bestandsermittlung ist das A und O des nunmehr aufzustellenden *Abschußplanes,* der heute in allen Ländern Deutschlands für den Abschuß des Schalenwildes vorgeschrieben ist. Um den Besatz an Niederwild, besonders Hasen, Hühnern und Fasanen usw. zu ermitteln, braucht der Jäger nur mit seinem Gebrauchshund seine Jagd in den verschiedenen Jahreszeiten zu begehen, um sehr bald zu wissen, was in seinem Revier los ist, und wie hoch er den jeweiligen Abschuß ansetzen darf. Denn wenn auch amtlich kein Abschußplan für das Niederwild verlangt wird, der hegende Jäger muß selbstverständlich auch für diese Wildarten dafür sorgen, daß ein ausreichender Stammbesatz unter vorsorglicher Berücksichtigung der zu erwartenden Winterverluste für das kommende Jahr übrigbleibt. Wenn jeder Jagdberechtigte darauf losschießt, soviel er nur eben kriegen kann, dann können die Niederjagden nicht hochkommen.

Bei der Aufstellung der Abschußpläne kann man als Faustregel davon ausgehen, daß – ein normales Geschlechterverhältnis vorausgesetzt – ein Rotwildbestand sich um 25–30 %, ein Rehwildbestand um 35–45 % und ein Schwarzwildbestand um 80–120 % in einem Jahr vermehrt. Beim Schwarzwild sind die Strenge des Winters und besonders das Vorhandensein von Buchen- und Eichelmast für die Vermehrungsprozente von erheblicher Bedeutung. Da das Geschlechter- und Altersklassenverhältnis selten normal ist, verschieben sich die angegebenen Vermehrungsprozente je nach den vorhandenen Verhältnissen nach oben oder nach unten.

Die Hege mit der Büchse wird nun zunächst alle schwachen Kälber und Kitze, gleichgültig welchen Geschlechts, mit dem Abschuß erfassen, alsdann alle schwachen Schmaltiere und Schmalrehe sowie schwache Alttiere und Ricken, besonders wenn sie ein schwaches Kalb oder Kitz führen.

Dabei taucht das Problem des Gelttieres und der Geltricke auf. Man muß unterscheiden zwischen Dauergelttier bzw. -ricke und geltem Alttier oder gelter Ricke. Ob ein Stück dauernd gelt ist oder nur in einem Jahr, ist erst nach jahrelanger Beobachtung einwandfrei zu sagen. Rotwild und Rehwild überspringen gelegentlich ein Jahr und setzen nicht. Die Kälber und Kitze des auf dieses Geltjahr folgenden Jahres pflegen dann besonders kräftig zu sein – es wäre also falsch, ein Alttier oder eine Ricke abzuschießen, nur weil sie in einem Jahr gelt sind. Man weiß aber meistens nicht einmal genau, ob das betreffende Stück überhaupt wirklich gelt – d. h. also unfruchtbar – war, denn das Kalb oder Kitz kann ja schon im Sommer vom Fuchs oder von wildernden Hunden gerissen sein. Es kann auf irgendeine andere Weise, z. B. durch Wilddieberei, zu Tode gekommen sein, und dann wird das nichtführende Tier sofort zum Gelttier gestempelt. Man soll also mit dem Abschuß von sog. Gelttieren oder Geltricken äußerst vorsichtig sein, wenn man nicht Gefahr laufen will, die besten Zuchtmütter totzuschießen. Nichts erscheint mir törichter, als wenn sich ein Jäger damit brüstet, ein starkes Gelttier erlegt zu haben.

Beim männlichen Wild sollte mehr als bisher neben dem Zustand des Kopfschmuckes die Körperstärke bei der Beurteilung berücksichtigt werden. Auf die Dauer wird nur ein kräftiger Wildkörper eine starke Trophäe tragen können. Wir unterscheiden allgemein – wie schon früher ausgeführt – bei männlichem Schalenwild 4 Klassen:

Ia gut, jagdbar, dem Ideal entsprechend oder nahekommend;
Ib jagdbar, aber mit unerwünschten Trophäenformen;
IIa nicht jagdbar, jung, gut veranlagt, zukunftsfreudig;
IIb nicht jagdbar, jung, schlecht veranlagt, keine Zukunft.

Die Hege mit der Büchse wird vor allem die Klasse IIb restlos ausmerzen müssen, alsdann kommt die Klasse Ib zum Abschuß. Die Klasse IIa ist völlig zu schonen und aus der Klasse Ia können je nach den Bestandsverhältnissen die ältesten Exemplare entnommen werden, vorausgesetzt, daß noch genügend andere gute Erbträger übrigbleiben. Muß ich dagegen einen heruntergewirtschafteten Wildstand wieder aufarten, dann muß die Klasse Ia völlige Schonung genießen. Die Vertreter dieser Klasse müssen möglichst lange für die Zucht ausgenutzt werden. Dabei ist es gleichgültig, ob die Gefahr besteht, daß sie infolge ihres Alters voraussichtlich im nächsten Jahr zurücksetzen werden. Die gute Erbmasse bleibt, solange überhaupt die Zeugungsfähigkeit besteht, erhalten.

Hegemaßnahmen für das Schwarzwild sind wegen seiner fortschreitenden Entartung notwendig geworden. Deshalb haben die meisten Bundesländer befristete Schonzeiten, insbesondere für den Schutz der Bachen, erlassen. Auch dort, wo diese Bestimmungen noch nicht gelten, sollte man freiwillig auf den Sommerabschuß verzichten und die Bejagung ab 1. Februar einstellen, um keine hochbeschlagenen Bachen zu erlegen. Sicher ist, daß kein Wild auf eine Hege so schnell und so intensiv reagiert, wie das Schwarzwild. FREVERT hat lange Jahre in der Rominter Heide in einem 25 000 ha großen Gatter Schwarzwild gehegt. Bereits nach 3 Jahren, in denen nur Frischlinge geschossen wurden, gab es zahlreiche grobe Keiler und starke Bachen, ohne daß sich der Gesamtbestand vermehrt hätte. Grundsätzlich muß von dem Waidmann gefordert werden, daß er stets auf das schwächste Stück der Rotte schießt.

Die Hege mit der Flinte wird in erster Linie die Aufgabe haben, alles kränkelnde und schwache Wild abzuschießen. Beim Flugwild wird man außerdem nach Möglichkeit das männliche Wild abschießen müssen. Das gilt ganz besonders für Fasanen, wo ein starker Abschuß der Hähne notwendig ist, weil diese sonst verstreichen. Auch bei der Wildente sollte man in erster Linie die Erpel erfassen, die meistens in der Mehrzahl vorhanden sind.

Es gehört auch zu der Hege mit der Flinte, daß man nur vollausgewachsenes Wild erlegt. Dies gilt besonders für Hühner und Enten, es ist erschütternd, was man in dieser Beziehung oft bei sogenannten Jägern erlebt.

Bei der Hasenjagd muß man auf eine pflegliche Anwendung und Durchführung der Jagdmethoden achten. Bei Treibjagden gelte der Grundsatz, wenig Schützen und viel Treiber, dann kommen auch unbeschossene Hasen durch. Die schonendsten Jagdarten sind das Vorstehtreiben und die Streife, aber auch das Kesseltreiben kann pfleglich sein, wenn auf jeden Schützen mindestens 3 Treiber kommen. Suche und Anstand sollen nur in ganz beschränktem Maße ausgeübt werden, worüber schon früher nähere Ausführungen gemacht wurden.

Es ist vorher schon gesagt, daß eine Häsin acht bis zwölf Junge im Jahr setzen kann. Aber die Verluste durch Witterung, Raubwild und Raubzeug sind beim Hasen besonders hoch. Nach den Professoren Dr. MÜLLER-USING und Dr. RIECK kann in günstigen Jahren mit einer knappen Verdreifachung, in den recht häufigen schlechten Jahren dagegen noch nicht einmal mit einer Verdoppelung des Hasenbesatzes gerechnet werden. Demzufolge müssen bei günstigsten Umweltfaktoren (warmer Boden, mildes Klima usw.) mindestens ein Viertel des Besatzes, bei mittleren Verhältnissen ein Drittel und bei ungünstigen Umständen die Hälfte übrigbleiben, um im folgenden Jahre gleiche Jagdergebnisse erzielen zu können. Wie aber soll man in der Praxis einigermaßen zutreffend feststellen, ob das vergangene Sommerhalbjahr einen guten oder einen schlechten Zuwachs erbrachte? Das sicherste Mittel ist die Streckenanalyse nach dem *Strohschen* Zeichen (s. S. 60 u. 61). Bei Rebhühnern muß man rechnen, daß 40 bis 50 % des nach Jagdbeendigung verbleibenden Besatzes im Laufe des Winters verlorengehen und danach den Abschuß der Ketten einrichten. Die angegebenen Zahlen sind Faustregeln und können je nach Verhältnissen nach oben und nach unten Veränderungen unterliegen.

WILDFÜTTERUNG UND WILDSCHADENSVERHÜTUNG

Die Intensivierung der Land- und Forstwirtschaft hat die Folge gehabt, daß das Schalenwild, insbesondere Rot- und Damwild, nicht mehr die Äsungsmöglichkeit hat, die es notwendig braucht. Der Wald ist infolge umfangreicher Monokulturen vielfach in eine Holzproduktionsfabrik verwandelt worden, aus dem Weichhölzer, Waldsträucher und sonstige Äsungspflanzen verschwunden sind, und auf dem Felde wird mit allen Mitteln das Wild abgewehrt, um den Schaden zu verringern.

Wenn wir eine Hege treiben wollen, müssen wir also neben der Hege mit Büchse und Flinte dafür sorgen, daß unser Wild wieder genügend Äsung vorfindet. Das geht auf zweierlei Weise – einmal durch direkte und zweitens, wie ich es nennen möchte, durch indirekte Fütterung.

Die direkte Fütterung wird im allgemeinen auf den Winter beschränkt sein, sofern es sich nicht um kleine, stark besetzte Gatter handelt. Sie wird durchgeführt an eingerichteten Futterplätzen, an denen Heu, Kastanien, Eicheln, Rüben, Kartoffeln usw. in Raufen und Krippen dem Wilde geschüttet werden. Diese Fütterung kann und darf, auf lange Sicht betrachtet, nur ein Notbehelf sein, der geboren ist aus dem unnatürlichen Zustand des Waldes und den – das muß klar ausgesprochen werden – vielfach übersetzten Wildbeständen. Immerhin wird es noch Jahrzehnte dauern, bis der deutsche Wald so viel Mischbestände mit Waldsträuchern und sonstigen Äsungspflanzen trägt, daß eine künstliche Fütterung entbehrt werden kann. Aber auch dann wird in strengen Wintern eine gewisse Fütterung sich noch als notwendig erweisen. Für Notzeiten wird sie außerdem durch das Bundesjagdgesetz vorgeschrieben, und zwar für alle Wildarten.

Man soll stets möglichst viel Futterplätze einrichten. Nichts ist falscher als die Konzentration großer Wildrudel an wenigen Fütterungen. Die Kälber, Schmaltiere und geringen Hirsche, die das Futter am nötigsten hätten, werden abgeschlagen. Krankheiten und Schmarotzer werden leichter übertragen. Daher ist es erforderlich, möglichst viele und möglichst weit entfernt voneinander liegende Futterplätze einzurichten, um eine entsprechend weitgehende Verteilung des Wildes im Revier zu erzielen. Im Hochgebirge wird sich dieser Grundsatz nicht immer durchführen lassen, aber die Massierung von 80 bis 100 Stück

Rotwild an einer Fütterung, wie man es in Oberbayern und im Harz erleben konnte, ist in jeder Beziehung abzulehnen.

Die Futterplätze müssen nach Möglichkeit in größeren Altholzpartien gelegen sein, die Nähe von Dickungen oder schwachen Stangenhölzern ist zu vermeiden. Liegt die Fütterung an einer Dickung, dann wird das Wild tagsüber in unmittelbarer Nähe stehen bleiben und jeden Stamm der Dickung oder des Stangenholzes schälen. Ist der An- und Abmarschweg dagegen weiter, dann wird das Wild mehr zum Ziehen veranlaßt, wobei es sich auch natürliche Äsung sucht, und die Schälschäden verteilen sich mehr.

Die zweckmäßige Einrichtung einer Fütterung zu schildern, muß ich mir aus Mangel an Raum versagen[1]. Über die wichtigste Art zu füttern sei nur so viel kurz mitgeteilt, daß man zunächst im Spätherbst Futtermittel reicht, die Wildpret ansetzen. Das gilt vor allem für Rot- und Damwild, die gerade die Brunft hinter sich haben. Man gibt daher zu allererst Leckerbissen zur Anlockung des Wildes an die Futterplätze, also Obst, getrocknete Vogelbeeren, Roßkastanien und Kartoffeln. Heu wird, solange kein Schnee liegt, kaum angenommen. Roßkastanien und Kartoffeln wirken fleisch- und fettbildend und sind daher im Anfang der Futterperiode besonders angebracht. Ab Januar geht man dann zu Kraftfutter über, also Hafer – auch in Form von Hafergarben –, Eicheln, Weizenkleie, eventuell Sesamkuchen, viel Rüben und Heu, am besten Luzerneheu. Wenn man die Möglichkeit hat, frisch geschlagene Aspen- oder Weidenzweige an die Futterplätze zu fahren, so wird man dadurch die Schäl- und Verbißschäden an wertvollen Forstpflanzen erheblich eindämmen können. An jeder Fütterung sollte phosphorsaurer Futterkalk (Dicalciumphosphat), und zwar 10 g je 100 kg Lebendgewicht pro Tag gereicht werden.

Schwarzwild gewöhnt sich sehr leicht an Futterplätze, man nennt diese *Körnungen.* Es wird am besten mit Mais gefüttert, auch mit Kartoffeln und in strengen Wintern mit Pferdekadavern. Die Sauen nehmen auch im Sommer die Körnungen an, was das übrige Schalenwild höchstens in engen Gattern tut. Die Körnung im Sommer auf Plätzen, die weit vom Felde entfernt mitten im Walde liegen, ist unter Umständen billiger, als den Wildschaden auf dem Felde zu bezahlen. In den kurzen Sommernächten reicht nämlich für die Sauen die Zeit nicht aus, um erst die Körnung zu besuchen und dann noch zum Felde zu wechseln. Das Schwarzwild bleibt also im Walde, wo es bekanntlich nur Nutzen stiftet.

Am schwierigsten ist das Rehwild an eine Fütterung zu gewöhnen. Nur einwandfreie Futtermittel (Rüben, Kartoffeln, Silage Klee- oder Luzerneheu) sollten Verwendung finden, dazu 3 bis 5 g phosphorsaurer Futterkalk pro Tag und Stück, am besten ins Kraftfutter gemengt. Gefährlich für Rehwild ist jede einseitige Verabreichung von Saft- und Rauhfutter. Auch sollte wegen der parasitären Ansteckungsgefahr nie vom Erdboden aus gefüttert werden. Zweimal im Winter sollte eine Wurmkur mit Thibenzole-Pulver oder Thibenzole-Preßlingen (Hersteller Therapogen-Werk in München) durchgeführt werden.

Die Fütterung von Fasanen und Rebhühnern erfolgt am besten in Remisen, an Strohmieten oder an Dornbüschen – jedenfalls immer so, daß Fasanen und Hühner unmittelbar an dem Futterplatz Deckung gegen Greifvögel haben, die sehr bald die Futterplätze herausfinden und, wenn nicht genügend Deckung vorhanden ist, mühelos ihre Beute schlagen. Damit das Futter trocken bleibt, errichtet man 4–5 qm große Schutzdächer oder zeltförmige Futterhütten, die mit Rohr oder Dachpappe abgedeckt werden und vorne

[1] Eine eingehende Darstellung findet der Leser in: Walter Frevert, „Die Fütterung des Rotwildes“, sowie in der Neubearbeitung des Standardwerkes „Die Hege in der freien Wildbahn“ von Raesfeld, Verlag Paul Parey, Hamburg und Berlin.

etwa 1 m und hinten 0,50 m hoch sind. Unter diese Deckung kommt eine dicke Lage Kaff (Rückstand beim Dreschen), und auf dieses Kaff werden die Futtermittel gestreut. Dadurch wird das Wild zum Scharren veranlaßt, was für Federwild zur Erhaltung der Körperwärme und der Gesundheit notwendig ist. Vielfach benutzt man jetzt auch recht praktische Futterautomaten, die manchen Gang ersparen. Man muß mit dem Füttern der Fasanen sehr früh beginnen, schon Anfang Oktober, da die Fasanen sonst leicht verstreichen.

Als Futtermittel für Federwild seien empfohlen: Druschabfall, Heusamen, Unkrautsamen, Hinterkorn, Mais – am besten Kolben –, zerschnittene Rüben, Möhren, Kohl – am besten Riesenkuhkohl – u. ä., Kalkgrus, Mörtel und Sand sind erwünscht, letzterer um am Futterplatz die Möglichkeit zum Hudern zu schaffen, natürlich auch unter Dach.

Um Krähen, Elstern und Häher von den Futterplätzen fernzuhalten, hängt man eine geschossene Krähe einige Meter über den Futterplatz möglichst so auf, daß sie sich im Winde bewegt, die Fasanen kümmern sich nicht darum, und das freche Krähenvolk wird dadurch ferngehalten. Die Hühner dagegen fürchten solche Scheuchen meist.

Das Futter soll möglichst täglich geschüttet werden. Dabei kommt es nicht so sehr auf die Menge an, sondern vielmehr, daß regelmäßig und so gefüttert wird, daß das Federwild sich bei der Aufnahme des Futters anstrengen, also scharren muß.

Hasen kann man mit Rüben, Kuhkohl, auch mit Luzerne- oder Kleeheu, welches man in kleinen Bündeln auf Pfähle steckt, in strengen Wintern füttern. Sehr zweckmäßig ist es, wenn man erreichen kann, daß das Beschneiden der Obstbäume bereits im Winter und nicht erst im Frühjahr vorgenommen wird, weil die abgesägten und abgeschnittenen Zweige der Obstbäume von Hasen mit Vorliebe angenommen und völlig weiß geschält werden.

Wir kommen nun zu der *indirekten Fütterung*, wie ich sie vorher genannt habe. Man versteht darunter alle Maßnahmen, die geeignet sind, die natürlichen Äsungsbedingungen, die durch Intensivierung der Land- und Forstwirtschaft stark eingeschränkt wurden, zu verbessern und zu vermehren. In dieser Beziehung wird viel zuwenig getan. Wir müssen uns darüber klar sein, daß die direkte Fütterung nicht nur sehr kostspielig, sondern auch unnatürlich ist, und daß das Ziel sein muß, diese entbehren bzw. stark einschränken zu können. Durch die Schaffung möglichst vielseitiger natürlicher Äsung kann der Wildschaden in Wald und Feld stark vermindert und so die Möglichkeit geschaffen werden, daß trotz intensiver Bodenbewirtschaftung ein artenreicher, wenn auch zahlenmäßig geringer Wildstand noch für die kommenden Generationen erhalten werden kann. Wir Jäger werden den Kampf um die Erhaltung der Wildbestände gegen Land- und Fortwirte verlieren, wenn es nicht gelingt, die Wildschäden auf ein erträgliches Maß zu reduzieren.

Im Walde ist seit Jahrzehnten der letzte Quadratmeter mit Forstpflanzen, meistens Fichten, kultiviert worden. Waldsträucher aller Art, Weichhölzer wie Aspen, Weiden usw. sind dadurch stark zurückgedrängt worden. Waldkräuter, Besenpfriem, Heidekraut, Beerkraut und viele andere Äsungspflanzen finden kein Fortkommen mehr. Im Felde hat die Beseitigung von Büschen, Rainen, Dornenhecken usw. derartige Fortschritte gemacht, daß man schon vielerorts von einer Kultursteppe sprechen kann. Der Heger kann hier, ohne große Mittel aufzuwenden, Abhilfe schaffen und die natürlichen Äsungsbedingungen verbessern. Dazu gehört vor allem die Erhaltung noch vorhandener Deckungen und Äsungsmöglichkeiten und besonders die Schaffung neuer Äsung durch Anbau von Süßlupine, Besenpfriem, Topinambur und Weichhölzern. Die stärkste und nachhaltigste Verbesserung der Äsung erreicht man durch Kunstdünger. Wenig befahrene Waldwege, Schneisen, Holzablageplätze, Waldwiesen usw. reagieren auf Gaben von Thomasmehl und Kainit, Nitrophoska und anderen künstlichen Düngemitteln sehr schnell, und wo bisher nur trockenes Moos, saure Gräser und Binsen wuchsen, stellen sich Weißklee, süße Kräuter und andere Äsungspflanzen für das Wild ein. Jedes Revier bietet hierfür trotz aller Intensivierung der Wirtschaft noch Raum, das Wild ist dankbar dafür, und der Wildschaden wird vermindert.

In Feldrevieren sollte der Jäger kleine Flächen von geringer Bodengüte langfristig pachten und dort Remisen von Fichten anlegen, die in einer Höhe von etwa 1 m geköpft werden. Durch Anbau von Besenpfriem, Dornen und Topinambur entsteht weiter ein ausgezeichneter Schutz für alles Niederwild.

Auch die Anlage von Wildäckern[1] gehört hierher. Je nach den Bodenverhältnissen bestellt man diese meistens im Walde gelegenen Äcker mit Serradella, Luzerne, Riesenkuhkohl, Süßlupine, Klee, Kartoffeln, Topinambur, Mais und Hafer. Diese Wildäcker müssen meistens zunächst eingezäunt und erst nach der Reife der angebauten Frucht geöffnet und dem Wilde zugänglich gemacht werden. Man verwendet hierzu am besten die beweglichen, aus einzelnen Fachen bestehenden Hordengatter.

In Rotwildrevieren empfiehlt es sich, auf großen Kahlflächen einige Kleingatter anzulegen, um auf diese Weise wieder Waldsträucher und Weichhölzer einzubürgern. Meistens genügt die Einzäunung, um ohne künstliche Nachhilfe eine üppige Flora von Vogelbeere, Birke, Aspe, Weide, Weidenröschen hervorzuzaubern, und von diesen Kleinflächen aus vermehren sich alsdann diese wichtigen Äsungspflanzen auf weiter Fläche.

Zur Verbesserung der natürlichen Äsungsbedingungen gehört, auf lange Sicht berechnet, auch die Anpflanzung von Mastbäumen. Hierzu eignen sich vor allem Wildobst, Roßkastanie und Eiche. Wildobst und Roßkastanie tragen verhältnismäßig früh, bei der Eiche dauert es fast ein Jahrhundert, bis sie reichlich Mast trägt. Mit der amerikanischen Eiche,

[1] Ratschläge für die Anlage von Wildäckern, Wildwiesen und allen sonstigen Reviereinrichtungen bringt das Buch „Das Jagdrevier“ von G. v. LETTOW-VORBECK. Verlag Paul Parey, Hamburg und Berlin.

der Roteiche, kommt man schneller zum Ziel. Diese Holzart liefert bei genügendem Freistand bereits mit 30–40 Jahren fast regelmäßig Mast. Mastbäume müssen gepflegt werden; gegen Fegen und Schälen des Wildes schützt man die Stämme mit Drahtmanschetten. Für guten Freistand ist ständig zu sorgen, Kunstdünger, insbesondere Nitrophoska, beschleunigt das Wachstum. In alten Hofjagdrevieren ist in dieser Beziehung sehr viel geleistet worden.

Erwähnt werden müssen in diesem Zusammenhang noch die *Salzlecken.* Alles Schalenwild, aber auch anderes Wild, besonders die Wildtauben, nehmen gerne Salz auf. Im Frühjahr beim Übergang von der trockenen Winteräsung zum ersten frischen Grün ist für die Verdauung und damit für die Gesunderhaltung des Wildes Salz sehr wichtig. Man gibt das Salz am besten in sog. *Lehmsulzen:* 1 Ztr. Viehsalz je cbm stein- und sandfreier Lehm werden nach Mischung in alte, mit der Axt ausgehauene Wurzelstöcke getan. An Stelle der Wurzelstöcke kann man auch viereckige Kästen aus Brettern oder schwachen Rundhölzern anfertigen und diese mit der Mischung füllen. Obenauf legt man dann noch einige Salzpfannensteine, die langsam durch den Regen schmelzen, so daß die Salzlauge den Lehm durchtränkt. Hat man Sauen im Revier, so empfiehlt es sich, starke Wurzelstöcke zu verwenden oder die Kästen erhöht anzubringen, da die Sauen sonst die ganze Leckeinrichtung umbrechen. Man lege die Lecken in der Nähe der Wechsel und der Haupteinstände des Wildes an, und zwar immer zwei Lecken in einer Entfernung von etwa 20–30 m voneinander, damit auch schwaches Wild an das Salz herankommt.

Auf den Fuchs übt die Salzlecke eine merkwürdige Anziehungskraft aus. Er setzt sich auf die Lecke, sofern diese nicht wegen der Sauen erhöht angebracht wurde, und löst sich darauf. Die Folge davon ist, daß das Wild die Lecke meidet. Es gibt ein einfaches Gegenmittel – man schlägt in die Mitte der Lecke einen etwa $^1/_2$ m hohen Pfahl, und der Fuchs verliert das Interesse an dieser ihm sonst so sympathischen Klosettanlage. Wahrscheinlich stößt er beim Lösen mit der Standarte an den Pfahl, und dieser ist ihm bei seinem Geschäft irgendwie hinderlich, auf alle Fälle hilft der Pfahl verblüffend gut.

Im Handel werden alle möglichen Lecksteine mit Zusatz von Kalk, Kupfersalzen usw. für teures Geld angeboten, die angeblich die Geweih- und Gehörnbildung günstig beeinflussen sollen. Es ist aber nichts daran, und meistens werden derartige Steine gar nicht angenommen, nur gewöhnliches Viehsalz und Pfannensteine sollten verwendet werden.

Zur *Wildschadenverhütung* wird der Heger neben der Fütterung und der Verbesserung der natürlichen Äsungsbedingungen auch Mittel zum unmittelbaren Schutz der Kulturpflanzen anwenden müssen. Wir können hierbei mechanische und chemische Mittel unterscheiden. Zu den mechanischen Mitteln gehört in erster Linie der Zaun, der sicherste Wildschutz, der aber auch gleichzeitig dem Wild sämtliche Äsung auf der eingezäunten Fläche nimmt, also vom jagdlichen Standpunkt aus unerwünscht ist. Der vielfach empfohlene elektrische Zaun bietet nach den gemachten Erfahrungen im Walde nur vorübergehenden Schutz, da das Wild sehr bald lernt, den elektrisch geladenen Draht zu überfallen oder zu unterkriechen. Gegen Feldwildschäden hat er sich dagegen gut bewährt, da der leichte Zaun schnell aufgestellt oder versetzt werden kann und besonders gefährdete Flächen meist nur kurzfristig zu schützen braucht. Die Drahtmanschette oder der Drahtkorb zum Schutz einzelner Bäume, das Einbinden mit Reisig gegen Schälen und die Verpfählung wertvoller Holzarten sind weitere mechanische Schutzmittel. Auch das Aufstellen von Wildscheuchen aller Art, ferner der Schutz der Terminaltriebe der Holzpflanzen mit Werg, Wolle, mit Blenden aus Papier oder Metall seien hier erwähnt. Die Verwendung von Stacheldraht sollte dagegen ausscheiden, da sich das Wild am Stacheldraht leicht böse Verletzungen zuziehen kann.

Die chemischen Wildschutzmittel sind in den letzten Jahren erheblich verbessert worden. Es gibt jetzt chemische Mittel, die völlig unschädlich für die zu schützende Pflanze und auch unschädlich für das Wild sind, aber das Schälen mit Sicherheit verhindern, und andere Mittel, die den Verbiß erheblich vermindern. Die Anwendung der letzteren ist meistens nicht teuer und in vielen Revieren unerläßlich. Näheres ist in dem mehrfach genannten Werk „Die Hege in der freien Wildbahn" nachzulesen.

Es muß immer wieder darauf hingewiesen werden, daß wir Jäger und Heger verpflichtet sind, jedes mögliche Mittel anzuwenden, um die Wildschäden in Wald und Feld, die sich niemals ganz beseitigen lassen werden, auf eine möglichst niedrige Höhe zu reduzieren.

BLUTAUFFRISCHUNG UND AUSSETZEN NEUER WILDARTEN

Zur Verbesserung und Vermehrung eines vorhandenen Wildbestandes wird sehr häufig die *Blutauffrischung* empfohlen, d. h. das Aussetzen von Stücken der betreffenden Wildart, die man aus fremden Revieren mit einem besseren Wildstand bezogen hat. Im allgemeinen ist vor einer sog. Blutauffrischung zu warnen. Zunächst besteht immer die Gefahr, daß die auszusetzenden Stücke Krankheiten einschleppen. Man kann dieser Gefahr in beschränkter Weise begegnen, indem man das Wild, sofern es sich um Schalenwild handelt, zunächst in ein Eingewöhnungsgatter bringt, wo man es einige Zeit beobachten und wo es sich akklimatisieren kann. Stellt man fest, daß das Wild gesund bleibt, so entläßt man es in die freie Wildbahn. Aber es gibt Erkrankungen, gegen die das auszusetzende Wild immun ist, deren Keime es aber doch in sich trägt. Der alte vorhandene Wildstand besitzt diese Immunität nicht, infiziert sich und erkrankt. Immerhin werden das Ausnahmen sein. Aber noch ein anderer Grund spricht gegen die Blutauffrischung. Das fremde ausgesetzte Wild wird – besonders bei Rotwild ist das der Fall – abgekämpft, und der für teures Geld beschaffte „Zuchthirsch" wird bereits in der ersten Brunft von einheimischen Hirschen geforkelt. Weiterhin schlägt das fremde Blut nicht genug durch, sondern wird nach wenigen Generationen wieder „ausgemendelt". Man müßte also schon eine größere Zahl frisches Wild einführen, um einen bleibenden züchterischen Erfolg zu erzielen und so eine nachhaltige Blutauffrischung zu erreichen. Das wird meistens an der Kostenfrage scheitern. Ich kenne allerdings Fälle, in denen durch Aussetzen fremder Hasen gute Erfolge erzielt wurden, aber ich habe auch erlebt, daß durch das Aussetzen die Kokzidiose eingeschleppt wurde und erhebliche Verluste eintraten. Es kommt noch hinzu, daß man vorher niemals mit Sicherheit weiß, ob die Blutlinien des vorhandenen Wildes zu denen des ausgesetzten Wildes passen, ob also nicht an Stelle der gewünschten *Aufartung* das Gegenteil eintritt.

Die Blutauffrischung bleibt somit immer mit zahlreichen Gefahrenmomenten verknüpft, und ohne verallgemeinern zu wollen, kann doch gesagt werden, daß die übrigen Hegemaßnahmen – also Hege mit Büchse und Flinte, Fütterung, Verbesserung der Äsungsbedingungen – konsequent durchgeführt, eine sicherere Aufartung der Wildbestände gewährleisten als die zudem meistens teuerere Blutauffrischung.

Anders verhält es sich mit dem Aussetzen vollkommen neuer Wildarten. Damit sind zum größten Teil ausgezeichnete Erfolge erzielt worden. An erster Stelle ist hier der Fasan zu nennen, der vor etwa 400 Jahren zunächst in Böhmen aus seiner asiatischen Heimat eingebürgert wurde. Er ist heute, die kalten nördlichen Regionen ausgenommen, in fast allen Kulturländern vorhanden und eine schöne Bereicherung unserer Wildbahn. Bei ihm ist auch das Aussetzen zum Zwecke der Blutauffrischung empfehlenswert, zumal er viel in Fasanerien gehalten wird, wo eine gewisse Gefahr der Degeneration gegeben ist, und weil infolge ihrer polygamen Lebensweise ein Aussetzen fremder Hähne einen blutmäßig durchschlagenden Erfolg verspricht. Es ist aber sehr wichtig, für die verschieden gearteten Reviere (Höhenlage, Deckung, Hegebedürftigkeit usw.) den geeignetsten Fasanenschlag ausfindig zu machen. Näheres hierüber findet sich in „Die Hege in der freien Wildbahn", 3. Auflage (Verlag Paul Parey, Hamburg und Berlin), Seite 262 ff. Eine Farbtafel gegenüber Seite 112 zeigt darüber hinaus die Merkmale der einzelnen Fasanenrassen.

Eine weitere Wildart, die sich sehr gut durch Aussetzen eingebürgert hat, ist das Muffelwild. Diesem sympathischen Wildschaf, das besonders in unser Mittelgebirge paßt, ist eine noch weitere Verbreitung zu wünschen. Jeder, der in seinem Revier Muffelwild einbürgern will, sollte sich jedoch unbedingt zuvor von einem Kenner dieser Wildart beraten lassen oder über den Schalenwildausschuß des DJV Erkundigungen einziehen. Die heutigen Muffelwildbestände sind nicht mehr reinrassig, sondern mehr oder weniger Kreuzungsprodukte mit verwandten Arten, auch wenn das Erscheinungsbild verhältnismäßig einheitlich ist. Material zum Einbürgern sollte nur aus solchen Beständen bezogen werden, in denen die erworbenen schlechten Eigenschaften – wie Schälen, Austreten auf die Felder und die Bildung großer Rudel – gar nicht oder nur wenig vorhanden sind.

In früheren Jahrzehnten ist an vielen Stellen Deutschlands Rotwild in Revieren neu ausgesetzt worden, in denen es nicht mehr vorkam. Sofern man eine gute Herkunft gewählt und allzuviel Kreuzungen vermieden hatte, waren die Erfolge positiv. Meistens waren die Geweihe in den ersten Jahrzehnten in den neuen Revieren besser als in der alten Heimat. Auch Versuche, Rehwild in Revieren einzubürgern, in denen diese Wildart nicht vorhanden war – z. B. auf den Inseln Föhr und Fehmarn –, sind von gutem Erfolg gekrönt gewesen. Ein derartiges Aussetzen von Schalenwild sollte aber nicht ohne Zuziehung eines ausgesprochenen Fachmannes erfolgen, der über langjährige Erfahrung verfügt.

Die Wiedereinbürgerungsversuche mit Auerwild und Birkwild sind dagegen, von wenigen Ausnahmen abgesehen, stets negativ verlaufen.

JAGDSCHUTZ GEGEN RAUBWILD, RAUBZEUG UND WILDERER

Die Jagd und der Fang des Raubwildes sind bereits eingehend behandelt worden. Es sei nochmals darauf hingewiesen, daß der heutige Jäger dem Raubwild gegenüber eine andere Stellung einnimmt, als das früher üblich war. Wir wissen heute, daß jedes freilebende Tier – also auch das Raubwild – seinen bestimmten Platz im Haushalt der Natur auszufüllen hat, und daß Rückgänge einer Nutzwildart meistens nicht allein auf das Konto des Raubwildes gesetzt werden können. Dieses muß vielmehr als eine Sanitätspolizei des Reviers betrachtet werden und hat seine ihm bestimmte Funktion zu erfüllen. Außerdem sind viele Raubwildarten heute sehr selten geworden, und der waidgerechte Jäger wird alles vermeiden, um eine Wildart etwa auszurotten, auch wenn es eine Raubwildart ist. Ganz besonders trifft das für die sog. Raubvögel zu, die wir besser Greifvögel nennen, um ihre Raubtätigkeit weniger scharf zu betonen.

Alle Falkenarten und auch Habicht und Sperber sind so selten geworden, daß eine nennenswerte Beeinträchtigung der Jagd durch sie kaum mehr zu befürchten ist. Ausgesprochene Niederwildreviere bilden eine Ausnahme.

Daß der Fuchs durch Mäusevertilgung für den Landwirt und den Forstmann viel Nutzen stiftet, ist heute allgemein bekannt, daß er in erster Linie krankes oder kümmerndes Wild reißt, ist ebenfalls eine bewiesene Tatsache. Edelmarder und Steinmarder sind infolge ihres hohen Pelzwertes so selten geworden, daß der Jäger mit Jagd und Fang sehr zurückhaltend sein sollte. Selbstverständlich dürfen die Forderungen nach einer gewissen Schonung des Raubwildes nicht dazu führen, daß dieses überhandnimmt und dann den Nutzwildarten erheblichen Schaden zufügt.

Anders liegen die Verhältnisse bei der Bekämpfung des Raubzeuges; hier ist auch der Ausdruck „Bekämpfung" angebracht, denn was Krähen, Elstern, wildernde Hunde und Katzen einer Jagd schaden können, das ist allerdings sehr erheblich, und hier gilt es, rücksichtslos vorzugehen. Trotzdem lehne ich die Verwendung von Gift, auch bei der Raubzeugbekämpfung, in jeder Form ab. Der eifrige Jäger wird auch mit Flinte und mit Fallen in der Lage sein, des Raubzeuges Herr zu werden. Auch die Tiere, die man als Raubzeug bezeichnet, sind Geschöpfe Gottes, und die Verwendung von Gift ist mir immer unwaidmännisch, hinterhältig und heimtückisch erschienen. Gewiß kann man mit einer Gifteieraktion unter den Krähen und Elstern leicht aufräumen, aber waidmännisch sind solche Methoden nicht. In dem Abschnitt „Fallen und Eisen" ist die Bekämpfung des Raubzeuges ausführlich beschrieben, so daß ich mich hier auf diese allgemeinen Bemerkungen beschränken kann. Die rechtlichen Bestimmungen über das Töten von wildernden Hunden und Katzen sind in den Jagdgesetzen der einzelnen Länder niedergelegt.

Der schlimmste Feind der Jagd ist der *Wilddieb*. Es ist viel über Wilderer gesprochen worden, und man neigt wohl dazu, ihnen eine jagdliche Passion zuzubilligen und ihr schändliches Tun mit einer gewissen Romantik zu umgeben. Ich habe in meinem ganzen Leben nur einen einzigen Fall erlebt, in dem ein Wilderer aus Passion jagte, alle anderen taten es wegen des schnöden Gelderwerbs!

Will man nun einen Wilddieb zur Strecke bringen, dann muß man an solchen Stunden und Tagen im Revier sein, wo es niemand vermutet. Sonntagmittag, während eines Holztermins, bei dem alle Forstbeamten versammelt sind, am Heiligen Abend und sonstigen hohen Feiertagen, während einer kirchlichen Feier, wie Prozession, während einer Tagung des Jagdvereins, bei strömendem Regen usw. – hat man die besten Chancen, einen Wilddieb auf frischer Tat zu ertappen. Außerdem muß man seine Pürschgänge völlig unregelmäßig einrichten, einmal morgens in aller Frühe, ein ander Mal über Mittag, auch nachts bei Mondschein. Nichts erleichtert dem Wilddieb sein Handwerk mehr als regelmäßige Lebensweise des Jagdschutzberechtigten.

Sofern der Wilddieb mit der Schußwaffe wildert, wird er sich dadurch verraten, denn man wird bald merken, daß nicht aufzuklärende Schüsse im Revier fallen, und die Schlußfolgerungen daraus ziehen können. Wenn dagegen der Wilddieb mit Schlingen arbeitet, ist die Feststellung, daß es nicht sauber im Revier ist, sehr erschwert. Noch schwerer ist es, einen Schlingensteller zu erwischen. Das Herausnehmen des in der Schlinge hängenden Wildes genügt nicht, um den Wilddieb zu überführen, der so Betroffene erklärt stets, daß er beim Holzsammeln das Stück Wild in der Schlinge hängen sah und es herausnahm, um es abzuliefern. Jedes Gericht spricht ihn aus Mangel an Beweisen frei, und die mühselige Arbeit des Hegers ist vergeblich gewesen. Man muß also stets so lange warten, bis der Wilddieb die Schlinge erneut fängisch stellt, erst dadurch wird sein verbrecherisches Tun bewiesen, und er kann gerichtlich bestraft werden.

Beim Abtransport eines gefaßten Wilddiebes gehe man übervorsichtig zu Werke. Man lasse den Delinquenten stets mehrere Schritte mitten auf dem Wege vor sich hergehen und halte sich mit der gespannten Flinte oder Büchse anschlagbereit hinter ihm. Am besten ist es, wenn er die Hände über dem Kopf zusammenfaltet. Irgendein Anhalten gibt es nicht, auch kein Austreten! Man lasse sich überhaupt auf keinerlei Unterhaltung ein. Viele Forstbeamte haben ihr Leben lassen müssen, weil sie sich leichtgläubig und gutmütig mit dem jammernden und um Schonung flehenden Wilderer einließen, der dann die erste Gelegenheit benutzte, um heimtückisch einen Überfall zu wagen, bei dem er meistens dem Jäger körperlich überlegen war. Das Buch des bekannten Kriminalkommissars Busdorf „Förstermorde" enthält eine Fülle solcher tragischer Beispiele.

Das Verhalten eines Jagdberechtigten gegenüber einem Wilderer ist in dem Buch von Hermann Schulze „Der waidgerechte Jäger" (Verlag Paul Parey, Hamburg und Berlin) so klar und eindeutig dargestellt, daß ich im folgenden wörtlich zitiere:

„Ist der Wilddieb auf frischer Tat betroffen, so ist, wenn er der Flucht verdächtig ist oder seine Person nicht sofort festgestellt werden kann, der Jagdschutzbeamte oder der Revierinhaber laut § 127 Strafprozeßordnung befugt, ihn vorläufig festzunehmen. Der Festgenommene ist unverzüglich dem Amtsrichter des Bezirks, in dem die Festnahme erfolgt ist, vorzuführen. Gegenstände, welche als Beweismittel von Bedeutung sein können oder der Einziehung unterliegen, sind nach § 94 Strafprozeßordnung in Verwahrung zu nehmen. Leistet der Verdächtige Widerstand (z. B. wenn er sich weigert, mit zum Amtsrichter zu kommen, oder wenn er sich hinwirft), so kann man Gewalt anwenden, um den Frevler zur Aufgabe des Widerstandes zu zwingen. Jedoch darf das Maß, das unbedingt zur Brechung des Widerstandes erforderlich ist, nicht überschritten werden. Von der Waffe darf bei passivem Widerstand nur Gebrauch gemacht werden, wenn man aus den Gebärden oder den Worten des Wilderer entnehmen kann, daß sie über den Jagdschutzberechtigten herfallen wollen. – Wirft der Wilderer mit scharfer Schußwaffe diese nach Anruf ‚Gewehr weg!' oder ‚Hände hoch!' nicht fort, sondern geht auf den Jagdausübenden oder eine Begleitperson in Anschlag, so darf der Angegriffene von seiner Waffe Gebrauch machen. Ihn deckt in diesem Fall der § 53 des Strafgesetzbuches. Dieser Notwehrparagraph lautet: ‚Eine strafbare Handlung ist nicht vorhanden, wenn die Handlung durch Notwehr geboten war. Notwehr ist diejenige Verteidigung, welche erforderlich ist, um einen gegenwärtigen rechtswidrigen Angriff von sich oder einem anderen abzuwenden. Die Überschreitung der Notwehr ist nicht strafbar, wenn der Täter in Bestürzung, Furcht oder Schrecken über die Grenzen der Verteidigung hinausgegangen ist.' – Flieht der Wilderer mit der Waffe in der Hand, so ist es ebenfalls erlaubt, auf ihn zu schießen, da zu befürchten ist, daß er aus der nächsten Deckung heraus seinen Verfolger unter Feuer nimmt. Es darf aber nicht auf den Wilderer geschossen werden, wenn er vorher die Waffe fortgeworfen hat, oder wenn nur ein Notstand vorliegt, wenn er also den Jäger nicht bedroht, sondern vielleicht nur dessen Hund. Das schuldhafte Überschreiten der Befugnis ist strafbar und verpflichtet zum Schadenersatz. – Auf keinen Fall sollte man hinter einem Wilddieb herlaufen! Statt dessen müssen alle Umstände, die für eine Überführung von Bedeutung sind (Fußabdrücke), genau beachtet und alle Gegenstände, die als Beweisstücke dienen können (abgeschossene Hülsen, Papierfetzen, Knochenstücke), gesammelt und aufbewahrt werden.

Hat der Wilderer die Waffe fortgeworfen, dann erfolgt am besten sofort der Abtransport zur nächsten Polizeistation.

Eine Durchsuchung der Wohnung des Wilderers kann nur das Gericht anordnen. Liegt Verdunkelungsgefahr vor, so dürfen allerdings die bestätigten Jagdaufseher als Hilfsbeamte der Staatsanwaltschaft eine Haussuchung von sich aus vornehmen. Die Befugnis im Waffengebrauch der Forst- und Jagdschutzberechtigten ist durch Reichsgesetz vom 26. Februar 1935 und Durchführungsverordnung von 7. März 1935 festgelegt. Berechtigt zum Waffengebrauch gegen Wilderer sind eidlich verpflichtete Beamte und Angestellte, soweit sie im Forst- und Jagdschutz verwendet werden. Der Gebrauch der üblichen Waffen ist zulässig: 1. in Notwehr, 2. zur Überwindung von Gewalttätigkeiten, 3. zur Anhaltung von Personen, die fliehen wollen und nicht bekannt sind. Lebensgefährliche Verletzungen sind zu vermeiden und sofortige Meldung nach Waffengebrauch der Polizei und dem Vorgesetzten zu erstatten."

Bei jeder Fahndung nach Wilddieben sind größte Vorsicht und höchstes Mißtrauen angebracht. Ist ein Wilderer rechtskräftig verurteilt, dann sollte man nie versäumen, Schadenersatzklage gegen ihn anzustrengen.

NATURSCHUTZ

Der Jäger der Zukunft wird vermehrt ein Schützer und Pfleger der heimischen Tier- und Pflanzenwelt sein – oder er wird nicht mehr sein! Kein anderer Stand, keine Organisation ist mehr berufen, die gesamte freilebende Tierwelt zu erhalten als der Jäger. Wie schon ausgeführt, ist die Natur mit allen ihren Lebewesen durch die Technisierung und Industrialisierung, durch die ungeheuren Wildverluste im Straßenverkehr, durch die ständige Zunahme der Bevölkerung, durch Verschmutzung unserer Gewässer und durch den Unverstand vieler Menschen auf das schwerste bedroht. Bereits jetzt ist es die vornehmste Aufgabe des Jägers, der zu allen Jahreszeiten in seinem Revier ist, diese schweren Gefahren abzuwenden oder zum mindesten zu verringern. Es gibt zahlreiche Tier- und Pflanzenschutzverordnungen, untere und obere Naturschutzbehörden, Vereine und große Organisationen, die dem Tier- und Pflanzenschutz dienen. Der Jäger muß bei all diesen Bestrebungen an erster Stelle marschieren

Die vermehrte Anwendung der freilich unentbehrlich gewordenen chemischen Pflanzenschutzmittel, deren Auswirkungen auf die Tierwelt auf weite Sicht noch gar nicht erforscht sind, bedeuten immer dann eine ernste Gefahr, wenn sie mißbräuchlich, besonders in Überdosis angewendet werden. Der Jäger sollte keine Gelegenheit versäumen, begiftete Felder und ihre nähere Umgebung alsbald abzusuchen und verendet oder krank aufgefundene Tiere zur Fallwilduntersuchung (siehe S. 476) an ein entsprechendes Institut einzusenden, und zwar unter genauer Angabe welches Pflanzenschutzmittel verwendet wurde. Das Institut für Jagdkunde in Hann. Münden, Schloß, führt alle Fallwilduntersuchungen kostenfrei durch, jedoch hat der Einsender die Frachtkosten zu tragen. Stark anbrüchiges Wild sollte nicht versandt werden.

Vor ernste Probleme wird unsere Niederwildhege auch durch die Verarmung der Wildkrautgesellschaften (sie bilden 51% der Äsung des Rebhuhnes) in den Halm- und Hackfruchtschlägen infolge weitverbreiteter Anwendung von Spritzmitteln zur „Unkrautbekämpfung" gestellt. Um dem entgegenzuwirken, empfiehlt Brüll für Niederwildäcker die Rückkehr zur alten Dreifelderwirtschaft, die im Wechsel von Hackfrucht, Halmfrucht und grüner Brache betrieben wird, wobei hier natürlich die Feldfrüchte als Wildäsung stehen bleiben und nicht abgeerntet werden dürfen.

Der Jäger soll aber nicht nur Schäden abwehren, sondern aktiv die Lebensbedingungen der gesamten Tierwelt verbessern helfen. Er wird dies meist nur in seinem mehr oder weniger kleinen Revier tun können, aber wenn alle deutschen Jäger im Willen und in der Tat zu einer intensiven Förderung der Tier- und Pflanzenwelt einig sind, kann unvorstellbar viel erreicht werden.

Der heutige Waidmann wird alles aufbieten, um den Horst des Wanderfalkens vor Unberufenen zu schützen. Er wird ebenso bemüht sein, jedes gefundene Vogelnest vor streunenden Katzen zu bewahren. Er wird Ameisenhaufen vor der Zerstörung oder Vernichtung durch blindwütige Jugendliche behüten, er wird den vom Rentabilitätswahnsinn besessenen Forstmann abhalten, hohle Bäume abzuschlagen, um Hohltauben und Specht eine Brutmöglichkeit zu erhalten, er wird das leider vielfach geübte Abbrennen der Raine und Feldränder im Frühjahr verhindern, er wird sich gegen das unnötige Abreißen von Blumen und Zweigen wenden und sich gegen alles zur Wehr setzen, das störend und zerstörend in der Natur wirken kann.

Er wird bei jeder Gelegenheit auf die Bevölkerung einwirken, um sie zu überzeugen, daß nicht nur die Erreichung wirtschaftlicher Ziele einzige Lebensaufgabe sein darf, sondern daß die Natur letzten Endes die Grundlage unseres Daseins ist und daß diese Natur mit ihren Tieren und Pflanzen auf das schwerste bedroht ist. Verluste an wirtschaftlichen Werten lassen sich durch Kapital und Arbeit ersetzen, zerstörte Natur ist unwiederbringlich dahin.

Niemand kennt das Revier, die gesamte Gemarkung so genau wie der Jäger. Niemand hat daher so viel Möglichkeiten der Einwirkung im Sinne des gesamten Naturschutzes wie der Jäger, es ist daher seine hohe ethische Aufgabe, auf allen Gebieten des Naturschutzes aktiv mitzuwirken.

WILDKRANKHEITEN

Wild verendet oder kümmert durch Befall mit Krankheitserregern (Erregerkrankheiten) oder durch Verletzungen, Witterungsschäden, Ernährungsstörungen, Geschwülste und Vergiftungen.

Die *Infektionskrankheiten* werden durch Bakterien und Viren verursacht. Die Ansteckung von gesundem Wild erfolgt durch Berührung mit kranken Stücken oder deren Ausscheidungen, die auf die Äsung, den Erdboden oder in das Wasser der Suhlen und Schöpfstellen gelangt sind. Die Krankheitserreger dringen entweder durch die natürlichen Körperöffnungen oder in Verletzungen der Haut ein. Die schädigende Wirkung entsteht durch die giftigen (toxischen) Ausscheidungen dieser Kleinlebewesen.

Manche Bakterienarten sind ständig im Körper des Wildes vorhanden, ohne irgendeine Schädigung hervorzurufen, und entfalten erst dann eine krankmachende Wirkung, wenn das Wild in seiner Widerstandsfähigkeit durch Erkältung, Hunger, Parasitenbefall u. a. geschwächt ist. Bei ungünstigem Witterungsverlauf oder in Notzeiten ist daher das Wild besonders gefährdet.

Parasitäre Erkrankungen entstehen durch das Schmarotzen von einzelligen oder mehrzelligen Pflanzen und Tieren, die sich auf oder in dem Körper des Wildes aufhalten. Sie schädigen ihren Wirt durch Entziehung von Nahrungsstoffen, durch Verletzungen von Organen und durch giftige Ausscheidungen.

Verletzungen meist tödlicher Art fügen dem Wild in erster Linie die Feinde zu, in neuerer Zeit auch in zunehmendem Maße motorisierte Fahrzeuge der Landwirtschaft und des Straßenverkehrs, Drahtleitungen, Drahtzäune und andere technische Anlagen.

Witterungsschäden führen durch Unterkühlung bei kalter feuchter Sommerwitterung zu großen Abgängen beim jungen Niederwild und im Winter bei harter Kälte zu erheblichen Verlusten bei einigen Wildarten.

Ernährungsstörungen treten vor allem beim Rehwild im Spätwinter und Frühjahr auf, wenn unzuträgliche Äsung aufgenommen werden muß. Nahrungsmangel bei langandauernder Schneelage kann zum Hungertod führen.

Geschwülste werden beim Wild nicht selten gefunden, es handelt sich stets um Einzelerkrankungen, die für die Wildbahn ohne Bedeutung sind. Krebsgeschwülste, das sind bösartige Neubildungen von Haut- und Drüsenzellen, kommen beim Wild selten vor. Die Entstehung der Geschwülste ist noch ungeklärt.

Vergiftungen durch Mineraldünger gibt es so gut wie gar nicht. Entweder werden Düngesalze vom Wild ohne Schaden vertragen, oder ihre Aufnahme wird abgelehnt. Bedenklicher müssen die Schäden stimmen, die durch unsachgemäße oder leichtfertige Anwendung von Schädlingsbekämpfungsmitteln dem Wildstande zugefügt werden. In letzter Zeit sind Todesfälle bei der Mäusevergiftung eingetreten.

Die in Mitteleuropa auftretenden zahlreichen Erregerkrankheiten sind vorwiegend eine Folge zu hoher Siedlungsdichte des Wildes, des Mangels an größeren Raubwildarten oder eine Folge von Ansteckung bei Haustieren Bei den häufigsten Wildarten Reh und Hase finden sich relativ die meisten kranken Stücke, weil die Wilddichte oft weit höher ist, als dem natürlichen Raumanspruch des einzelnen Stückes zuträglich ist. Eine überhöhte Stückzahl auf beschränktem Raum erleichtert die Übertragungsmöglichkeiten von Krankheitskeimen und Parasiten. Aus diesem Grunde treten auch in Gatterrevieren und besonders in Fasanerien Wildkrankheiten mit schwererwiegenden Folgen häufiger auf als in der freien Wildbahn.

Von den *Haustierkrankheiten* greifen Tuberkulose, Geflügelpocken und Maul- und Klauenseuche gelegentlich auf Wild über, haben aber wegen der Widerstandsfähigkeit der für diese Krankheiten empfänglichen Wildarten in der freien Wildbahn keine Bedeutung. Dagegen führen Milzbrand, Wild- und Rinderseuche, Schweinepest und Tollwut auch im Revier von Zeit zu Zeit größere Verluste herbei. Milzbrand und Wild- und Rinderseuche sind in den letzten Jahrzehnten beim heimischen Wild nicht mehr aufgetreten, jedoch haben Schweinepest und Tollwut gerade in neuerer Zeit wieder sehr große Bedeutung erlangt.

Manche Parasiten kommen bei Wildarten und den ihnen verwandten Haustierarten vor, so daß eine gegenseitige Übertragung an gemeinsamen Aufenthaltsorten möglich ist. In Fasanerien treten wegen der engen Raumverhältnisse leicht verheerende Geflügelkrankheiten auf, die bei normalem Besatz eines Reviers so gut wie unbekannt sind, dagegen unter Hausgeflügel häufiger wüten. Es sind Geflügeldiphtherie, Geflügelcholera, Hühnerpest, Tuberkulose, Kokzidiose, Bandwurmbefall und Rotwurmseuche.

Jagdhunde infizieren sich mit Tollwut, wenn sie sich mit einem Fuchs oder Dachs herumbeißen, der von dieser Krankheit befallen ist. Sarcoptesräude befällt besonders Erdhunde, die in Bauen arbeiten, in denen sich räudekranke Füchse aufhalten; aber auch andere Jagdhunde, die mit räudekrankem Raubwild in Berührung kommen, sind einer Ansteckung ausgesetzt. Manche Hundebandwürmer haben außer Haustieren auch Wildarten als Zwischenwirte. Die Finne des gesägten Hundebandwurms sitzt im Netz und auf der Leberoberfläche von Hasen und Kaninchen, die des geränderten Hundebandwurms an Netz, Bauchfell und Leber des Schalenwildes, die des dreigliedrigen Hundebandwurms in Leber, Lunge und anderen Organen des Schalenwildes und die des Gehirnquesenbandwurms im Gehirn und seltener im Rückenmark von Schalenwild. Vor Verfütterung von rohen Wildteilen an Hunde sollte auf das Vorhandensein von Bandwurmblasen geachtet werden.

Der *Mensch* kann sich an Haarwild mit Milzbrand und Brucellose, an Hasen und

Kaninchen mit Nagerpest (Tularämie) und an Haarraubwild (aber auch z. B. an tollwütigem Nutzwild) mit Tollwut infizieren. Da diese Krankheiten beim Wilde sehr selten sind, besteht aber kein Anlaß zu übertriebenen Befürchtungen. Eine Ausnahme bildet in vielen betroffenen Gebieten aber die Tollwut, und hier ist höchste Vorsicht geboten, besonders beim Aufbrechen irgendwie verdächtiger Stücke, das nur mit Gummihandschuhen durchgeführt werden sollte. Die Übertragungsmöglichkeit von Trichinellen durch Genuß des Wildprets von Sumpfbiber, Schwarzwild und Haarraubwild ist von großer Bedeutung. Wenn dies für den menschlichen Genuß bestimmt ist, ist es beschaupflichtig. Soll es an Tiere verfüttert werden, ist das Wildpret gut durchzukochen. Andernfalls muß es durch Verbrennen oder tiefes Vergraben beseitigt werden. Keinesfalls soll man rohe Raubwildkerne auf Luderplätze und Dunghaufen werfen oder als Futter für Kleinvögel aufhängen, weil hierdurch die Verbreitung der Trichinellen begünstigt wird. Die Wildarten beeinträchtigt Trichinellenbefall nicht, beim Menschen dagegen führen etwa 25 % der Fälle zum Tode.

Die Finne des im Menschen schmarotzenden Einsiedlerbandwurms kommt, wenn auch sehr selten, in der Muskulatur von Schwarzwild vor. Die Übertragung erfolgt nach Genuß schlecht gekochten oder rohen (auch geräucherten) Wildprets, das die Schweinefinne enthält.

Wildkrankheiten bedingen nicht allein Verluste durch Fallwild, sondern sie haben darüber hinaus eine große Bedeutung, weil sie auf die Entwicklung der Körpergewichte und der Trophäen des Schalenwildes Einfluß haben. Die auffallend verschiedene Stärke der unter gleichen Umweltbedingungen gewachsenen Rehgehörne ist vielfach auf den unterschiedlichen Gesundheitszustand der Stücke zurückzuführen. Das Auftreten einzelner starker Gehörne unter sonst durchschnittlichen oder geringen Trophäen ist meist eine Folge davon, daß ihre Träger von Erkrankungen verschont blieben und keinen Mangel zu leiden hatten.

Die Widerstandfähigkeit gegen Krankheiten ist bei unseren Wildarten recht unterschiedlich. Je anfälliger die Wildart für Parasitenbefall ist, desto schwieriger ist ihre Haltung in Gefangenschaft. In den nachstehenden Ausführungen werden die Hauptwildarten in der Reihenfolge ihrer Anfälligkeit gegen Krankheiten aufgeführt, zur besseren Übersicht sind die Gruppen Schalenwild, Haarraubwild, Hase – Kaninchen und Wildgeflügel getrennt behandelt. Bei jeder Wildart werden die Krankheiten in der Reihenfolge ihrer Häufigkeit beschrieben, seltene Fälle werden nur kurz erwähnt.

Schalenwild

Rehwild

Als besonders weich und anfällig für Krankheiten gilt das Rehwild. Die hohe Siedlungsdichte der Rehe und die oft enge Berührung mit Haustieren trägt dazu bei, daß es von einer großen Zahl von Krankheiten heimgesucht wird. Durch Parasiten hervorgerufene Krankheiten überwiegen, Infektionskrankheiten kommen selten vor. Häufigkeit des Auftretens und Gefährlichkeit sind aus der folgenden Übersicht zu entnehmen.

Rehwildkrankheiten

Todesfälle	Auftreten häufig	gelegentlich	vereinzelt	selten
immer		Tollwut	Strahlenpilzbefall	Gehirnquesenbefall
meist	Allgemeine Unterkühlung		Nekrobazillose	Milzbrand Wild- u. Rinderseuche
oft	Verdauungsstörungen, Magenwurmbefall	Leberegelbefall		
bisweilen		Palisadenwürmer	Tuberkulose	Hülsenwurmbefall
selten	Rachenbremsenbefall Lungenwurmbefall		Bandwurmbefall	Räude, Maul- u. Klauenseuche
niemals		Dassellarvenbefall Gekrösefinnenbefall		Muskelfinnenbefall

Durch *allgemeine Unterkühlung* während starker Kälteperioden treten Massenverluste ein. Der Tod der Stücke erfolgt dadurch, daß der Kreislauf zum Erliegen kommt, wenn die Feistreserven verbraucht sind. Betroffen werden vor allem Kitze und alte sowie kranke Stücke, weil sie nur wenig Feistvorräte aufspeichern konnten. Die Rehe verenden mit vollem Pansen auch an gut beschickten Fütterungen, denn die aufgenommene Äsung reicht bei harter Kälte nicht aus, um den Stoffwechsel aufrechtzuerhalten. Am Fallwild fallen die Blutfülle der inneren Organe und die Blutarmut der Muskulatur auf. Die fast immer vorhandene blutige Labmagen- und Dünndarmentzündung ist als Ausdruck einer Gefäßschädigung aufzufassen.

Zu hohen Verlusten führen im Frühjahr *Verdauungsstörungen,* für die ein besonderer Erreger nicht bekannt ist. Man nimmt an, daß die Umstellung auf Grünäsung zum Überhandnehmen bestimmter Darmbakterien führt, die krankmachende Eigenschaften annehmen. Die kranken Stücke sind an Spiegel und Hinterläufen mit breiiger Losung besudelt, magern ab und haben einen schnellen Kräfteverfall. Der Labmagen und Zwölffingerdarm sind entzündet und enthalten einen blutig-schleimigen Inhalt. Die schlechte Ausbildung der oberen Gehörnteile ist vielfach eine Folge dieser Erkrankung bei den Überlebenden.

Zweifellos spielt der *Magenwurmbefall* als Todesursache oder in noch höherem Maße als Ursache für das Kümmern von Rehwild eine große Rolle. Der Parasit, der die Krankheit hervorruft, ist der gedrehte Magenwurm, andere Arten sind weniger gefährlich. Der Schmarotzer sitzt auf der Schleimhaut des Labmagens, er schädigt seinen Wirt durch Entziehung von Nährstoffen, durch Absonderung von Giften und durch Entzündungen, die seine Bohrtätigkeit in der Magenschleimhaut hervorruft. Die befallenen Stücke magern ab, haben eine struppige Decke, verfärben schlecht und haben eine fahlgelbe Färbung, die Böcke setzen geringe Gehörne auf, häufig besteht Durchfall, bisweilen entstehen vorübergehende wässerige Schwellungen am Haupt. Mit Magenwurm befallene Rehe streuen mit ihrer Losung zahllose Eier im Revier aus. Die aus den Eiern schlüpfenden Larven sind nach einer Woche ansteckungsfähig und wandern am Abend auf die Spitzen der taubenetzten Gräser, um sich dort bis Sonnenaufgang aufzuhalten. Die mit der Äsung aufgenommenen Larven entwickeln sich im Labmagen zu geschlechtsreifen Würmern.

Die häufig zu findenden Larven der *Rachenbremse* sind auffällig und werden daher in ihrer Gefährlichkeit für das Wild meist überschätzt. Gewiß wird das befallene Stück geschädigt, aber zum Verenden führen die Schmarotzer beim Rehwild nur selten. Die Rachenbremse, eine braun-rot behaarte Fliege, schwärmt an heißen Sommertagen um das Rehwild und versucht, den Stücken ihre Larven in den Windfang zu spritzen. Die Larven haben Borstenkränze, mit denen sie sich auf der Nasenschleimhaut festhalten und allmählich in das Innere der Nasenhöhlen bis zum Rachen und Kehlkopf kriechen. Bis zum Ende des Winters sind die Larven so klein, daß sie nicht bemerkt werden und auch dem Wilde keine Beschwerden machen. Das Hauptwachstum erfolgt in den Monaten März bis Juli, die Larven verstopfen die oberen Luftwege und verursachen Schwellung und Entzündung der Schleimhäute. Die Folge hiervon ist, daß die befallenen Stücke röcheln, krampfhaft husten und Schleuderbewegungen mit dem Haupte ausführen. Die reifen Larven lassen sich auswerfen und verpuppen sich im Boden; aus der Puppe schlüpft nach wenigen Wochen die Fliege.

Auch der *Lungenwurmbefall* ist für das Rehwild nicht so bedeutsam, wie oft angenommen wird. Von den beiden beim Reh schmarotzenden Lungenwurmarten fällt der Rinderlungenwurm durch seine Größe und sein Vorkommen in der Luftröhre und in den Bronchien auf, der Lungenhaarwurm durch die von ihm verursachten hell-grüngrauen derben Knoten im Lungengewebe. Die Larvenentwicklung des Rinderlungenwurms ist ähnlich der des gedrehten Magenwurms, während in den Entwicklungkreis des Lungenhaarwurms Landschnecken als Zwischenwirte eingeschaltet sind, in die sich die Larven einbohren. Die Ansteckung erfolgt durch zufälliges Aufnehmen solcher infizierten Schnecken mit der Äsung. Lungenwürmer rufen Entzündungen hervor und verstopfen bei sehr starkem Befall die Bronchien. Hierdurch kann es besonders bei jungen Stücken zu Todesfällen kommen, im allgemeinen kümmern die Stücke aber nur, wenn nicht andere Erkrankungen hinzukommen.

Die Form der *Tollwut*, die nach dem letzten Kriege Mitteleuropa überzogen hat und nicht von Hunden, sondern Füchsen verbreitet wird, hat auch bei Rehen zu erstaunlich vielen Erkankungen geführt. Tollwütige Rehe verlieren die Scheu und zeigen ein abnormes Verhalten. Häufig rennen sie mit der Stirn gegen Bäume und andere Hindernisse an, so daß die Decke am Haupt abgescheuert und blutig ist. Bei dem Umgang mit solchen Stücken ist Vorsicht geboten. Zur Feststellung der Tollwut ist die Einsendung des Hauptes an das zuständige Staatl. Veterinäruntersuchungsamt erforderlich. Nur eine rechtzeitige Impfung vermag einen mit Tollwut infizierten Menschen zu retten.

Leberegelbefall wird gelegentlich bei Rehwild angetroffen und geht wohl in den meisten Fällen von Weidevieh, insbesondere von Schafen und Ziegen, aus. Von den zwei vorkommenden Arten ist der Große Leberegel der gefährlichere, während der Lanzettegel weniger Bedeutung hat. Die Leberegel schmarotzen in den Gallengängen der Leber und rufen hier schwere Entzündungen hervor, die zur Verdickung der Gallengangswände führen, die Leberoberfläche wird dadurch narbig und höckerig, es kommt zu chronischen Entzündungsprozessen des Lebergewebes, die oft zum Verenden führen. Der Entwicklungskreis des Leberegels ist kompliziert. Aus den in der Losung befindlichen Eiern schlüpfen Flimmerlarven, die beim Großen Leberegel die Zwergschlammschnecke, beim Lanzettegel wärmeliebende Landschnecken aufsuchen, um sich in ihnen weiter zu entwickeln und sogar ungeschlechtlich zu vermehren. Den Zwischenwirt verlassen schließlich geschwänzte

Larven, die sich an Grashalmen einkapseln. Mit der Äsung gelangt die Leberegelbrut in den Körper des Endwirts.

Palisadenwürmer sind als Krankheitserreger den Jägern wenig bekannt, obwohl sie bisweilen zu Verlusten führen. Die verhältnismäßig kurzen und dicken Würmer sitzen im Grimmdarm und zerstören dort größere Bezirke der Schleimhaut; äußerlich beobachtet man vielfach Durchfall. Die Entwicklung der Wurmbrut gleicht der der Magenwürmer.

Dassellarven, auch *Engerlinge* genannt, finden sich vom Spätwinter bis zum Frühjahr unter der Decke des Rückens in den Dasselbeulen. Zur Anlegung eines Atmungsloches wird die Decke von den Larven durchbohrt und dadurch stark entwertet. Durch dieses Loch verlassen die reifen Larven im März-April den Körper des Wildes, um sich in der Erde zu verpuppen. Die Fliege schlüpft im Frühsommer und legt an die Haare des Wildes Eier, aus denen Larven schlüpfen, die sich entweder durch die Decke bohren und zum Rücken wandern oder abgeleckt werden und ihre Wanderung vom Verdauungskanal aus antreten.

Gekrösefinnen sind mit Flüssigkeit gefüllte Bandwurmblasen, die in ihrem Innern die Kopfanlage des Bandwurms tragen, und die im Netz und auf der Leberoberfläche harmlose Bewohner des Wildkörpers sind. Sie werden hier erwähnt, weil sie beim Aufbrechen eines Stückes auffallen. Abgestorbene Finnen verkalken und werden als scheibenförmige Gebilde gefunden.

Strahlenpilzerkrankung (Actinomykose) befällt hin und wieder ein Stück, wenn es sich Getreidegrannen, die mit dem Pilz behaftet sind, in die Mundschleimhaut einspießt. Meist geht die Erkrankung vom Zahnfach aus und führt zu schweren, mit Knochenwucherungen verbundenen Veränderungen des Unter- oder Oberkiefers. Der Ausgang der Krankheit ist tödlich, weil die Stücke schließlich keine Äsung mehr aufnehmen können.

Nekrobazillose wird von überall vorkommenden, gewöhnlich harmlosen Bakterien hervorgerufen. Unter besonderen Bedingungen, in sauerstoffarmer Umgebung, nehmen diese Bakterien die Eigenschaften von Krankheitserregern an und verursachen in der Mundschleimhaut, in inneren Organen und an den Schalen das Absterben von Gewebeteilen.

Tuberkulose geht von Haustieren auf freilebendes Rehwild über, ohne bei ihm einen nennenswerten Umfang anzunehmen. In den von Tuberkelbakterien befallenen Organen bilden sich verkäste oder verkalkte Herde.

Wiederkäuerbandwürmer schmarotzen im Dünndarm und führen nur bei Rehkitzen zu schweren Störungen der Gesundheit und zum Verenden.

Die Gehirnquese, die Finne eines Hundebandwurms, führt zur „Drehkrankheit“. Durch Druck der Bandwurmblase auf Gehirn- oder Rückenmarkgewebe werden Lähmungen und Störungen in der Fortbewegung hervorgerufen.

Milzbrand und *Wild-* und *Rinderseuche* sind Infektionskrankheiten, die früher bei Schalenwild auftraten, aber schon seit Jahrzehnten ausgetilgt sind.

Maul- und *Klauenseuche* ist bei einigen wenigen Stücken Schalenwild in Zeiten schwerer Seuchenzüge unter den Haustieren aufgetreten. Für das freie Revier hat die Krankheit keine Bedeutung, auch als Überträger auf Vieh spielt das Wild keine Rolle.

Hülsenwurm und *Muskelfinne* sind ebenso wie die *Räude* beim Reh so seltene Erscheinungen, daß sie hier nur der Vollständigkeit halber erwähnt werden.

Gamswild

Die am meisten gefürchtete Krankheit des Gamswildes ist die *Räude,* verursacht durch eine Milbe. Sie tritt bisweilen nur vereinzelt auf, in anderen Fällen nimmt sie einen verheerenden Umfang an und vernichtet den größten Teil eines Bestandes. Besonders sog. gut gehegte, nach unserer heutigen Auffassung überhegte Reviere liefern günstige Vorbedingungen für die Ausbreitung der Gamsräude, weil sie viele schwächliche und mit Eingeweideparasiten behaftete Stücke enthalten, die dem Räudemilbenbefall wenig Widerstand entgegenbringen können. Die Übertragung erfolgt unmittelbar durch Berührung, hauptsächlich während der Brunft, oder mittelbar an Lager- und Scheuerstellen. Die wenigen von einem gesunden Stück aufgelesenen Milben vermehren sich schnell und veranlassen durch ihre Freßtätigkeit in der Haut das Ausfallen der Haare und die Bildung dicker Krusten. Wenn größere Bezirke der Decke zerstört sind, verendet das Stück an allgemeiner Erschöpfung. In einzelnen Fällen können kräftige Stücke die Krankheit ausheilen.

Die Papillomatose tritt gelegentlich bei einzelnen Stücken auf, ohne im allgemeinen seuchenhafte Ausbreitung zu erlangen. Sie ist durch warzige Wucherungen am Äser gekennzeichnet. Die Übertragbarkeit ist nachgewiesen, doch ist der Erreger noch unbekannt, es dürfte sich um ein Virus handeln. Heilungen kommen nur ausnahmsweise vor, meist verenden die erkrankten Stücke an Entkräftung durch Behinderung der Nahrungsaufnahme.

Eine seuchenhafte Augenentzündung, *die Gamsblindheit,* hat nach der Jahrhundertwende zu Ausfällen geführt und ist in den letzten Jahren wieder mehr in Erscheinung getreten. Die Krankheit beginnt mit einer Bindehautentzündung und greift später auf die Hornhaut des Auges über, die stark getrübt wird. Die Stücke können dann nicht mehr äugen und fallen tödlichen Unglücksfällen zum Opfer. Die Krankheit ist ansteckend, der Erreger wahrscheinlich ein Mycoplasma, ein zu den Mikroben gehörender Keim.

Magenwürmer, Lungenwürmer, Leberegel, Palisadenwürmer, Bandwürmer, Finnen und auch die Infektionskrankheiten haben für das Gamswild die gleiche Bedeutung wie für das Rehwild.

Muffelwild

In feuchten Gebieten leidet das Muffelwild unter Leberegel- und Magenwurmbefall; in Revieren, die seinen Anforderungen an den Lebensraum entsprechen, ist es in der Regel gesund. Gelegentlich tritt eine Erkrankung auf, die zum Auswachsen der Schalen und zur Entzündung der Gelenke an den Läufen führt, die Ursache ist unzureichende Abnutzung des Schalenhorns in Revieren mit weichem Boden. Gamsräude kann auf Muffelwild übergehen.

Schwarzwild

Sauen sind gegen Krankheiten recht unempfindlich. In längeren Zeitabständen verursachen Seuchenzüge der *Schweinepest* fühlbare Verluste; andere Infektionskrankheiten sind seit langer Zeit nicht mehr aufgetreten. Von den Parasiten sind Leberegel gefährlich und Schweinelungenwürmer schädigend, Schweinefinnen und Trichinellen bereiten den Sauen keine Beschwerden. In Parks tritt oft *Räude* auf, die in ihren äußeren Erscheinungen der Gamsräude gleicht. Räudige Sauen kommen ab und verenden schließlich an Entkräftung. Vergiftungen ist Schwarzwild als Allesfresser durch Aufnahme von Mäusegiftweizen und Phosphorgifteiern öfter erlegen.

Rotwild

Besonders widerstandfähig gegen Krankheiten ist das Rotwild. Infektionskrankheiten, wie Milzbrand und Wild- und Rinderseuche, führten bis zur Jahrhundertwende zu größeren Bestandsverlusten, in letzter Zeit sind Rotwildseuchen nicht mehr aufgetreten. Lediglich *Kreuzlähme,* deren Ursache noch unbekannt ist, hat in den letzten Jahrzehnten einzelne, unregelmäßig über den Wildstand verteilte Stücke betroffen. Merkmale der Krankheit sind Stehen mit gespreizten Hinterläufen und Schwanken der Nachhand. Am Geweih treten Regelwidrigkeiten auf. Die Krankheit kann sich einige Jahre hinziehen, eine Genesung ist noch nicht bekanntgeworden. Parasitenbefall wird meist gut überstanden, obwohl Rachenbremsen-, Dassellarven- und Lungenwurmbefall Beeinträchtigungen des Wohlbefindens mit sich bringen. Etwas gefährlicher ist Leberegelbefall, der zum Verenden führen kann.

Damwild

Am wenigsten leidet wohl das Damwild unter Krankheiten, das mag mit seiner künstlichen Einbürgerung in unsere Reviere zusammenhängen. Wegen dieser Eigenschaft läßt es sich am leichtesten von unseren Schalenwildarten in kleinen Gattern und Gehegen halten.

Haarraubwild

Fuchs

Die häufigste Krankheit der Füchse ist die *Räude,* die manchmal seuchenhaft auftritt, um dann wieder für lange Zeit zu verschwinden. Der Erreger ist eine auf Raubtiere beschränkte Varietät der Räudemilbe. Die Übertragung der Milben erfolgt in der Ranzzeit durch unmittelbare Berührung oder während des ganzen Jahres in verseuchten Bauen. Räudekranke Füchse verlieren an den befallenen Körperstellen die Wolle, der Balg ist mit Borken bedeckt. Im Laufe der Zeit tritt Entkräftung ein, die zum Tode führt.

Die *Tollwut* der Hunde war in Deutschland nahezu erloschen. Die ungeordneten Verhältnisse der Nachkriegszeit haben eine besondere Form der Tollwut aus dem Osten nach Mitteleuropa vordringen lassen, die vom Fuchs ausgeht und verbreitet wird. Der Erreger ist ein Virus, das auch im Mikroskop nicht sichtbar ist. Die Ansteckung erfolgt durch den Biß wutkranker Tiere, in deren Speichel der Erreger enthalten ist, seltener auch durch vorhandene Wunden, in die der Erreger durch die Berührung mit wutkranken Tieren gelangt. Meist zwischen 2 und 8 Wochen nach der Ansteckung bricht die Wut aus, sie äußert sich in Beißsucht, Verlust der Scheu vor Menschen und in der Aufnahme ungenießbarer Gegenstände. Später treten Lähmungserscheinungen und schließlich der Tod ein. Die einwandfreie Feststellung der Tollwut ist nur durch mikroskopische Untersuchung des Gehirns auf kennzeichnende Veränderungen oder durch den Tierversuch möglich, bei Verdacht ist der Kopf des Fuchses einer Untersuchungsstelle zuzuleiten. Wenn Menschen gebissen werden, haben sie sich zur Rettung ihres Lebens schnellstens einer Schutzimpfung zu unterziehen. *Bandwürmer, Spülwürmer* im Darmkanal und *Lungenwürmer* in den Bronchien haben nach unserer bisherigen Kenntnis keine schwerwiegenden Folgen für Füchse. Etwa 4 % unserer Füchse sind Träger von *Trichinellen.* Wer Fuchsfleisch in den Verkehr bringt, auch durch Verschenken, ist für die Vornahme der Trichinenschau verantwortlich.

Dachs

Lungenwurmbefall führt besonders bei Jungdachsen gelegentlich zu größeren Verlusten. Die für den Dachs spezifische Lungenwurmart hat ihren Sitz in der Luftröhre und den Bronchien und führt zur Verstopfung der Luftwege und zur Entzündung des Lungengewebes. Die mit der Losung ausgeschiedenen Larven brauchen für ihre weitere Entwicklung Schnecken als Zwischenwirte.

Dachsräude wird von der gleichen Rasse der Sarcoptesmilbe hervorgerufen wie die Fuchsräude. Gegenseitige Ansteckung erfolgt in Bauen. Der Verlauf der Krankheit ist wie beim Fuchs. Auch die *Tollwut* tritt in der gleichen Weise wie beim Fuchs auf. Da Dachse öfter gegessen werden, sei hervorgehoben, daß sie Träger von *Trichinellen* sein können (s. Fuchs). *Vergiftungen* durch Aufnahme von Phosphorgifteiern, die zur Krähenbekämpfung ausgelegt werden, ist der Dachs öfter ausgesetzt.

Marder und Iltis

Räude tritt bei den Mardern nur ganz gelegentlich auf, beim Baummarder seltener als beim Steinmarder. Unter Innenschmarotzern haben die Marder im Vergleich zu anderen Pelztieren nur wenig zu leiden, selbst in Zuchtgehegen geht kaum je ein Marder an Parasiten ein. *Nasensaugwurmbefall* wird in seltenen Fällen beim Iltis angetroffen. Der Sitz der Schmarotzer ist die Nasenhöhle, in der schwere Veränderungen hervorgerufen werden, die bis zu Durchlöcherungen der knöchernen Wand und Bildung von Abszessen in der Kopfhaut führen. Die Larven dieses Schmarotzers entwickeln sich in Fröschen.

Hase und Kaninchen

Feldhase

Starke Abgänge an Junghäschen können bei feuchtkalter Frühjahrs- und Sommerwitterung durch Unterkühlung eintreten, außerdem fallen viele Junghasen den zahlreichen Feinden zum Opfer.

Den ungefähren Anteil der in Deutschland durch Krankheiten verusachten Hasenverluste im langjährigen Durchschnitt zeigt folgende Übersicht:

Magenwurmbefall	30 %	Nichtparasitäre Erkrankung der Verdauungsorgane	7 %
Hasenseuche	16 %	Lungenwurmbefall	2 %
Nagertuberkulose	13 %	Leberegelbefall	1 %
Kokzidiose	11 %	Brucellose	1 %
Traubenkokkenkrankheit	9 %	Finnenbefall	unter 1 %
Nichtparasitäre Erkrankung der Atmungsorgane	9 %	Bandwurmbefall	unter 1 %
		Nagerpest	weit unter 1 %

Die Magenwurmseuche nimmt in nassen Jahren unter den Hasenkrankheiten die erste Stelle ein. Die häufigsten Erreger sind mit freiem Auge kaum sichtbare Würmer, die im Zwölffingerdarm schmarotzen. Weniger oft findet man größere, vom Blut des Wirtes rot gefärbte Würmer auf der Schleimhaut des Magens. Die Wurmbrut entwickelt sich ohne Zwischenwirt im Freien und wird mit der Äsung aufgenommen. Sie ist gegen Trockenheit sehr empfindlich. Befallene Hasen sind matt, abgekommen und verenden an Entkräftung.

Die Hasenseuche (Haemorrhagische Septikaemie) verursacht hohe Verluste. Sie wird durch ein Bakterium hervorgerufen, das ständig vorhanden ist und erst bei den durch Nässe oder Parasiten geschwächten Hasen schädigend wirkt. Ist die Krankheit erst einmal ausgebrochen, so werden auch kräftige Hasen angesteckt. Die Bakterien werden durch Trockenheit und Sonnenlicht abgetötet. Gutes Wetter verhindert daher den Ausbruch der Hasenseuche oder bringt sie zum Erlöschen. Die erkrankten Hasen zeigen Atembeschwerden und Bewegungsstörungen. Die Schleimhaut der Luftröhre und der Bronchien ist meist blutig entzündet, die Organe sind oft durch Fibrinbelag verklebt.

Die Nagertuberkulose (Pseudotuberkulose) ist eine weitere häufige Infektionskrankheit, die ebenso wie die Hasenseuche Stücke mit verminderter Widerstandskraft ergreift. Die Bakterien verursachen in Leber, Milz, Nieren und Lunge die Bildung von gelben Gewebeknötchen. Der Tod tritt durch Kräfteverfall ein.

Kokzidienbefall rafft besonders die Junghasen in nassen Jahren dahin, bei ungünstigem Witterungsverlauf erleidet der Nachwuchs ab Ende August starke Verluste. Der Erreger ist ein einzelliges Sporentierchen, das sich im Darm durch Teilung schnell vermehrt und die Zellen der Darmschleimhaut zerstört. Mit der Losung werden Dauerformen ausgeschieden. Die ständige Neuaufnahme der Dauerformen ist Vorbedingung für schwere Erkrankungen. Krankheitsmerkmale sind Durchfall und aufgetriebener Bauch, bei Öffnung der Bauchhöhle fällt die weiße Fleckung des Dünndarms auf.

Die Traubenkokkenkrankheit (Staphylomykose) schließt die Aufzählung der häufigen Krankheiten. Sie wird durch einen Eitererreger hervorgerufen und ist durch das Vorhandensein umfangreicher mit zähem, hellgelbem Eiter gefüllter Herde unter dem Balg, im Wildpret und in den Organen gekennzeichnet. Die Übertragung erfolgt durch den Stich des Hasenflohs.

Lungenwurmbefall kommt bei Hasen selten vor, wirkt aber weit schädlicher als bei Schalenwild. Die Lungenwürmer des Hasen sind sehr dünn, in zopfförmig miteinander verflochtenen Bündeln bewohnen sie die Luftröhre und ihre Verzweigungen. Die Larven benötigen Schnecken als Zwischenwirte. Junge schwächliche Hasen fallen dem Befall eher zum Opfer als alte kräftige Stücke.

Leberegelbefall kommt nur ausnahmsweise vor, der Parasit ist der gleiche wie beim Schalenwild und Weidevieh. Die Veränderungen der Leber sind ähnlich wie beim Rehwild.

Die *Brucellose* (Knotenseuche, Hasensyphylis) ist eine Weideinfektion durch Bakterien abortuskranken Viehs. Sie hat einen langsamen Verlauf und führt zum Absterben der Embryonen in der Tracht. Äußere Merkmale der Krankheit sind kleine Eiterherde an den Geschlechtsteilen, häufig sind die Brunftkugeln stark vergrößert und mit Eiterherden durchsetzt. Weitere Herde mit graugelbem Eiter können in der Lunge, der Milz und der Leber vorkommen. Bei den Häsinnen ist die Tracht entzündet und enthält Abszesse.

Hasenfinnen sitzen bisweilen als Bläschen von Erbsengröße in Trauben an der Leber und am Netz. Sie sind sehr auffällig, aber für das Stück in der Regel bedeutungslos.

Hasenbandwürmer werden im Dünndarm und manchmal in der Bauchhöhle gefunden, auch sie sind bedeutungslos.

Die Nagerpest (Tularaemie) ist in neuester Zeit in einigen Fällen auch in Deutschland aufgetreten, hat jedoch bei uns keine Verbreitung erlangt. Menschen können sich mit Tularaemiebakterien infizieren, wenn sie mit erkrankten Hasen in Berührung kommen. Der Ausbruch der Krankheit macht sich beim Menschen mit Erbrechen, Kopf- und Gelenkschmerzen, Schüttelfrost und Fieber bemerkbar. Später tritt Schwellung der Lymphknoten und Geschwürbildung auf. Die Heilung dauert oft Monate, die Sterblichkeit beim Menschen beträgt etwa 4 %.

Wildkaninchen

Schneereiche kalte Winter führen zu erheblichen Besatzverlusten.

Die meisten der für Hasen geschilderten Krankheiten kommen auch beim Wildkaninchen vor. Größere Verluste treten durch Kokzidiose und Magenwürmer ein. Die oft gefundenen Finnen und Bandwürmer sind nahezu harmlos.

Die *Myxomatose* ist auf Kaninchen beschränkt, sie gelangte 1953 nach Westdeutschland, wo sie nach Osten vorrückte. Der Erreger ist ein Virus. Die Ansteckung erfolgt durch Berührung und blutsaugende Insekten. Merkmale sind geschwollene Augenlider und Lippen sowie Beulen in der Unterhaut. Beim ersten Auftreten blieben nur etwa 1–3 % von der Infektion und dem Tode verschont; bei erneutem Auftreten ist die Todesrate nicht so hoch.

Wildgeflügel

In freier Wildbahn ist bisher ein seuchenhaftes Auftreten von Geflügelkrankheiten kaum bekanntgeworden. Verluste beschränken sich in der Regel auf wenige Stücke. Die Ansteckung geht oft von erkranktem Hausgeflügel aus.

Fasan

Am häufigsten treten Krankheiten des Wildgeflügels beim Fasan auf, weil er stellenweise in großen Mengen gehegt wird, und weil er bei der Verwilderung aus Fasanerien Krankheitserreger in die freie Wildbahn mitnimmt, ferner, weil er mitunter in Gebieten angesiedelt wird, die seinen Ansprüchen an den Lebensraum nicht entsprechen. Bei der künstlichen Fasanenaufzucht sind Massenerkrankungen häufig und gefürchtet.

Der Rotwurmbefall (Syngamose) wird durch einen Wurm hervorgerufen, der in der Luftröhre schmarotzt, seine rote Farbe entsteht dadurch, daß das im Darm befindliche Blut des Wirtes durch das farblose Gewebe hindurchscheint. Er ist besonders für Junggeflügel gefährlich. Die befallenen Stücke sitzen matt mit gesträubten Federn und geöffnetem Schnabel und schnappen mühsam nach Luft (Japsen). Bei starkem Befall tritt der Tod durch Ersticken ein. Die nach Aushusten in die Mundhöhle gelangten und dann abgeschluckten Eier der Luftröhrenwürmer befinden sich im Gestüber. Die Ansteckung erfolgt unmittelbar durch Futter, das mit larvenhaltigen Eiern verunreinigt ist, oder durch Regenwürmer, die solche Eier in ihren Darm aufgenommen haben.

Die Kokzidiose ruft schwere, zum Tode führende Entzündungen des Dünndarms und Blinddarms hervor. Der Erreger ist ein einzelliges Urtierchen, das in den Zellen der Darmschleimhaut schmarotzt. Mit dem Gestüber werden Dauerformen des Parasiten ausgeschieden, die bei Aufnahme mit dem Futter besonders Jungfasanen befallen.

Spulwurmbefall (Heterakiasis) führt seltener zu Verlusten. Die Spulwürmer leben im Dünndarm und Blinddarm und verursachen Durchfall und Kümmern. Im Blinddarm entstehen Verdickungen der Wand mit grau-gelben Knötchen, die die Wurmlarven enthalten.

Bandwurmbefall, hauptsächlich durch den Friedberger Bandwurm, der bis 20 cm lang wird, kommt gelegentlich vor. Zwischenwirte, mit denen die Finnen aufgenommen werden, sind wahrscheinlich Ameisen. Massenerkrankungen treten nur in Fasanerien auf.

Geflügelcholera kommt selten bei freilebenden Vogelarten vor, ihre jagdwirtschaftliche Bedeutung beschränkt sich auf Fasanerien. Der Tod tritt oft plötzlich, wie durch Vergiftung, ein. Die Darmschleimhaut ist meist blaurot gefärbt, unter der Herzhaut finden sich in der Regel kleine, spritzerförmige Blutungen.

Hühnerpest wurde bei Wildgeflügel noch nicht festgestellt, in Fasanerien hat sie schon große Schäden verursacht. Häufig findet man Blutungen im Drüsenmagen, doch sind die Organveränderungen ebenso wie bei der Geflügelcholera wenig auffällig.

Geflügeldiphtherie und *-pocken* treten auch in freier Wildbahn vereinzelt auf. Bei der Diphtherie-Form entstehen am Gaumen, an der Zunge und in der Rachenhöhle käsige, grau-weiße Beläge. Die weniger gefährliche Pocken-Form ist durch Ausschläge an den unbefiederten Teilen des Kopfes gekennzeichnet.

Tuberkulose ist fast ausschließlich eine Fasaneriekrankheit, im Darm und in der Leber treten derbe Knötchen auf. Der Tod erfolgt durch Kräfteverfall.

Unglücksfälle entstehen am häufigsten durch Anfliegen an Drähte, durch Kraftfahrzeuge und durch Aufnahme von Mäusegiftweizen.

Rebhuhn

Hauptverlustquellen des Besatzes sind die Kükensterblichkeit bei feuchtem kaltem Frühsommerwetter durch Unterkühlung und der Kältetod bei hartem langdauerndem Winterfrost sowie die Tötung durch Feinde.

Erheblich seltener als beim Fasan kommen alle dort aufgeführten Parasiten auch beim Rebhuhn vor. Von den Infektionskrankheiten findet sich im Herbst häufiger das Auftreten von *Geflügelpocken*, die hornige Knoten an Schnabel und Ständern hervorrufen. Vorwiegend sind Junghühner erkrankt, meist mehrere oder alle Stücke eines Volkes. Krankheiten, die zu einem seuchenhaften Eingehen geführt haben, sind beim Rebhuhn nicht bekannt geworden.

Auerhahn

Im Darm werden Bandwürmer, Spulwürmer und andere Darmwürmer gefunden, die Entzündungen hervorrufen und gelegentlich zum Eingehen führen. Ob die Abnahme des Auerwildes in manchen Gegenden auf Infektionskrankheiten zurückzuführen ist, bedarf noch der Klärung. Es besteht die Möglichkeit, daß die Schwarzkopfkrankheit (Blackhead), eine namentlich bei Puten vorkommende Krankheit, auf Auerwild der freien Wildbahn übergreift. Kennzeichnend sind eine dunkle Verfärbung der unbefiederten Kopfteile und eine Leber- und Blinddarmentzündung.

Ringeltaube

Gelegentlich werden Luftröhrenwürmer gefunden. Geflügelpocken rufen die gleichen Erscheinungen wie beim Rebhuhn hervor, sie wurden in letzter Zeit im Herbst öfter aufgefunden. Tuberkulose und Geflügelcholera sind selten.

Stockente

Enten scheinen gegen Erkrankungen besonders widerstandsfähig zu sein, verendete Stücke sind in so geringer Zahl zur Untersuchung gelangt, daß Erfahrungen über Wildenten-Krankheiten nicht vorhanden sind.

Bekämpfungsmaßnahmen

Die Heilung ist außerordentlich schwierig, weil die freilebenden Stücke nicht „behandelt" werden können. Deshalb kommt der Vorbeugung und Tilgung eine besonders hohe Bedeutung zu.

Vorbeugung

Die *Verhinderung einer zu großen Siedlungsdichte* des Wildes ist eine der wichtigsten Maßnahmen, um das Auftreten von Krankheiten zu verhüten. Eine Übervölkerung führt zur Schwächung des Wildes, außerdem erleichtert sie die Übertragung von Krankheitskeimen, insbesondere die Vermehrung von Parasiten. Bei günstigem Witterungsverlauf können größere Wildmengen der gleichen Art auf beschränktem Raum gesund bleiben, bei Eintreten von langdauernden Schlechtwetterperioden vermögen aber bestimmte Krankheiten einen seuchenhaften Umfang anzunehmen, weil Boden und Äsung schnell mit Krankheitskeimen angereichert werden. Unser Bestreben muß sein, wenig und dadurch gesundes Wild zu hegen.

Eine *kräftige Ernährung* erhöht die Widerstandsfähigkeit des Körpers gegen Ansteckung. Durch Hunger kümmerndes Wild hat herabgesetzte Abwehrkräfte gegen Infektionen und Parasitenbefall. Die gebotene Äsung muß nahrhaft sein und vom Wilde gern aufgenommen werden. Wenn nötig, ist das Wild durch von ihm bevorzugte Stoffe anzukirren, Rehwild durch Anispulver oder Anisöl, Malzkeime und Fenchel, Rotwild durch Mistelzweige und Malzkeime, Hasen durch Petersilie und Apfelschalen, Fasanen durch Weizen, Rosinen und getrocknetes, zerkleinertes Fischfleisch.

Salzlecken fördern die Verdauung und verbessern die Konstitution der Stücke. Besonders Wiederkäuer haben in vielen Revieren das Bedürfnis, Kochsalz aufzunehmen.

Trockenlegung feuchter Revierstellen durch Entwässerung erschwert zahlreichen tierischen Schmarotzern die Entwicklungsmöglichkeit. Kokzidien, Leberegel, Lungenwürmer, Magenwürmer und Palisadenwürmer brauchen für ihre Entwicklung im Freien Feuchtigkeit, deshalb können sumpfige Stellen ständige Quellen der Ansteckung sein. Wenn eine Trockenlegung nicht möglich ist, läßt sich in manchen Fällen das Wild durch Abzäunen von gefährlichen Örtlichkeiten fernhalten oder durch Anlage von Deckung und Darbietung guter Äsung nach anderen Stellen fortlocken.

Förderung der natürlichen Feinde von Krankheitserregern und ihren Zwischenwirten ist eine wichtige vorbeugende Maßnahme. Im Vordergrund steht der Vogelschutz durch Anlage von Nisthecken und Aufhängen von Brutkästen für Höhlen- und Halbhöhlenbrüter. Zum Vertilgen von Rachenbremsen und Dasselfliegen ist die Ansiedlung von Fliegenschnäppern, Rotschwänzen, Bachstelzen und anderen fliegenfressenden Vögeln anzustreben. Die im Boden liegenden Larven dieser Fliegen werden ebenso wie die ausgeschiedenen eiergefüllten Glieder der Bandwürmer von Staren, Wiedehopfen, Schnepfen und Fasanen aufgenommen, die Zwischenwirtschnecken einiger Lungenwurmarten von Hühnervögeln vernichtet. Auch Kleinsäuger wie Igel, Spitzmäuse u. a. beteiligen sich an der Bekämpfung von Wildparasiten.

Die *Art der Fütterung des Wildes* soll die Aufnahme der Brut von Lungen-, Magen- und Darmwürmern verhüten. Deshalb sollen die Fütterungen auf trockenen Stellen angelegt sein. Ihre Zahl soll so groß bemessen sein, daß einer Massierung des Wildes entgegengewirkt wird. Für die Darreichung der Futtermittel ist eine Form zu wählen, die dem Schalenwild die Aufnahme auf den Boden gefallenen Futters unmöglich macht. Wenn durchführbar, ist ab und zu ein Wechsel des Futterplatzes zu empfehlen.

An den Fütterungen, besonders des Rotwildes, ist die oberste Bodenschicht häufig mit Losung und eingetretenem Futter durchmischt und mit Eiern und Larven von Parasiten angereichert. Deshalb sollte diese Schicht von Zeit zu Zeit entfernt und der Boden mit Kalk bestreut werden.

Hygienische Maßnahmen beugen der Einschleppung und Verbreitung von Krankheiten vor. Finnenhaltige Aufbrüche müssen vergraben oder verbrannt werden, sie können zur Übertragung von Haustierkrankheiten auf Wild führen. Von krankem Weidevieh geht Leberegel-, Magenwurm- und Lungenwurmbefall aus, ferner Maul- und Klauenseuche, Tuberkulose und andere Infektionskrankheiten. Die tierärztliche Behandlung erkrankten Viehs vermindert die Gefahrenquellen für das Wild.

In Fasanerien ist peinliche Sauberkeit die erste Vorbedingung für den Erfolg der Aufzucht. Futter- und Trinkgefäße sind täglich gründlich zu reinigen, in den Ausläufen muß ständig das Gestüber gesammelt und verbrannt werden. Außerdem sind die Ausläufe möglichst oft zu wechseln. *Schutzimpfung* gegen Geflügelcholera verspricht in Fasanerien Erfolg.

Chemische Mittel zur Bekämpfung besonders landwirtschaftlicher Schädlinge können zu Vergiftungen führen, wenn sie in zu starker Dosis oder in falscher Form angewendet werden. Überwachung der Ausbringung ist in manchen Fällen ratsam.

Durch *Wahlabschuß* der schwachen Stücke, die durch Krankheiten am meisten gefährdet sind, wird dem Aufkommen von Krankheiten der Boden entzogen.

Tilgung

Ist eine Krankheit einmal ausgebrochen, so ist in erster Linie die Ausmerzung der Krankheitsträger anzustreben.

Der *Totalabschuß einer Wildart* ist geboten, wenn von vornherein die Eindämmung der Ausbreitung einer Krankheit aussichtslos erscheint. Das ist bei Tollwut, Fuchsräude, Wildschweinräude und Schweinepest der Fall.

Der *Abschuß kranker Stücke* steht bei sämtlichen Wildkrankheiten im Vordergrund aller Maßnahmen. Häufig muß hierbei scharf vorgegangen werden, so daß auch die der Krankheit nur verdächtigen Stücke mitbetroffen werden. Der Abschuß dient nicht allein der Austilgung von Krankheitsträgern, sondern auch der Herabsetzung der Wilddichte und dem Wunsch, krankes Wild von seinen Leiden zu erlösen. Allgemeine Merkmale für das Vorliegen einer Krankheit sind Abmagerung, vermindertes Fluchtvermögen, struppiges Haar, verzögerter Haarwechsel, Husten und Röcheln, beschmutztes Waidloch u. a.

Durch *Suche mit dem Hund* ist die Ausmerzung kranken Niederwildes intensiver zu gestalten. Man läßt den Gebrauchshund eine kurze Hetze machen, gesundes Wild entkommt, während kranke Stücke leicht gegriffen werden können.

Ein *Schonen der Füchse* zum Wegfangen kranken Niederwildes ist angebracht, wenn eine Verschleppung von Krankheitserregern nicht zu befürchten ist. Das ist bei Parasitenkrankheiten der Fall, gegenwärtig aber wegen der Tollwut nicht möglich.

Vertilgung von Raubzeug und Verminderung von Raubwild ist dagegen angezeigt, wenn eine Infektionskrankheit z. B. Hasenseuche oder Nagertuberkulose, ausgebrochen ist, weil mit den verschleppten Kadaverteilen des verendeten Wildes die krankmachenden Bakterien im Revier verbreitet werden.

Verwittern der Baue mit Rohkresol verhütet bei Fuchs- und Dachsräude das Einwandern und die Ansteckung gesunder Stücke und beschleunigt dadurch die Tilgung der Seuche.

Fallwild ist, soweit es nicht zur Untersuchung eingesandt wird, durch tiefes Vergraben oder Verbrennen unschädlich zu beseitigen. Keinesfalls darf man es in Wasserläufe oder auf Düngerhaufen werfen.

Heilung

Bestrebungen, krankes Wild durch Verabreichung von Arzneimitteln zu heilen, haben noch nicht zu überzeugenden Erfolgen geführt. In Arzneikästen können Medikamente mit begehrten Futtermitteln vermischt angeboten werden. Schwierigkeiten bereitet hier vor allem die Dosierung. In erster Linie kommen Medikamente für die Abtreibung von Magen- und Darmparasiten in Frage, z. B. Thibenzole oder Gemische von wurmtötenden Mitteln, die mit dem Winterfutter aufgenommen werden.

Übersicht über die Wildkrankheiten und ihre Erreger

Hase und Kaninchen

Krankheit	Häufigkeitsgrad	Tödlicher Ausgang	Krankheitsmerkmale
Viruskrankheiten			
Myxomatose	häufig (nur bei Kanin.)	meist	Augenlider, Lippen, Weidloch geschwollen, Beulen in Unterhaut
Bakterienkrankheiten			
Hasenseuche (Haemorrhagische Septikaemie)	häufig	meist	Blutige Entzündung der Luftröhren- und Bronchienschleimhaut
Nagertuberkulose (Pseudotuberkulose)	häufig	meist	Zahlreiche gelbe Herde in Leber und Milz
Traubenkokkenkrankheit (Staphylomykose)	häufig	oft	Große Eiterherde in der Muskulatur, dem Unterhautzellgewebe und in den Organen
Eitrige Bronchitis	vereinzelt	häufig	Zäher Eiter in Luftröhre und Bronchien
Brucellose	vereinzelt	immer	Brunftkugeln vergrößert und mit käsigen Knoten durchsetzt
Nagerpest (Tularaemie)	sehr selten	immer	Milz ist geschwollen, keine kennzeichnenden Merkmale
Schmarotzerkrankheiten			
Kokzidiose	häufig	oft	Weiße Fleckung des Dünndarms
Leberegelkrankheit	selten	immer	Leber knotig geschwollen, Gallengänge entzündet
Bandwurmbefall	häufig	selten	Bandwürmer im Dünndarm und in der Bauchhöhle
Finnenbefall	gelegentlich	selten	Bandwurmblasen im Netz und auf der Leber
Lungenwurmbefall	selten	oft	Lungenwürmer in den Bronchien
Magenwurmbefall	häufig	häufig	Magenwürmer auf der Schleimhaut des Magens oder des Zwölffingerdarms

Schalenwild

Krankheit	Befallene Wildart	Häufigkeitsgrad	Tödlicher Ausgang	Krankheitsmerkmale
Viruskrankheiten Tollwut	Reh	gelegentlich	immer	Abnormes Verhalten
Maul- und Klauenseuche	Schalenwild	sehr selten	selten	Blasen und Geschwüre am Geäse und an den Schalen
Schweinepest	Schwarzwild	gelegentlich	immer	Kleine Blutungen in Schleimhäuten und unter der Herzhaut
Papillomatose	Gams	vereinzelt	meist	Zahlr. Warzen a. Geäse
Kreuzlähme	Rotwild, Damwild	selten	immer	Schwanken der Nachhand
Seuchenhaftes Erblinden	Gams	vereinzelt	oft	Hornhauttrübung, Hornhautgeschwür
Bakterienkrankheiten Milzbrand	Schalenwild	sehr selten	immer	Milz vergrößert mit breiigem Inhalt, Blut teerfarbig
Wild- und Rinderseuche	Schalenwild	sehr selten	meist	Lungenentzündung, Durchtränkung des Gewebes mit bernsteingelb. Flüssigkeit
Tuberkulose	Schalenwild	sehr selten	oft	Tuberkuloseknoten in den Organen
Pilzkrankheiten Strahlenpilzerkrank.	Schalenwild	vereinzelt	immer	Geschwulst am Unter- oder Oberkiefer
Schmarotzerkrankheiten Leberegelkrankheit	Schalenwild	gelegentlich	meist	Leber höckerig geschwollen, Gallengänge entzündet
Bandwurmbefall	Gams, Reh	vereinzelt	selten	Bandwurmknäuel im Darm
Drehkrankheit	Schalenwild	sehr selten	immer	Kreisbewegungen, Lähmungen, Finne im Gehirn
Hülsenwurmerkrankung	Schalenwild	sehr selten	bisweilen	Finne in Lunge, Leber u. a. Organen
Lungenwurmkrankheit	Schalenwild	häufig	selten	Lungenwürmer in den Bronchien
Magenwurmkrankheit	Reh, Gams	häufig	oft	Magenwürmer im Labmagen
Palisadenwurmbefall	Reh	gelegentlich	bisweilen	Würmer im Grimmdarm
Gamsräude	Gams	häufig	meist	Kahle Stellen und Borken auf der Decke
Wildschweinräude	Schwarzwild	sehr selten	meist	Schwarte mit Borken bedeckt
Rachenbremsenbefall	Reh, Rotwild	häufig	selten	Larven in Nasenhöhlen und Kehlkopf
Dassellarvenbefall	Reh, Rotwild	häufig	selten	Larven unter d. Decke

In Fasanerien ist die Heilung des Rotwurmbefalls durch Einspritzen von Jodpräparaten oder Einatmen von verstäubtem Bariumantimonyltartrat in die Luftröhre der befallenen Fasanen möglich. Die Luftröhrenwürmer werden durch das Medikament abgetötet.

Zur Bekämpfung von Durchfall bei Rehwild werden folgende Mischungen empfohlen:

a) 1/2 kg Salz, gemischt mit 100 g gepulverter Eichenrinde und 50 g Futterkalk,

b) 3/4 kg Salz, gemischt mit 1/4 kg gepulverter Holzkohle, reichlich mit Anis- oder Fenchelöl betropft.

Statt Salz kann auch gerösteter Hafer genommen werden.

Untersuchung von Fallwild

Bei Verdacht des Vorliegens einer Wildseuche sollten ein oder mehrere Stücke Fallwild unaufgebrochen einer Untersuchung zugeführt werden. Die Einsendung einzelner Körperteile ist meistens zwecklos. Zuständige Stellen sind Veterinäruntersuchungsämter und jagdkundliche Institute. Die Verpackung erfolgt luftig in aufsaugendem Material (Sägespäne, Torfmull), niemals in dichtschließenden Gefäßen, da in diesen eine stürmische

Fuchs und Dachs

Krankheit	Häufigkeitsgrad	Tödlicher Ausgang	Krankheitsmerkmale
Viruskrankheiten Tollwut	häufig	immer	Verlieren der Scheu, Beißwut, Lähmungen
Schmarotzerkrankheiten Räude	gelegentlich	immer	Haarlose Stellen und Borken

Wildgeflügel

Krankheit	Befallene Wildarten	Häufigkeitsgrad	Tödlicher Ausgang	Krankheitsmerkmale
Viruskrankheiten Geflügelpocken	Rebhuhn, Fasan, Ringeltaube	selten	bisweilen	Hornige Wucherungen am Schnabel und Ständer
Bakterienkrankheiten Geflügelcholera	Rebhuhn, Fasan	selten	immer	Blutungen am Herzen, Darmentzündung
Tuberkulose	Auer- u. Birkwild Fasan, Tauben	selten	häufig	Knötchen in Leber, Darm und anderen Organen
Schmarotzerkrankheiten Kokzidiose	Fasan	selten	oft	Darmentzündung, Kokzidien i. Darminhalt
Bandwurmbefall	Hühnervögel	selten	bisweilen	Bandwürmer im Darm
Rotwurmseuche (Syngamose)	Fasan, Rebhuhn Taube, Wachtel	selten	bisweilen	Rote Würmer in der Luftröhre
Spulwurmbefall	Fasan, Rebhuhn Auerwild	gelegentlich	bisweilen	Spulwürmer im Dünn- und Blinddarm

Fäulnis einsetzt. Die Versendung ist auf schnellstem Wege vorzunehmen. Jeder Einsendung ist ein Begleitschreiben beizufügen, in dem die näheren Umstände des Krankheitsverdachts geschildert sind.

Anzeigepflichtige Wildkrankheiten

Nach dem Viehseuchengesetz sind folgende Wildkrankheiten bei den Polizeibehörden anzeigepflichtig: Milzbrand, Wild- und Rinderseuche, Schweinepest, Tollwut, Nagerpest (Tularaemie), Geflügelcholera und Hühnerpest.

Wild als Lebensmittel

Nach dem Lebensmittelgesetz darf der Jäger nur solches Wild anbieten, verkaufen oder sonst in den Verkehr bringen, dessen Genuß die menschliche Gesundheit nicht schädigt. Auf die Anmeldung zur Trichinenschau wurde bereits hingewiesen. Darüber hinaus gibt es für Wild keine Beschaupflicht, so daß der Jäger eine besondere Verantwortung für den einwandfreien Zustand des Wildprets trägt.

Krankes und stark abgekommenes Wild ist nicht zu verwerten. Rehwild, das sich abnorm verhält, ist wegen des Verdachts auf Tollwut und der damit verbundenen Ansteckungsgefahr bei der Zubereitung zu verwerfen.

Gesund erlegtes Wild ist rechtzeitig zu versorgen, damit das Wildpret nicht verdirbt. Hierzu gehört das möglichst frühzeitige Aufbrechen oder zumindest Lüften und gute Auskühlen des Schalenwildes insbesondere vor einem Transport. Bei Hasen und Kaninchen wird die Harnblase ausgedrückt, bei warmer Witterung das Gescheide ausgeworfen, beim Federwild wird das Gescheide ausgehakt. Niederwild ist auf dem Wildwagen luftig zu hängen, damit es auskühlt, es darf niemals übereinander gelagert werden, weil es dann schnell in Fäulnis übergeht.

FÜNFTER TEIL

DAS JAGDLICHE BRAUCHTUM

ALLGEMEINES UND GESCHICHTE

Brauch, Sitte und Recht sind die Bindungen, ohne die das Leben einer menschlichen Gemeinschaft nicht möglich ist, wenn nicht das Chaos herrschen soll. Die Menschen primitivster Kulturstufe können sie nicht entbehren. Sehr häufig wird aus dem Brauch ein Recht, welches der Staat durch Gesetze schafft. So sind zahlreiche Jagdbräuche heute durch die Jagdgesetze zum Recht geworden. Viele Beispiele lassen sich hierfür anführen. Es entsprach dem alten waidmännischen Brauch, waidgerecht zu jagen und das Wild nicht nur zu erlegen, sondern auch zu hegen. In allen deutschen Jagdgesetzen ist die Verpflichtung verankert, die Jagd nur nach anerkannten Grundsätzen der Waidgerechtigkeit auszuüben und das Wild zu hegen. Es galt früher als unwaidmännisch, Schalenwild anders als mit der Kugel zu erlegen. Der Schrotschuß, der Schuß mit gehacktem Blei, selbst in Form des Fangschusses, ist jetzt auf alles Schalenwild verboten. Der alte Brauch der Jägerprüfung, der Wildfolge und manche andere jagdliche Sitte sind durch die geltenden Jagdgesetze zum Recht geworden. Darüber hinaus kennen wir Jäger aber noch ein umfangreiches jagdliches Brauchtum, dessen Beobachtung zwar nicht durch das Gesetz erzwungen werden kann, bei dessen Vernachlässigung aber der Täter dem Spott oder der Verachtung der Waidmänner anheimfällt. Wer die Jägersprache nicht beherrscht, wer ein Stück Wild nicht gerecht, d. h. unter Beachtung der dabei üblichen alten Bräuche, aufbrechen kann, wer über die Strecke tritt oder die Jagdsignale nicht kennt, wird von seinen Mitjägern nicht anerkannt. Wer etwa gar ohne Liebe zu Wald und Wild und nur nach der Trophäe jagt, wird von der jägerischen Mitwelt verachtet.

Sitten und Bräuche auf der Jagd sind so alt wie die Jagd selbst. Schon der Mensch der Eiszeit, dem die Jagd Lebensinhalt und einziger Beruf war, denn Ackerbau und Viehzucht waren damals noch unbekannt, umwob seine Tätigkeit mit den verschiedenartigsten Bräuchen. Wir haben in zahlreichen Ausgrabungen hierfür Beweise gefunden. Schon vor etwa 30 000 Jahren durchbohrte der Paläolithiker die Grandeln des erlegten Hirsches und zog sie auf einer Darmsehne auf, um mit dieser Kette seine Liebste zu schmücken. Noch heute ist es Brauch, Hirschgrandeln zu vielerlei Schmuck zu verarbeiten und zu tragen. Vor dem Auszug zur Jagd zeichneten die alten Naturvölker das Bild des zu jagenden Wildes, also etwa einen Ur, Wisen toder Elch in den Sand mit einem Pfeil an der tödlichen Stelle. Der Medizinmann des Stammes sprach beschwörende Zauberformeln darüber, und nun war man sicher, daß man Erfolg auf der Jagd haben würde. Heute ist uns die Begegnung mit einem Schornsteinfeger oder einem jungen Mädchen, das wir über die Büchse springen lassen, ebenfalls gutes Omen vor der Jagd. Schon vor fast 2000 Jahren schmückten die Donaukelten ihre Hunde nach erfolgreicher Jagd mit Brüchen; sie hielten Jagdfeste ab, zu deren Finanzierung eine gemeinsame Jagdkasse vorhanden war, in die jeder Erleger eines Stückes Wild einen Obolus zahlen mußte.

Auch einen gewissen Begriff der Waidgerechtigkeit kannten die alten Donaukelten schon; beim Hasenhetzen, einer damals viel gebräuchlichen Jagdart, durften auf einen Hasen immer nur zwei Hunde geschnallt werden, um auf diese Weise dem Wild eine Chance zu geben, ein Brauch, der schon eine gewisse ethische Auffassung der Jagd verrät.

Im Mittelalter wurde die Jagd immer mehr ein Vorrecht der Herren und Fürsten und damit ein ritterliches Vergnügen und als solches mit Bräuchen und Sitten, ja mit Zeremonien umkleidet, deren genaue Kenntnis und Beachtung für einen Jäger erforderlich war. Zahlreich sind die Bräuche, die mit dem Leithund verknüpft waren. Der Leithund spielte in alten Zeiten die bedeutendste Rolle von allen Hunden, er diente zum Bestätigen der Hirsche. Der alte Brauch des Gehörnvortragens, bei dem das Haupt des erlegten Hirsches dem Leithund vorangetragen wurde, wobei altüberlieferte Sprüche hergesagt wurden, der Brauch des Gepfneisch und des Genossenmachens gehörten zur Leithundführung. An der Schwelle des Mittelalters zur Neuzeit ragt eine besonders markante Jägergestalt hervor; es ist dies Kaiser MAXIMILIAN I., der „letzte Ritter", wie ihn die Geschichte genannt hat, der „Großmächtig Waidmann" oder „Große Waidwerksmeister", wie er sich selbst bezeichnet. Von ihm stammen verschiedene Schriften, wie „Der Weißkunig", „Von des Hirschen Wandlung", „Tewerdank" u. a., aus denen wir einen eingehenden Einblick in den damaligen Jagdbetrieb und die damaligen Jagdgebräuche gewinnen. MAXIMILIAN kannte schon zwanzig hirschgerechte Zeichen, eine Zahl, die bis zur Mitte des 18. Jahrhunderts auf 72 Zeichen wuchs.

Im 17. und 18. Jahrhundert erlebten die Bräuche auf der Jagd ihren Höhepunkt an Mannigfaltigkeit, aber wir finden auch in dieser Zeit des höfischen Prunkes die ersten Merkmale der Entartung. Immerhin gab es auch damals noch in Deutschland alte gerechte Jäger, die Waidwerk und Sitte im alten Sinne hochhielten. Aus der Fülle der Jagdliteratur des 18. Jahrhunderts wird uns neben höfischem Prunk und entarteten Zeremonien viel altes urwüchsiges Brauchtum berichtet.

Eine besondere Pflege erfuhr das Brauchtum an alten Jägerhöfen, die z. T. schon frühzeitig errichtet wurden. So bestand der Jägerhof in Alt-Dresden von 1568–1831. Am berühmtesten ist der Hannoversche Jägerhof geworden, vor allem, weil hier der Hannoversche Schweißhund gezüchtet wurde, und weil hier die Beachtung waidmännischer Bräuche und Sitten besonders streng gehandhabt wurde. Der Hannoversche Jägerhof wurde 1677 in Celle gegründet und 1772 nach Hannover verlegt, wo er bis zum Übergang Hannovers an Preußen bestanden hat.

JÄGERSPRACHE UND JÄGERLIED

Stärksten Ausdruck findet das jagdliche Brauchtum in der Zunftsprache der deutschen Waidmänner, der sog. deutschen Jägersprache[1]. Die ersten Anfänge waidmännischer Ausdrucksweise, die von der übrigen Sprache bewußt abweicht, finden wir bereits in Jagdschriften und Urkunden des 7. und 8. Jahrhunderts. Die Zahl der jagdlichen Ausdrücke wuchs im Laufe der Jahrhunderte derartig, daß heute die deutsche Jägersprache einen Wortschatz von etwa 3500 verschiedenen Ausdrücken enthält und sich somit zu einer richtigen Kunstsprache, die nur von Jägern gesprochen wird, entwickelt hat. Wie jede Sprache und wie überhaupt alles Brauchtum ist auch die Jägersprache nichts Totes oder Museales,

[1] Vgl. WALTER FREVERT, Wörterbuch der Jägerei, 2. Aufl., Verlag Paul Parey, Hamburg u. Berlin.

sondern etwas Lebendiges, das sich ständig weiterentwickelt. Wir können daher heute nicht nur jagdliche Ausdrücke und Benennungen gelten lassen, die etwa schon vor Jahrhunderten üblich waren, und alles, was nachher an jagdlichen Ausdrücken entstanden ist, als unwaidmännisch abtun.

Diese Jägersprache, die nur von deutschen Jägern gesprochen und beherrscht wird, ist, wie die menschliche Sprache überhaupt, allerstärkstes menschliches Bindemittel. Das Zusammengehörigkeitsgefühl, die Gemeinschaft, wird durch diese gemeinsame Zunftsprache außerordentlich geweckt und gefördert. Schon Vater DÖBEL wies darauf in seiner „Jägerpractica" in der Mitte des 18. Jahrhunderts eindringlich hin und nannte die nicht gerechten Jäger, die die Jägersprache nicht beherrschten, verächtlich „Federschützen" oder „Bönhasen".

Die einzelnen waidmännischen Bezeichnungen sind bei der Beschreibung der Wildarten und der Jagdmethoden angeführt, so daß ihre Aufzählung hier unterbleiben kann. Für jeden Jäger aber ist es außerordentlich wichtig, daß er die Jägersprache richtig beherrscht, damit er lernt, „wie der Jäger vom Wild bey Jägern weydmännisch reden und das Weydmesser verhüten solle".

Unendlich ist auch die Zahl der deutschen Lieder, die sich in ihrem Inhalt mit der Jagd beschäftigen. Nicht nur Jäger sangen und singen diese Lieder, der Soldat, das Mädchen in der Spinnstube, das ganze Volk besingt seit Jahrhunderten die uralten Themen von Liebe und Jagd. Die ganze Liebe für Wald und Wild, also auch die waidmännische Auffassung vom Waidwerk finden in den Jagdliedern ihren schönsten Ausdruck.

BRUCHZEICHEN

Die Bruchzeichen sind für den Jäger dasselbe, was die Zinken für den Handwerksburschen bedeuten. Die erfahrenen Jäger verständigen sich mit diesen Zeichen unauffällig miteinander, ohne daß Unberufene es merken. Darüber hinaus sind aber die Bruchzeichen auch Symbole der gerechten Jägerei. Der Brauch, das gestreckte Wild, den Leithund und sich selbst mit Brüchen zu schmücken, ist uralt. Der Zersplitterung unseres Vaterlandes entsprechend, waren früher auch die Bruchzeichen verschieden entwickelt. An den einzelnen Jägerhöfen der früheren Jahrhunderte wurden die Bruchzeichen vielfach in entgegengesetzter Bedeutung angewandt. Es war daher erforderlich, eine gewisse Einheitlichkeit auf diesem Gebiete herbeizuführen. Selbstverständlich kann Brauchtum nicht befohlen werden, es ist aber andererseits nicht möglich, daß man in Süddeutschland andere Bruchzeichen verwendet oder auf der Jagd andere Signale bläst als in Norddeutschland.

Für die Verwendung von Brüchen kommen fünf „gerechte Holzarten" in Frage:

1. Eiche,
2. Kiefer mit Latsche und Zirbelkiefer,
3. Fichte,
4. Weißtanne,
5. Erle.

Die Buche gehört nicht dazu und hat auch niemals Verwendung zu Jägerbrüchen gefunden. Ebenso verständlich ist es, daß ausländische Holzarten, wie Weymuthskiefer, Douglasfichte usw., keine Verwendung zu Bruchzeichen finden können.

Hauptbruch, armlang, befegt

Leitbruch, halbarmlang, befegt

Es gibt die verschiedensten Arten von Brüchen, den *Hauptbruch*, den *Leitbruch*, den *Anschußbruch*, den *Standplatzbruch*, den *Wartebruch*, den *Warnbruch*, den *Inbesitznahmebruch* und den *Schützenbruch*, von denen im folgenden nur der Anschußbruch, der Inbesitznahmebruch, der Schützenbruch als die für jeden Jäger unentbehrlichen Brüche

Anschußbruch mit Fährtenbruch, Hirsch nach links geflüchtet

beschrieben seien, während für die anderen Brüche, die in der Hauptsache nur für große Hochwildreviere und für Schweißhundführer in Betracht kommen, auf die Spezialbücher von Walter Frevert „Das jagdliche Brauchtum", 7. Auflage, 1956, und „Die Führung des Hannoverschen Schweißhundes", 2. Auflage, 1952 (Verlag Paul Parey), verwiesen sei.

1. Der *Anschußbruch* dient zur Festlegung des Anschusses und hat große Bedeutung für die Nachsuche. Hat der Jäger an den Pürschzeichen den Anschuß festgestellt, so steckt er

Anschußbruch m. Fährtenbruch, Kahlwild nach links geflüchtet

Anschußbruch m. Fährtenbruch, Fluchtrichtung unbekannt

einen Bruch, etwa halbarmlang, mit dem abgebrochenen Ende aufrecht in den Boden. Der Anschußbruch wird nicht befegt, d. h. die Rinde wird nicht abgeschält. Sind am Anschuß die Eingriffe oder die Fährte des beschossenen Stückes zu sehen, so legt man in dieselben den *Fährtenbruch*. War das beschossene Stück männlich, also Hirsch, Schaufler, Keiler, Rehbock, so wird der Fährtenbruch mit dem Waidmesser angespitzt und das angespitzte Ende in die Fluchtrichtung gelegt. Beim weiblichen Stück zeigt die gewachsene Spitze in die Fluchtrichtung (s. Abb.). Um nun zu wissen, ob z. B. ein Hirsch nach rechts oder ein Tier nach links geflüchtet ist, wird der Fährtenbruch geäftert, d. h. ein kleiner Querbruch wird hinter ihn gelegt. Ist die Fluchtrichtung des beschossenen Stückes unbekannt, was in unübersichtlichem Gelände vorkommen kann, so wird der Fährtenbruch doppelt geäftert. Der Fährtenbruch wird ebenso wie der Anschußbruch nicht befegt.

2. Der *Inbesitznahmebruch* zeigt an, daß der Schütze ein erlegtes Stück Schalenwild in Besitz genommen hat. Dieser Bruch hat neben der praktischen Bedeutung, die darin besteht, daß, wenn etwa ein anderer Jäger das gestreckte Wild findet, dieser nun an dem gerecht gelegten Inbesitznahmebruch feststellt, daß es nicht von einem Wilderer, sondern von einem Jagdberechtigten erlegt wurde, auch noch eine symbolische Bedeutung. Der Inbesitznahmebruch ist der letzte Gruß, den der Jäger dem edlen Wilde erbietet. Er ist der letzte Schmuck des erlegten Wildes. Nur Schalenwild wird verbrochen, nachdem es gerecht gestreckt wurde. Hierzu wird das erlegte Stück auf die rechte Seite gestreckt, und man legt auf den Wildkörper einen Bruch, und zwar so, daß beim männlichen Stück, also Hirsch, Schaufler, Keiler, Rehbock, das abgebrochene Ende nach dem Haupt zeigt, beim weiblichen Stück umgekehrt, also die gewachsene Spitze nach dem Haupt. Man kann sich das sehr leicht merken: Das abgebrochene Ende des Bruches zeigt sowohl beim Fährtenbruch als auch beim Inbesitznahmebruch beim männlichen Stück nach dem Wesentlichen (Fluchtrichtung bzw. Geweih), beim weiblichen umgekehrt. In manchen Gegenden Deutschlands wird auch der Inbesitznahmebruch beim weiblichen Stück noch umgekehrt, so daß die Blattunterseite nach oben kommt. Dieser Brauch mag dort, wo er bisher Geltung hatte, bestehenbleiben, am Wesentlichen ändert sich dabei nichts. Dem männlichen Stück, aber nur diesem, wird außerdem noch ein Bruch quer durch den Äser bzw. durch das Gebrech gesteckt, der sog. „letzte Bissen“. Diesen letzten Bissen erhalten auch der Große und der Kleine Hahn.

3. Der *Schützenbruch* ist ein Bruchzeichen, das überall bekannt geblieben ist. Der Schützenbruch wird dem Erleger jedes Stückes Schalenwild, aber auch dem Erleger eines Auerhahns, eines Birkhahns und eines Fuchses überreicht. Im Hochgebirge wurde auch wohl sogar dem Erleger eines Murmeltieres der Schützenbruch gegeben. Ursprünglich wurde dieses uralte Bruchzeichen, das sich bereits vor über 1000 Jahren nachweisen läßt, nur bei Erlegung eines Hirsches oder eines starken Keilers angewandt. Wir sind aber heute bescheidener geworden und huldigen in jagdlichen Dingen einer höheren Ethik, als frühere Jahrhunderte es taten; und das ist gut so, denn jedes Stück Wild ist ein edles Tier und ein Geschöpf Gottes, und unsere waidmännische Auffassung gebietet uns, den Schöpfer im Geschöpf zu ehren. Der Schützenbruch wird vom Jagdherrn bei Treibjagden, vom Führenden auf der Pürsch und vom Hundeführer auf der Nachsuche dem Erleger überreicht, indem man den Bruch zunächst durch den Schweiß des erlegten Stückes zieht, mit Schweiß netzt, dann auf den gezogenen blanken Hirschfänger oder das Waidblatt oder, wenn beides nicht vorhanden, auf den abgenommenen Hut legt und dem Erleger mit „Waidmannsheil“ überreicht. Das Überreichen kann mit der linken oder der rechten Hand geschehen, in Österreich wird grundsätzlich mit der linken Hand der Bruch überreicht. Der Erleger nimmt den Bruch, befestigt ihn auf seinem Hut und bedankt sich mit „Waidmannsdank“ und Händedruck. In den meisten Gegenden, besonders in Österreich, ist es üblich, den Schützenbruch auf der *rechten* Hutseite zu tragen. Bei Beerdigungen trägt man dagegen den Bruch, den man dem Verstorbenen mit ins Grab geben will, auf der *linken* Hutseite. Handelt es sich um eine Nachsuche, bei der das Stück zur Strecke kam, dann bricht der Erleger einen kleinen Teil von dem ihm überreichten Bruch ab und gibt diesen Teil dem Schweißhundführer zurück, damit zeigend, daß Hundeführer und Hund einen hohen Anteil an der Erlegung des Stückes hatten.

So wie bereits vor tausend Jahren der Jäger seinen Leithund nach erfolgreicher Arbeit mit Brüchen schmückte, so steckt auch heute der Schweißhundführer seinem braven

„Hirschmann“ nach erfolgreicher Nachsuche einen Bruch hinter die Halsung. Sehr schön ist auch der Brauch, nach der Jagd beim Schüsseltreiben einen kleinen Teil des Schützenbruches im linken Knopfloch zu tragen.

Alle Brüche werden nicht abgeschnitten, sondern abgebrochen.

Man erkennt aus der Einstellung des Jägers zum jagdlichen Brauchtum seine gesamte jagdliche Kultur.

JAGDSIGNALE

Die Hornfessel war das Zeichen der alten, gerechten Jägerei. Der Federschütze durfte sie nicht tragen. Ohne Jagdhorn kein richtiger Jäger! Auch heute sollte dieser Satz noch gelten. Es ist nicht nur die Poesie, die in den schönen Hornsignalen vorhanden ist, es sind auch praktische Erwägungen, die die Verwendung des Hornes auf der Jagd heute noch ebenso wie vor tausend Jahren als unbedingt notwendig erscheinen lassen. Die Leitung einer Treibjagd, sei es Vorstehtreiben oder Kesseltreiben oder gar böhmische Streife, ist

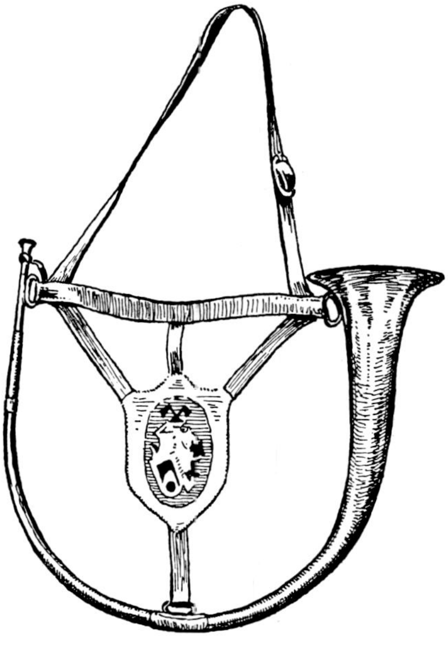

Sauerländer Halbmond

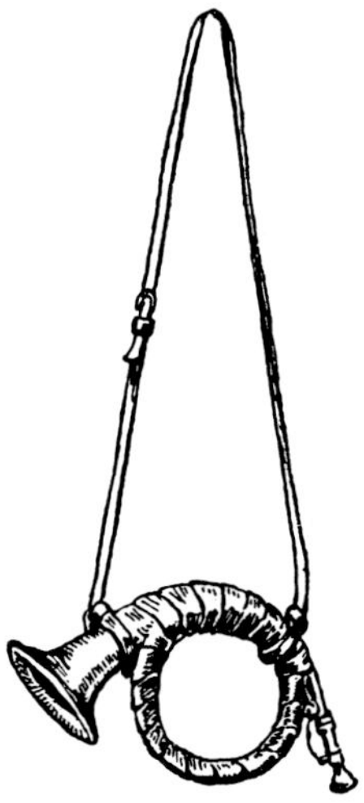

Pleßsches Jagdhorn

ohne Hornsignale nicht denkbar. Ohne Signalblasen kann eine Jagd nicht ordnungsmäßig und reibungslos durchgeführt werden. Eine solche glatte Durchführung einer Jagd ist aber notwendig, wenn sie für alle eine Quelle der Freude sein soll. Der Schweißhundführer, der zunächst am langen Riemen und schließlich der Hetze des geschnallten Hundes weit über Berg und Tal im fremden Revier folgt, wie soll er anders wieder Anschluß an seine Begleiter finden, wie soll er sich anders orientieren als mit dem Hornruf! Schon der Steinzeitmensch verstärkte den Ruf seiner Stimme durch Verwendung des Hornes des von ihm erlegten Urs, und im Mittelalter war es der aus Elfenbein geschnitzte Olifant, der dem Jagdherrn zum Herbeirufen der Jägerknechte und der Meute diente. Zinken und Flügel-

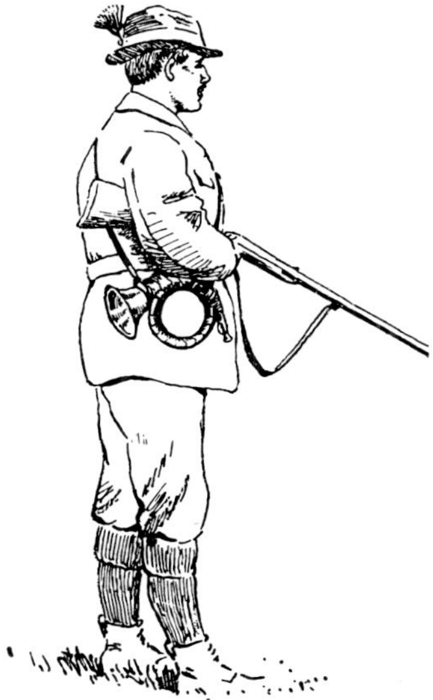

Tragen des Jagdhornes

hörner. Halbmonde und Pleßsches Jagdhorn zeigen die Weiterentwicklung des Jagdhornblasens in Deutschlands Gauen. Erfreulicherweise wird in neuester Zeit, nachdem die tiefe Bedeutung alten Brauchtums und ethischer Jagdauffassung wieder Allgemeingut der deutschen Jägerei geworden ist, auch überall das Jagdhornblasen wieder gefördert und gepflegt. Es gibt nichts Schöneres, als wenn nach froh vollbrachter Jagd im Abenddämmern die Strecke gelegt wird, und die Jagdhörner blasen als letzten Gruß dem edlen Wild die Totsignale und zum Schluß „Jagd vorbei" und „Halali". Es ist einer der erhebendsten Augenblicke im ganzen Jägerleben, wenn für einen zur Strecke gebrachten Hirsch das Horn „Hirsch tot" gegen die im Herbstbunt prangenden, heimatlichen Berge jubelt!

Die gebräuchlichsten Jagdhörner sind heute das Pleßhorn in B, das Volpersdorfer Jagdhorn in Taschenformat und das Clewingsche Taschenjagdhorn. Außerdem wird von den Brackenjägern des Sauerlandes noch der Sauerländer Halbmond auf der Brackenjagd benutzt. Über die Anwendung der deutschen Jagdsinale sind genaue Richtlinien gegeben in Walter Freverts Buch „Das jagdliche Brauchtum", erschienen im Verlag Paul Parey. Hier sind alle 45 gebräuchlichen deutschen Jagdsignale und die Brackenjagdsignale aufgeführt. Diese Signale mit Merk-Texten des Herausgebers sind zudem in einem kleinen Sonderdruck im Verlag Paul Parey erschienen.

STRECKE LEGEN

Nach beendeter Jagd wird das Wild gestreckt, es wird Strecke gelegt. Ein einzelnes Stück Schalenwild, das auf der Pürsch erlegt wurde, wird auf die rechte Seite gelegt, also Herzseite nach oben, und beim männlichen Stück wird das Haupt mit Hilfe eines Astes aufrecht gestellt, um so den Kopfschmuck besser zu zeigen. Alsdann wird das Stück mit dem Inbesitznahmebruch und beim männlichen Stück mit dem letzten Bissen gerecht verbrochen (s. Abb. S. 490). In dieser Stellung wird das Stück totgeblasen. Nach einer Drückjagd oder Treibjagd wird folgendermaßen verfahren:

1. Wildjagd (s. Abb. S. 488). Dem uralten Jagdspruch folgend: „Wie Jäger will obern Falckner seyn, also obertrifft Hirsch das Schwein", liegt in der ersten Reihe das Rotwild, Hirsche am rechten Flügel, nach links hin die schwächeren Stücke, also das stärkste Stück stets am rechten Flügel. Alles Wild liegt auf der rechten Seite, die männlichen Stücke neben dem Inbesitznahmebruch auch den letzten Bissen im Äser bzw. Gebrech. In der zweiten Reihe liegt das Damwild, in der dritten Sauen, in der vierten Rehwild und in der letzten Reihe die Füchse und am linken Flügel dieser Reihe sonstiges Raubwild, falls solches geschossen wurde.

2. Treibjagd auf Niederwild (s. Abb. S. 489). In der ersten Reihe liegen die Füchse und am linken Flügel sonstiges Raubwild, alles auf der rechten Seite, die Lunten nach oben gebogen, in der zweiten Reihe die Hasen, jeder zehnte, vom rechten Flügel anfangend, ist

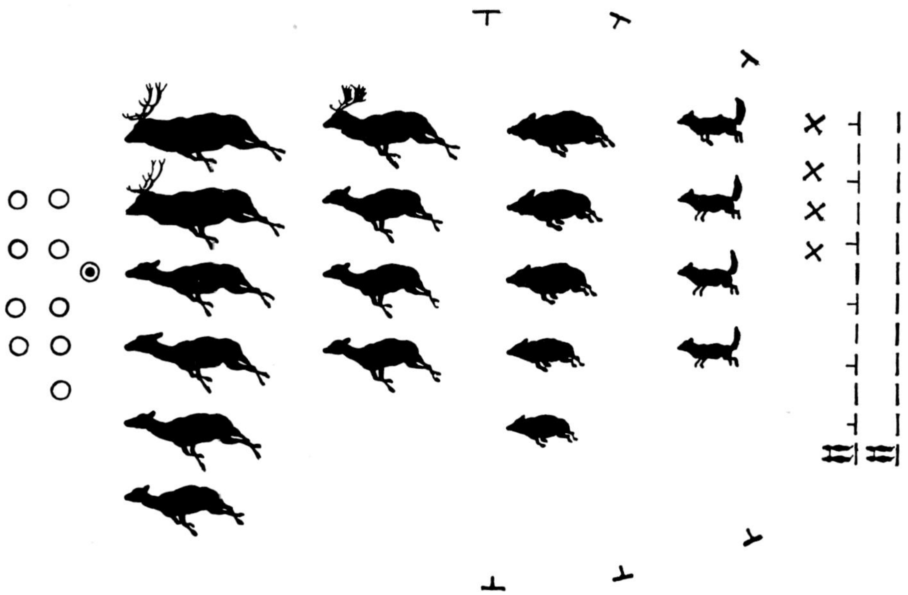

⊙ *Jagdherr*
○ *Schützen*
× *Bläser*
| *Treiber*
⊥ *Fackelträger*

Hochwildstrecke

eine halbe Hasenlänge vorgezogen, in der dritten Reihe Kaninchen, in der vierten die Fasanen und am linken Flügel dieser Reihe diverses Geflügel, also etwa Schnepfen, Rebhühner, Tauben usw. Bei allem Wild ist wie bei den Hasen jedes zehnte Stück, vom rechten Flügel anfangend, eine halbe Wildlänge vorgezogen. Bei Massenstrecken werden im allgemeinen nicht mehr als hundert Stück Wild in eine Reihe gelegt, um die Strecke nicht zu lang werden zu lassen. Sind also z. B. 300 Fasanen geschossen, so liegen drei Reihen Fasanen hintereinander zu je hundert Stück. Sind bei Waldtreibjagden gemischte Strecken, also Schalenwild und Niederwild vorhanden, so wird stets das Wild der hohen Jagd vor das Wild der niederen Jagd gelegt. Sind also z. B. auf einer Waldtreibjagd zwei Stück Rotwild, drei Sauen, sechs Füchse und 30 Hasen geschossen, dann liegen in der ersten Reihe am rechten Flügel die beiden Stücke Rotwild, und da es sich nicht lohnt, bei der geringen Zahl eine neue Reihe zu machen, wird man in diesem Falle die drei Sauen in dieselbe Reihe links anschließend an das Rotwild legen. In der zweiten Reihe liegen die Füchse, in der dritten Reihe die Hasen. Grundsatz muß immer sein, daß die Strecke möglichst nicht tiefer als breit wird, weil das unschön aussieht; wenn also von einer Wildart nur wenige Stücke erlegt sind, so schließt man die folgende Wildart in derselben Reihe an. Nur für das Raubwild gilt das nicht, Füchse und anderes Raubwild liegen stets in einer Reihe für sich, selbst wenn es nur ein einziges Stück ist.

Der Jagdherr und die Schützen stehen vor der Strecke, die Bläser hinter der Strecke am rechten Flügel; hinter den Bläsern stehen die Treiber, angetreten in Linie zu zwei Gliedern; die Hundeführer mit den Hunden am linken Flügel. Nachdem die Strecke fertig gelegt ist, und alles den vorgeschriebenen Platz eingenommen hat, gibt der Jagdherr das Gesamtergebnis bekannt.

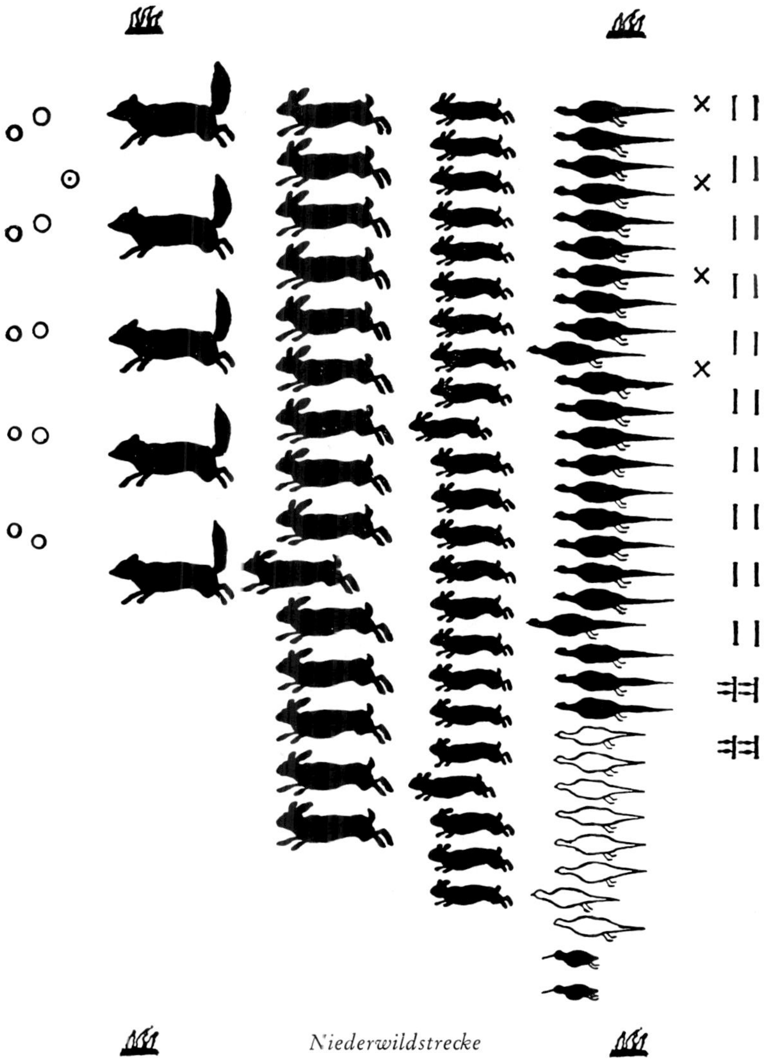

Niederwildstrecke

Auf Jagden, bei denen der Jagdherr nicht selbst Jagdleiter war, meldet der Jagdleiter dem Jagdherrn die Strecke. Alsdann gibt der Jagdherr das Zeichen zum Verblasen der Strecke. Es wird in der Reihenfolge verblasen, wie die Strecke liegt, also das erste Signal gilt der ersten Reihe usf. Nach dem letzten Totsignal folgt „Jagd vorbei“ und „Halali“. Man kann die Feierlichkeit dieses schönen alten Brauches noch erhöhen, wenn man die Strecke bei Fackelbeleuchtung oder bei brennenden Kienfeuern verblasen läßt.

VERSCHIEDENE JAGDBRÄUCHE

Der alte Brauch des Jägerrechts, die Bräuche beim Aufbrechen, Auswerfen, Ausfahren und Aushaken des Wildes, sowie beim Zerwirken und Zerlegen sind schon früher beschrieben worden. In jüngster Zeit hat sich nach der Erlegung eines Hirsches, eines starken Reh-

Oben: Gerecht gestreckter Hirsch, unten: Gerecht gestrecktes Stück Kahlwild

bocks u. ä. der Brauch der Totenwache herausgebildet. Der glückliche Erleger gönnt dem gestreckten Stück eine kurze Totenwacht, die eine besinnliche Einkehr des Waidmanns darstellt. Noch einmal erlebt er in Gedanken alle Schönheiten und Schwierigkeiten der Pürschgänge, die er diesem Stück Wild widmete, und sein Auge ruht mit Freude und Stolz auf der starken Trophäe. Es ist eine glückliche Stunde, voll von Erfüllung und innerer Genugtuung. – Jedes Stück Schalenwild wird nach altem Brauch stets mit dem Haupt nach vorn geschleppt, getragen, gefahren oder gekarrt. Dieser Brauch hat auch eine praktische Bedeutung; schleift man z. B. Wild umgekehrt, so brechen sehr leicht die Haare ab, die Decke leidet, und das Stück wird unansehnlich, außerdem schleift es sich erheblich schwerer. Ein Stück Schalenwild wird, nachdem es auf den Wagen oder Karren gezogen ist, mit Brüchen bedeckt, insbesondere werden einige sperrige Brüche in die Bauchhöhle gesteckt, um einmal die Fliegen abzuhalten und den Luftzutritt in die Bauchhöhle zu ermöglichen, und weil das Stück außerdem so geschmückt einen besseren Anblick bietet.

Der Gruß des Jägers lautet „Waidmannsheil", die Antwort ebenfalls „Waidmannsheil". Will sich ein Jäger bedanken etwa für einen Glückwunsch zur Erlegung eines Stükkes Wild oder für die Überreichung des Schützenbruches, so sagt er „Waidmannsdank".

Aus dem alten „Ho Rüd Ho" hat sich das heutige „Horrido" entwickelt. Will jemand ein Horrido ausbringen, so sagt er z. B. Das edle deutsche Waidwerk: Horrido! Alle: Joho! Der Ausbringende: Horrido! Alle: Joho! Der Ausbringende: Horrido! Alle: Joho! Es ist geschmacklos, an das Joho ein Hussassa oder irgendwelchen Unsinn anzuhängen.

Man tritt nicht über ein erlegtes Stück oder gar über die Strecke, es entspricht auch nicht waidmännischer Sitte, sich auf ein gestrecktes Stück Wild zu setzen. Das Verhalten eines deutschen Jägers sei in allen Fällen einfach und schlicht; prahlerisches Aufschneiden entspricht nicht deutscher Jägerart und Sitte. Dagegen ist das Jägerlatein beim kreisenden Humpen ein uralter Brauch, und niemand sollte sich beleidigt oder verletzt fühlen, der einem alten Jäger beim Erzählen hahnebüchener Geschichten auf den Leim gegangen ist. Der Seemann spinnt sein Garn, und wir Jäger erzählen Jägerlatein, das entspricht gutem, altem Brauch.

Das Gewicht des Schalenwildes wird stets aufgebrochen angegeben; hierunter versteht man einheitlich das Gewicht des betreffenden Stückes ohne Gescheide, Geräusch, also aufgebrochen, und ohne Kopfschmuck, d. h. versandfertig.

So ranken sich Brauch und Sitte um deutsches Waidwerk durch die Jahrhunderte und Jahrtausende. Wir Menschen eines technischen Zeitalters, die im Alltag gehetzt sind vom Tempo der Zeit und der Maschine, wollen in der Beachtung alten Brauchtums uns Art und Wesen unserer Vorfahren bewahren. Wir wollen nicht den letzten Zweck, den tiefsten Sinn des Jagens in der Erlegung des Wildes und in der Erringung der Trophäe sehen, wir wollen nicht im Hetztempo unserer Zeit die Jagd herabwürdigen zu einer sportlichen Betätigung, sondern wir wollen als Jäger zurückfinden zu den Kräften unseres Volkstums; wir wollen erkennen, daß nicht das „Was", sondern das „Wie" entscheidend bei allem Waidwerk ist. Die Jagd soll uns Ausgleich und Gegensatz sein zu unserem täglichen Dasein, sie soll uns Liebe und Verbundenheit zur Allmutter Natur vermitteln, sie soll uns Kräfte spenden zum harten Kampf des Alltags, sie soll die alten männlichen Tugenden fördern, wie Mut und Entschlossenheit, Ausdauer und Zähigkeit. Diese hohen ethischen Werte der Jagd werden sichtbar verkörpert in Brauch und Sitte des deutschen Waidmanns.

SECHSTER TEIL

BEWERTUNGSFORMELN UND ALTERSSCHÄTZUNG

DIE FORMELMÄSSIGE BEWERTUNG DER JAGDTROPHÄEN

In früherer Zeit wurden die Jagdtrophäen, also Geweih, Gehörn, Krucken, Keilerwaffen usw., frei bewertet. Auf Ausstellungen war es dem Mehrheitsbeschluß der Preisrichter überlassen, eine Bewertung und Prämiierung der verschiedenen Trophäen vorzunehmen. Häufige Beanstandungen waren die Folge dieser Unzulänglichkeiten. Während auf Ausstellungen aber immerhin ein umfangreiches Vergleichsmaterial zur Verfügung stand, so daß es fraglos möglich war, mit gewisser Genauigkeit die stärkste, zweitstärkste usw. Trophäe einigermaßen sicher zu ermitteln, war der Vergleich von Einzeltrophäen, die ein Jäger irgendwo zu Gesicht bekam, mit anderen Trophäen fast völlig unmöglich. Es ist ein sehr großer Unterschied, in welcher Umgebung und in welcher Aufmachung man eine Trophäe zu Gesicht bekommt; ein starkes Hirschgeweih, das in einem niedrigen Zimmer vor hellem Hintergrund allein an einer Wand hängt, hinterläßt auf jeden Beschauer, auch auf den erfahrensten und sachverständigsten, stets einen stärkeren Eindruck, als wenn ein gleichstarkes oder gar dasselbe Geweih in einem großen Saal, womöglich noch mit anderen und noch stärkeren zusammenhängt. Dasselbe trifft für die sonst objektive photographische Aufnahme zu. Man kann einen mittelstarken Hirsch so photographieren, daß er hochkapital wirkt, und umgekehrt kann ein hochkapitaler Hirsch so ungünstig photographiert werden, daß er auf dem Lichtbild nur wie ein geringer oder mittelstarker Hirsch aussieht.

Die Jägerei hat sich früher, insbesondere beim Hirschgeweih, damit geholfen, daß man das Gewicht des Geweihs ermittelte und dadurch schon einen guten Anhalt für die wahre Stärke der Trophäe hatte. Wenn man z. B. wußte, daß in einem Revier Hirsche von 8 kg Geweihgewicht oder gar noch darüber erbeutet waren, so konnten die Hirsche bestimmt nicht schlecht sein, andererseits gibt das Gewicht auch keinen absolut sicheren Faktor für die Bewertung. Zunächst finden die Form, die Endenzahl, die Kronenbildung, die Farbe, kurzum die ganze „Schönheit“ des Geweihs keinerlei Berücksichtigung bei der Bewertung allein nach dem Gewicht. Darüber hinaus ist aber auch das Gewicht eines Geweihs, ebenso eines Gehörns usw., bei gleichem Volumen in verschiedenen Jagdrevieren verschieden. Es gibt Geweihe, die porös gewachsen sind und bei verhältnismäßig großem Volumen nur ein geringes Gewicht aufweisen, andererseits gibt es dünnstangige Geweihe, die im Innern eine sehr dichte Struktur zeigen und dadurch eisenschwer sind.

Auf der Internationalen Jagdausstellung in Leipzig 1930 wurden zum erstenmal nach bestimmten Formeln die Jagdtrophäen vermessen, und das zahlenmäßige Ergebnis allein wurde für die Bewertung der Trophäe herangezogen. Schon vor dem Ersten Weltkrieg hatte man auf einzelnen Jagdausstellungen die Länge der Stangen, den Umfang der Stangen und auch das Volumen der Trophäe, das durch Wasserverdrängung gemessen wurde, zur Beurteilung herangezogen. Nach feststehenden Formeln wurde dagegen zum erstenmal in Leipzig gewertet. Diese Formeln sind inzwischen, insbesondere bei der Vorbereitung der großen Internationalen Jagdausstellung in Berlin 1937, mehrfach abgeändert worden. Es dürfte sich erübrigen, auf diese Entwicklung näher einzugehen, es sei nur kurz der Männer gedacht, die um die formelmäßige Bewertung der Trophäen sich besonders bemüht haben. Die ersten Vorschläge für die Rothirschgeweihformel stammen vom GRAFEN MERAN (Steiermark). Diese enthielten nur Längen- und Umfangsmessungen. Der Direktor des Zoologischen Gartens in Budapest, NADLER, entwickelte hieraus die sog. *Nadlerformel,* die international in ganz Europa angewandt wurde, und aus der sich, insbesondere zur Verwendung bei der Internationalen Jagdausstellung in Berlin, die sog. Prager Rotwildformel und später die deutsche Rotwildformel entwickelten. Leider wurde auch diese Formel, wenn auch nur unwesentlich, anläßlich der Internationalen Jagdausstellung in Düsseldorf 1954 abgeändert. Im Jahre 1955 beschloß der „Conseil international de la Chasse" neben der Internationalen Rothirschformel auch die Nadlerformel wieder zuzulassen.

Die Formel für Elchschaufeln hat der bekannte ostpreußische Elchjäger v. KOBYLINSKI geschaffen.

Für die Damschaufeln wurde zuerst in Ungarn eine Formel angewandt, die durch Oberbaurat WILD in verschiedenen Punkten ergänzt und abgeändert wurde.

Verfasser der Rehgehörnformel ist Forstmeister BIEGER, der zu seiner Zeit als Spezialist auf dem gesamten Gebiete der Formelbewertung der Jagdtrophäen galt. Es sei an dieser Stelle auf sein Buch „Die formelmäßige Bewertung unserer Jagdtrophäen" (erschienen im Verlag Paul Parey, Hamburg und Berlin) verwiesen[1].

Die Formeln für Keilergewehre und Muffelschnecken stammen aus Ungarn. Die heutige Formel für Gamskrucken ist aus bayerischen und österreichischen Bewertungsformeln entstanden.

Forstmeister BIEGER gibt in seinem oben zitierten Buch folgende Vorzüge der formelmäßigen Bewertung an:

1. Die Preisrichter können ihr Urteil zahlenmäßig belegen.
2. Beanstandungen fallen fort und lassen sich schnell zurückweisen.
3. Abstimmungen unter den Preisrichtern, wie sie bei der freien Beurteilung üblich sind, erübrigen sich.
4. Jede Beeinflussung oder Parteilichkeit ist ausgeschlossen.
5. Eine einheitliche Formel gibt eine Grundlage für gleichmäßige Beurteilung.
6. Die Geweih- und Gehörnentwicklung läßt sich sowohl für größere Gebiete als auch für kleinere Bezirke und einzelne Jahre genau verfolgen.
7. In wissenschaftlicher Hinsicht gibt die Formel einen brauchbaren Anhalt zur Klärung mancher Fragen.
8. Auch Nichtaussteller können ihre Trophäe beurteilen und mit den ausgestellten Beutestücken vergleichen.

Diesen Auffassungen von BIEGER kann man in jeder Beziehung zustimmen, und man kann nur hinzufügen: wenn es keine Formeln für die Bewertung von Jagdtrophäen gäbe, so müßten sie unbedingt erfunden werden. Unsere ganzen Bestrebungen bezüglich der Hege und Aufartung des Wildes sind auf lange Sicht nur möglich, wenn es einen exakten

[1] 5. Aufl., herausgegeben von Prof. NÜSSLEIN.

Maßstab für die Stärke der Trophäe gibt. Aber wie alles im Leben, so haben auch die Trophäenformeln ihren Haken; jedes Geweih und jedes Gehörn ist ein Gebilde der Natur und daher ungeheuer mannigfaltig und verschiedenartig. Die Zahl kann immer nur grobe Werte angeben, niemals aber Schönheitswerte oder feine Nuancen in der Form und der edlen Bildung vermitteln. Ein Geweih, das z. B. 190 Punkte bei der formelmäßigen Bewertung aufweist, wird gewiß immer ein starkes Geweih sein; trotzdem kann ein Geweih, welches 10 Punkte weniger mißt, dem Jäger tausendmal begehrenswerter erscheinen.

Eine schlimmere Folge der Formelbewertung ist dagegen die im Gefolge jeder zahlenmäßigen Messung sehr leicht eintretende Rekordsucht. Es geht nicht mehr um die Trophäe schlechthin, sondern es geht um die Punktzahl! Der Hirsch ist kaum verendet, und schon kniet der Jäger naben dem Haupt und mißt mit zu diesem Zwecke mitgeführtem Zentimetermaß die Punkte des Geweihs aus. Ist die Punktzahl geringer, als der Schütze geschätzt hate, so verwandelt sich die Freude des Erlegers schnell in das Gefühl einer Enttäuschung. Die Rekordsucht hat von diesem Jäger Besitz ergriffen, und damit wird die Jagd herabgewürdigt zum Sport, was sie für den deutschen Waidmann nicht sein soll und nicht sein darf. Ich kenne bereits Jäger, die es ablehnen, ihre Trophäen zu vermessen, und die den leider aufgekommenen Zahlenfimmel nicht mitmachen wollen. Es sind sicher nicht die schlechtesten Waidgenossen. Die Wahrheit leigt auch hier in der Mitte, wir kommen ohne eine formelmäßige Bewertung der Jagdtrophäen heute nicht mehr aus, aber andererseits hüte man sich davor, auf der Jagd der Zahl eine zu große Bedeutung beizumessen.

Ich lasse die Bewertungsformeln der Jagdtrophäen folgen, wie sie heute international anerkannt sind.

BEWERTUNGSFORMELN DER JAGDTROPHÄEN

1. ELCH

Die Formel gilt nur für Schaufelgeweihe. Stangengeweihe werden nicht bewertet, weil sie eine unerwünschte Geweihform darstellen.

Formel

Messungen:	Punkte:	
1. Umfang der linken Stange . . . . Umfang der rechten Stange	Summe in cm × 1 . .	....
2. Größte Auslage der am weitesten voneinander entfernten, sich entsprechenden Spitzen der Enden	in cm × 0,5	....
3. Länge der linken Schaufel . . . . Länge der rechten Schaufel	Durchschn. in cm × 1 .	....
4. Breite der linken Schaufel . . . . Breite der rechten Schaufel	Summe in cm × 2 . .	....
5. Durchschnittliche Länge aller Enden	s. Meßanweisung . . .	....
6. Zahl der Enden	s. Meßanweisung . . .	....
	Summe:	....
Abzüge (höchstens 8 Punkte)		....
	Endgültige Summe:	....

Anweisung für die Messung

1. Stangenumfang: Messung 4 cm oberhalb der Rose.
3. Schaufellänge: Messung mit fest angedrücktem Meßband auf der Außenkrümmung der Schaufel, von der Spitze des längsten Endes der Vorderschaufel bis zur Spitze des längsten oberen Endes.
4. Breite der Schaufel: Messung der breitesten geschlossenen Stelle an der Außenseite der Schaufel ohne Berücksichtigung der Enden auf einer Linie, die möglichst parallel der Stangenachse verläuft.
5. Durchschnittliche Länge aller Enden: Wenn dieser Durchschnitt 5 cm oder mehr beträgt, ist mit 1 zu multiplizieren. Höchstzahl 15 Punkte. Beispiel: Durchschnitt = 4,8 cm, 0 Punkt. Durchschnitt = 7 cm, 7 Punkte. Durchschnitt = 16 cm, 15 Punkte.
6. Zahl der Enden: Die Zahl der Enden muß über 10 liegen. Jedes Ende, das die Zahl 10 übersteigt, rechnet 1 Punkt.

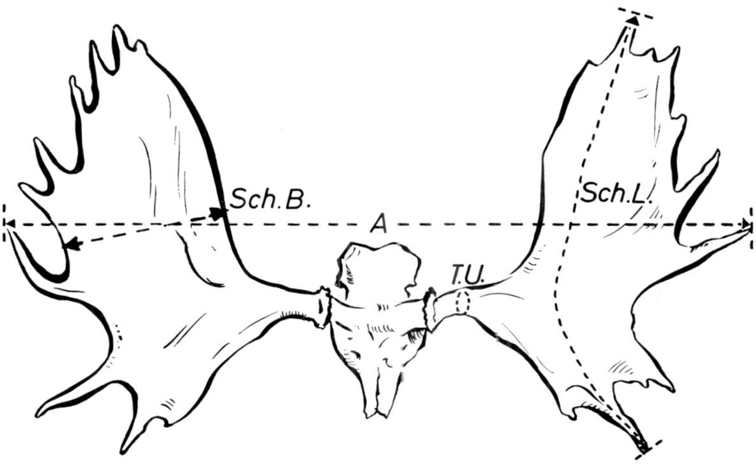

Elchgeweih

A = Auslage; Sch.L. = Schaufellänge; Sch.B. = Schaufelbreite; T.U. = Umfang der Tragstangen

Abzüge: Für nennenswerte Unterschiede in der Länge der Enden 0–5 Punkte. (Trophäen mit 1 oder mehreren Enden, die 30 cm überschreiten, während andere Enden nur 3–4 cm messen.) Für Asymmetrie einer Schaufel im Vergleich zur anderen 0–3 Punkte.

2. ROTHIRSCH

Internationale Formel

Messungen:	Punkte:	
1. Länge der linken Stange . . . . Länge der rechten Stange	Durchschn. in cm × 0,5	....
2. Länge der linken Augsprosse . . . . Länge der rechten Augsprosse	Durchschn. in cm × 0,25	....
3. Länge der linken Mittelsprosse . . . . Länge der rechten Mittelsprosse	Durchschn. in cm × 0,25	....
4. Umfang der linken Rose . . . . Umfang der rechten Rose	Durchschn. in cm × 1	....
5. Umfang der linken Stange zwischen Aug- und Mittelsprosse	in cm × 1	....
Umfang der rechten Stange zwischen Aug- u. Mittelsprosse	in cm × 1	....
6. Umfang der linken Stange zwischen Mittelsprosse und Krone	in cm × 1	....
Umfang der rechten Stange zwischen Mittelsprosse und Krone	in cm × 1	....

7. Gewicht des trockenen Geweihs	in kg × 2	....
8. Auslage	von 0–3 Punkte	....
Zahl der Enden (1 Ende = 1 Punkt)		....
Schönheitspunkte (Zuschläge):		
Farbe	von 0–2 Punkte	....
Perlung	von 0–2 Punkte	....
Spitzen der Enden	von 0–2 Punkte	....
Eissprossen	von 0–2 Punkte	....
Krone	von 0–10 Punkte	....
	Summe:	....
Abzüge (0–3 Punkte)		....
	Endgültige Summe:	....

Anweisung für die Messung

1. Stangenlänge: Messung entlang dem äußeren Bogen vom unteren Rosenrand bis zur Spitze des längsten Kronenendes.
2. Länge der Augsprosse: Messung vom oberen Rosenrand bis zur Spitze des Sprosses.
5. und 6. Stangenumfang: Messung an der schwächsten Stelle.
7. Geweihgewicht: Das trockene Geweihgewicht ist um 0,5–0,7 kg herabzusetzen entsprechend der Größe des Schädelabschnittes und dem Vorhandensein des Oberkiefers.

8. Auslage: Weniger als 60 % der durchschnittlichen Stangenlänge	=	0 Punkt
60–70 % der durchschnittlichen Stangenlänge	=	1 Punkt
70–80 % der durchschnittlichen Stangenlänge	=	2 Punkte
über 80 % der durchschnittlichen Stangenlänge	=	3 Punkte
Krone: einfache Kronen mit zusammen 5–7 kurzen und schwachen Enden	=	1 Punkt
einfache Kronen mit zusammen 5–7 stärkeren und längeren Enden	=	2– 3 Punkte
einfache Kronen mit 6–7 langen und starken Enden oder Doppel- bzw. verzweigte Kronen mit zusammen 8–9 kürzeren und schwächeren Enden	=	4– 5 Punkte
Doppel- bzw. verzweigte Kronen mit 8–9 längeren und stärkeren Enden	=	6– 7 Punkte
starke Kronen mit mindestens 10 mächtigen und langen Enden, schaufel- oder becherförmig	=	8–10 Punkte

Nadler-Formel

Abweichungen von der internationalen Formel:
Die Mittelsprossenlänge und die Eissprosse werden *nicht* berechnet.

Krone: fehlend	=	0 Punkt
schwach	=	1 Punkt
gut	=	2 Punkte
stark	=	3 Punkte
kapital	=	4 Punkte
Spitzen der Enden: stumpf oder dunkel	=	0 Punkt
weiß poliert	=	1 Punkt

Die Gesamtzahl der Schönheitspunkte beträgt danach im Höchstfalle nur 9 Punkte, statt 18 bei der internationalen Formel.

Praktische Durchführung

Bei der Feststellung der Stangenlänge können bei endenreichen Kronen Zweifel darüber entstehen, welches Kronenende zu vermessen ist. Maßgebend ist das längste Ende, das oft erst durch Probieren ermittelt werden muß. Dabei ist darauf zu achten, daß das Bandmaß der Anleitung entsprechend sorgfältig an die Stange gedrückt wird, so daß alle Krümmungen mitgemessen werden. Die Längenmaße beginnen am unteren, dem Schädel zugekehrten Rande der Rose. Das Bandmaß wird nicht über den oberen Rosenrand in den von der Rose und der Stange gebildeten Winkel gedrückt, sondern vom oberen Rosenrand direkt nach oben geführt.

Der untere Ansatzpunkt für die Messung der Mittelsprossenlänge ist die Stelle, wo der Mittelsproß sich deutlich von der Stange absetzt. Gemessen wird auf 1 mm genau.

Das Geweihgewicht läßt sich am einfachsten mit einer Brückenwaage ermitteln, die schräg auf die Tischecke gesetzt ist. Das Geweih wird mit dem Hinterhauptbein auf die nach außen liegende Waagschale gelegt, so daß die Stangen frei an beiden Seiten der Tischecke hängen. Gewogen wird auf 0,01 kg genau.

Zu beachten ist dabei, daß als Norm das kurz gekappte Geweih mit Nasenbein gilt. Bei Geweihen, die mehr Schädelanteil haben als diese Norm, müssen entsprechende Abzüge vorgenommen

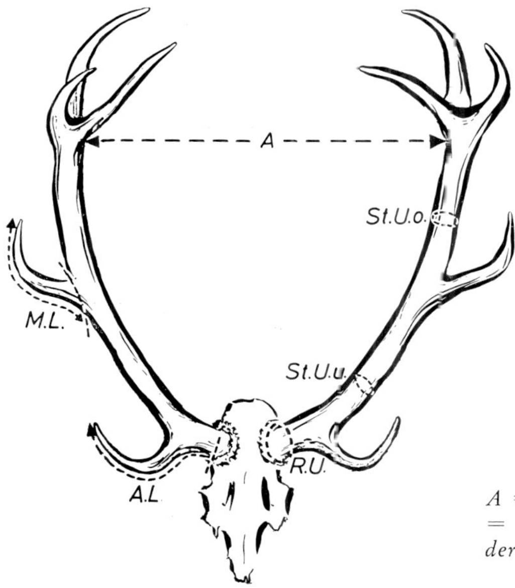

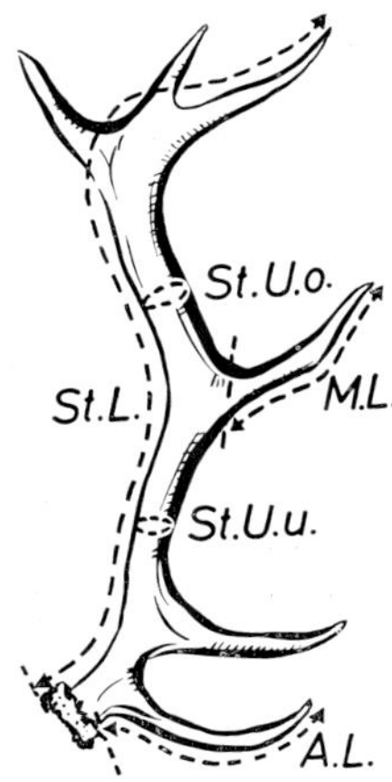

Rothirschgeweih

A = Auslage; St.L. = Stangenlänge; St.U.u., o. = Stangenumfang unten, oben; A.L. = Länge der Augsprossen; M.L. = Länge der Mittelsprossen; R.U. = Rosenumfang

werden. Beim ganzen Schädel (mit Hinterhaupt und Oberkiefer samt Zähnen) sind 0,7 kg abzuziehen, bei geringerem Schädelanteil entsprechend weniger. Hervorgehoben sei ferner, daß für die Bewertung die tatsächliche Endenzahl maßgebend ist. Ein ungerader Zwölfer wird also nur mit 11 Punkten bewertet, wenn er an der einen Stange 6 und an der anderen 5 Enden aufweist. Abgekämpfte Enden rechnen voll, abgebrochene oder künstlich aufgesetzte Enden werden nicht gezählt.

3. DAMHIRSCH

Formel

Messungen:	Punkte:	
1. Länge der linken Stange . . . . Länge der rechten Stange	Durchschn. in cm × 0,5	....
2. Länge der linken Augsprosse . . . . Länge der rechten Augsprosse	Durchschn. in cm × 0,25	....
3. Länge der linken Schaufel . . . . Länge der rechten Schaufel	Durchschn. in cm × 1	....
4. Breite der linken Schaufel . . . . Breite der rechten Schaufel	Durchschn. in cm × 1,5	....
5. Umfang der linken Rose . . . . Umfang der rechten Rose	Durchschn. in cm × 1	....
6. Umfang der linken Stange zwischen Aug- und Mittelsprosse Umfang der rechten Stange zwischen Aug- u. Mittelsprosse	Durchschn. in cm × 1	....
7. Umfang der linken Stange zwischen Mittelsprosse und Schaufel . . . . Umfang der rechten Stange zwischen Mittelsprosse und Schaufel	Durchschn. in cm × 1	....

8. Gewicht des trockenen Geweihs	in kg × 2	....
Schönheitspunkte (Zuschläge):		
Farbe	von 0– 2 Punkte . .	....
Spitzen der Enden	von 0– 6 Punkte . .	....
Wucht, Form, Regelmäßigkeit	von 0– 5 Punkte . .	....
	Summe:	....
Abzüge:		
Ungenügende Auslage	von 0– 6 Punkte . .	....
Fehlerhafte Schaufeln	von 0–10 Punkte . .	....
Unerwünschte Kanten der Schaufeln	von 0– 2 Punkte . .	....
Mangelnde Ebenmäßigkeit	von 0– 6 Punkte . .	....
	Gesamtabzüge	....
	Endgültige Summe:	....

Anweisung für die Messung

1. Länge der Stangen: Messung vom unteren Rosenrand bis zum höchsten Punkt der geschlossenen Schaufel.
2. Länge der Augsprossen: Vom oberen Rosenrand bis zur Spitze des Sprosses.
3. Länge der Schaufeln: Messung auf der äußeren Krümmung von der Stelle, an der sich die Stange zu verbreitern beginnt, bis zum höchsten Punkt der geschlossenen Schaufel.

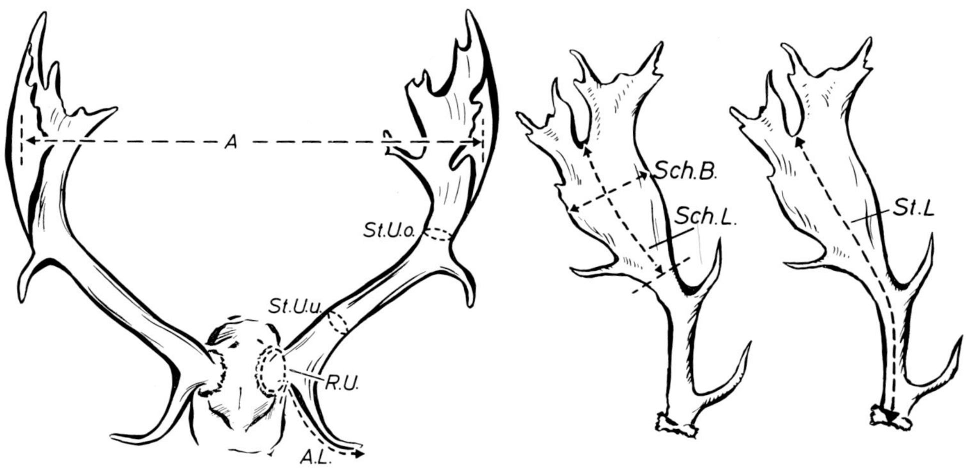

Damhirschgeweih

A = Auslage; St.L. = Stangenlänge; A.L. = Länge der Augsprossen; Sch.L. = Schaufellänge; Sch.B. = Schaufelbreite; R.U. = Rosenumfang; St.U.u., o. = Stangenumfang unten, oben

4. Breite der Schaufeln: Messung des ganzen Umfanges der Schaufel an ihrer breitesten Stelle ohne Enden und Auswüchse und Berechnung der Hälfte dieses Maßes.

6.–7. Umfang der Stangen: Messung an der schwächsten Stelle.

8. Geweihgewicht: Bei Geweihen mit ganzem Schädel werden 0,25 kg, mit Oberkiefer ohne Zahnreihen 0,1 kg abgezogen.

Abzüge: Auslage (größte innere Entfernung der Stangen)

unter 85 % der mittleren Stangenlänge	= 1 Punkt
unter 80 % der mittleren Stangenlänge	= 2 Punkte
unter 75 % der mittleren Stangenlänge	= 3 Punkte
unter 70 % der mittleren Stangenlänge	= 4 Punkte
unter 65 % der mittleren Stangenlänge	= 5 Punkte
unter 60 % der mittleren Stangenlänge	= 6 Punkte

Bei fischbauchförmigen oder gegabelten Schaufeln sind 0–10 Punkte abzuziehen, um einen Ausgleich gegenüber idealen Vollschaufeln zu finden.

Bei glatten oder morschen Schaufelkanten sind 0–2 Punkte abzuziehen.

Mangelnde Ebenmäßigkeit liegt vor allem bei unterschiedlicher Ausbildung der Stangen und bei unförmig langen und schmalen Schaufeln vor.

Praktische Durchführung

Die Enden werden bei der Stangenlänge nicht berücksichtigt. Der höchste Punkt der geschlossenen Schaufel muß bisweilen durch Probemessungen gefunden werden. Wenn die Schaufel tief gegabelt ist, gilt der breitere Teil als die geschlossene Schaufel. Teilweise schaufelartige Fortsetzungen sollten nur dann für die Messung der Länge in Betracht kommen, wenn deren größte Breite wenigstens das halbe Maß der größten aufweist. Das Bandmaß wird nicht über der oberen Rosenfläche in die durch diese Fläche und die Stangenaußenwand gebildete Ecke eingedrückt.

Wenn die Augsprossen nicht unmittelbar über dem oberen Rosenrand ansetzen, sollte das Stangenstück zwischen dem oberen Rosenrand und dem Augsprossenansatz nicht mitgemessen werden.

Die Messung der Schaufellänge beginnt oberhalb der Mittelsprosse dort, wo der Stangenumfang mindestens 1 cm größer als an der schwächsten Stelle ist. Bei normal geformten Schaufeln sollte kein Punkt der gekrümmten Schaufelmeßlinie von dem vorderen Schaufelrand einen größeren Abstand haben, als der Endpunkt der Meßlinie am oberen Schaufelabschluß.

Als Schaufelbreite wird die Hälfte des Umfanges bezeichnet. Der Umfang wird mit fest angedrücktem Bandmaß an der breitesten Stelle der geschlossenen Schaufel ermittelt.

Die Messung des Stangenumfanges zwischen Mittelsproß und Schaufel kann bisweilen zweifelhaft sein. Wenn in Sonderfällen die Schaufelbildung beiderseits bereits unmittelbar über der Mittelsprosse angesetzt hat, sollte für den oberen Stangenumfang der Wert für den Stangenumfang zwischen Aug- und Mittelsprosse unter Hinzurechnung von 1–2 Punkten für jede Stange in Ansatz gebracht werden. In denjenigen Fällen, in denen die Schaufelbildung nur auf einer Seite unmittelbar über der Mittelsprosse beginnt, sollte das Verhältnis des unteren und oberen Stangenmaßes der normalen Stange auch auf die andere Stange übertragen werden.

Die wesentlich höhere Anzahl von Punkten für Zuschläge und Abzüge im Vergleich mit den Formeln von anderen Trophäen ist wegen der sehr differenzierten Ausformung der Damschaufeln notwendig.

4. REHBOCK

Formel

Messungen:	Punkte:	
1. Länge der linken Stange . . . . Länge der rechten Stange	Durchschn. in cm × 0,5	....
2. Gewicht des trockenen Gehörns	in g × 0,1	....
3. Gehörnvolumen	in ccm × 0,3	....
Schönheitspunkte (Zuschläge)		
Farbe	von 0–4 Punkte . . .	....
Perlung	von 0–4 Punkte . . .	....
Rosen	von 0–4 Punkte . . .	....
Auslage	von 0–4 Punkte . . .	....
Spitzen der Enden	von 0–2 Punkte . . .	....
Zuschläge für Regelmäßigkeit und Güte	von 0–5 Punkte . . .	....
Abzüge (von 0–5 Punkte)	. . . .	....
	Summe:	....
	Endgültige Summe:	....

Anweisung für die Messung

1. Stangenlänge: Messung an der Außenseite der Stange vom unteren Rosenrand, der Krümmung d. Stange folgend, bis zur Spitze.
2. Gewicht des trockenen Gehörns: Bei ganzem Schädel ohne Unterkiefer sind 90 g abzuziehen.
3. Volumen des Gehörns: Messung durch Eintauchen der Stangen, mit Ausnahme des Schädels und der Rosenstöcke, in Wasser u. Berechnung in ccm.

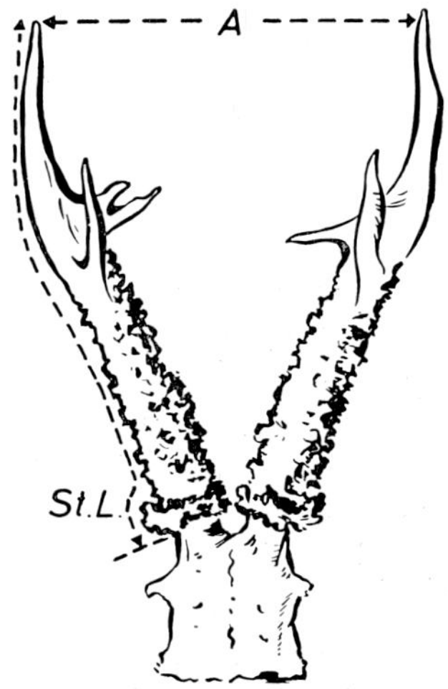

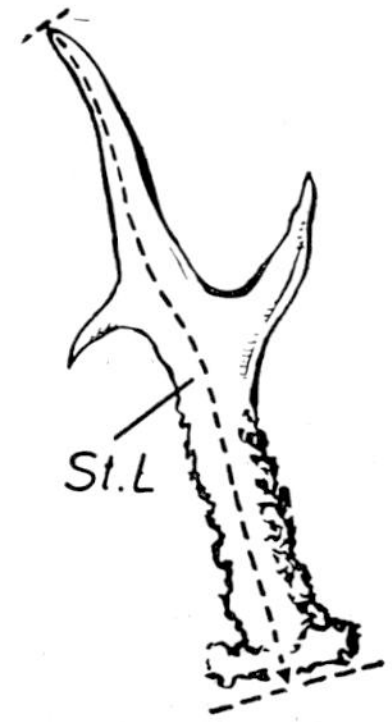

Rehgehörn
A = Auslage; St.L. = Stangenlänge

Schönheitspunkte:

Farbe:	
hell oder künstlich gefärbt	0 P.
gelb oder hellbraun	1 P.
mittelbraun	2 P.
dunkelbraun ohne Glanz	3 P.
dunkel, fast schwarz	4 P.

Rosen:	
schwach (schmal und niedrig)	0 P.
mittel (schnurförmig, wenig geperlt)	1 P.
gut (kranzförmig und ziemlich hoch)	2 P.
stark (breit und hoch)	3 P.
sehr stark	4 P.

Spitzen der Enden:	
stumpf und wenig ausgeprägt	0 P.
stumpf und mittelmäßig entwickelt	1 P.
spitz und weiß poliert	2 P.

Perlung:	
glatt, fast ohne Perlung	0 P.
schwach geperlt	1 P.
mittelmäßig geperlt (kleine, zieml. zahlreiche Perlen)	2 P.
gut geperlt (kleine Perlen auf allen Stangenseiten)	3 P.
sehr gut geperlt (reiche Perlung auf allen Stangenteilen)	4 P.

Auslage:	
sehr eng (unter 30 % der Stangenlänge)	0 P.
eng (30–35 %)	1 P.
mittel (35–40 %)	2 P.
gut (40–45 %)	3 P.
sehr gut (45–75 %)	4 P.
abnorm (mehr als 75 %)	0 P.

5. GAMS

Formel

Messungen:	Punkte:	
1. Länge des linken Schlauches Länge des rechten Schlauches	Durchschn. in cm × 1,5	....
2. Höhe der Krucke	in cm × 1	....
3. Umfang des stärksten Schlauches	in cm × 4	....
4. Auslage der Krucke	in cm × 1	....
	Summe:	....

Alterspunkte (Zuschläge):		
6–10 Jahre:	1 Punkt	....
11–12 Jahre:	2 Punkte	Summe: ....
12 Jahre und mehr:	3 Punkte	

Abzüge:		
Für Pechbelag	0–5 Punkte.	....
	Endgültige Summe:	....

Anweisung für die Messung

1. Durchschnitt der Schlauchlänge: Messung vom unteren Rande des Schlauches über die äußere Krümmung bis zur Spitze der Hakelung.
2. Höhe der Krucke: Messung von der Schädelnaht zwischen den beiden Schläuchen bis zur höchsten Stelle der Schlauchkrümmungen. Der obere Endpunkt wird mit Hilfe eines Lineals festgestellt, das auf die höchsten Punkte beider Schlauchkrümmungen gelegt wird.
3. Umfang des stärksten Schlauches: Messung an der stärksten Stelle einschließlich Pechbelag. Es können entsprechend der Stärke des Pechbelages bis zu höchstens 5 Punkte abgezogen werden.
4. Auslage: Messung des größten Abstandes der höchsten Punkte der Schlauchkrümmungen, von Mitte zu Mitte der Schläuche. Bei abnorm starker Auslage darf diese nicht höher bewertet werden als die Kruckenhöhe.

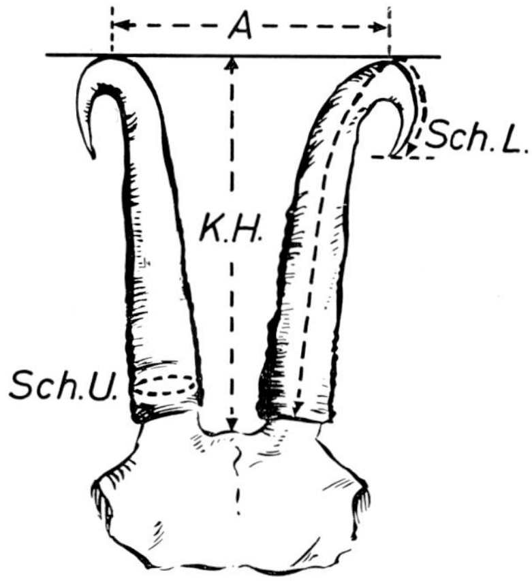

Gamskrucke
A = Auslage; K.H. = Höhe der Krucken; Sch.L. = Schlauchlänge; Sch.U. = Schlauchumfang

Praktische Durchführung

Besondere Sorgfalt erfordert das einwandfreie Bestimmen der Kruckenhöhe, weil die beiden Meßpunkte nicht leicht festzulegen sind. Der untere Meßpunkt liegt auf dem Schnittpunkt der Schädelnaht mit der kürzesten Verbindungslinie zwischen den beiden Schlauchansätzen. Der obere Meßpunkt liegt in der Mitte der Linie, die die beiden höchsten Punkte der Schlauchkrümmung verbindet. Der Verlauf dieser Linie muß mit Hilfe eines Lineals durch Probemessungen festgestellt werden.

Alle Maße werden auf 0,1 cm genau ermittelt.

6. MUFFELWIDDER

Formel

Messungen:	Punkte:	
1. Länge der linken Schnecke . . . . Länge der rechten Schnecke	Durchschn. in cm × 1	....
2. Umfang der linken Schnecke an der Basis . . . . . . Umfang der rechten Schnecke an der Basis	Durchschn. in cm × 1	....
3. Umfang der linken Schnecke im zweiten Drittel . . . . Umfang der rechten Schnecke im zweiten Drittel	Durchschn. in cm × 1	....
4. Umfang der linken Schnecke im dritten Drittel . . . . Umfang der rechten Schnecke im dritten Drittel	Durchschn. in cm × 1	....
5. Auslage der Schnecken	in cm × 1	....
Schönheitspunkte (Zuschläge):		
Farbe	von 0–3 Punkte . . .	....
Rillung	von 0–3 Punkte . . .	....
Drehung der Schnecken	von 0–5 Punkte . . .	....
	Summe:	....
Abzüge (0–5 Punkte)	. . . .	....
	Endgültige Summe:	....

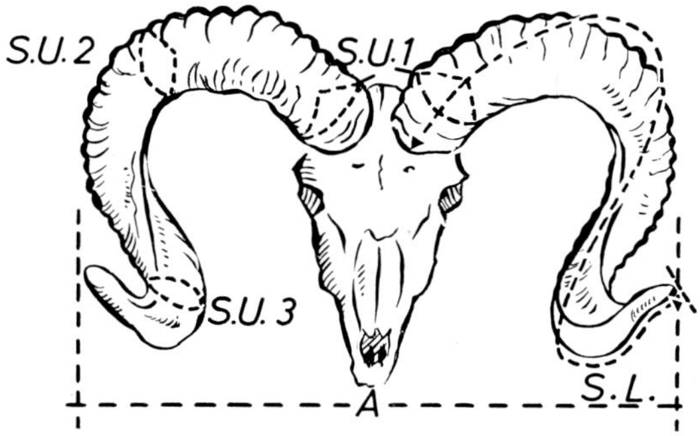

Muffelschnecken. A = Auslage; S.L. = Schneckenlänge; S.U. 1, 2, 3 = Schneckenumfang

Anweisung für die Messung

1. Schneckenlänge: Messung vom unteren Rande der Schnecke bis zur Spitze, der äußersten Krümmung folgend, mit dem Bandmaß.

2.–4. Schneckenumfang: Messung an der Basis, dem zweiten und dem dritten Drittel an der stärksten Stelle mit dem Bandmaß.

5. Auslage: Messung des größten Abstandes der Außenflächen der Schnecken mit der Kluppe.

Schönheitspunkte

Farbe:		Rillung:	
hell	1 Punkt	spärlich	1 Punkt
braun	2 Punkte	mittel	2 Punkte
schwarz	3 Punkte	dicht	3 Punkte

Abzüge:

Schnecken, die die Neigung haben, in den Träger einzuwachsen, erhalten einen Abzug bis zu höchstens 5 Punkte.

7. SCHWARZWILD

Formel

Messungen:	Punkte:	
1. Länge des linken Gewehrs . . . . Länge des rechten Gewehrs	Durchschn. in cm × 1	....
2. Breite des linken Gewehrs . . . . Breite des rechten Gewehrs	Durchschn. in mm × 3	....
3. Umfang des linken Haderers	in cm × 1	....
Umfang des rechten Haderers	in cm × 1	....
Schönheitspunkte (Zuschläge) . . . . für hervorragende Ausbildung der Gewehre oder Haderer	von 0–5 Punkte . . .	....
	Summe:	....
Abzüge für Unregelmäßigkeiten oder Fehler	von 0–10 Punkte . . .	....
	Endgültige Summe:	....

Anweisung für die Messung

1. Länge der Gewehre: Messung auf der äußeren Krümmung in cm auf 1 mm genau. Wenn die Spitze eines Gewehres abgebrochen ist, wird nur die tatsächliche Länge gemessen.
2. Breite der Gewehre: Messung an der breitesten Stelle mit Zirkel oder Kluppe in mm. Abnorme Auswüchse werden nicht gemessen.
3. Umfang der Haderer: Messung an der stärksten Stelle in cm auf 1 mm genau. Abnorme Auswüchse werden nicht gemessen. Unebenheiten sind bei der Messung nicht zu berücksichtigen.
4. Zuschläge: maßgebend ist die Gleichmäßigkeit, bei den Haderern auch eine starke Krümmung. Abzüge: ein beschädigtes Gewehr gilt nicht als unregelmäßig. Unregelmäßige Gewehre werden nicht prämiiert.

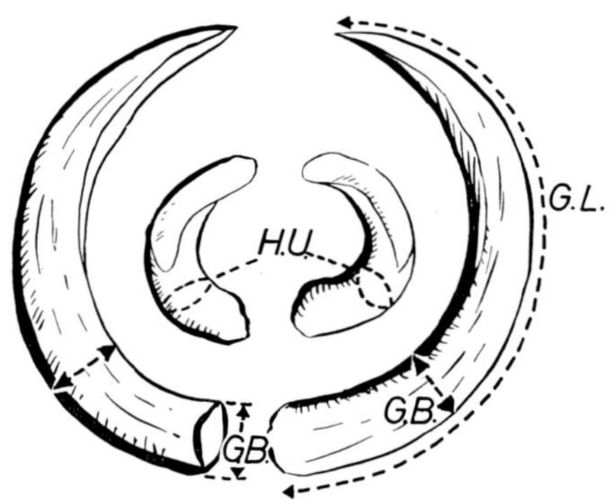

Keilerwaffen. G.L. = Gewehrlänge; G.B. = Gewehrbreite; H.U. = Umfang der Haderer

DIE ALTERSSCHÄTZUNG DES WILDES

Es ist das Bestreben des waidgerechten Jägers, schlecht veranlagtes Wild möglichst frühzeitig auszumerzen, dagegen gut veranlagte Stücke alt werden zu lassen und erst dann zu erlegen, wenn sie den Höhepunkt ihrer Entwicklung erreicht haben. Dieser Grundsatz gilt insbesondere für Schalenwild. Wenn die notwendige und von der Jägerschaft erstrebte Aufartung unserer Schalenwildbestände erreicht werden soll, so ist es erforderlich, daß der gut veranlagte Hirsch und Rehbock sich möglichst lange vererben können und nicht vorzeitig totgeschossen werden; wenn der Wunsch und das Streben jeden Jägers nach möglichst starken Trophäen Erfüllung finden sollen, so muß mit dem Abschuß so lange gewartet werden, bis der Höhepunkt der Geweih- und Gehörnentwicklung bei dem betreffenden Stück Wild erreicht ist. Vorbedingung hierfür ist das richtige Ansprechen des Alters des Wildes. Während uns nun verschiedene Hilfsmittel zur Verfügung stehen, um an dem verendeten Stück Wild mit einiger Genauigkeit das Alter festzustellen, so ist es außerordentlich schwer, dies am lebenden Stück zu tun. Hier aber liegt des Pudels Kern. Was nützt es mir, wenn ich einen guten und starken Vierzehnender auf die Decke gelegt habe und nun nachträglich feststellen muß, daß dieser Hirsch, den ich auf der Höhe seiner Kraft glaubte, erst sieben oder acht Jahre alt ist. Keine Macht der Welt kann ihn wieder lebendig machen, gerade dieser Hirsch hatte das Zeug in sich, hochkapital zu werden. Um es gleich vorwegzunehmen: aus Büchern kann man die Altersschätzung am lebenden Stück nicht lernen, es gehören hierzu sehr viel praktische Erfahrung und vor allem die Möglichkeit, häufig Wild beobachten zu können. Darüber hinaus muß aber auch eine gewisse Fähigkeit angeboren sein, ein Tier in seiner ganzen Erscheinungsform richtig erfassen zu können. Diese angeborene Fähigkeit ist nur zu einem Teil durch Übung und Erfahrung zu ersetzen. Es gibt Menschen, die ein einmal gesehenes Pferd nach Jahren sofort wiedererkennen; ich erinnere an den Schäfer, der von seiner dreihundert Schafe zählenden Herde nach kurzer Zeit jedes einzelne Stück kennt, obschon für den Laien alle Schafe gleich aussehen. Ich erinnere an den wirklich guten Rotwildkenner, der auch an der Fütterung, wenn im zeitigen Frühjahr die Hirsche abgeworfen haben, seine Hirsche genau wiedererkennt.

Der Jungjäger, der diese Zeilen liest, soll nun nicht etwa hoffnungslos werden und glauben, es habe dann eben überhaupt keinen Zweck, das Alter am lebenden Stück mit einiger Sicherheit ansprechen zu wollen. Gewisse Richtlinien lassen sich immerhin aufstellen, und Belehrung und Erfahrung tun im Laufe der Zeit das übrige. Aber eins ist sicher: auch der ältere, erfahrene Jäger wird sich immer wieder einmal bei der Beurteilung des Alters eines Rehbocks oder eines Hirsches irren.

Wie aus dem Gesagten schon hervorgeht, kann zur Beurteilung des Alters nicht allein der Kopfschmuck herangezogen werden, auch die übrigen Körperformen, die gesamte Erscheinung und das Benehmen des Stückes lassen Schlüsse auf sein Alter zu.

Über die Altersschätzung am lebenden Stück ist unendlich viel Tinte geflossen; es würde zu weit führen, alle Theorien hier aufzuzählen, die in dieser Beziehung aufgestellt und veröffentlicht wurden. Beim Rehbock sollen der graue Kopf und die dachförmig herabgewachsenen Rosen ein untrügliches Zeichen des Alters sein, während der weiße Fleck über dem Windfang den Jüngling verraten soll. Beim Hirsch soll das stark gekräuselte Haar auf der Stirn zwischen den Lichtern den „Alten Herrn" kennzeichnen. So und ähnlich lauten die klugen Rezepte der Jagdpäpste. Aber die Natur handelt nicht so schematisch, wie wir Menschen das gern möchten, und wie wir es uns trotz aller Nackenschläge, die wir mit solchen Theorien erleiden, immer wieder einbilden. Auch zwei- und dreijährige

Rehböcke haben gelegentlich ein eisgraues Gesicht, und ein Achtjähriger zeigt immer noch den weißen Nasenfleck, und auch junge Hirsche haben manchmal gekräuselte Stirnhaare. Fast ebenso schwankend sind zahlreiche Grundsätze, die man über die Gehörn- und Geweihbildung für das Erkennen von jung und alt aufgestellt hat.

Wenn ich trotz dieser Einschränkungen im folgenden einige typische Merkmale für das Alter des Schalenwildes angebe, so bin ich mir bewußt, daß auch bei diesen, sehr vorsichtig formulierten Grundsätzen immer wieder Ausnahmen vorkommen können.

Ein junger Hirsch hat im allgemeinen einen schmalen Rumpf und einen dünnen Träger. Die Brunftmähne ist geringer entwickelt als beim älteren Hirsch, vor allem beginnt die Brunftmähne später zu wachsen als beim älteren Hirsch. Hat daher ein Hirsch bereits im Anfang der Feiste einen gewissen Mähnenansatz, so ist das ein ziemlich sicheres Zeichen, daß es sich um einen alten Hirsch handelt. Ein gutes Zeichen für das Alter sind im Fährtenbild die sogenannten Stümpfe. Der Hirsch nutzt im Laufe seines Lebens die Schalenspitzen stark ab, so daß der Tritt vorn rund wie ein romanischer Bogen erscheint. Nur alte Hirsche haben dieses gerechte Zeichen. Die Haltung eines jungen Hirsches ist aufrechter als die eines alten Hirsches, insbesondere sind Haupt und Träger ziemlich steil nach oben gerichtet, während der ältere Hirsch mehr mit fast waagerecht gehaltenem Träger und etwas geneigtem Haupt zu ziehen pflegt. Alte Hirsche haben außerdem einen besonders starken Wanst, beim Menschen würde man sagen, sie haben einen Hängebauch. Bei flüchtiger Beobachtung entsteht der Eindruck eines schwachen Senkrückens, der jedoch in Wirklichkeit nicht vorhanden ist. Die Farbe spielt für das Alter überhaupt keine Rolle; man hüte sich deshalb, die Farbe beim Ansprechen heranzuziehen. Ein nasser Hirsch sieht immer dunkler aus als einer mit trockener Decke, und ein noch so hell gefärbter Hirsch wirkt schwarz, wenn er aus der Suhle kommt. Ist der Schlamm aus der Suhle auf ihm getrocknet, so hat derselbe Hirsch plötzlich die Farbe eines grauen Esels. Also, mit der Farbe ist nichts zu machen.

Zweifellos läßt das Verhalten des Hirsches gewisse Schlüsse auf sein Alter zu; ein alter Hirsch wird im allgemeinen immer vorsichtiger sein als ein junger oder mittelalter. Im Hirschrudel, also in der Feistzeit und im Winter, zieht der alte Hirsch meist am Schlusse des Rudels als letzter. Seltener ist er der erste und führt das Rudel. In der Brunft neigt der ältere Hirsch dazu, in der Dickung mit einem brunftigen Tier zu Brunften, wobei er das Rudel, bei dem dann meistens zur Zeit kein hochbrunftiges Stück vorhanden ist, den Beihirschen überläßt, so daß für den oberflächlichen Beobachter der Eindruck entsteht, als ob der stärkste Beihirsch der Platzhirsch wäre. Mancher junge Beihirsch ist hierdurch an Stelle des alten Platzhirsches fälschlich geschossen worden.

Die Körperstärke ist für die Altersbestimmung ohne Bedeutung; ein mittelalter Hirsch kann erheblich stärker an Wildpret sein, als ein Hirsch vom zwölften oder dreizehnten Kopf. Selbstverständlich ist ein ganz junger Hirsch, etwa vom zweiten oder dritten Kopf, im allgemeinen schwächer an Wildpret. Wenn ich hier von Altersmerkmalen spreche, so meine ich selbstverständlich insbesondere die Unterschiede zwischen mittelalten und alten Hirschen; ein Hirsch vom zweiten oder dritten Kopf unterscheidet sich von einem zehn- oder zwölfjährigen Hirsch derart wesentlich, daß hier Irrtümer kaum vorkommen können. Dagegen ist es sehr schwierig, den fünf- bis siebenjährigen Hirsch von einem alten Hirsch zu unterscheiden.

Bezüglich der Geweihbildung möchte ich nur einen mir wichtig erscheinenden Punkt anführen, der grundsätzliche Bedeutung hat. Ein junger Hirsch hat, insbesondere wenn er gut veranlagt ist, viel Masse in den Kronen und abgerundete Kronenenden. Der untere Teil der Stangen und die Rosen sind im Verhältnis dazu dünner. Der alte Hirsch dagegen hat unten dicke Stangen und starke Rosen und läßt nach oben zu der Krone hin nach, und die Enden laufen spitz aus.

Während man unter Zugrundelegung dieser Merkmale bei genügender Erfahrung und Übung mit einiger Sicherheit den alten Hirsch erkennen kann, ist die Sache beim Rehbock erheblich schwieriger. Der ältere Bock hat meistens eine erheblich gedrungenere, muskulösere Figur als der jüngere Bock. Sein Hals wirkt kürzer und dicker. Aber schon beim drei- und vierjährigen Bock treten diese Erscheinungen auf. Außerdem hat ein sehr alter Bock oft wieder einen ganz dünnen Hals. Alte Böcke verfärben im Frühjahr später als jüngere Böcke. Dagegen schieben und fegen alte Böcke früher als jüngere. Man kann sagen, daß die Reihenfolge des Fegens des Gehörns geradezu nach dem „Dienstalter" erfolgt. Die Gehörnstärke ist dabei völlig unerheblich. Man muß sein Revier und die einzelnen Böcke genau kennen, um die Altersschätzung außerhalb der Verfärbungs- und Fegezeit einigermaßen richtig durchzuführen. In fremden Revieren wird man oft Irrtümern unterliegen. Selbstverständlich lassen sich aus dem Verhalten des Rehbocks Schlüsse auf sein Alter ziehen[1].

Verhältnismäßig leicht ist das Alter beim Gamsbock und beim Muffelwidder anzusprechen. Bei beiden wächst der Kopfschmuck jedes Jahr ein Stück weiter, so daß man bei einem Widder mit ziemlicher Genauigkeit die Anzahl der Jahre angeben kann. Beim Gamsbock, bei dem die jährlich geschobenen Ringe sehr schmal sind und für die Gesamthöhe der Krucken kaum ins Gewicht fallen, sind der mehr oder weniger starke Pechansatz, der Bart und die starke Figur gute Anhaltspunkte zur Beurteilung des Alters, wobei man wissen muß, daß der Gamsbock seinen besten Bart im Alter von 4–6 Jahren trägt. Tatsächlich sagen erfahrene Gamsjäger das Alter eines Bockes bis auf ein bis zwei Jahre genau an, ganz besonders, wenn vorher Gelegenheit war, den Bock durch ein stark vergrößerndes Spektiv zu beobachten.

Während die Altersschätzung des lebenden Stückes viele Schwierigkeiten und Fehlerquellen birgt, stehen uns für die Beurteilung des Alters am verendeten Stück sichere Merkmale zur Verfügung. Während man früher vornehmlich nach der Stärke der Rosenstöcke, nach dem Grade der Verwachsung der Stirnnaht und anderen Merkmalen das Alter festzustellen versuchte, ging man vor fünfzig Jahren etwa dazu über, das Alter nach der Zahnentwicklung zu bestimmen. Während man jedoch bei der Zahnentwicklung mit Sicherheit beim Rotwild bis zu drei Jahren und beim Rehwild bis zu einem Jahr das Alter ermitteln kann, muß man zur Feststellung höheren Alters die Zahnabnutzung zu Hilfe nehmen. Etwa seit dreißig Jahren beschäftigen sich die Jagdwissenschaft und auch mancher praktische Jäger mit der Altersbestimmung auf Grund der Zahnabnutzung. Wenn man nun nach dem Grade der Zahnabnutzung allgemein das Alter feststellen will, so muß man voraussetzen, daß die Härte der Zähne und damit die Schnelligkeit der Abnutzung bei allen Individuen gleich ist, denn wenn die Härte des Zahnschmelzes oder des Zahnbeins verschieden ist, so muß bei gleicher Beanspruchung der Zähne die Abnutzung verschieden sein. (Inzwischen ist durch die Einbeziehung der Dentinfarbe in die Merkmale zur Altersfeststellung die Zuverlässigkeit gefördert worden.) Eine weitere Voraussetzung für die Richtigkeit der Zahnabnutzungstheorie ist die, daß der Grad der Beanspruchung der Zähne bei jedem Tier gleich ist, d. h. daß die Härte der Äsung überall gleichartig ist. Daß diese Voraussetzungen, insbesondere die letztere, nicht immer zutreffen können, liegt auf

[1] Eingehende Ausführungen über die Alterskennzeichen am lebenden Rehwild findet der Leser in Raesfeld „Das Rehwild", neubearbeitet von Gerd v. Lettow-Vorbeck und Prof. Dr. Rieck, Verlag Paul Parey 1970.

der Hand. Die Härte der Äsung muß in Revieren, in denen das Wild beispielsweise im Winter vornehmlich von Heidekraut lebt, eine andere sein als in den Donauauen, und man ist daher heute von der Aufstellung allgemeingültiger Regeln zum Teil wieder abgegangen und hat anerkannt, daß die Zahnabnutzung zum mindesten gegendweise verschieden ist. Andererseits ist es für den praktischen Gebrauch des Jägers ziemlich unwesentlich, ob er an der Abnutzung der Zähne das Alter des betreffenden Stückes auf ein Jahr genau feststellen kann. Es ist durchaus unwichtig für den praktischen Jagdbetrieb, ob ich feststellen kann, daß beispielsweise ein Hirsch neun oder zehn Jahre alt ist, es genügt vollkommen, wenn ich nach Untersuchung des Unterkiefers sagen kann, der Hirsch ist vier bis sechs oder acht bis zehn Jahre alt. Einen ausgezeichneten Anhalt für die Feststellung der in einem bestimmten Alter vorhandenen Zahnabnutzung hat uns die Wildmarkenforschung gegeben. Durch die Kennzeichnung von Jungwild mit Wildmarken haben wir nicht nur interessante Einblicke in die Wildwanderungen gewonnen, sondern wir haben vor allem auch Sammlungen von Unterkiefern anlegen können, die von Stücken stammen, deren genaues Alter bei der Erlegung durch die Wildmarken festgestellt werden konnte. Es ist das Verdienst des Forstmeisters Bieger, auf dem Gebiet der Wildmarkenforschung und der Altersfeststellung nach der Zahnabnutzung eingehende Forschungen angestellt zu haben.

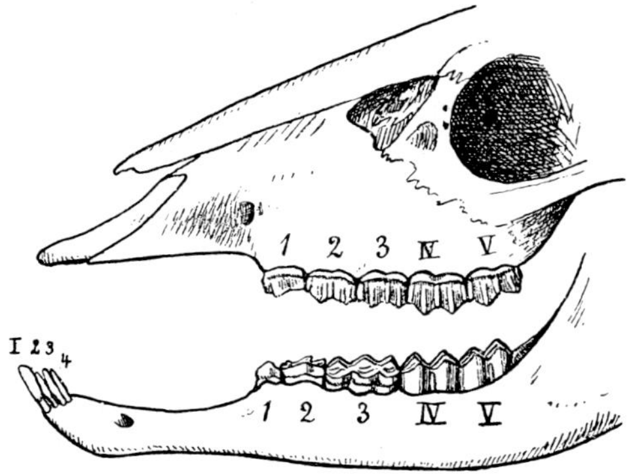

Zahnbildung des Rehes Anfang Dezember des 1. Lebensjahres (Aus „Schäff, Jagdtierkunde")

Während bisher nur nach der äußerlich sichtbaren Abnutzung der Backenzähne und auch der Schneidezähne (und jetzt auch nach der Dentinfarbe) das Alter geschätzt wurde, hat Prof. Eidmann in Hannoversch-Münden Untersuchungen über die Dentinablagerungen innerhalb der Schneidezähne angestellt und hieraus Schlüsse auf das Alter des Wildes gezogen. Eidmann kam zu dem Ergebnis, daß mit etwa sechs Jahren beim Rotwild die Kronenhöhe des Schneidezahnes so weit abgenutzt ist, daß das Ersatzdentin als ein heller Streifen sichtbar wird, und daß sich dieses Ersatzdentin nunmehr jahrringweise ablagert und durch ein Aufschleifen des Zahnes bis zur Mitte sichtbar gemacht werden kann. Auf dieser glatten Schleiffläche erscheinen dann die Jahresringe des Ersatzdentins. Da der Zahn in den ersten drei Lebensjahren kein Ersatzdentin bildet, muß man zu der Zahl der ermittelten Jahresringe drei hinzuzählen, um das wirkliche Lebensalter zu bekommen. Da die oberste Schicht des Ersatzdentins mit etwa zehn Jahren von der normalen Zahnabnutzung zerstört wird, lassen sich nach diesem Zeitpunkt genaue Altersermittlungen nicht mehr ausführen.

Auch das Eidmannsche Verfahren ist somit nur beschränkt anwendbar. Andererseits bedeutet diese Methode einen erheblichen Fortschritt, da man bis zum zehnten Lebensjahr das Alter genau angeben kann, während man bei alleiniger Beurteilung der äußerlich sichtbaren Abnutzung immer nur auf zwei bis drei Jahre mit gewisser Sicherheit das Alter schätzen kann. Der Nachteil der Eidmannschen Methode besteht darin, daß der Zahn auf einer besonderen Schleifmaschine geschliffen werden muß, und daß zur Erkennung der Jahresringe des Ersatzdentins eine gewisse Übung erforderlich ist. Vielfach muß man erst

Dünnschliffe anfertigen und gewisse Färbmethoden anwenden, um die Jahresringe erkennen zu können. Die Eidmannsche Methode ist daher ein Verfahren des wissenschaftlichen Instituts und für den praktischen Jäger selbst kaum ausführbar. Wir sind daher bis auf weiteres im praktischen Jagdbetrieb auf die Altersfeststellung nach dem Grade der Zahnabnutzung angewiesen, und nur in Zweifelsfällen, deren Klärung besonders wichtig erscheint, wird man den Zahnschliff durchführen lassen.

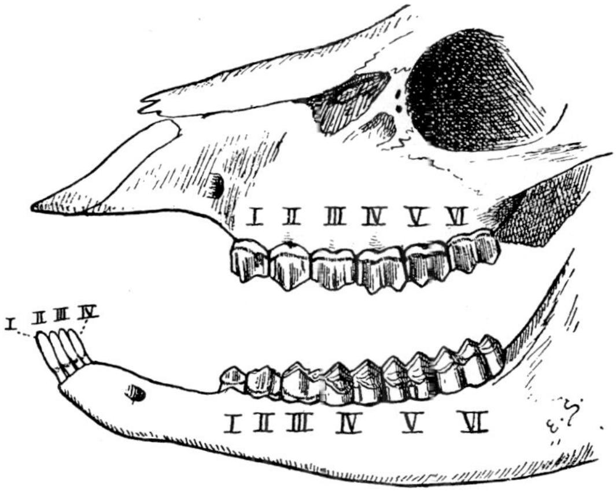

Zahnbildung des Rehes Anfang Dezember des 2. Lebensjahres (Aus „Schäff, Jagdtierkunde")

III. unterer bleibender Backenzahn (Aus „Schäff, Jagdtierkunde")

III. unterer Milch-Backenzahn (Aus „Schäff, Jagdtierkunde")

Auf allen Ausstellungen und Trophäenschauen sollte der Unterkiefer des erlegten Stückes der ausgestellten Trophäe beigefügt werden. Nach diesem Unterkiefer wird von der Bewertungskommission das Alter des Stückes meistens mit einer Spanne von ein bis zwei Jahren ermittelt. Ich (Frevert) selbst habe auf sehr vielen Trophäenschauen gerichtet, und unter den Tausenden von Gehörnen und Geweihen sind mir immer wieder Kiefer in die Hände gekommen, die die Zahnabnutzungstheorie vollkommen widerlegten; darunter befanden sich auch mit Wildmarken bezeichnete Stücke, so daß der Widerspruch offensichtlich war. Ich betone aber ausdrücklich, daß es sich hierbei stets um wenige Ausnahmen handelte, und daß dies kein Grund sein kann, allgemein von der Zahnabnutzungstheorie abzugehen. Wir kennen vorläufig kein besseres Verfahren für die Praxis, um das Alter eines erlegten Stückes festzustellen, und im großen und ganzen ist das Verfahren auch zweifellos richtig.

Wie schon ausgeführt, ist das Alter beim Rehwild bis zu einem Jahr und beim Rotwild bis zum dreißigsten Lebensmonat an der Zahnentwicklung genau festzustellen. Die folgenden Zahnformeln sind dem Buche von Forstmeister Bieger „Anleitung zur Altersschätzung des Wildes" entnommen. Es ist selbstverständlich, daß man diese Zahnformeln nicht auswendig lernen kann, und wenn man sie auswendig gelernt hätte, so würde man sie sehr bald wieder vergessen. Es ist auch für den praktischen Jäger keineswegs erforderlich, die genaue Gebißentwicklung in jedem einzelnen Monat genau zu kennen; von jedem Jäger muß aber erwartet werden, daß er nach der Gebißentwicklung sofort feststellen kann, ob ein von ihm erlegter Spießbock einjährig oder mehrjährig ist. Er muß wissen, ob ein Rotspießer vom ersten oder zweiten Kopf ist, ob er ein Schmaltier oder ein übergehendes Schmaltier geschossen hat. Das ist einzig und allein einwandfrei an der Gebißentwicklung festzustellen. Die Stärke des Wildes kann hierbei zur Beurteilung nicht herangezogen werden. Ein im Dezember geschossenes Rehkitz kann an Wildpret stärker sein als ein um ein volles Jahr älteres Schmalreh. Dasselbe gilt bei allem übrigen Schalenwild.

Beim Rehwild ist ohne jede Schwierigkeit sofort feststellbar, ob man es mit einem Kitz oder mit einem Schmalreh zu tun hat. Bis zum zwölften, gegebenenfalls bis zum dreizehnten Lebensmonat ist der dritte Backenzahn des Unterkiefers, von vorn an gerechnet, dreiteilig. In diesem Alter wechselt das Rehwild die drei ersten Backenzähne des Unterkiefers, und der dritte Zahn wird nunmehr zweiteilig. Ein Beispiel möge das klarmachen: Wenn ich Ende Mai oder Anfang Juni bei Aufgang der Bockjagd einen Spießbock erlegt habe, und dieser hat den dritten Backenzahn im Unterkiefer noch dreiteilig oder ist gerade im Wechsel dieser Zähne begriffen, so handelt es sich bestimmt um einen Jährling. Ist dagegen der dritte Backenzahn im Unterkiefer zweiteilig und auch schon völlig verfärbt und gegebenenfalls mehr oder weniger abgenutzt, so handelt es sich um einen mehrjährigen Bock. Schießt man im Winter ein weibliches Stück Rehwild, und der dritte Backenzahn ist dreiteilig, so handelt es sich stets um ein Kitz, gleichgültig, welches Wildpretgewicht dieses

Zahnentwicklung des Damwildes

Kalendermonat	Lebens-monat	Lebens-jahr	Zahnentwicklung des *Unterkiefers*: Schneidezähne	Zahnentwicklung des *Unterkiefers*: Backenzähne	Gesamtzahl der Zähne
Juli	1		1. 2. 3. 4 / 1. 2. 3. 4		8
August	2		1. 2. 3. 4 / 1. 2. 3. 4	1. 2. 3 / 1. 2. 3	20
September	3				
Oktober	4				
November	5		1. 2. 3. 4 / 1. 2. 3. 4	1. 2. 3. IV / 1. 2. 3. IV	24
Dezember	6	I			
Januar	7				
Februar	8				
März	9		I. 2. 3. 4 / I. 2. 3. 4	1. 2. 3. IV / 1. 2. 3. IV	24
April	10				
Mai	11				
Juni	12				
Juli	13		I. II. 3. 4 / I. II. 3. 4	1. 2. 3. IV. V / 1. 2. 3. IV. V	28
August	14				
September	15				
Oktober	16		I. II. III. IV / I. II. III. IV	1. 2. 3. IV. V / 1. 2. 3. IV. V	28
November	17				
Dezember	18	II			
Januar	19				
Februar	20		I. II. III. IV / I. II. III. IV	1. 2. 3. IV. V / 1. 2. 3. IV. V	28
März	21				
April	22				
Mai	23		I. II. III. IV / I. II. III. IV	I. II. III. IV. V / I. II. III. IV. V	28
Juni	24				
Juli	25				
August	26				
September	27	III	I. II. III. IV / I. II. III. IV	I. II. III. IV. V. VI / I. II. III. IV. V. VI	32
Oktober	28				
November	29				
Dezember	30				

Zahnentwicklung des Schwarzwildes

Kalendermonat	Lebens- monat	Lebens- jahr	Zahnentwicklung des *Unterkiefers*: Schneidezähne	Eckzähne	Backenzähne	Gesamtzahl der Zähne
April	1	I	1. 2. 3 / 1. 2. 3	c / c		8
Mai	2		1. 2. 3 / 1. 2. 3	c / c	1. 2. 3 / 1. 2. 3	28
Juni	3					
Juli	4					
August	5		1. 2. 3 / 1. 2. 3	c / c	Ia 1. 2. 3. IV / Ia 1. 2. 3. IV	36
September	6					
Oktober	7					
November	8					
Dezember	9					
Januar	10		1. 2. III / 1. 2. III	C / C	Ia 1. 2. 3. IV / Ia 1. 2. 3. IV	36
Februar	11					
März	12					
April	13	II	1. 2. III / 1. 2. III	C / C	Ia I. II. III. IV. V / Ia I. II. III. IV. V	40
Mai	14					
Juni	15					
Juli	16					
August	17					
September	18		I. II. III / I. II. III	C / C	Ia I. II. III. IV. V / Ia I. II. III. IV. V	40
Oktober	19					
November	20		I. II. III / I. II. III	C / C	Ia I. II. III. IV. V / Ia I. II. III. IV. V	40
Dezember	21					
Januar	22					
Februar	23		I. II. III / I. II. III	C / C	Ia I. II. III. IV. V. VI / Ia I. II. III. IV. V. VI	44
März	24					
April	25	III				
Mai	26					
Juni	27					

Zahnentwicklung des Rehwildes

Kalendermonat	Lebens- monat	Lebens- jahr	Zahnentwicklung des *Unterkiefers*: Schneidezähne	Backenzähne	Gesamtzahl der Zähne
Mai	–				
Juni	1	I	1. 2. 3. 4 / 1. 2. 3. 4	1. 2. 3 / 1. 2. 3	20
Juli	2				
August	3		1. 2. 3. 4 / 1. 2. 3. 4	1. 2. 3 (IV bricht durch) / 1. 2. 3 (IV bricht durch)	
September	4				
Oktober	5		1. 2. 3. 4 / 1. 2. 3. 4	1. 2. 3. IV (V bricht durch) / 1. 2. 3. (IV bricht durch)	24
November	6		1. 2. 3. 4 / 1. 2. 3. 4	1. 2. 3. IV. V / 1. 2. 3. IV. V	28
Dezember	7				
Januar	8		I. II. 3. 4 / I. II. 3. 4	1. 2. 3. IV. V (VI bricht durch) / 1. 2. 3. IV. V (VI bricht durch)	
Februar	9				
März	10				
April	11		I. II. III. IV / I. II. III. IV	1. 2. 3. IV. V. VI / 1. 2. 3. IV. V. VI	32
Mai	12				
Juni	13	II	I. II. III. IV / I. II. III. IV	I. II. III. IV. V. VI / I. II. III. IV. V. VI	32
Juli	14				
August	15				

Zahnentwicklung des Rotwildes

Kalendermonat	Lebens- monat	Lebens- jahr	Zahnentwicklung des *Unterkiefers*: Schneidezähne	Zahnentwicklung des *Unterkiefers*: Backenzähne	Gesamtzahl der Zähne
Juni	1		1. 2. 3. 4 / 1. 2. 3. 4		
Juli	2				
August	3		1. 2. 3. 4 / 1. 2. 3. 4	1. 2. 3 / 1. 2. 3	22
September	4				
Oktober	5				
November	6	I (1–12)			
Dezember	7				
Januar	8		1. 2. 3. 4 / 1. 2. 3. 4	1. 2. 3. IV / 1. 2. 3. IV	26
Februar	9				
März	10				
April	11				
Mai	12				
Juni	13		1. 2. 3. 4 / 1. 2. 3. 4	1. 2. 3. IV. V / 1. 2. 3. IV. V	30
Juli	14				
August	15		I. 2. 3. 4 / I. 2. 3. 4	1. 2. 3. IV. V / 1. 2. 3. IV. V	30
September	16				
Oktober	17		I. II. 3. 4 / I. II. 3. 4	1. 2. 3. IV. V / 1. 2. 3. IV. V	30
November	18	II (13–24)			
Dezember	19				
Januar	20		I. II. III. 4 / I. II. III. 4	1. 2. 3. IV. V / 1. 2. 3. IV. V	30
Februar	21				
März	22		I. II. III. IV / I. II. III. IV	1. 2. 3. IV. V / 1. 2. 3. IV. V	30
April	23				
Mai	24				
Juni	25		I. II. III. IV / I. II. III. IV	1. 2. 3. IV. V. VI / 1. 2. 3. IV. V. VI	34
Juli	26				
August	27				
September	28	III (25–31)			
Oktober	29		I. II. III. IV / I. II. III. IV	I. II. III. IV. V. VI / I. II. III. IV. V. VI	34
November	30				
Dezember	31				

Stück aufweist. Ist der dritte Backenzahn dagegen zweiteilig, so hat man ein Schmalreh vor sich oder, wenn schon eine Abnutzung der Zähne erkennbar ist, eine Ricke.

Beim Rotwild ist die Sache etwas komplizierter, da erst im achtundzwanzigsten bis dreißigsten Lebensmonat das volle Gebiß entwickelt ist. Man muß infolgedessen beim Rotwild den dritten Backenzahn und die Schneidezähne zur Beurteilung heranziehen. Der dritte Backenzahn ist beim Rotwild, genau wie beim Rehwild, als Milchzahn dreiteilig und wird etwa vom siebenundzwanzigsten bis neunundzwanzigsten Lebensmonat gewechselt und wird dann zweiteilig. Um z. B. ein Kalb, welches etwa im Januar geschossen wird, also bei der Erlegung sieben bis acht Monate alt ist, von einem Schmaltier, das also zur gleichen Zeit neunzehn bis zwanzig Monate alt ist, einwandfrei unterscheiden zu können, genügt die Beurteilung des dritten Backenzahnes allein nicht, denn dieser Zahn ist sowohl beim Kalb als auch beim Schmaltier noch Milchzahn, also bei beiden Stücken dreiteilig.

Das Kalb hat jedoch die Schneidezähne im Unterkiefer sämtlich noch als Milchzähne, während das Schmaltier mindestens die beiden mittleren Schneidezähne schon gewechselt hat und häufig auch bereits die übrigen Schneidezähne schon wechselt. Der Wechsel dieser Schneidezähne verläuft, und zwar von der Mitte nach außen gehend, in der Zeit vom fünfzehnten bis einundzwanzigsten Lebensmonat. Das übergehende Schmaltier, welches also ein weiteres Jahr älter ist, hat dagegen von der Jagdzeit an, also von Oktober ab, bereits das volle Gebiß entwickelt und auch schon den letzten Backenzahn, nämlich den sechsten, fertig geschoben. Dasselbe gilt selbstverständlich auch für den Rotspießer. – Nach diesen Erläuterungen läßt sich die Zahnentwicklung des Damwildes und Schwarzwildes ohne weiteres aus den Formeln ablesen. Bemerkt sei noch, daß die arabischen Ziffern die Milchzähne und die römischen Ziffern stets die bleibenden Zähne bezeichnen. In der Schwarzwildformel bezeichnet der Buchstabe „c" die Milcheckzähne, der Buchstabe „C" die bleibenden Eckzähne. Da das Schwarzwild neben sonstigen Unterschieden im Vergleich mit dem Gebiß der Wiederkäuer im Unterkiefer einen bleibenden Zahn mehr aufweist, ist dieser Zahn in der Formel mit „Ia" gekennzeichnet. Auch beim Damwild und Schwarzwild ist der dritte Milchzahn im Unterkiefer, genau wie beim Rotwild und Rehwild, dreiteilig und wird beim Zahnwechsel zweiteilig. Die arabische 3 in der Rubrik „Backenzähne" bedeutet also bei allen Formeln stets einen *dreiteiligen* Zahn. Die Zahlen über dem Strich umfassen den rechten Unterkieferast, die Zahlen unter dem Strich den linken Unterkieferast.

Beim *Auerhahn* ist die Altersschätzung noch keineswegs restlos geklärt. Einwandfreie Untersuchungen, die nur durch Beringung herbeigeführt werden können, liegen meines Wissens bis heute nicht vor. In „Wild und Hund" sind zahlreiche Veröffentlichungen über die Altersfeststellung beim Auerhahn erschienen, die Bieger wie folgt zusammengestellt hat:

„Als Altersmerkmale sind zu beachten:

Alter Hahn: Starke Schnabelrille oder (in selteneren Fällen) sehr langer, starker, tief gebogener Schnabel ohne Rille, zwischen Schnabel- und Kopfansatz gut ausgeprägte Hohlung. Breiter, eckiger, linienharter Schädel, Schaufelbreite 7 cm und darüber. Starker Hals und Bart. Unterflügel rein weiß. Reif auf dem Rückengefieder.

Junger Hahn: Fehlen der Schnabelrille oder nur leichte Andeutung derselben. Kurzer Schnabel, der ohne markante Hohlung in den Schädel übergeht, Schädel rund, ohne eckige Formen. Schaufeln unter 7 cm breit (bei Jähr-

Altersbestimmung beim Auerhahn
a) 1jährig, b) 3jährig, c) 5jährig, d) 7–8jährig, e) über 10jährig

lingen oft nur 5,5 cm), Hals gering, Bart kurz. Unterflügel mit dunklen Partien durchsetzt. Reif auf dem Gefieder fehlt. Fächerfedern oberseits oft mit bräunlichem Schimmer.

Mittelalter Hahn: Die Kennzeichen des mittelalten Hahns liegen zwischen den angeführten Alters- und Jugendkennzeichen. Je nach der Stärke der Schnabelbrille, nach Stärke des Halses und Bartes, nach Größe der Hohlung zwischen Schnabel und Kopfansatz dürfte es dem erfahrenen Auerhahnjäger nicht schwerfallen, die drei genannten Altersklassen zu unterscheiden. Neulinge begnügen sich am besten mit der Unterscheidung von jungen und alten Hähnen.

Als *falsche Kennzeichen* werden die Weißfleckigkeit des Stoßes und das Gewicht angegeben. In beiden Fällen spielt die individuelle Veranlagung eine wesentliche Rolle, so daß man diese Merkmale als unzuverlässig bezeichnen muß.

Als sicherstes Erkennungsmerkmal wird die Schnabelbildung betrachtet. Der junge, noch nicht einjährige und nicht ausgewachsene Hahn hat an seinem noch nicht voll entwickelten Schnabel keinen Haken, der nennenswert über den Unterschnabel herunterragt. Der einjährige Hahn hat einen glatten Schnabel, der in seiner Form auffallend klein ist; er zeigt eine zarte, durchsichtige Hornfarbe, nach hinten zu eine graubläuliche Tönung. Im ersten und zweiten Jahre haben die Schnabelscheiten noch eine helle und gelbliche Farbe. Nach dem zweiten Jahre befindet sich am Nasenloch eine kleine Erhöhung der Epidermis, die oft im dritten Jahre schon mit einer kleinen rillenartigen Vertiefung nach der Schnabelspitze zunimmt. Vom vierten Jahre ab ist dann die Rille deutlich ausgeprägt; sie nimmt von Jahr zu Jahr in der Verlängerung nach der Schnabelspitze zu. Vom fünften bis sechsten Jahre nimmt die Rille schon einen großen Teil des Schnabels ein; sie vertieft und verlängert sich in den folgenden Jahren noch mehr. Bei einem alten Hahn über zehn Jahre geht die Rille fast bis zur Schnabelspitze (Martini, ‚Wild und Hund', Jahrg. 38, Nr. 10). Die Schnabelbildung sowie die Stärke des Bartes bei ein- bis zehnjährigen Hähnen veranschaulicht die Abbildung.

In Österreich-Ungarn war es Brauch, dem Auerhahn nach der Erlegung aus den Schwingen die sog. ‚Granen' zu nehmen und die beiden Federn in derselben Weise an den Jagdhut zu stecken, wie das der Schnepfenjäger mit den bekannten ‚Malerfedern' tut. Der Unterschied in der Größe dieser ‚Auerhahngranen' soll recht bedeutend sein, und es wird vermutet, daß er Anhaltspunkte für die Einschätzung des Alters gibt (Krumholz, ‚Wild und Hund', Jahrg. 38, Nr. 19).

Das *Ansprechen des Hahnes vor dem Schuß* ist sehr schwierig. Schlecht balzende, immer wieder im Knappen unterbrechende, lange sichernde, sich ohne besonderen Grund öfter überstellende Hähne sind gewöhnlich alt und abschußreif.

Wenn auch die angegebenen Merkmale manchen Anhaltspunkt für die Altersschätzung des Auerhahns abgeben werden, so dürfte die ganze Frage doch noch nicht als völlig geklärt zu bezeichnen sein. Jedenfalls sind weitere Untersuchungen und Beobachtungen sehr erwünscht."

STICHWORTVERZEICHNIS